Richard Lehr
Taschenbuch für den Garten-, Landschafts-
und Sportplatzbau

Fachbibliothek Grün

Taschenbuch für den Garten-, Landschafts- und Sportplatzbau

Begründet von Richard Lehr

4., völlig neubearbeitete Auflage, herausgegeben von
Harm-Eckart Beier, Alfred Niesel, Heiner Pätzold

Unter Mitarbeit von Harald Dümmler, Harald Fried,
Hans Jürgen Krems, Franz Müller, Hartmut Peucker,
Karl-Bernhard Prasuhn

Mit 900 Abbildungen, davon 500 mit Zeichnungen, und
40 Gleichungen

Blackwell Wissenschafts-Verlag · Berlin 1994
Oxford · Edinburgh · Boston · London · Melbourne · Paris · Wien · Yokohama

Blackwell Wissenschafts-Verlag GmbH
Kurfürstendamm 57, D-10707 Berlin

Blackwell Science Ltd
Osney Mead, GB-Oxford, OX2 0EL
25 John Street, GB-London WC1N 2BL
23 Ainslie Place, GB-Edinburgh EH3 6AJ

Arnette Blackwell SA
Librairie Diffusion Edition Abonnements
1, rue de Lille, F-75007 Paris

Blackwell Science, Inc.
238 Main Street, 5th Floor, USA-
Cambridge, Massachusetts 02142

Blackwell MZV
Medizinische Zeitschriftenverlagsges. m. b. H.
Feldgasse 13, A-1238 Wien

Blackwell Science Pty Ltd
54 University Street, AUS-Carlton,
Victoria 3053

Blackwell Science Japan
290-2 Nase Totsuka, J-Yokohama

1. Auflage 1968
2. Auflage 1975
3. Auflage 1981
alle erschienen unter dem Titel
»Taschenbuch für den Garten- und
Landschaftsbau« im Verlag Paul Parey,
Berlin und Hamburg

Die Deutsche Bibliothek – CIP-Einheitsaufnahme
Lehr, Richard:
Taschenbuch für den Garten-, Land-
schafts- und Sportplatzbau / begr. von
Richard Lehr. – 4., völlig neubearb.
Aufl. / hrsg von Harm-Eckart Beier ...
Unter Mitarb. von Harald Dümmler ... –
Berlin ; Oxford [u. a.] : Blackwell Wiss.-
Verl., 1994
(Blackwell-Fachwissen : Fachbibliothek
Grün)
ISBN 3-8263-3017-X

© 1994 Blackwell Wissenschafts-
Verlag, Berlin

ISBN 3-8263-3017-X
Printed in Germany

Einbandgestaltung: Rudolf Hübler,
D-12683 Berlin, unter Verwendung der
Abb. 6.1.3/2
Herstellung: Goldener Schnitt,
R. Kusche, D-76547 Sinzheim
*Überarbeitung der Zeichnungen und
Lithographie:* Robert Nadolny,
Grafik-Design, D-10781 Berlin
Satz: Cicero Fotosatz,
D-86167 Augsburg
Druck und Bindung: Druckerei
Parzeller, D-36037 Fulda
**Gedruckt auf chlorfrei gebleichtem
Papier**

Vorwort

Mit der 4. Auflage wird das 1967/1968 erstmals erschienene bau- und vegetationstechnische Handbuch für den Garten-, Landschafts- und Sportplatzbau nun in völlig überarbeiteter Fassung vorgelegt.

Im Sinne von Richard Lehr, dem 1981 verstorbenen Schöpfer dieses Werkes, hat ein erweiterter Kreis von Autoren dieses Standardwerk nach Form und Inhalt grundsätzlich neu gestaltet.

Für diese Auflage wurden alle Bereiche, die für die bau- und vegetationstechnische Umsetzung von Planungen erforderlich sind, völlig neu erstellt. Ziel dieser Neubearbeitung war, dem Planer und Unternehmer, Ingenieur, Techniker und Meister sowie den Studierenden der Landespflege ein Handbuch vorzulegen, in dem sie möglichst umfassend und noch schneller die für tägliche Praxis benötigten Informationen finden. In erweitertem und konsequenterem Rahmen enthält dieses Handbuch Tabellen, die die erforderliche Kurzfassung darbieten. Immer wird jedoch eine einführende Information zur Darstellung der Gesamtzusammenhänge gegeben.

Die Bereiche, die im Rahmen von Planungen für Freiräume aller Art und zur Umsetzung dieser Planungen durch Betriebe des Garten-, Landschafts- und Sportplatzbaus angesprochen und benötigt werden, sind in Art, Umfang und jeweiliger Bedeutung äußerst vielfältig. Diese Palette umfaßt u. a. die Vegetationstechnik, die geprägt ist durch den Umgang mit Boden und Pflanze, und die Bautechnik mit den Bereichen Vermessungstechnik, Bodenmechanik und Erdbau, Bodenphysik, Mauer- und Betonbau, Wegebau, Ent- und Bewässerung, Metall- und Holzbau, Wasserbau und Sportplatzbau. Soweit es möglich war, sind die neuesten Entwicklungen auf diesen Gebieten berücksichtigt worden.

Mit der Neuerscheinung des „Lehr" in der 4. Auflage wird damit Planern und Ausführenden, Ingenieuren, Technikern, Meistern und den Studierenden der Landespflege sowie allen, die mit diesem Bereich Berührung haben, wieder das Standardbuch an die Hand gegeben, das sich in der täglichen Praxis als unentbehrlich erwiesen hat.

Anregungen und Hinweise zur weiteren Verbesserung des Buches nehmen die Herausgeber gern entgegen.

Osnabrück, im Sommer 1994

Als Herausgeber
Prof. Dr. H.-E. Beier · Prof. Alfred Niesel · Prof. Heiner Pätzold

Die Kapitel und ihre Bearbeiter

Prof. Dr.-Ing. Harm-Eckart Beier
Prof. Dr. agr. Harald Dümmler
Prof. Dipl.-Math. Harald Fried
Prof. Dipl.-Ing. Jürgen Krems
Prof. Dipl.-Ing. agr. Franz Müller
Prof. em. Dipl.-Ing. Alfred Niesel
Prof. Dipl.-Ing. Heiner Pätzold
Prof. Dipl.-Gärtner Hartmut Peucker
Prof. Dipl.-Ing. Karl-Bernhard Prasuhn

Fachhochschule Osnabrück
Fachbereich Landespflege, Am Krümpel 33, D-49090 Osnabrück

Inhaltsverzeichnis

1 Zeichen, Maßeinheiten, Darstellungen

1.1 Zeichen

1.1.1 Mathematische Zeichen

$=$	gleich	$\triangle$	Dreieck
$\approx$	nahezu gleich, angenähert	$\sqrt{}$	Wurzel aus
$\cong$	kongruent, deckungsgleich	Σ	Summe
$\sim$	ähnlich, proportional	$\overline{AC}$	Strecke AC
$<$	kleiner als		
$\leqq$	kleiner als oder gleich	$\overset{\frown}{AC}$	Bogen AC
$>$	größer als	$\%$	Prozent $\left(\dfrac{1}{100}\right)$
$\geqq$	größer als oder gleich		
∞	unendlich	$\permil$	Promille $\left(\dfrac{1}{1000}\right)$
$\parallel$	parallel		
$\perp$	senkrecht auf, rechtwinklig	$\rightarrow$	daraus folgt
$\sphericalangle$	Winkel	$\ldots$	und so weiter bis

1.1.2 Griechisches Alphabet

A, α	Alpha	H, η	Eta	N, ν	Ny	T, τ	Tau
B, β	Beta	Θ, ϑ	Theta	Ξ, ξ	Xi	Y, υ	Ypsilon
Γ, γ	Gamma	I, ι	Jota	O, o	Omikron	Φ, φ	Phi
Δ, δ	Delta	K, $\varkappa$	Kappa	Π, π	Pi	X, χ	Chi
E, ε	Epsilon	Λ, λ	Lambda	P, ϱ	Rho	Ψ, ψ	Psi
Z, ζ	Zeta	M, μ	My	Σ, σ	Sigma	Ω, ω	Omega

1.1.3 Römische Zahlen

I =	1	XX =	20	CCC =	300
II =	2	XXX =	30	CD =	400
III =	3	XL =	40	D =	500
IV =	4	L =	50	DC =	600
V =	5	LX =	60	DCC =	700
VI =	6	LXX =	70	DCCC =	800
VII =	7	LXXX =	80	CM =	900
VIII =	8	XC =	90	M =	1000
IX =	9	C =	100	MD =	1500
X =	10	CC =	200	MM =	2000

Beispiel: 1963 = MCMLXIII

1.2   Maßeinheiten

Die technischen Meßeinheiten sind durch das »Internationale Einheitssystem« (SI = systeme international d'unités) geregelt und in der Bundesrepublik Deutschland verbindlich vorgeschrieben.

Einheiten dezimaler Maße (Vielfache und Teile)

10^{12}	10^9	10^6	10^3	10^2	10^1	10^{-2}	10^{-3}	10^{-6}	10^{-9}	10^{-12}
T	G	M	K	h	d	c	m	µ	n	p
Tera	Giga	Mega	Kilo	Hekto	Deka	Zenti	Milli	Mikro	Nano	Pico

1.2.1   Längenmaße

mm	cm	dm	m	km
1	0,1	0,01	0,001	0,000.001
10	1	0,1	0,01	0,000.01
100	10	1	0,1	0,000.1
1000	100	10	1	0,001
1000.000	100.000	10.000	1000	1

1.2.2   Flächenmaße

mm^2	cm^2	dm^2	m^2	a	ha	km^2
1	0,01	0,000.1	0,000.001	–	–	–
100	1	0,01	0,000.1	0,000.001	–	–
10.000	100	1	0,01	0,000.1	0,000.001	–
1000.000	10.000	100	1	0,01	0,000.1	0,000.001
–	1000.000	10.000	100	1	0,01	0,000.1
–	–	1000.000	10.000	100	1	0,01
–	–	–	1000.000	10.000	100	1

1.2.3   Raummaße

Körpermaße				Hohlmaße	
mm^3	cm^3	dm^3	m^3	l	hl
1	0,001	–	–	–	–
1000	1	0,001	–	0,001	–
1000.000	1000	1	0,001	1	0,01
100.000.000	100.000	100	0,1	100	1
1000.000.000	1000.000	1000	1	1000	10

1.2.4 Gewichte

g	kg	t	dt
1	0,001	–	–
1000	1	0,001	–
–	100	0,1	1
–	1000	1	10

1.2.5 Winkelmaße

Es wird unterschieden:
a) Sexagesimalteilung (Verwendung in der Mathematik)
  1 Vollkreis = 360° (Grad)
    1° = 60′ (Minuten)
    1′ = 60″ (Sekunden)
  Schreibweise: 12° 5′ 17″
b) Zentesimalteilung (Verwendung in der Vermessungstechnik)
  1 Vollkreis = 400 gon (Gon)
    1 gon = 100 cgon (Zentigon)
    1 cgon = 10 mgon (Milligon)
  Schreibweise: 10,1502 gon

1.3   Darstellungen

Für Darstellungen in Plänen gelten u. a. folgende Normen und Richtlinien:

Bauzeichnungen	DIN 1356
Vermessungspläne	DIN 18702
Beschriftung, Schriftzeichen	DIN 6776
Linien in Zeichnungen	DIN 15
Holzverarbeitung	DIN 919
Stahlbau	DIN 1034
Rohrnetzpläne für Gas, Wasser und Abwasser	DIN 2425
Rohrleitungen	DIN 2403 und DIN 2429
Entwässerung (Straßenbau)	Richtlinien für die Anlage von Straßen – Teil: Entässerung RAS-EW
Maßeintragungen	DIN 406
Holzbau	EGH-Holzbauzeichnungen
Flächennutzungspläne	PlanzV 90
Bebauungspläne	PlanzV 90
Landschaftspläne	(PlanzV 90)
Grünordnungspläne	(PlanzV 90)

Für die Darstellung in der Freiraumplanung liegen keine Normen vor.
Hinweise bietet: KELLER, Freiraumplanung – Entwurfsplanung, Perspektive, Bepflanzungspläne, technische Zeichnungen, Verlag Paul Parey.

2 Geometrie, Flächen-, Körper- und Erdmassenberechnung

2.1 Geometrie

2.1.1 Elementargeometrie

2.1.1.1 Sätze im rechtwinkligen Dreieck (Abb. 2.1.1/1)

(1) Pythagoras: $a^2 + b^2 = c^2$ $c = \sqrt{a^2 + b^2}$ $a = \sqrt{c^2 - b^2}$

(2) Höhensatz: $h^2 = p \cdot q$

(3) Kathetensatz (Euklid): $a^2 = p \cdot c$ $b^2 = q \cdot c$

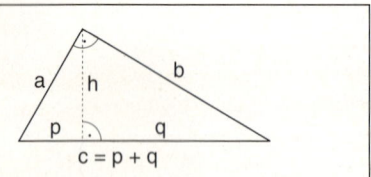

Abb. 2.1.1/1. Rechtwinkliges Dreieck

2.1.1.2 Strahlensätze (Parallelenschnitt) (Abb. 2.1.1/2)

(1) 1. Strahlensatz: $\dfrac{a}{b} = \dfrac{a_1}{b_1} = \dfrac{a + a_1}{b + b_1}$ $\dfrac{a}{a + a_1} = \dfrac{b}{b + b_1}$

2. Strahlensatz und Folgerungen:

(2) $\dfrac{c}{c_2} = \dfrac{a}{a + a_1} = \dfrac{b}{b + b_1}$ $a : b : c = (a + a_1) : (b + b_1) : c_2$ (Abb. 2.1.1/2a)

(3) $\dfrac{c}{c_1} = \dfrac{a}{a_1} = \dfrac{b}{b_1}$ $a : b : c = a_1 : b_1 : c_1 = (a + a_1) : (b + b_1) : (c + c_1)$ (Abb. 2.1.1/2b)

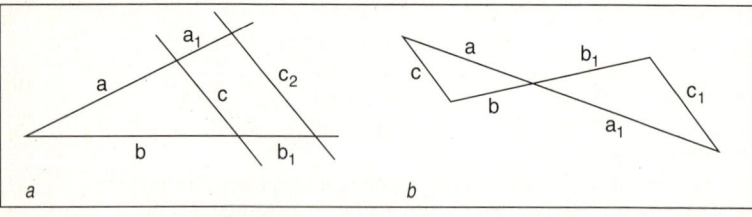

Abb. 2.1.1/2. Parallelenschnitt

2.1.2 Trigonometrie

2.1.2.1 Winkelfunktionen im rechtwinkligen Dreieck (Abb. 2.1.2/1a)

$$\sin\alpha = \frac{\text{Gegenkathete}}{\text{Hypotenuse}} = \frac{a}{c} \qquad \cos\alpha = \frac{\text{Ankathete}}{\text{Hypotenuse}} = \frac{b}{c} \qquad \beta = 90° - \alpha \quad \sin\beta = \cos\alpha$$

$$\tan\alpha = \frac{\text{Gegenkathete}}{\text{Ankathete}} = \frac{a}{b} \qquad \cot\alpha = \frac{\text{Ankathete}}{\text{Gegenkathete}} = \frac{b}{a} \qquad \tan\beta = \cot\alpha$$

2.1.2.2 Sätze im schiefwinkligen Dreieck (Abb. 2.1.2/1b)

(1) Sinussatz: $a : b : c = \sin\alpha : \sin\beta : \sin\gamma$ $\qquad \dfrac{a}{\sin\alpha} = \dfrac{b}{\sin\beta} = \dfrac{c}{\sin\gamma}$

(2) Kosinussatz: $c^2 = a^2 + b^2 - 2\,ab\,\cos\gamma$
$a^2 = b^2 + c^2 - 2\,bc\,\cos\alpha \qquad b^2 = c^2 + a^2 - 2\,ca\,\cos\beta$

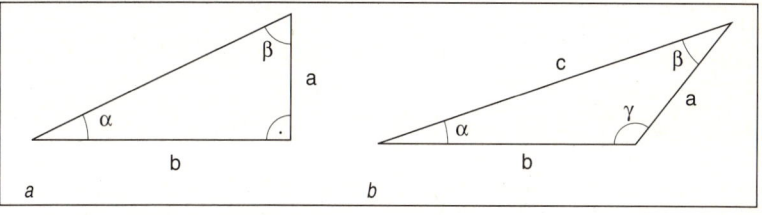

Abb. 2.1.2/1. Rechtwinkliges und schiefwinkliges Dreieck

2.1.3 Analytische Geometrie

2.1.3.1 Geraden im rechtwinkligen Koordinatensystem (Abb. 2.1.3/1)

(1) Normalform: $y = ax + c$ $\quad a = \tan\alpha$ Steigung, $c = y\,(0)$
$a > 0$: in positiver x-Richtung wachsende y-Werte, positive Steigung.
$a < 0$: in positiver x-Richtung fallende y-Werte, negative Steigung.

(2) Punkt-Steigungs-Form: $\dfrac{y - y_1}{x - x_1} = a$

(3) Zwei-Punkte-Form: $\dfrac{y - y_1}{x - x_1} = \dfrac{y_2 - y_1}{x_2 - x_1}$

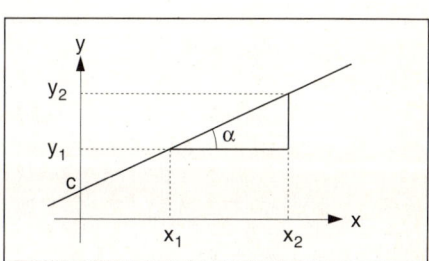

Abb. 2.1.3/1. Gerade im rechtwinkligen (kartesischen) Koordinatensystem

2.1.3.2   Lineare Interpolation   (Abb. 2.1.3/2)

Zwischen 2 Punkten P_1 und P_2 [s. Strahlensatz Kap. 2.1.1.2 (2)]:

$$\frac{\Delta y}{\Delta x} = \frac{y_2 - y_1}{x_2 - x_1} \qquad y_0 = y_1 + \Delta y = y_1 + \frac{y_2 - y_1}{x_2 - x_1}(x_0 - x_1)$$

(Vorzeichen beachten, besonders bei negativer Steigung!)

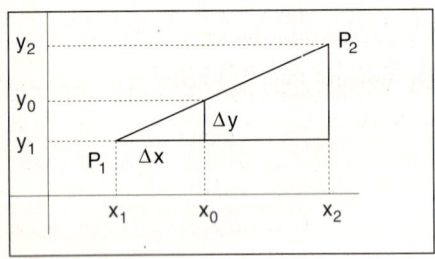

Abb. 2.1.3/2. Interpolation

2.1.3.3   Schnittpunkt zweier Geraden   (Abb. 2.1.3/3)

(1) Gleichsetzen zweier Geradengleichungen (diese ggf. aufzustellen nach Kap. 2.1.3.1):

$g_1 : y = a_1 x + c_1 \qquad g_2 : y = a_2 x + c_2 \qquad a_1 x + c_1 = a_2 x + c_2$

Auflösen nach x ergibt x_s (x-Wert im Schnittpunkt S).

(2) Interpolation und Strahlensatz:

  1. Interpolation der y-Werte für Hilfspunkte Q_1 und Q_2, so daß
  2. Strecken Δ_1 und Δ_2 (positiv zu nehmen) ermittelt werden können.

  3. Ansatz (s. Kap. 2.1.1.2 [3]) $\quad \dfrac{\Delta x_1}{l} = \dfrac{\Delta_1}{\Delta_1 + \Delta_2}$ oder $\dfrac{\Delta x_2}{l} = \dfrac{\Delta_2}{\Delta_1 + \Delta_2}$

    $x_s = x_3 + \Delta x_1 = x_2 - \Delta x_2$

    y_s (y-Wert im Schnittpunkt S) aus Geradengleichung oder Interpolation.

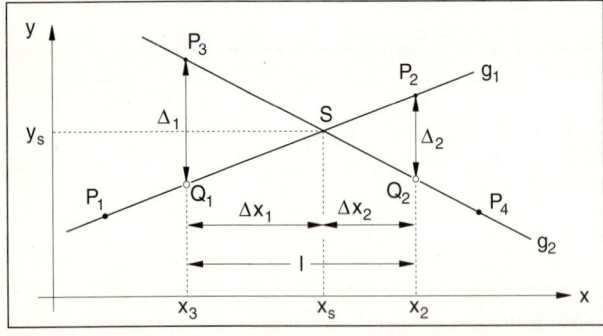

*Abb. 2.1.3/3.
Schnittpunkt-
berechnung*

2.1.4 Geometrische Konstruktionen

2.1.4.1 Streckenteilungen

(1) Teilung in n gleiche Teile (Abb. 2.1.4/1a): Auf beliebigem Strahl durch A von A aus in geeignetem Maßstab Strecken 1, 2, 3, ..., n abtragen; Parallelen zur Verbindung des Endpunktes mit B teilen die Strecke AB.

(2) Teilung in beliebigem Verhältnis (Z-Verfahren) (Abb. 2.1.4/1b): x : y = a : b a und b parallel, Maßstab und Winkel zur Strecke AB so wählen, daß kein zu flacher (schleifender) Schnitt im Teilpunkt T entsteht.

(3) Goldener Schnitt (Abb. 2.1.4/1c): Konstruktion gemäß Abbildung teilt die Strecke AB im »Goldenen Schnitt«: y : x = a : y

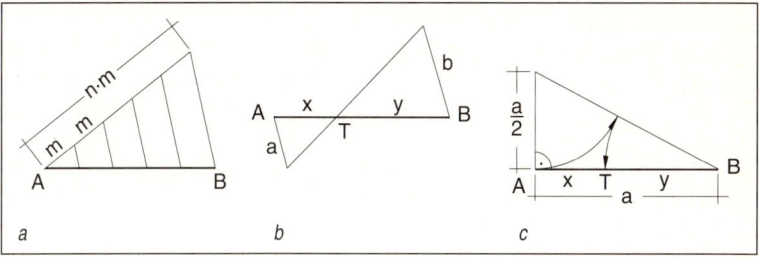

Abb. 2.1.4/1. Streckenteilungen

2.1.4.2 Kreiskonstruktionen

(1) Kreismittelpunkt (Abb. 2.1.4/2a): Die Mittelsenkrechten auf 2 beliebigen Sehnen schneiden sich im Kreismittelpunkt M.

(2) Kreis durch 3 Punkte (Abb. 2.1.4/2b): Wie (1), die Sehnen haben P_2 gemeinsam.

(3) Stichbogen aus Sehne s und Stichbogenhöhe h (Abb. 2.1.4/2c): Wie (2) mit Hilfssehne AB.

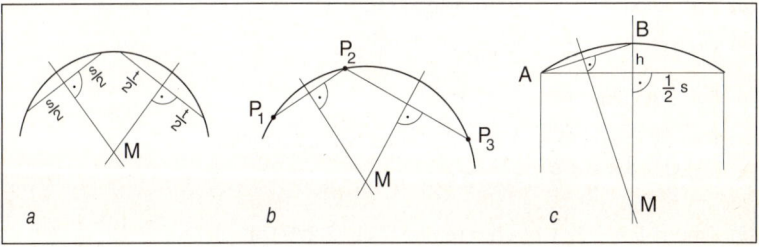

Abb. 2.1.4/2. Kreiskonstruktionen

2.1.4.3   Ellipsenkonstruktionen

(1) Konstruktion der Brennpunkte B_1 und B_2 (Abb. 2.1.4/3a): Sie liegen im Abstand a (großer Halbmesser) vom Endpunkt C der kleinen Halbachse.

(2) Gärtner-(Faden-)Konstruktion (Abb. 2.1.4/3b): Die Summe der beiden Brennpunktabstände $PB_1 + PB_2$ ist für alle Punkte des Umfangs gleich dem großen Durchmesser A_1A_2, Länge des geschlossenen Fadens: $B_1B_2 + A_1A_2$

(3) Papierstreifenkonstruktion (Ellipsenzirkel) (Abb. 2.1.4/3c): Werden die Endpunkte einer Strecke der Länge a + b (großer und kleiner Halbmesser) auf einem rechtwinkligen Achsenkreuz bewegt, so beschreibt der Teilungspunkt T eine Ellipse.

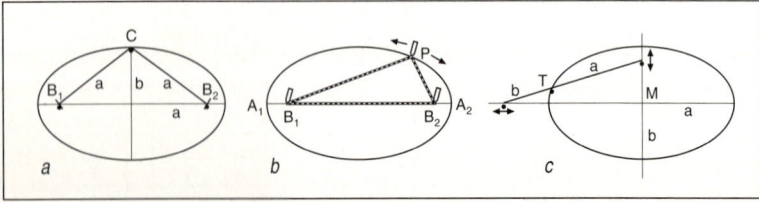

Abb. 2.1.4/3. Ellipsenkonstruktionen

2.2   Flächenberechnung, Berechnungen in der Ebene

Bezeichnungen: F: Fläche   g: Grundseite
                U: Umfang   r: Radius
                h: Höhe   d: Durchmesser.

2.2.1   Formeln für regelmäßige Flächen

2.2.1.1   Regelmäßige, geradlinig begrenzte Flächen

(1) Quadrat $F = a^2$ (Abb. 2.2.1/1a)

(2) Rechteck $F = a \cdot b$ (Abb. 2.2.1/1b)

(3) Parallelogramm $F = g \cdot h$ (Abb. 2.2.1/1c)

(4) Dreieck $F = \frac{1}{2} g \cdot h$ (Abb. 2.2.1/1d)

$F = \frac{1}{2} ab \sin\gamma$ (Abb. 2.2.1/1e)

$F = \sqrt{s\,(s-a)\,(s-b)\,(s-c)}$ (Heronische Formel)

$s = \frac{U}{2} = \frac{a+b+c}{2}$ (Abb. 2.2.1/1f)

(5) Trapez $F = \frac{1}{2}(a+b) \cdot h = m \cdot h$ (Abb. 2.2.1/1g)

a und b parallele Grundseiten, $m = \frac{1}{2}(a+b)$ Mittellinie

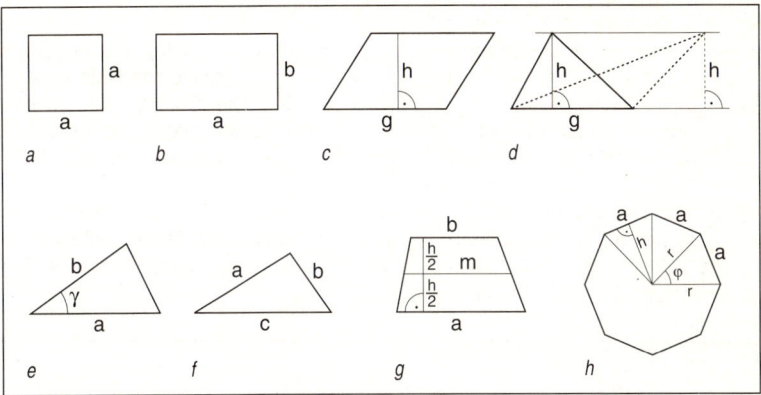

Abb. 2.2.1/1. Regelmäßige, geradlinig begrenzte Flächen

(6) regelmäßiges n-Eck (Abb. 2.2.1/1h)

$$F = n \cdot \frac{1}{2} ah = n \frac{1}{2} r^2 \sin\varphi = n \cdot \frac{1}{4} a^2 \cot\left(\frac{\varphi}{2}\right) \qquad \varphi = \frac{360°}{n}$$

2.2.1.2 Regelmäßige, krummlinig begrenzte Flächen

(1) Kreis $F = \pi r^2 = \pi \frac{d^2}{4}$ $U = 2\pi r = \pi d$ (Abb. 2.2.1/2a)

(2) Kreisring $F = \pi (R^2 - r^2) = \pi (R + r) s$ $s = R - r$ (Abb. 2.2.1/2b)

(3) Kreisausschnitt (Sektor) $F = \frac{1}{2} b \cdot r = \frac{1}{2} r^2 \text{arc}\alpha$ (Abb. 2.2.1/2c)

$b = r \cdot \text{arc}\alpha$ Bogenlänge $\text{arc}\alpha = \pi \frac{\alpha°}{180°} = \pi \frac{\alpha \text{ gon}}{200 \text{ gon}}$ = Bogenmaß von α

(4) Kreisabschnitt (Segment)   (Abb. 2.2.1/2d)

$$F = \frac{1}{2}(br - s(r - h)) = \frac{1}{2} r^2 (\text{arc}\alpha - \sin\alpha)$$

$$r = \frac{h}{2} + \frac{s^2}{8h} \qquad \text{arc}\alpha = \frac{b}{r} \text{ Bogenmaß}$$

(5) Näherung für Kreissegmente mit $h \leq 0,5$ s (d. h. $\alpha \leq 180°$)

$$F \approx \frac{2}{3} sh + \frac{h^3}{2s} \text{ (Fehler unter 0,8 \%)}$$

(6) Parabelsegment $F = \frac{2}{3} sh$ (Abb. 2.2.1/2e), auch als Näherung für flache

Kreissegmente verwendbar: (für $h \leq 0,1$ s Fehler unter 0,8 %)

(7) Ellipse $F = \pi a \cdot b$ (Abb. 2.2.1/2f)

a und b große und kleine Halbachse

$U \approx \pi(1,5 (a + b) - \sqrt{ab})$ (Fehler unter 1 % für $b \geq 0,25a$, unbrauchbar für sehr flache Ellipsen).

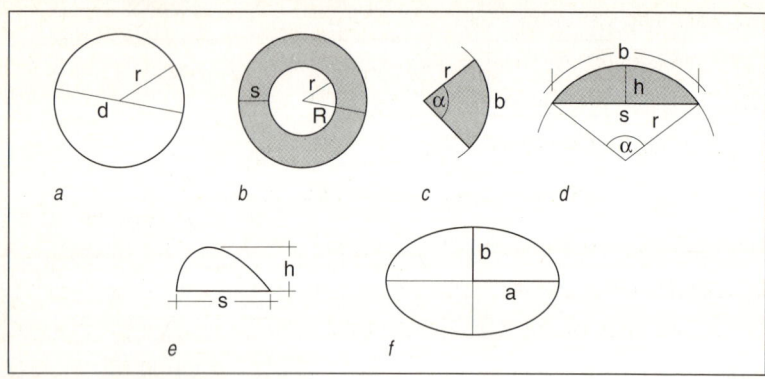

Abb. 2.2.1/2. Regelmäßige, krummlinig begrenzte Flächen

2.2.1.3   Schwerpunkte regelmäßiger Flächen

Bezeichnungen: S: Flächenschwerpunkt   e: Schwerpunktabstand.

(1) Fläche mit Symmetriezentrum (Mittelpunkt) M: S liegt in M.
Fläche mit Spiegelsymmetrie(n): jede Symmetrieachse ist auch Bestimmungslinie von S.

(2) Rechteck und Parallelogramm   (Abb. 2.2.1/3a).

S im Halbierungspunkt beider Diagonalen $e = \dfrac{1}{2}h$.

(3) Dreieck [s. a. Kap. 2.2.2.5 (1)]   (Abb. 2.2.1/3b).

S im Schnittpunkt der Seitenhalbierenden, Teilung 1 : 2 $e = \dfrac{1}{3}h$.

(4) Trapez   (Abb. 2.2.1/3c).

S auf der Halbierenden der Parallelen a und b $e = \dfrac{h}{3} \cdot \dfrac{a + 2b}{a + b}$

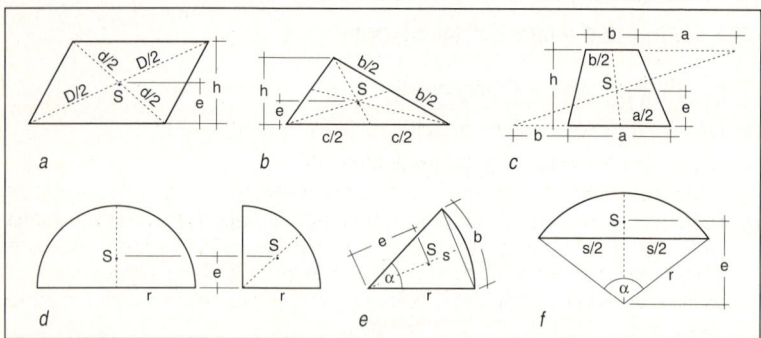

Abb. 2.2.1/3. Schwerpunkte regelmäßiger Flächen

(5) Halb- und Viertelkreis (Abb. 2.2.1/3d).

S auf Symmetrieachse $e = \dfrac{4\,r}{3\,\pi}$

(6) Kreisausschnitt (Sektor) (Abb. 2.2.1/3e)

S auf Symmetrieachse (Mittelradius) $e = \dfrac{2}{3}\,r\,\dfrac{s}{b} = \dfrac{2}{3}\,\dfrac{s}{arc\alpha}$

$s = 2\,r\,\sin\!\left(\dfrac{\alpha}{2}\right)$ Sehne $b = r \cdot arc\alpha$ Bogen $arc\alpha$ Bogenmaß

[vgl. Kap. 2.2.1.2 (3)].

(7) Kreisabschnitt (Segment) (Abb. 2.2.1/3f).

S auf Symmetrieachse $e = \dfrac{s^{3}}{12\,F}$

s: Sehne   F: Fläche [Kap. 2.2.1.2 (4–5)].

2.2.2   Berechnung polygonal begrenzter Flächen

2.2.2.1   Zerlegung in Dreiecke

(1) Viereck: Eine Diagonale als gemeinsame Grundseite   (Abb. 2.2.2/1a)

$F = \dfrac{1}{2}\,d\,(h_1 + h_2).$

(2) Unregelmäßiges n-Eck: n-2 Dreiecke, möglichst je zwei nach (1) zusammengefaßt (Abb. 2.2.2/1b).

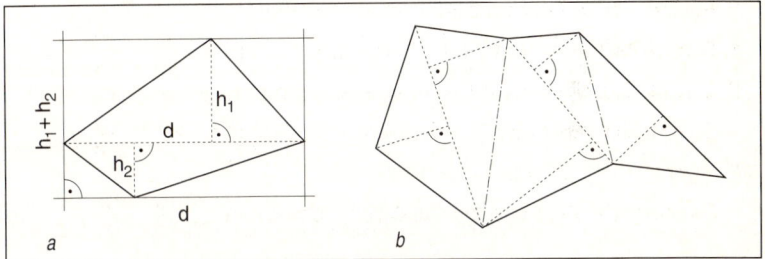

Abb. 2.2.2/1. Zerlegung unregelmäßiger Vielecke in Dreiecke

2.2.2.2   Trapezzerlegung bei Geländeprofilen

(1) Fläche zwischen zwei Profilen (z. B. alt und neu) (Abb. 2.2.2/2): Die Höhendifferenzen in allen Profilpunkten als parallele Grundseiten von Trapezen und Dreiecken, horizontale Abstände zwischen Höhepunkten als Höhen der Teilflächen wählen; die benötigten Höhendifferenzen ggf. aus maßstäblicher Profilzeichnung messen oder durch Interpolation aller fehlenden Gegenhöhen (s. Kap. 2.1.3.2) ermitteln.

$F = \dfrac{1}{2}\,[(\Delta H_o + \Delta H_1)\,(y_1 - y_0) + (\Delta H_1 + \Delta H_2)\,(y_2 - y_1) + (\Delta H_2 + \Delta H_3)\,(y_3 - y_2) + \ldots]$

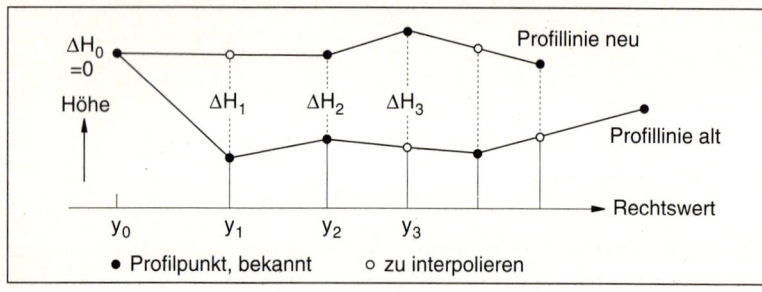

Abb. 2.2.2/2. Trapezzerlegung bei Geländeprofil

(2) Höhenschichtprofile: Waagerecht zerlegen, Grundseiten der Teilflächen sind aus dem Abstand höhengleicher Punkte (Höhenlinien) ersichtlich (Abb. 2.4.3/1).

2.2.2.3 Koordinatenmethode

(1) Achse ganz innerhalb der Fläche (Abb. 2.2.2/3a): Zerlegung beiderseits der Achse in Dreiecke und Trapeze.

(2) Achse ganz außerhalb der Fläche (Abb. 2.2.2/3b): Zerlegung der Fläche F_a zwischen Achse und der Achse abgewandter Begrenzung in Dreiecke und Trapeze, ebenso der Fläche F_z zwischen Achse und der Achse zugewandter Begrenzung. $F = F_a - F_z$

(3) Achse schneidet die Begrenzungslinie (Abb. 2.2.2/3c): Schreibweise gemäß Gauss'scher Flächenformel Kap. 2.2.2.4 (1) ist vorzuziehen!

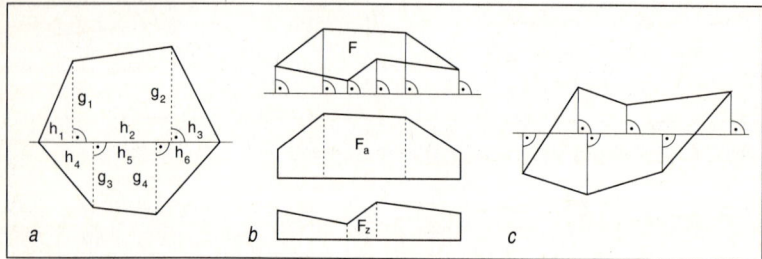

Abb. 2.2.2/3. Koordinatenmethode

2.2.2.4 Gauss'sche Flächenformel (Gauss-Elling) (Abb. 2.2.2/4)

Beliebiges n-Eck: Eckpunkte im Uhrzeigersinn herum numeriert P_1 bis P_n, rechtwinklige Koordinaten $P_i = (x_i|y_i)$ für $i = 1, \ldots, n$. $P_{n+1} \equiv P_1$. Lage der Fläche im Koordinatensystem beliebig; bei vermessungstechnischen Koordinaten x und y zu vertauschen!

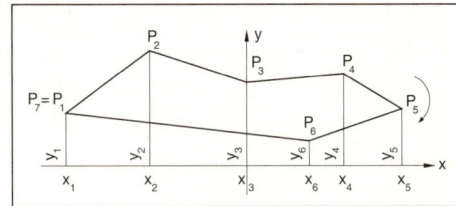

Abb. 2.2.2/4. Gauss'sche Flächen-
formel

Für verschränkte Polygone ergibt sich eine Flächenbilanz [s. Kap. 2.4.4.3 (3)].

(1) $F = \frac{1}{2}[(x_2 - x_1)(y_1 + y_2) + (x_3 - x_2)(y_2 + y_3) + \ldots$
$+ (x_n - x_{n-1})(y_{n-1} + y_n) + (x_1 - x_n)(y_n + y_1)]$
(entspricht Koordinatenmethode 2.2.2.3)

(2) $F = \frac{1}{2}[(x_2y_1 + x_3y_2 + \ldots + x_ny_{n-1} + x_1y_n) - (x_1y_2 + x_2y_3 + \ldots + x_{n-1}y_n + x_ny_1)]$

Die Auswertung ist abhängig von den verwendeten Rechenhilfsmitteln, z.B. nach Abb. 2.2.2/5a): Für Beschreibung und Berechnung reicht letztlich die Aufstellung der Koordinatenliste in der Mitte.

(3) $F = \frac{1}{2}[x_1(y_n - y_2) + x_2(y_1 - y_3) + x_3(y_2 - y_4) + \ldots + x_n(y_{n-1} - y_1)]$

$= \frac{1}{2}[y_1(x_2 - x_n) + y_2(x_3 - x_1) + y_3(x_4 - x_2) + \ldots + y_n(x_1 - x_{n-1})]$

Auswertung aus Koordinatenaufstellung z.B. nach Abb. 2.2.2/5b).

Punkt Nr.		Koordinaten				
		x (rechts)	y (hoch)			
1		x_1	y_1			
2	x_2y_1	x_2	y_2	x_1y_2	$x_2(y_1-y_3)$	$y_2(x_3-x_1)$
3	x_3y_2	x_3	y_3	x_2y_3	$x_3(y_2-y_4)$	$y_3(x_4-x_2)$
.	.	.	.	.	.	
.	.	.	.	.		
.		.	.	.		
n–1		x_{n-1}	y_{n-1}	.		
n	x_ny_{n-1}	x_n	y_n	$x_{n-1}y_n$	$x_n(y_{n-1}-y_1)$	$y_n(x_1-x_{n-1})$
1	x_1y_n	x_1	y_1	x_ny_1	$x_1(y_n-y_2)$	$y_1(x_2-x_n)$
	Σ_1			Σ_2	Σ_3	Σ_4
	$F = \frac{1}{2}(\Sigma_1 - \Sigma_2)$				$F = \frac{1}{2}\Sigma_3 = \frac{1}{2}\Sigma_4$	
a				b		

Abb. 2.2.2/5. Rechenschema zur Gauss'schen Flächenformel

(4) Dreieck (Abb. 2.2.2/6a)

$$F = \frac{1}{2}\,[x_1\,(y_3 - y_2) + x_2\,(y_1 - y_3) + x_3\,(y_2 - y_1)]$$

$$= \frac{1}{2}\,[y_1\,(x_2 - x_3) + y_2\,(x_3 - x_1) + y_3\,(x_1 - x_2)]$$

2.2.2.5 Schwerpunktberechnung

(1) Dreieck (Abb. 2.2.2/6a) $x_s = \frac{1}{3}\,(x_1 + x_2 + x_3)$ $y_s = \frac{1}{3}\,(y_1 + y_2 + y_3)$

(2) n-Eck: Zerlegen in (n-2) Dreiecke, für jedes Dreieck Fläche
[s. Kap. 2.2.2.4 (4)] und Schwerpunkt [s. (1)] bestimmen (Abb. 2.2.2/6b).

Gesamtschwerpunkt $x_s = \dfrac{x_{s1} \cdot F_1 + x_{s2} \cdot F_2 + \ldots}{F_1 + F_2 + \ldots}$

y_s entsprechend

(3) n-Eck, Eckpunktkoordinaten und Gesamtfläche nach Kap. 2.2.2.4:

$$x_s = \frac{1}{F} \cdot \frac{1}{6}\,[(x_1^2 + x_1 x_2 + x_2^2)\,(y_1 - y_2) + (x_2^2 + x_2 x_3 + x_3^2)\,(y_2 - y_3) + \ldots$$

$$+ (x_n^2 + x_n x_1 + x_1^2)\,(y_n - y_1)]$$

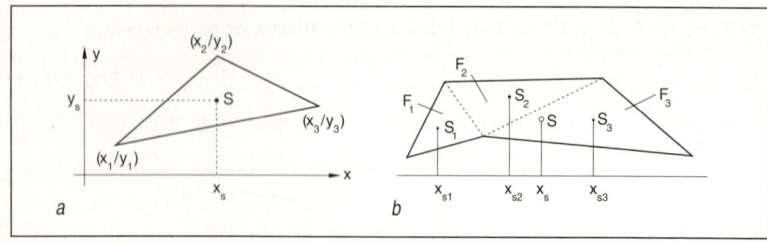

Abb. 2.2.2/6. Schwerpunktberechnung

2.2.3   Näherungsverfahren (Planimeterharfe)

Eine Fläche wird durch parallele Schnitte in Streifen zerlegt (Abb. 2.2.3/1), aus Durchmessern sind nach Regeln der numerischen Integration Näherungswerte für F berechenbar:

2.2.3.1   Trapezregel (Abb. 2.2.3/1a)

(1) $F_1 \approx \dfrac{\Delta x}{2}\,(d_0 + d_1)$ (1 Streifen)

(2) $F_n \approx \Delta x \left(\dfrac{d_0}{2} + d_1 + d_2 + \ldots + d_{n-1} + \dfrac{d_n}{2}\right)$ (n Streifen der Breite Δx)

Der Ersatz der einzelnen Streifen durch Trapeze ergibt zu wenig oder zu viel, je nachdem, ob die Sehne innerhalb oder außerhalb der Streifenfläche liegt.

2.2.3.2   Rechteckregel (Abb. 2.2.3/1b)

Durchmesser in der Mitte der Streifen genommen

(1) $F_1 \approx \Delta x \cdot d_{\frac{1}{2}}$ (1 Streifen)

(2) $F_n \approx \Delta x \, (d_{\frac{1}{2}} + d_{1+\frac{1}{2}} + d_{2+\frac{1}{2}} + \dots + d_{n-\frac{1}{2}})$ (n Streifen der Breite Δx)

Fehler im allgemeinen kleiner als bei Trapezregel und von umgekehrtem Vorzeichen.

2.2.3.3   Simpsonregel (Abb. 2.2.3/1c)

(1) $F_2 \approx \dfrac{2\Delta x}{6} \, (d_0 + 4\, d_1 + d_2)$ (2 Streifen der Breite Δx)

(2) $F_n \approx \dfrac{2\Delta x}{6} \, (d_0 + 4\, d_1 + 2\, d_2 + 4\, d_3 + \dots + 2\, d_{n-2} + 4\, d_{n-1} + d_n)$ (n Streifen der Breite Δx, n gerade)

Genauigkeit sehr hoch, Voraussetzung jedoch: Randlinie ohne Knick zwischen d_0 und d_2, bei (2) ebenso zwischen d_2 und d_4 usw.

2.2.3.4   Newtonregel (Abb. 2.2.3/1d)

(1) $F_3 \approx \dfrac{3\Delta x}{8} \, (d_0 + 3\, d_1 + 3\, d_2 + d_3)$ (3 Streifen der Breite Δx)

(2) $F_n \approx \dfrac{3\Delta x}{8} \, (d_0 + 3\, d_1 + 3\, d_2 + 2\, d_3 + 3\, d_4 + \dots + 3\, d_{n-1} + d_n)$ (n Streifen der Breite Δx, n durch 3 teilbar).

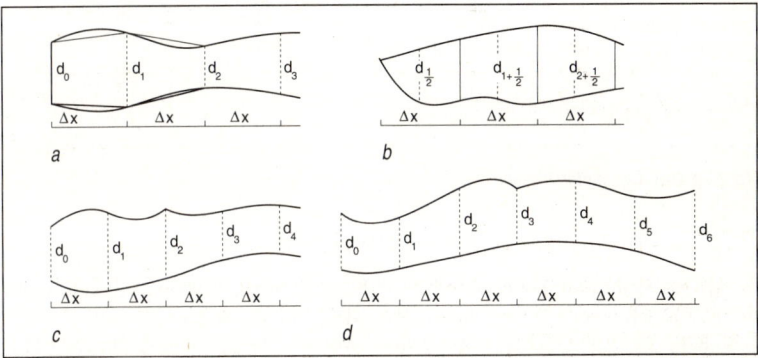

Abb. 2.2.3/1. Flächenberechnung nach Regeln der numerischen Integration (Planimeterharfe)

2.2.4   Mechanische Flächenermittlung (Planimeter)

2.2.4.1   Polarplanimeter (Abb. 2.2.4/1)

Pol mit Nadel oder Gewicht fest aufstellen, Fahrstift oder Lupe im Uhrzeigersinn auf der Umfangslinie um die auszumessende Fläche herumführen. Dre-

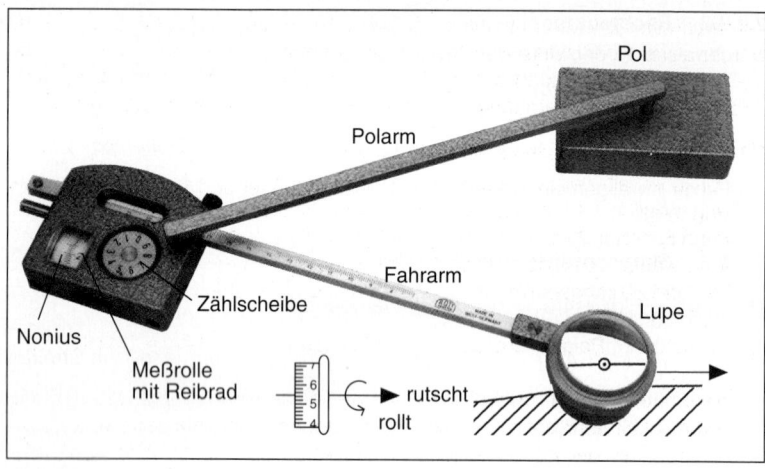

Abb. 2.2.4/1. Polarplanimeter (Photo: A. Ott GmbH Kempten)

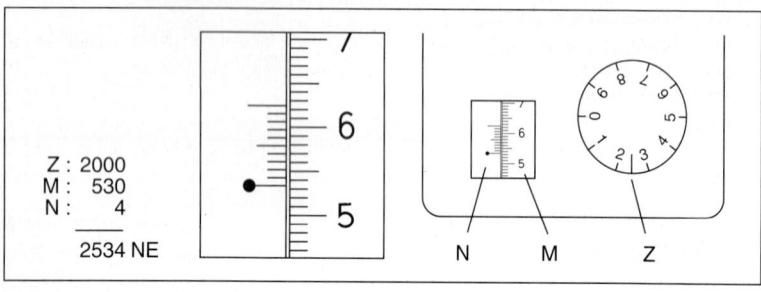

Abb. 2.2.4/2. Planimeterablesung

hung des Reibrades proportional zum Flächeninhalt. Stellung vor und nach Umfahrung in Noniuseinheiten ablesen (NE) (Abb. 2.2.4/2).
Evtl. kann der Anfangswert auf 0 gestellt werden, neuere Geräte mit elektronischer Digitalanzeige.
Überschreiten der Null auf Zählscheibe während des Umfahrens beachten: Erhöhung der Ablesung um 10 000 NE.

2.2.4.2   Noniuswert und Flächenmaß

Fläche = (Endablesung − Anfangsablesung in NE) · Noniuswert
Absoluter Noniuswert = Flächeninhalt für 1NE bei M 1 : 1
Relativer Noniuswert = Flächeninhalt für 1NE bei M 1 : n
$$= n^2 \cdot \text{absoluter Noniuswert}$$

Bei zweimaßstäblichen Flächen (z. B. überhöhte Profile) mit LM 1 : n, HM 1 : m gilt: Relativer Noniuswert = n · m · absoluter Noniuswert. Absoluter Noniuswert, abhängig von Bauart des Geräts, wird dazu angegeben, kann ggf. durch Veränderung der Fahrarmlänge verändert werden: je kürzer, desto genauer.

2.2.4.3 Aufstellung des Polarplanimeters

(1) Pol außerhalb der zu messenden Fläche (»Pol außen«): Normalfall. Polstellung möglichst so, daß zwischen Pol und Fahrarm etwa ein rechter Winkel, wenn Fahrstift etwa im Schwerpunkt (Abb. 2.2.4/3a). Anfangs- = Endpunkt A so wählen, daß dort möglichst wenig gezählt wird. Bei unverändertem Pol und Anfangspunkt auch in »durchgeschlagener« Stellung messen (Abb. 2.2.4/3a).
Ein längerer Polarm erhöht die Reichweite ohne Änderung des Noniuswerts.
Zu große Flächen zerschneiden in wenige einzeln zu messende Teile und/oder Herausschneiden elementar berechenbarer Flächenstücke.

(2) Pol innerhalb der Fläche (»Pol-innen-Aufstellung«): Polarm beschreibt Vollkreis (Abb. 2.2.4/3b) (nicht bei jeder Bauart möglich). Meßrolle zählt nur Flächenunterschiede gegenüber dem »neutralen Kreis« (Abb. 2.2.4/3b), dessen Flächeninhalt geräteabhängig ist und bekannt sein muß: Pol-innen-Konstante K (in NE).
Umfahrung stets im Uhrzeigersinn, Nullüberschreitung auf Zählscheibe beachten, hier auch rückwärts möglich (dann Anfangsablesung um 10 000 NE zu erhöhen).
Meßwert $\triangle$ = Endablesung − Anfangsablesung kann positiv oder negativ sein (Fläche größer bzw. kleiner als neutraler Kreis); Fläche = ($\triangle$ + K) · Noniuswert.

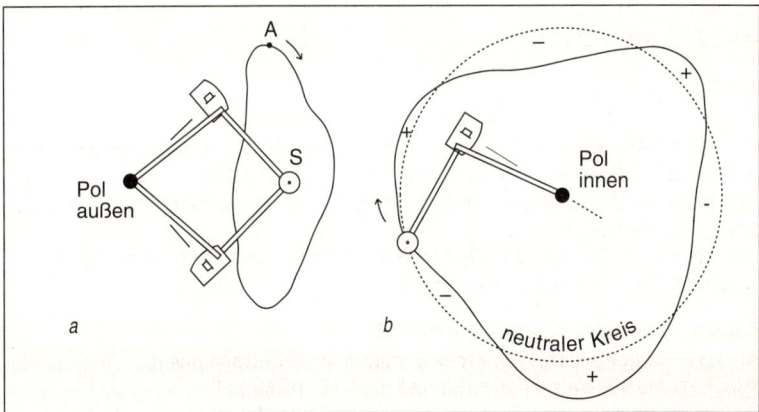

Abb. 2.2.4/3. Aufstellung des Polarplanimeters

2.2.4.4   Genauigkeit

Mittelbildung aus mehreren Meßwerten; mindestens 3 erforderlich, um »Ausreißer« zu erkennen; am besten 4, davon 2 in durchgeschlagener Stellung.
Fehler proportional zum Umfang: große Flächen sind günstiger als kleine.
Umfahrung freihändig: Fehler gleichen sich besser aus.
Mit planaufliegender Lupe genauere Führung als mit Stift (Parallaxenfehler).
Papier: plan, sauber; Rand nicht überfahren.
Maßhaltigkeit der Zeichnung an Kontrollfigur überprüfen, evtl. Korrekturfaktor.

2.2.5   Flächenermittlung mit CAD

CAD (Computer Aided Design) beinhaltet computerunterstützte Verarbeitung geometrischer (graphischer Daten).

2.2.5.1   Hardware

Übliche Hardwarekomponenten (Geräte (Abb. 2.2.5/1): Rechner, z. B. leistungsfähiger Personalcomputer (PC), zusätzlicher graphischer Bildschirm mit hoher Auflösung, Digitalisiertablett zur Eingabe graphischer Daten durch Abtasten mit Lupe oder Stift (»Digitalisieren«), Plotter zum automatischen Zeichnen. Zusätzlicher Scanner ermöglicht automatisches Digitalisieren.

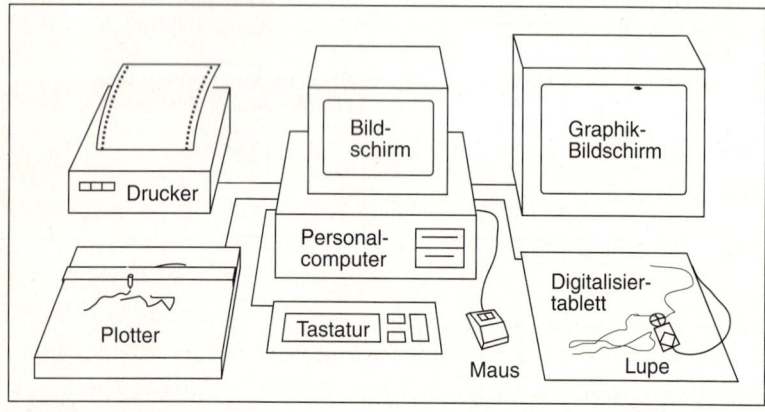

Abb. 2.2.5/1. CAD-Arbeitsplatz

2.2.5.2   Software

Zu CAD gehört ein Programm, das Funktionen zur Manipulation graphischer Daten bietet, besonders zur Konstruktion und Bearbeitung von Zeichnungen. Dabei sind auch automatische Inhaltsberechnungen digitalisierter oder konstruierter Flächen möglich, mit erheblichem Mehraufwand auch Körperinhalte.

2.2.6 Flächenberechnung bei Geländegefälle

Werden geneigte ebene Flächen nicht aus Abwicklungsmaßen, sondern aus ihrer Horizontalprojektion (Lageplan) berechnet, gilt
tatsächliche Fläche = Projektionsfläche · Zuschlagsfaktor.

2.2.6.1 Einseitige Geländeneigung

Zuschlagsfaktor Z für Neigung $1:n$ in Richtung des stärksten Gefälles

$$Z = \sqrt{1 + \frac{1}{n^2}} \quad \text{(Abb. 2.2.6/1)}.$$

Steigungsverhältnis		Zuschlags-faktor	Zuschlag in % der Projek-
1:n	in %	Z(n)	tionsfläche
1:0,5	200	2,2361	123,61
1:0,75	133,3	1,6667	66,67
1:1	100	1,4142	41,42
1:1,25	80	1,2806	28,06
1:1,5	66,7	1,2019	20,19
1:1,75	57,1	1,1518	15,18
1:2	50	1,1180	11,80
1:2,5	40	1,0770	7,70
1:3	33,3	1,0541	5,41
1:4	25	1,0308	3,08
1:5	20	1,0198	1,98
1:6	16,7	1,0138	1,38
1:8	12,5	1,0078	0,78
1:10	10	1,0050	0,50
1:20	5	1,0012	0,12
1:50	2	1,0002	0,02

Abb. 2.2.6/1. Zuschlagfaktoren und Zuschläge für geneigte Flächen

2.2.6.2 Zweiseitige Geländeneigung

Besitzt die Fläche in zwei zueinander senkrechten Richtungen des Lageplans (z. B. x- und y-Richtung) die Neigungen $1:n_x$ bzw. $1:n_y$, gilt $Z = \sqrt{1 + \frac{1}{n_x^2} + \frac{1}{n_y^2}}$
Näherungsrechnung für Neigungen bis zu 50 % in beiden Richtungen:
Zuschlag = Zuschlag in x-Richtung + Zuschlag in y-Richtung (Fehler höchstens ca. 1 %).

2.2.6.3 Unregelmäßig geneigte Flächen

Näherungsweise Berechnung durch Zerlegung in Teilflächen mit annähernd gleich großem Gesamtgefälle, z. B. auf Grund des Abstandes von Höhenlinien (Abb. 2.2.6/1). Der Zuschlag für eine derartige Teilfläche ist entsprechend der mittleren Neigung zu wählen; Mitteln der Zuschläge für größte und kleinste Neigung ergibt im Normalfall zuviel.

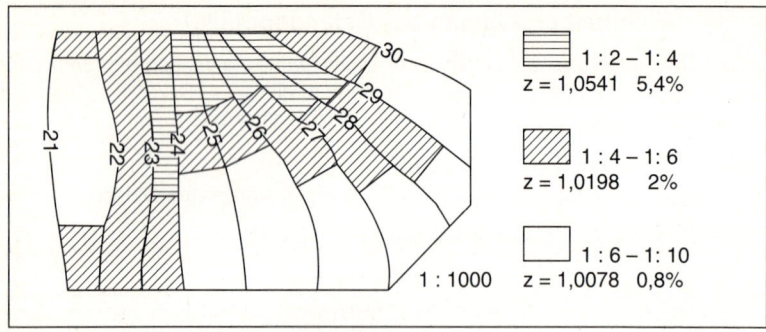

Abb. 2.2.6/1. *Flächenzuschlag bei ungleichmäßigem Gefälle*

2.3   Körperberechnung, Berechnungen im Raum

2.3.1   Formeln für regelmäßige Körper

Bezeichnungen: V: Volumen   U: Flächenumfang
               G: Grundfläche   Q: Querschnitts-
               h: Höhe   fläche
               M: Mantelfläche   m: Länge Mantellinie.

2.3.1.1   Prismen und Zylinder

Prismen und Zylinder sind Körper, die durch Parallelverschiebung einer ebenen Fläche entstehen: Grund- und Deckfläche (Anfangs- und Endfläche) parallel und deckungsgleich,
geradlinig begrenzte Grundfläche: Prisma   (Abb. 2.3.1/1a)
krummlinig begrenzte Grundfläche: Zylinder   (Abb. 2.3.1/1b)
Parallelverschiebung senkrecht zur Grundfläche: gerade   (Abb. 2.3.1/1a u. b)
Verschiebung nicht senkrecht zur Grundfläche: schief   (Abb. 2.3.1/1c u. d)
(1) In allen Fällen gilt $V = G \cdot h$ $M = U \cdot m$
    h = lotrechter Abstand zwischen Grund- und Deckfläche, U = Umfang des Querschnitts senkrecht zu den Mantellinien, für schiefe Prismen auch M = Σ Einzelflächen (Parallelogramme).
(2) Würfel $V = a^3$ (Abb. 2.3.1/1e).
(3) Quader $V = a \cdot b \cdot c$ (Abb. 2.3.1/1f).

2.3.1.2   Schief abgeschnittene Prismen und Zylinder

Parallelprojektion eines Querschnitts Q mit schiefer und nicht paralleler, ebener Anfangs- und Endfläche.
(1) $V = Q \cdot h_s$
    h_s = Höhe des Körpers im Schwerpunkt des Querschnitts Q
    = Abstand Schwerpunkt Grundfläche – Schwerpunkt Deckfläche.

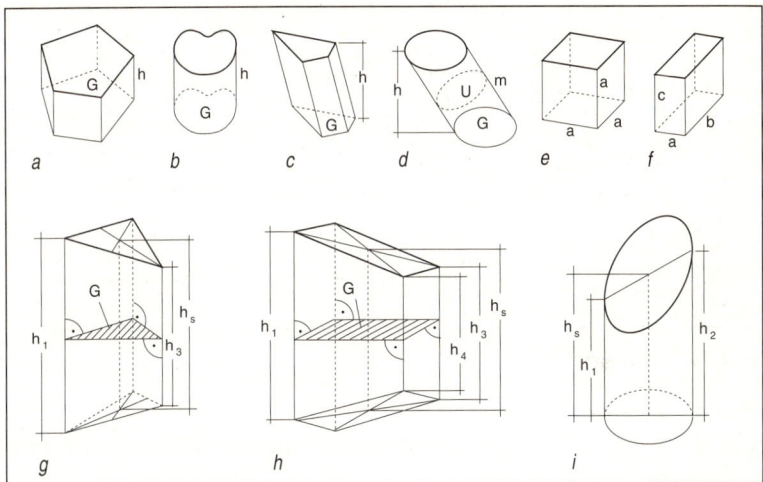

Abb. 2.3.1/1. Prismen und Zylinder

(2) Dreiecksquerschnitt (Abb. 2.3.1/1g): $h_s = \frac{1}{3}(h_1 + h_2 + h_3)$

(3) Regelmäßiger Viereckquerschnitt (Quadrat, Rechteck, Paralellogramm) (Abb. 2.3.1/1h)

$h_s = \frac{1}{4}(h_1 + h_2 + h_3 + h_4)$

(4) Wie (3), Näherung bei nicht ebenen Endflächen

$V \approx Q \cdot \frac{1}{4}(h_1 + h_2 + h_3 + h_4)$

(gilt bei unregelmäßigen Vierecken, auch Trapez, nicht!).

(5) Für (3) gilt bei ebenen Endflächen (Diagonalprobe)

$h_s = \frac{1}{2}(h_1 + h_3) = \frac{1}{2}(h_2 + h_4)$

gilt analog bei anderen regelmäßigen Querschnitten   (Abb. 2.3.1/1i).

2.3.1.3   Pyramiden und Kegel

Pyramiden und Kegel entstehen durch Zentralprojektion.
Geradlinig begrenzte Grundfläche: Pyramide   (Abb. 2.3.1/2a).
Krummlinig begrenzte Grundfläche: Kegel   (Abb. 2.3.1/2b).
Spitze senkrecht über Grundflächenmittelpunkt: gerade   (Abb. 2.3.1/2c).

(1) In allen Fällen gilt $V = \frac{1}{3}G \cdot h$

h = lotrechter Abstand Spitze – Grundflächenebene.

(2) Kreiskegel (Abb. 2.3.1/2c)

$V = \frac{1}{3}\pi r^2 h$ (gerade und schief) $M = \pi r \cdot m$ (nur gerade).

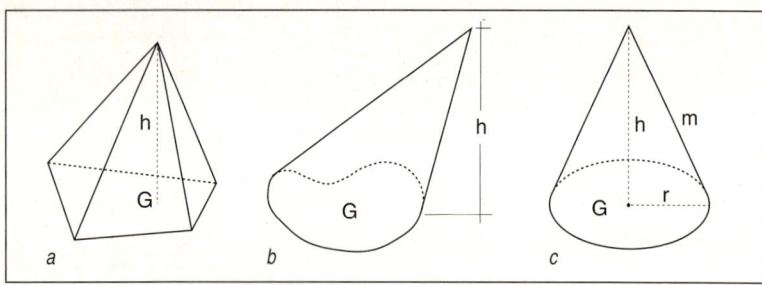

Abb. 2.3.1/2. Pyramiden und Kegel

2.3.1.4   Pyramiden- und Kegelstumpf

Parallel zur Grundfläche abgeschnittene Pyramide oder Kegel (schief oder gerade) (Abb. 2.3.1/3a).

(1) $V = \frac{1}{3} (GH - gh_1)$ $V = \frac{h}{3} (G + \sqrt{Gg} + g)$

(2) Kreiskegelstumpf (Abb. 2.3.1/3b)

$V = \frac{h}{3} \pi (R^2 + Rr + r^2)$ (gerade und schief) $M = \pi (R + r) m$ (nur gerade)

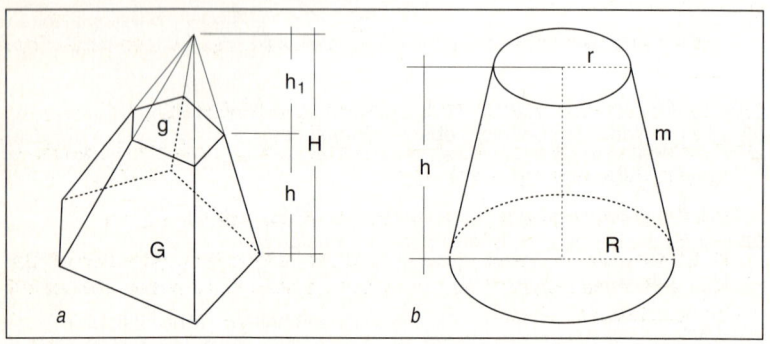

Abb. 2.3.1/3. Pyramiden- und Kegelstumpf

2.3.1.5   Kugel und Faß

(1) Kugel (Abb. 2.3.1/4a) $V = \frac{4}{3} \pi R^3$ $O = 4\pi R^2$

(2) Kugelsegment (Abschnitt) (Abb. 2.3.1/4b)

$V = \frac{\pi h}{6} (3r^2 + h^2) = \frac{\pi h^2}{3} (3R - h)$ $M = 2\pi Rh = \pi (r^2 + h^2)$

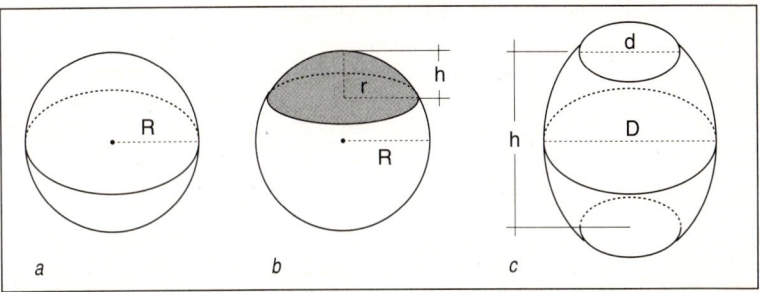

Abb. 2.3.1/4. Kugel und Faß

(3) Faß (Abb. 2.3.1/4c)

$$V = \frac{\pi h}{12} (2D^2 + d^2) \quad \text{(exakt bei elliptischer Mantellinie).}$$

2.3.1.6 Prismatoide

Prismatoide im engeren Sinn sind Körper mit geradlinig begrenzter Grund-fläche und dazu paralleler Deckfläche sowie stückweise ebener Mantelfläche aus Dreiecken und Trapezen (Abb. 2.3.1/5a), speziell Prismen, Pyramiden und Pyramidenstumpfe.

(1) $V = \dfrac{h}{6} (G + 4 \cdot M + g)$

   (gilt für eine weit größere Zahl von Körpern exakt, vgl. Simpsonregel Kap. 2.3.2.3).

(2) Rechteckkeil (Walmdach) (Abb. 2.3.1/5b) $V = \dfrac{ha}{6} (2b + c)$

(3) Rechteckmiete (Ponton, Baugrube): parallel zur Grundfläche abgeschnit-tener Rechteckkeil (Abb. 2.3.1/5c)

$$V = \frac{h}{6} (LB + (L + l)(B + b) + lb) = lbh + h^2 (l \cdot n_b + bn_l) + \frac{4}{3} h^3 n_l n_b$$

   (2.3.1.4 (1) gilt nur näherungsweise, Körper ist kein Pyramidenstumpf! Bei asymmetrischen Böschungen ist n_b bzw. n_l als Mittel aus den Werten auf beiden Seiten zu bilden).

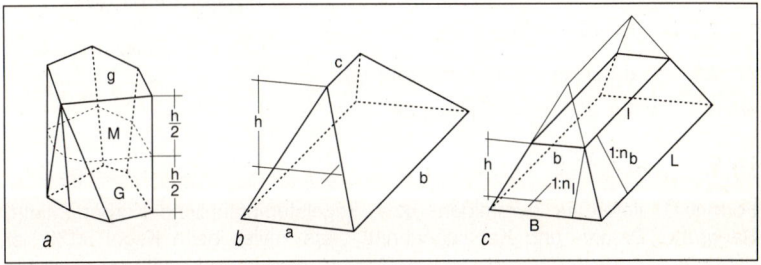

Abb. 2.3.1/5. Prismatoid, Rechteckkeil, Rechteckmiete

2.3.1.7 Rotationskörper (Guldinsche Regeln)

(1) Entsteht ein Körper durch Drehung einer ebenen Fläche (Abb. 2.3.1/6a), gilt $V = F \cdot b_s$ mit $b_s = r \cdot arc\varphi =$ Weg des Flächenschwerpunkts S_1S_2.

(2) Für die bei Rotation eines ebenen Kurvenstücks entstehende Fläche gilt $M = L \cdot b_s$ (Abb. 2.3.1/6b), mit $L =$ Länge des Kurvenstücks $b_s =$ Weg des Linienschwerpunkts S_L.

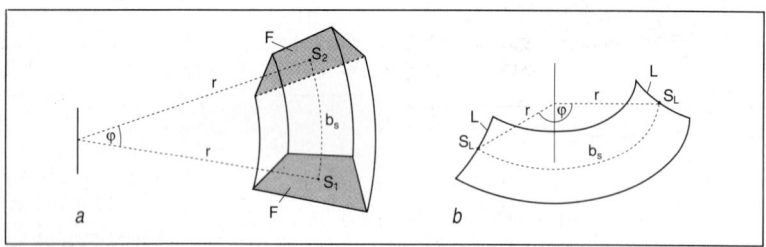

Abb. 2.3.1/6. Rotationskörper und -Fläche

2.3.2 Näherungsverfahren

Zur Volumenberechnung sind dieselben Verfahren der numerischen Integration anwendbar wie zur Flächenberechnung in Kap. 2.2.3, es sind nur anstelle von Flächendurchmessern Körperquerschnitte zu setzen (Abb. 2.3.2/1).

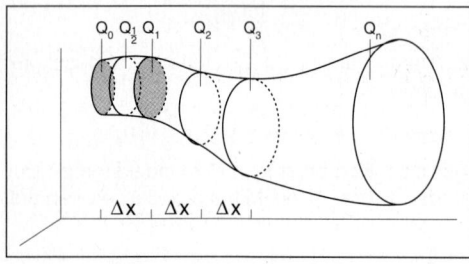

Abb. 2.3.2/1.
Volumenberechnung nach Regeln
der numerischen Integration

2.3.2.1 Trapezregel (Mittelungsformel)

(1) $V_1 \approx \dfrac{\Delta x}{2}(Q_0 + Q_1)$ (1 Abschnitt).

(2) $V_n \approx \Delta x \left(\dfrac{Q_0}{2} + Q_1 + Q_2 + \ldots + Q_{n-1} + \dfrac{Q_n}{2} \right)$ (n Abschnitte der Länge Δx).

Formel (1) liefert für pyramiden- bzw. kegelstumpfähnliche Körper (Miete, Baugrube, Damm- und Kanalabschnitt) stets zuviel, beim Kegel 50 %; ist dagegen Q_0 z. B. hoch und schmal, Q_1 aber niedrig und breit, liefert sie bis 100 % zu wenig! Der Fehler ist gering oder 0, wenn der Körper zwischen Q_0

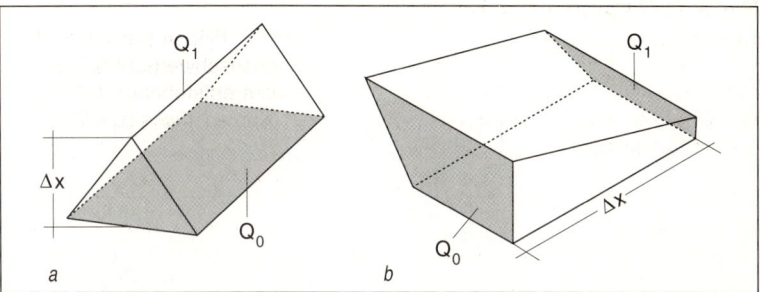

Abb. 2.3.2/2. Trapezregel

und Q_1 keine Aus- oder Einbuchtungen besitzt und in wenigstens einer Richtung seine Ausdehnung behält (Abb. 2.3.2/2). Verbesserung durch Zwischenquerschnitte und Formel (2).

2.3.2.2 Rechteckregel

(1) $V_1 \approx \Delta x \, Q_{\frac{1}{2}}$ (1 Abschnitt) $Q_{\frac{1}{2}} =$ Querschnitt in der Mitte.

(2) $V_n \approx \Delta x \; (Q_{\frac{1}{2}} + Q_{1+\frac{1}{2}} + \ldots + Q_{n-\frac{1}{2}})$ (n Abschnitte der Länge Δx). Querschnitte jeweils in der Mitte der Abschnitte.
Der Fehler ist im allgemeinen kleiner als bei Kap. 2.3.2.1 (Trapezregel) und von umgekehrtem Vorzeichen: für Miete, Baugrube usw. zu wenig.

2.3.2.3 Simpsonregel (Keplersche Faßregel)

(1) $V_2 \approx \dfrac{2\Delta x}{6} (Q_0 + 4Q_1 + Q_2)$ (2 Abschnitte der Länge Δx).

(2) $V_n \approx \dfrac{2\Delta x}{6} (Q_0 + 4Q_1 + 2Q_2 + 4Q_3 + \ldots + 2Q_{n-2} + 4Q_{n-1} + Q_n)$
(n Abschnitte der Länge Δx, n gerade!).
Formel (1) ist identisch mit der Prismatoidformel Kap. 2.3.1.6 (1). Entscheidend ist die Kenntnis der Mittelfläche Q_1 bzw. M; die »Schätzung«
$M \approx \dfrac{G + g}{2}$ führt zur Trapezregel Kap. 2.3.2.1, ist also wertlos!

Die Genauigkeit der Simpsonregel ist sehr hoch. Nach (1) lassen sich sogar fast sämtliche in Kap. 2.3.1 genannten Körper exakt berechnen. Andererseits setzt ihre Anwendung eine glatte Querschnittsentwicklung zwischen Anfangs-(Grund-)fläche und End-(Deck-)fläche voraus. Andernfalls kann sie völlig versagen, z. B. bei einem umlaufenden Knick der Mantelfläche (Abb. 2.3.2/3). Abhilfe: andere, im allgemeinen engere Zerlegung, so daß Knicke von Anfangs- und Endfläche erfaßt werden.

2.3.2.4 Newtonregel

(1) $V_3 \approx \dfrac{3\Delta x}{8} (Q_0 + 3Q_1 + 3Q_2 + Q_3)$ (3 Abschnitte der Länge Δx).

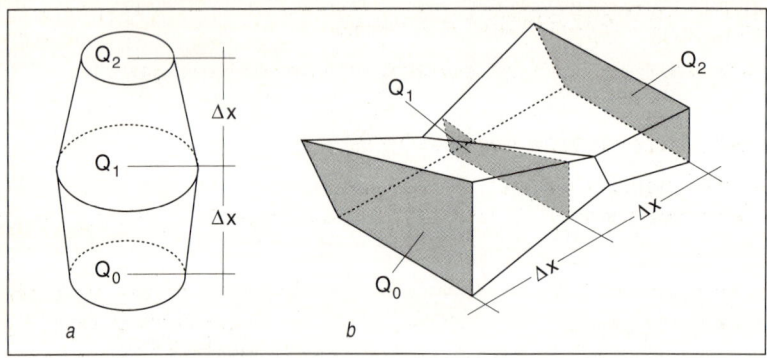

Abb. 2.3.2/3. Geknickte Mantelfläche, falsche Anwendung der Simpsonregel

(2) $V_n \approx \dfrac{3\Delta x}{8}\,(Q_0 + 3Q_1 + 3Q_2 + 2Q_3 + 3Q_4 + \ldots + 3Q_{n-1} + Q_n)$ (n Abschnitte

der Länge Δx, n durch 3 teilbar!).
Genauigkeit und Voraussetzungen ähnlich wie bei der Simpsonregel laut Kap.
2.3.2.3. Zweckmäßig anzuwenden, wenn einzelne Querschnitte nicht so stark
betont werden sollen wie bei Simpsonregel. Bei ungeradem n 3 Abschnitte
nach Newton-, die restlichen nach Simpsonregel.

2.3.2.5   Berechnung gekrümmter Körper

Für gekrümmte Körper (nicht parallele Querschnitte) kann die Trapezregel mit
Verallgemeinerung der Guldinschen Regel kombiniert werden

$$V \approx \frac{F_1 + F_2}{2} \cdot \frac{b_1 + b_2}{2} \quad \text{(Abb. 2.3.2/4)}.$$

$b_1 = r_1 \cdot \operatorname{arc}\varphi$ = Kreisbogen, den der Schwerpunkt S_1 bei Rotation der
unveränderten Fläche F_1 beschreiben würde; entsprechend $b_2 = r_2 \cdot \operatorname{arc}\varphi$
für S_2 von F_2. Verschiebung der Schwerpunkte parallel zur Drehachse
wirkt sich nicht aus.

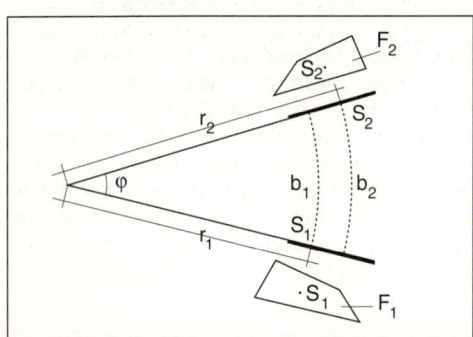

*Abb. 2.3.2/4. Unterschiedliche,
nicht parallele Profile*

2.4 Erdmassenberechnung

»Erdmassenberechnung« ist Volumenberechnung von Erdkörpern.

2.4.1 Begrenzung der Erdkörper

2.4.1.1 Horizont, Nullinie

Die zu berechnenden Erdkörper werden begrenzt (Abb. 2.4.1/1, s.a. Abb. 2.4.2/1):

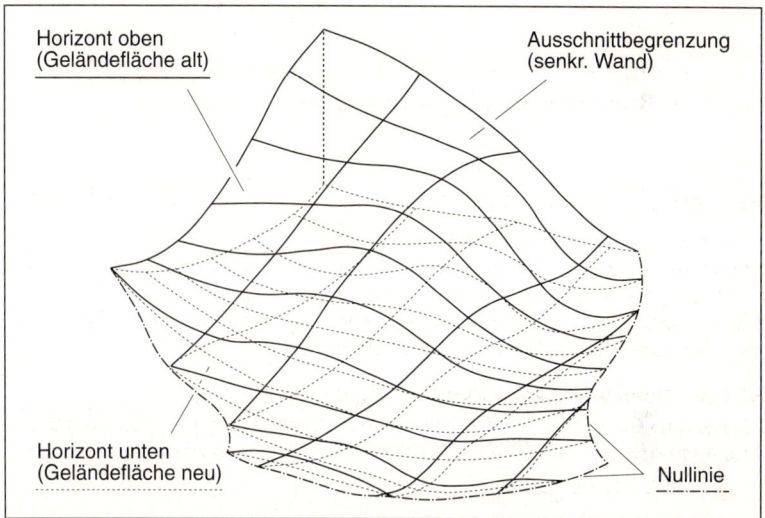

Abb. 2.4.1/1. Erdkörper

(1) nach oben und unten durch je einen »Horizont«: im allgemeinen ein Stück alte Geländeoberfläche (Urgelände, vor Baumaßnahme) und ein Stück neue Geländeoberfläche (Planum, nach Baumaßnahme) – so die hier verwendeten Bezeichnungen; es können aber auch Grenzhorizonte zwischen verschiedenen Bodenarten oder Bauteilen sein (Abb. 2.4.1/2a);

(2) seitlich durch die »Nullinie«: die Verschneidungs- oder Verzweigungslinie der beiden Horizonte, z. B. Grenze zwischen Auf- und Abtrag oder Abbaukante (Abb. 2.4.1/2b); im Lageplan Abgrenzung von Auf- und Abtragsbereichen gegeneinander bzw. gegen unverändertes Gelände (Abb. 2.4.1/3);

(3) seitlich evtl. auch durch vertikale tatsächliche oder gedachte Wände oder Schnittflächen entsprechend einer Ausschnittsbegrenzung im Lageplan.

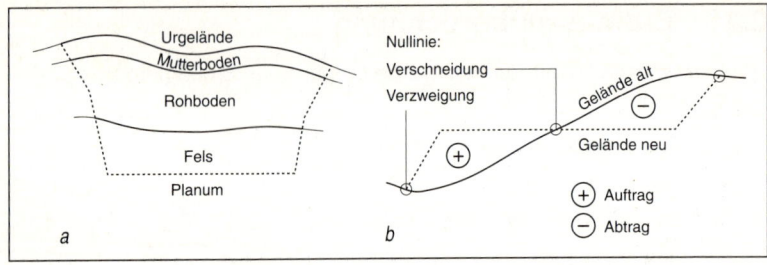

Abb. 2.4.1/2. Horizonte, Nullinie

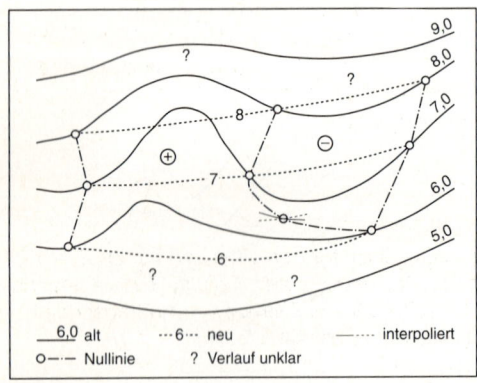

Abb. 2.4.1/3. Nullinienermittlung
aus Höhenlinien

2.4.1.2   Nullinienermittlung

Zur Nullinienermittlung können dienen:

(1) Verzweigungs- und Schnittpunkte höhengleicher Höhenlinien des alten und des neuen Geländes; evtl. dazu im Grenzbereich zusätzliche Höhenlinienstücke konstruieren (interpolieren) (Abb. 2.4.1/3). Nullinienabschnitte, die in etwa gleichbleibender Höhe, d. h. parallel zu den Höhenlinien verlaufen, sind hiermit nicht erfaßbar [s. jedoch (2) u. Kap. 2.4.3.2 (4)];

(2) graphisch oder rechnerisch bestimmte Schnittpunkte von altem und neuem Gelände auf vertikalen Profilen (Kap. 2.1.3.3), nicht nur im Zusammenhang der Profilmethode [Kap. 2.4.4.1 (6)], sondern auch mit Regelprofilen und Hilfsschnitten. Zu beachten ist, daß eine geradlinige Verbindung bekannter Punkte (lineare Interpolation) nur bei gleichmäßigem Gefälle richtig ist, optimal in Richtung des stärksten Gefälles (Abb. 2.4.1/4).
Der Nullinienverlauf zwischen parallelen Profilen ist meist nicht eindeutig zu bestimmen und wegen Komplexität für Massenberechnung ungeeignet. Näherung zwischen etwa gleich langen Auftrags- und Abtragsprofilflächen F_+ und F_-: Parallele im Abstandsverhältnis $F_+ : F_-$ analog (3).

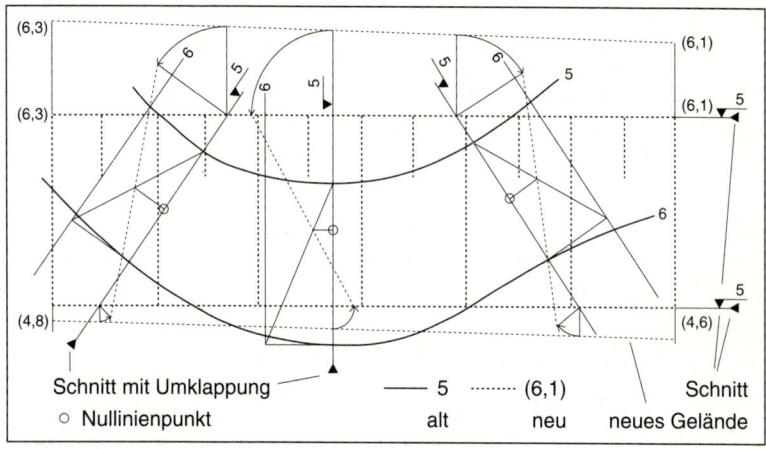

Abb. 2.4.1/4. Nullinienkonstruktion mit Hilfe von Schnitten

(3) Schnittpunkte auf den Gitterlinien eines für den alten und neuen Zustand gemeinsamen Quadrat- oder Rechtecknetzes: Teilung des Abstands benachbarter Gitterpunkte im Verhältnis der Beträge von Auftragshöhe H_+ zu Abtragshöhe H_- nach Strahlensatz Kap. 2.1.1.2 (3)
$$I_+ : H_+ = I_- : H_- = (I_+ + I_-) : (H_+ + H_-),$$
grafisch mit Z-Verfahren Kap. 2.1.4.1 (2) (Abb. 2.4.1/5a).
Bei nicht stimmender Diagonalprobe Kap. 2.3.1.2 (5) Nullinie nicht eindeutig, eine zusätzliche Teilung der Diagonalen mit dem größeren Unterschied der (vorzeichenrichtig genommenen) Höhendifferenzen ist oft sinnvoll (Abb. 2.4.1/5b).

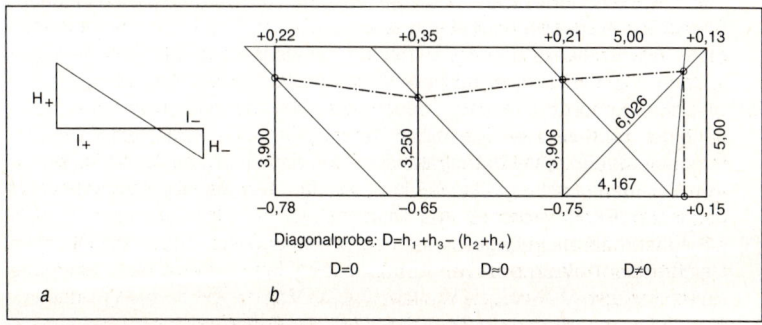

Abb. 2.4.1/5. Nullinie im Quadratnetz

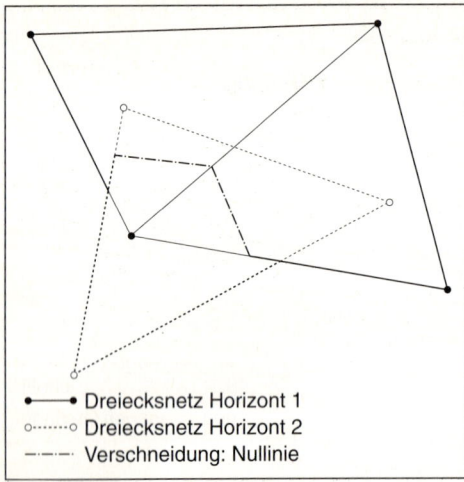

● ● Dreiecksnetz Horizont 1
○······○ Dreiecksnetz Horizont 2
─·─·─ Verschneidung: Nullinie

Abb. 2.4.1/6. Verschneidung von Dreiecksnetz-Facettenflächen

(4) Verschneidungsgeraden bei der Durchdringung ebener Teilflächen, insbesondere der von Dreiecksnetzen gebildeten »Facetten«-Flächen (Abb. 2.4.1/6). Die Nullinie ist in diesem Fall meist sehr komplex, Berechnung und Weiterverarbeitung wegen des erheblichen Rechenaufwandes nur mit EDV-Programmen praktikabel (s. Kap. 2.4.6.3 u. Abb. 2.4.6/3).

2.4.2   Berechnungsmethoden: Grundsätze

2.4.2.1   Direktes und indirektes Verfahren, Bilanz

(1) Direktes Verfahren: Für die Berechnung wird der tatsächlich zu berechnende Erdkörper betrachtet (Abb. 2.4.1/1). Voraussetzung: gleichartige, aufeinander bezogene Daten für beide Horizonte.

(2) Indirektes Verfahren: Stattdessen werden zwei Körper mit identischer (!) horizontaler Grundfläche – »Bezugshorizont« unterhalb beider Geländehorizonte – getrennt berechnet, die seitlich durch vertikale Flächen und nach oben durch jeweils einen der beiden Horizonte begrenzt sind – »alter Körper« V_{alt} und »neuer Körper« V_{neu} – (Abb. 2.4.2/1). Vorteil: getrennte Berechnung von V_{alt} und V_{neu} erlaubt die Verwendung voneinander unabhängiger und verschiedenartiger Daten (Aufmaßsysteme) und Berechnungsmethoden, eine Datentransformation entfällt [s. Kap. 2.4.2.4 (3)].

Aus Volumen und Grundfläche eines solchen Körpers ergibt sich die mittlere Höhe des Horizonts: $V = G \cdot \overline{h}$, $\overline{h} = V / G$.

(3) Liegt innerhalb des ausgeschnittenen Bereichs außer evtl. unverändertem Gelände nur Auftrag oder nur Abtrag, gilt

Auftragsmasse $V_+ = V_{neu} - V_{alt}$ falls $V_{neu} > V_{alt}$

Abtragsmasse (Betrag) $|V_-| = V_{alt} - V_{neu}$ falls $V_{alt} > V_{neu}$

$V_- = V_{neu} - V_{alt} < 0!$ (Abb. 2.4.2/1).

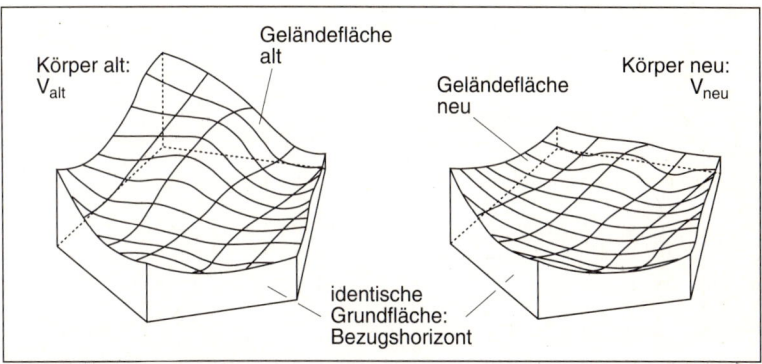

Körper alt: V_{alt}

Geländefläche alt

Geländefläche neu

Körper neu: V_{neu}

identische Grundfläche: Bezugshorizont

Abb. 2.4.2/1. Indirektes Verfahren

(4) Bilanz: $V_{bil} = V_+ - |V_-| = V_+ + V_-$
Ohne notwendige Trennung von Auf- und Abtragsbereichen gilt allgemein
$V_{bil} = V_{neu} - V_{alt}$
$V_{bil} > 0$: Auftragsüberschuß, d. h. Massenbedarf im neuen Zustand
$V_{bil} < 0$: Abtragsüberschuß, d. h. Massenüberschuß
$V_{bil} = 0$: Massenausgleich.
Bodenlockerung und Verdichtung sind ggf. gesondert zu berücksichtigen.

2.4.2.2 Zerlegungsprinzip
Erdkörper, die sich nicht unmittelbar nach einer der Volumenformeln in 2.3.1 berechnen lassen, werden durch Schnitte in exakt (s. Kap. 2.3.1) oder näherungsweise (s. Kap. 2.3.2) berechenbare Teilkörper zerlegt.
In den meisten Fällen erfordert Volumenberechnung vorausgehende Flächenberechnungen (Grundfläche, Querschnitte usw.).
Verschiedene Arten der Zerlegung führen zu verschiedenen Berechnungsmethoden: Kap. 2.4.2.3

2.4.2.3 Methoden in Übersicht
Abb. 2.4.2/2. Methoden der Erdmassenberechnung

2.4.2.4 Genauigkeit
(1) Mathematische Exaktheit und Vollständigkeit in der Beschreibung der Erdkörper (Vermessungs- und Planungsdaten) und daher auch der Volumenergebnisse sind praktisch nicht möglich. Ziele müssen sein: möglichst gute Näherungswerte bei angemessenem Aufwand und Nachprüfbarkeit für Abrechnungen.
Nach DIN 18300 sind »die üblichen Näherungsverfahren zulässig«. Durch die EDV erfolgt eine Verschiebung der Bedeutung von manuellen hin zu rechenintensiven und genaueren Verfahren.
(2) Vereinfachungen sind eher bei relativ kleinen Teilkörpern (Randbereich, Restkörper, Verlauf der Nullinie), zusätzliche Maßnahmen zur Genauig-

2.4.2.3 Methoden in Übersicht

Abb. 2.4.2/2. Methoden der Erdmassenberechnung

Methode	Grundlage	besonders geeignete Körper-/Geländeform	Zerlegungsschnitte	Teilkörper — Ermittlung erforderlicher Flächen	Teilkörper — Volumenberechnung	besondere Hinweise
(1) Höhenschichtmethode	Höhenlinienplan	übersichtliches Höhenlinienbild	horizontale Ebenen: Höhenschichtflächen = horizontale Profile	Planimeterharfe (2.2.3) / Polarplanimeter (2.2.4)	Simpson-, Newton-, Trapez-, Rechteckregel (2.3.2) Pyramide (2.3.1.3), Kuppe	manuell
(2) Profilmethode	Profilkoordinaten aus Aufnahme / Konstruktion / Höhenplan	langgestreckte Körper; Geländerelief (auch Sprünge) mit Vorzugsrichtungen	vertikale Ebenen = Profile parallel	Gauß-Elling (2.2.2.4)	Mittelung (2.3.2.1)	REB VB 21.003 und 21.013
		Höhendifferenzen auf Profilen / gezeichnete Profile	nicht parallel	Trapezzerlegung (2.2.2.2) Planimeter (2.2.4)	Guldinregel (2.3.1.7 u. 2.3.5)	
(3) Quadratnetzmethode	Quadrat-/ Rechtecknetz (Rostaufnahme)	ruhiges Gelände	vertikale Schnitte auf den Gitterlinien	Quadrat/Rechteck (2.2.1.1 (1)/(2))	gerade Viereckprismen (2.3.1.2 (4))	
	zusätzlich Bruchkanten		summarische Methode: gewichtetes Höhenmittel			
			zusätzlich Dreiecke	Dreieck (s. u.)	Dreiecksprismen (s. u.)	
(4) Facettenmethode (= Prismenmethode)	Dreiecksnetz aus Aufnahme/ Höhenplan/ rechnerischer Verdichtung (Digitales Geländemodell)	kaum Einschränkungen	vertikale Schnitte entsprechend Netz: Dreiecke	Dreieck (2.2.2.4 (4)) (2.2.1.1 (4))	indirektes Verfahren: gerade Dreiecksprismen (2.3.1.2 (2))	REB VB 22.013 hohe Genauigkeit erreichbar
			Überlagerung der Netze altes/neues Gelände: 3- bis 7-Ecke	Gauß-Elling (2.2.2.4)	direktes Verfahren: gerade 3- bis 7-Eckprismen (2.3.1.2 (1) u. 2.2.2.5)	
(5) Berechnung aus Einzelkörpern	Höhenplan	aufteilbar in einfache regelmäßige Flächen/Körper	meist vertikal	regelmäßige Körper (2.3.1)		REB VB 23.003

keitsverbesserung eher bei größeren Teilkörpern angebracht – Augenschein auf Grund der Ausgangsdaten oft umgekehrt.

(3) Als Berechnungsgrundlage sollten möglichst originäre Daten verwendet werden. Bei Datentransformation aus einem Aufmaß- oder Geländebeschreibungssystem in ein anderes (Höhenlinienkonstruktion aus Netz, Profilentnahme aus Höhenlinienplan) ergibt sich im allgemeinen ein Informations- und Genauigkeitsverlust.

(4) Zur Vermeidung unnötiger Rundungsfehlereinflüsse sollten Hilfs- und Zwischenwerte mit höherer Stellenzahl gerechnet werden als in den Ausgangsdaten (Angabe üblich mit 3 Nachkommastellen).

(5) Absolute oder vergleichende Genauigkeitsaussagen zu den verschiedenen Verfahren sind wegen der Vielzahl von Einflußgrößen und ihrer Bewertung nur in ganz engem Rahmen möglich.

Nach den »Regelungen für die elektronische Bauabrechnung« (REB) müssen Auftragnehmer (Leistungsberechnung) und Auftraggeber (Prüfberechnung) nach demselben Verfahren rechnen.

Höchste Genauigkeit im Verhältnis zum personellen Aufwand ist erreichbar mit elektrooptischem Aufmaß und EDV-Programm auf der Basis der Facettenmethode.

2.4.3   Höhenschichtmethode

Vgl. Kap. 2.4.2.3, Abb. 2.4.2/1 (1) und Kap. 2.4.1.2 (1).

2.4.3.1   Höhenschichten

Höhenlinien beschreiben horizontale Schnitte durch Gelände bzw. Erdkörper; sie erzeugen somit Höhenschichten.

(1) Liegen alte und neue Höhenlinien gleicher Höhe vor, stellen die Flächen dazwischen horizontale Querschnitte des Erdkörpers dar: geeignet für direktes Verfahren (Abb. 2.4.3/1).
Liegen nur für einen der beiden Horizonte Höhenlinien vor oder sind die Verhältnisse zu unübersichtlich, empfiehlt sich das indirekte Verfahren (Abb. 2.4.3/3). So kann auch für einzelne Höhenbereiche verfahren werden (Abb. 2.4.3/5 über Höhe 5).

(2) Bestimmung der Schichtflächen je nach Gestalt und verfügbaren Hilfsmitteln: langgestreckte nach Formeln der numerischen Integration (Planimeterharfe), vor allem Simpson- und Newtonregel (Kap. 2.2.3.3 u. Kap. 2.2.3.4) (Abb. 2.4.3/1c); größere und stärker gebuchtete mit Polarplanimeter (Kap. 2.2.4); s. a. CAD (Kap. 2.2.5).

(3) Volumenberechnung wiederum nach Verfahren der numerischen Integration. Da die Höhenabstände meist gleich sind, können jeweils 3 oder 2 Schichten zusammengenommen werden nach Newton- bzw. Simpsonregel; Voraussetzungen sind jedoch zu beachten (Kap. 2.3.2.3 u. 2.3.2.4) (Abb. 2.4.3/2 und 2.4.3/4).
Schneller Überschlag mit Rechteckregel (Kap. 2.3.2.2) unter Verwendung nur jeder zweiten Fläche und doppelter Schichtdicke.

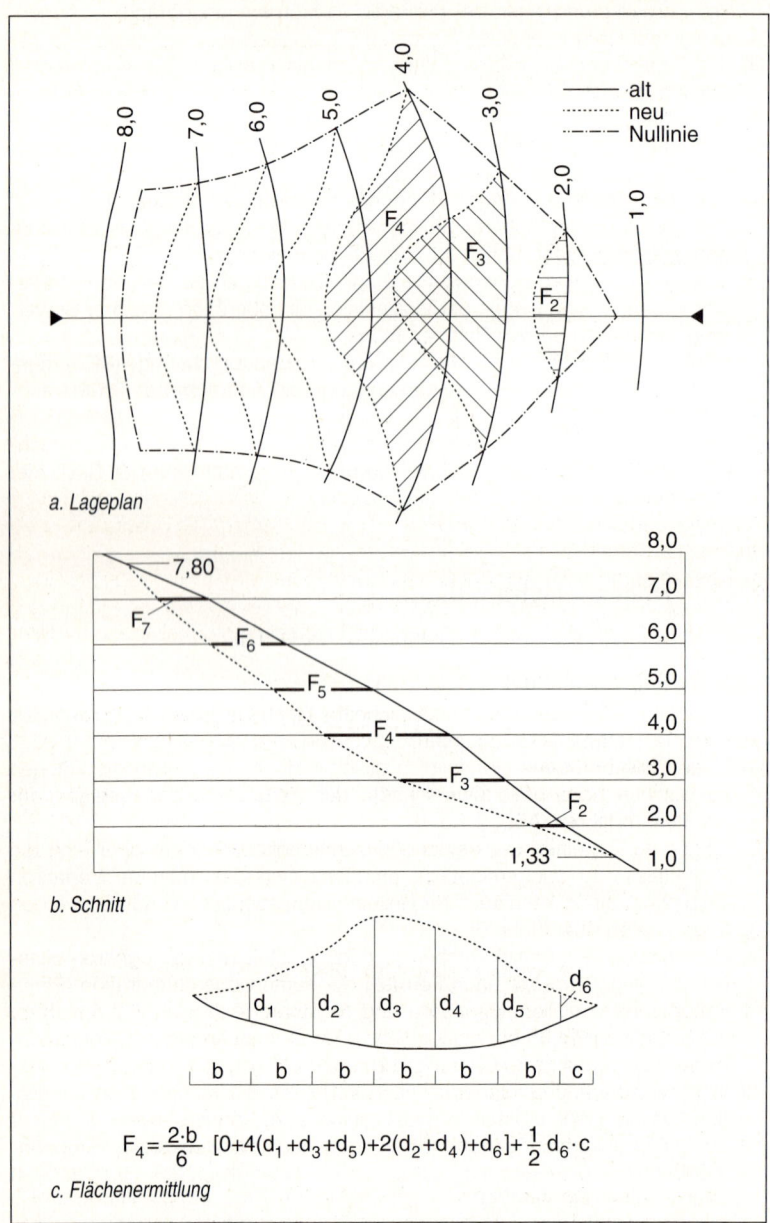

a. Lageplan

b. Schnitt

c. Flächenermittlung

$$F_4 = \frac{2 \cdot b}{6} \; [0 + 4(d_1 + d_3 + d_5) + 2(d_2 + d_4) + d_6] + \frac{1}{2} d_6 \cdot c$$

Abb. 2.4.3/1.   Höhenschichtmethode, direktes Verfahren (vgl. Abb. 2.4.3/2)

Körper/Schicht	Ansatz	V_	Bemerkung
< 2	$\frac{1}{3} \cdot F_2 \, (2{,}0 - 1{,}33)$	...	2.4.3.2(2)
2 – 4	$\frac{1}{6} \cdot 2{,}0 \, (F_2 + 4F_3 + F_4)$	...	2.3.2.3
4 – 7	$\frac{1}{8} \cdot 3{,}0 \, (F_4 + 3F_5 + 3F_6 + F_7)$	...	2.3.2.4
> 7	$\frac{1}{2} \cdot (F_7 + 0) \, (7{,}80 - 7{,}0)$	...	2.4.3.2(1)
Abtrag		Σ $\underset{\cdots}{=}$	

Abb. 2.4.3/2. Volumenansatz zu Abb. 2.4.3/1

2.4.3.2 Restkörper

Erdkörper enden im allgemeinen nach oben und nach unten nicht in einer Höhenschichtfläche, sondern in einem Grat oder einem höchsten bzw. tiefsten Punkt. So ergeben sich verschiedenartige Restkörper:

(1) Keilförmig (Abb. 2.4.3/1, oben): Läuft der Körper auf etwa konstanter Höhe aus, ist das betreffende Stück der Nullinie – die »Schneide« des Keils – als Fläche mit Inhalt 0 zu betrachten, nach Mittelungsformel (Kap. 2.3.2.1):

$$V \approx \frac{1}{2} \, (F + 0) \cdot \Delta h \quad \text{mit}$$

F = letzte Höhenschichtfläche, Δh = Höhenunterschied zur Nullinie.
Endet der Körper direkt auf einer Höhenlinie, kann auch wie in Kap. 2.4.3.1 (3) gerechnet werden.
Bei schiefer Schneide Höhenmittel bilden (Abb. 2.4.3/3, neuer Körper), s. a. (4) u. Kap. 2.4.3.3.

(2) Spitz, d. h. kegelförmig (Abb. 2.4.3/1, unten; Abb. 2.4.3/3, alter Körper):

$$V \approx \frac{1}{3} \, F \cdot \Delta h \quad \text{[vgl. Kap. 2.3.1.3 (1)].}$$

(3) Kuppe (Abb. 2.4.3/5):

$$V \approx \frac{1}{2} \, F \cdot \Delta h \quad \text{oder (sehr steil, halbkugelförmig)} \quad V \approx \frac{2}{3} \, F \cdot \Delta h.$$

(4) Hangparalleler Übergang von Auftrag zu Abtrag (Abb. 2.4.3/7): die Höhe der Nullinie zur Berechnung der Restkeile nach (1) kann näherungsweise im Verhältnis der benachbarten Auf- und Abtragsflächen angesetzt werden [vgl. Kap. 2.1.1.2 (3)]: $\Delta h_+ : F_+ = \Delta H : (F_+ + F_-)$

2.4.3.3 Genauigkeitsverbesserung

Vgl. Kap. 2.4.2.4 (2).
(1) Stärker verjüngte Einzelschicht (Abb. 2.4.3/5, $V_{5-6 \text{ alt}}$): Genauigkeitsverbesserung durch Konstruktion der Mittelfläche (Halbieren des Höhenlinienabstands in der Fallinie) und Simpsonregel.

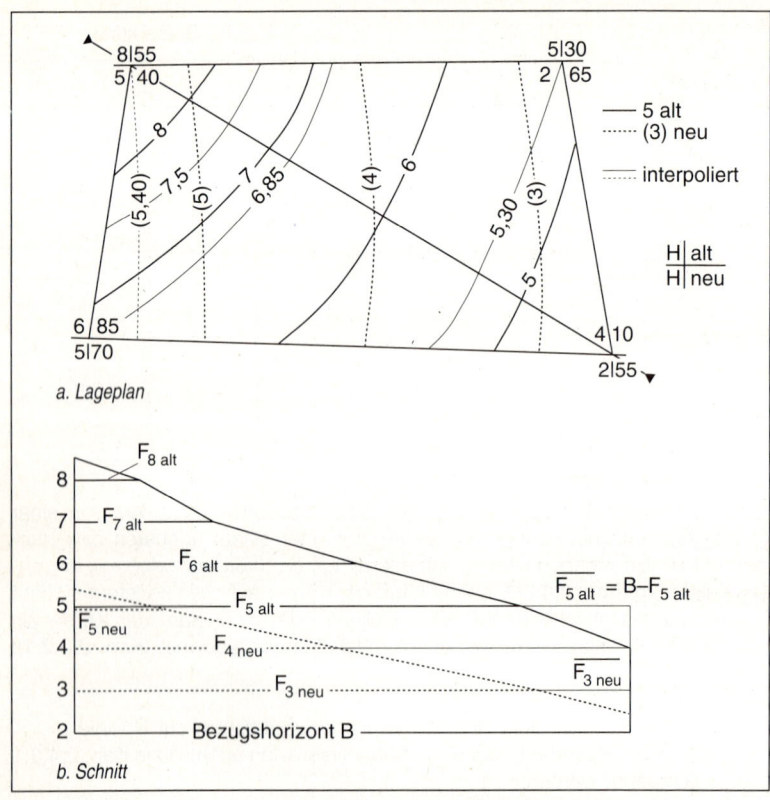

Abb. 2.4.3/3. Höhenschichtmethode, indirektes Verfahren (vgl. Abb. 2.4.3/4)

(2) Scharfe Ecken der Nullinie oder Ausschnittbegrenzung führen zu Fehlern, wenn sie im Innern einer Schicht bzw. eines Teilkörpers auftreten (vgl. Voraussetzungen über die Körperform). Verbesserung ist möglich durch zusätzlichen horizontalen Schnitt in der kritischen Höhe, dazu entsprechende Höhenschichtfläche konstruieren (Höhenlinieninterpolation) (Abb. 2.4.3/3 und 2.4.3/4b).

(3) Besonders unübersichtliche Körper können neben zusätzlichen Horizontalschnitten [s. (2)] auch durch vertikale Schnitte (Aufteilung des Bereichs) zerlegt werden.

(4) Verwendung von »Volumenkomplementen« (Fehlmassen): z. B. Berechnung einer Schicht als Zylinder (Abb. 2.3.1/1b) und Korrektur um das Volumen von tatsächlichen oder gedachten mulden-, keil- oder kegelförmigen Vertiefungen (Abb. 2.4.3/3; jeweils unterste Schicht).

Körper/ Schicht	Volumenansatz	V_{alt}	V_{neu}	V_-	Bemerkung
a. __alt__					
2 – 5	$B \cdot 3,0 - \frac{1}{3} \overline{F_{5\,alt}} \cdot (5,0 - 4,10)$	...		...	2.4.3.3(4)
5 – 8	$\frac{1}{8} \cdot 3,0 \, (F_{5\,alt} + 3F_{6\,alt} + 3F_{7\,alt} + F_{8\,alt})$	...		...	2.3.2.4
> 8	$\frac{1}{3} \cdot F_{8\,alt} \cdot 0,55$	...			2.4.3.2(2)
__neu__					
2 – 3	$B \cdot 1,0 - \frac{1}{2} (\overline{F_{3\,neu}} + 0) \frac{1}{2} \cdot (0,35 + 0,45)$		...		2.4.3.3(4)
3 – 5	$\frac{1}{6} \cdot 2,0 \, (F_{3\,neu} + 4F_{4\,neu} + F_{5\,neu})$		...		2.3.2.3
> 5	$\frac{1}{2} \cdot (F_{5\,neu} + 0) \frac{1}{2} (0,40 + 0,70)$		...	...	2.4.3.2(1)
Abtrag		$\Sigma_{alt} - \Sigma_{neu}$		...	2.4.2.1(2)
b. __alt__					
2 – 5	wie a	...			
5 – 5,30	$\frac{1}{2} (F_{5\,alt} + F_{5,3\,alt}) \cdot 0,30$	...			⎫
5,30 – 6	$\frac{1}{2} (F_{5,3\,alt} + F_{6\,alt}) \cdot 0,70$	...			2.4.3.3.(2)
6 – 6,85	$\frac{1}{2} (F_{6\,alt} + F_{6,85\,alt}) \cdot 0,85$	...			2.3.2.1
6,85 –7	$\frac{1}{2} (F_{6,85\,alt} + F_{7\,alt}) \cdot 0,15$	...			⎭
7 – 8	$\frac{1}{6} 1,0 \, (F_{7\,alt} + 4F_{7,5\,alt} + F_{8\,alt})$	...			2.4.3.3(1)
> 8	wie a	...			
__neu__					
2 – 5	wie a		...		
5 – 5,40	$\frac{1}{2} (F_{5\,neu} + F_{5,4\,neu}) \cdot 0,40$		...		2.4.3.3(2)
> 5,40	$\frac{1}{3} (F_{5,4\,neu} \cdot (5,70 - 5,40)$		...		2.4.3.2(2)
Abtrag		$\Sigma_{alt} - \Sigma_{neu}$		$\underline{\underline{...}}$	

Abb. 2.4.3/4. Volumenansätze zu Abb. 2.4.3/3

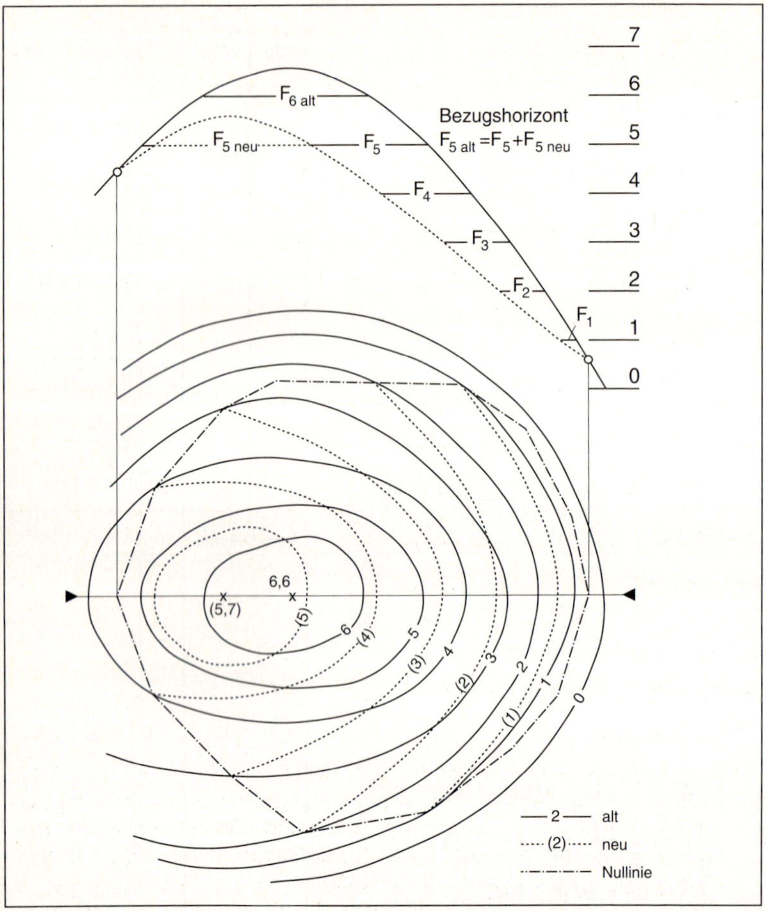

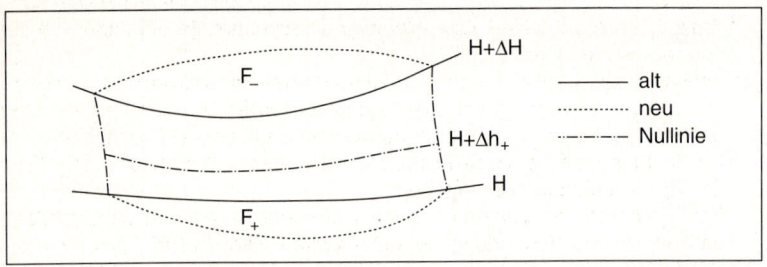

Abb. 2.4.3/5. Höhenschichtmethode, direktes und indirektes Verfahren (vgl. Abb. 2.4.3/6)

Abb. 2.4.3/7. Hangparallele Nullinie

Körper/ Schicht	Ansatz	V_{alt}	V_{neu}	V_-	Bemerkung
< 1	$\frac{1}{2} \cdot (F_1 + 0) \cdot 0{,}4$				... H gemittelt
1 – 5	$\frac{1}{6} \cdot 2{,}0 \, (F_1 + 4F_2 + 2F_3 + 4F_4 + F_5)$				... 2.3.2.3
5 – 6 (alt)	$\frac{1}{2} \cdot (F_{5\,alt} + F_{6\,alt}) \cdot 1{,}0$			...	
(besser:	$\frac{1}{6} \cdot 1{,}0 \, (F_{5\,alt} + 4F_{5,5\,alt} + F_{6\,alt}))$				2.4.3.3.(1)
> 6 (alt)	$\frac{1}{2} \cdot F_{6\,alt} \cdot 0{,}6$			...	$\Big\}$ 2.4.3.2(3)
> 5 (neu)	$\frac{1}{2} \cdot F_{5\,neu} \cdot 0{,}7$			...	
		$\Sigma \;-\; \Sigma$		...	
Abtrag		Σ		$\underline{\underline{...}}$	

Abb. 2.4.3/6. Volumenansatz zu Abb. 2.4.3/5

2.4.4 Profilmethode

Vgl. Kap. 2.4.2.3; Abb. 2.4.2/2 (2).

2.4.4.1 Profile

(1) Querprofile: Geländequerschnitte rechtwinklig ausgehend von einer Achse (s. Kap. 3.5.3.3). Koordinaten (vermessungstechnische Orientierung): auf der Achse x (»Station«), im Profil y (rechts) und z (hoch). Achse möglichst gerade: Profile parallel (Abb. 2.4.4/1); gekrümmte Achse und an Achsenknick: nichtparallele Profile (Abb. 2.4.4/6).

(2) Die Profile müssen alle Geländebrechpunkte (lage- und höhenmäßige Änderungen) erfassen, ebenso Ecken vorgegebener Begrenzungen (Ausschnitt oder Nullinie). Der Abstand der Profilpunkte sowie der Profile sind deshalb im allgemeinen unregelmäßig, umso enger, je unruhiger die zu beschreibende Oberfläche ist.

(3) Achsen- bzw. Profilrichtung sind möglichst so zu wählen, daß langgestreckte Baukörper, Böschungen und Bruchkanten von den Profilen quer geschnitten werden. Treten an Bauwerken senkrechte Wände genau in Profilrichtung auf, so sind 2 Profile mit demselben x-Wert bzw. (nach REB) um 1 mm verschoben anzugeben.
Bei Entnahme von Punkten aus einem Höhenlinienplan ist zu beachten, daß geradlinige Verbindung bei gekrümmten Flächen (d. h. gekrümmten Höhenlinien) nur in Richtung des stärksten Gefälles zulässig ist [vgl. (Abb. 2.4.1/4; s. a. Kap. 2.4.2.4 (3)].

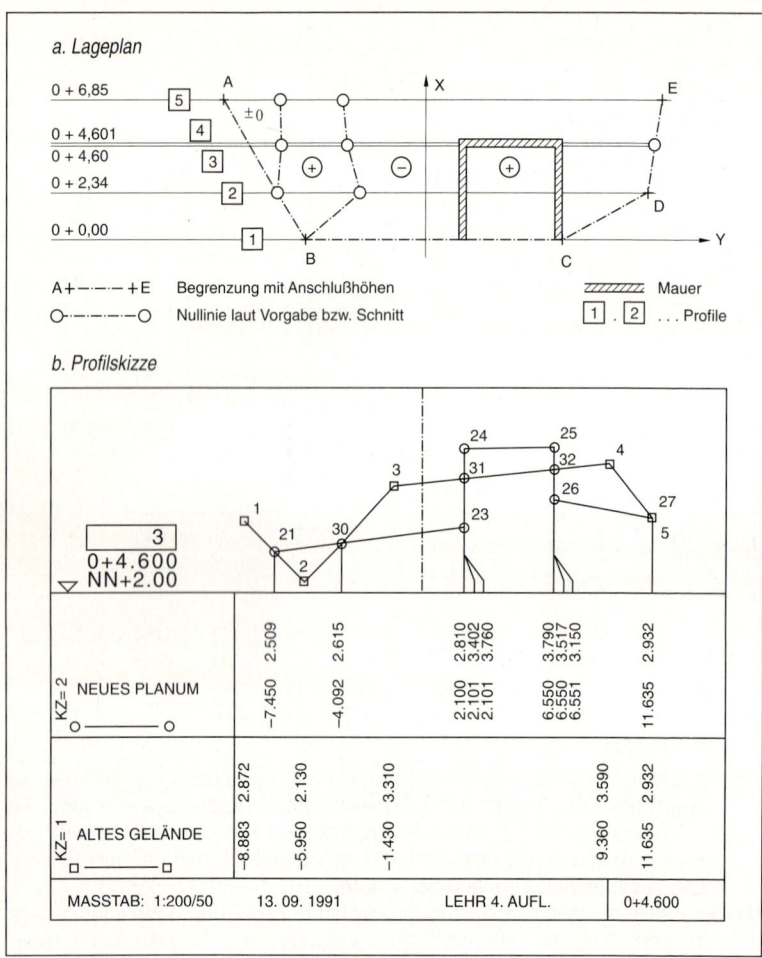

Abb. 2.4.4/1.   Profilmethode (vgl. Abb. 2.4.2/2 und 2.4.4/2

Um ein Gelände überall geeignet zu erfassen, ist oft eine Aufteilung in Teilbereiche mit verschieden gerichteten Achsen zweckmäßig.

(4) Für das direkte Verfahren [Kap. 2.4.2. (1)] sind gemeinsame Profile des alten und neuen Zustands notwendig. Dann sind bei Lage der Profile beide Geländeformen zu berücksichtigen (häufig nicht möglich); u. U. können fehlende alte oder neue Profile interpoliert werden [s. (5)]. Das indirekte Verfahren [Kap. 2.4.2.1 (2)] ist nur sehr bedingt brauchbar, da es hier schwer ist, identische Grundflächen zu garantieren.

		Profildaten * Datenart 66						
Achse-Nr.: 1 Standlinie								
Station	KZ	Bezeichnung	P-Nr	Y	Z	P-Nr	Y	Z
0.000 (1.0)	1	alt	1 4	−6.200 6.650	3.460 3.720	3	2.100	3.670
2.340 (2.0)	1	alt	1 3 5	−7.565 0.000 11.230	3.161 3.540 3.420	2 4	−6.400 8.200	2.860 3.650
	2	neu	21 23 24 32 27	−7.565 2.100 2.101 6.550 11.230	3.161 3.210 3.720 3.628 3.420	30 31 25 26	−3.367 2.101 6.550 6.551	3.182 3.568 3.770 3.310
4.600 (3.0)	1	alt	1 3 5	−8.883 −1.430 11.635	2.872 3.310 2.932	2 4	−5.950 9.360	2.130 3.590
	2	neu	21 23 24 32 27	−7.450 2.100 2.101 6.550 11.365	2.509 2.810 3.760 3.517 2.932	30 31 25 26	−4.092 2.101 6.550 6.551	2.615 3.402 3.790 3.150
4.601 (4.0)	1	alt	1 3 5	−8.883 −1.430 11.635	2.872 3.310 2.932	2 4	−5.950 9.360	2.130 3.590
	2	neu	21 23 27	−7.450 2.100 11.365	2.509 2.810 2.932	30 26	−4.092 6.551	2.615 3.150
6.850 (5.0)	1	alt	1 3 5	−10.196 −1.240 12.037	2.585 3.580 2.446	2 4	−5.950 5.450	1.360 3.120
	2	neu	21 23 27	−7.600 −0.950 12.037	1.836 2.450 2.446	30 26	−4.292 4.950	2.141 2.380
* Die Punkte 30, 31, 32 sind errechnete Schnittpunkte (Nullinie)								

Abb. 2.4.4/2. Profilpunkte zu Abb. 2.4.4/1

Massenberechnung aus Querprofilen Auswertung

Achse-Nr.: 1 (Radius 0.000: Profile parallel)
Position: 1.0 Auftrag links

Station	Fläche	Masse	Radius	Ys	K-Faktor	K-Masse	Gesamtmasse
0.000	0.000	0.000	0.000	0.000	1.0000000	0.000	
0.000				0.000	1.0000000	(Nullprofil)	
2.340	0.644	0.754	0.000	−5.777	1.0000000	0.754	0.754
4.600	0.716	1.538	0.000	−5.831	1.0000000	1.538	2.291
4.601	0.716	0.001	0.000	−5.831	1.0000000	0.001	2.292
6.850	1.039	1.974	0.000	−5.947	1.0000000	1.974	4.266

Position: 2.0 Auftrag Mitte

Station	Fläche	Masse	Radius	Ys	K-Faktor	K-Masse	Gesamtmasse
0.000	0.000	0.000	0.000	0.000	1.0000000	0.000	
0.000				0.000	1.0000000		
2.340	0.654	0.765	0.000	4.301	1.0000000	0.765	0.765
4.600	1.404	2.326	0.000	4.225	1.0000000	2.326	3.091

Position: 3.0 Abtrag

Station	Fläche	Masse	Radius	Ys	K-Faktor	K-Masse	Gesamtmasse
0.000	0.000	0.000	0.000	0.000	1.0000000	0.000	
0.000				0.000	1.0000000		
2.340	2.274	2.661	0.000	3.561	1.0000000	2.661	2.661
4.600	4.877	8.080	0.000	3.230	1.0000000	8.080	10.741
4.601	7.010	0.006	0.000	3.510	1.0000000	0.006	10.747
6.850	10.452	19.636	0.000	2.514	1.0000000	19.636	30.383

Abb. 2.4.4/3. Profilmethode, Ergebnisse (vgl. Abb. 2.4.4/1)

(5) Profilinterpolation (vgl. REB VB 20.003): Dazu müssen »Interpolationslinien« bekannt oder feststellbar sein, auf denen zwischen bekannten Punkten geradlinig interpoliert werden kann, z. B. zwischen einander entsprechenden Punkten paralleler Profile. Schnitt Interpolationslinie/gesuchtes Profil im Lageplan und Höheninterpolation ergibt Profilpunkt.

(6) Nullinienermittlung, soweit nicht schon vorgegeben, aus Schnittpunkten auf den vorhandenen Profilen [Kap. 2.4.1.2 (2)].

2.4.4.2 Profilflächen

Profillinien definieren an der jeweiligen Station einen senkrechten Schnitt durch den Erdkörper. Dabei werden die Schnittflächen (»Profilflächen«) ggf. durch senkrechte und waagerechte Geraden geschlossen; direktes Verfahren: Abb. 2.4.4/4a (vgl. Abb. 2.4.1/1), indirektes Verfahren: Abb. 2.4.4/4b) (vgl. Abb. 2.4.2/1).

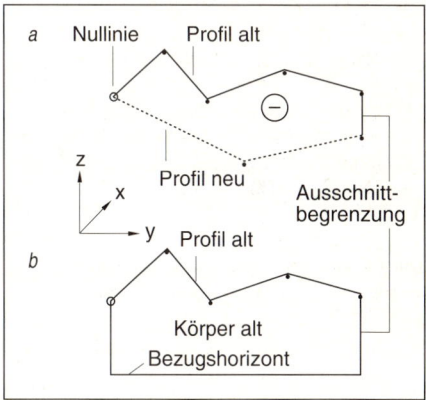

Abb. 2.4.4/4. Profilflächen

2.4.4.3 Profilflächenberechnung nach Gauss-Elling

(1) Anwendung der Gaussschen Flächenformel für Vielecke (Kap. 2.2.2.4); Bezeichnung »Elling« oder »Gauss-Elling« beruht auf nicht mehr aktuellem Auswertungsschema für Kurbelmaschinen. Entscheidend für die Auswertung nach Abb. 2.2.2/5 oder EDV ist nur die Angabe der Eckpunkte mit ihren Koordinaten (Rechtswert y, Hochwert z) in richtiger Reihenfolge, so daß die Fläche vollständig umlaufen wird.

Beginn der Numerierung an einem beliebigen Punkt, üblicherweise links.
Umlauf im Uhrzeigersinn: Flächenergebnis positiv, entgegen Uhrzeigersinn: Flächenergebnis negativ. Daraus folgt:

(2) Berechnung der Beträge (Flächenwerte ohne Vorzeichen).
Auftragsfläche: neue Profillinie im Sinne wachsender y-Werte, alte Profillinie im Sinn fallender y-Werte durchlaufen (Abb. 2.4.4/5a).
Abtragsfläche: alte Profillinie im Sinn wachsender y, neue im Sinn fallender y (Abb. 2.4.4/5b).
Die Schnittpunkte im Profil (Nullinie) müssen hierzu bekannt sein.

(3) Berechnung der Flächenbilanz F_{bil} (ohne Kenntnis oder Abgrenzung einzelner Auf- und Abtragsflächen und ihrer Inhalte!): neues Profil mit wachsendem y, altes mit fallendem y durchlaufen (Abb. 2.4.4/5c).
$F_{bil} > 0$: im Profil überwiegt Auftrag,
$F_{bil} > 0$: im Profil überwiegt Abtrag.

(4) Getrennte Auf- oder Abträge können zu Positionen zusammengefaßt werden, indem die betreffenden Teilflächen im Profil durch eine gerade Linie verbunden werden, die hin und zurück durchlaufen wird (Abb. 2.4.4/5d).

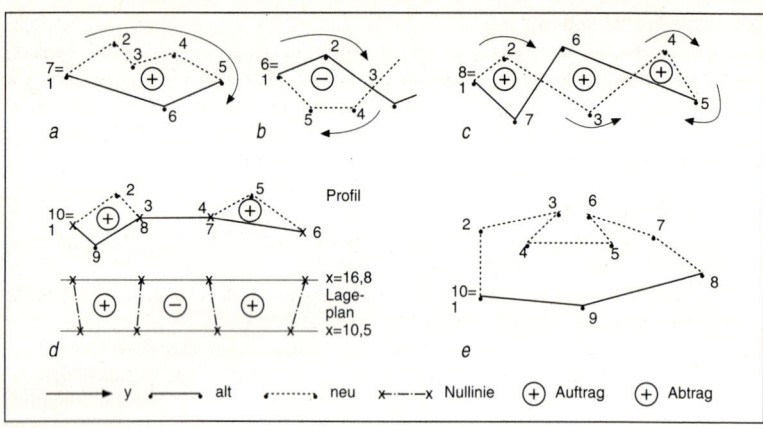

Abb. 2.4.4/5. Umlaufsinn, Numerierung der Eckpunkte

(5) Bei senkrechten Sprüngen ergeben Unter- und Oberkante zwei Profilpunkte mit demselben y-Wert; die richtige Reihenfolge wird automatisch erkennbar durch um 1 mm versetzte Werte (vgl. REB).
(6) Überhänge erfordern Profilskizzen und manuelle Angabe der Punktfolge (Abb. 2.4.4/5e).
(7) Sollen bei manueller Auswertung negative y-Koordinaten vermieden werden, kann das Koordinatensystem durch Addition eines (zweckmäßig: glatten) Wertes bei allen Punkten eines Profils verschoben werden (nur bei parallelen Profilen!). Große Höhen sind entsprechend um glatten Wert zu reduzieren.

2.4.4.4 Profilflächenermittlung nach anderen Verfahren

(1) Profilflächenberechnung durch Trapezzerlegung: s. Kap. 2.2.2.2 (1) (Abb. 2.2.2/2); nur angebracht, wenn die dazu benötigten Höhendifferenzen bereits bekannt sind oder unabhängig von der Erdmassenberechnung gebraucht werden.
Reine Höhenschichtprofile sind vorteilhaft nach Kap. 2.2.2.2 (2) bzw. 2.2.3.1 (2) (vgl. Abb. 2.4.3/1b).
(2) Krummlinie und gezeichnet vorliegende Profilflächen: Näherungsverfahren Kap. 2.2.3 oder Planimeter (Kap. 2.2.4), s. a. CAD (Kap. 2.2.5).

2.4.4.5 Profilkörper, Bilanz (parallele Profile)

(1) Auf- oder Abtrag zwischen parallelen Profilen: Volumenberechnung generell nach Mittelungsformel [vgl. Kap. 2.3.2.1 (1)] $V \approx \dfrac{F_1 + F_2}{2}\, \Delta x,$

F_1 und F_2 im Abstand Δx aufeinanderfolgende Profilflächen oder Teilflächen (Abb. 2.4.4/1 und 3).

(2) Bilanz (ohne Abgrenzung und Berechnung einzelner Auf- und Abtragskörper): analog (1); anstelle der Flächen sind die nach Kap. 2.4.4.3 (3) ermittelten Flächenbilanzen vorzeichenrichtig einzusetzen. Das Ergebnis ist mathematisch gleich der Bilanz aus getrennt berechnetem Auf- und Abtrag, sofern alle Einzelkörper nach (1) berechnet und für die Nullinie ggf. die Näherung nach Kap. 2.4.1.2 (2) verwendet werden.

2.4.4.6 Restkörper

(1) Restkörper analog Kap. 2.4.3.2 zu berechnen, Grundflächen sind hier senkrecht stehend, Höhen in x-Richtung.
Nach REB ist die Anwendung der Mittelungsformel Kap. 2.4.4.5 (1) auch für keil- und pyramidenförmige Teilkörper zulässig.

(2) Restkörper können in Dreieckprismen zerlegt und aus diesen berechnet werden: s. Facettenmethode Kap. 2.4.6.

2.4.4.7 Fehler, Genauigkeitsverbesserung

Vgl. Kap. 2.4.2.4 (2)!

(1) Fehler der Mittelungsformel Kap. 2.4.4.5 (1) (s. Kap. 2.3.2.1): da längere Profile meist auch höher sind als kürzere, ist das Ergebnis im allgemeinen zu groß, bei spitzen Restkörpern sogar um 50 %, zu klein gerechnete Teilkörper sind dagegen seltener.

(2) Verbesserung durch Profilinterpolation [Kap. 2.4.4.1 (5)]: z. B. Interpolation eines Zwischenprofils als Mittelfläche M eines gleichmäßig geformten Körpers (Damm, Kanal) und Anwendung der Prismatoidformel Kap. 2.3.1.6 (1):

$$V = \frac{1}{6}(F_1 + 4M + F_2)\,\Delta x$$

Die Schätzung $M \approx \frac{1}{2}(F_1 + F_2)$ ist zwecklos (s. Kap. 2.3.2.3)!

(3) Bei ungleichen Profillängen ist eine Verbesserung evtl. durch Abtrennen von spitzem Restkörper oder Dreieckprismen möglich
[vgl. Kap. 2.4.4.6 (2)].

2.4.4.8 Nichtparallele Profile

Verallgemeinerung von Kap. 2.4.4.5 (1) für gekrümmte Achsenabschnitte mit gleichbleibendem Krümmungssinn (reine Rechts- oder Linkskurve) und festem oder veränderlichem Krümmungsradius (Kreis- bzw. z. B. Klothoidenbogen) (Abb. 2.4.4/6a):

(1) $V \approx \dfrac{F_1 + F_2}{2}\left(\Delta x - \dfrac{y_{s1} + y_{s2}}{2}\,\text{arc}\tau\right)$

F_1, F_2: Profilflächen, Δx = Länge des Achsbogens zwischen den Achspunkten der beiden Profile, τ = Winkel zwischen den Achsenrichtungen in vermessungstechnischer Orientierung gemessen (mit Vorzeichen!); y_{s1}, y_{s2}: y-Koordinaten der Profilschwerpunkte (mit Vorzeichen!), zu berechnen jeweils aus Fläche und Profilpunktkoordinaten entsprechend Kap. 2.2.2.5 (3) (hier ist (x | y) zu ersetzen durch (y | z); hierdurch erheblich erhöhter Rechenaufwand (in EDV-Programmen nach REB automatisch berücksichtigt).

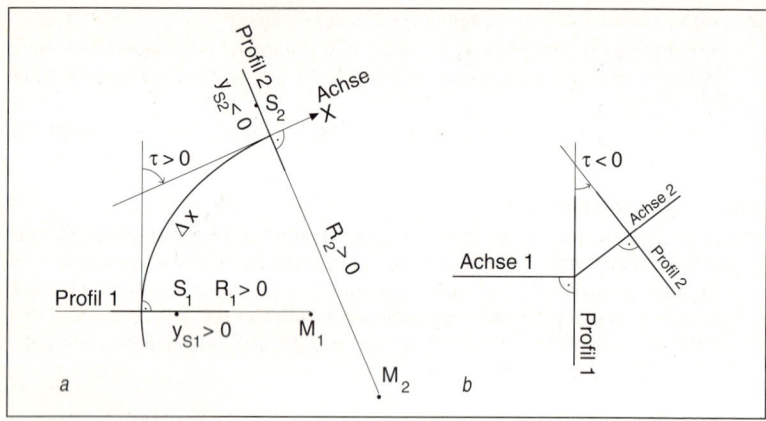

Abb. 2.4.4/6. Nichtparallele Profile

(2) $V \approx \dfrac{F_1 + F_2}{2} \Delta x \cdot K$ mit $K = \left(1 - \dfrac{1}{2}\left(\dfrac{y_{s1}}{R_1} + \dfrac{y_{s2}}{R_2}\right)\right)$

K: »Verbesserungsfaktor«; R_1, R_2: Krümmungsradien = y-Koordinaten der Drehpunkte M_1 bzw. M_2 (mit Vorzeichen: $R > 0$ Rechtskurve, $R < 0$ Linkskurve).

(3) Für Kreisbögen (R konstant) sind (1) und (2) identisch mit Kap. 2.3.2.5 (Abb. 2.3.2/4), für parallele Profile ($\tau = 0$, $R = \infty$, $K = 1$) mit Kap. 2.4.4.5 (1).

(4) Bei geknickter Achse bzw. Geländefläche (Abb. 2.4.4/6b) sind (1) und (2) mathematisch nicht zutreffend; (1) näherungsweise verwendbar, richtiger ist die Zerlegung des Übergangsstücks in Dreieckprismen (s. Kap. 2.4.6).

2.4.5   Quadratnetzmethode

Vgl. Kap. 2.4.2.3, Abb. 2.4.2/1 (3) und Kap. 2.4.1.2 (3).

2.4.5.1   Reine Quadrat- oder Rechtecknetze

(1) Durch die Gitterlinien definierte vertikale Schnitte zerlegen den Erdkörper bzw. alten und/oder neuen Körper in senkrecht stehende Prismen mit quadratischem bzw. rechteckigem Querschnitt (horizontale Maschenfläche) Q und Höhendifferenzen als Kantenlängen:

$h = H_{neu} - H_{alt}$ (direktes Verfahren)   bzw.

$h = H_{alt}$ (oder H_{neu}) $- H_B$ (indirektes Verfahren, B: Bezugshorizont) (vgl. Abb. 2.4.1/1 bzw. 2.4.2/1 und Abb. 2.3.1/1h).

(2) Volumen der Einzelprismen nach Kap. 2.3.1.2 (3)–(4):

$$V \approx Q\,\frac{1}{4}\,(h_1 + h_2 + h_3 + h_4)$$

bei stimmender Diagonalprobe Kap. 2.3.1.2 (5) exakt, andernfalls einfachste und beste Näherung, falls nicht zusätzliche Kenntnisse über die Geländeform eine bestimmte Zerlegung (s. Kap. 2.4.5.3) nahelegen.

(3) Vorteil: besonders übersichtlich und einfach zu rechnen. Nachteil: Geländeanpassung nur durch Maschenweite, bei engem Netz unverhältnismäßig hoher Meßaufwand, unregelmäßiges Dreiecksnetz (Facettenmethode Kap. 2.4.6) wesentlich ökonomischer.

(4) Bilanzberechnung nach (2): Höhen mit Vorzeichen einsetzen (Auftrag > 0, Abtrag < 0).

2.4.5.2 Summarisches Verfahren

(1) Statt für jedes Prisma einzeln (d.h. maschenweise) Mittelung der Höhen (Höhendifferenzen) über die ganze Netzfläche F unter Berücksichtigung der Lage der Gitterpunkte (Gewichtung).

Gewicht = Anzahl der den Punkt berührenden Quadrate (Maschen): Eckpunkt $w = 1$, Randpunkt $w = 2$, einspringende Ecke $w = 3$, innerer Punkt $w = 4$ (Abb. 2.4.5/1).

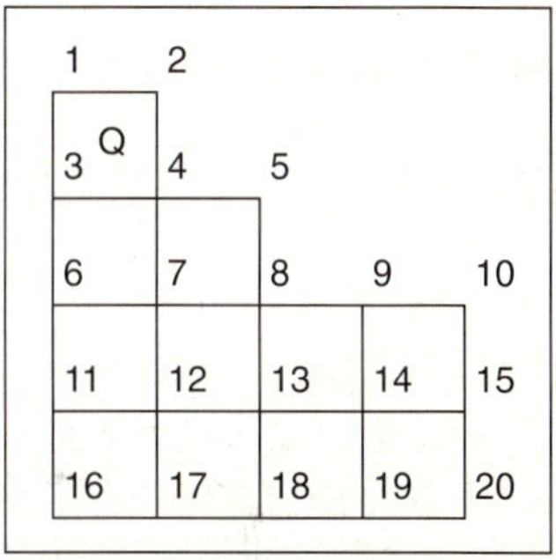

Abb. 2.4.5/1. Lageskizze Quadratnetz (vgl. Abb. 2.4.5/2)

Netzfläche aus N Quadraten (Maschen) mit n Gitterpunkten:
$$F = N \cdot Q, \quad w_1 + w_2 + \ldots + w_n = 4N$$
$$V \approx \frac{Q}{4} (h_1 w_1 + h_2 w_2 + \ldots + h_n w_n) = F \cdot \overline{h}$$
$$\overline{h} = (h_1 w_1 + h_2 w_2 + \ldots + h_n w_n)/4N$$
$\overline{h} = V / F$: mittlere Abtrags- (Auftrags-, Gelände-)höhe.

Für numerische Auswertung werden die Höhen zweckmäßig nach Gewichtung sortiert (Abb. 2.4.5/2).

(2) Das Verfahren (1) stellt gegenüber der Addition einzelner Prismen nach Kap. 2.4.5.1 (2) nur eine elementare Umformung dar; Vorteil: erhebliche Verringerung von Rechenaufwand und Rundungsfehlern.

2.4.5.3 Teilkörper mit unregelmäßigem Querschnitt

(1) Unregelmäßiger Verlauf von Begrenzung und Nullinie: bei Zerlegung nach Kap. 2.4.5.1 (1) entstehen Teilkörper, die kein vollständiges Quadrat oder Rechteck als Querschnitt besitzen (Abb. 2.4.1/5b): nicht nach Kap. 2.4.5.1 (2) berechenbar, sondern durch weitere Zerlegung in Dreieckprismen (vgl. Kap. 2.4.6); ebenso bei Berücksichtigung von Bruchlinien, die zur Verbes-

Punkt Nr.	Höhen w=1	w=2	w=3	w=4	Zeilensumme
1	h_1				
2	h_2				
3		h_3			
4			h_4		
5	h_5				
6		h_6			
7				h_7	
8			h_8		
9		h_9			
10	h_{10}				
11		h_{11}			
12				h_{12}	
13				h_{13}	
14				h_{14}	
15		h_{15}			
16	h_{16}				
17		h_{17}			
18		h_{18}			
19		h_{19}			
20	h_{20}				
Summe	Σ_1	Σ_2	Σ_3	Σ_4	
w · Summe	$1 \cdot \Sigma_1$	$2 \cdot \Sigma_2$	$3 \cdot \Sigma_3$	$4 \cdot \Sigma_4$	S
Anzahl	6	8	2	4	n = 20
w · Anzahl	$1 \cdot 6$	$2 \cdot 8$	$3 \cdot 2$	$4 \cdot 4$	44
Kontrolle			N = 11		4 N = 44

$$\bar{h} = \frac{S}{4N} \qquad V = \frac{Q}{4} \cdot S$$

Abb. 2.4.5/2. Summarische Berechnung zu Abb. 2.4.5/1

serung der Genauigkeit neben den Gitterlinien aufgenommen oder anzunehmen sind.

(2) Dreieckszerlegung von 4- und mehreckigen Querschnittsflächen zwei- bzw. vieldeutig, bei unebenem Gelände mit unterschiedlichen Volumenergebnissen: evtl. mitteln oder Auswahl nach Geländeform vornehmen (z.B. Abb. 2.4.1/5b: für V ergeben sich im linken Quadrat gleiche Ergebnisse, im rechten über 100 % Unterschied, zur angenommenen Nullinie ist aber eine Zerlegung längs der gezeichneten Diagonalen naheliegend).

(3) Abtrags- (Auftrags-)berechnung aus Bilanz und Auftrag (Abtrag):
$V_{bil} = V_+ + V_-$ d. h. $V_- = V_{bil} - V_+$, $V_+ = V_{bil} - V_-$
($V_+ > 0$, $V_- < 0$ mit Vorzeichen!); V_{bil} nach Kap. 2.4.5.1 (4).
Besonders vorteilhaft, wenn nur in einer Ecke des Quadrats Auftrag (bzw.
Abtrag), exakt, wenn Diagonalprobe stimmt, andernfalls sind sehr widersprüchliche Ergebnisse möglich.

2.4.6 Facetten- oder Prismenmethode

Vgl. Kap. 2.4.2.3, Abb. 2.4.2/2 (4).

2.4.6.1 Dreiecksfacettennetz

(1) Beschreibung eines Geländehorizonts durch Dreiecksfacetten: unregel-
mäßige ebene Dreiecksflächen, in Form, Größe und Neigung dem
Gelände möglichst gut angepaßt (Abb. 2.4.6/1).
Erforderlich: Feststellung (Lage und Höhe) geeigneter Eckpunkte (Netz-
knoten) und Angabe der Vermaschung, d. h. der verbindenden Dreiecks-
seiten (Netzkanten) – verschiedene Verbindungen ergeben verschiedene
Oberflächenformen [vgl. Kap. 2.4.5.3 (2)].
Die Netzkanten sind Knicklinien des beschreibenden Facettenhorizonts:
Geländeknicke müssen auf diesen (und nur da!) verlaufen. Wölbungen
sind durch mehrere Knicke anzunähern. Problem: bei Kuppenform wird
immer abgeschnitten, bei Mulden immer »aufgefüllt« [s. (3)].

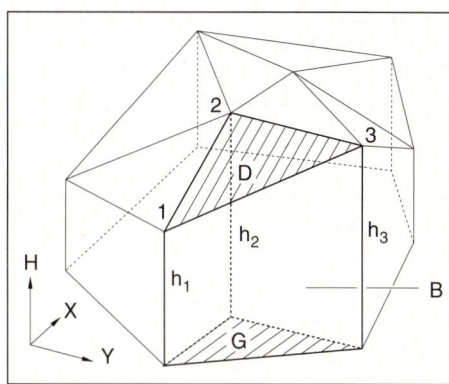

Abb. 2.4.6/1. Dreiecksfacetten

(2) Herkunft der Daten: Polare Geländeaufnahme (Punktkoordinaten vgl. Kap.
3.6.2.1), ggf. elektrooptisch, mit zusätzlicher Feldskizze über Grate, Mulden, Böschungskanten usw. als Anhalt bzw. »Zwangslinien« für die
Maschenbildung.
Anschließend vollständige Vermaschung, von Hand (Nachteil: Fehlermöglichkeiten wie fehlende oder widersprüchliche Kanten und Dreiecke) oder
automatisch mit EDV-Programm (Nachteil: evtl. starres Schema ohne weitere Geländeerfassung) (Abb. 2.4.6/2).

Für geplantes Gelände auch Datenentnahme aus Gestaltungs- und Höhenplan, Lagekoordinaten vorteilhaft mit Digitalisiertablett [s. Kap. 2.2.5, s. a. Kap. 2.4.6.2 (4)].

(3) Rechnerische Verdichtung des Dreiecksnetzes (»digitales Geländemodell«): Aus vorliegenden Geländepunkten bzw. einem Dreiecksnetz können durch Umgriff auf jeweils benachbarte Dreiecke z. B. gekrümmte Flächen berechnet werden, die statt unerwünschter Knicke an den Facettenkanten glatte Übergänge besitzen und sich Wölbungen besser anpassen. Auf diesen Flächen errechnete Punkte dienen als zusätzliche Knotenpunkte eines verfeinerten Facettennetzes für genauere Volumenberechnung.

Mathematisch und numerisch aufwendig, durchführbar nur mit entsprechenden EDV-Programmen.

2.4.6.2 Facettenmethode, indirektes Verfahren

(Abb. 2.4.6/2 bis 4).

(1) Indirektes Verfahren s. Kap. 2.4.2.1 (2); hier Berechnung von V_{alt} und/oder V_{neu} aus jeweils einem geländeangepaßten Dreiecksnetz über festgelegter Grundfläche (Bezugshorizont B).

Bilanz nach Kap. 2.4.2.1 (4). Auf- oder Abtrag nach Kap. 2.4.2.1 (3), wobei die dazu erforderliche Trennung von Auf- und Abtrag in geeigneter Weise (s. Kap. 2.4.1.2) vorher erfolgen und die Begrenzung entsprechend festgelegt werden muß (bei REB VB 22.013 als vorgegeben anzunehmen; s. jedoch Kap. 2.4.6.3 (1) – (2)).

(2) Zerlegung des Körpers zwischen Facettenhorizont und Grundfläche durch vertikale Schnitte entlang der Netzkanten ergibt senkrechte Dreiseitprismen mit waagerechter Grundfläche (= Querschnitt) G und Höhendifferenzen h = H_{alt} (bzw. H_{neu}) – H_B in den 3 Ecken als Kantenlängen (Abb. 2.4.6/1 u. 2.3.1/1g).

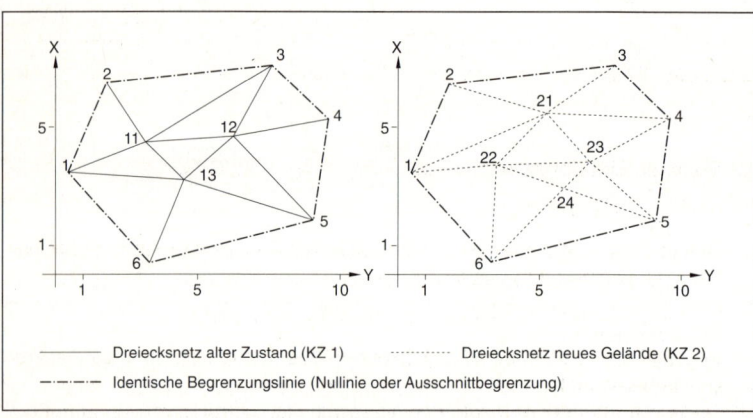

Dreiecksnetz alter Zustand (KZ 1)   Dreiecksnetz neues Gelände (KZ 2)

Identische Begrenzungslinie (Nullinie oder Ausschnittbegrenzung)

Abb. 2.4.6/2. Facettenmethode, indirektes Verfahren (vgl. Abb. 2.4.6/3 und 4)

Koordinatenverzeichnis							
Kennziffer: 1 alter Zustand				Kennziffer: 2 neues Gelände			
Pkt-Nr.	Y	X	Höhe	Pkt-Nr.	Y	X	Höhe
1.00	0.480	3.450	4.250	1.00	0.480	3.450	4.250
2.00	1.810	6.600	4.600	2.00	1.810	6.600	4.600
3.00	7.670	7.230	6.150	3.00	7.670	7.230	6.150
4.00	9.620	5.350	6.400	4.00	9.620	5.350	6.400
5.00	9.090	1.830	5.850	5.00	9.090	1.830	5.850
6.00	3.240	0.370	4.400	6.00	3.240	0.370	4.400
11.00	3.190	4.500	3.700	21.00	5.250	5.540	5.900
12.00	6.330	4.690	4.350	22.00	3.500	3.720	5.850
13.00	4.530	3.210	3.900	23.00	6.780	3.810	6.700
				24.00	5.800	2.870	6.250

Dreiecksmaschen der Horizonte
Eingabedaten DA 58

Kennziffer: 1 alter Zustand				Kennziffer: 2 neues Gelände			
lfd. Nr.	Punkt 1	Punkt 2	Punkt 3	lfd. Nr.	Punkt 1	Punkt 2	Punkt 3
1	1.00	2.00	11.00	1	1.00	2.00	21.00
2	2.00	3.00	11.00	2	2.00	3.00	21.00
3	3.00	12.00	11.00	3	3.00	4.00	21.00
4	3.00	4.00	12.00	4	4.00	23.00	21.00
5	4.00	5.00	12.00	5	4.00	5.00	23.00
6	5.00	13.00	12.00	6	5.00	24.00	23.00
7	5.00	6.00	13.00	7	5.00	6.00	24.00
8	6.00	1.00	13.00	8	6.00	22.00	24.00
9	1.00	11.00	13.00	9	1.00	22.00	6.00
10	11.00	12.00	13.00	10	1.00	21.00	22.00
				11	22.00	21.00	23.00
				12	22.00	23.00	24.00

Abb. 2.4.6/3. Facettenmethode, Eingaben (vgl. Abb. 2.4.6/2)

(3) Volumen Einzelprisma (stets exakt) nach Kap. 2.3.1.2 (2):

$$V = G \frac{1}{3} (h_1 + h_2 + h_3)$$

Dreiecksfläche entsprechend Kap. 2.2.2.4 (4) für Koordcinaten in vermessungstechnischer Orientierung

$$G = \frac{1}{2} [x_1 (y_2 - y_3) + x_2 (y_3 - y_1) + x_3 (y_1 - y_2)]$$

In EDV-Programmen gemäß REB wird daneben auch die schräge Deckfläche D berechnet.

(4) Besonders bei Arbeit nach Plan wäre die Berechnung von G auch nach den üblichen Dreiecksformeln Kap. 2.2.1.1 (4) naheliegend. Nachteil:

Massen und Oberflächen aus Prismen Ergebnisse							
Hor	Zeile	Punkt 1	Punkt 2	Punkt 3	Mittl. Höhe	Grundfläche	Deckfläche	Volumen
1	1	1.00	2.00	11.00	4.183	3.570	3.815	14.935
1	2	2.00	3.00	11.00	4.817	6.588	7.677	31.731
1	3	3.00	12.00	11.00	4.733	3.861	4.588	18.273
1	4	3.00	4.00	12.00	5.633	3.736	4.530	21.047
1	5	4.00	5.00	12.00	5.533	5.616	6.588	31.072
1	6	5.00	13.00	12.00	4.700	4.616	4.992	21.697
1	7	5.00	6.00	13.00	4.717	7.365	8.116	34.740
1	8	6.00	1.00	13.00	4.183	5.906	5.984	24.706
1	9	1.00	11.00	13.00	3.950	2.451	2.546	9.683
1	10	11.00	12.00	13.00	3.983	2.153	2.200	8.575
					Gesamt:	45.861	51.035	216.458

Hor	Zeile	Punkt 1	Punkt 2	Punkt 3	Mittl. Höhe	Grundfläche	Deckfläche	Volumen
2	1	1.00	2.00	21.00	4.917	6.123	6.523	30.104
2	2	2.00	3.00	21.00	5.550	4.189	4.514	23.251
2	3	3.00	4.00	21.00	6.150	3.923	3.948	24.124
2	4	4.00	23.00	21.00	6.333	3.635	3.899	23.020
2	5	4.00	5.00	23.00	6.317	4.590	4.766	28.995
2	6	5.00	24.00	23.00	6.267	2.056	2.260	12.884
2	7	5.00	6.00	24.00	5.500	5.444	6.518	29.940
2	8	6.00	22.00	24.00	5.500	3.963	4.469	21.797
2	9	1.00	22.00	6.00	4.833	5.023	5.944	24.280
2	10	1.00	21.00	22.00	5.333	2.512	3.188	13.397
2	11	22.00	21.00	23.00	6.150	2.906	3.079	17.872
2	12	22.00	23.00	24.00	6.267	1.498	1.578	9.384
					Gesamt:	45.861	50.685	259.048

Position	Hor. (oben) KZ	DZ/Z	Hor. (unten) KZ	DZ/Z	Grundfläche oben	Grundfläche unten	Flächen Diff.	Oberfläche	Masse
1.0	2		1		45.861	45.861	0.000		42.590

Abb. 2.4.6/4.   Facettenmethode, Ergebnisse (vgl. Abb. 2.4.6/2)

unvermeidliche Fehler bei der Messung von Längen und Winkeln führen zu Widersprüchen im Grundflächennetz und diese – bei großen Höhen – zu erheblichen Volumenfehlern.

(5) Kontrollmöglichkeit: Die Summe aller Dreiecksgrundflächen muß für das alte und neue Netz gleich sein und mit der vorgegebenen Grundfläche B übereinstimmen.

2.4.6.3   Prismenmethode, neuere Verfahren

Nur für EDV geeignet, s. a. Kap. 2.4.6.1 (3).

(1) Daten: Dreiecksnetze für alten und neuen Zustand; identische Berandung der Grundrisse (d. h. in der x-y-Ebene) hier nicht erforderlich.
Rechnerische Verschneidung der Facettenflächen [s. Kap. 2.4.1.2 (4)] liefert vorhandene Grenzen zwischen Auf- und Abtrag (Nullinie); daher auch geeignet für konstruktive Daten (Ermittlung von Böschungskanten o. ä.).

(2) Um reine Dreiecksnetze für die indirekte Rechnung nach Kap. 2.4.6.2 zu bekommen, erfolgt anschließend eine Nachvermaschung : Durch die Verschneidungslinie (Nullinie) entstandene 4- und mehreckige Teilflächen im Grenzbereich werden (beliebig) in Dreiecke zerlegt, entsprechend am Rand nach Abschneiden aller Flächenteile, die nur von einem der beiden Horizonte überdeckt werden.

(3) Demgegenüber entfällt die Nachvermaschung bei folgendem Vorgehen (direktes Verfahren):
Vertikale Schnitte entlang der Kanten beider Netze und der Nullinie erzeugen – soweit die beiden Grundrisse sich überdecken – gerade Prismen mit 3-, 4-, 5-, 6- oder 7eckigem Querschnitt und ebener Deck- und Bodenfläche (Abb. 2.4.6/5). Diese Prismen können direkt berechnet werden:
Volumen Einzelprisma (exakt) $V = Q \cdot h_s$ (s. Kap. 2.3.1.2 (1) und 2.2.2.4–5).
$h_s = H_{neu} - H_{alt}$ im Schwerpunkt der Querschnittsfläche

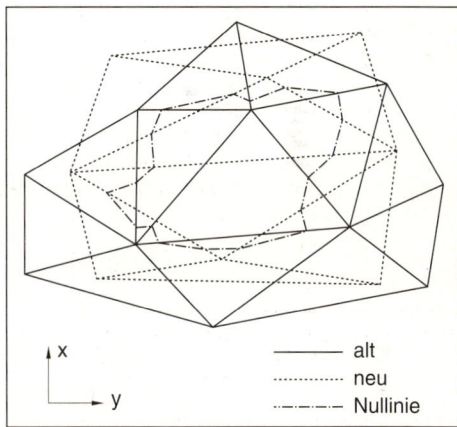

Abb. 2.4.6/5. Überlagerung und Verschneidung zweier Dreiecksnetze

$\uparrow$ x
$\llcorner$ → y

——— alt
·············· neu
–·–·–·– Nullinie

2.4.7   Berechnung aus Einzelkörpern

Vgl. Kap. 2.4.2.3, Abb. 2.4.2/2 (5); älteres, weitgehend manuelles Verfahren.
Geländebeschreibung und Zerlegung analog zur Facettenmethode, jedoch statt systematischer Beschränkung auf Dreiecksflächen/Dreiecksprismen individuelle Auswahl verschiedener elementar berechenbarer Flächen/Teilkörper; evtl. auch horizontale Schnitte.
Gerundete Querschnitte sind wegen daraus folgender Schwierigkeiten (Schwerpunkthöhe, Anschlußflächen) selten brauchbar.

2.5   Literatur

Forschungsgesellschaft für das Straßenwesen (Loseblatt): Sammlung der Regelungen für die elektronische Bauabrechnung (Sammlung REB). Köln: Forschungsgesellschaft für das Straßenwesen.

NETZ, H. (1992): Formeln der Mathematik, 7. Aufl., bearb. von J. RAST. München, Wien: Hanser.

NIMMANN, H. (1980): Flächen- und Erdmassenberechnungen im Garten- und Landschaftsbau, 2. Aufl. Berlin, Hamburg: Paul Parey.

OSTERLOH, H. (1985): Erdmassenberechnung, 4. Aufl. Wiesbaden, Berlin: Bauverlag.

PAPULA, L. (1990): Mathematische Formelsammlung für Ingenieure und Naturwissenschaftler, 3. Aufl. Braunschweig, Wiesbaden: Vieweg.

STÖCKER, H. [Hrsg.] (1992): Taschenbuch mathematischer Formeln und moderner Verfahren, Frankfurt am Main: Deutsch.

3 Vermessungstechnik

3.1 Festlegung von Punkten

Punkte sind die Grundelemente einer Vermessung. Grundlegende Meßvorgänge sind:

(1) Das Messen von Entfernungen zwischen Punkten (Streckenmessung).

(2) Das Messen von Richtungen von einem Standpunkt zu anderen Punkten (Winkelmessung).

(3) Das Messen von Höhenunterschieden zwischen Punkten.

Aus diesen einzelnen Meßschritten baut sich eine Vermessung auf, bzw. lassen sich weitere Größen (z. B. Flächen, Volumen, Steigungen usw.) berechnen.

3.1.1 Punkte in Koordinatensystemen

Punkte im Gelände liegen sowohl der Lage nach als auch der Höhe nach fest. Ebenso lassen sie sich in einem räumlichen Koordinatensystem durch die Koordinaten x, y und z ausdrücken (Abb. 3.1.1/1).

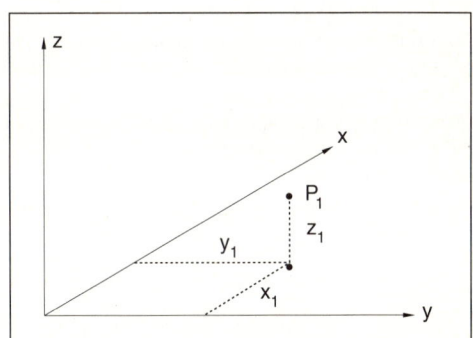

Abb. 3.1.1/1.
Räumliche Koordinaten

Entsprechend der Darstellung in Karten und Plänen werden Vermessungen meist jedoch zweidimensional durchgeführt, d. h. als *Lagemessung* oder als *Höhenmessung*. Die Lagepunkte können in ebenen Koordinatensystemen mit zwei Methoden dargestellt werden.

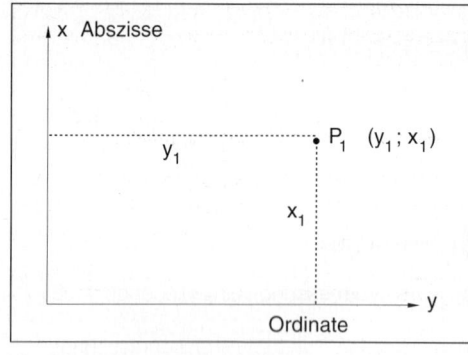

Abb. 3.1.1/2. Ebene rechtwinklige Koordinaten

3.1.1.1   Rechtwinklige (orthogonale) Koordinaten

Abweichend vom üblichen Gebrauch in der Mathematik werden die Koordinaten im Vermessungswesen innerhalb eines genau definierten Systems (Gauß-Krüger-Koordinaten) entsprechend Abb. 3.1.1/2 bezeichnet. Für bautechnische Vermessungen legt man die Koordinatenachsen in den meisten Fällen nach praktischen Gesichtspunkten fest, wobei die x-Achse z. B. auch eine Meßlinie, eine Polygonseite, eine Wegeachse, eine Gebäudeflucht oder die Tangente eines Kreisbogens sein kann. In Karten und Plänen ist die x-Achse gleichzeitig die Nordrichtung.
Schreibweise: $P : (y, x)$

3.1.1.2   Polarkoordinaten

Die Lage eines Punktes läßt sich auch durch den Winkel φ und die Strecke s eindeutig beschreiben (Abb. 3.1.1/3), wobei der Winkel φ im positiven Uhrzeigersinn verläuft.
Umrechnung von Polarkoordinaten in rechtwinklige Koordinaten:
$y = s \cdot \sin\varphi \quad x = s \cdot \cos\varphi$

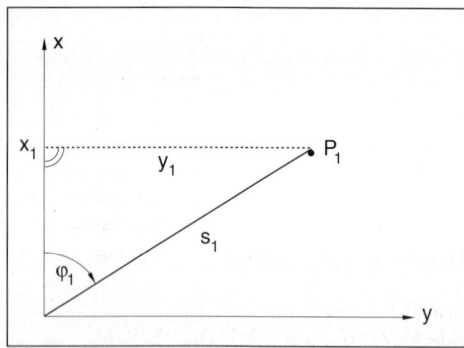

Abb. 3.1.1/3. Polarkoordinaten

Für die rechtwinklige Darstellung von Höhenpunkten (Schnitte, Profile) werden statt der Koordinaten z und y in der Regel die Bezeichnungen »Höhe« und »Entfernung« verwendet.

3.1.2 Darstellung von Punkten in Karten und Plänen

Für viele praktische Vermessungsaufgaben werden amtliche Pläne und Unterlagen verwendet. Die zeichnerische Darstellung der Punkte erfolgt hierbei gemäß DIN 18 702 (Abb. 3.1.2/1).

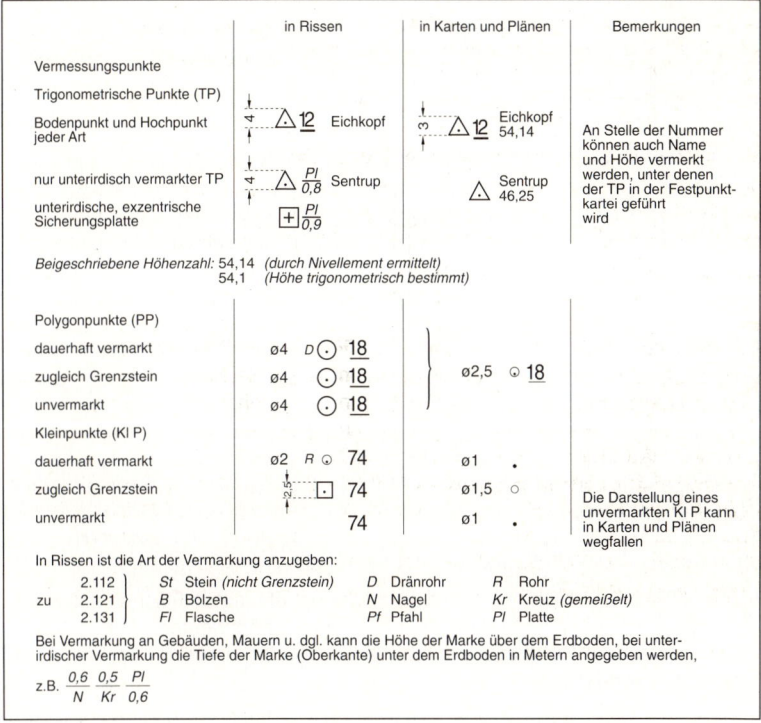

Abb. 3.1.2/1. Darstellung von Vermessungspunkten

3.1.3 Vermarkung von Punkten im Gelände

Um Punkte im Gelände sichtbar zu machen, müssen sie fixiert werden. Dazu gibt es je nach Bedarf unterschiedliche Möglichkeiten und Hilfsmittel.

3.1.3.1 Vorübergehende Markierungen

Dienen nur für die Dauer einer Messung (Tagesmarken). Geeignet für befestigte Flächen: Ölkreide (Signierkreide), für unbefestigte Flächen: Zählnadeln (Markiernadeln) (Abb. 3.1.3/1).

Wichtigstes Hilfsmittel sind Fluchtstäbe nach DIN 18705 (Abb. 3.1.3/2); Materialien: Holz mit Farbanstrich, Holz mit Kunststoffummantelung für Bauvermessungen, Vollkunststoff oder Aluminium für höchste Genauigkeitsanforderungen.

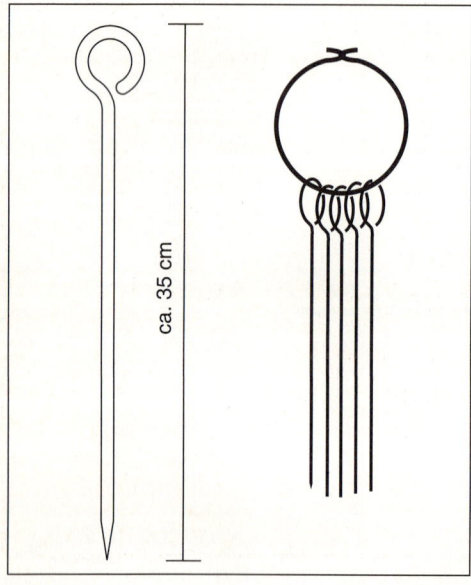

ca. 35 cm

Abb. 3.1.3/1. Zählnadeln

Fluchtstäbe lassen sich auf befestigten oder unbefestigten Flächen aufstellen, das senkrechte Ausrichten erfolgt mit Hilfe eines Lattenrichters (Abb. 3.1.3/2). Nicht verwendete Fluchtstäbe schräg in den Boden stecken, um Verwechslungen zu vermeiden.

3.1.3.2 Dauerhafte Vermarkungen

Sollen über einen längeren Zeitraum (z. B. während der Abwicklung eines Bauvorhabens) bestehen bleiben und gegenüber Witterungseinflüssen und mechanischen Beanspruchungen im Zuge des Baugeschehens widerstandsfähig sein.

Geeignete Vermarkungsmaterialen sind Holzpfähle, Röhrchen oder Tonrohre für unbefestigte Flächen und Bolzen für Asphalt- oder Pflasterflächen (Abb. 3.1.3/3).

Die richtige Vermarkungsart und damit die Erhaltung der Meßpunkte erspart unnötige Nachmessungen und zusätzliche Fehlermöglichkeiten.

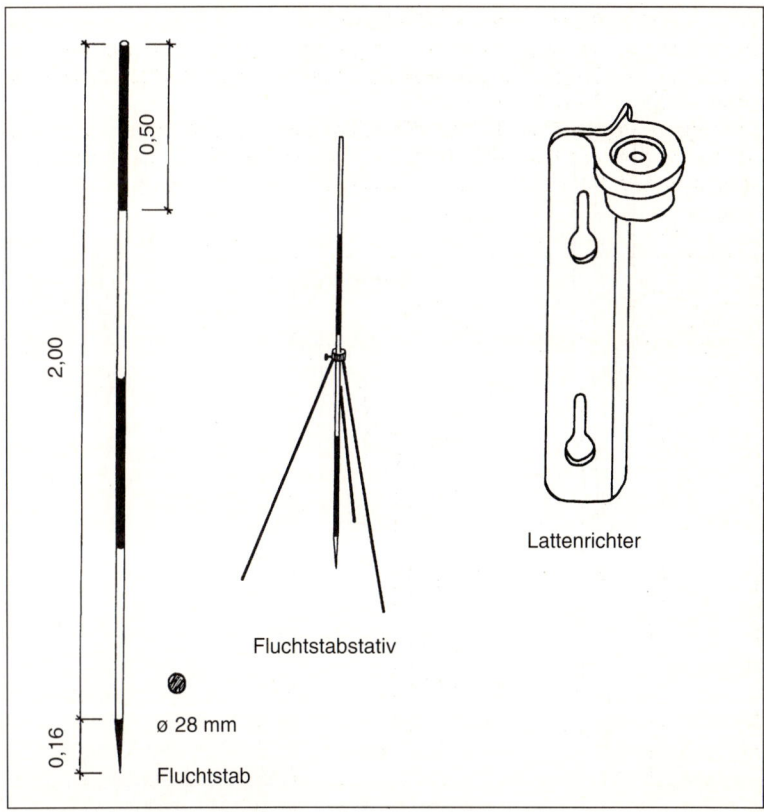

Abb. 3.1.3/2. Fluchtstäbe, Hilfsmittel

3.1.3.3 Lagefestpunkte

Trigonometrische Punkte (TP), Polygonpunkte (PP) und Grenzpunkte sind Vermessungspunkte, die nur von Vermessungsämtern oder besonders berechtigten Personen gesetzt oder verändert werden dürfen. Sie können als Bezugspunkte für weitere Bauvermessungen dienen (hauptsächlich PP und Grenzpunkte, selten TP). Verwendet werden schwere Vermarkungen, die über Jahre, bzw. Jahrzehnte hinaus Bestand haben müssen (Abb. 3.1.3/4).

3.1.4 Sicherung von Punkten

3.1.4.1 Fixierung eines eingemessenen Punktes

Bereits eingemessene Punkte können durch Erdaushub wieder verlorengehen. Durch Fluchtstab und Zählnadeln kann der Punkt vorher fixiert werden

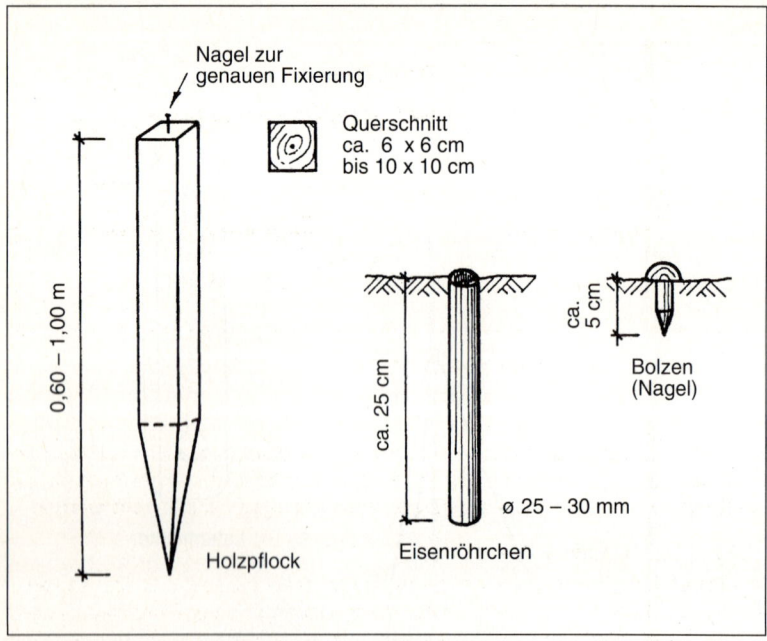

Abb. 3.1.3/3.   Dauerhafte Vermarkungen

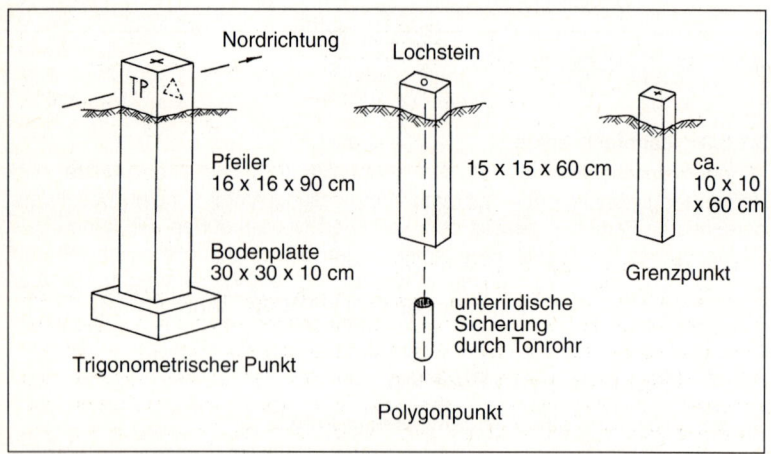

Abb. 3.1.3/4.   Vermessungspunkte (Lagefestpunkte)

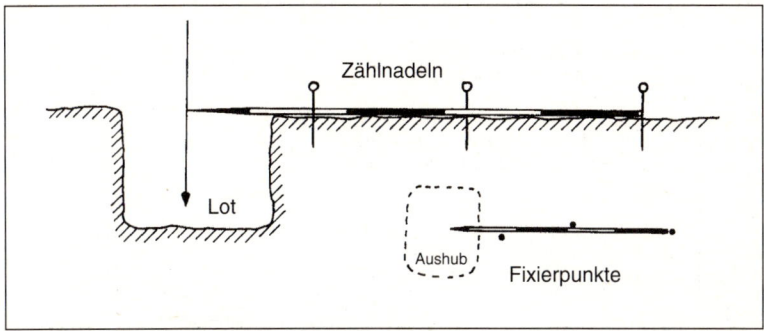

Abb. 3.1.4/1. Fixierung eines eingemessenen Punktes

(Abb. 3.1.4/1). Der Fluchtstab läßt sich zwischendurch entfernen und später wieder in die gleiche Position bringen. Die Fluchtstabspitze markiert dabei den Punkt. Auch unterirdische Vermarkungen können so ausgeführt werden.

3.1.4.2 Mechanische Sicherungen
Schutz von Meßpunkten vor unmittelbaren Beschädigungen (z.B. Baustellenfahrzeuge!) durch Lattendreieck oder durch bodengleiches Einschlagen des Pflocks im Meßbereich und Markierung durch gesonderten Beipflock, der auch die Punktbezeichnung als Aufschrift trägt (Abb. 3.1.4/2).

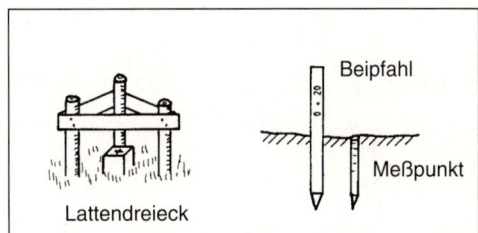

Abb. 3.1.4/2. Mechanische Sicherung

3.1.4.3 Sicherung durch Einmessen
Durch Einmessen auf vorhandene, unveränderliche Merkmale (z.B. Gebäudeecken, Mauerecken, Treppenstufen, Bordsteinecken, Kanaldeckel, Laternenpfähle usw.) oder auf vorhandene Festpunkte lassen sich Meßpunkte sichern und so später leicht wieder auffinden oder bei Verlust des Punktes neu einmessen. Oft sind mehrere Sicherungsmaße oder eine Kombination aus »Dreiecksmessung« und »Lot auf eine Flucht« sinnvoll. Grundsätzlich empfiehlt es sich, eine Sicherungsskizze anzulegen, auf der die topographische Umgebung des Punktes vereinfacht dargestellt ist (Abb. 3.1.4/3).

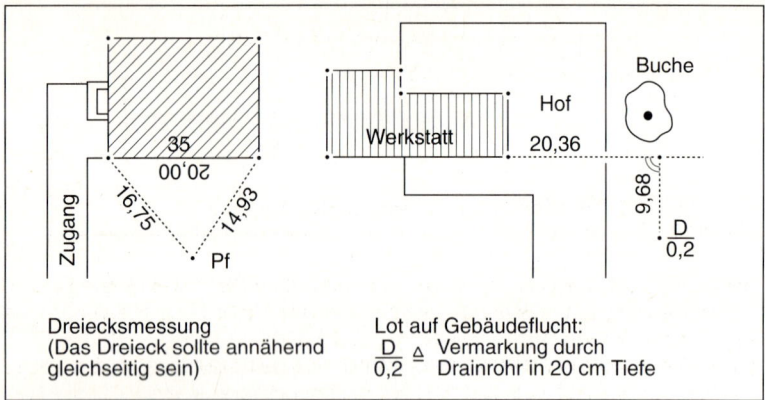

Abb. 3.1.4/3. Sichern durch Einmessen – Einmeßskizze

Im freien Gelände läßt sich ein Meßpunkt durch Einmessen auf zusätzliche Pflöcke, die außerhalb des Baufeldes angeordnet werden, sichern. Gegebenenfalls können auch noch Fernziele (z. B. eine Kirchturmspitze) in die Sicherung einbezogen werden, so daß selbst bei Verlust eines oder mehrerer Sicherungspflöcke der Punkt wiedergefunden werden kann (Abb. 3.1.4/4).

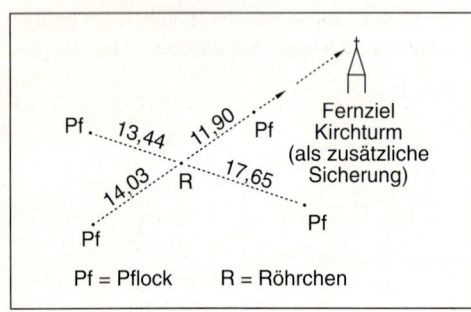

Abb. 3.1.4/4. Sicherung im freien Gelände

3.2   Streckenmessung

3.2.1   Darstellung von Vermessungslinien in Feldrissen und Plänen

In vermessungstechnischen Darstellungen (Handrisse, Aufmaßprotokolle, Absteckpläne usw.) müssen meist viele Zahlenwerte auf engem Raum unter-

Maß zwischen 2 Punkten

```
          19,34        16,67      15,55
    ·............·............·............·
  0,0        19,34       36,01      51,56
```

Abb. 3.2.1/1. Schreibweise von Maßzahlen

fortlaufende Schreibweise

Endmaß

gebracht werden. Aus Gründen der Übersichtlichkeit und eindeutigen Lesbarkeit sollten folgende Regeln entgegen der sonst üblichen Schreibweise bei technischen Plänen befolgt werden (Abb. 3.2.1/1):

(1) Meßlinien als »nicht sichtbare« Linien gestrichelt darstellen, im Gegensatz zu »sichtbaren« Linien wie z. B. Wegeränder, Mauerkanten.

(2) Keine zusätzlichen Maßketten oder Maßpfeile zeichnen.

(3) Fortlaufend gemessene Längen senkrecht zur Meßlinie schreiben, dabei Zahlen mit dem Fuß zum Nullpunkt.

(4) Maß zwischen zwei Punkten auf die Meßlinie, zwischen die Punkte schreiben.

3.2.2   Darstellung von Vermessungslinien im Gelände (Fluchten)

Gerade Linien werden in der Örtlichkeit meist mit Hilfe von Fluchtstäben kenntlich gemacht. Beliebige Zwischenpunkte auf der Geraden oder auf ihrer

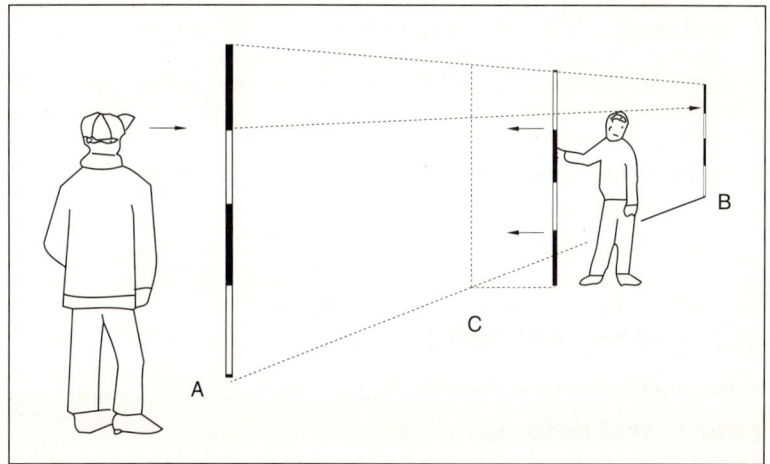

Abb. 3.2.2/1. Einfluchten von einem Endpunkt aus

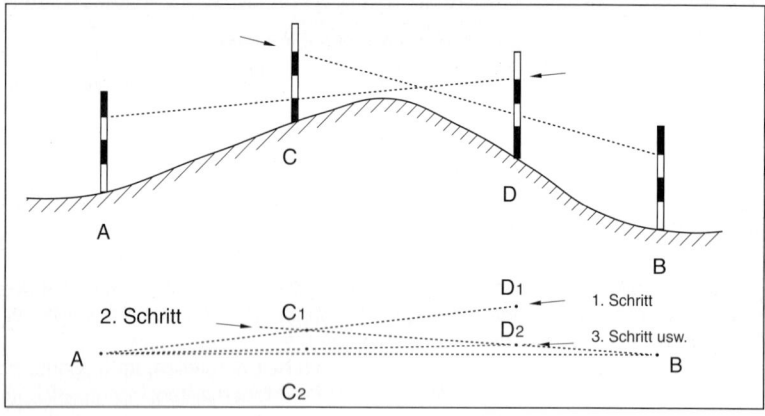

Abb. 3.2.2/2. Fluchten aus der Mitte

Verlängerung werden durch »Ausfluchten« oder »Fluchten« nach (1) bis (4) aufgesucht.

(1) Fluchten von einem Endpunkt aus (Abb. 3.2.2/1): Erforderlich sind zwei Personen, das Einweisen erfolgt durch Handzeichen oder Zurufen.

(2) Verlängern einer Strecke: Nur eine Person ist erforderlich. Bei erhöhten Genauigkeitsanforderungen sollte die Verlängerung nicht größer als die vorgegebene Strecke sein.

(3) Fluchten aus der Mitte (Abb. 3.2.2/2): Anwendung bei nicht zugänglichen Endpunkten (z. B. zwischen aufgehendem Mauerwerk) oder bei Geländeerhebungen zwischen den Endpunkten. Die Durchführung erfolgt nach einem Näherungsverfahren in mehreren Arbeitsgängen.

(4) Indirektes Fluchten (Abb. 3.2.2/3): Bei Hindernissen können durch eine Hilfsmessung (Strecken AB' und b) und anschließende Berechnung (Strecken c und d) Punkte auf der Flucht gefunden werden.

3.2.3 Längenmessung

Längenmaße beziehen sich entsprechend der Darstellung in Karten und Plänen stets auf die Horizontalebene. Als Länge zwischen 2 Punkten ist die *horizontale* Entfernung (Projektion) definiert.

Ausnahme: Bei Abrechnungsaufmaßen auf geneigten Flächen wird die wahre Länge (Abwicklung) zugrunde gelegt. Sie wird in der Regel durch einen Zuschlag zur Projektion berücksichtigt.

3.2.3.1 Meßgeräte und Meßverfahren

(1) Schrittmaß: Sollte bekannt sein, praktisch für überschlägliche Längenbestimmungen und Abschätzungen.

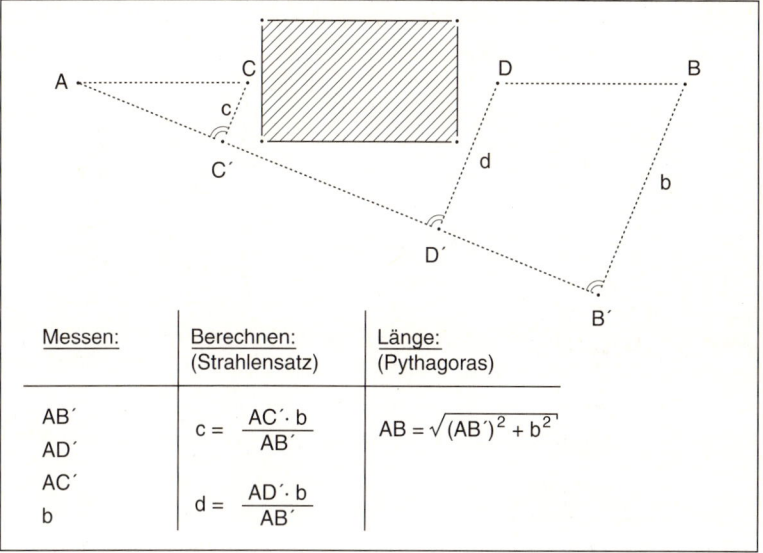

Messen:	Berechnen: (Strahlensatz)	Länge: (Pythagoras)
AB´ AD´	$c = \dfrac{AC´ \cdot b}{AB´}$	$AB = \sqrt{(AB´)^2 + b^2}$
AC´ b	$d = \dfrac{AD´ \cdot b}{AB´}$	

Abb. 3.2.2/3. Indirektes Einfluchten

(2) Meßrad (Rolltacho) (Abb. 3.2.3/1): Einfach zu bedienen, nur eine Person erforderlich, jedoch relativ ungenau; nur auf befestigten Flächen einsetzbar; geeignet für Abrechnungsaufmaße, günstig für kurvenreiche Strecken; gemessen wird die Abwicklung.

(3) Rollmeßband (Bandmaß): Wichtigstes und zur Zeit noch am häufigsten verwendetes einfaches Gerät zur Streckenmessung mit guter Genauigkeit zur Messung sowohl der Abwicklung als der Projektion einer Strecke.
Ausführung von Bandmaßen:
Leinen: Ungenau, geringe Haltbarkeit
Kunststoff: Mittlere Genauigkeit, für die meisten bautechnischen Vermessungen geeignet, leicht zu handhaben
Stahl: Hohe Genauigkeit, empfindlich gegen Knicke
Stahl mit Kunststoffummantelung: Genau, nicht ganz so empfindlich gegen Knicke, gute Ablesbarkeit, für bautechnische Vermessungen empfehlenswert.
Anfänge von Bandmaßen (Abb. 3.2.3/2):
Anfang A: Genaues Anhalten an freien Punkt (z. B. Fluchtstab) möglich
Anfang B: Universeller einsetzbar (z. B. zwischen Mauern).
Längen von Bandmaßen:
20 m: Für viele Anwendungsbereiche zu kurz
25 m, 30 m: Günstig
50 m: Gut, einfaches und genaues Messen bei längeren Strecken, relativ teuer

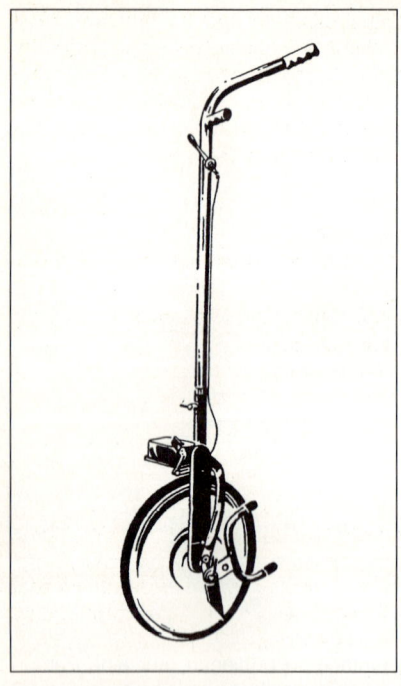

Abb. 3.2.3/1. Rolltacho

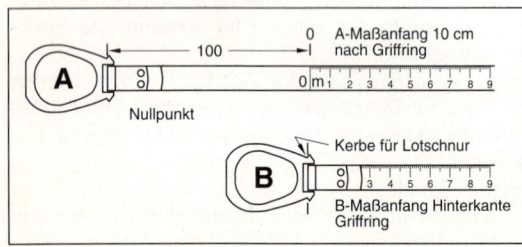

Abb. 3.2.3/2. Anfänge bei Bandmaßen

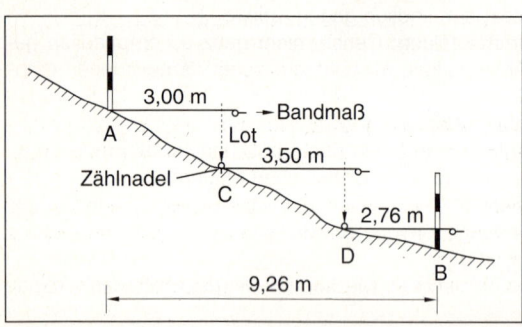

Abb. 3.2.3/3. Staffel-messung

Staffelmessung zur direkten Ermittlung der Horizontalentfernung (Abb. 3.2.3/3): Meßrichtung immer bergab, Bandmaß nach Augenmaß horizontal halten und stramm ziehen, Zwischenpunkte mit Schnurlot oder Fluchtstab und Lattenrichter abloten. Auch bei schwach geneigtem Gelände nach diesem Verfahren vorgehen. Zur Kontrolle alle Streckenmessungen mit dem Bandmaß zweimal ausführen. Zulässige Abweichung (Richtwert):

d_{max} [m] = $\frac{s\ [m]}{1000}$ s = gemessene Strecke

(bei einfachen Geländeverhältnissen weniger!)

(4) Optische Entfernungsmessung (Distanzfäden, Reduktionstachymeter) s. Kap. 3.6.1.

(5) Elektrooptische Entfernungsmessung. Genaue Messungen mit aufwendigen, elektronischen Instrumenten s. Kap. 3.6.2.

3.3 Winkelmessung

3.3.1 Rechte Winkel

Um einen rechten Winkel im Gelände zu bilden, gibt es folgende Möglichkeiten:

(1) Schnurdreieck (Abb. 3.3.1/1): einfache, aber für viele Zwecke praktische Methode, einen rechten Winkel abzustecken. Durch Strammziehen der Schnur wird ein rechtwinkliges Dreieck gebildet.

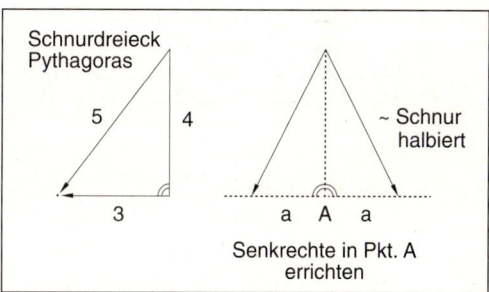

Abb. 3.3.1/1. Schnurdreiecke

(2) Kreuzscheibe (Diopter): konischer Metallkörper mit senkrecht zueinander stehenden Visierschlitzen (Abb. 3.3.1/2). Gute Genauigkeit, jedoch relativ ungebräuchlich.

(3) Winkelprisma: geschliffene Glasprismen mit teilweise verspiegelten Seiten; durch Brechung und Reflexion wird der einfallende Sehstrahl genau im rechten Winkel umgelenkt.
Bei der Arbeit mit einem Prisma muß immer ein Schnurlot oder Stablot verwendet werden.

Prismenarten (Abb. 3.3.1/3):
Dreiseitiges Prisma: Es entstehen feste und bewegliche Bilder, dadurch schwierige Handhabung; größere Fehlermöglichkeiten und Ungenauigkeiten; weniger empfehlenswert.
Fünfseitiges Prisma (Pentagon): Es entstehen nur feste Bilder, dadurch größeres, übersichtliches Gesichtsfeld; gute Handhabung.

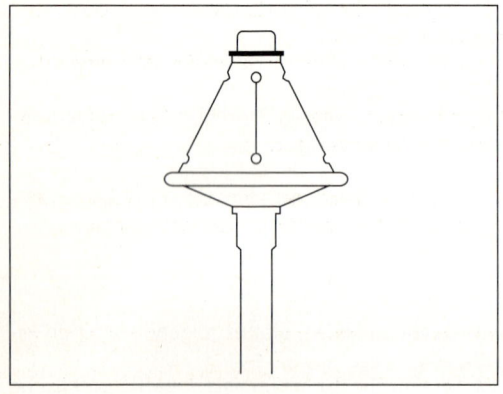

Abb. 3.3.1/2. Kreuzscheibe

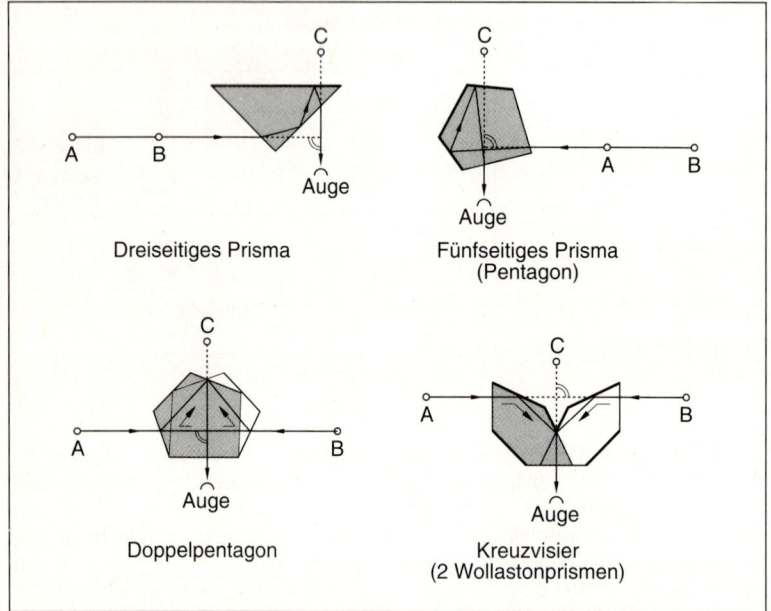

Abb. 3.3.1/3. Winkelprismen

Doppelprismen: Sie bestehen aus zwei übereinander angeordneten fünfseitigen Prismen. Am gebräuchlichsten ist das »Doppelpentagon«, daneben gibt es das »Kreuzvisier« (bestehend aus 2 Wollaston-Prismen); sehr empfehlenswert.

Mit einem Doppelprisma lassen sich folgende Grundaufgaben lösen (Abb. 3.3.1/4):

Selbsteinfluchten, d. h. Bestimmung des Punktes C auf einer Geraden AB;
Lotfußpunkt D von einem Punkt P auf einer Geraden AB bestimmen (Grundaufgabe des Aufmaßes);
Senkrechte im Punkt E auf einer Geraden AB errichten (Grundaufgabe der Absteckung).

Die erreichbare Genauigkeit mit einem Winkelprisma liegt bei ca. 2–5 cm auf 30 m. Zur Überprüfung der Messung eignen sich Pythagorasproben (Abb. 3.3.1/5).

(4) Winkelspiegel: gleiche Funktion wie einfaches Prisma; Umlenkung des Sehstrahles erfolgt über zwei Spiegel; heute nicht mehr gebräuchlich.

(5) Theodolit: für genaue Messungen (s. Kap. 3.3.2.1).

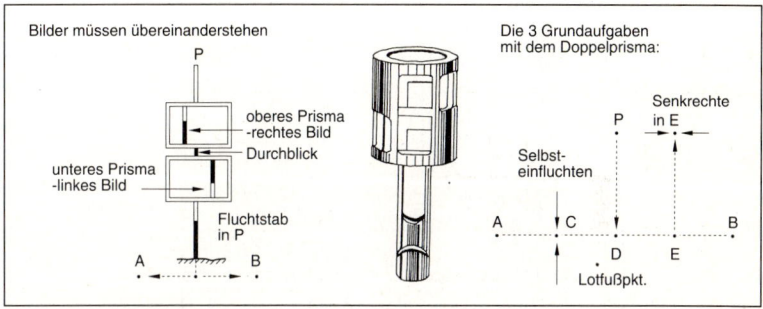

Abb. 3.3.1/4. Doppelprisma

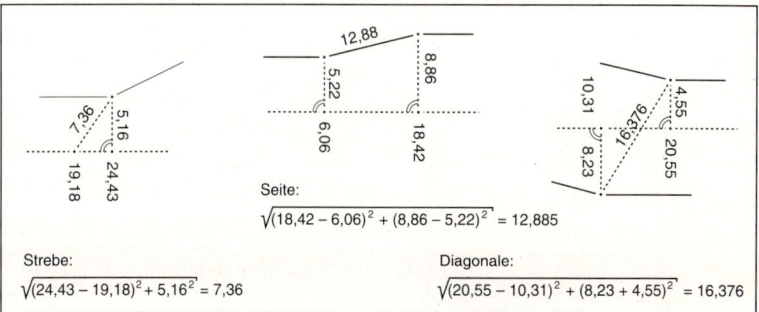

Abb. 3.3.1/5. Pythagorasproben

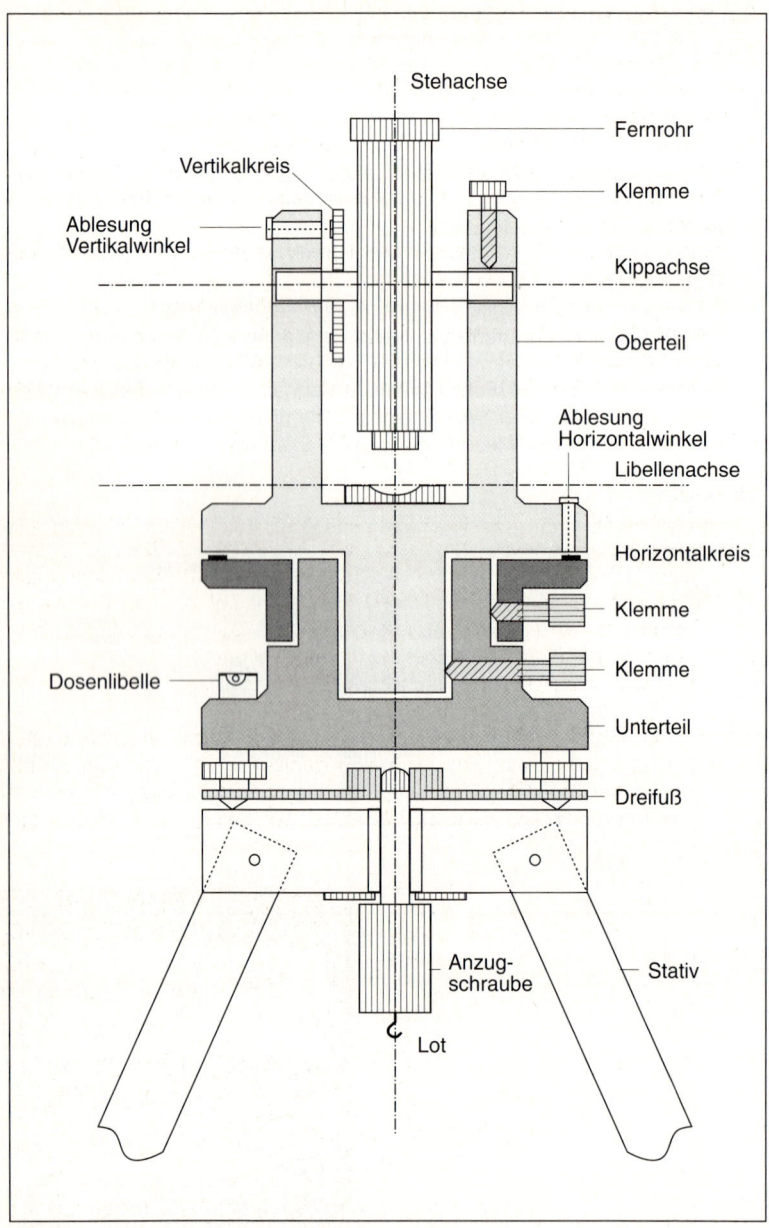

Abb. 3.3.2/1. Schematische Darstellung eines Repetitions-Theodolits

3.3.2 Allgemeine Winkel

3.3.2.1 Der Theodolit

Mit einem Theodolit lassen sich horizontale oder vertikale Winkel beliebiger Größe messen oder abstecken.

(1) Aufbau und Bestandteile eines Theodolits (Abb. 3.3.2/1 und 2):

Ein um die Kippachse und Stehachse drehbar gelagertes Fernrohr mit Fadenkreuz, ein horizontaler und ein vertikaler Teilkreis (üblich gon-Teilung);

Einrichtungen zum Ablesen dieser Kreisteilungen sowie Einrichtungen zum Senkrechtstellen der Stechachse.

Je nach Genauigkeit der Ablesung werden unterschieden:

Bautheodolit (Kleintheodolit, Minutentheodolit): relativ robust, niedere Genauigkeit; für die meisten bautechnischen Vermessungen geeignet;

Ingenieurtheodolit: hohe Genauigkeit (bis +/− 1 mgon); für alle bautechnischen Vermessungen geeignet;

Feinmeßtheodolit (Sekundentheodolit): höchste Genauigkeit; für Bauvermessungen nicht erforderlich.

(2) Aufstellen des Theodolits:

a) Zentrierung: Stativ möglichst genau über dem betreffenden Standpunkt aufstellen, Stativteller nach Augenmaß waagerecht, Theodolit aufsetzen, Fußschrauben gleichmäßig herausdrehen und Dosenlibelle zum Einspielen bringen. Anschließend Instrument auf dem Stativteller bei gelockerter Anzugschraube verschieben, bis Lotspitze oder optisches Lot sich genau zentrisch über dem Punkt befindet.

b) Horizontierung (Senkrechtstellen der Stehachse):

Grobeinstellung mit Dosenlibelle;

Feineinstellung mit Röhrenlibelle; dazu Röhrenlibelle parallel zu zwei Fußschrauben stellen und durch gegenläufiges Drehen dieser Fußschrauben zum Einspielen bringen; danach Oberteil des Instrumentes um 100 gon drehen und Libelle mit dritter Fußschraube erneut zum

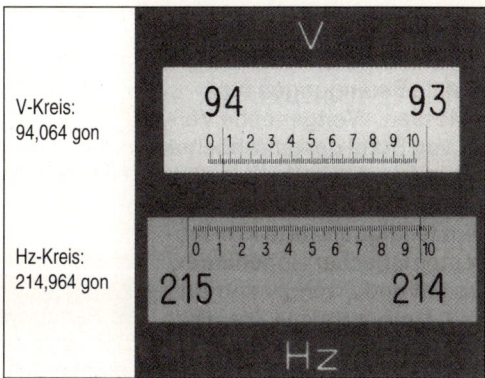

Abb. 3.3.2/2. Ablesung am Theodolit

V-Kreis: 94,064 gon

Hz-Kreis: 214,964 gon

Einspielen bringen; damit steht die Stehachse lotrecht, die Libelle muß in jeder Stellung eingespielt bleiben (gegebenenfalls Vorgang wiederholen).

(3) Justieren der Röhrenlibelle: wird erforderlich, wenn bei eingespielter Libelle nach Drehung um 200 gon ein Ausschlag auftritt. Dieser entspricht dem doppelten Stehachsfehler; Beseitigung zur Hälfte mit den Fußschrauben, zur anderen Hälfte mit den Justierschrauben der Libelle.

(4) Fehlerquellen am Theodolit:
  a) Stehachsfehler (die Stehachse steht nicht senkrecht): Kein Instrumentenfehler, sondern Aufstellfehler (s. o.)! Fehler kann nicht durch Meßanordnung gem. Kap. 3.3.2.2 eliminiert werden;
  b) Zielachsfehler (die Zielachse steht nicht senkrecht auf der Kippachse): Instrumentenfehler. Wird durch Messung in 2 Fernrohrlagen (Lagenmessung s. Kap. 3.3.2.2 eliminiert).
  c) Kippachsfehler (die Kippachse steht nicht waagerecht): Instrumentenfehler, wird durch Messung in 2 Fernrohrlagen eliminiert.

3.3.2.2 Winkelmessung mit dem Theodolit

(1) Horizontalwinkel: Gemessen wird der in die Ebene projizierte Winkel zwischen räumlichen Punkten; Ablesung am Horizontalkreis. Die Größe eines Winkels ergibt sich aus der Differenz zweier Richtungsablesungen.
Für genaue Winkel wird die Messung in beiden Fernrohrlagen (Lagenmessung) durchgeführt; dazu Messung mit durchgeschlagenem Fernrohr wiederholen. Die Ablesungen ergeben sich jetzt um 200 gon versetzt. Auf diese Weise werden Ablesefehler bzw. -ungenauigkeiten ausgeglichen und Instrumentenfehler (Kap. 3.3.2.1) eliminiert; Ablesungen in Tabellenform notieren (Abb. 3.3.2/3). Unter »Reduzierung« versteht man die rechnerische Nullsetzung der ersten Ablesung.

(2) Vertikalwinkel. Im Gegensatz zur Horizontalwinkelmessung ist hierbei die Nullrichtung des Teilkreises als Senkrechte (Zenit) festgelegt. Bei den meisten Theodoliten wird der Zenitwinkel (Zenitdistanz) z abgelesen (Abb. 3.3.2/4);
Fernrohr senkrecht: Ablesung 0 bzw. 200 gon
Fernrohr waagerecht: Ablesung 100 bzw. 300 gon.

3.4 Lagemessungen

Lagemessungen sind Vermessungen, die ausschließlich auf die Horizontalebene bezogen sind. Sie setzen sich aus den einzelnen Meßschritten gemäß Kapitel 3.1–3.3 zusammen.

3.4.1 Bezugssysteme

Grundlage jeder Lagemessung ist ein Bezugssystem, bestehend aus einem oder mehreren Bezugspunkten, bzw. Bezugsgeraden. Für bautechnische Vermessungen wird das Bezugssystem meist örtlich festgelegt.

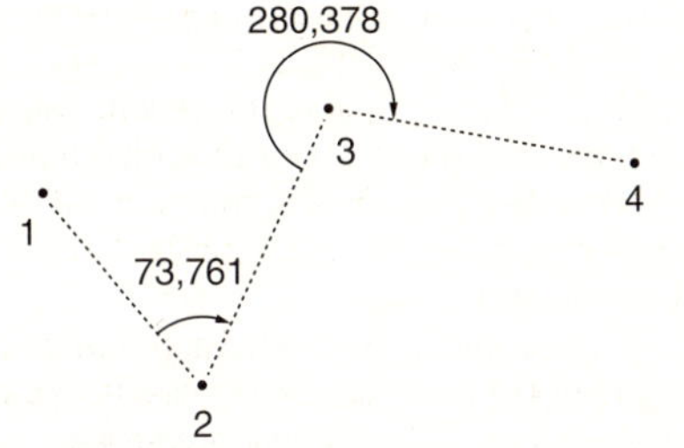

280,378

3

4

1

73,761

2

Beobachter : _Schmidt_____
Instrument : ___I.16_____

Winkelmessung

Standpunkt	Zielpunkt	Ablesung Lage I	Ablesung Lage II	Horizontalwinkelmessung Ablesung I reduziert	Ablesung II reduziert	Satzmittel
1	2	3	4	5	6	7
2	1	1 57 2	201 58 4	—	—	
	3	75 74 6	275 33 2	73 77 4	73 74 8	73 76 1
3	2	0 83 4	200 80 9	—	—	
	4	281 20 1	481 19 7	280 36 2	280 38 8	280 37 8

Abb. 3.3.2/3. Horizontalwinkelmessung

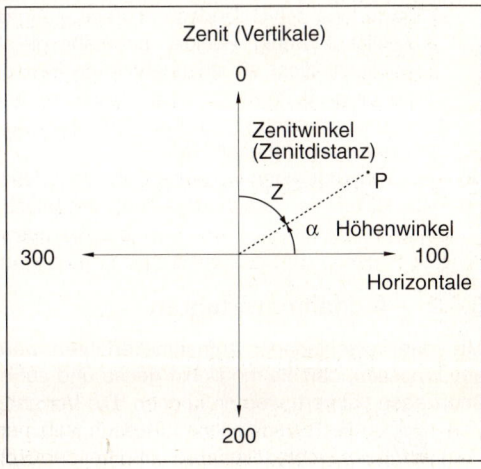

Abb. 3.3.2/4. Vertikalwinkel

3.4.1.1 Standlinien

Für die meisten praktischen Aufgaben (besonders bei kleinen Projekten) genügt die Festlegung **einer** Meßlinie (Standlinie) als Bezugslinie. Geeignet für die Festlegung solcher Meßlinien sind vorhandene, unveränderliche Punkte bzw. Gegenstände im Gelände (Abb. 3.4.1/1), z. B.:
a) Meßlinien zwischen Grenzsteinen,
b) Grenzlinien selbst als Meßlinien,
c) Meßlinien zwischen Gebäudeecken,
d) Verlängerungen von Gebäude- bzw. Mauerfluchten,
e) Meßlinien zwischen natürlichen Punkten (z. B. Gully–Ecke Treppenstufe) o. ä.,
f) Kombinationen dieser Möglichkeiten oder zusätzlich vermarkte Punkte.

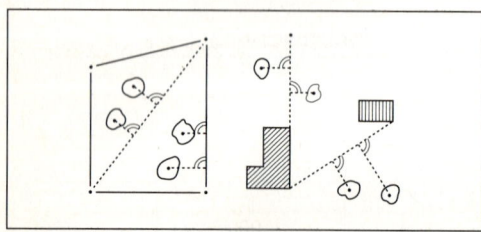

Abb. 3.4.1/1. Standlinien

3.4.1.2 Polygonzüge

Bei größeren Gebieten werden mehrere Meßlinien benötigt, die durch Winkel- und Streckenmessungen zu einem Streckenzug (Polygonzug) zusammengelegt werden. Oft ist es zweckmäßig, einen geschlossenen Polygonzug um das gesamte Aufnahmegebiet zu legen (gute Kontrollmöglichkeiten).
(1) Arbeitsschritte:
  a) Erkundung des Geländes und Festlegung der Polygonpunkte. Kriterien: Möglichst wenig Punkte, ungefähr gleiche Punktabstände, Punkte möglichst dicht an aufzunehmende Bereiche; Vermarkung der Punkte nach Kap. 3.1;
  b) Streckenmessung nach Kap. 3.2;
  c) Winkelmessung nach Kap. 3.3.
(2) Koordinatenberechnung eines Polygonzuges s. Abb. 3.4.1/2.
(3) Beispiel für die Berechnung eines geschlossenen Polygonzuges s. Abb. 3.4.1/3.

3.4.2 Aufnahmeverfahren

Mit Hilfe verschiedener Aufnahmeverfahren werden Punkte im Gelände so aufgemessen, daß sie möglichst genau und auf einfache Weise in einen Plan übertragen (kartiert) werden können. Die Verfahren unterscheiden sich in der Verwendung der verschiedenen Messungselemente »Strecke« und »Winkel«. Während beim Einbindeverfahren und bei der Dreiecksmessung nur Strecken-

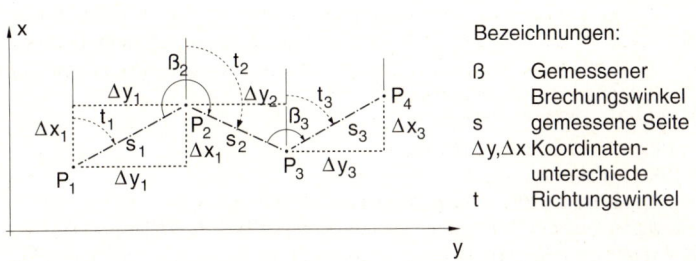

Bezeichnungen:

ß   Gemessener Brechungswinkel

s   gemessene Seite

$\Delta y, \Delta x$ Koordinatenunterschiede

t   Richtungswinkel

Richtungswinkel:
Winkel von der positiven x-Achse im Uhrzeigersinn bis auf die Polygonseite

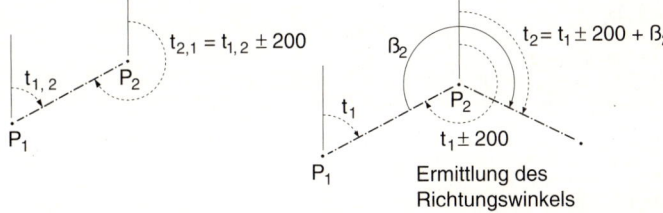

Ermittlung des Richtungswinkels

Der Richtungswinkel einer Polygonseite ergibt sich aus dem Richtungswinkel der vorhergehenden Seite und dem Brechungswinkel ± 200 gon

$$t_{i, i+1} = t_{i-1, i} \pm 200 + \beta_i$$

Ausgehend von den bekannten Koordinaten eines Punktes (oder Koordinatennullpunkt) werden die Koordinatenunterschiede ermittelt:

$$\Delta y_{i, i+1} = s_{i, i+1} \cdot \sin t_{i, i+1}$$
$$\Delta x_{i, i+1} = s_{i, i+1} \cdot \cos t_{i, i+1}$$

Die Koordinaten der Punkte ergeben sich aus:

$$y_{i+1} = y_i + \Delta y_{i, i+1}$$
$$x_{i+1} = x_i + \Delta x_{i, i+1}$$

Abb. 3.4.1/2. Koordinatenberechnung

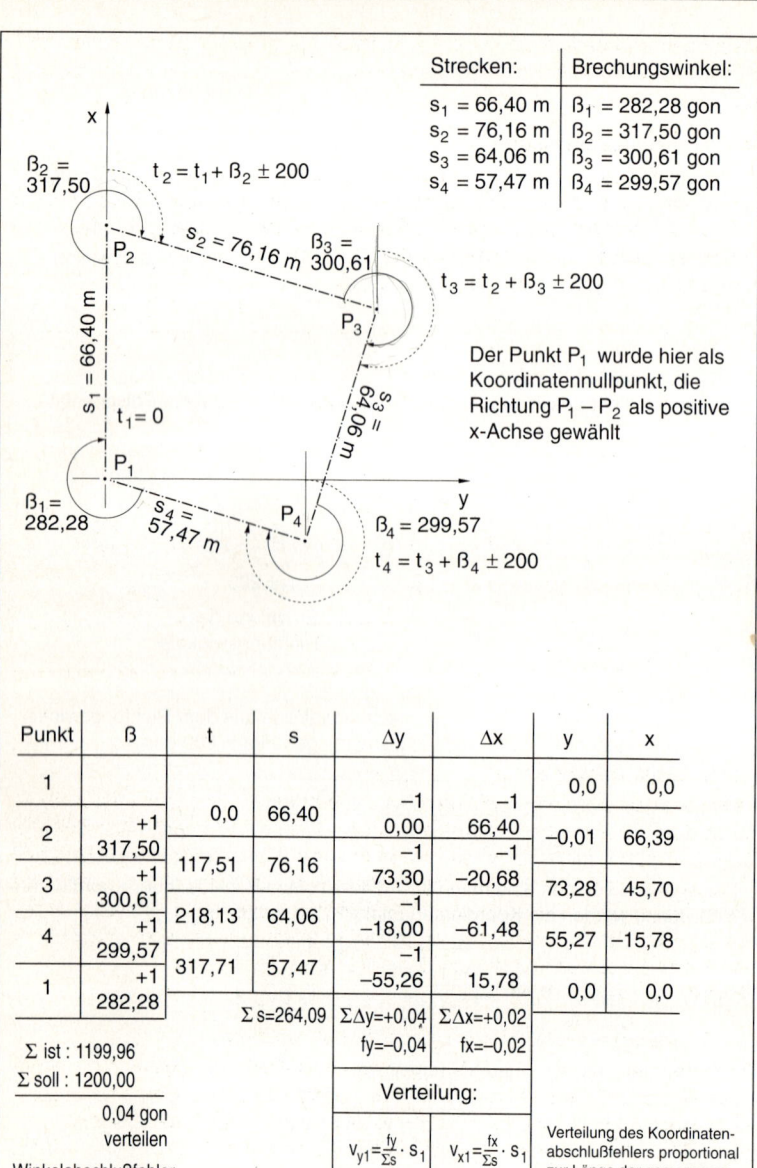

Punkt	ß	t	s	Δy	Δx	y	x
1						0,0	0,0
		0,0	66,40	−1	−1		
2	+1 317,50			0,00	66,40	−0,01	66,39
		117,51	76,16	−1	−1		
3	+1 300,61			73,30	−20,68	73,28	45,70
		218,13	64,06	−1	−1		
4	+1 299,57			−18,00	−61,48	55,27	−15,78
		317,71	57,47	−1			
1	+1 282,28			−55,26	15,78	0,0	0,0

Σ s=264,09   ΣΔy=+0,04   ΣΔx=+0,02

fy=−0,04   fx=−0,02

Σ ist : 1199,96

Σ soll : 1200,00

0,04 gon verteilen

Winkelabschlußfehler

Verteilung:

$$v_{y1} = \frac{fy}{\Sigma s} \cdot s_1 \qquad v_{x1} = \frac{fx}{\Sigma s} \cdot s_1$$

u.s.w.

Verteilung des Koordinaten- abschlußfehlers proportional zur Länge der gemessenen Strecken

Abb. 3.4.1/3. Geschlossener Polygonzug

messungen erforderlich sind, werden beim Rechtwinkelverfahren rechte Winkel und Strecken, beim Polarverfahren beliebige Winkel und Strecken verwendet.

3.4.2.1 Dreiecksmessung

Da ein beliebiges Dreieck durch die Länge seiner Seiten eindeutig bestimmt ist, können durch Dreiecksmessung (von 2 bekannten Punkten werden die Strecken zu dem zu bestimmenden Punkt gemessen) weitere Punkte erfaßt werden; spitze Schnitte vermeiden (Abb. 3.4.2/1).
Erforderliche Geräte: Bandmaß.

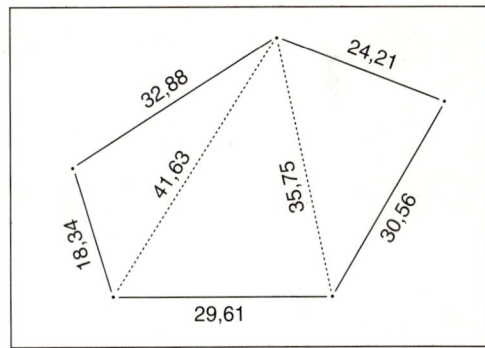

Abb. 3.4.2/1. Dreiecksmessung

3.4.2.2 Einbindeverfahren

Hierbei werden die einzelnen Aufnahmelinien bis zum Schnitt mit einer übergeordneten Messungslinie oder einer Polygonseite verlängert. Der Schnittpunkt wird durch fortlaufende Messung festgelegt (s. Abb. 3.2.1/1). Entsprechend können z. B. Gebäudefluchten, Einfassungen, Wegeränder usw. zum Schnitt mit der übergeordneten Messungslinie gebracht werden (Abb. 3.4.2/2). Das Einbindeverfahren eignet sich besonders in Kombination mit dem Rechtwinkelverfahren durch Einbinden neuer Standlinien.
Erforderliche Geräte: Bandmaß.

3.4.2.3 Rechtwinkelverfahren (Orthogonalverfahren)

Hierbei werden auf einer örtlich festgelegten Meßlinie (Standlinie oder Polygonseite) die Lotfußpunkte mit dem Winkelprisma bestimmt (Abb. 3.4.2/3).
Die Standlinie sollte möglichst nahe an dem aufzunehmenden Bereich verlaufen. Die Messung erfolgt vom Nullpunkt beginnend fortlaufend, damit eventuelle Meßfehler nicht aufaddiert werden (s. Abb. 3.2.1/1). Die Länge der rechtwinkligen Abstände (Ordinaten) sollte ca. 30 m (Bandmaßlänge) nicht zu häufig überschreiten, da sonst der Aufwand und die Ungenauigkeit zu groß werden; für markante Punkte Pythagorasproben durchführen (s. Abb. 3.3.1/5).
Erforderliche Geräte: Bandmaß, Winkelprisma.

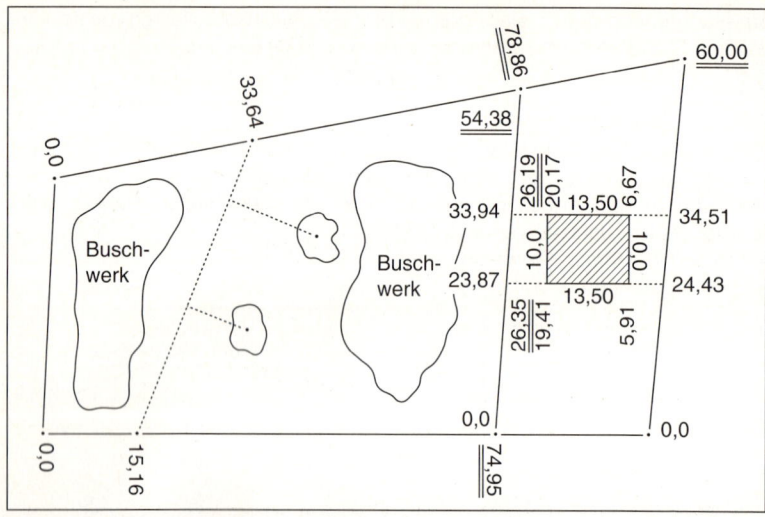

Abb. 3.4.2/2. Einbindeverfahren

3.4.2.4 Polarverfahren

Von einem Standpunkt aus werden die aufzunehmenden Punkte durch Richtung (Winkel) und Entfernung erfaßt (Abb. 3.4.2/4). Als Standpunkt können sowohl vorhandene Punkte (z. B. Polygonpunkte), als auch beliebige Punkte, die dann neu eingemessen werden müssen, verwendet werden. Die Lage des Standpunktes sollte möglichst zentral im Bereich der aufzunehmenden Punkte liegen. Eine Bezugsrichtung muß bekannt sein oder festgelegt werden. Die Feldbuchführung erfolgt zweckmäßig in Form einer Lageskizze und einer Tabelle, wobei die Punktbezeichnung durch fortlaufende Nummerierung festgelegt wird.

Erforderliche Geräte: Theodolit (ggf. auch Nivellier mit Teilkreis), Bandmaß. Die Streckenmessung kann auch optisch (s. Kap. 3.6.1) oder elektrooptisch (s. Kap. 3.6.2) erfolgen.

3.4.3 Flächenaufmaße

Flächenaufmaße lassen sich zur Abrechnung von Bauleistungen nach folgenden Verfahren durchführen:

(1) Flächenzerlegung: Die aufzumessende Fläche wird schon beim Aufmaß in geometrische Figuren zerlegt (Abb. 3.4.3/1). Der Flächeninhalt jeder einzelnen Figur wird ermittelt (Abb. 3.4.3/4).

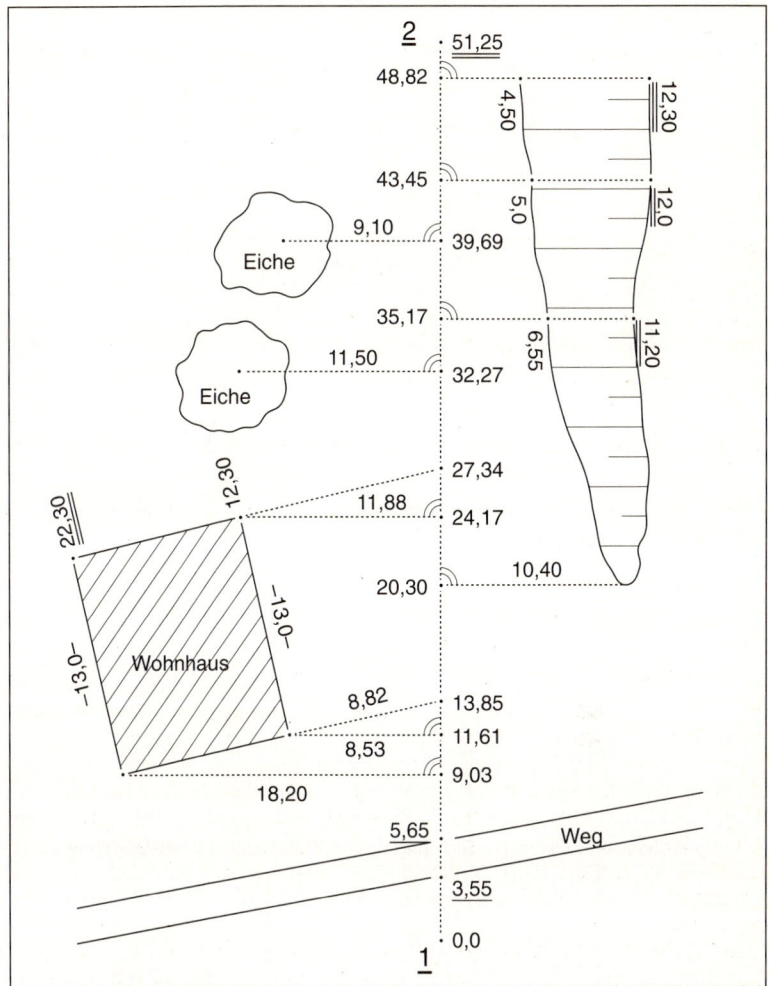

Abb. 3.4.2/3. Rechtwinkelverfahren

(2) Rechtwinkliges Aufmaß (Abb. 3.4.3/2): Die Berechnung erfolgt nach Elling (s. Kap. 2.2).

(3) Polaraufmaß (Abb. 3.4.3/3): Es werden zunächst die Koordinaten der Eckpunkte ermittelt, daraus der Flächeninhalt nach Elling (s. Kap. 2.2).

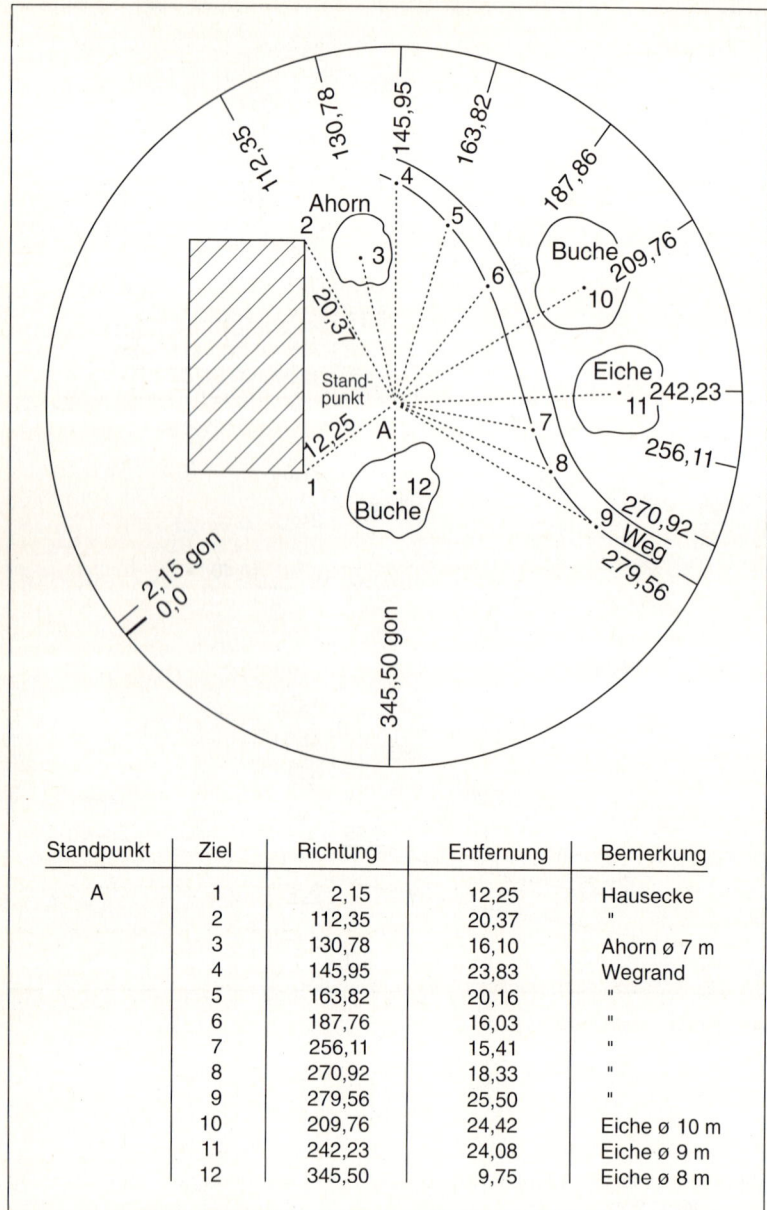

Standpunkt	Ziel	Richtung	Entfernung	Bemerkung
A	1	2,15	12,25	Hausecke
	2	112,35	20,37	"
	3	130,78	16,10	Ahorn ø 7 m
	4	145,95	23,83	Wegrand
	5	163,82	20,16	"
	6	187,76	16,03	"
	7	256,11	15,41	"
	8	270,92	18,33	"
	9	279,56	25,50	"
	10	209,76	24,42	Eiche ø 10 m
	11	242,23	24,08	Eiche ø 9 m
	12	345,50	9,75	Eiche ø 8 m

Abb. 3.4.2/4.   Polarverfahren

Rechteck	Trapez	Allgemeines Dreieck	Kreisabschnitt
$F = a \cdot b$	$F = \dfrac{a+c}{2} \cdot h$	$F = \dfrac{c \cdot h}{2}$ $F = \sqrt{s(s-a)(s-b)(s-c)}$ $s = \dfrac{a+b+c}{2}$	$F = \dfrac{2}{3}\, s \cdot h$ Näherung bei $h < \dfrac{s}{3}$

Abb. 3.4.3/1. Geometrische Aufmaßfiguren

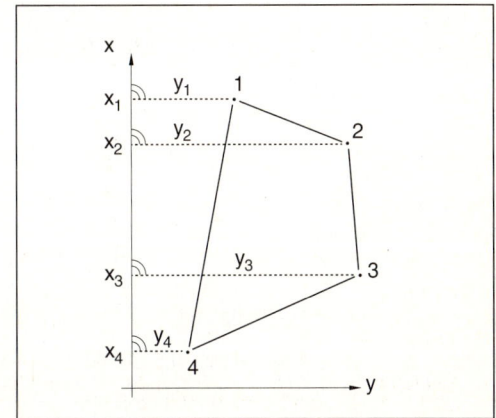

Abb. 3.4.3/2. Rechtwinkliges Flächenaufmaß

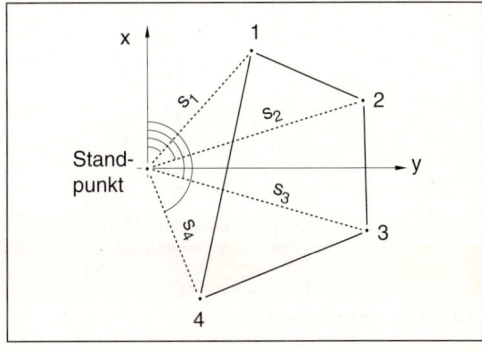

Abb. 3.4.3/3. Polares Flächenaufmaß

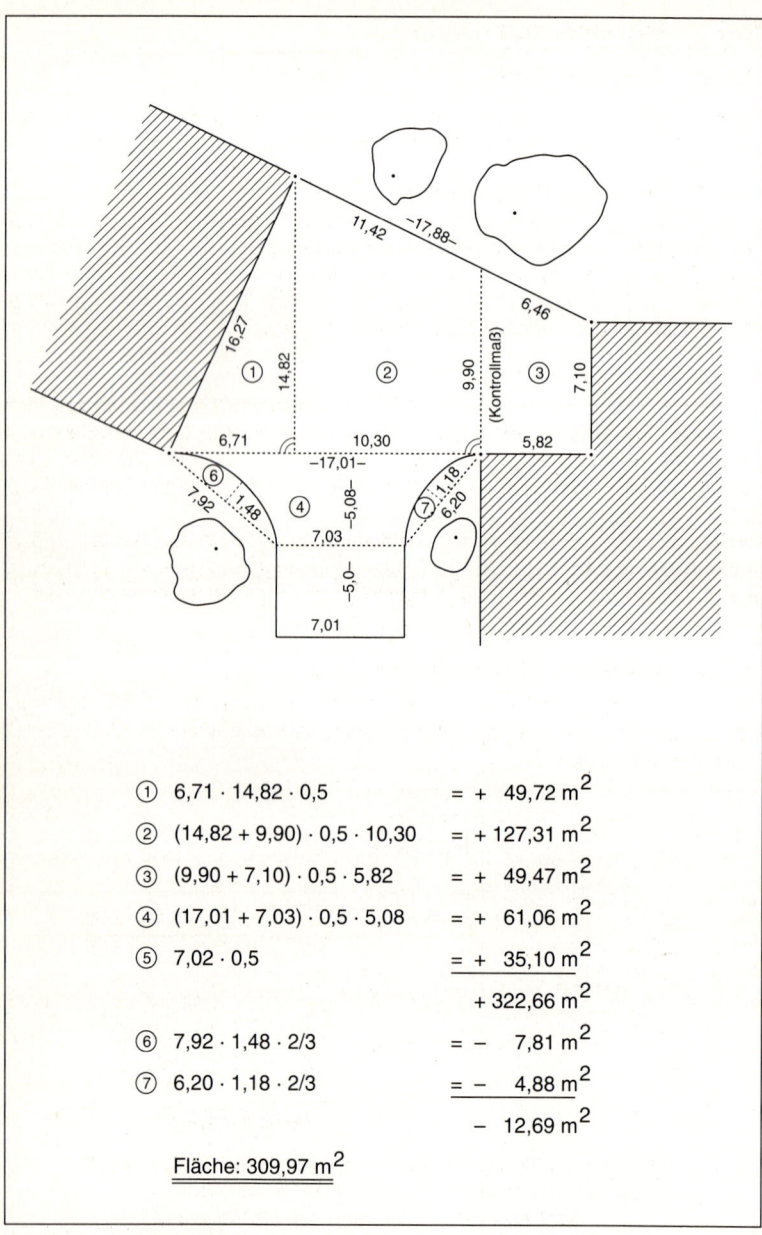

$$\text{①} \quad 6{,}71 \cdot 14{,}82 \cdot 0{,}5 \qquad\qquad = +\;\;49{,}72 \text{ m}^2$$

$$\text{②} \quad (14{,}82 + 9{,}90) \cdot 0{,}5 \cdot 10{,}30 \quad = +\,127{,}31 \text{ m}^2$$

$$\text{③} \quad (9{,}90 + 7{,}10) \cdot 0{,}5 \cdot 5{,}82 \quad = +\;\;49{,}47 \text{ m}^2$$

$$\text{④} \quad (17{,}01 + 7{,}03) \cdot 0{,}5 \cdot 5{,}08 \quad = +\;\;61{,}06 \text{ m}^2$$

$$\text{⑤} \quad 7{,}02 \cdot 0{,}5 \qquad\qquad\qquad = +\;\;35{,}10 \text{ m}^2$$

$$\underline{\qquad\qquad\qquad\qquad\qquad\qquad\quad\; +\,322{,}66 \text{ m}^2}$$

$$\text{⑥} \quad 7{,}92 \cdot 1{,}48 \cdot 2/3 \qquad\qquad = -\;\;\;\;7{,}81 \text{ m}^2$$

$$\text{⑦} \quad 6{,}20 \cdot 1{,}18 \cdot 2/3 \qquad\qquad = \underline{-\;\;\;\;4{,}88 \text{ m}^2}$$

$$-\;\;12{,}69 \text{ m}^2$$

$$\underline{\text{Fläche: } 309{,}97 \text{ m}^2}$$

Abb. 3.4.3/4. Flächenaufmaß

3.5   Höhenmessungen

3.5.1   Bezugshöhen

Bei Höhenmessungen werden die Höhenunterschiede bezogen auf eine Ausgangshöhe ermittelt, die mit zwei Möglichkeiten definiert werden kann.

3.5.1.1   Örtlich festgelegte Bezugshöhen (Relative Höhen)

Bei kleinen Projekten kann ein unveränderlicher, markanter Punkt (z. B. Treppenstufe, Grenzstein, Kanaldeckel, Pflock o. ä.) als Bezugspunkt gewählt werden. Um negative Höhen zu vermeiden, sollte die Bezugshöhe als positiver, runder Wert (z. B. H = 100,0) bezeichnet werden. Dabei muß ein deutlicher Unterschied zu örtlichen NN-Höhen erkennbar sein.

3.5.1.2   NN-Höhen (Absolute Höhen)

Allgemein gültige, für jeden Ort definierte Bezugshöhe; NN (Normal Null) entspricht etwa dem Mittelwasser der Nordsee am Pegel Amsterdam. Für praktische Vermessungen gibt es ein dichtes Feld von Höhenfestpunkten mit bekannten NN-Höhen, die als Bezugspunkte verwendet werden können (Abb. 3.5.1/1).
Die NN-Höhe bezieht sich jeweils auf den höchsten Punkt des Bolzens und ist mit mm-Genauigkeit angegeben. Diese Höhenangabe, sowie die Lage eines Punktes kann nur bei den zuständigen Vermessungsämtern erfragt werden.

3.5.2   Geräte zur Höhenmessung

Höhenmessungen werden überwiegend nach dem Nivellierprinzip durchgeführt. Dazu ist die Festlegung einer horizontalen Bezugslinie auf unterschiedliche Weise erforderlich.

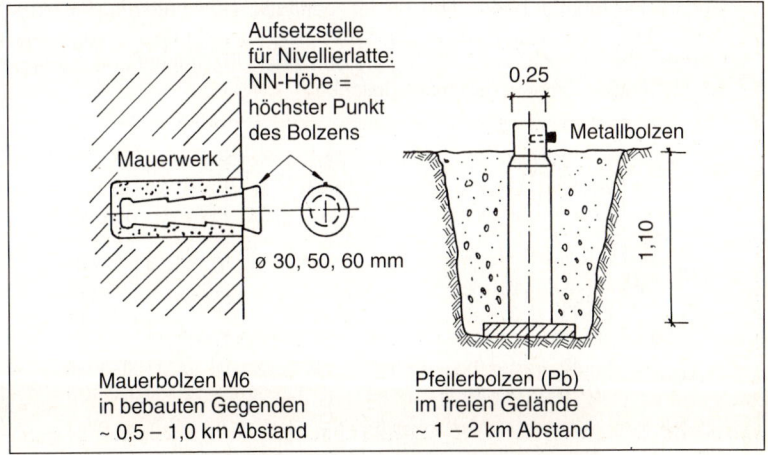

Abb. 3.5.1/1.   Vermarkung von Höhenfestpunkten

3.5.2.1 Einfache Hilfsmittel

(1) Wasserwaage (gegebenenfalls in Verbindung mit Richtlatte); Schlauchwaage.

(2) Horizontalenbestimmung mit Prisma und Lot: Beim Einblicken in das gekippte Prisma sieht man statt des herabhängenden Lotes sein optisch horizontales Bild (Abb. 3.5.2/1); nur für überschlägige Messungen geeignet.

(3) Handgefällemesser: Handliches Instrument zur Schnellbestimmung von Höhendifferenzen, Gefälle, Vertikalwinkel, nur für überschlägige Messungen geeignet.

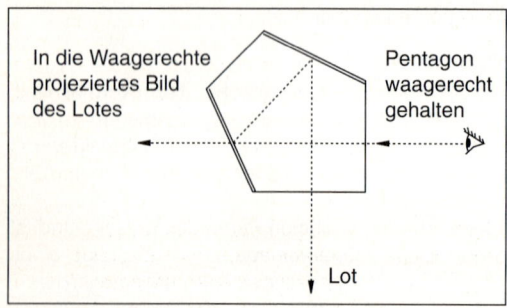

In die Waagerechte projeziertes Bild des Lotes

Pentagon waagerecht gehalten

Lot

Abb. 3.5.2/1. Horizontalenbestimmung mit Prisma und Lot

3.5.2.2 Nivellierinstrumente

Gebräuchlichstes Instrument zur genauen Höhenmessung.

(1) Bauarten und Unterscheidungsmerkmale (Abb. 3.5.2/2 und 3):
Libellenarten (Abb. 3.5.2/4): Dosenlibellen dienen grundsätzlich nur zur Grobeinstellung eines Instrumentes; Röhrenlibellen in verschiedenen Genauigkeitsabstufungen dienen der genauen Horizontierung; Koinzidenzlibellen sind verdeckte Röhrenlibellen, die über ein Okular abgelesen werden. Durch Prismenspiegelung werden zwei Libellenhälften nebeneinander sichtbar. Genaue Einspielmöglichkeit.

Instr. Typ		Fernrohr		Röhrenlibelle		Kompensator	mittl. Fehler
		Vergrößer. (fach)	Objektiv ø (mm)	Angabe (")	Schärfe (")	– Einspielschärfe (")	für 1 km Doppelniv.
Bauniv.	L	18 – 25	25 – 30	30 – 60	5 – 10	/	5 – 10
	A	18 – 25	25 – 30	/	/	1 – 3	3 – 5
Ing Niv.	L	20 – 30	30 – 40	20 – 30	0,5 – 1,5	/	2 – 3
	A	20 – 30	30 – 40	/	/	0,2 – 1	1 – 2
Feinniv.	L	~ 40	~ 50	5 – 10	~ 0,2	/	0,2 – 0,5
	A	30 – 50	4 – 60	/	/	0,05 – 0,2	0,2 – 0,5

L = Nivellier mit Röhrenlibelle, A = Automatisches Niv.

Abb. 3.5.2/3. Unterscheidungsmerkmale von Nivellierinstrumenten

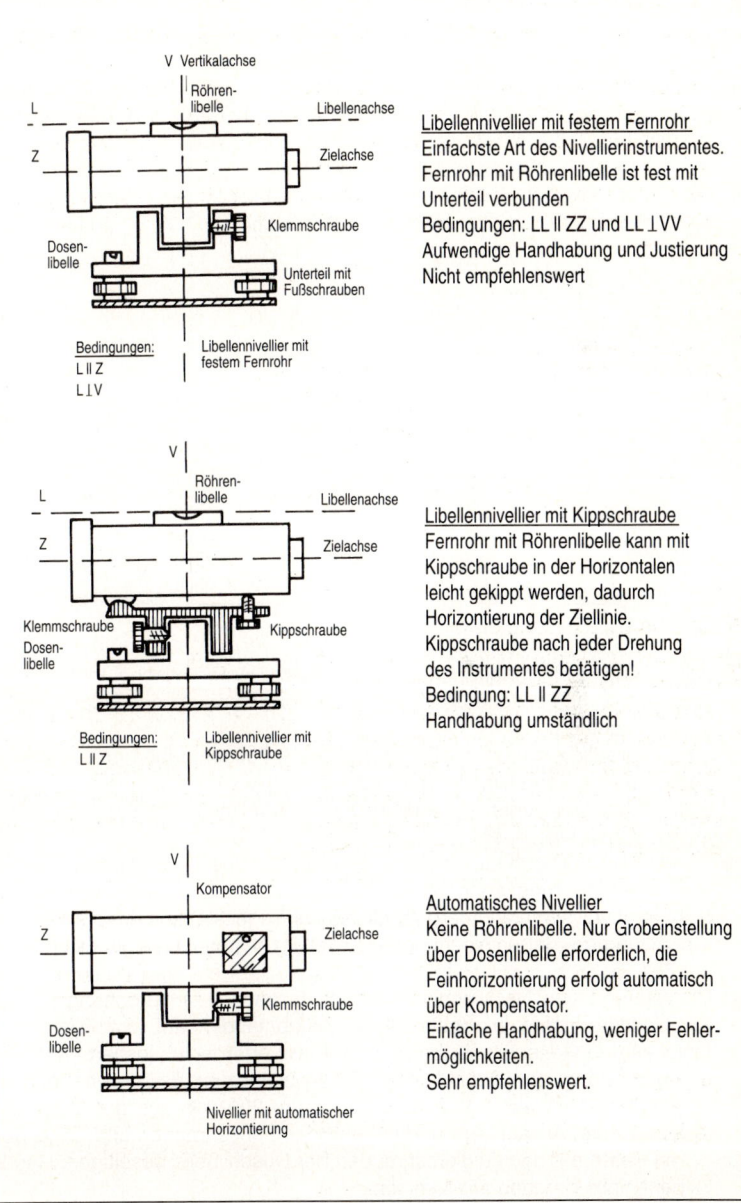

Libellennivellier mit festem Fernrohr
Einfachste Art des Nivellierinstrumentes.
Fernrohr mit Röhrenlibelle ist fest mit
Unterteil verbunden
Bedingungen: LL ∥ ZZ und LL ⊥ VV
Aufwendige Handhabung und Justierung
Nicht empfehlenswert

Libellennivellier mit Kippschraube
Fernrohr mit Röhrenlibelle kann mit
Kippschraube in der Horizontalen
leicht gekippt werden, dadurch
Horizontierung der Ziellinie.
Kippschraube nach jeder Drehung
des Instrumentes betätigen!
Bedingung: LL ∥ ZZ
Handhabung umständlich

Automatisches Nivellier
Keine Röhrenlibelle. Nur Grobeinstellung
über Dosenlibelle erforderlich, die
Feinhorizontierung erfolgt automatisch
über Kompensator.
Einfache Handhabung, weniger Fehler-
möglichkeiten.
Sehr empfehlenswert.

Abb. 3.5.2/2. Nivellierinstrumente

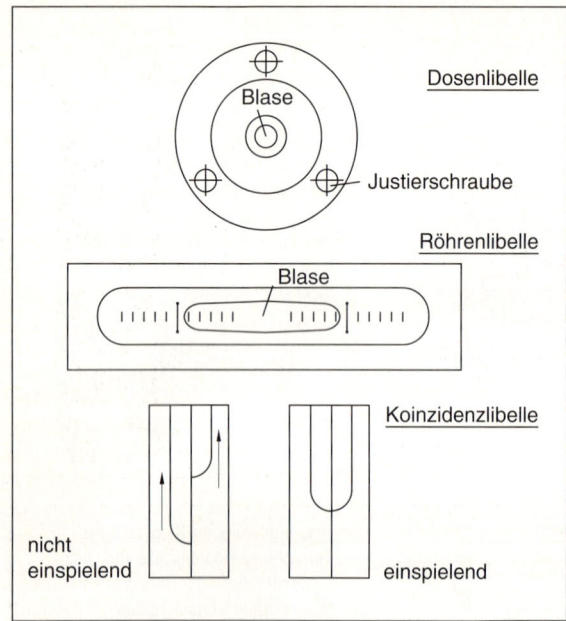

Abb. 3.5.2/4.
Libellenarten

(2) Aufstellung und Handhabung des Nivelliers: Automatische Instrumente werden nur mit Fußschrauben und Dosenlibelle einmal nach jeder Aufstellung horizontiert.

Libellennivelliere zuerst mit Dosenlibelle und Fußschrauben grob horizontieren, dann Röhrenlibelle mit Kippschraube zum Einspielen bringen. Unmittelbar vor jeder Lattenablesung Röhrenlibelle mit Kippschraube erneut genau einspielen.

(3) Nivellierlatten: Durch eine markante, kontrastreiche Teilung (Abb. 3.5.2/5) wird eine Ablesung auch bei größeren Entfernungen oder ungünstigen Lichtverhältnissen erleichtert; mögliche Ablesegenauigkeit im mm-Bereich (Schätzung der dritten Nachkommastelle); im Nahbereich eignet sich auch ein Zollstock.

(4) Überprüfung von Nivellierinstrumenten: Je nach Beanspruchung sollten Nivellierinstrumente in regelmäßigen Zeitabständen auf ihre Funktionsfähigkeit und Genauigkeit überprüft und falls erforderlich justiert werden.

   a) Überprüfung der Dosenlibelle: Dosenlibelle zum Einspielen bringen. Wandert die Blase bei einer Drehung um 200 gon aus der Mittellage aus, diesen Ausschlag zur Hälfte mit den Fußschrauben und zur anderen Hälfte mit den Justierschrauben der Dosenlibelle beseitigen. Gegebenenfalls Vorgang wiederholen.

   b) Nivellierprobe: Dient der Überprüfung, ob die Ziellinie genau horizontal verläuft (Abb. 3.5.2/6).

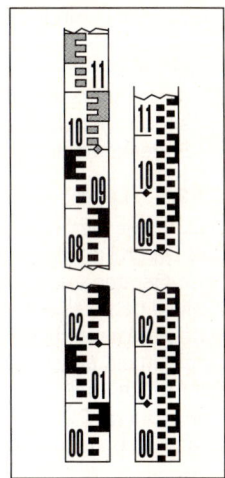

Abb. 3.5.2/5. Nivellierlatten

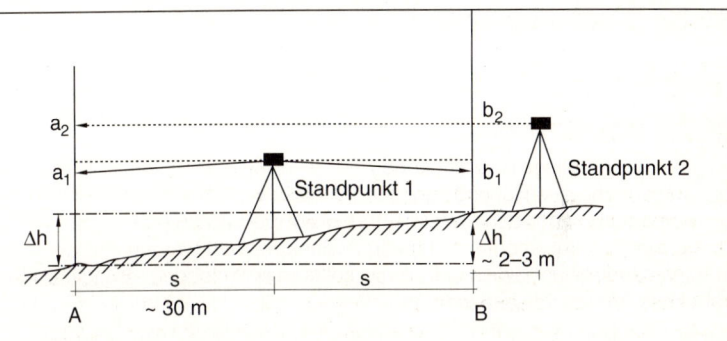

Standpunkt 1: Das Instrument steht genau in der Mitte zwischen den Punkten A und B.
Ein Fehler im Instrument fällt jetzt heraus
$\Delta h = a_1 - b_2$ ist der <u>tatsächliche</u> Höhenunterschied zwischen den Punkten A und B.

Standpunkt 2: Das Instrument wird jetzt etwa 2 – 3 m hinter Punkt B gestellt.
Eine Auswirkung des Instrumentenfehlers bei der Ablesung b_2 wird wegen der kurzen Zielweite vernachlässigt.

Sollablesung bei A: $a_2 = b_2 + \Delta h$

Abb. 3.5.2/6. Nivellierprobe

Die Justierung erfolgt bei Kippschraubengeräten, indem die berechnete Sollablesung bei Lattenstellung 1 vom Standpunkt 2 mittels Kippschraube am Fadenkreuz eingestellt wird. Anschließend Röhrenlibelle mit ihren Justierschrauben in der Mittellage zum Einspielen bringen. Bei automatischen Instrumenten wird die Sollablesung mittels Justierschraube am Fadenkreuz eingestellt.

3.5.2.3 Lasergeräte

Die Ziellinie wird hierbei durch einen horizontal verlaufenden Laserstrahl gebildet. Durch Rotation des Laserstrahls um die Vertikalachse läßt sich bei manchen Geräten auch eine horizontale Zielebene erzeugen. Außerdem kann die Ziellinie bzw. -ebene auf eine gewünschte Neigung eingestellt werden.

Da der Laserstrahl bei Tageslicht nicht sichtbar ist, kann er von einem Empfänger in ein akustisches oder optisches Signal umgewandelt werden.

Bei Arbeiten mit Lasergeräten Sicherheitsbestimmungen beachten!

Anwendung: Bauausführung, z. B. Rohrverlegung bei Kanalisationsarbeiten, Sportplatzbau, automatische Steuerfunktionen bei Gradern und Fertigern.

3.5.3 Nivellierverfahren

Das Nivellieren ist das am häufigsten angewendete Verfahren bei bautechnischen Höhenmessungen.

3.5.3.1 Prinzip des Nivellierens

Es gibt zwei mögliche Rechengänge zur Bestimmung einer neuen Punkthöhe:
(1) Berechnung des Höhenunterschiedes (Abb. 3.5.3/1).
(2) Berechnung über den Instrumentenhorizont (Abb. 3.5.3/2).

Da bei einem Nivellement meist mehrere Punkte erfaßt werden und der Instrumentenstandpunkt gewechselt wird, sollte das Feldbuch grundsätzlich in Tabellenform geschrieben werden.

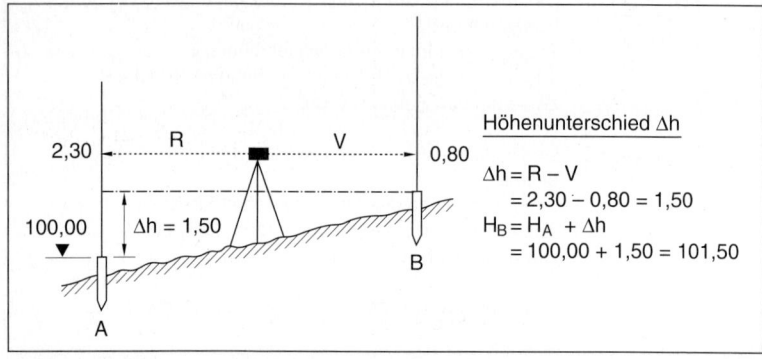

Abb. 3.5.3/1. Nivellierprinzip – Bestimmung des Höhenunterschiede

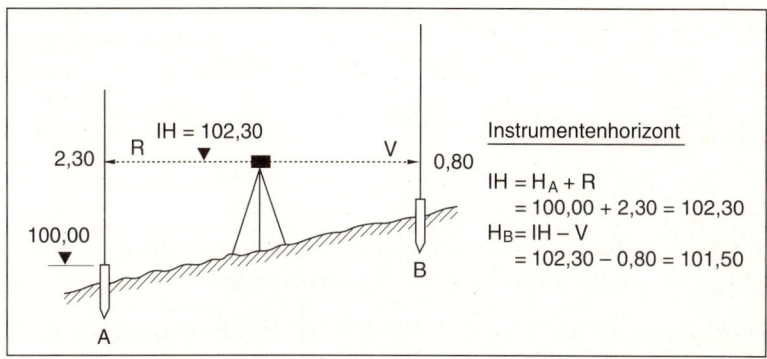

Abb. 3.5.3/2. Nivellierprinzip – Berechnung über den Instrumentenhorizont

3.5.3.2 Liniennivellement

Dient zur Höhenbestimmung eines oder mehrerer entfernt liegender Neupunkte.

(1) Durchführungshinweise: Zielweiten von einem Standpunkt bis ca. 50 m, möglichst annähernd gleiche Entfernungen bei Rückblick und Vorblick (Eliminierung eines Instrumentenfehlers); Kontrolle durch Rückmessung zum Ausgangspunkt (Schleifennivellement), oder durch Abschluß an einen weiteren bekannten Festpunkt (Nivellement mit An- und Abschluß).

(2) Beispiel für ein Liniennivellement (Abb. 3.5.3/3 und 4): Bekannt ist der Festpunkt »Hp«, gesucht die NN-Höhe von »Pflock A«. Gemessen wird eine Schleife, ausgehend vom Festpunkt über den gesuchten Punkt

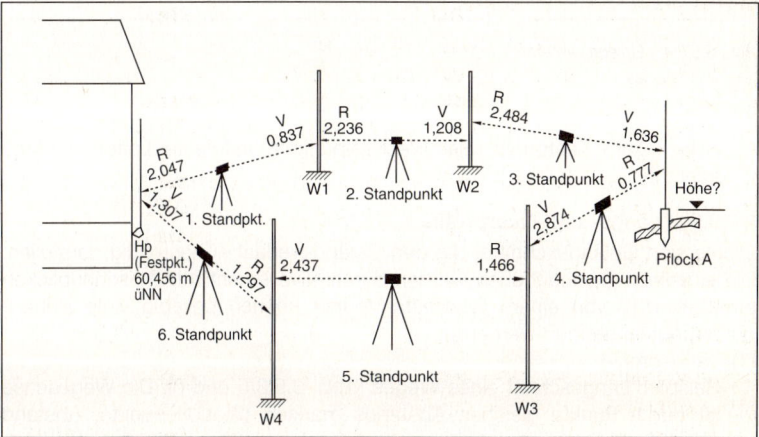

Abb. 3.5.3/3. Liniennivellement

| Punkt | Ablesung | | Höhenunterschied | | Höhe des | Bemerkungen |
	R	V	Steigen +	Fallen −	Punktes	
Hp	2,047 ⁻¹				60,456	*Mauerholzen Hs-Nr. 5*
W₁	2,236 ⁻²	0,837 →	+ 1,209		61,665	
W₂	2,484 ⁻¹	1,208 →	+ 1,026		62,691	
A	0,777 ⁻¹	1,636 →	+ 0,847		63,538	*Pflock*
W₃	1,466 ⁻²	2,874	→	− 2,098	61,440	
W₄	1,297 ⁻¹	2,437	→	− 0,973	60,467	
Hp		1,307	→	− 0,011	60,456	*Mb Hs-Nr. 5*
	10,307	10,299	+ 3,082	− 3,082		

Fehler: 0,008

verteilt auf Rückblicke

Fehlerverteilung:

Ermittlung des Fehlers:
Bei Schleifenniv. $\Sigma R - \Sigma V = 0$. Abweichung ist Fehler.
Bei Niv. mit An- und Abschluß $\Sigma R - \Sigma V$ = Höhenunterschied zwischen Anfangs- und Endpunkt.
Abweichung ist Fehler.

Verteilung des Fehlers:
Volle mm gleichmäßig auf Vor- und Rückblicke verteilen. Vorzeichen beachten!

Zulässiger Fehler:

f zul. (mm) ~ ± 10 $\sqrt{s\ (km)}$
s = Länge der Niv.Stecke in km

Abb. 3.5.3/4. Liniennivellement

zurück zum Festpunkt. Bei Wechselpunkten auf feste Lattenunterlage achten!

3.5.3.3 Längs- und Querprofile

Profile sind Geländeschnitte, die den Geländeverlauf höhenmäßig darstellen. Die einzelnen Geländehöhen werden durch Nivellement mit Zwischenblicken ermittelt, d. h. von einem Gerätestandpunkt können beliebig viele Höhenpunkte aufgenommen werden.

(1) Längsprofile
Beispiel: Längsschnitt eines Weges (Abb. 3.5.3/5 und 6). Die Wegeachse ist durch Punkte gleichen Abstands markiert (Stationspunkte, Abstand z. B. 20 m; Bezeichnung 0,1 + 20 = 0,1 km + 20 m = 120 m vom Anfangspunkt); Anschluß des Nivellements am bekannten Höhenfestpunkt

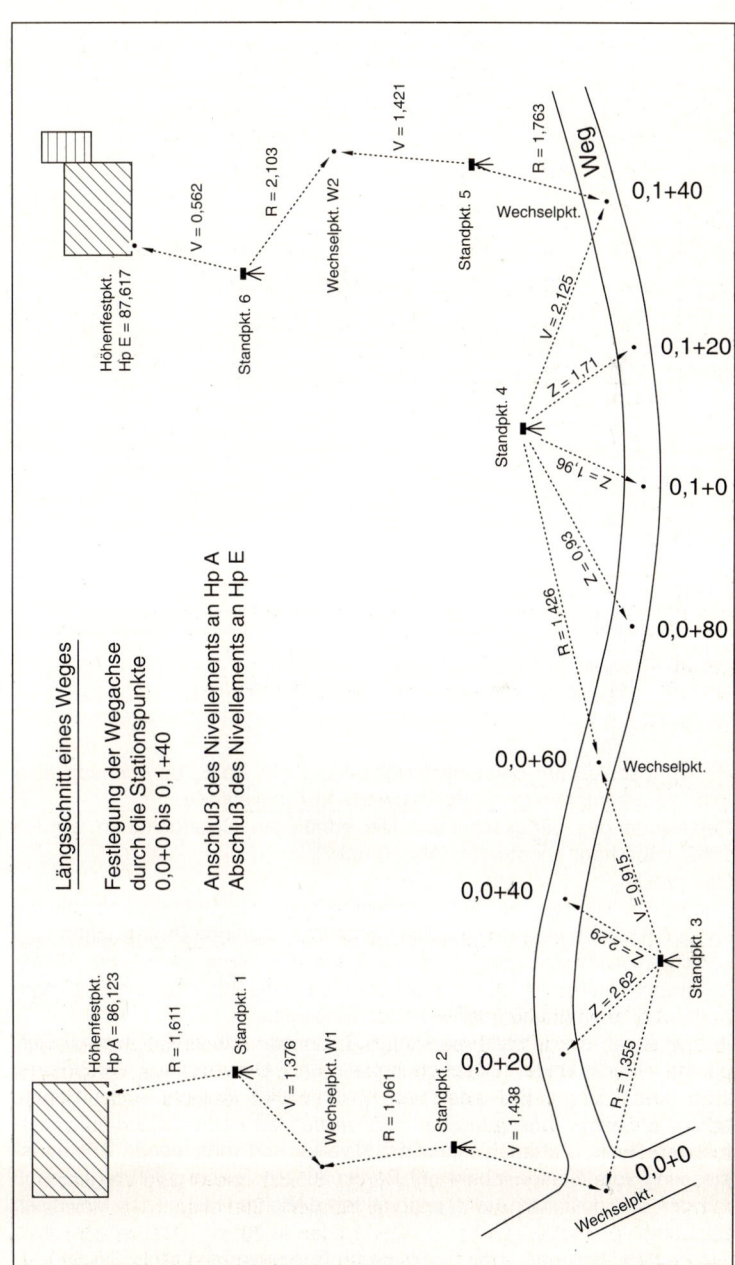

Abb. 3.5.3/5. Längsschnitt eines Weges – Aufmaß/Feldriß

Ziel	Ablesung			IH	NN	Bemerkung
	R	Z	V			
Hp A	1,611 $^{+2}$			87,736	86,123	Mauerbolzen
W1	1,061 $^{+2}$		1,376	87,423	86,360	
0,0 + 0	1,355 $^{+2}$		1,438	87,342	85,985	
0,0 + 20		2,62		,,	84,720	
0,0 + 40		2,29		,,	85,050	
0,0 + 60	1,426 $^{+2}$		0,915	87,855	86,427	
0,0 + 80		0,93		,,	86,930	
0,1 + 0		1,96		,,	85,900	
0,1 + 20		1,71		,,	86,150	
0,1 + 40	1,763 $^{+2}$		2,125	87,495	85,730	
W2	2,103 $^{+2}$		1,421	88,179	86,074	
Hp E			0,562		87,677	Mauerbolzen
	9,319		7,837		Differ. Hp A – Hp E	
	d = 1,482 (Ist)				d = 1,494 (Soll)	

Fehler: 12 mm

Fehlerverteilung: (+) Rückblicke

Abb. 3.5.3/6. Feldbuch zum Aufmaß des Weges

Hp A, Abschluß am bekannten Höhenfestpunkt Hp E; Berechnung über den Instrumentenhorizont, Schreibweise in Tabellenform.

Darstellung des Längsschnittes: Die ermittelten Geländehöhen werden 10fach überhöht abgetragen (Abb. 3.5.3/7).

(2) Querprofile

Querprofile werden zur Entwurfsbearbeitung, zur Erdmassenermittlung und zur Abrechnung benötigt. Die Länge des einzelnen Profils richtet sich nach den Abmessungen des Baukörpers (z. B. Weg ca. 15 bis 30 m). Querprofile stehen in den Stationspunkten senkrecht zur Achse (Längsprofil), in Krümmungen senkrecht zur Tangente.

Aufgemessen werden alle markanten Geländepunkte (z. B. Hoch- u. Tiefpunkte, Knickpunkte, Böschungsober- und Unterkanten, Versprünge, Wegeränder usw.). Die lage- und höhenmäßige Aufnahme der Punkte erfolgt in einem Arbeitsgang durch Einweisen der Latte auf den aufzunehmenden Punkt, Lattenablesung mit Nivellier und fortlaufende Abstandsmessung vom Stationspunkt mit Bandmaß. Ein örtlich geführter Handriß mit den vorgewählten Aufnahmepunkten erleichtert dabei das Einweisen der Latte.

Die Profildarstelloung erfolgt bei Querprofilen unverzerrt (Abb. 3.5.3/8).

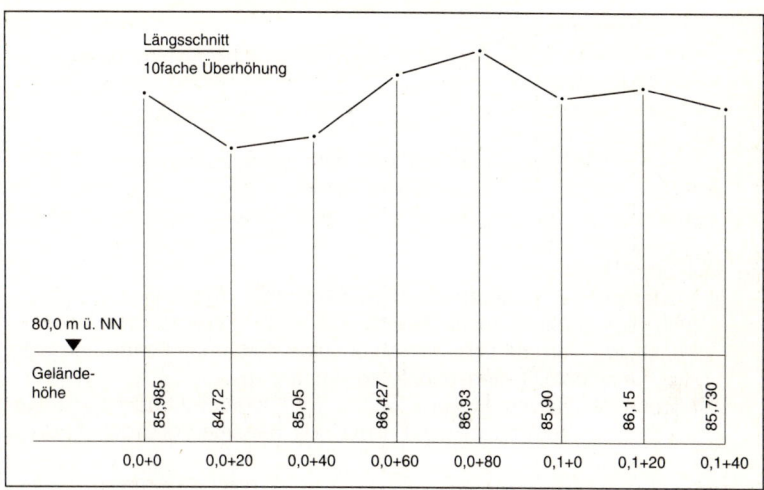

Abb. 3.5.3/7. Längsschnitt eines Weges – Darstellung

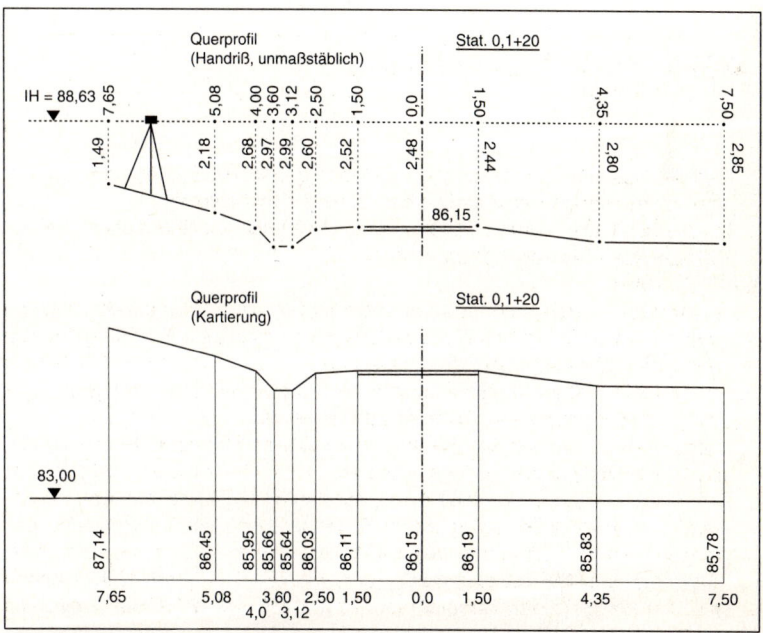

Abb. 3.5.3/8. Querprofil

3.5.3.4 Flächennivellements

Flächennivellements sind erforderlich, um Geländeoberflächen im Lageplan räumlich durch Höhenlinien darzustellen; außerdem werden sie zur Erdmassenermittlung durchgeführt.

(1) Grundsätzliche Arbeitsschritte
    a) lagemäßiges Festlegen bzw. Einmessen der aufzunehmenden Punkte;
    b) Höhenmessung, meist durch Nivellement;
    c) Konstruktion der Höhenschichtlinien durch Interpolation zwischen den gemessenen Punkten.

(2) Aufmaßverfahren
    a) Rostaufnahme (Quadratnetz): Rostaufnahmen eignen sich bei gleichmäßigem Geländeverlauf. Relativ schlechte Geländeanpassung des Punktfeldes, da die Lage der Meßpunkte durch das Raster und nicht durch markante Geländepunkte bestimmt wird.
    Bildung des Netzes: Ein Quadratnetz wird abgesteckt oder durch Einweisen der Meßlatte mittels Prisma und Bandmaß gebildet; Abstand

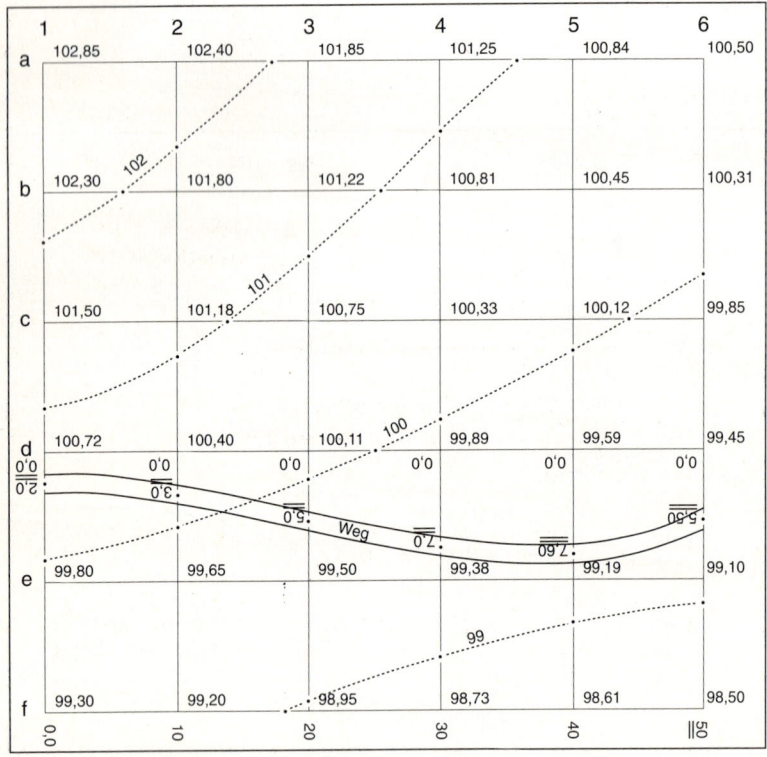

Abb. 3.5.3/9. Rostaufnahme

der Netzpunkte: 2 m, 4 m, 6 m, 10 m oder 20 m je nach Geländeform, -größe und erforderlicher Genauigkeit (Abb. 3.5.3/9); Basislinie vermarken und auf 2 feste Punkte einmessen; Nivellement mit Zwischenblicken. Konstruktion der Höhenlinien durch Interpolation: Durch Höhenschichtlinien im gleichen Abstand lassen sich Geländeformen plastisch dar-

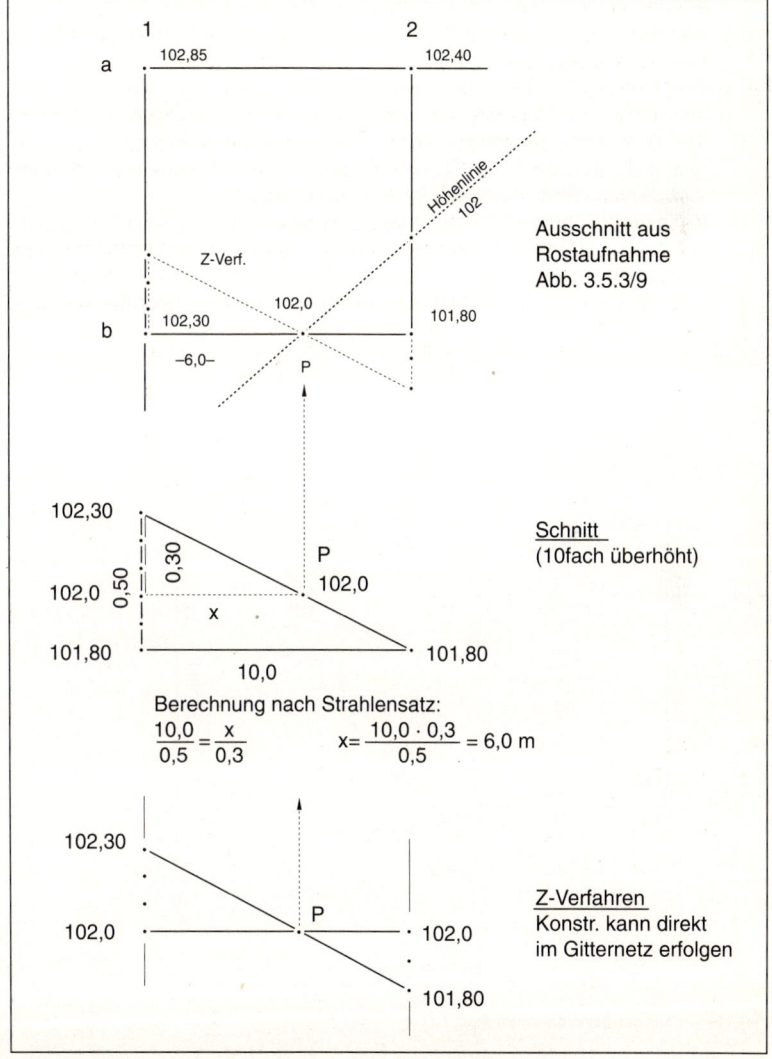

Abb. 3.5.3/10. Konstruktion von Höhenlinien – Interpolationsverfahren

stellen; Abstand der Höhenlinien: 5 m, 2,5 m, 1 m, 0,5 m, 0,25 m, in Sonderfällen 0,1 m je nach Genauigkeitsanforderung, Geländegröße und Höhenunterschieden. Punkte gleicher Höhe werden durch Interpolation zwischen 2 gemessenen Punkten ermittelt. Voraussetzung: Das Gelände zwischen den gemessenen Punkten (Steigung) muß gleichmäßig sein, andernfalls führt die Interpolation zu falschen Ergebnissen. Die Forderung wird am ehesten erfüllt, wenn in Richtung des stärksten Gefälles zwischen 2 Punkten interpoliert wird; Interpolationsverfahren rechnerisch oder zeichnerisch (Abb. 3.5.3/10).

b) Profilaufnahme: Durch freie Wahl der Profile und Punktabstände gute Anpassung an Geländeform möglich; Profile in Richtung des stärksten Gefälles legen; aufwendiger zu messen als Quadratnetz.
Beispiel (Abb. 3.5.3/11): Die Profile wurden hierbei in die vorhandenen Grenzlinien eines Grundstücks eingebunden.

c) Tachymetrische Aufnahme: Freie Punktwahl durch Anwendung verschiedener Verfahren und Instrumente (Kap. 3.6); Konstruktion der Höhenlinien wie in Kap. 3.5.3.4 (2), a) beschrieben, jedoch muß die Entfernung zwischen 2 Punkten aus der Kartierung abgegriffen werden.

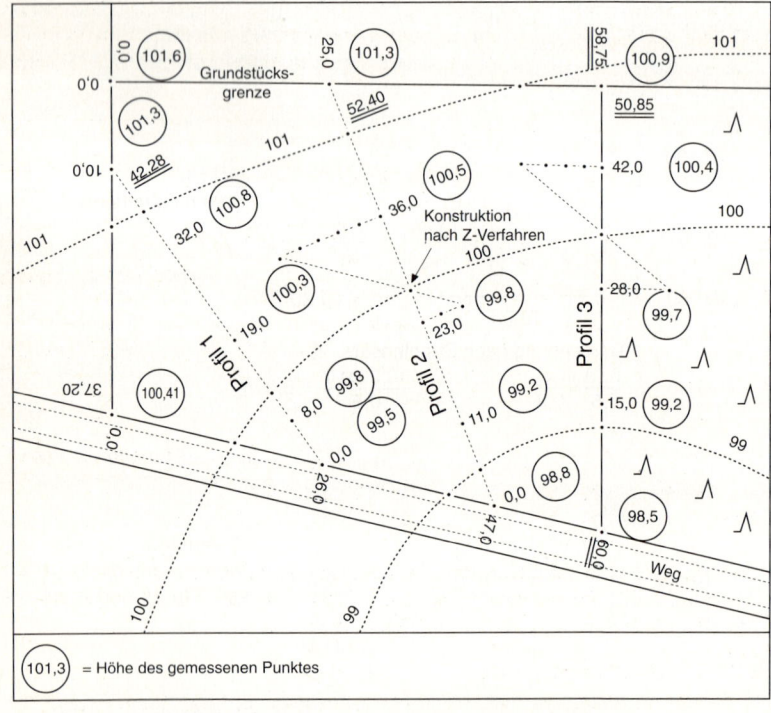

Abb. 3.5.3/11. Profilnivellement – Lageaufnahme und Höhenlinienkonstruktionen

3.6   Tachymetrie

Hierbei werden Geländepunkte in einem Arbeitsgang sowohl der Lage nach als auch der Höhe nach eingemessen. Die Lagemessung erfolgt dabei nach dem Polarverfahren (siehe Kap. 3.4.2.4), d. h. über Richtung und Entfernung, die Höhenmessung wird nach dem Nivellierverfahren oder über Dreiecksberechnungen (trigonometrisch) durchgeführt.

Erforderliche Geräte: Nivellierinstrument mit Teilkreis; Theodolit oder elektronisches Tachymeter.

Von besonderer Bedeutung bei dem Verfahren ist die Entfernungsmessung. Um die zeitaufwendige Bandmaßmessung insbesondere bei größeren Aufmaßgebieten zu vermeiden erfolgt die Entfernungsmessung »optisch« oder »elektrooptisch«.

3.6.1   Optische Entfernungsmessung

In modernen geodätischen Meßfernrohren befinden sich außer dem eigentlichen Fadenkreuz zwei symmetrisch dazu angeordnete horizontale Striche, die sogen. »Reichenbachschen Distanzfäden«, mit deren Hilfe man je nach Entfernung einer Meßlatte vom Instrument einen bestimmten Lattenabschnitt ablesen kann. Dieser Lattenabschnitt d multipliziert mit einer Konstanten k ergibt die Entfernung. Bei allen neueren Instrumenten beträgt die Konstante k = 100 (Abb. 3.6.1/1).

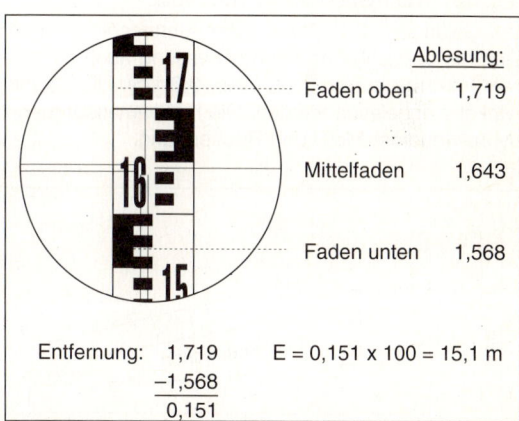

Ablesung:

Faden oben   1,719

Mittelfaden   1,643

Faden unten   1,568

Entfernung: 1,719   E = 0,151 x 100 = 15,1 m
                        −1,568
                        0,151

Abb. 3.6.1/1. Optische Entfernungsmessung

Bedingt durch die Tatsache, daß die Lattenablesung nur auf mm-Genauigkeit erfolgen kann (mm geschätzt), ist die optische Entfernungsmessung nur im dm-Bereich möglich und damit relativ ungenau.

3.6.1.1   Nivelliertachymetrie

Einfache Anwendungsmöglichkeit der optischen Entfernungsmessung mit Hilfe eines Nivellierinstrumentes mit Teilkreis bei relativ ebenem Gelände mit

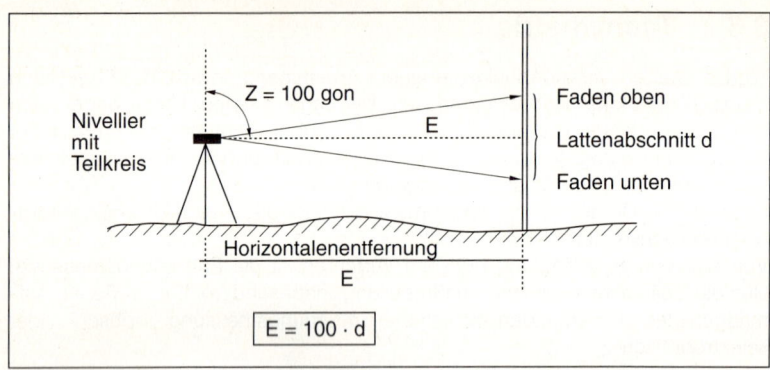

Abb. 3.6.1/2. Optische Entfernungsmessung mit Nivellier

Höhenunterschieden im Bereich der Nivellierlatte (Abb. 3.6.1/2). Die Höhenmessung erfolgt nach dem Nivellierverfahren.
Beispiel: Aufnahme eines Rückhaltbeckens (Abb. 3.6.1/3 u. 4).

3.6.1.2 Tachymetrie mit Theodolit
Bei Gelände mit größeren Höhenunterschieden (größer als Nivellierlatte) läßt
sich die optische Entfernungsmessung auch mit einem Theodolit bei geneigtem Fernrohr durchführen (Abb. 3.6.1/5). Hierbei muß zusätzlich der Vertikalwinkel z abgelesen werden. Die Höhenmessung erfolgt trigonometrisch; relativ aufwendiger Meß- und Rechengang.

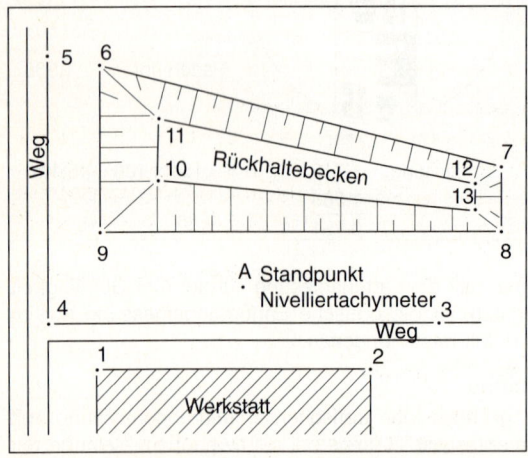

*Abb. 3.6.1/3. Nivellier-
tachymetrie – Beispiel*

Stand-pkt. JH	Ziel-pkt.	Ablesung Faden oben unten	Mittel-faden	Richtung ∢	Entfernung (o-u.)·100	Höhe	Bemerkungen
A 100,0	1	1,602 1,373	1,487	0,0	22,9	98,51	Ecke Werkstatt
	2	1,598 1,388	1,493	267,5	21,0	98,51	Ecke Werkstatt
	3	1,716 1,443	1,579	246,3	27,3	98,42	Weg
	4	1,768 1,500	1,634	20,1	26,8	98,37	''
	5	2,275 1,869	2,072	88,2	40,6	97,93	''
	6	2,377 2,021	2,199	94,8	35,6	97,80	Böschung OK
	7	2,049 1,667	1,858	205,0	38,2	98,14	''
	8	1,962 1,609	1,785	219,2	35,3	98,22	''
	9	1,972 1,787	1,879	54,5	20,7	98,12	''
	10	3,449 3,264	3,356	87,1	18,5	96,64	Sohle (Böschung UK)
	11	3,510 3,256	3,383	102,3	25,4	96,62	''
	12	3,268 2,928	3,098	205,5	34,0	96,90	''
	13	3,235 2,904	3,069	212,1	33,1	96,93	''

Abb. 3.6.1/4. Optische Entfernungsmessung mit Nivellier

3.6.1.3 Diagrammtachymeter (Reduktionstachymeter)

Spezieller Theodolit für Tachymeteraufnahmen, bei dem sich der Abstand der Fernrohrfäden mit der Kippbewegung des Fernrohrs ändert. Dadurch können auch bei geneigtem Fernrohr die Entfernung in Form des Lattenabschnittes sowie der Höhenunterschied zum Instrument direkt abgelesen werden; sonst gleiches Meßprinzip wie in Kap. 3.6.1.2 beschrieben.

Diagrammtachymeter werden zunehmend durch elektronische Meßgeräte (Kap. 3.6.2) verdrängt.

3.6.2 Elektrooptische Verfahren

Durch ein elektronisches Meßverfahren wird die ungenaue und aufwendige optische Entfernungsmessung ersetzt. Im Zusammenhang mit weiteren Gerä-

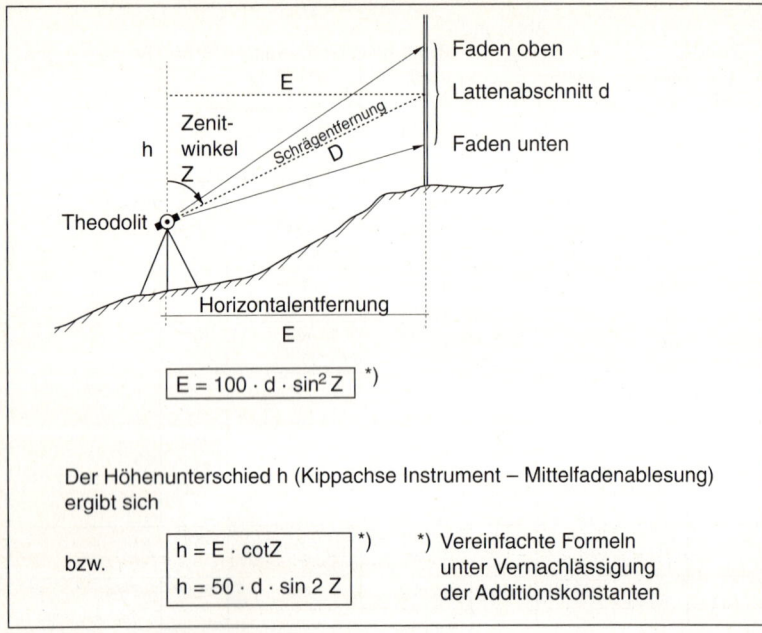

$$E = 100 \cdot d \cdot \sin^2 Z \quad ^{*)}$$

Der Höhenunterschied h (Kippachse Instrument – Mittelfadenablesung) ergibt sich

bzw.

$$h = E \cdot cotZ \quad ^{*)}$$
$$h = 50 \cdot d \cdot \sin 2\,Z$$

*) Vereinfachte Formeln unter Vernachlässigung der Additionskonstanten

Abb. 3.6.1/5. Optische Entfernungsmessung mit Theodolit

ten ergibt sich ein zeitgemäßes Vermessungssystem für alle Anwendungsbereiche, das höchste Genauigkeit, schnelle Anwendung und Handhabung ermöglicht. Die Gerätekosten liegen allerdings weit über denen herkömmlicher Vermessungsinstrumente und -hilfsmittel.
Das System besteht aus dem Meßgerät (elektronisches Tachymeter) sowie bestimmten Peripheriegeräten.

3.6.2.1 Elektronisches Tachymeter

Das eigentliche Vermessungsinstrument des Systems ist ein elektronischer Theodolit mit integriertem elektrooptischen Distanzmesser. Durch abgestrahlte elektromagnetische Wellen, die von einem über dem Zielpunkt aufgestellten oder gehaltenen Reflektor (Glasprisma) zum Instrument zurückgeworfen werden, wird die Entfernung gemessen. Die Winkelmessung erfolgt durch elektronisches Abtasten des Horizontal- und Vertikalkreises. Für jeden angezielten Punkt werden somit 3 Grunddaten angezeigt:

    Horizontalwinkel (Richtung) Hz,
    Vertikalwinkel V,
    Schrägentfernung D.

Daraus lassen sich alle weiteren benötigten Größen ermitteln. Die meisten Geräte besitzen schon einen eingebauten Rechner, der die Grunddaten sofort umrechnet, so daß wahlweise zusätzlich angezeigt werden können:

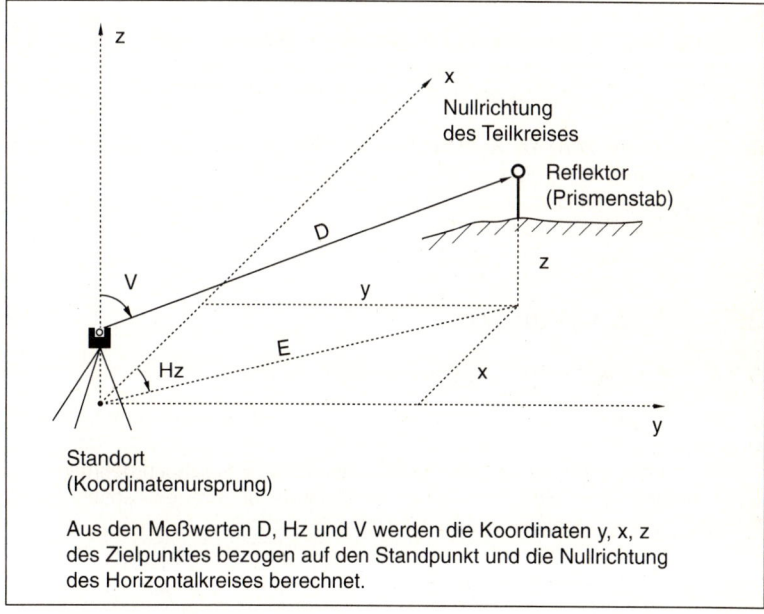

Aus den Meßwerten D, Hz und V werden die Koordinaten y, x, z des Zielpunktes bezogen auf den Standpunkt und die Nullrichtung des Horizontalkreises berechnet.

Abb. 3.6.2/1. Elektronisches Tachymeter

Horizontalwinkel (Richtung) Hz,
Höhenunterschied vom Instrument zum Punkt h,
Horizontalentfernung E
oder die Koordinaten y, x und z des Punktes (Abb. 3.6.2/1).
Außerdem sind verschiedene Benutzerprogramme zur Auswertung der Meßdaten installiert.
Mit solch einem Instrument kann separat gearbeitet werden, jede Vermessungsaufgabe aus dem Bereich der Lage- oder Höhenmessung, Geländeaufnahme, Profilaufnahme, Bauaufmaß oder Absteckung läßt sich auf einfache Weise mit einer Genauigkeit von wenigen mm pro km lösen.

3.6.2.2 Peripheriegeräte

Die Möglichkeiten für Anwender werden jedoch erst voll ausgeschöpft, wenn außer dem Tachymeter die weitere Gerätekonfiguration vorhanden ist.

(1) Datenspeicher (Elektronisches Feldbuch): In das Tachymeter integriertes Bauteil oder separates Gerät mit Festspeicher, das, verbunden mit dem Tachymeter, die Meßdaten automatisch abspeichert, so daß eine manuelle Feldbuchführung entfällt. Manche dieser Registriergeräte besitzen außerdem Rechnerprogramme zur Auswertung der Daten.

(2) EDV-Anlage (z. B. PC): mit Anschlußmöglichkeit für das Registriergerät (Datenfluß) zur Auswertung der Meßdaten nach speziellen Anwenderbedürfnissen unter Verwendung der jeweiligen Software. Außerdem Ausdruck der Meßergebnisse in prüffähiger Form entsprechend den Richtlinien (REB).

(3) Grafik-Bildschirm zur Konstruktion von Plänen aus den Meßdaten am Bildschirm (z. B. Profile, Lagepläne, Aufmaßpläne usw.).

(4) Plotter (Automatische Zeichenanlage) zur Kartierung von Lageplänen, Höhenplänen, Profilen usw.

3.7   Absteckungen

3.7.1   Absteckung von Bauwerken

Bei Erdarbeiten müssen vorgegebene Auftrags- bzw. Einschnittsböschungen (z. B. Dammschüttungen, Böschungsneigung 1 : 1,5) abgesteckt werden; dazu Höhen- und Längenmaße aus Profilen (s. Kap. 3.5.3.3) entnehmen und durch Staffel- und Höhenmessung ins Gelände übertragen; anschließend Böschungslehren schlagen (Abb. 3.7.1/1).

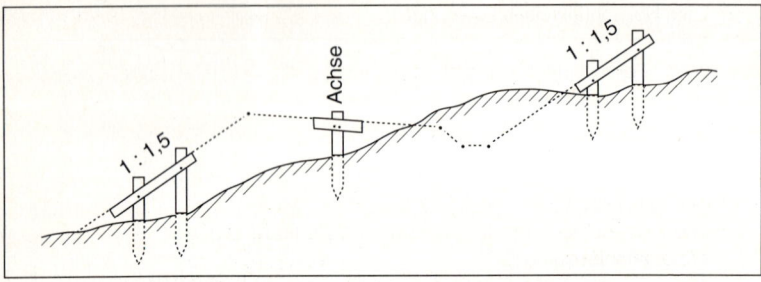

Abb. 3.7.1/1. Böschungslehren

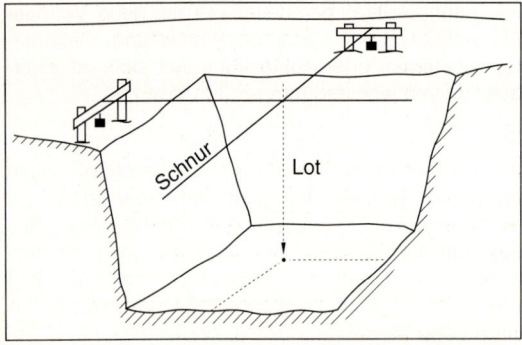

Abb. 3.7.1/2. Schnurgerüst

Für die Absteckung von Fundamenten, Mauern usw. und bei größeren Baugruben Schnurgerüste schlagen (Abb. 3.7.1/2); rechte Winkel mit Theodolit absetzen, Meßkontrollen (z. B. Pythagorasprobe) durchführen.

3.7.2 Absteckung von Kreisbögen

3.7.2.1 Absteckung von Bogenpunkten vom Mittelpunkt

Mit Schnur oder Bandmaß bei zugänglichem Mittelpunkt; Anwendung: z. B. Ausrundung von Einmündungen bei Verkehrsflächen; Radien in der Regel bis 15 m.

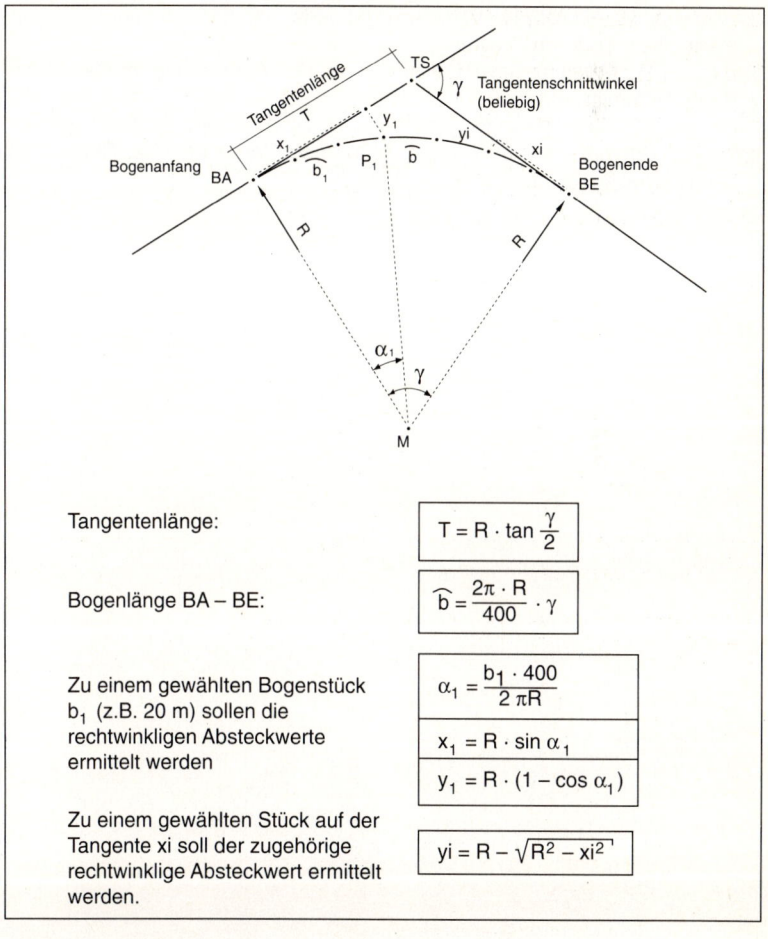

Tangentenlänge:

$$T = R \cdot \tan \frac{\gamma}{2}$$

Bogenlänge BA – BE:

$$\widehat{b} = \frac{2\pi \cdot R}{400} \cdot \gamma$$

Zu einem gewählten Bogenstück b_1 (z.B. 20 m) sollen die rechtwinkligen Absteckwerte ermittelt werden

$$\alpha_1 = \frac{b_1 \cdot 400}{2\,\pi R}$$

$$x_1 = R \cdot \sin \alpha_1$$

$$y_1 = R \cdot (1 - \cos \alpha_1)$$

Zu einem gewählten Stück auf der Tangente xi soll der zugehörige rechtwinklige Absteckwert ermittelt werden.

$$yi = R - \sqrt{R^2 - xi^2}$$

Abb. 3.7.2/1. Kreisbogenabsteckung von der Tangente

3.7.2.2 Absteckung rechtwinklig von der Tangente

Anwendbar für Kreisbögen mit beliebig großen Radien, bzw. nicht zugänglichem Mittelpunkt (z. B. Wegeachsen); Absteckung erfolgt rechtwinklig von der Tangente nach Berechnung der jeweils erforderlichen Absteckwerte (Abb. 3.7.2/1) oder durch Verwendung tabellierter Absteckwerte (Abstecktafeln).

3.8 Weiterführende Literatur

GELHAUS, R., KOLOUCH, D.: Vermessungskunde für Architekten und Bauingenieure. Düsseldorf: Werner-Verlag

GROSSMANN, W., KAMEN, H.: Vermessungskunde I bis III Sammlung Göschen. Berlin, New York: de Gruyter

HENNECKE, F., MECKENSTOCK, H.-J., POLLMER, G.: Vermessung im Bauwesen. Bonn: Dümmler Verlag

MATTHEWS, V.: Vermesssungskunde, Teil 1 und 2. Stuttgart: Teubner Verlag

WITTE, B., SCHMIDT, H.: Vermessungskunde und Grundlagen der Statistik für das Bauwesen. Stuttgart: Wittwer Verlag

4 Erdbau

4.1 Allgemeine Hinweise

Die Behandlung und Beurteilung von Böden muß sich nach bestimmten, objektbezogenen Maßstäben richten. Sie erfolgt daher unterschiedlich bei:
a) Maßnahmen der Bautechnik (Tief- und Hochbau): vorrangige Maßstäbe sind Festigkeit, Tragfähigkeit;
b) Maßnahmen des Landschaftsbaus und der Vegetationstechnik: vorrangiger Maßstab ist Bewuchsfähigkeit.

Dieses Kapitel geht grundsätzlich von den bautechnischen Problemen aus. Die vorgestellten Beurteilungskriterien sind dennoch für den Landschaftsbau wichtig, zumal bei der Beurteilung von Schnittstellen zwischen beiden Gewerken (z. B. Damm für eine Straße oder Auftragsschüttung für eine Sportanlage mit anschließenden Böschungsbegrünungen). Hier können durchaus konträre Aussagen und Forderungen auftreten.

Ferner sind die »bautechnischen« Maßstäbe für die vegetationstechnische Beurteilung des Bodens bedeutsam, wenn der Boden z. B. durch Bearbeitung, Auflast oder Witterung besonderen Beanspruchungen ausgesetzt ist.

Zur weiteren Beurteilung, Behandlung und Bearbeitung von Oberböden und mineralischen Böden für vegetationstechnische Zwecke s. Kapitel 5 und 6; desweiteren s. auch A. NIESEL (Hrsg.): Bauen mit Grün. Berlin, Hamburg: Paul Parey.

4.2 Begriffe, Technische Vorschriften etc.

4.2.1 Erläuterung wichtiger Begriffe

(1) Bodenphysik: Meßtechnisches Erfassen von einzelnen bodenphysikalischen Kennwerten, die in der Gesamtheit ein beschreibendes Augenblicksbild des Bodens liefern; Ableiten von Kennwerten durch Analogschlüsse.

(2) Bodenmechanik: Ableiten des Verhaltens des Bodens unter Belastung (Witterung, Nutzung, veränderte Nutzung); Veränderung des Bodens durch Nutzung und Bearbeitung aufgrund der Kennwerte.

(3) Erdbau, Erdbautechnik:
Errichtung von Bauwerken aus dem Baustoff Boden (Auftrag, Damm, Abtrag, Einschnitt); Nutzung des Bodens als Baugrund für Hoch-, Tief- und Erdbauwerke;

Bearbeiten des Baustoffs Boden (Abtragen, Transportieren, Einbauen/Verteilen, Verdichten, Lockern);
Wahl, Beurteilung, Einsatz von Erdbaugeräten; Erfassen der Wechselwirkung zwischen Erdbaugerät und Boden.

4.2.2   Technische Vorschriften, Richtlinien, Merkblätter

Die Zusammenstellung ist nicht vollständig; weitere spezielle Hinweise enthalten die einzelnen Kapitel. DIN-Normen werden grundsätzlich nur dort und nur mit ihrer Nummer zitiert (zur genauen Bezeichnung s. gültiges Normenverzeichnis).

(1) Verwendete Abkürzungen:

AA	= Arbeitsausschuß
BMV	= Bundesminister für Verkehr
BASt	= Bundesanstalt für Straßenwesen
DGEG	= Deutsche Gesellschaft für Erd- und Grundbau e.V.
DIN	= Deutsches Institut für Normung
DVWW	= Deutscher Verband für Wasserwirtschaft e.V.
FG	= Forschungsgesellschaft für das Straßenwesen
FGSV	= Forschungsgesellschaft für Straßen- und Verkehrswesen e.V.
KWK	= Kuratorium für Wasser und Kulturbauwesen e.V. – 76 Herausgabejahr (1976)

(2) Bezugsquellen:
Richtlinien, Merkblätter: FGSV, Alfred-Schütte-Allee 10, 50679 Köln;
BASt-Empfehlungen: BASt, Brüderstr. 53, 51427 Bergisch-Gladbach;
Normblätter: Beuth-Verlag, Burggrafenstr. 4–10, 10772 Berlin;
Empfehlungen der DGEG: DGEG, Kronprinzenstr. 35a, 45128 Essen
RLW: Buchhandel.

(3) Technische Vorschriften, Richtlinien:

ZTVE-StB 76:	Zusätzliche Technische Vorschriften und Richtlinien für Erdarbeiten im Straßenbau – FG 76/78 BMV;
ZTVLa-StB 80:	Zusätzliche Technische Vorschriften und Richtlinien für Landschaftsbauarbeiten im Straßenbau – BMV 80;
ZTVV-StB 81:	Zusätzliche Vorschriften und Richtlinien für die Ausführung von Bodenverfestigungen und Bodenverbesserungen im Straßenbau – FGSV 81/BMV;
TVV-LW 80:	Technische Vorschriften und Richtlinien für die Ausführung von Bodenverfestigungen mit Zement und Hochhydraulischem Kalk im ländlichen Wegebau – FG 80;
ZTVT-StB 86:	Zusätzliche Technische Vorschriften und Richtlinien für Tragschichten im Straßenbau – FGSV 86/BMV;
RStO 86:	Richtlinien für die Standardisierung des Oberbaus von Verkehrsflächen – FGSV 86/BMV;
ZTV-LW 87:	Zusätzliche Technische Vorschriften und Richtlinien für die Befestigung ländlicher Wege – FGSV 87;
RLW:	Richtlinien für den ländlichen Wegebau – KWK/DVWW 75;

TP BF-StB: Technische Prüfvorschriften für Boden und Fels im Straßenbau – FGSV ab 84/BMV;

TP Min-StB: Technische Prüfvorschriften für Mineralstoffe im Straßenbau – FGSV 82/BMV;

RG Min-StB 83: Richtlinien für die Güteüberwachung von Mineralstoffen im Straßenbau – FGSV 83/BMV;

TL Min-StB 83: Technische Lieferbedingungen für Mineralstoffe im Straßenbau – FGSV 83/BMV;

RAS-:   Richtlinien für die Anlage von Straßen – FGSV/BMV (s. dazu Kapitel 8).

4.3   Boden als Baustoff und Baugrund

4.3.1   Begriffsbestimmung; Entstehung von Boden

Boden ist ein Lockergestein; entsteht entweder durch erdgeschichtliche Prozesse aus Gestein ohne erneute natürliche Verfestigung (vorrangig Verwitterung – s. Abb. 4.3.1/1) oder durch bautechnische Vorgänge (Felsabtrag).

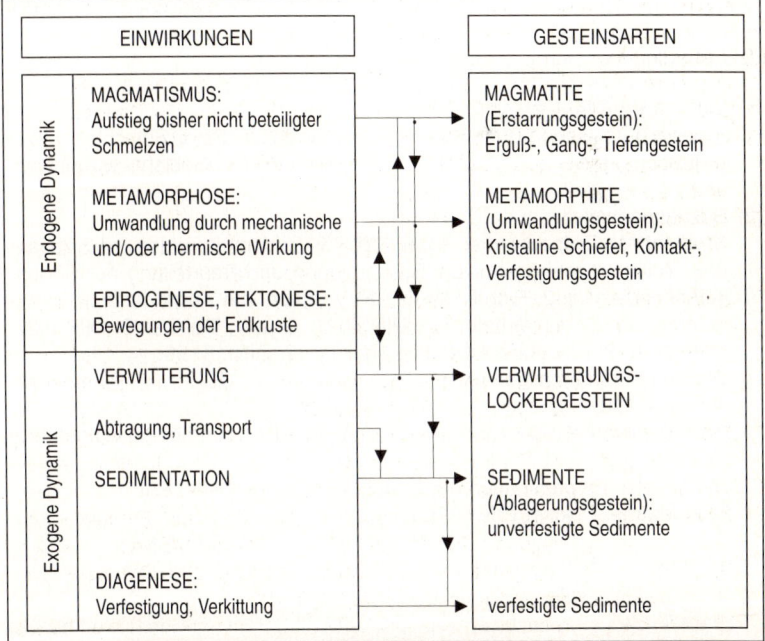

Abb. 4.3.1/1. Entstehung von Boden – Kreislauf der Gesteinsbildung

4.3.2   Zusammensetzung

Boden ist ein sog. Dreistoffgemisch oder Dreiphasensystem aus Festmasse (»Körner«), Bodenwasser und Bodenluft und stellt keinen konstanten, unveränderlichen Baustoff dar!

(1) Auftretende Veränderungen:
Festmasse pro Volumeneinheit nur bei Erhöhung der Auflast (Verdichtung, Setzung) oder Lockerung;
Bodenwasser und Bodenluft mit Witterungsablauf.

(2) Auftretende Gefügeformen:
Nichtbindiger Boden: punktweise aufeinanderliegendes Haufwerk; Festigkeitsverhalten durch Reibung zwischen Körnern über 0,06 mm Durchmesser;
Bindiger Boden: weichplastisch bis blockartig festes Haufwerk; Festigkeitsverhalten durch Haftfestigkeit (Kohäsion) an der Berührungsstelle der Feinteile unter 0,06 mm Durchmesser;
Gemischtkörniger Boden: Mischung beider Gefügeformen und Festigkeiten.

4.3.3   Bodenerkundung

Dient zur Beurteilung der Bodenverhältnisse mit unterschiedlicher Genauigkeit zu bestimmten Zeitpunkten des Planungs- und Bauablaufs (Abb. 4.3.3/1); Grundbedingung: Durchführung so früh wie möglich!

4.3.3.1   Ergebnis; Bezugsrichtlinien

(1) Ergebnis: Aussagen über Bodenart und Bodenzustand, Schichtenaufbau und Schichtenverlauf, Wasserverhältnisse im Boden (Schicht-, Grundwasser).

(2) Bezugsrichtlinien:
Straßenbau, Erdbauwerke: ZTVE-StB 76; Bodenerkundung im Straßenbau, Teil 1: Richtlinien für die Beschreibung und Beurteilung der Bodenverhältnisse; Teil 2: Richtlinien für die Vergabe von Aufträgen zur Begutachtung der Bodenverhältnisse; DIN 4021, Blatt 1, Teil 2 u. 3; DIN 4022, Teil 1, 2 u. 3; DIN 4023; DIN 4094, Teil 1 u. 2; DIN 18196;
Wasserbauten im allgemeinen: Empfehlungen der DGEG, AA »Ufereinfassungen«, EAU 80;
Grundbauwerke: DIN 1054; DIN 1055; weiterhin vorstehend aufgeführte Normen;
Baugruben: Empfehlungen der DGEG, AA »Baugruben«, EAB 80;
Staudämme, Deiche: DIN 19700.

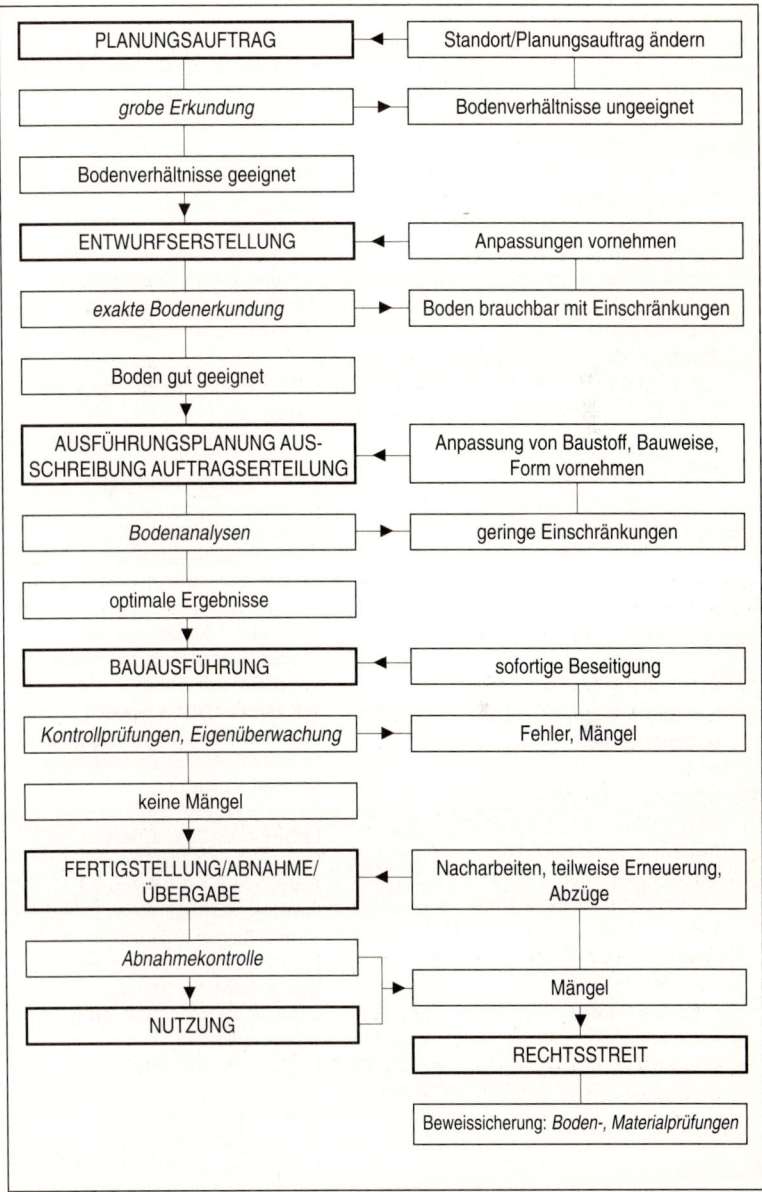

Abb. 4.3.3/1. Bodenerkundung und Bodenuntersuchung – Auswirkungen im Planungs- und Bauablauf

4.3.3.2 Erkundungsverfahren

Übersicht über Anwendungs-, Aussagemöglichkeiten s. Abb. 4.3.3/2; Feldversuche zur Bestimmung von Bodenart und Bodenzustand s. Kap. 4.4.1 und 4.4.4.

	Erkundungsverfahren	Anwendung	Hinweise
Auswertung von Karten	geologische Karten (empfohlener M. 1:25.000)	grobe Erkundung	geologische Formation, Geländeform
	topographische Karten (empfohlener M. 1:25.000)	grobe Erkundung	Geländeform, Steilabbrüche, Nutzung (z.Zt. der letzten Ergänzungen), Gewässer, Flurnamen
	Grundkarte (M. 1:5.000) Sonderkarten:	grobe Erkundung	Grundstücksgrenzen, Geländeform
	- Baugrundkarten (M. 1:1.000...1:5.000)	grobe Erkundung	Baugrund als Schichtenprofil; Angaben zur Bodenbelastbarkeit; Grundwasserverhältnisse
	- Bodengüte-, Schätzungskarten (M. 1:5.000/1:100.000)	grobe Erkundung	Bodenart, Bodengüte (landwirtschaftliche Wertung)
Geländebegehungen	technische Beobachtungen	genauere Erkundung	kleinräumige Geländeform; örtliche Besonderheiten (Schäden); oberflächige Bodenverhältnisse, bei natürlichen/künstlichen Anschnitten Bodenrelief; Oberflächenwasser; sonstige Wasserstände in stehendem oder fließendem Wasser
	vegetationstechnische Beobachtungen	genauere Erkundung	natürlicher/künstlicher Bewuchs als Zeigerpflanzen für Wachstumsvoraussetzungen, Bodenverdichtung, Bodenart, Vernässung
Techn. Aufschlußverfahren	Schürf	exakte Erkundung	Einsicht in den Schichtenaufbau; Entnahme ungestörter Bodenproben
	Bohrung	exakte Erkundung	Feststellung des Schichtenaufbaus; Entnahme von Bodenproben aus beliebigen Horizonten (Güte entsprechend Bohrverfahren); Feststellung der Wasserverhältnisse im Boden
	Sondierbohrung	genauere Erkundung zu Bohrung/ Schürf	Ermittlung des Schichtenaufbaus; Entnahme gestörter (unvollständiger) Proben
	Sondierung	genauere Erkundung zu Bohrung/ Schürf	Feststellung zur Bodenfestigkeit (Eindring-, Scherwiderstand); Ermittlung von Gefügehorizonten

Abb. 4.3.3/2.   Erkundungsverfahren

(1) Darstellung:
Schichtenverzeichnis: Zeichnerische Darstellung der angetroffenen Boden- und Wasserarten als Höhenschnitt;
Schichtenverlauf: höhengerechte Darstellung aufeinanderfolgender Schichtenverzeichnisse als Längsschnitt durch das Bodenprofil.

(2) Bodenmechanische Aufschlußverfahren:
a) Schürf, Schürfgrube: begehbare, zeitlich befristete Bodenöffnung mit Sohlfläche $\geq 1{,}5 \times 0{,}75$ m; sinnvoll nur oberhalb des Grundwasserspiegels; direkte Sicht in den Bodenaufbau; Entnahme ungestörter Bodenproben (s. Kap. 4.3.3); bei Herstellung DIN 4124, Bl. 1 beachten (bei Tiefen $> 1{,}75$ m besondere Schutzmaßnahmen anwenden);
b) Bohrung: beliebige Tiefe unabhängig von Wasser- und Bodenverhältnissen je nach Bohrverfahren; Probenahme in guter Probenqualität bei großen Bohrdurchmessern mit speziellen Geräten möglich;
c) Sondierbohrung: Schlitzsonde oder Pürkhauerstab ($\varnothing$ 22–30 mm) mit eingefräster durchgehender Nut; werden durch Schläge eingetrieben, gedreht und in der Nut festgehaltene Bodenprobe gezogen; einsetzbar in feinkörnigen Lockerböden bis ca. 6 m Tiefe;
d) Sondierung:
Schlagsondierung mit »leichter Rammsonde (LRS)«: Ermittlung des Eindringwiderstands (Schlagzahl/10 cm Eindringtiefe); Darstellung als Sondierungsdiagramm; gute Interpretierbarkeit bei parallel vorgenommener Sondierbohrung; preiswerte Ergänzung zu Bohrungen; einsetzbar in Lockerböden bis ca. 6 m, bei sehr günstigen Bodenverhältnissen bis 8 m;
e) Drehsondierung mit Flügelsonde: Ermittlung des Bodenwiderstands gegen Abscheren; Gerät wird bei sehr leichten Böden eingetrieben, sonst eingepreßt.

(3) Art und Umfang der Erkundungen, Anordnung der Erkundungspunkte:
Abhängig von Bedeutung bzw. Risiko der Baumaßnahme, notwendiger Erkundungstiefe und angetroffenen Bodenverhältnissen; Anordnung richtet sich nach Zusammensetzung, Dicke, Verlauf und Zustand der angetroffenen Schichten.
Anhaltswerte für die Anordnung der Erkundungsstellen:
Straßenbauten: Abstände und Erkundungstiefe s. Abb. 4.3.3/3;
Ufereinfassungen s. Abb. 4.3.3/4.

4.3.4   Probenahme

(1) Bezugsrichtlinien:
DIN 4021, Bl. 1; DIN 19680; DIN 19681; TP BF-StB Teil A 2: Probenahme für bodenphysikalische Versuche.

(2) Entnahmeverfahren und Probengüte:
Verfahren: Ausstechzylinder, Schaufel, Entnahmerohr, Sondierbohrung (Nutsonde), Bohrung;
Probenqualität s. Abb. 4.3.4/1 (gem. DIN 4021, Bl. 1).

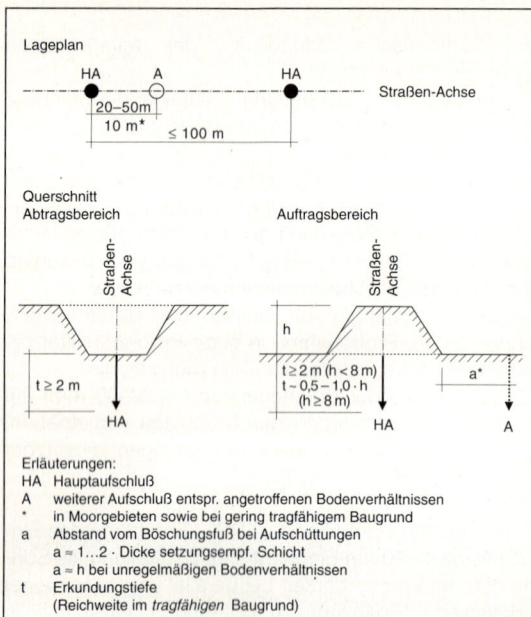

Abb. 4.3.3/3. Anordnung der Erkundungsstellen bei Straßenbauten

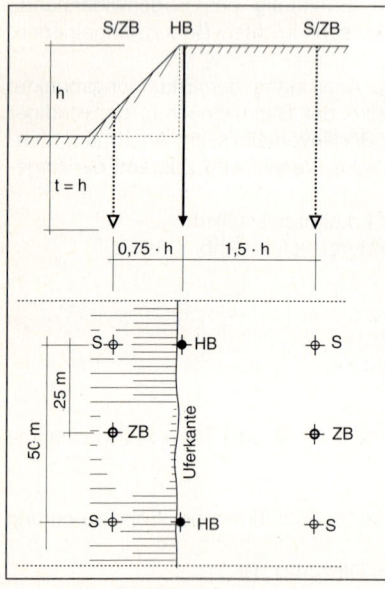

Erläuterungen:
HB Hauptbohrung
ZB Zwischenbohrung
S Sondierung/Sondierbohrung

Abb. 4.3.3/4. Anordnung der Erkundungsstellen bei Ufereinfassungen (Schema nach EAU)

Güteklasse	unveränderter bodenphysikalischer Kennwert	Güteklasse	unveränderter bodenphysikalischer Kennwert
1	Kornzusammensetzung Korngefüge Wassergehalt w Dichte ρ Steifemodul E_S Scherfestigkeit τ	2	Kornzusammensetzung Wassergehalt w Dichte ρ
		3	Kornzusammensetzung Dichte ρ
		4	Kornzusammensetzung
		5	nur Schichtenfolge erkennbar

Abb. 4.3.4/1. Einteilung der Probenqualität (nach DIN 4021, Blatt1)

(3) Probenbezeichnungen:
   Einzelprobe (ungestört, gestört) aus einem Bodenhorizont;
   Mischprobe (gestört) über mehrere Bodenhorizonte;
   Sammelprobe: vereinigte gestörte Einzelproben aus einem oder mehreren Horizonten;
   Untersuchungsprobe: für die Ermittlung eines Kennwertes erforderliche Probemenge; wird durch Probenteilung aus einer Gesamtprobe gewonnen.
(4) Probenmengen: materialtypisch, versuchsbedingt (Beispiele s. Abb. 4.3.4/2).

Untersuchungszweck	Mindestmenge Schluff Ton	Sand	Kies < 6 mm	< 20 mm	< 63 mm	steiniger Boden
Einzel-, Mischprobe	(200 g)	500 g	1,0 kg	10 kg	30 kg	50 kg
Eignungsprüfungen:						
Trag-, Frostschutzschicht	–	10 kg		30 kg		–
Bodenverfestigung	–	40 kg		120 kg		–
Untersuchungsprobe:						
Kornverteilung	30–50 g	50–500 g		2–20 kg		> 20 kg
Wassergehalt (Trockenschrank)	10–50 g	50–200 g		1–10 kg		> 10 kg
Konsistenzgrenzen	200–300 g	–		–		–
Dichte ρ	850 cm³	850 cm³		2000 cm³		> 2000 cm³
Korndichte ρ_S	100 g	100 g		0,5–2 kg		> 0,5–2 kg
Proctorversuch ø 100 mm	2000 g	2,5 kg		2,5 kg		–
ø 150 mm				5,5 kg		–
ø 250 mm						> 25 kg
Laborprobe	min. 3- bis 4-fache jeweilige Untersuchungsprobe					

Abb. 4.3.4/2. Beispiele für Probemengen

4.3.5   Bodeneinteilung, Bodenbenennung

Anhand der Zusammensetzung des Kornhaufwerks a) wertfrei beschreibend oder b) unter bestimmten Gesichtspunkten bewertend.

Korngruppe [mm]	Bodenart	Benennung Kurzzeichen	Beimengung	Kurzzeichen
≤ 0,06	Feinkornbereich (Schlämmkorn)			
≤ 0,002	Ton	T	tonig	t
0,002 – 0,06	Schluff	U	schluffig	u
0,002 – 0,006	Feinschluff	fU	feinschluffig *	fu
0,006 – 0,02	Mittelschluff	mU	mittelschluffig *	mu
0,02 – 0,06	Grobschluff	gU	grobschluffig *	gu
0,06 – 63	Grobkornbereich (Siebkorn)			
0,06 – 2,0	Sand	S	sandig	s
0,06 – 0,2	Feinsand	fS	feinsandig	fs
0,2 – 0,6	Mittelsand	mS	mittelsandig	ms
0,6 – 2,0	Grobsand	gS	grobsandig	gs
2,0 – 63	Kies	G	kiesig	g
2,0 – 6,3	Feinkies	fG	feinkiesig	fg
6,3 – 20	Mittelkies	mG	mittelkiesig	mg
20 – 63	Grobkies	gG	grobkiesig	gg
63 – 20	Steine	X	steinig	x
≥ 200	Blöcke	Y	mit Blöcken	y
–	Torf, Humus	H	torfig, humos	h
–	Fels	Z	–	–

* selten angewendete Bezeichnung

Abb. 4.3.5/1. Bodeneinteilung nach DIN 4022/4023

Massenanteil [%]	Zusatzbezeichnung Symbol	Beispiel	
0 – 15	*schwach* '	schwach sandig	s'
15 – 30	–	sandig	s
≥ 30	*stark* ͞	stark sandig	s̄

Abb. 4.3.5/2. Zusatzbezeichnungen für Beimengungen nach DIN 4022/4023

4.3.5.1 »Wertfreie« Bodeneinteilung

Nach DIN 4022 (DIN 4023) s. Abb. 4.3.5/1 und 2 sowie Kap. 4.4.1; Benennung entsprechend Häufigkeit einzelner Korngruppen mit Bodenhauptart und Beimengungen.

4.3.5.2 »Bewertende« Bodeneinteilung

(1) Nach DIN 18196 s. Abb. 4.3.5/3, 4, 5a und 5b sowie Kap. 4.4.1 u. 4.4.4: Unterscheidung nach bautechnischen Erwägungen; Benennung nach Bodengruppen mit vergleichbaren Eigenschaften aus der Kornverteilungskurve (Bodenhauptart und Stufung), den plastischen Eigenschaften und den organischen Bestandteilen.

(2) Nach DIN 18300 s. Abb. 4.3.5/6: Differenzierung nach bearbeitungstechnischen Gesichtspunkten (Widerstand beim Lösen des Bodens); Benennung nach Bodenklassen anhand von Bodenzusammensetzung und Gefügezustand.

(3) Nach DIN 18915, T. 1: aus der Kornverteilungskurve nach vegetationstechnischen Kriterien; Benennung nach Bodengruppen (s. Kap. 6).

Klassifikationsmerkmal	Kurzzeichen, Zusatzmerkmal	
Hauptbestandteile		
Kies	G	
Sand	S	
Schluff	U	
Ton	T	
Auffüllung	A	
Organische Beimengungen	O	
Torf (Humus)	H	
Mudde	F	
Kalk	K	
Stufung	$U^{*)}$	$C_c{}^{*)}$
weit gestuft	$W \geq 6$	$1-3$
eng gestuft	$E > 6$	beliebig
intermittierend gestuft	$I \geq 6$	$< 1{,}0$ oder $\geq 3{,}0$
Plastische Eigenschaften		Fließgrenze w_l
leicht plastisch	L	$< 35\,\%$
mittel plastisch	M	$35-50\,\%$
ausgeprägt plastisch	A	$\geq 50\,\%$
Zersetzungsgrad von Torf		
nicht bis mäßig zersetzt	N	
zersetzt	Z	
*) U = Ungleichförmigkeitsgrad, C_c = Krümmungszahl (s. Kap. 4.4.1)		

Abb. 4.3.5/3. Bodenklassifikation nach DIN 18196

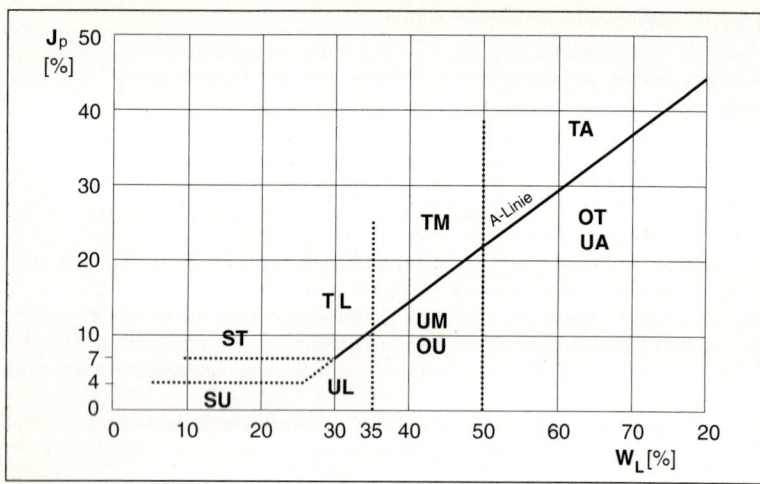

Abb. 4.3.5/4. Plastizitätsdiagramm zur Gruppierung von Feinkornböden nach DIN 18196
(Abkürzungen s. Abb. 4.3.5/3)

Hauptgruppe	Massenanteil [%] Korndurchmesser d [mm]		Gruppe	Kurzzeichen
	≤ 2	≤ 0,06		
Grobkörnige Böden	≤ 60	≤ 5	enggestufte Kiese	GE
			weitgestufte Kies-Sand-Gemische	GW
			intermittierend gestufte Kies-Sand-Gemische	GI
	> 60	≤ 5	enggestufte Sande	SE
			weitgestufte Sand-Kies-Gemische	SW
			intermittierend gestufte Sand-Kies-Gemische	SI
Gemischtkörnige Böden	≤ 60	5 – 40	5 – 15 Kies-Schluff-Gemische	GU
			15 – 40	GŪ
			5 – 15 Kies-Ton-Gemische	GT
			15 – 40	GT̄
	> 60		5 – 15 Sand-Schluff-Gemische	SU
			15 – 40	SŪ
			5 – 15 Sand-Ton-Gemische	ST
			15 – 40	ST̄

Abb. 4.3.5/5a. Bodeneinteilung nach DIN 18196 – Grobkörnige und Gemischtkörnige Böden

Hauptgruppe	Massenanteil [%] für d ≤ 0,06 [mm]	I_p [%] und Lage zur A-Linie	Fließgrenze wl [%]	Gruppe	Kurzzeichen
Feinkörnige Böden	> 40	$I_p \le 4$ oder unterhalb	≤ 35	leicht plastische Schluffe	UL
			35 – 50	mittelplastische Schluffe	UM
			> 50	ausgeprägt zusammendrückbarer Schluff	UA
		$I_p \ge 7$ und oberhalb	≤ 35	leicht plastische Tone	TL
			35 – 50	mittelplastische Tone	TM
			> 50	ausgeprägt plastische Tone	TA
Organogene Böden, Böden mit organischen Beimengungen	> 40	$I_p \ge 7$ und unterhalb	35 – 50	Schluffe mit organischen Beimengungen, organogene Schluffe	OU
			> 50	Tone mit organischen Beimengungen, organogene Tone	OT
	≤ 40	–	–	grob- bis gemischtkörnige Böden mit humosen Beimengungen	OH
				grob- bis gemischtkörnige Böden mit kalkigen, kieseligen Beimengungen	OK
Organische Böden	–	–	–	nicht bis mäßig zersetzte Torfe	HN
				zersetzte Torfe	HZ
				Mudde (Sammelbegriff)	F
Auffüllung	–	–	–	Auffüllung aus natürlichen Böden [*Kurzzeichen*]	[ ]
				Auffüllung (Fremdstoffe)	A

Abb. 4.3.5/5b. Bodeneinteilung nach DIN 18196 – Feinkörnige und Organische Böden

4.4 Bodenphysikalische Kennwerte und ihre Ermittlung

4.4.1 Kennwerte zur Kornzusammensetzung

4.4.1.1 Korngrößenverteilung

(1) Feldversuche:
Bestimmung der mineralischen Bestandteile: visuelle und manuelle Verfahren s. Abb. 4.4.1/1;
Bestimmung der organischen Substanz s. Kap. 4.4.3.

Bodenklasse	Bodengruppe (DIN 18196) bzw. *Bodenart (DIN 4022)* (Beispiele)	Beschreibung
1 Oberboden (Mutterboden)	OU;OH *S, h; S, u, h; S, t, u, h*	obere natürlich entstandene Bodenschicht oder künstlich aufbereitetes Gemisch; enthält außer anorganischen Stoffen Humus und Bodenlebewesen.
2 Fließende Bodenarten	HN; HZ; F; OU, OT, OH, SU...GT mit $I_c \leq 0,5$	Böden mit breiiger bis flüssiger Konsistenz, die den hohen Wassergehalt nur schwer abgeben.
3 Leicht lösbare Bodenarten	GW, GE, GI; SW, SE, SI; SU, ST; GU, GT; HN (geringer Wassergehalt)	nichtbindige Böden; Böden mit $d < 0,06$ mm < 15 % und $d = 63 - 300$ mm < 30 %; standfeste organische Böden.
4 Mittelschwer lösbare Böden	UL, UM, TL, TM; $S\overline{U}$, $S\overline{T}$; $G\overline{U}$, $G\overline{T}$	Mischböden mit $d < 0,06$ mm ≥ 15 % und $d = 63 - 300$ mm < 30 %; bindige Böden leichter bis mittlerer Plastizität.
5 Schwer lösbare Böden	$S\overline{U}$, $S\overline{T}$; $G\overline{U}$, $G\overline{T}$; TA	Böden Klasse 3 und 4 mit $d = 63 - 300$ mm ≥ 30 % oder $d = 300 - 600$ mm < 30 %; ausgeprägt plastische Tone mit $I_c \geq 0,5$.
6 Leicht lösbarer Fels, vergleichbare Bodenarten	$S\overline{U}$, $S\overline{T}$; $G\overline{U}$, $G\overline{T}$; Z	Böden Klasse 3 bis 5 mit $d = 300 - 600$ mm ≥ 30 %; klüftige, brüchige, bröckelige, schiefrige, weiche oder verwitterte Felsarten oder entspr. verfestigte Lockerböden.
7 Schwer lösbarer Fels	Z	nur leicht angewitterte, mineralisch gebundene Felsarten; Schlackenhalden etc.; Steine (Blöcke) ≥ 600 mm.

Abb. 4.3.5/6. Bodeneinteilung nach DIN 18300

(2) Laborversuche zur Ermittlung von Korngruppen:
Bezugsrichtlinien: DIN 18123; TP BF-StB, Teil B 5.1/5.3; TP Min-StB, Teil 6.3.1/2/3;
Siebanalyse: mit Maschen- bzw. Lochsieben mit festgelegten Öffnungsweiten (Siebsätze); für Korngrößen $> 0,02$ mm anwendbar, üblich ab 0,063 mm bzw. 0,125 mm; Ausführung als Trocken- oder Naßsiebung;
Schlämmanalyse (Sedimentation): Ermittlung des Korndurchmessers über

Bodenart	Visuelle Verfahren	Manuelle Verfahren		
	Korngrößenansprache Farbansprache Geruch Vergleichsmaß	Trockenfestig- keitsversuch Festigkeit	Schüttel- versuch Reaktion	Knetversuch plastisches Verhalten
Steine	Hühnerei – Kopf	–	–	–
Grobkies	Haselnuß – Hühnerei	–	–	–
Mittelkies	Erbse – Haselnuß	–	–	–
Feinkies	Streichholzkopf – Erbse	–	–	–
Grobsand	Gries – Streichholzkopf	–	–	–
Mittelsand	Gries	–	–	–
Feinsand	mit bloßem Auge als Einzelkorn noch sichtbar	–	–	–
GW...SE	–	keine	–	–
GU, SU	–	sehr gering	extrem schnell	praktisch keins
GŪ, SŪ	–	gering	sehr schnell	praktisch keins
GT, ST	–	niedrig	schnell	leicht
GT̄, ST̄	–	mittel	mittel – langsam	mittel
UL	–	niedrig	schnell	keins – leicht
UM	–	niedrig – mittel	langsam	leicht – mittel
UA	–	hoch	keine – langsam	mittel – ausgeprägt
TL	–	mittel – hoch	keine – langsam	leicht
TM	–	hoch	keine	mittel
TA	–	sehr hoch	keine	ausgeprägt
OU	–	mittel	langsam – schnell	mittel
OT	–	hoch	keine	ausgeprägt
OH	dunkle Farbe, modriger Geruch, Glühverlust hoch nicht brenn-/ schwelbar	–	–	–
OK	helle Farbe, geringes Gewicht, porös	–	–	–

Abb. 4.4.1/1. Bestimmung der Kornzusammensetzung bzw. Bodenart mit Feldversuchen (nach DIN 18196; DIN 4022, T. 1)

die Sinkgeschwindigkeit verschieden großer Teilchen in Flüssigkeiten (Gesetz von Stokes); für Korngrößen < 0,125 mm anwendbar; Messung bis in den Tonbereich (d ≈ 0,0015 mm); Ausführung mit Naßsiebung als kombinierte Analyse;
bodentypische Anwendungsbereiche s. Abb. 4.4.1/2.

Korngröße d [mm]	Massenanteil [%]	Analyseverfahren
≤ 0,06 < 0,125 ≥ 0,06	0 100 0...20	Trockensiebung Schlämmanalyse (Sedimentation) i.d.R. nur Schlämmanalyse; ggf. gewünschte Differenzierung des Grobanteils mit Naß-Siebung
≥ 0,06	> 20	2 Teilproben bilden; – *Teilprobe 1:* Feinanteile < 0,125 mm naß abtrennen, d ≥ 0,125 mm: Naß-Siebung; – *Teilprobe 2:* Feinanteile ≥ 0,125 mm naß abtrennen, d < 0,125 mm: Sedimentation

Abb. 4.4.1/2. Laborversuche zur Ermittlung der Korngrößenverteilung – bodentypische Anwendung

(3) Auswertung der Laborversuche (Abb. 4.4.1/3):
Aufstellung der Kornverteilungskurve (Körnungslinie) als Summenlinie des Siebdurchgangs;
Ermittlung des Ungleichförmigkeitsgrades (oder Ungleichförmigkeitsziffer) U. Gleichung: $U = d_{60} : d_{10}$. Bewertung nach DIN 18196; U < 6 = eng gestufter Boden, U ≥ 6 = weit gestufter Boden;
Ermittlung der Krümmungszahl C_c. Gleichung: $C_c = d_{30}^2 : (d_{60} \cdot d_{10})$. Bewertung nach DIN 18196: C_c < 1,0 bzw. > 3,0 = intermittierend gestufter Boden.

4.4.1.2 Kornform, Korn- und Bodenoberfläche

(1) Ermittlung der Kornform:
nach Augenschein;
mit Kornformschieblehre: festgelegtes Verhältnis von kleinster zu größter Kornabmessung; ermittelt an d ≥ 4,0 mm.
(2) Kornoberfläche:
Rauhheit nach Augenschein: poliert bis bruchrauh;
Bruchflächigkeit nach DIN 52114 (TP MIN-StB T.6.2.1).
(3) Spezifische Bodenoberfläche: Summe der Oberfläche aller Körner je 1 cm³ Boden; Größenordnung s. Abb. 4.4.1/4.

4.4.2 Wassergehalt w

4.4.2.1 Begriffsbestimmung; Größenordnung

(1) Begriffsbestimmungen (Abb. 4.4.2/1):
Wassergehalt als Massenanteil w (übliche Definition); Gleichung: $w = m_w : m_d$;

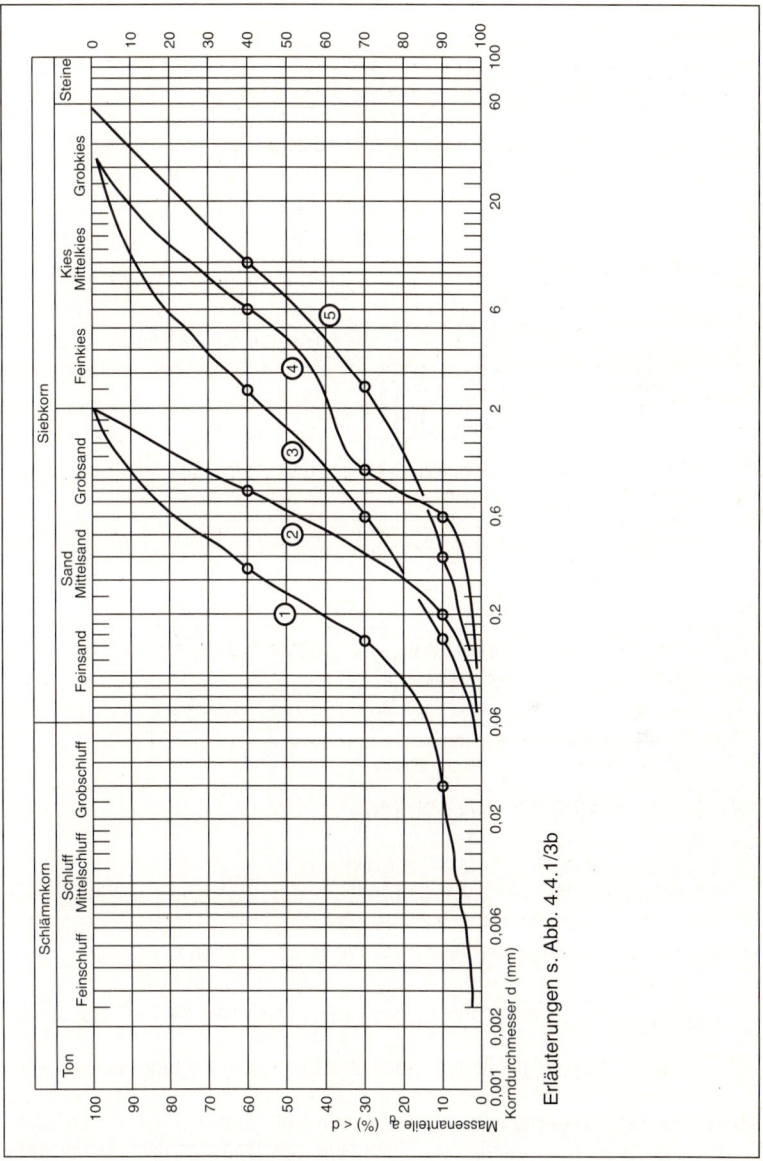

Abb. 4.4.1/3a. Beispiele zur Ermittlung von Bodenart, Ungleichförmigkeitsgrad U und Krümmungszahl C_C aus der Kornverteilungskurve

Kurve	Korn-gruppe	Massen-anteil [%]	Bodenart DIN 4022/4023	Korndurchmesser [mm] d_{10}	d_{30}	d_{60}	U	C_C	Bodenart DIN 18196
1	U S G	13 87 –	S, u'	0,03	0,15	0,35	11,7	2,14	SU
2	U S G	1 99 –	S	0,2	0,40	0,80	4,0	1,00	SE
3	U S G	2 54 45	S, $\overline{g}$	0,15	0,6	2,5	16,7	1,71	GW
4	U S G	0 37 63	G, $\overline{s}$	0,6	1,0	6,0	10,0	0,28	GI
5	U S G	2 25 73	G, s	0,4	2,5	10,0	25,0	1,56	GW

Abb. 4.4.1/3b. Beispiele zur Ermittlung von Bodenart, Ungleichförmigkeitsgrad U und Krümmungszahl C_C aus der Kornverteilungskurve

Korngruppe	Korndurchmesser [mm]	Oberfläche aller Einzelkörper je cm^3 Boden
Ton	< 0,002	15,7 – 31,4 m^2
Schluff	0,002 – 0,06	0,05 – 15,7 m^2
Sand	0,06 – 2,0	15,7 – 520,0 cm^2
Kies	2 – 10	3,1 – 15,7 cm^2

Abb. 4.4.1/4. Spezifische Bodenoberfläche (Durchschnittswerte für lockerste Lagerung)

Wassergehalt als Volumenanteil w_{vol} (anschaulichere Größe); Gleichung:
$w_{vol} = V_w : V$;
natürlicher Wassergehalt w_n: zum Zeitpunkt der Prüfung vorhandener Wassergehalt.

(2) Größe des Wassergehalts: abhängig von Witterungsverlauf, Porengröße, Porenmenge, Kornoberfläche, Tiefenlage der Bodenschicht, Grundwasserzutritt; steigt mit Abnahme von Korngröße (zunehmende spezifische Bodenoberfläche, s. Abb. 4.4.1/4) und Porengröße (zunehmendes Wasserbindevermögen). Beispiele für natürliche Wassergehalte s. Abb. 4.4.2/2.

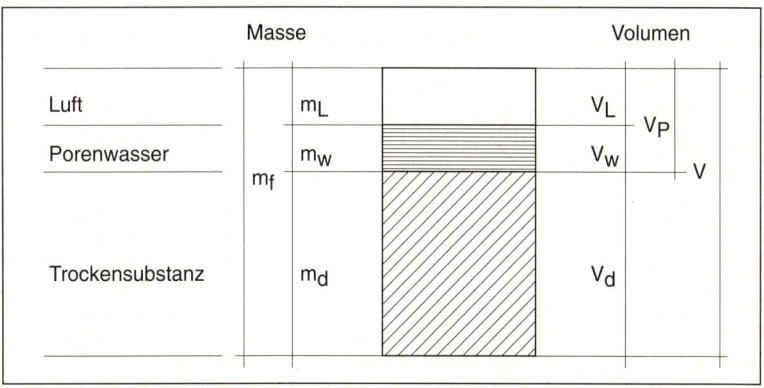

Abb. 4.4.2/1. Definitionsgrößen für Wassergehalt, Glühverlust, Dichte, Porenanteil und Sättigungszahl

Bodenart		Wassergehalt [%]
Grobkörnige Böden	Kies, Grobsand	1 – 3
	Mittelsand	2 – 5
	Feinsand	9 – 15
	gesättigte, grobkörnige Böden	bis ca. 20
Feinkörnige Böden	Schluff, toniger Sand	10 – 25
	mittelplastischer Ton	20 – 30
	ausgeprägt plastischer Ton	30 – 80
	gesättigte, feinkörnige Böden	bis ca. 250
Org. Böden	org. Schluff	40 – 80
	org. Ton	50 – 150
	Torf, gesättigt	bis ca. 800

Abb. 4.4.2/2. Anhaltswerte für natürlichen Wassergehalt

4.4.2.2 Versuchsdurchführung

Bezugsrichtlinien: DIN 18 121, T. 1; TP BF-StB, Teil B 1.1–1.5.

(1) Feldversuche:

Manuell: nur Abschätzen der Sättigung möglich;

Meßverfahren: Trocknen mit Einfachmethoden; Kalziumkarbid-Methode (CM-Gerät); Luftpyknometer; doppelte Wägung; Sonderverfahren (Anwendung radioaktiver Isotope etc.).

(2) Laborversuche: Trocknen im Trockenschrank, Trocknen mit Infrarotstrahlen oder Tauchwägung.

(3) bodentypische Anwendung s. Abb. 4.4.2/3.

Verfahren	G	S	U	T	OU OT	OH OK	H	Bemerkungen
Feldversuche								
Abtrennen	+	+	o	o	o	–	–	nur kleine Proben, ungenau
Trocknen über offenem Feuer	+	+	o	o	o	o	–	große Proben
CM-Gerät	o	+	o	–	o	o	o	nur kleine Proben, Begrenzung des Wassergehalts
Luftpyknometer	+	+	o	o	o	o	+	Korndichte muß bekannt sein
doppelte Wägung	+	+	o	–	–	–	–	Proben von ca. 20 kg, Korndichte muß bekannt sein
radiometrische Verfahren	+	+	+	+	+	+	–	häufige Kalibrierung erforderlich, Betrieb nur durch zugelassenes Personal
Laborversuche								
Trockenschrank	+	+	+	+	+	+	+	sehr genau, zeitaufwendig
Infrarotstrahlen	o	+	+	o	o	o	o	kleine Proben, u.U. zu hohe Temperatur
Tauchwägung	–	+	+	–	o	o	–	kleine Proben, Korndichte muß bekannt sein

Erläuterungen: + geeignet
o bedingt geeignet
– nicht geeignet/nicht zu empfehlen

Abb. 4.4.2/3. Verfahren zur Wassergehaltsbestimmung

4.4.3 Organische Substanz

4.4.3.1 Form, Zustand, mechanisches Verhalten organischer Substanz

(1) Faserig, nicht bis kaum zersetzt: federndes Verhalten; Wasserspeicherung vor allem zwischen den Fasern.

(2) Feinstteilig, zerrieben, stärker zersetzt: stark in der Struktur wasseraufnehmend; Bildung gefügebeständiger »Schwammstrukturen«; filzartig austrocknend.

(3) Strukturlose, vollständig zersetzte Masse: im »Einzelteil« stark wasserbindend und quellfähig; Bildung gelartiger Massen; extremes Schrumpfen bei Austrocknung.

4.4.3.2 Feststellungen zu Form und Menge organischer Substanz

(1) Form: durch Augenschein, möglichst nach Absieben (Trennung bei 0,125 mm Maschenweite ratsam);
Betrachtung grober Bestandteile ggf. mit Lupe;
Beurteilung feiner Bestandteile durch Aufschwemmung: pulverisierte Feinteile bilden schwimmenden Belag; voll zersetzte Bestandteile schwärzen die Flüssigkeit, sinken i. d. R. wie Ton nach Stunden in stehendem Wasser nur sehr langsam ab.

(2) Menge:
Bezugsrichtlinien: TP BF-StB, Teil B 10.1;
Bestimmung des Glühverlusts: Massendifferenz von getrockneter und ausgeglühter Probe (m_{gl}) bezogen auf die Trockenmasse. Gleichung: $V_{gl} = m_{gl} : m_d$.
Hinweise: durch Ausglühen Freisetzung des Kristallwassers bindiger Bodenbestandteile (damit bei stark bindigen Mischböden oder bindigen Böden Bestimmung zu hoher Werte für scheinbar vorhandene organische Substanz); Unterscheidung der Teilchengröße bei üblicher Durchführung nicht möglich, jedoch bei fraktionsweisem Ausglühen.
Zu weiteren Verfahren s. Kap. 5 und 6.

4.4.3.3 Bedeutung organischer Substanz

(1) Bei bautechnischer Verwendung des Bodens: grundsätzlich nachteilig; führt z. B. beim Abbau oder durch Federungswirkung zu bodenmechanischen Veränderungen; negativer Einfluß auf technisches Bauwerk durch Abnahme von Belastbarkeit und Standfestigkeit; weiterer Nachteil org. Substanz und ihrer Abbauprodukte: bei entsprechenden Mengen betonschädliche Wirkung.
Grenzwerte: Volumenanteil $< 10\,\%$, Massenanteil < 2–$3\,\%$.
(2) Bei vegetationstechnischer Verwendung des Bodens: in bestimmten Formen und Mengen wichtiger Bodenbestandteil (s. Kap. 5 und 6).

4.4.4 Plastische Eigenschaften

Verhalten von Feinkornböden stark vom Wassergehalt geprägt; Wirkung bereits für $d < 0{,}4$ mm, besonders deutlich bei $d < 0{,}06$ mm.

4.4.4.1 Bezeichnungen, Definitionen (Abb. 4.4.4/1)

Zustandsformen (Konsistenz) des Bodens: hart, halbfest, plastisch, flüssig;

vorhandener Wassergehalt	Konsistenzzahl I_c	Konsistenzgrenze	Bezeichnung der Konsistenz (Zustandsform)	
$w > w_l$ (beliebig hoch)	< 0 (negativ)		flüssig	
$w = w_l$	—— 0 ——	w_l		
	0 bis 0,5		breiig	
	0,5 bis 0,75		weich	plastisch
	0,75 bis 1,0		steif	
$w = w_p$	—— 1,0 ——	w_p		
			halbfest	
$w < w_p$	$> 1,0$	w_s		
			fest	
0				

Abb. 4.4.4/1 Konsistenzgrenzen und Konsistenzzahl

Konsistenzgrenzen (»Atterbergsche Grenzen«, Grenzwassergehalte am Übergang zwischen den Zustandsformen): Schrumpfgrenze w_s, Ausrollgrenze w_p, Fließgrenze w_l;

Plastizitätszahl I_p: dient zusammen mit w_l zur Bestimmung der Bodengruppe nach DIN 18 196 (Abb. 4.3.5/4); ferner wichtig für Beurteilung des Witterungseinflusses (s. Kap. 4.5.2). Gleichung: $I_p = w_l - w_p$.

Konsistenzzahl I_c: dient zur Festlegung eines bestimmten Bodenzustands ohne Kenntnis der Konsistenzgrenzen. Gleichung: $I_c = (w_l - w_n) : I_p$.

Anhaltswerte für bestimmte Böden s. Abb. 4.4.4/2.

| Bodengruppe | Beispiel | Konsistenzgrenze | | Plastizitätszahl |
		w_p [%]	w_l [%]	I_p [%]
S	Feinsand	*	15 – 20	0
SU	Löß	10 – 20	15 – 25	5 – 10
ST	Schwemmsand	10 – 20	15 – 30	7 – 10
UL	Löß	20 – 25	25 – 35	4 – 10
UM	Beckenschluff	15 – 25	35 – 50	7 – 20
OU	Oberboden	15 – 25	35 – 50	7 – 20
UA	Bimserde	25 – 40	50 – > 80	20 – > 40
OT	Schlick	25 – 40	50 – > 80	20 – > 40
TL	Geschiebemergel	15 – 20	25 – 35	7 – 15
TM	Beckenton	20 – 25	35 – 50	15 – 25
TA	Ton	25 – 35	50 – > 80	25 – 45

* nicht feststellbar

Abb. 4.4.4/2. Anhaltswerte für Konsistenzgrenzen

4.4.4.2 Ermittlung der plastischen Eigenschaften

(1) Feldversuche: manuell nur Beschreibung des Zustands möglich (Abb. 4.4.4/3).

(2) Laborversuche:
Bezugsrichtlinien: DIN 18 122, T. 1.2; TP BF-StB, Teil B 2.1/2.2;
Schrumpfgrenze: durch fortlaufende Volumen- und Wassergehaltsbestimmung;
Ausrollgrenze: manuell oder mit Ausrollgrenzengerät;
Fließgrenze: mit Fließgrenzengerät nach CASAGRANDE.

4.4.5 Kennwerte zur Dichte des Bodens

4.4.5.1 Korndichte ϱ_s

(1) Begriffsbestimmung: Masse der festen, trockenen Einzelbestandteile bezogen auf ihr Volumen einschließlich der von außen nicht zugänglichen

Beobachtung	Konsistenz	
Boden quillt beim Zusammenpressen der Faust zwischen den Fingern hervor; eingedrückte Formen zerlaufen ohne Belastung; völlig instabiles Gefüge	flüssig	
Boden ist matschig-weich; eingedrückte Formen bleiben erhalten; rutscht meist auf Böschungen ab; Gewichte sinken ein, tiefe Fußspuren	breiig	
Boden ist leicht knetbar und formstabil; keine ausreichende Belastbarkeit für Baugeräte; sehr tiefe Fahrspuren, Geräte fahren sich fest oder verschmieren das Planum stark	weich	plastisch
Boden ist schwer knetbar; absolut formstabil und standfest; Rißbildung beim Zusammenkneten nach Ausrollen; gute Tragfähigkeit für große Gerätelasten, dennoch Fahrspurbildung; *optimal verdichtbar*, hoher Lösewiderstand	steif	
Boden zerbröckelt bei Bilden dünner Bodenwalzen; Erdschollen zerfallen bei Schlag; Boden krümelt beim Lösen oder Lockern; Widerstand gegen Verdichtung nimmt zu, gegen Lösen ab; hohe Belastbarkeit und Standfestigkeit	halbfest	
Bodengefüge zeigt Schwind-Risse; deutlich hellere Färbung als bei anderen Konsistenzen; Bildung fester, blockartiger Gefügeformen; extreme Belastbarkeit und Widerstand gegen Lösen	fest	

Abb. 4.4.4/3. Merkmale zur Beschreibung der Konsistenz (Feldversuche)

Hohlräume (auch »Rohdichte« genannt); entspricht bei Stoffen ohne innere Poren der Reindichte (= spezifische Dichte); mineralabhängige Größe; nimmt mit Grad der physikalischen/chemischen Verwitterung zu. Größe der Korndichte s. Abb. 4.4.5/1.

(2) Versuchsmethoden, Bodenarten und Bezugsrichtlinien:
Kapillarpyknometer: $d \leq 5$ mm; DIN 18 124, T. 1;
Tauchwägegefäß nach HAAS: grobkörnige Böden; TP BF-StB, Teil B 3.2;
Luftpyknometer: feinkornarme Böden; TP BF-StB, Teil B 3.3;
Einfüllgerät nach NEUBER: grobkörnige Böden; TP BF-StB, Teil B 3.4.

Bodenart	Korndichte ρ_s [g/cm³]
Kies, Sand	2,65 – 2,70
stark quarzhaltiger Sand	2,65
Feinsand	2,65 – 2,67
Schluff	2,65 – 2,72
Ton	2,73 – 2,85
Hochofenschlacke	2,10 – 2,80
Bleischlacke	3,91 – 3,93
Schmelzkammergranulat	2,50 – 2,60
Hüttensand	2,40 – 2,80
org. Böden	1,10 – 2,50

Abb. 4.4.5/1. Hinweise zur Korndichte

4.4.5.2 Dichte ϱ und Trockendichte ϱ_d

(1) Begriffsbestimmung (s. auch Abb. 4.4.2/1):

Dichte ϱ (auch mit »Feuchtdichte« bezeichnet): Feuchtmasse des Bodens bezogen auf Bodenvolumen einschließlich der wasser- und luftgefüllten Poren;

Gleichung: $\varrho = m_f : V$ [g/cm³];

Trockendichte ϱ_d: Trockenmasse des Bodens (Festmasse) bezogen auf Bodenvolumen;

Gleichung: $\varrho_d = m_d : V$ [g/cm³];

Umrechnung von Dichte auf Trockendichte mit Wassergehalt (w);

Gleichung: $\varrho_d = \varrho : (1 + w)$ [g/cm³];

Zahlenwerte s. Abb. 4.4.5/2.

(2) Versuchsdurchführung, Bezugsrichtlinien:

Laborversuche nach DIN 18 125, T. 1;

Bodengruppe DIN 18196	Konsistenz	Dichte ρ [g/cm³]
GE		1,8 – 2,1
GW		1,9 – 2,1
SW, SU		1,6 – 2,0
UL, UM		1,7 – 2,0
TM, TA	fest	2,0 – 2,3
	halbfest	1,8 – 2,0
	steif	1,7 – 1,9
	weich	1,6 – 1,8
	breiig	1,5 – 1,6
	flüssig	< 1,5

Abb. 4.4.5/2. Dichte gewachsener Böden in erdfeuchtem Zustand

Verfahren	Bodenart (DIN 18196)					
	GE – GI	SE – SI	SU – S$\overline{\text{T}}$	GU – G$\overline{\text{T}}$	UL – TA	Steine Geröll
Ausstechzylinder	–	+	+[1]	–	+[1]	–
Sandersatz	+[2]	+	+	+	o	–
Densitometer	+[3]	+	+	+[3]	o	–
Flüssigkeitsersatz	+	+	o	+	o	o
Gipsersatz [5]	+[4]	+	+	+[4]	+	–
Schürfgrube	o	o	o	o	o	+
radiometrisch [6]	+	+	+	+	+	o

+ Verfahren gut geeignet, üblich
o Verfahren anwendbar, aber unüblich
– Verfahren nicht geeignet
[1] Konsistenz: halbfest bis weich
[2] ungeeignet bei sandarmem Kies; Vorsicht bei hohem Wassergehalt
[3] ungeeignet bei scharfkantigen Einschlüssen, bedingt bei gebrochenem Material
[4] besonders günstig bei scharfkantigen / klüftigen Materialien
[5] Vorteil: Volumenabdruck bleibt erhalten
[6] kritisch bei stark klüftigen Böden und oberflächennaher Messung

Abb. 4.4.5/3. Feldversuche zur Ermittlung der Dichte

Feldversuche nach DIN 18 125, T. 2; TP BF-StB, Teil B 4.2/4.3:
Ausstechzylinder-Verfahren;
Ersatzverfahren: Sandersatz, Ballon-Verfahren (Densitometer), Flüssigkeitsersatz, Gipsersatz, Schürfgruben-Verfahren;
Radiometrische Verfahren.
Bodentypische Anwendung s. Abb. 4.4.5/3.

4.4.5.3 Porenanteil n und Porenzahl e

(1) Ermittlung: nicht direkt möglich, sondern nur über Dichte (Feuchtdichte), Wassergehalt und Rohdichte des Bodens.

(2) Begriffsbestimmungen (s. auch Abb. 4.4.2/1):
Porenanteil n: Porenvolumen des Bodens einschließlich wassergefüllter Poren bezogen auf Bodenvolumen;
Gleichung: $n = V_p : V$ oder $n = 1 - (\varrho_d / \varrho_s)$.
Luftgefüllter Porenanteil (Luftanteil) n_a: Luftporenvolumen bezogen auf das Bodenvolumen;
Gleichung: $n_a = V_L : V$.
Umrechnung mit Wassergehalt: Gleichung: $n_a = 1 - \varrho_d \cdot (w + 1/\varrho_s)$.
Porenzahl e: Porenvolumen einschließlich wassergefüllter Poren bezogen auf das Volumen der Festmasse;
Gleichung: $e = V_p : V_d$ oder $e = (\varrho_s / \varrho_d) - 1$.
Zahlenangaben für Porenanteil und Porenzahl s. Abb. 4.4.5/4;
Porengröße, Porenverteilung: s. Kap. 4.4.7.

Bodengruppe (DIN 18196)	Konsistenz	Porenanteil n	Porenzahl e
GE, SE		0,30 – 0,50	0,43 – 1,00
GW, SW		0,25 – 0,35	0,33 – 0,54
GU, SU, GT, ST		0,25 – 0,45	0,33 – 0,82
GŪ, SŪ, GT̄, ST̄		0,30 – 0,60	0,43 – 1,50
UL, UM, TL		0,35 – 0,60	0,54 – 1,50
TM, TA		0,20 – 0,80	0,25 – 4,00
	fest	0,20 – 0,35	0,25 – 0,54
	steif	0,35 – 0,50	0,54 – 1,00
	weich	0,50 – 0,70	1,00 – 2,33
	breiig	0,60 – 0,80	1,50 – 4,00
F, H		0,70 – 0,90	2,33 – 9,00

Abb. 4.4.5/4. Hinweise zum Porenanteil und zur Porenzahl

4.4.5.4 Sättigungszahl S_r

(1) Ermittlung: nicht direkt möglich; Berechnung über Wassergehalt, Dichte und Rohdichte des Bodens; durch Tastsinn im Feldversuch grob abschätzbar.

(2) Begriffsbestimmung (s. auch Abb. 4.4.2/1): wassergefüllter Porenraum bezogen auf gesamten Porenraum;
Gleichung: $S_r = V_w : V_p$ oder $S_r = [w \cdot \varrho_s \cdot (1 - n)] : (n \cdot \varrho_w)$.
Grenzwerte und Benennung der Sättigungszahl s. Abb. 4.4.5/5.

Sättigungszahl	Bezeichnung der Sättigung
0	trocken
0,00 – 0,25	feucht
0,25 – 0,50	sehr feucht
0,50 – 0,75	naß
0,75 – 1,00	sehr naß
1,0	wassergesättigt

Abb. 4.4.5/5. Einteilung der Sättigungszahl

4.4.5.5 Proctorversuch und Verdichtungsgrad D_{Pr}

(1) Proctorversuch (Abb. 4.4.5/6):
Zweck, Durchführung des Versuchs: Ermittlung des Verdichtungsverhaltens von Böden bei schrittweiser Vergrößerung des Wassergehalts und konstanter, volumenbezogener Verdichtungsarbeit; Darstellung des Wertepaares Wassergehalt und Trockendichte als annähernd parabelförmige Kurve (Proctorkurve).

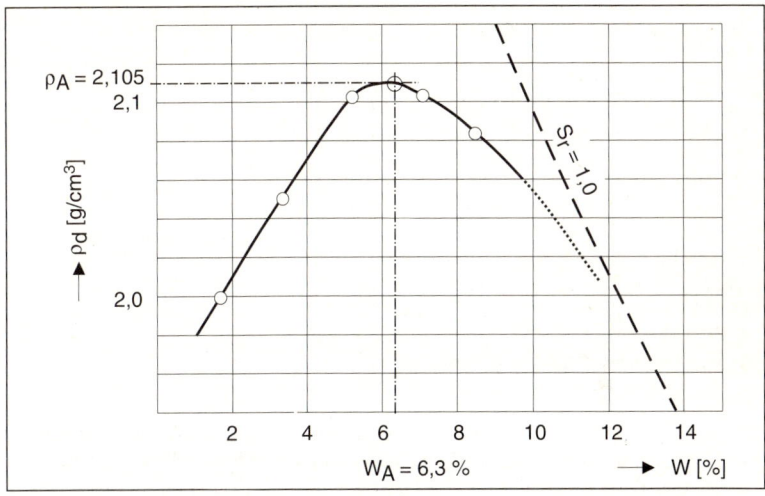

Abb. 4.4.5/6. *Ergebnis eines Proctorversuchs: Proctorkurve und Sättigungskurve $S_r = 1$*

Bezugsrichtlinien: DIN 18127; TP BF-StB, Teil B 6.1.
Begriffsbestimmungen:
Proctordichte ϱ_{Pr} (früher »einfache« Proctordichte): bei volumenbezogener Verdichtungsarbeit von 0,6 MNm/m^3 erreichbare Trockendichte (Scheitelpunkt der Proctorkurve);
optimaler Wassergehalt w_{Pr}: zur Proctordichte gehörender Wassergehalt; liegt bei bindigen Böden ca. 3 % unter der Ausrollgrenze w_P (s. Kap. 4.4.4);
modifizierte Proctordichte modϱ_{Pr} (früher »verbesserte« Proctordichte): bei volumenbezogener Verdichtungsarbeit von 2,75 MNm/m^3 erreichbare Trockendichte; liegt trotz ca. 5facher Verdichtungsarbeit nur ca. 5–10 % über der Proctordichte);
modifizierter optimaler Wassergehalt mod w_{Pr}: zur modifizierten Proctordichte gehörender Wassergehalt; grundsätzlich ist mod $w_{Pr} <$ w_{Pr}; Hinweise zur Größenordnung s. Abb. 4.4.5/7;
Sättigungskurve für $S_r = 1,0$ (s. Kap. 4.4.5.4): dient zur Überprüfung der Proctorkurve: obere Hüllkurve für alle Proctorkurven von Böden mit gleicher Rohdichte; Sättigungskurven für geringere Sättigung ermöglichen Abschätzung des Luftanteils bei beliebiger Verdichtung bzw. Bodenfeuchte.
(2) Verdichtungsgrad D_{Pr}:
Begriffsbestimmung: Verhältniswert von vorhandener Trockendichte und Proctordichte;
Gleichung: $D_{Pr} = \varrho_d : \varrho_{Pr}$.
Grenzwerte: objektbezogen festgelegt, s. Kap. 4.6.11.

Bodengruppe DIN 18196 (*Bodenart*) (*DIN 4022*)	Proctordichte ρ_{Pr} [g/cm³]	Optimaler Wassergehalt w_{Pr} [%]	Porenanteil bei $D_{Pr} = 1$ n
GU, SU	2,1 – 2,25	4 – 7	0,14 – 0,20
GW, GI	1,9 – 2,1	6 – 9	0,20 – 0,28
GE, SW...SE	1,7 – 1,9	8 – 13	0,28 – 0,36
G$\bar{U}$...S$\bar{T}$ (*U, s...U, g*)	1,9 – 2,05	9 – 13	0,23 – 0,27
UL, UM, TL	1,7 – 1,9	13 – 18	0,27 – 0,36
TM, TA	1,55 – 1,7	16 – 25	0,36 – 0,42

Abb. 4.4.5/7. Anhaltswerte für die Proctordichte

Anwendung: zur Festlegung der geforderten Verdichtungsleistung in Leistungsverzeichnissen bzw. zur Überprüfung der beim Einbau des Bodens erzielten Trockendichte;
Verbesserung einer Verdichtung mit $D_{Pr} = 1,0$ nur mit extremer Vergrößerung der Verdichtungsleistung möglich;
$D_{Pr} \geq 1,0$ bedeutet maximal erreichbare, nicht zwingend ausreichende Tragfähigkeit des Bodens.

4.4.5.6   Lagerungsdichte D und Bezogene Lagerungsdichte I_D

(1) Anwendung: vorwiegend für Gründungsberechnungen (Setzungen) von Erd- und Hochbauwerken; Beurteilung der Verdichtungsfähigkeit und der vorhandenen Dichte nichtbindiger Böden (Feinkornanteil d < 0,06 mm je nach Versuchsdurchführung ≤ 15 %); mit Abnahme von D und I_D vergrö-

Lagerungsdichte D	Bezeichnung
0,00 – 0,15	sehr lockere Lagerung
0,15 – 0,30	lockere Lagerung
0,30 – 0,50	mitteldichte Lagerung
0,50 – 1,00	dichte Lagerung
Bezogene Lagerungsdichte I_D	
0	lockerste Lagerung
0,00 – 0,35	lockere Lagerung
0,35 – 0,50	mitteldichte Lagerung
0,50 – 0,70	dichte Lagerung
0,70 – 1,00	sehr dichte Lagerung
1,0	dichteste Lagerung

Abb. 4.4.5/8. Übliche Einteilung der Lagerungsdichte und Bezogenen Lagerungsdichte

ßern sich die Setzungen bzw. verringert sich die Tragfähigkeit (s. auch DIN 1054).

(2) Berechnung: mit Porenanteil oder Porenzahl bei vorhandener (n, e), lokkerster (min n, min e) und dichtester (max n, max e) Lagerung des Bodens; Lagerungsdichte D: Gleichung: $D = (\max n - n) : (\max n - \min n)$; bezogene Lagerungsdichte I_D: Gleichung: $I_D = (\max e - e) : \max e - \min e)$; Einteilung s. Abb. 4.4.5/8.

(3) Versuch:»Ermittlung der lockersten und dichtesten Lagerung«. Bezugsrichtlinien: DIN 18 126; TP BF-StB, Teil B 4.4.

4.4.6 Verformungsverhalten und Tragfähigkeit

4.4.6.1 Begriffserläuterungen

(1) Verformungsverhalten:
Belastung der Bodenoberfläche oder eines tiefer liegenden Bodenhorizontes: bewirkt materialtypische Verformung (Setzung, Verdichtung oder Fahrspur); bleibt über die Dauer der Belastung bestehen, nimmt u. U. mit der Zeit sogar noch zu (Setzungssteigerung unter Bauwerken bei bindigen Böden);
Entlastung: ergibt oft nur teilweise Rückverformung (Rückfedern = elastischer Verformungsanteil); es verbleibt eine dauerhafte Verformung (Verdichtung, Setzung, Fahrspur = plastischer Verformungsanteil);
Größe der Verformung: abhängig vom Bodenwiderstand (Reibung, Kohäsion, Verdichtungsgrad, Wassergehalt) und Art der Belastung (Auflastgröße und Belastungsdauer).

(2) Belastungsarten:
Dauerlast: statische Belastung durch Bauwerke; entscheidend für Größe der Setzung;
Kurzzeitige Last oder Wechsellast: dynamische Belastung durch Verkehr; bewirkt elastische Verformungen.

(3) Tragfähigkeit:
Definition: Aufnahmefähigkeit des Bodens für Lasten aus Verkehr und/ oder Bauwerk;
Größe: die Tragfähigkeit ist kein fester Wert, sondern abhängig von Belastungsart und Objekt. Sie ist beim Grundbruch überschritten (Grenzwert, s. Kap. 4.8.3.4). Die durch Belastung entstehende Verformung darf nicht zu Schäden an der Verkehrsfläche und/oder dem Bauwerk führen bzw. objektbezogene Größen überschreiten.

4.4.6.2 Prüfverfahren

(1) Plattendruckversuch:
Zweck: Baustellenversuch zur Ermittlung der Tragfähigkeit sowie des Verformungsverhaltens und der Verdichtungsqualität bei durch Wechsellasten beanspruchten Flächen; Einsatz auf Erdplanum bzw. nicht gebundenen Mineralgemischen des Oberbaus von Verkehrs- und Sportflächen; zeit- und kostenaufwendiger Versuch.

Bezugsrichtlinie: DIN 18134; TP BF-StB, Teil B 8.1/8.2;

Versuchsablauf: durch schrittweise steigende Belastung einer kreisförmigen Stahlplatte (Durchmesser D = 300 bzw. 600 mm) Erzeugung von Druckspannungen auf der Bodenoberfläche und Auftreten von Setzungen; nach Erreichen einer höchsten Normalspannung (festgesetzt auf 0,5 bzw. 0,25 MN/m^2) bzw. einer maximalen Setzung (festgesetzt auf 5 bzw. 7 mm) wieder schrittweise Entlastung; Durchführung von zwei Be- und Entlastungszyklen (»Lastschleifen«); Registrieren der erzeugten mittleren Normalspannung σ_0 [MN/m^2] und der zugehörenden entstandenen Setzung s [mm].

Auswertung (Abb. 4.4.6/1):

Graphische Darstellung: Wertepaar Normalspannung/Setzung im Drucksetzungsprogramm als Druck-Setzungs-Linien;

Ableitung des Verformungsverhaltens: jede Lastschleife zeigt unter Höchstlast auftretende Gesamtverformung, sowie plastische Verformung (bleibende Setzung) und elastische Verformung (Rückverformung); Hinweis auf vorwiegend plastisches, weich- oder hartelastisches Verformungsverhalten;

Ermittlung des Verformungsmoduls E_v: Verformungsmodul E_{v1} bzw. E_{v2} ist die Neigung der Belastungskurven des und 2. Belastungszyklus gegen die Horizontale (wegen Krümmung der Drucksetzungslinie nicht konstant); Berechnung mit Druckdifferenz aus mittlerem Bereich ($\Delta\sigma_0$) und zugehörender Setzungsdifferenz (Δ_s):

Gleichung: $E_v = 0,75 \cdot D \cdot (\Delta\sigma_0/\Delta_s)$ [N/mm^2 oder MN/m^2];

(nach DIN 18134, Ausg. 1/93, Ausgleich durch Polynom 2. Grades erforderlich)

Beurteilung der Tragfähigkeit: maßgebend ist Verformungsmodul E_{v2}; Grenzwerte s. Kap. 8.6.2 und 8.7.2;

Beurteilung der Verdichtung: über Verhältnis E_{v2} : E_{v1} der überprüften Bodenschicht; bei Überschreiten bestimmter Werte zu große bleibende Anfangsverformung; Grenzwerte s. Kap. 4.6.11.

(2) Befahrungsversuch:

Zweck:

a) zur Festlegung der Plattendruckversuchsstelle bei Baustellen mit großer Einbauleistung bzw. großem Umfang;

b) Ergänzungsversuch zum Plattendruckversuch; bei einfachen Baumaßnahmen u. U. als einziger geeignet.

Bezugsrichtlinie: ZTVE-StB 76; TP BF-StB, Teil B 9.3.

Durchführung: fertiges Erdplanum mit LKW mit Schrittgeschwindigkeit befahren;

Radlast: 50 kN, Gesamtgewicht: ca. 140 kN (bei kleineren Baumaßnahmen ≡ Gewicht des schwersten später zu erwartenden Fahrzeugs).

Auswertung: Fahrspurtiefe Maßstab für Tragfähigkeit und Verdichtungsgrad des Bodens; Kalibrierung durch Vergleich mit Fahrspurtiefe unmittelbar neben einer Plattendruckversuchsstelle; grobe Abschätzung des Verformungsmoduls nach Abb. 4.4.6/2 möglich (für E_{v2} = 20 bis 100 MN/m^2).

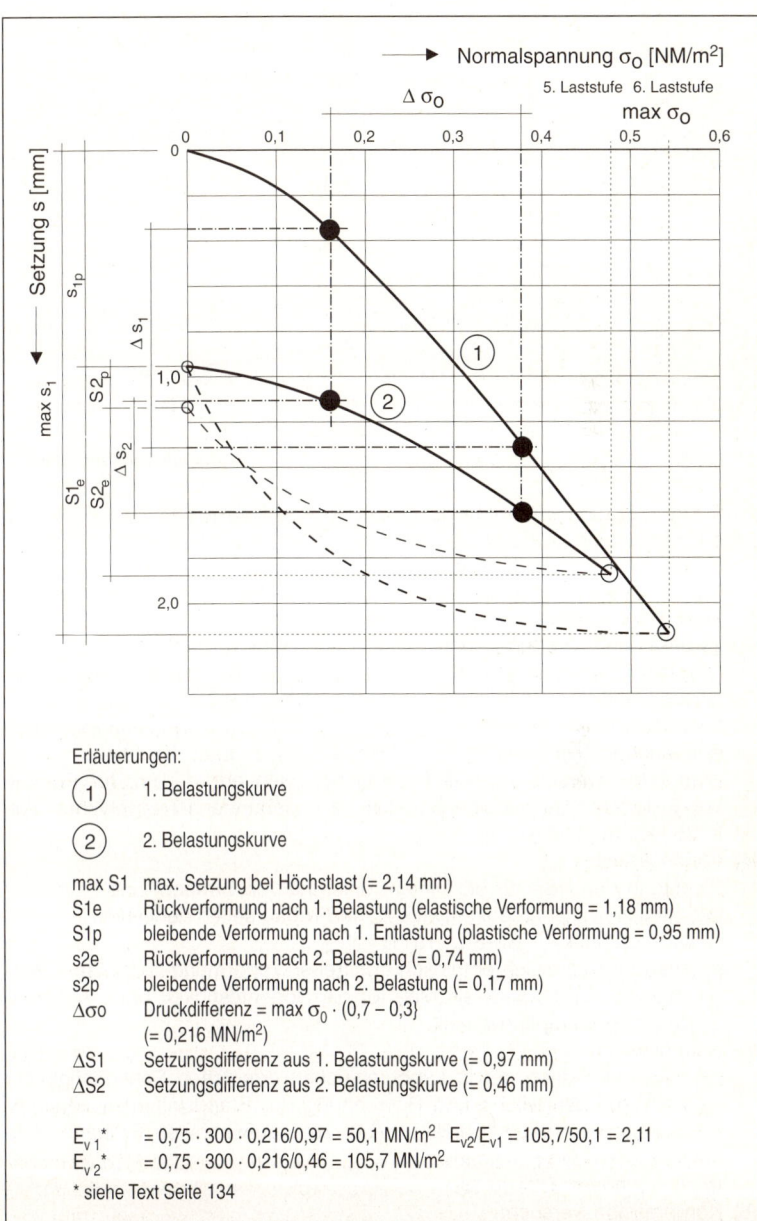

Erläuterungen:

① 1. Belastungskurve

② 2. Belastungskurve

max S1 max. Setzung bei Höchstlast (= 2,14 mm)

S1e Rückverformung nach 1. Belastung (elastische Verformung = 1,18 mm)

S1p bleibende Verformung nach 1. Entlastung (plastische Verformung = 0,95 mm)

s2e Rückverformung nach 2. Belastung (= 0,74 mm)

s2p bleibende Verformung nach 2. Belastung (= 0,17 mm)

$\Delta\sigma o$ Druckdifferenz = max $\sigma_0 \cdot (0,7 - 0,3)$
    (= 0,216 MN/m²)

ΔS1 Setzungsdifferenz aus 1. Belastungskurve (= 0,97 mm)

ΔS2 Setzungsdifferenz aus 2. Belastungskurve (= 0,46 mm)

$E_{v\,1}{}^{*}$ = 0,75 · 300 · 0,216/0,97 = 50,1 MN/m² $E_{v2}/E_{v1} = 105,7/50,1 = 2,11$
$E_{v\,2}{}^{*}$ = 0,75 · 300 · 0,216/0,46 = 105,7 MN/m²
* siehe Text Seite 134

Abb. 4.4.6/1. Ergebnis eines Plattendruckversuchs

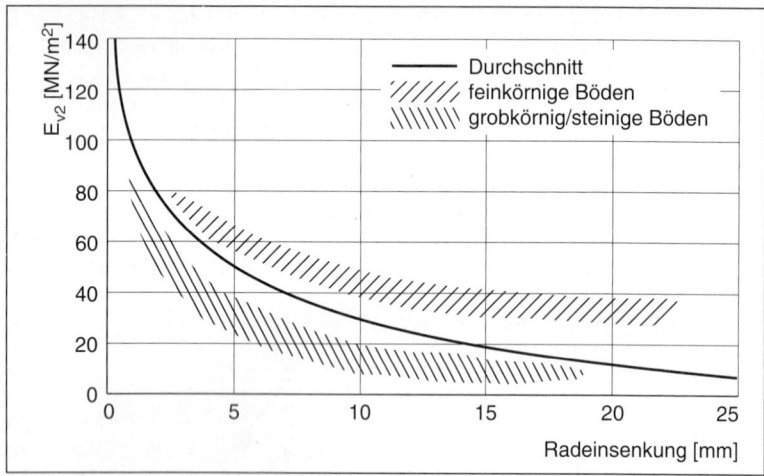

Abb. 4.4.6/2. Abschätzung des Verformungsmoduls E_{v2} aus der Fahrspurtiefe (nach TP BF-StB B 9.3)

(3) Benkelman-Balken:
Zweck: zur Bewertung auch gebundener Trag- und Deckschichten des Straßenoberbaus eingeführt;
Bezugsrichtlinien: TP BF-StB, Teil B 9.1, 9.2 und 9.3.
Bewertungsmaßstab: direkt an der Prüfstelle durch Belastungsfahrzeug entstehende Verformung; beim Einsatz im Erdbau Kalibrierung über Plattendruckversuche sowie Dichtemessungen erforderlich; für Prüfung von Erdplanien Radlast von $\geq$ 20 kN, für ungebundene Tragschichten von $\geq$ 35 kN empfohlen.

(4) CBR-Versuch:
Zweck: in den USA für die Dimensionierung von Straßen- und Flugplatzbefestigungen (Oberbau) entwickelt; im Erdbau selten verwendet.
Bezugsrichtlinie: TP BF-StB, Teil B 7.1.
Auswertung: Vergleich empirisch ermittelter Verformung zu einem »Standardboden« (CBR-Wert) als Maß für die Bodenfestigkeit unter Abschätzung der Frostempfindlichkeit.

(5) Scherversuche:
Zweck: Anwendung der in Laborversuchen ermittelten Scherfestigkeit τ [N/mm²] zur Beurteilung und Berechnung der Standsicherheit von Erd- und Grundbauwerken (i. d. R. nur bei sehr aufwendigen Erdbauwerken sowie Stütz- und Hochbauwerken).
Bezugsrichtlinie: DIN 18137.

(6) Kompressionsversuch:
Zweck: Ermittlung belastungsbezogener Verformungen (Steifemodul E_s [N/mm²]) im Laborversuch zur Beurteilung/Berechnung der Bodenverfor-

mung (Setzung von Hoch- und Erdbauwerken) und zur Berechnung von Gründungskörpern.
Bezugsrichtlinie: DIN 18 136.

4.4.7 Wasserbewegung im Boden; Durchlässigkeit; Kapillarität

4.4.7.1 Bewegungsrichtungen des Wassers

(1) Abwärts gerichtete Bewegung: der Schwerkraft gehorchend aufgrund der Durchlässigkeit versickerndes Oberflächenwasser (Sickerwasser).

(2) Nach oben gerichtete Bewegung:
entgegen der Schwerkraft aufgrund der Kapillarität aus Grund- oder Schichtwasser) aufsteigendes Wasser;
durch Vegetation und/oder Verdunstung aus dem Boden entferntes Wasser.

(3) Horizontal gerichtete Bewegung: aufgrund der Schichtung des Bodens aus Geländesprüngen (Böschungen) austretendes Grund- oder Schichtwasser (Vernässungsbereiche, Quellhorizonte).

(4) Im Boden festgehaltenes Wasser: durch Kapillar- und Oberflächenkräfte des Bodens.

4.4.7.2 Arten des Wassers im Boden

(1) Grundwasser: auf undurchlässiger Bodenschicht porenfüllend angesammeltes Sickerwasser; gehorcht nur der Schwerkraft.

(2) Schichtwasser: auf einer Schicht oberhalb des Grundwassers porenfüllend gestautes Sickerwasser; gehorcht nur der Schwerkraft.

(3) Kapillarwasser (Porensaugwasser): durch Oberflächenspannung entgegen der Schwerkraft in die Poren des Bodens aus Grund- oder Schichtwasser hochgesaugtes Wasser; bildet unmittelbar über dem Grund- oder Schichtwasser luftfreie Schicht (geschlossenes Kapillarwasser), darüber lufthaltige Schicht (offenes Kapillarwasser); kann nur durch Verdunstung entfernt werden.

(4) Haftwasser: auf Kornoberfläche gebundenes Wasser; Entfernung nur durch Verdunstung; Hauptursache für Haftkraft (Kohäsion) des Bodens (steigt mit Abnahme von Korngröße und Wassermenge); bewirkt in Sanden sog. scheinbare Kohäsion (deutliche Haftkraft bei eng begrenztem Wassergehalt, verschwindet sofort bei Abtrocknen oder Annässen des Sandes).

4.4.7.3 Durchlässigkeit

(1) Definition: Fließgeschwindigkeit im gesättigten Zustand ($S_r = 1$); wird mit Durchlässigkeitsbeiwert k (m/s) bezeichnet;
Bezugsrichtlinie: DIN 18 130, T. 1.

(2) Anwendung: Berechnung von Grundwasserabsenkungen, Brunnen, Deichen und Hochwasserschutzbauwerken, Sickereinrichtungen zur Versickerung von Oberflächenwasser; Beurteilung des Bodens als Filter- bzw. Dichtungsstoff.

Bezeichnung des Durchlässigkeitsbereichs	k [m/s]	Bodenart	k [m/s]
sehr stark durchlässig	$\geq 10^{-2}$	Schotter, Geröll	$10^{-1} - 5$
		Grobkies	$10^{-2} - 1$
		Mittelkies, weitgestufter Kies	$10^{-2} - 10^{-1}$
stark durchlässig	$10^{-4} - 10^{-2}$	Feinkies	$10^{-4} - 10^{-2}$
		Grobsand	$10^{-5} - 10^{-2}$
durchlässig	$10^{-6} - 10^{-4}$	Mittel-, Feinsand, weitgestufter Sand	$10^{-6} - 10^{-3}$
schwach durchlässig	$10^{-8} - 10^{-6}$	Sand, schluffig	$10^{-7} - 10^{-4}$
		Schluff	$10^{-9} - 10^{-5}$
		Löß, ungestört, konsolidiert	ca. 10^{-5}
sehr schwach durchlässig	$< 10^{-8}$	Löß	$10^{-10} - 10^{-5}$
		Löß, künstlich verdichtet	$10^{-10} - 10^{-7}$
		Lehm	$10^{-10} - 10^{-7}$
		mittel plastischer Ton	$10^{-10} - 10^{-9}$
		ausgeprägt plastischer Ton	$10^{-12} - 10^{-10}$

Abb. 4.4.7/1. Bezeichnung der Durchlässigkeitsbereiche und Grenzwerte für Durchlässigkeitsbeiwerte k konsolidierter bzw. verdichteter Böden

(3) Durchlässigkeitsbereiche, Anhaltswerte: für konsolidierte bzw. verdichtete Böden s. Abb. 4.4.7/1; Verringerung mit Abnahme der Korngröße und Zunahme von Stufung und Verdichtungsgrad.

(4) Näherungsweise Berechnung: aus der Körnungskurve des Bodens mit Korndurchmesser bei 10 % Siebdurchgang (d_{10}/cm). Gleichung von HAZEN: $k = 116 \cdot d_{10}^2$ [m/s].

4.4.7.4 Kapillarität (kapillare Steighöhe)

(1) Anwendung und Ermittlung: Festlegung der Absenkhöhe bei Grundwasserabsenkungen; Beurteilung der Tragfähigkeitsveränderung und Frostgefährdung (s. Kap. 4.5.2). Bestimmung empirisch in Laborversuchen mit »Steigrohr« bzw. »Gerät nach BEESKOW«; s. auch DIN 19683, Bl. 10.

(2) Begriffe:
aktive kapillare Steighöhe: Höhe H_{ka}, bis zu der Wasser aus freiem Wasserspiegel entgegen der Schwerkraft nach oben gesaugt wird;
passive kapillare Steighöhe oder maximale Kapillarität: erforderliche Druckhöhe h_{kp} oder $h_{k\,max}$, um Saugkraft des Bodens zu überwinden; muß aufgebracht werden, um Kapillarwasser aus dem Boden zu entfernen (Überwindung der Wasserbindekraft);
Zusammenhang zwischen beiden Werten: $h_{kp} \approx (1{,}3 \ldots 1{,}5) \cdot h_{ka}$;
Anhaltswerte: für konsolidierte bzw. verdichtete Böden s. Abb. 4.4.7/2;
Einfluß der Porengröße und Porenverteilung s. Abb. 4.4.7/3.

Bodenart	Korngruppe	h_{kp} [m]
Kies	2,0 – 6	< 0,05
Sand	0,6 – 2,0	0,03 – 0,1
	0,2 – 0,6	0,1 – 0,3
	0,1 – 0,2	0,3 – 0,6
	0,06 – 0,1	0,6 – 1,0
Schluff	0,02 – 0,06	1 – 3
	0,006 – 0,02	3 – 10
	0,002 – 0,006	10 – 30
Ton	< 0,002	30 – 300

Abb. 4.4.7/2. Anhaltswerte für die kapillare Steighöhe h_{kp} konsolidierter bzw. verdichteter Böden

	Porenanteil gesamt	Grobporen	Mittelporen	Feinporen	h_{kp} [m]
Poren – ø [µm]	–	10 – > 50	0,2 – 10	< 0,2	–
h_{kp} [m]	–	0 – 3	3 – 15	> 15	–
Sand	0,35 – 0,49	0,20 – 0,40	0,02 – 0,12	0,02 – 0,08	0,1 – 1
Schluff	0,37 – 0,53	0,05 – 0,25	0,08 – 0,22	0,10 – 0,20	1 – 30
Ton	0,45 – 0,61	0,03 – 0,13	0,05 – 0,15	0,25 – 0,45	>> 15
Moorboden	ca. 0,90	ca. 0,25	ca. 0,50	ca. 0,15	ca. 5

Abb. 4.4.7/3. Porengröße, Porenverteilung und kapillare Steighöhe h_{kp} (nach Scheffer / Schachtschabel)

4.4.8 Frosteinflüsse auf den Boden

Bodenwasser erfährt durch Gefrieren Ausdehnung um 9 %; Auswirkungen steigen mit Wassergehalt und Frosteindringtiefe (s. auch Kap. 8).

4.4.8.1 Auswirkungen

(1) Auf Einzelkörner des Haufwerks: Zersprengen durch Eisbildung in Rissen des Kornes.
Folge: Veränderung der Kornzusammensetzung mit Zunahme der Menge an feinem Material; Beurteilung durch Ermittlung der Frostbeständigkeit.

(2) Auf das gesamte Bodengefüge: Hebungen durch Eisbildung in den Poren bei nichtbindigen Böden bzw. nur geringem Wassergehalt oder Eislinsenbildung mit völliger Trennung des ursprünglichen Kornhaufwerks durch nachgeführtes Kapillarwasser bzw. Wasserdampf bei Mischböden und

bindigen Böden; Folgen: Beanspruchungen des aufgelagerten Bauwerks durch Hebungen während des Gefriervorgangs und Festigkeitsverlust beim Tauvorgang; Beurteilung durch Feststellung der Frostempfindlichkeit.

4.4.8.2   Frostbeständigkeit und Frostempfindlichkeit

(1) Frostbeständigkeit:

Bezugsrichtlinien: TP Min-StB, Teil 4.3.1 und 2; DIN 4226, T. 3, DIN 52 104, T. 1.

Prüfungen: Widerstand des Einzelkorns durch Ermittlung der Absplitterungen von groben Körnern nach mehrfachen Frost-Tau-Wechselvorgang; nur für bestimmte Bau- und Mineralstoffe vorgeschrieben (z. B. Betonzuschlag, Trag- und Deckschichtbaustoffe im Wegebau); überprüfte Korngrößen d $\geq$ 0,71 mm bzw. $\geq$ 2 mm; für Landschafts-/Sportplatzbau Überprüfung spezieller Stoffe (z. B. Lava, Blähton etc.) mit ggf. größerem Korngruppenumfang angeraten.

(2) Kriterien zur Ermittlung der Frostempfindlichkeit:

Klassifikation nach ZTVE-StB 76: zwingend für bautechnisch bearbeitete Böden im Erd-, Straßen- und Sportplatzbau anzuwenden; Einteilung s. Kap. 8.6.2;

Frostkriterium nach Casagrande: Abb. 4.4.8/1;

Frostkriterium nach Schaible: Abb. 4.4.8/2; beide Kriterien auch für natürlich gelagerte Böden und Oberböden anwendbar;

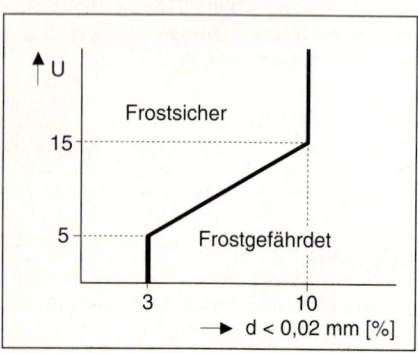

Abb. 4.4.8/1. Frostkriterium nach Casagrande (1934)

Grad der Frostempfindlichkeit	Massenanteil Feinboden d [mm]		
	< 0,002	< 0,02	< 0,1
frostsicher	< 1 %	< 10 %	< 20 %
frostempfindlich	1 – 6 %	10 – 20 %	20 – 40 %
frostgefährdet	> 6 %	> 20 %	> 40 %

Abb. 4.4.8/2. Frostkriterium nach Schaible (1957)

kritischste Bodenart: tonarme Schluffe, Schluff-Sand-Gemische wegen relativ großer Wasserbindekraft, kapillarer Steighöhe bei gleichzeitig verhältnismäßig guter Durchlässigkeit.

4.5 Beurteilung von Böden für bautechnische Zwecke

Objektbezogene Gewichtung bodenphysikalischer Einzeldaten unter den übergeordneten Gesichtspunkten:
a) Verwendbarkeit des Bodens als Baugrund und Baustoff;
b) Bearbeitbarkeit des Bodens als Baustoff.
Zusammenfassung wichtiger Merkmale für Bodengruppen nach DIN 18196 s. Abb. 4.5/1.

4.5.1 Belastungsverhalten des Bodens, Böschungsneigung

4.5.1.1 Tragfähigkeit und Standfestigkeit des Bodens

Beurteilung des Bodens als Schüttmaterial, Baugrund, Erdplanum sowie Böschungsbereich von Erdbauten.

(1) Rückschlüsse aus Kornhaufwerk (Annahme: optimale Verdichtung) (s. auch Kap. 4.4.1).

Kornform, Kornoberfläche: Belastbarkeit von Kornhaufwerken aus kubisch gebrochenem Korn und/oder Bestandteilen mit rauher Oberfläche wesentlich höher als bei glatten Rundkorngemischen (Anhalt: 20 cm dicke Schicht aus Brechsand-Splitt-Schotter vergleichbar mit 30 bis 35 cm dicker Natursand-Kies-Schicht);

Kornverteilungskurve:
nichtbindige Böden, Mischböden mit $d < 0,06$ mm unter 10 %: eng gestufte Böden ($U < 6$) sehr umlagerungswillig; bei guter Lastverteilung meist ausreichend tragfähig; gering standfest; Belastbarkeit steigt mit U-Wert (sehr gut ab $U \geq 15$);
bindige Böden, Mischböden mit $d < 0,06$ mm über 30 %: Kornzusammensetzung nur für Klassifizierung verwendbar; Böden mit kleiner Plastizitätszahl besonders tragfähig, mit großer Plastizitätszahl besonders standfest.

(2) Rückschlüsse aus Bodenzustand (s. Kap. 4.4.4):
Konsistenz für bindige Böden und Mischböden mit $d < 0,06$ mm über 30 % entscheidend;
für Geräteeinsatz: $I_c \geq 0,75$;
für hohe Dauerbelastung: I_c möglichst $\geq 1,0$; bei $I_c \ll 1$ große Setzungen, Grund- und Böschungsbruchgefahr; Wassergehaltserhöhung durch Sikker- oder Kapillarwasser berücksichtigen.

(3) Rückschlüsse aus Verdichtungsgrad:
nichtbindige Böden, Mischböden mit $d < 0,06$ mm unter 10 %: gute Tragfähigkeit bei $U \geq 10$ und $D_{pr} = 0,95 \ldots 1,0$;

Merkmal		Bodengruppe													
		GE	GW	GI	SE	SW	SI	GU	GŪ	GT	GT̄	SU	SŪ	ST	ST̄
Bautechnische Eigenschaften	Scherfestigkeit	2	1	1	2	1	2	1	2	2	3	1	2	2	3
	Verdichtungsfähigkeit	3	1	2	3	1	2	2	3	2	4	2	4	3	5
	Tragfähigkeit	1	1	1	1	1	1	1	2	2	3	2	3	3	3
	Durchlässigkeit	1	3	2	2	3	3	4	6	5	7	4	6	5	7
	Witterungs-, Erosionsanfälligkeit	7	6	4	2	5	5	5	3	5	5	4	2	4	3
	Frostempfindlichkeit	7	7	7	7	7	7	3	1	3	2	3	7	3	2
Bautechnische Eignung	Baugrund	2	1	1	2	1	1	1	2	1	3	1	4	2	4
	Erd-, Baustraßen, Planum	6	1	2	7	2	4	1	3	1	3	4	5	2	4
	Straßendämme etc.	2	1	1	3	2	2	2	5	2	3	3	5	3	4
	Staudämme, Deiche: Dichtung	7	7	7	7	7	7	6	3	5	2	4	3	4	2
	Stützkörper	2	1	1	4	2	2	2	6	3	7	5	7	6	7
	Dränagen	1	3	3	2	3	3	6	7	6	7	6	7	7	7

Merkmal		Bodengruppe												
		UL	UM	UA	TL	TM	TA	OU	OT	OH	OK	HN	HZ	F
Bautechnische Eigenschaften	Scherfestigkeit	5	5	6	5	6	7	5	7	4	2	6	7	7
	Verdichtungsfähigkeit	5	6	6	5	6	7	6	7	5	4	7	7	7
	Tragfähigkeit	3	5	6	4	5	7	5	6	5	5	7	7	7
	Durchlässigkeit	5	6	7	6	7	7	5	7	4	3	4	5	5
	Witterungs-, Erosionsanfälligkeit	1	2	3	2	3	4	1	3	5	4	5	2	2
	Frostempfindlichkeit	1	1	3	1	3	5	1	3	3	5	2	1	1
Bautechnische Eignung	Baugrund	3	4	5	4	4	5	7	7	6	5	7	7	7
	Erd-, Baustraßen, Planum	7	6	6	6	6	7	7	7	4	4	7	7	7
	Straßendämme etc.	5	5	6	5	5	6	6	6	7	7	7	7	7
	Staudämme, Deiche: Dichtung	4	3	5	1	2	6?	6	6	7	7	7	7	7
	Stützkörper	7	7	7	7	7	7	7	7	7	7	7	7	7
	Dränagen	7	7	7	7	7	7	7	7	7	7	7	7	7

Erläuterungen:

1	sehr groß / sehr gut	4	mittel
2	groß / gut	5	mäßig
3	groß bis mittel / gut bis mittel	6	gering / schlecht
		7	sehr gering / sehr schlecht

Abb. 4.5/1. Bautechnische Hinweise zum Boden (nach DIN 18196)

bindige Böden, Mischböden mit d < 0,06 mm über 30 %:
bei $D_{pr} \geq 0{,}98$: geeignet für geringe Überschüttungshöhen und Geräteeinsatz; direkt nach Verdichtung i. d. R. ausreichende Tragfähigkeit;
bei $D_{pr} \geq 1{,}0$: für hohe und dauernde Auflast erst nach Verdunsten von Überschußwasser geeignet.

(4) Rückschlüsse aus Plattendruckversuch (s. Kap. 4.4.6): direkt anwendbare Ergebnisse nur für Baugrund und Erdplanum; Hinweise und Grenzwerte s. Kap. 4.6.11.

4.5.1.2 Böschungsneigung

Festlegung erforderlich für Planung und Ausführung von Baugruben, Gräben für Rohrleitungen und Kabel, Abtragsarbeiten (Ein- und Anschnittsböschungen), Auftragsarbeiten (Böschungen von Aufschüttungen, Dämmen); abhängig von Planungsziel, Bodenart, Belastungen bei Bau und Nutzung, Witterungseinfluß.

(1) Grundforderung: ausreichende Standfestigkeit.

(2) Begriffe:

Regelböschungsneigungen: vorgegeben für Straßen-, Eisenbahn-, Gewässerbau (Kanäle, Deiche); Sportplatzbau (Tribünenwall – Sichtverhältnisse); bei ausreichender Standsicherheit und Ausschluß von Erosion stets anzuwenden;

Ausbildung im Straßenbau s. Abb. 4.5.1/1 (nach RAS-Q);

empfohlene Böschungsneigung: anzuwenden bei Bedenken gegenüber der Standfestigkeit und Verzicht auf erdstatische Nachweise; kann in Abtragsbereichen (Einschnitte – gewachsener Boden) gegenüber Auftragsbereichen (Dämme) i. d. R. steiler angesetzt werden;

Hinweise s. Abb. 4.5.1/2.

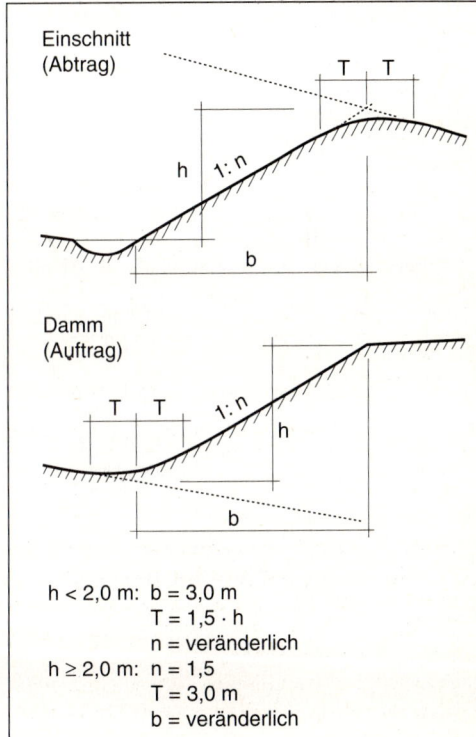

Einschnitt
(Abtrag)

Damm
(Auftrag)

$h < 2{,}0$ m: $b = 3{,}0$ m
$T = 1{,}5 \cdot h$
$n =$ veränderlich

$h \geq 2{,}0$ m: $n = 1{,}5$
$T = 3{,}0$ m
$b =$ veränderlich

Abb. 4.5.1/1. Regelböschungsneigungen für Straßenbauten nach RAS-Q

Bodenart	Böschungsneigung
Mittelsand bis Kies	1 : 1,5
Feinsand	1 : 2

Bindige Böden — Böschungshöhe:

< 3 m	1 : 1,25
3 – 9 m	1 : 1,5
9 – 15 m	1 : 1,75
> 15 m	1 : 2

Abb. 4.5.1/2. Hinweise zur Böschungsneigung bei kritischen Bodenverhältnissen und Verzicht auf Standsicherheitsnachweis

Erdstatische Nachweise: rechnerischer Nachweis der Sicherheit gegen Böschungsbruch und ggf. gegen Grundbruch anhand boden-physikalischer Kenndaten.
Böschungsneigung unverbauter Baugruben und Gräben:
Bezugsrichtlinie: DIN 4124;
Grenzwerte: ohne erdstatischen Nachweis s. Abb. 4.5.1/3a u. b.
Natürliche Böschungsneigung: durch Witterung entsprechend Zustand und Oberflächenbesatz des Bodens ohne technische Hilfsmaßnahmen entstehende Neigung; flachste Neigung entsteht bei ausgemagerten Lößböden (vorwiegend Grobschluff) und Fein- bis Mittelsanden.

Bodenart	Bodengruppe (DIN 18196) Konsistenz Bodenklasse (DIN 18300)	Böschungswinkel (Altgrad)
nicht bindiger Boden	GE...SI, GU, GT, SU, ST	45
bindiger Boden, weich	$G\bar{U}$, $G\bar{T}$, $S\bar{U}$, $S\bar{T}$, UL...TA $I_c = 0,5 - 0,75$	45
bindiger Boden, steif bis halbfest	wie vor $I_c = 0,75 - > 1,0$	60
leichter Fels schwerer Fels	Bodenklasse 6 Bodenklasse 7	80 90
alle Böden bis 1,25 m Aushubtiefe		90

Abb. 4.5.1/3a. Böschungsneigung unverbauter Baugruben und Gräben (nach DIN 4124)

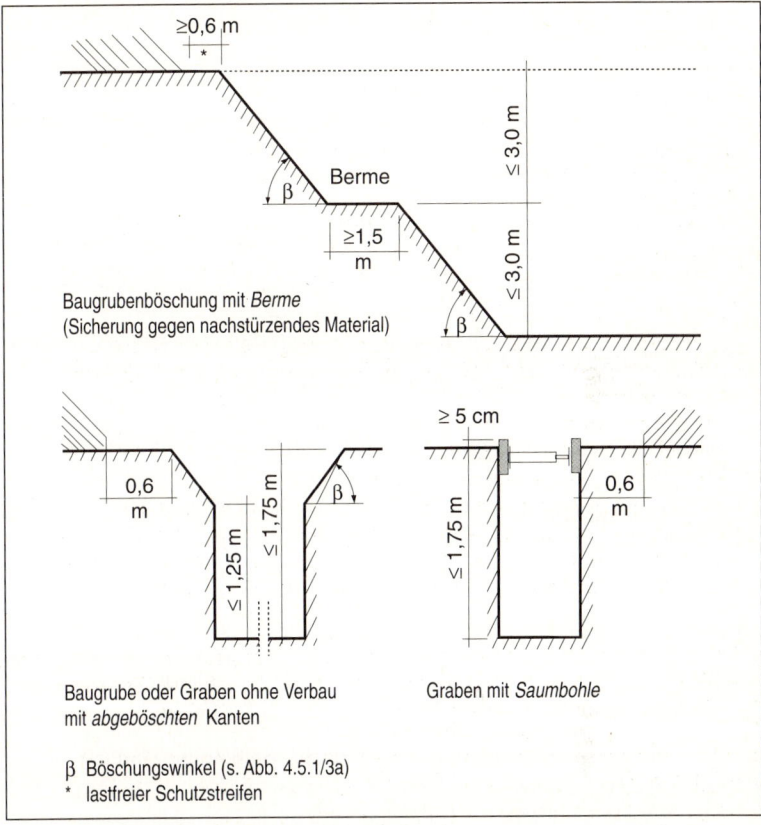

Abb. 4.5.1/3b. Ausbildung von Baugrubenböschungen und Gräben (nach DIN 4124)

4.5.2   Witterungseinflüsse

Ihre Beurteilung ist wichtig für Böschungen und Bodenschichten bis in ca. 1,5 m Tiefe sowie einzubauendes Material.

4.5.2.1   Einflüsse auf Bearbeitbarkeit, Tragfähigkeit und Standfestigkeit des Bodens

(1) Auswirkung der Kornzusammensetzung:
Nichtbindige Böden: praktisch kein Einfluß auf Bearbeitbarkeit und Tragfähigkeit.
Bindige Böden: großer Einfluß.

(2) Auswirkung der Plastizitätszahl I_p: je kleiner I_p, desto stärkere Änderung der Konsistenz bei abnehmenden Wassergehaltsdifferenzen, zunehmender Geschwindigkeit und Tiefe; Folgen: Reduzierung von Bearbeitbarkeit, Tragfähigkeit, Standfestigkeit schon bei geringen Niederschlägen oder kurzer Regendauer bzw. Festigkeitsanstieg bereits nach oberflächigem Abtrocknen.

(3) Auswirkung der Fließgrenze w_l: Witterungswiderstand (I_p) steigt in der Regel mit w_l.

(4) Auswirkung der Ausrollgrenze w_p: Schrumpfneigung, Bildung tiefer Risse und sehr gefügefester Blöcke nimmt mit w_p zu.

(5) Auswirkung von Niederschlag auf Oberflächenerosion:
Bindige Böden:
kleine Plastizitätszahl: bereits auf gering geneigten Flächen starke Erosionen; bei tieferer Durchfeuchtung großflächiges Abrutschen der oberen Bodenschicht; kritisch sind auch langandauernde Schwachregen;
große Plastizitätszahl: Erosion wegen geringerer Durchlässigkeit bzw. größerer Kohäsion erst nach längeren Niederschlägen und bei stärkerer Neigung.
Nichtbindige Böden: Anfälligkeit steigt mit Abnahme von Stufung und Korngröße.

4.5.2.2   Frosteinfluß

(1) Auswirkung der Plastizitätszahl I_p: Tragfähigkeitsverlust steigt beim Tauen mit Abnahme von I_p; Frosthebungen und Eislinsenbildung nehmen mit I_p zu.

(2) Auswirkung des Grundwasserstands: Tragfähigkeitsverlust durch Kapillarwasser bei hohem Grundwasserstand; Wirkung steigt mit abnehmender Plastizitätszahl und Vergrößerung der kap. Steighöhe; Zunahme des Frosteinflusses durch Frosthebungen und Eislinsenbildung.

4.5.2.3   Hinweise zu Termingestaltung und Arbeitsablaufplanung

(1) kleine Plastizitätszahl:
schneller Zustandswechsel (»Minutenboden«);
Feuchtwetterperioden meiden oder Bodenverfestigung ausführen;
Bearbeitbarkeit nach Frostaufgang kaum möglich;

(2) große Plastizitätszahl:
deutliche Zustandsänderung nur langsam nach längeren »Feuchtwetterperioden« bzw. längerer Trockenheit;
i. d. R. nach Frostaufgang schlecht bearbeitbar, ebenso im ausgetrockneten Zustand.

4.5.3   Verhalten des Bodens beim Abtrag und Einbau

4.5.3.1   Verhalten beim Bodenabtrag

Zum Widerstand beim Lösen des Bodens s. Kap. 4.3.5 (»Gewinnbarkeitsklassen«, Bodenklassen gem. DIN 18300).

(1) Ausschluß der Bearbeitung durch Baustoff- oder Objektanforderungen: Dies trifft praktisch nur für bindige Böden oder Mischböden mit » 35 % an d < 0,06 mm zu.

Bautechnisches Kriterium:

Konsistenzzahl I_c entscheidend: Mindestwert $\geq 0,75$ (Bodenzustand steif-plastisch bis halbfest);

Anmerkung: Bodenabtrag mit entsprechenden Geräten bei weicherem Bodenzustand u. U. noch möglich; Bodeneinbau dabei wegen mangelhafter Verdichtbarkeit und zu geringer Tragfähigkeit ausgeschlossen (ggf. mit Bodenverbesserungsmaßnahmen möglich);

Konsistenzzahl $< 0,5$: Abtrag praktisch nicht mehr möglich; Bodeneinbau wegen zu geringer Tragfähigkeit und Standfestigkeit i. d. R. unmöglich.

Vegetationstechnisches Kriterium: nach DIN 18915, Bl. 1 Festlegung der Konsistenzzahl ebenfalls auf $I_c \geq 0,75$;

Anmerkung: damit liegt für Werte zwischen 0,75 und 1,0 der Zustand für eine optimale Bodenverdichtung und größte Zerstörung des gewachsenen Bodengefüges vor!

4.5.3.2 Verhalten beim Bodeneinbau

(1) Entmischung:

Schüttvorgang und Verdichtung mit vibrierenden Geräten: starke Einmischung von sprunghaft gestuften, schwach bindigen Mischböden (i. d. R. wandert der grobkörnige Anteil an die Oberfläche); Abhilfe durch Anwalzen mit statischen Walzen im schwach feuchten Zustand vor intensiver Vibrationsverdichtung;

hoher Wassergehalt (fast gesättigter Boden – $S_r \geq 0,75$): Steigerung der Entmischung bei Vibrationsverdichtung und/oder intensivem Befahren bei praktisch allen Mischböden.

(2) Verdichtungsverhalten:

Verdichtungsarbeit (Aufwand): steigt mit Zunahme des U-Wertes, Anteil an gebrochenem Korn, Kornrauhigkeit und Tonanteil; bei $w \gg w_{pr}$ auch durch Steigerung der Verdichtungsarbeit keine Verbesserung;

Verdichtbarkeit: steigt mit Zunahme des U-Wertes; Mischböden mit Feinkornanteilen von ca. 20 ... 25 % erreichen größte Dichte; stark abhängig vom Wassergehalt; beste Verdichtung bei $w = w_{pr}$.

4.5.4 Suffosion und Kontakterosion

4.5.4.1 Suffosion

(1) Begriffsbestimmung, Bodeneinfluß: von außen kaum erkennbare Feinkornverlagerung durch Sickerwasser ohne Veränderung des tragenden Korngerüstes. Besonders suffosionanfällig sind enggestufte Böden mit bis zu 10 % Feinkornanteil $d < 0,06$ mm.

(2) Wirkungen:

Ausmagern oberflächennaher Schicht;

Bildung weniger durchlässiger Schicht in ca. 0,3 bis 0,8 m Tiefe;

Bei bautechnischer Verwendung des Bodens: kaum Einfluß auf Tragfähigkeit und Standfestigkeit;

Bei vegetationstechnischer Verwendung des Bodens: Bildung von Staunässehorizonten möglich!

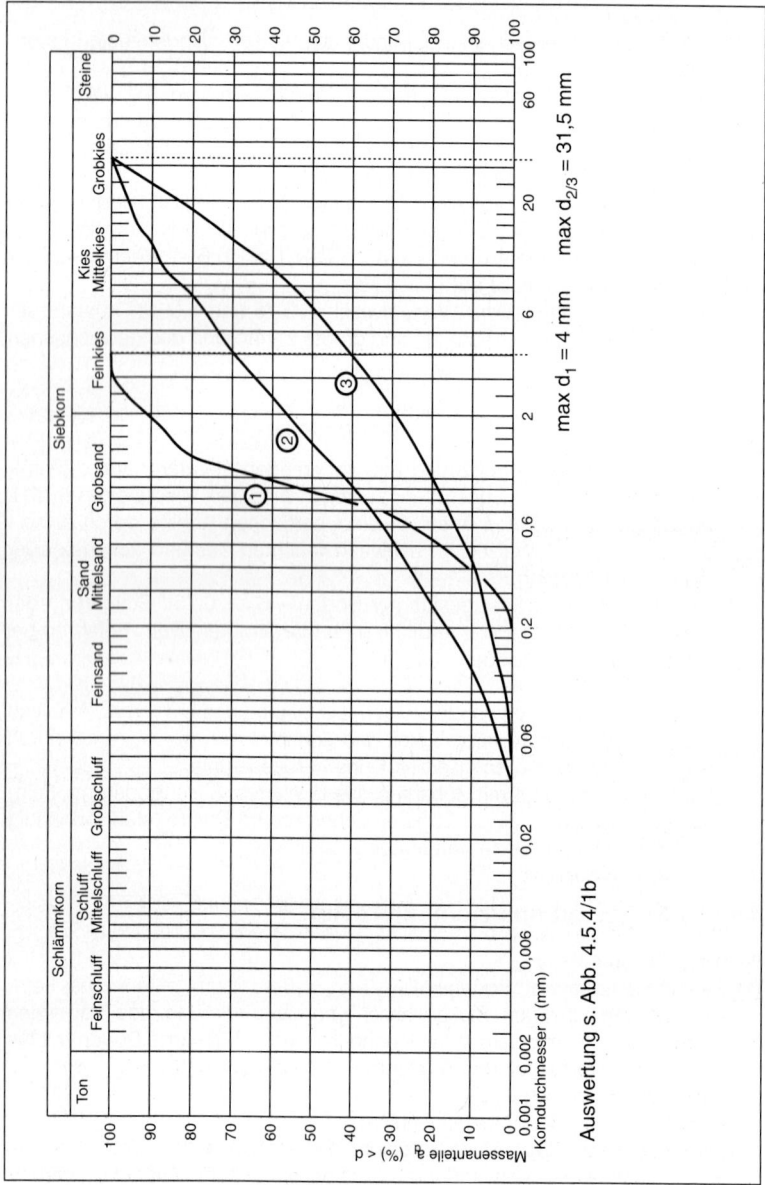

Abb. 4.5.4/1a.   Beispiele zum Suffosionskriterium nach LUBOCKOW

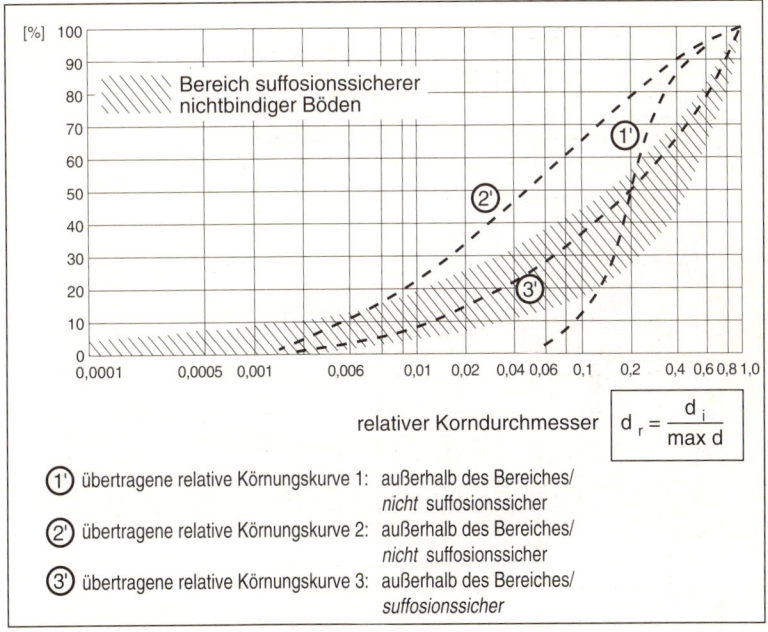

Abb. 4.5.4/1b. Suffosionskriterium nach LUBOCKOW

(3) Beurteilung des Bodenverhaltens:
Kriterium von LUBOCKOW s. Abb. 4.5.4/1; Auswertung mit maßstabsgleich aufgetragener Kornverteilungskurve oder Umrechnung über »relativen« Korndurchmesser.

4.5.4.1 Kontakterosion

(1) Begriffsbestimmung: Verlagerung des Großteils eines Bodens in die folgende Schicht durch Sickerwasser und/oder Auflast; dabei völlige Zerstörung der alten Strukturen.

(2) Wirkungen:
Vermischung aufeinanderfolgender Bodenschichten: Bildung völlig neuer Bodenart; oft Setzungen und Sackungen;
Auftreten eines kapillaren Bruchs: feinporigere Bodenschicht gibt erst nach Sättigung Wasser ab.

(3) Beurteilung des Bodenverhaltens:
Filterregel nach TERZAGHI s. Abb. 4.5.4/2; Festlegung des zu bestimmten Boden passenden feineren oder gröberen Körnungsbereichs; daraus Beurteilung weiterer Körnungskurve;
Filterregel nach ÇISTIN/ZIEMS s. Abb. 4.5.4/3a und b; direkter Vergleich von zwei Körnungskurven.

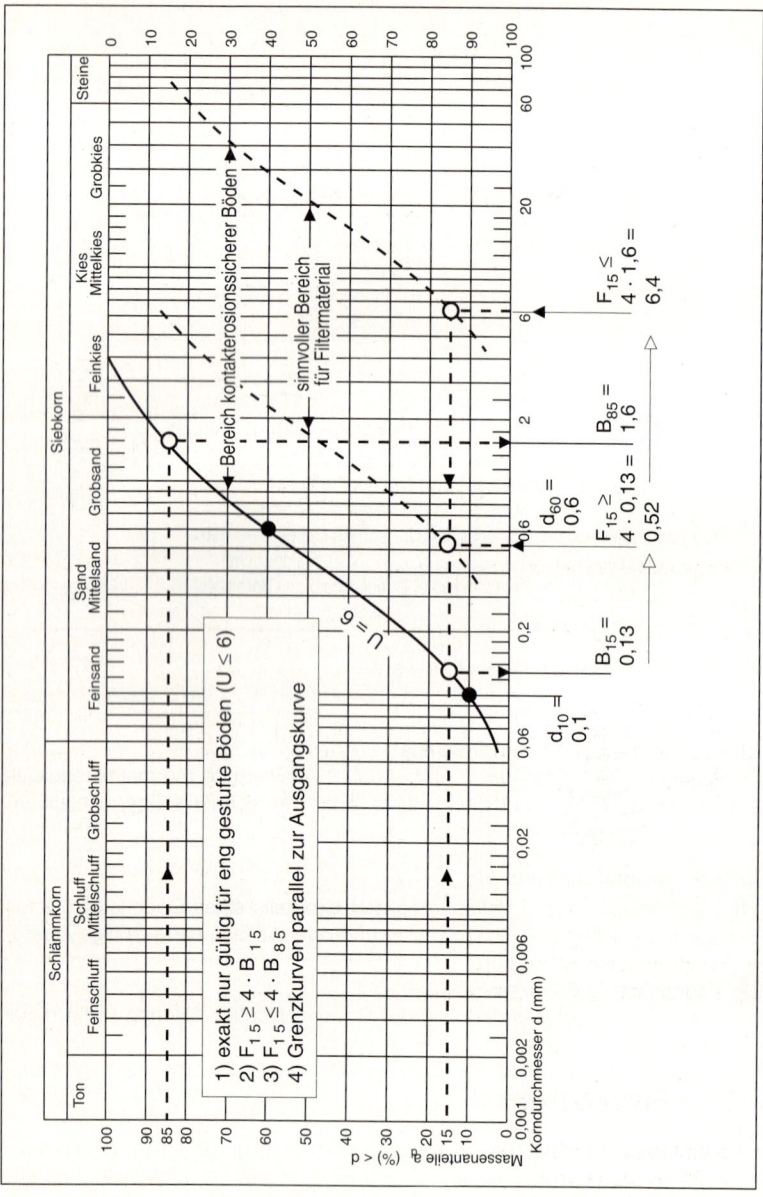

Abb. 4.5.4/2. Filterregel nach TERZAGHI

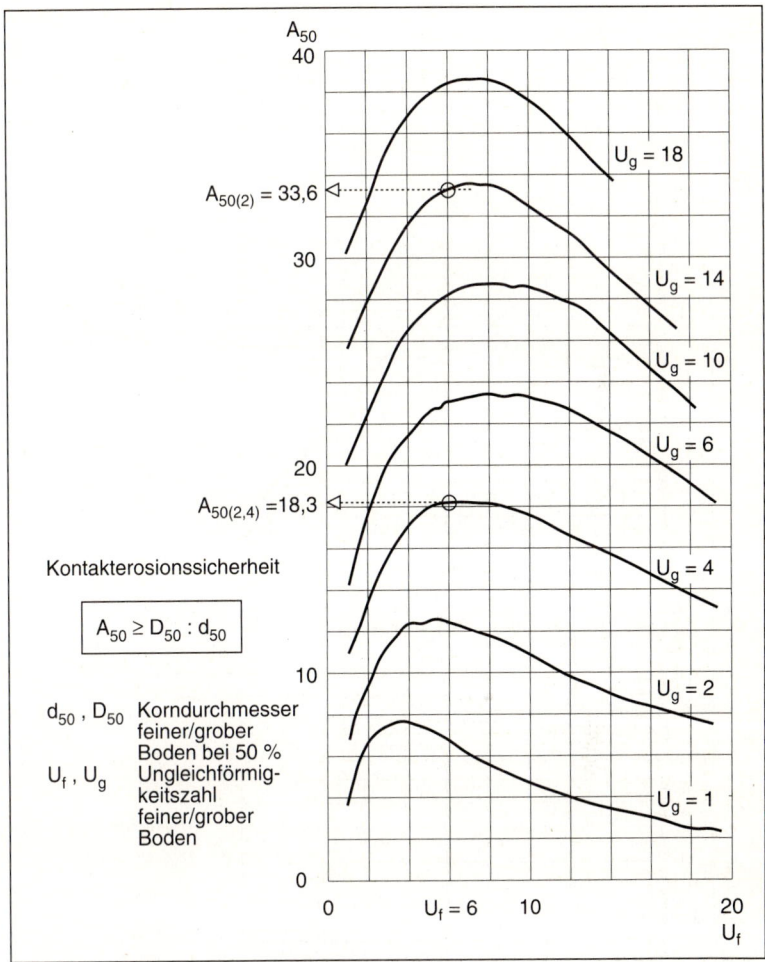

Abb. 4.5.4/3a. Filterregel nach ÇISTIN/ZIEMS

4.6   Erdarbeiten

Zum Umfang der Erdarbeiten gehören:
Planung des Bauablaufs;
Planung des Geräteeinsatzes;
Erstellung von Erdkörpern aus oder im Boden durch Bodenauftrag oder Bodenabtrag;

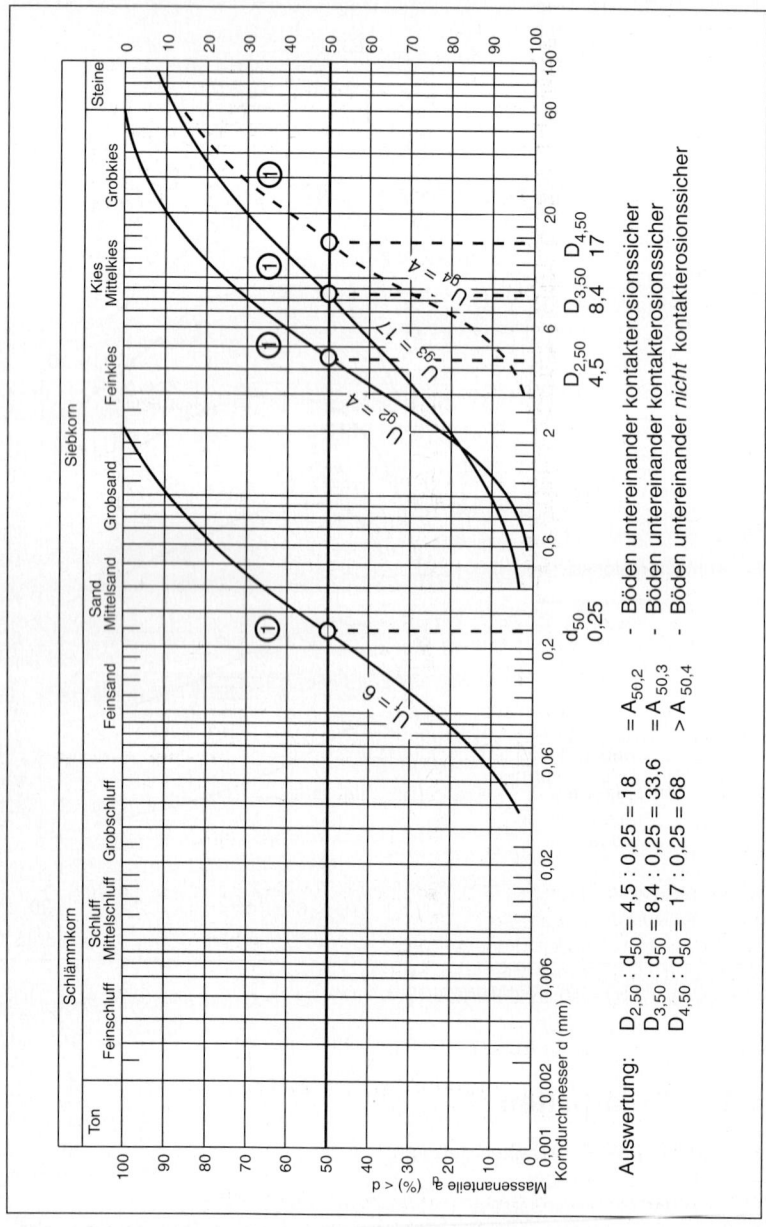

Auswertung: $D_{2,50} : d_{50} = 4,5 : 0,25 = 18$ $= A_{50,2}$ - Böden untereinander kontakterosionssicher
$D_{3,50} : d_{50} = 8,4 : 0,25 = 33,6$ $= A_{50,3}$ - Böden untereinander kontakterosionssicher
$D_{4,50} : d_{50} = 17 : 0,25 = 68$ $> A_{50,4}$ - Böden untereinander *nicht* kontakterosionssicher

Abb. 4.5.4.3b. Auswertungsbeispiel zur Filterregel nach ÇISTIN/ZIEMS

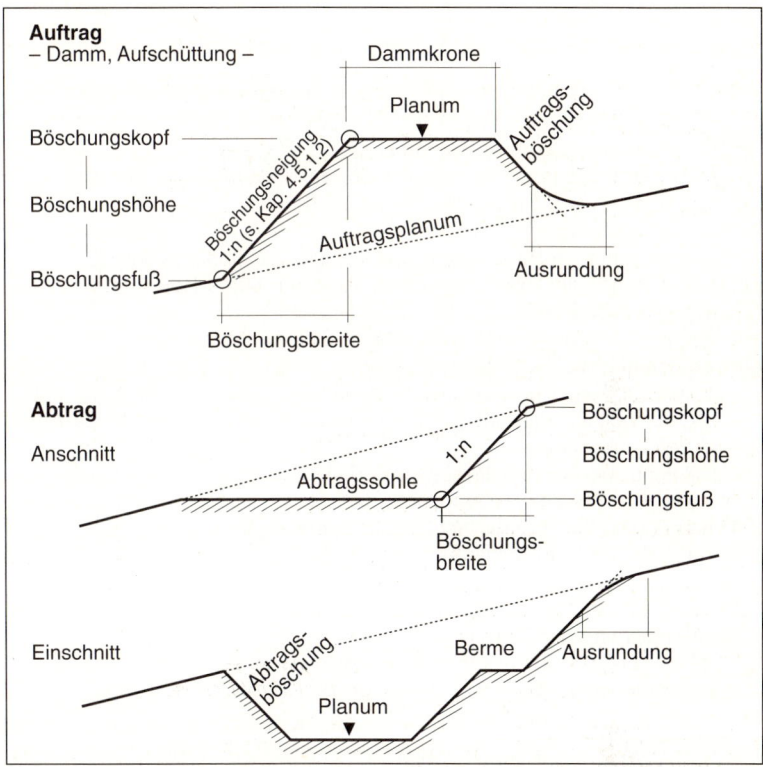

Abb. 4.6/1. Erdbaubegriffe

zeitlich befristete Bauwerke (Rohr-, Kabelgräben; Baugruben; Lagermieten);
unbefristete Bauwerke (Kanäle, Dämme, Einschnitte).
Alle Erdarbeiten sind unter Beachtung der ZTVE-StB 76 durchzuführen! Verwendete Erdbaubegriffe sind in Abb. 4.6/1 zusammengestellt.

4.6.1 Ablauf und Folgen von Erdarbeiten

4.6.1.1 Grundsätzliche Hinweise zum Arbeitsablauf und zu den Arbeitsschritten

(1) Vorbereiten der Baustelle;
(2) Freimachen des Baufeldes;
(3) Bodenabtrag (Gewinnen/Lösen und Laden des Bodens);
(4) Bodentransport (Fördern des Bodens):
innerhalb der Baustelle zum Einbauort oder Abtransport;

(5) Bodeneinbau und Verdichtung;
(6) Entwässerungsmaßnahmen während der Bauzeit nach Erfordernis.

4.6.1.2 Grundsätzliche Hinweise zu den Folgen von Erdarbeiten

(1) Gefügeveränderungen gegenüber ursprünglichem Zustand:
Auflockerungen durch Abtragsarbeiten;
Gefügeverdichtungen: Komprimierung der Poren durch Befahren und/oder gezielte Verdichtungsmaßnahmen;
Gefügezerstörung:
Verkleinerung von Poren durch Umlagerung von Bodenteilen;
Polarisierung von Ton-Korngruppen vor allem durch Befahren oder knetende Verdichtung;
Staubnässebildung: durch mangelhafte Sickerwasserabfuhr.
(2) Veränderung der Geländeform:
Einfluß auf Abflußverhalten des Oberflächenwassers: meistens Vergrößerung der Abflußgeschwindigkeit; Verringerung der Versickerrate; Zunahme der Erosionsgefahr;
Einfluß auf Wasserverhältnisse im Boden:
Grund- und Schichtwasserabzug;
Veränderung der Einzugsflächen für Sickerwasser.
(3) Änderung des Schichtenaufbaus:
Einfluß auf die vegetationstechnische Eignung des oberen Bodenbereichs;
Einfluß auf die Wasserverhältnisse im Boden:
Unterbrechung der Sickerwasserströmung;
Verringerung des Zuflusses zum Grundwasser;
Entstehen neuer Schichtwasserhorizonte.

4.6.2   Vorbereitungsarbeiten

4.6.2.1 Vorbereiten der Baustelle

(1) Organisation der Ver- und Entsorgung:
Anschluß an das öffentliche Wegenetz, Baustellenzufahrt;
Telefon, Strom, Frischwasser, Abwasser, Zugang zu Vorflutern;
Festlegung von Lagerflächen, Anmieten von während der Bauzeit erforderlichen Zusatzflächen, Erfragen von Deponien etc.
(2) Beschaffung von Bestandsplänen: für ober- und unterirdische Leitungen sowie sonstige Einbauten.
(3) Einmessen: Objekt, Lagerflächen, Baustraßen etc.
(4) Schutzmaßnahmen treffen: für bestimmte Bereiche und Einzelobjekte erforderlich (Vegetation, technische Bauteile).

4.6.2.2 Freimachen des Baufeldes

Größtenteils vegetationstechnische Arbeiten nach DIN 18915 und DIN 18920 (s. Kap. 5 und 6) bei Beachtung der ZTVE-StB 76:
Sichern von wiederverwendbarem Aufwuchs;
Oberbodenabtrag, -lagerung;
Abtransport nicht verwendbarer oder überflüssiger Stoffe.

4.6.3 Abtragsarbeiten

4.6.3.1 Grundsätzliche Forderungen

(1) Standsicherheit der durch Abtrag entstehenden Böschungen:
Baugruben, Gräben: Standsicherheit der Böschungen nur für die Zeit der Erstellung des Hauptbauwerks; DIN 4124 beachten;
Erdbauwerke (Dämme, Einschnitte): Standfestigkeit auf Dauer gefordert; ZTVE-StB 76 beachten.

(2) Abtragsprofil: Sollprofil möglichst nicht überschreiten; bei späterem »Anflicken« meist kein ausreichend fester Verbund zum anstehenden Boden.

(3) Planum:
Befahrbarkeit und Weiterbearbeitung des entstandenen Planums gewährleisten;
Querneigung des Planums: bei bindigen Bölden $\geq$ 6 % zu seitlich angeordneten Entwässerungseinrichtungen (s. Kap. 4.6.8).

(4) Gewonnener Boden: Freihalten von Verunreinigungen; Vermischen mit anderen Böden etc. nur bei Beachtung der Einbauanforderungen erlaubt.

(5) Frühgeschichtliche Bodenfunde: Bauarbeiten einstellen; zuständige staatliche Stelle benachrichtigen; keine eigenen Notgrabungen durchführen.

4.6.3.2 Abtragsarten (Abb. 4.6.3/1)

(1) Schlitz- oder Seitenabbau: Abbau auf volle Reichweite des Gerätes in Tiefe oder Höhe bzw. gewünschtes Maß in einem Schritt; keine Berücksichtigung aufeinanderfolgender Bodenschichten; Folge: Vermischung der Bodenarten; Bildung neuer Zusammensetzung; bei Weiterverwendung und Einbau beachten!
Gerät zum Lösen und Laden: üblich sind Standbagger;
Standebene unter ehemaliger Geländeoberfläche auf neuem Erdplanum: Bagger mit Hochlöffeleinrichtung; bei geringer Abbauhöhe und leichten Böden u. U. Radlader verwendbar;
Standebene auf ehemaliger Geländeoberfläche bei unverändertem Erdplanum: Bagger mit Tieflöffeleinrichtung; bei sehr umfangreichen Arbeiten u. U. Schleppschaufelbagger oder Eimerkettenbagger anwendbar;
Fahrebene des Transportgerätes (Förderebene): bei gleislosem Transport am wirtschaftlichsten in Gleichlage (geringste Verlustzeiten für das Lösegerät); Bodenart der Fahrebene für Transportgerät wichtig!
Richtung der Abtragsarbeit: bei Ein- und Anschnitten vom tiefsten Punkt gegen das geplante Längsgefälle des Erdplanums (natürliches Gefälle für Wasserabfuhr nutzen).

(2) Lagenbau: lagenweiser Abbau des Bodens; Folge: Trennung der einzelnen Bodenarten möglich; ohne Zwischenlagerung erfolgt der Einbau in umgekehrter Schichtfolge!
Gerät zum Lösen: Flach- oder Fahrbagger; üblich Planierraupe; bei leichten Böden auch Radlader mit u. U. gleichzeitiger Übernahme des Ladevorgangs;
Gerät zum Laden: zusätzlich Standbagger oder Radlader;

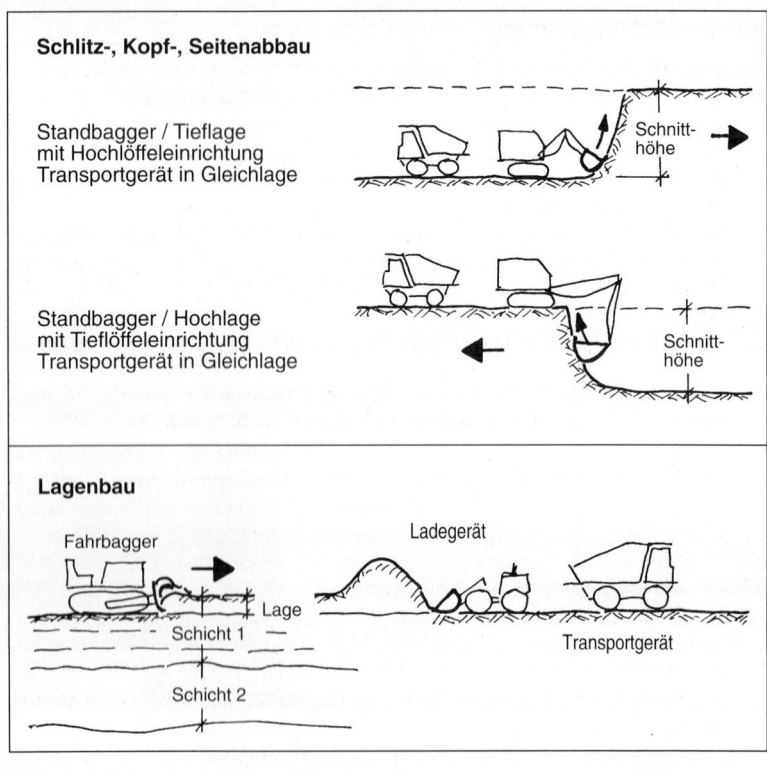

Schlitz-, Kopf-, Seitenabbau

Standbagger / Tieflage
mit Hochlöffeleinrichtung
Transportgerät in Gleichlage

Schnitt-
höhe

Standbagger / Hochlage
mit Tieflöffeleinrichtung
Transportgerät in Gleichlage

Schnitt-
höhe

Lagenbau

Fahrbagger

Ladegerät

Lage

Schicht 1

Transportgerät

Schicht 2

Abb. 4.6.3/1. Abtragsarten

Arbeitsebene für Löse- und Transportgerät: sich jeweils ergebendes neues Erdplanum; Bodenart beachten!

Richtung der Abtragsarbeit: vom höchsten Punkt mit natürlichem Gefälle.

4.6.3.3 Wahl der Abtragsart und der Geräte

(1) Wirtschaftliche Gesichtspunkte: Umfang der Arbeiten; Verfügbarkeit und Reichweite der Geräte.

(2) Baustellenbedingungen: Abmessungen des Abtragsprofils; Bodenart, Schichtenfolge, Grund- und Schichtwasser.

(3) Anforderungen an den Boden: Weiterverarbeitung, Nutzung des gewonnenen Bodens, Tragfähigkeit für Geräte.

(4) Geräte für Lösen und Laden: s. Kap. 4.7.1 und 4.7.2.

4.6.4 Bodentransport (Transportverfahren)

(1) Gleisloser Transport: heute übliches Verfahren; Bodenart und Bodenzustand müssen Befahren erlauben; sonst Baustraße in Einfachbauweise vorsehen (s. Kap. 4.9 und 8);
Wahl des Gerätes (s. Kap. 4.7.5 und 4.7.8): vor allem wirtschaftliche Gesichtspunkte ausschlaggebend: Menge des Bodens, Transportentfernung, Topographie, Bodenart;
Wechselwirkung zwischen Gerät und Boden (s. Kap. 4.7.7): vor allem im Landschaftsbau beachten.

(2) Gleisgebundener Transport: nur in speziellen Fällen üblich (z. B. Braunkohlentagebau).

(3) Bandförderung: i. d. R. nur bei Tagebauten, Sand-, Kies-, Schotterwerken u. ä.

(4) Spülverfahren (hydromechanische Förderung): Spezialverfahren zum Aufspülen von Boden, der mit Schwimmbaggern unter Wasser gewonnen wird.

(5) Kabelkräne, Hängebahnen: Sonderverfahren z. B. beim Talsperrenbau.

4.6.5 Bodenauftrag

4.6.5.1 Vorbereitung des Auftragsplanums

(1) Normalfall: nach Abtrag des Oberbodens und Entfernung von Hindernissen abgeschlossen.

(2) Sonderfälle:
Nicht ausreichend belastbare Bereiche: nach Maßgabe Austausch, Verfestigung, Entwässerung.
Größere Neigung der Auftragssohle. Definition: kritisch ab 1 : 5; bei bindigem Untergrund, schräg einfallenden Schichten, glatten Felsbänken und stark bindigem bis bindigem Schüttmaterial u. U. bereits ab 1 : 7; Verbesserung der Standfestigkeit durch Abtreppung: Maßangaben s. Abb. 4.6.5/1.
Hoher Grundwasserstand, Schichtwasserzutritt zur Auftragssohle: kapillarbrechende Bodenschicht vor Aufbringen bindigen Schüttmaterials einbauen.

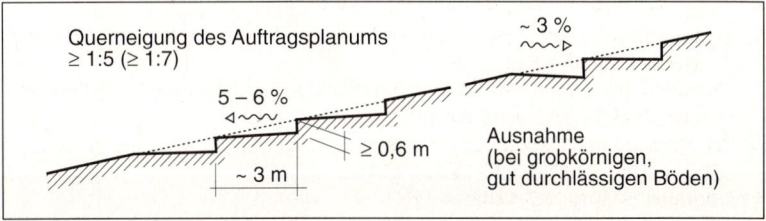

Abb. 4.6.5/1. Abtreppung der Auftragssohle

4.6.5.2 Hinweise zum Schüttmaterial

(1) Gefrorener Boden: darf grundsätzlich nicht verarbeitet werden; gefrorene Unterlage nur überschütten, wenn Nachteile/Schäden beim Frostaufgang auszuschließen sind.

(2) Grober Felsbruch oder Geröll:
Größtkorn: $\leq$ 2/3 der losen Schichtdicke;
Verwendung im Regelfall: bis zu Tiefen $\geq$ 1,0 m unter Planum von Dämmen und Aufschüttungen; vor Aufbringen feinkörniger Stoffe Oberfläche entweder zerkleinern oder Hohlräume durch Einrütteln entsprechender Korngemische verfüllen, ggf. mit filterartigem Aufbau;
Verwendung im oberen Meter der Schüttung: Kornverteilung von Felsgestück und Geröll durch Zugabe geeigneter Körnungen zu weitgestuftem, gut verdichtbarem Gemisch verbessern.

4.6.5.3 Arbeitsweise beim Schütten und Verteilen des Bodens

(1) Kopf-, Seitenschüttung (s. Abb. 4.6.5/2): wegen geringer Einbauqualität selten angewendet;
Arbeitsvorgang: Transportgerät kippt Boden über Heck oder zur Seite vom höchsten Punkt des Auftragsbauwerks ab; meist kein Verteilen; verbleibende grobe Unebenheiten durch Flachbagger beseitigen;
Folgen des Einbauvorgangs: Entmischung des Bodens auf der Schüttböschung (größte Teile rollen am weitesten); Bildung klüftiger unterer Schicht.

(2) Lagenschüttung (s. Abb. 4.6.5/2): übliches Verfahren;
Arbeitsvorgang:
Transportebene unverdichtet: Transportgerät befährt geschütteten, von Flachbaggern verteilten, grob planierten Boden; Vorteile: bei Vermeidung von Spurfahren gute Vorverdichtung frisch geschütteter Schicht; häufig beim Einsatz von Scrapern (s. Kap. 4.7.2.2) angewendet; keine weitere Belastung tieferer Lage (u. U. beim Andecken von Oberboden sinnvoll); Nachteil: großer Fahrwiderstand;
Transportebene verdichtet: fertiggestelltes Planum wird befahren; Boden seitlich oder über Heck abgekippt; Verteilung erfolgt über unverdichtete Schüttung; anschließend Verdichten der Schüttlage; Vorteile: geringer Fahrwiderstand; Trennung von Transport- und Verdichtungsebene; bessere Steuerung der Verdichtung; Transport bei unsicherer Wetterlage auf fertigem Planum; Nachteile: ggf. unerwünschte Zusatzverdichtung oder Verdrückungen des Planums; bei gering tragfähigen Böden nicht mehr zu behebende Fahrspurbildung; besonders kritisch bei direkt aufgelagerten Tragschichten im Wegebau;
Neigung der Lagen: von $1:\infty$ (mit zusätzlicher Neigung des Planums entsprechend Bodenart) bis $1:7$;
Schüttdicke: $\geq$ 5facher Durchmesser des Größtkorns des Schüttmaterials; nach oben durch Leistung des gewählten Verdichtungsgerätes begrenzt (s. Kap. 4.7.4 und 4.7.8).

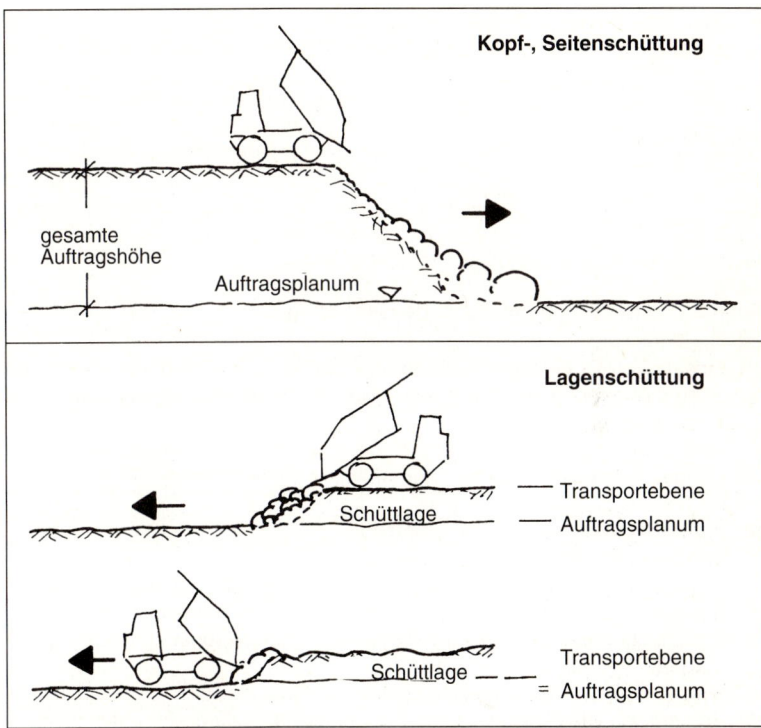

Kopf-, Seitenschüttung

gesamte
Auftragshöhe

Auftragsplanum

Lagenschüttung

Schüttlage

— Transportebene
— Auftragsplanum

Schüttlage

Transportebene
= Auftragsplanum

Abb. 4.6.5/2. Bodenauftragsarten

4.6.6 Verdichten des Bodens

Die Aufgabe ist Erzielung einer Lagerungsdichte, die nachteilige Verformungen durch spätere Belastungen weitgehend ausschließt.

4.6.6.1 Verdichtung bei Kopf- und Seitenschüttung und anstehendem Boden

(1) Anforderungen an den Boden: meist nicht zu beeinflussen; zum Erdplanum s. Lagenschüttung.

(2) Geräteeinsatz:
Oberflächenverdichtungsgeräte: nur geringe und ungezielte Verdichtung auch bei schwerstem Gerät; nur gering und kaum gezielt möglich; unregelmäßige Setzungen und Sackungen zu erwarten;
Tiefenrüttler:
Arbeitsablauf beim »Rütteldruckverfahren nach KELLER« bei grobkörnigen Böden: Einspülen des Gerätes unter Eigengewicht mit Druckwasser auf

gewünschte Tiefe (v = 0,3 … 2 m/min);
Ziehen mit Vibration unter ständiger Zugabe von Wasser, Sand und Kies (v = 0,05 … 0,35 m/min);
Bildung von Bodensäulen mit ca. 1,5 … 2,5 m Durchmesser;
Arbeitsablauf beim »Stopfverdichtungsverfahren« bei feinkörnigen Böden: Einrütteln des Geräts unter Zugabe von Wasser auf gewünschte Tiefe; Ziehen mit Vibration unter ständiger Zugabe von grobkörnigem Boden (d ≈ 20 … 70 mm); Ende der Zugabe, wenn kein Zusatzmaterial vom umgebenden Boden mehr aufgenommen wird; Bildung von wasserdurchlässigen Bodensäulen mit ca. 2,5 m Durchmesser.

4.6.6.2 Verdichtung bei der Lagenschüttung

(1) Geräteeinsatz:
Einsatz von Oberflächenverdichtungsgeräten: durch Wahl von Gerät und Schütthöhe optimale Anpassung von Verdichtungsanforderungen und Bodenverhältnissen;
Gerätewahl: s. Kap. 4.7.4; ggf. Probeverdichtungen durchführen (s. »Vorläufiges Merkblatt für die Durchführung von Probeverdichtungen« – FG 68).

(2) Anforderungen an den Bodenzustand:
gefrorener Boden: darf nicht verdichtet werden;
bindiger Boden: $w \approx w_{pr}$ (d. h. $I_c \approx 0,80 … 1,05$); bei niedriger Konsistenz Bodenverbesserung oder Bodenverfestigung, ggf. Bodenaustausch erforderlich; bei höherer Konsistenz Boden anfeuchten, sonst unnötige Steigerung des Verdichtungsaufwands;
Mischboden und nichtbindiger Boden: $w \approx w_{pr}$.

(3) Begrenzung der Arbeitsleistung: nur Schüttmaterial anliefern, das bis zum Schluß des Arbeitstages verdichtet werden kann (vorbeugender Witterungsschutz); ggf. Einsatz zusätzlicher Verdichtungsgeräte.

(4) Ablauf der Verdichtungsarbeit: Lage der 1. Verdichtungsbahn möglichst am Seitenrand der Schüttung (Schaffung eines Widerlagers), bei Dämmen an beiden Längsseiten (Dammschultern); symmetrischer weiterer Ablauf;
abhängig von Form der Verdichtungsfläche und Wendigkeit des Gerätes; Überdeckung der einzelnen Verdichtungsbahnen ≥ 15 cm.
Verdichtung der Dammschultern:
durchgehender Einsatz eines Verdichtungsgeräts und gleichbleibende Schütthöhe: Damm beidseits ca. 1 … 1,5 cm breiter als Sollprofil schütten (Aufnahme von Verdrückungen); später Profilieren der Böschung durch Abtragen des Überschußbodens;
Einsatz eines leichteren Verdichtungsgeräts im Randbereich: auf den äußeren 2 m mit entsprechend dünneren Schüttlagen; nur geringes Nachprofilieren der Böschung notwendig.

(5) Querneigung des Planums der verdichteten Schicht: ≥ 6 % bei bindigen Böden (bei $I_p < 8 \%$ besonders wichtig!); nach Abschluß der Tagesarbeit bzw. drohendem Schlechtwetter zur Verringerung der Wasseraufnahme Abwalzen mit Glattmantelwalze.

4.6.6.3 Kontrolle des fertigen Planums und der Böschungen

Nachzuprüfen sind Form (Höhe, Abmessungen, Ebenheit), Verdichtungsgrad, Tragfähigkeit;
Grenzwerte: s. Kap. 4.6.11.

4.6.7 Auflockerungserscheinungen von Böden

(1) Anfängliche Auflockerung: Volumenzunahme des anstehenden Bodens durch Abtragsarbeiten; bei Bodentransport (Ladevolumen) berücksichtigen.

(2) Bleibende Auflockerung: nach Einbau und Verdichtung verbleibende Volumenzunahme; nimmt mit Tiefenlage und Lösewiderstand des anstehenden Bodens zu (besonders groß bei Bodenklasse 6 und 7 nach DIN 18 300); bei Erdarbeiten mit Massenausgleich beachten!

Voll konsolidierte bindige Böden und Mischböden: meist nur mit extrem erhöhtem Verdichtungsaufwand auf ursprüngliches Volumen zu reduzieren.

Nichtbindige und schwachbindige Böden: bei sehr großem Verdichtungsaufwand u. U. zusätzliche Volumenreduzierung möglich.

Felsbruch: stets sehr große bleibende Auflockerung.

(3) Größenordnung s. Abb. 4.6.7/1.

Bodenart	Auflockerung [%] anfangs	verbleibend	
		Eigengewicht	Verdichtung
	(durch Lösen)	(Setzung)	$D_{Pr} \approx 1$
Sand, Kies	15 – 25	1 – 3	0 – (–10)
Sand, Kies, steinig	20 – 25	2 – 4	1 – (–10)
Sand, tonig (w ≈ w_{Pr})	15 – 25	4 – 6	2 – (–5)
Ton (w ≈ w_{Pr})	20 – 30	5 – 8	3 – (–5)
Schluff–Ton (w < w_P)	> 30	10 – 15	5 – 8
Fels	30 – 60	25 – 50	10 – 35

Abb. 4.6.7/1. Größe der Auflockerung

4.6.8 Schutzmaßnahmen für das Erdplanum

4.6.8.1 Aufgabe; Planumsanforderungen

(1) Aufgabe: kurz-, mittel- oder langfristige Sicherung von profilgerechter Lage, Wasserabfluß, Befahrbarkeit, Verdichtungsgrad und Tragfähigkeit; Bedeutung steigt mit Dauer von Arbeitsunterbrechungen; nicht unbedingt jede negative Einwirkung muß zu jeder Zeit verhindert werden.

(2) Anforderungen an das Erdplanum: nach ZTVE-StB dürfen keine unzuträglichen Verdrückungen oder Behinderungen der Wasserabfuhr auftreten.

4.6.8.2   Einwirkungen; Schadenarten

(1) Einwirkungen auf das Planum:
Einwirkungen von oben:
Witterung (Niederschläge, Wärme, Frost, Wind);
Belastung (während des Baus, nach Fertigstellung).
Einwirkungen von unten:
Boden (Art, Zustand);
kapillar aufsteigendes Wasser, Sickerwasser;
Frost.

(2) Wirkungstiefe:
oberflächennahe Wirkungen bis 20 cm Tiefe;
tiefgründige Wirkungen bis 50 cm Tiefe.

(3) Zu vermindernde oder zu verhindernde Schäden:
Verdrückungen:
durch (auch leichten) Baustellenverkehr für nachfolgende Erdarbeiten;
durch nachfolgende Oberbauarbeiten oder sonstige Arbeiten zur Objekt-
fertigstellung;
durch spätere Nutzung;
Erosion:
durch Niederschläge, Tauwasser, Wasser aus Nebenflächen;
durch Wind;
Aufweichen:
durch Niederschläge, Wasserzutritt aus dem Untergrund (kapillarer Aufstieg aus Schicht- oder Grundwasser);
durch Frostaufgang;
Auflockerung, Hebungen: durch Frosteinflüsse.

4.6.8.3   Schutzmaßnahmen

Wahl abhängig von geforderter Wirkung, Bauablauf, Schutzdauer, Kosten-
aufwand, Objektgröße etc.;
Bezugsrichtlinien: ZTVE-StB 76; Merkblatt für Maßnahmen zum Schutz des
Erdplanums, FG 80.

(1) Maßnahmen gegen Einwirkungen von oben:
Entwässerungsmaßnahmen: s. Kap. 4.6.9;
Schutzschicht: vorläufiger Einbau bei Aufschüttungen, vorläufiges Belas-
sen bei Abträgen; beliebige Zusammensetzung; 30 bis 50 cm dick;
Abdecken: Kunststoffbahnen oder Vliese;
Versiegelung: mit bituminösen Bindemitteln als Schutz bei bindigen
Böden gegen Feuchtigkeitseinflüsse, bei nichtbindigen Böden (vor allem
bei Sanden) gegen Wind- und Wassererosion;
Aufbringen bestimmter Oberbauschichten;
Baustraßen bei schwerem Baustellenverkehr.

(2) Maßnahmen gegen Einwirkungen von unten: Entwässerung des Untergrunds.

(3) Maßnahmen gegen Einwirkungen von oben und unten:
geeignete Bodenart im Einwirkungsbereich einbauen;

Bodenverbesserung mit Bindemitteln;
Bodenverfestigung mit Bindemitteln;
allseitiges Abdichten der oberen Bodenschicht.

4.6.9 Entwässerung von Erd- und Hochbauwerken

4.6.9.1 Entwässerung während der Bauzeit

Weiterbau, Ergänzungen, Umgestaltung der Entwässerungseinrichtungen erfolgen mit dem Baufortschritt, Abbau oder Überbauung nach Fertigstellung des Objekts.

(1) Aufgaben der Entwässerung: vorrangig Erhalt von Befahrbarkeit und Bearbeitbarkeit des Planums, Freihalten von Baugruben.

(2) Maßnahmen:

Entwässerung des Planums: Neigung zur Seite, s. Kap. 4.6.3 und 4.6.5;

Auffangen von Oberflächen-, Sicker-, Schichtwasser:

Gräben oder Sickerstrang: Entwässerung von Erdplanum bzw. Böschung, Sicherung der Auftragssohle während des Baus; Anordnung auf Planumshöhe bzw. am Böschungsfuß s. Abb. 4.6.9/1a, b und 2a;

Abfanggraben: Fernhalten von Oberflächenwasser aus Nebenflächen; Anordnung am Böschungskopf s. Abb. 4.6.9/1c;

Ableiten des Wassers zur Vorflut: Gräben mit natürlichem Gefälle; über Pumpensumpf mit Heberanlagen (Pumpen);

Grundwasserabsenkungen:

Dränung des Untergrunds: Tiefensickerschicht s. Abb. 4.6.9/2b und c; Brunnenanlagen: Abb. 4.6.9/3.

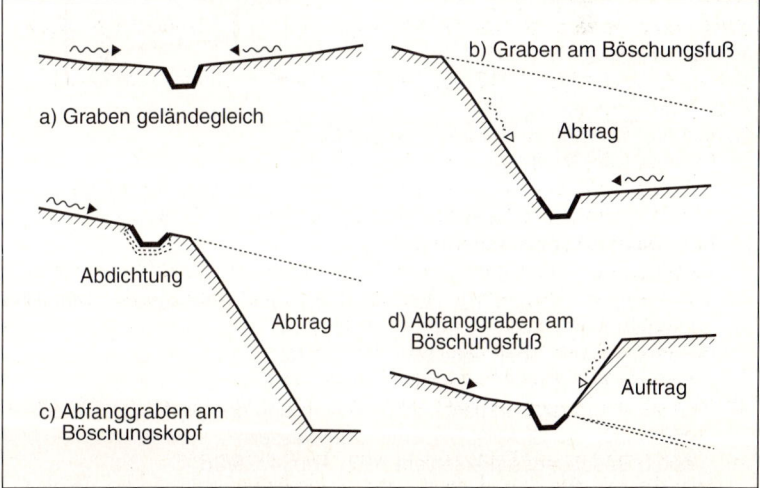

Abb. 4.6.9/1. Anordnung von Gräben

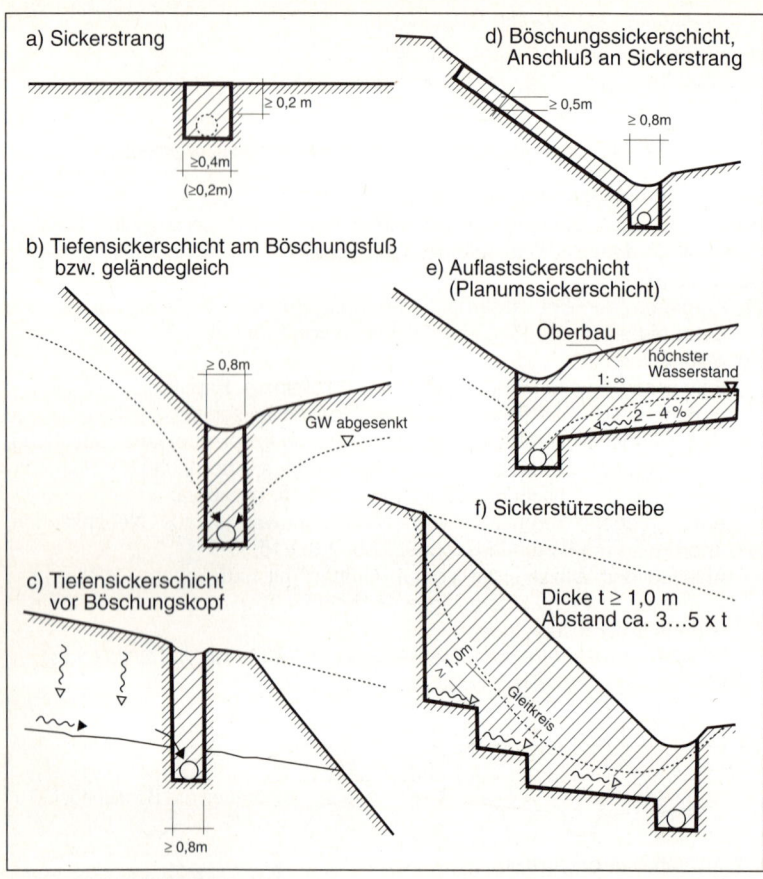

a) Sickerstrang

d) Böschungssickerschicht, Anschluß an Sickerstrang

b) Tiefensickerschicht am Böschungsfuß bzw. geländegleich

e) Auflastsickerschicht (Planumssickerschicht)

c) Tiefensickerschicht vor Böschungskopf

f) Sickerstützscheibe

Abb. 4.6.9/2.   Sickereinrichtungen

4.6.9.2   Bauwerksentwässerung

(1) Entwässerung von Erdbauwerken:

   a) Aufgabe: Sicherung der Standfestigkeit von Böschungen. Mögliche Maßnahmen:

   Abfangen von Oberflächenwasser aus Nebenflächen vor Böschungskopf oder -fuß:

   durch Abfanggraben nach Abb. 4.6.9/1b und d;

   Aufnahme von Sicker-, Schicht-, Quellwasser:

   durch Böschungssickerschicht nach Abb. 4.6.9/2d;

   durch Tiefensickerschicht mit Anordnung bei hoch liegendem Schichtwasser vor dem Böschungskopf nach Abb. 4.9.6/2c;

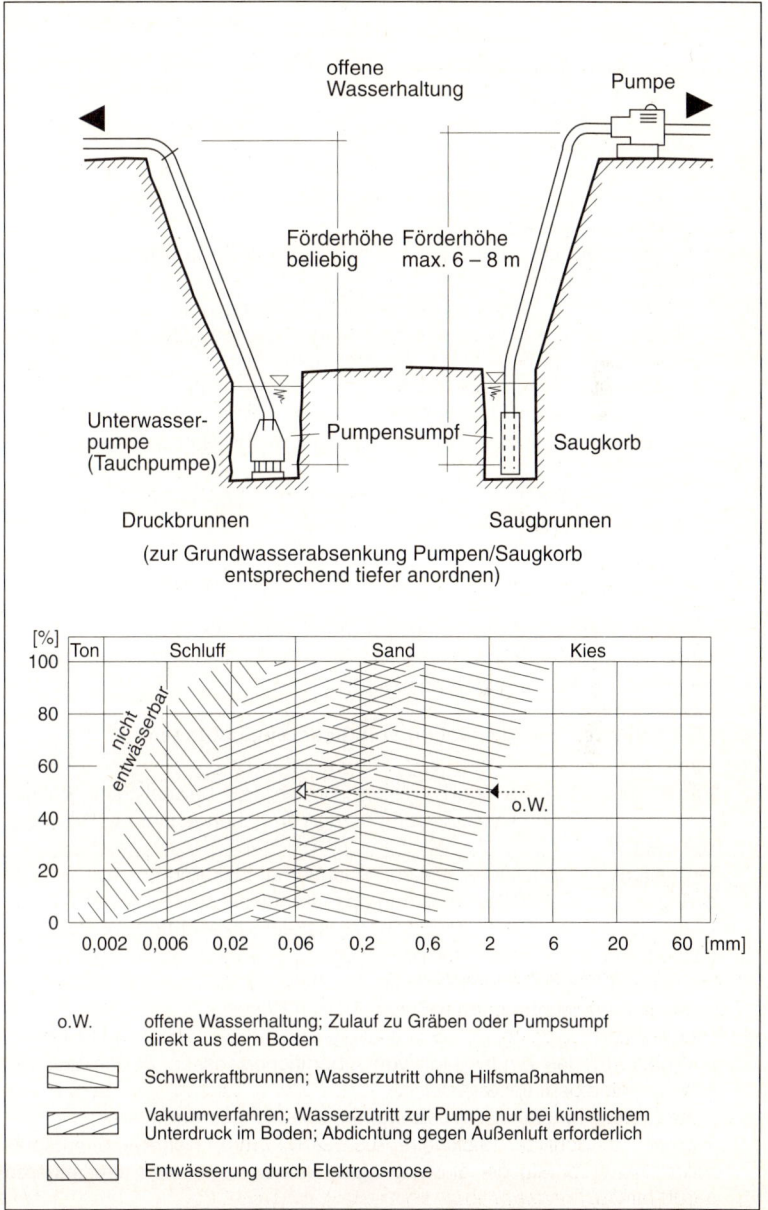

Abb. 4.6.9/3. Brunnenanlagen, Einsatz von Entwässerungsverfahren (nach Voth: Tiefbaupraxis)

durch Sickerstützscheiben nach Abb. 4.9.6/2f mit Anordnung in der Fallinie der Böschung (Verringerung der Rutschgefahr);
durch Sickerstrang (Kiesrigole) mit rauten- oder fischgrätartiger Anordnung in der Böschungsfläche und Anschluß an Entwässerung am Böschungsfuß;
Grundwasserabsenkung:
durch Tiefensickerschicht am Böschungsfuß nach Abb. 4.9.6/1b;
durch Böschungssickerschicht nach Abb. 4.9.6/2d bei hoch anstehendem Grundwasser;
b) Aufgabe: Sicherung der dauernden Tragfähigkeit des Planums.
Mögliche Maßnahmen:
Unterbrechung kapillar aufsteigenden Wassers, Ableitung von Sickerwasser: durch Auflastsickerschicht nach Abb. 4.9.6/2e;
Absenkung des Grundwassers unter dem Planum: durch Tiefensickerschicht nach Abb. 4.9.6/2b:
(2) Entwässerung von Hoch- und Tiefbauwerken:
Aufgabe: Sicherung der Nutzung und Schutz von Bauwerksteilen. Mögliche Maßnahmen:
Fernhalten von Oberflächenwasser:
durch Abfanggraben;
durch Entwässerungsmaßnahmen wie im Wegebau (s. Kap. 8 und 9);
Aufnahme und Ableitung von Sicker- und Schichtwasser, ggf. Dauerabsenkung von Grundwasser:
durch rückseitige Entwässerung von Stützbauwerken;
durch tiefliegende Dränung, die flächig unter oder als Dränstrang/Ringdrän neben Bauwerk angeordnet wird.

4.6.9.3   Hinweise zur Ausbildung von Sickereinrichtungen

(1) Aufgaben:
Aufnahme und Abtransport des im Boden frei beweglichen Sicker-, Schicht- oder Grundwassers: kein Entzug von gebundenem Kapillar- oder Haftwasser!
Fernhalten von Oberflächenwasser. Ausnahme: Sickergräben etc. für Einleitung von Niederschlagswasser in das Grundwasser;
Vermeidung eines kapillaren Bruchs zwischen Sickereinrichtung und entwässertem Boden (sonst Wasserbewegung erst nach Sättigung); Verhinderung des Einschlämmens von Bestandteilen des entwässerten Bodens in die Sickereinrichtung in Fließrichtung des Wassers.
(2) Ausbildung:
Verhinderung des Eindringens von Oberflächenwasser: Abdeckung mit $\geq$ 20 cm bindigem (Ober-)Boden;
Sickermaterial: möglichst grobporig, um ausreichend durchlässig zu sein;
Sickerrohre: Schlitz-, Lochweite 0,6 ... 0,8 mm; Nennweite entsprechend Wasseranfall; bei glattwandigen Rohren $\geq$ 80 mm, bei anderen $\geq$ 100 mm;
Sohlneigung: möglichst $\geq$ 0,3 %.

(3) Bedingungen zum Erhalt der Funktionen:
Kornaufbau: Sickermaterial und entwässerter Boden müssen in Fließrichtung des Wassers den Filterregeln entsprechen (s. Kap. 4.5.4); andernfalls zusätzlicher Einbau ein- oder mehrstufiger Filterschichten oder von Filtervliesen zwischen Sickereinrichtung und entwässertem Boden;
Schichtdicke gekörnter Filter- und Sickerschichten: aus bautechnischen Gründen $\geq$ 10 cm.

4.6.10 Besondere Arbeiten

4.6.10.1 Verfüllen von Leitungsgräben

(1) Bezugsrichtlinien: Merkblatt für das Verfüllen von Leitungsgräben, FG 79; ZTVE-StB 76; DIN 18300; DIN 4033.

(2) Füllmaterial: Verdichtbarkeitsklassen (V1, V2, V3) und Anwendungshinweise s. Abb. 4.6.10/1.

Verdichtbarkeitsklasse	Bodenart	Bodengruppe (DIN 18196)	Anwendungsbereich
V1	grobkörnig und gemischtkörnig	GW...SE, GU...ST	Leitungszone *)
V2	stark bindig gemischtkörnig	G$\bar{U}$...S$\bar{T}$	in Leitungszone nur bei $w \approx w_{Pr}$
V3	bindig	UL, UM, TL, TM, TA	nur in Ausnahmefällen in Leitungszone und nur bei $w \approx w_{Pr}$
*) möglichst auch im übrigen Verfüllungsbereich unter stark belasteten Straßen verwenden			

Abb. 4.6.10/1. Verdichtbarkeitsklassen und Anwendungsbereiche

(3) Verfüllungsbereiche (Abb. 4.6.10/2), Einbauhinweise:
Leitungszone: bei Entwässerungskanälen bis 30 cm über Rohrscheitel; Breite $\geq$ 3 $\times$ Rohrschaftdurchmesser; bei Kabeln Sondervorschriften beachten;
Füllmaterial: üblich V1 mit $d_{max} <$ 20 mm und überwiegendem Sandanteil; in Ausnahmefällen: V2 und V3 mit $w \approx w_{pr}$;
Bodeneinbau: lagenweise gleichzeitig beiderseits der Leitung mit besonders sorgfältiger Verdichtung; Dienstgewicht Verdichtungsgerät $\leq$ 600 N (60 kg); Einschlämmen in der Leitungszone von Entwässerungskanälen unzulässig; für andere Bereiche Zustimmung des Auftraggebers erforderlich.
Oberer Bereich: Füllmaterial und Einbau- und Verdichtungsmethode dürfen Leitungen nicht beschädigen; Tragfähigkeit bzw. Verdichtungsgrad des Planums der Verfüllung entsprechend Nutzung; bei Verkehrsflächen

und empfindlichen Sportflächen und geringer Überdeckung Frostempfindlichkeit des Füllmaterials beachten.

(3) Einsatzbereiche von Verdichtungsgeräten: s. Abb. 4.6.10/3.

(4) Kontrolle des Einbaus unter Verkehrsflächen: s. Kap. 4.6.11.

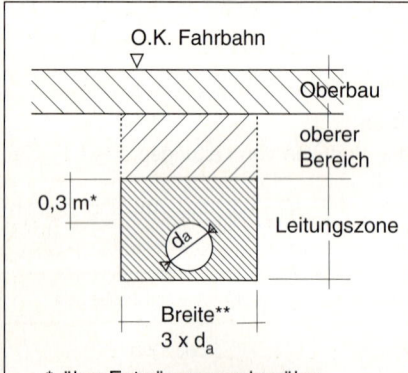

Abb. 4.6.10/2. Verfüllungsbereiche von Leitungsgräben

Gerät	Dienstgewicht [kg]	Verdichtbarkeitsklasse					
		V1		V2		V3	
		LZ	*OB*	*LZ*	*OB*	*LZ*	*OB*
Vibrationsstampfer	< 25	+	−	+	−	+	−
	25 – 60	+	+	+	+	+	+
	60 – 200	−	+	−	+	−	+
Explosionsstampfer	< 100	o	−	+	−	+	−
	100 – 500	−	o	−	+	−	+
	> 500	−	o	−	+	−	+
Rüttelplatten	< 100	+	−	o	−	−	−
	100 – 300	+	−	o	−	−	−
	300 – 750	−	+	−	o	−	−
	> 750	−	+	−	o	−	−
Vibrationswalzen	< 600	+	−	o	−	−	−
	600 – 8000	−	+	−	+	−	−

LZ: Leitungszone
OB: Bereich über der Leitungszone
+ Gerät zu bevorzugen, gut geeignet
o Gerät möglich
− Gerät nicht geeignet

Abb. 4.6.10/3. Hinweise für Verdichtungsgeräte im Grabenbau

4.6.10.2 Hinterfüllen und Überschütten von Bauwerken;
Verfüllen von Baugruben

Füllmaterial und Ausführung belasten Bauwerk; i.d.R. Berechnung des entstehenden Erddrucks und statische Berücksichtigung; je nach Bodenverhältnissen und Gründungsart Auswirkung auch auf Setzung.

(1) Hinterfüllungen und Überschüttungen: besonders günstig mit Dammschüttung zeitgleicher Bodeneinbau; grundsätzlich jedoch Abstimmung mit angrenzenden Arbeiten, dem Bauvorgang und der Belastbarkeit des Bauwerks;

Bezugsrichtlinien:»Merkblatt für die Hinterfüllung von Bauwerken« FG77; ZTVE-StB 76.

Abgrenzung des Bereichs der Hinterfüllung/Überschüttung s. Abb. 4.6.10/4;

Füllmaterial:

im für Verdichtungsgerät zugängigen Bereich: Böden mit Größtkorn < 100 mm und Feinkornanteil < 15 % nach Abb. 4.6.10/5; Verwendung stark bindiger oder bindiger Böden nur mit Zustimmung des Auftraggebers und bei trockener Witterung;

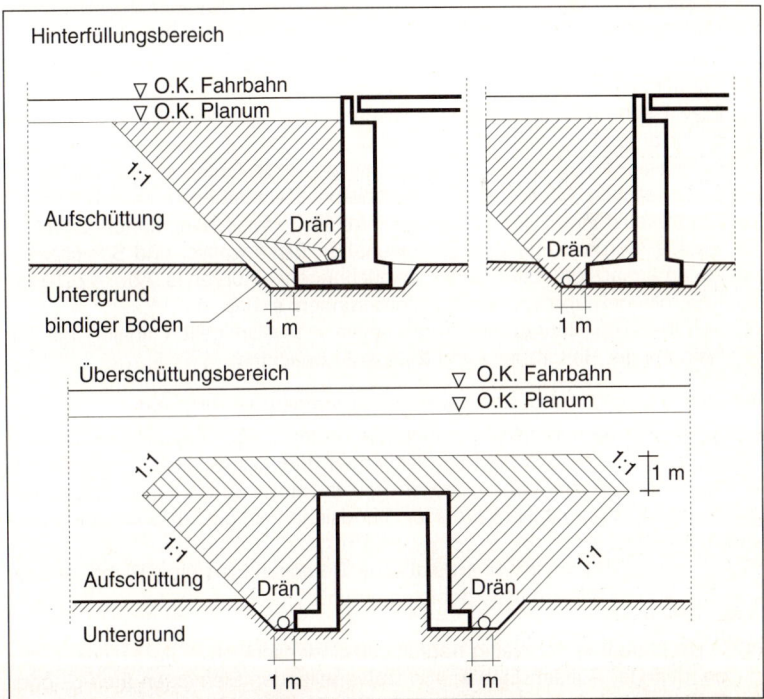

Abb. 4.6.10/4. Hinterfüllungs-, Überschüttungsbereich

Bodengruppe (DIN 18196) Baustoff	Anwendung
GW...SE GU, GT, SU, ST Gemische aus gebrochenem Gestein 0/100 mm, d < 0,06 mm unter 15,0 %	gefordert nach ZTVE-StB
$G\bar{U}$, $G\bar{T}$, $S\bar{U}$, $S\bar{T}$, UL...TA steinige Bodenarten und Schlacken, d_{max} < 100 mm	bedingt geeignet, Zustimmung des Auftraggebers erforderlich
Beton B 10	schwer zugängige Bereiche

Abb. 4.6.10/5. Füllmaterial für Hinterfüllungen bzw. Überschüttungen

in schwer oder nicht zugängigen Bereichen: Beton verwenden (B 10);
Einbauhinweise:
Schüttdicke: max. 30 cm; Rohre, Bogen- und Rahmenkonstruktionen symmetrisch hinterfüllen bzw. überschütten; Verdichtung darf keine Beschädigung von Bauwerksteilen (z. B. Isolation) verursachen; Verdichtungsgeräte s. Abb. 4.6.10/2;
Entwässerung: 1 m tiefen Entwässerungsbereich (nichtbindiger Boden) direkt an das Bauwerk anschließend vorsehen; bei besonders empfindlichen Bauwerken oder aus wirtschaftlichen Gesichtspunkten als 30 bis 50 cm dicken Mantel aus Einkornbeton (Zementgehalt ca. 100 kg/m^3 Beton) ausführen; für übrigen Hinterfüll- oder Überschüttungsbereich weniger durchlässige Böden verwendbar; Sickerwasser und Schichtwasser grundsätzlich über Dräne (Sickerleitungen) abführen (s. Abb. 4.6.10/4). Kontrolle der Einbauqualität, Anforderungen: s. Kap. 4.6.11.
(2) Verfüllen von Baugruben: Vorgenannte Hinweise gelten analog bis auf Neigung der Baugrubenwand (DIN 4124 beachten).

4.6.10.3 Aufschüttungen auf wenig tragfähigem Untergrund

Bei Moor, Mudde und vielen Talaueböden treten große, langandauernde Setzungen auf; zudem wird die Standsicherheit durch Anfälligkeit gegen Grundbruch (besonders bei hohen, steilen und in kurzer Zeit aufgebrachten Aufschüttungen) begrenzt (Nachweis für Standsicherheit, ggf. zu erwartende Setzung führen).
Richtlinien: DIN-Normen für erdstatische Berechnungen etc.; Richtlinien für den Bau von Straßen in Moorgebieten, FG 65.
Hilfsmaßnahmen:
(1) Ohne Entfernen der wenig tragfähigen Bodenschicht:
bei geringer Auflast: Einbau von lastverteilenden Elementen (Fertig- oder Ortbetonplatten; Knüppeldämme, Faschinen mit Sandüberschüttung; Stahlmatten; Geotextilien);

Überhöhung der Dammschüttung: möglich bei ausreichend grundbruchsicherem Untergrund oder sehr langsamer Dammschüttung (kein Porenwasserüberdruck); Größenordnung der Überschüttung 20 bis 50 % der geplanten Dammhöhe; Folge: Beschleunigung der Setzungen;

Einbau von Sand-, Kiespfählen: sinnvoll bei Dicke der weichen Bodenschicht » Abstand der Pfähle; Einbau durch Spülen oder Bohren bis zur tragfähigen Bodenschicht, auf keinen Fall durch Vorrammen (weitere Bodenverflüssigung!); Pfahldurchmesser: 20 bis 30 cm; Pfahlabstand: 2 bis 3 m;

(2) (Teilweises) Entfernen der wenig tragfähigen Bodenschicht:

Entfernen der oberen Lage: mindestens bis zur Hälfte der gesamten Schichtdicke;

Aushub von Schlitzen: bei Moordicken bis zu 4 m parallel zur Hauptachse des Bauwerks bis zur tragfähigen Schicht; Verfüllen mit Sand oder Kies; Schlitzbreite: 2 bis 4 m;

Vollaushub: unter Wasser oder mit Wasserhaltung;

(3) Verdrängen des Moors: durch Überschüttung, ggf. mit Baggerhilfe; durch Moorsprengungen unter Überschüttungen;

(4) Errichten der Aufschüttung auf Holz- oder Betonpfählen.

4.6.10.4 Abtrag von Fels; Sprengarbeiten

Sprengarbeiten sind genehmigungspflichtig; Umgang mit Sprengstoff unterliegt dem Sprengstoffgesetz; Lagern von Sprengmitteln auf der Baustelle muß behördlich genehmigt sein; Ausführung nur durch geprüfte Sprengmeister; Vorschriften der Tiefbau-Berufsgenossenschaft befolgen.

(1) Maschinenarbeit: abhängig von Festigkeit/Verwitterungszustand des Gesteins und Reißkraft der Maschine; bei Überschreiten der Leistungsgrenze Gebirge durch Lockerungssprengungen zum Reißen und Laden vorbereiten.

(2) Abtragssprengung: Lösen des Gebirges bis zur gewünschten Tiefe bei gleichzeitiger Zerkleinerung zu lad- und weiterverwendbarem Haufwerk.

(3) Bautechnische Forderungen: Felsuntergrund durch Maschinen- und/oder Sprengarbeiten möglichst nicht lockern; über Toleranzbereich gelockerten Fels aus Böschungs- und Planumsbereich entfernen; entstandene Vertiefungen mit geeignetem Material auffüllen; durch Verdichten spätere Setzungen oder Verdrückungen ausschließen; anderes Vorgehen in Leistungsbeschreibung festlegen;

Bezugsrichtlinien: ZTVE-StB 76; »Merkblatt für die gebirgsschonende Ausführung von Spreng- und Abtragsarbeiten an Felsböschungen« – FGSV-84.

4.6.11 Überprüfung von Erdbauwerken

(1) Nachzuprüfen sind i. d. R.:

verwendete Bau- und Hilfsstoffe (Zusammensetzung, Menge etc.);

profilgerechte Lage und Ebenheit des Planums;

Verdichtungsgrad;
Tragfähigkeit.

(2) Grenzwerte:
Zusammenstellung s. Abb. 4.6.11/1 bis 5;
Bezugsrichtlinien: ZTVE-StB 76; ZTV-LW 87; ZTVV-StB 81; TVV-LW 80;
RStO 86; ZTVT-StB 86; DIN-Normen für bestimmte Baustoffe etc.; zum
Sportplatzbau s. Kap. 10.

(3) Umfang der Eigenüberwachungsprüfungen: sind für Material, profilgerechte Lage, Ebenheit und Schichtdicke entsprechend Objekt festzulegen.

Prüfbereich	Anzahl der Prüfungen					Anordnung der Prüfstelle	Vorschrift
	Eigen- über- wachung	Kontrollprüfung					
	Dichte E_{V2}	Dichte E_{V2}	profilger. Lage	Eben- heit	Schicht- dicke		
Untergrund	1	*)	–	–	–	≤ 200 m oder ≤ 5000 m²	ZTVE-StB
Unterbau	1	*)	–	–	–	≤ 200 m oder ≤ 5000 m³	ZTVE-StB
Bauwerks- hinterfüllung, Vorschüttung	3	*)	–	–	–	≤ 500 m³	ZTVE-StB
Überschüttung	3	*)	–	–	–	Im ersten Meter der Überschüttung	ZTVE-StB
Leitungsgraben	1	*)	–	–	–	≤ 50 m	ZTVE-StB
Erdplanum	–	–	1			≤ 50 m	ZTVE-StB
Boden- verfestigung	–	1	–	–	–	täglich oder ≤ 3000 m²	ZTVV-StB
	–	–	1	–	–	≤ 50 m	ZTVV-StB
	–	–	–	1	–	≤ 50 m	ZTVV-StB
	–	–	–	–	1	≤ 1000 m²	ZTVV-StB

*) Anzahl ca. 30 % der Eigenüberwachungsprüfungen

Abb. 4.6.11/1. Prüfungsumfang

Merkmal	Vorschrift			
	ZTVE-StB	ZTVV-StB	ZTV-LW	TVV-LW
profilgerechte Lage: (Abweichungen von der Sollhöhe)				
unter ungebundenen Tragschichten	±3,0 cm	–	–	–
unter gebundenen Tragschichten	±2,0 cm	–	–	–
verfestigte Schicht	–	±2,0 cm	–	–
Befestigung: außerhalb Bebauung	–	–	±5,0 cm	–
innerhalb Bebauung	–	–	±2,0 cm	–

Abb. 4.6.11/2a. Geforderte Planumsgenauigkeit

| Merkmal | Vorschrift | | | |
	ZTVE-StB	ZTVV-StB	ZTV-LW	TVV-LW
Querneigung: entsprechend Fahrbahn	$\geq 2,5\%$	–	$\geq 3,0\%$	–
Ebenheit (Abweichung / 4 m):				
Baugrund	–	–	$\leq 3,0$ cm	–
Sauberkeitsschicht für Feinplanum	–	–	$\leq 2,0$ cm	–
zur Verfestigung vorgesehene Schicht	–	–	–	$\leq 3,0$ cm
– Abweichung der Querneigung	–	–	–	$\leq \pm 0,5\%$
verfestigte Schicht als Unterlage für Beton-Fahrbahndecken oder bituminös gebundenen Oberbau	–	$\geq 2,0$ cm	–	$\leq 2,0$ cm
– Abweichung der Querneigung	–	–	–	$\leq \pm 0,5\%$

Abb. 4.6.11/2b. Geforderte Planumsgenauigkeit

Vorschrift		Bereich		Bodengruppe (DIN 18196) Verdichtbarkeitsklasse	D_{Pr} [%]
ZTVE-StB	Untergrund und Unterbau	Planum bis 0,2 m Tiefe	grobkörnige Böden	GW, GI	103 [1]; 100 [2]
				GE, SE, SW, SI	100
		0,2...0,5 m unter Planum		GW...SI	100
		Dammhöhe [*] h > 2,0 m:		GW, GI	97
		0,5 m unter Planum bis Dammsohle		GE, SE, SW, SI	95
		Dammhöhe [*] h ≤ 2,0 m:		GW, GI	97
		0,5 m unter Planum bis 0,5 m unter Dammsohle		GE, SE, SW, SI	95
		Planum bis 0,5 m Tiefe	gemischt- und feinkörnige Böden	GU, GT, SU, ST, OH, OK	100
				GŪ, GT̄, SŪ, ST̄	97 [3]
				UL...TA, OU, OT	
		Dammhöhe [*] h > 2,0 m:		GU, GT, SU, ST, OH, OK	100
		0,5 m unter Planum		GŪ, GT̄, SŪ, ST̄	97 [3]
		bis Dammsohle		UL...TA, OU, OT	
		Dammhöhe [*] h ≤ 2,0 m:		GU, GT, SU, ST, OH, OK	100
		0,5 m unter Planum bis 0,5 m unter Dammsohle		GŪ, GT̄, SŪ, ST̄	97 [3]
				UL...TA, OU, OT	
	Überschüttung Hinterfüllung	Gesamtbereich		GW...SI, GU...ST	100
		fehlende Frostschutzschicht: Planum bis 0,2 m Tiefe		GW, GI	103 [1]
				GE...SI, GU...ST	100 [2]

Abb. 4.6.11/3. Mindestanforderungen an den Verdichtungsgrad D_{Pr} – 1. Teil

Vorschrift		Bereich	Bodengruppe (DIN 18196) Verdichtbarkeitsklasse	D_{Pr} [%]
ZTVE-StB	Frostschutzschicht	Oberfläche bis 0,2 m Tiefe	GW, GI, Baustoffgemische 0/5...0/56	103 [1]; 100 [2]
			GE...SI	100
		ab 0,2 m Tiefe	GW, GI, Baustoffgemische 0/5...0/56	100
			GE...SI	
ZTVE-StB	Leitungsgräben	Überdeckung bis 0,7 m: – ab Planum	V1	100 [4]
			V2, V3	97
		Überdeckung 0,7...1,2 m: – Planum bis 0,5 m Tiefe	V1	100 [4]
			V2, V3	97
		– ab 0,5 m unter Planum	V1, V2, V3	97
		Überdeckung ab 1,2 m Tiefe: – Planum bis 0,5 m Tiefe	V1	100 [4]
			V2, V3	97
		– 0,5 m unter Planum bis Leitungszone	V1, V2, V3	95 [5]
		– Leitungszone	V1, V2, V3	97
ZTVV-StB	Bodenverfestigung	vorgesehene Schicht – als Frostschutzschicht verfestigte Schicht	s. STVE-StB s. STVE-StB Feinkalk, Kalkhydrat Zement, Hochhydr. Kalk bitum. Verfestigung	– 100 100 98 96 [6]
		Bodenverbesserung		s. STVE-StB

Erläuterungen:

[*]   ab Fahrbahnoberkante
[1]   bei Straßenoberbau der Bauklassen I...V (RStO-86)
[2]   bei Straßenoberbau der Bauklasse VI, Rad-, Gehwegen und sonstigen Verkehrsflächen

[3]   Luftgehalt $n_a \leq 12\ \%$
[4]   bei GW, GI: 103 %
[5]   bei GW, GI: 97 %
[6]   bezogen auf Marshall-Dichte

Abb. 4.6.11/3.   Mindestanforderungen an den Verdichtungsgrad D_{Pr} – 2. Teil

Bodengruppe	D_{Pr}	E_{v2} MN/m²	Bodengruppe	w	E_{v2} MN/m²
grobkörnige Böden GW; GI	≥ 103 % ≥ 100 % ≥ 97 %	≥ 120 ≥ 100 ≥ 80	fein- und gemischtkörnige Böden ($n_a \leq 0,12$ bzw. $S_r \geq 0,88$)	0,07 – 0,15 0,10 – 0,20 ≥ 0,15	≥ 45 20 – 45 ≥ 20
GE; SE, SW, SI	≥ 100 % ≥ 97 % ≥ 95 %	≥ 80 ≥ 60 ≥ 45			*(nach ZtVE-StB 76)*

Abb. 4.6.11/4.   Richtwerte für die Zuordnung von Verdichtungsgrad D_{Pr} und Verformungsmodul E_{v2}

Bodengruppe	$E_{v2} : E_{v1}$	D_{Pr}
grobkörnige Böden	$\leq 2,2$	$\geq 103\ \%$
	$\leq 2,5$	$< 103\ \%$
feinkörnige Böden	$\leq 2,0$	–
gemischtkörnige Böden	$\leq 3,0$	–
Felsschüttungen	$\leq 4,0$	–

Abb. 4.6.11/5. Richtwerte zur Abschätzung des Verdichtungsgrades D_{Pr} aus dem Verhältnis $E_{v2} : E_{v1}$ (nach StVE-StB 76)

Die Tabellenwerte sind anwendbar, wenn für E_{v2} die Werte nach Abb. 4.6.11/4 vorliegen.

4.7 Erdbaugeräte

Dieses Kapitel soll nur einen systematischen Überblick und Hinweise zu wesentlichen Geräteeigenschaften geben. Es stellt keine »Baumaschinenliste« dar.
Hinweise zur Wahl bestimmter Geräte, Leistungsermittlung und Gerätezusammenstellung sind speziell Kap. 4.7.8 zu entnehmen.

4.7.1 Gruppe der »Standbagger«

4.7.1.1 Hauptmerkmale
Fahrwerk des Gerätes steht; Lösen, Füllen und Laden erfolgt durch Bewegung des am Oberwagen befestigten Auslegers und dem Grabwerkzeug (Abb. 4.7.1/1).

4.7.1.2 Technische Ausstattung
(1) Kraftübertragung:
auf Fahrwerk: mechanisches Getriebe / hydraulisch (Drehmomentwandler/ Hydrostatischer Einzelradantrieb);
auf Grabwerkzeug: mechanisch (Seil/Gestänge/Getriebe) oder hydraulisch (Druckzylinder und Hebelkinematik oder Teleskopgestänge).
(2) Fahrwerk:
Gleiskette (Raupenbagger). Vorteil: gute Standsicherheit; Einsatz des Gerätes auch bei gering tragfähigen Böden; gute Geländegängigkeit; Nachteil: auf öffentlichen Straßen Transport auf Tieflader;
Luftreifen (Mobilbagger). Vorteil: bessere Beweglichkeit, in den meisten Fällen straßentauglich; Nachteil: schlechte Arbeitsbedingungen bei gering tragfähigen Böden; geringere Standsicherheit;

(3) Grabwerkzeug:

für absetzweises Arbeiten: Hoch-, Tieflöffel; Zweischalengreifer; Sonderanbauteile wie Grabenlöffel, Ladeschaufel, Aufbruchwerkzeug; Rotationsbohrer etc.;

für kontinuierliches Arbeiten: Eimerkette, Schaufelrad.

4.7.1.3 Bauarten und Anwendung

Für übliche Baustellenbedingungen im Erd- und Landschaftsbau Einsatz sog. Universal-Hydraulikbagger mit auswechselbaren Grabwerkzeugen; mittlere Geräte häufig als Mobilbagger gebaut; kleine Geräte (»Kompaktbagger«) besitzen meist Raupenfahrwerk.

4.7.1.4 Beispiele für Hydraulikbagger mit Raupenfahrwerk

(1) Hydraulikbagger mit Raupenfahrwerk und Hochlöffeleinrichtung (Abb. 4.7.1/1):

Anwendung:

Lösen von Boden (anstehendes Material oder aus Halden) über dem sich neu ergebenden Planum (Standniveau);

Laden des gewonnenen Bodens auf Transportgeräte (Förderebene i. d. R. gleich Standniveau); Entleeren des Löffels im gehobenen Zustand durch Bodenklappe oder Kippen nach hinten;

Einsatz: vorwiegend im Massenerdbau, im Landschaftsbau relativ selten.

(2) Hydraulikbagger mit Raupenfahrwerk und Tieflöffeleinrichtung (Abb. 4.7.1/1):

Anwendung: Lösen von Boden unter Standniveau (Arbeit von ursprünglicher Geländeoberfläche aus);

Laden des gewonnenen Bodens auf Transportgeräte (Förderebene i. a. gleich Standniveau); Entleeren des Löffels durch Kippen um 180° über dem Transportfahrzeug;

Einsatz: Ausschachtungsarbeiten, Grabenbau, Aushub unter Wasser;

Leistung: bei gleicher Reißkraft gegenüber Hochlöffeleinrichtung ca. 10 bis 25 % niedriger.

(3) Hydraulikbagger mit Raupenfahrwerk und Zweischalengreifer (Abb. 4.7.1/1):

Anwendung:

Lösen von Böden bei schwierigen, punktgenauen Arbeiten unter Standniveau (Arbeit von ursprünglicher Geländeoberfläche);

Be- und Entladen von Transportgeräten auf oder unter Standniveau des Baggers;

Einsatz: Ausschachtungsarbeiten, Grabenbau, Aushub unter Wasser;

Greifer kann mit Hydraulik im Gegensatz zu Seilantrieben auch in festen Boden eingepreßt werden;

Leistung: deutlich geringer als bei Tieflöffeleinrichtung.

(4) Bagger mit teleskopier- und drehbarem Spezialausleger und Tieflöffel;

Anwendung: Spezialbagger, häufig Einsatz für genaues Profilieren von Böschungen etc.; Andecken von Oberboden unter Standniveau (Arbeit von Dammkrone oder Böschungskopf von Einschnitten).

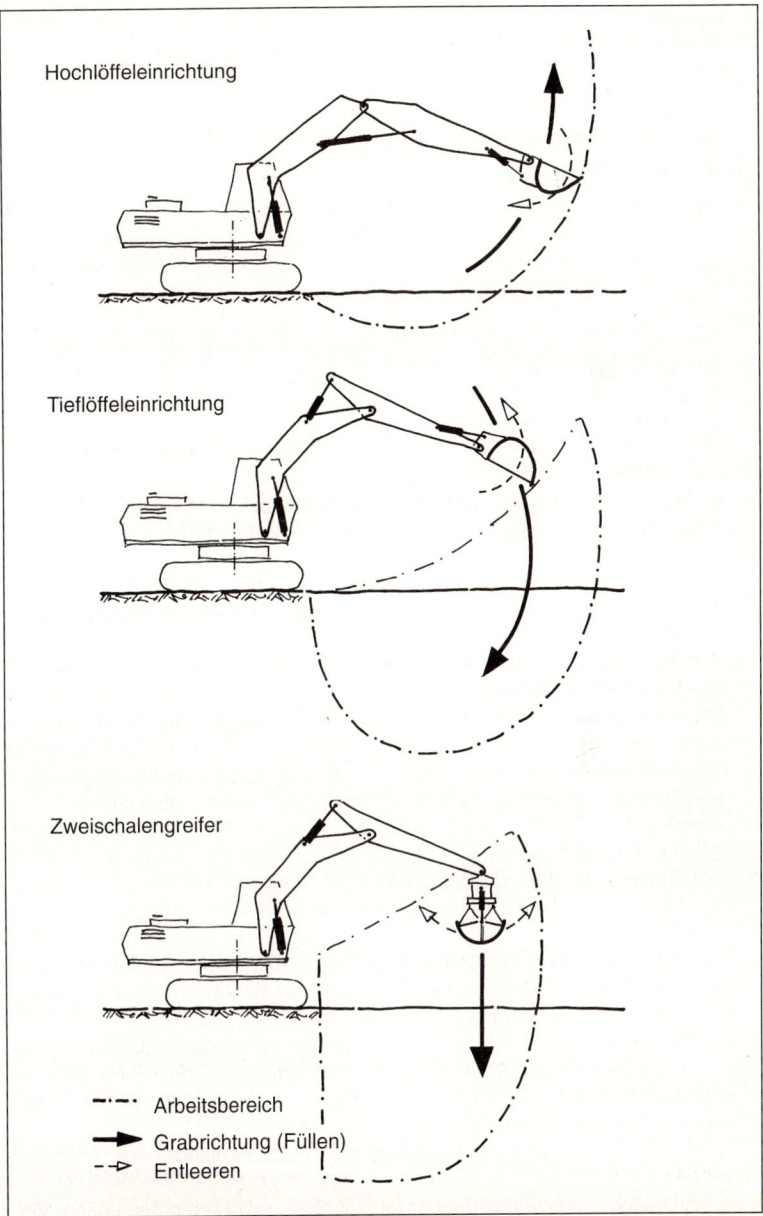

Abb. 4.7.1/1. Standbagger – Hydralikbagger mit Raupenfahrzeug

Weitere Hinweise zum Einsatz s. Kap. 4.7.5, zur Auswirkung auf den Boden s. Kap. 4.7.7.1, zur Dimensionierung s. Kap. 4.7.8.

4.7.2   Gruppe der »Fahrbagger« (»Flachbagger«)

4.7.2.1   Hauptmerkmale und Gerätegruppen

(1) Hauptmerkmale:
Lösen des Bodens mit Schild oder Schaufel durch Vorwärtsfahrt der ganzen Maschine (daher »Fahrbagger«); Abtrag flacher Bodenschichten parallel zur Oberfläche (daher »Flachbagger«).

(2) Gerätegruppen:
a) Planier- und Ladegeräte (Planierraupe u. Reifenplaniergerät (Raddozer), Rad- u. Kettenlader);
b) Schürfkübelgeräte (Scraper, Schürfkübelraupe);
c) Erdhobel (Grader).

4.7.2.2   Planier- und Ladegeräte

(1) technische Ausstattung (Abb. 4.7.2/1): Schlepper mit Raupen- oder Radfahrwerk als Grundgerät; bei Raupenfahrwerk (Gerätetransport auf Straßen nur mit Tiefladern (sonst Deckenbeschädigung möglich);
Kraftübertragung:
auf Fahrwerk: i. d. R. durch Strömungskupplungen oder Drehmomentwandler;
auf Grabwerkzeug: i. d. R. durch Hydraulikzylinder;
Radfahrwerk: Achsschenkellenkung (meist Hinterachse); Knicklenkung: Vorderwagen mit Grabwerkzeug und Hinterwagen mit Antriebsmotor durch senkrechte Achse verbunden; Lenkung über doppelt wirkende Hydraulikzylinder; Lenkkupplung/Lenkbremse (wie bei Raupenfahrwerk);
Raupenfahrwerk: Abbremsen einer Kette, z. T. auch gegenläufige Drehrichtungen.

(2) Bauarten und Anwendung:
a) Planierraupe, Reifenplaniergerät (Abb. 4.7.2/1):
Aufbau: Motor und Getriebe zur Erhöhung der Reißkraft vorn eingebaut;
Ausstattung:
Fahrwerk: Raupe mit Bodenplatten mit meist nur einem, hohem Steg; grobprofilierte Reifen, u. U. mit netzartiger Schutzkette zur Verbesserung der Vortriebskraft;
Grabwerkzeug: Betätigung über doppelt wirkende Hydraulikzylinder;
Querschild: starr am Fahrwerksrahmen angelenkt, heb- und senkbar; Schnittwinkel bis zu ca. 10°, Querneigung des Schildes ggf. mit Tilteinrichtung geringfügig verstellbar; Schwenkschild: um Mittelzapfen bis zu ca. 25° schwenkbar; Aufreißhaken: am Heck montiert, heb- und senkbar.
Anwendung der Planierraupe: lagenweises, profilgerechtes Lösen; Vorlockern von Böden mit Heckaufreißer; Verteilen, Einebnen und Planieren von Böden; Bodentransport auf kurze Entfernungen mit Querschild;

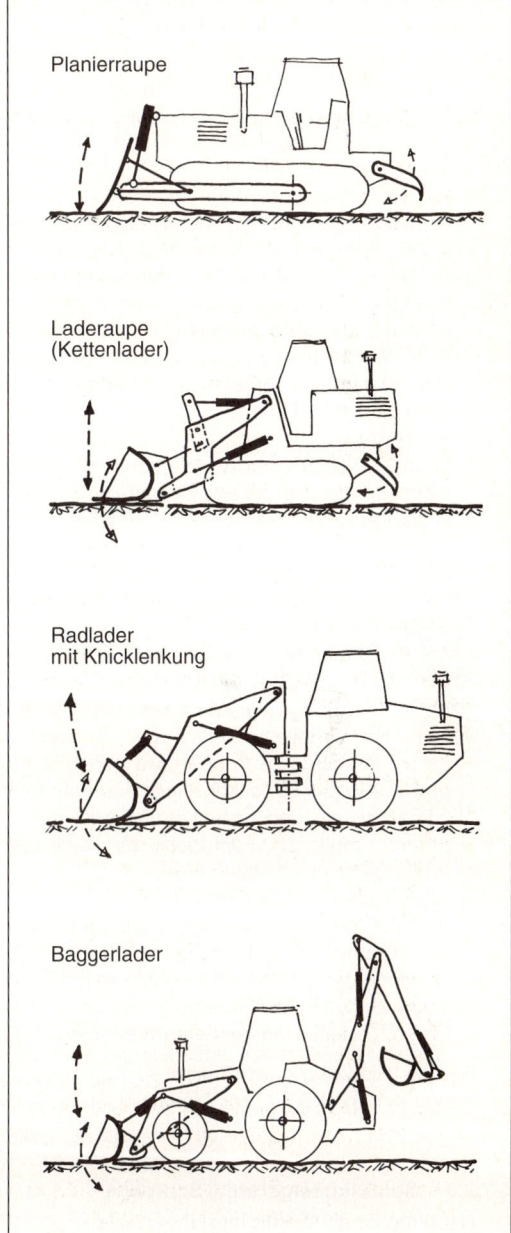

Planierraupe

Laderaupe
(Kettenlader)

Radlader
mit Knicklenkung

Baggerlader

*Abb. 4.7.2/1. Planier-
und Ladegeräte*

Ablagern direkt neben dem Gerät mit Schwenkschild; Anforderung an Fahrebene: $I_c \geq 0,5$;

Anwendung des Reifenplaniergeräts: vorwiegend Verteilen, Einebnen und Planieren von Baustoffen; Bodentransport auf kurze Strecken; lagenweises Lösen; Anforderungen an Fahrebene: I_c möglichst $\geq 0,8$.

b) Laderaupe, Radlader (Abb. 4.7.2/1):

Aufbau:

Laderaupe (Kettenlader): bei kleineren Maschinen Motor meist vorn eingebaut (Grundgerät wie Planierraupe), Fahrersitz hinten; Nachteile: keine optimalen Sichtverhältnisse, starke Kopflastigkeit bei gefüllter Schaufel; Ausgleich u. U. durch weiter nach vorn gezogenes Kettenlaufwerk oder Gegengewichte am Heck; bei größeren Geräten Motoreinbau im Heck, Fahrersitz vorn;

Radlader: Motor als Ausgleichsmasse zur gefüllten Schaufel meist hinten eingebaut, Fahrersitz vorn; Vorteile: gute Sicht, keine Frontlastigkeit;

Ausstattung:

Fahrwerk: Raupe mit Bodenplatten mit meist drei flachen Stegen oder nicht sehr grob profilierte Reifen;

Grabwerkzeug: Ladeschaufel: Frontanordnung; heb-, senk- und kippbar; Betätigung durch doppelt wirkende Hydraulikzylinder mit Parallelogramm- oder Z-Kinematik (höhere Reiß- und Hubkraft); Aufreißhaken: bei stärkeren Maschinen am Heck montierbar; Schwenkschaufel: auf besonderem Drehschemel um 180° drehbar; Entladen seitlich neben der Maschine möglich; Seitenkippschaufel: um Achse paralle zur Maschinenachse seitlich kippbar;

Anwendung: vorwiegend Laden (hohe Flächenbelastung durch Wendemanöver), Verteilen und Einebnen; Planieren nur bei geringen Qualitätsanforderungen; Lösen über und gering unter Fahrebene; Bodentransport auf kurze Strecken; reiner Baustoffumschlag: häufig Verwendung von Schwenk- und Seitenkippschaufel;

Anforderungen an Fahrebene für Rad- und Kettenlader: s. Reifenplaniergerät und Planierraupe.

c) Baggerlader (Abb. 4.7.2/1):

Aufbau: schlepperähnliches Grundgerät; Motor vorn, Fahrersitz hinten;

Ausstattung: Reifenfahrwerk mit i. d. R. Achsschenkellenkung; Frontladeschaufel und Heckanbaubagger mit Tieflöffel.

Anwendung: Vielzweckgerät für kleinere, beengte Baumaßnahmen zum Lösen, Laden, Transportieren, Verteilen und Einebnen von Böden.

Weitere Hinweise zum Einsatz s. Kap. 4.7.5, zur Auswirkung auf den Boden s. Kap. 4.7.7.1, zur Dimensionierung s. Kap. 4.7.8.

4.7.2.3 Schürfkübelgeräte (»Scraper«)

(1) Hauptmerkmal: Ausführung der Arbeitsschritte Lösen, Laden, Transportieren und Einbauen durch ein Gerät und in einem Arbeitsablauf.

(2) Bauarten und technische Ausbildung:

a) Motorschürfwagen (Abb. 4.7.2/3): zweiachsiges, luftbereiftes und selbstfahrendes Gerät; Kübelanordnung vor der Hinterachse; Knicklenkung, sehr wendig; u. U. Ausstattung mit 2. Motor für die Hinterachse; besserer Kraftschluß; hohe Steigfähigkeit im beladenen Zustand; ggf. Fortfall der Schubraupe beim Füllen.

b) Anhängerschürfwagen (nur noch in Sonderfällen benutzt): zweiachsiges, luftbereiftes Gerät; eigener Antrieb für Heben und Senken des zwischen den Achsen angebrachten Kübels; Zugmaschine (Rad- oder Raupenschlepper) erforderlich.

c) Schürfkübelraupe (nur noch in Sonderfällen benutzt): Kübelanordnung zwischen den Raupen; Vorteil: hohe Reißkraft; Bodenabtrag unter Wasser möglich (Wattiefe bis ca. 1,8 m).

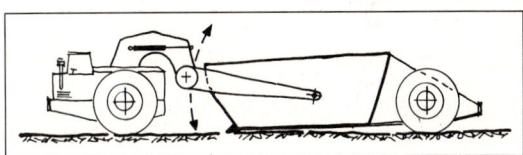

Abb. 4.7.2/3.
Motorschürfwagen (Scraper)

(3) Arbeitsweise beim Motorschürfwagen:
Lösen und Laden: Absenken des Kübels mit geöffneter Kübelschürze, bis vordere Schneide bis ca. 20 cm in den Boden greift; durch Vorwärtsfahrt (ggf. durch Schubraupe unterstützt) Abschälen des Bodens und Einpressen in Kübel (ggf. mit Förderband – Elevatorscraper);
Transportieren: nach Anheben des gefüllten Kübels und Verschluß durch Kübelschürze wie mit LkW;
Einbauen (Entladen, Verteilen, Einebnen): bei Vorwärtsfahrt Kübel auf gewünschte Einbaustärke (ca. 20 bis 40 cm) absenken und Boden durch rückwärtigen Schieber auspressen.

(4) Anwendung (Motorschürfwagen): Linienbaustellen mit großen Abtragsmassen im Lagenbau und großen Transportweiten.

Weitere Hinweise zum Einsatz s. Kap. 4.7.5, zur Auswirkung auf den Boden s. Kap. 4.7.7.1 bis 3, zur Dimensionierung s. Kap. 4.7.8.

4.7.2.4 Erdhobel (»Grader«) (Abb. 4.7.2/4)

(1) Hauptmerkmal: radfahrbares Gerät mit großem Achsstand; besonders ruhige Lage der Schar durch Anordnung zwischen den Achsen.

(2) Technische Ausstattung:
Fahrwerk:
zweiachsig: i. d. R. mit Allradantrieb; Hinterradantrieb nur noch bei kleineren Geräten bis ca. 40 kW;
dreiachsig: Tandemantrieb beider Hinterachsen;

Abb. 4.7.2/4. Erdhobel
(Grader)

Hinterachse gegen Vorderachse extrem verdrehbar; bei fast allen Gradern seitlich versetzbar (Paßgang – spurfreies Planum);
Sturzverstellung der Vorderräder: zur Sicherung der Spurhaltung bei hohen Vorschubkräften;
Lenkung:
Achsschenkellenkung der Vorderräder: bei kleineren Geräten;
Allradlenkung: bei größeren Geräten;
Grabwerkzeug:
Graderschar: in Drehkranz zwischen Vorder- und Hinterachse gelagert; heb-, senk-, drehbar; seitlich bis zur Senkrechten außerhalb der Rad-außenkante herausschwenkbar; Ausbildung als Rechen oder Aufreißer möglich;
Stirnschar.

(3) Anwendung: Einsatz vorwiegend bei Arbeiten mit hohen Genauigkeits-anforderungen; durch verstellbares Fahrwerk und entsprechende Schar-ausbildung gute Anpassung an verschiedenste Aufgaben:
Herstellung des Feinplanums;
Schneiden/Profilieren von Böschungen und Gräben;
Verteilen von Baustoffen (grob mit Stirnschar);
Instandhaltung von Baustraßen und Einfachbefestigungen von Straßen und Plätzen.

Weitere Hinweise zum Einsatz s. Kap. 4.7.5, zur Auswirkung auf den Boden s. Kap. 4.7.7.3, zur Dimensionierung s. Kap. 4.7.8.

4.7.3   Transportgeräte für gleislose Förderung

Gleisloser Betrieb gebräuchlichste Methode der Bodenförderung im Erd- und Landschaftsbau; gute Anpassung an wechselnde Baustellen- und Witterungs-verhältnisse.
(1) Transportgeräte und ihre Anwendung:
    a) Fahrbagger (Flachbagger – s. Kap. 4.7.2):
       Anwendung: sinnvoll bei kurzen Entfernungen und/oder geringen Mas-sen und wenn ohnehin auf der Baustelle vorhanden;

b) Straßentransportfahrzeuge (LkW mit Straßenverkehrszulassung):
Anwendung für Bodentransport (auch innerhalb der Baustelle): LkW mit Mulde, nicht mit abklappbaren Seitenwänden versehen (hoher Zeitverlust bei Entleerung); wegen Wendigkeit zweiachsige Hinterkipper mit Allradantrieb bis zu 18 t Lademasse sinnvoll; bei größerer Lademasse dreiachsige Fahrzeuge.
Anwendung zur Anlieferung von speziellen Baustoffen: auch mit üblichen LkW oder Lastzügen als Seiten- oder Hinterkipper; Einsatz dieser Fahrzeuge zwingend bei vollkommenem oder teilweisem Transport über öffentliche Straßen; zusätzlich Genehmigung durch Straßenverkehrsamt notwendig.

c) Geländegängige Spezialfahrzeuge: Erdtransportwagen, Dumper, Bodenentleerer (Schlepper nötig); robustere Ausführung als bei Straßen-LkW; meist mit (beheizbarer) Mulde und Hinterkippeinrichtung versehen; aufgrund Rad-, Achslast oder Abmessungen nicht für öffentliche Straßen zugelassen; Transport auf Tieflader;
Anwendung:
innerhalb der Baustelle ohne Benutzung öffentlicher Straßen;
Vorteil: sehr gute Geländegängigkeit; hohes Ladevermögen; kurze Umlaufzeit.

Weitere Hinweise zum Einsatz s. Kap. 4.7.5, zur Auswirkung auf den Boden s. Kap. 4.7.7.2, zur Dimensionierung s. Kap. 4.7.8.

4.7.4 Gruppe der Verdichtungsgeräte

4.7.4.1 Einteilung der Gerätegruppen nach ihrer Arbeitsweise

(1) Statisch wirkende Geräte: Verdichtung praktisch nur durch ruhende Auflast (Druck); Steigerung der Wirkung durch Walken und Kneten des Bodens.

(2) Dynamisch wirkende Geräte: Verdichtung durch
Schlagen, Stampfen (stoßartige, kurzzeitige Belastung);
Rütteln (Vibration); durch Schwingungen der Bodenteile Reduzierung der Oberflächenreibung; Zusammenpressen des Kornhaufwerks unter Eigengewicht des Bodens und Geräteauflast.

4.7.4.2 Statisch wirkende Verdichtungsgeräte

(1) Bauweise: grundsätzlich in Form von Walzen (Abb. 4.7.4/1).

(2) Glattmantelwalzen:
a) gezogene, einachsige Anhängewalze:
Dienstmasse: bis ca. 12 t;
Anwendung: Erdbau; zur Bodenverdichtung weniger geeignet; vorwiegend zur Pflege und abschließendes Glätten des Planums;
b) selbstfahrende Dreiradwalze:
Dienstmasse: ca. 4 ... 16 t;
Anwendung: wie vor; Haupteinsatzgebiet: Deckenbau.

einachsige Anhängewalze
– Glattmantelwalze –

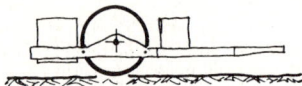 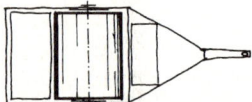

selbstfahrende Walze
– Dreiradwalze –

 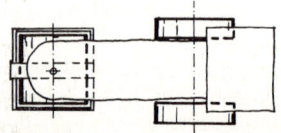

selbstfahrende Walze
– Tandemwalze mit Deichsellenkung –

 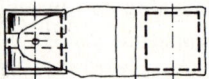

selbstfahrende Walze
– Gummiradwalze mit Knicklenkung –

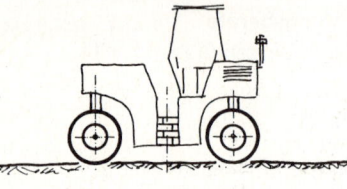 

Abb. 4.7.4/1.   Verdichtungsgeräte – Statisch wirkende Walzen

c) selbstfahrende Tandemwalze:
Dienstmasse: ca. 4 ... 13 t;
Anwendung: wie Dreiradwalze.

(3) Schaffuß- und Gitterradwalzen:
a) gezogene, einachsige Schaffußwalze:
Dienstmasse: ca. 4 ... 20 t; Übertragung der Gesamtlast auf $\geq$ 20 cm lange, auf geschlossenem Walzenkörper montierte Stempel (i. M. 10 Stück/m^2); sehr hohe Bodenpressung bis ca. 4,0 N/mm^2; Kombination von Knet- und Druckwirkung;
Anwendung: Erdbau; Bodenverdichtung.
b) gezogene, einachsige Gitterradwalze:
Dienstmasse: ca. 6 ... 15 t; Übertragung der Gesamtlast durch nicht geschlossenen Walzenmantel (Gittergeflecht aus Stahlstangen); hohe Bodenpressung bei geringerer Knetwirkung;
Anwendung: in der BRD nur für spezielle Verdichtungsaufgaben.

(4) Gummiradwalzen:
Konstruktion und Wirkung: Verdichtung durch einzeln und pendelnd nebeneinander aufgehängte profillose Gummireifen (je »Bandage« 2 ... 6 Stück); Reifendruck teilweise während der Fahrt bis auf 10 bar Überdruck veränderbar; gute Anpassung des Walzenkörpers an Bodenunebenheiten; überall wirkender Gerätedruck; besonders hohe Knetwirkung.
Bauarten:
a) gezogene Anhänge-Gummiradwalze:
Bauart: ein- und zweiachsig;
Dienstmasse: ca. 8 ... 60 t;
Anwendung: leichtere Ausführungen (bis ca. 20 t) vorwiegend im bitum. Deckenbau; schwere Ausführungen (ab ca. 20 t) für Bodenverdichtung.
b) selbstfahrende Gummiradwalze: vordere und hintere »Bandage« mit Gummireifen ausgerüstet; Dienstmasse: ca. 8 ... $\geq$ 60 t;
Anwendung: leichtere Ausführungen vorwiegend im bitum. Deckenbau; ab ca. 20 t für Bodenverdichtung.

Weitere Hinweise zum Einsatz s. Kap. 4.7.6, zur Auswirkung auf den Boden s. Kap. 4.7.7.4, zur Dimensionierung s. Kap. 4.7.8.

4.7.4.3 Schlagend bzw. stampfend wirkende Verdichtungsgeräte
   (Abb. 4.7.4/2)

(1) Fallplattenstampfer:
Stampfplatte: ca. 0,8 × 0,8 m; übliche Masse bis 4 t; Fallhöhe ca. 2 m; in Sonderfällen Massen bis über 40 t und Fallhöhen bis 40 m;
Arbeitsweise: Anheben der Platte durch Universal-(Seil-)Bagger bis 25 mal je Minute, freier Fall aus bis 2 m Höhe; Bagger arbeitet im Halbkreis mit halber Plattenbreite pro Schlag überlappend; ca. 2 bis 4 Übergänge; dann Vorrücken um halbe Plattenbreite; bei überschweren Fallplatten keine flächendeckende Anwendung, sondern Abstände von 7 bis 15 m; Falltrichter werden vor neuem Übergang mit grobkörnigen Material verfüllt;
Anwendung: Spezialfälle der Bodenverdichtung; Tiefenwirkung der üblichen Fallplatten bis ca. 1,0 m.

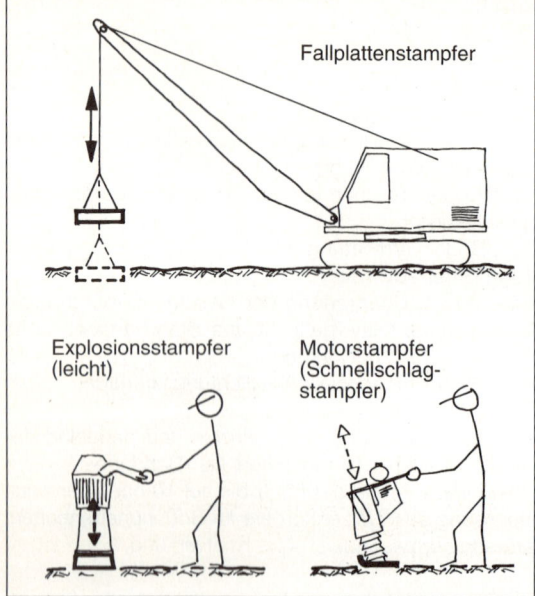

Abb. 4.7.4/2. Stampfend/
schlagend wirkende
Verdichtungsgeräte

(2) Explosionsstampfer:

Konstruktion: Gehäuse dient als Zylinder zur Verdichtung eines Kraftstoff-Luft-Gemisches; Zündung manuell;

Wirkungsweise: nach Zündung 1. Druck auf den Boden, 2. Anheben des Gehäuses und der mit dem Kolben verbundenen Stampfplatte, 3. freier Fall; schlagende Bodenverdichtung durch Druck beim Anheben und anschließenden Aufprall;

Bauarten:

kleine Explosionsstampfer:

Masse: ca. 65 ... 200 kg;

Anwendung: Verdichtungsarbeiten bei Bauwerkshinterfüllungen, in Gräben; Arbeitsrichtung muß vom Bediener gesteuert werden.

große Explosionsstampfer:

Masse: ca. 500 ... 1200 kg; Beispiel: Delmag-Frosch;

Anwendung: Bodenverdichtung auf kleineren Flächen; durch Neigung des Gehäuses selbstbewegend.

(3) Motorstampfer (Schnellschlagstampfer):

Arbeitsweise: Verbrennungs- oder Elektromotor wirkt über Kurbel- oder Exzentersystem auf beweglichen Schlagkolben, der auf schräg angeordnete Stampfplatte schlägt; selbstlaufendes Gerät mit Schlagzahlen von ca. 300 ... 600/min; Übergang zu Rüttelplatten;

Gerätemasse: ca. 30 bis 150 kg.

Anwendung: Bodenverdichtung in Gräben, bei Bauwerkshinterfüllungen und auf kleinen Flächen.

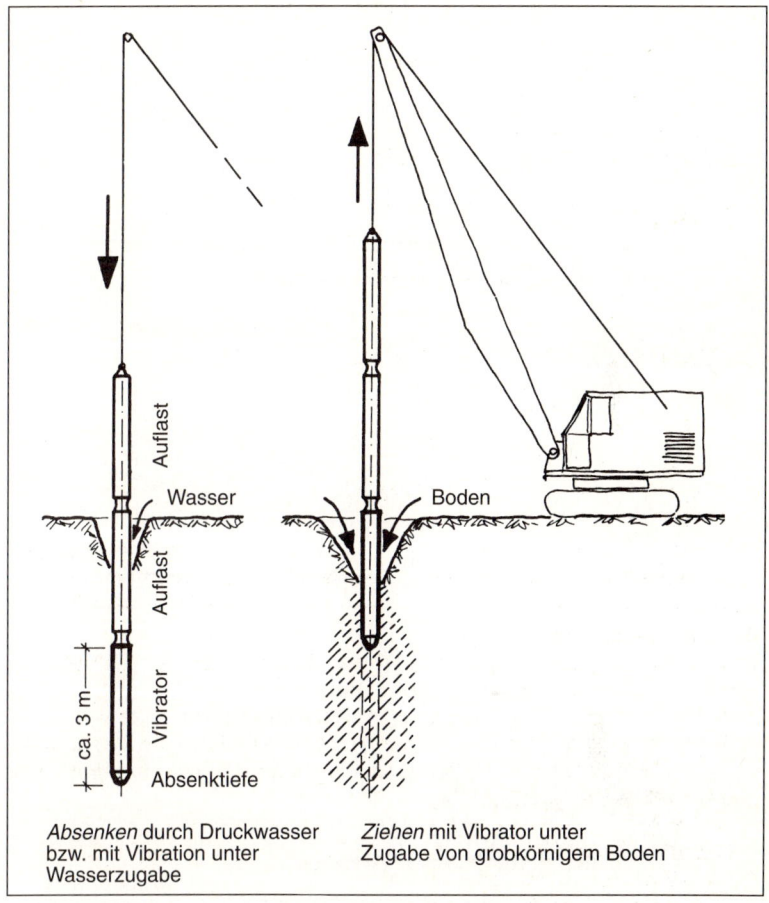

Absenken durch Druckwasser
bzw. mit Vibration unter
Wasserzugabe

Ziehen mit Vibrator unter
Zugabe von grobkörnigem Boden

*Abb. 4.7.4/3. Rüttelnd wirkende Verdichtungsgeräte – Tiefenrüttler
(grobkörnige Böden: Rütteldruckverdichtung; feinkörnige Böden: Stopfverdichtung)*

4.7.4.4 Tiefenrüttler

Konstruktion (Abb. 4.7.4/3): mit dem Antrieb in Stahlrohr (übliche Abmessungen: ⌀ 40 cm, Länge 300 cm) montierter Kreisschwinger mit senkrechter Welle; i. d. R. an Seilbagger aufgehängt;
Anwendung: Untergrundverdichtung (s. Kap. 4.6.6).

4.7.4.5 Oberflächenrüttler – Vibrations-, Rüttelwalzen (Abb. 4.7.4/4)

(1) Wirkungsweise: Erzeugung der Vibration durch auf der Walzenachse montierten Kreisschwinger mit außerhalb der Bandage liegendem Antrieb.

Anhänge-Vibrationswalze
Glattmantelbandage

Schaffuß-
Breitfußbandage

Einradvibrationswalze
– handgeführt –

Doppelvibrationswalze
(Duplexwalze)
– handgeführt –

Tandem-Vibrationswalze
– Knicklenkung –

Vibrationsplatte
*– leicht/
Einwellenkreisschwinger –*

Abb. 4.7.4/4.   Vibrierend wirkende Verdichtungsgeräte – Vibrations-(Rüttel-)walzen und -platten

(2) Bauarten:
a) einachsige Anhänge-Vibrationswalze:
Dienstmasse: ca. 5 ... 15 t; Dienstmasse der Zugmaschine ca. gleiche Größe;
Bandagenart: Glattmantel oder Schaffüße;
Anwendung: nur zur Bodenverdichtung; Verstärkung der Wirkungen gegenüber gleichen statischen Walzen.
b) handgeführte Vibrationswalzen:
Lenkung: mechanisch über Deichsel;
Einrad-Vibrationswalze: Dienstmasse: bis ca. 500 kg;
Anwendung: Verdichtung dünner Schichten in Gräben, Hinterfüllungen; kleine Flächen im Wegebau.
Doppel-Vibrationswalze (Duplexwalze): beide Bandagen mit Antrieb und Unwucht;
Dienstmasse: ca. 500 ... 1500 kg;
Anwendung: Verdichtung dünnerer Schichten in Gräben, Hinterfüllungen; wegen guter Standfestigkeit bei stärkerer Planumsneigung; bituminöser Straßenbau.
c) Tandem-Vibrationswalzen: variabelste Walze mit zwei gleichgroßen Glattmantel-Bandagen; bei neueren Geräten beide Bandagen mit Unwuchterzeuger ausgerüstet; wechselseitig abschaltbar (Kombination aus statisch glättendem und dynamisch verdichtendem Gerät);
Lenkung:
Lagerung einer Bandage in Bügel;
Lagerung beider Bandagen in Bügeln (Doppelbügellenkung); überlappende Verdichtungsbahnen durch »Hundegang« in einem Arbeitsgang möglich;
Knicklenkung;
Dienstmasse: leichte Geräte bis ca. 5 t, schwere Geräte bis ca. 10 t;
Anwendung: leichte Geräte im bituminösen Straßenbau und Erdbau; schwere Geräte vor allem im Erdbau.
d) Walzenzüge: Kombination aus einachsiger Vibrations-Anhängewalze und fest angekoppelter gummibereifter, einachsiger Zugmaschine mit Knicklenkung;
Fahrantrieb: ohne oder mit zusätzlichem Bandagenantrieb (dabei Steigfähigkeit bis 60 %!);
Bandagenart: Glattmantel-, Schaffuß- oder Breitfußwalze;
Dienstmasse: ca. 4 ... 20 t;
Anwendung: im Erdbau wie Anhängewalzen.
e) Kombi-Walze: durch Knicklenkung verbundener Walzenzug aus Glattmantel-Vibrationswalze und Gummiradwalze;
Dienstmasse: ca. 2 ... 8 t;
Anwendung: vorwiegend im bituminösen Straßenbau; u.U. auch zur Bodenverdichtung.

Arbeitsschritt → Gerät ↓	Lösen über Stand-	Lösen unter Fahrebene	Bodenklasse (DIN 18196) 1	2	3	4	5	6	7	Laden Steine/Geröll	Sand/Kies	bindige Böden, Mischböden fest	halbfest	steif	weich	breeig flüssig
Standbagger – Raupenkette																
mit Hochlöffel	+	–	–	–	+	+	+	+	0	$+^6$	+	+	+	+	+	–
mit Tieflöffel	0	+	–	+	+	+	+	+	0	$+^6$	+	+	+	+	+	+
mit Greifer	0	+	–	0	+	+	0	–	–	0^6	+	–	+	0	+	0
mit Schürfkübel	–	+	–	0	+	0	0	–	–	0^6	+	–	+	0	+	0
Grabenbagger	–	+	–	–	+	+	0	–	–	–	0^7	–	+	0	–	–
Standbagger – Radfahrwerk																
mit Hochlöffel	+	–	–	–	+	+	0	–	–	0^6	+	0	+	+	–	–
mit Tieflöffel	0	+	–	+	+	+	0	–	–	0^6	+	0	+	+	+	0
mit Greifer	0	+	–	0	+	0	0	–	–	–	+	–	+	0	+	–
Fahrbagger																
Raupenlader	+	0^1	+	0	+	+	+	0	–	+	+	+	+	+	+	0
Radlader	+	0^1	+	–	+	0	–	–	–	0	+	$+^8$	+	+	0	–
Baggerlader	+	$+^2$	0	–	+	$+^2$	0^2	–	–	–	+	0^2	+	+	0	–
Planierraupe																
Querschild	+	0^3	+	–	+	+	+	+	0^4	–	–	–	–	–	–	–
Schwenkschild	+	0^3	0	–	+	+	0	0	–	–	–	–	–	–	–	–
Raddozer	+	0^3	+	–	+	0	0	–	–	–	–	–	–	–	–	–
Schürfkübelgeräte:																
Motorscraper	–	$+^1$	–	–	+	+	0	–	–	–	+	–	+	+	–	–
Schürfkübelraupe	–	$+^1$	–	+	+	+	+	0	–	–	+	–	+	+	+	0
Erdhobel (Grader)	$+^5$	0^5	–	–	+	0	–	–	–	–	–	–	–	–	–	–
Transportgeräte:																
Straßen-LkW, Hinterradantrieb	–	–	–	–	–	–	–	–	–	–	–	–	–	–	–	–
Straßen-LkW, Allradantrieb	–	–	–	–	–	–	–	–	–	–	–	–	–	–	–	–
Erdtransportwagen	–	–	–	–	–	–	–	–	–	–	–	–	–	–	–	–

Erläuterungen:
+ geeignet
o bedingt geeignet
– nicht zu empfehlen / ungeeignet

[1] Lagenstärke bis ca. 20 cm
[2] Heckbagger
[3] Lagenstärke ca. 10 cm
[4] Lockern mit Heckaufreißer
[5] seitlich ausgefahrene Schar
[6] abhängig von Löffelabmessung

Abb. 4.7.5/1. Abhängigkeit der Geräteeignung von Bodenart, Planum und Arbeitsschritt

Transportieren						Einbauen			Profilieren/Planieren			
Planum, Förder-, Standebene Tragfähigkeit				Längs-neigung	Transport-entfernung	Ent-laden	Ver-teilen	Ein-ebnen	Material		Arbeit	
hoch	mittel	gering	sehr gering						grob	fein	grob	genau
[N/mm²] >0,7	0,3-0,7	0,1-0,3	0,05-0,1									
I_c >>1	>0,8	0,5-0,8	0,2-0,5	[%]	[m]							
+	+	+	o	< 20	$-^9$	–	–	–	+	o	–	–
+	+	o	–	< 20	$-^9$	–	–	–	+	+	–	–
+	+	o	–	< 20	$-^9$	+	–	–	–	–	–	–
+	+	o	–	< 10	$-^9$	–	–	+	+	+	o	–
+	+	o	–	< 10	$< 5^{10}$	–	–	–	–	–	–	–
+	o	–	–	< 20	$-^9$	–	–	–	+	o	–	–
+	o	–	–	< 20	$-^9$	–	–	–	+	+	–	–
+	o	–	–	< 20	$-^9$	+	–	–	–	–	–	–
+	+	+	o	< 50	< 75	–	+	+	+	+	+	–
+	+	o	–	< 40	< 100	–	+	+	o	+	+	–
+	+	–	–	< 30	< 50	–	+	o	–	+	o	–
+	+	+	o	< 50	< 75	–	+	+	+	+	+	o
+	+	+	o	< 20	$< 3^{10}$	–	+	+	–	+	+	–
+	+	–	–	< 30	< 100	–	+	+	o	+	+	o
+	+	o	–	< 20	100 – 6.000	+	+	+	o	+	+	–
+	+	+	–	< 40	< 300	+	+	+	o	+	o	–
+	+	o	–	< 10	$< 3^{10}$	–	+	+	–	+	+	+
+	o	–	–	< 10	200 – 10.000	+	–	–	–	–	–	–
+	+	o	–	< 15	200 – 10.000	+	–	–	–	–	–	–
+	+	o	–	< 20	100 – 5.000	+	–	–	–	–	–	–

[7] durch Fördereinrichtung
[8] vorgelockert
[9] entsprechend Auslegerreichweite
[10] Quertransport
[11] Stückgut möglich

4.7.4.6   Oberflächenrüttler – Vibrations-, Rüttelplatten (Abb. 4.7.4/4)

(1) Aufbau: Motorplatte mit Antriebsmotor, durch schwingungsdämpfende Bauteile von Verdichtungsplatte (Grundplatte) mit Schwingungserreger getrennt;

(2) Bauarten:

a) leichte Vibrationsplatten mit Einwellenkreisschwinger:
selbst vorwärtslaufend durch Neigung der Schwingachse; Lenkung mit umlegbarem Führungsbügel;
Dienstmasse: ca. 50 … 200 kg;
Anwendung: Bodenverdichtung bei Gräben, Hinterfüllungen; Verdichtung von Wegebaustoffen.

b) mittelschwere Vibrationsplatten mit Zweiwellenschwinger: selbst vor- und rückwärtslaufend entsprechend einstellbarer Neigung der Schwingachse; Lenkung und Bedienung über Deichsel;
Dienstmasse: ca. 200 … 400 kg;
Anwendung: Bodenverdichtung; Straßenbau.

c) schwere Vibrationsplatten mit Zweiwellenschwinger: selbst vor- und rückwärtslaufend; Lenkung und Bedienung über Konsole;
Dienstmasse: bis ca. 2,9 t;
Anwendung: Bodenverdichtung; heute von leichter zu führenden Vibrationswalzen fast vollständig verdrängt.

d) Mehrplattenverdichter für Front- und Heckanbau:
Antrieb: entweder durch den Motor des Trägerfahrzeugs oder durch eigene kleine Elektromotoren;
Vorteile: Vortrieb durch Trägerfahrzeug, dadurch gesamte Rüttelenergie für Verdichtung verfügbar;
durch Zwangsführung günstigste Frequenz frei wählbar; hohe Leistung durch Wirkungsbreite von ca. 2,5 … 3,75 m und Einsatz bis zur Böschungskante.

e) Kranrüttler (Mammut-Rüttler):
Rüttelgerät wird an Baggern oder Kränen frei hängend eingesetzt; durch Zusatzmassen von bis zu 15 t ballastiert;
Anwendung: Spezialgerät zur Bodenverdichtung bei Schütthöhen bis 1,2 m.

Weitere Hinweise zur Anwendung s. Kap. 4.7.6, zur Auswirkung auf den Boden s. Kap. 4.7.7.4, zur Dimensionierung s. Kap. 4.7.8.

4.7.5   Einsatzkriterien für Geräte zum Lösen, Laden, Transportieren und Einbauen von Böden

(1) Maßstäbe:
bodenmechanische Kenngrößen (Bodenart, Zustand und Gefügefestigkeit, Tragfähigkeit);
Baustellengegebenheiten (Transportentfernung, Topographie);
den Geräten eigener Platzbedarf (Manövrierfähigkeit);

(2) Beurteilungshilfen: Zusammenstellung Abb. 4.7.5/1 und 2.

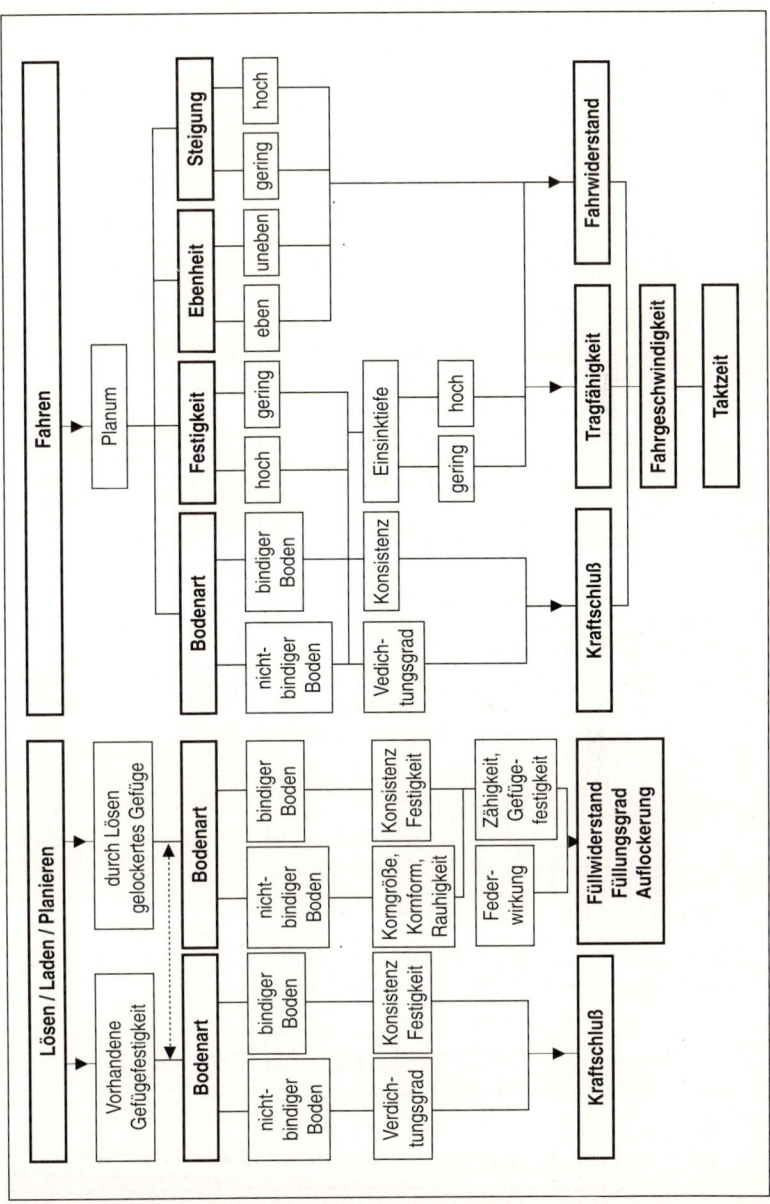

Abb. 4.7.5/2. Bodenmechanische Kenngrößen zur Leistungsberechnung von Geräten (Lösen, Laden, Transportieren und Einbauen)

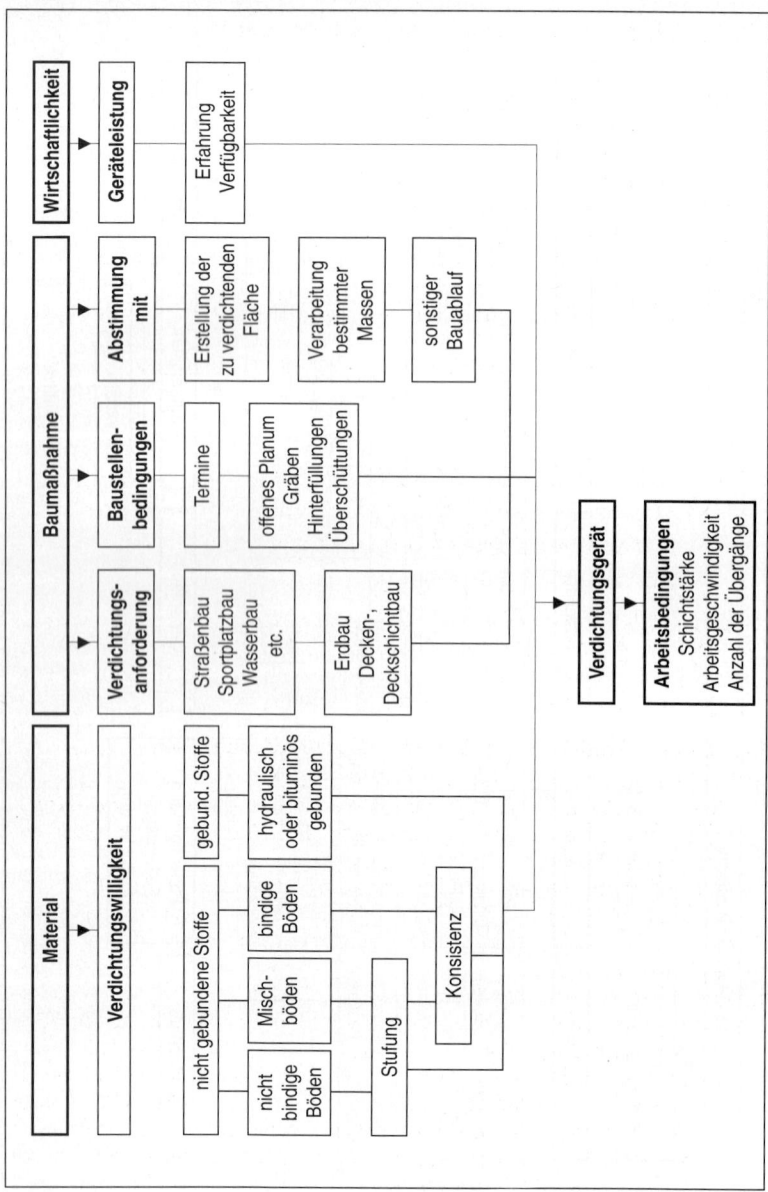

Abb. 4.7.6/1. Parameter zur Wahl des Verdichtungsgeräts und Festlegung der Arbeitsbedingungen

4.7.6 Einsatzkriterien für Verdichtungsgeräte

(1) Maßstäbe:
Verdichtungswilligkeit des Materials;
aus Baumaßnahme resultierend:
Verdichtungsanforderung;
Baustellenbedingungen;
Abstimmungen im Arbeitsablauf;
Wirtschaftlichkeit;
Zusammenwirkung s. Abb. 4.7.6/1;
(2) Hinweise für Wahl der Verdichtungsgeräte und Schütthöhe s. Abb. 4.7.6/2;
Probeverdichtungen: Durchführung zu empfehlen in besonders kritischen Fällen oder bei fehlenden Erfahrungen;
Bezugsrichtlinie: »Vorläufiges Merkblatt für die Durchführung von Probeverdichtungen« – FG 68.

4.7.7 Auswirkungen der Arbeitsvorgänge Lösen, Laden, Transportieren, Einbauen und Verdichten auf den Boden – Wechselwirkungen zwischen Gerät und Boden

Durch den Einsatz der Baugeräte treten Gefügeänderungen und Veränderungen der Tragfähigkeit des Planums und Be- und Weiterverarbeitbarkeit des Bodens auf. Die Wirkung üblicher Baumaschinen nimmt beim Lösen, Laden, Transportieren und Einbauen ab ca. 0,4 m Tiefe deutlich ab.

4.7.7.1 Auswirkungen des Lösens und Ladens von Böden

(1) Geräteunabhängige Auswirkungen des Lösevorgangs:
Lockerung der Gesamtstruktur des gewonnenen Bodens; Auswirkungen steigen mit Lösewiderstand (ursprünglicher Gefügefestigkeit); meist nur von vorübergehender Wirkung bzw. rückführbar;
Verdichtung der Struktur des gewonnenen und belassenen Bodens unmittelbar an der Einstichkante des Grabgefäßes durch Verschieben und Verdrängen von Bodenbestandteilen; Auswirkungen steigen mit Anteil an bindiger Substanz.
(2) Direkte Gerätewirkungen beim Lösen und Laden: grundsätzlich Strukturverdichtungen des Planums und des Bodens unmittelbar an der Einstichstelle des Grabgefäßes;
a) Einfluß der Standbagger: walkende und pumpende Planumsbeanspruchung durch wechselseitig belastetes Fahrwerk; starke Zunahme der Bodenpressung, da Gerätegewicht und Vorschubkraft zeitweise nicht vom gesamten Fahrwerk übernommen; Planumsbeanspruchung steigt mit Gerätegewicht, Lösewiderstand des Bodens und Hebelarm des Gerätes;
Auswirkungen: Verdrängen gleichförmiger nichtbindiger Böden; Plastifizieren, u. U. Verflüssigen bindiger Böden und stark bindiger Misch-

Gerät	Anwendung					
	Erdbau Planum eng	frei	Leitungsgräben	Bauwerkshinterfüllung	Staßenbau ungeb. Baustoffe	bitum. Schichten
statisch						
Glattmantelwalze, gezogen	–	o	–	–	o	o
Glattmantelwalze, selbstf.:						
3-Rad	–	o	–	–	–	o
Tandem	o	o	o	o	–	o
Schaffußwalze, gezogen	–	+	–	–	–	–
Gitterradwalze, gezogen	–	+	–	–	–	–
Gummiradwalze, gezogen:						
leicht　< 20 t	–	o	–	–	–	o
schwer　> 20 t	–	+	–	–	–	–
Gummiradwalze, selbstf.:						
leicht　< 20 t	o	o	–	–	+	+
schwer　> 20 t	–	+	–	–	–	–
dynamisch–stampfend						
Fallplattenstampfer:						
normal　< 4 t	–	+	–	–	–	–
schwer　>> 4 t	–	+	–	–	–	–
Explosionsstampfer:						
leicht　< 200 kg	+	–	+	+	o	–
schwer　500 – 1200 kg	+	–	–	–	o	–
Motorstampfer	+	–	+	+	o	o
Tiefenrüttler	–	+	–	–	–	–
dynamisch–vibrierend						
Anhängevibrationswalze:						
Glattmantel-:						
leicht	–	+	–	–	o	o
schwer	–	+	–	–	o	–
Schaffuß-:						
leicht	–	+	–	–	–	–
schwer	–	+	–	–	–	–
Walzenzug	o	+	–	–	o	o
Einachsvibrationswalze	+	–	+	+	o	o
Doppelvibrationswalze:						
leicht　< 2,5 t	+	o	o	o	+	+
schwer　> 2,5 t	+	+	–	o	+	+
Tandemvibrationswalze:						
leicht　< 5 t	o	o	–	–	+	+
schwer　5 – 10 t	–	+	–	–	o	–
Kombiwalze	o	+	–	–	+	+
Vibrationsplatte:						
leicht　< 200 kg	+	–	+	+	+	–
mittel　< 400 kg	+	o	o	o	o	o
schwer　< 2,9 t	o	+	–	–	–	–
Mehrplattenverdichter	–	+	–	–	+	–
Kranrüttler	–	+	–	–	–	–
Erläuterungen: + empfehlenswert; o bedingt geeignet; – nicht zu empfehlen / ungeeignet						

Abb. 4.7.6/2.　Hinweise für die Wahl des Verdichtungsgeräts aufgrund des Einsatzes, ...

Bodenart

Sand, Kies Stufung U<6	U≥6	I	H cm	Ton, Schluff, bindiger Sand Wassergehalt $<w_{Pr}$	$=w_{Pr}$	$>w_{Pr}$	H cm	bindiger Kies Wassergehalt $<w_{Pr}$	$=w_{Pr}$	$>w_{Pr}$	H cm	Steine, Geröll	H cm
+	o	+	10 – 20	–	o	–	10 – 20	–	o	–	–	–	–
+	o	+	10 – 20	–	o	–	10 – 20	–	o	–	–	–	–
+	o	+	10 – 20	–	o	–	10 – 15	–	o	–	–	–	–
–	–	–	–	o	+	o	20 – 30	–	o	o	20 – 30	o	20 – 30
–	–	–	–	+	o	–	20 – 30	+	+	o	20 – 30	o	20 – 30
–	–	o	20 – 30	–	+	o	10 – 20	–	+	o	–	–	–
–	+	+	30 – 50	o	+	o	20 – 30	+	+	o	–	–	–
o	+	o	20 – 30	–	+	o	10 – 20	o	+	o	–	–	–
–	+	+	30 – 50	o	+	o	20 – 30	o	+	o	–	–	–
–	–	–	–	+	+	o	50 – 70	+	+	o	50 – 80	+	50 – 80
–	–	–	–	+	+	o	> 80	+	+	o	> 100	+	> 100
–	+	o	20 – 40	o	–	–	10 - 20	–	o	–	–	–	–
+	+	+	30 – 50	+	o	–	20 – 40	+	+	o	30 – 50	o	30 – 50
–	+	o	20 – 40	o	o	–	10 – 20	o	+	–	–	–	–
+	+	+	> 300	+	+	o	> 300	+	+	o	–	–	–
o	+	+	30 – 50	o	–	–	10 - 20	o	+	o	–	–	–
–	+	+	40 – 80	o	–	–	20 – 40	+	+	o	40 – 60	+	40 – 60
–	o	o	30 – 40	+	+	o	15 – 30	o	+	+	20 – 30	o	20 – 30
–	o	o	40 – 50	+	+	–	20 – 40	+	+	+	30 – 50	+	30 – 50
o	+	+	30 – 70	o	o	–	15 – 30	o	+	–	20 – 50	o	20 – 50
–	+	o	15 – 25	–	–	–	–	–	o	–	–	–	–
o	+	+	20 – 40	o	o	–	10 – 20	o	+	o	–	–	–
o	+	+	30 – 50	o	o	–	10 – 30	+	+	o	30 – 50	o	30 – 50
o	+	o	20 – 40	–	–	–	–	–	o	–	–	–	–
–	+	o	30 – 50	o	–	–	10 – 15	o	o	–	–	–	–
o	+	+	30 – 60	+	+	o	20 – 40	+	+	o	–	–	–
–	+	o	20 – 40	–	–	–	–	–	o	–	–	–	–
–	+	+	30 – 50	–	–	–	–	o	+	–	–	–	–
–	+	+	30 – 60	o	–	–	10 – 30	+	+	–	30 – 50	o	30 – 50
+	+	+	30 – 50	–	–	–	–	–	o	–	–	–	–
–	+	+	< 120	o	–	–	–	+	+	–	70 – 90	+	70 – 90

H: Schichtdicke, verdichtet

...der Baustellenbedingungen und der Bodenverhältnisse

böden (völlige Strukturzerstörung); Auslösen von Suffosionsvorgängen/ Feinkornverlagerung.

b) Einfluß der Fahrbagger:

Radfahrwerk (Radlader, Scraper): Planumsbeanspruchung durch Gerätegewicht, Knetwirkung der Reifen und hohe Horizontalkraft (Schlupf) an den Antriebsrädern zur Überwindung des Lösewiderstands; dadurch starke Scherbeanspruchung der oberen Bodenschicht; Auswirkungen: Plastifizieren, bei häufigem Befahren auch Verflüssigen bindiger Böden und stark bindiger Mischböden; bei $I_c = 0,75$ bis $1,0$ durch Scherkräfte zusätzlich Polarisationsvorgänge in der obersten Zone (blätterteigartige Strukturveränderung).

Zusätzliche Einflüsse aus der Lenkung vorwiegend beim Laden (Eckfahrten):

Achsschenkellenkung: Ausbildung von vier Fahrspuren (Verteilung des Gerätegewichts); zur Kurvenaußenseite gerichtete Schubkräfte der gelenkten Räder (Verstärkung der Horizontalkräfte);

Knicklenkung: Ausbildung von nur zwei Fahrspuren (keine Verteilung des Gerätegewichts); kaum nach außen gerichtete horizontale Schubkräfte; durch Verringerung des Achsstands jedoch Überlagerung der Kräfte in höherem Horizont; Zunahme der vertikalen Bodenbeanspruchung;

Raupenfahrwerk (Planierraupe, Kettenlader): Planumsbeanspruchung durch Gerätegewicht; Knet- und vor allem Rüttelwirkung mit hohen Horizontalkräften durch Stegketten; Scherbeanspruchung wirkt sich auf dickere Bodenschicht aus; Raupe trägt auf volle Länge und Breite erst bei Einsinken des Fahrwerks, sonst Lastübertragung nur durch die Kettenglieder unter den Stützrädern (Kraftüberlagerung in hoch liegendem Horizont);

Auswirkungen: wie vor; durch Überlagerung von Kräften Bildung 2. Verdichtungsebene in ca. $0,4$ m Tiefe; Polarisationsvorgänge noch bei I_c bis ca. $1,1$; Auftreten sehr hoher zusätzlicher Scherbeanspruchungen bei Kurvenfahrt.

4.7.7.2 Auswirkungen des Bodentransports

(1) Voraussetzung zu den folgenden Angaben ist der Einsatz von Fahrzeugen mit Radfahrwerk.

(2) Gerätewirkungen auf das Planum: grundsätzlich wie bei Radlader; aufgrund des Gerätegewichts höhere Vertikalkräfte; keine Horizontalkräfte durch Lösen;

Vorschubkräfte mit Schlupf oder Antriebsräder zur Überwindung des Rollwiderstands; Zunahme mit Längsneigung und Verschlechterung der Fördertrasse – vor allem bei Scrapern;

Seitenschub durch Achsschenkellenkung auch bei Allradantrieb;

Erhöhung der Verdichtungswirkung bei unebener Fahrbahn (Auftreten dynamischer Kräfte);

Überlagerung der Kräfte in höherem Horizont bei engstehenden hinteren Doppelachsen.

(3) Gerätewirkungen auf das Fördergut: durch Erschütterungen; Zunahme mit Verschlechterung der Fördertrasse;
Auswirkungen: Verdichtung des Förderguts; Verflüssigung möglich bei bindigen Böden und stark bindigen Mischböden mit $I_c \approx 0,5 \ldots 0,9$; u. U. dadurch Einschränkung der Einbaufähigkeit.

4.7.7.3 Auswirkungen des Einbauens (Verteilen, Einebnen, Planieren)

(1) Einsatz von Fahrbaggern:
Verteilen und Einebnen: direktes Befahren des lockeren Bodens; Belastungsvorgänge entsprechen praktisch denen beim Lösen;
Auswirkungen: wie beim Lösen mit Steigerung des Verdichtungseffekts (Spurbildung) durch Geräteauflast und Schlupf durch hohen Rollwiderstand; sehr hohe Verdichtungswirkung durch Scraper;
Planieren nach Verdichtung: Lösewiderstand nimmt zu, Rollwiderstand ab;
Auswirkungen: kaum zusätzliche Bodenverdichtung; u. U. durch Horizontalkräfte Verschmieren oder Polarisieren der obersten Bodenschicht.

(2) Einsatz von Standbaggern: Verteilen und Einebnen innerhalb der Reichweite des Geräts von Nebenfläche möglich; keine Belastung des einzubauenden Bodens.

4.7.7.4 Auswirkung des Verdichtens

(1) Auswirkung der Arbeitsweise der Geräte auf die Bodenreaktion:
statische Verdichtung: Überwindung des Bodenwiderstands durch relativ langandauernde Belastung;
stampfende Verdichtung: kurzzeitige Überwindung des Bodenwiderstands durch impulsartige Belastung;
rüttelnde (vibrierende) Verdichtung: kurzzeitiges Aufheben der Reibungskräfte, Komprimieren des Kornhaufswerks durch Eigengewicht des Bodens und Gerätelast.

(2) Reaktion des Bodens:
Veränderung der Poren:
Verkleinerung der Poren: Verschiebung einzelner Bodenbestandteile gegeneinander unabhängig von der Bodenart; praktisch nur durch statische Verdichtung mit Geräten ohne große Knetwirkung;
Veränderung der Porenform: tonreiche Böden: Verschiebung von Bodenbereichen gegeneinander durch Scherkräfte (Horizontalschub, Kneten); Umformung kubischer Poren zu »plattigen«, zweidimensionalen Poren (Polarisation); gebrochene Körnungen: keilförmiges Ineinanderschieben von Einzelbestandteilen; Bildung relativ flacher, großflächiger Poren;
Verkleinerung der Poren durch Kornumlagerung: »Einrieseln« kleiner Körner in Poren des gröberen Haufwerks durch Rütteln (Vibration), Stampfen; starke Veränderung des ursprünglichen Bodengefüges; Effekt besonders groß bei nichtbindigen bis sehr schwachbindigen Böden mit Zunahme der Wirkung mit der Stufung.
Veränderung der Phasenverteilung:
Reduzierung des Luftgehalts durch Komprimieren der Poren;

Vergrößerung der Sättigung der Poren mit Wasser durch Auspressen der Bodenluft.

(3) Auswirkungen:

Erhöhung der Zahl der Berührungspunkte im Boden: Zunahme der Reibungs- und Kohäsionskräfte und damit der Tragfähigkeit stets bei nichtbindigen Böden und bindigen Böden bei $I_c > 1{,}0$;

Veränderung der Konsistenz: durch Reduzierung des Luftanteils der Poren bindiger Böden und stark bindiger Mischböden Zunahme der Wasserfilmdicke am Bodenkorn, u. U. Auftreten von Porenwasserüberdruck; Reduzierung der Kohäsionskräfte; Plastifizieren bis Verflüssigen des Bodens; Verlust von Tragfähigkeit und Standfestigkeit;

Verringerung von Durchlässigkeit: durch Reduzierung der Porengröße; u. U. Bildung von Sperrschichten gegen Sickerwasser (Vernässungshorizonte);

Vergrößerung von Kapillarität und Wasserbindevermögen: durch kleinere Poren größerer kap. Aufstieg und längere Vernässungsdauer;

Beeinflussung der Frostempfindlichkeit: Zunahme durch stärkere Wasserbindung, größere Kapillarität.

4.7.8   Auswahl der Baumaschinen nach Baustellenkriterien und Kosten

Die vorgegebene Arbeitsaufgabe bestimmt das geeignete Maschinensystem, z. B. ob ein Hydraulikbagger, eine Grabenfräse oder ein Baggerlader mit Heckbagger am zweckmäßigsten ist (Abb. 4.7.5/1).

Wenn die Arbeitsaufgabe bzw. die wichtigsten Tätigkeitsbereiche des Betriebes (z. B. Sportplatzbau, Hausgärten, Leitungsbau) als Randbedingungen für Technik, Einsatz- und Bedienungsansprüche, Wartung und Kundendienst, Anschaffungspreis u. a. in der Form von Kriterien für eine Maschine formuliert werden, kann bei der Kaufentscheidung für eine Baumaschine das Marktangebot auf wenige am besten geeignete Typen reduziert werden. Diese Auswahl geschieht in Form einer Wertanalyse.

Weitere Möglichkeiten zur Maschinenauswahl bei einer anstehenden Kaufentscheidung sind Vorführungen (am besten nach einer vom Kunden vorgegebenen Aufgaben-Checkliste, nicht nach freiem Wunsch der vorführenden Firma), Informationen auf Fachmessen mit praktischen Vorführungen und Erfahrungen anderer Betriebe (Referenzen).

Ebenfalls wird die Entscheidung, welche Maschine aus dem Maschinenpark des Betriebes der Baustelle wann zugeordnet wird, vorwiegend von den Baustellenbedingungen bestimmt.

Diese sind u. a.: geplante Leistung (in Abhängigkeit von vorhandenen Massen, Zeitvorgaben, Einpassung in eine vorgegebene Maschinenkette u. a.);

baustellenspezifische Randbedingungen (Bodenart, enger oder weiter Raum, Geländeneigung, besondere Anforderungen der Umwelt u. a.);

Personal (bessere oder geringere Erfahrung mit bestimmten Maschinen); Baustellenentfernung.

4.7.8.1 Abstimmung im Arbeitsablauf; Maschinenkette

Häufig arbeiten Maschinen auf Baustellen nicht einzeln, sondern sozusagen Hand in Hand, d. h. als sog. Maschinenkette. Beispiel: Die Deckschicht eines Sportplatzes wird mit dem Fertiger eingebaut, zum Antransport des Materials und Abkippen in den Bunker des Fertigers gehört eine bestimmte Anzahl LkW, die wiederum am Lagerplatz des Materials von einem Radlader bestimmter Größe beladen werden.

(1) Regel 1: Maschinen innerhalb von Maschinenketten müssen in der Leistung aufeinander abgestimmt sein.

a) Faustzahl zur Bestimmung des richtigen LkW bei vorhandenem Radlader bzw. Raupe: Kapazität des LkW = 3 bis 5 Schaufelfüllungen des Ladegeräts.

Man sollte also den LkW in höchstens 5, aber mindestens 3 Arbeitstakten beladen können. Sind mehr als 5 Schaufelfüllungen nötig, ist der Lader zu klein; sind nur 1 oder 2 Füllungen nötig, ist der Lader für den LkW zu groß.

b) Faustzahl zur Bestimmung des richtigen LkW bei vorhandenem Hydraulikbagger: Kapazität des LkW = ca. 10 Grabgefäß-Füllungen des Baggers.

Je kürzer der Arbeitstakt des Baggers ist, desto größer kann die Zahl der Füllungen sein, d. h. bei kürzerer Spielzeit kann der gewählte LkW größer werden als die Faustzahl sagt. Bei langsamer Baggerarbeit sollte der LkW dagegen kleiner als lt. Faustzahl sein (z. B. bei schwerer Grabarbeit mit der Greiferschaufel).

c) Umrechnung der Nutzlast des LkW in Lademenge:
Formel: Menge $[m^3] = $ Nutzlast $[t] : 1,7$
Das ist zu beachten, weil die Gefäßinhalte der Ladegeräte immer in m^3, die Kapazität des LkW immer in t-Nutzlast angegeben wird.

(2) Regel 2: Wartezeiten möglichst verbilligen.

Wenn sich bei Maschinenketten Wartezeiten nicht vermeiden lassen, sollte immer die billigere Maschine (die mit den niedrigeren Herstellkosten je Betriebsstunde) auf die teurere warten.

Beispiel: Boden wird mit Radlader von etwa 80 PS von Miete auf LkW (etwa 10 t Nutzlast) verladen.

a) Radlader 80 PS:
Kosten/Einsatzstunde bei 10 % Gemeinkostenzuschlag ca. 90,– DM

b) LkW 10 t Nutzlast:
Mietpreis/Stunde lt. GNT bei Abrechnung nach Tafel I ca. 80,– DM

Bei gleichbelastender Kalkulation (d. h. höherem Gemeinkostenzuschlag für den Radlader und der (vorschriftsmäßigen) Abrechnung für den Mietpreis des LkW nach GNT Tafel V wird der Radlader teurer, der LkW billiger, d. h. der Unterschied der Stundenkosten wird größer.

Ergebnis: LkW-Flotte mit ausreichender Einheitenzahl bereitstellen.

Ähnliche Beispiele:

Pflegekolonne mit 1 Großflächenmäher und notwendige Zahl Ausputzmaschinen;

Füllboden mit LkW-Flotte anfahren und mit großer Planierraupe einbauen.

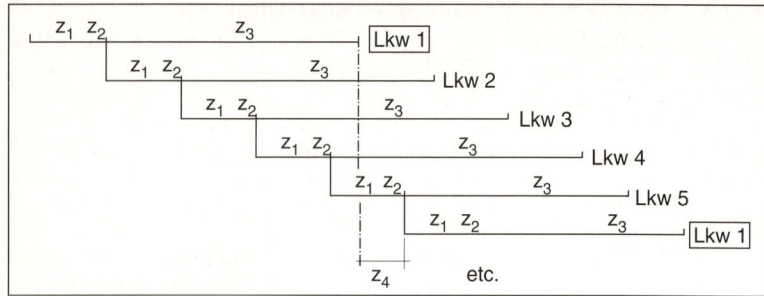

Abb. 4.7.8/1. Beispiel zur graphischen Ermittlung der Zahl der Transportgeräte

(3) Regel 3: Sinnvolle Arbeitsflottengröße.

Verfahren zur Bestimmung der notwendigen Zahl von LkW in einer Arbeitsflotte (z. B. beim Abfahren einer Miete).

Kennwerte:

Z_1 = Zeit für das Beladen des LkW

Z_2 = Wechselzeit (1. LkW fährt weg, 2. LkW fährt in Ladeposition)

Z_3 = Fahrzeit (Hinfahrt zur Kippstelle, Kippen, Rückfahrt zur Ladestelle)

Z_4 = Wartezeit des LkW

N = Zahl der LkW

a) Graphische Lösung (Abb. 4.7.8/1):

Folgerung: LkW 1 trifft während der Ladezeit von LkW 5 wieder an der Ladestelle ein. Es bleibt daher eine kurze Wartezeit Z_4 als Spielraum für Unvorhergesehenes.

Lösung: Einsatz von 5 LkW.

b) Rechnerische Lösung: $N = \dfrac{Z_1 + Z_2 + Z_3}{Z_1 + Z_2} + 1$

Rechenbeisp.: Z_1 = 2,0 min; Z_2 = 0,5 min; Z_3 8,5 min

$N = \dfrac{2,0 + 0,5 + 8,5}{2,0 + 0,5} + 1 = \dfrac{11}{2,5} + 1 = 4,4 + 1 = 5,4$ LkW

Gewählt: N = 5 LkW

4.7.8.2 Auswahl von Maschinen zum Bodentransport nach Massenbewegungsplänen

Ein Massenbewegungsplan erfaßt die Masse des zu transportierenden Materials und die Transportentfernung. Er wird in Tabellenform aufgestellt. Dabei sollte die Transportentfernung Rollwiderstände durch Bodenbedingungen berücksichtigen, so daß der angegebene Wert nicht dem tatsächlichen Baustellenmaß entsprechen muß.

Zur Ermittlung der mittleren Transportentfernung s. Abb. 4.7.8/2. Nach dem Beispiel in Abb. 4.7.8/4 liegt das Ergebnis bereits im oberen (Leistungs-)Viertel des Radladereinsatzes, besser wäre damit ein kleinerer Scraper. Wenn

Abtrags- schwerpunkt 1	Auftrags- schwerpunkt 2	Transport- entfernung [m] 3	Masse [m³] 4	Masse x Entfernung [m⁴] 5
A1	B1	80	2.000	160.000
A2	B2	150	2.000	300.000
A3	B3	200	5.500	1.100.000
A4	B4	180	3.500	630.000
Summe			13.000	2.190.000

$$\text{mittlere Transportentfernung} = \frac{\text{Summe Spalte 5}}{\text{Summe Spalte 4}}$$

Beispiel: $\quad L_{mittel} = \dfrac{2.190.000}{13.000} = 168{,}5 \text{ m}$

Abb. 4.7.8/2. Beispiel zur Ermittlung der mittleren Transportentfernung mit einem Massenbewegungsplan

also weder ein Radlader mit 2-m³-Schaufel noch ein Scraper zur Verfügung steht, wird der unterbrochene Betrieb (Ladegerät + Transport-LkW) wohl am wirtschaftlichsten sein.

4.7.8.3 Leistungsdaten und -kriterien, Leistungsberechnung, Kosten

Die Leistung einer Baumaschine ist nicht nur wichtig bei der Kaufentscheidung bzw. der Zuordnung der geeigneten Maschine zu den verschiedenen Baustellen, sie ist auch bei maschinenbezogenen Positionen entscheidend für den Angebotspreis.

(1) Berechnung über Formeln: Es ist zu beachten, daß die Mengenangaben immer »aufgelockertes Material« bedeuten. Wenn (wie meist) in Fest-m³ abgerechnet wird, muß man umrechnen.

a) Die Grundformel für Maschinenleistungen im Erdbau lautet:

$$N = \frac{V \cdot f \cdot 3600}{T} \ [m^3/h] \tag{I}$$

Erläuterungen

V = Gefäßinhalt, z. B. Ladeschaufel, Tieflöffel
f = Füllungsgrad
T = Taktzeit

In der Formel (I) ist die Taktzeit T die am wenigsten sichere Größe, d. h. ihre möglichst genaue Erfassung bzw. Abschätzung ist ausschlaggebend für die Genauigkeit der Leistungsberechnung.

Der Gefäßinhalt V ist eine geometrische Größe und aus den technischen Daten für die Maschine zu entnehmen. Er wird als leicht überhöhte Schüttung (sog. SAE-Maß) in m^3 angegeben. Es ist zu beachten, daß eine Maschine mit unterschiedlichen Werkzeugen ausgestattet werden kann; die am meisten benutzte Größe nennt man »Standardschaufel« und rechnet in Beispielen üblicherweise mit deren Maßen.

Der Füllungsgrad f ist ein Faktor, mit dem die SAE-Füllung (diese hat f = 1,0) auf die tatsächlich zu erwartende Füllung umgerechnet wird. Bei leichtem, locker geschüttetem Boden (z. B. humoser Oberboden auf frischer Miete) ist f > 1, bei festem, anstehendem oder grobschollig brechendem Material ist f < 1; hier sind Werte von f < 0,5 möglich. Der Füllungsgrad f ist per Definition dimensionslos.

Die Taktzeit T (gemessen in Sekunden) ist die Zeit für einen Arbeitstakt. Darunter versteht man den Bewegungsablauf für eine Gefäßfüllung, z. B. Laden (Beginn der Zeitnahme z. B. im Augenblick des Einstechens der Schaufel in die Miete), Fahrschleife, Abkippen auf LkW, Fahrschleife (Ende der Zeitnahme im Augenblick des erneuten Einstechens in die Miete).

b) Bei flächenbezogenen Leistungen ist anstelle mit Formel (I) zu rechnen mit N = v · b [m^2/h]   (II)

Erläuterungen:

v = Arbeitsgeschwindigkeit in m/h
b = nutzbare Gerätebreite (sog. Arbeitsbreite) in m.

In beiden Formeln wird von einem störungsfreien Ablauf der Arbeit ausgegangen, z. B. in Formel (II), daß eine Rüttelplatte eine Stunde lang geradeaus fährt. Zur Berücksichtigung der praktisch vorliegenden Bedingungen wird ein Wirkungsgrad η der Arbeit eingeführt, der bei optimalen Bedingungen nahe bei η = 0,9 liegen kann, bei baustellenüblichen Bedingungen etwa bei η = 0,6 liegt, bei sehr schwierigen Verhältnissen (mit vielen betriebsbedingten, witterungsbedingten und/oder personalbedingten Störungen) aber auch z. T. erheblich unter η = 0,5 liegen kann. Jedoch drängt sich dann die Frage auf, ob mit der richtigen Maschine gearbeitet wird.

Bei flächenbezogenen Leistungen ist noch die häufig notwendige Mehrfachbearbeitung (u. U. mit unterschiedlichen Arbeitsgeschwindigkeiten) zu berücksichtigen.

c) Rechenbeispiel für Leistungskalkulation:

Aufgabe: 50 m^3 Oberboden von Miete auf Fläche verteilen, Fahrweg im Mittel 30 m, geforderte Planumsgenauigkeit ± 5 cm.

Vorhanden: Radlader mit Allradlenkung, Motor 26 kW (38 PS), Schaufelinhalt V = 0,5 m^3 SAE.

Geschätzt: f = 1,1

Gerechnet: T für Laden, Wendeschleife, Abkippen und grob
abziehen   40 sec
T für 30 m Lastfahrt   20 sec
T für 30 m Leerfahrt   15 sec

T$_{gesamt}$ 75 sec

$$N_1 = \frac{0,5 \cdot 1,1 \cdot 3600}{75} = 26,4 \text{ m}^3/\text{h}$$

Geschätzter Wirkungsgrad: $\eta = 0,7$

$N_2 = 26,4 \cdot 0,7 = 18,5 \text{ m}^3/\text{h}$.

Die Arbeitszeit für das Verteilen des Oberbodens dauert

$t = 50 \text{ m}^3 : 18,5 \text{ m}^3/\text{h} = 2,7 \text{ h}$.

Weitere 0,3 h dauert das anschließende Planieren auf die geforderte Planumsgenauigkeit. Gesamtzeit daher 3,0 h bzw. Gesamtleistung

$N_{ges} = 50 \text{ m}^3 : 3 \text{ h} = 16,7 \text{ m}^3/\text{h}$.

Dieser Wert enthält keine (anteiligen) Zeiten für den Maschinentransport zur und von der Baustelle.

Maschine	Radlager		
Fahrzeug			
Gerät	amtl. Kennzeichen		

A. Kenndaten der Maschine

Fabrikat		Arbeitsbreite	
Typ		Schaufel-/Behälterinhalt	*0,5 m³*
Baujahr		Betriebsgewicht	
Motorleistung	*26 kW (35 PS)*		

B. Ausgangswerte für die Kalkulation

Anschaffungkosten (DM)	75.000	Betriebsstunden/Jahr	800
Nutzungsdauer (Jahre)	7	Reparaturkostenfaktor	0,6

C. Kostenkalkulation

I. Feste Kosten	DM	II. Veränderl. Kosten	DM/Std.
Abschreibung	10.700	Reparaturen	8,04
Verzinsung	2.600	Treibstoff	3,60
Versicherung	700	Schmierstoff	0,90
Steuer	–	Bruttolohn Fahrer	18,00
Unterbringung	200	lohngebundene Kosten	14,40
Feste Kosten/Jahr	**14.200**		
Feste Kosten/Std.	**17,75**	Veränderl. Kosten/Std.	**44,94**
C.I. + C.II. = Herstellkosten/Betriebsstunde			**62,69**

Abb. 4.7.8/3. Rechenbeispiel zur Kostenkalkulation

d) Rechenbeispiel für eine Kostenkalkulation s. Abb. 4.7.8/3:
   Die Herstellungskosten je

   Leistungseinheit = Stundenkosten : Stundenleistung

   betragen dann (unter den genannten Bedingungen)

   Leistungseinheit = 62,92 [DM/h] : 16,7 [m³/h] = 3,77 DM/m³.

(2) Bestimmung der Leistung mittels Leistungs-Nomogramm:
Leistungsnomogramme werden von Maschinenherstellern jeweils für einzelne Maschinentypen (bestimmte Schubkraft, bestimmte Fahrgeschwindigkeiten in den verschiedenen Gängen) mit einer festgelegten Ausrüstung (z. B. Standardschild oder -schaufel) als Kalkulationshilfen zur Verfügung gestellt. Sie sind durchweg wie folgt aufgebaut (s. Nomogrammbeispiel in Abb. 4.7.8/4):

Feld I: Bestimmung der Fahrzeit für die Vorwärts-(≡ Last-)Fahrt und Rückwärts-(≡ Leer-)Fahrt unter Benutzung der maschinenbedingten Fahrgeschwindigkeiten und des Transportweges.

Feld II: Zuschlag einer selbstgewählten Fixzeit für Schürfen bzw. Laden, Schaltvorgänge usw.

Feld III: Zuschlag eines selbstgewählten Wertes für Erschwernis (baustellenbedingt) und Auflockerung (bodenbedingt).

Feld IV: Abgreifen der Stundenleistung auf Grund des aus I bis III resultierenden Arbeitstaktzeit in Verbindung mit der Leistungskurve der Maschine.

Beispiel: Anwendung des Nomogramms in Abb. 4.7.8/4: Vom Wert der durchschnittlichen Transportentfernung (baustellenbedingt) geht man senkrecht hoch bis zu den Schnittpunkten mit den gewählten (≡ möglichen) Gängen, im Beispiel 2. Rückwärtsgang für die Leerfahrt. Die Strecken b (Zeit für die Leerfahrt) und a (Zeit für die Lastfahrt) werden dann graphisch addiert. Das Lot von der Spitze der Gesamtstrecke auf die Ordinate läßt die Fahrzeit dort ablesen; das Lot wird über die Ordinate hinaus verlängert und schneidet im Feld II die Gerade für die gewählte Fixzeit (im Beispiel 0,2 min je Arbeitsspiel). Von diesem Schnittpunkt geht man senkrecht nach unten in Feld III bis zu der Geraden mit dem vermutlich (baustellen- und bodenbedingt) auftretenden Erschwernis- bzw. Auflockerungsfaktor. Das Lot vom Schnittpunkt nach links trifft die Ordinate bei der Gesamtzeit je Arbeitsspiel, der sog. Arbeitstaktzeit. Das Lot wird bis zur Leistungskurve in Feld IV verlängert, senkrecht über dem Schnittpunkt ist dann auf der Abszisse die Transportleistung der Maschine unter den vorgenannten Bedingungen abzulesen, im Beispiel etwas mehr als 30 m³/h.
Der erhaltene Wert bezieht sich auf die 60-min-Stunde, berücksichtigt also keine Pausen für Wartung, Erholung usw. Er geht ferner davon aus, daß die Fahrgeschwindigkeiten voll ausgefahren werden können und Schild bzw. Schaufel gut gefüllt sind. Da diese und andere Annahmen in der Praxis selten zutreffen, ergeben Nomogramme üblicherweise praxisentfernte Optimalwerte.

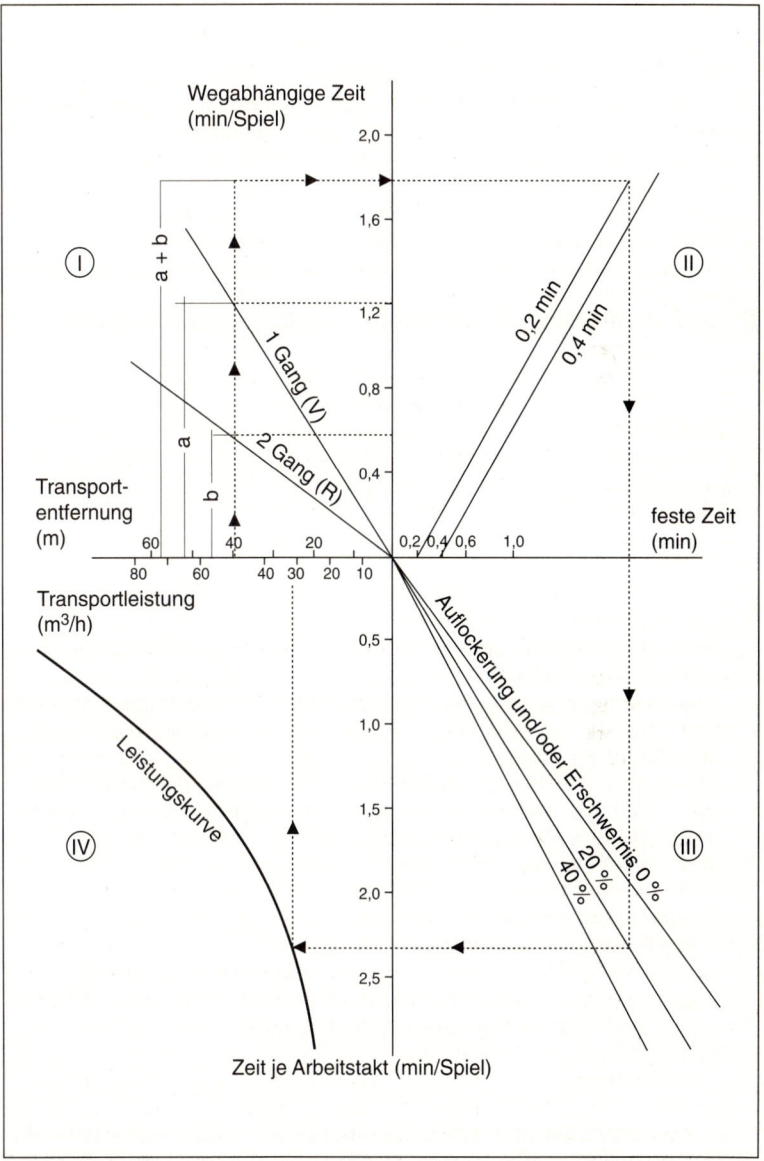

Abb. 4.7.8/4. Nomogramm zur Leistungsermittlung – Beispiel für eine Planierraupe (nach Hanomag)

4.8 Schäden an Erdbauwerken; Abhilfemaßnahmen

(1) Ursachen der Schäden an Erdbauwerken:
Grundsätzlich sind es auftretende Störungen des vormaligen Gleichgewichts, u. U. deutlich sichtbar durch Bodenbewegungen. Sie sind dann als Schäden zu bezeichnen, wenn sie Nutzbarkeit und/oder Form des Bauwerks zu stark beeinflussen.
Durch die primären Schäden kann es zu Wechselwirkungen mit benachbarten Gebäuden, Einbauten oder anderen Erdbauwerken kommen. Diese Schädigungen sind ebenfalls zu überdenken und ihr mögliches Auftreten ggf. zu überprüfen.

(2) Zu unterscheiden sind bei Erdbauwerken folgende Schadensarten:
Setzungen,
Suffosion und Erosion,
Rutschen, Gleiten und Geländebruch,
Grundbruch.

4.8.1 Setzungen

Grundaussage: Sie können nicht wieder rückgängig gemacht werden.

(1) Ursachen:
Kompression des Baugrunds unter dem neuen Bauwerk (grundsätzlich nicht zu vermeiden);
Setzungen innerhalb des neu errichteten Erdbauwerks durch Eigengewicht und/oder Nutzung;
Entwässerung des Untergrunds nach Fertigstellung des Bauwerks (z. B. Grundwasserabsenkung).

(2) Setzungsdauer:
nichtbindige Böden: i. d. R. Abklingen mit Fertigstellung des Bauwerks;
bindige Böden: allmähliches Abklingen ggf. erst im Laufe von Jahren; Dauer steigt mit Wassergehalt und Tonanteil.

(3) Maßnahmen zur Reduzierung der Setzung:
a) durch vorweggenommene bautechnische Maßnahmen:
innerhalb von Aufschüttungen:
durch optimale Verdichtung;
zusätzliche Hilfe bei bindigen Böden: Abtrocknen jeder Schüttlage vor Aufbringen der folgenden Schicht; wechselnde Schüttlagen aus bindigem und nichtbindigem Boden (Sandwichbauweise);
durch Verteilung der Nutzlasten;
beim Baugrund:
Entwässerung des Untergrunds durch Grundwasserabsenkung, Tiefensickerschichten etc.: Erhöhung der Tragfähigkeit, Vorwegnahme von Setzungen;
Verringerung der Auflast oder Vergrößerung der Lastfläche:
z. B. flachere Böschungsneigung;

Einbau von Sand- oder Kiespfählen (s. Kap. 4.6.10);
Untergrundverbesserung: mit Tiefenrüttler (s. Kap. 4.6.10);
durch Bodenstabilisierungen (s. Kap. 4.9.2);
Bodenaustausch.

b) Vegetationstechnische Maßnahmen sind zur Reduzierung von Setzungen nicht geeignet.

4.8.2 Bewegung von Bodenteilen

Betroffen ist bei diesen Schäden stets nur ein Teil des Bodens. Zu unterscheiden sind Suffosion, Oberflächenerosion, Kontakterosion.

4.8.2.1 Suffosion

(1) Ursachen:
Bodenzusammensetzung (s. Kap. 4.5.4),
hohes Sickerwasseraufkommen.

(2) Auswirkungen:
Ausmagern der oberen Horizonte (Reduzieren des Feinanteils ohne nennenswerte Beeinflussung des »Stützgerüstes« der groben Stoffe);
Verringerung der Durchlässigkeit tieferer Schicht (dadurch Staunässe möglich).

(3) Schadensverhindernde Maßnahmen:
a) bautechnische Maßnahmen:
Fernhalten bzw. Verringerung der Sickerwassermenge,
mechanische Bodenverbesserung,
Bodenverfestigung.
b) vegetationstechnische Maßnahmen: dichten und flächigen Bewuchs vorsehen.

(4) Ausbesserung von Schäden: nur durch neuen Aufbau der Schicht möglich; bei Belassen Veränderung von Wuchsfähigkeit und Wasserabfuhr berücksichtigen.

4.8.2.2 Oberflächenerosion

(1) Ursachen:
Bodenart (vorherrschend Grobschluffe, Fein- bis Mittelsande);
starker Wasserabfluß;
Wind.

(2) Auswirkungen (auch auf das »Stützgerüst«):
flächiger Abtrag von Schichten;
Bildung von Erosionsrinnen.

(3) Schadensverhindernde Maßnahmen:
a) bautechnische Maßnahmen:
Fernhalten von Oberflächenwasser aus Nebenflächen durch Hanggraben;
Verkürzung der Fließlänge durch Bermen, Sickergräben, Kiesrigolen;
Verringerung der Böschungsneigung;

Auffangen und Ableiten von Schicht- oder Quellwasser durch Böschungs-, Tiefensickerschicht; Sickergräben;
Verkleben der Oberfläche, Bodenverfestigung;
Böschungsbefestigung durch Böschungspflaster, Gittersteine, Spritzbeton.

b) vegetationstechnische Maßnahmen:
Begrünungsmatten, Fertigrasen, Ansaat mit Mulchabdeckung;
Buschrigolen, Faschinen, Flechtwerk, Buschlagen.

(4) Ausbesserung von Schäden:
Verfüllen der Schadstelle mit erosionssicherem Material (Eigenschaften: gute Durchlässigkeit, hohe Scherfestigkeit, möglichst gebrochene Körnungen);
nach Verfüllen Abdecken mit Fertigrasen, Begrünungsmatten;
Befestigung in Rinnenform.

4.8.2.3 Kontakterosion

Tritt mit Einfluß auf die gesamte Bodenstruktur zwischen aufeinanderfolgenden Schichten auf.

(1) Ursachen:
Schichtenaufbau (s. Kap. 4.5.4);
Wasserströmung von der fein- zur grobkörnigen Schicht (Sickerwasser, Quellhorizont);
Belastung grobkörniger über aufgeweichter bindiger Schicht.

(2) Auswirkungen:
Vermischen bedeutender Anteile der Schichten;
lokale Sackungen;
Verringerung der Entwässerungswirkung von Dränagen und Sickereinrichtungen;
negativer Einfluß auf die Gesamtdurchlässigkeit;
Ausbildung von kapillarem Bruch und Staunässe.

(3) Schadensverhindernde Maßnahmen:
a) bautechnische Maßnahmen:
Beachtung der Filterregeln, ggf. Bau mehrstufiger Filter;
Einbau von Geotextilien;
Entwässerung oder Stabilisierung feuchtigkeitsempfindlichen Baugrunds;
Fernhalten bzw. Reduzieren von Oberflächenwasser.

b) vegetationstechnische Maßnahmen: Sie besitzen keine Wirkung.

(4) Ausbesserung von Schäden: nur durch Neuaufbau der Schichten möglich.,

4.8.3 Bewegung von Bodenbereichen

Die Schäden umfassen ganze Abschnitte des Erdbauwerks und damit auch die gesamte Bodenzusammensetzung. Zu unterscheiden sind Rutschung, Gleiten, Gelände- und Grundbruch.

4.8.3.1 Rutschung (Abb. 4.8.3/1)

Sie stellt ein Abgleiten der oberen Bodenschicht (Deckschicht, z. B. angedeckter Oberboden auf Auf- und Abtragsböschungen) dar.

(1) Ursachen:
Instabilität der Deckschicht;
vernäßte oder aufgeweichte Unterlage;
Böschungsneigung.

(2) Auswirkungen:
Zerstörung der Böschungshaut;
Abrutschen frischer Begrünung.

(3) Schadensverhindernde Maßnahmen:
a) bautechnische Maßnahmen:
Fernhalten von Oberflächenwasser aus Nebenflächen;
Entwässerung von Vernässungsbereichen (Schichtwasser) durch Böschungssickerschichten;
Reduzierung der Böschungsneigung;
Anpassung der Böden (Beachtung der Filterregeln: Vermeidung des kapillaren Bruchs).
b) vegetationstechnische Maßnahmen:
schnellwüchsige, tiefwurzelnde, flächenschließende Begrünung;
Verzicht auf Oberbodenandeckung und Spritzansaat und Bepflanzung des Rohbodens;
Flechtwerke, Buschrigolen, Buschlagen.

(4) Ausbesserung von Schäden:
Entfernen abgerutschter Bereiche und Ersatz durch angepaßte, möglichst scherfeste Bodenart;
Einbau von Kiesrigolen, Flechtwerken oder Buschrigolen.

4.8.3.2 Gleiten (Abb. 4.8.3/1)

Hier rutscht der Boden als ganzes Paket auf vorgegebener, geneigter Ebene ab.

(1) Ursachen:
geneigter Schichtenaufbau im Abtragsprofil oder geneigte Unterlage bei Aufschüttungen;
Ansammlung von Schicht- oder Sickerwasser auf der unteren Schicht.

(2) Auswirkungen:
Ausbildung einer tieferen Gleitfläche;
Abrutschen beträchtlicher Böschungsbereiche.

(3) Schadensverhindernde Maßnahmen:
a) bautechnische Maßnahmen:
Abfangen von Schicht- oder Sickerwasser vor der Böschung mit Tiefensickerung;
Fernhalten von Oberflächenwasser aus Nebenflächen;
Reduzierung der Böschungsneigung;
Einbau von Bermen;

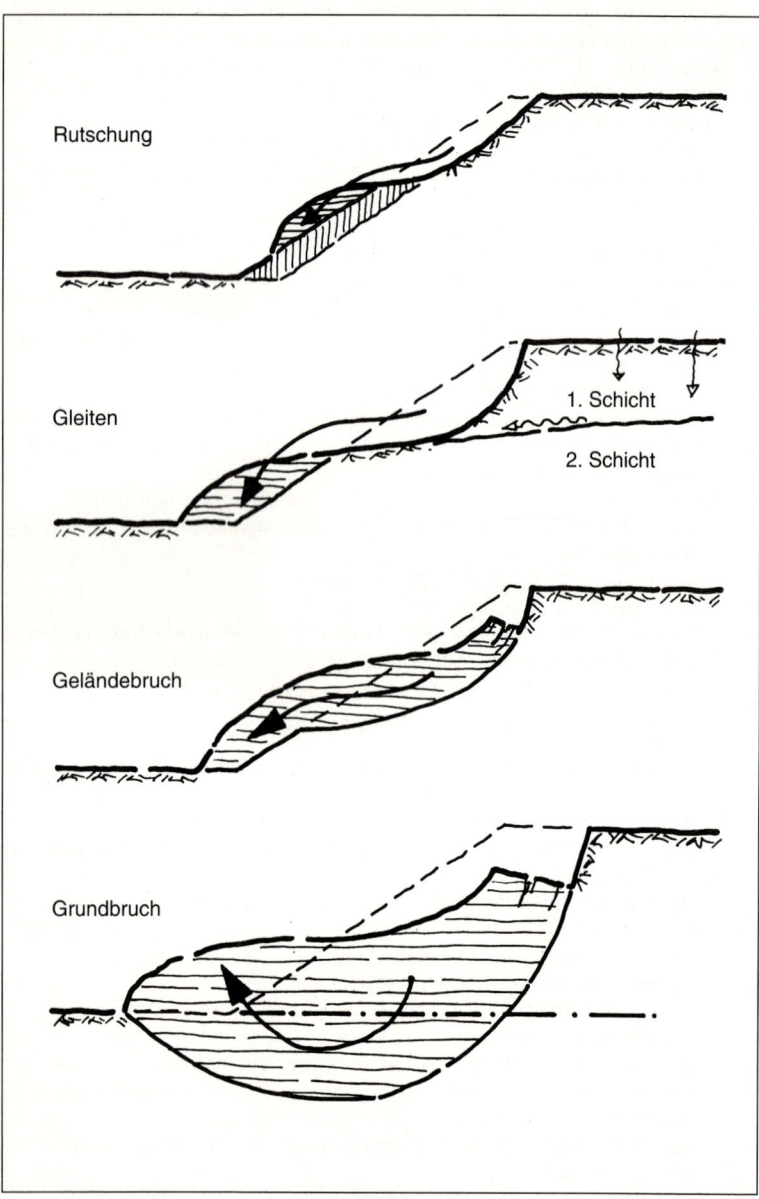

Abb. 4.8.3/1. Bewegung von Bodenbereichen

Vorschüttungen am Böschungsfuß (besonders scherfester Boden):
Bau von konstruktiven Stützkörpern (Spundwände, Stützmauern, Drahtschotterkästen, Steinkästen etc.);
b) Vegetationstechnische Maßnahmen sind ohne Wirkung.

(4) Ausbessern von Schäden:
völliges Entfernen abgerutschter Bereiche;
Ersatz durch durchlässigen, scherfesten Boden;
Bau rückseitig gut entwässerter Stützkörper (Hinterfüllung mit durchlässigem Boden).

4.8.3.3 Geländebruch (»Böschungsbruch«) (Abb. 4.8.3/1)

Hier rutscht ein Bodenkeil auf einer sich innerhalb des Geländesprungs bildenden Gleitfläche ab.

(1) Ursachen:
nicht ausreichende Scherfestigkeit des Bodens;
starke Durchfeuchtung der Böschung;
zu steile Böschungsneigung;
zu schnelles Ausführen hoher Aufschüttungen aus bindigen bzw. tiefer Abtragsprofile in bindigen Böden.

(2) Auswirkungen:
tief in die Böschung reichende Abrutschungen, u. U. über die ganze Böschungshöhe;
Zerstörung von Einbauten im betroffenen Böschungsbereich.

(3) Schadensverhindernde Maßnahmen:
a) bautechnische Maßnahmen (die Wirkung kann durch erdstatische Berechnung erfaßt werden):
Verwendung ausreichend scherfester Böden;
optimale Entwässerung des Schüttmaterials;
Einbau bindiger Böden im Sandwich-Verfahren;
gezielt langsamer Bau von Abträgen und Aufschüttungen (Ausgleich von Porenwasserspannungen);
Fernhalten von Oberflächenwasser aus Nebenflächen;
Entwässerung der Böschung durch Kiesrigolen, Böschungssickerschichten;
Vermeidung der Durchfeuchtung von unten durch Einbau kapillarbrechender Schichten vor Überschüttung, Sicker- und Tiefensickerschichten;
Verringerung der Böschungsneigung;
Einbau von Bermen;
Vorschüttungen am Böschungsfuß aus scherfestem Material;
Einbau konstruktiver Stützkörper am Böschungsfuß;
Abtragsprofile durch Stützkörper sichern, u. U. Einbau von Sickerstützscheiben;
Bau steiler Böschungen als »bewehrte Erde« oder Ersatz durch konstruktive Stützbauwerke.
b) vegetationstechnische Maßnahmen sind völlig ungeeignet.

(4) Ausbesserung von Schäden: s. Kap. 4.8.3.2 (Gleiten).

4.8.3.4 Grundbruch (Abb. 4.8.3/1)

Hier wird ein Erdkeil seitlich neben das Bauwerk auf einer unter dem Bauwerk entstehenden Gleitfläche herausgeschoben.

(1) Ursachen:

Versagen der Tragfähigkeit (Scherfestigkeit) des Untergrunds;

zu schnelle Belastung gering tragfähiger, setzungsempfindlicher Böden (Porenwaserüberdruck, plötzlicher Abbau der Kohäsion).

(2) Auswirkungen:

völliges Zerstören des betroffenen Bauwerks;

Aufwölbungen des ausgepreßten Bodens seitlich neben Bauwerk;

u. U. Beeinträchtigungen von neben dem Bauwerk im Boden liegenden Leitungen, Fundamente etc.

(3) Schadensverhindernde Maßnahmen:

a) bautechnische Maßnahmen (die Wirkung kann durch erdstatische Berechnung erfaßt werden):

Entwässerung der Gründungssohle von Aufschüttungen;

Grundwasserabsenkungen zur Konsolidierung des Untergrunds;

Verringerung der Auflast;

Vergrößerung der Aufstandsfläche;

Abflachen der Böschung;

Einbau von Bermen;

Verlangsamung von Abtrags- und Auftragsarbeiten mit zwischenzeitlichem Ausgleich von Porenwasserspannungen;

Verwendung scherfesten Materials für Aufschüttungen;

Vorschüttungen am Böschungsfuß als Gegengewicht;

Einrammen von verspannten Spundwänden an beiden Böschungsfüßen von Dämmen bis in die nicht betroffene Schicht;

Bodenaustausch im betroffenen Bereich des Untergrunds.

b) Vegetationstechnische Maßnahmen sind völlig ungeeignet.

(4) Ausbesserung von Schäden:

Entfernen des abgerutschten Bodens bis in »gesunden« Bereich;

langsamer Wiedereinbau mit geringerer Böschungsneigung;

langsamer Ersatz durch scherfestes Material;

Vorschüttungen oder Stützbauwerke mit entsprechender Hinterfüllung errichten.

4.9   Bodenverbesserung und -verfestigung

4.9.1   Begriffe und Verfahren

4.9.1.1   Begriffsbestimmungen; Wirkungen

(1) Bodenverbesserung: sofortige, in der Wirkungsdauer u. U. begrenzte Verbesserung der Einbaufähigkeit und Verdichtbarkeit von Böden und/ oder

Erleichterung der Bauarbeiten (z. B. Befahrbarkeit).

(2) Bodenverfestigung: je nach Verfahren nur allmählich entstehende langfristige bis dauerhafte

Erhöhung der Widerstandsfähigkeit des Bodens gegen Beanspruchungen aus Verkehr, Auflast, Wasser und Klima bzw.

Veränderung bestimmter Bodeneigenschaften (z. B. Durchlässigkeit).

(3) Behandelte Bodenbereiche: werden mit gleichen Fachausdrücken gekennzeichnet.

In internationaler Literatur lautet die Bezeichnung für beide Begriffe »Bodenstabilisierung«.

4.9.1.2 Verfahren

Zusammenstellung: gebräuchliche Verfahren, Einsatzgebiete und beeinflußbare Bodeneigenschaften s. Abb. 4.9.1/1.

(1) Verfahren mit vorwiegend physikalischer Wirkung:

konstruktive Verfahren;

mechanische Verfahren;

thermische/elektrische Verfahren.

(2) Verfahren mit vorwiegend chemischer Wirkung:

Injektion von Flüssigkeiten oder Gasen;

Einmischen von Chemikalien und Bindemitteln,

(3) Verfahren mit vorwiegend biologischer Wirkung:

Deckbauweisen;

Stabilbauweisen;

Voranbau/Zwischenbegrünung.

Zur Böschungssicherung mit vorwiegend biologischen Verfahren: s. RAS-LG 3 – Richtlinien für die Anlage von Straßen; Teil: Landschaftsgestaltung, Abschnitt 3: Lebendverbau, FGSV 1983. Weiterhin s. Kap. 6.

4.9.2 Allgemeine Hinweise zu im Erd- und Straßenbau gebräuchlichen Verfahren

4.9.2.1 Verfahren, Anwendung, Richtlinien, Bodeneinflüsse

(1) Übliche Verfahren:

mechanische Bodenverbesserung;

hydraulische Bodenverbesserung und -verfestigung;

bituminöse Bodenverfestigung.

(2) Anwendung: vorwiegend zur Verbesserung von Bearbeitbarkeit, Tragfähigkeit und Standfestigkeit sowie zur Verringerung des Witterungseinflusses (Aufweichen, Frostempfindlichkeit); weitere Hinweise s. Kap. 4.9.3 bis 4.9.6.

(3) Bezugsrichtlinien:

ZTVE-StB 76; ZTVV-StB 81; TVV-LW;

Merkblatt für die Bodenverfestigung und Bodenverbesserung mit Kalken – FG 79;

Merkblatt für die Bodenverfestigung mit Zement – FG 84;

Wirkung		Verfahren	Erdbau, Straßenbau	Landschaftsbau	Grundbau	Schüttmaterial, Oberboden	Planum	Baugrund	Bearbeitbarkeit, Einbauverhalten	Tragfähigkeit	Standfestigkeit, Böschungsneigung	Oberflächenerosion	Suffosion	Kontakterosion	Durchlässigkeit	Kapillarität	Frostempfindlichkeit
physikalisch	konstruktiv	Bodenaustausch	+	+	o	+	+	+	+	+	+	+	+	+	+	+	+
		Geotextilien	+	+	o	o	+	–	–	+	o	–	–	+	+	+	–
		bewehrte Erde	+	+	–	+	–	–	–	+	–	–	–	–	–	–	–
	mechanisch	Entwässerung	+	+	+	+	+	o	+	+	+	+	+	–	–	–	+
		Grundwasserabsenkung	+	o	+	–	o	+	–	+	–	–	–	–	–	–	o
		Verdichten, Lockern	+	+	o	+	+	o	–	+	+	–	–	+	+	+	+
		Veränderg. der Kornverteilung	+	+	–	+	o	–	+	+	+	+	+	+	+	+	+
	thermisch/ elektrisch	Erhitzen	–	–	+	–	–	+	–	+	o	–	–	–	–	–	–
		Gefrieren	–	–	+	–	–	+	–	+	+	–	–	–	+	+	+
		Elektroosmose	o	–	+	–	–	+	–	+	+	–	–	–	–	–	+
chemisch		Injektion: Flüssigkeiten,	–	–	+	–	–	+	–	+	+	–	–	–	o	o	o
		Gase	–	–	+	–	–	+	–	+	+	–	–	–	o	o	o
		Einmischen: Chemikalien,	+	+	–	+	+	–	o	+	+	+	+	o	o	o	o
		hydraul. Bindem.	+	+	–	+	+	–	+	+	+	+	+	+	+	+	+
		bitum. Bindem.	+	+	–	+	+	–	o	+	+	o	+	o	o	o	o
biologisch	Deckbauweisen	Saatverfahren	–	+	–	+	–	–	–	–	o	+	o	–	–	–	–
		Fertigbauweisen (Fertigrasen, Begrünungsmatten)	–	+	–	+	–	–	–	–	+	+	+	–	–	–	–
	Stabilbauweisen	Gehölzpflanzung	–	+	–	+	–	–	–	–	o	–	–	–	–	–	–
		ausschlagf. Pflanzenanteile	–	+	–	+	–	–	–	–	+	–	–	–	–	–	–
		tote Baustoffe	+	–	–	+	o	+	–	o	+	o	o	–	–	–	–
	Voranbau, Zwischen- begrünung	Saatverfahren	o	+	–	+	–	–	o	–	+	+	–	–	–	–	–

	Einsatzbereich	Beeinflussbare Bodeneigenschaft

Erläuterung:

+   übliches Verfahren / gute Wirkung
o   gelegentlich angewandtes Verfahren / u.U. wirksam
–   nicht angwndtes Verfahren / keine Wirkung

Abb. 4.9.1/1.   Verfahren zur Bodenverbesserung bzw. -verfestigung, Einsatzbereiche und beeinflußbare Bodeneigenschaften

Vorläufiges Merkblatt für Bodenverfestigung mit bituminösen Bindemitteln – FG 58;
Merkblatt für die Verfestigung von Steinkohlenflugasche mit hydraulischen Bindemitteln – FGSV 88.

(4) Einfluß der Bodenart s. Abb. 4.9.2/1.

Verfahren	Bodenart (DIN 18196)																		
	GW	GE	GI	SW	SE	SI	GU	SU	GT	ST	GÜ	SÜ	GT̄	ST̄	UL	UM	TL	TM	TA
Bodenverfestigung:																			
Feinkalk	–	–	–	–	–	–	o	o	o	o	+	+	+	+	+	+	+	+	o
Kalkhydrat	–	–	–	o	o	o	+	+	+	+	+	+	+	o	o	o	o	–	–¹
hochhydraulischer Kalk	o	o	o	+	+	+	+	+	+	+	o	o	o	o	–¹	–¹	–¹	–¹	–¹
Tragschichtbinder	+	+	+	+	+	+	+	+	+	+	o	o	o	o	–¹	–¹	–¹	–¹	–¹
Zement	+	+	+	+	o	+	+	+	o	o	o	o	o	o	o	o	–	–	–
bituminöse Bindemittel	+	+	+	+	+	+	+	+	+	+	o	o	o	–	–¹	–¹	–¹	–	–
Bodenverbesserung:																			
mechanisch (Kornvertlg.)	+	+	+	+	+	+	+	+	+	+	+	+	o	o	–²	–²	–²	–²	–²
Feinkalk	–	–	–	–	–	–	o	o	o	o	+	+	+	+	+	+	+	+	o
Kalkhydrat	–	–	–	o	–	o	+	+	+	+	+	+	o	o	o	o	–	–	–
bituminöse Bindemittel ³	o	o	o	+	+	+	o	+	o	+	o	o	o	–¹	–¹	–	–	–	–

Erläuterungen:
+ Verfahren üblich, gut geeignet
o Verfahren seltener angewandt, bedingt geeignet
– Verfahren nicht empfehlenswert

1 Verbesserung der Mischbarkeit durch Zugabe von ca. 1 – 3 % Feinkalk;
2 nur Einpressen/Einwalzen grober Stoffe möglich;
   Veränderung der Kornverteilung i.d.R. unwirtschaftlich;
3 anwendbar, jedoch Bedingungen selbst festlegen;
   Wirkung durch Testen ermitteln.

Abb. 4.9.2/1. Einfluß der Bodenart auf die Eignung der Bodenverfestigungs- bzw. Bodenverbesserungsverfahren

4.9.2.2 Vorgehensweise zur Wahl des Verfahrens

(1) Festlegung der Verbesserungswirkung.

(2) Voruntersuchungen am Boden: fallweise Ermittlung von Kornverteilung, Wassergehalt, Konsistenz, Verdichtungsverhalten.

(3) Festlegung von Art und Menge des Zusatzstoffes bzw. Bindemittels (ggf. Laborversuche notwendig).

4.9.2.3 Mischverfahren; Grundsätzliche Durchführung der Arbeiten

Bei der Arbeitsdurchführung sind 2 Arten von Mischvorgängen zu unterscheiden.

Wichtige Festlegung: gefrorener Boden darf grundsätzlich nicht verarbeitet werden.

(1) Baumischverfahren (»mixed-in-place«):

Bauvorgang:

a) Vorbereiten des Planums:

Oberboden, Pflanzenreste, größere Steine entfernen;

Wassergehalt überprüfen, ggf. auf zur Verdichtung optimalen bringen (Verringern durch Belüften oder Einmischen von Feinkalk; Erhöhen durch Zugabe von Wasser);

gemischt- und feinkörnige Böden aufreißen und ggf. zerkleinern (Klumpengröße möglichst < 8 mm);

Profil abgleichen und gleichmäßig verdichten (durch Einmischen der Zusatzstoffe sich ergebende Höhe beachten!);

b) Bindemittel und/oder Zusatzstoffe gleichmäßig (maschinell) verteilen;

c) vor Ort mit Boden vermischen, bis gleichmäßiges Boden-Bindemittel-Gemisch entstanden ist;

Höchstdicke: abhängig von Misch- und Verdichtungsgerät;

d) auf geforderten Verdichtungsgrad verdichten.

Geräte:

a) zur Verteilung streufähiger Bindemittel:

nur in Ausnahmen Verteilung mit Hand oder Düngerstreuern;

bei größeren Maßnahmen mit Bindemittelverteilern;

b) zum Mischen: entsprechend Mischtiefe, Verfahren und Bodenart (Bodenwiderstand) sind geeignet Scheibenegge, Rotorkrümler, Fräse, Spatenmaschine, Spezialgeräte; bei reinen Bodenverbesserungen sind ggf. Grader, Planierraupen mit Schild oder Heckaufreißern anwendbar;

c) zum Planieren: bei Bodenverfestigungen: Grader; bei Bodenverbesserungen: auch Radlader oder Planierrauben einsetzbar;

d) zum Verdichten: alle Geräte mit ausreichender Leistung geeignet.

(2) Zentralmischverfahren (»mixed-in-plant«):

Bauvorgang:

a) Boden im Abtrags- oder zu bearbeitenden Bereich entnehmen;

b) zur Mischanlage transportieren;

c) chargenweise oder kontinuierlich mit Bindemittel und/oder Zusatzstoffen mischen;

d) Transport zur Einbaustelle;

e) Mischgut lagenweise unter Beachtung der geforderten Ebenheit, Schichtdicke und Verdichtungsgrad verteilen;

Höchstdicke: bei lagenweisem Einbau beliebige Gesamtdicke;

f) auf geforderten Verdichtungsgrad verdichten.

Geräte:

a) zum Mischen: Chargen- oder Durchlaufmischer;

b) zum Transportieren: normaler LkW;

c) zum Einbauen, Planieren: Grader oder Straßenfertiger; bei geringen Ansprüchen Planierrauben anwendbar;

d) zum Verdichten: s. vor.

4.9.2.4   Anforderungen an Bodenverfestigungen und -verbesserungen

Zusammenstellung s. Abb. 4.9.2/2. Die Angaben gelten für alle Bauklassen gemäß RStO.

4.9.3   Mechanische Bodenverbesserung

4.9.3.1   Wirkungsweise und Anwendung

(1) Wirkungsweise: Veränderung der ursprünglichen Kornzusammensetzung durch Einmischen bestimmter Korngruppen; Steuerung aus der Kornzuverteilung ableitbarer bodenphysikalischer Eigenschaften möglich (Festigkeit, Durchlässigkeit etc.).

(2) Anwendung (Beispiele):
Erstellung einfacher Baustraßen;
Verbesserung von Untergrund oder Unterbau;
Erstellung oder Verbesserung von Trag- und Dränschichten für Verkehrs- und Sportflächen;
Erzielung eines allmählichen Übergangs von grob- zu feinkörnigen Böden durch lagenweise übereinander angeordnete Verbesserung (Vermeidung eines kapillaren Bruchs);
Verbesserung der Kornzusammensetzung von Oberböden (z. B. Abmagerung).

4.9.3.2   Bodenanforderungen, Zusatzmaterial, Voruntersuchungen

(1) Geeignete Böden:
nichtbindige Böden ohne nennenswerte Bestandteile > 63 mm;
Mischböden mit Feinkornanteilen bis 30 %;
für vegetationstechnische Maßnahmen auch Böden mit organischen Beimengungen, organische und organogene Böden.

(2) Ungeeignete Böden:
stark steinige Böden;
bindige Böden mit hohem Wassergehalt (u. U. nach Vorbehandlung mit ca. 1–3 % Feinkalk weiterverarbeitbar – s. Kap. 4.9.4) oder zu festem Gefüge (keine Mischbarkeit gegeben).

(3) Hinweise zum Zusatzmaterial: darf keine für die Aufgabe schädlichen Stoffe enthalten oder freisetzen; grundsätzlich Zustimmung des Auftraggebers nötig; geeignet sind je nach Zweck:
natürliche Lockergesteine, Nebengestein der Steinkohle, Hochofen- und Metallhüttenschlacke, Recycling-Produkte;
für besondere Maßnahmen offenporige Materialien wie Lavaschlacke und Lavasand, Blähton, Schaumkunststoffe.

(4) Ablauf der Voruntersuchungen:
a) Feststellungen zum Boden und verfügbaren Zusatzmaterial (Kornverteilung, Wassergehalt, Konsistenz, Verdichtbarkeit);
b) Festlegung der gewünschten Kornverteilung;
c) Ermittlung der Menge des Zusatzmaterials (zum Verfahren s. NIESEL: Bauen mit Grün); Grenze der Wirtschaftlichkeit: bei ca. 30 % Zusatzmaterial.

		Bezugsrichtlinie Verfahren	ZTVV-StB	Merkblatt »Kalk«[1]	Merkblatt »Zement«[2]
Bodenverfestigung	zur Verfestigung vorges. Schicht	*Verdichtungsgrad*: – Oberbau oder obere Lage des frostsicheren Untergrunds bzw. Unterbaus – andere Bereiche *Abweichungen*: – profilgerechte Lage – Ebenheit (auf 4 m) – Querneigung	$D_{Pr} \geq 100\ \%$ gem. ZTVE	$-$[5] $-$[5] $-$[5] $-$[5] $-$[5]	$-$ $-$ $\leq \pm 2$ cm ≤ 2 cm $-$
	verfestigte Schicht	*Verdichtungsgrad*: – Zement oder Kalk – bitum. Bindemittel *Luftporengehalt*[7] *Verformungsmodul* $E_{v\,2}$ *Mindestschichtdicke*: – Baumischverfahren – Zentralmischverfahren *Abweichungen*: – profilgerechte Lage – Ebenheit (auf 4 m): 　Untergrund 　Tragschicht – Querneigung – Einbaudicke: 　Schichtdicke ≤ 15 cm 　　　　　　　> 15 cm 　Überschreitung 　Unterschreitung – Bindemittelmenge: 　Unterschreitung – Durchschnitt 　　　　　　　　　Einzelwert 　Überschreitung – Durchschnitt 　　　　　　　　Einzelwert	$D_{Pr} \geq 98\ \%$ $\geq 96\ \%$ (Marshall-Dichte) $-$ $-$ 15 cm 12 cm $\leq \pm 2{,}0$ cm $\leq 2{,}0$ cm $-$ $-$ $-$ $\leq \pm 1{,}5$ cm $\leq 10\ \%$; ≤ 2 cm $-$ $-$ $\leq\ 5\ \%$ $\leq 10\ \%$ $\leq\ 8\ \%$ $\leq 15\ \%$	$D_{Pr} \geq 100\ \%$[6] $-$ $\leq 12\ \%$ gem. ZTVE 15 cm 12 cm $\leq \pm 2{,}0$ cm $\leq 2{,}0$ cm $-$ $-$ $-$ $\leq \pm 1{,}5$ cm $\leq \pm 2$ cm $-$ $-$ $\leq\ 5\ \%$ $\leq 10\ \%$ $\leq\ 8\ \%$ $\leq 15\ \%$	gem. ZTVV $-$ $-$ $-$ $-$ $-$ $\leq \pm 2{,}0$ cm $\leq 2{,}0$ cm $-$ $-$ $-$ $\leq \pm 1{,}5$ cm $\leq 10\ \%$ $-$ $-$ $\leq\ 5\ \%$ $\leq 10\ \%$ $\leq\ 8\ \%$ $\leq 15\ \%$
Boden- verbes- serung		Verdichtungs-, Tragfähigkeits- anforderungen	gem. ZTVE	gem. ZTVE	$-$

Erläuterungen:
[1]　Merkblatt für Bodenverfestigung und Bodenverbesserung mit Kalken
[2]　Merkblatt für die Bodenverfestigung mit Zement
[3]　Vorläufiges Merkblatt für die Bodenverfestigung mit bituminösen Bindemitteln
[4]　Merkblatt für die Verfestigung von Steinkohlenflugasche mit hydraulischen Bindemitteln
[5]　Qualität so, daß Verfestigung ausreichende Werte liefert

Abb. 4.9.2/2a.　Anforderungen an Bodenverfestigung und Bodenverbesserung

Verfahren / Bezugsrichtlinie		Merkblatt »Bitumen«[3]	Merkblatt »Flugasche«[4]	TVV-LW
Bodenverfestigung	**zur Verfestigung vorges. Schicht**			
		Verdichtungsgrad:		
		– Oberbau oder obere Lage des frostsicheren Untergrunds bzw. Unterbaus → $D_{Pr} \geq 100\%$	$D_{Pr} \geq 100\%$	$D_{Pr} \geq 98\%$
		– andere Bereiche → $D_{Pr} \geq 100\%$	gem. ZTVE	–
		Abweichungen:		
		– profilgerechte Lage → –[5]	–	–
		– Ebenheit (auf 4 m) → –[5]	–	≤ 3 cm
		– Querneigung → –[5]	3 %[10]	$\leq \pm 0{,}5\%$[11]
	verfestigte Schicht	*Verdichtungsgrad:*		
		– Zement oder Kalk → –	$D_{Pr} \geq 98\%$	$D_{Pr} \geq 98\%$
		– bitum. Bindemittel → $D_{Pr} = x$[8]	–	–
		Luftporengehalt[7] → –	–	–
		Verformungsmodul E_{v2} → –	–	–
		Mindestschichtdicke:		
		– Baumischverfahren → 12 – 22 cm	15 cm	15 cm
		– Zentralmischverfahren → (8) 12 – 22 cm	15 cm	12 cm
		Abweichungen:		
		– profilgerechte Lage → keine	$\leq \pm 2{,}0$ cm	–
		– Ebenheit (auf 4 m): → –	$\leq 2{,}0$ cm	$\leq 2{,}0$ cm
		Untergrund → $\leq \pm 1{,}5$ cm	–	–
		Tragschicht → $\leq \pm 1{,}0$ cm	–	–
		– Querneigung → –	–	$\leq \pm 0{,}5\%$[11]
		– Einbaudicke:		
		Schichtdicke ≤ 15 cm → –	$\leq \pm 1{,}5$ cm	$\leq \pm 1{,}5$ cm
		> 15 cm → –	$\leq 10\%$	$\leq 10\%; \leq 2$ cm
		Überschreitung → $\leq 2{,}5$ cm	–	–
		Unterschreitung → $\leq 1{,}5$ cm	–	–
		– Bindemittelmenge:		
		Unterschreitung – Durchschnitt → $\leq 1{,}0\%$[9]	$\leq 5\%$	$\leq 5\%$
		Einzelwert → $\leq 1{,}0\%$[9]	$\leq 10\%$	$\leq 10\%$
		Überschreitung – Durchschnitt → $\leq 1{,}0\%$[9]	$\leq 8\%$	$\leq 5\%$
		Einzelwert → $\leq 1{,}0\%$[9]	$\leq 15\%$	$\leq 15\%$
Bodenverbesserung		Verdichtungs-, Tragfähigkeitsanforderungen → –	–	–

[6] Einzelwerte $\geq 98\%$
[7] bei bindigen Böden und Mischböden
[8] in Anlehnung an z.B. ZTVE-StB festlegen
[9] absolute Abweichung (andere Werte: relative Abw.)
[10] Neigung der verfestigten Schicht, Neigung des Planums 4 %
[11] absolute Abweichung gegenüber Sollwert

Abb. 4.9.2/2b. Anforderungen an Bodenverfestigung und Bodenverbesserung

4.9.3.3　Durchführung der mechanischen Bodenverbesserung

(1) Baumischverfahren:

a) Anwendung: üblich bei geringeren Anforderungen bzw. dünnen Lagen;

b) Baudurchführung:

　1. Planum vorbereiten (s. Kap. 4.9.2);

　2. Zusatzmaterial gleichmäßig verteilen;

　3. Mischen in geforderter Schichtdicke (erreichbare Gesamtschichtdicke durch Mischgerät begrenzt – meist $\leq$ 15 cm);

　4. verbesserte Schicht verdichten.

(2) Zentralmischverfahren:

a) Anwendung: üblich für Schichten mit hohen Anforderungen;

b) Baudurchführung:

　1. Planum erstellen;

　2. zentral gemischten Boden verteilen ($w \approx w_{Pr}$); dabei Entmischung vermeiden (besonders geeignet: Fertiger oder Grader, u. U. Planierraupe); Schichtstärke auf Verdichtungsgerät abstimmen – ggf. bis 50 cm;

　3. eingebaute Schicht verdichten.

(3) Schichtdicke:

a) aus bautechnischen Gründen: möglichst $\geq$ 12 cm;

b) Tragschicht im Wegebau für geringe bis mittlere Belastungen (Baustraßen, Bauhöfe, Parkplätze etc.):

bei Rundkorngemischen $\geq$ 20 cm,

bei gebrochenen Körnungen $\geq$ 16 cm.

c) Randausbildung: Verbreiterung gegenüber aufgelagerter Schicht und bei direkt aufgesetzten Randbegrenzungen möglichst $\geq$ 25 cm.

4.9.4　Bodenverbesserung und -verfestigung mit Kalk

4.9.4.1　Wirkungsweise und Anwendung

(1) Wirkungsweise: vorwiegend durch Bindung von Bodenwasser (Abtrocknen des Bodens und Krümelung); Sofort- oder Langzeitreaktion (abhängig von Kalkart und -menge sowie Bodenart); mit zunehmender Kalkmenge erfährt behandelter Boden Vergrößerung des optimalen Wassergehalts, Verringerung der Proctordichte und Steigerung der Belastbarkeit; für vegetationstechnische Maßnahmen wegen extremer Zunahme des pH-Wertes kaum geeignet.

(2) Anwendung (Beispiele):

a) Bodenverbesserung:

Sofortige Erzielung ausreichender Einbaufähigkeit und Verdichtbarkeit bei nassen bindigen Böden und stark bindigen Mischböden;

Erleichterung der Bauarbeiten durch sofortige Verbesserung der Befahrbarkeit (z. B. für kurzzeitig genutzte Baustraßen);

sofortiger Planumsschutz gegen Aufweichen;

Vorbehandlung schwer verarbeitbarer Böden für nachfolgende Bodenverfestigung.

b) Bodenverfestigung:

u. U. langsam entstehende, dafür dauerhafte Verbesserung der Tragfähigkeit des Planums;

dauerhafter Schutz des Erdplanums gegen Witterungseinflüsse;

frostsichere Verfestigung von Untergrund/Unterbau; Verringerung der Gesamtstärke des Oberbaus (s. ZTVT-StB, RStO; für ländliche Wege s. TVV-LW und RLW);

Verfestigung der oberen Lage der Frostschutzschicht als 2. Tragschicht (s. RStO);

Tragschicht bei Sport- und gering belasteten Verkehrsflächen (nicht öffentlicher Bereich: Fuß-, Radwege, Parkplätze);

Trag- und Deckschichten ländlicher Wege (s. TVV-LW, RLW);

Unterlage für künstliche Dichtungsschichten.

4.9.4.2 Bindemittel, bodentypische Anwendung, Eignungsprüfungen

(1) Bindemittelarten:

a) Feinkalk, Kalkhydrat, Hochhydraulischer Kalk nach DIN 1060; Wirkung bei hydrophobierenden Kalken (Einsatz vor allem bei regnerischem Wetter) und Kalke mit latent hydraulischen Zusatzstoffen durch Eignungsprüfungen nachweisen;

b) Tragschichtbinder nach DIN 18 506.

(2) Bodentypische Anwendung der Kalkarten (Abb. 4.9.4/1): Boden muß ausreichend reaktionsfähige Bestandteile enthalten (s. Eignungsprüfungen). Anwendungsbereich, Kalkart und Kalkmenge s. Abb. 4.9.4/2.

Bodenart (DIN 18196)		Wassergehalt	Kalkart, Bemerkungen
grobkörnige Böden	GE	–	nicht geeignet
	GW, GI	–	bedingt geeignet, Hochhydr. Kalk
	SE, SW, SI	–	bedingt geeignet, Hochhydr. Kalk
gemischtkörnige Böden	GU, GT, SU, ST	$\approx w_{Pr}$	Kalkhydrat, Hochhydr. Kalk
		$> w_{Pr}$	Feinkalk
	$G\bar{U}, G\bar{T}, S\bar{U}, S\bar{T}$	$\approx w_{Pr}$	Kalkhydrat, Hochhydr. Kalk
		$> w_{Pr}$	Feinkalk
feinkörnige Böden	UL, UM, TL, TM	$\approx w_{Pr}$	Kalkhydrat, Hochhydr. Kalk
		$> w_{Pr}$	Feinkalk
	TA	–	nur bedingt geeignet
Böden mit org. Beimengungen, organogene Böden	OU, OT	$\approx w_{Pr}$	Kalkhydrat
		$> w_{Pr}$	Feinkalk
	OK	–	Hochhydr. Kalk

Abb. 4.9.4/1. Bodentypische Anwendung der Kalkarten

Anwendung	Kalkart	Feinkalk		Kalkhydrat		Hochhydr. Kalk	
		Gew. –%	kg/m²	Gew. –%	kg/m²	Gew. –%	kg/m²
Bodenverbesserung (Sofortwirkung: Austrocknung, Aufschließung, Strukturumwandlung)		1 – 4	2 – 10	2 – 5	4 – 15	2 – 8	4 – 20
Bodenverfestigung (Langzeitwirkung: hydraulische Verfestigung, Frostsicherung)		4 – 6[1]	10 – 15	4 – 8[1]	10 – 20	4 – 12	10 – 30

[1] Voraussetzung: ausreichendes Kalkbindevermögen des Bodens
Mengenangaben: für Schichtdicke von ca. 15 cm

Abb. 4.9.4/2. Anwendung, Kalkart und -menge

(3) Eignungsprüfungen:
  a) Bodenverfestigungen: zwingend für zu verfestigenden Boden und Baustoffgemisch, sonst Rückgriff auf identischen Fall; Dauer: ca. 8 Wochen).
  b) Bodenverbesserungen: wie vor; Dauer: bis 4 Tage.
  c) Bezugsrichtlinien:
    TP BF-StB, Teil B 11.4: Eignungsprüfung bei Bodenverfestigung mit Hochhydraulischem Kalk – FGSV 81;
    TP BF-StB, Teil B 11.5: Eignungsprüfungen bei Bodenverbesserung und Bodenverfestigung mit Feinkalk u. Kalkhydrat – FG 77.

4.9.4.3 Durchführung der Bodenverbesserung/-verfestigung mit Kalk

(1) Baumischverfahren:
  1. Planum vorbereiten (s. Kap. 4.9.2);
  2. Bindemittel verteilen; bei sehr nassen, plastischen Böden Erleichterung der Arbeit durch mehrere Arbeitsgänge abwechselnd mit dem Einmischen;
  3. Mischen:
    Bodenverfestigung: bis Mischgut völlig gleichmäßige Färbung zeigt;
    Bodenverbesserung: bis gewünschte Wirkung erzielt ist;
  4. Planieren: möglichst mit Grader;
  5. Verdichten: auf geforderten Verdichtungsgrad unter Beachtung der Sollhöhe etc.; bei Feinkornböden möglichst Geräte mit knetender Wirkung verwenden (optimal: Kombiwalzen);
  6. Fugen: nicht nötig; Arbeitsfugen als Preßfugen ausbilden;
  7. Nachbehandlung:
    Bodenverfestigung:
    mit Feinkalk, Kalkhydrat: nur bei sehr hohen Lufttemperaturen und starkem Wind (Maßnahmen wie bei Hochhydr. Kalk);

mit Hochhydr. Kalk, Tragschichtbinder: Oberfläche feucht halten, bis Verdunstung hemmendes Mittel aufgebracht ist (z. B. kalt verarbeitbare anionische Bitumen-Emulsion, ca. 0,8 kg/m^2);
Aufbringen weiterer Schicht(en) am Herstellungstag;
bei Frost innerhalb der ersten 7 Tage entsprechende Schutzmaßnahmen treffen;
Bodenverbesserung: keine;
8. Freigabe: sofort, wenn durch Befahren keine Verdrückungen o. ä. entstehen.

(2) Zentralmischverfahren:
1. Planum erstellen;
2. Mischgut zur Einbaustelle transportieren (ggf. mit Planen als Verdunstungsschutz abdecken);
3. Mischgut mit Grader, u. U. Planierraupe profilgerecht verteilen; Schichtdicke auf Leistung des Verdichtungsgerätes abstimmen;
4. Verdichten: s. vor;
5. Fugen: s. vor;
6. Nachbehandlung: s. vor;
7. Freigabe: s. vor.

(3) Schichtdicke entsprechend Bauanforderungen:
a) im Baumischverfahren: $\geq$ 15 cm,
b) im Zentralmischverfahren: $\geq$ 12 cm, mehrlagiger Einbau möglich;
c) Höchstdicke: abhängig von Leistung der Misch-, Einbau- und Verdichtungsgeräte.

(4) Randausbildung bei Verfestigungen unter Verkehrsflächen o. ä.:
bei Zentralmischverfahren: abgeböscht und verdichtet; Randeinfassungen von Verkehrsflächen bei Fehlen ungebundener Oberbauschichten direkt auf der Verfestigung verlegen;
Verbreiterung: abhängig von Art und Einbau der folgenden Schicht; bei aufgelagerter flexibler Befestigung $\geq$ 10 cm ab Randeinfassung der Verkehrsfläche; unter Betondecken $\geq$ 35 cm.

4.9.5 Bodenverfestigung mit Zement

4.9.5.1 Wirkungsweise und Anwendung

(1) Wirkungsweise: wie bei der Betonherstellung durch dauerhaftes »Verkleben« des Einzelkorngerüstes; für vegetationstechnische Maßnahmen ungeeignet.
(2) Anwendung (Beispiele):
dauerhafte Verbesserung der Tragfähigkeit des Planums;
frostsichere Verfestigung von Untergrund/Unterbau; Herabsetzung der Gesamtstärke des Oberbaus (s. ZTVE-StB, RStO; für ländliche Wege s. TVV-LW und RLW);
Verfestigung der oberen Lage der Frostschutzschicht als 2. Tragschicht (s. RStO);

Bodenart (DIN 18196)	Zementmenge Gew. –% kg/m² kg/m³			Frostwiderstands- prüfung
GE, GW, GI, SW, SI	3 – 7	8 – 20	50 – 125	nein
SE	6 – 10	16 – 30	100 – 180	nein
GU, GT, SU, ST	4 – 8	10 – 25	70 – 150	nein[1]
GŪ, GT̄, SŪ, ST̄	7 – 12	20 – 35	125 – 220	ja
UL, TL	7 – 12	20 – 35	125 – 220	ja
UM, TM, TA	10 – 16	30 – 45	180 – 280	ja

[1] mit Einführung der RStO 86 entfallen:
Mengenangaben: für Trockendichte $\rho_d \approx 1{,}75$ t/m³,
Schichtdicke von ca. 15 cm bzw. für 1 m³ Boden.

Abb. 4.9.5/1. Bodenart und Zementmenge

Tragschicht bei Sport- und gering belasteten Verkehrsflächen (nicht öffentlicher Bereich: Fuß-, Radwege, Parkplätze);
Trag- und Deckschichten ländlicher Wege (s. TVV-LW, RLW);
Auflage von Fundamentplatten, Industrieböden o. ä.

4.9.5.2 Bindemittel, bodentypische Anwendung, Eignungsprüfungen

(1) Bindemittel:
vorwiegend Zemente der Festigkeitsklasse Z 35 nach DIN 1164;
Reaktion hydrophobierter Zemente erst beim Einfräsen;
Arbeitserleichterung bei Böden mit hohem Wassergehalt, schwer zu verarbeitenden Böden und bei feuchter Witterung;
bauaufsichtlich zugelassene »Mischbinder« nach DIN 4207.

(2) Hinweise zu Bodenart, Zementmenge s. Abb. 4.9.5/1.

(3) Voruntersuchungen, Eignungsprüfungen: zwingend für zu verfestigenden Boden und Baustoffgemisch, bzw. Rückgriff auf identische Fälle; Dauer ca. 6 Wochen.
Bezugsrichtlinie: TP BF-StB, Teil B 11.: Eignungsprüfungen bei Bodenverfestigung mit Zement – FGSV 86.

4.9.5.3 Durchführung der Bodenverfestigung/-verbesserung mit Zement

(1) Baumischverfahren:
1. Planum vorbereiten (s. Kap. 4.9.2);
2. Bindemittel verteilen;
   Witterungseinflüsse beachten:
   starke Niederschläge und/oder starker Wind: Verteilung einstellen; Arbeitsunterbrechung bei Überschreitung des für die Verdichtung erforderlichen Wassergehalts durch Niederschläge;

geringe Niederschläge: Bindemittel schnellstens einarbeiten (kein Auftreten von Bindemittelklumpen);

Boden- und Lufttemperaturen < + 5 °C: Arbeit einstellen;

intensive Sonneneinstrahlung und/oder Temperaturen > + 25 °C: Boden vor Ausstreuen des Bindemittels annässen;

3. Mischen und Verdichten: innerhalb des Verarbeitungszeitraums (bei normalem Zement bis zu 3 Stunden, bei hydrophobem Zement ab 3 Stunden);

   nicht profilgerechte Lagen nur ausnahmsweise ausgleichen, für ausreichende Verbindung untere Lage aufrauhen;

   Verdichtungsgeräte: Gummiradwalzen, Kombi-Walzen, Mehrplattenverdichter;

4. Fugen: nur in Sonderfällen, z.B. bei enggestuften Sanden oder sehr hohem Zementgehalt;

   Ausbildung: 5 cm tiefe Einkerbungen (jedoch ≥ 1/3 der Schichtdicke);

   Abstand in Längs- und Querrichtung: ca. 5 m, bei Oberbau mit Asphaltdecken unter 14 cm Dicke bis 2,5 m;

   Arbeitsfugen als Preßfugen ausbilden;

5. Nachbehandlung: Schutz vor Austrocknung unmittelbar nach Verdichten über 7 Tage (Naßnachbehandlung, oder Anspritzen mit ca. 0,8 kg/m² anionischer Bitumenemulsion; Spezialmittel); bei annähernd ausgehärteter freiliegender Verfestigung als Witterungsschutz über den Winter ca. 1,5 kg/m² Bitumenemulsion zu empfehlen;

6. Freigabe: für Baustellenverkehr sofort, wenn keine Verdrückungen o.ä. entstehen; für allgemeinen Verkehr frühestens nach 7 Tagen.

(2) Zentralmischverfahren:

1. Planum erstellen;

2. Baustoffgemisch zum Einbauort transportieren (ggf. mit Planen als Verdunstungsschutz abdecken);

3. Mischgut mit Straßenfertiger, Grader oder Planierraupe profilgerecht verteilen; Schichtdicke auf Leistung des Verdichtungsgeräts abstimmen;

4. Verdichten: s. vor;

5. Fugen: s. vor;

6. Nachbehandlung: s. vor;

7. Freigabe: s. vor.

(3) Schichtdicke entsprechend Bauanforderungen;

a) bei Baumischverfahren: ≥ 15 cm;

b) bei Zentralmischverfahren: ≥ 12 cm; bei mehrlagigem Aufbau in Ausnahmefällen ≥ 7 cm;

c) Höchstdicke: abhängig von Leistung der Misch-, Einbau und Verdichtungsgeräte.

(4) Randausbildung unter Verkehrs-, Sportflächen o.ä.: bei Zentralmischverfahren abgeböscht und verdichtet; Verbreiterung entsprechend Art und Einbau folgender Schicht.

4.9.6   Bituminöse Bodenverfestigung

4.9.6.1   Wirkungsweise und Anwendung

(1) Wirkungsweise: punktweises Verkleben der Körner durch Bitumenfilm; als alleiniges Verfahren zur Verringerung der Frostempfindlichkeit nicht geeignet; reduziert allerdings Aufweichen bei Frostaufgang; Richtlinien nur für Bodenverfestigung eingeführt; Verfahren in vereinfachter Art auch als Bodenverbesserungsverfahren geeignet – Randbedingungen sind fallweise selbst festzulegen! Bei entsprechender Bindemittelart und -menge für vegetationstechnische Maßnahmen geeignet.

(2) Anwendung (Beispiele):
dauerhafte Verbesserung der Tragfähigkeit des Planums durch Verhinderung von Kornumlagerungen;
Tragschicht bei Sport- und gering belasteten Verkehrsflächen (nicht öffentlicher Bereich: Fuß-, Radwege, Parkplätze);
Trag- und Deckschichten ländlicher Wege (s. RLW);
Reduzierung der Erosionsanfälligkeit von Böschungen ohne Ausschluß der Bewuchsfähigkeit.

4.9.6.2   Bindemittel, bodentypische Anwendung, Eignungsprüfungen

(1) Bindemittel:
bituminöse Bindemittel gemäß DIN 1995 oder den »Technischen Lieferbedingungen für Bindemittel auf Bitumen- oder Teerbasis«; bei kalt verarbeitbaren, langsam brechenden Bitumen- oder Teeremulsionen zur Verarbeitung keine besonderen Geräte erforderlich; andere Bindemittel vorher auf ausreichende Gebrauchstemperatur erwärmen;
hydrophobe hydraulische Bindemittel, Kalkhydrat, ggf. Füller als Zusatzstoffe bei bestimmten Böden (s. auch Abb. 4.9.4/2).

(2) Hinweise zu Bodenart und Bindemittelmenge s. Abb. 4.9.6/1.

(3) Voruntersuchungen, Eignungsprüfungen: erfolgen sowohl für den zu verfestigenden Boden wie für das Boden-Bindemittel-Gemisch; Dauer: ca. 4 Wochen.
Bezugsrichtlinie: Vorläufiges Merkblatt für Eignungsprüfungen bei Bodenverfestigung mit bituminösen Bindemitteln – FG 72.

4.9.6.3   Durchführung der Bodenverbesserung/-verfestigung mit bituminösen Bindemitteln

(1) Baumischverfahren:
1. Planum vorbereiten;
2. Mischen und Bindemittel zugeben: Boden wird immer kalt verarbeitet! Bituminöses Bindemittel unter Druck während Mischvorgang in Mischkammer des Mischgerätes einsprühen; bei bestimmten Böden vorher Zusatzstoffe ausbringen und zum Aufschließen des Bodens ggf. in vorgeschaltetem Mischgang einarbeiten; bei vereinfachten Anforderungen (Bodenverbesserung) bitum. Bindemittel (Emulsion) auch vor Mischen verteilen;

Bodenart (DIN 18196)	Eignung	Bindemittelmenge Gew. –%
GE, GW, GI GU, GT	bei $d_{max} > 16$ mm und/oder $d \geq 2$ mm > 50 % nur bedingt geeignet	$3 - 8^2$ $5 - 10^2$
$\overline{GU}$, $\overline{GT}$	$-$ „ $-$ [1]	$5 - 12^2$
SW, SE, SI, SU, ST	gut geeignet	$5 - 16^2$
$S\overline{U}$	bedingt geeignet	$> 12^2$
$\overline{ST}$, UL, UM, TL	bedingt geeignet[1]	x^2
TM, TA	Verarbeitung auch nach Vorbehandlung kaum möglich	x^2

Erläuterungen:
[1] Verarbeitung i.d.R. nach Vorbehandlung (Krümelung) mit ca. 1 – 3 % Feinkalk möglich; weiche Mischböden oder bindige Böden stets vorbehandeln; nach Vorprüfung ggf. weitere *Zusatzstoffe* erforderlich.
[2] Bindemittelmenge durch Vorversuche zu ermitteln; Angaben beziehen sich auf Trockenmasse des Bodens, bei Emulsionen auf wasserfreien, bei Verschnittbitumen auf den verschnittmittelfreien Anteil.

Abb. 4.9.6/1. Bodenart, Eignung und Bindemittelmenge bei Bituminöser Bodenverfestigung

   3. Verdichten: Vorverdichtung mit beliebigem Gerät; Endverdichtung mit Gummiradwalze;
   4. Fugen, Nachbehandlung: nicht erforderlich;
   5. Freigabe: direkt nach Abschluß der Verdichtung.
(2) Zentralmischverfahren:
   1. Planum erstellen;
   2. Mischen: antransportierten kalten Boden mit Bindemittel und ggf. Zusatzstoffen mischen;
   3. Baustoffgemisch zur Einbaustelle transportieren; profilgerecht lagenweise verteilen (Fertiger, Grader); Schichtdicke auf Leistung des Verdichtungsgeräts abstimmen;
   4. Verdichten: s. vor;
   5. Fugen, Nachbehandlung: s. vor;
   6. Freigabe: s. vor.
(3) Schichtdicke entsprechend Bauanforderungen;
   a) bei Baumischverfahren: $\geq$ 15 cm;
   b) bei Zentralmischverfahren: $\geq$ 12 cm; in Ausnahmefällen $\geq$ 8 cm;
   c) Höchstdicke: abhängig von Leistung der Misch-, Einbau- und Verdichtungsgeräte.
(4) Randausbildung unter Verkehrs-, Sportflächen o. ä.: s. Kap. 4.9.5.

5 Boden

Allgemeines

Eine Vielzahl unterschiedlicher Böden bildet insgesamt die Bodenhülle oder Pedosphäre. In ihr durchdringen und beeinflussen sich gegenseitig Lithosphäre (Gesteinshülle), Atmosphäre, Hydrosphäre (Grundwasser, Gewässer und Meere) und Biosphäre.

Boden ist der vollständige dreidimensionale Ausschnitt aus der Pedosphäre. In der Regel sind auf einer Fläche verschiedene Böden miteinander vergesellschaftet. Sie bilden ein Bodenmosaik.

Die bodenkundliche Standortbeurteilung erfolgt auf zwei verschiedenen Ebenen:

a) Beurteilung der bodenkundlichen Standortfaktoren (bodenökologische Faktoren) für eine einzelne bodenkundlich einheitliche Fläche. Dazu zählen Wurzelraum (Gründigkeit und Durchwurzelbarkeit), Wasser-, Luft- und Wärmehaushalt sowie Bodenreaktion und Nährstoffhaushalt.

b) Beurteilung des Bodenmosaiks für Fragen der Planung und praktischen Landnutzung. Dazu erforderlich ist die Angabe aller in einer zu beurteilenden Landschaft vorkommenden Böden, der zwischen ihnen bestehende pedologische und bodenökologische Kontrast sowie die Art ihrer Vergesellschaftung.

5.1 Boden und Landschaft

5.1.1 Bodenindividuum und Bodengesellschaft

Die Bodendecke jeder Landschaft besteht aus einzelnen Bodenindividuen. Die Beschreibung und Beurteilung des einzelnen Bodens (kleinste Einheit natürlicher und anthropogener Böden ist das Pedon – s. Abb. 5.1.1/1) orientiert sich an seiner Gliederung in verschiedene Horizonte.

Die Beurteilung nachgeordneter Bodenmerkmale baut auf der Kenntnis von Bodentyp bzw. Horizontkombination auf. Humusgehalt, Bodenart (Körnung), Bodengefüge aber auch Bodenreaktion (pH-Wert) und Nährstoffgehalt sind in ihrer Wirkung auf das Pflanzenwachstum nur unter Beachtung von Bodentyp und Bodenhorizont richtig einzuschätzen. Ihre Wirkung ist z. B. abhängig vom Grund- oder Stauwassereinfluß aber auch von den in den verschiedenen Horizonten meist sehr unterschiedlichen Lagerungsverhältnissen (Lagerungsdichte, Bodengefüge) und der unterschiedlichen Durchlüftung.

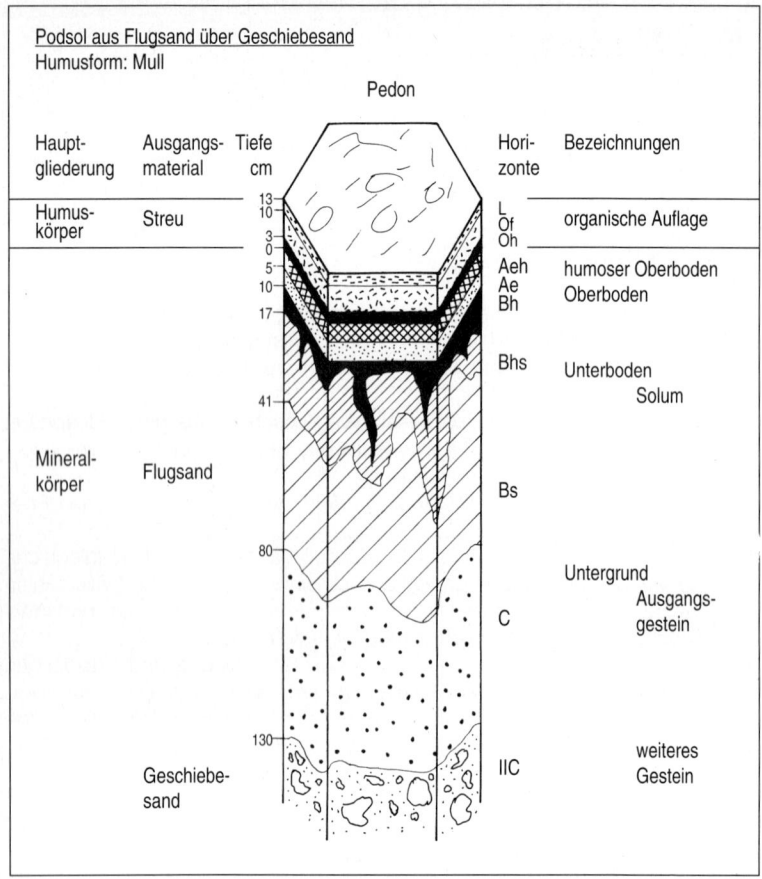

Abb. 5.1.1/1. Podsol aus Flugsand über Geschiebesand

Bodengesellschaften lassen sich durch typische Bodencatenen kennzeichnen. Bodencatenen sind senkrecht zu den jeweils sichtbaren Landschaftsstrukturen (z. B. Höhenrelief) angelegte Bodenschnitte. Bei sehr kleinflächigem Wechsel unterschiedlicher Böden spricht man von Bodenkomplexen oder Pedokomplexen. Von großer praktischer Bedeutung sind z. B. Komplexe aus dem anthropogenen Boden einer Pflanzgrube und dem umliegenden natürlichen Boden (s. Abb. 5.1.1/2).

5.1.2   Aufbau und Gliederung des Bodenkörpers (Begriffe)

Abbildung 5.1.1/1 zeigt Aufbau und Gliederung eines Bodens sowie praxisnahe Begriffe. Organische und mineralische Substanzen führen als Ausgangs-

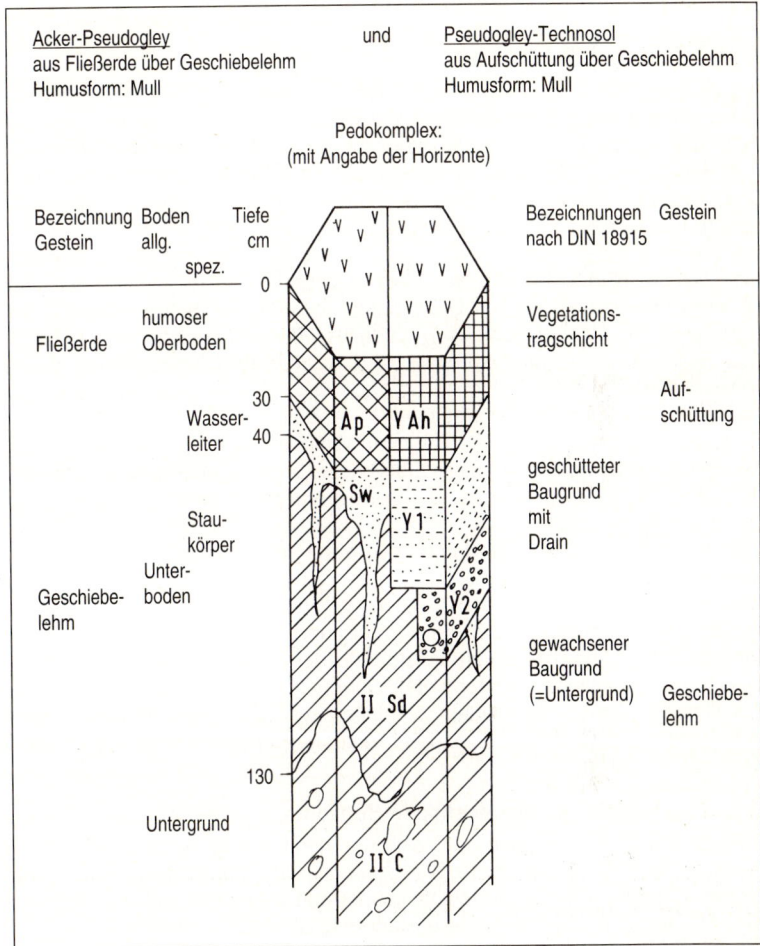

Abb. 5.1.1/2. Bodenkomplex am Rand einer Pflanzgrube

materialien der Bodenentwicklung zu einer Unterteilung des Pedons in Humus- und Mineralkörper. Der Mineralkörper kann aus einem einheitlichen Gestein oder aus mehreren Gesteinen (hier: Flugsand über Geschiebesand) bestehen. Soweit die Gliederung des Bodens durch geologische Vorgänge oder durch künstlichen Auftrag von Material geschieht, wird von Schichten gesprochen.

In Abbildung 5.1.1/2 ist ein Pedokomplex (kleinflächige typische Bodenkombination) aus einem »gewachsenen« staunassen Pseudogley (links) und einem durch technische Maßnahmen daraus entstandenen Pseudogley-Technosol (rechts) dargestellt.

5.1.2.1 Bodenhorizonte, Einschichtprofile, Mehrschichtprofile

Durch Bodenentwicklung bilden sich innerhalb einer oder mehrerer von der Bodenentwicklung betroffener Gesteinsschichten Bodenhorizonte. Böden, die aus einem einheitlichen Gestein entstanden sind, besitzen Einschicht-Profile. Sind mehrere übereinanderliegende Gesteine in einem Boden erkennbar, spricht man von Mehrschicht-Profilen.

Humus- und Mineralkörper sind in sich gegliedert. Der Humuskörper bildet sich aus der Streu. Er wird auch als organische Auflage bezeichnet. Der Mineralkörper entsteht durch Umwandlung des/der Ausgangsgesteins/e. Im Beispiel liegen zwei verschiedene Gesteine (Flugsand und Geschiebesand) übereinander. Ein Gesteinswechsel wird bei der Profilbeschreibung durch römische Zahlen gekennzeichnet. So bedeutet z. B. »II« im IIC-Horizont, daß unter dem Flugsand ein weiteres Gestein, eine andere Schicht, folgt.

Der obere humose, mehr oder weniger an Mineralstoffen verarmte Bereich des Mineralkörpers wird als humoser Oberboden bezeichnet. Darunter folgt bei manchen Böden ein verarmter, humusarmer Oberboden z. B. der A_e-Horizont (Bleichsand) des Podsol.

Der Unterboden umfaßt den durch chemische Verwitterung, durch Tonverlagerung oder Humusinfiltration mehr oder weniger mit pflanzenverfügbaren Mineralstoffen, mit Ton und z. T. auch mit Humus angereicherten Bereich zwischen dem Oberboden und dem Untergrund.

Der im eigentlichen Sinn durch die Bodenbildung geprägte Bereich oberhalb des Ausgangsgesteins wird auch als Solum bezeichnet.

Der Untergrund beginnt mit dem allenfalls physikalisch verwitterten C- oder IIC-Horizont. Bei Grundwasserböden tritt der G_r-Horizont an die Stelle des C-Horizontes.

5.1.2.2 Humusform, diagnostische Horizonte

Aus der Gliederung des Humuskörpers und der Ausprägung des A_h-Horizontes ergibt sich die Humusform z. B. Rohhumus. Die Humusform paßt sich den Gegebenheiten eines Standortes am schnellsten an und gibt daher besonders deutlich Auskunft über die aktuelle Standortqualität.

Die für den Bodentyp diagnostischen Horizonte finden sich vorherrschend im Mineralkörper. Neben den Merkmalen der aktuellen Bodenentwicklung und -dynamik enthält der Mineralkörper jedoch auch Merkmale des Ausgangsgesteins (ererbte Merkmale) und reliktische oder fossile Bodenmerkmale. Das kann zu Fehleinschätzungen bei der Standortbeurteilung führen. Rostflecke kennzeichnen z. B. den Grundwasserschwankungsbereich in Gleyen (Grundwasserböden). Sie bleiben jedoch auch nach einer Grundwasserabsenkung noch lange im Boden erhalten und täuschen einen so nicht mehr vorhandenen Grundwassereinfluß vor. Auf Bodenkarten werden Gleye mit abgesenktem Grundwasser als Reliktgleye bezeichnet.

5.1.3   Bodenbeschreibung

5.1.3.1   Horizontsymbole

Bodenhorizonte werden durch Großbuchstaben (Hauptsymbole), Klein-buchstaben (Merkmalssymbole) sowie römische (Gesteinswechsel) und arabi-sche Ziffern (Untergliederung einheitlicher Horizonte) gekennzeichnet (Abb. 5.1.3/1 und 2).
Übergangshorizonte werden durch Kombination von Haupt- und Merk-malssymbolen (z. B. $B_v A_h$) oder Merkmalssymbolen (z. B. G_{or}) gekennzeichnet. Dabei steht das Symbol für das stärker ausgeprägte Merkmal am Schluß. Zwischen den Symbolen steht kein Bindestrich. Die einzelnen Horizonte eines Profils werden dagegen durch Bindestriche getrennt (z. B. A_h-B_v-C-Profil der Braunerde).

Hauptsymbol	Bedeutung	
Organische Horizonte in Mooren und Gewässern		
H	Torf (> 30 % org. Substanz), aus Hoch- oder Niedermoorpflanzen in situ entstanden	
F	Mudde aus Sedimenten offener Gewässer entstanden	
Organische Horizonte terrestrischer Böden		
L	Streu, nicht oder wenig zersetzte organische Substanz	
O	Zerkleinerte oder zersetzte organische Substanz	
Mineralische Horizonte		
A	Oberbodenhorizont mit eingemischter org. Substanz und/oder Verarmung an mineralischer Substanz	
B	Unterbodenhorizont, der sich durch Verwitterung und/oder Stoffanreicherung vom Ausgangsgestein unterscheidet	
C	Mineralischer Untergrund	
P	Mineralbodenhorizont aus Tongestein	
T	„	aus Lösungsrückständen von Karbonatgestein
S	„	mit Stauwassereinfluß
G	„	mit Grundwassereinfluß
M	„	aus umgelagertem Bodenmaterial in Kolluvien und Auenböden
Anthropogene Horizonte		
E		aus aufgetragenen Plaggen (Plaggenesch)
R		durch Tiefbearbeitung (Rigolen, Tiefumbruch) entstanden
Y		durch Aufschüttung oder Aufspülung entstanden
Die Hauptsymbole werden durch vorangestellte (Präfixe) oder angehängte (Suffixe) Merkmals-symbole (römische Ziffern, Kleinbuchstaben, arabische Ziffern) näher gekennzeichnet.		

Abb. 5.1.3/1.   Hauptsymbole zur Bezeichnung von Bodenhorizonten

Symbol	Bedeutung als Präfix	Beispiel [1]	Bedeutung als Suffix	Beispiel [1]
a	in Auenlage	aG, aM	anmoorig	A_a
b			bandförmig	B_b
c			carbonatangereichert	C_c
d			dicht, wasserstauend	S_d
e			eluvial, (ausgewaschen)	A_e
f	fossil	fAh	fermentiert	O_f
g			Haftnässe	S_g
h	Hochmoortorf	hH [2]	humos	O_h, A_h, B_h
i			initial	A_i
j	juvenil	jY	ferrsialitisch	B_j
k	Kalkmudde	kF [2]	Konkretion	B_k
l	Lockergestein	lC	lessiviert, (tonverarmt)	A_l
m	Festgestein, massiv	mC	massiv	G_{om}
n	Niedermoortorf	nH [2]	neu, frisch (novus)	C_n
o	äolisches Gestein	oM	oxidiert	G_o
p			gepflügt	A_p
q			Knickhorizont der Marschen	S_q
r	Reliktmerkmal	rGo	reduziert	G_r
s			sesquioxid-angereichert	B_s
t			tonangereichert	B_t
u	Übergangsmoortorf	uH [2]	rubefiziert, rotgefärbt	B_u
v			verwittert	B_v, C_v
w	Wassersediment	wM	stauwasserleitend	S_w
y	Kunstsubstrat	yY		
z	salzhaltiges Gestein	zG	salzangereichert	B_z
II, III	neue geologische Schicht	IIC, IIIC		

[1] Die Erläuterungen beziehen sich auf das Merkmalssymbol. Sie werden in den Beispielen durch Kombination mit einem Haupt- bzw. mit weiteren Zusatzsymbolen u.U. stark spezifiziert.
[2] Hier ist die Schreibweise der Kartieranleitung wiedergegeben.

Abb. 5.1.3/2. Merkmalssymbole zur näheren Kennzeichnung von Bodenhorizonten

Bei Torfen und Mudden gelten folgende Regeln:
Zwei große Buchstaben bezeichnen den »Bodentyp« (z. B. HN das Niedermoor), ein Präfix das »Gestein« (nH = Torf aus Niedermoorpflanzen), ein Suffix den Bodenhorizont (Hp = gepflügter Niedermoorhorizont, Hc = Niedermoorhorizont mit Kalkanreicherung).
Die Torfart (entspricht der Bodenart) wird durch mehrere nachgestellte Kleinbuchstaben gekennzeichnet (z. B. Hnp = Phragmitestorf, Hnc = Carextorf). Diese Bezeichnung entspricht in etwa der geobotanischen und der älteren bodenkundlichen Torfansprache.
Auf die große Verwechslungsgefahr zwischen den heutigen bodenkundlichen und den geobotanischen Bezeichnungen sei ausdrücklich hingewiesen. Es kommt wesentlich darauf an, die Symbole in die richtige Spalte (Bodentyp, Bodenhorizont, »Bodenart«) eines Formblattes einzutragen.

5.1.3.2 Bodentypen (Typenschlüssel)

Wesentlich für die Einteilung der Böden sind das jeweilige Ausgangsgestein und die durch die Bodenentwicklung hervorgerufene Ausbildung typischer Bodenprofile. Innerhalb der Profile finden sich häufig bestimmte »diagnostische Horizontkombinationen«. Sie erleichtern die Unterscheidung der verschiedenen Bodentypen. Ein Überblick über die Bodentypen ist hier in Form eines Bestimmungsschlüssels gegeben (Abb. 5.1.3/3).

Abteilung	Bezeichnung und Beschreibung	weiter bei
I	Terrestrische Böden (Landböden) Wasserhaushalt durch klimatische Wasserbilanz, Wasserhaltevermögen und Wasserdurchlässigkeit bestimmt, Böden z.T. staunaß	—> 1
II	Semiterrestrische grundwasserbeeinflußte Böden der Tal-, Auen- und Marschlandschaften. Durch Quell- oder ganzjährig vorhandenes Hangzugwasser geprägt	—> 20
III	Semisubhydrische (amphibische) und subhydrische Böden in Watt und Gewässern, regelmäßig überflutet oder ständig am Grund stehender oder fließender Gewässer	—> 30
IV	Moore, organische durch Grundwasser und/oder Niederschläge geprägte Böden aus Pflanzenresten	—> 40
V	Kultosole, anthropogen stark veränderte Böden mit Kulturspuren auch im Unterboden (Holzkohle, Schlacke, Ziegelreste, Mörtel, Tiefenlockerung und Tiefkulturspuren)	—> 50

Abb. 5.1.3/3. Bestimmungsschlüssel der wichtigsten deutschen Bodentypen (stark vereinfacht)

Schlüsselzahl	Bodenprofil, Unterscheidungsmerkmale	Verweis, Name
I	Landböden	
1a	Humoser Oberboden geringmächtig (< 2 cm), häufig lückenhaft, über chemisch unverändertem Fest- oder Lockergestein	—> 2
1b	Humoser Oberboden deutlich ausgeprägt und > 2 cm mächtig	—> 3
2	Boden mit Ai-C-Profil 1. aus Festgestein: 2. aus Lockergestein:	Syrosem Lockersyrosem

Abb. 5.1.3/4. Bestimmungsschlüssel der wichtigsten deutschen Bodentypen

Schlüssel-zahl	Bodenprofil, Unterscheidungsmerkmale	Verweis, Name
3a	Humoser Oberboden deutlich ausgebildet, keine weitere Horizonte über dem Ausgangsgestein	—> 4 —> 5
3b	Boden in mehrere Horizonte gegliedert	

4	Böden mit Ah-C-Profil aus	
	1. festem magmatischem oder metamorph verändertem magmatischem Gestein (Basalt, Granit, Gneis) oder aus verfestigtem, diagenetisch oder metamorph verändertem Kiesel- und Silikatgestein (Grauwacke, Schiefer, Glimmerschiefer, Quarzit):	Ranker
	2. lockerem Kiesel- oder Silikatgestein:	Regosol
	3. festem oder lockerem Kalk- oder Gipsgestein (Kalk, Dolomit, Gips)	
	3a starke Reaktion mit 10 %iger Salzsäure:	Rendzina aus Kalk
	3b Reaktion mit 20 %iger Salzsäure:	Rendzina aus Dolomit
	3c keine Reaktion mit Säuren, pH-Werte i.a. niedrig:	Gipsrendzina

	4. festen oder lockeren Sand- oder Lehm- oder Tonmergeln (Kalksandstein, Löß, Geschiebemergel, Beckenton)	
	4a Bei normalem Ah-Horizont:	Pararendzin
	4b Bei mächtigem (> 40 cm) sehr dunklem »Mull-Ah«:	Tschernosem (Schwarzerde)

Schwarzerden bilden sich vorwiegend aus Löß oder anderen basenreichen Lockergesteinen

5a	Böden vorwiegend gelbbraun bis braunrot gefärbt mit erdigem oder plastischem Unterboden, Horizontgrenzen häufig undeutlich	—> 6
5b	Böden mit Bleichsand, schwarzbraunen oder rostroten Farben, Horizontgrenzen meist sehr deutlich jedoch oft unregelmäßig	—> 10
5c	Oberboden humos bis sehr stark humos oder anmoorig, Unterboden mehr oder weniger deutlich gebleicht und rostfleckig marmoriert, z.T. bläuliche Reduktionsfarben (staunaß, wechselfeucht)	—> 11

6a	Humoser Oberboden über verbrauntem, erdigen Unterboden über unverwittertem oder mechanisch verwittertem, unverfärbtem Fest- oder Lockergestein	—> 7
6b	Humoser Oberboden über relativ hellem tonarmem Horizont, darunter relativ tonreicher intensiv braun gefärbter Horizont mit Toneinlagerung	—> 8
6c	Humoser Oberboden über sehr plastischem Unterboden mit deutlich ausgeprägtem Polyeder- oder Prismengefüge, das Gefüge des Ausgangsgesteins (Primärgefüge) ist aufgeweicht und in Bodengefüge (Sekundärgefüge) umgeformt	—> 9

7	Boden mit Ah-Bv-C-Profil	
	1. Ausgangsgestein dunkel, basaltartig, nährstoffreich	eutrophe Braunerde
	2. Ausgangsgestein hell, granit- oder gneisartig, nährstoffarm	saure Braunerde
	3. Ausgangsgestein porös, tuffartig meist sauer	Lockerbraunerde

Abb. 5.1.3/4. Bestimmungsschlüssel (Fortsetzung)

Schlüssel-zahl	Bodenprofil, Unterscheidungsmerkmale	Verweis, Name
8	Boden mit Ah-Al-Bt-C-Profil	
	1. mit tonärmerem Al- über tonreicherem Bt-Horizont	Parabraunerde
	2. mit fahlgelbem oder -grauem Al- über deutlich abgesetztem, meist relativ dichtem Bt-Horizont	Fahlerde

Braunerden und Parabraunerden mit schwacher Rostfleckigkeit werden als pseudovergleyte Parabraunerde bezeichnet

9	a	Boden mit Ah-P-C-Profil aus Ton oder Tonmergel: P-Horizont > 45 % Ton, hochplastisch, ausgeprägtes Prismen/ Polyedergefüge mit Trockenrissen	Pelosol
	b	Boden mit Ah-T-C-Profil aus Lösungsrückständen von Kalk- oder Dolomitgesteinen, mit deutlichem Polyedergefüge	
		1. T-Horizont leuchtend ockergelb bis ockerbraun, > 45 % Ton	Terra fusca
		2. T-Horizont leuchtend braunrot, > 65 % Ton	Terra rossa

10	a	Boden mit L-Of-Oh-Ah-Ae-Bh-Bs-C-Profil, unter dem Bleichsand (Ae)- folgen ein schwarzbrauner (Bh-) und ein rotbrauner (Bs-) Orterde- bzw. Ortsteinhorizont	Eisenhumuspodsol
	b	Boden mit L-Of-Oh-Ah-Ae-Bh-C-Profil, unter dem Bleichsand folgt schwarzer Bh-Horizont; Boden extrem (eisen)armer Sande	Humuspodsol
	c	Boden mit L-Of-Oh-Aeh-Bs-C-Profil, Bs-Horizont rostbraun, aus weniger armen, schluffigen und lehmigen Sanden entstanden	Eisenpodsol

11	a	Boden mit Ah-(Sw)-Sd-Profil, deutlicher Wechsel zwischen Naß- und Trockenphase, Wasserleiter (Sw) z.T. kaum erkennbar, Staukörper marmoriert, Bleichzonen und Rostflecke	Pseudogley
	b	Boden mit SwAh-Srw-Srd-Profil, Oberboden durch lange Naßphase und starke Versauerung stark gebleicht, Staukörper deutlich reduziert	Stagnogley

Zwischen Parabraunerde und Pseudogley werden die Übergangstypen Pseudogley-Parabraunerde und Parabraunerde-Pseudogley unterschieden.

II	Grundwasserböden	

20a	Mineralböden durch stehendes oder langsam fließendes, sauerstoffarmes Grundwasser geprägt, Oberboden humos bis anmoorig oder vertorft, Unterboden deutlich in einen rostfleckigen oberen und einen bläulich reduzierten unteren Horizont gegliedert in Flußtälern, an nassen Hängen und um Quellen	—> 21
20b	Mineralböden durch fließendes, sauerstoffreiches Grundwasser geprägt, Rostfleckigkeit und Reduktionsfarben schwach ausgeprägt. In Flußauen aus Auensedimenten entstanden, periodisch überflutet oder hinter Hochflutdeichen von Druckwasser überschwemmt	—> 22

Abb. 5.1.3/4. Bestimmungsschlüssel (Fortsetzung)

Schlüssel-zahl	Bodenprofil, Unterscheidungsmerkmale	Verweis, Name
20c	Grundwasserbeeinflußte Mineralböden in See-, Brack- und Flußmarschen-landschaften, aus Gezeitensedimenten des Meeres und der Tideflüsse entstanden	—> 23

21	a	Boden mit Ah-Go-Gr-Profil:	Gley
	b	Aoh-Gr-Profil mit Rostflecken im Oberboden, und hoch anstehendem Grundwasser	Naßgley
	c	Aa-Gr-Profil, Oberboden anmoorig:	Anmoorgley
	d	H-Gr-Profil, geringmächtige Torfauflage über fahlgrauem bis blaugrauem Reduktionshorizont:	Moorgley

Neben den Grundwassergleyen der Senken und Täler unterscheidet man Hang- und Quellgleye.

22	a	Boden mit Ai-aC-Profil	
		1. aus Silikatgestein	Auensilikatrohboden (Rambla)
		2. aus Karbonatgestein	Auenkarbonatrohboden (Kalkrambla)
22	b	Boden mit Ah-aC-Profil, Ah-Horizont < 40 cm	
		1. aus Silikatgestein	Auenregosol (Paternia)
		2. aus Mergelgestein	Auenpararendzina (Kalkpaternia)
		3. aus Karbonatgestein	Auenrendzina (Borowina)
	c	Boden mit Ah-aC-Profil, Ah-Horizont > 40 cm	Auenschwarzerde (Tscherniza)
	d	Boden mit Ah-Bv-aC-Profil bzw. mit Ah-Bv-aM-Profil braunerdeartiger Boden in Auenlage	Auenbraunerde (Vega)

23	a	Boden mit Ah-Go-Gr-Profil, aus feingeschichteten, lockeren Gezeitensedimenten	
		1. im Küstenvorland, im Verlauf eines Jahres mehrfach vom Meerwasser überflutet, salzhaltig	Salzmarsch
		2. in Kögen oder an Flüssen, bis in den Oberboden kalkhaltig aber salzfrei	Kalkmarsch
		3.a tiefer als 40 cm entkalkt	Kleimarsch
		3.b z.T. geringmächtig über fossiler Marsch	Dwogmarsch
	b	Boden mit Ah-Sw-Sq-Gor-Gr-Profil mit verdichtetem Unterbodenhorizont (Knick)	Knickmarsch
	c	Mit Ah-Go-Gr-H-Profil, geringmächtige Marsch über Hoch- oder Niedermoortorf	Moormarsch
	d	Mit Ah-HG-Profil, Böden aus humosen Tonen im Wechsel mit Meeressedimenten und Torf	Humusmarsch

III	Subhydrische Böden	
30	a amphibische Böden auf Wattflächen im Gezeitenbereich	—> 31
	b echte Unterwasserböden	—> 32

Abb. 5.1.3/4. Bestimmungsschlüssel (Fortsetzung)

Schlüssel-zahl		Bodenprofil, Unterscheidungsmerkmale	Verweis, Name
31	a	Boden mit Ai-Gr-Profil	
		1. aus Schluff und Feinsand	Sandwatt
		2. aus Schluff und Ton	Schlickwatt
32	a	Boden mit Fi-G-Profil mit geringmächtigem organischem Oberboden über mineralischem Sediment	
		Unterboden-Rohboden	Protopedon
	b	Böden mit Ff-G-Profil mit biologisch trägem Braunschlamm sauerstoff- und nährstoffarmer Gewässer über mineralischen Unterboden	Dy
	c	Boden mit Fr-G-Profil mit blauschwarzen »Faulschlamm« extrem sauerstoffarmer aber nährstoffreicher Gewässer über mineralischem Unterboden	Sapropel
	d	Boden mit Fh-G-Profil	Gyttja
	e	Boden mit Fhc-G-Profil	Kalkgyttja
IV		<u>Moore</u>	
40	a	Torfe faserartig, Schilf- oder Seggenreste, Erlen- oder Weidenholzreste, z.T. Geruch nach Schwefelwasserstoff, Torfmoose,	Niedermoor
	b	Reisertorfe (Ericaceen), Birken- oder Kiefernreste	Übergangsmoor
	c	Torf aus Torfmoosen (Sphagnen) und Scheidigem Wollgras (Eriophorum vaginatum)	Hochmoor
	d	Organische oder mineralische Feinsubstanz z.T. einzelne Pflanzen- oder Torfreste eingestreut, Leber-, gallert- oder gummiartig. Ablagerungen in bestehenden oder verlandeten Gewässern	—> 32
V		<u>Kulturböden</u>	
50	a	Boden nur durch normale landwirtschaftliche Bodenbearbeitung verändert	—> 51
	b	Boden bis über die Pflugtiefe hinaus verändert	—> 52
51		Humoser Oberboden (Ackerkrume) durch normales Pflügen nach unten scharf abgegrenzt, darunter folgt ursprüngliches Bodenprofil, Boden wird mit dem Zusatz »Acker« nach dem ursprünglichen Profil benannt z.B.: Ackerpseudogley	—> 1
52	a	Tiefhumoser Boden mit regelmäßigem, feingliedrigem Profil (typisches Profil in jedem Bohrstock erkennbar)	—> 53
	b	Kultosol mit regelmäßigem aber grobgliedrigem Profil (typisches Profil erst in Profilgruben erkennbar)	—> 54
	c	Kultosol mit humosem Oberboden über aufgefüllten oder aufgeschütteten, meist stark anthropogen beeinflußten Substraten	—> 55
53	a	Boden mit EAp-E-Ilf...-Profil, E-Horizonte > 4 dm mächtig über fossilem Horizont des überdeckten Bodens	
		1. E-Horizont braun, bis zu 10% Ton, aus Grasplaggen entstanden	brauner Plaggenesch

Abb. 5.1.3/4. Bestimmungsschlüssel (Fortsetzung)

Schlüssel-zahl	Bodenprofil, Unterscheidungsmerkmale	Verweis, Name
	2. E-Horizont grau, 1 – 2 % Ton, aus Heideplaggen entstanden	grauer Plaggenesch
	Neben den klassischen Plaggeneschen armer Landschaften finden sich auch schwer erkenbare Plaggenesche auf besseren Böden mit höheren Tongehalten	
53	b Boden mit RAp-RAh-C-Profil, R-Horizont > 4 dm mächtig, durch tiefwirkende Bodenbearbeitung homogenisiert 1. (alter) Gartenboden 2. (alter) Weinbergsboden	Hortisol Rigosol
54	Boden mit RAh-R…-Profil mit Resten ursprünglicher Mineralboden- oder Torfhorizonte (durch Tiefumbruch von Parabraunerden, Podsolen, Gleyen oder Mooren entstanden)	Treptosol
55	Boden mit YAp-Y1-Y2…-Profil durch Auftrag von natürlichem oder anthropogenem Material entstanden (Auftragsböden, Böden in Pflanzgruben)	Technosol

Abb. 5.1.3/4. Bestimmungsschlüssel (Fortsetzung)

5.2 Bodenkundliche Geländeuntersuchungen

5.2.1 Auswertung vorhandener Unterlagen

Mögliche Unterlagen: Historische Karten, Karten und Erläuterungen über Topographie, Geologie, Klima, Boden und Vegetation, naturräumliche Gliederung, Luftbilder, Bodenkarten sowie Karten und Beschriebe der Reichsbodenschätzung.

5.2.2 Bodenansprache im Gelände

Die Bodenansprache erfolgt an größeren Aufschlüssen, an Profilgruben und Bohrstockeinschlägen. An den Aufschlüssen, wie Steinbrüchen, Sand-, Ton- oder Baugruben wird zunächst das geologisch-bodenkundliche Bauprinzip der Landschaft deutlich. Profilgruben geben Auskunft über den Boden im engeren Sinn. Bohrstockeinschläge dienen zur flächenhaften Kartierung. Meist wird dabei in Trassen senkrecht zu den Landschaftsstrukturen (Höhenlinien, Gesteinswechsel, Talquerschnitt) gearbeitet.
Profilbeschreibung erfolgt nach:
Horizontmächtigkeiten, Farbe, Feuchte, Fleckung,
Humusgehalt, Körnung (Schlüssel siehe Abb. 5.2.2/1), Gefüge, Lagerungsdichte, Stau- und Grundwasser.
Als Hilfsmittel dienen insbesondere die Bodenkundliche Kartieranleitung und eine Munsel-Farbtafel. Die Beschreibung erfolgt auf Formblättern. Mit dieser

1.0	Einzelkörper gut sicht- und fühlbar		—> 2 (S, IS —> tL)	
1.1	Einzelkörper sehr klein, kaum sicht- und fühlbar		—> 6 (sU —> uT —> T)	
2.0	nicht oder sehr schwach bindig, nicht formbar	a	nicht mehlig, haftet nicht am Finger	S (g, m, fS)
2.1	bindig, formbar —> 3	b	mehlig stumpf, etwas Feinsubstanz haftet am Finger	uS
		c	schwach bindig, nicht formbar	l ' S, tS
3.0	schwach bindig oder bindig, formbar, jedoch nicht zu halber Bleistiftstärke ausrollbar	a	wenig formbar, reißt und bricht bei jeder Verformung	lS
3.1	ausrollbar —> 4	b	formbar, reißt bei geringer Verformung, etwas zähplastisch	tS
		c	formbar aber stumpf und brüchig, nicht ausrollbar	l ^ S
4.0	ausrollbar, wird dabei rissig, Gleitflächen stumpf	a	Sandkörner (g, m, fS), gut sicht- und fühlbar	sL
4.1	+/– glatt, glänzend und zähplastisch —> 5	b	Sandkörner kaum sicht- und fühlbar	uL
5.0	beim Ausrollen kaum rissig, schwach glänzende Gleitflächen, etwas zähplastisch	a	einzelne Körner gut sicht- und fühlbar	tL
5.1	glatt, glänzend und zähplastisch —> 11	b	Einzelkörner nicht sicht- und fühlbar	u ^ T, uT
6.0	nicht bindig, haftet deutlich in Fingerrillen, bricht bei jeder Verformung	a	wenige Körner sicht- und fühlbar	sU
6.1	+/– bindig —> 7	b	Einzelkörner nicht sicht- und fühlbar	U
7.0	schwach bindig, haftet gut, etwas formbar, reißt und bricht leicht	a	Einzelkörner schwach sicht- und fühlbar	l ' U
	deutlich bindig —> 8	b	Einzelkörner nicht sicht- und fühlbar	t ' U

Abb. 5.2.2/1. Schlüssel zur Bestimmung der Körnung nach der Fingerprobe

8.0	bindig, klebt; formbar, jedoch nicht zu halber Bleistiftstärke ausrollbar	a	Einzelkörner kaum sicht- und fühlbar	lU
8.1	ausrollbar —> 9	b	Einzelkörner nicht sicht- und fühlbar	tU
9.0	ausrollbar, wird dabei rissig, Gleitflächen stumpf	a	Einzelkörner kaum sicht- und fühlbar	uL
9.1	+/– glatt, glänzend und zähplastisch —> 10	b	Einzelkörner nicht sicht- und fühlbar	t ^ U
10.0	beim Ausrollen kaum rissig, schwach glänzende Gleitflächen, etwas zähplastisch	a	Einzelkörner gut sicht- und fühlbar	tL
10.1	glatt, glänzend und zähplastisch —> 11	b	Einzelkörner nicht sicht- und fühlbar	u ^ T, uT
11.0	glatt ausrollbar, schwach bis deutlich glänzend, zähplastisch	a	wenige Körner sicht- und fühlbar, wird beim Ausrollen etwas rissig, glänzend	sT
11.1	Einzelkörner auch zwischen den Zähnen nicht spürbar —> 12	b	wenige Körner sicht- und fühlbar, etwas samtartig mehlig, schwach glänzend	lT
12.0	stark zähplastisch bis butterartig, Gleitflächen glänzend	a	samtartig mehlig, mattglänzend	u ' T
		b	stark plastisch, glänzend	T

Abb. 5.2.2/1. Schlüssel zur Bestimmung der Körnung nach der Fingerprobe – Fortsetzung

Ansprache werden vor allem Bodentyp, Ausgangsgestein und Humusform bestimmt. Auch Bodengrenzen werden unmittelbar bei der Geländearbeit festgelegt.
Während der Geländearbeit sollte aus jedem Horizont eine kleine, möglichst ungestörte Beutelprobe entnommen werden. Es genügt ein Stück Bohrkern aus dem Pürckhauer. (Proben vor [!] der Prüfung mit Salzsäure entnehmen). Die profilweise geordneten Proben gestatten eine zusammenfassende Betrachtung, und geben einen von der z. B. witterungsbeeinflußten Tagesform unabhängigen Überblick über Eigenschaften und Variationsbreite der kartierten Böden. An den Proben lassen sich ferner Nachbestimmungen und vereinfachte Laboranalysen vornehmen. Die Entnahme kleiner Proben beschleunigt die Geländearbeit. Bestimmte Bodeneigenschaften (z. B. Horizontmächtigkeiten und -übergänge, Bodengefüge und Lagerungsverhältnisse, Rostflecke, Reduktionsfarben[!] und Wasserverhältnisse müssen dennoch sorgfältig im Gelände bestimmt werden.

5.3 Laboranalysen

Laboranalysen dienen zur Eichung und zur Ergänzung der Geländearbeit. Sie werden an Gewichtsproben und an Volumenproben durchgeführt. Laboranalysen bei vereinfachter Probenahme sind der direkten Messung während der Geländearbeit vorzuziehen. Sie sind schneller, liefern bessere Ergebnisse und sind geräteschonender.

5.3.1 Laboranalysen an Gewichtsproben

5.3.1.1 Redoxpotential und pH-Wert

Vorbereitung: je 25 ml 0,01 mol/l $CaCl_2$-Lösung in eine 50-ml-Weithalsglasflasche mit Schraubdeckel geben. Die Lösung dient als Absperrflüssigkeit gegen Luftsauerstoff und zur pH-Messung (pH_{CaCl2}) und muß die Probe später vollständig überdecken. Flasche und Deckel numerieren.

Probenahme und Messung: Aus jedem Bodenhorizont soviel Bodenmaterial wie möglich in je ein Fläschchen geben. Unnötigen Kontakt mit der Luft vermeiden, genügend Platz für die Elektrode lassen. Noch am gleichen Tag die Redoxpotentiale und pH-Werte (in dieser Reihenfolge) elektrometrisch messen. Redox- und pH-Messungen nach einer Woche wiederholen.

Als Ergebnis bekommt man die aktuellen und die potentiellen Redoxpotentiale und die pH-Werte. Die aktuellen Redoxpotentiale sind sehr willkürlich, vom Augenblickszustand und von den Umständen bei der Probenahme bestimmt. Die potentiellen Redoxpotentiale kennzeichnen das Verhalten des Bodenmaterials in Nässeperioden. Normal sind potentielle E_{pH7}-Werte um 300 mV.

In Proben mit leicht zersetzbarer organischer Substanz (Stallmist, Kompost, humoser Oberboden) sinken die Redoxpotentiale mehr oder weniger stark, im Extremfall bis auf etwa -350 mV ab. Je tiefer die Werte absinken, desto fäulnisanfälliger ist das Material. Wenn Redoxpotentiale in offensichtlich humosem Bodenmaterial (außer Torf) nicht merklich absinken, besteht der Verdacht auf Vergiftung der Bodenorganismen. Biozide oder Schwermetalle können die Ursache sein.

5.3.1.2 Bestimmung des pH-Wertes

10 g Feinerde (< 2 mm) werden in 100 ml-Becher eingewogen, mit 25 ml 0,01 mol/l $CaCl_2$-Lösung versetzt und einige Male umgeschwenkt. Nach Gleichgewichtseinstellung (ca. 2 h) wird der pH-Wert elektrometrisch gemessen.

Die pH-Werte können auch in Wasser gemessen werden. Die pH_{H2O}-Werte sind jedoch 0,5 bis 1,0 pH-Einheiten höher als die pH_{CaCl2}-Werte.

5.3.1.3 Bestimmung der Körnung

a) Die lufttrockenen Proben werden zunächst durch Trockensiebung quantitativ in Feinerde (< 2 mm) und Bodenskelett (> 2 mm) getrennt. Die weiteren Analysen erfolgen in der Regel an der Feinerde. Der in % der Gesamtprobe ausgedrückte Skelettanteil wird bei der Benennung der Kör-

Bezeichnung	Symbol konventionell	Symbol EDVgerecht	Gehalt Vol %	Gehalt Gew %
sehr schwach .... [1]	x' g' gr''	x1, ...	< 1	< 2
schwach	x' g' gr'	x2, ...	1 – 10	2 – 15
mittel	x g gr	x3, ...	10 – 30	15 – 45
stark	x^ g^ gr^	x4, ...	30 – 50	45 – 60
sehr stark	x^^ g^^ gr^^	x5, ...	50 – 75	60 – 85
Skelettboden ..... [2]	X G Gr		> 75	> 85

[1] steinig, kiesig bzw. grusig   [2] Steine, Kies bzw. Grus
Um die konventionelle Schreibweise auch mit dem PC nutzen zu können, wurde jeder Überstrich für "stark" durch ein "^" ersetzt.

Abb. 5.3.1/1. Ansprache des Bodenskeletts

nung und bei der Umrechnung der Analysenergebnisse auf den Wurzelraum berücksichtigt.

b) 20 g Feinerde werden in 250-ml-Weithals-Schüttelflaschen eingewogen, eine Nacht mit 25 ml 0,01 mol/l $Na_4P_2O_7$ eingeweicht und nach Zugabe von 200 ml H_2O 2 h maschinell geschüttelt. Die so dispergierten Proben werden über Siebsatz und Trichter ohne Zwischentrocknung in je einen 1000-ml-Standzylinder gegeben. Die Siebe dabei von oben nach unten einzeln mit der Spritzflasche durchgewaschen.

Die Siebrückstände werden bei 105 °C getrocknet und gewogen. Der Siebdurchgang wird mit dest. Wasser auf 1000 ml aufgefüllt und nach der Aräometer- oder Pipettanalyse untersucht. Falls es in den Standzylindern zu einer Flockung oder Schichtung kommt, müssen Salze, aktiver Kalk oder andere flockende Substanzen durch Dekantieren oder Abzentrifugieren der überstehenden klaren Flüssigkeit entfernt werden.

Die Auswertung erfolgt über Körnungssummen- und Kornverteilungskurven. Die Benennung der Körnung (= Bodenart) erfolgt nach dem Körnungsdreieck (Abb. 5.3.1/1). Abbildung 5.3.1/2 dient zur Bezeichnung der Grobbodenanteile. Sande werden je nach Kornverteilung in Fein-, Mittel- und Grobsand unterteilt (s. Bodenkundliche Kartieranleitung).

Das Bodenartendiagramm dient zur Bezeichnung der Feinerde. Zur vollständigen Bezeichnung wird das Symbol für das Bodenskelett vorangestellt. Beide Symbole werden durch ein Komma getrennt. Da ein Überstreichen oder gar doppeltes Überstreichen einzelner Symbole nicht möglich ist, werden hier für die (kürzere) konventionelle Schreibweise die Zeichen »ˆ« für stark und »ˆˆ« für sehr stark (z. B. sˆ = stark sandig) verwendet. In »EDV-Schreibweise« werden die Ziffern 1 bis 5 an die üblichen Buchstabensymbole angehängt.

5.3.1.4   Bestimmung des Humusgehaltes

Der Humusgehalt wird direkt als Glühverlust oder durch trockene Veraschung über den C-Gehalt bestimmt. Die Bestimmung des Glühverlustes (Gewichtsverlust der bei 105 °C getrockneten Probe durch Glühen bei 650 °C = Humusgehalt) ist bei Torfen und humosen Sanden angezeigt.

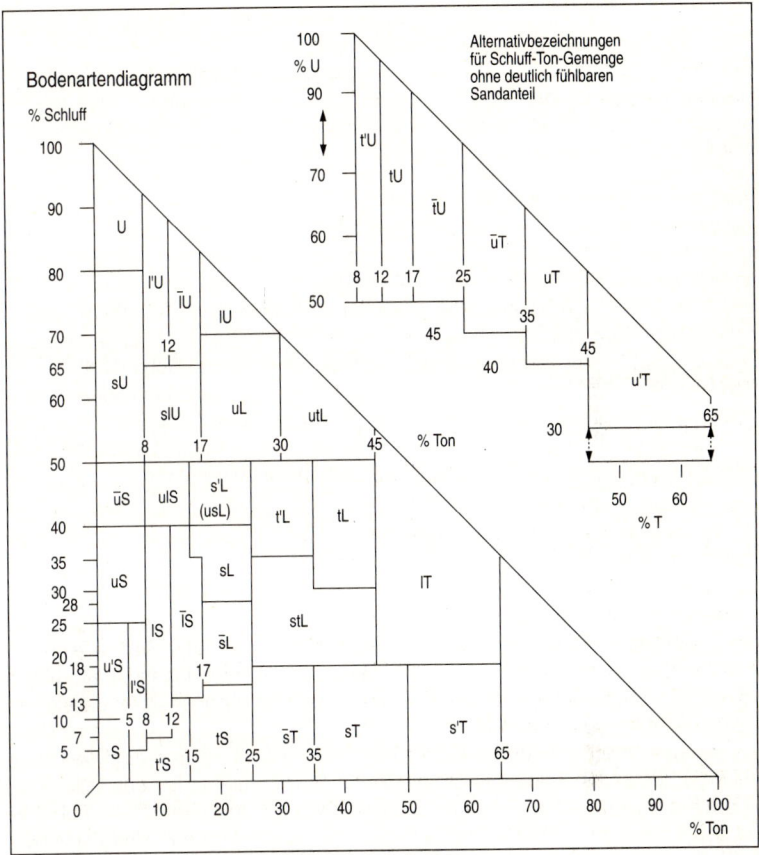

Abb. 5.3.1/2. Bodenartendiagramm

Bezeichnung	Symbol	Humusgehalt in Gew.-%
sehr schwach humos	h1	< 1
schwach humos	h2	1 – 2
mäßig humos	h3	2 – 4
stark humos	h4	4 – 8
sehr stark	h5	8 – 15
anmoorig	h6 (a)	15 – 30
Torf	H	> 30

Abb. 5.3.1/3. Einstufung des Humusgehaltes bei Ackernutzung

Bei weniger humosen, tonhaltigen Proben ist die trockene Veraschung bei ca. 1100 °C im Sauerstoffstrom, Bestimmung des bei der Verbrennung gebildeten CO_2, Umrechnung auf C und Multiplikation des C-Gehaltes mit 1,72 üblich. Bei kalkhaltigen Proben muß der aus dem Kalk stammende C-Anteil gesondert bestimmt und berücksichtigt werden. Einstufung des Humusgehaltes s. Abb. 5.3.1/3.

5.3.1.5 Nährstoffe und Schadstoffe

Zur Bestimmung der »pflanzenverfügbaren« Nähr- und Schadstoffe muß auf spezielle Methodenbücher und Einzelarbeiten verwiesen werden. Es sind je nach Element die verschiedensten Extraktionsmethoden in Gebrauch. Auch bei den üblichen Phosphor- und Kaliumuntersuchungen existieren unterschiedliche Methoden, die je nach Tradition und Bodenbeschaffenheit benutzt werden (z. B. Laktat-, Doppellaktat-, Formiatmethode). Bei Schadstoffen werden i. a. die Gesamtgehalte bestimmt. Diese Werte geben jedoch nur Auskunft über die potentielle Gefährdung. Zur richtigen Einschätzung der akuten Gefährdung darf der pH-Wert der Bodenprobe durch die Extraktion (z. B. Perkolation mit einer Neutralsalzlösung) nicht beeinflußt werden.

5.3.2 Laboranalysen an Volumenproben

Trockenraumgewicht, Porenvolumen, Substanzvolumen, Dichte und Porenverteilung (pF-Kurve) werden an Volumenproben bestimmt. Erforderlich sind mindestens 6 Stechringe je Horizont, um die natürliche Variabilität zu erfassen und Analysenfehler auszugleichen. Die ebenfalls an Stechringen bestimmbare Wasserdurchlässigkeit (kf-Wert) erfordert sogar 12 oder mehr Parallelen je Horizont.

Wegen des hohen Arbeitsaufwandes bei der Probenahme und Analyse ist die Untersuchung von Volumenproben i. a. auf Sonderfälle (z. B.: spezielle Substrate bei Dachgärten, wenige, im gesamten Wurzelraum einheitliche Substrate) beschränkt. In der Regel werden die für die Standortbeurteilung erforderlichen bodenphysikalischen Kennwerte aus den Ergebnissen der Geländeuntersuchung abgeleitet (s. 5.2). Die Erfassung des Gesamtwurzelraums hat in jedem Fall Vorrang vor der Analysengenauigkeit nicht repräsentativer Detailuntersuchungen einzelner Bodenhorizonte.

5.3.2.1 Trockenraumgewicht, Poren- und Substanzvolumen, Dichte

Die Stechringe werden »feldfrisch« gewogen. Unmittelbar anschließend erfolgt die Bestimmung des Luftvolumens in einem passenden Luftpyknometer. Die Summe aus Gewicht in g und Luftvolumen in cm^3 (Dichte des Wassers = 1 g/cm^3) ergibt das bei voller Wassersättigung aller Poren erreichbare »Maximalgewicht«. Die Stechringe werden anschließend bei 105 °C getrocknet und erneut gewogen.

5.3.2.2 Porengrößenverteilung (Porung)

Meist wird gleichzeitig die Porengrößenverteilung (kurz Porung) bestimmt. Die Stechringproben werden nach der Pyknometermessung ca. 24 h auf einer porösen keramischen Platte in eine flach mit Wasser gefüllte Schale gestellt. Nach dem Abtropfen der kapillar gesättigten Proben werden die Stechringe gewogen. Anschließend erfolgt eine stufenweise Entwässerung auf Vakuumplatten einer pF-Apparatur bzw. in Drucktöpfen. Dabei werden zunehmende Saugspannungen bzw. Drucke angelegt, z. B. 60 ($\sim 1 \cdot 10^{1,8}$), 300 ($\sim 1 \cdot 10^{2,5}$), $1 \cdot 10^{3,2}$ und $1 \cdot 10^{4,2}$ cm WS – letzteres an Teilproben. Nach jeder Gleichgewichtseinstellung (jeweils etwa eine Woche) werden die Stechringe gewogen. Zur Bestimmung des Substanzgewichtes wird bei 105 °C getrocknet und erneut gewogen.

Die Gewichtsverluste in g entsprechen jeweils dem zugehörigen Porenanteil in cm³. Die Hochzahlen 1,8; 2,5; 3,2 und 4,2 werden als pF-Werte bezeichnet. PF 4,2 entspricht einem Druck von 15 bar und gilt als permanenter Welkepunkt.

Berechnung:

PV = (Gmax – G105 °C) · 100/Stechringvolumen
SV = 100 – PV
dB = (G105 °C – tara)/Stechringvolumen
dF = (dB · 100)/SV (dF wird nur zur Kontrolle errechnet)

weite Grobporen	= Gmax – G60 cm WS	= schnell drainende Poren
enge Grobporen	= G60 cm WS – G300 cm WS	= langsam drainende Poren
Mittelporen	= G300 cm WS – G15 bar	= nutzbare Feldkapazität (nFK)
Feinporen	= G15 bar – G105 °C	= Totwasser

Die Abkürzungen bedeuten:

PV	Porenvolumen	(in %)
SV	Substanzvolumen	(in %)
dB	Dichte des Bodens	(in g/cm³)
dF	Dichte der Festsubstanz	(in g/cm³)
Gmax.	Maximalgewicht bei voller Wassersättigung	(in g)
G105 °C	Gewicht nach Trocknung bei 105 °C	(in g)
tara	Leergewicht der Stechringe	(in g)

Die Trockenraumgewichte dienen zur Beurteilung der Lagerungsdichte und zur Umrechnung gewichtsbezogener Analysendaten auf das jeweilige Bodenvolumen. Sie betragen etwa 0,1 bis 0,2 (in Torfen) beziehungsweise 1,2 bis 1,8 in Mineralbodenhorizonten.

5.4 Boden, Standort und Vegetationstechnik

Die bodenkundliche Standortbeurteilung erfolgt weitgehend anhand von Kennwerten zur Kennzeichnung der Bodenkundlichen Standortfaktoren: Wurzelraum, Wasser-, Luft-, Wärme- und Nährstoffhaushalt und Bodenreaktion. Eine Beurteilung ist nur unter Berücksichtigung der klimatischen Gegebenheiten möglich.

5.4.1   Standortanspruch und Nutzungseignung

5.4.1.1   Standortbeurteilung für vegetationstechnische Zwecke

Beispiel für Vorgehensweise und derzeitige Möglichkeiten einer Standortbeurteilung findet sich in Abbildung 5.4.1/1. Die erforderlichen Eintragungen sind durch Kursivdruck hervorgehoben. Zahlen in Klammern verweisen auf Tabellen der Bodenkundlichen Kartieranleitung mit Faustzahlen bzw. Bewertungen. Die Abbildungen 5.4.1/1–3 zeigen das Beispiel einer bodenkundlichen Standortbeurteilung für vegetationstechnische Zwecke. Die verwendeten Kennwerte und Bewertungen entstammen der Bodenkundlichen Kartieranleitung. Es scheint wenig sinnvoll, diese sehr umfangreichen Tabellen hier auch nur auszugsweise zu wiederholen.

Bezeichnung:	*Beispiel*		
Bodentyp:	*Pseudogley (aus)*	Klimatyp:	*submontanes Berglandklima*
Ausgangsgestein:	*Talsand / (über)*		
	Geschiebelehm	Jahresmittel: Na:	*600 – 850* mm
Humusform:	*Mull*	Ta:	*8,5* °C
		Ta:	*16,3 – 17,5* °C
Reliefposition:	*Unterhang*	L-Feuchte:	*81 %*
Exposition:	*SW*	Veg.-Periode:	*220 – 230* Tage
Neigungsstufe:	*N 2 (schwach geneigt)*	Klimatische Wasserbilanz	
Nutzung ist:	*Acker*	KWBa:	*100 bis 300* mm/Jahr
soll:	*Baumreihe*	KWBv:	*−50 bis −75* mm/Sohalbjahr

Profildaten							Wasser- und Lufthaushalt Tabellenwerte pro Horizont [3]				
lfd. Nr.	Tiefe cm	Horizont eff Ld	Körnung Symbol [2]		Humus X, G %		nFK LK lt. Tab mm/dm	nFK LK +/− mm/dm	nFK LK in der FE mm/dm		nFK HM mm
		(34)[1]					(43)	(45)			(46)
1	*0 – 30*	*Ah*	*2*	*g', lS*	*h^*	*3*	*23*	*19*	*+ 5*	*− 2*	*27,2*	*16,5*	*81,5*
2	*30 – 40*	*Sw*	*3*	*g', fsmS*	*h'*	*8*	*9*	*24*	*+ 2*	*0*	*10,1*	*22,1*	*10,1*
3	*40 – 70*	*Sd*	*4*	*g', s^L*		*12*	*14*	*7*			*12,3*	*6,2*	*37,0*
4	*70 – 100*	*IISd*	*5*	*g'stL*		*18*	*12*	*4*			*9,8*	*3,3*	*29,5*
5													

We: *10* dm	nFK We: *158*
(39) [1] ═══	(47) [1] ═══

[1] Zahlen verweisen auf Tabellen der Bodenkundlichen Kartieranleitung
[2] Tongehalte siehe Bodenartendiagramm
[3] Tabellenwerte + Zuschläge werden mit der Horizontmächtigkeit (HM in dm) und einem Faktor (100 − % X, G) / 100 zur Berücksichtigung des (nichtporösen) Bodenskelettanteils multipliziert

Abb. 5.4.1/1.   Standortbeurteilung für vegetationstechnische Zwecke

lfd. Nr.	Wasserdurch-lässigkeit kf-Wert kf		Boden-reaktion ph, Kalk Urteil	H-Wert mval/100 g Boden	Nährstoffgehalte in mg/100 g Boden P_2O_5 K_2O Mg			Schichtaufbau n. DIN 18915 Kornklasse (d in mm) Funk- Gew.-% tion < 0,02 > 20 > 50				Boden-gruppe
(49)	(50)											
1	5	sehr hoch	5,8	6,1	12	15	2	V	22	0	0	6
2	5	sehr hoch	5,4	0,3				B	6	1	0	2
3	2	gering	4,2	4,4				B	25	4	2	6/7
4	1	sehr gering	4,2	6,6				B	39	7	4	6/7

Abb. 5.4.1/2. Standortbeurteilung

---

1. Wurzelraum
   Gründigkeit: *sehr tiefgründig*
   Durchwurzelbarkeit: *0 – 30 cm gut*
                         30 – 100 cm schlecht

2. Wasserhaushalt:
   nutzbare Feldkapazität (nFKWe in 47):   *4 (hoch)*

   Staunässestufe (S in 56):   *3 (mittel)*

   Grundnässestufe (G in 55) [1]:
   Kapillare Aufstiegsrate: (KRWe in 51 u. 52) [1]

                                     Nässezahl (15.2.1) [1]   Sommerfeuchtezahl (15.2.2) [1]

Grundwert:	3	4
Zu-/bzw. Abschlag für Klima (84):	0	(88): −1
Zu-/bzw. Abschlag für Relief (85):	1	(89): 1
Zu-/bzw. Abschlag für Vegetation (86):	0	
Summe:	4	4

   Standortliche Feuchtestufe (57):   *44*
   Frühjahrsvernässung: *stark*
   Sommerfeuchte: *hoch*

3. Lufthaushalt: Vol % Urteil
   Luftvolumen   im   Ap   17   *hoch*
                      im   Sw   22   *sehr hoch, jedoch zeitweilig vernäßt*
                      im   Sd   6   *gering, jedoch zeitweilig vernäßt*
                      in   IISd   3   *gering, jedoch zeitweilig vernäßt*

Abb. 5.4.1/3. Zusammenfassende Standortbeurteilung

4. Wärmehaushalt:	*mäßig kühler Boden*

5. Bodenreaktion und Nährstoffhaushalt:
Obere Horizonte mäßig sauer, Unterboden stark sauer
mäßig mit Phosphor, Kalium und Magnesium versorgt

[1] Eingeklammerte Zahlen verweisen auf Abschnitte bzw. Tabellen der Bodenkundlichen Kartieranleitung

Abb. 5.4.1/3. Zusammenfassende Standortbeurteilung (Fortsetzung)

5.4.2   Bodenverbesserung

Zunächst sollte das vorhandene Profil mit einem anzustrebenden »Regelprofil« verglichen werden (s. Abb. 5.4.2/1). Dabei sind die alte und die neue

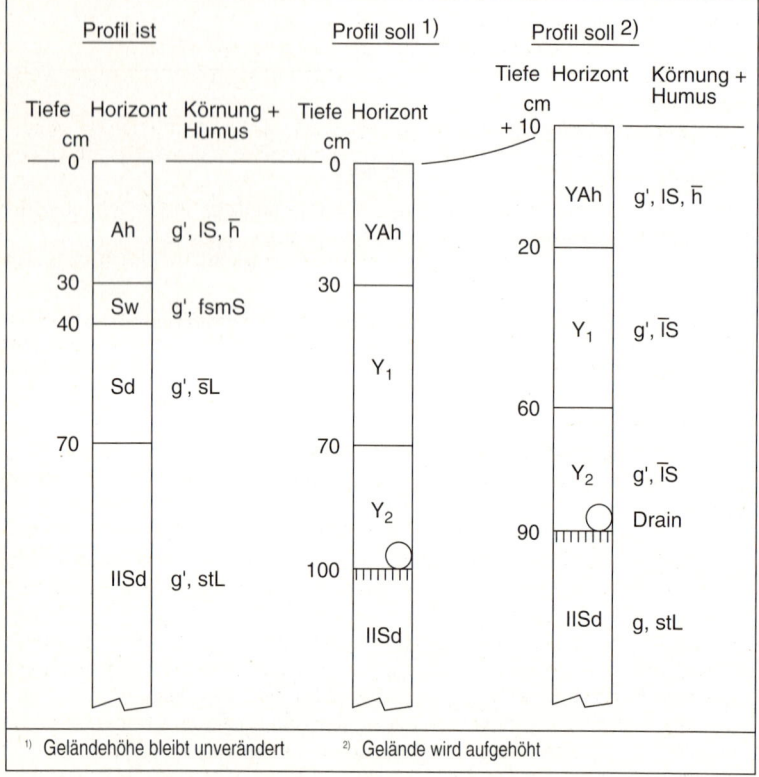

Abb. 5.4.2/1. Veränderung des Bodenprofils

Profilsäule maßstabs- und höhengerecht nebeneinander zu stellen. Neben den Horizontbezeichnungen sind insbesondere vorhandene bzw. anzustrebende Körnungen und Humusgehalte anzugeben.
Bei einer Veränderung der Geländehöhe sind Regelprofilschnitte erforderlich, wie in Abbildung 5.4.2/1 angedeutet. Kalkung und Düngung sind auf das neue Profil zu beziehen.

5.4.2.1 »Regel«profil mit nutzungsgerechten Standortfaktoren

Die Standortbeurteilung beruht weitgehend auf im Gelände zu bestimmenden »halbquantitativen« Bodenmerkmalen. Zur Veränderung eines Profils sind jedoch quantitative Angaben erforderlich. Dazu gehören die Bestimmung von Körnung, Humusgehalt, Nährstoffversorgung und pH-Wert. Bei einer Veränderung im Profilaufbau sind pH-Werte und Nährstoffgehalte vor allem auch nach der Veränderung zu kontrollieren.

5.4.2.2 Rechenverfahren zur Änderung der Körnung

Abbildung 5.4.2/2 enthält Formeln und ein Beispiel zur Umrechnung der Körnung. Das Rechenschema kann zur Abmagerung eines Horizontes durch Zugabe von vorhandenem Bodenmaterial (z. B. aus einem anderen Horizont) dienen. Dann sind je drei Werte in die Zeilen (1) und (2) und nur ein Wert in Zeile (3) einzutragen.
Andererseits können auch Körnung ist (2) und soll (3) vorgegeben werden. Das erforderliche Zugabematerial ergibt sich dann in Zeile (9). Zeile (1) bleibt in diesem Fall frei.
Als Angaben zu den beteiligten Horizonten (Materialien) finden sich über dem Rechenschema Horizontsymbole, -mächtigkeiten (HM) und Trockenraumgewichte (TRG) sowie die relativ grob geschätzten Kies- und Steingehalte (G, X).
Das Schema geht aus von der Feinerde. Die Gehalte an Ton, Schluff und Sand sind i. a. die wesentlichen ökologischen Kriterien der Bodenart. Kies- bzw. Steingehalt werden meist nur als »Verdünnungsfaktor« berücksichtigt.

5.4.2.3 Beispiel

Als Beispiel soll hier der S_d-Horizont des Profils durch Einmischen des darüberliegenden S_w-Horizontes abgemagert werden. Dabei soll ein g', l⌢S entstehen.
In Zeile (1) und (2) werden die Gewichtsprozente des S_w- bzw. S_d-Horizontes eingetragen. In Zeile (3) kann in diesem Fall nur ein Wert frei gewählt werden. Als Soll-Wert wird 14 % Ton in Zeile (3) eingetragen. (Nach dem Bodenartendreieck darf der Tongehalt bei einem l⌢S 12 bis 17 % betragen.)
In Zeile (4) werden zunächst die ist/soll-Quotienten (Qi/s) der drei Kornfraktion ermittelt. Für alle weiteren Berechnungen wird der größte der drei Quotienten (Qi/smax) benutzt. Er wird hier nach der ersten Formel berechnet.
In Zeile (5) ist die zu verändernde Körnung (Körnung ist) auf die neue Körnung umgerechnet. Die Differenz zu Körnung soll muß durch einen Zugabe-Anteil (6) ergänzt werden. Dieser Anteil wird hier bei nur einem Soll-Wert wiederum nach der ersten Formel errechnet.

Ziel, Vorgaben (s. Abb. 5.4.2/1)	Bezeichnung	Horizont-symbol	HM (cm)	TRG (g/cm³)	G, X %
Abmagerung des Sd-Horizontes	Bodenmaterial	S_w	10	1,5	8
durch Zugabe von Sw-Material	Horizont ist	S_d	30	1,7	12
Sd + Sw ⟶ Y1	Horizont soll	Yl	40	–	–

Zeile Bezeichnungen, Formeln, Bemerkungen		Körnungs-symbol	T %	U %	S %	Summe
(1) Bodenmaterial	Feinerde (T+U + S = 100 %)	$(g',) S$	3	27	70	100
(2) Körnung ist	s. Bodenkarten-	$(g,) s{^\wedge}L$	18	22	60	100
(3) Körnung soll	dreieck	$(g',) l{^\wedge}S$	14	–[1]	–[1]	14
(4) Qi/s = ((2) – (1)) / ((3) – (1)) bzw. [1] (2) / (3)			1,36	0,19	0,14	1,36
(5) Ist-Anteil	= (2) / (4) max [2]		13,2	16,1	44,0	73,3
(6) Zugabe = (1) · ((4) max – 1) / (4) max bzw. [1] (3) – (5)			0,8	7,2	18,7	26,7
(7) Neu	= (5) + (6)	$(g',) l{^\wedge}S$	14,0	23,3	62,7	100
(8) Zugabe (in % von ist)	= (6) · (4) max [2]		1,1	9,8	25,5	36,4
(9) Zugabematerial	= (8) · 100 / Summe (8)	$(g',) S$	3,0	27,0	70,0	100

Auftrag zur Veränderung des Gesamthorizontes (HMist). Teilauftrag für HMsoll sowie Überschuß bzw. Defizit		T cm	U cm	S cm	Summe cm
(10) Auftrag für HMist	= (8) · HMist · TRGist / TRGzu / 100	0,4	3,3	8,7	12,4
	· (100 – G, Xist) / (100 – G, Xzu)	0,4	3,2	8,3	11,8
(11) Auftrag für HMsoll	= (10) · HMsoll / (HMist + Summe (10))	0,3	3,1	7,9	11,3
(12) Abtrag/Defizit	= (11) + HMist – HMsoll Abtrag (+) bzw. Defizit (–):				1,3

[1] nur ein soll-Wert in Zeile (3), erste Formel benutzen
[2] Alle Rechnungen in Zeile (5), (6) und (8) werden mit dem größten der drei ist-soll-Quotienten durchgeführt.

Abb. 5.4.2/2. Rechenschema zur Veränderung der Körnung

Zeile (7) enthält die prozentuale Zusammensetzung des neuen Korngemisches. Sie ergänzt bzw. entspricht Zeile (3). Ein Vergleich mit dem Körnungsdreieck zeigt, daß die angestrebte Bodenart erreicht worden ist.
In Zeile (8) wird der Zugabe-Anteil auf den alten (ist) Zustand bezogen, um später den Auftrag in cm berechnen zu können.
Bei einer Umrechnung in Prozent, Zeile (9), ergibt sich das Zugabematerial, im Beispiel Sand. Da das Zugabematerial vorgegeben war, müssen Zeile (1) und

Zeile (9) übereinstimmen (Kies und Steine werden hier noch nicht berücksichtigt).

Die Auftragshöhe wird zunächst für den gesamten zu verändernden Horizont berechnet (10). Dazu ist die Zugabe in Zeile (7) zunächst mit der Horizontmächtigkeit zu multiplizieren.

Die Trockenraumgewichte dienen zur Umrechnung von Gewichts- in Volumenprozent. Kies- bzw. Steingehalte werden hier ebenfalls berücksichtigt. Sie setzen den Feinerdeanteil von Horizont- bzw. Zugabematerial herab und führen damit zu einer entsprechenden Veränderung der Auftragshöhe.

Im Beispiel sind nach Zeile (10) zur Abmagerung des gesamten, 30 cm mächtigen S_d-Horizontes 11,8 cm S_w-Material erforderlich. Das ergäbe eine Gesamthöhe von 41,8 cm. Um 40 cm HMsoll zu erreichen, sind 1,3 cm des S_d-Horizontes abzutragen und durch 11,3 cm S_w-Material zu ersetzen.

Der vorhandene S_w-Horizont reicht also nicht ganz, um eine Abmagerung auf 14 % Ton zu erreichen. In der Praxis wird man dennoch beide Horizonte mischen. Eine Kontrollrechnung mit 15 % Ton zeigt, daß sich bei einer vollständigen Durchmischung beider Horizonte ein Tongehalt zwischen 14 und 15 % ergibt, das Ziel der Abmagerung also erreicht wird.

Ein negativer Wert in Zeile (12) bedeutet, daß sich die angestrebte Horizontmächtigkeit mit den Vorgaben nicht erreichen läßt, weil der zu verändernde Horizont zu geringmächtig ist.

Im vorstehenden Beispiel wurde von einem aufzutragenden Korngemisch ausgegangen. Nach Zeile (10) und (11) können jedoch auch einzelne Materialien aufgetragen werden, z. B. Ton und Sand zur Verminderung eines zu hohen Schluffgehaltes.

Das Beispiel mag zeigen, daß anfallendes Material durchaus zur Abmagerung eingesetzt werden kann. Häufig ist es sogar wesentlich günstiger, mit einem nicht so »sauberen« möglichst ungleichkörnigem Material abzumagern als mit gewaschenem eventuell sogar grobkörnigem Sand.

Bodenverbesserungen sollen den Wurzelraum der Pflanzen entscheidend vergrößern und verbessern. Aus Kostengründen beschränken sie sich i. a. jedoch auf das relativ kleine Bodenvolumen der Pflanzgrube. Bei staunassen Böden fordert das Entwässerung jeder einzelnen Baumgrube. Man sollte auch bedenken, daß einer Bodenverbesserung z. B. durch den umgebenden Pseudogley Grenzen gesetzt sind. Der Unterschied zwischen gewachsenem Boden und Baumgrube sollte nicht allzu groß sein. Das gilt auch für die Bodenreaktion.

Um Fäulnis zu vermeiden, ist das Einbringen von humosem Oberboden oder Kompost auf die oberen zwei bis drei dm beschränkt. Frische organische Substanzen gehören nicht in Baumgruben.

Kalkung und Düngung sind im Kapitel Pflanzenernährung (6.7) beschrieben. Weitere Maßnahmen und Stoffe zur Bodenverbesserung und zum Bodenschutz finden sich in den Abschnitten 6.2.5.4 und 6.2.9.3.

5.5 Bodenerosion

5.5.1 Erosionsgefährdung durch Wasser

Die Erosionsgefährdung von Böden wird durch die Allgemeine Bodenabtragsgleichung (ABAG) beschrieben.

$$A = R \cdot K \cdot L \cdot S \cdot C \cdot P$$

Die Abkürzungen bedeuten:

A	Abtrag durch Regen und Abfluß	t/ha · a)
R	Mittlere Jahreserosivität des Regens	$(kJ/m^2) \cdot (mm/h)$
K	Erodierbarkeit des Bodens	$t/(ha \cdot a) \cdot (m^2/kJ) \cdot (h/mm)$
L	Einfluß der Hanglänge	Relativzahl
S	Einfluß der Hangneigung	Relativzahl
C	Einfluß der Bewirtschaftung	Relativzahl
P	Einfluß langfristiger Schutzmaßnahmen	Relativzahl

Für die einzelnen Faktoren existieren wiederum Gleichungen bzw. Nomogramme, um sie von einfacher zu bestimmenden Standortparametern ableiten zu können.

Die Kartieranleitung enthält ein vereinfachtes Verfahren zur Ermittlung der potentiellen Erosion (KA, S. 172 ff.) sowie Gleichungen und Nomogramme zur Ermittlung der potentiellen Erosion nach der Universellen Bodenabtragsgleichung von WISCHMEIER et al. (entspricht der ABAG, die Faktoren C und P sind jedoch zusammengefaßt – KA, S. 300 ff.).

5.5.2 Erosionsgefährdung durch Wind

Die Einschätzung erfolgt nach Körnung, Humusgehalt und ökologischem Feuchtegrad (Mineralböden) bzw. Torfart und Zersetzungsgrad (Moore). Klimatische Parameter sind die Häufigkeit kritischer Windgeschwindigkeiten (Windstärke 4 der Beaufortskala) sowie unausgeglichene Niederschlagsverteilung mit zeitweilig negativer klimatischer Wasserbilanz. Besonders gefährdet sind ackerbaulich genutzte Sande sowie Hoch-, Nieder- und Anmoore des Flachlandes.

5.6 Reichsbodenschätzung

Die 1934 begonnene Reichsbodenschätzung liefert z. T. immer noch die einzige flächendeckende großmaßstäbliche Bodeninformation über landwirtschaftlich und gärtnerisch genutzte Flächen in der Bundesrepublik. Trotz aller Nachteile (veraltetes Konzept, zu geringe Aufnahmetiefe), werden ihre Ergebnisse vielfach bei der Anfertigung moderner Bodenkarten mit verwendet oder in die Form moderner Bodenkarten übersetzt. Acker- und Grünlandschätzungsrahmen finden sich in der Kartieranleitung und sollen deshalb hier nicht wiederholt werden.

Körnung und Humusgehalt	Acker bzw. Garten	Grünland bzw. Rasen
Tone, Lehme, feinkörnige sandige Lehme (z.B. Löß)	7,0 – 7,5	< 6,0 bzw. > 7,0 [1]
sandige Lehme	6,5 – 7,0	5,5 – 6,0
lehmige Sande	6,0 – 6,5	5,0 – 5,5
Sande	5,5 – 6,0	5,0 – 5,5
stark humose Sande	5,0 – 5,5	5,5 – 5,5
Anmoor	4,5 – 5,0	4,5 – 5,0
Moor, Moorbeet	4,0 – 4,5	4,0 – 4,5
Kalkhaltiges Niedermoor	6,0 – 7,0	6,0 – 7,0

[1] Bei schweren Böden wirken sich 0,2 – 1 % feinverteilter kohlensaurer Kalk günstig auf das Bodengefüge aus. PH-Werte zwischen 6 und 7 sollten bei schweren Böden vermieden werden.

Abb. 5.7.1/1. Anzustrebende pH-Bereiche

5.7 Pflanzenernährung

Anzustrebende pH-Bereiche für Acker- bzw. Gartenböden und Grünland bzw. Rasen können Abb. 5.7.1/1 entnommen werden.

5.7.1 Ermittlung des Kalkbedarfs und Kalkung

Berechnung des Kalkbedarfes:

$$CaOpH7 = H^+ \cdot ÄG \cdot HM \cdot TRG$$
$$CaOpHsoll = CaOpH7 \cdot (pH\ soll - pH\ ist)/(pH\ 7 - pH\ ist)$$
$$Kalkmenge = (Reinnährstoffbedarf/Reinnährstoffgehalt) \cdot 100$$

Die Abkürzungen bedeuten:

CaOpH7	CaO-Bedarf zur Aufkalkung auf pH 7	(in g/m^2)
CaOpHsoll	CaO-Bedarf zur Aufkalkung auf den gewünschten pH-Wert	(in g/m^2)
H$^+$	H-Wert	(in mval/100 g Boden)
ÄG	Äquivalentgewicht für CaO	(= 28,04 g/val)
HM	Horizontmächtigkeit	(in dm)
TRG	Trockenraumgewicht	(in g/cm^3)

Umrechnungsfaktoren:

$$Ca \cdot 1,399 = CaO$$
$$Ca \cdot 2,5 = CaCO_3$$
$$CaO \cdot 1,79 = CaCO_3$$

Beispiel: Zu bestimmen ist der Kalkbedarf für den YA$_h$-Horizont des neuen Profils. Da der humose Oberboden nur zwischengelagert wurde, ansonsten unverändert als YA$_h$-Horizont wieder eingebaut wurde, gelten H$^+$-Wert (6,1 mval/100 g-Boden) und pH-Wert (pHist = 5,8) der Standortbeurteilung (Abb. 5.4.1/2). Errechnet wird zunächst der »Reinnährstoffbedarf«.

CaOpH7   = 6,1 · 28,04 · 3 · 1,3   = 667,1 g CaO/m^2
CaOpHsoll = 667,1 · (6,5 − 5,8)/(7 − 5,8) = 389,1 g CaO/m^2
         das entspricht 389,1 · 1,79 = 696,5 g CaCO$_3$/m^2
Die erforderliche Kalkmenge beträgt:
Düngermenge = 389,1 / 0,8 = 486 g/m^2 eines 80%igen Branntkalkes bzw.
         = 696,5 / 0,8 = 871 g/m^2 eines 80%igen
         kohlensauren Kalks

5.7.2 Düngung

Die Düngung im Landschaftsbau erfolgt in Anlehnung an Landwirtschaft und
Gartenbau. Der dadurch bedingte relativ hohe Düngeraufwand mag bis zu
einem gewissen Grad als Ausgleich für extreme Standortbedingungen z. B.
bei Straßenbäumen oder bei Intensivnutzung in der Sportplatzpflege angebracht sein. In allen anderen Fällen sollte die Düngung eher sparsam gehand-
habt werden.
Die Düngung kann nach Erfahrungswerten (siehe 6.2.9.3, 6.4.8, 6.5.3.2,
6.5.4.2) oder nach den Ergebnissen von Boden- oder Blattanalysen erfolgen.
Ermittelt wird zunächst der Reinnährstoffbedarf. Danach erfolgt die Auswahl
eines geeigneten pflanzenverträglichen (z. B. chloridfreien) Düngemittels.
Anschließend wird die Düngemenge berechnet. Bei den schon aus ökonomi-
schen Gründen vorzugsweise angewendeten Mehrnährstoffdüngern sollte ein
vom jeweiligen N:P$_2$O$_5$:K$_2$O-Verhältnis möglichst passender Dünger gewählt
werden. Ansonsten begrenzt der N-Bedarf die auszustreuende Düngermenge.

5.7.2.1 Düngung nach Bodenuntersuchung

Häufig dürfte die Festsetzung des Reinnährstoffbedarfs insbesondere bei
Phosphor, Kalium und Magnesium nach Bodenuntersuchungsergebnissen
erfolgen. Die Abbildungen 5.7.2/1−2 geben eine Einstufung solcher Untersu-
chungsergebnisse und Angaben zur erforderlichen Düngung. Aber auch hier
ist zu bedenken, daß die Bewertung von landwirtschaftlichen Erfordernissen
ausgeht.
Bei Magnesium (n. SCHACHTSCHABEL, extrahiert in 0,0125 mol/l CaCl$_2$) gelten
Sande, Lehme bzw. Tone mit 4, 7 bzw, 12 mg Mg/100 g Boden als mittel
versorgt. Die erforderliche Düngung beträgt 6−12 g Mg/m^2 (etwa 10−20 g

Gehaltsklasse n. Finck	Versorgungsgrad	Phosphorgehalte (mg P$_2$O$_5$/100 g Boden) Mineralböden	Moorböden	erforderliche Düngung g P$_2$O$_5$/m^2
A	sehr niedrig	1 – 10	1 – 5	15 – 20
B	niedrig	11 – 20	6 – 10	10 – 15
C	mittel	21 – 30	11 – 15	5 – 10
D	hoch	31 – 40	16 – 20	< 5
E	extrem hoch	> 40	> 20	0

Abb. 5.7.2/1. Untersuchungsauswertung bei Phosphor

Gehaltsklasse n. Finck	Versorgungsgrad	Kaliumgehalte (mg K_2O /100 g Boden) bei Sanden S, (lS)		Lehm und Ton sL (L und T)		erforderliche Düngung g K_2O /m²
A	sehr niedrig	1 – 5[1]	(7)	1 – 8	(10)	20 – 30[2]
B	niedrig	6 – 10	(14)	9 – 16	(20)	15 – 25
C	mittel	11 – 15	(21)	17 – 24	(30)	10 – 20
D	hoch	16 – 20	(28)	25 – 32	(40)	5 – 15
E	extrem hoch	> 20	(28)	> 32	(40)	0

[1] Auch für Moore, die Werte werden hier in mg/l angegeben
[2] Bei Lehmen und Tonen leigt die Höchstmenge bei ca. 40 g/m²·

Abb. 5.7.2/2. Untersuchungsauswertung bei Kalium

Name	Nährstoffgehalt (N, P_2O_5, K_2O, MgO)	Bemerkung
1. Düngemittel mit Standardnährstoffverhältnis		
Nitrophoska 12/12/17/2 u.a.	12/12/17/2 + Spurenelemente	Cl-arm, für Böden mit normeler PK-Versorgung
Rustica rot	13/13/21	Cl-haltig, für Böden mit normaler PK-Versorgung
Nitrophoska 15/15/15	15/15/15	Cl-haltig, da relativ N-betont besonders für Böden mit guter K-Versorgung; relativ preisgünstig
2. Relativ N-arme Düngemittel		
Rustica violett	10/15/20	Cl-haltig, für P- und K-arme Böden
3. Relativ P-arme Düngemittel		
Nitrophoska perfekt	15/5/20/2	Cl-frei, für gut mit P versorgte Böden
Magnesium-Nitrophoska	15/9/15/4	Cl-haltig, für gut mit P versorgte, aber Mg-arme Böden
Alkrisal	20/5/10/1 + Spurenelemente	Beispiel für voll wasserlöslichen Spezialdünger zur Flüssigdüngung von Zierpflanzen u.s.w.
4. Mehrnährstoffdünger mit langsam fließender N-Quelle		
Rasenfloranid	20/5/8/2 + FeSO4 + Spurenelemente	stark N-betont, 52 % des N langsam fließend, Cl-frei
Osmocote	15/12/15 u.a.	einzelne Düngerkörnchen mit Dosierhülle umgeben, daher langsam fließend, z.B. für mobiles Grün
Nitrophoska permanent	15/9/15/2 + Spurenelemente	40 % des N in langsam fließender Form, Cl-frei

Abb. 5.7.2/3. Typische Mineraldünger (Beispiele)

MgO/m^2), das entspricht bei einer Düngung mit Bittersalz etwa 60–120 g MgSO$_4$ · 7 H$_2$O. Um 10 % der Kationenaustauschkapazität von Böden mit Mg zu belegen, sind etwa 1 g (lS), 3 g (L), 5 g (T) bzw. 2 g (Torf) MgSO$_4$ · 7 H$_2$O/l Boden erforderlich.

5.7.2.2 Düngemittel

Dünger sind Stoffe, die unmittelbar (Pflanzendünger) oder mittelbar (Boden-dünger) zur Verbesserung des Pflanzenwachstums eingesetzt werden.

(1) Düngemittel müssen der Düngemittelverordnung (v. 19. 12. 1977, geändert am 18. 4. 1985) entsprechen. Dort findet sich u. a. ein Überblick über die verschiedenen Düngertypen.

(2) Reinnährstoffgehalt und Gehalt an org. Substanz müssen bekannt sein.

(3) Dünger müssen hygienisch einwandfrei und schadstofffrei sein.

(4) Zusatzstoffe zur Schädlings- oder Unkrautbekämpfung sind abzulehnen.

Abbildung 5.7.2/3 gibt einen Überblick über einige typische Mineraldünger. In der Praxis sollten ein möglichst vollständiges Düngemittelverzeichnis und entsprechende Preislisten verwendet werden.

5.8   Literatur

Arbeitsgemeinschaft Bodenkunde (1982): Bodenkundliche Kartieranleitung. Hannover.

Arbeitskreis für Bodensystematik der Bundesrepublik Deutschland (1985): Systematik der Böden der Bundesrepublik Deutschland. Mitteilgn. Dtsch. Bodenkundl. Gesellsch., 44, 1–90.

FINCK, A. (1992): Dünger und Düngung. Weinheim: VCH 1992.

FINCK, A. (1982): Pflanzenernährung in Stichworten. Kiel: Hirt Verlag.

MENGEL, K. (1991): Ernährung und Stoffwechsel der Pflanze. Jena: G. Fischer Verlag.

SCHEFFER, F. und P. SCHACHTSCHABEL (1992): Lehrbuch der Bodenkunde. Stuttgart: F. Enke.

SCHROEDER, D. (Begr.) und W. E. Blum (1992): Bodenkunde in Stichworten. Kiel: Hirt Verlag.

6 Vegetationstechnik

Schutz von Vegetation, Bodenarbeiten, Pflanzarbeiten, Saatarbeiten, Pflege, Ingenieurbiologische Arbeiten.

6.1 Schutz von Vegetation

6.1.1 Normen und Richtlinien

DIN 18920 Vegetationstechnik im Landschaftsbau; Schutz von Bäumen, Pflanzenbeständen und Vegetationsflächen bei Baumaßnahmen.
RAS-LG 4 Richtlinien für die Anlage von Straßen, Teil: Landschaftsgestaltung (RAS-LG), Abschnitt 4: Schutz von Bäumen und Sträuchern im Bereich von Baustellen. Ausgabe 1986. Forschungsgesellschaft für Straßen- und Verkehrswesen, Alfred-Schütte-Allee 10, 50679 Köln.

6.1.2 Voruntersuchungen

(1) Ziel der Voruntersuchung.
Ziel der Voruntersuchung ist die Beurteilung und Bewertung einer Baumaßnahme
hinsichtlich der Notwendigkeit oder Möglichkeit einer Alternativlösung,
hinsichtlich ihrer Auswirkung auf Vitalität, Statik, Ökologie, Wurzelbereich u. a. bei Bäumen und Pflanzenbeständen,
hinsichtlich der Festlegungen von Bauablauf, Einzel- und Begleitmaßnahmen und Einrichtung der Baustelle.
Im Rahmen der Voruntersuchungen ist zu klären, ob Vegetation durch Baumaßnahmen geschädigt werden kann und welche Maßnahmen zur Reduzierung der Schäden erforderlich sind.
(2) Hinweise auf Schadensursachen
Schadensursachen können sein:
Bodenverdichtungen durch Befahren, Begehen, Aufstellen von Maschinen, Lagerung von Baustoffen und Abfällen,
Baugrundverdichtungen bei allgemeinen Bodenbewegungen oder beim Wegebau,
Bodenversiegelung durch geschlossene Beläge,
Aufschüttung (Bodenaufträge),
Abgrabungen und Abträge (Baugruben oder Gräben, Bodenbewegungen),
chemische Verunreinigungen,

mechanische Beschädigungen im Wurzelbereich oder an oberirdischen Teilen,

Freistellen von Bäumen,

Grundwasserabsenkungen, Vernässung, Überstauung,

Feuer im Nahbereich von Vegetation.

Nach Möglichkeit sind alle beeinträchtigenden Maßnahmen zu unterlassen. Sind sie unvermeidlich, sollen nur die Eingriffe vorgenommen werden, die den geringsten Schaden verursachen. Die Maßnahmen sind keine Nebenleistungen.

6.1.3 Schutzmaßnahmen

6.1.3.1 Schutzmaßnahmen bei Vegetationsflächen

(1) Einzäunung mindestens 1,80 m hoch und standfest, z. B. Maschendraht- oder Bretterzaun, Absperrsysteme.

(2) Feuerstellen nur in mind. 5 m Abstand von Baumkronen und Sträuchern.

(3) Offenes Feuer mind. 20 m Abstand von Baumkronen und Sträuchern.

(4) Nicht überstauen oder vernässen durch baubedingte Wasserableitungen.

(5) Nicht verunreinigen durch pflanzen- und bodenschädigende Stoffe wie Lösungsmittel, Mineralöle, Säuren, Laugen, Farben, Zemente, Bindemittel u. ä.

6.1.3.2 Schutz oberirdischer Teile von Bäumen

(1) Schutzzaun mindestens 1,80 m hoch um den gesamten Wurzelbereich. Wurzelbereich ist definiert als Kronendurchmesser zuzüglich 1,50 m nach allen Seiten (s. Abb. 6.1.3/1), bei Säulenformen zuzüglich 5,00 m.

(2) Stammabpolsterung mit mind. 2 m hoher Bohlenummantelung, wenn Schutz des Wurzelbereiches insgesamt aus Raumgründen nicht möglich. Technik der Abpolsterung siehe Abb. 6.1.3/2.

(3) Freigestellte Bäume gegen Rindenbrand durch Sonneneinstrahlung am Stamm und Hauptästen abschatten. Besonders empfindlich sind Buchen. Hier Freistellung möglichst über mehrere Jahre.

6.1.3.3 Schutz des Wurzelbereiches

(1) Schutzzaun mindestens 1,80 m hoch um den gesamten Wurzelbereich.

(2) Nicht überschütten! Wenn Überfüllung unvermeidlich, je nach Empfindlichkeit der Baumart

    a) vollständig mit grobkörnigem, luft- und wasserdurchlässigem Material (z. B. Kies 8/32) überfüllen bei Buchen und Birken;

    b) Soll zusätzlich Vegetationstragschicht aufgetragen werden, zunächst das vorbeschriebene Material auftragen und dann erst Boden der Bodengruppe 2 nach DIN 18915 überfüllen. Auch sektorales Auftragen nach Abb. 6.1.3/3) kann geeignet sein. Bei flachwurzelnden Baumarten Verhältnis 2:1, bei tiefwurzelnden Baumarten 1:1. Einbau von Lüftungsrohren sinnvoll. Vorher Pflanzendecken, Laub und organische Stoffe entfernen.

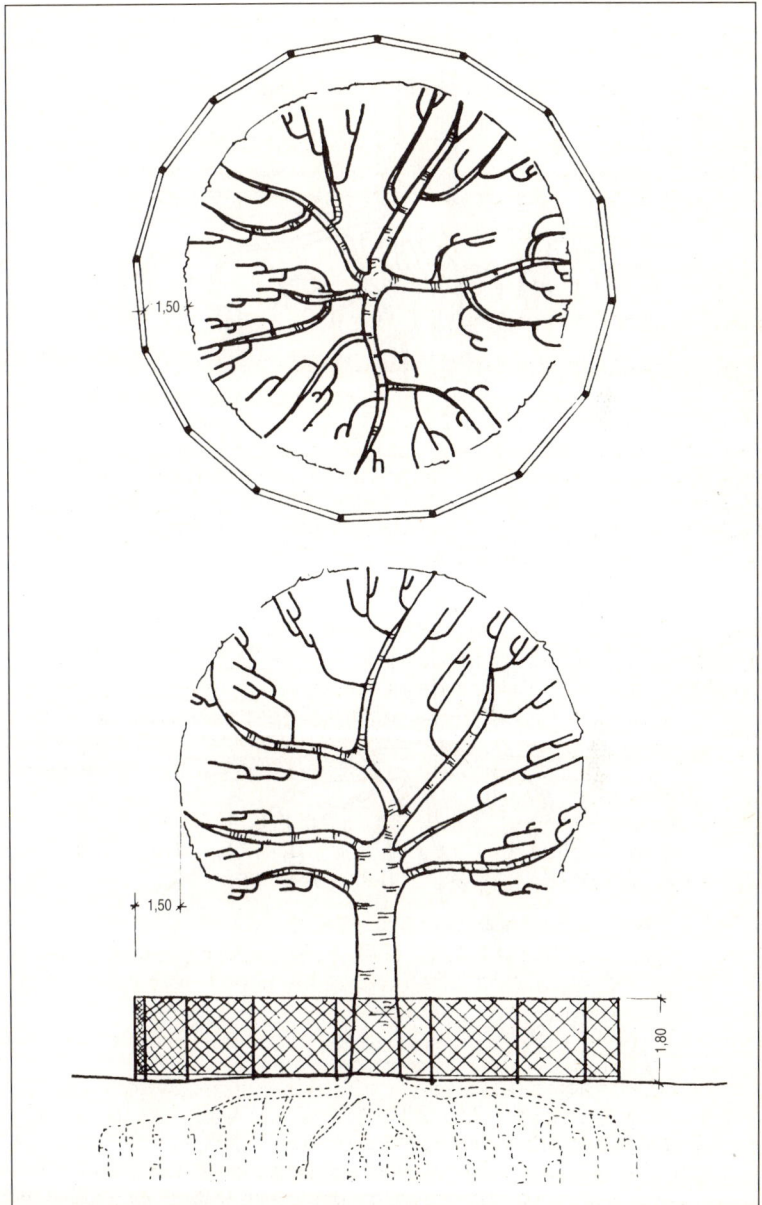

Abb. 6.1.3/1. Schutzzaun um den Wurzelbereich

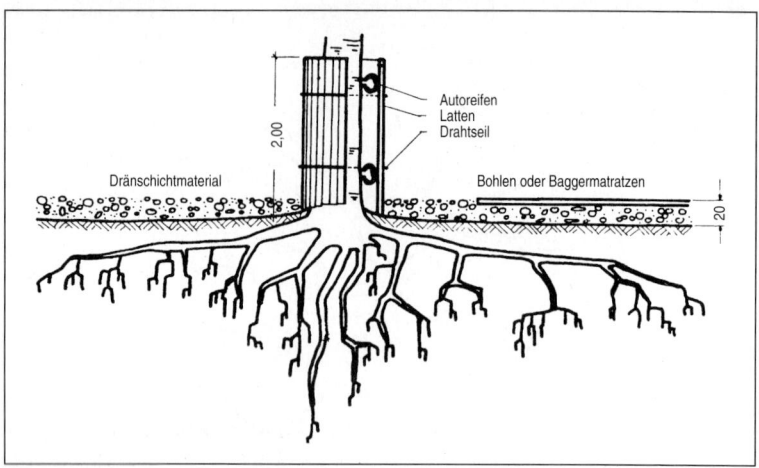

Abb. 6.1.3/2.   Schutzzaun um den Wurzelbereich

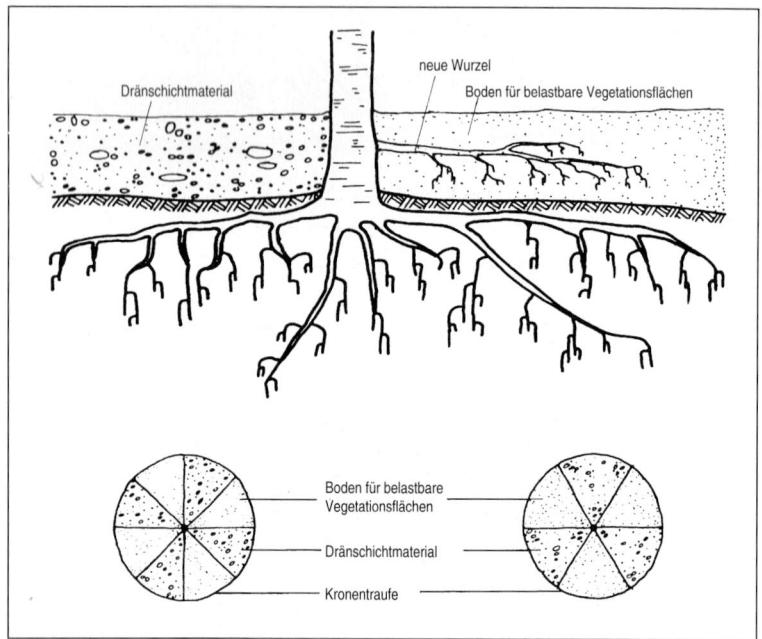

Abb. 6.1.3/3.   Sektoriales Auftragen einer zusätzlichen Vegetationstragschicht aus luftdurchlässigem Material

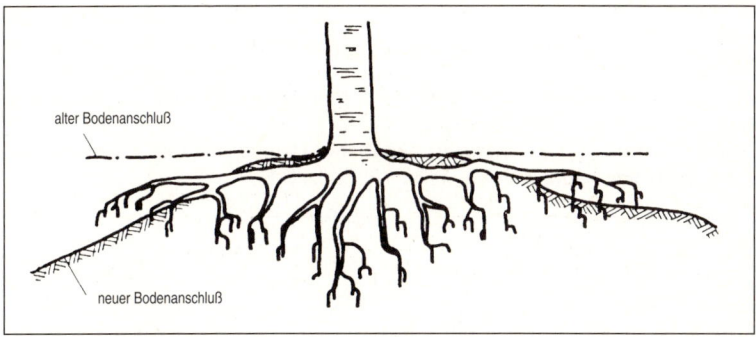

Abb. 6.1.3/4. Abtrag ist untersagt

(3) Bodenabtrag im Wurzelbereich ist generell untersagt (6.1.3/4).

(4) Schutz bei Überfahren oder Lagerungen (befristete Belastung):
druckverteilendes Vlies,
20 cm Abdeckung aus dränschichtgeeignetem Material,
Bohlenauflage o. ä.
Maßnahme nur begrenzt für eine Vegetationsperiode zulässig. Nach Entfernen des Schutzes Boden unter Schonung der Wurzeln in Handarbeit flach lockern.

(5) Abgrabungen (Gräben oder Baugruben) im Wurzelbereich vermeiden.
Wenn unvermeidbar:
möglichst unterfahren,
nur Handarbeit,
Mindestabstand vom Stammfuß 2,50 m (6.1.3/5),

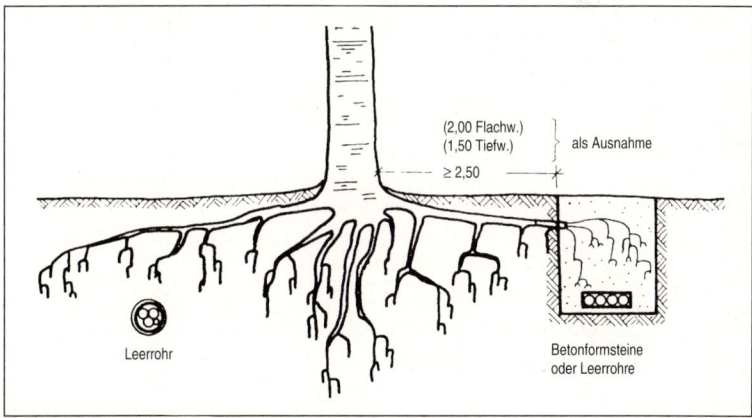

Abb. 6.1.3/5. Aufgrabungen mindestens 2,50 m entfernt vom Stamm.
Vorsorglich Leerrohr einziehen

bei Grabenaushub Wurzeln d > 3 cm nicht durchtrennen (Gebot),
Wurzeln schneidend durchtrennen, Schnittstellen mit scharfem Messer
glätten, Wunden d < 20 cm mit wachstumsfördernden Stoffen, Wunden
d > 20 mm mit Wundbehandlungsstoffen behandeln; Schutz gegen Austrocknung und Frosteinwirkung,

Wurzelvorhang bei langfristig geöffneten Baumgruben eine Vegetationsperiode vor Baubeginn herstellen (Abb. 6.1.3/6),

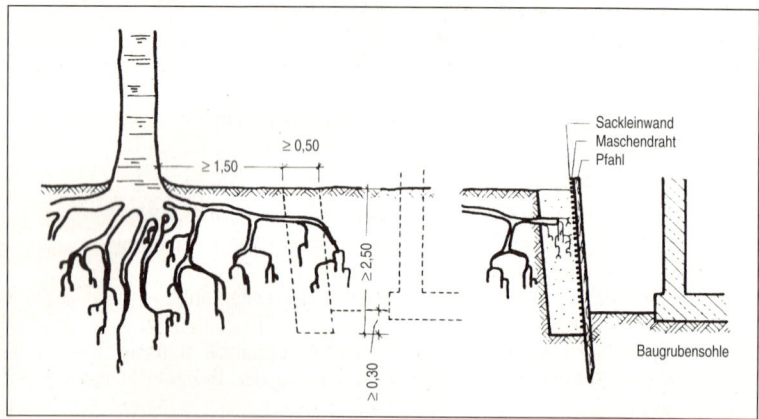

Abb. 6.1.3/6.　Wurzelvorhang zur Baumgrube

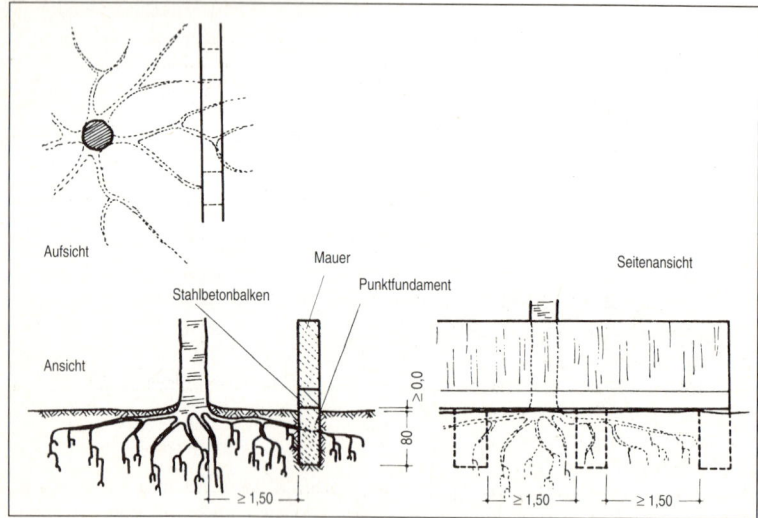

Abb. 6.1.3/7.　Mauerfundierung in der Nähe von Bäumen

(6) Punktfundamente bei Gründungen im Wurzelbereich Mindestabstand 1,5 m voneinander und vom Stammfuß unter Erhaltung von statisch wichtigen Wurzeln. Mauerwerk darf nicht in das ursprüngliche Erdreich hineinragen (Abb. 6.1.3/7).

6.1.3.4 Grundwasserabsenkung

(1) Lang andauernde, über mehrere Vegetationsperioden reichende Grundwasserabsenkungen lassen sich durch vegetationstechnische Maßnahmen nicht ausgleichen.

(2) Befristete Grundwasserabsenkungen:
  a) Ausreichend wässern je nach Niederschlagsdefizit, gegebenenfalls durch Tiefenbewässerung (6.1.3/8).
  b) Ausgleichende Maßnahmen wie Düngung, Auslichten der Krone, Verdunstungsschutz u. ä.

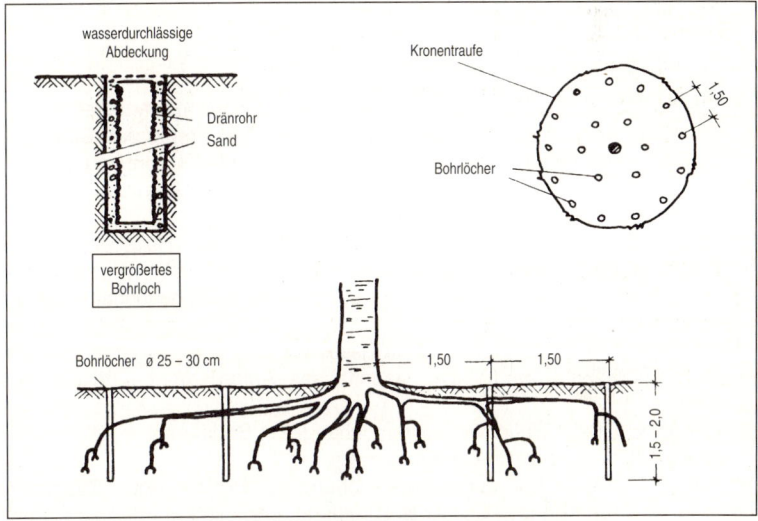

Abb. 6.1.3/8. Bewässerungslöcher bei kurzfristigen Grundwasserabsenkungen

6.1.3.5 Beläge im Wurzelbereich

(1) Möglichst keine Beläge im Wurzelbereich.

(2) Wenn unvermeidlich,
  a) möglichst nur wasserdurchlässige Beläge wählen (Fläche max. 50 % des Wurzelbereiches),
  b) möglichst geringe Tragschichtdicke,
  c) geringe Verdichtung,
  d) Anhebung des Belages über Geländeniveau.

(3) Wenn versiegelnde Beläge unvermeidlich, Fläche max. 30 % des Wurzelbereiches (Weiteres wie vor).

(4) Zusatzmaßnahmen wie Belüftungs- und Bewässerungseinrichtungen, Baumroste, Rammschutz vorsehen.

(5) Wasserführung vom Baum weg, um der Gefahr der Fremdstoffeinwirkung zu begegnen.

6.1.3.6 Prüfungen

(1) Voruntersuchungen (siehe 6.1.2).

(2) Eignungsprüfungen. Im Zweifelsfall ist die Eignung der vorgenommenen Schutzmaßnahmen und deren Übereinstimmung mit den vereinbarten Schutzmaßnahmen nachzuweisen.

(3) Kontrollprüfungen. In der Regel visuelle Überprüfung in repräsentativem Umfang auf Übereinstimmung mit den Festlegungen im Leistungsverzeichnis.

6.2   Bodenarbeiten

6.2.1   Normen und Richtlinien

(1) DIN 18915 Vegetationstechnik im Landschaftsbau, Bodenarbeiten.

(2) DIN 4022 Teil 1 Baugrund und Grundwasser; Benennung und Beschreiben von Bodenarten und Fels, Schichtenverzeichnis für Untersuchungen und Bohrungen ohne durchgehende Gewinnung von gekernten Proben im Boden und Fels.

(3) DIN 1185 Teil 3 Dränung; Regelung des Bodenwasser-Haushaltes durch Rohrdränung, Rohrlose Dränung und Unterbodenmelioration, Ausführung.

(4) DIN 11542 Torf für Gartenbau und Landwirtschaft; Eigenschaften, Prüfverfahren. .

(5) DIN 18035 Teil 3 Sportplätze; Entwässerung.

(6) DIN 18035 Teil 4 Sportplätze; Rasenflächen, Anforderungen, Pflege, Prüfung.

(7) DIN 18121 Teil 1 Baugrund; Untersuchung von Bodenproben, Wassergehalt; Bestimmung durch Ofentrocknung.

(8) DIN 18122 Teil 1 Baugrund; Untersuchung von Bodenproben; Zustandsgrenzen (Konsistenzgrenzen), Bestimmung der Fließ- und Ausrollgrenzen.

(9) DIN 18123 Baugrund; Untersuchung von Bodenproben; Bestimmung der Korngrößenverteilung.

(10) Düngemittelverordnung.

(11) Klärschlammverordnung.

(12) Methodenbuch des Verbandes Landwirtschaftlicher Untersuchungs- und Forschungsanstalten, Darmstadt.

(13) Richtlinien für Dachbegrünungen, FLL, An der Feuerwache 8, 53840 Troisdorf.

(14) Gütebestimmungen für organische Mulchstoffe und Komposte für den Landschaftsbau, FLL, An der Feuerwache 8, 53840 Troisdorf.

(15) Merkblatt für den Entwurf und die Herstellung von Raumgitterwänden und -wällen, FGSV, Alfred-Schütte-Allee 10, 50679 Köln.

6.2.2 Begriffe

Die Begriffe in der Vegetationstechnik sind an die Begriffe der Bautechnik angelehnt. Dadurch kann es zu Verständigungsschwierigkeiten im Hinblick auf bodenkundliche Begriffe (siehe Kap. 5) kommen. Abb. 6.2.2/1 versucht den Zusammenhang deutlich zu machen.

Vegetationsfläche ist die mit Pflanzen aller Art bewachsene oder hierfür vorgesehene Fläche. Kann sie aufgrund ihres Bodens und ihres Bewuchses durch Bespielen, Begehen oder Befahren belastet werden, spricht man von einer belastbaren Vegetationsfläche.

Vegetationstragschicht siehe Abb. 6.2.2/1.

Baugrund siehe Abb. 6.2.2/1.

Oberboden siehe Abb. 6.2.2/1.

Unterboden siehe Abb. 6.2.2/1.

Vegetationsstück: Aus natürlichen Pflanzengesellschaften zum Verpflanzen entnommene Teile (Gehölze, Gräser, Stauden, Kräuter u. a.) einschließlich des durchwurzelten Bodens.

Planum, die technisch bearbeitete Oberfläche des Baugrundes oder von Schichten mit festgelegten Anforderungen an Ebenheit, Höhenlage und Gefälle.

Bodenkunde	Vegetationstechnik
Vegetation	-Vegetationsfläche
O = organische Horizonte auf dem Mineralboden aufliegend (L, O_f, O_h-Horizonte je nach Zersetzungsgrad)	**Vegetationstragschicht** = oberste Bodenschicht, die aufgrund ihrer Zusammensetzung und Eigenschaften für den Bewuchs mit Pflanzen geeignet ist. Sie besteht in der Regel aus Oberboden oder einem geeigneten Substrat. Dabei ist **Oberboden** die oberste Schicht des durch physikalische, chemische oder biologische Vorgänge entstandenen belebten Bodens, der je nach Kornzusammensetzung in Bodengruppen eingeteilt wird. Dicke je nach Bodenart 5 – 40 cm.
A = ein im oberen Teil des Solums gebildeter, humoser oder eluierter Horizont, z.B. A_p als der durch Pflugarbeit veränderte Teil des A-Horizontes oder A_i, A_h, A_e, A_l-Horizonte je nach Ausgangsgestein und Entwicklungszustand des Bodens.	
B = verbraunter, zum Teil illuierter Horizont unter dem A-Horizont von Landböden (B_v, B_h, B_s, B_a-Horizonte je nach Entwicklung und Zustand in Abhängigkeit vom Ausgangsgestein). S_d = Staukörper	**Baugrund** = der anstehende natürliche (Untergrund) oder durch Bodenbewegung aufgetragene (Unterbau) Unterboden unter der Vegetationstragschicht. Dabei ist **Unterboden** die unter dem Oberboden liegende verwitterte Bodenschicht.
C = Ausgangsgestein, aus dem der Boden entstand (Untergrund)	

Abb. 6.2.2/1. Gegenüberstellung der Begriffe aus Bodenkunde und Vegetationstechnik

6.2.3   Voruntersuchung

Voruntersuchungen (Vorprüfungen) müssen Festlegungen ermöglichen zu:
(1) Erfordernis von Leistungen,
(2) Art der Bodenarbeiten,
(3) Umfang der Bodenarbeiten,
(4) Ausführungsfristen der Bodenarbeiten,
(5) Bodenverbesserungen.

6.2.3.1   Erkundung des Baufeldes und Bewertung des Bodens

Das Baufeld ist durch Augenschein und/oder durch Laboruntersuchungen zu erkunden. Dabei soll geklärt werden,
a) ob die Bodeneigenschaften für die vorgesehene Vegetation und Nutzung geeignet sind oder verändert werden müssen,
b) ob und in welchem Umfang Ober- und Unterböden durch die Bearbeitung zeitweise oder auf Dauer gestört werden können und
c) welche Maßnahmen zur Verhinderung oder Minderung von Schäden ergriffen werden müssen.

Prüfung	Ziel der Prüfung	Art der Prüfung	Vor-prüfung	Eignungs-prüfung	Kontroll-prüfung
Korngrößen-verteilung	Rückschlüsse auf physikalische Eigenschaften, Einordnung in Bodengruppen, Beurteilung hinsichtlich Schwierigkeitsgrad und terminlicher Gestaltung einer Bodenarbeit	Feldversuche (DIN 4022/1 oder DIN 18916) - Korngrößenansprache - Trockenfestigkeitsversuch - Schüttelversuch - Knetversuch - Reibeversuch - Schneideversuch Laboruntersuchungen - Korngrößenverteilung nach DIN 18123	1 2 2 2 2 2 3	3* 3* 3* 3* 3* 3* 3*	1* 3* 3* 3* 3* 3* 3*
Plastische Eigen-schaften	Feststellung der plastischen Eigenschaften und Konsistenz, Bewertung der Bearbeitbarkeit ohne Gefüge-schädigung	Feldversuch - Ausrollversuch nach DIN 18915 Abschn. 8.2.1 Laboruntersuchung - Bestimmung der Kon-sistenzgrenzen nach DIN 18122/1 - Bestimmung des Wassergehaltes nach DIN 18121/1	1 2 2	1 3* 3*	3 3 3

Abb. 6.2.3/1.   Prüfungen nach DIN 18915

Art, Umfang und Ziel der möglichen Prüfungs- und Bewertungsbereiche mit Hinweisen auf die geeigneten bzw. erforderlichen Untersuchungs- und Prüfverfahren enthält Abb. 6.2.3/1.

Prüfung	Ziel der Prüfung	Art der Prüfung	Vor-prüfung	Eignungs-prüfung	Kontroll-prüfung
Wasser-durch-lässigkeit	Beurteilung der Belastbarkeit einer Vegetationstragschicht	Felduntersuchung - Beobachtung der Zeiger-pflanzen nach DIN 18915 Abschn. 8.3.1 Laboruntersuchung - Bestimmung des Wasser-schluckwertes mod k_f nach DIN 18035/4	1 2	– 3*	3 3
Gehalt an organischer Substanz	Einfluß der organischen Substanz auf plastische Eigenschaften und Wasserspeicher-fähigkeit	Felduntersuchungen nach DIN 18915 Abschn. 8.4.1 - Farbansprache - Riechversuch Laboruntersuchungen - Bestimmung des Glüh-verlustes bei Sanden und Torfen - Trockene Veraschung	1 1 2 2	2* 2* 3* 3*	3* 3* 3* 3*
Boden-reaktion	Feststellung des pH-Wertes in Hinblick auf die vorgesehene Begrünung	Felduntersuchungen - Bestimmung mit Farbindikatoren - Elektrodenmessung - Zeigerpflanzen Laboruntersuchungen - pH-Wertbestimmung in 0,01 molaren $CaCl_2$-Aufschwemmung	2 3 1 2	– – – 3*	3 3 – 3*
Nährstoff-vorrat	Feststellung der Verfügbarkeit von Nährstoffen hinsichtlich des speziellen Nährstoffanspruchs der vorgesehenen Begrünung	Felduntersuchungen - Zeigerpflanzen nach DIN 18915 Abschn. 8.5.2 Laboruntersuchungen - Bestimmung des Nährstoffgehaltes	1 2	– –	– –

1 zwingend erforderlich
2 bei Bedarf erforderlich
3 nur bei Zweifel erforderlich
* nur für angelieferten Boden bei im LV festgelegten Anforderungen

Abb. 6.2.3/1. Prüfungen nach DIN 18915 (Fortsetzung)

Hinweis auf	Zeigerpflanze
Vernässung durch Verdichtung	Flechtstraußgras (Agrostis stolonifera), Gänsefingerkraut (Potentilla anserina), Gemeines Rispengras (Poa trivialis), Huflattich (Tussilago farfara), Kriechender Hahnenfuß (Ranunculus repens), Krötenbinse (Juncus bufonius), Liegendes Mastkraut (Sagina procumbens), Rasenschmiele (Deschampsia cespitosa).
Stark saurer Boden	Ackerspörgel (Spergula arvensis), Einjähriges Knäuelkraut (Scleranthus annuus), Ausdauerndes Knäuelkraut (Scleranthus perennis), Hasenklee (Trifolium arvense), Kleiner Sauerampfer (Rumex acetosella).
Mäßig saurer Boden	Saatwucherblume (Chrysanthemum segetum), Ackerhundskamille (Anthemis arvensis), Rote Schuppenmiere (Spergularia rubra), Borstgras (Nardus stricta).
Schwach saurer bis neutraler Boden	Echte Kamille (Matricaria chamomilla), Ackersenf (Sinapsis arvensis), Gewöhnlicher Frauenmantel (Alchemilla vulgaris), Ackerhahnenfuß (Ranunculus arvensis), Erdrauch (Fumaria officinalis), Ackerfuchsschwanz (Alopecurus myosuroides), Flughafer ((Avena fatua), Windhalm (Apera spica-venti).
Neutraler bis schwach alkalischer Boden	Dreikörniges Labkraut (Galium tricornutum), Adonisröschen (Adonis flammea), Blauer Gauchheil (Anagallis arvensis).
Nährstoffarmut, oft auch Versauerung im Ackerland	Hungerblümchen (Erophila verna), Hasenklee (Trifolium arvense), Kleiner Sauerampfer (Rumex acetosella), Schachtelhalm (Equisetum arvense).
Nährstoffarmut, oft gewöhnlich auch Versauerung im Öd- und Brachland	Heidekraut (Calluna vulgaris), Frühlingspörgel (Spergula vernalis), Borstgras (Nardus stricta), Schafschwingel (Festuca ovina).
Nährstoffreichtum (insbesondere N)	Große Brennessel (Urtica dioica), Erdrauch (Fumaria officinalis), Vogelmiere (Stellaria media), Kleine Brennessel (Urtica urens), Melde (Atriplex sp.).

Abb. 6.2.3/2. Zeigerpflanzen

Zeigerpflanzen als Hilfen für Felduntersuchungen sind in Abb. 6.2.3/2 aufgeführt.

6.2.3.2 Bodengruppen

Ober- und Unterböden werden hinsichtlich der Bearbeitbarkeit und des Bodenschutzes in Bodengruppen (s. Abb. 6.2.3/3) eingeteilt.

Spalte 1	2	3	4	5	6	7
Zeile	Boden-gruppe	Benennung	Boden aus z.B.	Bearbeitbarkeit ohne Gefüge-schädigung	Massenanteile der Körnung in %		Größt-korn-durch-messer d mm
					$d < 0,002$ mm	$d > 20$ mm	
1	1	organischer Boden	Hoch- und Niedermoor	gefügelabil	–	–	–
2	2	nichtbindiger Boden	Sand	keine Einschränkung	≤ 10	≤ 10	50
3	3	nichtbindiger, steiniger Boden	Kies, Schotter	keine Einschränkung	≤ 10	über 10 bis 30	200
4	4	schwachbin-diger Boden	anlehmigem Sand, Sandlöß, Löß	erst nach oberflächiger Abtrocknung bei mindestens steifer Konsistenz ($I_C \geq 0,75$)	über 10 bis 20	≤ 10	50
5	5	schwach-bindiger, steiniger Boden	lehmigem Kies und Schotter	wie Boden-gruppe 4	über 10 bis 20	über 10 bis 30	200
6	6	bindiger Boden	lehmigem Sand, sandigem Lehm	erst nach Abtrocknung bei mindestens halbfester Konsistenz ($I_C \geq 1,00$)	über 20 bis 40	≤ 10	50
7	7	bindiger, steiniger Boden	lehmigem Kies und Schotter	wie Boden-gruppe 6	über 20 bis 40	über 10 bis 30	200

Abb. 6.2.3/3. Bodengruppen nach DIN 18915 (9/90) – Teil 1

Spalte 1	2	3	4	5	6	7
Zeile	Boden-gruppe	Benennung	Boden aus z.B.	Bearbeitbarkeit ohne Gefüge-schädigung	Massenanteile der Körnung in %		Größt-korn-durch-messer *d* mm
					d < 0,002 mm	d > 20 mm	
8	8	starkbindiger Boden	leicht plasti-schem bis ausgeprägt plastischem Schluff und Ton, Lößlehm	wie Boden-gruppe 6	> 40	≤ 10	50
9	9	starkbindiger, steiniger Boden	Bodengruppe 8 mit Kies- und Schotter-anteilen	wie Boden-gruppe 6	> 40	über 10 bis 30	200
10	10	stark steiniger Boden	leichtem Fels	–	–	> 30	–

Abb. 6.2.3/3. Bodengruppen nach DIN 18915 (9/90) – Teil 2

6.2.4 Anforderungen an Böden

Der Boden ist Teil des Standortes und ist damit für die standortgerechte Pflanzung grundsätzlich geeignet. Er enthält Wurzeln und Samen von stand-orttypischen Pflanzen. Wird der Standort durch Abtrag, Transport, Umlage-rung, Auftrag oder andere Maßnahmen wie Neigungsänderungen, Entwässe-rungen, Überstauung u. a. verändert, müssen Ober- und Unterboden hinsicht-lich der Folgenutzung individuell bewertet und durch geeignete Maßnahmen den neuen Anforderungen angepaßt werden.

6.2.4.1 Allgemeine Anforderungen

Oberboden darf keine Fremdstoffe und soll keine Pflanzenteile von Dauerun-kräutern (außer Samen) enthalten, die den vorgesehenen Zweck mindern.

6.2.4.2 Spezielle Anforderungen

DIN 18915 überläßt dem fachkundigen Planer die Festlegungen hinsichtlich der individuellen Anforderung. Anhaltswerte für einige Bereiche enthält Abb. 6.2.4/1.

6.2.4.3 Regeneration von Böden

Bei Baumaßnahmen bewegte Böden bedürfen in der Regel einer Regenera-tionszeit z. B. zur Wiederherstellung des kapillaren Gefüges oder Bildung

| Art der Anforderung | Vegetationstragschicht | | Drän- oder Filterschicht |
	belastbar	Sportrasen	
Wasserschluckwert mod k_f in mm/min bei LK = 100 LK = 60	1 – 3	> 1	3 – 30
Grundwasserstand unter Tragschicht- oberfläche cm	> 60	> 60	
Gehalt an organischer Substanz Gew %	< 3	< 3	

Abb. 6.2.4/1. Anhaltswerte für Anforderungen an Vegetationstragschichten

neuer Ton-Humuskomplexe. Die Regeneration kann z. B. durch Zugabe von Kompost eingeleitet oder verbessert werden.

6.2.4.4 Unterboden unter Vegetationstragschichten

Unterboden ist Wurzelraum für Bäume und Sträucher. Er muß daher an den Boden der Vegetationstragschicht hinsichtlich Kornzusammensetzung, Lagerungsdichte und Wasserdurchlässigkeit angepaßt sein.

6.2.4.5 Durchwurzelbare Fläche für Bäume

An beengten Standorten sollte der durchwurzelbare Raum eine Grundfläche von mindestens 16 m^2 und eine Tiefe von mindestens 80 cm haben.

6.2.5 Bodenverbesserung

Hilfsstoffe zur Bodenverbesserung sollen einen Boden
a) im Hinblick auf eine nicht standortgerechte Bepflanzung oder Nutzung verändern, oder
b) die Regeneration eines durch Bearbeitung gestörten Bodens einleiten und unterstützen.
Sie verändern damit die Zusammensetzung des Ausgangsbodens und seine Eigenschaften.

6.2.5.1 Organische Hilfsstoffe

Allgemeines: Sie sollen den behördlichen Anforderungen für die Anwendung bei der Nahrungsmittelproduktion entsprechen und keine löslichen pflanzenschädlichen Stoffkonzentrationen enthalten oder entwickeln. Organische Stoffe aus biologischem Recycling sollten Vorrang haben.
Anwendungsziel: Erhöhung des Gehaltes an organischer Substanz, Verbesserung der Wasserspeicherfähigkeit und -verfügbarkeit, Veränderung der plasti-

schen Eigenschaften, Veränderung der Bodenreaktion, Förderung der Tätigkeit von Mikroorganismen.

Stoffe:

1. Kompost aus Laub. Mäh- und Schnittgut, Grasnarbe, Rinde) soll in der Rotte so weit abgeschlossen sein, daß eine erhebliche Erhitzung nicht mehr möglich ist. C : N Verhältnis möglichst $\leq$ 25 : 1. Genaue Anforderungen und Hinweise für die Anwendung siehe FLL »Gütebestimmungen für organische Mulchstoffe und Komposte für den Landschaftsbau«.

2. Komposte aus organischen Hausabfällen müssen der Klärschlamm-Verordnung entsprechen, geruchsarm, seuchenhygienisch einwandfrei, in der Rotte abgeschlossen und gekrümelt bzw. gesiebt sein.
   Komposte aus Klärschlamm dürfen nicht verwendet werden zur Bodenverbesserung von Liege- und Spielwiesen. Auf Anwendung ebenfalls verzichten, wenn Böden bereits erhöhte Gehalte an Schwermetallen aufweisen.
   Kompost aus Müll darf keine Bestandteile enthalten, die zu Verletzungen führen können, wie z. B. Glas oder Metallsplitter.

3. Torfe. Torfe werden nach DIN 11 540 – Torfe und Torfprodukte; Technische Lieferbedingungen, Eigenschaften, Prüfverfahren – gehandelt. Sie werden unterschieden nach ihrem Zersetzungsgrad. Richtwerte zur Bewertung der Eigenschaften von Hochmoortorfen und Übergangsmoortorfen enthält Abb. 6.2.5/1.

Folgende Füllmengen in Liter sind zulässig: 1/ 2,5/ 5/ 7/ 7,5/ 10/ 15/ 20/ 30/ 40/ 50/ 80/ 100/ 125/ 150/ 200/ 250/ 300.

Kennzeichnung: Torfpackung DIN 11 540 – F 300.

Kennzeichnung auf der Verpackung: Torfprodukt DIN 11 540 – F 300.

Typenbezeichnung: Torf.

Art: Hochmoortorf.

Zersetzungsgrad: wenig bis mäßig zersetzt (H3 bis H5).

Zusammensetzung: Torf ohne Zusätze.

pH-Wert (CaCl^2): 2,5 bis 3,5.

Masse der organischen Substanz: 15 bis 20 kg.

Füllmenge: 300 l.

Herkunftsbezeichnung: Torfwerk xx.

Füllmenge ist das Volumen eines Packungsinhaltes, das beim Auflockern und Ausschütten in eine Meßkiste anfällt. Liefermenge ist das Volumen einer losen Lieferung.

6.2.5.2   Mineralische Hilfsstoffe

Allgemeines: Stoffe, die wegen rascher Verwitterung die Kornzusammensetzung und/oder den pH-Wert des Bodens ungünstig beeinflussen, sollten nicht verwendet werden.

Anwendungsziel: Verringerung der Plastizität, Verbesserung der Wasserdurchlässigkeit, Erhöhung der Belastbarkeit, Strukturstabilisierung, Porenraumverteilung.

Stoffe:

Sande (siehe 4 u. 8),

Eigenschaften	Einheit	Hochmoortorf und Übergangsmoortorf *) ohne Zusätze		
		wenig zersetzt	mäßig zersetzt	stark zersetzt
Rohdichte, trocken (siehe Abschnitt 5.4.3.1)	g/l	40 bis 80	70 bis 150	120 bis 250
Porenanteil (siehe Abschnitt 5.4.3.3)	% [1]	95 bis 98	91 bis 96	85 bis 93
Wasserkapazität (siehe Abschnitt 5.4.3.2)	% [1]	40 bis 82	40 bis 85	60 bis 87
Luftkapazität (siehe Abschnitt 5.4.3.4)	% [1]	16 bis 58	11 bis 56	6 bis 33
Zersetzungsgrad (r-Wert) (siehe Abschnitt 5.5)	%	unter 42	42 bis 62	über 62
Humositätsgrad (H) nach von Post		1 bis 3	4 bis 6	7 bis 10
organische Substanz in der Trockenmasse (siehe Abschnitt 5.3.4)	% [2]	94 bis 99	(ab 90) 94 bis 99	(ab 85) 94 bis 99
Glührückstand in der Trockenmasse (siehe Abschnitt 5.3.3)	% [2]	1 bis 6	1 bis 6 (bis 10)	1 bis 6 (bis 15)
pH-Wert ($CaCl_2$) (siehe Abschnitt 5.6)	–	2,5 bis 3,5	2,5 bis 3,5 (bis 4,0)	2,5 bis 3,5 (bis 5,0)
pH-Wert (H_2O) (siehe Abschnitt 5.8.3)	–	3,0 bis 4,0	3,0 bis 4,0 (bis 5,0)	3,0 bis 4,0 (bis 6,0)
elektrische Leitfähigkeit (Volumenverfahren siehe Abschnitt 5.7)	µS/cm	unter 175	unter 175	unter 175
(Gewichtsverfahren siehe Abschnitt 5.8)	µS/cm	unter 370	unter 370	unter 370

[1] Volumenanteil
[2] Massenanteil
*) Die Angaben in Klammern beziehen sich auf Übergangsmoortorf

Abb. 6.2.5./1. Eigenschaften von Hochmoortorfen und Übergangsmoortorfen

Kiese (siehe 4 u. 8),
Splitt (siehe 4 u. 8),
Lava,
Bims,
Blähton.

6.2.5.3 Kunststoffe

Allgemeines: Sie dürfen keine löslichen pflanzenschädlichen Stoffkonzentrationen enthalten oder entwickeln.

Anwendungsziel: Je nach Struktur werden sie zur Erhöhung der Wasserspeicherfähigkeit oder zur Veränderung der Kornstruktur des Bodens verwendet. Wegen ihres geringen Gewichtes als Substrat-Zugabe für Dachgartensubstrate besonders geeignet.

Stoffe:

1. Geflockte Schaumstoffe zur Wasserspeicherung müssen eine offene Zellenstruktur aufweisen.
2. Schaumstoffe in geschlossener, nicht wasseraufnehmender Zellbeschaffenheit.

Bodenverbesserungsstoffe nach DIN 18915	Einbringungszweck									
	Verbesserung			Erhöhung						
	Wasserdurchlässigkeit	Wasserspeicherfähigkeit	Bodenreaktion	Organische Substanz	Belastbarkeit	Bereichserweiterung Ausroll-/Schrumpfgrenze	Plastizitätsverringerung	Verringerung der Feuchtbodenwichte	Erosionsverhinderung	Rohbodenaufschließung
Stoffe mit organischer Substanz	+	+		+		+		+		
Grobkörnige Stoffe	+				+		+	+		
Feinkörnige Stoffe		+								
Festlegungsstoffe									+	
Voranbau					+					+

Abb. 6.2.5/2. Einbringung von Bodenverbesserungsstoffen

6.2.5.4   Maßnahmen zur Bodenverbesserung

(1) Einbringszweck   (Abb. 6.2.5/2).

(2) Maßnahmen zur Bodenverbesserung   (Abb. 6.2.5/3).
Der Bodenzustand kann durch nachstehende Maßnahmen verbessert werden:

Bodeneigenschaften	Maßnahmen zur Erhöhung	Minderung
Wasser-durchlässigkeit	Poren vergrößern durch Grobkorneinbringung, mech. Bodenlockerung, Verringern oder Vergröbern der organischen Substanz	Feinkorn einbringen, organische Substanz erhöhen oder verfeinern
Wasserspeicher-fähigkeit (pflanzen-verfügbares Wasser)	Poren verkleinern und Porenvolumen vergrößern, Feinkorn einbringen, organische Substanz erhöhen	Poren vergrößern, Porenvolumen verkleinern, Grobkorn einbringen, organische Substanz verringern
Bodenreaktion (pH-Wert)	Aufkalkung (Kalkverfestigung)	–
Belastbarkeit	für belastbare Vegetationsflächen: Körnungskurve verändern (mech. Bodenverfestigung), Verwendung von gebrochenem Korn, als organische Substanz langfaserigen Torf verwenden	–
Ausroll-/Schrumpf-grenze, Plastizität	Ton oder organogene Tone einbringen (Gründüngung)	Siebkornanteil (Sand, Kies) erhöhen, Kalkverfestigung
Feuchtbodenwichte	–	für Dachbegrünungen: grobfaserige organische Substanz erhöhen, Schaumstoffe, Blähton, Lavaschlacke, Tuff einbringen
Erosion	–	Korngefüge standfester machen: Siebkornanteil (grob) erhöhen, Bodenverfestigung, Sicherungsbauweisen, Begrünung
Rohboden-aufschließung	Bodenbearbeitung, Voranbau	–

Abb. 6.2.5/3. Maßnahmen zur Bodenzustands-Verbesserung

6.2.6 Vorbereitungsmaßnahmen

6.2.6.1 Aufnehmen von wiederverwendbarer Vegetation

Siehe Kapitel 6.3.7.

6.2.6.2 Roden

Wurzelstöcke sind vollständig, Hauptwurzeln so weit zu entfernen oder zu zerkleinern, wie es für die vorgesehene Nutzung der Fläche erforderlich ist.

6.2.6.3 Einarbeiten von Aufwuchs

Schwer verrottbare Pflanzenteile sind vorher zu zerkleinern. Einarbeitungstiefe je nach Art des Aufwuchses (Gras, Stauden, Kleingehölze). Frischer Holzhäcksel darf nicht eingearbeitet werden.

6.2.6.4 Abheben von Aufwuchs

Dicke des Abhubes abhängig von der Art des Aufwuchses (Gras, Kräuter, Stauden, Sträucher), i. M. 3–5 cm. Schwer verrottbare Pflanzenteile vor Abtrag oder vor Kompostierung zerkleinern.

6.2.6.5 Beseitigen störender Stoffe, Bodenaustausch

(1) Störende, insbesondere pflanzenschädliche Stoffe wie Baurückstände, Verpackungsreste oder schwer verrottbare Pflanzenteile entfernen.

(2) Verunreinigungen durch Fette, Öle, Farben oder andere pflanzengefährdende Stoffe austauschen.

(3) Für die vorgesehene Nutzung ungeeigneten Boden austauschen, wenn Verbesserungsmaßnahmen unzweckmäßig oder nicht erfolgversprechend sind.

6.2.7 Oberbodenabtrag und -lagerung

6.2.7.1 Abtrag

Für den Abtrag von Oberboden gelten folgende Regeln:

(1) Abtrag gesondert von allen Bodenbewegungen.

(2) Abtrag von allen Auf- und Abtragsflächen sowie allen Flächen, die befestigt werden sollen oder als Baubetriebsflächen vorgesehen sind.

(3) Boden darf im Kronenbereich von Bäumen, die erhalten bleiben sollen, nicht abgetragen werden.

(4) Boden nicht mit pflanzenschädigenden Stoffen vermischen.

(5) Beim Abtrag die Bearbeitbarkeitsgrenzen beachten.

6.2.7.2 Lagerung

Für die Lagerung gelten folgende Regeln:

(1) Geordnete Lagerung abseits vom Baubetrieb. Höhe und Breite nicht vorgeschrieben. Geordnet bedeutet meßbare Miete.

(2) Befahren der Miete nur bei Einhaltung der Bearbeitbarkeitsgrenzen zulässig, sonst Aufsetzen mit Bagger.

(3) Bei Lagerung > 3 Monate Zwischenbegrünung zum Schutz vor Erosion und unerwünschtem Aufwuchs (Sollbestimmung).

6.2.8   Baugrundbehandlung

6.2.8.1   Bodennässe

Allgemeines: Bodennässe bei ungestörten Standorten ist in der Regel Kennzeichen des Standortes (z. B. hohes Grundwasser, Staunässe o. ä.). Eine Veränderung sollte nicht vorgenommen werden, um das Biotop nicht zu stören. Maßnahmen bei störender Bodennässe: Beseitigung störender Bodennässe möglich durch

a) Auffüllung, dabei auf Abstimmung der Bodenarten und Verzahnung der Schichten achten.

b) Profilierung zur Ableitung von Niederschlagswasser. Geeignete Maßnahme bei Nutzung sonst ungeeigneter Bodengruppen für belastete Vegetationsflächen.

c) Dränung in Anlehnung an DIN 18 035 Teil 3 bei belasteten Flächen, sonst nach DIN 1185 Teil 3. Dabei beachten, daß Gehölzwurzeln aus benachbarten Pflanzungen die Dränung langfristig wirkungslos machen können.

6.2.8.2   Veränderung des Gefüges

Der Unterboden des Baugrundes dient in der Regel Pflanzen als Wurzelraum. Wird der Oberboden durch Verbesserung der geplanten Nutzung angepaßt, ist zu prüfen, ob sich diese Maßnahmen auch auf den Unterboden erstrecken müssen. Übereinstimmung ist anzustreben hinsichtlich Kornzusammensetzung und Wasserdurchlässigkeit. Maßnahmen siehe Abschnitt 6.2.4.4/2.

6.2.8.3   Bodenbewegung

Unterboden, der als Wurzelraum für Pflanzen dienen soll, ist wie Oberboden unter Einhaltung der Bearbeitbarkeitsgrenzen zu bewegen. Übereinstimmung hinsichtlich der Lagerungsdichte ist anzustreben.

6.2.8.4   Lockerung

Allgemeines: Baugrund ist vor Auftrag der Vegetationstragschicht aufzulockern, um evtl. Verdichtungen zumindest im Makroporenbereich aufzubrechen und die gewünschte Verzahnung mit der Vegetationstragschicht einzuleiten. Maßnahmen:

1. Tiefe mindestens 15 cm.
2. Gleichmäßige Lockerung unter Beseitigung der Fahrspuren des eingesetzten Gerätes.
3. Störende Verdichtung in tieferen Bodenschichten beseitigen.
4. Flächen mit Neigung bis 1 : 2,5 ganzflächig lockern.
5. Flächen mit Neigung $\geq$ 1 : 2,5 in geeigneter Weise aufrauhen, um Verzahnung mit Vegetationstragschicht herzustellen, z. B. durch streifenweise oder punktweises Lockern.

6.2.8.5   Planum, Baugrund

Vor der Lockerung zulässige Abweichungen:

(1) Ebenheit von Flächen $\leq$ 5 cm auf 4 m Meßstrecke.

(2) Abweichung von der Nennhöhe bei Anschlüssen $\pm$ 3 cm.

6.2.9 Vegetationstragschicht

6.2.9.1 Dicke

Regelmaße:

(1) Rasen 10–20 cm.

(2) Gehölz- und Staudenflächen 20 bis 40 cm.

(3) Abweichungen von der vorgeschriebenen Dicke $\leq 25\%$, max. ± 5 cm.

6.2.9.2 Auftragen Vegetationstragschicht

(1) Beim Auftragen sind die Bearbeitbarkeitsgrenzen einzuhalten.

(2) Der gelockerte Baugrund darf nicht wieder verdichtet werden. Daher ist Überkopfeinbau die Regel.

6.2.9.3 Bodenverbesserung, Vorratsdüngung und Voranbau

(1) Soll die Bodenverbesserung und Vorratsdüngung auf der Fläche durch Auftragen der Hilfsstoffe und/oder Dünger und deren Einarbeitung erfolgen, muß die vorgesehene Gleichmäßigkeit (völlige oder nur teilweise Vermischung) und Tiefe erreicht werden.

(2) Die Regeneration gestörter Böden sollte nach Möglichkeit durch natürliche Maßnahmen eingeleitet werden. Geeignete Maßnahme dazu ist ein Voranbau. Geeignete Pflanzen siehe unter 6.4.3/1.

6.2.9.4 Planum

Allgemeines: Es werden unterschieden das Planum nach Auftragen der Vegetationstragschicht und das Feinplanum (s. 6.2.9.6).

Anforderungen nach Auftragen der Vegetationstragschicht:

1. Ebenheit Flächen ≤ 5 cm unter 4 m Meßstrecke.

2. Anschlüsse bündig bei zulässigen Abweichungen nach unten bis zu 3 cm.

6.2.9.5 Lockerung

Allgemeines: Durch den Auftrag wird die Vegetationstragschicht in der Regel verdichtet. Diese Verdichtung ist wieder aufzuheben.

Maßnahmen:

1. Bei Lockerung die Bearbeitbarkeitsgrenzen einhalten.

2. Flächen mit Neigung $\leq 1:2,5$ ganzflächig lockern.

3. Flächen mit Neigung $\geq 1:2,5$:

　　a) bei Ansaaten und Verlegen von Fertigrasen nur aufrauhen,

　　b) bei Pflanzarbeiten erst in Zusammenhang mit dieser Leistung.

6.2.9.6 Feinplanum

Allgemeines: s. 6.2.9.4.

Anforderungen:

1. Pflanzflächen. Ebenheit und zulässige Abweichung von der Nennhöhe im Leistungsverzeichnis fordern, wenn Unterschied zu Planungsanforderungen nach 6.2.9.4 nötig sind. Sonst gelten die dort genannten Anforderungen.

2. Rasenflächen
   a) Anschlüsse an Kanten, Beläge u.ä. bündig und nach unten bis zu 2 cm abweichend.
   b) Ebenheit Gebrauchs-, Strapazier- und Zierrasen $\leq$ 3 cm Spaltweite auf 4 m Meßstrecke.
   c) Ebenheit Landschaftsrasen $\leq$ 5 cm auf 4 m Meßstrecke.

6.2.9.7 Kurz- bis mittelfristiger Bodenschutz

Allgemeines: Liegt zwischen baulicher Fertigstellung der Vegetationstragschicht und dem Termin für Rasenansaat oder Pflanzung ein längerer Zeitraum, sollten Maßnahmen zum Schutz der Vegetationsfläche und zur Bodenpflege ergriffen werden. Je nach Zeitraum, Jahreszeit und Standortverhältnissen (insbesondere Neigung zum Austrocknen, zu Erosionen oder Eingrünung durch unerwünschten Aufwuchs) sind unterschiedliche Maßnahmen geeignet.
Maßnahmen:
1. Voranbau und Zwischenbegrünung siehe 6.4.3/1.
2. Mulchen mit verschiedensten Substraten s. 6.5.3.1.
3. Bodenfestlegung durch Bodenfestiger s. 6.6.
4. Mechanische Bodenbearbeitung durch Lockern und Abhacken von unerwünschtem Aufwuchs s. 6.5.3.1.

6.2.10 Prüfungen

6.2.10.1 Voruntersuchungen (s. 6.2.3)

6.2.10.2 Eignungsprüfungen

(1) Während der Bearbeitung von Ober- und Unterböden ist die Einhaltung der Bearbeitbarkeitsgrenzen zu überwachen (DIN 18915 Abschnitt 7.2.2).

(2) Bei vom AN zu lieferndem Boden sind im Zweifelsfall nachzuweisen die im Leistungsverzeichnis genannten Anforderungen an
Bodengruppe,
Wasserdurchlässigkeit,
Gehalt an organischen Stoffen,
Bodenreaktion.

(3) Nachweis der Eignung von Stoffen für die Bodenverbesserung im geforderten Umfang, in der Regel durch Prüfzeugnisse, Laboranalysen oder wissenschaftliche Versuchsergebnisse.

6.2.10.3 Kontrollprüfungen

Kontrollprüfungen werden in der Regel als Felduntersuchungen durchgeführt. Bei Zweifeln an der Übereinstimmung mit den Vorgaben des LV werden Ergebnisse von Laboruntersuchungen gewertet. Art der Prüfungen s. Abb. 6.2.3/1.

6.3 Pflanzarbeiten

6.3.1 Normen und Richtlinien

DIN 18916 Vegetationstechnik im Landschaftsbau; Pflanzen und Pflanzarbeiten

DIN 19657 Sicherungen von Gewässern, Deichen und Küstendünen; Richtlinien

FLL-Gütebestimmungen für Baumschulpflanzen
Forschungsgesellschaft Landschaftsentwicklung – Landschaftsbau e.v., Troisdorf

FLL-Gütebestimmungen für Stauden
Forschungsgesellschaft Landschaftsentwicklung – Landschaftsbau e.v., Troisdorf

FLL-Richtlinien für Dachbegrünungen
Forschungsgesellschaft Landschaftsentwicklung – Landschaftsbau e.v., Troisdorf

ZTV-Großbaumverpflanzung
Zusätzliche Technische Vertragsbedingungen und Richtlinien für das Verpflanzen von Großbäumen und Großsträuchern. Forschungsgesellschaft Landschaftsentwicklung – Landschaftsbau e. V., Troisdorf

EG-Verordnung zur Festsetzung von Qualitätsnormen für
Blumenbulben, -zwiebeln und -knollen

Baumpflanzungen im Bereich unterirdischer Versorgungsanlagen
Forschungsgesellschaft für Straßen- und Verkehrswesen, Alfred-Schütte-Allee 10, 50679 Köln.

6.3.2 Gütebestimmungen für Gehölze

6.3.2.1 Allgemeine Gütebestimmungen

(1) Sortenechtheit.
(2) Altersentsprechende Höhe, Breite, Trieblänge, Verzweigung, Belaubung/Benadelung und ausgewogenes Verhältnis untereinander.
(3) Solitärgehölze:
Einzelexemplare mit charakteristischem Wuchs,
Voll garniert,
Verpflanzfähig durch regelmäßiges Umpflanzen in art- und sortenspezifischen Abständen.
(4) Veredlungen gut verwachsen.
(5) Keine Mängel durch Krankheiten, Schädlinge oder Kulturmaßnahmen, die den Wert und die Tauglichkeit für den vorgesehenen Zweck mindern.
(6) So gesund, ausgereift und abgehärtet, daß Anwachsen und weitere Entwicklung nicht gefährdet ist.
(7) Bewurzelung gut ausgebildet entsprechend Art/Sorte, Alter, Bodenverhältnissen und Anzucht.

(8) Ballen:
a) der Art, Sorte und Größe der Pflanzen entsprechend groß und gleichmäßig durchwurzelt;
b) Sicherung mit Ballentuch und ggf. Ballierring, ausgenommen Rhododendron und Azaleen. Ballentuch muß nach spätestens 1/2 Jahr überwiegend verrottet sein;
c) Maschendrahtsicherung bei
Laubgehölzen > 30 cm Höhe,
Laubgehölzen > 20 cm Stammumfang,
Solitärnadelgehölzen > 150 cm Höhe.

(9) Containerpflanzen:
angemessenes Verhältnis zwischen Behälter- und Pflanzengröße;
Mindestinhalt 2 Liter (sonst »Pflanzen mit Topfballen«), Rauminhalt angeben auf Lieferschein und Etikett.

(10) Anzucht in Gittertöpfen unzulässig.

(11) Kulturregelungen des BdB (Bund Deutscher Baumschulen) und die dort
festgelegten Mindestabstände sind einzuhalten; Auszug aus den Kulturregelungen s. Abb. 6.3.2/1 und 2.

(12) Maßangaben:
Sortierung ist korrekt, wenn alle Pflanzen das Mindestmaß der jew. Sor-
tierung aufweisen;
Messung ab Oberkante Erdboden;
Stammumfang wird in 1 m Höhe gemessen;
bei mehrstämmigen Gehölzen gilt als Stammumfang die Summe aus den
Stammumfängen der einzelnen Stämme;
bei starktriebigen Nadelgehölzen (z. B. *Pseudotsuga, Picea omorica* u. a.)
ist die Hälfte des letzten Jahrestriebes die obere Grenze des jeweiligen
Höhenmaßes.

Anzuchtart	Pflanzgruppe	Höchstzahl je m²	Pflanzabstand (cm)
Heister		3	90 x 40
Bäume 2 x v		2	90 x 50
Sträucher (z.B. Amelanchier)	I	5 – 6	60 x 30
Sträucher (z.B. Potentilla)	II	8	50 x 25
Heckenpflanzen (z.B. Carpinus betulus)	I	5	65 x 30
Heckenpflanzen (z.B. Ligustrum)	II	8	50 x 25
Niedrige Rosen auf Rosa canina		10 – 11	15 x 65
Niedrige Rosen auf Rosa multiflora		10	18 x 65
Stammrosen		4 – 5	90 x 25
Nadelgehölz-Heckenpflanzen		10	40 x 25

Abb. 6.3.2/1. Kulturregelungen des BdB (Auszug)

Pflanzenart	Sortierung	Erdinhalt (l)	Vierecktopf (cm)
Gruppe 1 Calluna, Erica Gaultheria Pachysandra	10 – 15 – 20 8 – 12 3/5, 5/7 Tr	0,375	8 x 8
Gruppe 2 Berberis thunb. "Atro.nana" Cytisus scoparius S. Genista tinctoria	15 – 20 20 – 40 – 60 30 – 40 – 60	0,50	9 x 9
Gruppe 3 Berberis thunb. "Atro.nana" Cotoneaster dammeri radicans Cotoneaster dammeri "Skogholm" Cotoneaster sal. "Parkteppich" Cytisus präcox Hypericum calycinum Lonicera pileata Pyracantha	20 – 25 – 30 20 – 30 – 40 – 60 30 – 40 – 60 – 80 15 – 20 – 30 20 – 30 – 40 – 60 30 – 40 – 60 – 80	1,00	11 x 11

Abb. 6.3.2/2. Kulturregelungen für Laubgehölz-Verkaufsware mit Topfballen des BdB (Auszug)

6.3.2.2 Spezielle Gütebestimmungen Laubgehölze

Merkmale der Güte sind neben den unter 6.3.2.1 aufgeführten Anforderungen:
a) Anzahl der Triebe;
b) Häufigkeit der Verpflanzung;
c) Anzuchtweite;
d) Stammhöhe;
e) Ballierung.

(1) Sträucher
Begriff: nichtbaumartig wachsende, in der Regel mehrtriebige Gehölze.
Anforderungen: s. Abb. 6.3.2/3.
Sortierung: entweder nach Triebzahl 2, 3/4, 5/7, 8/12 oder nach Höhe, s. Abb. 6.3.2/4.
Bündelung: s. Abb. 6.3.2/6.

(2) Heister
Begriff: baumartig wachsende Gehölze ohne Krone.
Anforderungen: s. Abb. 6.3.2/3.
Sortierung: s. Abb. 6.3.2/4.
Bündelung: s. Abb. 6.3.2/6.

(3) Stammbusch
Begriff: baumartiges Gehölz mit guter seitlicher Beastung/Zweiggarnierung, Stammumfang > 10 cm, Höhe > 250 cm.

| Art der Gehölze | Triebzahl | | Anzahl der Verpflanzungen | | | | | Stamm-höhe | Anzucht-Standweite | | Wurzel | | |
	2	3	1	2	3	4	5		weit	extra weit	nackt	Ballen	Topf/Folie
Leichte Sträucher	*[1]		*								*		
Sträucher		*[2]	*						*		*		
Solitärsträucher				*	>	>			*			*	
Stammf. v. Sträuchern	>	*[3]									*	*	
Leichte Heister			*								*		
Heister			*						*		*	*	
Stammbüsche 2 x v			*						*		*		
Stammbüsche 3 x v				*						*	*	*	
Solitärstammbüsche					*	*[4]			*			*	
Mehrtriebige Solitärstammbüsche					*	*[5]			*				Drahtb.
Hochstämme 2 x v				*				> 180 cm			*		
Hochstämme 3 x v				*				> 200 cm	*		*	*	
Hochstämme 4 x v					*			> 200 cm			*	*	
Solitärhochstämme					*	*[6]		> 200 cm	*			*	
Hochstämme für Straßenbepflanzung								besonders hoch			*		
Heckenpflanzen aus Sträuchern	siehe unter Sträucher												
Heckenpflanzen[7] 2 x v			*								*		
Heckenpflanzen[7] 3 x v			*						*		*		
Schling- und Kletterpflanzen	*[8]												*[9]

[1] Eintriebig dürfen bei sortenspez. seitlicher Bezweigung sein: *Cornus mas, Crataegus coccinea, Crataegus prunifolia, Eleagnus angustifilia, Euonymus europaeus, Hippophae rhamnoides, Sambucus nigra, Sambucus racemosus*

[2] Mindestens zwei kräftige Basistriebe müssen haben die unter [1] genannten Gehölze sowie *Tamarix* in Sorten

[3] Kronentriebe

[4] Spätestens ab 30 cm Stammumfang

[5] Spätestens ab 40 cm Gesamtstammumfang

[6] Spätestens ab 30 cm Stammumfang

[7] Aus baumartig wachsenden Gehölzen

[8] Eintriebig zulässig einjährige Clematis-Hybriden und *Parthenocissus tricuspidata*

[9] Mit nackten Wurzeln zulässig *Parthenocissus quinquefolia* und *P. quinquefolia* "Engelmannii"

Abb. 6.3.2/3. Anforderungen an Laubgehölze

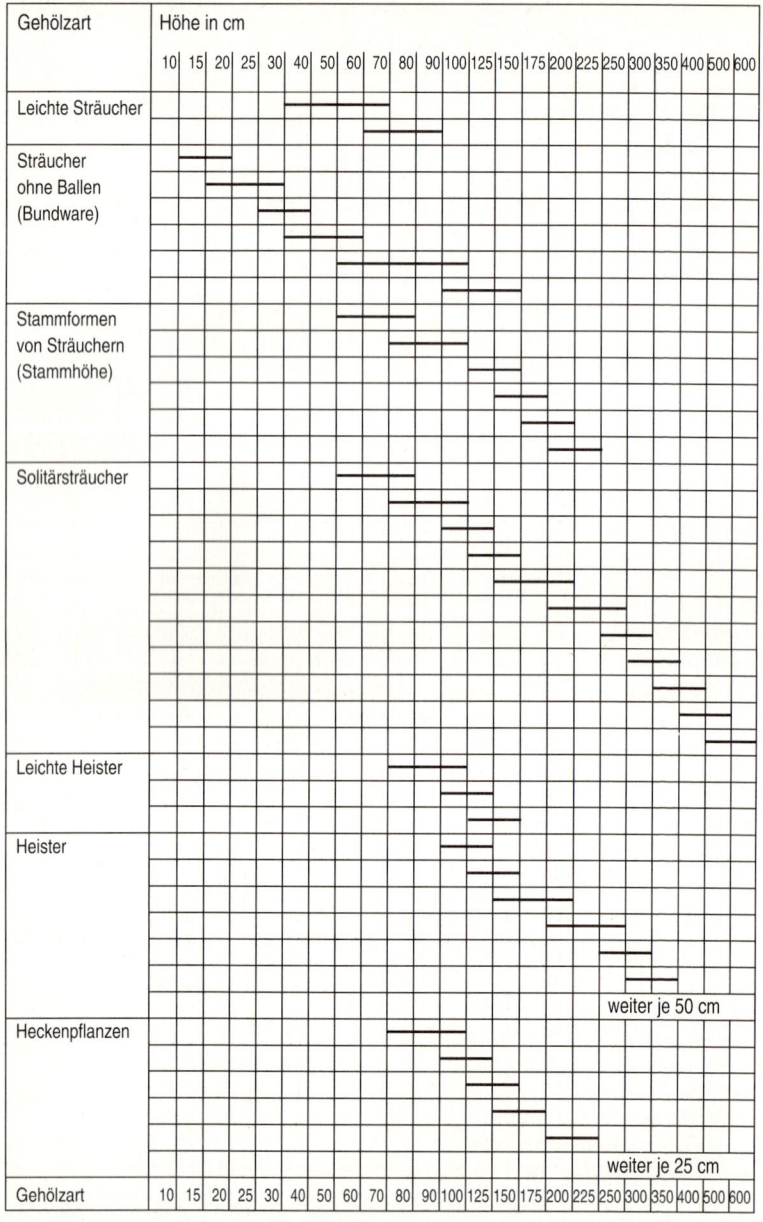

Abb. 6.3.2/4.　Sortierung Laubgehölze nach Höhe

Anforderungen: Bei mehrstämmigen Solitärstammbüschen muß die Mehrtriebigkeit bereits unter 50 cm Höhe erreicht sein; weitere Anforderungen s. Abb. 6.3.2/3.
Sortierung: s. Abb. 6.3.2/5.
Bündelung: s. Abb. 6.3.2/6.

(4) Hochstämme
Begriff: in Stamm und Krone gegliederte baumartige Gehölze.
Anforderungen: Veredelte Hochstämme dürfen als Kronen- oder Fußveredelungen herangezogen werden; die Krone muß artspezifische Stammverlängerung haben und artspezifisches Aufasten insbesondere bei Hochstämmen für Straßenbepflanzung (Alleebäume) zulassen, ausgenommen Kronenveredelungen, Kugel- und Hängeformen; weitere Anforderungen s. Abb. 6.3.2/3.
Sortierung: s. Abb. 6.3.2/5.
Bündelung: s. Abb. 6.3.2/6.

(5) Heckenpflanzen
Begriff: baum- oder strauchartig wachsende Gehölze, die durch Wuchsform und Schnittverträglichkeit für Formhecken geeignet sind.

Gehölzart	Stammumfang cm								
	07 – 08	08 – 10	10 – 12	12 – 14	14 – 16	16 – 18	18 – 20	20 – 50 je 5 cm	> 50 je 10 cm
Stammbüsche 2 x v			▬						
				▬					
Stammbüsche 3 x v				▬					
							▬		
									▬
Stammbüsche 4 x v Solitärstammbüsche Solitärstammbüsche mehrtriebig						▬			
									▬
Hochstämme	▬								
		▬							
			▬						
				▬					
					▬				
						▬			
							▬		
								▬	
									▬
Gehölzart	07 – 08	08 – 10	10 – 12	12 – 14	14 – 16	16 – 18	18 – 20	20 – 50 je 5 cm	> 50 je 10 cm

Abb. 6.3.2./5. Sortierung Laubgehölze nach Stammumfang

Anforderungen: s. Abb. 6.3.2/3.
Sortierung: entweder nach Triebzahl 2, 3/4, 5/7, 8/12 oder nach Höhe, s. Abb. 6.3.2/4.
Bündelung: s. Abb. 6.3.2/6.

(6) Schling- und Kletterpflanzen
Begriff: Gehölze mit der besonderen Wuchseigenschaft des selbständigen Kletterns oder Schlingens an konstruktiven Hilfen.
Anforderungen: bruchempfindliche Arten und Sorten stäben; weitere Anforderungen s. Abb. 6.3.2/3.
Bündelung: s. Abb. 6.3.2/6.

Gehölzart	Anzahl je Bund		Gehölzart	Anzahl je Bund	
	5	10		5	10
Leichte Sträucher		*	Stammbüsche o.B. 2 x v	* (max)	
Sträucher			Hochstämme o.B. 2 x v	* (max)	
ohne Ballen bis 60 cm		*	Heckenpflanzen		
ohne Ballen über 60 cm	*		sortiert nach Triebzahl	*	
sortiert nach Stückzahl	*		1 x v		*
Leichte Heister		*	2 x v bis 60 cm Höhe		*
Heister	*		2 x v über 60 cm Höhe	*	*
			Schling- und Kletterpflanzen	*	

Abb. 6.3.2/6. Bündelungsvorschriften

6.3.2.3 Spezielle Gütebestimmungen Immergrüne Gehölze, Rhododendron und Freilandazaleen.

(1) Immergrüne Gehölze:
Verpflanzung mindestens alle drei Jahre,
Anzucht in weitem Abstand,
Anzucht Solitärpflanzen in extra weitem Stand.

(2) Rhododendron:
Verpflanzung bis 100 cm Höhe mindestens alle zwei Jahre,
wüchsig,
gedrungen,
von unten an verzweigt,
der Höhe entsprechend breit,
mit Blütenknospen,
mit Ballen,
Verpflanzung Solitärpflanzen alle 3–4 Jahre.

Sortierung von Rhododendron nach Höhe und/oder Breite, siehe Abb. 6.3.2/7.

(3) Freiland-Azaleen:
Anforderungen sinngemäß Rhododendron.

Sortierung von Freiland-Azaleen nach Höhe, siehe Abb. 6.3.2/8.

Höhe	Staffelung
bis 100 cm	10 cm
über 100 cm	20 cm
über 200 cm	25 cm
über 300 cm	50 cm
Zwergformen bis 30 cm	5 cm
Zwergformen über 30 cm	10 cm

Abb. 6.3.2/7. Sortierung Rhododendron

Höhe	Staffelung
bis 80 cm	10 cm
80 bis 100 cm	20 cm
über 100 cm	25 cm
Jap. Azaleen bis 30 cm	5 cm
Jap. Azaleen über 30 cm	10 cm

Abb. 6.3.2/8. Sortierung Freiland-Azaleen

6.3.2.4 Spezielle Gütebestimmungen Nadelgehölze

Verpflanzung möglichst alle zwei, mindestens alle drei Jahre,
Solitärgehölze in extra weitem Stand,
Lieferung mit Ballen (mit Ausnahmen),
volle Bezweigung vom Boden an,
Benadelung mit sortentypischer Färbung,
Quirlabstände und letzter Jahrestrieb in angemessenem Verhältnis zur Gesamtpflanze,
durchgehender Mitteltrieb bei aufrechtwachsenden Arten und Formen, ausgenommen *Taxus, Thuja, Tsuga* u. ä.,
Heckenpflanzen durch regelmäßigen Schnitt angezogen.
Sortierung nach Höhe: alle Staffelungen nach Tab. 6.3.2/4.
Sortierung nach Höhe und Breite: 40–60, 60–80, 80–100, 100–125, 125–150, 150–200, 200–250, 200–300, 250–300 cm.

6.3.2.5 Spezielle Gütebestimmungen Bodendecker

Gleichmäßige Verzweigung,
mindestens ein Rückschnitt während der Anzucht – ausgenommen *Gaultheria, Cornus canadensis* u. ä.
Sortierung nach Höhe und Breite: 10–15, 15–20, 20–25, 20–30, 25–30, 30–40, 40–60 cm.
Sortierung nach Triebzahl: 3/4, 5/7, 8/12.

6.3.2.6 Spezielle Gütebestimmungen Rosen

(1) Wildrosen siehe Sträucher.
(2) Niedrig veredelte Rosen:
Sie müssen einjährig sein;

Güteklasse A: mindestens 3 normal entwickelte und gut ausgereifte Triebe, zwei davon aus der Veredelungsstelle kommend, der 3. max. 5 cm darüber;

Güteklasse B: zwei kräftige Triebe aus der Veredelungsstelle kommend.

(3) Stammrosen

Güteklasse A: mindestens 3 stark entwickelte, aus zwei Veredelungsstellen entspringende Triebe, Stamm kräftig und gerade, mind. 9 mm Stammdurchmesser unter der Veredelungsstelle, gute Faserbewurzelung;

Güteklasse B: zwei normal entwickelte, auch aus nur einer Veredelungsstelle entspringende Triebe, sonst wie Güteklasse A;

Stammhöhen:

Fußstämme ca. 40 cm,

Hochstämme ca. 90 cm,

Halbstämme ca. 60 cm,

Hängeformen ca. 140 cm.

(4) Wurzelecht vermehrte Rosen:

ein- bis zweijährig,

2 bzw. 3 Triebe je nach sortenspez. Wuchsstärke.

(5) Bündelung:

Güteklasse A und B 10 Stück,

Kletter-, Park-, Strauch- und Stammrosen 5 Stück.

6.3.2.7　Kennzeichnungsvorschriften

(1) Dauerhaftes Etikett je Sortiereinheit.

(2) Die Beschriftung muß enthalten:

Gattung, Art- und Sortennamen,

Anzuchtform,

Verpflanzungsmerkmale,

Sortierung (z. B. Größe, Stärke, Triebzahl).

(3) Kennzeichnung der Rosen-Güteklasse B.

6.3.2.8　Schreibweise

(1) Abkürzungen s. 6.3.2/9.

(2) Größenkennzeichnungen s. 6.3.2/10.

(3) Anzuchtarten und Abkürzungen für Jungpflanzen s. 6.3.2./11.

(4) Beispiele für Pflanzenbenennungen s. 6.3.2/12.

Begriff	Gebräuchliche Abkürzung	EDV-Schreibweise und DIN 18916
2.1. Anzuchtformen:		
Jungpflanze	Jpf	–
leichter Strauch	lStr	LSTR
Strauch	Str	STR
leichter Heister	lHei	LHEI
Heister	Hei	HEI

Abb. 6.3.2/9. Abkürzungen (aus FLL-Gütebestimmungen für Baumschulpflanzen) – 1. Teil

Begriff	Gebräuchliche Abkürzung	EDV-Schreibweise und DIN 18916
Busch	Bu	BU
Stammbusch	Stbu	STBU
Halbstamm	ha	HA
Hochstamm	H	H
Solitärgehölz	Sol	SOL
Heckenpflanze	He	HE
Forstgehölz	Fo	F
2.2. Anzuchtzustand:		
jährig	j	J
verpflanzt	v	V
aus halbweitem Stand	hw	HW
aus weitem Stand	w	W
aus extra weitem Stand	ew	EW
2.3. Wurzelausführung:		
bewurzelt	bew	BEW
ohne Ballen	oB	OB
mit Ballen	mB	MB
mit Topfballen, Folienbeutel	mTb	MTB
mit Container, Folienbeutel	Co	CO
mit Drahtballen	mDb	MDB
2.4. Maßarten:		
hoch	h	HO
breit	br	BR
Stammumfang	StU	STU
Durchmesser	Ø	DU
Stammhöhe	Sth	STH
Grundstämme	Gst	GST
Triebe	Tr	TR
Grundtriebe	Gtr	GTR
2.5. Abkürzungen für Rosen:		
Climbingsports	Clbg	CLBG
Floribundarosa	Fl	FL
Kletterrose	Kl	KL
Polyantharose	Pol	POL
Parkrose	Park	PARK
Teehybride	Th	TH
Rosen mit Warenkennzeichen	-R-	-R-
Trauerrose	Tr-R	TR-R
Strauchrose	Str-R	STR-R
Zwergrose	Z	Z
Wildrose	Wr	WR

Abb. 6.3.2/9. Abkürzungen (aus FLL-Gütebestimmungen für Baumschulpflanzen) – 2. Teil

Begriff	Gebräuchliche Abkürzung	EDV-Schreibweise und DIN 18916
2.6. Abkürzungen für Obst:		
Cordon senkrecht	Cs	CS
Cordon waagerecht	Cw	CW
Fächer	F	F
Spalier	Sp	SP
2.7. Sonstige Abkürzungen:		
Blatt	B	–
Blüte	Bl	–
Frucht	Fr	–
Hybride, Bastard	Hybr	HYBR
Pflanze	Pfl	–
Synonym	syn	SYN
Varietät	var	VAR
Januar bis Dezember	I - XII	–

Hinweis: Maßangaben für Höhe, Breite und Stammumfang durch Angabe der zulässigen Größen (mindestens - höchstens) in cm, getrennt durch Bindestrich - .
Bei Trieben, Grundtrieben und Grundstämmen sowie bei Durchmesser Angabe der Zahl (mindestens - höchstens), getrennt durch Schrägstrich / .

Abb. 6.3.2/9. Abkürzungen (aus FLL-Gütebestimmungen für Baumschulpflanzen) – 3. Teil

Größe (cm	Farbe	Größe (cm)	Farbe
15 – 20	blau	100 – 125	weiß
20 – 25 und 20 – 30	gelb	125 – 150	blau
25 – 30	rot	150 - 175 und 150 – 200	rot
30 – 35 und 30 – 40	weiß	175 – 200	gelb
40 – 50 und 40 – 60	blau	200 – 225 und 200 – 250	blau
50 – 60	gelb	225 – 250	weiß
60 – 70 und 60 – 80	rot	250 – 275 und 250 – 300	gelb
70 – 80	weiß	275 – 300	rot
80 – 90 und 80 – 100	gelb	300 – 350	blau
90 – 100	blau	350 – 400	weiß

Bei Rhododendron, Azaleen u.ä. sollte die Farbe der Sortenetiketten etwa der Blütenfarbe entsprechen.

Hochstämme:

Stammumfang (cm)	Farbe	Stammumfang (cm)	Farbe	Stammumfang (cm)	Farbe
7 – 8	blau	14 – 16	blau	25 – 30	blau
8 – 10	gelb	16 – 18	gelb	30 – 35	gelb
10 – 12	rot	18 – 20	rot	35 – 40	rot
12 – 14	weiß	20 – 25	weiß	40 – 45	weiß

Abb. 6.3.2/10. Größenkennzeichnungen (aus FLL-Gütebestimmungen für Baumschulpflanzen)

Begriff	Gebräuchliche Abkürzungen	EDV-Schreibweise und DIN 18916
Sämling	S	–
Steckling	St	–
Steckholz	Sth	–
Ableger	Abl	–
Abrisse	Abr	–
Ausläufer	Ausl	–
Wurzelschnittling	Ws	–
Veredlung	Vg	–
Handveredlung	HVg	–
pikierter Sämling	pik S	–
gestochen (unterschnitten)	≠	GEST
einjährige Sämlinge	1j.S.	1/0
zweijährige Sämlinge	2j.S.	2/0
zweijährig verpflanzte Sämlinge	2j.v.S.	1/1
dreijährig verpflanzte Sämlinge	3j.v.S.	1/2 oder 2/1
vierjährig verpflanzte Sämlinge	4j.v.S.	1/3 oder 2/2
einjährig krautartig pikierte Sämlinge	1j.pik.S.	1 X 1
zweijährig krautartig pikierte Sämlinge	2j.pik.S.	2 X 1
einjährig bewurzelte, krautartige Stecklinge	1j.b.St.	0/1/0
einjährig verpflanzte, krautartige Stecklinge	1j.v.St.	0/1X0
zweijährig bewurzelte, krautartige Stecklinge	2j.St.	0/2/0
zweijährig verpflanzte, krautartige Stecklinge	2j.v.St.	0/1/1
dreijährig verpflanzte, krautartige Stecklinge	3j.v.St.	0/1/2 oder 0/2/1
vierjährig verpflanzte, krautartige Stecklinge	4j.v.St.	0/1/3 oder 0/2/2
einjährig bewurzelte, holzartige Stecklinge (Steckholz)	1j.b.Sth.	0/1
zweijährig bewurzelte, holzartige Stecklinge (Steckholz)	2j.v.Sth.	0/2
bewurzelte Wurzelschnittlinge	bew.Ws	-1/0
bewurzelte Veredlungen	1j.Vg	X/1/0
zweijährige Veredlungen	2j.Vg	X/2/0
zweijährig verpflanzte Veredlungen	2j.v.Vg	X/1/1
einjährige Handveredlungen	1j.HVg	X/1/0
einjährige Ableger	1j.Abl	-1/0
zweijährige verpflanzte Ableger	2j.v.Abl	-1/1
einjährige Abrisse	1j.Abr	-1/0
einjährige Ausläufer	1j.Ausl	-1/0
zweijährig verpflanzte Ausläufer	2j.v.Ausl	-1/1

Abb. 6.3.2/11. Anzuchtarten und Abkürzungen für Jungpflanzen (aus FLL-Gütebestimmungen für Baumschulpflanzen)

Anwendung für:	Handschriftliche oder Schreib-maschinen-Schreibweise	EDV-Schreibweise und internationale Schreibweise
Hochstamm	Acer platanoides, H, 3xv, Sth 300, StU 14-16	ACER PLATANOIDES H 3XV STH 300 STU 14-16
Halbstamm	Prunus triloba, h, 2xv, StH 100-125	PRUNUS TRILOBA HA 2XV STH 100-125
Stammbusch	Tilia intermedia, StBu, 3xv, StU, 12-14	TILIA INTERMEDIA STBU 3XV STU 12-14
Heister	Alnus incana, Hei, 2xv, 200-250 h	ALNUS INCANA HEI 2XV 200-250 HO
Leichter Heister	Tilia cordata, lHei, 1xv, 140-180 h	TILIA CORDATA LHEI 1XV 140-180 HO
Strauch	Cornus mas, Str, 2xv, 60-100 h	CORNUS MAS STR 2XV 60-100 HO
Leichter Strauch	Amelanchier canad., 1Str, 1xv, mw, 70-90 h	AMELANCHIER CANAD. LSTR 1XV MW 70-90 HO
Strauch mit Topfballen	Pyracantha cocc., Str, mTb, 60-80 h	PYRACANTHA COCC. STR MTB 60-80HO
Strauch mit Container	Cotoneaster damm., Str, Co 1,5, 30-40 br	COTONEASTER DAMM. STR CO 1,5 30-40 BR
Heckenpflanze (Laubgehölz)	Ligustrum vulgare, He, 5-7 Tr, 60-100 h	LIGUSTRUM VULGARE 5-7 TR 60-100 HO
Heckenpflanze (Nadelgehölz)	Thuja occidentalis, He, w, oB, 40-60 h	THUJA OCCIDENTALIS W OB 40-60 HO
Bodendecker	Cotoneaster damm., Str, mTb, 20-30 br	COTONEASTER DAMM. STR MTB 20-30 BR
Schlingpflanze	Lonicera henryi, mB, ab 2 Tr, 100-150 h	LONICERA HENRYI MB AB 2 TR 100-150 HO
Veredelte Rose	Gartenrose "Carina"	GARTENROSE CARINA
Rosenhochstamm	Gartenrose "Carina", H, StH 90	GARTENROSE CARINA H STH 90
Nadelgehölz ohne Ballen	Thuja occidentalis, 2xv, oB, 40-60 h	THUJA OCCIDENTALIS 2XV OB 40-60 H
Nadelgehölz mit Ballen	Abies concolor, 150-175 h	ABIES CONCOLOR 150-175 HO
Nadelgehölz mit Ballen	Taxus baccata, 4xv, ew, 80-100 br, 100-125 h	TAXUS BACCATA 4XV EW 80-100 BR 100-125 HO
Azalea	Azalea pontica, S, 30-40 h	AZALEA PONTICA 30-40 HO
Rhododendron	Rhododendron Hybr. "Carola", 50-60 h	RHODODENDRON HYBR. CAROLA 50-60 H
Solitärpflanze	Acer saccharin., Sol, 4xv, ew, mB, 5-7 Gst, 350-400 h	ACER SACCHARIN.SOL 4XV EW MB 5-7 GST 350-400 HO
Jungpflanze	Acer campestre, 1j.S, 15-30 h	ACER CAMPESTRE 1/0 15-30 HO
Jungpflanze	Cotoneaster hor, 2j, v, St, mTb, 10-15 h	COTONEASTER HOR 0/1/1 MTB, 10-15 HO
Jungpflanze	Prunus cer. Nigra, 1j, HVg, 50-80 h	PRUNUS CER. NIGRA X/1/0 HVG 50-80 HO

Abb. 6.3.2/12.   Benennungsbeispiele für Baumschulpflanzen (aus FLL-Gütebestimmungen für Baumschulpflanzen)

6.3.3 Gütebestimmungen für Stauden, Ein- und Zweijahrsblumen

6.3.3.1 Allgemeine Gütebestimmungen

(1) Stauden, die artenschutzrechtlichen Bestimmungen unterliegen, aber »durch Anbau gewonnen wurden« können durch Betriebsprüfung der zuständigen Naturschutzbehörde davon freigestellt werden und sind entsprechend (z. B. »aus Anbau«) zu kennzeichnen.

(2) Stauden, die nicht durch Anbau gewonnen wurden, sind als »Wildware« zu kennzeichnen.

(3) Sortenechtheit.

(4) So gesund, ausgereift und abgehärtet, daß Anwachsen und weitere Entwicklung nicht gefährdet sind, oberirdische Teile der Art/Sorte und Jahreszeit entsprechend gut ausgebildet.

(5) Kein fremder Bewuchs in Ballen und Behältern, beide gut durchwurzelt.

(6) Solitärstauden mehrtriebig, mind. 2 Jahre alt und nicht vergreist.

(7) Für Ein- und Zweijahrsblumen gelten diese allgemeinen Gütebestimmungen sinngemäß.

6.3.3.2 Spezielle Gütebestimmungen Stauden

S. Abb. 6.3.3/1.

6.3.3.3 Kennzeichnung

(1) Jede Sortiereinheit mit dauerhaftem Etikett.

(2) Gattung-, Art- und Sortenname.

(3) Kennzeichnung von »Wildware« und »Sämling«.

6.3.4 Gütebestimmungen für Blumenbulben, -zwiebeln und -knollen

Es gilt eine Verordnung zur Festsetzung von Qualitätsnormen für Blumenbulben, -zwiebeln und -knollen. Darin werden u. a. festgelegt:

(1) Mindesteigenschaften

sortenecht,

gesund,

ganz und praktisch unverletzt,

sauber,

frei von anomaler äußerer Feuchtigkeit,

gut entwickelt,

praktisch frei von Fehlern,

Blüte und Wachstum kann erwartet werden.

(2) Mindestgrößen und Größensortierung je nach Art und Sorte.

(3) Toleranz bis zu 10 % nach Gewicht oder Stückzahl, keine Toleranz bei der Mindestgröße.

(4) Kennzeichnung muß mindestens Angaben enthalten zu

Gattung,

Art,

Staudenart	Anforderungen
Breitwachsende Polsterstauden an den Trieben wurzelnd oder nicht wurzelnd und oft als Bodendecker verwendet	
Schwachwachsende Kleinstauden	Dürfen nur mit Topfballen geliefert werden
Niedrige, nicht polsterbildende Stauden	
Niedrige bis halbhohe Stauden, an den Trieben nicht wurzelnd	
Halbhohe bis hohe Stauden	Freilandpflanzen mindestens 3 gut ausgebildete Triebe
Halbhohe bis hohe Stauden mit pfahlartigen Wurzeln oder sehr dicken Stammstücken	Starker Triebkopf, Wurzel gut entwickelt und artgemäße Faserwurzeln
Niedrige bis halbhohe Gräser	Durchmesser mindestens 8 cm
Halbhohe bis hohe Gräser	Triebe sichtbar
Hohe, starktriebige Gräser	nur mit Ballen oder Topfballen
Niedrige bis halbhohe Farne	nur mit Ballen oder Topfballen
Halbhohe bis hohe Farne	nur mit Ballen oder Topfballen
Seerosen, schwachwachsende Arten und Sorten	Stammstück mindestens 5 cm lang, kräftige Triebknospen, Blätterzahl entsprechend Jahreszeit
Seerosen, starkwachsende Arten und Sorten	Stammstück mindestens 6 cm lang, kräftige Triebknospen, Blätterzahl entsprechend Jahreszeit
Sumpf- und Wasserpflanzen	Alltrieb mit am Grund sichtbaren Augen oder ein gesunder Austrieb
Schwimmpflanzen	artenentsprechende Entwicklung muß gewährleistet sein

Abb. 6.3.3/1. Spezielle Gütebestimmungen für Stauden – 1. Teil

Beispiele	Mindestinhalt Kultur-gefäß in cm³
Ajuga reptans und Sorten, *Antenaria*-Arten *Lysimachia nummularia*, *Sedum* (vieltriebige sukkulente Arten)	250
Aubrieta, Phlox subulata, Saxifraga x *arendsii, Viola cornuta*	400
Armeria caespitosa, Saxifraga (alpine Arten, *Sempervivum* (kleinrosettige Arten)	250
Asarum europaeum, Asperule odorata, Duchesnea indica, Lamium galeobdolon und Sorten, *Oxalis acetosella* und *Vinca minor* 5 – 7 tr.	250
alle anderen Arten und Sorten wie *Aster dumosus, Dicentra eximia, Iris barbata-nana, Stachys lanata*	400
Anaphalis triplinervis, Aster amellus, Caltha palustris, Brunnera macrophylla, nepeta x *fassenii*	400
Aster novi-belgii, Astilbe arendsii-Sorten, *Helenium, Hemerocallis*	500
Iris germanica, Iris sibirica, Lupinus	500
Avena sempervirens, Carex (niedrige Sorten), *Festuca* (niedrige Arten und Sorten), *Luzula*-Arten, *Molinia caerulea* und Sorten	400
Calamagrostis, Molinia altissima, Panicum-Arten, *Pennisetum*	500
Cortaderia, Miscanthus japonicus, Micanthus sinensis-Sorten	1000
Adiantum-Arten, *Blechnum spicant, Phyllitis scolopendrium, Polypodium vulgare*	400
Athyrium-, Dryopteris-, Matteucia-, Osmunda-Arten	500
Nymphaea laydeckeri-Sorten, *Nymphaea pygmaea*	500
Nymphaea alba und Sorten, *Nymphaea-Marliacea*-Hybriden	1000
Butomus, Hippuris, Iris pseudacorus	400

Abb. 6.3.3/1. Spezielle Gütebestimmungen für Stauden – 2. Teil

Sorte,
Stückzahl,
Größensortierung,
Vorbehandlung (sofern stattgefunden).

6.3.5 Versand und Transport

6.3.5.1 Allgemeine Regeln

Beschädigungen, Überhitzung und Austrocknung während des Transportes
vermeiden durch
übersichtliche Stapelung, schwere Pflanzen unten, bruchgefährdete oben,
luftiges Packen von Immergrünen, z. B. durch Transportkästen oder Paletten,
geschlossene Transportfahrzeuge oder Abdecken mit Planen zum Schutz
gegen Fahrwind u. ä.,
Kennzeichnung der Entladestelle,
Ausgleich von Feuchtigkeitsverlusten sofort nach Eintreffen,
Frostsendungen in kühlem, frostfreiem Raum langsam auftauen lassen und
sofort pflanzen oder einschlagen,
Ausgetriebene Pflanzen sofort pflanzen mit entsprechend starkem Rückschnitt.

6.3.5.2 Versandzeit

Pflanzen können während der für sie geeigneten Pflanzzeit jederzeit versandt
werden. Das Einverständnis des Empfängers ist einzuholen
(1) zwischen dem 1. 10. und 15. 3. bei Temperaturen unter −10 °C, gemessen
jeweils um 8.00 Uhr des Versandtages,
(2) zwischen dem 15. 3. und 1. 10. bei Temperaturen unter −20 °C,
bei Gefahr des Eintretens von Temperaturen über 25 °C.

6.3.5.3 Versandgewichte

Ungefähre Gewichte zur Frachterrechnung s. Abb. 6.3.5/1.

6.3.6 Pflanzung

6.3.6.1 Pflanzzeit

(1) Laubabwerfende Gehölze in der Wachstumsruhe, bei Kühlhausware auch
darüber hinaus. Pflanzen ohne Ballen dürfen nicht bei Frost gepflanzt
werden.
(2) Immergrüne m. B. ganzjährig, ausgenommen Zeit des Austriebes.
(3) Topf- und Containerpflanzen ganzjährig.
(4) Stauden-, Einjahrs- und Zweijahrsblumen sowie andere Beetpflanzen
ganzjährig bei frostfreiem Boden.
(5) Pflanzen haben artbedingte optimale Pflanzzeiten, z. B. Birken und Hain-
buchen beim Austrieb. Daher artbedingte Besonderheiten nach Möglichkeit beachten.
(6) Blumenbulben, -zwiebel und -knollen. S. Abb. 6.3.6/1.

		Größe cm	kg
Rhododendron und Azaleen		30 – 40	4
		40 – 50	5
		50 – 60	6
		60 – 70	8
		70 – 80	10
		80 – 100	20
		100 – 120	30
		120 – 140	50
Zwergkoniferen und Immergrüne		10 – 15	1
		15 – 20	2
		20 – 30	3
		30 – 40	4
		40 – 50	6
		50 – 60	8
		60 – 80	10
		80 – 100	12
		100 – 125	15
		125 – 150	20
		150 – 200	25
		200 – 250	30
Einfassungspflanzen und Bodendecker	ohne Ballen		0,3
Heckenpflanzen, 2 x v., aus weitem Sand	ohne Ballen	100	0,5
		bis 100 – 150	1
		150 – 200	2
		200 – 250	3
Heckenpflanzen, 2 und 3 x v., aus weitem Sand	mit Ballen	100	8
		100 – 150	10
		bis 150 – 200	12
		200 – 250	20
Sträucher, 2 x v., aus weitem Sand	ohne Ballen		0,5
Solitärsträucher, 3 x v., aus weitem Sand	mit Ballen	125 – 200	20
		200 – 300	30
Heister, 2 x v.	ohne Ballen	100 – 150	1
		150 – 200	2
		200 – 300	3
		300 – 400	4
Hochstämme, 2 x v.	ohne Ballen	8 – 12 St.-U.	4
		12 – 16 St.-U.	8
Hochstämme, 3 x v.	ohne Ballen	14 – 18 St.-U.	20
		18 – 30 St.-U.	30
Hochstämme, 3 x v.	mit Drahtballierung	18 – 30 St.-U.	60
Hochstämme, 4 x v., Solitärbäume aus Einzelreihen	ohne Ballen	30 – 40 St.-U.	100
Farne, Gräser, Schlinger	mit Topfballen		1
Stauden	mit Topfballen		0,5
Rosen	ohne Ballen		0,2

Abb. 6.3.5/1. Ungefähre Gewichte zur Frachterrechnung

Botanischer Name	Deutsche Bezeichnung	Standort	Pflanzzeit
Acidanthera	abbess. Gladiole	○	V
Allium	Zierlauch		
A. moly		○–◑	IX – XII
A. karataviense		○	IX – XII
A. albopilosum		○	IX – XII
A. giganteum		○	IX – XII
Anemone blanda	Anemone	○–◑	IX – X
Anemone "de Caen"	Anemone	○–◑	IV
Anemone "St. Birgid"			
Begonia f. Freiland	Knollenbegonie Schiefblatt	◑	Ende V. wenn vorkultiviert
Canna	Ind. Blumenrohr	○	Ende V
Chionodoxa	Schneeglanz	○–◑	IX – XII
Colchicum	Herbstzeitlose	○–●	VIII – IX
Convallaria	Maiglöckchen	◑–●	IX – XI
Crocosmia	Montbretie	○–◑	III – IV
Crocus	Krokus		
frühblühend		○–◑	IX – X
herbstblühend		○–◑	VIII – IX
Cyclamen	Wildalpenveilchen		
C. europaeum		◑	IX – X
C. neapolitanum		◑	IX – X
Dahlia	Dahlie	○	Ende IV – V
Endymion	Glockenscilla	○–◑	IX – XI
Eranthis	Winterling	○–◑	IX – X
Eremurus	Steppenlilie (Kerze)	○	IX
Erythronium	Hundszahn	◑	IX
Freesia	Gartenfreesie	◑	IV – V
Fritillaria			
F. imperialis	Kaiserkrone	○–◑	IX – X
F. meleagris	Schachbrettblume	◑	IX – X
Galanthus nivalis	Schneeglöckchen	○–◑	IX – X
Gladiolus	Gladiole	○	IV – V
Hyazinthus	Hyazinthe		
Freiland		○–●	IX – XI
Incarvillea	Freilandgloxinie	○	IX – XI und III – V
Iris	Schwertlilie		
I. danfordiae		○	IX – XI
I. hollandica		○–◑	IX – XI
I. reticulata		○	IX – XI
Ismene (*Hymenoc.*)	Schönhäutchen		
Freiland		◑–●	Anfang V
Ixia	Kap. Zwiebeln, Abendblume	○	IX – XI
Leucojum	Knotenblume		
L. aestivum	Sommertürchen	○–◑	IX – XI
L. vernum	Märzbecher	◑–●	IX – X

Abb. 6.3.6/1. Pflanztabelle für Blumenzwiebeln und -knollen – 1. Teil

Pflanztiefe in cm	Blütezeit	Winterschutz erforderlich	Besonderheiten
10	VII – VIII	–	–
5	V – VI	–	–
10	V	–	–
10	VI – VII	–	–
15 – 20	VII – VIII	–	–
3 – 5	III – IV	+	–
3	VII	+	Knollen 24 Std. im Wasserbad quellen lassen
	V – X	–	Anzucht ab II im Topf. Frostempfindlich
	VII – X		wie Begonia
8 – 10	III – IV		–
20	IX – X		Das Laub erscheint erst im Frühjahr
5	V	–	und darf nicht entfernt werden
10	VII – X	–	
8 – 10	III – IV	–	
8	IX – X	–	
3 – 5	VII – VIII	+	
15	IX – X	+	
10 – 15 je nach Größe	VII – X		Frostempfindlich
12 – 15	V	–	
5 – 10	II/III – IV	–	
15	VI – VII	+	Liebt trockenen Standort
5 – 10	IV – V		
10	VII – VIII		Frostempfindlich, Knolle bei + 25° C aufb.
25 – 30	III – V	–	
8	IV – V	–	Liebt feuchten, humosen Standort
8	II – III		
10	VII – IX		
15 – 20	IV – V	–	Nasse Pflanzstellen meiden
2 – 3	VI – VII	–	Aussaat mögl., kein nasser Standort
6 – 8	III – IV	–	
10 – 15	VI – VII	–	
10	III – IV	+	
10 – 15	VI – VII		Nicht frosthart. Im X in ⊔ setzen
5 – 6	V – VII	+	und bei + 15° C legen
10 – 15	V – VI	+	Liebt feuchten bis sumpfigen Standort
8 – 10	III – IV	–	Liebt feuchten, nährstoffreichen Boden

Abb. 6.3.6/1. Pflanztabelle für Blumenzwiebeln und -knollen – 2. Teil

Botanischer Name	Deutsche Bezeichnung	Standort	Pflanzzeit
Lilium	Lilie		
L. auratum	Goldbandlilie	○	Frühjahr
L. candidum	Madonnenlilie	○	VIII – X
L. henryi		○	Frühjahr
L. speciosum	Prachtlilie	○	Frühjahr
L. tigrinum	Tigerlilie	○	Frühjahr
Muscari	Traubenhyazinthe	○–◑	IX – X
Narcissus	Narzissen	○–◑	IX – X
Ornithogalum	Milchstern	○–◑	III – IV
Puschkinia	Puschkinie	○–◑	IX – XI
Ranunculus	Ranunkeln	○–◑	X und IV
Scilla	Blausternchen	○–◑	IX – XI
Sparaxis	Fransenschwertel	○	III – V und VIII – IX
Sprekelia Freiland	Jakobslilie	○	V
Tigridia	Pfauenlilie	○	IV – V
Tulipa Freiland	Tulpen	○–●	IX – XII
Zantedeschia	Calla	◑	Ende V

Abb. 6.3.6/1. Pflanztabelle für Blumenzwiebeln und -knollen – 3. Teil

(7) Sumpf- und Wasserpflanzen (nur für Wasserbecken). Mai bis Ende Juli, da dann höhere Wassertemperaturen ein sicheres Anwachsen gewährleisten.

6.3.6.2 Lagerung und Einschlag

(1) Lagerung bis 48 Stunden. Zur Lieferung gehört nach allen ATVen (VOB/C) auch das Abladen und Lagern auf der Baustelle, aber vertragsrechtliche Eingrenzung für Pflanzen nach DIN 18 320 auf einen Zeitraum von 48 Stunden. Es wird davon ausgegangen, daß die angelieferten Pflanzen innerhalb dieses Zeitraumes gepflanzt werden können. Innerhalb dieses Zeitraumes Pflanzen gegen Austrocknen, Überhitzung oder Frost schützen z. B. durch
Stapeln Wurzel gegen Wurzel bis zu 1,50 m hoch,
Anfeuchten,
Abdecken mit Planen,
Bedecken von Baumwurzeln mit Boden,
Stauden und Ein- und Zweijahrsblumen im Transportgefäß belassen oder in flachen Gruben eng aufstellen,
Blumenbulben, -zwiebel und -knollen luftig, schattig, größere Mengen ggf. in flachen Kisten lagern. Unter längerer Luftlagerung leiden *Lilium, Frittilaria, Erythronium, Narcissus, Galanthus* (keine Begrenzung auf 48 Stunden).

Pflanztiefe in cm	Blütezeit	Winterschutz erforderlich	Besonderheiten
20	VI – VII	+	Kalkfrei
10	VI – VII		Laub bereits im Herbst
20	VIII – IX	–	Kalkfrei
20	VIII – IX	–	
20	VIII		
10	IV – V	–	Flaches Pflanzen behagt ihr nicht
12 – 15	IV – V	–	Liebt durchl., gut gedüngten Boden
5	VII – IX		Nicht frosthart, ausreichend wässern und düngen
8 – 10	III – IV		Kein Düngesalz
5	V – VII	+	
8 – 10	III – IV		
5	V – VII	+	Kann im Winter auch herausgenommen werden
gerade mit Erde	V – VI	–	Nicht frosthart, warm lagern
5 – 10	VII – VIII	–	Überwint., in Sand eingel. in Hallen
10 – 15	III – V	–	
	VII – IX	–	Einige Sorten auch für Zimmerkultur geeignet wie Begonia

Abb. 6.3.6/1. Pflanztabelle für Blumenzwiebeln und -knollen – 4. Teil

(2) Lagerung über 48 Stunden

Bei kurzzeitiger Überschreitung der Lagerungsfrist von 48 Stunden Lagerung überwachen und Maßnahmen fortführen. Bei negativer Witterungsänderung Maßnahmen intensivieren, z. B. durch stärkeres Abdecken, Anschütten von feuchtem Torf, Umlagerung bei Verdacht auf Überhitzung. Bei weiterer Ausdehnung der Lagerzeit und Gefahr einer Schädigung der Pflanzen ist Einschlag erforderlich.

Diese Leistungen sind keine Nebenleistungen. Für die Vergütung der Leistung gilt das Verschuldensprinzip.

(3) Einschlag. Einschlag muß vom AG als gesonderte Leistung gefordert werden. Er ist aus vegetationstechnischen Gründen weiter erforderlich, wenn nach der Lieferung keine Möglichkeit einer baldigen Pflanzung und nach der verlängerten Lagerung Gefahr für die Pflanzen besteht. Für die Vergütung gilt das Verschuldensprinzip.

Verfahren:

Einschlagfläche nach DIN 18915 herrichten,

Gehölze nach Arten und Sorten sowie Größen getrennt in vorbereitete Gräben stellen, mit Boden verfüllen und antreten,

Bunde lockern und so weit auseinanderziehen, daß Wurzeln allseitig mit Boden bedeckt werden können,

Beginn einer Art oder Sorte immer links,

bei Wintereinschlägen empfindliche Gehölze mit lockerer Abdeckung aus Stroh, Nadelholzreisig o. ä. bedecken,

Schutz gegen Wildverbiß gegebenenfalls vorsehen.

(4) Aufschulen. Aufschulen ist erforderlich, wenn Pflanzen wegen Beendigung der Pflanzzeit nicht mehr gepflanzt werden können:

Pflanzfläche herrichten nach DIN 18915,

baumschulmäßiges Aufpflanzen in art-, sorten- und größengerechten Abständen,

Pflege bis zum erneuten Eintritt der Verpflanzzeit.

Aufschulen ist keine Nebenleistung. Für die Vergütung gilt das Verschuldensprinzip.

6.3.6.3 Pflanzweise

(1) Pflanzlöcher und -gruben:

Breite 1,5 × Durchmesser des Wurzelwerkes oder Ballens,

Verwendung von Pflanzhacken, Pflanzspaten, Pflanzhölzern, Rillenscheiben zulässig bei Junggehölzen, Pflanzen mit Topfballen oder mit vergleichbarer Ballengröße,

bei Einsatz von Pflanzlochbohrern dabei entstandene Verfestigungen der Pflanzlochwände beseitigen,

Oberboden vom übrigen Aushub trennen und wieder oben einbringen.

(2) Wurzelschnitt: Wurzeln ballenloser Pflanzen sind vor der Pflanzung mit scharfem Schneidwerkzeug zu schneiden. Nicht abquetschen oder abstechen!

(3) Pflanzvorgang:

Wurzeln von Jungpflanzen tauchen bzw. anfeuchten;

Wurzeln in natürlicher Lage einbringen;

Container, Töpfe und Folien entfernen;

Verknotungen des Ballenleinens lösen;

Draht von der Oberseite des Ballens lösen;

Wurzel oder Ballen allseitig mit lockerem Boden verfüllen, Unterboden unten, Oberboden oben. Kräftig antreten oder andrücken, um Bodenschluß zu Wurzeln herzustellen;

keine organischen Bodenverbesserungsmittel oder Dünger in größere Tiefe einbringen;

durchdringend anwässern;

(4) Pflanzweise

Sumpf- und Wasserpflanzen:

In Kübel, Körbe oder lose in eingefüllten Boden pflanzen,

Pflanzerde: 1 Teil Gartenboden, 2 Teile Kompost mit verrottetem Kuhdung und Hornmehl, Boden mit grobem Kies abdecken. Kübelgröße mindestens 30 × 40 cm oder 30 cm Durchmesser bei 20–30 cm Tiefe,

Nymphaea-Pflanzung: zunächst nur 8–10 cm Wasserstand über der Pflanzerde, nach 2 Wochen mit dem Blattstielwachstum langsam laufend bis zur vollen Stauhöhe aufstauen.

(5) Pflanztiefe:

Gehölze, Stauden, Ein- und Zweijahrsblumen in artgerechter Tiefe pflanzen, bei den meisten Gehölzen ist das der Erdanschluß auf Höhe des Wurzelansatzes;

Setzmaß berücksichtigen;

Wildrosen und Jungpflanzen, die aus Steckholz gezogen sind, 5 cm tiefer als bei Anzucht pflanzen;

Veredelungsstelle niedrig veredelter Rosen muß 4 cm mit Boden bedeckt sein;

Blumenbulben, -zwiebeln und -knollen lagerichtig pflanzen, Faustzahl: mindestens 3fache Zwiebelhöhe für Tiefe und Abstand, bei Kleinzwiebeln mindestens das 5fache (weitere Angaben s. Abb. 6.3.6.1/1);

Sumpf- und Wasserpflanzen,

Nymphaea: allgemeine Übersicht für Wasserstand über Pflanzerde,

große Arten und Sorten:	40–80 cm
mittlere Arten und Sorten:	30–60 cm
Zwergseerosen:	15–30 cm

Faustregel für wasservertragende oder im Wasser wuchernde Pflanzenarten: Kübelrand = Pflanzerdenoberfläche mit Wasserspiegel abschneiden lassen.

Erfordern die vorgesehenen Pflanzenarten unterschiedlichen Wasserstand, müssen Pflanzgefäße durch Unterlagen verschieden hoch gestellt werden.

(6) Rückschnitt oberirdischer Pflanzenteile:

Bei sommergrünen Laubgehölzen sollen durch Rückschnitt oberirdische Pflanzenteile und das beim Roden reduzierte Wurzelwerk wieder ins Gleichgewicht gebracht werden. Da Feuchtigkeitsverluste durch Transpiration mit dem Austrieb zunehmen, sind Gehölze bei Frühjahrspflanzungen stärker als bei Herbstpflanzungen zurückzuschneiden. Faustzahlen: Schwache Triebe ganz entfernen, Herbstpflanzung um 1/3 reduzieren, Frühjahrspflanzung zwischen 1/2 bis 3/4.

Bei Bäumen Kronenaufbau beachten, insbesondere artgerechte Stammverlängerung ermöglichen.

Nicht schneiden: Birken, Erlen.

Beim Rückschnitt natürliche Wuchsform erhalten.

Ballen- und Containerpflanzen in der Regel nicht zurückschneiden.

Beschädigte Pflanzenteile immer entfernen.

Wunden glattschneiden und mit Wundbehandlungsmittel verstreichen, wenn Durchmesser > 3 cm.

Rosen bei Herbstpflanzung nur auf 20 cm zurückschneiden, bei Frühjahrspflanzung auf etwa 5 Augen zurückschneiden, bei Herbstpflanzung ebenfalls zurücksetzen. Park- und Wildrosen auf 1/2 zurücknehmen und schwaches Holz entfernen, Kletterrosen auf 10 Augen schneiden.

Stauden nur bei starkem, das Wachstum gefährdendem Austrieb zurückschneiden.

(7) Wiederherrichten der Pflanzfläche: Nach der Pflanzung ist die Pflanzfläche abschließend zu bearbeiten.

Großgehölze und Solitärpflanzen mit Gießmulde versehen, Wasser muß auch in Hanglagen zur Pflanze hinfließen.

Pflanzfläche ebenen und lockern.

Unrat, Steine und schwer verrottbare Pflanzenteile ablesen, wenn es vereinbart war.

Niedrig veredelte Rosen so anhäufeln, daß mind. 3 Augen bedeckt sind.

Pflanzfläche mulchen.

Das Mulchen kann sinnvoll sein, wenn geeignetes Material (enges C:N-Verhältnis) zur Verfügung steht. Bei Material mit weitem C:N-Verhältnis vorher Stickstoffausgleichsgabe ausbringen.

6.3.6.4   Verankerung

Verankerung von Gehölzen erforderlich, wenn durch Windwirkung Wurzelwerk gelockert werden könnte.

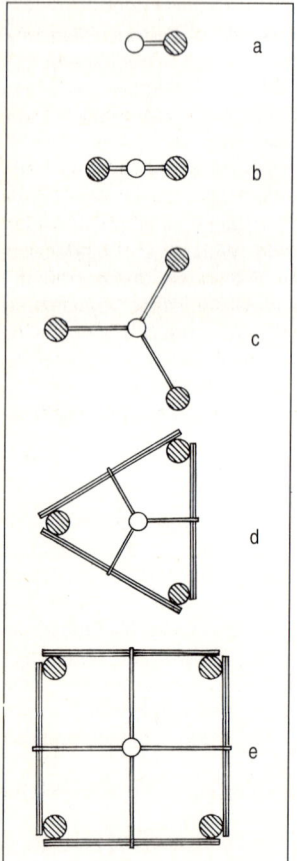

Abb. 6.3.6/2.   a) Verankerung durch Senkrechtpfahl
b – e) Verankerung durch Pfahlgerüste

(1) Senkrechtpfahl (Abb. 6.3.6/2 a): Verwendung zur Sicherung von jüngeren Hochstämmen. Vor der Pflanzung mindestens 30 cm tief auf der Windseite bzw. in Überschwemmungsgebieten stromaufwärts in den ungelockerten Boden schlagen. Pfahlkopf bei Bäumen bis 250 cm Stammhöhe zwischen 10 und 25 cm unter Kronenansatz.

(2) Schrägpfahl: Verwendung zur Sicherung von Heistern, Stammbüschen und Solitärsträuchern. Pfahlkopf in Hauptwindrichtung, in Fahrbahnnähe in Fahrtrichtung. Pfahl muß mindestens 50 cm tief im Boden sitzen.

(3) Pfahlgerüst (Abb. 6.3.6/2 b–f): Verwendung mit 2, 3 oder 4 Pfählen zur Verankerung älterer Hochstämme. Bei 2er-Gerüst einzeln stehende Baumpfähle, Baum zwischen den Pfählen eingebunden. Bei Dreibock oder Viererbock in der Regel Querverstrebung der Baumpfähle untereinander. Pfahl muß bei Anordnung außerhalb der Baumgrube mindestens 50 cm tief im Boden sitzen, sonst 30 cm unter Baumgrubensohle.

(4) Drahtanker (Abb. 6.3.6/3): Verwendung zur Verankerung älterer Solitärbäume, wenn Verankerung optisch nicht so sehr in Erscheinung treten soll. 3 oder 4 Drahtseile aus verzinktem Draht > 2 mm. Verankerung mit Pflöcken (mind. 50 cm tief in den Boden reichend). Zugpunkte in Astgabeln des Mitteltriebes des Baumes sorgfältig abpolstern und Abschnürungen verhindern.

(5) Stangenscheren (Abb. 6.3.6/4): Verwendung vorwiegend im süddeutschen Raum zur Verankerung von älteren Solitärbäumen. Stangenscheren werden gebildet von zwei Baumpfählen, die am oberen Ende mit Kokosstricken im Abstand von 20–30 cm verbunden werden. Zwei Stangenscheren so in den Baum legen, daß er nach vier Seiten abgestützt ist. Vorteil der Stangenschere: Sie kann bei Pflegearbeiten kurzfristig entfernt und wieder angebracht werden. Einschnürungen sind praktisch nicht möglich. Nachteil: Durch Rowdietum leicht zu zerstören.

(6) Bindung: Bindung mit Naturfaserstricken oder fabrikmäßig gefertigten Kunststoffbändern. Material muß dehnfähig sein, um Einschnürungen zu

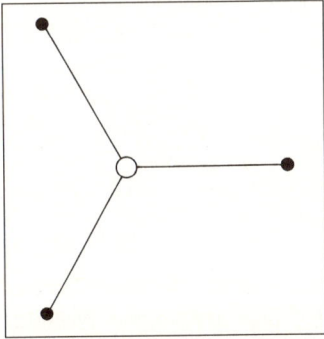

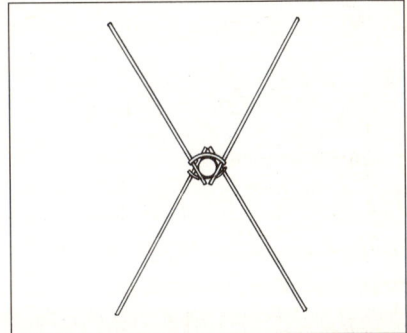

Abb. 6.3.6/3. Drahtanker   *Abb. 6.3.6/4. Verankerung durch Stangenscheren*

verhindern und zwei Vegetationsperioden funktionsfähig sein. Spreizung zwischen Baum und Baumpfahl zur Vermeidung von Reibungsschäden entweder durch Umwickeln der Bindung oder Schlaufen. Sicherung der Bindung durch Nageln am Baumpfahl oder Gerüst.

6.3.6.5 Verdunstungshemmung

Verdunstungshemmung sichert das Anwachsen von größeren und empfindlichen Pflanzen.

(1) Abschattieren: Einfachste Art der Verdunstungshemmung insbesondere bei Pflanzen mit schattigem Standort, der noch nicht gegeben ist. Sonnensegel, Schattenwände oder Schattengerüste sind als Lösungen bekannt.

(2) Aufbringen chemischer Verdunstungshemmer in Form von Wachs- oder Kunststoff-Emulsionen. Wirkungsdauer je nach Witterungsverlauf 4 bis 8 Wochen. Gegebenenfalls wiederholen.

(3) Umwickeln von Stamm und Hauptästen > 30 cm Stammumfang mit Strohstrick- oder Jute-Lehm-Bandagen. Traditionelle und wirksame Methode. Muß zwei Vegetationsperioden wirksam sein. Abschluß gegen Lösen ausreichend sichern.

(4) Anbringen von Sprühdüsen in der Baumkrone: Wirksame, aber aufwendige Methode, die ständige Überwachung erfordert.

(5) Anhäufeln bei Rosen.

6.3.7 Pflanzen aus Wildbeständen

6.3.7.1 Gewinnung

Die Gewinnung von Pflanzen aus Wildbeständen ist die Ausnahme:

(1) Verpflanzwürdig sind nur unbeschädigte, im Freistand gewachsene Gehölze.

(2) Die Gewinnung mit Ballen ist die Regel, ausgenommen jüngere Pflanzen. Beim Herausnehmen Wurzeln nicht abreißen, sondern durchtrennen. Wurzelenden > 30 mm Durchmesser mit Wundbehandlungsstoffen behandeln.

(3) Ballendurchmesser > 8 × Stammdurchmesser in 1 m Höhe gemessen.

(4) Durchmesser Wurzelwerk bei Gewinnung ohne Ballen 10–15 × Stammdurchmesser in 1 m Höhe gemessen.

(5) Großbaumverpflanzung:
Durch Auslichten der Krone u. ä. auf Verpflanzung vorbereiten.
Ballen durch Umstechen und Aufbau eines Wurzelvorhanges vorbereiten, ausgenommen Verpflanzungen mit Spezialverpflanzgeräten.

(6) Vegetationsstücke: Einzelstücke möglichst groß. Der gesamte durchwurzelte Boden soll bei der Gewinnung erfaßt werden.

6.3.7.2 Pflanzung

Es gelten die gleichen Bedingungen wie bei Anzuchtware. Die Pflanzen sollen aber ohne Zwischeneinschlag möglichst sofort gepflanzt werden. Weiter ist Verdunstungshemmung bei Gehölzen besonders wichtig, auch schon bei jüngeren Pflanzen.

6.3.8 Pflanzenbedarf-Berechnungen

6.3.8.1 Pflanzenbedarf in Stck/m
(Pflanzabstände von 5 bis 100 cm) Abb. 6.3.8/1.

6.3.8.2 Pflanzenbedarf in Stck/10 m
(Pflanzabstände von 25 bis 500 cm) Abb. 6.3.8/2.

6.3.8.3 Pflanzenbedarf in Stck/ha
(Pflanzabstände von 50 bis 200 cm) Abb. 6.3.8/3.

6.3.8.4 Pflanzenbedarf in Stck/ha bei Quadrat- und Dreieckpflanzung
(Pflanzabstände von 10 bis 240 cm) Abb. 6.3.8/4.

6.3.8.5 Pflanzenbedarf in Stck/ha bei Quadrat- und Dreieckpflanzung
(nach HILKENBÄUMER)
(Pflanzabstände von 100 bis 1200 cm) Abb. 6.3.8/5.

6.3.9 Fertigstellungspflege

6.3.9.1 Abnahmefähiger Zustand

Pflanzungen sind erst fertig, wenn der Anwuchserfolg der Pflanzleistung erkennbar und eine gesicherte Weiterentwicklung möglich ist. Abnahmefähig ist eine Pflanzung deshalb unter folgenden Bedingungen:

(1) Der Erfolg der Gehölzpflanzung muß dadurch erkennbar sein, daß die Pflanzen durchgetrieben haben. In Einzelfällen kann auch die Feststellung der Saftfrische die Sicherheit des Anwuchserfolges bestätigen. Frühester Zeitpunkt im letzten Drittel des Monates Juni.

(2) Der Erfolg der Staudenpflanzung muß dadurch erkennbar sein, daß die Stauden ausgetrieben haben oder eingewurzelt sind.

(3) Bei Flächenpflanzungen müssen mindestens 95 % der Gesamtzahl der einzelnen Arten und Sorten angewachsen und trotz der Ausfälle ein geschlossener Eindruck gegeben sein.

(4) Pflanzflächen müssen eben, locker und im vereinbarten Umfang sauber sein.

(5) Verankerungen und Schutzvorrichtungen müssen voll funktionsfähig sein.

6.3.9.2 Leistungen der Fertigstellungspflege

Die Leistungen der Fertigstellungspflege sind keine Nebenleistungen. Da ihr Umfang von der jeweiligen Situation abhängt, ist ihr Umfang im Leistungsverzeichnis in Einzelpositionen nach Art, Umfang und gegebenenfalls Zeitpunkt festzulegen.

(1) Lockern und Säubern der Pflanzflächen (Freihalten von unerwünschtem Aufwuchs):
Pflanzflächen und Baumscheiben sollen, soweit sie nicht durch Mulch abgedeckt sind, regelmäßig gelockert werden. Dabei ist der unerwünschte Aufwuchs abzutrennen und zu entfernen, sofern er nicht auf der Fläche verbleiben soll. Bearbeitungstiefe in Anpassung an die Art der Pflanzung.

Abstand in cm	5	10	15	20	25	30	35	40	45	50
5	400,0	200,0	133,3	100,0	80,0	66,6	57,1	50,0	44,4	40,0
10	200,0	100,0	66,6	50,0	40,0	33,3	28,6	25,0	22,2	20,0
15	133,3	66,7	44,4	33,3	26,7	22,2	19,4	16,7	14,7	13,3
20	100,0	50,0	33,3	25,0	20,0	16,7	14,3	12,5	11,1	10,0
25	80,0	40,0	26,7	20,0	16,0	13,3	11,4	10,0	8,9	8,0
30	66,6	33,3	22,2	16,7	13,3	11,1	9,5	8,3	7,4	6,7
35	57,1	28,6	19,4	14,3	11,4	9,5	8,2	7,1	6,3	5,7
40	50,0	25,0	16,7	12,5	10,0	8,3	7,1	6,2	5,6	5,0
45	44,4	22,2	14,7	11,1	8,9	7,4	6,3	5,6	4,9	4,4
50	40,0	20,0	13,3	10,0	8,0	6,7	5,7	5,0	4,4	4,0
55	36,4	18,2	12,1	9,1	7,2	6,1	5,2	4,5	4,0	3,6
60	33,3	16,7	11,1	8,3	6,7	5,6	4,8	4,2	3,7	3,3
65	30,3	15,4	10,3	7,7	6,2	5,1	4,4	3,8	3,4	3,1
70	28,6	14,3	9,5	7,1	5,7	4,8	4,1	3,6	3,2	2,9
75	26,7	13,3	8,9	6,7	5,3	4,4	3,8	3,3	3,0	2,7
80	25,0	12,5	8,3	6,3	5,0	4,2	3,6	3,1	2,8	2,5
85	23,5	11,8	7,8	5,9	4,7	3,9	3,4	2,9	2,6	2,4
90	22,2	11,1	7,4	5,6	4,4	3,7	3,2	2,8	2,5	2,2
95	21,0	10,5	7,0	5,3	4,2	3,5	3,0	2,6	2,3	2,1
100	20,0	10,0	6,7	5,0	4,0	3,3	2,9	2,5	2,2	2,0

	55	60	65	70	75	80	85	90	95	100
5	36,4	33,3	30,8	28,6	26,7	25,0	23,5	22,2	21,0	20,0
10	18,2	16,7	15,4	14,3	13,3	12,5	11,8	11,1	10,5	10,0
15	12,1	11,1	10,3	9,5	8,9	8,3	7,8	7,4	7,0	6,7
20	9,1	8,3	7,7	7,1	6,7	6,3	5,9	5,6	5,3	5,0
25	7,2	6,7	6,2	5,7	5,3	5,0	4,7	4,4	4,2	4,0
30	6,1	5,6	5,1	4,8	4,4	4,2	3,9	3,7	3,5	3,3
35	5,2	4,8	4,4	4,1	3,8	3,6	3,4	3,2	3,0	2,9
40	4,5	4,2	3,8	3,6	3,3	3,1	2,9	2,8	2,6	2,5
45	4,0	3,7	3,4	3,2	3,0	2,8	2,6	2,5	2,3	2,2
50	3,6	3,3	3,0	2,9	2,6	2,5	2,3	2,2	2,0	2,0
55	3,3	3,0	2,7	2,6	2,4	2,3	2,1	2,0	1,9	1,8
60	3,0	2,8	2,6	2,4	2,2	2,1	2,0	1,9	1,8	1,7
65	2,7	2,6	2,4	2,2	2,0	1,9	1,8	1,7	1,6	1,5
70	2,6	2,4	2,2	2,0	1,9	1,8	1,7	1,6	1,5	1,4
75	2,4	2,2	2,0	1,9	1,8	1,7	1,6	1,5	1,4	1,3
80	2,3	2,1	1,9	1,8	1,7	1,6	1,5	1,4	1,3	1,2
85	2,1	2,0	1,8	1,7	1,6	1,5	1,4	1,3	1,2	1,2
90	2,0	1,9	1,7	1,6	1,5	1,4	1,3	1,2	1,2	1,1
95	1,9	1,8	1,6	1,5	1,4	1,3	1,2	1,2	1,1	1,0
100	1,8	1,7	1,5	1,4	1,3	1,2	1,2	1,1	1,0	1,0

Bei 10, 100, 1000 m² oder 1 ha ist das Komma in den Tabellenstückzahlen jeweils um 1, 2, 3 oder 4 Stellen nach rechts zu schieben. Hierbei können geringe Ungenauigkeiten entstehen, da die Kommastellen in der Tabelle Abrundungswerte darstellen.

Abb. 6.3.8/1. Pflanzenbedarf in Stück/m² (Pflanzabstände von 5 bis 100 cm)

Abstand in cm	25	50	75	100	125	150	175	200	250	300
25	160,0	80,0	53,3	40,0	32,0	26,6	23,0	20,0	16,0	13,3
50	80,0	40,0	26,6	20,0	16,0	13,3	11,4	10,0	8,0	6,7
75	53,3	26,6	17,7	13,3	10,6	8,8	7,6	6,6	5,3	4,4
100	40,4	20,0	13,3	10,0	8,0	6,6	5,7	5,0	4,0	3,3
125	32,0	16,0	10,6	8,0	6,4	5,3	4,6	4,0	3,2	2,7
150	26,6	13,3	8,8	6,6	5,3	4,4	3,8	3,3	2,7	2,2
175	23,0	11,4	7,6	5,7	4,6	3,8	3,3	2,8	2,3	1,9
200	20,0	10,0	6,6	5,0	4,0	3,3	2,8	2,5	2,0	1,7
250	16,0	8,0	5,3	4,0	3,2	2,7	2,3	2,0	1,6	1,3
300	13,3	6,7	4,4	3,3	2,7	2,2	1,9	1,7	1,3	1,1
400	10,0	5,0	3,3	2,5	2,0	1,7	1,4	1,2	1,0	0,8
500	8,0	4,0	2,7	2,0	1,6	1,3	1,1	1,0	0,8	0,7

Bei 1 m^2 ist das Komma in den Tabellenstückzahlen um 1 Stelle nach links, bei 100, 1000 m^2 oder 1 ha jeweils um 1, 2 oder 3 Stellen nach rechts zu schieben. Hierbei können geringe Ungenauigkeiten entstehen, da die Kommastellen in der Tabelle Abrundungswerte darstellen.

Abb. 6.3.8/2. Pflanzenbedarf in Stück/10 m^2 (Pflanzabstände von 25 bis 500 cm)

Abstand in m	1,0	1,1	1,2	1,3	1,4	1,5	1,6	1,7	1,8	1,9
0,5	20000	18182	16667	15385	14286	13333	12600	11765	11111	10562
0,6	16667	15152	13889	12821	11905	11111	10417	9804	9259	8772
0,7	14286	12987	11905	10989	10204	9524	8929	8403	7937	7519
0,8	12500	11364	10417	9615	8929	8333	7812	7853	6944	6579
0,9	11111	10101	9259	8547	7937	7407	6944	6536	6173	5848
1,0	10000	9091	8333	7692	7143	6667	6250	5882	5556	5263
1,1	9091	8264	7576	6993	6495	6061	5682	5348	5051	4785
1,2	8333	7576	6944	6410	5952	5556	5203	4902	4630	4386
1,3	7962	6993	6410	5917	5495	5128	4808	4525	4273	4049
1,4	7143	6494	5952	5495	5103	4762	4464	4202	3968	3759
1,5	6667	6061	5356	5128	4763	4444	4167	3922	3704	3509
1,6	6260	5682	5208	4808	4464	4167	3906	3676	3472	3289
1,7	5882	5348	4902	4525	4202	3922	3676	3460	3268	3096
1,8	5556	5051	4630	4274	3968	3704	3472	3268	3086	2924
1,9	5263	4785	4386	4049	3759	3509	3289	3096	2924	2770
2,0	5000	4545	4167	3846	3571	3333	3125	2945	2778	2632

Bei 1, 10, 100 oder 1000 m^2 ist das Komma in den Tabellenstücken jeweils um 4, 3, 2 oder 1 Stelle nach links zu schieben.

Abb. 6.3.8/3. Pflanzenbedarf in Stück/ha (Pflanzabstände von 0,5 bis 2,0 m)

Abstand in m	Stückzahl bei Pflanzung im		Abstand in m	Stückzahl bei Pflanzung im	
	Qadrat	Dreieck		Qadrat	Dreieck
0,1	1000000	1154700	1,3	5918	6833
0,2	250000	288675	1,4	5102	5891
0,3	111111	128300	1,5	4444	5132
0,4	62500	72169			
0,5	40000	46188	1,6	3905	4511
			1,7	3460	3996
0,6	27788	32075	1,8	3086	3564
0,7	20408	23565	1,9	2770	3199
0,8	15625	18042	2,0	2500	2887
0,9	12346	14256			
1,0	10000	11547	2,1	2268	2618
			2,2	2066	2386
1,1	8265	9543	2,3	1890	2183
1,2	6944	8919	2,4	1736	2005

Bei 1, 10, 100 oder 1000 m^2 ist das Komma in den Tabellenstückzahlen jeweils um 4, 3, 2 oder 1 Stelle nach links zu schieben.

Abb. 6.3.8/4. Pflanzenbedarf in Stück/ha bei Quadrat- und Dreieckpflanzung (Pflanzabstände von 0,1 bis 2,4 m)

Abstand in m	Stückzahl bei Pflanzung im		Reihenabstand in m bei Dreieckpflanzung
	Qadrat	Dreieck	
1	10000	11492	0,87
2	2500	2892	1,73
3	1508	1284	2,60
4	624	724	3,46
5	400	460	4,33
6	276	320	5,20
8	156	180	6,93
10	100	116	8,66
12	68	80	10,39

Bei 1, 10, 100 oder 1000 m^2 ist das Komma in den Tabellenstückzahlen jeweils um 4, 3, 2 oder 1 Stelle nach links zu schieben.

Abb. 6.3.8/5. Pflanzenbedarf in Stück/ha bei Quadrat- und Dreieckpflanzung (nach Hilkenbäumer) (Pflanzabstände von 1 bis 12 m)

Anzahl der Arbeitsgänge im LV festlegen.
Richtwerte je Vegetationsperiode:
übliche Pflanzungen mind. 6 ×,
Pflanzung in der Landschaft mind. 2 ×.
Teil dieser Leistung sind das Überprüfen und Richten von Verankerungen, das Nachschneiden von Gehölzen bei ungenügendem Durchtrieb, trockenen Trieben oder Beschädigung sowie die Überwachung auf Befall von Krankheiten, Schädlingen und Wildverbiß.

(2) Entfernen von Steinen und Unrat: Steine mit einem Durchmesser > 5 cm und Unrat sind aus gelockerten Flächen abzulesen.

(3) Düngen: Unterschiedliche Pflanzziele verlangen differenzierte Festlegung von Düngungen im LV nach Art, Menge und Ausbringungszeit.

(4) Wässern: Zum Anwachsen ist eine ausreichende Menge pflanzenverfügbaren Wassers im Boden erforderlich. Defizite sind durch Wässern auszugleichen. Da der Witterungsverlauf unbekannt ist, ist diese Leistung als Bedarfsposition im LV aufzunehmen.

(5) Pflanzenschutz: Aus ökologischen Gründen soll auf chemischen Pflanzenschutz möglichst verzichtet werden. Die Pflanzung ist auf Befall von Krankheiten, Schädlingen und Wildverbiß zu überwachen. Wird eine Gefährdung des Begrünungszieles erwartet, sollten Maßnahmen vereinbart werden. Biologischen Verfahren ist dabei der Vorzug zu geben.

6.3.10   Prüfungen

6.3.10.1 Voruntersuchungen

Leistungen des Auftraggebers im Rahmen der Planung mit dem Ziel,
die Auswahl der Pflanzen,
Art und Umfang der Pflanzarbeiten und
Art und Umfang der Fertigstellungspflegeleistungen festzulegen.
Dabei sind zu berücksichtigen
vorgesehenes Bepflanzungsziel,
vorgesehene Nutzung,
mögliche Unterhaltung und
Standort.

6.3.10.2 Eignungsprüfungen

Bestehen Zweifel an der Herkunft der Pflanzen und fachgerechter Anzuchtbedingungen, ist der Nachweis der Ordnungsmäßigkeit zu erbringen. Nachweis ist bei Bezug von Markenbaumschulen des BdB i. d. R. gegeben.

6.3.10.3 Kontrollprüfungen

(1) Kontrolle bei Anlieferung: Überprüfung durch Auftraggeber auf Vollzähligkeit, Art, Größe und Beschaffenheit.

(2) Kontrolle bei der Abnahme: Überprüfung durch Auftraggeber auf Vollzähligkeit (im Rahmen der Festlegungen), Anwuchserfolg, Zustand von Schutzvorrichtungen und Pflanzfläche.

6.4　Saatarbeiten

6.4.1　Normen und Richtlinien

DIN 18917 Vegetationstechnik im Landschaftsbau; Rasen und Saatarbeiten
DIN 18035 Teil 4 Sportplätze; Rasenflächen, Anforderungen, Pflege, Prüfung
DIN 19656 Sicherungen von Gewässern, Deichen und Küstendünen; Richtlinien
Regelsaatgutmischungen (RSM) – Forschungsgesellschaft Landschaftsentwicklung Landschaftsbau, Troisdorf
Saatgutverkehrsgesetz
Saatgutverordnung vom 21. Januar 1986

6.4.2　Gräser

6.4.2.1　Erkennung und Eigenschaften

(1) *Festuca rubra* – Rotschwingel　(Abb. 6.4.2/1)

Es werden Horstrotschwingel *(Festuca rubra* ssp. *commutata (F. nigrescens))*, Rotschwingel mit kurzen Ausläufern *(Festuca rubra* ssp. *trichophylla)* und Ausläuferrotschwingel *(Festuca rubra* ssp. *rubra)* unterschieden. Sie werden so (jedoch ohne die Abkürzung für Unterart: ssp.) auch in der RSM mit ihren Sorten aufgeführt. Über die botanische Benennung gibt es unterschiedliche Auffassungen.

Anfangsentwicklung: gut

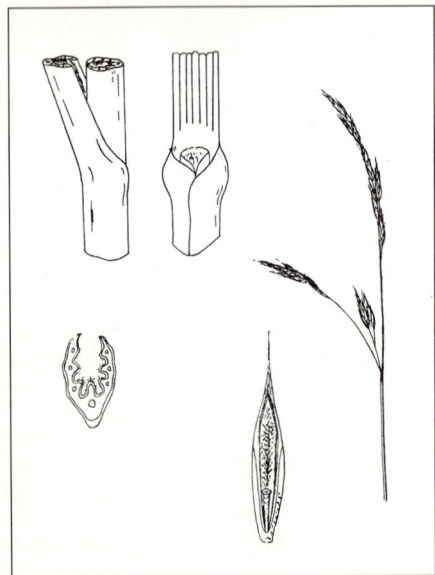

Abb. 6.4.2/1. Rotschwingel, besitzt schmale, auseinanderfaltbare Blätter, Festuca rubra spp. commutata rundlich starre, Festuca rubra spp. rubra stark geriefte; sehr kurzes Blatthäutchen; bei Festuca rubra spp. rubra Triebbasis oft mit weißlichen Längsrippen

Narbenbildung:	dicht und fein, konkurrenzfähig, unkrautverdrängend
Wüchsigkeit:	mittel
Ausläuferbildung:	bei Rotschwingel mit kurzen Ausläufern und bei Ausläuferrotschwingel
Anspruch auf Nähr-stoffversorgung:	je nach Nutzung unterschiedlich
Trockenheits-verträglichkeit:	resistent
Krankheits-Anfälligkeit:	Corticium und Fusarium
Belastbarkeit:	mäßig
Eignung für:	Zierrasen, Landschaftsrasen, für Gebrauchsrasen beschränkt auf gute Sorten
Sorten:	breites Angebot guter Sorten.

(2) *Festuca ovina* – Schafschwingel (Abb. 6.4.2/2)

Für Rasenanlagen spielen eine Rolle der Feinblättrige Schwingel *(Festuca ovina* ssp. *tenuifolia),* der Härtliche Schwingel *(Festuca ovina* ssp. *duriuscula),* der Gemeine Schwingel *(Festuca ovina* ssp. *vulgaris)* und der Walliser Schwingel *(Festuca ovina* ssp. *vallesiaca).*

Narbenbildung:	*F. o. duriuscula* verträgt Vielschnittnutzung ohne Schädigung. Gute Sorten bilden feine ansprechende Narbe. Alle anderen Arten vertragen Vielschnitt nicht.

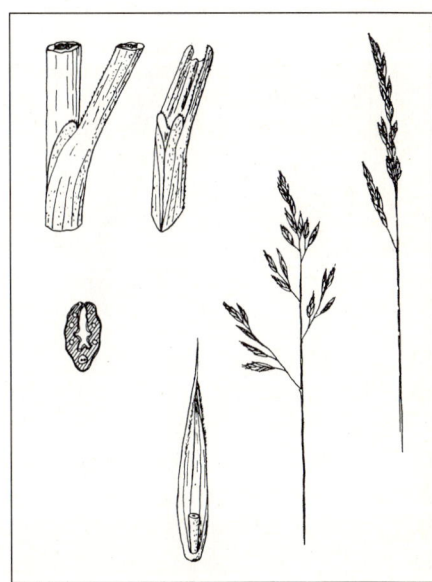

Abb. 6.4.2/2. Schafschwingel, Festuca ovina, feinblättrige, borstliche Horste, Blattspreiten mit ovalem Querschnitt, kaum entfaltbar, dunkel- bis blaugrün

Anspruch auf Nähr-stoffversorgung:	Intensive Düngung wirkt auf *F. o. tenuifolia* und *vulgaris* verdrängend.
Trockenheits-verträglichkeit:	hoch
Belastbarkeit:	gering bis keine
Eignung für:	*F. o. duriuscula* für Zier- und Gebrauchsrasen bes. in trockenen Lagen
	F. o. tenuifolia, vulgaris und *vallesiaca* für Landschaftsrasen auf trockenen, armen Standorten
Sorten:	*F. o.* ssp. *duriuscula* mit mehreren guten Sorten, andere Arten nur ein bis zwei Sorten.

(3) Deutsches Weidelgras – *Lolium perenne*   (Abb. 6.4.2/3)

Anfangsentwicklung:	schnell
Narbenbildung:	gut bei guten Rasensorten
Wüchsigkeit:	stark
Ausläuferbildung:	keine
Anspruch auf Nähr-stoffversorgung:	je nach Belastung
Trockenheits-verträglichkeit:	hoch
Krankheits-Anfälligkeit:	Fusarium stark, gelegentlich Corticium, Puccinia sortenspezifisch
Belastbarkeit:	hoch
Eignung für:	Strapazierrasen, Gebrauchsrasen, für Landschaftsrasen als Amme

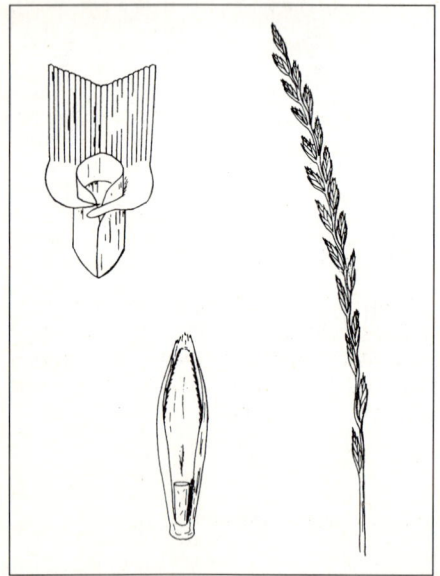

Abb. 6.4.2/3. Deutsches Weidelgras, Lolium perenne, besitzt gefaltete Blattanlage, geriefte, unterseits stark glänzende Blattspreite, kurzes Blattröhrchen

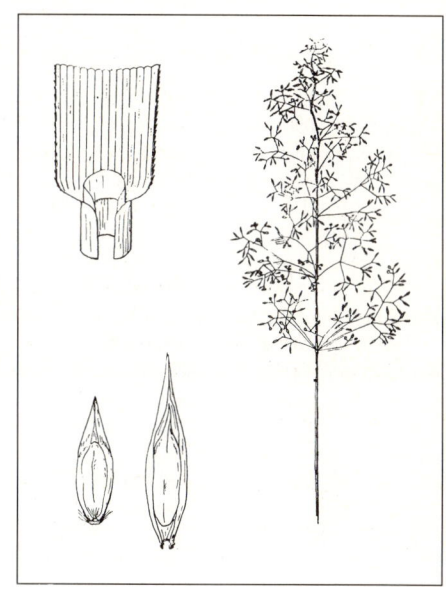

*Abb. 6.4.2/4. Rotes Straußgras,
Agrostis tenuis, besitzt ziemlich
schmale, geriefte Blattspreite, kurzes,
gerade abgeschnittenes Blatthäutchen,
kurze unterirdische Ausläufer*

Sorten: Große Zahl neuer Sorten mit guten Raseneigen-
                        schaften
(4) Rotes Straußgras – *Agrostis tenuis*   (Abb. 6.4.2/4)
    Anfangsentwicklung: schnell
    Narbenbildung: schnell
    Wüchsigkeit: gering
    Ausläuferbildung: kurze, gelegentlich auch längere unterirdische Aus-
                         läufer

    Trockenheits-
    verträglichkeit: gering
    Krankheits-
    Anfälligkeit: Fusarium hoch, Typhula
    Belastbarkeit: mäßig
    Eignung für: Zierrasen, Gebrauchsrasen, Landschaftsrasen
    Sorten: in geringer Zahl vorhanden
    Sonstiges: Gute Tiefschnittverträglichkeit, wirkt stark verdrän-
                         gend auf andere Arten. Insbesondere für Golfgreens.
(5) Flechtstraußgras – *Agrostis stolonifera*   (Abb. 6.4.2/5)
    Anfangsentwicklung: schnell
    Narbenbildung: schnell
    Wüchsigkeit: gering
    Ausläuferbildung: sehr lange oberirdische Kriechtriebe
    Trockenheits-
    verträglichkeit: gering

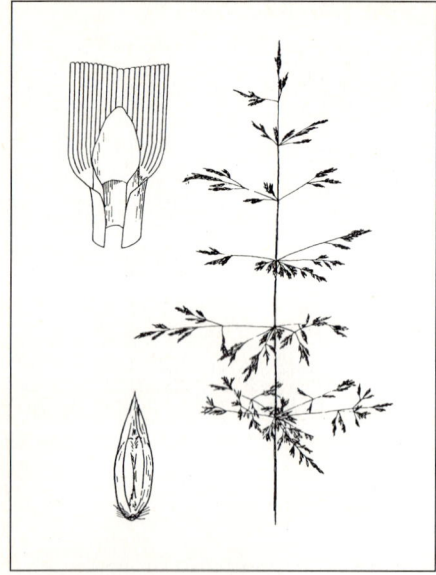

Abb. 6.4.2/5. Flechtstraußgras, Agrostis stolonifera, besitzt geriefte Blattspreiten, großes weißes Blatthäutchen mit abgerundeter Spitze, sehr lange oberirdische Kriechtriebe

Krankheits-Anfälligkeit:	Fusarium hoch, Typhula
Belastbarkeit:	gering
Eignung für:	Zierrasen, Landschaftsrasen
Sorten:	sehr geringe Anzahl
Sonstiges:	wie *Agrostis tenuis*

(6) Wiesenrispe – *Poa pratensis*   (Abb. 6.4.2/6)

Anfangsentwicklung:	langsam
Narbenbildung:	zögernd zu dichter Narbe
Wüchsigkeit:	nicht zu stark
Ausläuferbildung:	ja
Anspruch auf Nähr-stoffversorgung:	hoch
Trockenheits-verträglichkeit:	gut
Krankheits-Anfälligkeit:	Blattfleckenkrankheit
Belastbarkeit:	gut
Eignung für:	Strapazierrasen, Gebrauchsrasen
Sorten:	Viele Sorten mit großen Unterschieden.

(7) Jährige Rispe – *Poa annua*   (Abb. 6.4.2/7)

In Schnittrasen unerwünschtes Gras, das sich sehr stark selbst aussät.
Anfangsentwicklung: schnell wachsend

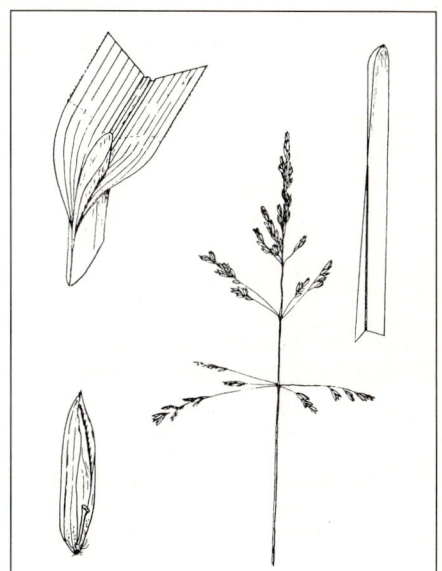

*Abb. 6.4.2/6. Wiesenrispe,
Poa pratensis, besitzt parallelrandige
Blattspreite mit Doppelrille und
Kahnspitze. Kurzes, gerade
abgestutztes Blatthäutchen.
Unterirdische Ausläufer*

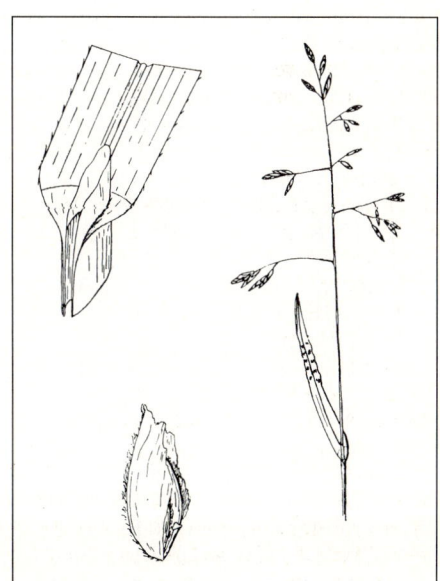

*Abb. 6.4.2/7. Jährige Rispe,
Poa annua, bildet kleine Horste
und kurze Kriechtriebe,
kurze parallelrandige Blattspreite
mit Doppelrille und Hahnspitze,
im mittleren Teil oft quergewellt,
mittelgroßes Blatthäutchen, weiß*

Narbenbildung: verdrängend auf andere Gräser wirkend, wandert
                         schnell in lückige Narben ein. Bei guter Nährstoffver-
                         sorgung und häufigen Wassergaben dichte Som-
                         mernarbe
Wüchsigkeit: mittel
Ausläuferbildung: keine
Anspruch auf Nähr-
stoffversorgung: hoch
Trockenheits-
verträglichkeit: gering
Krankheits-
Anfälligkeit: hoch, insbes. Fusarium
Belastbarkeit: im Sommer hoch
Eignung für: unerwünschtes Fremdgras
Sorten: keine
Sonstiges: Schlechter Winteraspekt.

(8) Gemeine Rispe – *Poa trivialis* (Abb. 6.4.2/8)
In Schnittrasen unerwünschtes Gras (Ungras).
Trockenheits-
verträglichkeit: extrem gering
Krankheits-
Anfälligkeit: Schneeschimmel
Belastbarkeit: keine

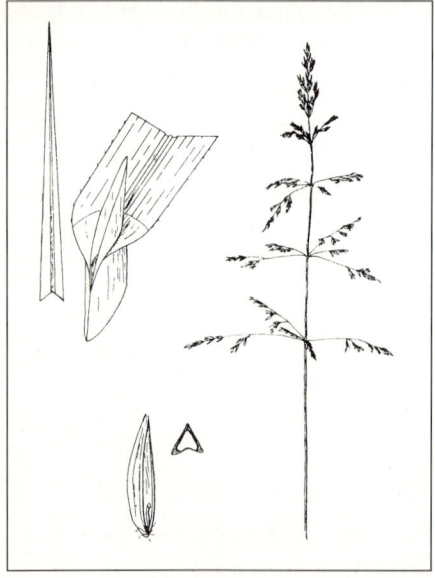

*Abb. 6.4.2/8. Gemeine Rispe,
Poa trivialis, besitzt allmählich
zugespitzte, unterseits glänzende
Blattspreiten mitt Doppelrille,
zungenförmiges Blatthäutchen, breit
ausgebreitete oberirdische Kriechtriebe*

Eignung für:	unbelastete extensive Schattenrasen
Sorten:	keine Sorte für Rasen
Sonstiges:	Tritt vor allem bei zu feuchten oder falsch gepflegten Sportrasen im Schattenbereich auf.

6.4.2.2 Saatgut

Saatgut unterliegt den Vorschriften des Saatgutverkehrsgesetzes und insbesondere der Saatgutverordnung. Für Saatgut-Mischungen gilt:

a) Kennfarbe von Etiketten, Einlegern u. ä. grün.

b) Sie dürfen nur in den Handel gebracht werden, wenn sie im Geltungsbereich des Saatgutverkehrsgesetzes hergestellt worden sind und für ihre Herstellung eine Mischungsnummer erteilt ist.

c) Das Saatgut darf nur im Artenverzeichnis aufgeführte Arten enthalten, ausgenommen Mischungen für Verwendungszwecke außerhalb der Landwirtschaft, in der auch nicht aufgeführte Arten enthalten sein dürfen.

d) Das Saatgut muß vor dem Mischen anerkannt oder als Handelssaatgut zugelassen worden sein.

(1) Saatgutkategorien. Es werden unterschieden:

Basissaatgut, Saatgut dient ausschließlich der Vermehrung und ist nicht im Handel;

Zertifiziertes Saatgut, aus Basissaatgut erwachsenes Saatgut, das durch ein Anerkennungsverfahren (Feldbesichtigung und Überprüfung von Reinheit, Keimfähigkeit und Fremdartenbesatz) zertifiziert (anerkannt) wurde, unter einer Anerkennungsnummer in den Verkehr gebracht wird und für Aussaat zur Anlage von Rasenflächen vorgesehen ist;

Handelssaatgut, Saatgut von Arten, die keiner Züchtung unterliegen oder ohne Anerkennung gehandelt werden soll. Arten werden deklariert, bei angegebenen Sorten muß Sortenechtheit nicht gegeben sein. Anforderun-

	Technische Mindestreinheit (in Gew. %)	Mindestkeimfähigkeit (in % der reinen Körner/Knäuel)		Höchster Feuchtigkeitsgehalt in %
		SV	RSM 1.1 – 3.1	
Straußgräser - Agrostis sp.	90	75	80	14
Rotschwingel/ Schafschwingel - Fetuca sp.	90/85	75	80	14
Deutsches Weidelgras - Lolium perenne	96	80	85	14
Rispengräser Poa sp.	85	75	80	14

Abb. 6.4.2/9. Anforderungen an Reinheit, Keimfähigkeit und Feuchtigkeitsgehalt von Gräsern nach Saatgutverordnung und RSM

gen an Reinheit, Keimfähigkeit und Fremdartenbesatz sind geringer als bei zertifiziertem Saatgut.

(2) Kennzeichnung. Das Etikett muß bei Saatgutmischungen für jeden Bestandteil enthalten:

die Art,

bei anerkanntem Saatgut und Standardsaatgut die Sortenbezeichnung,

den Anteil in vom Hundert des Gewichtes,

für Saatgut einer Art, die nicht im Artenverzeichnis aufgeführt ist, müssen Reinheit und Keimfähigkeit angegeben werden.

(3) Anforderungen. Anforderungen an Reinheit, Keimfähigkeit und Feuchtigkeitsgehalt s. Abb. 6.4.2/9–11.

Art des Besatzes	Saatgut		
Körner anderer Kulturpflanzen	Basis	zertifiziert	Handelssaatgut
- bei allen Gräsern	0,1 %		3,0 %
- bei Festuca sp. außer F. ovina		1.5 %	
Lolium sp.		1.5 %	
Agrostis sp.		2.0 %	
Festuca ovina		2.0 %	
Poa sp.		2.0 %	
jedoch höchstens			
- bei Agrostis sp in 5 g		1 Korn	
Poa sp. in 5 g		1 Korn	
Festuca ovina und F. rubra in 30 g		5 Korn	
Lolium sp. in 30 g		5 Korn	
Innerhalb des festgesetzten höchstzulässigen Besatzes			
* Körner von Flughafer und Seide in 100 g	0	0	0
* Körner von Ampfer außer Kleinem			
Sauerampfer und Strandampfer in 5 g	2	2	2
* Körner von Ackerfuchsschwanz		0,3 %	0,3 %
Bei einer Rispenart gilt bei Basissaatgut und Zertifiziertem Saatgut ein Anteil von 0,8 Gew.%, bei Handelssaatgut von 3 Gew.% an Körnern anderer Rispenarten nicht als Unreinheit.			

Abb. 6.4.2/10. Technische Reinheit – Anforderungen an Besatz mit anderen Arten

6.4.2.3   Rasen-Sorten

Die Auswahl der richtigen Sorten aus den für Rasen geeigneten Arten ist eine der wichtigsten Voraussetzungen für eine erfolgreiche, auf den Nutzungszweck ausgerichtete Rasenansaat. Die für Rasen geeigneten Arten unterliegen dem Saatgutverkehrsgesetz. Sorten dieser Arten werden beim Bundessortenamt angemeldet, von diesem in einer »Besonderen Anbauprüfung auf Rasennutzung« geprüft und zugelassen. Alle zwei Jahre werden die Ergeb-

Anforderung	Probe	RSM						
	g	1.1	2.1	2.2	2.3	2.4	3.1	3.2
Reinheit (%)		95	92	92	92	92	92	SV
Fremdartenanteil (Korn)	je							
Knaulgras	10	0 [1]						
Dactytis glomerata [3]	10		1	1	1	SV	1	1
Honiggras	3	0 [2]						
Holcus spp. [3]	10		1	1	1	SV	1	1
Quecke	3	0 [2]						
Agropyron spp. [3]	10		10	10	10	SV	10	10
Rohrschwingel Festuca arundinacea und/oder Wiesenschwingel	3	0 [2]						
Festuca pratensis [3]	10		10	10	10	SV	10	10
Weidelgras	3	0 [2]						
Lolium spp. [3]	10		1	1		SV		
Lieschgras	3	0 [2]						
Phleum spp. [3]								
Jährige Rispe	3 [2]	0 [2]						
Poa annua [3] Gew. % in Gesamtmischung		< 0,1	0,1	0,1	SV	0,1	0,1	
Gemeine Rispe	3 [2]	0 [2]						
Poa trivialis [3] Gew. % in Gesamtmischung		< 0,1	0,1	0,1	SV	0,1	0,1	

[1] 1 Korn Knaulgras in 10 gilt nicht als Unreinheit, wenn weitere 50 g frei von Knaulgras-Spelzfrüchten sind.

[2] Je 1 Korn von diesen Arten bzw. Gattungen gilt nicht als Unreinheit, wenn weitere 6 g frei sind.

[3] Bei Überschreitung dieses höchstzulässigen Besatzes gelten die Anforderungen als erfüllt, wenn von den genannten Arten bzw. Gattungen in weiteren 50 g nicht mehr als die in 10 g zulässige Anzahl von Körnern gefunden wurde.

SV = entsprechend Saatgut-Verordnung

Abb. 6.4.2/11. Weitere Handelsanforderungen nach RSM

nisse in der »Beschreibenden Sortenliste Rasengräser« veröffentlicht (dfv-Buchverlage, Schumannstraße 26, 60325 Frankfurt a. M.). Von den zugelassenen Sorten darf nur anerkanntes Saatgut in den Verkehr gebracht werden.

Bewertet werden:
Allgemeine Raseneigenschaften
Zeitpunkt des Rispenschiebens,
Zeitpunkt des Aufganges,
Zeitpunkt des Narbenschlusses,
Narbenfarbe,
Ausläuferbildung,
Schnittflächenverfärbung,
Anfälligkeit für Krankheiten *(Drechslera, Puccinia, Corticium, Fusarium);*
bei Gebrauchsrasen, Strapazierrasen und Landschaftsrasen
Neigung zur Lückigkeit,
Neigung zur Verunkrautung,
Narbendichte,
Mängel im Winteraspekt,
Mängel im Vegetationsaspekt;
bei Gebrauchsrasen und Strapazierrasen zusätzlich
Blattbreite,
Wachstum im Frühjahr,
Wüchsigkeit;
bei Landschaftsrasen zusätzlich
Wuchshöhe,
Blütenstandsbildung.
Die Sorten werden eingestuft nach: 1 = nicht geeignet, 2 = nicht geeignet bis bedingt geeignet, 3 = bedingt geeignet, 4 = bedingt geeignet bis geeignet, 5 = geeignet, 6 = geeignet bis gut geeignet, 7 = gut geeignet, 8 = gut geeignet bis sehr gut geeignet, 9 = sehr gut geeignet.
Diese Einstufung ist auch die Basis für die jährliche Veröffentlichung der Sorten- und Eignungsübersicht in der RSM (Regelsaatgutmischungen der Forschungsgesellschaft Landschaftsentwicklung Landschaftsbau, Troisdorf – FLL). In dieser Übersicht werden die neuesten Sorten und die jährlich sich ändernde Saatgutverfügbarkeit berücksichtigt. Zusätzlich sind in der RSM auch die empfehlenswerten Sorten der »Beschreijvenden Rassenlijst voor Landbouwgewassen« der Niederlande enthalten. Abb. 6.4.2.3/1 zeigt, in welcher Form die Veröffentlichung erfolgt.

Art	Sorte	Eignungs für:				Saatgut-verfüg-barkeit
		Zierrasen	Gebrauchs-rasen	Strapazier-rasen	Landschafts-rasen	
Festuca	Ceres	–	5		4	v
rubra rubra	Cindy	5	6		5	v
(Ausläufer-	Claudia	–	4		5	v
rotschwingel)	Collo	–	4		6	n
	Cornet	–	–		4	v

Abb. 6.4.2.3/1. Rotschwingel – Sorten

Art	Sorte	Eignungs für:				Saatgut-verfüg-barkeit
		Zierrasen	Gebrauchs-rasen	Strapazier-rasen	Landschafts-rasen	
	Diego	4	5		6	v
	Elanor	4	5		6	v
	Ensylva	4	5		5	v
	Flyer	4	4		5	n
	Franklin	–	4		4	v
	Futuro	–	–		4	v
	Gardez	4	5		5	–
	Herald (NL)	4	4		4	v
	Kong	–	–		4	–
	Lirosy	4	5		5	v
	Monica	4	5		4	v
	Novorubra	–	4		4	v
	Pernille	4	5		5	v
	Picnic	5	6		5	v
	Rapid	–	–		4	v
	Remark	–	4		6	–
	Render	–	5		5	–
	Report	–	4		4	–
	Reptans	–	4		–	–
	Reverent	–	–		4	–
	Robin	–	4		4	v
	Roland 21	–	–		4	v
	Roman	–	4		5	–
	Rotop	4	5		5	v
	Sunset	4	5		5	v
	Sylvia	4	4		5	–
	Victor	–	5		–	–

Abb. 6.4.2.3/1. Rotschwingel – Sorten (Fortsetzung)

6.4.3 Leguminosen und sonstige Kräuter

Sie werden als Beimischungen zu Rasen-Saatgutmischungen, für Zwischen-begrünungen und Voranbau verwendet. Für den Handel mit Saatgut gelten das Saatgutverkehrsgesetz und die Saatgutverordnung. Angaben zu Reinheit, Keimfähigkeit, max. Fremdartenanteil und Anwendungshilfen enthält Abb. 6.4.3/1.

6.4.4 Fertigrasen und vergleichbare Vegetationsstücke

Es werden unterschieden:
○ Fertigrasen,

Pflanzenart		Rein-heit %	Keim-fähig-keit %	max. Fremd-arten-anteil Massen-anteil in %	Anhalts-werte für Keim-dauer Tage	vorwie-gend schnell-wüchsig auf allen Böden	Aussaat-menge Richtwert g/m²
Einjährige Pflanzen							
Ackerbohne [3]	Vicia faba	98	85	0,5	6 bis 9		25
Erbse, Platt- [3]	Lathyrus sativus	99	85	1,0	6 bis 10	x	15
Erbse, Futter- [3]	Pisum sativum	98	80	0,5	6 bis 9	x	20
Klee, Alexandriner- [1] [5]	Trifolium alexandrinum	97	80	2,5	12 bis 14	x	4
Klee, Inkarnat- [1]	Trifolium incarnatum	97	75	1,5	12 bis 16		3
Klee, Persischer [1]	Trifolium resupinatum	97	80	2,5	16 bis 18	x	2
Lupine, Blaue [3] [5]	Lupinus angustifolius	97	80	1,5	6 bis 10		20
Lupine, Gelbe [3] [5]	Lupinus luteus	98	75	0,5	6 bis 10		20
Lupine, Weiße [3]	Lupinus albus	97	80	1,5	6 bis 10		25
Ölrettich [3]	Raphanus sativus	97	80	1,0	6 bis 9	x	2
Phacelie [3]	Phacelia tanacetifolia	96	80	1,0	10 bis 16	x	1,5
Raps, Sommer [4]	Brassica napus oleifera	98	85	0,3	6 bis 9	x	2
Rübsen, Sommer [4]	Brassica rapa	98	85	0,3	6 bis 9	x	2
Senf, Gelb [4]	Sinapis alba	98	85	0,3	6 bis 9	x	2
Wicke, Sommer-, Saat- [3]	Vicia sativa	98	85	1,0	6 bis 8		8 bis 10
Über- und mehrjährige Pflanzen							
Klee, Rot- [1] [6]	Trifolium pratense	97	80	1,5	18 bis 21		2
Klee, Schweden- [1]	Trifolium hybridum	97	80	1,5	14 bis 21		2
Raps, Winter- [4]	Brassica napus oleifera	98	85	0,3	6 bis 9	x	2
Rübsen, Winter [4]	Brassica rapa	98	85	0,3	6 bis 9	x	2
Wicke, Zottel-/Winter- [2]	Vicia villosa	98	85	1,0	6 bis 8		5 bis 8

Fußnoten
Anhaltswerte für Aussaatzeitraum:
[1] April bis August
[2] April bis September
[3] März bis August
[4] Juli bis September

Bodenansprüche:
[5] leichte/mittlere Böden
[6] außer Sandboden

Anmerkung:
Aussaat auch früher möglich,
mit der Folge einer Selbstaussaat

Abb. 6.4.3/1. Leguminosen und andere Kräuter. Reinheit, Keimfähigkeit, Fremdartenanteil, Anwendungshinweise nach RSM 94 (FLL)

○ Rasensoden aus Nichtanzuchtbeständen,
○ Vegetationsstücke.

(1) Fertigrasen. Anforderungen nach DIN 18917:
muß aus Anzuchtbeständen stammen,
muß gemäht, dichtnarbig und fest zusammenhängend sein,
muß für den jeweiligen Anwendungszweck geeignet sein,
muß in der Artenzusammensetzung dem jeweiligen Rasentyp entsprechen,
muß in der prozentualen Artenverteilung ausgewogen sein,
der Anteil an Kräutern und Fremdgräsern ist begrenzt bei Zierrasen auf einen Deckungsgrad von < 2 %, bei Strapazier- und Gebrauchsrasen auf einen Deckungsgrad von < 3 %,
der Anzuchtboden sollte den Bodengruppen 2 oder 4 nach DIN 18915 entsprechen,
Nennschäldicke 2 cm, zulässige Abweichung + 0,5 cm,
gleichmäßige Länge und Breite.

(2) Rasensoden aus Nichtanzuchtbeständen. Schäldicke und Stückgröße so wählen, daß Rasen zusammenhängt. Vorbereitung kann sinnvoll sein.

(3) Vegetationsstücke:
Die Einzelstücke sollen möglichst groß sein und den durchwurzelten Boden umfassen.
Boden und Bewuchs von Vegetationsstücken müssen für die Verwendungsstelle standortgerecht sein.

(4) Transport. Durch Transport und Ladevorgänge dürfen Fertigrasen, Rasensoden oder Vegetationsstücke nicht geschädigt werden. Gefahr besteht durch
zu lange Transportdauer,
zu hohe Temperatur,
zu dichte Lagerung mit Gefahr der Überhitzung,
Abkippen oder Abwerfen.

6.4.5 Rasentypen – Saatgutmischungen

6.4.5.1 Rasentypen

Die Rasentypen nach DIN 18917 und »Beschreibender Sortenliste Rasengräser« enthält Abb. 6.4.5/1.

Rasentyp	Anwendungsbereich	Eigenschaften	Pflege-ansprüche
Zierrasen	Repräsentationsgrün	Dichte teppichartege Narbe aus feinblättrigen Gräsern, Belastbarkeit gering	hoch bis sehr hoch

Abb. 6.4.5/1   Rasentypen nach DIN 18917 und Beschreibender Sortenliste Rasengräser

Rasentyp	Anwendungsbereich	Eigenschaften	Pflege-ansprüche
Gebrauchsrasen	Öffentliches Grün, Wohnsiedlungen, Hausgärten u.ä.	Belastbarkeit mittel, widerstandsfähig gegen Trockenheit	mittel bis hoch
Strapazierrasen	Sport- und Spielflächen, Liegewiesen, Parkplätze	Belastbarkeit hoch (ganzjährig)	mittel bis sehr hoch
Landschaftsrasen (Extensivrasen)	Extensiv genutzte und/oder gepflegte Flächen im öffentlichen und privaten Grün, in der Landschaft, an Verkehrswegen, für Rekultivierungsflächen, artenreiche, wiesenähnliche Flächen	Rasen mit großer Variationsbreite je nach Ziel und Standort, z.B. Erosionsschutz, Widerstandsfähigkeit auf extremen Standorten, Grundlage zur Entwicklung von standortgerechten Biotopen, in der Regel nicht oder nur wenig belastbar	gering bis sehr hoch

Abb. 6.4.5/1. Rasentypen nach DIN 18917 und Beschreibender Sortenliste Rasengräser (Fortsetzung)

6.4.5.2   Saatgutmischungen

(1) Anlieferung. Saatgutmischungen immer fertig gemischt anliefern lassen, da gleichmäßige Mischung auf der Baustelle technisch nicht möglich ist. Saatgutmischungen bedürfen einer Mischungsgenehmigung. Großpakkungen werden unter Aufsicht eines »Amtlichen Probenehmers« hergestellt und müssen nach Vorschrift gekennzeichnet und verschlossen sein. Etikett enthält folgende Angaben:

Vorderseite

a) Anerkennungsstelle,
b) Verwendungszweck der Saatgutmischung,
c) Bezugsnummer (Mischungsnummer),
d) Zeitpunkt der Verschließung,
e) Gewicht der Packung;

Rückseite

a) Bezeichnung der Mischung (z.B. Sportrasen),
b) Sortenbezeichnung bei zertifiziertem Saatgut,
c) Artenbezeichnung bei Handelssaatgut,
d) Reinheit und Keimfähigkeit bei Handelssaatgut, das nicht im Artenverzeichnis aufgeführt ist,
e) Gewichtsanteil der einzelnen Mischungspartner.

(2) Regelsaatgutmischungen für Rasen. Bezogen auf Arten, Sorteneignung und Aussaatmenge gibt die RSM (Regelsaatgutmischungen – Herausgeber Forschungsgesellschaft Landschaftsentwicklung Landschaftsbau Troisdorf) Empfehlungen, die bei jährlicher Veröffentlichung dem jeweils

Bezeichnung	Anwendungsbereich
RSM 1.1 – Zierrasen	Repräsentationsgrün, Hausgärten
RSM 2.1 – Gebrauchsrasen - Standard	Benutzbares öffentliches Grün, Wohnsiedlungen, Hausgärten
RSM 2.2 – Gebrauchsrasen - Trockenlagen	Benutzbares öffentliches Grün, Wohnsiedlungen, Hausgärten
RSM 2.3 – Gebrauchsrasen - Spielrasen	Für intensive Benutzung vorgesehene Rasen (z.B. Spiel- und Liegewiesen, Hausgärten)
RSM 2.4 – Gebrauchsrasen - Kräuterrasen	Benutzbares öffentliches Grün, Wohnsiedlungen, Hausgärten
RSM 3.1 – Sportrasen - Neuanlage	Sportplätze
RSM 3.2 – Sportrasen - Regeneration	Regeneration von Spiel- und Sportrasenflächen
RSM 4.1 – Golfrasen – Grün	Golfrasen mit drei Varianten gegliedert nach spieltechnischen Ansprüchen und Pflegeaufwand
RSM 4.2 – Golfrasen - Vorgrün	Golfrasen für Vorgrün, sofern eine getrennte Aussaat möglich ist
RSM 4.2 – Golfrasen - Spielbahnen	Golfrasen für Spielbahnen mit drei Varianten gegliedert nach Lage und Bodenart
RSM 4.2 – Golfrasen	Golfrasen für Halbrauhes
RSM 5.1 – Parkplatzrasen	Schotterrasen, Gittersteine, u. ä.
RSM 6.1 – Extensive Dachbegrünung	Dachflächen mit Vegetationsschichten von ca. 10 – 15 cm Dicke
RSM 7.1.1 – Landschaftsrasen - Standard ohne Kräuter	In der freien Landschaft, für Rekultivierungsflächen, an Verkehrswegen und für extensiv benutzte und/oder gepflegte Flächen im öffentlichen und privaten Grün
RSM 7.1.2 – Landschaftsrasen - Standard mit Kräutern	In der freien Landschaft, für Rekultivierungsflächen, an Verkehrswegen und für extensiv benutzte und/oder gepflegte Flächen im öffentlichen und privaten Grün

Abb. 6.4.5/2. Regelsaatgutmischungen – Bezeichnung und Anwendungsbereiche – 1. Teil

Bezeichnung	Anwendungsbereich
RSM 7.2.1– Landschaftsrasen – Trockenlagen ohne Kräuter	In der freien Landschaft, für Rekultivierungsflächen, an Verkehrswegen und für extensiv benutzte und/oder gepflegte Flächen im öffentlichen und privaten Grün
RSM 7.2.2– Landschaftsrasen – Trockenlagen mit Kräutern	In der freien Landschaft, für Rekultivierungsflächen, an Verkehrswegen und für extensiv benutzte und/oder gepflegte Flächen im öffentlichen und privaten Grün
RSM 7.3.1– Landschaftsrasen – Feuchtlagen ohne Kräuter	In der freien Landschaft, an Verkehrswegen und für extensiv benutzte und/oder gepflegte Flächen im öffentlichen und privaten Grün
RSM 7.4.1– Landschaftsrasen – Halbschatten ohne Kräuter	In der freien Landschaft, an Verkehrswegen und für extensiv benutzte und/oder gepflegte Flächen im öffentlichen und privaten Grün.

Abb. 6.4.5/2. Regelsaatgutmischungen – Bezeichnung und Anwendungsbereiche – 2. Teil

neuesten Wissensstand entsprechen. Erscheinungsweise jährlich gegen Ende des Jahres.

Bezeichnung und Anwendungsbereiche siehe Abb. 6.4.5/2. Ansprüche an Klimaraum, Standort, Belastbarkeit, Pflege sowie Aussaatmenge siehe Abb. 6.4.5/3.

Zusammenstellung der Regelsaatgutmischungen mit Stand von 1994 s. Abb. 6.4.5/4. Bei der Anwendung beachten, daß sich der Wissensstand kontinuierlich verändert und in den Folgeausgaben Veränderungen eintreten können. Weiter sehen die Empfehlungen Spielräume vor, die eine Anpassung auf den jeweiligen Anwendungsfall oder die Marktlage bei Versorgungsschwierigkeiten ermöglichen soll. Es wird dringend empfohlen, die jeweils neueste RSM zu verwenden.

(3) Kräuterbeimischungen zu Rasensaatgutmischungen

Kräuterbeimischungen zu Gebrauchsrasen (RSM 2 + 3) sind möglich mit 0,2 % Saatgut von *Bellis perennis* und 0,2 % *Prunella vulgaris* zu Lasten von *Festuca rubra* ssp. *commutata*.

(4) Artenreiche wiesenähnliche Vegetationsflächen: Derartige Vegetationsflächen sind in ihrer Zusammensetzung abhängig von

Boden,

Klima,

Aussaatmischung,

bodenbürtigem Saatbestand,

Schnitthäufigkeit und -zeitpunkt,

Nährstoffen im Boden.

Verzicht auf Düngung ist die wichtigste Voraussetzung für einen artenreichen Bestand. Außerdem sind nur 1 bis max. 3 Schnitte, in der Regel mit Entfernen des Aufwuchses, durchzuführen.

	RSM																	
	1.1	2.1	2.2	2.3	2.4	3.1	3.2	4.1	4.2	4.3	4.4	4.5	5.1	6.1	7.1	7.2	7.3	7.4
Klimaraum																		
ohne Einschränkung	*			*	*	*	*	*	*	*	*	*	*	*	*		*	*
alle Lgen außer trockene		*																
maritimer Raum, Höhenlagen																		
und Voralpenraum																		
Trockenräume, insbes.																		
binnenländische			*															
bis 1.000 m über NN				*														
binnenländischer Raum																*		
Standort																		
ohne Einschränkung	*		*			*	*	*	*	*	*		*	*				
frische bis feuchte Böden		*																
feuchtere Böden																		
trockene Lagen			*											*				
alle Lagen, außer extrem trockene,																		
alkalische, nasse, schattige															*			
alle Lagen, außer extrem nassen																		
und nährstoffreichen Böden					*													
extreme Trockenlagen auf																		
alkalischen Böden Süd-, Steil-																		
und hohe Böschungen, Rohböden																*		
staunässegefährdete Lagen																	*	
lichter Halbschatten																		*
Belastbarkeit																		
gering	*																	
gering bis mittel		*	*											*				
mittel				*	*													
mittel bis hoch																		
hoch, ganzjährig						*	*											
Pflegeansprüche																		
sehr hoch	*							*	*	*								
hoch	*																	
mittel				*								*						
mittel bis hoch						*	*				*							
gering															*			
gering bis hoch		*	*															
gering bis mittel														*				
gering bis sehr gering					*											*	*	*
Aussaatmenge (g/m²)	25	25	25	25	10-15	25	30	5/25	25	25	30/25	25	25/35	5	20	20	20	20

Abb. 6.4.5/3. Ansprüche und Aussaatmenge der Rasentypen nach RSM

Gräserarten	Mischungsanteil in Gewichts-%					
	Regelsaatgutmischung (RSM) Nr.					
	1.1	1.2	2.1	2.2	2.3	2.4
Agrostis gigentea Spielraum						
Agrostis capillaris Spielraum Mindesteignung	15 10-20 6		5 5 6			5 5 5
Anthoxanthum odoratum Spielraum						
Agrostis stolonifera Spielraum Mindesteignung	(15) (10-20) 6					
Brachypodium pinnatum Spielraum						
Bromus erectus Spielraum						
Cynosurus cristatus Spielraum Mindesteignung						5 5
Deschapsia flexuosa Spielraum						
Festuca arundinacea Spielraum Mindesteignung						
Festuca rubra commutata Spielraum Mindesteignung	30 20-40 6	40 30-50 6	40 30-50 6	25 15-35 6	20 10-30 6	15 10-20 6
Festuca rubra rubra Spielraum Mindesteignung	25 15-35 4	30 15-35 4	10 5-15 4	10 5-15 4	10 5-15 4	28,5 20-40 4
Festuca rubra trichophylla Spielraum Mindesteignung	30 20-40 6	30 20-40 6	10 5-15 6	10 5-15 6	10 5-15 6	15 10-20 6
Festuca ovina Spielraum Mindesteignung						11 5-15 5
Festuca ovina duriuscula Spielraum Mindesteignung				15 10-20 6		

Abb. 6.4.5/4.   Regelsaatgutmischungen ohne Golfrasen (Stand 1994) – Teil 1

3.1	3.2	5.1/1	5.1/2	6.1	7.1.1/2*)	7.2.1/2*)	7.3.1	7.4.1
							10 5-15	
				2 2	10 5-15 5			5 5 6
				5 2-8				
						5 0-5		
						5 0-5		
								5 5
			50 40-60 5					
	10 0-20 6-9			10 5-15	20 10-30 6	10 5-15 6	20 15-25 6	10 5-15 6
	20 10-30 4-9	10 5-15 4			10 5-15 4	10 5-15 4	15 10-20 4	10 5-15 4
	5-9	10 5-15 6	10 5-15 6	3 3-15	10 5-15 6	10 5-15 6	15 10-20 6	15 10-20 6
								20 15-25 6
				10 5-15	35 25-45 6	55 45-65 6	20 15-25 6	

Abb. 6.4.5/4. Regelsaatgutmischungen ohne Golfrasen (Stand 1994) – Teil 2

Gräserarten	Mischungsanteil in Gewichts-%					
	Regelsaatgutmischung (RSM) Nr.					
	1.1	1.2	2.1	2.2	2.3	2.4
Festuca ovina tenuifolia Spielraum						
Lolium perenne Spielraum Mindesteignung					20 15-25 7	
Lolium perenne Spielraum Mindesteignung					10 5-15 6	
Poa compressa Spielraum						
Poa pratensis Spielraum Mindesteignung			25 15-35 7	25 15-35 7	20 10-30 7	15 5-20 5
Poa pratensis Spielraum Mindesteignung			10 5-15 6	15 10-20 6	10 5-15 6	
Poa pratensis Spielraum Mindesteignung						
Poa nemoralis Spielraum						
Poa trivialis Spielraum						2 2
Kräuter nach RSM *)						* * *
Achillea millefolium Spielraum						
*) Kräuter siehe Abb. 6.4.5/4.1						

Abb. 6.4.5/4. Regelsaatgutmischungen ohne Golfrasen (Stand 1994) – Teil 3

Neben den in den RSM 7.1–4 aufgeführten Kräutern und Leguminosen sind noch die in 6.4.5/5 aufgeführten Gräser, Leguminosen und Kräuter aussaatwürdig.

Aussaatmenge: 5 g/m², dabei soll nach WOLF der Gräseranteil die Hälfte nicht überschreiten. Zurückhaltung in den Kräuteranteilen ist ratsam.

3.1	3.2	5.1/1	5.1/2	6.1	7.1.1/2*)	7.2.1/2*)	7.3.1	7.4.1
				10 5-15				20 15-25
25 20-30 7	85 80-100 6	40 30-50 7	10 5-15 7		5 3	10 5-15 3	10 5-15 3	15 10-20 3
15 10-20 6								
				3 3				
25 15-35 7	15 0-20 6	38 28-48 7	28 20-40 7	15 10-20	10 5-15 3			15 10-20 3
20 10-30 6								
15 10-20 6								
								10 5-15
							10 5-15	
				***				
		2	2					

Abb. 6.4.5/4. Regelsaatgutmischungen ohne Golfrasen (Stand 1994) – Teil 4

6.4.6   Ansaat

(1) Vorbereitung Saatbett siehe 6.2.8.6.

(2) Ansaatzeitpunkt:
Voraussetzung für gleichmäßiges und zügiges Keimen sind Bodentemperaturen $> 8\,°C$ und ausreichende Bodenfeuchte. Diese liegen in der Regel von Mai bis September vor. Früh- oder Spätsaaten können zu unerwünschten Verschiebungen der Artenzusammensetzungen zugunsten von Arten mit geringerer Keimtemperatur, insbesondere *Lolium,* führen.

Art	Mischungsanteil in Gewichts-%		
	RSM 2.4	RSM 7.1.2	RSM 7.2.2
Achillea millefolium	0.1	0.2	0.2
Bellis perennis	0.2		
Centaurea jacea		0.2	0.1
Centaurea scabiosa			0.1
Daucus carota		0.1	0.1
Dianthus deltoides	0.5		
Galium mollugo		–	0.1
Galium verum	0.4	0.1	0.1
Leontodon species	0.4	0.1	0.1
Leucanthemum vulgare	0.2	0.3	0.2
Lotus corniculatus	0.2	0.2	0.2
Medicago lupulina		0.1	0.2
Onobrycis viciifolia			0.8
Pimpinella saxifraga		0.1	0.1
Plantago lanceolata		0.1	0.1
Plantago media	0.3		
Prunella vulgaris	0.7		
Ranunculus bulbosus	0.2		
Salvia pratensis			0.2
Sanguisorba minor		0.1	0.1
Thymus pulegioides	0.3		

Abb. 6.4.5/4.1. Kräuter zu RSM 2.4, 7.1.2 und 7.2.2

Art		Standorteignung
Anthoxanthum odoratum	Ruchgras	Lehmboden, stark – mäßig sauer trocken – frisch
Trisetum flavescens	Goldhafer	Lehmboden, stark sauer, trocken
Cynosurus cristatus	Kammgras	Frische Böden
Briza media	Zittergras	Trockene, saure Böden
Veronica chamaedrys	Gamander-Ehrenpreis	Alle Böden
Knautia arvensis	Ackerwitwenkraut	Alle frischen Böden
Crepis biennis	Wiesenpippau	Alle Lehmböden, frischer Kalkboden
Tragopogon pratensis	Wiesenbocksbart	Alle Lehmböden, frischer Kalkboden
Heracleum sphondylium	Bärenklau	Alle Lehmböden, frischer Kalkboden
Campanula glomerata	Knäuelglockenblume	Frischer Lehmboden, Kalkböden
Campanula rotundifolia	Rundblume – Glockenblume	Trockene Lehm-, Kalk- und trockene – frische Sandböden
Anthyllis vulneraria	Wundklee	Kalkböden
Carum carvi	Wiesenkümmel	Frische Lehm- und Kalkböden
Lychnis flos-cuculi	Kuckuckslichtnelke	Frische Lehm- und Sandböden
Hypericum perforatum	Johanniskraut	Trockene Lehm- sowie trockene – frische Sandböden
Hypochoeris radicata	Ferkelkraut	Trockene Lehm- sowie trockene – frische Sandböden
Armeria elongata	Grasnelke	Trockene – frische Sandböden

Abb. 6.4.5/5. Aussaatwürdige Gräser, Leguminosen und Kräuter zusätzlich zu den Arten nach RSM 7.1 – 4 aufgeführten Gräsern (Quelle: G. Wolf, AID-Broschüre Nr.155 "Die Blumenwiese")

(3) Saatvorgang: Saatgut gleichmäßig ausbringen und flach (nicht tiefer als 1 cm) einarbeiten. Entmischungen während des Transportes und Saatvorganges z. B. durch Verwendung geeigneter mischender Rasenbaumaschinen vermeiden. Bei sehr unterschiedlichen Korngewichten in der Saatgutmischung wird gelegentlich in zwei gekreuzten Saatvorgängen eingesät. Großkörnigen Kräuter- oder Leguminosensamen gesondert ausbringen. Saattiefe bei bindigen feinteilreichen Böden 0–0,5 cm, bei sehr durchlässigen Böden auch bis zu 2 cm. Andrücken bei durchlässigen Böden besonders wichtig, bei bindigen Böden i. d. R. nicht erforderlich bzw. sogar schädlich.

6.4.7   Verlegen von Fertigrasen

(1) Vorbereitung Saatbett s. 6.2.8.6. Eine zusätzliche Stickstoffdüngung kurz vor dem Verlegen fördert das Verwurzeln.

(2) Zeitpunkt: Kann zu jeder Zeit, ausgenommen Frost oder gefrorener Boden, verlegt werden. Gesichertes Anwachsen jetzt aber Bodentemperaturen von $> 6\,°C$ voraus. Hohe Sommertemperaturen behindern auch das Anwachsen, da statt Wurzelbildung nur Längenwachstum stattfindet.

(3) Verlegevorgang: Oberflächengleich und engfugig mit versetzter Fuge verlegen, andrücken und wässern, Fugen gegebenenfalls verfüllen.

(4) Sichern: Bei Böschungsneigungen steiler als 1 : 1,5 Rasenstücke mit mindestens zwei Rasennägeln/m^2 befestigen, mindestens jedoch jedes Einzelstück. Rasennägel ca. 20 cm lang.

6.4.8   Fertigstellungspflege

Der Rasen wird durch die Fertigstellungspflege zu einem abnahmefähigen Zustand geführt.

6.4.8.1   Abnahmefähiger Zustand

Abnahmefähig ist eine Rasenfläche zu dem Zeitpunkt, an dem ein Zustand erreicht ist, der die gesicherte Weiterentwicklung bei entsprechender weiterer Pflege ermöglicht.

Abnahmefähiger Zustand:

(1) Zier-, Gebrauchs- und Strapazierrasen
gleichmäßiger Bestand in Wuchs und Verteilung,
projektive Bodendeckung der geschnittenen Fläche ca. 65 %,
letzter Schnitt vor der Abnahme nicht länger als eine Woche zurückliegend;

(2) Landschaftsrasen (Extensivrasen)
möglichst gleichmäßiger Bestand in Wuchs und Verteilung,
projektive Bodendeckung der geschnittenen Fläche ca. 50 %,
wobei bei höchstens 30 % der Fläche auch der geringere Deckungsgrad von 40 % zulässig ist, bodenbürtige nicht störende Kräuter und Gräser können dabei berücksichtigt werden,
letzter Schnitt vor der Abnahme nicht länger als zwei Wochen zurückliegend,
Ansaaten auf besonders extremen Standorten können andere Abnahmebedingungen erfordern;

(3) Ansaaten von Vor- und Zwischenbegrünungen sowie Rasenansaaten, bei denen eine Fertigstellungspflege nicht vorgesehen ist
gleichmäßiges Auflaufen;

(4) Fertigrasen
gleichmäßig und nicht abhebbar verwurzelt,
letzter Rasenschnitt nicht länger als eine Woche zurückliegend.

6.4.8.2 Leistungen der Fertigstellungspflege

Diese Leistungen sind keine Nebenleistungen, sondern als Hauptpositionen und gegebenenfalls als Bedarfspositionen in das Leistungsverzeichnis aufzunehmen. Der Umfang ist u. a. abhängig vom Rasentyp, den örtlichen Verhältnissen und der Jahreszeit.

(1) Beregnen. Keimen verlangt ausreichende Feuchtigkeit. Fehlende Feuchtigkeit ist durch bedarfsgerechtes Beregnen zu ersetzen.
Bedarf:
während der Keim- und Auflaufphase etwa 4 Gaben/Woche von 5 l/m^2,
Wachstumsphase bis zum 2. Schnitt 1 bis 2 Gaben/Woche von ca. 10 l/m^2,
Wachstumsphase nach 3. Schnitt 1 Gabe/Woche von 15–20 l/m^2.
Bedarfsposition nach m^2 ist sinnvollerweise vorzusehen.

(2) Düngen. 5 g/m^2 Stickstoff (Rein-Stickstoff) in geeigneter Form nach dem ersten Schnitt sollte für Zier-, Gebrauchs-, Strapazier- und Landschaftsrasen mit Sicherungsfunktion vorgesehen werden. Das Begrünungsziel, wie z. B. wiesenähnliche Vegetationsflächen auf abgemagerten Standorten, kann eine solche Düngung unter Beachtung veränderter Festlegung des »abnahmefähigen Zustandes« ausschließen.

(3) Mähen. Mähen leitet die Bestockung ein und fördert die Narbenbildung. Anzahl der Schnitte, mit denen ein abnahmefähiger Zustand erreicht werden kann, die Wuchshöhe, zwischen der die Schnitte vorgenommen werden sollen und die max. Schnitthöhe s. Abb. 6.4.8/1. Eine Anpassung der Werte an den jeweiligen Rasentyp ist dabei erforderlich.
Das Schnittgut darf auf der Fläche verbleiben, sofern es nicht verklumpt und damit das darunterliegende Gras schädigt.

Rasentyp	Anzahl der Schnitte	Wuchshöhe (cm)	Schnitthöhe (cm)
Zierrasen	6		
Gebrauchsrasen	6		
Strapazierrasen	6	6 – 10	4
Extensivrasen	≥ 1		ca. 10
Fertigrasen	4	6 – 10	4

Abb. 6.4.8/1. Anzahl der Schnitte, Wuchshöhe und Schnitthöhe während der Fertigstellungspflege

6.4.9 Prüfungen

6.4.9.1 Vorprüfungen

Leistung des Auftraggebers im Rahmen der Planung mit dem Ziel,
die Art der Bodenarbeiten,
die geeignete Saatgutmischung und
die Maßnahmen der Fertigstellungspflege festzulegen.
Dabei sind zu berücksichtigen:
das vorgesehene Begrünungsziel,
die vorgesehene Nutzung,
die mögliche Unterhaltung und der Standort.

6.4.9.2 Eignungsprüfungen

Auf Anforderung hat der Auftragnehmer die Kopie der Mischungsgenehmigung mit der Mischungsnummer der zuständigen Anerkennungsstelle vorzulegen, wenn die erforderliche Saatgutmenge für die Einzelmaßnahme 30 kg überschreitet.

6.4.9.3 Kontrollprüfungen

(1) Kontrolle bei Saatgutanlieferung:
Kennzeichnung,
Verschluß,
im Zweifel Rückstellprobe, genommen von »amtlichem Probenehmer« und Überprüfung von Reinheit, Keimfähigkeit und Fremdartenbesatz.
(2) Kontrolle Fertigrasen:
Zusammenhalt,
Zusammensetzung der Arten und Unkrautbesatz,
Bodenbeschaffenheit,
im Zweifel Überprüfung der Bodenbeschaffenheit nach DIN 18915.
(3) Kontrolle bei Abnahme:
projektive Bodendeckung,
Artenzusammensetzung unter Beachtung des unterschiedlichen Entwicklungsverhaltens,
Gleichmäßigkeit nach Wuchs und Verteilung,
Fremdartenbesatz,
Abhebbarkeit bei Fertigrasen.

6.5 Pflege/Unterhaltung von Vegetationsflächen

6.5.1 Normen und Richtlinien

(1) DIN 18919 Vegetationstechnik im Landschaftsbau, Entwicklungs- und Unterhaltungspflege von Grünflächen.
(2) ZTV Baumpflege (Zusätzliche Technische Vorschriften und Richtlinien für Baumpflege und Baumsanierung).
Forschungsgesellschaft Landschaftsentwicklung Landschaftsbau e.V.

6.5.2   Pflegeziele

Zur Festlegung der individuellen Pflegeleistungen sind im Rahmen von Voruntersuchungen die Pflegeziele zu definieren. Dabei sind zu berücksichtigen:
der derzeitige Entwicklungsstand,
der Standort,
die vorgesehene Nutzung,
der angestrebte Zustand,
andere Einflüsse der Vegetation.

6.5.2.1   Entwicklungspflege

Sie schließt sich an die Fertigstellungspflege an und beginnt daher nach der Abnahme einer vegetationstechnischen Begrünungsmaßnahme. Da zu diesem Zeitpunkt das Begrünungsziel noch nicht erreicht worden ist, z. B. geschlossene belastungsfähige Grasnarbe, artenreiche standortangepaßte Wiese, Sichtschutzpflanzung, geschlossene Bodendecke, Trocken-/Feuchtbiotop, Sicherungsfunktion gegen Erosion u. a., soll durch gezielte Pflegemaßnahmen das Planungsziel erreicht werden.

6.5.2.2   Unterhaltungspflege (Erhaltungspflege)

Nach Erreichen des Planungszieles soll durch gezielte Pflegemaßnahmen oder -eingriffe der Sollzustand erhalten werden.

6.5.3   Pflegeleistungen für Pflanzflächen

6.5.3.1   Bodenpflege

Sie umfaßt Maßnahmen, die geeignet sind, die baubedingten Störungen des Bodens zu beseitigen, die Gare zu fördern, unerwünschte Kraut- und Gräserkonkurrenz für Gehölze und Stauden zu beseitigen und Gehölz- und Staudenjungpflanzen ein zügiges Weiterwachsen zu ermöglichen. Maßnahmen nach Art und Umfang jeweils vereinbaren.

(1) Mulchen: Geeignet sind Rinden- und Holzhäcksel, Komposte, Stroh u. a. Andeckungsdicke ca. 2 cm. Weite C : N-Werte des Mulches mit Stickstoffausgleichsgaben kompensieren. Zum Mulchen gehört auch das Belassen von Laub in der Pflanzfläche.

(2) Lockern bei gleichzeitigem Säubern von unerwünschtem Aufwuchs. Abgetrennter Aufwuchs darf auf der Fläche verbleiben. Lockerungstiefe Gehölze bis 3 cm, Stauden bis 2 cm. Anhaltswerte für die Anzahl der Lockerungsgänge (keine Normwerte):
Entwicklungspflege $\geq$ 6 (Freie Landschaft 1–2),
Erhaltungspflege 0–6.

(3) Beseitigen unerwünschten Aufwuchses durch gezieltes Ziehen (z. B. bei Mulchflächen) oder Freimähen. Gezogener oder gemähter Aufwuchs verbleibt als Mulch auf der Fläche. Schnitthöhe 6–10 cm.

(4) Beseitigen unerwünschten Aufwuchses durch chemische Mittel ist in der Regel untersagt. Nur nach Vereinbarung zulässig.

6.5.3.2   Düngung

Standortgerechte Pflanzungen in der Landschaft oder landschaftsähnlicher Verwendung benötigen keine Düngung. Gezielte Düngung erforderlich bei Zierpflanzungen, wie z. B. Polyantharosen, Stauden, Sommerblumen und bei anderne Gehölzflächen gegebenenfalls während der Entwicklungspflege, um das Planungsziel schneller zu erreichen.

Hilfen für Düngermengen bei Pflanzflächen s. Abb. 6.5.3/1.

Art	g/m^2 x Jahr			
	N	P_2O_5	K_2O	MgO
Beetstauden Stauden starkzehrend	6 – 10	4 – 6	6 – 8	0,8 – 1,2
Beetbepflanzung Stauden schwachzehrend	4 – 6	2 – 4	4 – 6	0,6 – 0,8
Gehölze/Bäume Bodendecker, Ziergehölze	6 – 8	3 – 4	6 – 8	0,8 – 1,0
Landschaftsgehölze	0 – 6	0 – 4	0 – 6	0,0 – 0,8
Rosen	8 – 16	6 – 10	8 – 16	1,0 – 2,0

Abb. 6.5.3/1.   Düngermengen für Gehölz- und Staudenflächen

6.5.3.3   Pflanzenschnitt

Pflanzenschnitt nur auf die vegetationstechnischen Notwendigkeiten beschränken. In Pflanzungen mit zu geringen Pflanzabständen, bei denen sich die Pflanzen gegenseitig beeinträchtigen, Pflanzen entfernen statt Pflegeschnitt. Schnittgut ist zu entfernen. Schnittstellen über 3 cm Durchmesser sind mit Wundbehandlungsmittel zu behandeln, ausgenommen Pflanzen, die auf Stock gesetzt werden. Natürliche Wuchsform erhalten.

(1) Ausputzen: Entfernen von abgeblühten und abgestorbenen Teilen von Schmuckstauden, Beetrosen und Sommerblumen.

(2) Verjüngen: Abgeblühtes Altholz bei an einjährigem Holz blühenden Ziersträuchern *(Buddlea davidii, Calluna vulgaris, Erica herbacea, Hydrangea paniculata, Hypericum calycinum, Hypericum patulum, Spiraea × bumalda)* sowie an zweijährigem Holz blühenden Ziersträuchern zur Verbesserung der Blühfähigkeit herausnehmen. Dazu gehört auch das Einkürzen von Beetrosen im Herbst und der Rückschnitt auf 3–5 Knospen je Trieb.

(3) Auslichten: Entfernen von Teilen des Gehölzes unter Wahrung des Wuchs-charakters.

(4) Auf Stock setzen: Totalrückschnitt bis maximal 20 cm Höhe. Üblich zur Unterdrückung von Pioniergehölzen oder zur generellen Verjüngung eines Bestandes.

(5) Heckenschnitt: Rückschnitt entsprechend dem Zuwachs unter Erhaltung der gewünschten Form.

6.5.3.4   Wässern

Besondere Leistung nach Bedarf und Vereinbarung.

6.5.3.5   Laubbeseitigung

Laub soll im Regelfall auf den Pflanzflächen verbleiben.

6.5.3.6   Reinigung

Umfang der Reinigung nach Art des Unrates und Häufigkeit sind zu verein-baren.

6.5.3.7   Unterhaltung von Schutzeinrichtungen

Überwachung im Rahmen der Normalpflege, erforderliche Leistungen geson-dert vereinbaren.

6.5.3.8   Pflanzenschutz

Überwachung auf Befall im Rahmen der Normalpflege, Leistungen gesondert vereinbaren.

6.5.3.9   Winterschutzmaßnahmen

(1) Abdecken mit Laub, Tannengrün u. ä.,

(2) Einbinden bei Hochstammrosen,

(3) Anhäufeln von Rosen,

(4) Durchdringendes Wässern bei Immergrünen,

(5) Herausnehmen von frostempfindlichen Knollen und Zwiebeln und frost-freies Lagern.

Art und Umfang der Leistungen jeweils vereinbaren.

6.5.4   Pflegeleistungen bei Rasen und wiesenähnlichen Flächen

Für die Entwicklung von Rasen oder wiesenähnlichen Flächen sind Art und Umfang der Pflegemaßnahmen entscheidend. Häufig sind mehrere Pflege-jahre erforderlich, um das erwartete Ziel zu erreichen. Durch Änderung der Maßnahmen verändert sich der Bestand oft in relativ kurzer Zeit. Bei wiesen-ähnlichen Flächen spielen insbesondere der Nährstoffvorrat des Bodens, die sonstigen Standortbedingungen (trockener, feuchter, wechselfeuchter Stand-ort u. a.), der Zeitpunkt und die Häufigkeit des Mähens, die Behandlung des Schnittgutes (entfernen, auf der Fläche belassen, Heuen) und die mechani-sche Belastung z. B. durch Bespielen oder Lagern eine Rolle.

Art	Anzahl	Zeitpunkt	Gerät
Zierrasen	30 – 60	nach Bedarf	Spindelmäher
Gebrauchsrasen	8 – 20	nach Bedarf	Spindelmäher
Strapazierrasen	12 – 30	nach Bedarf	Spindelmäher
Extensivrasen			
Saum	0 – (1)	Frühjahr	Schlegelmäher
Feuchtwiese	1	September	Kreiselmäher [1]
Röhricht/Flutrasen	(1)	Winter	Schlegelmäher
Wiese	2	Juni/Juli	
		September	Kreiselmäher [1]
			Mähbalken
	1	September	Kreiselmäher [1]
			Mähbalken
Magerrasen	1 – (2)	(Juli)	
		September	Schlegelmäher [1]
	1	März	Schlegelmäher
( ) nur bei Bedarf [1] Mähgut abfahren			

Abb. 6.5.4/1. Schnitthäufigkeit, -zeitpunkt und -gerät

6.5.4.1 Mähen

Häufigkeit, Zeitpunkt, geeignetes Gerät und Notwendigkeit der Mähgutabfuhr s. Abb. 6.5.4/1.
Schnitthöhen s. Abb. 6.5.4/2.

Rasentyp	Schnittzeitpunkt zwischen cm	Schnitthöhe (cm)
Zierrasen	3 – 6	2,0
Gebrauchsrasen	6 – 10	3,0 – 4,0
Strapazierrasen	6 – 8	3,5 – 4,0
Extensivrasen		6,0 – 10,0

Abb. 6.5.4/2. Schnitthöhen für Rasen und wiesenähnliche Flächen

6.5.4.2 Düngen

Hinweise für geeignete Düngermengen s. Abb. 6.5.4/3. Bei Anwendung von P_2O_5 die Bevorratung des Bodens und die Jahresstickstoffmenge berücksichtigen. Die Kalimenge soll in Abhängigkeit vom Tongehalt und Kalivorrat des Bodens etwa 40 bis 60 % der jährlichen Stickstoffgabe entsprechen. Werden Gebrauchsrasen nicht regelmäßig gedüngt, sind gegebenenfalls Erhaltungsdüngungen durchzuführen.

Rasentyp	Düngermenge in g/m² x Jahr		
	Stickstoff Rein-N	Phosphor P_2O_5	Kali K_2O
Zierrasen	15 – 30	0 – 8	0 – 16
Gebrauchsrasen	6 – 20	0 – 8	0 – 16
Strapazierrasen	15 – 30	0 – 8	0 – 16
Extensivrasen	0 – 10	0 – 8	0 – 16

Abb. 6.5.4/3. Anhaltswerte für die Düngung von Rasen

Verätzungen und Versickerungen ins Grundwasser durch Einzelgaben zwischen 4 bis 5 g/Nm² verhindern. Bei Langzeitstickstoff kann Einzelgabe erhöht werden. Der pH-Wert soll zwischen 5,0 und 7,5 liegen.

6.5.4.3 Wässern

Menge und Zeitpunkt je nach Bedarf vereinbaren, keine Nebenleistung. Wassermenge je Arbeitsgang etwa 20 l/m², mindestens jedoch 10 cm die Rasentragschicht durchfeuchtend.

6.5.4.4 Laubentfernung

Bei Zier-, Gebrauchs- und Strapazierrasen erforderlich, bei Landschaftsrasen oder wiesenähnlichen Flächen kann Laubentfernung von Fall zu Fall notwendig sein. Zeitpunkt, Art der Beseitigung und Anzahl der Arbeitsgänge vereinbaren.

6.5.4.5 Reinigen

S. 6.5.3.6.

6.5.4.6 Senkrechtschneiden (Verticutieren)

Maßnahme zum Entfernen von Rasenfilz, vorwiegend bei Strapazierrasen. Vor Wachstumsschüben im Frühjahr oder Sommer bei abgetrockneter und tiefgeschnittener (2 cm) Grasnarbe bis max. 0,3 cm in die Rasentragschicht eindringend durchführen. Filz entfernen, gegebenenfalls mehrere Arbeitsgänge erforderlich.

6.5.4.7 Lüften (Aerifizieren)

(1) Schlitzen: Abstand der Schlitze dem Grad der Verdichtung anpassen, z. B. 15 cm. Arbeitstiefe von 10 cm ausreichend.

(2) Löchern: Lockern oberflächennaher Verdichtungen. Mindesttiefe 5 cm, Mindestdurchmesser 1 cm, mindestens 200 Löcher je m². Ausgeworfenen Boden entfernen bei Böden ab Bodengruppe 4 nach DIN 18 915.

6.5.4.8 Besanden

Vorbeugende oder begleitende Maßnahme zum Senkrechtschneiden oder Lüften. Ein bis mehrere Gaben im Laufe einer Vegetationsperiode von 2–3 kg/m².

Witterungsbeständige Sande 0/2 mm (max. 6 % Schluff, Feinsand zwischen 20 und 30 %.

6.5.4.9 Maßnahmen gegen unerwünschten Fremdartenbesatz und Moos

Verbesserungen der Standortbedingungen für die gewünschten Arten (Düngung, Wässerung, pH-Wert, Schnitthäufigkeit, Schnitthöhe, Belichtungsverhältnisse, u. a.) haben Vorrang vor mechanischen Maßnahmen wie z. B. Senkrechtschneiden.

Pflanzenschutzmittel nur unter Beachtung der ökologischen Gesichtspunkte nach Vereinbarung anwenden, insbesondere Belastungen des Grundwassers beachten.

6.5.4.10 Maßnahmen gegen Pilzkrankheiten

Verbesserung der Wuchsbedingungen. Anwendung von Pflanzenschutzmitteln s. 6.5.4.9. Breitbandfungizide vermeiden.

6.5.5 Prüfungen

6.5.5.1 Voruntersuchungen

Vorgehen:
Definieren des Pflege- oder Entwicklungszieles,
Beurteilung und Bewertung des Ausgangszustandes,
Festlegung der Einzelmaßnahmen,
Festlegung des abnahmefähigen Zustandes oder der Zwischenkontrollen nach einzelnen Arbeitsgängen.

6.5.5.2 Kontrollprüfungen

Visuelle Überprüfung der geforderten Leistungen auf Übereinstimmung mit den Festlegungen oder Wirksamkeit (z. B. Pflanzenschutzmaßnahmen) nach Durchführung der Einzelmaßnahmen oder am Ende der Vegetationsperiode.

6.6   Ingenieurbiologische Sicherungsbauweisen

6.6.1   Normen und Richtlinien

DIN 18918 Vegetationstechnik im Landschaftsbau, Ingenieurbiologische Sicherungsbauweisen (9/90),
DIN 19657 Sicherungen von Gewässern, Deichen und Küstendünen (1973) Richtlinie.
RLS Richtlinie für den Lebendbau an Straßen, Forschungsgesellschaft für das Straßenwesen (1971).

6.6.2 Vorbemerkungen

Eine Reihe von Begriffen bezeichnet etwa gleichsinnig den im folgenden Abschnitt behandelten Aufgabenbereich des Landschaftsbaus: Lebendbau, Grünverbau, Lebendverbau, Vegetationsbau, biologischer Uferschutz, Hangverbau und vor allem der von v. KRUEDENER geprägte, aber ursprünglich sehr viel umfassender gemeinte Begriff Ingenieurbiologie. In Anlehnung an DIN 18918 soll im weiteren die Bezeichnung »ingenieurbiologische Sicherungsbauweisen« verwendet werden.

Wir verstehen darunter die Verwendung von Pflanzen in Verbindung mit mechanisch wirkenden Schutzeinrichtungen zur Sicherung von Landschaftsbauwerken. Bei diesen Baumethoden handelt es sich immer um Vorsicherungen. Die Vegetation ist in der ersten Zeit nach der Ansiedlung nicht in der Lage, Schäden wie Bodenrutschungen oder Abspülungen in extremer Situation zu verhindern. Sie braucht selbst bis zum Wirksamwerden den Schutz der Faschine, des Geflechtes oder anderen Einrichtungen. Eine Besonderheit der Sicherungsbauweisen ist aber, daß aus der mechanisch wirkenden Vorsicherung selbst der biologische Dauerschutz erwachsen kann, besonders dort, wo geeignete Pflanzen, vor allem Weiden, verwendet werden. Weiden spielen wegen ihrer enormen Regenerationsfähigkeit eine überragende Rolle bei fast allen Bauweisen. Vorsicherungen, besonders tote, haben nur provisorischen Charakter. Ihre Funktion wird endgültig von der voll entwickelten, sich selbst erneuernden standortgerechten Vegetation übernommen. Damit fällt der Auswahl der für die Sicherungsbauweise geeigneten Pflanzen eine ganz besondere Bedeutung zu. Nicht nur die einwandfrei ausgeführte Baumaßnahme, sondern erst der verwurzelte, für den jeweiligen Standort geeignete Pflanzenbestand gewährleistet die Sicherheit des Objektes. Die Standorterkundung besonders hinsichtlich Boden, Klima und Erosionsgefahr ist entsprechend eine grundlegend wichtige Aufgabe.

In DIN 18918 wird der Einschätzung und Bewertung der Standortverhältnisse als Voraussetzung für die Wahl der geeigneten Bauweise ein besonderer Stellenwert eingeräumt. Insbesondere für die Sicherung durch Ansaaten (siehe 7.7.7.4) wird eine Hilfe zur Auswahl des Saatverfahrens und der Aufwandmenge für die einzelnen Stoffe angeboten (Tabelle 1 in DIN 19918).

Genau so wichtig für den Erfolg sind die direkten Vorarbeiten. Es geht hier um die Ermittlung der Schadensursachen und den Versuch, das Übel an der Wurzel zu heilen und nicht nur die Erscheinungsformen zu bekämpfen. Zu den Vorarbeiten zählen, besonders bei Hangsicherungen, die geregelte Wasserabführung, die Fußsicherung und die Kronenbereinigung.

Im folgenden sind die wichtigsten Sicherungsbauweisen im Grundsatz beschrieben. Veränderungen, besonders auch Kombinationen der Bauweisen sind häufig. Sie ergeben sich aus der örtlichen Situation. Überhaupt lassen sich für derartige Aufgaben selten allgemeingültige Rezepte aufstellen. Art und Umfang der einzusetzenden Sicherung werden von zu vielen Faktoren bestimmt.

Die Darstellung der Bauweisen folgt den DIN-Normen. Es werden die gebräuchlichen Bezeichnungen sowie die jeweiligen Nummern innerhalb der Normen aufgeführt: L = DIN 18918, W = DIN 19657.

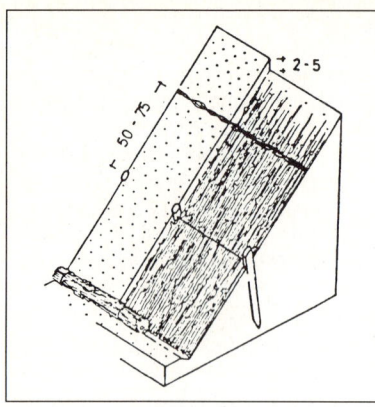

Abb. 6.6.3/1. Spreitlage

6.6.3 Lagenbau

6.6.3.1 Spreitlagen (L: 8.7., W: 5.6.3.3.; Abb. 6.6.3/1)

(1) Verwendung: Schnell wirksame Flächensicherung standfest geschütteter oder angerissener Böschungen, bes. von Böschungsfüßen, gegen Bodenerosion, Schutz von Uferböschungen gegen Wasserangriff und Wellenschlag.

(2) Material: Austriebsfähige, möglichst gerade, wenig verzweigte, junge Weidenruten. Länge nicht unter 120 cm.

(3) Herstellung: Die Weidenruten werden mit dem dicken Ende unten senkrecht oder am Wasser leicht schräg in Fließrichtung dicht nebeneinander mit ca. 50 % Bodenüberdeckung auf die planierte, mit Oberboden überzogene Fläche gelegt und im Abstand von max. 70 cm durch Holzpfähle und Draht, Faschinenwurst oder Zopfgeflecht fest angedrückt. Das untere Ende wird sorgfältig gesichert: Die Ruten werden in den Boden gestoßen und mit Faschine oder Steinpackung abgedeckt. Bei langen Böschungen können mehrere Spreitlagen mit jeweils 30 cm Überlappung übereinander angeordnet werden. Das Austreiben der Weidenruten wird durch geringe Übererdung gefördert.

(4) Vorteil: Die Zweiglagen sind sofort nach Herstellung als Flächenschutz wirksam. Sehr dichter und schneller Weidenaustrieb.

(5) Nachteil: Für die Herstellung ist wertvolles Rutenmaterial und sorgfältige Arbeit nötig. Bauzeit ist auf Winterhalbjahr beschränkt. Weidenaustrieb wird u. U. zu dicht. Nicht für instabile Böschungen geeignet.

(6) Ziel: Dichter, dauerhafter Weidenbestand. Weidenbusch am Wasser oder Pionierbestand für weitere Dauerbegrünung.

6.6.3.2 Rauhwehr (W: 5.5.1.1. u. 5.6.3.2.; Deckwerk, tote Spreitlage, Reisigdeckung, Astlage; Abb. 6.6.3/2)

(1) Verwendung: Vorübergehender, aber schnell wirksamer Schutz von Bodenoberflächen einschließlich junger Begrünungen gegen Wasserangriff (Wellenschlag, Abspülung).

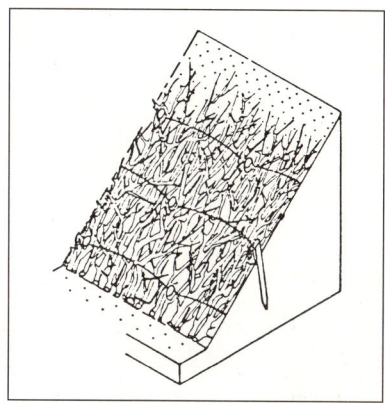

Abb. 6.6.3/2. Rauhwehr

(2) Material: Beliebiges Reisig in ganzen Ästen, auch Nadelholzzweige. Austriebsfähiges Weidenastwerk kann ausschließlich oder mit verwendet werden.

(3) Herstellung: Das Astwerk wird in 10 bis 20 cm dicker Lage und großer Dichte auf der planierten, u. U. mit Oberboden überzogenen Böschung ausgebreitet. Die Befestigung erfolgt mit Astgabeln oder besser mit Pfählen und Draht.

(4) Vorteil: Schnelle, einfache Herstellung, sofortiger Flächenschutz, beliebige Bauzeit, wenn kein Weidenaustrieb erwünscht.

(5) Nachteil: Nur schwacher Weidenaustrieb, Schutzwirkung durch Verrottung des toten Materials begrenzt. Weitere Dauersicherung ist notwendig. Nicht für Rutschhänge.

(6) Ziel: Standortgerechte Begrünung durch Ansaat, Pflanzung oder Weidensteckholz.

6.6.3.3 Buschlage (L: 8.4., W: 5.6.3.7; Abb. 6.6.3/3)

(1) Verwendung: Beruhigung und Festlegung von Steilböschungen mit Rutschtendenz. Stabilisierung von geschütteten Böschungen. Verhinderung von Bodenerosion.

(2) Material: Austriebsfähiges Weidenastwerk und anderes Reisig in möglichst sparrigen Ästen von mindestens 60 cm Länge.

(3) Herstellung:

a) in gewachsenem Boden: Aushub hangparalleler Terrassen von mind. 50 cm Breite mit bergseitigem Gefälle. Das Buschwerk wird kreuz und quer bis zu einer Stärke von 15 cm eingelegt, mit dem Aushub der nächsthöheren Terrasse verfüllt und gut festgetreten. Nach dem Einbau wird das herausragende Buschwerk auf ca. 10 cm Länge zurückgeschnitten. Abstand der Buschlagen je nach Rutschgefahr und Steilheit 150 bis 400 cm.

b) in Schüttböschungen: Lagenweiser Einbau des hier mind. 150 cm langen Buschwerks während des Schüttvorganges, sonst wie oben.

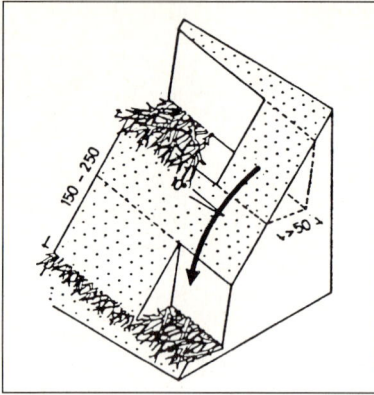

Abb. 6.6.3/3. Buschlage

(4) Vorteil: Das eng verzahnte Buschwerk bietet besten und sofort wirksamen Halt gegen Rutschungen und Erosion. Die flach eingelegten Weiden begrünen besonders üppig. Steinschlag kann dem Verbau wenig anhaben. Verwendung von geringwertigem Weidenmaterial.

(5) Nachteil: Bauzeit auf Winterhalbjahr beschränkt. Nur in Weichboden brauchbar, für felsdurchsetzten Boden ungeeignet.

(6) Ziel: Weidenaustrieb als Pionierbestand. Die Zwischenflächen werden standortgerecht eingesät oder (und) bepflanzt.

6.6.3.4   Heckenlage (L: 8.5, W: 5.6.4.3.)

(1) Verwendung: Wie Buschlagen, zugleich Herstellung der standortsgerechten Dauervegetation.

(2) Material: Bewurzelte Laubgehölze, mindestens 100 cm hoch.

(3) Herstellung: Wie Buschlagen. Auf den Terrassen werden mind. 5 Laubgehölze je m ausgelegt.

(4) Vorteil: Erosionsschutz wie bei Buschlagen, zugleich Dauerbegrünung.

(5) Nachteil: Beschränkte Artenauswahl, Zeitbindung an Pflanzzeit.

(6) Ziel: Standortsgerechter Dauerbestand.

6.6.3.5   Heckenbuschlage, gemischte Buschlage (L: 8.6., W: 5.6.4.4.)

(1) Verwendung: Wie Buschlage und Heckenlage.

(2) Material: Nicht-austriebsfähiges grobes Astwerk, auch Nadelholz, außerdem bewurzelte Laubgehölze mind. 100 cm hoch.

(3) Herstellung: Wie Buschlagen. Im Abstand von max. 100 cm werden die Laubgehölze auf die Terrassensohle gelegt, darüber wird das Buschwerk ausgebreitet.

(4) Vorteil: Überbrückung von Schwierigkeiten bei der Materialbeschaffung. Begrünung mit Pionier- und Dauergehölzen, sonst wie Buschlage.

(5) Nachteil: Beschränkte Artenauswahl, Zeitbindung an Pflanzzeit.

(6) Ziel: Standortgerechte Begrünung. Sie wird ergänzt durch Ansaat oder (und) Bepflanzung der Zwischenflächen.

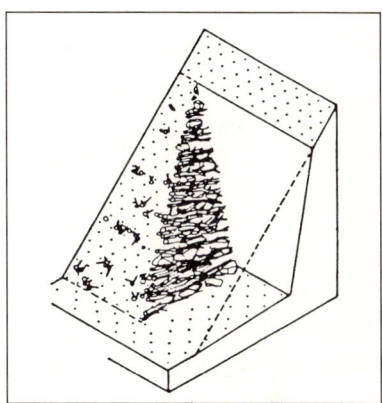

Abb. 6.6.3/4. Packfaschinat

6.6.3.6 Packfaschinat, Rauhpackung, Ast- und Zweigpackung
(W: 5.5.1.2.; Abb. 6.6.3/4)

(1) Verwendung: Ausfüllen von angerissenen Böschungsfüßen, auch im Bereich des fließenden Wassers.

(2) Material: Beliebiges grobes Reisig und Astwerk, auch austriebsfähige Weidenäste, außerdem Steine und Boden.

(3) Herstellung: Entsprechend der neuen Hangneigung (max. 1 : 0,75) werden totes Reisig mit starken Enden außen, Weidenäste mit starkem Ende innen lagenweise mit Erde und Steinen eingebracht. Jede Schicht wird verdichtet, auf Verzahnung der Schichten untereinander durch Astwerk ist zu achten. Federn der Packung zeigt ungenügende Ausfüllung der Hohlräume. Zusätzliche Verfestigung durch Verpfählung ist möglich.

(4) Vorteil: Einfache Herstellung mit geringwertigem Material. Sehr zäher, gegen Abspülung wirksamer Schutz. Gutes Wurzelbett für Gehölze.

(5) Nachteil: Durch Verrottung begrenzte Wirkung.

(6) Ziel: Begrünung durch Weidenaustrieb. Zusätzlich ist Steckholzbesatz oder Bepflanzung angebracht.

6.6.3.7 Buschbautraverse (Abb. 6.6.3/5)

(1) Verwendung: Beruhigung und Verlandung von Ausuferungen und Kolken. Festlegung der Mittelwasserlinie an Fließgewässern.

(2) Material: Weidenastwerk 100 bis 150 cm lang.

(3) Herstellung: Quer zur Fließrichtung wird bis zur vorgesehenen Uferlinie ein 30 bis 50 cm breiter und gleich tiefer Spaltgraben ausgeworfen. Der Aushub wird talwärts wallartig aufgefüllt. Die Weidenzweige werden in die Grabensohle gestoßen, sie liegen kreuz und quer an der Schräge, so daß eine gleichmäßig geschlossene Astwand entsteht. Der Graben wird mit Steinen, Boden oder auch Faschine ausgefüllt. Das strömungsseitige Ende der Traverse ist besonders zu sichern (Steinsatz, Pfähle).

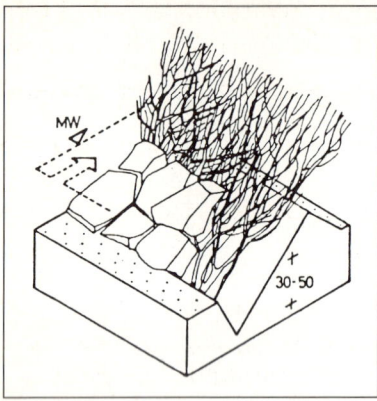

Abb. 6.6.3/5. Buschbautraverse

(4) Vorteil: Elastische Bauweise von großer Beanspruchbarkeit, fast ganzjähriger Einbau möglich.

(5) Nachteil: Nur trocken oder bei geringer Wassertiefe herstellbar.

(6) Ziel: Weidenbusch zur weiteren Anlandung und als standortgerechter Dauerschutz.

6.6.3.8   Lebender Steinsatz, lebende Steinschüttung (Abb. 6.6.3/6)

(1) Verwendung: Für kräftige Sicherungen auch steiler Böschungen oberhalb und unterhalb der Mittelwasserlinie an schnell-fließenden Gewässern oder sonst gefährdeten Ufern (Prallufer, Wellenschlag).

(2) Material: Austriebsfähiges, gut verzweigtes Weidenastwerk von mindestens 100 cm Länge, auch Weidensteckholz (Setzholz), Wasserbausteine und Boden.

(3) Herstellung: Wasserbausteine und Weiden werden miteinander so eingebracht, daß enge Verzahnung entsteht. Alle Hohlräume werden mit Fein-

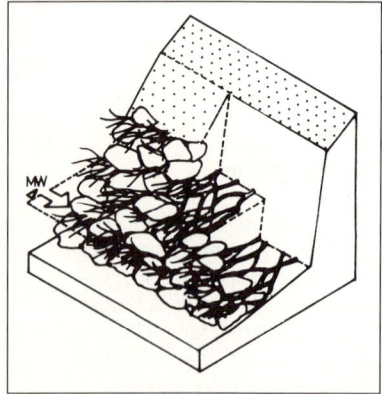

Abb. 6.6.3/6. Lebender Steinsatz

boden ausgefüllt. Die Weiden werden mit dem dicken Ende in den Boden gestoßen, etwa waagerecht ausgelegt und zu ca. 2/3 der Länge mit Steinen und Boden überdeckt.

(4) Vorteil: Einfache, sofort wirksame Bauweise. Verstärkung des Schutzes durch Weidenaustrieb.

(5) Nachteil: Bauzeit auf Winterhalbjahr beschränkt. Einbaustelle muß für schwere Fahrzeuge erreichbar sein.

(6) Ziel: Uferweidenbusch.

6.6.4   Faschinenbau

6.6.4.1   Faschinenwalze (W: 5.5.7.) (Faschine, Uferfaschine) (Abb. 6.6.4/1)

(1) Verwendung: Schutz von Uferböschungen in und unter der Mittelwasserlinie. Leitwerk und Wellenbrecher. Befestigung anderer Bauweisen am Böschungsfuß.

(2) Material: Möglichst langes, elastisches Astwerk beliebiger Gehölze, auch Nadelholz. Falls Weidenaustrieb gewünscht wird, müssen mindestens zur Hälfte Weiden beigemischt sein.

(3) Herstellung: Das Astwerk wird zu max. 500 cm langen 30 bis 50 cm dicken Walzen mit starkem Draht im Abstand von ca. 30 cm fest gewikkelt. Der Einbau erfolgt am Ufer etwa in der Mittelwasserlinie oder u. U. als Senkfaschine mit Steinfüllung auch unter Wasser. Die Befestigung erfolgt mit Pfählen vor oder in der Faschine. In der Mittelwasserlinie ist meist Weidenaustrieb erwünscht.

(4) Vorteil: Die vorgefertigten Faschinen können schnell und einfach verarbeitet werden. Bei Totfaschinen keine Zeitbindung.

(5) Nachteil: Hoher Materialverbrauch, begrenzte Haltbarkeit. Bei Lebendfaschinen ist der Austrieb unsicher. Beim Einbau unhandlich. Hinterspülungsgefahr.

(6) Ziel: Uferweidensaum, sonst vorübergehender Schutz. Weitere Begrünung (Steckholz, Gehölz- oder Röhrichtpflanzung ist nötig).

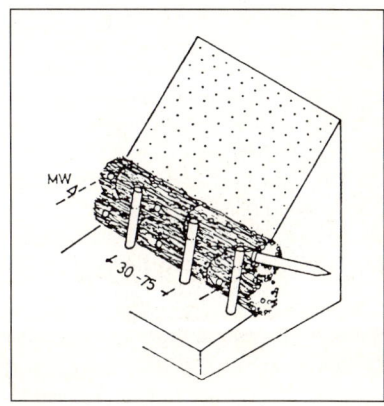

Abb. 6.6.4/1. Faschinenwalze

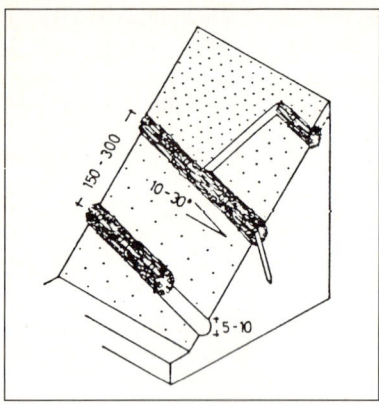

Abb. 6.6.4/2. Hangfaschine

6.6.4.2   Hangfaschine, Wippe (L: 4.1.4.4. u. 8.1.; W: 5.5.6. u. 5.6.3.1.;
Abb. 6.6.4/2)

(1) Verwendung:

a) Verhinderung von Erosionen und Festlegung von Oberbodenauftrag auf
steileren Böschungen ohne Hangwassergefahr.

b) Befestigung von Deckwerken, Spreitlagen u. ä. an Uferböschungen.

(2) Material: Wie bei Faschine, meist wird nicht-austriebsfähiges Astwerk verwendet.

(3) Herstellung: Das Astwerk wird zu einer 10 bis 15 cm starken, mind. 4 m
langen oder auch »endlosen« Wurst im Abstand von ca. 50 cm mit mind.
2 mm dickem Draht fest zusammengebunden. Die dicken Astenden sollen
innen liegen. Der Einbau an Böschungen erfolgt vor dem Oberbodenauftrag in flachen Gräben mit 10° bis 30° Schräge am Hang. Der Abstand
beträgt 150 bis 300 cm. Die Befestigung erfolgt durch Holz oder Eisen-
pfähle vor oder in der Faschine mit ca. 2 Stück je Meter. An der Faschine
wird der Boden angedrückt.

(4) Vorteil: Einfacher und schneller Einbau der vorgefertigten Wippen ohne
Zeitbindung. Großflächige Anwendung.

(5) Nachteil: Die Sicherung ist bei totem Material nach einigen Jahren verrottet. Für stärker gefährdete Böschungen ist sie zu schwach. Weidenaustrieb meist gering.

(6) Ziel: An Böschungen vorübergehender Schutz bei totem Material. Weitere
Begrünung ist zur Dauersicherung nötig. Am Ufer wird mit Weidenaustrieb
u. U. ein dauerhafter Weidensaum gewonnen.

(7) Anmerkung: Statt Faschinen können auch Bretter, Rohholzstangen,
Kunststoff-Bahnen, Jute-Gewebe oder ähnliches verwendet werden.

6.6.4.3   Dränfaschine, Sickerstränge (L: 8.2.; Abb. 6.6.4/3)

(1) Verwendung: Zeitlich begrenzte, gefahrlose Hang- und Sickerwasserab-
fährung an Böschungen. Entwässerung von Vernässungen.

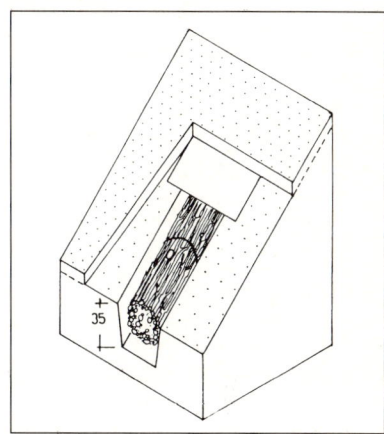

Abb. 6.6.4/3. Dränfaschine

(2) Material: Wie bei Faschine. Es wird nur totes Astwerk benutzt.

(3) Herstellung: Die Faschine wird in den vorbereiteten, steil bis senkrecht am Hang angelegten Graben vollständig versenkt und mit Holz- oder Eisenpfählen (2 bis 3 Stück je m) befestigt. Der Graben wird vor dem Oberbodenauftrag mit festem Papier oder Filtermatte abgedeckt. Günstig ist der Verlegung der Faschine auf ein Kiesbett und die Ausfüllung des Grabens mit Kies. Für eine einwandfreie Wasserabführung am Hangfuß ist zu sorgen.

(4) Vorteil: Einfache und schnelle Herstellung. Keine Unterbrechung der Böschungsfläche durch Bauwerke.

(5) Nachteil: Dränwirkung läßt nach einigen Jahren nach.

(6) Ziel: Standortgerechte Begrünung der Gesamtböschung.

6.6.4.4 Röhrichtwalze (W: 5.6.1.1.4.; Abb. 6.6.4/4)

(1) Verwendung: Uferschutz an kleineren und mittleren Fließgewässern gegen Strömung und Wellenschlag. Nur im unbeschatteten Bereich brauchbar.

(2) Material: Ballen und Soden von standortgerechten Röhricht- und Sumpfpflanzen.

(3) Herstellung: In Höhe der Mittelwasserlinie wird am Ufer ein ca. 40 cm tiefer und breiter Graben mit Pfählen (alle 100 cm) und Brettern zum Wasserlauf abgegrenzt. Im Graben werden – evtl. über Steinschüttung und Reisiglage – Maschendraht ausgelegt, Grobkies eingefüllt, darüber Röhrichtballen dicht gepackt. Der Maschendraht wird zu einer Walze zusammengezogen und verrödelt. Die Bretter werden gezogen, die Pfähle bis zur Wasserlinie eingeschlagen. Neben der Röhrichtwalze werden landseitig weitere Röhrichtballen ausgelegt. Die Walze ragt 5 bis 10 cm über die So-MW-Linie heraus.

(4) Vorteil: Sofort wirksamer Uferschutz, ganzjährige Bauzeit möglich, optimal März–April.

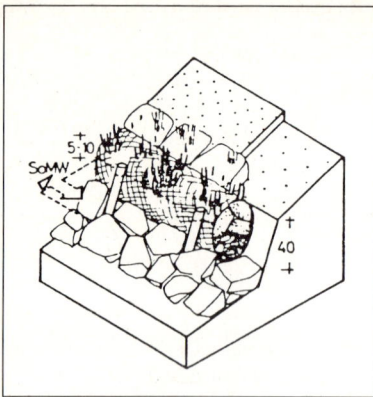

Abb. 6.6.4/4. Röhrichtwalze

(5) Nachteil: Sorgfältige Arbeit erforderlich. Großer Ballenbedarf.
(6) Ziel: Dauerhafter, regenerationsfähiger Röhrichtgürtel.

6.6.5   Flechtwerke, Geflechte (L: 8.3., W: 5.5.5.)

6.6.5.1   Zopfgeflecht, Flechtzopf (Abb. 6.6.5/1)

(1) Verwendung: Befestigung von Spreitlagen und anderen Deckwerken. Schutz gegen Bodenerosion und Oberbodenrutschung am Hang.
(2) Material: Austriebsfähige, möglichst über 150 cm lange, wenig verzweigte Weidenruten.
(3) Herstellung: Die Weidenruten werden im Abstand von 15 bis 30 cm fest, etwas schräg in den Boden gestoßen und am Boden dicht anliegend miteinander verflochten. Als Erosionsschutz wird der Flechtzopf in einer flachen Rille angelegt. Er wird abschließend völlig mit Boden überdeckt.
(4) Vorteil: Hohe Austriebskraft der flachliegend überdeckten Ruten.
(5) Nachteil: Nur lange Weidenruten brauchbar. Sorgfältiges Arbeiten ist nötig. Die mechanische Schutzwirkung ist gering.
(6) Ziel: Weidenbusch als Dauerschutz am Ufer, an Böschungen Vorsicherung für standortgerechte Begrünung.

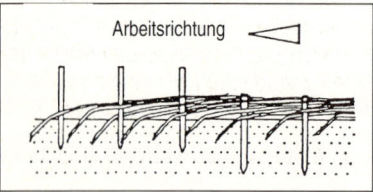

Abb. 6.6.5/1. Flechtzopf

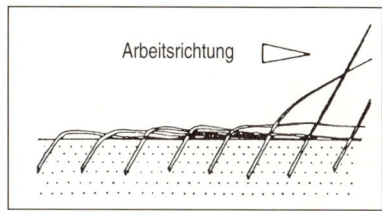

Abb. 6.6.5/2. Flechtzaun

6.6.5.2 Flechtzaun (Abb. 6.6.5/2)

(1) Verwendung: Schutz vor Erosion und Oberbodenrutschung am Hang. Ufersicherung in Mittelwasserhöhe an Fließ- und Stillgewässern.

(2) Material: Wie Flechtzopf. Auch nicht-austriebsfähige, elastische Zweige können verwendet werden.

(3) Herstellung: Im Abstand von ca. 50 cm werden mind. 60 cm lange Pfähle oder Eisenstäbe eingeschlagen. Die Ruten werden im Abstand von max. 50 cm fest in den Boden gestoßen und dicht übereinander wechselweise um die Pfähle gelegt. Es liegen 5 bis 7 Ruten übereinander. Die obersten Ruten werden befestigt (Nageln, Andrahten). Geflechthöhe am Ufer max. 50 cm, an Böschungen nicht höher als 15 cm. Dichter Bodenanschluß ist für den Weidenaustrieb erforderlich. Die Pfähle werden abschließend bis zur Geflechthöhe eingeschlagen.

(4) Vorteil: Sofort mechanisch wirksamer Schutz, der durch Weidenaustrieb Dauerwirkung erhält.

(5) Nachteil: Nur lange Ruten sind brauchbar, sorgfältige Arbeit ist nötig. Das Geflecht hält Steinschlag und tieferen Bodenbewegungen nicht stand.

(6) Ziel: Weidenbusch als Dauerschutz am Ufer oder an Feuchtstellen, Vorsicherung für standortgerechte Begrünung.

6.6.5.3 Diagonalgeflecht, Längsgeflecht, Rautengeflecht
(L: 8.3.; Abb. 6.6.5/3 + 4)

(1) Verwendung: Verhinderung von Erosion, Oberbodenrutschung und auch tiefergehenden Bodenbewegungen. Herstellung stabiler Ausgangslinien für die dauerhafte Begrünung.

(2) Material: Wie bei Flechtzaun.

(3) Herstellung: Wie Flechtzaun. Längs der Pfahlreihen werden flache Gräben zur Aufnahme der unteren Flechtlage ausgehoben. Das Geflecht wird in parallelen Streifen mit 10° bis 30° Neigung im Abstand von 100 bis 300 cm (1) oder kreuzweise (Diagonalverband) mit 30° bis 45° Neigung (2) angeordnet. Beim Diagonalverband werden die Eckpfosten verstärkt. Die Zwischenflächen werden mit Oberboden angedeckt; am Geflecht wird der Boden angedrückt. Alle Pfähle werden abschließend auf Geflechthöhe bzw. bodengleich eingeschlagen.

(4) Vorteil: Flächenhaft zusammenhängendes, sofort mechanisch wirksames Schutznetz.

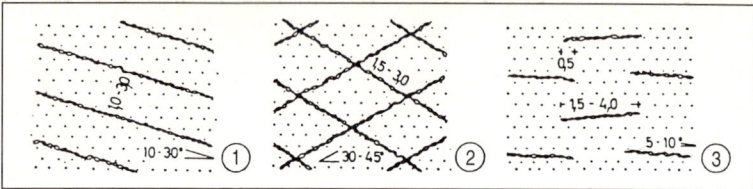

Abb. 6.6.5/3. Diagonalgeflecht und Stückgeflecht

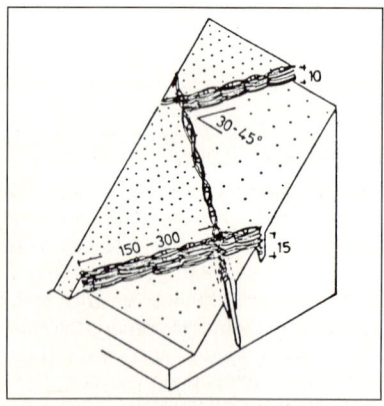

Abb. 6.6.5/4. Diagonalgeflecht

(5) Nachteil: Sorgfältiges Arbeiten ist wichtig. Der Weidenaustrieb ist häufig durch talseitiges Austrocknen der Ruten schwach. Die Pfahlreihe kann u. U. Bodenlockerung bewirken.

(6) Ziel: Weidenaufwuchs zur Unterstützung des mechanischen Schutzes für die standortgerechte Dauerbegrünung (Saat, Pflanzung).

6.6.5.4   Stückgeflecht, Flechtwerksstücke (Abb. 6.6.5/3 (3))

(1) Verwendung: Auf felsigem Gelände oder aus Ersparnisgründen unterbrochener Schutz gegen Erosion und Oberbodenrutschung.

(2) Material: Wie Flechtzaun oder Flechtzopf.

(3) Herstellung: Wie Flechtzaun oder Flechtzopf. Es werden Einzelstücke mit etwa 10° Neigung im Abstand von 100 bis 300 cm so angeordnet, daß die Enden um ca. 50 cm übergreifen. Der Bodenauftrag erfolgt flächig oder in Nestern. Der Boden wird hinter dem Geflecht angedrückt.

(4) Vorteil: Geringer Materialverbrauch. Anpassung an die Geländeverhältnisse besonders bei Felspartien.

(5) Nachteil: Wie bei anderen Geflechten. Die Sicherungen hängen nicht zusammen. Geringer Weidenaustrieb.

(6) Ziel: Vorsicherung für standortgerechte Dauerbegrünung.

(7) Anmerkung: Statt der Verflechtungen können auch vorgefertigte Flechtmatten (Bongossi) oder Gewebebahnen verwendet werden.

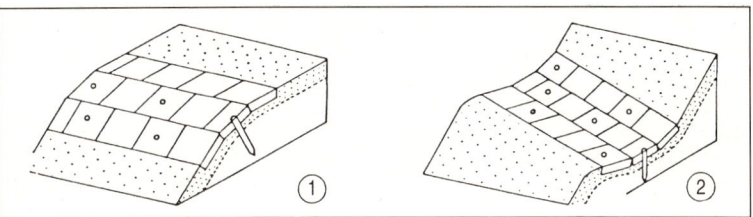

Abb. 6.6.6/1. Fertigrasen

6.6.6 Sicherung durch Fertigrasen, Saatmatten und Aussaaten

6.6.6.1 Fertigrasen (L: 4.1.4.1. u. 8.11., W: 5.6.2.1.2.; Abb. 6.6.6/1)

(1) Verwendung: Sofort wirksame Andeckung der Bodenoberfläche als Schutz gegen Abspülung an besonders gefährdeten Stellen (Steilböschung, Böschungsschulter (1), Hanggraben (2)) und oberhalb von Mittelwassersicherungen.

(2) Material: Möglichst dichte Rasennarbe mit viel Ausläufergräsern. Die Rasensoden sind 25 bis 30 cm im Quadrat groß und 3 bis 7 cm stark; Rollrasen ist 30 cm breit und 2 bis 3 cm stark.
Fertigrasen soll möglichst erst kurz vor der Verwendung gewonnen werden. Lagerung in Stapeln Rasen auf Rasen nicht länger als 4 Wochen, sonst auslegen. Das Austrocknen ist zu verhindern. Standortgerechte Rasen vorziehen.

(3) Herstellung: Der Fertigrasen wird auf vorbereitete Oberbodenandeckung dicht an dicht verlegt bzw. ausgerollt und angedrückt oder angewalzt. Bei stärkerer Beanspruchung (Böschungsneigung über 1 : 1, Hanggräben) erfolgt Vornagelung mit ca. 25 cm langen Pfählen (auch Weidensteckholz) oder Überspannen mit Maschendraht.

(4) Vorteil: Sofort geschlossene Vegetationsdecke. Fast keine Rücksicht auf die Jahreszeit.

(5) Nachteil: Hoher Materialverbrauch. Kein Schutz vor Bodenbewegungen oder Rutschungen. Kein Schutz gegen Wellenschlag, stärkere Strömung oder längere Überflutung.

(6) Ziel: Geschlossene Rasendecke.

6.6.6.2 Rasenstreifen, Rasenbänder, Rasengitter

(1) Verwendung: Großflächige Sicherung von Oberbodenandeckung auf flacheren Böschungen gegen Erosion. Einleitung schneller Bodendurchwurzelung.

(2) Material: Fertigrasen.

(3) Herstellung: Der Fertigrasen wird als durchgehender Streifen in 100 bis 200 cm Abstand parallel mit max. 30° Neigung oder für stärkere Sicherung kreuzweise, rautenförmig mit max. 45° Neigung ausgelegt oder ausgerollt. Auch ein schachbrettartiges Andecken von Rasenziegeln ist möglich.

Vorher wird entsprechend der Sodenstärke der Oberboden abgetragen. Die Soden werden angeklopft und mit ca. 3 Pflöcken je m vernagelt.

(4) Vorteil: Großflächiges Absichern frischer Oberbodenauftragsflächen unabhängig von Saat- oder Pflanzzeit.

(5) Nachteil: Nur Oberflächensicherung. Kein Schutz vor Bodenbewegung oder Rutschungen.

(6) Ziel: Geschlossene Rasendecke oder Gehölzpflanzung. Die Zwischenflächen werden entsprechend begrünt.

6.6.6.3 Saatmatten (L: 4.1.4.3. u. 8.12., W: 4.2.2.1.1.)

(1) Verwendung: Großflächiger Schutz von Bodenoberflächen gegen Abspülung und Wellenschlag. Schutz und Förderung der Vegetationsentwicklung.

(2) Material: Vorgefertigte 50 bis 200 cm breite, lange Matten aus verrottbarem Material (Stroh, Jute, Kokos) unterschiedlicher Herstellung. Sie sind unterseits durch einen Kleber mit standortgerechtem Saatgut beschichtet.

(3) Herstellung: Die Matten werden auf der i. d. R. mit Oberboden überdeckten Fläche (meist Böschung) ausgerollt und durch Drahtbügel, Haken oder Steinen am Boden ohne Hohlraum befestigt. Abschließend ist Anfeuchten vorteilhaft.

(4) Vorteil: Sofort wirksamer Erosionsschutz, Mulchdecke für die Vegetation. Zeitlich kaum Arbeitsbeschränkung (Schnee, Frost).

(5) Nachteil: Großer Materialverbrauch. Kein Schutz gegen Bodenrutschungen.

(6) Ziel: Geschlossene Rasendecke.

6.6.6.4 Ansaaten (L: 6.0.ff., W: 5.6.2.1.1.)

(1) Verwendung: Begrünung von Oberbodenauftragsflächen oder Rohböden in ebener oder hängiger Lage. Begrünung von Felsböschungen, Steilhängen und schwer-zugänglichen Situationen.

(2) Verfahren: Die verschiedenartigen, meist vollmechanisierten Begrünungsverfahren verwenden neben Saatgut standortgerechter Gräser und Kräuter spezielle Zuschlagstoffe. Diese sollen
sofort wirksamen Erosionsschutz ermöglichen,
die Bodenentwicklung fördern und
den Dauerschutz der Fläche durch die Vegetation beschleunigen.
Die Förderung der Vegetationsentwicklung geschieht durch
a) Düngung: mineralische sowie organische Volldünger sollen den Nährstoffbedarf kurz- bis mittelfristig sicherstellen.
b) Bodenverbesserung: organische (Kompost, Torf, Zellulose u. a.), mineralische (Steinmehl, Hydrosilikate, Bims u. a.) und synthetische Substanzen (Alginate, Kunstharze u. a.) bewirken eine je nach Anwendungsstärke flacher oder tiefer wirkende Bodenstrukturverbesserung.

c) Oberflächenverklebung: bodenstabilisierende Substanzen und andere Stoffe (Bitumenemulsion, Talölprodukte, Zellulose u. a.) führen zu einer wasser- und luftdurchlässigen Verklebung der Bodenoberfläche, schützen vor Bodenerosion, festigen den Pflanzenstandort.

d) Mulchen: Abdecken des Bodens vor, während oder nach der Ansaat mit organischen Stoffen (Stroh, Heu, Zellulose u. a.) oder anderen Produkten (Hygromull) verbessert die mikroklimatischen Wuchsbedingungen (Wasser- und Wärmehaushalt) und führt zu schnellerer Vegetationsentwicklung.

Die Wirkung der Zuschlagstoffe ist komplex, also nicht nur auf die Beseitigung eines Minimumfaktors für das Pflanzenwachstum begrenzt. Je schwieriger die Situation, desto differenzierter und aufwendiger wird der Einsatz der Hilfsmittel.

Saatgut und Zuschlagstoffe werden im Trocken- oder Naßverfahren in einem oder zwei (Mulch), selten häufigeren Arbeitsgängen ausgebracht. Die Reichweite von Anspritzungen (Spritzkanone) ist bei Verwendung von Schlauchleitungen unbegrenzt. Mulchverteiler (Gebläse) haben eine Reichweite von max. 25 m.

Nachdüngungen im 2. Jahr und evtl. später sind meist erforderlich.

(3) Vorteil: Großflächig wirtschaftliches, schnelles, zeitlich wenig eingeschränktes Begrünen auch extremer Standorte mit sofort wirksamer Oberflächensicherung.

(4) Nachteil: Keine. Rutschtendenzen werden nicht beseitigt.

(5) Ziel: Rasendecke oder auch standortgerechter Gehölzaufwuchs.

(6) Auswahl des geeigneten Verfahrens: Da die einzelnen Saatverfahren in Abhängigkeit von den verwendeten Stoffen, und deren Aufwandmenge unterschiedliche Wirksamkeit besitzen, sollten das geeignete Verfahren und die wirtschaftliche Aufwandmenge unter Zuhilfenahme der Abbildungen 6.6.6/2 + 3 bestimmt werden. Dabei werden Boden, Klima und Erosionsgefahr in Stufen (von 1 = sehr gut bis 5 = sehr ungünstig) bewertet und anhand der grafischen Darstellung in Abbildung 6.6.6.2 geeignete Verfahren ausgesucht und die Aufwandmenge nach Abbildung 6.6.6.3 bestimmt.

6.6.6.5 Erosionsschutzmatten, Vegetationsvlies (L: 4.2.11. u. 9.6.2.)

(1) Verwendung: Überdeckung frisch hergerichteter Flächen zur Verhinderung von Bodenerosion durch Wind oder Wasser und Böschungsschäden durch Wellenschlag zum Schutz von Ansaat und Pflanzung.

(2) Material: Durchwurzelbare, wasserdurchlässige, verrottbare Gewebe oder Vliesmatten aus Jute, Kokos, Stroh o. a. in 0,3 bis 3 cm Stärke, 100 bis 200 cm Breite und großer Länge.

(3) Herstellung: Die zu sichernde Fläche wird mit den Matten überdeckt. Sie werden mit Drahtbügel, Pflöcken, Steinen o. ä. am Boden ohne Hohlraum befestigt. Die Begrünung erfolgt vorher oder nachher durch Ansaat, Steckholz oder Pflanzung. Die Matte dient als Vegetationstragschicht oder als Mulchdecke.

(4) Vorteil: Sehr einfacher, sofort wirksamer Flächenschutz. Zeitlich kaum Arbeitsbeschränkung.

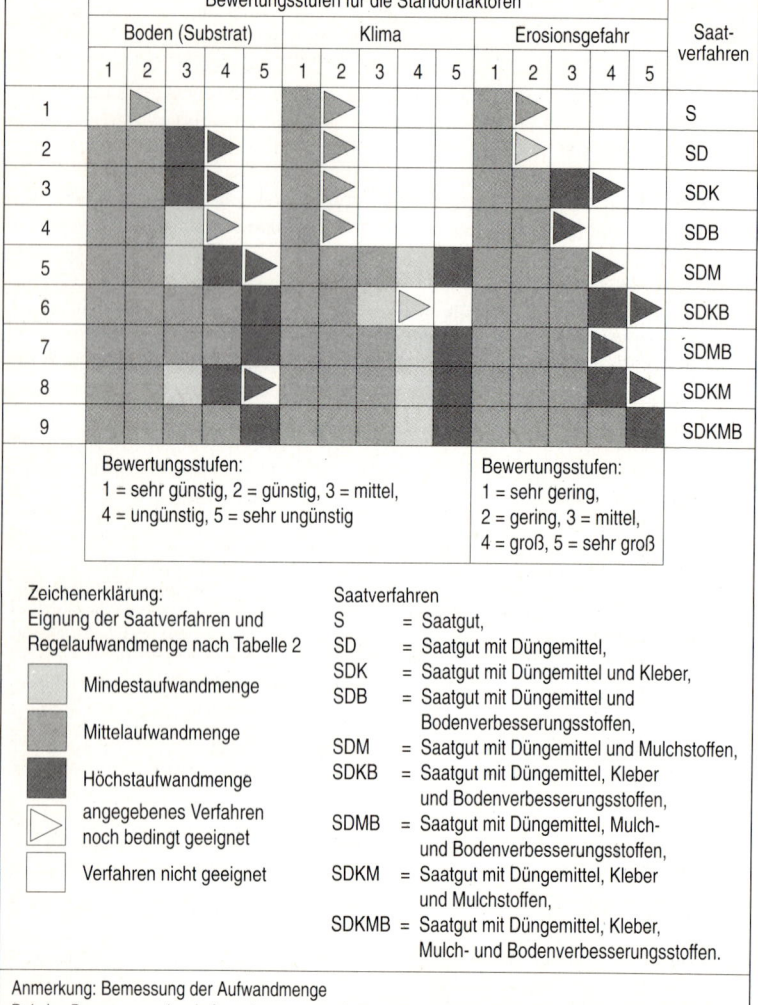

Spalte	1					2					3					4
	Bewertungsstufen für die Standortfaktoren															Saat-verfahren
	Boden (Substrat)					Klima					Erosionsgefahr					
	1	2	3	4	5	1	2	3	4	5	1	2	3	4	5	
1																S
2																SD
3																SDK
4																SDB
5																SDM
6																SDKB
7																SDMB
8																SDKM
9																SDKMB

Bewertungsstufen:
1 = sehr günstig, 2 = günstig, 3 = mittel,
4 = ungünstig, 5 = sehr ungünstig

Bewertungsstufen:
1 = sehr gering,
2 = gering, 3 = mittel,
4 = groß, 5 = sehr groß

Zeichenerklärung:
Eignung der Saatverfahren und
Regelaufwandmenge nach Tabelle 2

    Mindestaufwandmenge

    Mittelaufwandmenge

    Höchstaufwandmenge

    angegebenes Verfahren
    noch bedingt geeignet

    Verfahren nicht geeignet

Saatverfahren
S   = Saatgut,
SD   = Saatgut mit Düngemittel,
SDK   = Saatgut mit Düngemittel und Kleber,
SDB   = Saatgut mit Düngemittel und
          Bodenverbesserungsstoffen,
SDM = Saatgut mit Düngemittel und Mulchstoffen,
SDKB = Saatgut mit Düngemittel, Kleber
          und Bodenverbesserungsstoffen,
SDMB = Saatgut mit Düngemittel, Mulch-
          und Bodenverbesserungsstoffen,
SDKM = Saatgut mit Düngemittel, Kleber
          und Mulchstoffen,
SDKMB = Saatgut mit Düngemittel, Kleber,
          Mulch- und Bodenverbesserungsstoffen.

Anmerkung: Bemessung der Aufwandmenge
Bei der Bemessung der Aufwandmengen nach Tabelle 2 ist die Wirkungsweise der einzelnen Stoffe zu beachten. So benötigt z.B. ein Boden in gutem Zustand (Bewertungsstufe 1) in erosionsgefährdeter Lage (Bewertungsstufe 5) zwar eine höhere Menge an Kleber und gegebenenfalls auch an Saatgut, jedoch nicht an Düngemittel. Andererseits erfordert z.B. ein nährstoffarmer, wenig humoser Rohboden (Bewertungsstufe 5) eine hohe Menge an Düngemittel und Bodenverbesserungsstoffen, in weniger erosionsgefährdeter Lage (Bewertungsstufe 2) jedoch nur eine geringe Menge an Kleber.

Abb. 6.6.6/2.   Eignung der Saatverfahren und Regelaufwandmengen (Tabelle 1 aus DIN 18918)

Spalte	1	2	3	4	5	6	7
						Umrechnungshilfen	
Zeile	Stoff	Mindest-menge	Mittel-menge	Höchst-menge	Einheit je m²	Lieferzustand	Volumen-gewicht g/l ~
	Saatgut [1]						
1	Mehr als 800 Korn je g als mittlere Grammkornzahl in Mischungen	10	15	20	g	lufttrocken	300 bis 400
2	100 bis 800 Korn je g	15	20	30	g	lufttrocken	400 bis 700
3	weniger als 100 Korn je g	20	40	60	g	lufttrocken	700 bis 850
	Düngemittel [2] [3]						
4	mineralischer Mehrnährstoffdünger z.B. NPK Mg 12 + 12 + 17 + 2	30	50	70	g	trocken, gekörnt	800 bis 1000
5	mineralischer Mehrnährstoffdünger mit Langzeit-Stickstoff z.B. NPK Mg 15 + 9 + 15 + 2	30	40	55	g	trocken, gekörnt	1100 bis 1250
6	organisch-mineralischer NPK-Dünger, z.B. 10 + 4 + 6	40	60	80	g	trocken, gemischt	1250 bis 2000
7	organischer NPK-Dünger z.B. Peru-Guano 13 + 10 + 2	30	50	65	g	trocken, pulverig bis körnig	1250 bis 1700
	Bodenverbesserungsstoffe [3]						
8	Schaumlava, Bims, aufbereitete Silikate	500	1000	1500	g	erdfeucht-trocken	600 bis 1000
9	Hydrosilikate	80	150	200	g	trocken	800
10	Bentonite, Steinmehle	40	60	100	g	trocken	1500
11	Braunkohlen-Granulate 40% organische Substanz	500	1500	3000	g	trocken	530
12	Torf, 40 % organische Substanz	2	6	12	l	erdfeucht	200 bis 400
13	Komposte	1,5	6	12	l	erdfeucht	500 bis 1000
14	Alginate für Trockenansaaten, min. 60 % Polyuronsäuren	30	60	100	g	trocken	700
15	Alginate für Naß-Ansaaten min. 30 % Polyuronsäuren	30	60	100	g	lufttrocken, Suspension	800 1000

Abb. 6.6.6/3.   Richtwerte für Aufwandmengen je m² Aufbringungsfläche bei Aussaaten [1]
(Tabelle 2 aus DIN 18918) – Teil 1

Spalte	1	2	3	4	5	6	7
						Umrechnungshilfen	
Zeile	Stoff	Mindest-menge	Mittel-menge	Höchst-menge	Einheit je m²	Lieferzustand	Volumen-gewicht g/l ~
	Mulchstoffe						
16	Stroh/Heu	300	400	600	g	lufttrocken, gehäckselt, lose oder gepreßt	100
17	Zellulose 40 % Zellulose 60 % Wasser	100	175	250	g	erdfeucht	800
	Kleber						
18	Bitumen für Naß-Ansaaten 55 bis 60 % Bitumen 40 bis 45 % Wasser	100	150	300	g	Emulsion	1000 bis 110
19	Kunststoffkleber	30 10 5	50 25 10	80 40 20	g g g	Dispersion Emulsion Konzentrat	1000 bis 1100
20	Methyl-Zellulose	20	40	60	g	trocken	1400 bis 1700
21	Tallölprodukte	50	100	150	g	Emulsion	1050
22	Zellulose 40 % Zellulose 60 % Wasser	100	175	250	g	erdfeucht	800

[1] Die Mengenangaben beziehen sich auf Gräser, Kräuter und Leguminosen.

[2] Ohne mögliche Nachdüngung nur Langzeitdünger oder organische Dünger anwenden, mit 10 g Stickstoff je m² als Höchstmenge (z.B. in Zeile 5: 70 g/m²; in Zeile 7: 80 g/m²). Bei möglicher Nachdüngung Anfangs-Stickstoff-Gabe auf Mittelmenge = 6 g Stickstoff je m² begrenzen und 4 g Stickstoff je m² etwa 4 bis 6 Wochen nach dem Auflaufen der Saat nachdüngen. Im Regelfall NPK-Dünger mit Magnesium verwenden.

[3] Produktabhängige Gehalte an Nähr-, Humus- und anderen Wirkstoffen sind bei der Anwendung zu berücksichtigen (Gleichwertigkeit)

Abb. 6.6.6/3. Richtwerte für Aufwandmengen je m² Aufbringungsfläche bei Aussaaten [1]
(Tabelle 2 aus DIN 18918) – Teil 2

(5) Nachteil: Großer Materialverbrauch, nur oberflächlich wirksam.

(6) Ziel: Geschlossener Gras- und Krautbestand, Weidenbusch am Ufer oder Gehölzbestand.

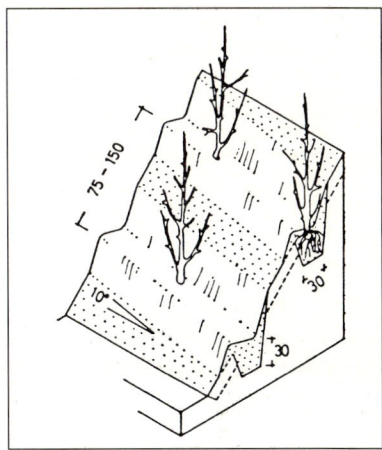

Abb. 6.6.7/1. Pflanzriefen

6.6.7   Pflanzung und Steckholz

6.6.7.1   Pflanzriefen, Riefenpflanzung (Abb. 6.6.7/1)

(1) Verwendung: Verhinderung von Oberbodenrutschungen bei Normalbö-schungen durch Verzahnung von Unterboden mit Oberbodenauftrag. Vor-bereitung für Gehölzpflanzungen.

(2) Herstellung: Auf der mit Oberboden überdeckten Böschung werden mit Spaten, Hacke oder Riefenpflug ca. 30 cm breite und ebenso tiefe Streifen mit 10° bis 30° Neigung durchgearbeitet. Unter- und Oberboden werden durchmischt und dabei schmale Terrassen angelegt. Bei Böschungen mit Rasendecke wird die Rasennarbe flach abgeschält und talwärts umgelegt. Der Abstand der Riefen beträgt 75 bis 150 cm.

(3) Vorteil: Großflächig enge Verzahnung der oberen Bodenschichten. Die Terrassenbildung verhindert Erosion. Gutes Pflanzbett für Gehölze.

(4) Nachteil: Keine.

(5) Ziel: Gehölzpflanzung. Die Zwischenstreifen werden eingesät.

6.6.7.2   Steckholz, Setzholz (L: 4.1.3.1. u. 8.9., W: 5.6.3.6.)

(1) Verwendung: Zur bodenbindenden Durchwurzelung und für Gehölz-aufwuchs in unterschiedlicher Situation, häufig in Verbindung mit flächen-haften oder linearen Sicherungsbauweisen zu deren Verstärkung und schnellerer Durchwurzelung. Auch zur Begrünung und Dauersicherung toter Verbauformen (Steinschüttung, Reisiglagen u. a.).

(2) Material: Austriebsfähige, standortgerechte Weiden.

(3) Herstellung: Das Weidensteckholz wird von ein- bis mehrjährigen gesun-den Ruten geschnitten. Länge: 25 bis 50 cm; für gute bindige Böden kürzer, für Schotterböden, Steinschüttungen auch länger (Setzholz). Durchmesser 1 bis 5 cm.

Günstigste Schnittzeit und Setzzeit: Frühjahr nach dem Frost bis zum Verblühen der Weiden und Herbst ab Sept. bis zum Frost. Das Steckholz kann in kühl-feuchtem Einschlag gelagert werden.

Zur flächenhaften Begrünung sind 10 bis 20 Steckhölzer je m^2 erforderlich, zur Reihenbegrünung 5 bis 15 Stück je m. Bei festen Böden und in Schotter werden die Löcher vorgestoßen.

(4) Vorteil: Einfache, billige, bald wirksame Begrünung.

(5) Nachteil: Kein mechanisch wirksamer Sofortschutz. Begrenzte Einbauzeit.

(6) Ziel: Standortgerechter, dauerhafter Weidenbestand am Ufer oder an vernäßten Orten. Vorschutz für andersartige Begrünung.

6.6.7.3 Setzstangen (L: 4.1.3.2. u. 8.10., W: 4.2.3.1. u. 5.6.3.5.)

(1) Verwendung: Ansiedlung von Baumweiden oder Pappeln im stark verkrauteten Hochwasserbereich. Zur pallisadenartigen Absicherung von Steilufern und zur Begrünung toter Sicherungsbauweisen von großer Dicke.

(2) Material: Gerade, unbeastete, 150 bis 250 cm lange, 5 bis 10 cm dicke Triebe (Leittrieb, Seitenäste) von Baumweiden oder Pappeln.

(3) Herstellung: Die Setzstangen werden mindestens bis zu 1/3 der Länge, besser tiefer in vorgebohrte Löcher gesteckt, die damit voll ausgefüllt werden. In Weichboden können angespitzte Setzstangen eingeschlagen werden. Der Abstand beträgt je nach Aufwuchsziel 50 bis 500 cm. Schnitt- und Setzzeit wie bei Steckholz.

(4) Vorteil: Einfache, sichere Begrünung.

(5) Nachteil: Keine Sofortwirkung. Begrenzte Einbauzeit.

(6) Ziel: Standortgerechter, dauerhafter Weichholzbestand, evtl. auch Vorsicherung für Dauerbegrünung.

6.6.7.4 Lebende Kämme, Lebende Bürsten (W: 5.6.3.4.; Abb. 6.6.7/2)

(1) Verwendung: Zur Beruhigung und Verlandung von flachen, auch trockenfallenden Ausuferungen an größeren Wasserläufen.

(2) Material: Standortgerechtes Weidensteckholz von 50 cm Länge.

(3) Herstellung: In etwa 100 cm Abstand werden senkrecht bis leicht schräg zur Fließrichtung ca. 30 cm tiefe Spaltgräben hergestellt und im Abstand von 4 bis 10 cm mit Steckholz besetzt. Das Steckholz steht senkrecht bis

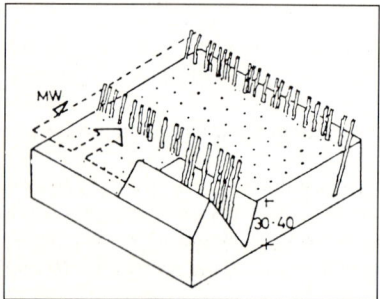

Abb. 6.6.7/2. Lebende Kämme

leicht in Fließrichtung geneigt, es soll nach dem Verfüllen des Grabens ca. 10 cm herausragen.

(4) Vorteil: Einfache, leichte Herstellung.

(5) Nachteil: Auf Flachwasserbereiche beschränkt, erträgt anfangs keine stärkere Belastung. Begrenzte Einbauzeit.

(6) Ziel: Uferweidenbestand als Dauerschutz.

6.6.7.5 Ballenpflanzung, Ballenbesatz, Röhrichtballenpflanzung
(W: 5.6.1.1.1.; Abb. 6.6.7/3)

(1) Verwendung: Uferschutz in der So-MW-Linie an Fließ- und Stillgewässern. Schutz vor Wellenschlag und Strömung.

(2) Material: Würfelförmige, handliche Wurzelballen von Röhricht- und Sumpfpflanzen, möglichst ohne oberirdische Teile.

(3) Herstellung: Die Ballen werden in Pflanzlöcher mit max. 50 cm Abstand, besser dicht an dicht in Gräben in der So-MW-Linie so eingebracht, daß sie fast wasserbedeckt sind. Auch großflächiges Bedecken breiterer Uferstreifen ist möglich. Steinschüttungen werden vorher beseitigt und wasserseitig als flacher Wall aufgehäuft. Auch Einfügen kleinerer Ballen in Steinsatz oder Pflaster ist möglich. Wurzelkontakt mit dem Uferboden muß erreicht sein.

Die Pflanzung kann außer der Frostzeit ganzjährig erfolgen, günstig sind März bis April.

(4) Vorteil: Sichere Ansiedlungsweise.

(5) Nachteil: Anfangs beschränkte Schutzwirkung. Hoher Material- und Arbeitsaufwand.

(6) Ziel: Dauerhaft geschlossener Röhrichtgürtel.

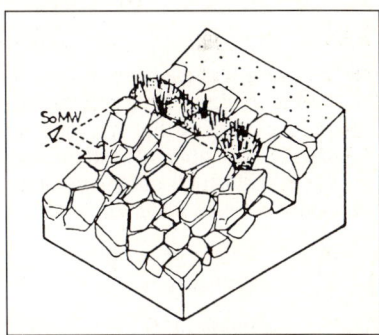

Abb. 6.6.7/3. Ballenpflanzung

6.6.7.6 Halmpflanzung, Schilfhalmpflanzung, Halmstecklingsbesatz
(W: 5.6.1.1.3; Abb. 6.6.7/4)

(1) Verwendung: Uferschutz an Fließ- und Stillgewässern in der So-MW-Linie und darunter.

(2) Material: Schilf *(Phragmites australis)* in 80 bis 120 cm langen wurzellosen Halmen im jungen Entwicklungszustand mit max. 5 entfalteten Blättern (Anfang Mai bis Mitte Juni).

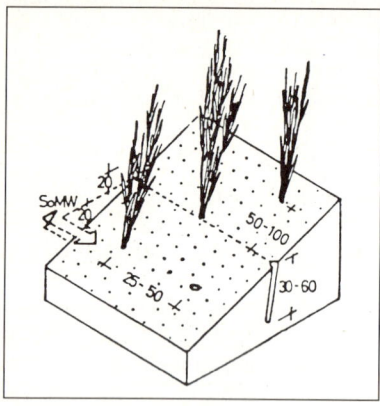

Abb. 6.6.7/4. Halmpflanzung

(3) Herstellung: Die Halmstecklinge werden an der Bodenoberfläche abgestochen, ohne Austrocknung am besten sofort verwendet. Kurzfristige Lagerung im Wasser bis Blattansatz ist möglich. 3 bis 5 Halme werden zusammen in ein 40 bis 60 cm tiefes, mit Pflanzeisen oder »Schilfrohrpflanzer« vorbereitetes Loch gesteckt. Gepflanzt wird senkrecht bis leicht böschungsaufliegend, mehrreihig in 50 bis 100 cm Reihenabstand, 25 bis 50 cm Pflanzabstand bis in etwa knöcheltiefes Wasser um die So-MW-Linie. Steinschüttungen werden durchpflanzt oder in schmalem Graben mit wasserseitigem Wall freigeräumt.

(4) Vorteil: Schnelle, wirtschaftliche Ansiedlung von Schilf.

(5) Nachteil: Enge zeitliche Begrenzung der Pflanzzeit von Anfang Mai bis Mitte Juni. Anfangs beschränkte Schutzwirkung.

(6) Ziel: Dauerhaft geschlossener Schilfgürtel.

(7) Anmerkung zur Röhrichtansiedlung: Statt punktueller oder linearer Röhrichtpflanzung ist die flächige Abdeckung der Uferzone in der Mittelwasserlinie mit abgetragenen Röhrichtbeständen (Lebende Vegetationsstücke, L: 4.1.4.2.) oder vorkultivierten Röhrichtmatten (Röhrichtpaletten) wirkungsvoll.

6.6.8   Stützbauwerke

6.6.8.1   Krainerwand (L: 9.2.3.; Abb. 6.6.8/1)

(1) Verwendung: Punktförmige oder lineare Abstützung und Stabilisierung von Hängen, Hangteilen, besonders Hangfüßen bei Rutschgefahr. Verbau von Erosionsrinnen. Ufersicherung. Begrünung verstärkt die Sicherungsfunktion.

(2) Material: Rundholz, geschält, mit 10 bis 25 cm Durchmesser. Weidenastwerk mindestens 100 cm lang.

(3) Herstellung: Auf stabiler Unterlage werden Langhölzer (Läufer) und darüber mit bergseitiger Neigung im Abstand von ca. 100 cm Querhölzer

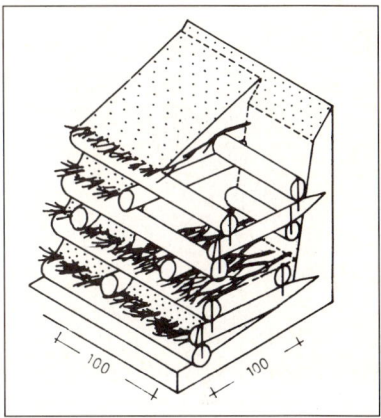

Abb. 6.6.8/1. Begrünte Krainerwand

(Binder, Zangen) befestigt. Die Querhölzer werden angespitzt und in die Böschung getrieben. Sie werden wieder mit Langhölzern abgedeckt, bei doppelwandiger Bauweise auch innen. Der Aufbau erfolgt schichtenweise bei gleichzeitiger Ausfüllung des Bauwerkes mit Boden und Einlegen von Weidenastwerk, dessen Ende den gewachsenen Boden erreichen, dessen Spitzen aus dem Bauwerk herausragen sollen.

Die Holzverbindung erfolgt durch Nagelung. Das Bauwerk hat eine Neigung von ca. 10° nach hinten; je flacher desto stabiler ist es. Bauhöhe max. 250 cm.

(4) Vorteil: Rasch wirksame Sicherung, auch in unwegsamem Gelände herstellbar. Keine Bauzeitbegrenzung bei Verzicht auf Weidenastwerk. Die Begrünung kann auch nachträglich erfolgen (Steckholz, Jungpflanzen).

(5) Nachteil: Sorgfältige Arbeit und Verankerung erforderlich. Befristete Lebensdauer des Holzes.

(6) Ziel: Hangstabilisierung durch Pionierbegrünung.

(7) Anmerkung: Statt Rundholz sind auch Betonfertigteile zu verwenden.

6.6.8.2 Steingabionen, Drahtschotterkästen
(L: 9.2.4.1., W: 5.3.3.; Abb. 6.6.8/2)

(1) Verwendung: Punktförmige oder lineare Absicherung von Rutschhängen bes. an unterschnittenen Hangfüßen bei Vernässung. Begrünung verstärkt die Sicherungsfunktion.

(2) Material: Vorgefertigte Kästen aus Drahtgeflecht mit verstärkten Kanten in 100 bis 200 cm Länge, max. 100 cm Breite, 50 bis 80 cm Höhe. Die Maschenweite richtet sich nach der Korngröße der Füllung. Verwitterungsfestes Gestein (Bruchstein, Schotter) und Weidenastwerk mindestens 100 cm lang.

(3) Herstellung: Die Kästen werden auf stabiler, wasserabführender Unterlage (Schotterpackung) mit bergseitiger Neigung aufgestellt und mit Bruchstein

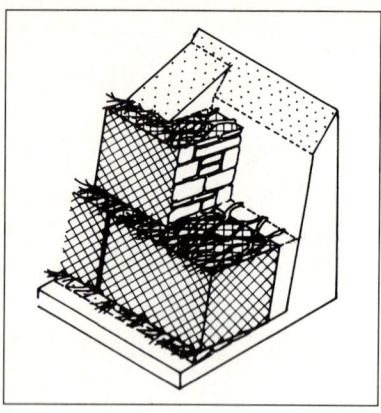

Abb. 6.6.8/2. Begrünte Drahtschotterkästen

lagerhaft oder Schotter dicht aufgefüllt. Die Weidenäste werden entweder unten im Kasten oder zwischen den Kästen so eingelegt, daß die Enden den gewachsenen Boden erreichen. Sie werden mit Feinboden abgedeckt. Die Kästen werden treppenartig übereinander angeordnet.

(4) Vorteil: Einfache, schnelle auch elastische Bauweise.

(5) Nachteil: Nachträgliche Begrünung ist nicht möglich. Bauzeit auf Vegetationsruhe begrenzt. Baustelle muß mit Fahrzeug erreichbar sein.

(6) Ziel: Dauerhafte mauerartige Geländeabstützung mit zusätzlicher Stabilisierung durch Weidenaustrieb.

6.6.8.3   Erdgabionen, Bewehrte Erdkörper, Geotextilkörper
(L: 9.2.4.2.; Abb. 6.6.8/3)

(1) Verwendung: Ausführung von Steilböschungen mit hoher Standsicherheit (Wälle). Sicherung von Böschungsfüßen gegen Erosion und Rutschung, auch Uferböschungen. Begrünung verstärkt die Sicherungsfunktion.

(2) Material: Unverrottbare Geotextilien von hoher Zug- und Reißfestigkeit (Armierungsvlies, -gewebe), wasserdurchlässig, durchwurzelbar. Weidenastwerk mindestens 150 cm lang.

(3) Herstellung: Auf standfestem Untergrund werden die Geotextilbahnen ausgerollt, bei Einbindetiefen von mind. 100 cm mit Boden bei lagenweiser Verdichtung bis zu 50 cm hohen Schichten aufgefüllt, dann umgeschlagen und mit Boden überdeckt. Darüber folgt die nächste Schicht. Die Weidenäste werden kreuz und quer zwischen die Geotextil-Erdkörper gelegt. Der Aufbau kann treppenartig oder mit Hilfe von Schalung fast senkrecht erfolgen. Bauhöhen bis 200 cm sind statisch unproblematisch. Die Begrünung ist auch nachträglich mit Steckholz durch die Geotextilien oder durch Ansaat mit Kleber möglich.

(4) Vorteil: Einfache, flexible Bauweise. Beliebiges Bodenmaterial ist verwendbar. Keine Bauzeitbegrenzung bei Verzicht auf Einlage von Astwerk. Auch in unwegsamem Gelände einsetzbar.

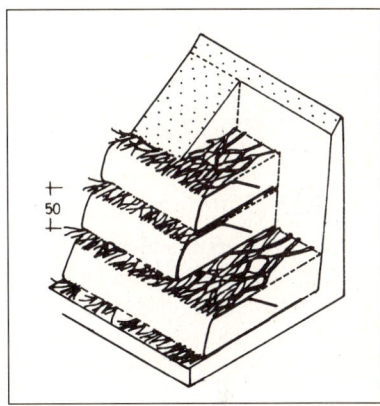

Abb. 6.6.8/3. Begrünte Erdgabionen

(5) Nachteil: Dauerhafter UV-Schutz muß gewährleistet sein.

(6) Ziel: Dauerhafte Geländeabstützung mit weiterer Stabilisierung durch Weidenaufwuchs und Durchwurzelung.

(7) Anmerkung: Ähnliche Funktion allerdings ohne Dauerwirkung wird mit Maschendrahtkörpern (Drahtschotterkörpern) erreicht.

6.6.9 Fertigstellungspflege

Sicherungsbauweisen durch Ansaaten und/oder durch Verwendung von Pflanzen und lebenden Pflanzenteilen werden durch die Fertigstellungspflege zu einem abnahmefähigen Zustand geführt.

6.6.9.1 Abnahmefähiger Zustand

(1) Ansaaten und Saatmatten: Gleichmäßiger Bestand der geforderten Gräser und Kräuter mit mittlerem Deckungsgrad von 50 % unter Einbeziehung standorttypischer Spontanvegetation.

(2) Ansaat von Gehölzen: Gleichmäßiges Aufbringen und gleichmäßiges Auflaufen beigemischter Gräser und Kräuter.

(3) Sicherung durch Bepflanzung: Austrieb den Baustellenbedingungen entsprechend, Ausfälle bis zu 30 % werden toleriert, wenn Sicherungsziel erreicht wird.

(4) Fertigrasen/Rasensoden: Gleichmäßig und nicht abhebbar verwurzelt.

(5) Lebende Pflanzenteile: Austrieb entsprechend der Zweckbestimmung der Bauweise, d. h.
bei linearen Bauweisen im Mittel 5, mindestens jedoch 2 Austriebe je m,
bei flächigen Bauweisen mindestens 2/3 annähernd gleichmäßig verteilter Austrieb,
bei einzeln eingebrachten Pflanzenteilen mindestens 2/3 annähernd gleichmäßige Austriebe.

6.6.9.2   Leistungen der Fertigstellungspflege

Auf vielen Standorten wird aus wirtschaftlichen Gründen auf solche Leistungen verzichtet. Soll bewässert, gedüngt, freigeschnitten oder gelockert werden, sind Art, Umfang und Zeitpunkt auf das Sicherungsziel und die Besonderheiten des Standortes abzustimmen.

6.6.10   Prüfungen

6.6.10.1   Voruntersuchungen

Leistung des Auftraggebers im Rahmen der Planung mit dem Ziel,
(1) der Auswahl der geeigneten Sicherungsbauweise,
(2) der Festlegung der zu vereinbarenden Leistungen für die Herstellung und
(3) der Festlegung evtl. vorzusehender Leistungen der Fertigstellungspflege
unter Berücksichtigung
des vorgesehenen Begrünungszieles,
des Standortes und der
Unterhaltung.

6.6.10.2   Eignungsprüfungen

Der Auftraggeber hat in Zweifelsfällen die Eignung der verwendeten Stoffe, Bauteile, Pflanzenteile und Samen und deren Übereinstimmung mit den geforderten Werten nachzuweisen. Für Rasensamen siehe 6.4.9.2. Für Gehölzsaatgut sind auf der Packung anzugeben:
Art und Gattung,
Herkunft,
Reifejahr,
Reinheit,
Keimfähigkeit.

6.6.10.3   Kontrollprüfungen

Visuelle Überprüfung in repräsentativem Umfang auf Übereinstimmung mit den Festlegungen des Leistungsverzeichnisses.

6.7   Literatur

KRUEDENER, A. von (1951): Ingenieurbiologie. München, Basel: Verlag Ernst Reinhardt.
SCHIECHTL, H. M. (1973): Sicherungsarbeiten im Landschaftsbau. München: Verlag Callwey.
SCHLÜTER, U. (1986): Pflanze als Baustoff. Hannover: Patzer-Verlag.

7 Einfriedungen

Einfriedungen werden zur Grundstücksbegrenzung sowie als Schutzeinrichtungen (z. B. zur Absturzsicherung, Wildwechsel oder gegen überfliegende Bälle) benötigt; sie werden als Metall- oder Holzzäune in unterschiedlichen Höhen, die dem Verwendungszweck angepaßt werden müssen, ausgeführt.

7.1 Drahtgeflechtzäune

7.1.1 Aufbau

S. Abb. 7.1.1/1.

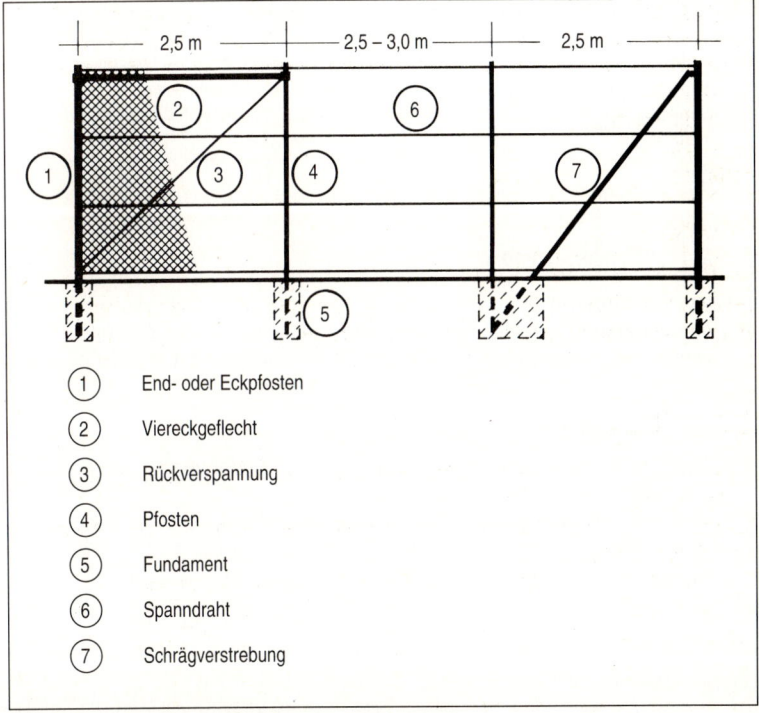

1	End- oder Eckpfosten
2	Viereckgeflecht
3	Rückverspannung
4	Pfosten
5	Fundament
6	Spanndraht
7	Schrägverstrebung

Abb. 7.1.1/1. Aufbau von Drahtgeflechtzäunen

Maschenweite [1]		Drahtdurchmesser (Nennmaß) [2]			Geflechtsbreite	
		verzinkt und im Extruderverfahren	verzinkt und im Wirbelsinterverfahren	normalverzinkt bzw. dickverzinkt		
		mit Kunststoff überzogen				
	zul. Abw.	zn E kst	zn W kst	no zn bzw. di zn		zul. Abw.
40	±4	2,8 3,1 3,4	2,7 3,0	2,0 2,2 2,5 2,8	1000	±30
50	±4,5	2,8 3,1 3,4	2,7 3,0	2,0 2,2 2,5 2,8	1250 1500 1750	±40
60	±5	2,8 3,1 3,4	2,7 3,0	2,0 2,2 2,5 2,8	2000	±50

[1] Das lichte Maß der Maschenweite wird zwischen zwei parallelen Seiten des Vierecks gemessen.
[2] Zulässige Abweichungen für Drahtdurchmesser bei verzinkten Drähten nach DIN 177.
Zulässige Abweichungen für Drahtdurchmesser bei kunststoffüberzogenen Drähten und Durchmesser des Kerndrahtes nach DIN 3036 Teil 1 und Teil 2.

Abb. 7.1.2/1. Maße für Viereckgeflecht nach DIN 1199

7.1.2 Abmessungen

7.1.2.1 Bespannung

(1) Viereckgeflecht (s. Abb. 7.1.2/1). Die Geflechte (auch »Maschendraht«) werden entsprechend DIN 1199 nach ihrer Oberflächenbehandlung unterschieden:
dickverzinkt,
Kunststoffummantelt, Kunststoffbeschichtet.
(2) Knotengeflecht/Knotengitter (s. Abb. 7.1.2/2). Verwendung vorwiegend für Weiden und als Wildschutz.
(3) Sechseckgeflecht (s. Abb. 7.1.2/3). Verwendung als »Kaninchendraht« am unteren Ende der Viereckgeflechtbespannung bei gleichzeitigem Eingraben.
(4) Spanndrähte. Spanndrähte entsprechend DIN 3036, verzinkt oder verzinkt und kunststoffummantelt, Stahlkerndurchmesser mindestens 3,8 mm (s. Abb. 7.1.2/4 a und b).
(5) Spannschlösser (Drahtspanner)
(6) Übersteigschutz. Stachelbänder oder Stacheldrähte, Drahtdurchmesser 1,7 mm, 2,5 mm o. 2,8 mm.

Kopf- und Fußdrähte	ø	2,5	mm
Fülldrähte	ø	2,0	mm
Abstand senkr. Drähte		150,0	mm
Rollenbreite/Anzahl der waagerechten Drähte		2.000	mm/22
		1.450	mm/19
		1.250	mm/18
		1.000	mm/16
		1.020	mm/ 8
		800	mm/ 8
		780	mm/ 6

Abb. 7.1.2/2. Maße für Knotengeflecht (Beispiel)

Maschenweite [1] zul. Abw.	Drahtnenndurchmesser		Mindest-zinkauflage [3] g/m² Geflecht	Geflecht-breite [4]		Rollen-länge m
	geglüht (g) zul. Abw. [2]	verzinkt (zn) zul. Abw. [2]			zul. Abw.	
10 ± 1	0,6 ±0,03	0,7 ±0,075	195		±10	
13 ± 1,5	0,6 ±0,03	0,7 ±0,075	125		±15	
16 ± 2	0,6 ±0,03	0,7 ±0,075	90		±15	
20 ± 2	0,6 ±0,03	0,7 ±0,075	70		±15	25 und 50
25 ± 3	0,7 ±0,04	0,8 ±0,075	60		±20	
25 ± 3	0,8 ±0,04	0,9 ±0,075	70		±20	
25 ± 3	0,9 ±0,04	1,0 ±0,1	80		±20	
30 ± 4	0,8 ±0,04	0,9 ±0,075	55	500	±20	
40 ± 5	0,8 ±0,04	0,9 ±0,075	45	75	±25	
40 ± 5	0,9 ±0,04	1,0 ±0,1	55	1000	±25	
40 ± 5	1,1 ±0,05	1,2 ±0,1	75	1200	±25	
50 ± 6	0,8 ±0,04	0,9 ±0,075	35	1500	±30	
50 ± 6	0,9 ±0,04	1,0 ±0,1	40	2000	±30	50
50 ± 6	1,1 ±0,05	1,2 ±0,1	50		±30	
65 ± 7	0,9 ±0,04	1,0 ±0,1	35		±40	
75 ± 8	0,9 ±0,04	1,0 ±0,1	25		±45	
75 ± 8	1,1 ±0,05	1,2 ±0,1	35		±45	
75 ± 8	1,3 ±0,05	1,4 ±0,1	40		±45	
100 ±10	1,5 ±0,06	1,6 ±0,1	40		±60	

[1] Das lichte Maß der Maschenweite wird senkrecht zwischen zwei parallelen Drillkanten des Sechsecks gemessen.

[2] Zur Ermittlung der Ist-Abweichung wird das arithmetische Mittel der Durchmesser aller Drähte (ohne Kanten- oder Spanndrähte) über die gesamte Geflechtsbreite herangezogen. Die Abweichung des Durchmessers einzelner Drähte vom Nenndurchmesser darf bei Nenndurchmessern < 1 mm maximal 0,1 mm und bei Nenndurchmessern ≥ 1 mm maximal 0,15 mm betragen. Hierbei darf bei höchstens 5 % der Geflechtsdrähte die in der Tabelle angegebene zulässige Abweichung überschritten werden.

[3] Prüfung der Zinkauflage nach DIN 50952

[4] Für die Maschenweite 10 mm gelten nur die Geflechtsbreiten bis 1000 mm.

Abb. 7.1.2/3. Sechseckgeflecht nach DIN 1200

Außendurchmesser des kunststoffüberzogenen Drahtes (Nennmaß) zul. Abw.		Durchmesser des Kerndrahtes zul. Abw.	
2	±0,10	1,4	±0,065
2,5	±0,10	1,8	±0,09
2,8	±0,15	1,8	±0,09
3,1	±0,15	2	±0,09
3,4	±0,15	2,2	±0,09
3,8	±0,20	2,5	±0,12
4,2	±0,20	2,8	±0,12
4,8	±0,20	3,4	±0,12
5	±0,20	3,8	±0,12
6	±0,20	4,5	±0,16
7	±0,25	5	±0,16
8	±0,25	6	±0,16
13	±0,30	10	±0,30

Abb. 7.1.2/4a. Maße für kunststoffüberzogene Stahldrähte nach DIN 3036 – Extruderverfahren (kunststoffummantelt)

Außendurchmesser des kunststoffüberzogenen Drahtes (Nennmaß) zul. Abw.		Durchmesser des Kerndrahtes zul. Abw.		Mindestdicke des Überzuges
1,4	±0,10	1	±0,065	0,12
1,8	±0,10	1,4	±0,065	0,12
2	±0,12	1,6	±0,09	0,12
2,2	±0,12	1,8	±0,09	0,12
2,5	±0,16	2	±0,09	0,15
2,7	±0,16	2,2	±0,09	0,15
3	±0,16	2,5	±0,12	0,15
3,5	±0,16	3	±0,12	0,15
4	±0,20	3,5	±0,12	0,20
4,3	±0,20	3,8	±0,12	0,20
4,5	±0,20	4	±0,16	0,20
5	±0,20	4,5	±0,16	0,20
6	±0,20	5,5	±0,16	0,20

Abb. 7.1.2/4b. Maße für kunststoffüberzogene Stahldrähte nach DIN 3036 – Wirbelsinterverfahren (kunststoffbeschichtet)

7.1.2.2   Tragkonstruktionen

(1) Pfosten   (s. Abb. 7.1.2/5)
    Stahlrohr:
    Rundrohr,

Bespann-höhe	Rohr DIN 2458 Mittelpfosten	Rohr DIN 2458 Eck- und Endpfosten	Profilrohre DIN 59410	Formstahl DIN 1025	T Stahl DIN 1024	Betonpfosten
1000	42,4 x 2	48,3 x 2,3	40 x 40 x 2,3		40 x 5	80 x 80
1250	48,3 x 2	48,3 x 2,3	40 x 40 x 2,3		40 x 5	80 x 80
1500	48,3 x 2,3	60,3 x 2,3	40 x 40 x 2,3		40 x 5	80 x 80
1750	48,3 x 2,3	60,3 x 2,3	60 x 40 x 2,4		40 x 5	80 x 80
2000	60,3 x 2,3	60,3 x 2,3	60 x 40 x 2,9		40 x 5	80 x 80
2500	60,3 x 2,3	60,3 x 2,3	60 x 40 x 2,9		50 x 6	100 x 100
3000	76,1 x 3,2	76,1 x 3,2	80 x 40 x 2,9	I 80	60 x 7	110 x 110
3500	76,1 x 3,2	76,1 x 3,2	80 x 40 x 2,9	I 80	70 x 8	120 x 120
4000	88,9 x 3,2	88,9 x 3,2	80 x 40 x 5,0	I 80	–	–
5000	101,6 x 4,0	101,6 x 4,0	100 x 60 x 3,6	I 100	–	–
6000	113,3 x 4,0	114,3 x 4,0	120 x 60 x 4,0	I 100	–	–
7000	139,7 x 4,5	139,7 x 4,5		I 120	–	–
8000	139,7 x 5,0	139,7 x 5,0		I 120	–	–

Abb. 7.1.2/5. Zaunpfosten-Abmessungen (mm) (Empfehlung)

Quadratrohr,
Rechteckrohr.
Alu-Rohr:
Stahlprofile,
T-Stahl,
L-Stahl,
I-Stahl.
Einbindetiefe für Metallpfosten bei
Bespannungshöhe 200 cm: 50 cm,
Bespannungshöhe 300 cm: 60 cm,
Bespannungshöhe 600 cm: 70 cm.
Beton:
schlaffbewehrt,
Spannbeton,
Stahlmantel mit Betonfüllung.
Holzpfosten:
Rundholz,
Vierkantholz.

(2) Verstrebungen und Spannbrücken (s. Abb. 7.1.2/6)
Rückverspannungen bestehen aus verzinkten Spanndrähten DIN 177 oder Drahtseilen entsprechend DIN 3055, d > 4 mm.

(3) Gründungen. Ortbeton B 15 oder Betonfertigteile; Mindestabmessungen s. Abb. 7.1.2/7.

(4) Unterkriechschutz. Betonkantenstein DIN 483, 5 × 25 × 100, gegebenenfalls mit Erdanker.

Zaunhöhe bis m	Rundrohr ø (mm)	Anzahl
1,25	34 x 1,5	1
2,00	42 x 1,5	2
4,00	48 x 1,5	3
6,00	48 x 1,5	4
Eck- und Knickpunkte		2
Anfangs- und Endpunkte		1
Mehr als 50 m		2 (mittig)

Abb. 7.1.2/6. Streben und Spannbrücken

Zaunhöhe bis m	Fundament- Länge	Breite	Tiefe
1,5	0,3	0,3	0,6
2,5	0,3	0,3	0,8
3,0	0,4	0,4	0,8
4,0	0,6	0,6	0,8
5,0	0,8	0,6	1,0
6,0	1,0	0,6	1,0

Abb. 7.1.2/7a. Mindestabmessungen (m) für Gründungen

Öffnungs- Breite	Höhe	Fundament- Länge	Breite	Tiefe
1,25	1,50	0,4	0,4	0,8
3,00	2,50	0,4	0,4	1,0
4,00	2,50	0,6	0,6	1,0
5,00	2,50	0,8	0,6	1,1
6,00	2,50	1,0	0,6	1,2

Abb. 7.1.2/7b. Mindestabmessungen (m) für Gründungen bei Toren

7.1.3   Herstellung

Erdarbeiten entsprechend ATV DIN 18 300, Versetzen und Verspannung ohne ATV, Angleichung an RAL – RG 602 »Güte- und Prüfbestimmungen Drahtzaun«.

7.1.4   Abnahme

Abnahmefähiger Zustand nach Montage aller Teile und Befestigung der Bespannungen; Überprüfung der Rohrwanddicken, der Drahtdicken und des Korrosionsschutzes.

7.1.5   Abrechnung

In der Regel nach Längenmaß (m). Ermittlung entsprechend DIN 18 299 aus Zeichnungen, soweit die ausgeführte Leistung diesen Zeichnungen entspricht; ansonsten erfolgt die Ermittlung durch gemeinsames Aufmaß.

7.2   Stahlgitterzäune

7.2.1   Aufbau

Bespannung aus Gitter mit rechteckigen Maschen, Stäbe aus Rundstahl entspr. DIN 1013, senkrechter Stab aus Rundstahl, $d \geq 5$ mm, Horizontalteil aus
Doppelrundstahl, $d > 5$ mm, oder
durchbohrtes Flach- oder U-Profil.
Pfosten aus Stahlhohlprofilen mit Klemmleisten und Spannschrauben, bei höheren Bespannungen Pfosten aus I-Stahl (s. Abb. 7.2.1/1).

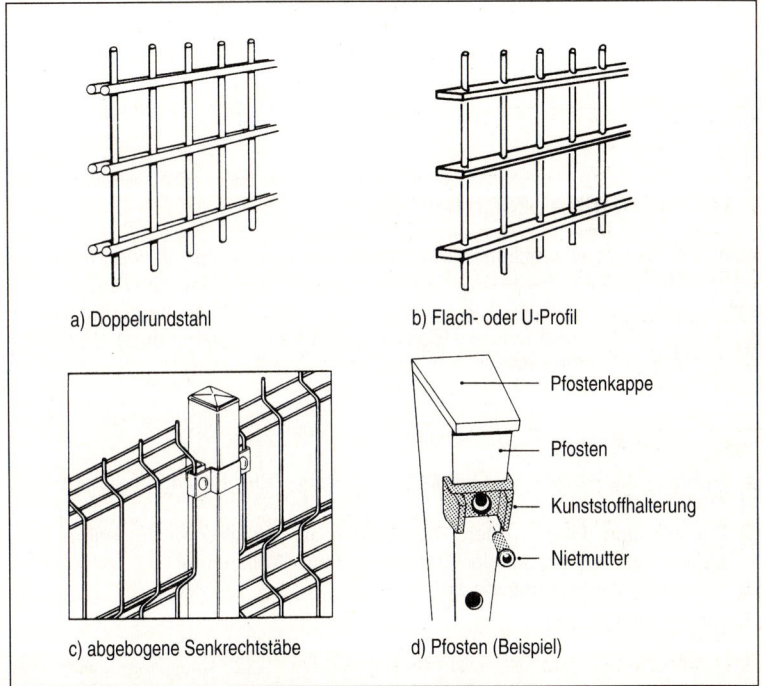

a) Doppelrundstahl

b) Flach- oder U-Profil

Pfostenkappe

Pfosten

Kunststoffhalterung

Nietmutter

c) abgebogene Senkrechtstäbe

d) Pfosten (Beispiel)

Abb. 7.2.1/1. Aufbau von Stahlgitterzäunen

7.2.2   Abmessungen

7.2.2.1   Gitter (Maschen)

50 × 200 mm
100 × 200 mm

7.2.2.2   Tragkonstruktion

Massiv- oder Hohlprofile: Korrossionsschutz durch Feuerverzinkung oder durch Feuerverzinkung + Kunststoffüberzug.

7.2.3   Herstellung

Streben und sonstige Aussteifungen in der Regel nicht erforderlich; sonst wie Kapitel 7.1.3.

7.2.4   Abnahme

Abnahmefähiger Zustand nach Herstellung aller vereinbarter Leistungen, insbesondere nach Verschraubung der Halteeinrichtungen; Überprüfen auf Korrosionsbeständigkeit, insbesondere der Verschraubungen.

7.2.5   Abrechnung

Wie Kapitel 7.1.5.

7.3   Metallprofilgitter

Während Drahtgeflechtzäune und Stahlgitterzäune unter Verwendung von vorgefertigten Teilen hergestellt werden, handelt es sich hier um Metallbauarbeiten entsprechend DIN 18360, die in der Regel als Einzelanfertigung bzw. in Kleinserie objektgebunden hergestellt werden. Es wird daher auch auf Kapitel 14 »Metallbau« hingewiesen.

7.3.1   Aufbau s. Abb. 7.3.1/1

(1) Rahmen als Rechteck-, Quadrat-, Rundrohr- oder Profilrohr, seltener aus Flach- oder Rundstahl.
(2) Füllung aus Flach- oder Rundstäben in senkrechter, waagerechter, gekreuzter oder diagonaler Anordnung bzw. Wellengitter.
(3) Halterung zur Befestigung an
Pfosten oder
Pfeiler.

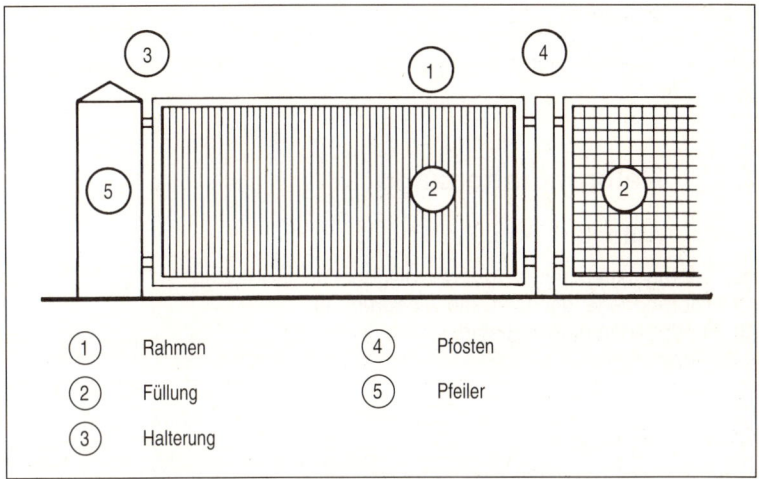

Abb. 7.3.1/1. Aufbau von Metallprofilgitterzäunen

7.3.2 Abmessungen

7.3.2.1 Rahmen

Die Abmessungen richten sich nach gestalterischen und funktionellen Anforderungen. Bei Hohlprofilen sollte eine Wanddicke d = 2,3 mm nicht unterschritten werden. Einzelmaße können dem Kapitel 14 entnommen werden.

7.3.2.2 Füllungen

Die Abmessungen für Flach- und Rundstähle können Kapitel 14 entnommen werden.
Für Wellengitter gelten folgende Abmessungen: 50/50/5 mm.

7.3.3 Herstellung

Die Herstellung der Gitter erfolgt entsprechend DIN 18 360. Alle Teile müssen einen Korrosionsschutz entsprechend DIN 18 364 erhalten, wobei die Konstruktion eine vollständige Verzinkung auch im Inneren von Hohlprofilen zulassen muß.

7.3.4 Abnahme

Bei der Abnahme ist die Abmessung der Profile und die Wanddicken zu prüfen. Gelegentlich kann die Überprüfung der Zinkauflage notwendig werden.

7.3.5   Abrechnung

Die Abrechnung erfolgt entweder nach Anzahl (Stück) oder nach Längenmaß (m).

7.4   Halbrundlattenzaun

7.4.1   Aufbau s. Abb. 7.4.1/1

(1) Halbrundlatten senkrecht oder diagonal an
(2) Halbrundriegel genagelt, die wiederum an
(3) Rundpfosten befestigt sind.

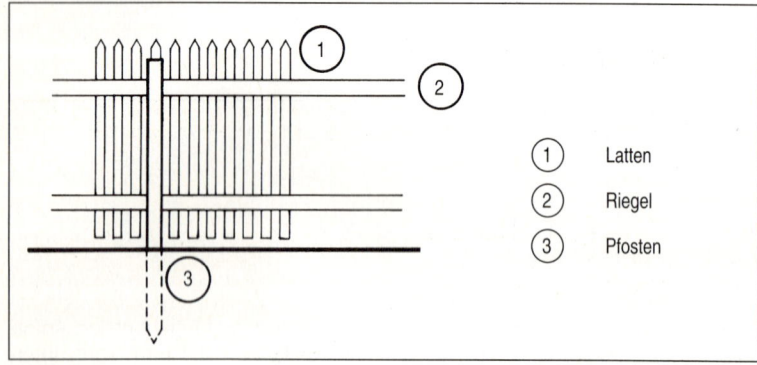

Abb. 7.4.1/1.   Aufbau von Halbrundlattenzäunen

7.4.2   Abmessungen

Pfostendurchmesser:
7 cm bis   9 cm bis Zaunhöhe 0,7 m,
8 cm bis 10 cm bei Zaunhöhe 0,8 m–1,1 m,
9 cm bis 11 cm bei Zaunhöhe 1,2 m–1,5 m.
Pfostenabstand: 250 cm.
Halbrundriegel 6 cm bis 9 cm.
Latten 3,5 cm bis 6 cm.
Die Pfostenlängen ergeben sich aus der Zaunhöhe und 70 cm Einbindetiefe; Torpfosten erhalten eine Einbindetiefe von mindestens 90 cm bei einem Durchmesser von 10 cm bis 12 cm. Der Lattenabstand beträgt ca. zwei Drittel des Lattendurchmessers.
Der Riegelabstand vom oberen und unteren Lattenende: ca. ein Siebtel der Zaunhöhe.
Die Hölzer bestehen aus imprägniertem Fichtenholz, geschält oder gefräst.

7.4.3 Herstellung

Zaunteile werden in der Regel vorgefertigt geliefert. Die Pfosten werden höhen- und fluchtgerecht eingeschlagen und die Riegel an diesen befestigt. Eck- und Endpfosten sollten bei Zaunhöhen über 1,20 m Streben erhalten. Eine ATV existiert nicht.

7.4.4 Abnahme

Bei der Abnahme sind die vereinbarten Abmessungen zu überprüfen.

7.4.5 Abrechnung

Die Abrechnung erfolgt in der Regel nach Längenmaß (m).

7.5 Rundholzzäune

Rundholzzäune werden wie Halbrundlattenzäune hergestellt, wobei jedoch für die Füllung Rundholzstangen, häufig rund gefräst, verwendet werden.

7.6 Bretter-Lattenzäune

7.6.1 Herstellung s. Abb. 7.6.1/1

(1) Latten oder Bretter werden an
(2) Riegel aus Kantholz geschraubt oder genagelt.
(3) Kantholzpfosten tragen die Riegel und sind durch
(4) Flacheisen mit einem
(5) Betonfundament, B 15, verbunden.

Möglich ist auch das Einschlagen der Pfosten in den Boden (Fäulnisgefahr!). Daneben werden für höhere Wind- und Sichtschutzzäune Schalungen verwendet (s. Kapitel 13).

7.6.2 Abmessungen

Pfosten: Kantholz entsprechend DIN 4070
10 × 10 cm bis 0,8 m Zaunhöhe,
11 × 11 cm von 0,9 m bis 1,0 m Zaunhöhe,
12 × 12 cm von 1,1 m bis 1,5 m Zaunhöhe.
Riegel: 5 × 7 cm.
Bretter entsprechend DIN: > 2,5 × 6 cm.
Latten: 3,5 × 6 cm.
Pfostenhalterung: Flacheisen, feuerverzinkt entsprechend DIN mind. 5 × 30 mm.

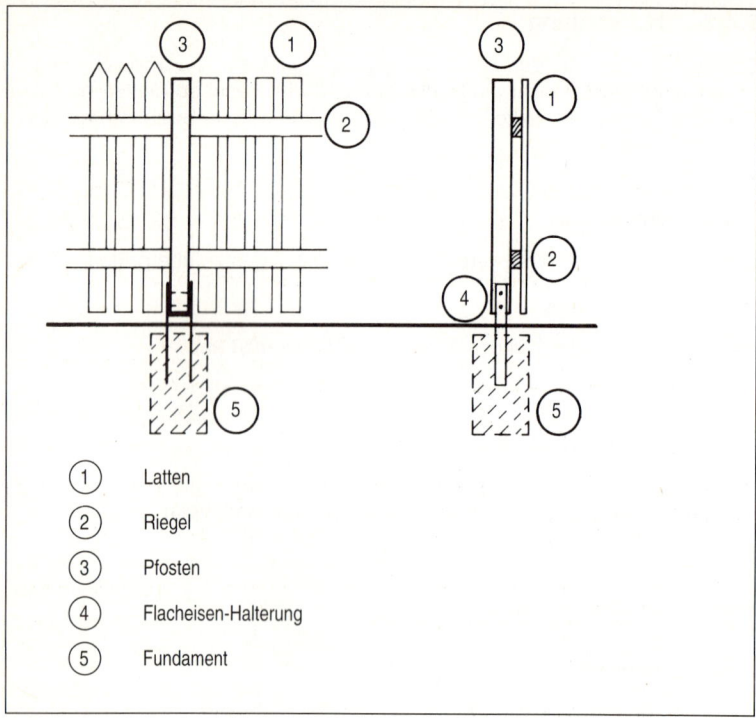

Abb. 7.6.1/1. Aufbau von Bretter-Lattenzäunen

7.6.3 Herstellung

Ausführung entsprechend DIN 18334 Zimmer- und Holzbauarbeiten.

7.6.4 Abnahme

Überprüfung der vereinbarten Holzquerschnitte.

7.6.5 Abrechnung

In der Regel nach Längenmaß (m).

7.7 Türen und Tore

7.7.1 Türenbezeichnungen nach DIN 107 (s. Abb. 7.7.1/1)

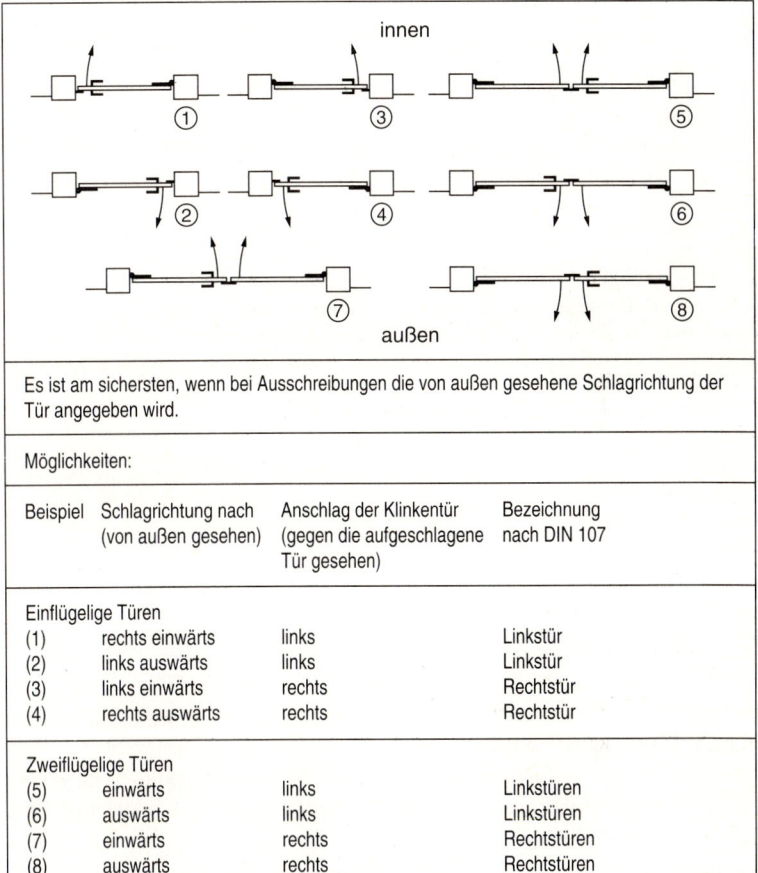

Es ist am sichersten, wenn bei Ausschreibungen die von außen gesehene Schlagrichtung der Tür angegeben wird.

Möglichkeiten:

Beispiel	Schlagrichtung nach (von außen gesehen)	Anschlag der Klinkentür (gegen die aufgeschlagene Tür gesehen)	Bezeichnung nach DIN 107
Einflügelige Türen			
(1)	rechts einwärts	links	Linkstür
(2)	links auswärts	links	Linkstür
(3)	links einwärts	rechts	Rechtstür
(4)	rechts auswärts	rechts	Rechtstür
Zweiflügelige Türen			
(5)	einwärts	links	Linkstüren
(6)	auswärts	links	Linkstüren
(7)	einwärts	rechts	Rechtstüren
(8)	auswärts	rechts	Rechtstüren

Abb. 7.7.1/1. Türenbezeichnungen nach DIN 107

7.7.2 Metalltüren/-tore

7.7.2.1 Abmessungen

(1) Rahmen. Die Querschnitte sind abhängig von der Flügelhöhe und -breite.
Beispiel:
Flügelhöhe 2000 mm
Flügelbreite 2000 mm
Mindestquerschnitt = RR 60 × 40 mm
Bei L-Eisen sowie bei größeren Toren empfiehlt sich der Anbau einer Diagonalstrebe.

(2) Füllungen

Füllungen können aus Flach- oder Rundeisen bestehen. Die Dimensionierung hängt von der gestalterischen Absicht oder auch von den anschließenden Zaunfeldern ab.

(3) Pfosten

Pfosten bestehen aus Quadrat- oder Rundrohr, deren Querschnitte von der Flügelhöhe und Flügelbreite abhängig ist.

Beispiel:

Flügelhöhe   2000 mm

Flügelbreite   750 mm $\varnothing \geq$ 63,5 × 2,9

Flügelbreite   2000 mm $\varnothing >$ 108 × 3,6

Bei Verwendung von Mauerpfeilern sollten die Kloben mit einem eingemauerten Stahlprofil oder dergleichen verbunden werden.

7.7.2.2 Beschläge

Beschläge für Türen und Tore bestehen aus

Bändern,

Kloben,

Einsteckschlössern,

Anschlagprofilen,

Feststellern.

Die Auswahl ist so vielfältig, daß auf die Fachkataloge verwiesen wird.

7.7.2.3 Herstellung

Die Herstellung erfolgt entsprechend DIN 18360 Metallbauarbeiten, Schlosserarbeiten. Auch hier sind alle Teile mit einem Korrosionsschutz, in der Regel aus Feuerverzinkung, zu versehen.

7.7.2.4 Abnahme

Überprüfung der Gangbarkeit und der Maßgenauigkeit sowie des Korrosionsschutzes, insbesondere auch hinsichtlich der Verwendung von lösbaren Bauteilen (Schrauben usw.).

7.7.2.5 Abrechnung

Die Abrechnung erfolgt in der Regel nach Anzahl (Stück).

7.7.3 Holztüren/-tore

In einfacher Form werden Türen und Tore als Bretter- oder Lattentore hergestellt (s. Abb. 7.7.3/1). Die Druckstrebe leitet die Last in den unteren Kloben. Außerdem sind Rahmentore üblich (s. Kapitel 13 Holzbau).

7.7.3.1 Abmessungen

Die Querschnitte sind abhängig von der Flügelhöhe und -breite.

Beispiel für Brettertüren:

Querriegel:

Flügelhöhe   2000 mm

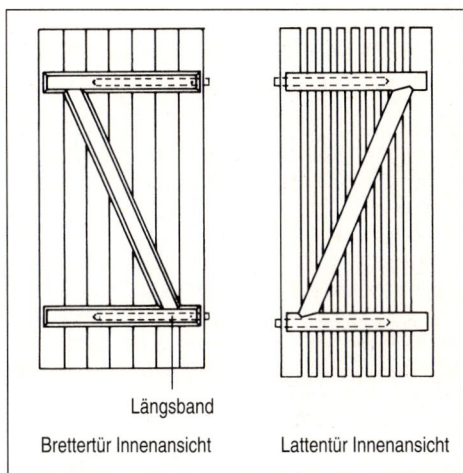

Längsband

Brettertür Innenansicht   Lattentür Innenansicht

Abb. 7.7.3/1. Bretter- und Lattentür

Flügelbreite   750 mm > 22 × 100 mm
Flügelbreite   2000 mm > 24 × 120 mm
Druckstrebe:
Flügelhöhe   2000 mm
Flügelbreite   750 mm > 22 × 80 mm
Flügelbreite   2000 mm > 24 × 120 mm
Bretter: d ≥ 24 mm
Latten: 24/28 mm
Pfosten:
Flügelhöhe   2000 mm
Flügelbreite   750 mm > 100 × 100 mm
Flügelbreite   2000 mm > 140 × 140 mm

7.7.3.2 Beschläge (s. Kapitel 7.7.2.2)

7.7.3.3 Herstellung
Latten- und Brettertore werden entsprechend DIN 18334 Zimmer- und Holzbauarbeiten, Rahmentore in der Regel nach DIN 18355 Tischlerarbeiten hergestellt.

7.7.3.4 Abnahme
Bei der Abnahme wird die Gangbarkeit, die Maßgenauigkeit und die Ver-
schließbarkeit sowie die Dimensionierung der einzelnen Bauteile überprüft.

7.7.3.5 Abrechnung
Die Abrechnung erfolgt in der Regel nach der Anzahl (Stück).

8. Wegebau

8.1 Allgemeine Hinweise

Der Begriff »Wegebau« kennzeichnet in diesem Kapitel
die »Planung« von Verkehrsflächen (Verkehrsraumgestaltung in Querschnitt,
Lageplan und Höhenplan) wie auch
die »konstruktive Ausbildung« (Befestigung) für eine Nutzung durch Fußgänger, Radfahrer und Kraftfahrzeuge.

8.2 Festlegungen, Begriffe, Technische Vorschriften

8.2.1 Differenzierung der Verkehrsflächen nach Kategoriengruppen

Verkehrsflächen (Straßen) werden fünf Kategoriengruppen durch Festlegung
der Funktion, Lage zur Bebauung und daraus folgenden Planungsgrundsätzen zugeordnet.

Kategorien-gruppe	maßgebende Funktion	Lage zur Bebauung	angrenzende Bebauung	Art der Straße
A	Verbindung	außerhalb bebauter Gebiete	anbaufrei	Bundesfernstraßen, Bundes-, Landes-, Kreis-, Gemeindestraßen, ländliche Wege
B	Verbindung		anbaufrei	Schnell-, Hauptverkehrs- und Hauptsammelstraßen
C	Verbindung	innerhalb bebauter Gebiete	angebaut bzw. anbaufähig	Hauptverkehrs- und Hauptsammelstraßen
D	Erschließung			Sammel- und Anliegerstraßen
E	Aufenthalt			Anliegerstraßen, Wohnwege

Abb. 8.2.1/1. Einteilung der Straßen (nach RAS)

Hauptgruppen:
Kategorie A, B und C: Funktion »Verbindung«;
Kategorie D und E: Funktion »Erschließung und Aufenthalt«;
Zusammenstellung s. Abb. 8/1.
Berücksichtigung der »Verkehrsbelastung« (Verkehrsmenge, Verkehrsart):
durch Ausbildung des Querschnitts bzw. des Oberbaus
(»Bauklassen« SV, I bis VI).

8.2.2   Maßstäbe zur Planung des Straßenraums

8.2.2.1   Querschnitt, Linienführung und Konstruktion

(1) Maßstäbe für Querschnitt, Linienführung :
fahrgeometrische Bedingungen:
abgeleitet aus Abmessungen der Fahrzeuge bzw. Nutzer; sind alleinige
Maßstabe nur für die Kategoriengruppen D und E (s. Kap. 8.3);
geschwindigkeitsabhängige fahrdynamische Bedingungen:
sind abhängig von der Fahrgeschwindigkeit und zusätzlicher Maßstab für
die Kategoriengruppen A, B und C (s. Kap. 8.4);
Bewegungszuschläge und Sicherheitsräume:
führen zusammen mit fahrgeometrischen und fahrdynamischen Bedingungen zum »Verkehrsraum« bzw. »Lichten Raum«, der von festen Hindernissen völlig freizuhalten ist.
(2) Maßstäbe für die Konstruktion (Wegebefestigung):
Fahrzeugart (Gewicht);
Verkehrsbelastung (Verkehrsmenge);
Bodenverhältnisse.

8.2.2.2   Technische Vorschriften, Richtlinien, Merkblätter

Die Aufstellung ist nicht vollständig. Sie wird in den einzelnen Kapiteln durch
Normen, Vorschriften etc. fallweise ergänzt. DIN-Normen werden grundsätzlich nur dort und nur mit ihrer Nummer zitiert (zur genauen Bezeichnung s.
gültiges Normenverzeichnis).
(1) Im Text verwendete Abkürzungen:
BMV   Bundesminister für Verkehr
BASt   Bundesanstalt für Straßenwesen
DIN   Deutsches Institut für Normung
DVWW   Deutscher Verband für Wasserwirtschaft e.V.
FG   Forschungsgesellschaft für das Straßenwesen
FGSV   Forschungsgesellschaft für das Straßen- und Verkehrswesen e.V.
KWK   Kuratorium für Wasser und Kulturbauwesen e.V.
– 86   Herausgabejahr (1986).
(2) Bezugsquellen:
Richtlinien, Merkblätter: FGSV, Alfred-Schütte-Allee 10, 50679 Köln;
BASt-Empfehlungen: BASt, Brüderstr. 53, 51427 Bergisch-Gladbach;
Normblätter: Beuth-Verlag GmbH, Burggrafenstr. 4–10, 10787 Berlin;
RLW, RE: Buchhandel.

(3) Vorschriften etc. für die »Planung« von Verkehrsflächen:

RAS-L-1:   Richtlinien für die Anlage von Straßen, Teil: Linienführung; Abschnitt 1: Elemente der Linienführung – FGSV/BMV 84

RAS-L-2:   –, Abschnitt 2: Räumliche Linienführung – in Arbeit; zur Zeit noch gültig: RAL-L-2: Richtlinien für die Anlage von Landstraßen, Abschnitt 2: Räumliche Linienführung – FG 70

RAS-Ö-1:   –, Teil: Anlagen des öffentlichen Personennahverkehrs; Abschnitt 1: Straßenbahn – FG 78

RAS-Ö-2:   –, Abschnitt 2: Omnibus und Obus – FG 79

RAS-K-1:   –, Teil: Knotenpunkte, Abschnitt 1: Plangleiche Knotenpunkte – FGSV/BMV 88

RAS-K-2:   –, Abschnitt 2: Planfreie Knotenpunkte (in Arbeit); noch gültig: RAL-K-2: Richtlinien für die Anlage von Landstraßen, Teil: Knotenpunkte, Abschnitt 2: Planfreie Knotenpunkte – FG 76

RAS-Q: –, Teil: Querschnitte – FGSV/BMV 82

RAS-Ew: –, Teil: Entwässerung – FGSV/BMV 87

RAS-N: –, Teil: Straßennetzgestaltung – FGSV/BMV 88

RAS-W: –, Teil: Wirtschaftlichkeitsuntersuchungen - FGSV/BMV 86

RAS-LG: –, Teil: Landschaftsgestaltung, Abschnitt 1 bis 5 - FGSV/BMV ab 1980

RLW: Richtlinien für den ländlichen Wegebau – KWK/DVWW 75

RV 87:   Richtlinien für die Planung und Ausführung von Verkehrsanlagen – BMV 87

RAR: Richtlinien für Anlagen des ruhenden Verkehrs – FG 75 Richtlinie aufgehoben! als Ersatz anzuwenden: Bauordnungen der Bundesländer incl. der jeweiligen Ausführungsbestimmungen und Baunutzungsverordnungen

RR-1:   Richtlinien für Rastanlagen an Straßen, Teil 1: Allgemeine Planungsgrundsätze, Landschaftsgestaltung – FGSV 81

RLS: Richtlinien für den Lärmschutz an Straßen – FGSV/BMV 81

RABS: Richtlinie für die Anlage und den Bau von Straßen für militärische Schwerstfahrzeuge – FG/BMV 80

RiLSa: Richtlinien für Lichtsignalanlagen – Lichtzeichenanlagen für den Straßenverkehr – FG/BMV 81

RE 85:   Richtlinien für die Gestaltung von einheitlichen Entwurfsunterlagen im Straßenbau – BMV 84

EAE 85:   Empfehlungen für die Anlage von Erschließungsstraßen – FGSV 85/BMV 86

MAmS: Merkblatt zum Amphibienschutz an Straßen – FGSV/BMV 87

–:   Leitfaden für Verkehrsplanungen – FGSV 85

–:   Richtlinien für die Anlage von Zusatzfahrstreifen an Steigungsstrecken – BASt/BMV 85

UVPG: Gesetz zur Umsetzung der Richtlinien des Rates vom 27. Juni 1985 über die Umweltverträglichkeitsprüfung bei bestimmten öffentlichen und privaten Projekten (85/337/EWG) – beschlossen vom Bundesrat 1990.

(4) Vorschriften etc. für die »Konstruktion« von Verkehrsflächen:

ZTVT-StB 86:	Zusätzliche Technische Vorschriften und Richtlinien für Tragschichten im Straßenbau – FGSV/BMV 86
ZTVbit-StB 84:	Zusätzliche Technische Vorschriften und Richtlinien für den Bau bituminöser Fahrbahndecken – FGSV/BMV 84/90
ZTV Beton 78:	Zusätzliche Technische Vorschriften und Richtlinien für den Bau von Fahrbahndecken aus Beton – FGSV/BMV 78/82
ZTV-LW 87:	Zusätzliche Technische Vorschriften und Richtlinien für die Befestigung ländlicher Wege – FGSV 87
ZTV BEL-B:	Vorläufige Zusätzliche Technische Vorschriften und Richtlinien für die Herstellung von Brückenbelägen auf Beton – BMV 87
ZTV ST Berlin:	Zusätzliche Technische Vorschriften für die Ausführung von Steinpflasterarbeiten in Berlin – Senator für Bau- und Wohnungswesen Berlin 1977
VOB/C:	Verdingungsordnung für Bauleistungen – Teil C: ATV (Allgemeine technische Vorschriften)
RStO 86/89:	Richtlinien für die Standardisierung des Oberbaus von Verkehrsflächen – FGSV/BMV 86/89
RiStWag:	Richtlinien für bautechnische Maßnahmen in Wassergewinnungsgebieten – FGSV/BMV 82
TL Min-StB 83:	Technische Lieferbedingungen für Mineralstoffe im Straßenbau – FGSV/BMV 83
RG Min-StB 83:	Richtlinien für die Güteüberwachung von Mineralstoffen im Straßenbau – FGSV/BMV 83
TP Min StB:	Technische Prüfvorschriften für Mineralstoffe im Straßenbau – FGSV/BMV 82
MEA:	Merkblatt für die Erhaltung von Asphaltstraßen – FGSV/BMV 83–89
MEB:	Merkblatt für die Erhaltung von Betonstraßen – FGSV/BMV 85/86
MNA:	Merkblatt für das Herstellen von Nähten und Anschlüssen in Verkehrsflächen aus Asphalt – FGSV/BMV 89
ZTVV-StB 81:	Zusätzliche Technische Vorschriften und Richtlinien für die Ausführung von Bodenverfestigungen und Bodenverbesserungen im Straßenbau – FGSV/BMV 81
TVV-LW 80:	Technische Vorschriften und Richtlinien für die Ausführung von Bodenverfestigungen mit Zement und hochhydraulischem Kalk im ländlichen Wegebau – FG 80
ZTVE-StB 76:	Zusätzliche Technische Vorschriften und Richtlinien für Erdarbeiten im Straßenbau – RG/BMV 76/78
ZTVLa-StB 80:	Zusätzliche Technische Vorschriften und Richtlinien für Landschaftsbauarbeiten im Straßenbau – BMV 80.

Nicht mehr gültig:
TVbit 2/56:Technische Vorschriften und Richtlinien für den Bau bituminöser Fahrbahndecken, Teil 2: Teer- und Asphaltmakadam – FG 56/BMV 57

8.3 Planungsgrundlagen für Verkehrsflächen innerhalb bebauter Gebiete mit der Funktion »Erschließung und Aufenthalt«

Dieses Kapitel enthält die planungsrelevanten Angaben für die Verkehrsraumnutzer »Fußgänger«, »Radfahrer« und »Kraftfahrzeuge« soweit sie für die Kategoriengruppen D und E abzuleiten sind.

8.3.1 Flächen für Füßgängerverkehr

8.3.1.1 Festlegungen, Begriffe

Gehwege und Flächen für »Aufenthalt und Kinderspiel« innerhalb des gesamten Straßenraumes sind nur bei Fahrgeschwindigkeiten ≤ 50 km/h zulässig; zum Fußgängerverkehr bei Straßen mit Fahrgeschwindigkeiten > 50 km/h bzw. außerhalb von bebauten Gebieten s. Kap. 8.4.2.
Bezugsrichtlinien: EAE 85; Empfehlungen zur Verkehrsberuhigung in Wohngebieten – FGSV/BMV 81; DIN 18024, Blatt 1.

8.3.1.2 Querschnittsausbildung

(1) Verkehrsraumbreite für Fußgänger und Rollstuhlfahrer:
Grundmaße s. Abb. 8.3.1/1;
Breitenzuschläge s. Abb. 8.3.1/2.

Verkehrsraum Breite Höhe *Wegefläche*	Lichter Raum Breite Höhe	Nutzungsart
0,55 m 2,00 m	0,75 m 2,25 m	Mindestbreite für 1 Person; Durchgangsbreite für Kinderwagen etc.
0,80 m	1,00 m	Mindestbreite für 1 Person mit Gepäck o.ä., gehbehinderte Person, Rollstuhlfahrer
1,30 m	1,50 m	Nebeneinandergehen von 2 Personen; Begegnung ohne Ausweichen auf Nebenflächen; lichter Mindestabstand von Handläufen bei Geländern an Treppen, Rampen
2,80 m	3,00 m	nebeneinandergehende Personengruppe (3 – 4 Personen)

Abb. 8.3.1/1. Grundmaße des Verkehrsraumes und lichten Raumes für Fußgänger und Rollstuhlfahrer (nach EAE)

Art der Seitenbegrenzung, Hindernis, Funktion	Breitenzuschlag
Gebäude, Zaun, Mauer, Baum, Verkehrsschild, Parkuhr, Poller etc.	0,25 m
Fahrbahnrand (bei bedeutendem Kfz-Verkehr)	0,50 m
Lichtmast, Lichtsignalmast, Schaltkasten am Fahrbahnrand	0,75 m
Überhangmaß von Pkw bei Senkrecht- oder Schrägaufstellung	≤ 0,75 m
	Platzbedarf
Wunschabstand bei Begegnung von Fußgängern	0,40 m
Verweilfläche vor Schaufenstern	1,00 m
Vitrinen, Auslagestände etc. vor Geschäften	1,50 m
Ruhebänke	1,00 m
Bushaltestellen (s. auch Kap. 8.3.8.)	1,50 m
Zweiradstellflächen (s. auch Kap. 8.3.2.4.)	2,00 m
Schneelagerflächen	0,50 m

Abb. 8.3.1/2. Breitenzuschläge für den Verkehrsraum von Fußgängern, Platzbedarf für Einbauten (nach EAE)

Breite	Nutzungsmerkmale
1,50 m	Mindestbreite für Begegnen; Überholen mit "Tuchfühlung"; Ausweichen bei Mitführen von Taschen o.ä.; Aufenthalt kaum möglich; Radfahren und/oder Spielen von Kindern entweder durch Fußgängerverkehr behindert oder störend; Mindestbreite für normale Nutzung durch Rollstuhlfahrer; lichte Mindestbreite zwischen Handläufen bei Treppen etc.
1,50 – 2,50 m	Bequemes Nebeneinandergehen von zwei Personen; Begegnen, Überholen auch mit Gepäck möglich; Aufenthalt begrenzt möglich; Radfahren und/oder Spielen von Kindern noch stark behindert oder störend.
2,50 – 5,00 m	Gehen, Begegnen, Überholen von kleinen Gruppen; u.U. Aufenthalt neben Fußgängerverkehr möglich; Radfahren von Kindern bei geringer Fußgängerdichte bzw. wenig Aufenthalt möglich.
> 5,00 m	Bequemes Gehen, Begegnen, Überholen auch größerer Gruppen möglich; ebenso anspruchsvolle Aufenthaltsnutzung, Kinderspiel und Radfahren von Kindern.

Abb. 8.3.1/3. Beispiele für Breite von Gehflächen (nach EAE)

(2) lichter Raum:
   keine weiteren Breitenzuschläge, Höhe ≥ 2,5 m.
   Beispiele s. Abb. 8.3.1/3 bis 5.
(3) Querneigung q:
   2,5% (Regel); bei sehr ebenflächigen Belägen q = 1,5%.

Aufenthaltsfläche Tiefe	Nutzungsmerkmale
0,70 – 1,00 m	Stehende Person, einzelner Beobachter
1,50 – 2,00 m	Stehende kleine Personengruppe; 2-Personengruppe an Bistro-Tisch; Verweilbereich vor Schaufenstern, Geschäftseingängen
2,50 – 3,50 m	Sitzbank; Verkaufsstand; Sitzgruppe an normalen Kaffeehaus-Tischen; Nutzung von Sonnen- und Wetterschutzschirmen
ab 4,00 m	Größere Beobachtergruppe; kleine Musikdarbietungen o.ä.; mehrreihige Tischanordnung

Abb. 8.3.1/4. Beispiele für den Flächenbedarf bei Aufenthalt (nach EAE)

Spielfläche Tiefe	Nutzungsmerkmale
0,70 – 1,00 m	Einzelnes Kind bei ruhigem Spiel
1,50 – 2,00 m	Kinderdreirad, Kinderrad mit Stützrädern; einzelnes Kind beim Prellballspiel
2,50 – 3,50 m	Hüpfkasten o.ä.; Kindergruppe bei ruhigem Spiel
ab 4,00 m	Schwingseilspringen; Ballspiel; Laufspiele

Abb. 8.3.1/5. Beispiele für den Flächenbedarf beim Kinderspiel (nach EAE)

(4) Schrägneigung p:
$p \leq 6\%$ (z. B. bei Bordabsenkungen an Knotenpunkten, Grundstückszufahrten; s. Kap. 8.3.4.3).

8.3.1.3 Linienführung

(1) Lageplan:
Radien: keine Mindestradien vorgeschrieben.

(2) Höhenplan:
Längsneigung s:
Nutzung durch Behinderte und alte Menschen: $s \leq 6\%$;
(Ausnahme und nur auf kurzen Abschnitten: $s \leq 12\%$);
Nutzung durch Rollstuhlfahrer ohne Hilfe: $s \leq 8\%$
(bei s = 6 bis 8% Oberfläche möglichst griffig ausbilden).

8.3.2   Flächen für Radverkehr

8.3.2.1   Festlegungen, Begriffe

Radverkehrsflächen:
selbständig geführte Radwege; Radwege im Straßenraum (»straßenbegleitende« Radwege); gemeinsam mit Fußgängern genutzte Flächen; Abstell-
anlagen für Fahrräder; zum Radverkehr bei Straßen mit Fahrgeschwindigkeiten > 50 km/h bzw. außerhalb von bebauten Gebieten s. Kap. 8.4.2.
Bezugsrichtlinien:
RV 87; Empfehlungen für Planung, Entwurf und Betrieb von Radverkehrsanla-
gen, FGSV/BMV 82; EAE 85; RAS-Q; RAS-L-1; RAS-K-1.

8.3.2.2   Querschnittsausbildung

(1) Verkehrsraum, Lichter Raum: s. Abb. 8.3.2/1 und 8.3.2/2.
(2) Querneigung q: Regel q = 2,5%.
(3) Schrägneigung p:
    p ≥ 6% (z. B. bei Bordsteinabsenkungen an Knotenpunkten, Grund-
    stückszufahrten; s. Kap. 8.3.4.3).

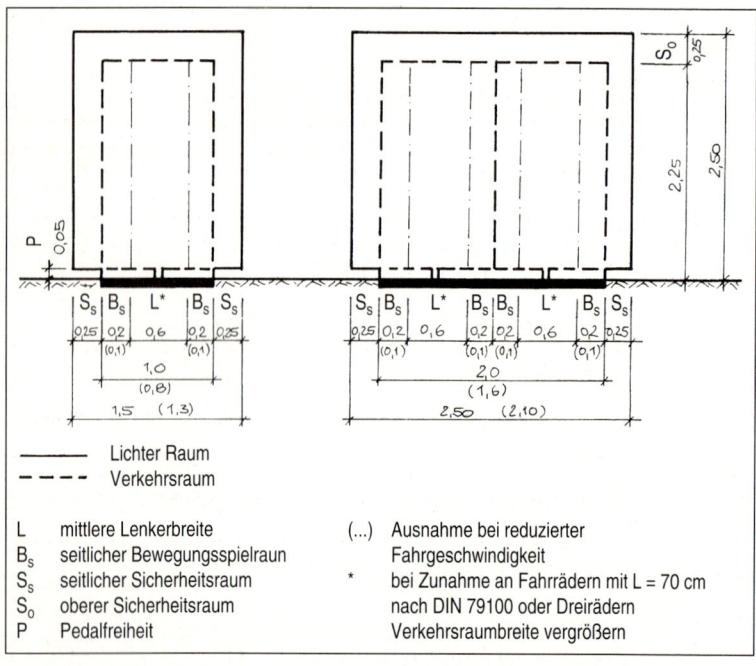

L	mittlere Lenkerbreite	(...)	Ausnahme bei reduzierter
B_s	seitlicher Bewegungsspielraun		Fahrgeschwindigkeit
S_s	seitlicher Sicherheitsraum	*	bei Zunahme an Fahrrädern mit L = 70 cm
S_o	oberer Sicherheitsraum		nach DIN 79100 oder Dreirädern
P	Pedalfreiheit		Verkehrsraumbreite vergrößern

*Abb. 8.3.2/1. Grundmaße des Verkehrsraumes und lichten Raumes für Radfahrer
(nach EAE, RV 87, RAS-..., Empfehlungen...)*

Richtwert für die Breite *)	Art der Radverkehrsanlage
1,60 m	Radfahrstreifen (auf der Fahrbahn neben der Kfz-Spur)
2,00 m 2,00 m 2,50 m	Straßenbegleitende Radwege: - Einrichtungsverkehr - Zweirichtungsverkehr bei beiseitigen Radwegen - Zweirichtungsverkehr bei einseitigem Radweg
≥ 1,25 m 0,75 m	Trennstreifen zur Kfz-Fahrbahn innerhalb Bebauung: - Grünstreifen - Überfahrbare Befestigung
≥ 1,25 m	Außerhalb Bebauung
3,00 m 4,00 m 4,00 m	Selbständig geführter Radweg Selbständig geführter Rad- und Gehweg (mit Trennung der Verkehrsarten) Zweirichtungsverkehr auf *Veloroute* (reine "Fahrradstraße")
3,00 – 5,00 m 6,00 m	Unterführung (Rad- und Gehweg): - ≤ 15 m Länge - > 15 m Länge
4,00 m	Überführung (Rad- und Gehweg)
2,00 m	Radfahrerfurt (Radüberweg bei Knotenpunkten)
Radwegbreite	Nutzungsmerkmal
1,00 – 1,60 m	Zügiger Verkehr in einer Richtung; Nebeneinanderfahren, Begegnen, Überholen mit Ausweichen auf Nebenflächen möglich
1,60 – 2,50 m	< 2 m Nebeneinanderfahren, Begegnen, Überholen mit verminderter Geschwindigkeit/Ausweichen auf Nebenflächen möglich; ab 2 m keine Einschränkungen
≥ 4,00 m	Bequemes, zügiges Nebeneinanderfahren, Begegnen, Überholen für Gruppen gegeben
*) Werte können in beengten Verhältnissen bis zu den Mindestmaßen nach *Abb.8.3.2/1* verringert werden	

Abb. 8.3.2/2. Hinweise zu Radwegebreiten (nach RV 87, Empfehlungen...)

8.3.2.3 Linienführung

(1) Lageplan:

Radien R:

in Knotenpunkten: R ≥ 2 m;

freie Strecke: möglichst R ≥ 10 m;

bei Längsneigungen ≥ 5%: R ≥ 30 m;

Zusammenhang zwischen Fahrgeschwindigkeit und Kurvenradius bei 2,5% Querneigung: Abb. 8.3.2/3.

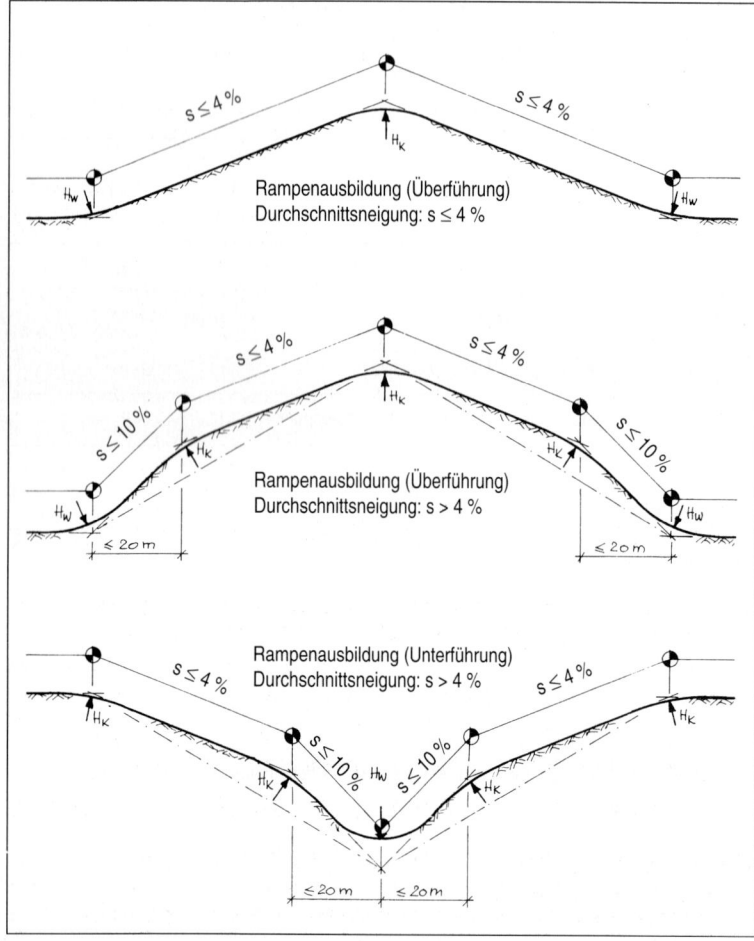

Abb. 8.3.2/4. Ausbildung leistungsgerechter Rampen bei Über- und Unterführungen von Radwegen (Beispiel nach: Empfehlungen...)

V [km/h]	10	16	24	28	32	40
Radius [m]	2,5	5	10	15	20	30

Abb. 8.3.2/3. Abhängigkeit zwischen möglicher Fahrgeschwindigkeit und Kurvenradius von Radwegen (nach Empfehlungen...)

(2) Höhenplan:
Längsneigung s:
selbständig geführte Radwege: s ≤ 3% (Regel);
straßenbegleitende Radwege: s ≤ 6%;
Änderungen der Längsneigung mit Kreisbögen ausrunden:
Ausrundungsradius: Kuppe H_K ≥ 30 m; Wanne H_w ≥ 10 m;
Rampen von Über- und Unterführungen: möglichst s ≤ 4% bzw. 10%
(Abb. 8.3.2/4);
Grenzwerte für Steigung, Höhenunterschied und Streckenlänge bei kaum
verminderter Fahrgeschwindigkeit s. Abb. 8.3.2/5.

Abb. 8.3.2/5. Grenzwerte für Steigung und Höhendifferenz von Radwegen ohne starke Verringerung der Fahrgeschwindigkeit (nach: Empfehlungen...)

Steigung	Höhendifferenz	Länge der Steigung
3 %	> 10 m	beliebig
4 %	≤ 10 m	≤ 250 m
5 %	≤ 6 m	≤ 120 m
6 %	≤ 4 m	≤ 65 m
10 %	≤ 2 m	≤ 20 m
12 %	≤ 1 m	≤ 8 m

8.3.2.4 Fahrradabstellanlagen

Platzbedarf s. Abb. 8.3.2/6; Variation entsprechend den örtlichen Verhältnissen möglich.

8.3.2.5 Führung von Radwegen im Knotenpunktsbereich sowie Überquerungsstellen außerhalb von Knotenpunkten

Planung entsprechend RAS-K-1, EAE 85, RV 87; weitere Hinweise s. Kap. 8.3.4.2

8.3.3 Flächen für Kraftfahrzeugverkehr

(1) Zur Planung innerörtlicher Straßen mit Funktion »Verbindung« (Kategoriengruppe B und C) s. Kap. 8.4.

(2) Die Planung von Kfz-Verkehrsflächen mit Funktion »Erschließung und Aufenthalt« (Kategoriengruppe D und E) erfolgt unter fahrgeometrischen Bedingungen für Verkehrsgeschwindigkeiten = Schrittgeschwindigkeit bis 50 km/h;
Zusammenstellung der Entwurfsmerkmale s. Abb. 8.3.3/1;
Bezugsrichtlinien: EAE 85; RAS-K-1; RAS-Ö-1 und 2.

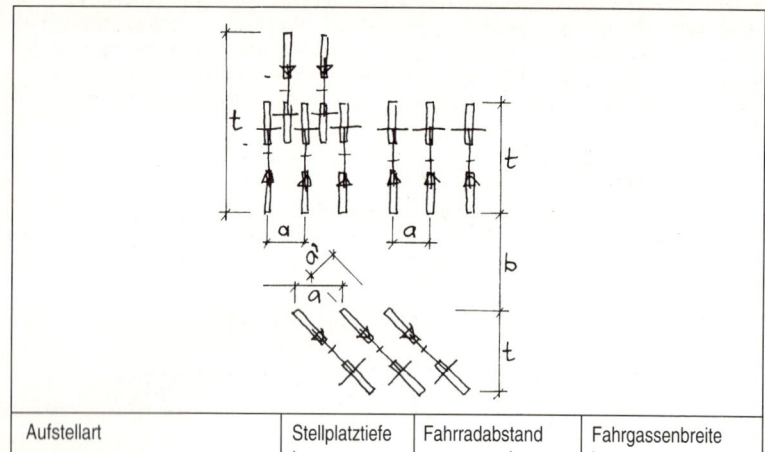

Aufstellart	Stellplatztiefe t	Fahrradabstand a a'	Fahrgassenbreite b

Vorderräder nicht höhenversetzt:
- Senkrechtaufstellung
   einreihig
   doppelreihig [1)]
- Schrägaufstellung [2)]
	
	1,90 m
	3,20 m
	1,35 m
		
		0,70 m
		0,70 m
		0,85 m 0,60 m
			
			1,75 m
			1,75 m
			1,40 m

Vorderräder höhenversetzt:
- Senkrechtaufstellung
   einreihig
   doppelreihig [1)]
- Schrägaufstellung [2)]
	
	1,90 m
	3,20 m
	1,35 m
		
		0,50 m
		0,50 m
		0,50 m 0,40 m
			
			1,75 m
			1,75 m
			1,40 m

[1)]   Vorderräder überdecken sich, Reihen um 0,35 m gegeneinander versetzt
[1)]   Aufstellwinkel 50 gon; einreihige Aufstellung

Abb. 8.3.2/6. Maße für Fahrradabstellanlagen mit festen Fahrradständern (nach: EAE, Empfehlungen...)

8.3.3.1   Querschnittsgestaltung

(1) Unterteilung, Bezeichnungen (s. Abb. 8.3.3/2):
Fahrbahn:
Fahrstreifen: Fahrzeugbreite zzgl. seitlichem Bewegungsspielraum und ggf. Gegenverkehrszuschlag;
Randstreifen: Träger der seitlichen Fahrbahnmarkierung;
Seitentrennstreifen: zur Trennung richtungsgleicher Kfz-Fahrbahnen oder verschiedener Verkehrsarten;

Kategorien-gruppe	Straßen-kategorie	Straßenart	V_{zul} *\n[km/h]	V_e\n[km/h]	sonstige Merkmale\n*siehe Erläuterungen*
B	B II	Schnellverkehrsstraße	≤ 80	*60* 70 80	1, 3, 5, 7, *8*
	B III	Hauptverkehrsstraße	≤ 70	*50* 60 70	1, 4, 5, 8
			≤ 70	*50* 60 70	1, 4, 6, 8
	B IV	Hauptsammelstraße	≤ 60	*50* 60	1, 4, 6, 8
C	C III	Hauptverkehrsstraße	$50 \leq 70$	40 50 *60; 70*	1, 4, 5, 8
	C IV	Hauptsammelstraße	≤ 50	*40* 50	1, 4, 6, 8
D	D IV	Sammelstraße	≤ 50	–	2, 4, 6, 8
	D V	Anliegerstraße	≤ 50	–	2, 4, 6, 8
E	E V	Anliegerstraße	≤ 30	–	2, 4, 6, 8
	E VI	Befahrbarer Wohnweg	Schritt-geschw.	–	2, 4, 6, 8

* zwischen den Knotenpunkten (freie Strecke)
60 Ausnahme bei beengten Verhältnissen

Erläuterungen:
1 fahrdynamische Bemessung
2 fahrgeometrische Bemessung
3 nur Kfz-Verkehr
4 allgemeiner Verkehr
5 zweibahniger Querschnitt
6 einbahniger Querschnitt
7 planfreie Knotenpunkte
8 plangleiche Knotenpunkte

Abb. 8.3.3/1. Entwurfsmerkmale für Straßen innerhalb der Bebauung (nach EAE, RAS-...)

Mittelstreifen: zur Trennung entgegengesetzt befahrener Richtungsfahr-bahnen (möglichst begrünt);
befestigte Seitenstreifen:
Standstreifen: Ausweiche für Notfälle;
Mehrzweckstreifen: zur Entflechtung des Verkehrs;
Parkstreifen: Abstellfläche für Fahrzeuge;
Bankett: i.d.R. begrünter, tragfähiger Seitenstreifen zur Aufstellung von Verkehrsschildern, Leiteinrichtungen; Funktion als Arbeitsraum, Notgeh-weg; Abstellfläche für Fahrzeuge in Notfällen etc.;
Rad- und Gehwege: s. Kap. 8.3.1 und 8.3.2;
Verkehrsraum: Besteht aus Maßen des Bemessungsfahrzeugs zzgl. geschwindigkeitsabhängiger Zuschläge (Bewegungsspielräume, Gegen-verkehrszuschlag);
Lichter Raum: Verkehrsraum zzgl. seitlichen und oberen Sicherheitszu-schlägen.
(2) Abmessungen: abhängig von Art, Kombination und Geschwindigkeit der Bemessungsfahrzeuge.

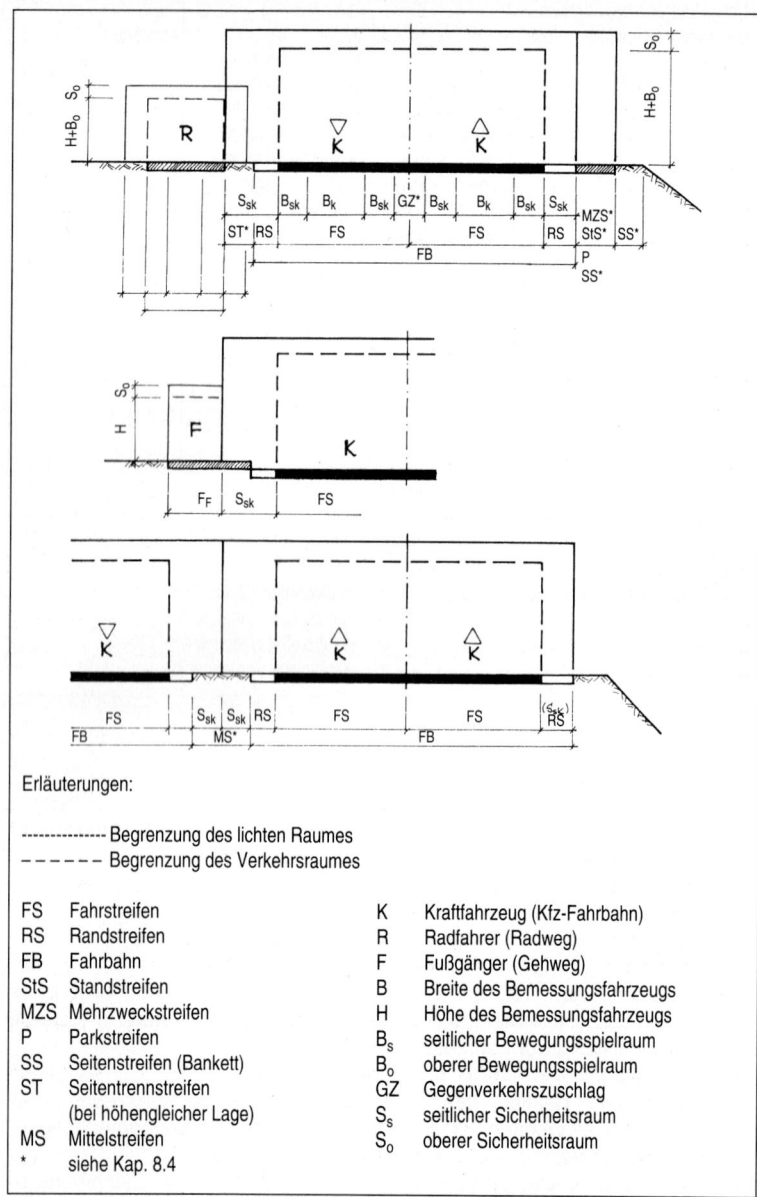

Erläuterungen:

--------------- Begrenzung des lichten Raumes

– – – – – – Begrenzung des Verkehrsraumes

FS	Fahrstreifen	K	Kraftfahrzeug (Kfz-Fahrbahn)
RS	Randstreifen	R	Radfahrer (Radweg)
FB	Fahrbahn	F	Fußgänger (Gehweg)
StS	Standstreifen	B	Breite des Bemessungsfahrzeugs
MZS	Mehrzweckstreifen	H	Höhe des Bemessungsfahrzeugs
P	Parkstreifen	B_s	seitlicher Bewegungsspielraum
SS	Seitenstreifen (Bankett)	B_o	oberer Bewegungsspielraum
ST	Seitentrennstreifen	GZ	Gegenverkehrszuschlag
	(bei höhengleicher Lage)	S_s	seitlicher Sicherheitsraum
MS	Mittelstreifen	S_o	oberer Sicherheitsraum
*	siehe Kap. 8.4		

Abb. 8.3.3/2. Grundaufbau des Verkehrsraumes und lichten Raumes – Bezeichnungen im Straßenquerschnitt (nach RAS-Q)

Bemessungs-fahrzeug	Breite m	Höhe m	Bewegungsspielraum* seitlich bei 50 km/h m	≤ 40 km/h m	oben m	Verkehrsraum Breite bei 50 km/h m	≤ 40 km/h m	Höhe m
Pkw	1,75	1,50	0,25	0,125	0,20	2,25	2,00	1,70
Lfw	2,10	2,20	0,25	0,125	0,20	2,60	2,35	2,40
Lkw, Bus	2,50	4,00	0,25	0,125	0,20	3,00	2,75	4,20
Linienbus	2,50	2,95	0,25	0,25	0,20	3,00	3,00	3,15

Bemessungs-fahrzeug	Sicherheitsraum* seitlich bei 50 km/h m	≤ 40 km/h m	oben m	Lichter Raum Breite bei 50 km/h m	≤ 40 km/h m	Höhe m
Pkw	0,50	0,25	0,30	3,25	2,50	2,00
Lfw	0,50	0,25	0,30	3,60	2,85	2,70
Lkw, Bus	0,50	0,25	0,30	4,00	3,25	4,50
Linienbus	0,50	0,25	0,30	4,00	3,50	3,45

* siehe auch Kap. 8.4.3.2
  50 km/h "unverminderte" Geschwindigkeit
  ≤ 40 km/h "verminderte" Geschwindigkeit

Abb. 8.3.3/3. Verkehrsraum und lichter Raum für einzelnes Bemessungsfahrzeug (einstreifige Fahrbahn) (nach EAE)

Verkehrsraumbreite und -höhe sowie Lichter Raum:
für einzelnes Bemessungsfahrzeug (≤ 50 km/h): einstreifige Fahrbahn s. Abb. 8.3.3/3;
für typische Begegnungsfälle s. Abb. 8.3.3/4.
Befestigungsbreite einschließlich Bordrinnen (entspricht der Verkehrs-raumbreite):
für Einzelfahrzeug (einstreifige Fahrbahn): 2,0 bis 3,0 m;
im Begegnungsfall (zweistreifige Fahrbahn): je nach Geschwindigkeit und Fahrzeugart 3,25 bis 6,5 m.
Fahrgassenabmessungen und Nutzung durch Versorgungsfahrzeuge bei Parkplätzen s. Kap. 8.3.5.
(3) Querneigung der Fahrbahn q: gilt für Gerade und Kurve (keine Überhö-hung erforderlich!):
bei bituminösen Decken und Betondecken: Regel q = 2,5%;
bei Pflasterdecken: q = 3% (entwässerungstechnische Gründe).
(4) Fahrbahnverbreiterungen:
Erforderlich zwischen Knotenpunkten bei den Begegnungsvorgängen (Berechnung s. Kap. 8.4.2.5):
bei Gelenkbus/Gelenkbus und Radien < 320 m,

Begegnungsfall	Gegenverkehrs-zuschlag bei 50 km/h ≤ 40 km/h m m		Verkehrsraum Breite bei Höhe 50 km/h ≤ 40 km/h m m m			Lichter Raum Breite bei Höhe 50 km/h ≤ 40 km/h m m m		
Pkw/Fahrrad*	0,25	0**	3,50	3,25	2,25	4,50	3,75	2,50
Lfw/Fahrrad	0,25	0**	3,85	3,60	2,40	4,85	4,10	2,70
Lkw/Fahrrad	0,25	0**	4,25	4,00	4,20	5,25	4,50	4,50
Pkw/Pkw	0,25	0	4,75	4,00	1,70	5,75	4,50	2,00
Pkw/Lfw	0,25	0	5,10	4,35	2,40	6,10	4,85	2,70
Pkw/Lkw	0,25	0	5,50	4,75	4,20	6,50	5,25	4,50
Lfw/Lfw	0,25	0	5,45	4,70	2,40	6,45	5,20	2,70
Lkw/Lkw	0,25	0	6,25	5,50	4,20	7,25	6,00	4,70
Bus/Bus	0,25	0	6,50	6,00	3,15	7,50	6,50	3,45

Anmerkung:
Breite, Höhe, Bewegungs- und Sicherheitsspielraum:
- für Bemessungs-Kfz siehe Abb. 8.3.3/3
- für Fahrräder siehe Abb. 8.3.2/1
* Höhe richtet sich nach Fahrradnutzung
** Bewegungsspielraum zwischen Fahrrad und Kfz = 0,25 m

Abb. 8.3.3/4. Verkehrsraum und lichter Raum für typische Begegnungsfälle (nach EAE)

bei Lastzug/Lastzug und Radien < 260 m,
bei Bus/Pkw und Radien < 160 m.
Erforderlich in Knotenpunkten s. Kap. 8.3.4.1.

(5) Versätze: dienen der Gliederung des Straßenraumes und Verkehrsberuhigung.
Abmessungen:
für Pkw und Lkw s. Abb. 8.3.3/5 (Mindestlänge 5 m);
für Lastzüge: Vergrößerung der Versatzlänge um 50%.

8.3.3.2 Linienführung

(1) Lageplan:
Radius R:
V < 30 km/h: R ≥ 20 m;
V = 30 km/h: R ≥ 30 m;
V = 40 km/h: R ≥ 40 m;
V ≤ 50 km/h: R ≥ 50 m.
Übergangsbögen: nicht erforderlich; sonst s. Kap. 8.4.3.3.

(2) Höhenplan:
Längsneigung s:
Mitnutzung der Fahrbahn durch Fußgänger oder Radfahrer und direkt anschließende (straßenbegleitende) Geh- und Radwege: Angaben der Kap. 8.3.1 und 2 einhalten;
selbständig geführte Kfz-Straßen: s ≤ 12%.

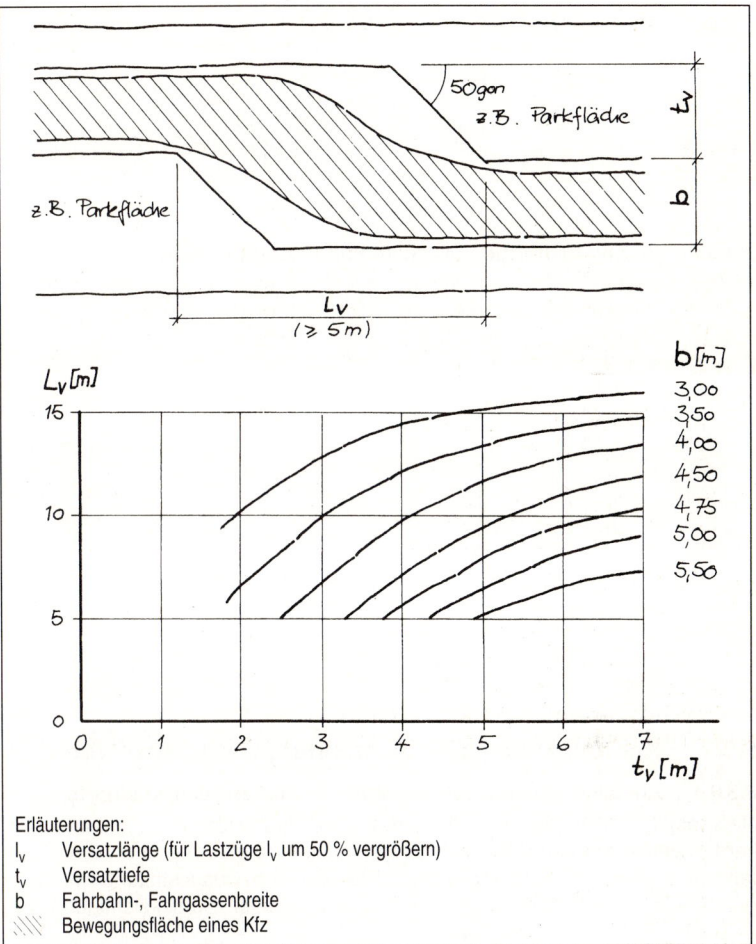

Erläuterungen:
l_v Versatzlänge (für Lastzüge l_v um 50 % vergrößern)
t_v Versatztiefe
b   Fahrbahn-, Fahrgassenbreite
⁄⁄⁄⁄   Bewegungsfläche eines Kfz

Abb. 8.3.3/5. Ausbildung eines Versatzes für Pkw und Lkw (nach EAE)

Mindestlängenneigung min s:
aus entwässerungstechnischen Gründen min s ≥ 0,5%; sonst Pendel-
bord- oder Kastenrinnen vorsehen (s. dazu Kap. 9).
Ausrundungsradien der Kuppen und Wannen bei Neigungswechseln und
-änderungen s. Abb. 8.3.3/6.

V [km/h]	Ausrundungsradius [m] Kuppe H_K	Wanne H_W
≤ 30 40 – 50	≥ 50 400 – 900	≥ 20 250 – 500

Abb. 8.3.3/6. Ausrundung von Neigungswechseln (nach EAE)

8.3.3.3 Sichtverhältnisse außerhalb von Knotenpunkten

Haltesichtweite S_h: Sie muß immer vorhanden sein (s. auch Kap. 8.3.4.2); stellt die Fahrstrecke dar, die erforderlich ist um das Fahrzeug sicher vor plötzlich auftauchendem Hindernis anhalten zu können; Grenzwerte s. Abb. 8.3.3/7.

V [km/h]	S_h [m]
20	10
30	15
40	25
50	40
60	60

Abb. 8.3.3/7. Erforderliche Haltesichtweite [S_h] (nach EAE)

8.3.4   Knotenpunkte; Ein-, Ausfahrten, Garagenzufahrten

8.3.4.1 Ausbildung von Knotenpunkten sowie Ein- und Ausfahrten

Nachfolgende Hinweise sind anwendbar für einfache Knotenpunkte und stärker frequentierte Ein- und Ausfahrten (einfache Grundstücks- und Garagenzufahrten s. Kap. 8.3.4.3). Die exakte Planung und Ausgestaltung wichtiger plangleicher Knotenpunkte ist nur bei vollständiger Berücksichtigung von RAS-K-1, RiLSA, EAE 85 möglich.

(1) Art der Eckausrundungen (s. Abb. 8.3.4/1):

abhängig von Bedeutung der Straße, Fahrweise, Fahrzeugart.

Einfacher Kreisbogen: ermöglicht nur langsames Befahren; benötigt größte Fahrbahnbreite; Anwendung bei Anliegerstraßen und Knotenpunkten, bei denen Lkw beim Rechtsein- und -abbiegen ggf. Gegenfahrstreifen mitnutzen können.

Dreiteiliger Korbbogen: gleicht der Schleppkurve eines Kraftfahrzeugs; ermöglicht auch großen Fahrzeugen zügiges Befahren; Anwendung bei hohem Lkw- bzw. Omnibusverkehr.

(2) Fahrbahnbreite im Ein- und Ausfahrbereich von Knotenpunkten: abhängig von Bemessungsfahrzeug, Straßenkategorie, Radius der Eckausrundung und ggf. Gegenverkehr (s. Abb. 8.3.4/2);

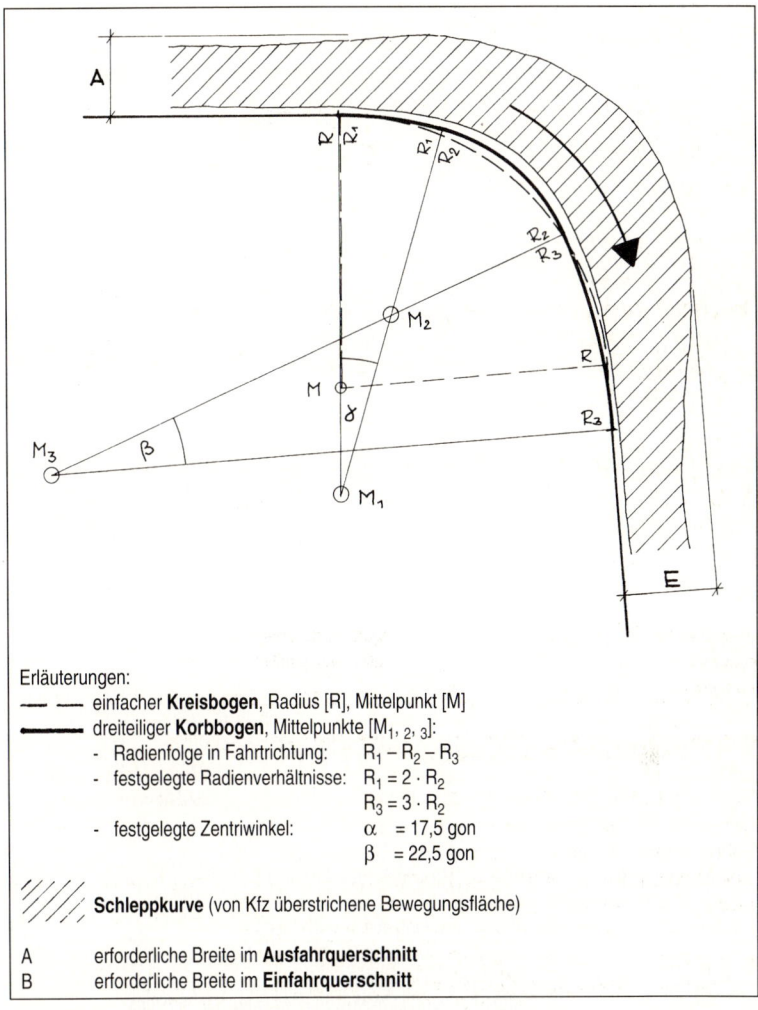

Erläuterungen:
— — einfacher **Kreisbogen**, Radius [R], Mittelpunkt [M]
—— dreiteiliger **Korbbogen**, Mittelpunkte [$M_{1, 2, 3}$]:
- Radienfolge in Fahrtrichtung: $R_1 - R_2 - R_3$
- festgelegte Radienverhältnisse: $R_1 = 2 \cdot R_2$
  $R_3 = 3 \cdot R_2$
- festgelegte Zentriwinkel: $\alpha = 17{,}5$ gon
  $\beta = 22{,}5$ gon

//// **Schleppkurve** (von Kfz überstrichene Bewegungsfläche)

A   erforderliche Breite im **Ausfahrquerschnitt**
B   erforderliche Breite im **Einfahrquerschnitt**

Abb. 8.3.4/1. Eckausrundungen bei Knotenpunkten (nach EAE, RAS-K-1)

Fahrbahnbreite bei einfachem Kreisbogen s. Abb. 8.3.4/3;
Fahrbahnbreite bei Korbbogen:
Maße verringern sich um ca. 10% bei Hauptbogenradius R_2 = Radius R
des Kreisbogens.
(3) Überwege im Knotenpunktbereich:
Anordnung: rechtwinklig zur Fahrtrichtung der Kfz;

Hochborde im Bereich von Fußgängerüberwegen: auf 2 bis 3 cm, bei Radüberwegen auf 0 cm absenken.
Breite der Überwege: für Fußgänger $\geq$ 3,0 m; für Radfahrer im Einrichtungsverkehr $\geq$ 1,6 m, im Gegenverkehr $\geq$ 2,6 m.

Übergeordnete Straße Kategorie	Untergeordnete Straße Kategorie								
	AV	B III	B IV	C III	C IV	D IV	D V	E V	E VI
A V	LZ *c*	–	–	–	–	–	–	–	–
B III	–	LZ *a*	LZ *b* BUS *a*	LZ *a*	LZ *b* BUS *a*	–	–	–	–
B IV	–	–	LZ *b* BUS *a*	–	LZ *b* BUS *a*	–	–	–	–
C III	–	–	–	LZ *a*	LZ *b* BUS *a*	LZ *b* BUS *a* MÜ2 *b* BUS *b*	MÜ3 *b* MÜ2 *a*	MÜ3 *b* MÜ2 *a*	MÜ3 *b* MÜ2 *a*
B IV	–	–	–	–	LZ *b* BUS *a*	LZ *b* BUS *a* MÜ2 *b* BUS *b*	MÜ3 *b* MÜ2 *a*	MÜ3 *b* MÜ2 *a*	MÜ3 *b* MÜ2 *a*
D IV	–	–	–	–	–	LZ *c* BUS *b* MÜ2 *c*	MÜ3 *b* MÜ2 *c*	MÜ2 *c*	MÜ2 *c*
DV	–	–	–	–	–	–	MÜ3 *c* BUS *c*	MÜ2 *c*	MÜ2 *c*

Erläuterungen:
Straßenkategorien: siehe Abb. 8.3.3/1 und 8.4/1
Bemessungsfahrzeug: LZ   Lastzug
      MÜ2   2-achs. Müllfahrzeug
      MÜ3   3-achs. Müllfahrzeug
      BUS   Linien-, ggf. Gelenkbus
Fahrweise: *a*   ohne/nur geringe Mitnutzung des Gegenfahrstreifens
      b   Mitnutzung nur eines Gegenfahrstreifens (möglichst in der untergeordneten Straße)
      c   Mitnutzung von zwei Gegenfahrstreifen

Anmerkung:
Bei stärker frequentierten Gewerbegebieten ist möglichst [LZ *a*], mindestens jedoch [LZ *b*] zu empfehlen.

Abb. 8.3.4/2. *Empfehlungen für Bemessung von Eckausrundungen bei Knotenpunkten; Abhängigkeit zwischen Bemessungsfahrzeug und Straßenkategorie (nach RAS-K-1)*

(4) Inseln bei Knotenpunkten, Linksabbiegerspuren:
nur bei Knotenpunkten sehr stark belasteter Sammel- und Hauptsammelstraßen zum Schutz von Fußgängern und Radfahrern notwendig (s. RAS-K-1, EAE und RiLSA).

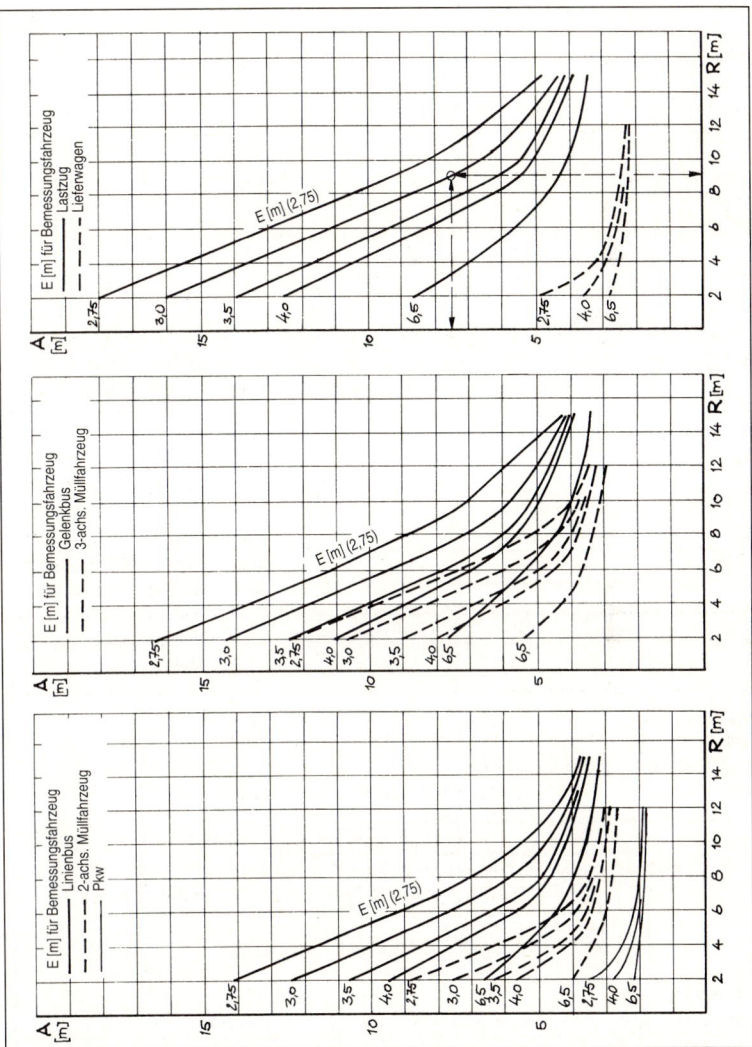

Abb. 8.3.4/3. Fahrbahnbreite im Ausfahrquerschnitt [A] von Knotenpunkten in Abhängigkeit von Bemessungsfahrzeug, Einfahrbreite [E] und Radius [R] (nach EAE)

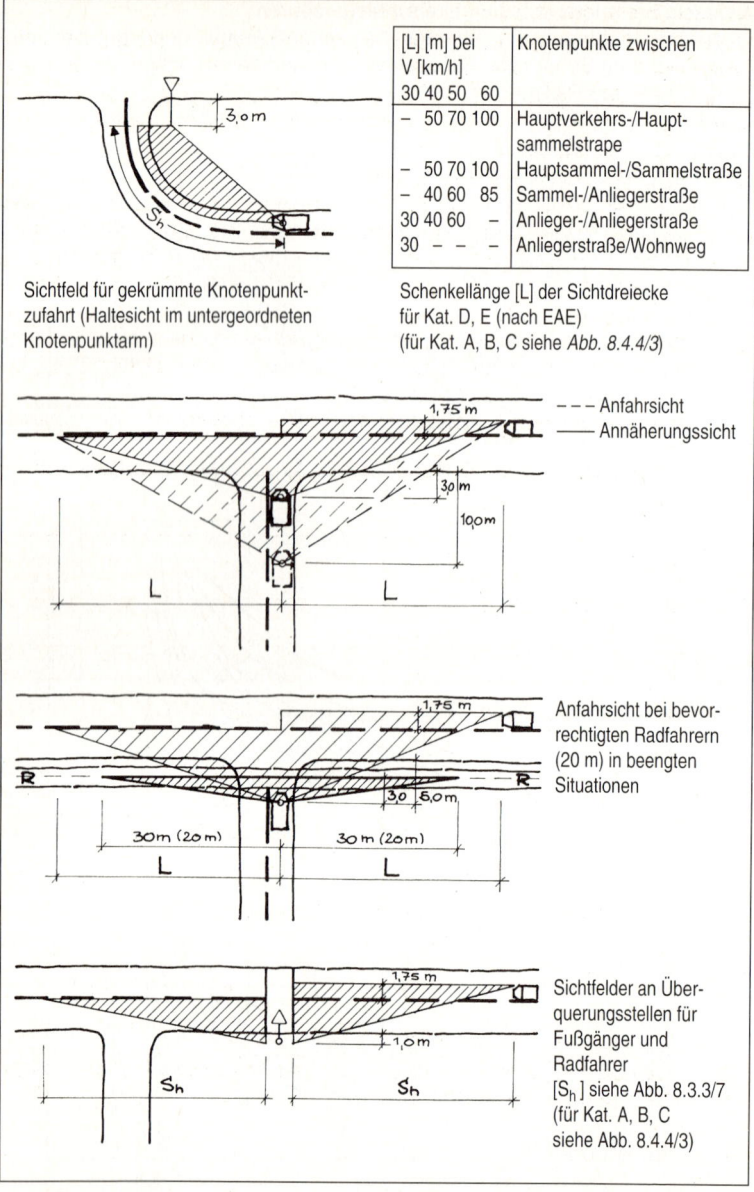

[L] [m] bei V [km/h] 30 40 50 60	Knotenpunkte zwischen
– 50 70 100	Hauptverkehrs-/Hauptsammelstrape
– 50 70 100	Hauptsammel-/Sammelstraße
– 40 60 85	Sammel-/Anliegerstraße
30 40 60 –	Anlieger-/Anliegerstraße
30 – – –	Anliegerstraße/Wohnweg

Sichtfeld für gekrümmte Knotenpunktzufahrt (Haltesicht im untergeordneten Knotenpunktarm)

Schenkellänge [L] der Sichtdreiecke für Kat. D, E (nach EAE) (für Kat. A, B, C siehe *Abb. 8.4.4/3*)

– – – Anfahrsicht
—— Annäherungssicht

Anfahrsicht bei bevorrechtigten Radfahrern (20 m) in beengten Situationen

Sichtfelder an Überquerungsstellen für Fußgänger und Radfahrer [S$_h$] siehe Abb. 8.3.3/7 (für Kat. A, B, C siehe Abb. 8.4.4/3)

Abb. 8.3.4/4. Sichtfelder bei plangleichen Knotenpunkten sowie Überquerungsstellen für Fußgänger und Radfahrer außerhalb von Knotenpunkten für Kategoriengruppen D und E (nach: EAE, RAS-K-1)

8.3.4.2 Sichtverhältnisse bei Knotenpunkten

Ein sicherer Verkehrsablauf an nicht signalgesteuerten Knotenpunkten und Überwegen ist auch für Fußgänger und Radfahrer nur bei ausreichenden Sichtverhältnissen gewährleistet (s. Abb. 8.3.4/4; s. auch Kap. 8.3.4.4); Abmessungen abhängig von Haltesicht, Anfahr- bzw. Annäherungssicht und zu erwartender Geschwindigkeit V.

(1) Sichtverhältnisse im Fahrbahnbereich:

Haltesichtweite S_h: muß auf allen Kontenpunktarmen ohne Sichteinschränkung vorhanden sein; Größe der Haltesichtweite S_h s. Abb. 8.3.3/7;

Anfahrsicht: zwingend erforderlich für wartepflichtigen Kraftfahrer ohne jedes Sichthindernis auch gegenüber vorfahrtberechtigten Radfahrern;

Annäherungssicht: ermöglicht bereits aus 10 m Entfernung Sicht in bevorrechtigte Knotenpunktarme; daher zügiger Verkehrsablauf bei Vorfahrtregelung »rechts vor links« bzw. im Knotenpunktarm mit negativer Vorfahrt; Sichtdreieck kann geringfügig unterbrochen sein;

– innerhalb bebauter Gebiete: meist Verzicht auf Annäherungssicht aus räumlich/städtebaulichen Gründen;

– außerhalb bebauter Gebiete: Annäherungssicht gewährleisten, u. U. bereits aus 20 m Entfernung;

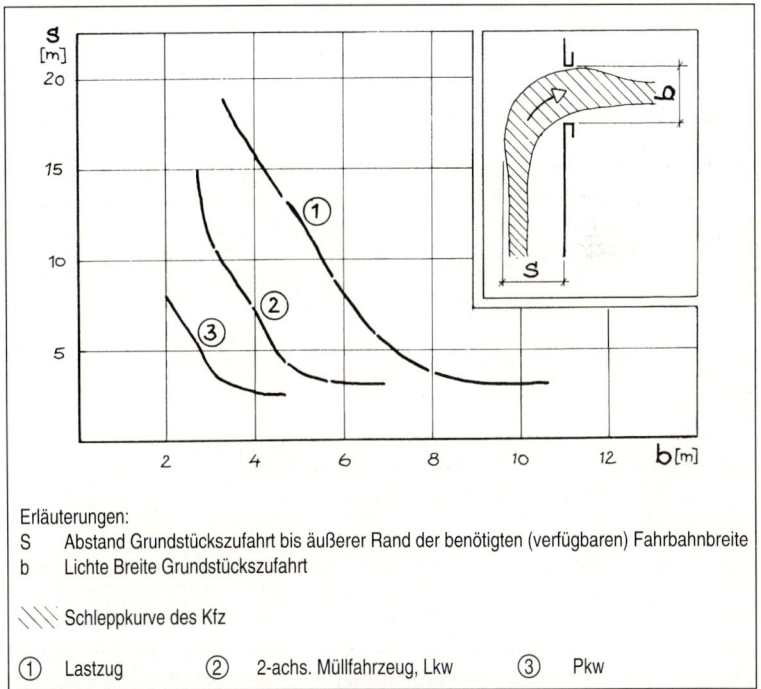

Erläuterungen:

S   Abstand Grundstückszufahrt bis äußerer Rand der benötigten (verfügbaren) Fahrbahnbreite

b   Lichte Breite Grundstückszufahrt

⧵⧵⧵ Schleppkurve des Kfz

① Lastzug   ② 2-achs. Müllfahrzeug, Lkw   ③ Pkw

Abb. 8.3.4/5. Grundstückszufahrt-Breite (nach EAE)

(2) Sichtverhältnisse an Überquerungsstellen für Fußgänger und Radfahrer:
Sichtfelder in Knotenpunkten: mit Haltesichtweite S_h für bevorrechtigten Kfz-Verkehr konstruieren;
Überwege außerhalb von Knotenpunkten s. Abb. 8.3.4/4.

8.3.4.3 Grundstücks-, Garagenzufahrten; Bordsteinabsenkungen

(1) Grundstücks- und Garagenzufahrten:
Breite von Grundstückszufahrten (s. Abb. 8.3.4/5):
abhängig von Bemessungsfahrzeug und beim Einbiegen verfügbarer Wegebreite;
Mindestbreite:
Pkw-Zufahrten: $\geq 2{,}5$ m,
Lkw-Zufahrten: $\geq 3{,}5$ m;

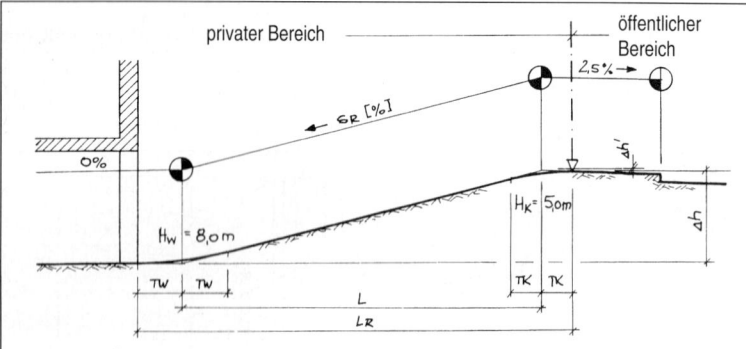

Gleichungen:

$$T_W = \frac{H_W \cdot S_R}{200} \; [m]; \quad T_K = \frac{H_K \cdot (S_R + 2{,}5)}{200} \; [m]; \quad \Delta h' = \frac{2{,}5 \cdot T_K}{100} \; [m]; \quad \Sigma \Delta h = \Delta h + \Delta h'$$

$$L = \frac{(\Delta h + \Delta h') \cdot 100}{S_R} \; [m]; \quad L_R = L + T_W + T_K \; [m]$$

Rampenneigung S_R [%]	Tangentenlängen TK [m]	TW [m]	$\Delta h'$ [m]	Höhendifferenz [m] $\Delta h = 1{,}00$ $\Sigma\Delta h$ [m]	L [m]	L_R [m]	$\Delta h = 1{,}50$ $\Sigma\Delta h$ [m]	L [m]	L_R [m]	$\Delta h = 2{,}00$ $\Sigma\Delta h$ [m]	L [m]	L_R [m]
10	0,31	0,40	0,01	1,01	10,10	**10,81**	1,51	15,10	**15,81**	2,01	20,10	**20,81**
15	0,44	0,60	0,01	1,01	6,73	**7,77**	1,51	10,07	**11,11**	2,01	13,40	**14,44**
20	0,56	0,80	0,01	1,01	5,08	**6,44**	1,51	7,58	**8,94**	2,01	10,08	**11,44**
25	0,69	1,00	0,02	1,02	4,08	**5,77**	1,52	6,08	**7,77**	2,02	8,08	**9,77**
30	0,81	1,20	0,02	1,02	3,40	**5,44**	1,52	5,07	**7,08**	2,02	6,73	**8,74**

Abb. 8.3.4/6. Rampenausbildung bei tiefliegenden Kleingaragen (nach EAE)

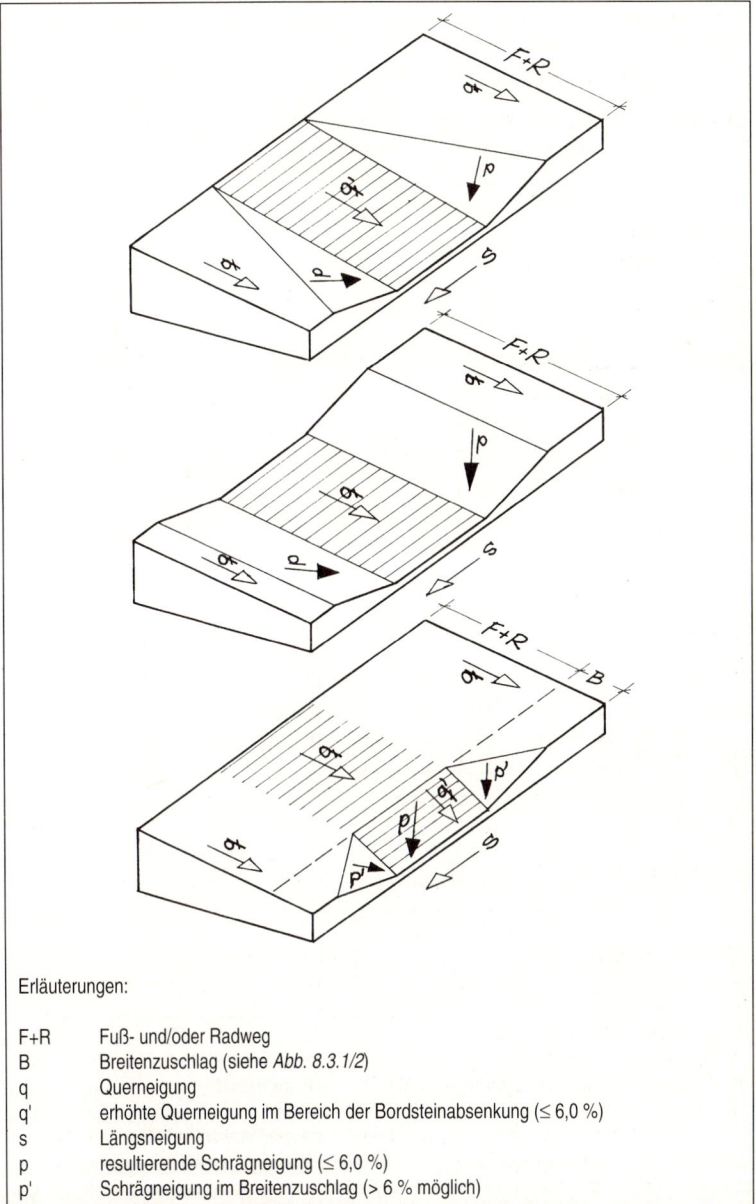

Erläuterungen:

F+R	Fuß- und/oder Radweg
B	Breitenzuschlag (siehe *Abb. 8.3.1/2*)
q	Querneigung
q'	erhöhte Querneigung im Bereich der Bordsteinabsenkung ($\leq 6,0$ %)
s	Längsneigung
p	resultierende Schrägneigung ($\leq 6,0$ %)
p'	Schrägneigung im Breitenzuschlag (> 6 % möglich)

Abb. 8.3.4/7. Beispiele für Bordsteinabsenkungen (nach EAE)

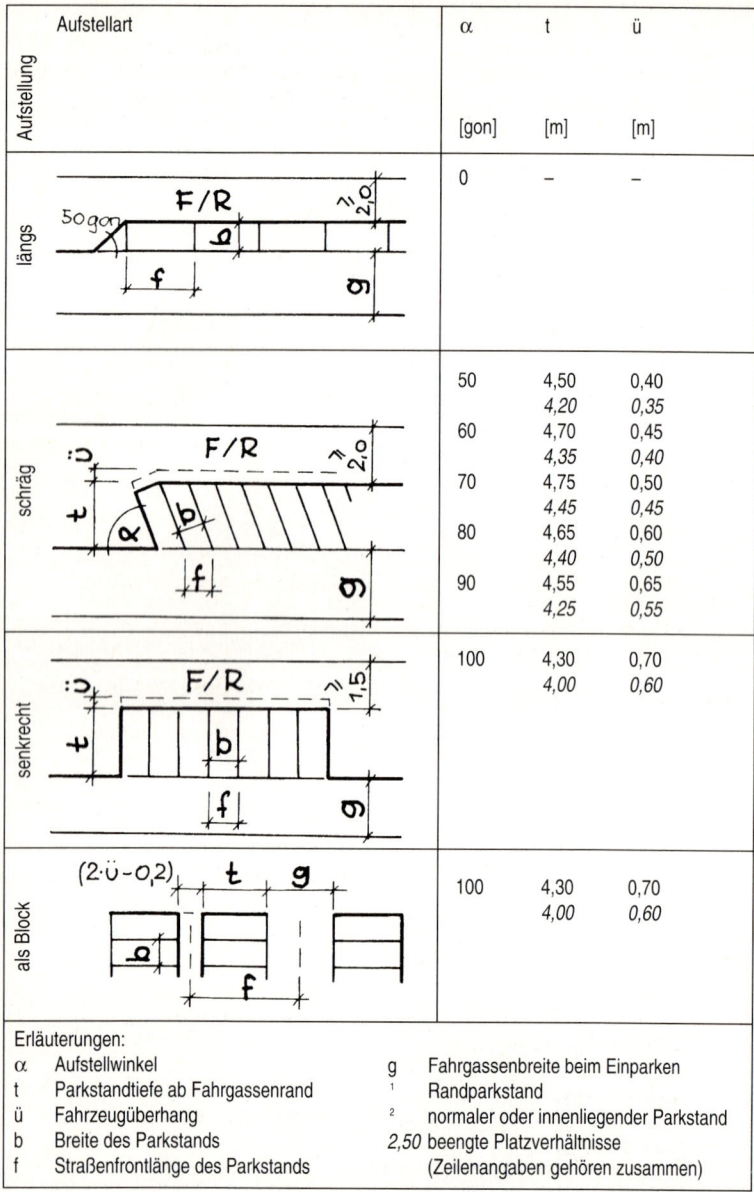

Aufstellart	α [gon]	t [m]	ü [m]
längs	0	–	–
schräg	50	4,50 *4,20*	0,40 *0,35*
	60	4,70 *4,35*	0,45 *0,40*
	70	4,75 *4,45*	0,50 *0,45*
	80	4,65 *4,40*	0,60 *0,50*
	90	4,55 *4,25*	0,65 *0,55*
senkrecht	100	4,30 *4,00*	0,70 *0,60*
als Block	100	4,30 *4,00*	0,70 *0,60*

Erläuterungen:

α   Aufstellwinkel
t   Parkstandtiefe ab Fahrgassenrand
ü   Fahrzeugüberhang
b   Breite des Parkstands
f   Straßenfrontlänge des Parkstands

g   Fahrgassenbreite beim Einparken
¹   Randparkstand
²   normaler oder innenliegender Parkstand
2,50 beengte Platzverhältnisse
     (Zeilenangaben gehören zusammen)

Abb. 8.3.5/1. Grundmaße für Pkw-Abstellflächen; Parkstand- und Fahrgassenabmessungen entsprechend Aufstellart – 1. Teil (nach EAE)

	Ein- und Ausparken									
	Bequem Einparken					Beengt Einparken				
	vorwärts		rückwärts			vorwärts		rückwärts		Rangieren
b [m]	f [m]	g [m]	f [m]	g [m]	b [m]	f [m]	g [m]	f [m]	g [m]	g [m]
2,00	6,75	2,75	5,75	3,50	1,75	–	–	5,00	3,50	–
1,75					*1,75*	*6,00*	*2,75*	*4,75*	*3,50*	–
2,50	3,54	2,75	–	–	2,25	3,18	2,75	–	–	–
2,50	*3,54*	*2,75*	–	–	*2,50*	*3,54*	*2,50*	–	–	–
2,50	3,09	2,75	–	–	2,25	2,78	3,50	–	–	–
2,50	*3,09*	*2,75*	–	–	*2,50*	*3,01*	*2,50*	–	–	–
2,50	2,81	3,60	–	–	2,25	2,53	4,60	–	–	–
2,50	*2,81*	*3,60*	–	–	*2,50*	*2,81*	*2,75*	–	–	–
2,50	2,63	4,25	–	–	2,25	2,37	5,70	–	–	–
2,50	*2,63*	*4,25*	–	–	*2,50*	*2,63*	*3,40*	–	–	–
2,50	2,83	5,10	–	–	2,25	2,28	6,90	–	–	–
2,50	*2,83*	*5,10*	–	–	*2,50*	*2,83*	*4,10*	–	–	–
2,25[1]	2,25[1]	6,10	2,25[1]	4,50	2,25	2,25	8,20	2,25	5,10	4,75
					2,50	*2,50*	*8,20*	*2,50*	*4,50*	*4,00*
2,50[2]	2,50[2]	6,10	2,50[2]	4,50	–	–	–	–	–	–
2,25[1]	7,95	6,10	7,15	4,50	2,25	2,25	9,00	8,20	5,10	4,75
					2,50	*2,50*	*6,75*	*4,50*	*4,50*	*4,00*
2,50[2]	7,95	6,10	7,15	4,50	–	–	–	–	–	–

Hinweise für Behinderten-Parkstände:
- Ausstiegbreite bei Randparkständen
  oder Längsaufstellung: ≥ 2,00 m
- innenliegende Parkstände: [b] = 3,50 m
  (Fahrzeugzwischenraum: 1,75 m)

Abb. 8.3.5/1. Grundmaße für Pkw-Abstellflächen; Parkstand- und Fahrgassenabmessungen entsprechend Aufstellart – 2. Teil (nach EAE)

stärker belastete Zufahrten: Fahrbahnverbreiterung, Sichtverhältnisse wie bei Knotenpunkten von Anliegerstraßen (s. Kap. 8.3.4.1); sinnvoll z. B. bei Parkplätzen mit $>$ 30 Stellplätzen.

Rampen von Garagenzufahrten: für tiefliegende Kleingaragen für Pkw Längsneigung $\leq$ 30% (s. Abb. 8.3.4/6).

(2) Bordsteinabsenkung bei Grundstücks- und Garagenzufahrten: Absenkung am Fahrbahnrand auf 2 bis 3 cm; zulässige Schrägneigung der Geh- und Radwege nur im Breitenzuschlag $\geq$ 6%; Beispiele s. Abb. 8.3.4/7.

8.3.5   Abstellanlagen für Kraftfahrzeuge
(Anlagen des »ruhenden Verkehrs«)

8.3.5.1   Aufstellarten und Abmessungen der Abstellanlagen

(1) Aufstellarten, Parkstände, Fahrgassen für Bemessungsfahrzeug Pkw (s. Abb. 8.3.5/1):

Schrägaufstellung: beidseitige Anordnung bei Anliegerstraßen und größerer Stellplatznachfrage wegen einfachem Ein- und Ausparken besonders zweckmäßig;

beste Platzausnutzung bei Aufstellwinkel α = 70 gon;

Senkrechtaufstellung: sinnvoll bei Anfahren der Parkstände aus beiden Richtungen bzw. bei Ein- und Ausparken ohne negativen Einfluß auf Verkehrsablauf; bei Stichstraßen Parkstand u. U. als Wendefläche nutzbar;

Längsaufstellung: wenn Schräg- und Senkrechtaufstellung wegen Platzmangel oder Bedeutung der Straße nicht möglich; Vorteile: beim Ausparken gute Sicht auf fließenden Verkehr; Nachteile: Verkehrsfluß wird beeinträchtigt, wenn Vorwärtseinparken nicht immer möglich ist;

Blockaufstellung: bei Anlage anderer Nutzflächen zwischen Parkräumen, Platzmangel für zusammenhängende Parkstreifen, Zuordnung von Parkfläche und Gebäude.

(2) Bemessungsfahrzeuge Lastkraftwagen, Lastzug und Omnibus:
Schrägaufstellung s. Abb. 8.3.5/2;

Längsaufstellung am Fahrbahnrand, Platzbedarf zum Be- und Entladen:
Lieferwagen: Breite $\geq$ 2,5 m, Länge 8,0 m;
Lastkraftwagen, Lastzüge: Breite $\geq$ 3,0 m, Länge entsprechend Bemessungsfahrzeug.

8.3.5.2   Zahl der Stellplätze

Ermittlung in Zusammenarbeit mit zuständiger Planungsbehörde oder wird von dieser vorgegeben, sonst Verfahrenshinweise und Richtzahlen nach Landesbauordnung anwenden. Hinweise s. Abb. 8.3.5/3.

8.3.5.3   Abfertigungssysteme

Anwendung bei Bewirtschaftung größerer und/oder privater Parkplätze (z. B. für Veranstaltungen, bei Sport- und Freizeiteinrichtungen);
Dimensionierungshinweise s. Abb. 8.3.5/4.

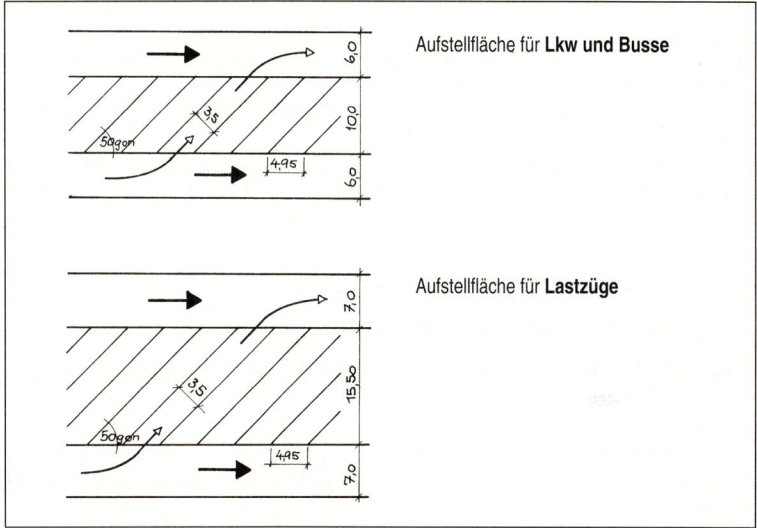

Aufstellfläche für **Lkw und Busse**

Aufstellfläche für **Lastzüge**

Abb. 8.3.5/2. Schrägaufstellung von Lkw, Bus und Lastzug (nach RAR)

8.3.6 Wendeanlagen; Notdurchfahrten

8.3.6.1 Wendeanlagen

bei Stichstraßen Wendemöglichkeiten schaffen (zwangsweises Rückwärts-ausfahren wegen Verkehrsgefährdung unzulässig);
Wendeanlagen vorsehen, wenn z. B. Gehwegüberfahrten oder Parkflächen für Wendemanöver nicht nutzbar sind;
Wendekreisradius: Hinweise s. Abb. 8.3.6/1;
Beispiele s. Abb. 8.3.6/2.

8.3.6.2 Notdurchfahrten

Vermeidung von Wendeanlagen für Versorgungs- und Rettungsfahrzeuge; durch z. B. Steckpfosten für den allgemeinen Verkehr sperren.

8.3.7 Platzbedarf für Ver- und Entsorgungseinrichtungen, Straßenreinigung, Müllabfuhr und Feuerwehr

8.3.7.1 Ver- und Entsorgungsleitungen

Platzbedarf und Anordnung nach DIN 1998 (s. Abb. 8.3.7/1).

8.3.7.2 Müllbehälter, Schaltkästen, Fernsprecheinrichtungen

Anordnung und Platzbedarf s. Abb. 8.3.7/2.

Bedarfsquelle	Parkstandsbedarf [P]	
Wohngebäude	1 – 2	P/Wohnung
Mehrfamilienhäuser u.a.	1 – 1,5	P/Wohnung
Hotels, Pensionen	2 – 6	Betten/P
Jugendherbergen	10	Betten/P
Kinder-, Jugendwohnheime	10 – 20	Betten/P ($\geq$ 2 P)
Erwachsenen-Wohnheime	2 – 5	Betten/P ($\geq$ 3 P)
Studentenwohnheime	2 – 3	Betten/P
Altenwohnheime	8 – 15	Betten/P ($\geq$ 3 P)
Gaststätten	4 – 12	Sitzplätze/P
Kindergärten etc.	20 – 30	Kinder/P ($\geq$ 2 P)
Grundschulen	30	Schüler/P
sonst. allgemeinb. Schulen	25	Schüler/P
Berufsschulen	25	Schüler/P, zzgl.
	5 – 10	Schüler über 18 Jahre/P
Fachhochschulen, Hochschulen	2 – 4	Studenten/P
Versammlungsstätten, überregional (z.B. Theater)	5	Sitzplätze/P
Versammlungsstätten, regional (z.B. Kino)	5 – 10	Sitzplätze/P
Kirchen	10 – 30	Sitzplätze/P
Verwaltungsgebäude, allgemein	30 – 40	m² Nutzfläche/P
Verwaltungsgebäude mit hohem Besucherverkehr, Arztpraxen	20 – 30	m² Nutzfläche/P ($\geq$ 3 P)
Krankenanstalten, Sanatorien	2 – 6	Betten/P
Pflegeheime	6 – 10	Betten/P
Laden	30 – 50	m² Nutzfläche/P ($\geq$ 2 P)
Verbrauchermärkte etc.	10 – 20	m² Nutzfläche/P
Sportanlagen (ohne Zuschauer), Freizeiteinrichtungen:		
- Trainings-Sportplätze	250 m²	Sportfläche/P
- Tennisplätze	4	P/Tennisplatz
- Sporthallen	50	m² Hallenfläche/P
- Freibäder	200 – 300	m² Grundstücksfläche/P
- Hallenbäder	5 – 10	m² Kleiderablagen/P
- Kegelbahnen	4	P/Bahn
- Minigolfplätze	6	P/Anlage
- Bootshäuser, Liegeplätze	2 – 5	Boote/P
Zuschauereinrichtungen	10 – 15	Besucher/P
Kleingärten	3	Kleingärten/P
Friedhöfe	2000	m² Grundstücksfläche/P ($\geq$ 10 P)

Abb. 8.3.5/3. Hinweise zum Bedarf an Parkständen, einschließlich Besucherplätzen (nach: Niedersächsische Bauordnung)

Abfertigungssystem	Leistung
Einfahrt: manuelle Parkscheinausgabe: - handschriftl. Eintragungen, kein Kassieren - Stempeluhr, kein Kassieren automatische Parkscheinausgabe: - Münzeinwurf, Knopfdruck - Überfahren einer Induktionsschleife	 180 Fz/h · Abfertiger 480 Fz/h · Abfertiger 360 – 400 Fz/h · Spur 440 Fz/h · Spur
Innerhalb der Anlage: manuelle Parkscheinausgabe am Parkstand und handschriftl. Eintragung der Parkzeit Kassieren des Parkgelds an spezieller Kasse	 80 Fz/h · Abfertiger 240 Kunden/h · Kassierer
Ausfahrt: Berechnen und Kassieren des Parkgelds mit Ausgabe von Parkscheinen automatische Schrankenöffnung (Münzeinwurf, Schlüsselkarte) Schrankendurchfahrt ohne Anhalten	 125 Fz/h · Abfertiger 350 Fz/h · Spur 700 Fz/h · Spur

Abb. 8.3.5/4. Hinweise zu Abfertigungssystemen bei Parkplätzen (Beispiele nach RAR)

Bemessungs-Fahrzeug	Wende-kreisradius	Straßenart	Nutzungshinweise Gebietsart	Hinweise zur Fahrzeugart
Pkw	6 m	Anliegerweg, schwach befahrene Anliegerstraße	reines Wohn-gebiet	Sonderregelung für Müll-fahrzeuge etc. (z.B. Notdurchfahrten)
Pkw, 2-achs. Müll-fahrzeug	8 m	Anliegerstraße	überwiegend Wohngebiet	fast alle Müllfahrzeuge, kleinere Busse; Wendemöglichkeit für alle Fahrzeuge nach StVZO mit Rangieren
3-achs. Müll-fahrzeug, Lkw Standard-linienbus	10 m 11 m	Anliegerstraße	Wohngebiet mit Gewerbe-betrieben	fast alle Lkw, ältere Linienbusse neuere Linienbusse
Gelenkbus	12 m			alle Fahrzeuge nach StVZO
Lastzug, Gelenkbus	12 m		Gewerbegebiet	alle Fahrzeuge nach StVZO
Berücksichtigung von Fahrzeugüberhängen: siehe *Abb. 8.3.6/2*				

Abb. 8.3.6/1. Hinweise zum Bemessungsfahrzeug und Radius des Wendekreises (nach EAE)

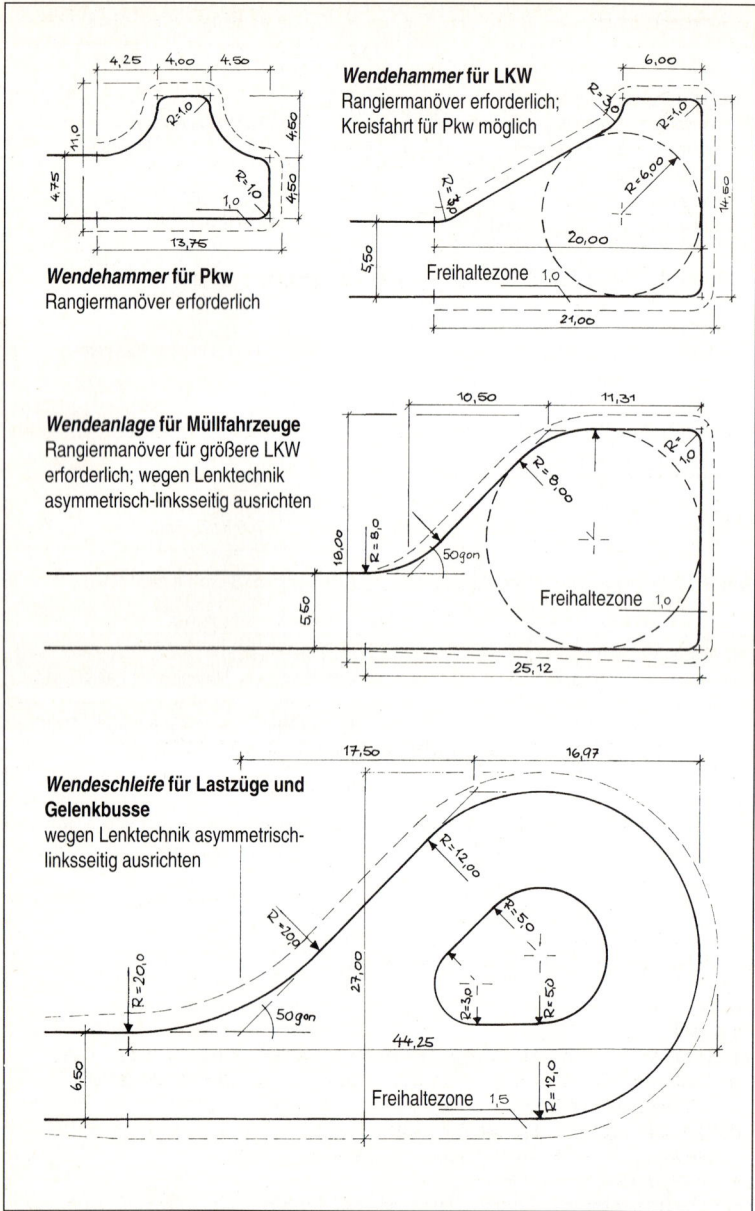

Abb. 8.3.6/2. Beispiele für Wendeanlagen ohne Darstellung von Rad- und Gehwegen (nach EAE)

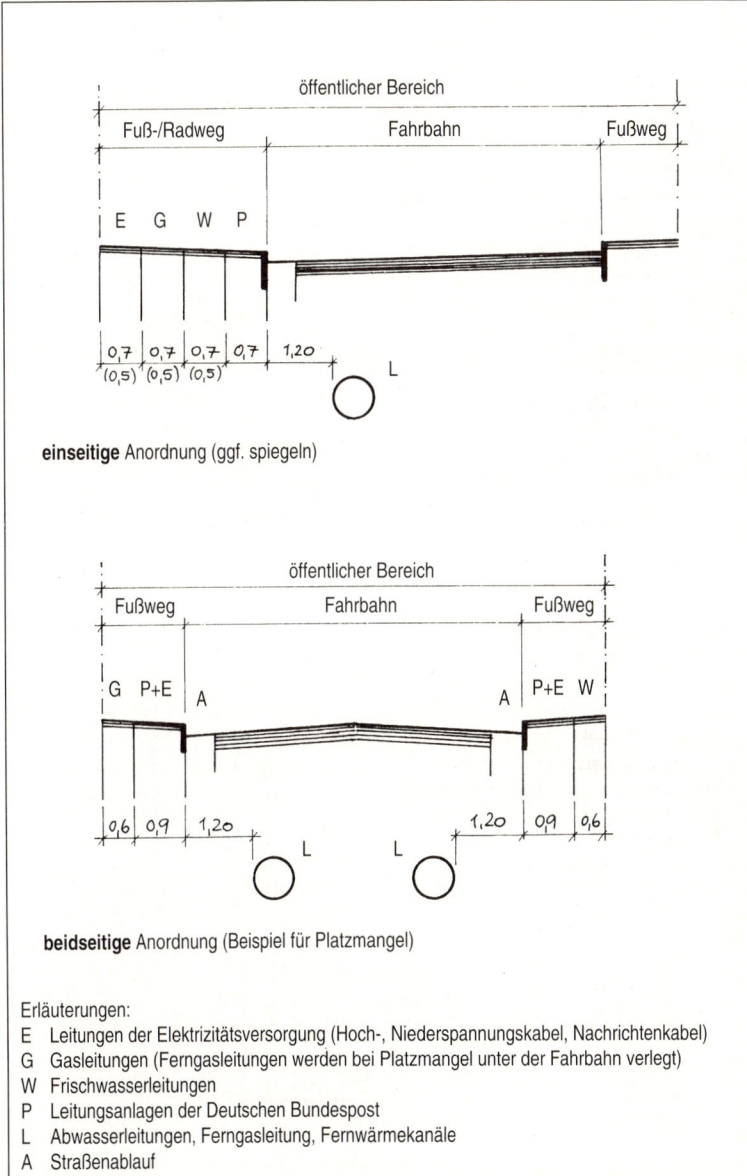

Abb. 8.3.7/1. Anordnung von Ver- und Entsorgungsleitungen, Beispiel mit Angabe von Regelbreiten (nach DIN 1998)

Gegenstand	Platzbedarf
Müllbehälter:	
- Mülltonnenschrank (110 l)	0,75 x 0,65 m
- Müllbehälter (120 l/240 l)	0,75 x 0,85 m
- Müllbehälterschrank (120 l/240 l)	0,82 x 0,85 m
- Müllgroßbehälter (0,77 m³ /1,10 m³)	1,50 x 1,30 m
- Müllgroßbehälterschrank (0,77 m³/1,10 m³)	1,60 x 1,40 m
Bewegungsfläche vor Müllbehältern:	
- Breite bei einseitiger Aufstellung	1,00 m
- Breite bei beidseitiger Aufstellung	1,50 m
Fernmeldeeinrichtungen:	
- Fernsprechzelle	1,00 x 1,50 m
- Verteilerkasten	0,50 x 1,00 m
- Kompaktstation	1,00 x 2,00 m
- Ortsnetzstation	3,00 x 6,00 m
Schaltkasten (für Lichtsignalanlage)	0,50 x 1,00 m

Abb. 8.3.7/2. Platzbedarf für Müllbehälter, Schaltkästen etc. (nach EAE)

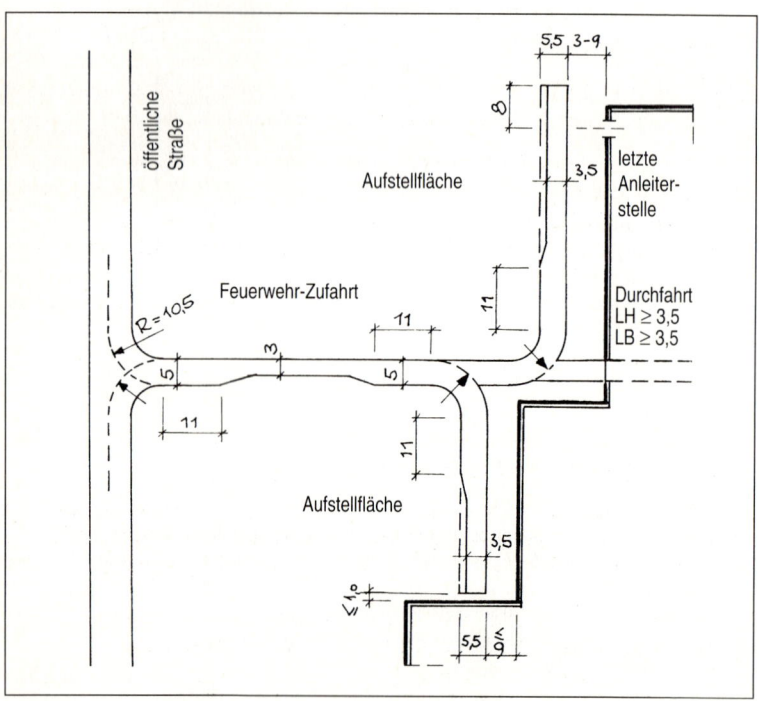

Abb. 8.3.7/3. Verkehrsflächenansprüche für Feuerwehr auf Grundstücken (Beispiel nach DIN 14090)

8.3.7.3 Straßenreinigungs- und Müllfahrzeuge

Beim Begegnungsfall beeinflussen sie die Fahrbahnbreite in engen Kurven (s. Kap. 8.3.3.1).

8.3.7.4 Feuerwehrfahrzeuge

Planungsmerkmale, Flächenbedarf, technische Anforderungen an Fahr- und Aufstellflächen für Einsatz von Rettungs- und Löschfahrzeugen auf Grundstücken s. DIN 14090; Umfang der Maßnahmen in jeweiliger Bauordnung geregelt; zusätzlich Forderungen örtlicher Feuerwehr beachten. Hinweise s. Abb. 8.3.7/3.

8.3.8 Haltestellen für öffentlichen Personennahverkehr

Bei Anordnung im Knotenpunktbereich und schienengebundenem Nahverkehr (Straßenbahn) Angaben der RAS-Ö und RiLSA beachten.

8.3.8.1 Hinweise für Haltestellen zwischen Knotenpunkten

Für die nachfolgenden Stichworte s. Abb. 8.3.8/1:
- **(1)** Bushaltestellen: bei Sammel- und Anliegerstraßen anwenden.
- **(2)** Bushaltebuchten: bei Hauptsammelstraßen und für Schulbusse anwenden;
- **(3)** Hinweise zu Schulbushaltestellen: Ein-, Ausstieg Schule zuwenden; große Sicherheitszone zwischen Wartefläche und Fahrbahn einplanen.

8.3.8.2 Ausbildung der Warteflächen

- **(1)** Flächenbedarf:
  für 2 Personen/m² berechnen;
  Breite: $\geq$ 1,5 m; Breitenzuschläge sinnvoll (s. auch Abb. 8.3.1/2);
  Schutzdächer: Tiefe $\geq$ 2 m;
- **(2)** Fahrradständer: ggf. am Anfang von Buslinien oder stark benutzten Schulbushaltestellen vorsehen;
- **(3)** Führung von Radwegen: Entfernung vom Fahrbahnrand $\geq$ 2,0 m zum gefahrlosen Aus- und Einsteigen im Haltestellenbereich.

8.3.9 Begrünung des Straßenraumes

Bei Gliederung und Gestaltung des Straßenraumes sowie direkt angrenzender Bereiche durch Begrünungsmaßnahmen Verkehrsanforderungen beachten (Sichteinschränkungen – s. Kap. 8.3.3 und 4; Verkehrsleitung – sog. räumliche Linienführung);
Bezugsrichtlinien: Merkblatt über Baumstandorte und unterirdische Ver- und Entsorgungsanlagen – FGSV 89; DIN 1998; RAL-L-2 (RAS-L-2).
Platzbedarf und sonstige Anforderungen:
Breite von Pflanz- oder Grünstreifen: $\geq$ 2,5 m;
Bäume sind durch geeignete Einbauten (z.B. Hochborde) vor Stammverletzungen durch Fahrzeuge zu schützen;

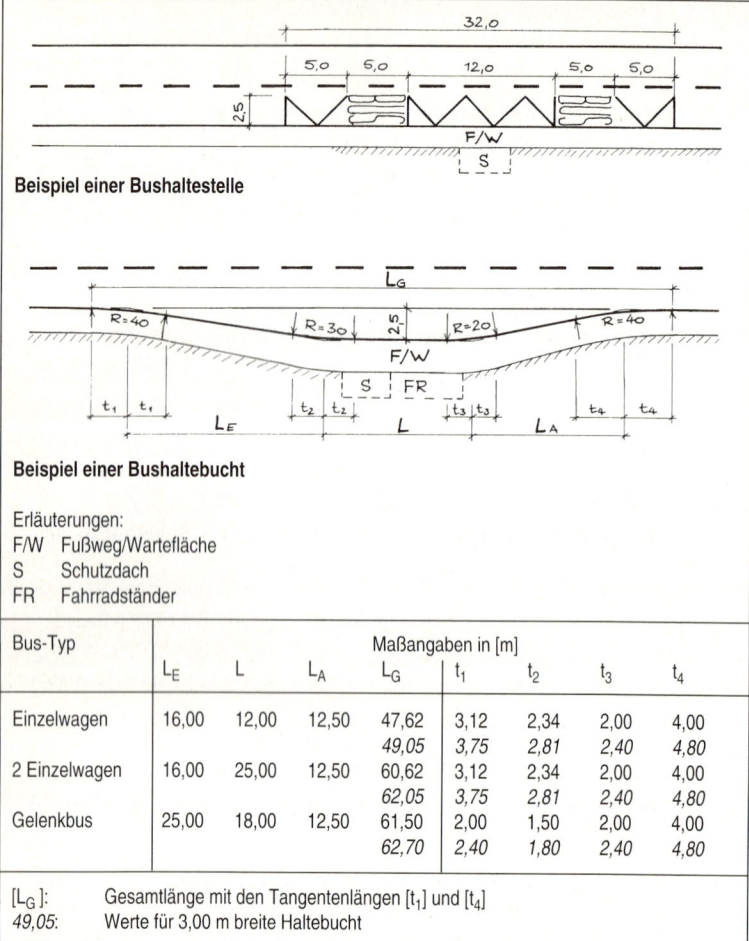

Beispiel einer Bushaltestelle

Beispiel einer Bushaltebucht

Erläuterungen:
F/W   Fußweg/Wartefläche
S   Schutzdach
FR   Fahrradständer

Bus-Typ	Maßangaben in [m]							
	L_E	L	L_A	L_G	t_1	t_2	t_3	t_4
Einzelwagen	16,00	12,00	12,50	47,62	3,12	2,34	2,00	4,00
				49,05	3,75	2,81	2,40	4,80
2 Einzelwagen	16,00	25,00	12,50	60,62	3,12	2,34	2,00	4,00
				62,05	3,75	2,81	2,40	4,80
Gelenkbus	25,00	18,00	12,50	61,50	2,00	1,50	2,00	4,00
				62,70	2,40	1,80	2,40	4,80

$[L_G]$:   Gesamtlänge mit den Tangentenlängen $[t_1]$ und $[t_4]$
49,05:   Werte für 3,00 m breite Haltebucht

Abb. 8.3.8/1. Ausbildung von Bushaltestelle und Bushaltebucht (abhängig vom Bus-Typ) (nach EAE)

Wasser- und luftdurchlässige Bodenfläche für Bäume: $\geq 4\,m^2$;
bis 9 m^2: Standortbedingungen z. B. durch Bewässerungseinrichtungen, durchlässige angrenzende Flächen verbessern; Pflanzbereiche vor Bodenverdichtungen schützen;
durchwurzelbare Überdeckung:
$\geq 1,5\,m$ (besser 2,5 m für Standfestigkeit flachwurzelnder Bäume über großen Kanälen, Fernwärmeleitungen und sonstigen unterirdischen Bauten);

Abstände von Stamm-Mitte bis zu technischen Bauwerken s. Abb. 8.3.9/1 (unabhängig von Baumart).

Gegenstand	Abstand
Fahrbahn, Fahrgasse	$\geq 1,00$ m
Radweg	$\geq 0,75$ m
Leuchten	$\geq 3,00$ m
unterirdische Leitungen	$\geq 2,00$ m
begehbare Kabeltunnel	$\geq 1,50$ m
Gebäude:	
- schmalkronige Bäume	$\geq 3,00$ m
- großkronige Bäume	$\geq 7,00$ m

Abb. 8.3.9/1. Empfohlene Abstände bis Stamm-Mitte von Gehölzen (nach EAE)

8.4 Planungsgrundlagen für Straßen außerhalb und innerhalb bebauter Gebiete mit der Funktion »Verbindung«

Straßen dieser Funktion gehören zu den Kategoriengruppen A, B und C. Die Fahrgeschwindigkeiten betragen ≥ 50 km/h. Für sie gelten daher »fahrdynamische« Planungsvorgaben mit Auswirkungen auf Querschnittsausbildung und Linienführung; Zusammenstellung s. Abb. 8.4/1.

8.4.1 Hauptmerkmale und planungsrelevante Begriffe

8.4.1.1 Hauptmerkmale

(1) Kategoriengruppe A: großräumige und regionale, zwischengemeindliche, flächenerschließende sowie untergeordnete anbaufreie Verbindungen außerhalb bebauter Gebiete;
Entwurfsgeschwindigkeit: > 60 km/h (außer Kategorie A V).

(2) Kategoriengruppe B: anbaufreie Schnellverkehrs-, Hauptverkehrs- und Hauptsammelstraßen im Vorfeld und innerhalb bebauter Gebiete ohne Erschließung angrenzender Grundstücke;
Entwurfsgeschwindigkeit: ≥ 50 km/h.

(3) Kategoriengruppe C: angebaute oder anbaufähige Hauptverkehrs- und Hauptsammelstraßen innerhalb bebauter Gebiete mit Erschließung angrenzender Grundstücke;
Entwurfsgeschwindigkeit: i.d.R. 50 km/h.

(4) Kategorie A V: entspricht im Prinzip land- und forstwirtschaftlichen Wegen; Planungsdaten s. Kap. 8.4.5.

Kategorien-gruppe	Straßen-kategorie	Straßenart	V_{zul} * [km/h]	V_e [km/h]	Sonstige Merkmale **
A	A I	großräumige Verbindung	keine	100 120	1,2,5,7,9
			≤ 100 *120*	*80* 90 100	1,3,6,*7,8*,9
	A II	regionale Verbindung	keine *100*	*80* 90 100	1,3,5,7,*8*,9
			≤ 100	*70* 80 90	1,*3*,4,6,8,9
	A III	zwischengemeindliche Verbindung	≤ 100	70 80 *90*	1,3,5,*7*,8,9
			≤ 100	60 70 80	1,4,6,8,9
	A IV	flächenerschließende Verbindung	≤ 100	*50* 60 70	1,4,6,8,9
	A V	untergeordnete Verbindung	≤ 100	*50*	2,4,6,8
B	B II	Schnellverkehrsstraße	≤ 80	*60* 70 80	1,3,5,7,8
	B III	Hauptverkehrsstraße	≤ 70	*50* 60 70	1,4,5,8
			≤ 70	*50* 60 70	1,4,6,8
	B IV	Hauptsammelstraße	≤ 60	50 60	1,4,6,8
C	C III	Hauptverkehrsstraße	50 *60; 70*	*40* 50 *60;70*	1,4,5,8
	C IV	Hauptsammelstraße	≤ 50	*40* 50	1,4,6,8

* zwischen den Knotenpunkten (freie Strecke)

120 Ausnahme

** Erläuterungen:
1 fahrdynamische Bemessung
2 fahrgeometrische Bemessung
3 nur Kfz-Verkehr
4 allgemeiner Verkehr
5 zweibahniger Querschnitt
6 einbahniger Querschnitt
7 planfreie Knotenpunkte
8 plangleiche Knotenpunkte
9 Festlegung bestimmter Parameter durch Geschwindigkeit [V_{85}] (s. Text)

Abb. 8.4/1. Entwurfsmerkmale für Straßen innerhalb und außerhalb der Bebauung, Funktion Verbindung (nach RAS-L-1)

8.4.1.2 Planungsrelevante Begriffe

(1) Zulässige Geschwindigkeit V_{zul}: durch StVO in Ortsdurchfahrten oder ausdrückliche Beschilderung festgelegt.

(2) Entwurfsgeschwindigkeit V_e: maßgebend für Entwicklung des Lage- und Höhenplans.

(3) Bemessungsgeschwindigkeit V_B: durchschnittliche Reisegeschwindigkeit aller Pkw für Festlegung des Querschnitts.

(4) »Geschwindigkeit V_{85}«: Geschwindigkeit von 85% aller unbehindert fahrenden Pkw auf sauberer, nasser Fahrbahn; zur Festlegung einzelner Elemente im Querschnitt, Lage- und Höhenplan wichtig; Ermittlung von V_{85}:

Straßen der Kategoriengruppe A:
zweibahnige Straßen:
$V_e < 100$ km/h: $V_{85} = V_e + 20$ km/h
$V_e \geq 100$ km/h: $V_{85} = V_e + 10$ km/h
einbahnige Straßen: Ermittlung über Querschnitt und Trassenverlauf
(aufwendiges Verfahren, s. RAS-L-1);
Festlegung bei Straßen der Kategoriengruppen B und C:
$V_{85} = V_{zul}$.

8.4.2 Rad- und Fußwege an Verbindungsstraßen

8.4.2.1 Anwendung und Ausbildung

Abhängig von Geschwindigkeit des Kfz-Verkehrs und Verkehrsbelastung; als
Bestandteil reiner Kfz-Straßen nicht zulässig; beidseitige Fußwege Regel bei
angebauten Straßen der Kat. C;
Bezugsrichtlinien:
RV 87; Empfehlungen für Planung, Entwurf und Betrieb von Radverkehrsanla-
gen – FGSV/BMV 82; Grundsätze für das Programm »Radwege an Bundes-
straßen in der Baulast des Bundes« –BMV
80; RAS-Q.

8.4.2.2 Gestaltungsmöglichkeiten

(1) Straßen der Kategorien A III bis A V, B III, B IV und C:
Mitnutzung von Fahrbahn oder befestigtem Seitenstreifen: Ausbildung
außerhalb und innerhalb bebauter Gebiete bis zu Verkehrsbelastungen
nach Abb. 8.4.2/1;
getrennte Führung (straßenbegleitende Fuß- und Radwege):
Anordnung unabhängig von der Menge des Fußgänger- oder Radver-
kehrs grundsätzlich bei Verkehrsbelastungen $\geq 10\,000$ Kfz/24 h und/oder
$V_e \geq 80$ km/h (ab 70 km/h sinnvoll);
Art der baulichen Trennung s. Abb. 8.4.2/2:
Wegebreite: Nutzung durch Radfahrer und Fußgänger $\geq 2,00$ m;
Längsneigung: Grenzwerte s. Kap. 8.3.1 und 8.3.2.

Kfz-Verkehr/24 h	Verkehrsbelastung (Spitzenstunde)			
	Rad + Mofa Radweg vorsehen	Fußgänger Bankett nutzbar	Gehweg vorsehen	Rad + Fußgänger gemeinsamen Rad- und Fußweg vorsehen
< 2500	> 90	< 20	> 60	> 75
2500 – 5000	> 30	< 10	> 20	> 25
5000 – 10000	> 15	–	> 10	> 15
> 10000	> 10	–	> 5	> 10

Abb. 8.4.2/1. Grenzwerte für Nutzung von Fahrbahn/Seitenstreifen durch Fußgänger/Radfahrer in Abhängigkeit von den Verkehrsbelastungen (nach RAS-Q)

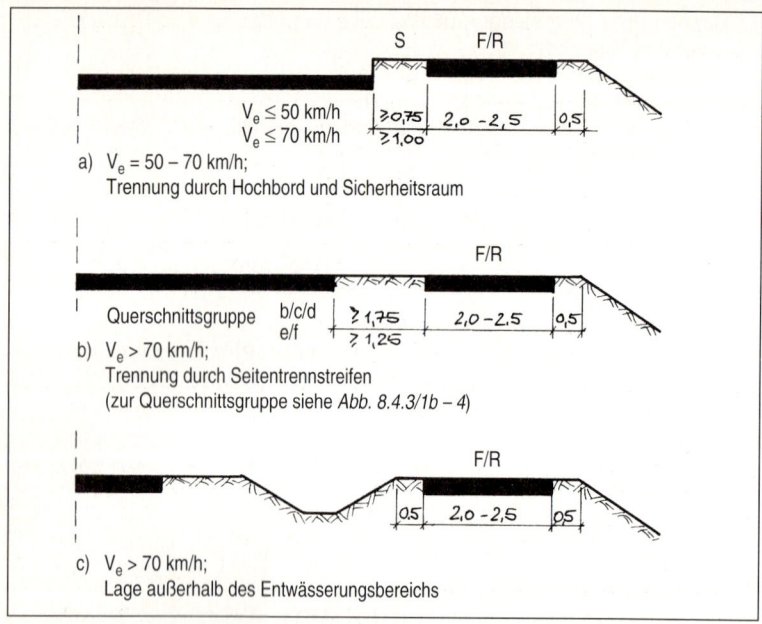

Abb. 8.4.2/2. Querschnittsausbildung gemeinsamer Rad- und Fußwege (nach RAS-Q)

(2) Straßen der Kategorien A V, B IV, C, ländliche Wege:
für $V_{zul} \leq 60$ km/h sowie selbständig geführte Rad- und Fußwege s. Planungsvorgaben in Kap. 8.3.1 und 8.3.2.

8.4.3 Entwurfsgrundlagen der Straßenplanung

8.4.3.1 Allgemeine Hinweise

(1) Die Angaben bis einschl. Kap. 8.4.4 gelten für alle Straßen der Kategoriengruppen A I bis A IV, B und C.

(2) Straßen der Kategorie A V sind entweder entspr. den Angaben zur Kategorie A IV oder zu land- und forstwirtschaftlichen Wegen zu planen (s. Kap. 8.4.5).

(3) Die Berechnung von zu erwartender Verkehrsstärke (»Bemessungsverkehrsstärke«) bzw. Leistung des geplanten Verkehrswege sowie der Bemessungsgeschwindigkeit V_B aus Querschnittsabmessungen, Linienführung und Verkehrsmischung wird hier nicht vorgestellt. Sie hat mit sehr aufwendigem Verfahren nach RAS-Q zu erfolgen.

8.4.3.2 Querschnittsgestaltung

Bezugsrichtlinie: RAS-Q;
Bemessungsfahrzeug: Breite: 2,5 m; Höhe: 4,0 m.

Verkehrsart	V_{zul} [km/h]	S_s [m]	H [m]	B_o [m]	S_o [m]
Kfz	> 70	1,25	4,00	0,20	0,30
	≤ 70	1,00	4,00	0,20	0,30
	≤ 50	0,75	4,00	0,20	0,30
R	–	0,25	2,00	0,25	0,25
F	–	–	2,00	0,25	0,25

Abb. 8.4.3/1a. Maßangaben zum Verkehrsraum und Lichten Raum (nach RAS-Q)
Abkürzungen und Zuordnung siehe Abb. 8.3.3/2 (Fahrbahnbreiten siehe Abb. 8.4.3/1b)

Quer-schnitts-gruppe	Zahl der FS	B [m]	Bs [m]	FS [m]	GZ [m]	RS[1] [m]	MS [m]	S MZS [m]	P [m]	SS [m]	ST [m]
a	6					0,50[2]	4,00				
		2,50	1,25	3,75	–	1,00[3]	4,00	2,50	–	1,50	3,00
	4					0,50					
b	6	2,50	1,00	3,50	–	0,50	3,00	2,00	–	1,50	3,00
	4				–	0,50	3,00	2,00	–	1,50	3,00
	2				0,25	0,25	–	1,50	–	2,00	1,75
c	4	2,50	0,75	3,25	0,25	0,50	2,00[4]	–	2,00	1,50	1,75
	2					0,25					
d	4	2,50	0,50	3,00	0,25	0,25	2,00[5]	–	2,00	1,50	1,75
	2										
e	2	2,50	0,25	2,75	0,25	–	–	–	2,00	1,50	1,25
f	2	2,50	0,00	2,50	0,25	–	–	–	2,00	1,00	1,25
R	(1)	0,60	0,20	0,80	*0,20*	–	–	–	–	0,50	–
	2										
F	≥ 2	0,75	0,00	0,75	–	–	–	–	–	0,50	–

Erläuterungen:
[1] bei anbaufreien Straßen (entfällt bei angebauten Straßen)
[2] Fahrbahnaußenrand
[3] Fahrbahninnenrand
[4] bei Querschnitt mit Linksabbiegerspur: Breite 5,25 m
[5] bei Querschnitt mit Linksabbiegerspur: Breite 5,00 m

0,20 zu empfehlendes Maß

Abb. 8.4.3/1b. Maße zur Entwicklung des Straßenquerschnitts aus der Querschnittsgruppe (nach RAS-Q), Abkürzungen: siehe Abb. 8.3.3/2

(1) Bezeichnungen im Straßenquerschnitt s. Abb. 8.3.3/2.

(2) Abmessungen des Straßenquerschnitts:
Maße zur Entwicklung des Verkehrsraums und Lichten Raums s. Abb. 8.4.3/1a und b;
Regelquerschnitte: aufgestellt für häufig vorkommende Verkehrssituationen; sie sollten nicht ohne zwingende Gründe verändert werden;
Regelquerschnitte anbaufreier Straßen s. Abb. 8.4.3/2;
Regelquerschnitte angebauter Straßen s. Abb. 8.3.3/3;
Regelquerschnitte im Bauwerksbereich s. Abb. 8.4.3/4;
Hinweise zur Anwendung s. Abb. 8.4.3/5a und b;
Querneigung der Fahrbahn s. Kap. 8.4.3.5;
Fahrbahnverbreiterung in Kurven s. Kap. 8.4.3.6.

8.4.3.3 Trassenführung im Lageplan

Als »Entwurfselemente« werden im Lageplan verwendet:
»Gerade«, »Kreisbogen« und »Übergangsbogen« (Klotoide). Ihre Größe ist durch die »Entwurfsgeschwindigkeit« V_e festgelegt.

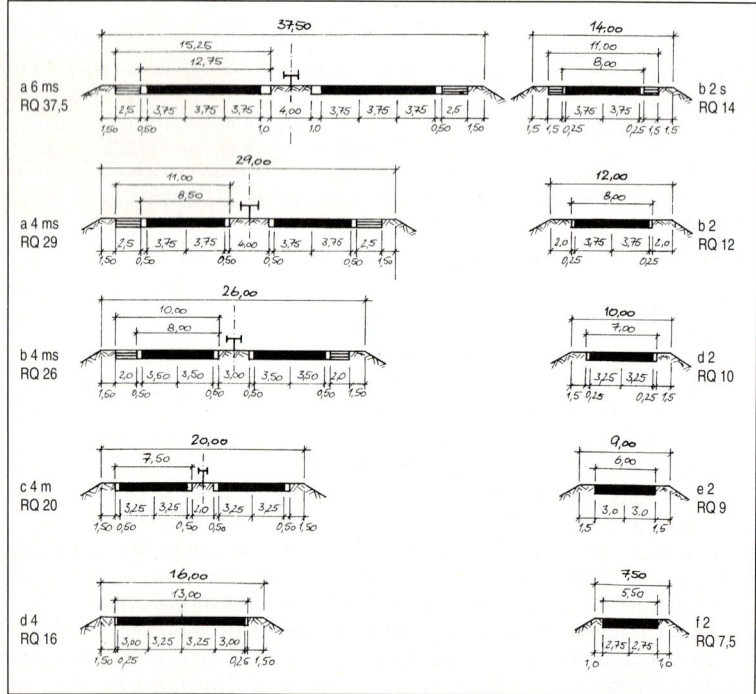

Abb. 8.4.3/2. Regelquerschnitte für anbaufreie Straßen (ggf. Geh- und Radwege nach Kap. 8.4.2 vorsehen) (nach RAS-Q)

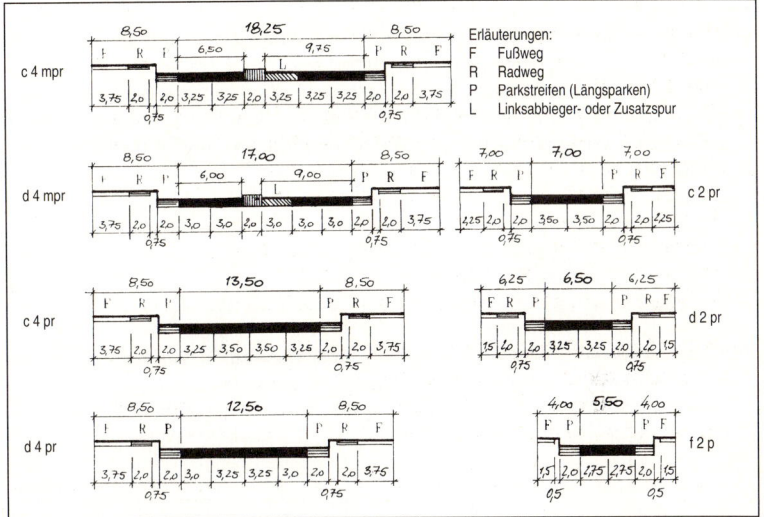

Abb. 8.4.3/3. Beispiele von Regelquerschnitten für angebaute Straßen (Regelmaße bei Geh- und Radwegen ggf. Örtlichkeit anpassen) (nach RAS-Q)

Bezugsrichtlinie: RAS-L-1;
Hinweise zur Wahl der Entwurfsgeschwindigkeit V_e s. Abb. 8.4/1 und 8.4.3/5a und b;
Grenzwerte der Entwurfselemente s. Abb. 8.4.3/6;

(1) Gerade:
Bei Kategoriengruppe A: Gerade möglichst vermeiden; falls z. B. aus räumlichen Gründen unvermeidbar, Höchst- und Mindestlängen nach Abb. 8.4.3/6 einhalten;
bei Kategoriengruppe B: Gerade möglichst auf städtebauliche Zwangspunkte und Knotenpunkte beschränken;
Kategoriengruppe C: Gerade uneingeschränkt anwendbar.

(2) Kreisbogen:
Radius R: abhängig von Entwurfsgeschwindigkeit, Kategoriengruppe und Folge Gerade/Kurve; für gut übersichtliche Verkehrsräume bzw. zügiges Fahren Radien möglichst > Mindestradius (s. Abb. 8.4.3/6 wählen).

(3) Übergangsbogen: Ausbildung als »Klotoide« (s. Abb. 8.4.3/7);
Vorteile gegenüber anderen Kurvenzügen: optisch guter Linienverlauf durch stetige Änderung der Krümmung bei wechselnden Radien bzw. zwischen Geraden und Kreisbögen; allmähliche Veränderung der Fahrgeschwindigkeit;
Mindestgröße des Klotoidenparameters A s. Abb. 8.4.3/6;

Gleichung der Klotoide:

$A^2 = R \cdot L$ (A = Klotoidenparameter, R = Radius des Kreisbogens,
L = Länge des Übergangsbogens);

Länge L des Übergangsbogens: dient zur Aufnahme der durch Querneigungsänderung entstehenden Fahrbahnverwindung; führt mit den Höhendifferenzen von Fahrbahnachse und Fahrbahnrand zur »Anrampungsneigung« Δs;

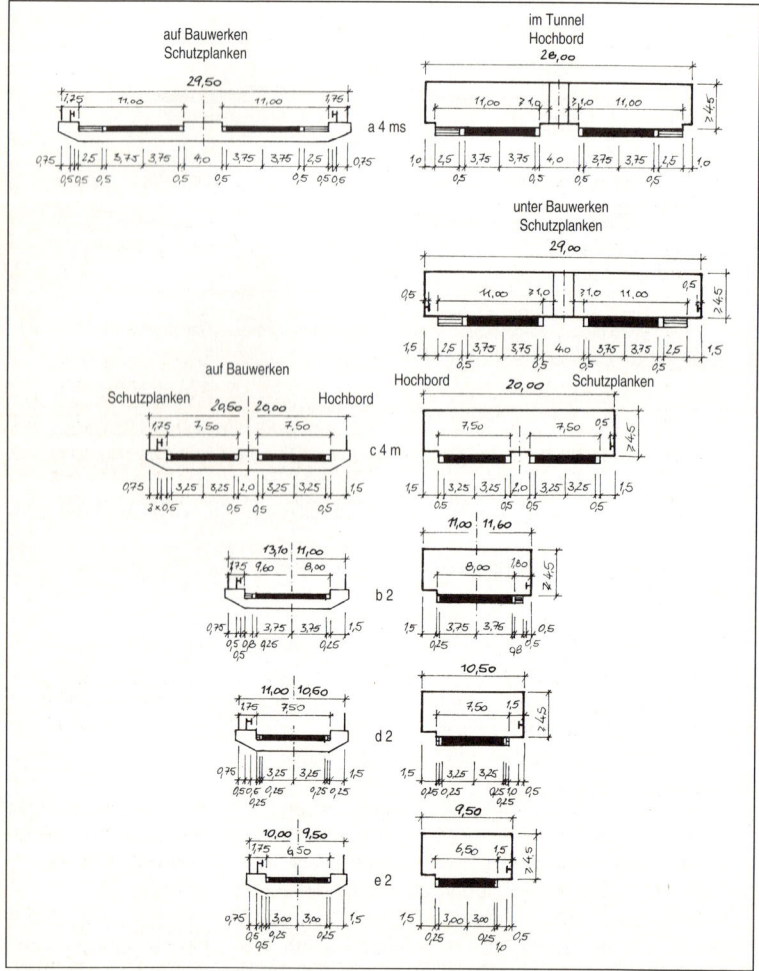

Abb. 8.4.3/4.   Regelquerschnitte im Bauwerksbereich (ggf. Geh- und Radwege nach Kap. 8.4.2 vorsehen) (nach RAS-Q)

Regel-quer-schnitt	Straßen-kategorie	Verkehrstechnische Hinweise					sonstige Hinweise
		Kfz/h	V_B [km/h]	V_{zul} [km/h]	V_e [km/h]	Verkehrs-art	
a 6 m s RQ 37,5	A I	≤ 2800 ≤ 3800	110 90	–	100 120	Kfz	
a 4 m s RQ 29	A I	≤ 1800 ≤ 2400	110 90	–	100 120	Kfz	
b 6 m s RQ 33	A II	≤ 3400 ≤ 4100	90 70	–	90 100	Kfz	
b 4 m s RQ 26	A I	≤ 1800 ≤ 2200	100 90	–	100 120	Kfz	
	A II	≤ 2200 ≤ 2600	90 70	–	90 100	Kfz	
	B II	≤ 2400 ≤ 2800	80 60	≤ 80	70 80	Kfz	starker Lkw-Verkehr starker Lkw-Verkehr
c 4 m RQ 20	A II	≤ 2100 ≤ 2300	80 70	≤ *80* 100	*80* 90 100	Kfz	geringer Lkw-Verkehr, Zwangsbedingungen
	A III	≤ 2100 ≤ 2600	80 60	≤ 80 *100*	80 *90 100*	Kfz	
	B II	≤ 2100 ≤ 2600	80 60	≤ 80	*60* 70 80	Kfz	
	B III	≤ 2100 ≤ 2500	60 50	≤ 70	70 60	allgem.	starker Lkw-Verkehr starker Lkw-Verkehr
d 4 RQ 16	A III	≤ 1800 ≤ 2300	80 60	≤ 80	70 80	Kfz	geringer Lkw-Verkehr, Zwangsbedingungen
	B II	≤ 2100 ≤ 2500	70 50	≤ 70	*60* 70	Kfz	geringer Lkw-Verkehr, Zwangsbedingungen
	B III	≤ 1800 ≤ 2200	60 50	≤ 70	*50* 60 70	allgem.	
b 2 s RQ 14	A I	≤ 900 ≤ 1700	90 70	≤ 100	90 100	Kfz	
	A II	≤ 1400 ≤ 1700	80 70	≤ 100	80 90 100	Kfz	
	A II	≤ 900 ≤ 1700	80 60	≤ 100	80 90 100	allgem.	landw. Verkehr > 10 Fz/h landw. Verkehr > 10 Fz/h
	A III	≤ 900 ≤ 1700	70 60	≤ 100	70 80	allgem.	landw. Verkehr > 20 Fz/h landw. Verkehr > 20 Fz/h
b 2 RQ 12	A I	≤ 900 ≤ 1300	80 70	≤ 100	90 100	Kfz	
	A II	≤ 900 ≤ 1600	80 60	≤ 100	80 90 100	Kfz	geringer Lkw-Verkehr geringer Lkw-Verkehr
	A II	≤ 900 ≤ 1300	70 60	≤ 100	80 90 100	allgem.	
	A III	≤ 900 ≤ 1600	70 50	≤ 100	70 80	allgem.	starker Lkw-Verkehr starker Lkw-Verkehr

Abb. 8.4.3/5a. Hinweise zur Anwendung anbaufreier *Regelquerschnitte (nach RAS-Q) – 1. Teil*

Regel-quer-schnitt	Straßen-kategorie	Verkehrstechnische Hinweise					
		Kfz/h	V_B [km/h]	V_{zul} [km/h]	V_e [km/h]	Verkehrs-art	sonstige Hinweise
d 2 RQ 10	A II	≤ 700	70	≤ 100	80 90 100	allgem.	geringer Lkw-Verkehr
		≤ 1000	60				geringer Lkw-Verkehr
	A III	≤ 700	70	≤ 100	60 70 80	allgem.	
		≤ 1300	50				
	A IV	≤ 1000	60	≤ 100	60 70 80	allgem.	starker Lkw-Verkehr
		≤ 1400	40				starker Lkw-Verkehr
	B III	≤ 1000	50	≤ 70	*50* 60 70	allgem.	
		≤ 1400	40				
	B IV	≤ 1000	50	≤ 60	50 60	allgem.	
		≤ 1400	40				
e 2 RQ 9	A III	≤ 700	60	≤ 100	60 70 80	allgem.	geringer Lkw-Verkehr
		≤ 800	50				geringer Lkw-Verkehr
	A IV	≤ 700	60	≤ 100	60 70 80	allgem.	
		≤ 900	40				
	B III	≤ 700	50	≤ 60	*50* 60	allgem.	geringer Lkw-Verkehr, Linienbus-V. reduziert
		≤ 900	40				
	B IV	≤ 700	50	≤ 60	50 60	allgem.	geringer Lkw-Verkehr, Linienbus-V. reduziert
		≤ 900	40				
f 2 RQ 7,5	A IV	≤ 300	–	≤ 100	60 70	allgem.	

100: Ausnahme

Abb. 8.4.3/5a. Hinweise zur Anwendung anbaufreier *Regelquerschnitte (nach RAS-Q) – 2. Teil*

Regel-querschnitt	Straßen-kategorie	Verkehrstechnische Hinweise				
		Kfz/h	V_{zul} [km/h]	V_e [km/h]	Verkehrsart	sonstige Hinweise
c 4 m p r	C III	≤ 2100	50	50 *60 70*	allgemein	
c 4 p r	C III	≤ 1900	50	50 *60 70*	allgemein	statt c4mpr (Platzmangel)
d 4 m p r	C III	≤ 2000	50	50 *60 70*	allgemein	geringer Lkw-Verkehr
d 4 p r	C III	≤ 1800	50	50 *60 70*	allgemein	statt d4mpr (Platzmangel)
c 2 p r	C III	≤ 1700	50	*40* 50 *60*	allgemein	
	C IV	≤ 1000	50	*40* 50 *60*	allgemein	starker Lkw-Verkehr
d s p r	C III	≤ 1500	50	*40* 50 *60*	allgemein	geringer Lkw-Verkehr
	C IV	≤ 1000	50	*40* 50 *60*	allgemein	
f 2 p	C IV	≤ 600	50	*40* 50	allgemein	Linienbus-V. reduziert

40: Ausnahme

Abb. 8.4.3/5b. Hinweise zur Anwendung angebauter *Regelquerschnitte (nach RAS-Q)*

Entwurfselement	Kategorien-gruppe/ maßgebend	Grenzwerte [m] für Geschwindigkeit V_e/V_{85} [km/h]							
		40	50	60	70	80	90	100	120
Gerade:									
- Höchstlänge max L	A: V_e	–	–	1200	1400	1600	1800	2000	2400
- Mindestlänge zwischen min L gleichsinnigen Kurven	A: V_e	–	–	360	420	480	540	600	720
Kurvenmindestradius min R	A: V_e	–	–	135	200	280	380	500	800
	B: V_e	–	80	125	195	260	–	–	–
	C: V_e	40	70	120	175	–	–	–	–
Kurvenmindestradius min R bei Querneigung zur Kurvenaußenseite	A: V_{85}	–	–	–	–	–	1750	2500	5000
	B: V_{85}	–	250	450	700	1100	–	–	–
	C: V_{85}	80	150	250	400	–	–	–	–
Klotoidenmindestparameter min A	A, B, C: V_e	30	50	70	90	110	140	170	270

Abb. 8.4.3/6. Grenzwerte der Entwurfselemente im Lageplan (nach RAS-L-1)

übliche Anwendung der Klotoide s. Abb. 8.4.3/7:
als Übergang von Gerade auf Kreisbogen;
Bedingung: $R/3 \leq A \leq R$;
als gegensinniger Anschluß von zwei Klotoiden:
Bedingung für Kategoriengruppe A und B:
$A_1 \leq 1,5 \cdot A_2$;
als Verbindungselement gleichsinnig gekrümmter Kreisbögen.
(4) Kehren: Kurvenzug für sehr schwierige topographische Verhältnisse mit großer Unterschreitung der Mindestradien und Mindestparameter; Bemessung erfolgt wegen niedriger Fahrgeschwindigkeit rein fahrgeometrisch;
Fahrbahnachse: Radius möglichst $\geq 12,5$ m;
innerer Fahrbahnrand: Radius $\geq 5,3$ m (auch bei Fahrbahnverbreiterung – s. Kap. 8.4.3.6);
Klotoidenparameter: möglichst $R \leq A \leq 1,2 \cdot R$.

8.4.3.4 Trassenführung im Höhenplan (Gradiente)

Als »Entwurfselemente« werden im Höhenplan (zur Gestaltung der »Gradiente«) verwendet:
»Längsneigungen« (als Geraden) und »Ausrundungen« (als »Kuppen« und »Wannen«). Ihre Größe ist durch die »Entwurfsgeschwindigkeit« V. festgelegt (s. Kap. 8.4.3.3);
Bezugsrichtlinie: RAS-L-1;
Hinweise zur Wahl der Entwurfsgeschwindigkeit V_e s. Abb. 8.4/1 und 8.4.3/5a und b;
Grenzwerte der Entwurfselemennte s. Abb. 8.4.3/8.

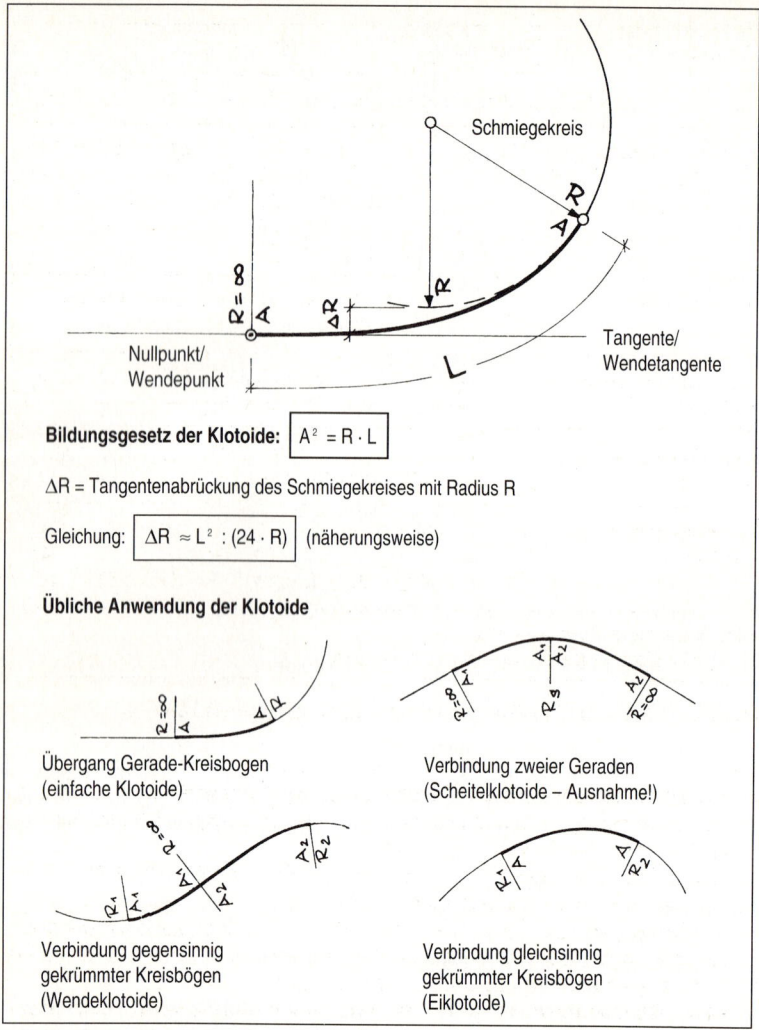

Abb. 8.4.3/7. Übergangsbogen in Form der Klotoide

(1) Längsneigung s: Grenzwerte möglichst nicht überschreiten (Schadstoffausstoß, Verkehrssicherheit, Leistungsfähigkeit);
Sonderfälle:
plangleiche Knotenpunkte, Tunnelstrecken: s ≤ 4%;
gegenläufige Fahrbahnverbindung bei S-Kurven:

Entwurfselement	Kategorien-gruppe/ maßgebend	Grenzwerte [m] für Geschwindigkeit V_e/V_{85} [km/h]							
		40	50	60	70	80	90	100	120
Höchstlängsneigung max s [%]	A: V_e	–	–	8,0	7,0	6,0	5,0	4,5	4,0
	B: V_e	–	8,0	7,0	6,0	5,0	–	–	–
		–	12,0	10,0	8,0	7,0	–	–	–
	C: V_e	8,0	7,0	6,0	5,0	–	–	–	–
		12,0	10,0	8,0	7,0	–	–	–	–
Mindestlängsneigung *) min s [%]	A, B: –	0,7; (s – Δs) ≥ 0,0 – 0,2 % (ohne Hochbord)							
	C: –	0,5; (s – Δs) ≥ 0,5 % (mit Hochbord)							
Kuppenmindesthalbmesser min Hk [m]	A: V_e	–	–	2750	3500	5000	7000	10000	20000
	B, C: V_e	450	900	1800	2200	3500	–	–	–
Wannenmindesthalbmesser min Hw [m]	A: V_e	–	–	1500	2000	2500	3500	5000	10000
	B, C: V_e	250	500	900	1200	2000	–	–	–
Mindesttangentenlänge min T [m]	A: V_e	40	50	60	70	80	90	100	120
	B: V_e	30	38	45	53	60	68	75	90
	C: V_e	20	25	30	35	40	45	50	60

12,0 Ausnahme bei beengten Verhältnissen
*) im Verwindungsbereich (gegensinnige Krümmung)

Abb. 8.4.3/8. Grenzwerte der Entwurfselemente im Höhenplan (nach RAS-L-1)

Mindestlängsneigung min s= 0,5%, besser 0,7% (entwässerungstechnisch notwendig, sonst Wasserabfluß durch bautechnische Maßnahmen (z. B. Querkastenrinnen) verbessern;
Straßen mit Bordrinnen (Regel bei Kategoriengruppe C): s ≥ 0,5%.
(2) Kuppen- und Wannenausrundungen H_K, H_W:
Ausbildung als Kreisbögen zwischen unterschiedlichen Längsneigungen;
Anwendungsfälle und Berechnung der Tangentenlänge T, des Stichmaßes f, der Lage des Scheitelpunkts s. Abb. 8.4.3/9;
Mindesttangentenlänge min T (s. Abb. 8.4.3/8) möglichst nicht unterschreiten; da sonst der Eindruck einer geknickten Lineinführung entsteht; bei berechnetem zu kleinem Wert sind die Ausrundungsradien entsprechend zu vergrößern.

8.4.3.5 Querneigung der Fahrbahn und Anrampung des Fahrbahnrandes

Bezugsrichtlinie: RAS-L-1;
Grenzwerte s. Abb. 8.4.3/10.
(1) Querneigung: dient der Entwässerung der Fahrbahn bei Geraden und Kurven (konstruktives Element) und teilweise der Aufnahme der Fliehkräfte

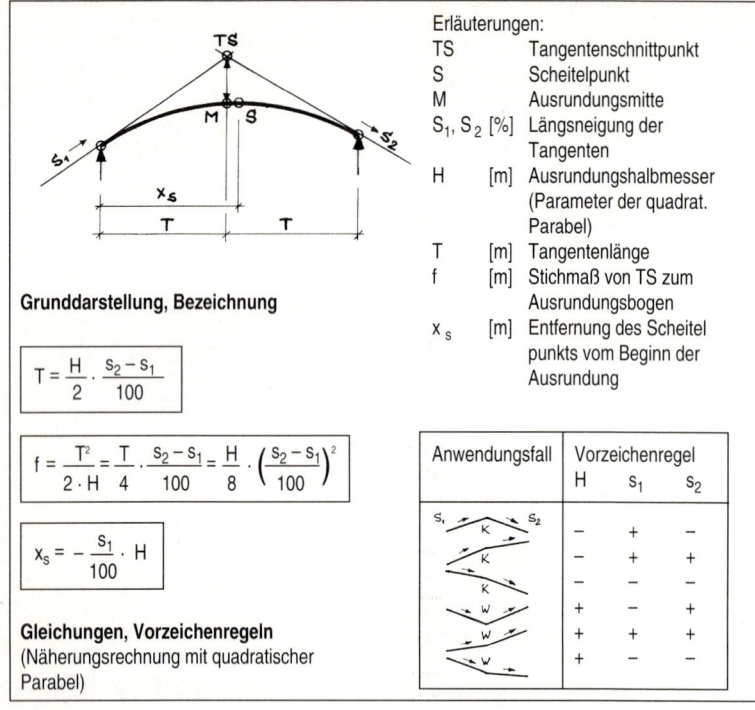

Abb. 8.4.3/9. Kuppen- und Wannenausrundung - Anwendungsfälle und Berechnungen (nach RAS-L-1)

im Kurvenbereich durch Neigung zur Kurveninnenseite (fahrdynamisches Element);
Mindest-, Regelquerneigung zur Fahrbahnentwässerung min q:
für alle Kategoriengruppen: min q = 2,5%;
bei Kategoriengruppe C und sehr rauher Decke (z. B. Natursteinpflaster): min q = 3,0 bis 3,5%.
Kurvenquerneigung: i.d.R. größer als Mindestquerneigung (fahrdynamische Gründe);
Grenzwerte für q s. Abb. 8.4.3/10;
Größe der Kurvenquerneigung abhängig von »Geschwindigkeit V_{85}« und Kurvenradius (s. Abb. 8.4.3/11);

(2) Schrägneigung p: entsteht aus Längs- und (Kurven-)Querneigung; möglichst ≤ 10%, um Abrutschen von langsamen Fahrzeugen bei Winterglätte zu vermeiden;
Gleichung $p = \sqrt{s^2 + q^2}$ (s = Längs-, q = Kurvenquerneigung).

Entwurfselement	Kategorien-gruppe/ maßgebend	Grenzwerte [%] für Geschwindigkeit V_e / V_{85} [km/h] 40 50 60 70 80 90 100 120
Mindestquerneigung min q	A,B: – C: –	2,5 2,5 (bis 3,5 % bei sehr rauhen Decken)
Kurvenquerneigung q_K	A,B,C: V_{85}	siehe Abb. 8.4.3/11
Höchstquerneigung max q_K in Kurven	A: – B: – C: –	7,0 8,0 6,0 7,0 5,0
Querneigung zur Kurvenaußenseite – q_K	A,B: V_{85} C: V_{85}	möglichst vermeiden; siehe Abb. 8.4.3/12
Höchstschrägneigung max p	A,B,C: –	10,0
Anrampungshöchst-querneigung max Δs	A,B: V_e	0,50 · a 0,40 · a 0,25 · a 0,20 · a a ≥ 4,0 m
(a [m] = Abstand Fahrbahn-rand - Drehachse)		2,0 1,6 1,0 0,8 a ≥ 4,0 m
Anrampungsmindest-querneigung min Δs	A,B,C: –	0,1 · a
8,0: bei örtlich bedingter Unterschreitung der Mindestradien		

Abb. 8.4.3/10. Grenzwerte für Querneigung und Anrampung (nach RAS-L-1)

(3) Anrampungsneigung Δs: gleicht die unterschiedlichen Längsneigungen von Fahrbahnrand und Fahrbahnachse bei Veränderung der Querneigung aus (bedingt durch Fahrbahnverwindung); abhängig von V_e und Abstand Fahrbahnrand zu Drehachse; Grenzwerte s. Abb. 8.4.3/10.

(4) Querneigung zur Kurvenaußenseite: in Ausnahmefällen aus entwässerungstechnischen Gründen (z. B. bei Knotenpunkten) notwendig; bei Kategorie A und B möglichst vermeiden; Grenzwerte s. Abb. 8.4.3/12.

8.4.3.6 Querschnittsveränderungen; Fahrbahnverbreiterung in Kurven

Bezugsrichtlinien:
RAS-L-1; RAS-K-1; Richtlinie für die Anlage von Zusatzfahrstreifen an Steigungsstrecken – BASt/BMV 85.

(1) Querschnittsveränderungen (Fahrbahnaufweitung): entstehen z. B. durch Einfügen eines Mittelstreifens, einer Zusatzspur oder

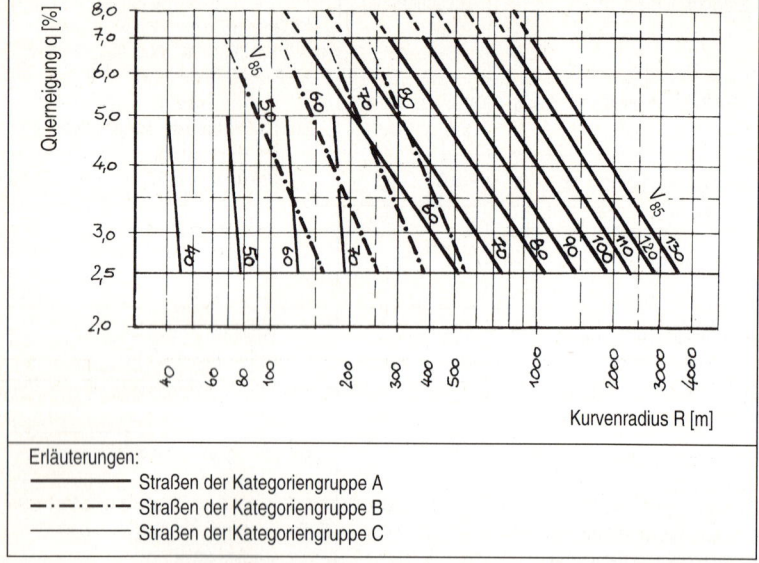

Abb. 8.4.3/11. Kurvenquerneigung in Abhängigkeit von Straßenkategorie, Radius und V_{85} (nach RAS-L-1)

Kategorie	A		B		C
V_{85} [km/h]	min R [m] bei q [%]				
	– 2,0	– 2,5	– 2,0	– 2,5	– 2,5
40	–	–	–	–	80
50	–	–	250	300	150
60	–	–	450	500	250
70	–	–	700	800	400
80	–	–	1100	1250	–
90	1750	2000	–	–	–
100	2500	3000	–	–	–
110	3500	4500	–	–	–
120	5000	6500	–	–	–
130	7000	9000	–	–	–

Abb. 8.4.3/12. Mindestradien für Querneigung zur Kurvenaußenseite (nach RAS-L-1)

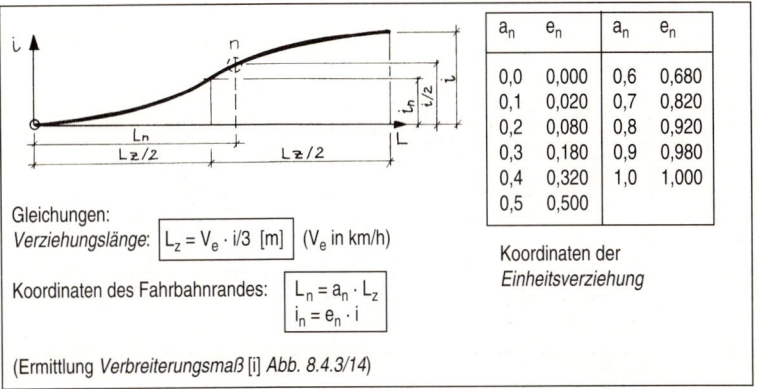

Gleichungen:

Verziehungslänge: $\boxed{L_z = V_e \cdot i/3 \ [m]}$ (V_e in km/h)

Koordinaten des Fahrbahnrandes: $\boxed{\begin{array}{l} L_n = a_n \cdot L_z \\ i_n = e_n \cdot i \end{array}}$

a_n	e_n	a_n	e_n
0,0	0,000	0,6	0,680
0,1	0,020	0,7	0,820
0,2	0,080	0,8	0,920
0,3	0,180	0,9	0,980
0,4	0,320	1,0	1,000
0,5	0,500		

Koordinaten der
Einheitsverziehung

(Ermittlung Verbreiterungsmaß [i] Abb. 8.4.3/14)

Abb. 8.4.3/13. Verziehung der Fahrbahnränder bei Fahrbahnaufweitung (nach RAS-L-1)

Verringerung der Breite; sie erfolgen durch Verziehung der Fahrbahnränder der durchgehenden Fahrstreifen mit S-Bogen;
Berechnung der Verziehungslänge L_z s. Abb. 8.4.3/13.

(2) Fahrbahnverbreiterung in Kurven:
ist bei Unterschreitung der Mindestradien wegen Fahrzeuggeometrie erforderlich; die Verziehung erfolgt überwiegend im Bereich des Übergangsbogens;
bei Kehren (s. Kap. 8.4.3.3): Verbreiterung am kurvenäußeren Fahrstreifen ansetzen;
bei größeren Radien: Verbreiterung i.d.R. am kurveninneren Fahrstreifen ansetzen;
Ermittlung des Maßes i der Fahrbahnverbreiterung:
s. Abb. 8.4.3/14; bei Kehren mit $R < 12,5\,m$ besser mit Schleppkurven ermitteln;
Mindestwerte: $i \geq 0,25\,m$ bei Fahrbahnbreiten unter 6,0 m;
$i \geq 0,5\,m$ bei Fahrbahnbreiten $\geq 6,0\,m$; kleinere Werte bleiben unberücksichtigt;
Berechnung der Verziehungslänge L_z s. Abb. 8.4.3/13.

8.4.3.7 Sichtverhältnisse im Straßenraum (freie Strecke)

Bezugsrichtlinie: RAS-L-1.

(1) Haltesichtweite S_h: muß immer vorhanden sein; ist die Fahrstrecke, die benötigt wird um ein Fahrzeug vor einem plötzlich auftauchendem Hindernis sicher zum Stehen zu bringen; bei Kategoriengruppe A, B und C abhängig von Längsneigung und »Geschwindigkeit V_{85}«;
Grenzwerte s. Abb. 8.4.3/15.

(2) Überholsichtweite $S_{ü}$: ist die Fahrstrecke mit für sicheres Überholen ausreichender Sicht;

Fahrbahnverbreiterung je Fahrstreifen
im Kreisbogen; *Gleichungen*:

- allgemein: 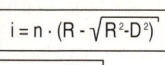 $i = n \cdot (R - \sqrt{R^2 - D^2})$

- für R ≥ 30 m: 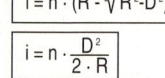 $i = n \cdot \dfrac{D^2}{2 \cdot R}$
  (vereinfacht)

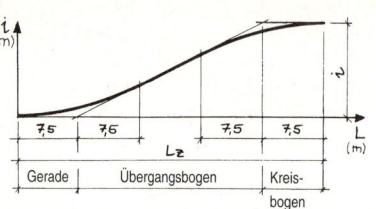

Erläuterungen, Hinweise:

i	[m]	Fahrbahnverbreiterung
R	[m]	Radius des Kreisbogens
D	[m]	Achsstand und vorderer Fahrzeugüberhang:
		Pkw D = 4 m
		Lastzug (Lz) D = 8 m
		Standardlinienbus (Bus 1) D = 8 m
		Gelenkbus (Bus 2) D = 9 m
n		Zahl der durchgehenden Fahrstreifen

Straßenkategorie	Busverkehr	Begegnungsfall	Fahrbahnverbreiterung		
			n = 2, Radius R		$\sum i$
			Fahrbahnbreiten		
			B ≤ 6,0	B > 6,0	[m]
A I – IV B II, III C III	ja	Bus 2/Bus 2	30<R≤320	30<R≤160	80:R
	nein	Lz/Lz	30<R≤260	30<R≤130	64:R
B IV, C IV	–	Pkw/Bus 1	30<R≤160	30<R≤80	40:R

Vereinfachte Berechnung von [i] für empfehlenswerte Begegnungsfälle und *2 Fahrstreifen* nach Tabelle; für *andere* Situationen [i] für jeden Fahrstreifen gesondert mit n = 1 berechnen; Gesamtverbreiterung = Summe der Einzelwerte.

Abb. 8.4.3/14. Verziehung der Fahrbahnränder bei Fahrbahnverbreiterung in Kurven; Ermittlung der Fahrbahnverbreiterung [i] (nach RAS-L-1)

für Kategoriengruppe A:
$S_{ü}$ sollte möglichst auf ≥ 20 % der gesamten Strecke (bei Gegenverkehr ohne räumliche Trennung) vorliegen;
Kategoriengruppe B, C:
$S_{ü}$ meist von untergeordneter Bedeutung;
Grenzwerte s. Abb. 8.4.3/16.

Kategorien-gruppe	V_{85} [km/h]	Haltesichtweite S_h [m] für Längsneigung s [%]												
		Gefälle						0	Steigung					
		– 12	– 10	– 8	– 6	– 4	– 2		+ 2	+ 4	+ 6	+ 8	+ 10	+ 12
A	60	85	82	78	75	72	70	**69**	67	65	63	62	61	60
	70	119	113	107	103	98	94	**91**	89	86	84	81	80	79
	80	162	153	143	136	128	124	**118**	114	110	107	104	101	99
	90	219	203	188	176	165	157	**150**	143	138	134	129	125	122
	100	292	264	243	224	210	198	**188**	180	172	165	158	153	149
	110	330	290	308	272	262	245	**232**	220	209	200	191	185	180
	120	490	427	385	300	320	298	**280**	265	250	239	229	220	212
	130	600	520	470	423	385	358	**333**	313	297	283	270	258	248
B und C	40	35	34	33	32	31	31	**30**	30	29	29	28	28	27
	50	53	52	50	48	47	45	**43**	42	42	41	40	40	39
	60	78	74	70	68	65	62	**60**	58	57	56	55	54	53
	70	109	103	97	93	88	85	**81**	79	76	74	72	70	69
	80	152	141	132	125	118	112	**107**	103	99	96	93	90	88

85 Haltesichtweiten bei Überschreitung der max. Längsneigungen nach RAS-L-1

Abb. 8.4.3/15. Haltesichtweite [S_h] für die Kategoriengruppen A, B und C (nach RAS-L-1)

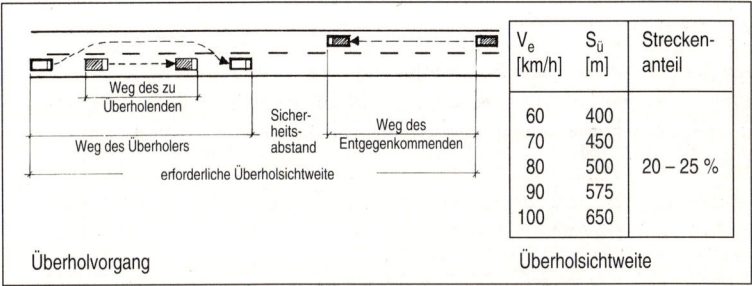

Abb. 8.4.3/16. Überholsichtweite [$S_ü$] für Kategoriengruppe A (nach RAS-L-1)

8.4.4 Hinweise zu plangleichen Knotenpunkten

Der Entwurf für die Kategoriengruppen A, B und C ist sehr aufwendig; eine detaillierte Planung ist nur bei vollständiger Beachtung der RAS-K-1 und RiLSa möglich.

Hier werden deshalb nur Hinweise zur Beurteilung vorhandener Pläne oder der Lage von Knotenpunkten gegeben.

8.4.4.1 Verkehrsablauf

Die Geschwindigkeit in den übergeordneten Knotenpunktarmen V_k ist auf die Geschwindigkeit der freien Strecke abzustimmen (s. Abb. 8.4.4/1).

Straßen-kategorie	Streckenquer-schnitt	Geschwindigkeit Strecke maßgbd. V [km/h]	Knotenpunkt V_k [km/h]	Geschwindig-keitsbegrenzung
A		V_{85} beliebig	$\geq (V_{85} - 20)$ [1]	nein
A I	einbahnig	V_{zul} *100* 80	90 *80*	
A II, III	zweibahnig	V_{zul} 70	70	
	einbahnig	V_{zul} *100* 80	*90* 80	
A IV	einbahnig	V_{zul} 70	70	
A V	einbahnig	V_{zul} 60	60 *50*	generell [2]
B II	zweibahnig	V_{zul} 70	70	
B III	ein-, zweibahnig	V_{zul} 70	70	
B IV	einbahnig	V_{zul} *60* 50	50	
C III	ein-, zweibahnig	V_{zul} 50	50	
C IV	einbahnig	V_{zul} 50	50	

80 Ausnahme
[1] V_k vergrößern $V_k < (V_{85} - 20)$ oder V_{zul} reduzieren (Trassierung)
[2] ohne Einschränkung von V_{zul} für V_k Tabellenwerte ansetzen

Abb. 8.4.4/1. Geschwindigkeiten im übergeordneten Knotenpunktarm (plangleiche Knotenpunkte) (nach RAS-K-1)

8.4.4.2 Wegweisende Beschilderung

Es sind bestimmte Abstände zu jeweiligem Knotenpunkt bzw. Mindestabstände zwischen aufeinanderfolgenden Knotenpunkten zu beachten (s. Abb. 8.4.4/2).

V_k [km/h]	Abstand [m]
50	140
60	170
70	205
80	235
90	270
100	300

Abb. 8.4.4/2. Minimale Knotenpunktabstände für wegweisende Beschilderung {bei Unterschreitung der Werte: gemeinsamer Vorwegweiser) (nach RAS-K-1)

8.4.4.3 Verkehrssicherheit

Hier wirken sich stark die Sichtverhältnisse aus.
Vorfahrtregelung: Vorfahrtregel »rechts vor links« für Kategoriengruppen A bis C kaum anwendbar; Regelung entweder über Beschilderung oder Lichtsignalanlage vornehmen.
Haltesichtweiten s. Abb. 8.4.4/3.

Kategorien-gruppe	V_{85} [km/h]	Haltesichtweite S_h [m] bei s [%]					Schenkellänge L [m] für Annäherungsschicht	
		-8	-4	0	+4	+8		
A	100	240	210	**190**	170	160	200	*300*
	90	185	165	**150**	140	130	170	*250*
	80	145	130	**120**	110	105	135	*210*
	70	110	100	**90**	85	80	110	*175*
	60	80	70	**70**	65	60	85	
	50	60	55	**50**	50	50	70	
B	70	95	85	**80**	75	70	110	
	60	70	65	**60**	55	55	85	
	50	50	45	**40**	40	40	70	
C	50			**40**			70	
	40			**25**			50	
300 außerhalb der Bebauung bei hohem Schwerverkehr								

Abb. 8.4.4/3. Haltesichtweite [S_h] und Schenkellänge [L] für Sichtdreiecke bei Knotenpunkten (siehe auch Abb. 8.3.4/4) (nach RAS-K-1)

8.4.4.4 Sichtfelder

Bei plangleichen Knotenpunkten und Überquerungsstellen für Fußgänger und/oder Radfahrer sind die Angaben in Abb. 8.3.4/4 zu beachten; dabei ist die Freihaltung der Anfahrsicht zwingend, die Annäherungssicht zu empfehlen.

8.4.5 Ländliche Wege

Bezugsrichtlinien: RLW; Grundsätze für die Gestaltung ländlicher Wege bei Baumaßnahmen an Bundesfernstraßen – BMV 79.

8.4.5.1 Aufgabe der ländlichen Wege

Dienen vorrangig Abwicklung des land- und forstwirtschaftlichen Verkehrs; üblicherweise bis auf Verbindungswege für den allgemeinen/öffentlichen Kraftfahrzeugverkehr gesperrt; meist für Fußgänger- und Radverkehr geeignet.

8.4.5.2 Wegearten

(1) Verbindungswege: zur Verbindung von Gehöften untereinander bzw. mit Ortschaften; zum Anschluß an übergeordnetes Wegenetz; Zuwegung für größere land- oder forstwirtschaftliche Flächen; ganzjährige Eignung für Lkw-Verkehr.

(2) landwirtschaftliche Wege (mit geringen Abwandlungen auch Wegenetz in Rebanlagen):

| Planungselement | Wegeart (Abkürzungen siehe Erläuterung) | | | | |
| | Landwirtschaftliche Wege | | | Forstwirtschaftliche Wege | |
	LW A[1]	LW B	LW C	FW D	FW E
Lageplan Kreisbogen min R [m]:					
- in der Ebene	150	50	30	50	20
- im Bergland	40	20	15	20	20
- *Ausnahmen*	*15*	*7,5*	*5,5*	*12*	*12*
Übergangsbogen: erforderl. bei R ≤	100	–	–	–	–
Fahrbahnverbreiterung[2]: erforderl. bei R ≤	100	50	–	50	–
Höhenplan Längsneigung max s [%]:					
- in der Ebene	4	4	4	4	4
- im Bergland	8	8	12	6 – 8	6
- in Kurven ≤ min R, auf Brücken	6	6	6	6	6
- *Ausnahmen*	*12*	*12*	*12*	*12*	*15 – 20*
Kuppen-, Wannenausrundung:					
- in der Ebene: min H_k [m]	2000	400	200	400	400
min H_w [m]	1500	200	100	200	200
- im Bergland : min H_k [m]	1000	400	200	400	400
min H_w [m]	500	200	100	200	200
Querschnitt Fahrbahnbreite [m]:					
- freie Strecke	4,5	3,0	3,0	3,5	3,5
- auf Brücken	5,0	3,5	3,5	3,5	3,5
- bei Unterführungen	5,0	3,5	3,5	3,5	3,5
unbef. Seitenstreifen [m]:	0,75	0,75	0,75	1,0	0,5
- *Ausnahme bei Dämmen mit Leitplanken*			*1,25*		
Brücken: Geländerabstand			0,5		
Unterführungen: Seitenraum			1,0		
lichte Höhe		4,5	4,0		

Erläuterungen, Abkürzungen:
- LW A   Verbindungswege
- LW B   Hauptwirtschaftswege
- LW C   Wirtschaftswege
- FW D   Hauptwege
- FW E   Zubringerwege

[1]   gilt auch für stark befahrene Hauptwirtschaftswege

[2]   siehe. Kap. 8.4.3.6

12   *Ausnahme*

Abb. 8.4.5/1. Planungselemente für Ländliche Wege (Landwirtschaftliche und Forstwirtschaftliche Wege) (nach: "Grundsätze für die Gestaltung ländlicher Wege ..." und RLW)

Wirtschaftswege: Erschließung kleinerer Flurlagen;
Hauptwirtschaftswege: innere Haupterschließung größerer landwirtschaftlicher Flächen; nehmen Verkehr der einmündenden Wirtschaftswege auf.

(3) forstwirtschaftliche Wege:
Hauptwege: innere Haupterschließung größerer Waldgebiete; Verbindung zu öffentlichem oder landwirtschaftlichem Wegenetz; Eignung für die zur Holzabfuhr vorgesehenen und nach StVZO/StVO zugelassenen Fahrzeuge bzw. forstwirtschaftlichen Arbeitsgeräte;
Zubringerwege: Erschließung kleinerer Waldparzellen;
Rückwege: für Holztransport bis zu Verladeplätzen an Haupt- oder Zubringerwegen.

8.4.5.3　Planungselemente

Zusammenstellung als Übersicht s. Abb. 8.4.5/1;
ausführliche Angaben zur Planung s. RLW 75 bzw. deren Nachfolgerichtlinien.

8.5　Wegebaustoffe

Grundanforderungen an Wegebaustoffe sind:
ausreichende Druckfestigkeit,
ausreichende Frost- und Witterungsbeständigkeit,
zusätzlich bei Deckenbaustoffen ausreichende Griffigkeit und Abriebfestigkeit.

8.5.1　Mineralische Körnungen

Bezugsrichtlinien:
Gütemerkmale: TLMin-StB,
Güteüberwachung: RGMin-StB,
Versuchstechnik für Güteüberwachung: TPMin-StB.

8.5.1.1　Verwendung und Material

(1) Verwendung ungebunden oder gebunden für Trag- und Deckschichten im Oberbau von Verkehrsflächen sowie zur Herstellung von Werksteinen.

(2) Material: Kornhaufwerke mit festgelegter Zusammensetzung (Lieferkörnung) aus natürlichen und/oder künstlichen Gesteinen;
zu »Industriellen Nebenprodukten und Mineralstoffen« s. Kap. 8.5.4.

8.5.1.2　Lieferkörnungen

Bezeichnung entweder mit gesamter Körnung (kleinstes bis größtes Korn) oder einzelner Korngruppe; Anforderungen an Korngrößenverteilung innerhalb der Korngruppen gemäß spezifischer Richtlinien (s. Kap. 8.6);
Natursand und Kies s. Abb. 8.5.1/1;
gebrochene Mineralstoffe s. Abb. 8.5.1/2;
Ausgangsmaterial:
harte Naturgesteine, Basaltlava, Lavaschlacke, künstliche Gesteinsschmelzen (Metallhüttenschlacke und Hochofenstückschlacke);

Lieferkörnung Benennung/Bezeichnung	Unterkorn Gew.-%	Überkorn d_{max} mm	Gew.-%
Natursand 0/2 (DIN 4226)	–	4	≤ 10
Natursand 0/2	–	8	≤ 25
Kies 2/4	≤ 15	8	≤ 10
Kies 4/8	≤ 15	16	≤ 10
Kies 8/16	≤ 15	31,5	≤ 10
Kies 16/32	≤ 15	63	≤ 10
Kies 32/63	≤ 15	90	≤ 10

Abb. 8.5.1/1. Lieferkörnungen für Natursand und Kies (nach TL Min-StB 83)

Lieferkörnung Benennung/Bezeichnung	Unterkorn Gew.-%	Überkorn d_{max} mm	Gew.-%
Brechsand-Splitt 0/5	–	8	≤ 20
Splitt 5/11	≤ 20	22,4	≤ 10
Splitt 11/22	≤ 20	31,5	≤ 10
Splitt 22/32	≤ 20	45	≤ 10
Schotter 32/45	≤ 20	56	≤ 10
Schotter 45/56	≤ 20	63	≤ 10
Füller 0/0,09	–	2	≤ 20
Edelbrechsand 0/2	–	5	≤ 15
Edelsplitt 2/5	≤ 10	8	≤ 10
Edelsplitt 5/8	≤ 15 ≤ 5 % < 2 mm	11,2	≤ 10
Edelsplitt 8/11	≤ 15 ≤ 5 % < 5 mm	16	≤ 10
Edelsplitt 11/16	≤ 15 ≤ 5 % < 8 mm	22, 4	≤ 10
Edelsplitt 16/22	≤ 15 ≤ 5 % < 11, 2 mm	31, 5	≤ 10

Abb. 8.5.1/2. Lieferkörnungen für gebrochene Mineralstoffe (nach TL Min-StB 83)

Bezeichnungen:
Schotter, Splitt, Brechsand, Füller; Edelbrechsand, Edelsplitt (erhöhte Anforderungen bzgl. Über- und Unterkorn bzw. Kornform).
bei Verwendung als Zuschlagstoff zur Betonherstellung:
Anforderungen der DIN 4226, Teil 1 beachten.

8.5.2 Werksteine für den Wegebau

Verwendung als kleinformatige Fertigteile aus Naturstein, Beton oder Klinker zur Herstellung von Wegebelägen, Randbegrenzungen und Entwässerungseinrichtungen.

8.5.2.1 Pflastersteine

(1) Pflastersteine aus Naturstein:
- Bezugsrichtlinie: DIN 18502 (Güteanforderungen, Abmessungen);
- Steinarten: Groß- und Kleinpflastersteine (Güteklassen I und II) sowie Mosaikpflastersteine (Güteklasse I);
- Zusammenstellung s. Abb. 8.5.2/1;
- Bezeichnung bei Bestellungen (Beispiel): Großpflastersteine der Größe 5 (120 × ca. 150 × 130 mm), Güteklasse II, aus Diorit: »Großpflastersteine 5 – II DIN 18502 – Diorit«.

	Größe	Abmessungen [mm]				Gestein
		Kopffläche		Höhe	Abweichungen	*(bei Bestellung angeben)*
		Breite	Länge		Güteklasse	
					I	II	
Großpfl.-steine	1	160	160 – 220	160	±10	±15	Granit
	2	160	160 – 220	140 [1]	±10	–	Granit
	3	140	140 – 200	150	±10	±15	Basalt, Basaltlava
	4	140	140 – 200	130 [1]	±10	–	Diorit, Grauwacke
	5	120	120 – 180	130	±10	±15	Melaphyr
Kleinpfl.-steine	1	100	100	100	±10	–	
	2	90	90	90	±10	+ 20/– 10	
	3	80	80	80	±10	–	Basalt, Diorit, Gabbro, Granit, Grauwacke, Melaphyr
Mosaikpfl.-steine	1	60	60	60	±10	–	
	2	50	50	50	±10	–	
	3	40	40	40	±10	–	

[1] Gleiszonenpflasterstein, nur Güteklasse I

Abb. 8.5.2/1. Pflastersteine aus Naturstein (nach DIN 18502)

(2) Pflastersteine aus Beton:
Bezugsrichtlinien: DIN 18501 (Güteanforderungen, Abmessungen; Form, Farbe, Oberflächenstruktur nicht festgelegt);
Zusammenstellung s. Abb. 8.5.2/2;
Steinarten: Quadrat-, Rechteck-, Sechseck-, Verbundpflastersteine;
Bezeichnung bei Bestellungen (Beispiel):
Betonpflastersteine entsprechend DIN 18501 mit einer Höhe von 100 mm des Fabrikates ...:
»Pflastersteine DIN 18501 – 100 – Fabrikat ...«.

| Abmessungen [mm] | | Abweichungen [mm] | |
Vorzugshöhe	Länge	Länge/Breite	Höhe
60/80/100/120/140	≤ 280	± 3	± 5

Abb. 8.5.2/2. Pflastersteine aus Beton (nach DIN 18501)

(3) Pflasterklinker:
Bezugsrichtlinien: DIN 18503 (Güteanforderungen, Abmessungen); DIN 18158 (Bodenklinkerplatten);
Steinarten: Rechteck-, Quadratformate für Fugenraster von 100 bis 300 mm; Steinausbildung für engfugige Verlegung (Kennzeichnung E) oder für ca. 10 mm breite Fuge (Kennzeichnung F);
Maße und Toleranzen s. Abb. 8.5.2/3;
Bezeichnung bei Bestellungen (Beispiel): Pflasterklinker mit den Maßen l = 240 mm, b = 115 mm, s = 71 mm, engfugige Verlegung:
»Pflasterklinker DIN 18503 − 240 × 115 × 71 − E«.

| Abmessungen [mm] | | Abweichungen | |
Länge/Breite	Höhe	Länge/Breite	Höhe
≤ 300	≥ 40	± 3 % ≤ ± 6 mm	± 3 % ≤ ± 3 mm

Abb. 8.5.2/3. Pflasterklinker (nach DIN 18503)

(4) Pflastersteine aus Metallhüttenschlacken:
früher häufig für Bordrinnen und zur Einpflasterung von Straßenbahngleisen benutzt (z. B. »Mansfelder Kupferschlackenstein«).
Bezugsrichtlinien: DIN 4301 (enthält nur noch Güteanforderungen für Hochofenschlacke); ZTV-St Berlin;
Abmessungen: 160 × 160 × 145 mm und 160 × 240 × 145 mm; Abweichungen max. ± 5 mm.

8.5.2.2 Platten und Gittersteine

(1) Natursteinplatten:
Bezugsrichtlinie: DIN 18318; DIN 18332; Oberflächenbearbeitung und Einzelabmessungen nicht festgelegt.
Mindestmaße:
Fläche polygonaler Platten ≥ 0,1 m²;
Breite ≥ 0,25 m; Dicke bei fußläufigen Flächen im Freien: bei Sandbett ≥ 30 mm, bei Mörtelbett ≥ 20 mm;
Abweichungen: ± 1 mm bei Länge/Breite < 600 mm; ± 2 mm bei Länge/Breite ≥ 600 mm; ±3 mm in der Dicke; Ebenheit < 0,3 % der größten Plattenabmessung.

(2) Gehwegplatten aus Beton:
Bezugsrichtlinie: DIN 485 (Güteanforderungen, Abmessungen; keine Festlegung von Fertigungsart, Oberfläche, Farbe);
Formen und Abmessungen s. Abb. 8.5.2/4;
Bezeichnung für Bestellungen (Beispiel):
Eckplatte groß (Form C) der Größe 500 in einschichtiger Ausführung:
»Gehwegplatte DIN 485 – C 500 – einschichtig« (bei zweischichtiger Ausführung kein Hinweis in der Abkürzung; bestimmte Ausführungen der Oberfläche oder Farbe gesondert angeben).

(3) Gartenplatten aus Beton: Oberflächenausbildung, Farbe, Form und Abmessungen sind nicht genormt;
Anforderungen an Maßhaltigkeit und Qualität s. »Güteschutz-Richtlinien«;
gebräuchliche Abmessungen:
$20 \times 40 - 40 \times 40 - 40 \times 60$ cm;
$25 \times 25 - 50 \times 50 - 50 \times 75$ cm;
Plattendicke ca. 5–6 cm.

(4) Gittersteine (»Rasengittersteine«):
Anwendung z. B. für Feuerwehrflächen oder gelegentlich benutzte Parkplätze; Ausbildung etc. nicht genormt;
Anforderungen an Maßhaltigkeit und Qualität s. »Güteschutz-Richtlinien«.

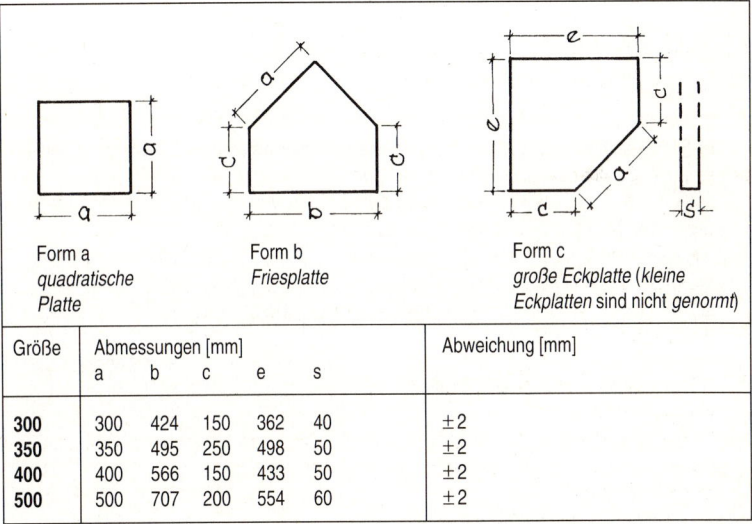

Form a
quadratische Platte

Form b
Friesplatte

Form c
große Eckplatte (kleine Eckplatten sind nicht *genormt)*

Größe	Abmessungen [mm]					Abweichung [mm]
	a	b	c	e	s	
300	300	424	150	362	40	±2
350	350	495	250	498	50	±2
400	400	566	150	433	50	±2
500	500	707	200	554	60	±2

Abb. 8.5.2/4. Gehwegplatten aus Beton – Formen und Abmessungen (nach DIN 485)

gerade Bordsteine:

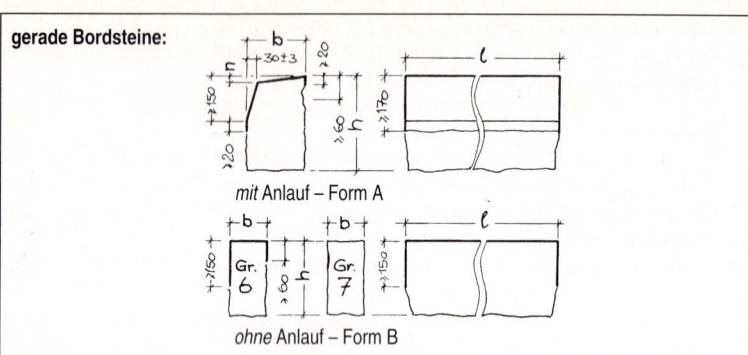

mit Anlauf – Form A

ohne Anlauf – Form B

Form Größe		Abmessungen			
A	B	b [mm]	h [mm]	l* [mm]	n [mm]
1	–	300	250		7
2	–	180	250		–
3	–	180	300	±10	–
4	–	150	±3	250	800 – 1500	–
5	–	150	300		–
–	6	140	200 – 280	–	500 – 1500	–
		120			–
–	7	140 – 150	–			–
		120 – 140	–	250 – 300	–	500 – 1500	
		100 – 120	–			–

* Bei Form A (Größe 1 – 5) dürfen ≤ 10 % der Steine Längen zwischen 500 – 800 mm aufweisen

Kurvensteine:

Form Größe		Abmessungen *	
KAa	KBa	r	
KAi	KBi	[m]	
1	–		
2	–		
3	–		
4	–	0,5 bis 25	
5	–		
–	6		
–	7		

für *Außenbogen* mit Anlauf – Form KAa
für *Außenbogen* ohneAnlauf – Form KBa
für Innenbogen mit Anlauf – Form KAi
für Innenbogen ohne Anlauf – Form KBi

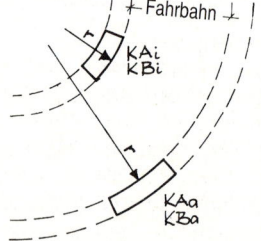

* sonstige Maße wie *gerade*
Bordsteine

Abb. 8.5.2/5. Bordsteine aus Naturstein – Formen, Abmessungen (nach DIN 482)

8.5.2.3 Bordsteine und Kantensteine (»Einfassungssteine«)

(1) Bordsteine aus Naturstein:
Bezugsrichtlinien: DIN 482;

Steinarten:
Bordsteine (gerade Form) und Kurvensteine (Bordsteine für Innen- und Außenbögen); mit und ohne Anlauf;
Abmessungen s. Abb. 8.5.2/5;
Bezeichnung, sonstige Angaben bei Bestellungen:
Gesamtliefermenge, Form, Größe (bei Größen 6 und 7 zusätzlich Breite des Steines) und Gesteinsart;

Beispiele:
45 lfd. m Bordstein mit Anlauf der Größe 2 aus Granit:
»45 m Bordstein DIN 482 – A 2 Granit«;
25 lfd. m Bordstein ohne Anlauf der Größe 7 mit einer Breite von 100 bis 120 mm aus . . .
»25 m Bordstein DIN 482 – B 7 – 100–120 . . .«;
18,75 lfd. m Kurvensteine für Innenbogen mit Anlauf der Größe 5 für einen Radius von r = 7,50 m aus . . .:
»18,75 m Kurvensteine DIN 482 – KAi 5–7,5 . . .«;
8,5 lfd. m Kurvensteine für Außenbogen ohne Anlauf der Größe 6 mit einer Breite von 120 mm für einen Radius r = 12,5 m aus:
»8,5 m Kurvensteine DIN 482 – KBa 6–120 – 12,5 . . .«.

(2) Bordsteine aus Beton:
Bezugsrichtlinien: DIN 483;

Steinarten:
gerade Bordsteine und Kurvensteine für Außen- und Innenbögen;

Bauformen:
Hoch-, Tief-, Rund- und Flachbordsteine;
Übergangssteine (Querschnitt geht vom Rund- zum Hochbordstein über; in Blickrichtung von der Fahrbahn werden linke und rechte Übergangssteine unterschieden);
Abmessungen s. Abb. 8.5.2/6;
Bezeichnung bei Bestellungen

Beispiele:
gerader Tiefbordstein (Form T); Querschnitt b = 80 mm und h = 250 mm:
»Bordstein DIN 483 – T 8 × 25«;
Flachbordstein (Form F); Querschnitt b = 200 mm und h = 200 mm als Kurvenstein für einen Innenbogen (Form KI) mit dem Radius 5000 mm:
»Bordstein DIN 483 – F 20 × 20 – KI 5«.

(3) Kanten- oder Einfassungssteine:
Form und Abmessungen nicht genormt;
a) Natursteineinfassungen:
empfohlene Abmessungen: Dicke ≥ 30 mm, Länge ≥ 300 mm, Höhe ≥ 200 mm; Stoßkanten bis ≥ 80 mm Tiefe senkrecht bearbeitet.

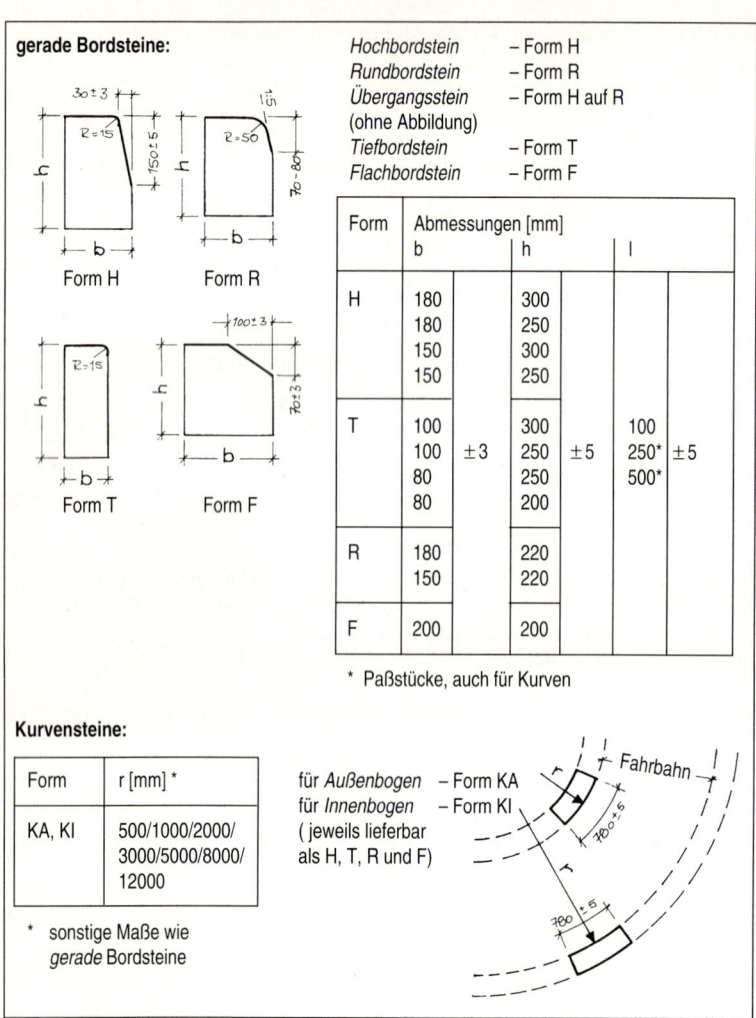

gerade Bordsteine:

Hochbordstein	– Form H
Rundbordstein	– Form R
Übergangsstein	– Form H auf R
(ohne Abbildung)	
Tiefbordstein	– Form T
Flachbordstein	– Form F

Form H   Form R

Form T   Form F

Form	Abmessungen [mm]		
	b	h	l
H	180	300	
	180	250	
	150	300	
	150	250	
T	100	300	100
	100 ±3	250 ±5	250* ±5
	80	250	500*
	80	200	
R	180	220	
	150	220	
F	200	200	

* Paßstücke, auch für Kurven

Kurvensteine:

Form	r [mm] *
KA, KI	500/1000/2000/ 3000/5000/8000/ 12000

für *Außenbogen*	– Form KA
für *Innenbogen*	– Form KI
(jeweils lieferbar als H, T, R und F)	

* sonstige Maße wie *gerade* Bordsteine

Abb. 8.5.2/6. Bordsteine aus Beton – Formen, Abmessungen (nach DIN 482)

b) Kantensteine aus Beton:
Maßhaltigkeit und Qualität s. »Güteschutz-Richtlinien«;
Steinarten: Stöße gerade oder mit Nut und Feder; Querschnitt oben gerade, gefast oder gerundet; Einfassungssteine auch mit oberen Gummi- oder Kunststoffkappen versehen (z.B. für Spiel- und Sportanlagen);
übliche Abmessungen und Anforderungen s. Abb. 8.5.2/7.

Abmessungen	Höhe [mm] Länge [mm] Dicke [mm]	200/250/300 500/750/1000 50/60
	Abweichungen	±5 [mm]
	Druckfestigkeit [N/m²]	≥ 30 (≥ 25)

Abb. 8.5.2/7. Abmessungen von Kantensteinen aus Beton (Einfassungssteine)

c) Bordrinnen- und Muldensteine:
   Örtlich Alternative zu Kombinationen aus Bordsteinen und Pflasterrinnen;
   Bezugsrichtlinien: Qualität und Abmessungen s. spezielle Richtlinie des Bundesverbandes der Betonsteinindustrie; DIN 483;
   Formen und Abmessungen s. Abb. 8.5.2/8.

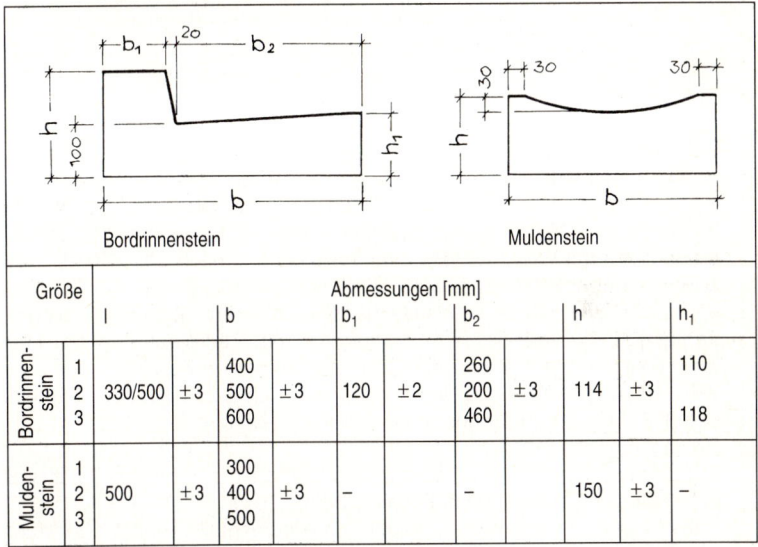

Größe		Abmessungen [mm]											
		l		b		b₁		b₂		h		h₁	
Bordrinnen-stein	1	330/500	±3	400	±3	120	±2	260	±3	114	±3	110	
	2			500				200					
	3			600				460				118	
Mulden-stein	1	500	±3	300	±3	–		–		150	±3	–	
	2			400									
	3			500									

Abb. 8.5.2/8. Bordrinnen- und Muldensteine – Formen, Abmessungen

8.5.3   Bindemittel im Straßen- und Wegebau

Verwendet werden »bituminöse« und »hydraulische« Bindemittel in Mineralgemischen direkt als Bindemittel, zur Herstellung von Fugenvergußmassen, sowie bituminöse Bindemittel als Verbindungsmittel (Haftmittel) zwischen einzelnen Schichten.

8.5.3.1 Bituminöse Bindemittel

(1) Bezugsrichtlinien für bitum. Bindemittel im Straßenbau:
DIN 1995; zahlreiche spezielle Prüfnormen; Technische Lieferbedingungen für Bindemittel auf Bitumen- und Teerbasis; – für Trinidad-Asphalt.

(2) Hauptarten, Grundmerkmale: Die Hauptarten sind »Bitumen« und »Straßenpech«. Beide besitzen ein »thermoplastisches« Verhalten und sind weitgehend beständig gegen organische Lösungen. Bituminös gebundene Mineralgemische reagieren auf Belastungen in gewissem Grad mit elastischen bzw. plastischen Verformungen.

a) Bitumen: Wird als Destillationsrückstand der fraktionierten Erdöldestillation gewonnen; praktisch frei von Leicht-, Mittel- und Schwerölen; thermoplastisches Verhalten (Verflüssigung bei steigender Erwärmung); an Luft kaum mehr oxidierbar und ungiftig;

b) Naturasphalt: ist aus natürlich vorkommenden Verbindungen aus Bitumen und feinkörnigen Mineralstoffen gebildet mit Eigenschaften wie Bitumen;

c) Straßenpech (Steinkohlenteer): Entsteht als Destillat bei der Verkokung von Steinkohle (trockene Destillation) und enthält Benzolverbindungen; Erweichung bei steigender Erwärmung; an Luft oxidierbar mit Versprödung; kann in noch nicht gehärtetem Zustand antibiotisch wirken (giftig für Lebewesen).

8.5.3.2 Bezeichnung und Verarbeitung bituminöser Bindemittelarten

(1) Straßenbaubitumen:
Benennung: mit Kennbuchstaben B und »Penetration« (Eindringtiefe einer Prüfnadel in 1/10 mm bei festgelegter Temperatur und Auflast); Zahlengröße steigt mit Weichheit des Bitumens; Prüfung nach DIN 52 010);
Bitumensorten: B 15, B 25, B 45, B 65, B 80, B 200, B 300;
Verarbeitung: Erhitzen des ausgehärteten Straßenbaubitumens bis zur Verflüssigung; Vermischen mit auf gleiche Temperatur gebrachten Zuschlagstoff; Verarbeitung des Gemischs im heißen Zustand;
Verwendung für Trag- und Deckschichten: üblich B 25 bis B 200; B 15 und B 300 werden nur für Sondermaßnahmen angewendet.

(2) Bitumenemulsionen:
Zusammensetzung: in Wasser durch Emulgatoren in Schwebe gehaltenes pulverisiertes Bitumen (B 80, B 200, B 300);
Haftwirkung: entsteht durch Anlagern der Bitumenteilchen auf Oberfläche der Zuschlagstoffe nach Angabe des Wassers (»Brechen« der Emulsion);
Bezeichnungen (Sorten):
unstabile Emulsion: bricht unmittelbar nach Gesteinsberührung; Kennbuchstabe U;
stabile Emulsion: Brechvorgang verläuft mit Wasserverdunstung; Kennbuchstabe S;
halbstabile Emulsion: Mischung; Kennbuchstabe H;
anionische Emulsion: Bitumenteilchen negativ geladen; kein Kennbuchstabe;
kationische Emulsion: Bitumenteilchen positiv geladen; Kennbuchstabe K;

Verwendung vor allem bei stark saurem Gestein (z. B. bei basalthaltigen Zuschlagstoffen);

Bindemittelanteil: 60 % oder 70 % (bei Bezeichnung der Emulsion angegeben);

Verarbeitung: grundsätzlich kalt;

Anwendung:

unstabile Emulsionen (U 60, U 70, U 60 K, U 70 K): für Oberflächenbehandlungen und -schutzschichten;

stabile bzw. halbstabile Emulsionen: für bituminöse Schlämmen; für kalteinbaufähiges Mischgut für Ausbesserungsarbeiten; bei Bodenverfestigungen;

lösemittelhaltige Bitumenemulsionen (Haftkleber) zur Verbindung bituminöser Schichten.

(3) Verschnittbitumen:

Zusammensetzung: mit Lösungsmitteln (Verschnittmittel = Erdöldestillate) verflüssigtes Straßenbaubitumen B 80 und B 200; nach Verdunstung des Lösungsmittels Aushärten wie Ausgangsbitumensorten;

Bezeichnung (nach »Techn. Lieferbedingungen«:

hochviskoses Fluxbitumen FB 500: Viskosität 120 bis 180 s (DIN 52 023), Penetration $\geq$ 100 (DIN 52 010);

ist der Ersatz für die vormaligen Sorten »hochviskoses Verschnittbitumen VB 500« und »Kaltbitumen« (Viskosität < 200 s);

Verarbeitung, Anwendung:

kalt, höchstens schwach erwärmt vorwiegend als Bindemittel für Deckschichten.

(4) Pechbitumen (bisher »Teerbitumen«):

Zusammensetzung:

70 % Straßenbaubitumen (B 80 und B 65) und Straßenpech;

Bezeichnung, Sorten: TB 80 und TB 65;

Verarbeitung, Anwendung: einschl. Zuschlagstoffen im heißen Zustand; nach Straßenbaubitumen am häufigsten verwendetes Bindemittel für Trag- und Deckschichten.

(5) Straßenpeche (bisher »Straßenteere«):

Bezeichnung: nach DIN 1995 mit Kennbuchstaben T und Viskosität (DIN 52 023);

Sorten: (T 40/70; T 80/125; T 140/240) T 250/500 (zäheste und i.d.R. einzige noch benutzte Sorte);

Verarbeitung, Anwendung: heiß für Trag- und Deckschichten.

(6) hochviskose Straßenpeche (bisher »hochviskose Straßenteere«):

Zusammensetzung: rasch abbindende, besonders präparierte Steinkohlenteere mit wenig Fluxölen;

Bezeichnung: mit Temperaturen bei Prüfung nach DIN 52 023;

Sorten (nach »Techn. Lieferbedingungen«): HT 49/51, HT 51/53, HT 53/55;

Verarbeitung, Anwendung: heiß für Trag- und Tragdeckschichten.

(7) alterungsbeständige Straßenteere:

Zusammensetzung, Wirkung: niedrig- bis mittelviskoser Steinkohlenteer mit hohem Widerstand gegen Witterungeinflüsse und Versprödung;

Sorten: AT 80/125, AT 140/250, AT 250/500;
Anwendung: nur für spezielle Aufgaben.

(8) Bitumenpeche:
Zusammensetzung:
a) Bitumenpech (mit bisheriger Bezeichnung »Bitumenteer«):
85 % Straßenpech, 15 % Straßenbaubitumen B 45;
Sorten: BT 40/70, BT 80/125, BT 140/240, BT 250/500;
b) Bitumenpech (mit bisheriger Bezeichnung »Straßenteer mit erhöhtem Bitumengehalt«): ≤ 65 % Straßenpech, ≥ 35 % Straßenbaubitumen;
Sorten: VT 80/125 und VT 250/500;
Verarbeitung, Anwendung: BT 250/500 und VT 250/500 heiß für Oberflächenbehandlungen.

(9) Naturasphalt: Qualitätsmaßstäbe, Prüfungen: s. »Technische Lieferbedingungen für Trinidad-Asphalt«;
Zusammensetzung, Wirkung: Füller-Bitumen-Verhältnis etwa 1:1 bis 1:2;
Verbesserung von Verarbeitbarkeit, Haftfestigkeit des Bindemittels, Belastbarkeit der Mischung;
Anwendung: in Mischung mit bituminösen Bindemitteln für mörtelreiche Deckschichten.

8.5.3.3 Bituminöse Fugenvergußmassen

Sind thermoplastische Massen zum Schließen von Fugen in Verkehrsflächen;
Bezugsrichtlinie: »Technische Lieferbedingungen für bituminöse Fugenvergußmassen«;
Zusammensetzung: Bitumen oder Steinkohlenpech als Bindemittel, ggf. Zusätze (Kunststoffe, natürliche Elastomere, Weichmacher) sowie mineralische Füllstoffe;
Bezeichnung, Anwendung:
Art A: für Betondecken, bituminöse Beläge, zwischen verschiedenen Belägen bzw. Randeinfassungen; bei erheblicher Belastung durch Kraftstoffe spezielle Vergußmassen verwenden (»Betonfugenvergußmasse normal« oder »kraftstoffresistent«);
Art B: für Pflasterdecken (»Pflasterfugenvergußmasse«);
Art C: für Fugen zwischen Schienen und Fahrbahnbelag (»Schienenvergußmasse«);
zur Anwendung bei Betonflächen s. auch Kap. 9.4.4.3;
Verarbeitung: heiß.

8.5.3.4 Hydraulische Bindemittel

Verwendete Bindemittelarten sind: Baukalk, Traß, hydraulischer Tragschichtbinder, Zement und einige industriell entstehende Ausgangsstoffe.

(1) Baukalke: Hierzu zählen: Branntkalk, Kalkhydrat, Hydraulischer und Hochhydraulischer Kalk; Bezugsrichtlinie: DIN 1060;
Herstellung, Zusammensetzung, Wirkung:
a) Branntkalk: Herstellung aus Kalkstein, Mergel und Dolomit durch Brennen unter Freisetzung von Kohlendioxid;
Bezeichnung in gemahlener Form: Weißfeinkalk, Dolomitfeinkalk;

chemischer Vorgang:

$CaCO_3$ (Gestein) + Brennen $\rightarrow$ CaO (Branntkalk) + CO_2

b) Kalkhydrat: Herstellung aus Branntkalk durch Zugabe von Wasser (»Löschen«) unter Freisetzung von Wärme (Achtung: Verspritzungen und Verätzungen möglich!);

Bezeichnung von fabrikmäßig gelöschtem, gemahlenen Branntkalk: Weißkalk-, Dolomitkalkhydrat;

chemischer Vorgang:

CaO + H_2O (Löschen) $\rightarrow$ $Ca(OH)_2$ (Kalkhydrat) + Wärme

Abbindevorgang bei Branntkalk und Kalkhydrat: Aufnahme von Luftkohlendioxid, das in Verbindung mit Anmachwasser Kohlensäure ergibt (»Carbonatisierung«); härtet an Luft zu wasserunlöslichen Verbindungen aus $\equiv$ »Luftkalke«;

chemischer Vorgang:

$Ca(OH)_2$ + H_2O + CO_2 $\rightarrow$ $CaCO_3$ (Calziumkarbonat) + 2 H_2O (H_2CO_3)

c) hydraulischer Kalk, hochhydraulischer Kalk: Herstellung aus Ausgangsgesteinen, die »Hydraulefaktoren« enthalten (SiO_2, Al_2O_3, Fe_2O_3); härtet an Luft und unter Wasser hydraulisch aus;

vereinfachter chemischer Vorgang:

CaO $\times$ SiO_2 + x $\cdot$ H_2O (Anmachwasser) $\rightarrow$ CaO $\cdot$ SiO_2 $\cdot$ Kristallwasser + $Ca(OH)_2$ (Kalkhydrat – Aushärtung an Luft)

Anwendungsgbereiche: Tragschichten, Bodenverbesserung, Bodenverfestigung (s. Kap. 4.9 und 8.6.3.2).

(2) Traß:

Bezugsrichtlinie: DIN 51043;

Zusammensetzung: besteht aus feingemahlenem Tuffstein und enthält bis rd. 85 % an Hydraulefaktoren; härtet hydraulisch aus; Verwendung allein oder gemischt mit Kalk oder Zement.

(3) Hüttensand:

Bezugsrichtlinie: DIN 1164 Teil 1;

Vorkommen: fällt bei Metallverhüttung an; enthält bis 55 % Hydraulefaktoren; härtet hydraulisch aus; Verwendung meist als Beimischung.

(4) Hydraulischer Tragschichtbinder:

Bezugsrichtlinie: DIN 18506 (gültig ausschließlich für Straßenbau);

Zusammensetzung: Hauptbestandteile in gemahlener Form: Portlandzement-Klinker und/oder Luftkalk und/oder hochhydraulischer Kalk sowie ggf. Hüttensand oder Traß; härtet hydraulisch aus;

Bezeichnung, Festigkeitsklassen: HT 15, HT 35 (min. 15 N/mm² bzw. 35 N/mm² nach 28 Tagen).

(5) Zement:

Bezugsrichtlinien: DIN 1164;

Anwendungsbereiche: Betontrag- und -deckschichten, Bodenverfestigung;

Wirkung: Zementgebundene Schichten gelten unabhängig von der Temperatur als starr und erfahren lediglich temperaturabhängige Längenänderungen;

Zementsorten, Herstellung, Zusammensetzung:
Portlandzement PZ: Herstellung: mechanisch zerkleinerter Kalkstein,
Sand, Ton und Kalkmergel wird oberhalb der Sintergrenze zu »Klinkern«
gebrannt und nach Zusatz von Gips gemeinsam vermahlen;
Eisenportlandzement EPZ: Herstellung: Hüttensand, Klinker, Gips werden
gemeinsam vermahlen;
Hochofenzement HOZ: Herstellung wie vor;
Traßzement TrZ: Herstellung: Traß, Klinker, Gips werden gemeinsam ver-
mahlen;
bauaufsichtlich zugelassene Sonderzemente: spielen im Straßenbau keine
Rolle.
Festigkeitsklassen: i.d.R. mindestens Z 35; nach ZTV Beton für HOZ min.
Z 45 L.

8.5.4 Industrielle Nebenprodukte und bestimmte Mineralstoffe

Definition: bei bestimmten industriellen Fertigungsprozessen anfallende Stoffe
sowie wiederverwendete Baustoffe für Zwecke des Erd- und Straßenbaus;
Bezugsrichtlinien (Anwendungshinweise und Gütemerkmale):
Merkblatt über die Verwendung von industriellen Nebenprodukten im Stra-
ßenbau:
Teil: Wiederverwendung von Baustoffen – FGSV/BMV 85;
Teil: Schmelzkammergranulat – FGSV/BMV 84;
Teil: Steinkohlenflugasche – FGSV 86;
Teil: Nebengestein der Steinkohle – FGSV 84;
Merkblatt über Lavaschlacke im Straßen- und Wegebau – FG/BMV 76;
Merkblatt über Hochofenschlacke im Straßenbau – FG/BMV 80;
DIN 4301: Eisenhüttenschlacke und Metallhüttenschlacke im Bauwesen,
1981;
Gütesicherung: Kalkstein für den Straßenbau – Bundesverband der Deut-
schen Kalksteinindustrie e.V. 79.

8.5.5 Sonstige Wegebaustoffe

8.5.5.1 Anwendung, Arten, Eigenschaften

(1) Anwendungsbereiche: vorwiegend extensiv genutzte Freiräume, Hausgärten, spezielle Nutzung bei Spiel, Sport und Therapie.
(2) Materialarten:
organische Materialien: Holzpflaster, Gerberlohe, Rinden-Mulch, Nadelbeläge, Holzspäne;
Recycling-Produkte (Vorsicht: ggf. Metallreste).
(3) ggf. auftretende Eigenschaften: durch Sicker- und Oberflächenwasser
können u.U. Schadstoffe frei werden und in Untergrund/Grundwasser
eindringen; vor Anwendung überprüfen bzw. durch geeignete Bauweise
ausschließen.

8.5.5.2   Einzelheiten

(1) Imprägniertes Holzpflaster:
Haltbarkeit bei richtiger Bauweise über 15 Jahre;
a) Holzpflasterklötze:
Bezugsrichtlinien: DIN 68 701 (nur für Innenräume);
Abmessungen: Höhe 50, 60, 80, 100 mm; Breite 80 mm; Länge 80 bis
180 mm;
b) Rundholzpflaster: nicht genormt; Verarbeitung meistens mit 150 mm
Höhe und 80 bis 300 mm Durchmesser.

(2) Gerberlohe: nicht genormt, keine Güterichtlinien; bei Ledergerbung anfallende zerkleinerte Eichen- und Fichtenrinde; Stückgröße ca. 3–10 cm;
langsame Zersetzung aufgrund hohen Gerbstoffgehalts; Verwendung bei
reinen Fußwegen, ggf. Sportflächen.

(3) Rinden-Mulch: überwiegend nicht fermentierte Fichtenrinde; Qualitätsmerkmale durch »Gütegemeinschaft Rinde für Pflanzenbau« festgelegt;
Typisierung über die Körnung (s. Abb. 8.5.5/1);
Verwendung als Deckschicht bei reinen Fußwegen, ggf. Sportflächen;
ohne porenbildende Zusätze relativ geschlossene Deckschicht bei Typen
RM 3 und 4 (gute Oberflächenentwässerung ausbilden, sonst durch Wasserbindung schwammiger Belag und Beschleunigung der Zersetzung).

(4) Nadelbeläge, Holzspäne: keine Normung oder Güterichtlinien; Material
weist gute Federwirkung auf; Verwendung von Nadelbelägen für reine
Fußwege, von Holzspänen ggf. auch bei Sportflächen (z. B. Pferdesport).

Abb. 8.5.5/1.   Rinden-Mulch-Typen
(nach "Gütebestimmungen...")

Typ	Bezeichnung der Körnung [mm]	Kornanteile d < 10 mm [Vol.-%&
RM 1	10 – 80	< 10
RM 2	10 – 80	< 10
RM 3	0 – 40	≥ 10; < 30
RM 4	0 – 80	≥ 10; < 30
RM 5	20 – 80	0

8.6   Oberbau von Verkehrsflächen; Grundlagen

Der Oberbau bildet die Fahr- bzw. Laufebene für die verschiedensten nutzer-
bezogenen Forderungen; ferner hat er die Belastungen des Verkehrs in sich
aufzunehmen und auf den Baugrund abzuleiten.

8.6.1   Aufbau und Beanspruchung des Oberbaus

8.6.1.1   Gesamtaufbau der Konstruktion

Die gesamte Konstruktion der Verkehrsfläche setzt sich nach Abb. 8.6.1/1 aus
drei Bereichen zusammen.

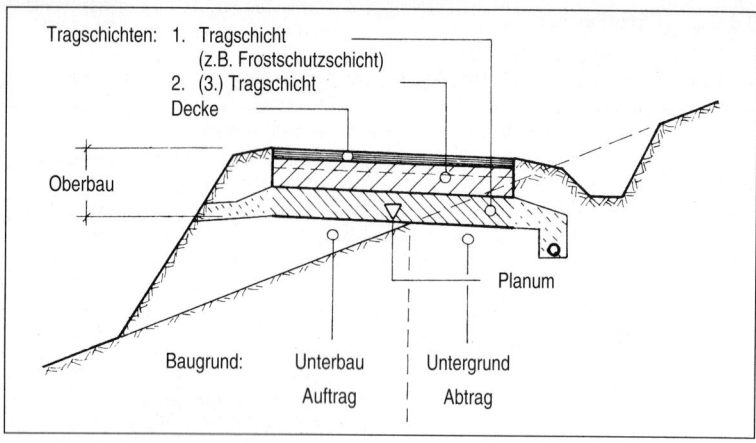

Abb. 8.6.1/1. Oberbau von Verkehrsflächen

(1) dem Bereich unter dem Oberbau (»Baugrund«, Einzelheiten s. Kap. 8.6.2), unterteilt in
Untergrund: anstehender Boden (höhengerecht anstehend oder durch Abtrag auf erforderliche Höhe gebracht) oder
Unterbau: Auftragsbereich.

(2) dem »Planum« (Einzelheiten s. Kap. 8.6.2): bearbeitete Oberfläche des Untergrundes bzw. Unterbaus ($\equiv$ Trennfläche zum Oberbau).

(3) dem eigentlichen »Oberbau« (Einzelheiten s. Kap. 8.6.3 und 8.7 bis 8.9), bestehend aus
Tragschicht(en) einschl. Frostschutzschicht. Bauweisen: ungebunden oder gebunden;
Decke: Bauweise: aus Werksteinen; als gebundene oder ungebundenen Deckschicht.

(4) Dimensionierung: sie muß ausreichende Tragfähigkeit entsprechend Verkehrsbelastung, Bodenverhältnissen, Lage im Gelände, Frosteindringtiefe gewährleisten; bei frostempfindlichem Boden sind Auswirkungen des Frostaufgangs zu beachten (bei Fuß- und Radwegen nur, wenn zu diesem Zeitpunkt Befahren mit schweren Wartungsgeräten notwendig).

(5) Zeichnerische Darstellung:
Querprofil: Schnitt senkrecht zur Längsachse der Verkehrsfläche;
Längsprofil: ggf. zur Verdeutlichung von Übergängen zwischen verschiedenen Oberbauten ergänzend notwendig.

8.6.1.2   Klassifizierung des Oberbaus und Verkehrsbelastung

(1) Klassifizierung von Verkehrsflächen:
dient zur Vereinheitlichung und Systematisierung s. Abb. 8.6.1/2 und 3;
Kriterien: Verkehrsmenge bzw. Nutzungsart;
Bezugsrichtlinie: RStO 86/89.

Bauklasse	Verkehrs-belastungszahl [VB]	ungefähre Zuordnung		
		Schwerverkehr Lkw/24h [1]	vormalige *Verkehrsklasse* [2] Bezeichnung	Lkw/24h [1]
SV	$\geq$ 3200			
I	1800 – 3200	über 3000		
II	900 – 1800	$\approx$ 1500 – 3000	I *sehr stark*	$\geq$ 1000
III	300 – 900	$\approx$ 500 – 1500	II *stark*	500 – 1000
IV	60 – 300	$\approx$ 100 – 500	III *mittel*	100 – 500
V	10 – 60	$\approx$ 17 – 100	IV *schwach*	10 – 100
VI	$\leq$ 10	unter 17	V *sehr schwach*	$\leq$ 10

[1] über 5 t Nutzlast   [2] nach nicht mehr gültigen TV bit 1 – 6/TVT 72/TV Beton 72

Abb. 8.6.1/2. Einteilung der Bauklassen (nach RStO 86/89)

	Verkehrsflächenart	Bauklasse
Straßentyp	Schnellverkehrsstraße	SV, I
	Schnellverkehrs-, Industriesammelstraße	I, II
	Hauptverkehrs-, Industriestraße,	II, III
	Fußgängerzone mit schwerem Ladeverkehr	
	Sammelstraße,	IV
	Fußgängerzone mit Ladeverkehr	
	Anliegerstraße, Fußgängerzone	V
	Anliegerstraße, befahrbarer Wohnweg	VI [1]
Busverk.	Fahrgassen in Busbahnhöfen	III
	Haltestreifen in Busbahnhöfen	IV
	Busbuchten (Bushaltestellen)	IV
Nebenfläche	ständig benutzt Lkw- und Busverkehr	IV
	Pkw-Verkehr, geringer Lkw- und Busverkehr	V
	Pkw-Verkehr	VI
	gelegentlich benutzt Lkw- und Busverkehr	V
	Pkw-Verkehr, geringer Lkw- und Busverkehr	VI
	Pkw-Verkehr	– [2]
Parkfläche	Zufahrten zu Lkw-Abstellflächen überwiegend Schwerverkehr	III
	Pkw- und Lkw-Verkehrsflächen	IV
	Pkw-Verkehrsflächen, Feuerwehr-Verkehrsflächen auf Grundstücken	VI [3]

[1] ggf. entsprechend Anforderungen der Feuerwehr (Pflasterrasen, Rasengittersteine, Einfachbefestigung)
[2] entsprechend gestalterischen Anforderungen bis herab zu Einfachbefestigungen
[3] gelegentliches Befahren mit schweren Dienstfahrzeugen o.ä. möglich

Abb. 8.6.1/3. Verkehrsflächenarten und Bauklassen (nach RStO 86/89)

(2) Einteilung der Verkehrsflächen:

Fahrbahnen, sonstige Kfz-Verkehrsflächen: in Bauklassen SV, I bis VI (bisher »Verkehrsklassen«);

Rad- und Gehwege.

(3) Einteilung der Bauklassen durch die dimensionslose »Verkehrsbelastungszahl« VB (nicht mehr mit Zahl der Kfz/24 h bzw. LkW/24 h);

genaue Berechnung nach RStO.

Gleichung: $VB = DTV^{(SV)} \cdot f_p \cdot f_1 \cdot f_2 \cdot f_3$ (−)

Erläuterungen:

$DTV^{(SV)}$ (Fz/24 h) = durchschn. tägl. »Schwerverkehr« zum Zeitpunkt der Verkehrsübergabe;

$f_p \ldots f_3$ = Faktoren nach RStO 86 (Änderung des DTV im Nutzungszeitraum; Zahl und Breite der Fahrstreifen; Steigung);

näherungsweise Festlegung für durchschnittliche Fälle:

Gleichung: $VB \approx 0,6 \cdot DTV^{(SV)}$.

8.6.2 Baugrund und Planum unter Oberbauten

8.6.2.1 Auswirkungen des Baugrunds auf die Dimensionierung des Oberbaus

Die Oberbaustärke ist abhängig vom Verkehr und der Tragfähigkeit (Verformungsmodul) sowie der Frostempfindlichkeit des Bodens.

(1) Mindestwerte der Tragfähigkeit: s. Abb. 8.6.2/1; bei Unterschreitung entweder Bodenverbesserungen, Bodenverfestigungen, Bodenaustausch oder Verstärkung des Oberbaus ausführen (s. auch Kap. 4.6 und 4.9);

(2) Frostempfindlichkeitsklassen: s. Abb. 8.6.2/2; bei F1 keine Frostsicherung erforderlich, bei F2 und F3 s. Kap. 8.7.2.2

(3) Abhängigkeit der »Regelaufbauten« nach RStO 86/89 von den Bodenverhältnissen s. Kap. 8.11.

Bodenart entsprechend Frostempfindlichkeitsklasse [1]	Bauklasse	Verformungsmodul E_{v2} [2] $[MN/m^2]$
F 1	I – IV	≥ 120
		≥ 100 [3]
	V	≥ 100
		≥ 80 [3]
F 2, F 3	I – V	≥ 45

[1] siehe *Abb. 8.6.2/2*
[2] siehe Kap. *4.4.6*
[3] wenn durch Einbau der folgenden Tragschicht ≥ 120 bzw. ≥ 100 MN/m² erreicht werden

Abb. 8.6.2/1. Tragfähigkeit des Planums unter Verkehrsflächen

Frostempfindlichkeitsklassen	Frostempfindlichkeit	Bodenart (DIN 18196)
F 1	nicht frostempfindlich	GW, GI, GE, SW, SI, SE
F 2	gering bis mittel frostempfindlich	(ST, GT, SU, GU) * TA, TM, OT, OH, OK
F 3	sehr frostempfindlich	TL, UL, UM, OU S̲T̲, G̲T̲, S̲Ū, G̲Ū

* gehören zu F 1, wenn folgende Kriterien nicht zutreffen:
- d < 0,063 mm ≥ 5 Gew.- % bei U ≥ 15,0 oder
- d < 0,063 mm ≥ 15 Gew.- % bei U ≤ 6,0 (Zwischenbereiche sind zu interpolieren),
- Grundwasser steht während der Frostperioden gelegentlich höher als 2 m unter Planum an,
- Oberflächenwasser gelangt aus angrenzenden Bereichen oder durch den Oberbau auf das frostempfindliche Planum

Abb. 8.6.2/2. Frostempfindlichkeitsklassen (nach ZTVE-StB 76)

8.6.2.2 Anforderungen an das Planum; Schutz des Planums

(1) Anforderungen: Sollhöhe, Ebenheit und Querneigung: Anforderungen s. Kap. 4.6.11 (Abb. 4.6.11/2).

(2) Schutz des Planums: unter besonderer Beachtung der Befahrbarkeit und Witterungsanfälligkeit s. Kap. 4.6.8.3.

8.6.3 Allgemeine Hinweise zu den Trag- und Deckschichten

8.6.3.1 Aufgaben und bauliche Ausbildung der Tragschicht

(1) Aufgaben: Übertragung der Verkehrslasten auf den Baugrund ohne nachteilige Verdrückungen des Oberbaus bzw. nachhaltige Setzungen der Verkehrsfläche.

(2) Bauliche Ausbildung: Verwendung des Baugrunds; ungebundene und gebundene Bauweisen; Dicke abhängig von Bauweise, Untergrund und Verkehrslast.

(3) Wahl der Bauweise: Sie erfolgt nach
technisch-wirtschaftlichen Gesichtspunkten,
aufgrund der Verkehrsart bzw. der Verkehrsansprüche bei Beachtung von Witterung und Zeitpunkt der Nutzung und
den Baugrundverhältnissen.

8.6.3.2 Aufgaben und bauliche Ausbildung der Deckschicht

(1) Aufgaben:
Gewährleistung von Ebenflächigkeit, Griffigkeit, Witterungsbeständigkeit in Abhängigkeit von der Nutzung;

Widerstand gegen Verschleiß;

Aufnahme direkter Verkehrseinwirkungen (Druck-, Schubkräfte) und Weiterleitung an die Tragschicht(en);

Ableitung von Oberflächenwasser;

Erzielung optischer Wirkung.

(2) Bauliche Ausbildung: Decken aus kleinformatigen Fertigteilen (Werksteine); gebundene und ungebundene Deckschichten.

(3) Bei der Wahl der Bauweise sind zu berücksichtigen:

nutzungs-, bautechnische, gestalterische sowie wirtschaftliche Überlegungen;

Schutz des Grundwassers: ggf. bei stark frequentierten Kf-Verkehrsflächen Dichtung des Belags zur Vermeidung der Versickerung von Treibstoffresten oder Schmiermitteln erforderlich;

Bezugsrichtlinie: RiStWag;

Schutzmöglichkeiten:

Abdichtung des gesamten Oberbaus gegenüber Untergrund durch Folien oder mineralische Dichtungsschicht (Vorsicht: ggf. Tragfähigkeitseinbuße);

wasserdichter Fugenverguß bei Pflaster- und Plattenbelegen (Herstellung: Fugen $\geq$ 30 mm tief freilegen, säubern und oberflächenbündig vergießen;

Vergußmittel, Hinweise:

bei bituminöser Fugenvergußmasse Erhalt der Flexibilität der Pflasterdecke; Fugen vor Vergießen trocknen;

bei schlämmbarem oder gießfähigem Zementmörtel (Zementgehalt $\geq$ 600 kg/m^3) Fugen 7 Tage feucht halten;

Dehnungsfugen in der Pflasterfläche im Abstand $\leq$ 8 m, über Fugen in Betontragschichten und im Anschluß an Bauwerke erforderlich (dauerelastisch verschließen);

zusätzliche Anforderungen der Oberflächenentwässerung: aus Verkehrsfläche stammendes Sicker- und/oder Oberflächenwasser sammeln, direkt dem Schmutzwasserkanal zuführen oder über Leichtflüssigkeitsabscheider ableiten.

8.7   Angaben zur bautechnischen Ausführung der Tragschicht(en)

8.7.1   Verwendung des Baugrunds als »Tragschicht«

8.7.1.1   Verkehrsflächen im öffentlichen Bereich

Nur Böden der Frostempfindlichkeitsklasse 1 als unmittelbare Auflage (1. Tragschicht $\equiv$ Frostschutzschicht; s. Kap. 8.7.2) für Deckschichten zulässig. Bezugsrichtlinien: RStO; ZTVT-StB; ZTV-LW.

8.7.1.2   Verkehrsflächen im nicht öffentlichen Bereich; untergeordnete ländliche Wege

Fein- und gemischtkörnige Böden sowie Bodenverfestigungen sind bei geringer Verkehrsbelastung und entsprechender Tragfähigkeit unter Beachtung ungünstiger Witterungsverhältnisse als Auflage für Deckschichten nutzbar. Bezugsrichtlinie: RLW.

8.7.2 Tragschichten ohne Bindemittel

8.7.2.1 Allgemeine Hinweise zu den Bauweisen

(1) Bauweisen: Frostschutzschichten; korngestufte Kies-, Schottertragschichten; Tragschichten aus nicht korngestuften Mineralgemischen.

(2) Baustoffe: frostunempfindliche Mineralgemische mit ausreichender Kornfestigkeit aus Natursand, Kies / gebrochenen natürlichen bzw. künstlichen Stoffen als Brechsand, Edelbrechsand, Splitt, Edelsplitt, Schotter / unsortiertem Gestein.

(3) Sonstige Hinweise:
seitliche Randausbildung: feste Randeinfassung (s. Kap. 8.10) oder Verbreiterung der Tragschicht (i.d.R. ≥ 20 cm);
Entwässerung: Ableitung des seitlich oder aus der Wegefläche eintretenden Sickerwassers;
Filterschicht: u.U. bei bindigem Untergrund (Filterregeln – s. Kap. 4.5.4).

(4) Anforderungen an fertige ungebundene Tragschichten s. Abb. 8.7.2/1 a und b.

Schicht/Bauweise	Richt-linie	Material d < 0,063 mm	Erd-planum Quer-neigung	Schichtdicke Mindestdicke [cm] bei max d [mm]					Schicht-dicke	Abweichungen Soll-höhe [cm]	Eben-heit [cm/4 m]	Quer-neigung [%]
				22	32	45	56	63				
Schicht/Bauweise ZTVT-StB		≤ 7 %; ≤ 5 %¹	≥ 4 %	10²	12	15	18	20	–³	≤ ± 2	≤ 2	–
ZTV-LW		≤ 7 %	–	–	12	15	18	20	≤ 15 %	≤ ± 2⁴ ≤ ± 5⁵	≤ 2	≤ ± 0,5
DIN 18315		–	–	grundsätzlich ≥ 25					–	≤ ± 3	≤ 2	–
Tragschicht aus Kies, Schotter ZTVT-StB		≤ 7 %	–	–	–	12	15	18	≤ 10 %; ≤ – 3,5 cm	≤ ± 2	≤ 2	–
ZTV-LW		≤ 7 %		–	–	12	15	18	≤ 15 %	≤ ± 2⁴ ≤ ± 5⁵	≤ 2	≤ ± 0,5
DIN 18315		–	–	Kies ≥ 15 cm Schotter ≥ 12 cm					–	≤ ± 3	≤ 2	–
unsort. Gestein ZTV-LW		max d ≤ halbe Schichtdicke	–	–					≤ 15 %	≤ ± 2⁴ ≤ ± 5⁵	≤ 3	≤ ± 1,0; ≤ ± 0,5⁶
DIN 18315		–	–	–					–	≤ ± 3	≤ 2	–

Anmerkungen:		
¹ bei Anstieg des Grundwassers bis zum Erdplanum	⁴	innerhalb der Bebauung
	⁵	außerhalb der Bebauung
² geeignet für Rad- und Gehwege	⁶	unter gebundenen Schichten
³ keine Unterschreitung der Mindestdicke zulässig		oder Pflaster

Abb. 8.7.2/1a. Geometrische Anforderungen an eingebaute ungebundene Tragschichten

Schicht/Bauweise	Richtlinie	Bauklasse	Verdichtungsgrad Dpr [%]	Ev_2/Ev_1	Tragfähigkeit Ev_2 [MN/m²]
Erd-planum	ZTVT-StB	SV, I – VI	–	–	≥ 45
		Rad-, Gehwege	–	–	–
Frostschutzschicht	ZTVT-StB	SV, I – V	≥ 103[1]	≤ 2,2	
		VI	≥ 100[2]	≤ 2,5	
		SV, I – IV			≥ 120
		V, VI			≥ 100[3]
		Rad-, Gehwege	–	–	≥ 80[4]
	ZTV-LW[5]	–	–	–	≤ 0,5 cm[6]
Kies-, Schottertragschicht	ZTVT-StB	–	≥ 103	≤ 2,2	
		–	≥ 100[7]	≤ 2,5	
		–			≥ 120[8]
		–			≥ 150[9]
		–			≥ 180[10]
		SV, I – IV			≥ 150[11]
		V, VI			≥ 120[11]
		Rad-, Gehwege			≥ 80
	ZTV-LW[5]	–	–	–	≤ 0,5 cm[6]

Anmerkungen:
Tragschichten aus unsortiertem Gestein:
keine zahlenmäßigen Anforderungen nach ZTV-LW; nachteilige Verformungen sind jedoch auszuschließen.

[1] bis 0,2 m Tiefe für GW/GI/gebrochene Gemische;
[2] ab 0,2 m Tiefe für GW/GI/gebrochene Gemische bei Bauklasse I – V; ab OK Planum für andere Gemische bei Bauklasse I – VI/Rad-, Gehwegen/sonstigen Flächen;
[3] bei Bauklasse I – IV ausreichend, wenn durch folgende Schichten Ev_2 auf 120 MN/m² steigt;
[4] Fußnote 3 gilt sinngemäß für Bauklassen V, VI;
[5] bei erhöhten Anforderungen gelten die ZTVT.StB;
[6] Fahrspurtiefe;
[7] bei erschwertem Einbau in geschlossener Ortslage;
[8] Tragschicht aus Kies ≥ 20 cm/Schotter ≥ 15 cm Dicke auf Frostschutzschicht mit Ev_2 ≥ 100 MN/m²;
[9] Tragschicht aus Kies ≥ 25 cm/Schotter ≥ 20 cm Dicke auf Frostschutzschicht mit Ev_2 ≥ 100 MN/m²;
[10] Tragschicht aus Kies ≥ 25 cm/Schotter ≥ 20 cm Dicke auf Frostschutzschicht mit Ev_2 ≥ 120 MN/m²;
[11] direkte Auflage auf Baugrund mit Ev_2 ≥ 45 MN/m².

Abb. 8.7.2/1b. Tragfähigkeits- und Verdichtungsanforderungen bei ungebundenen Tragschichten

8.7.2.2   Frostschutzschichten

Sie gelten als 1. Tragschicht;
Bezugsrichtlinien: ZTVE-StB; RStO, ZTVT-StB; ZTV-LW; DIN 18 315.

(1) Aufgaben:
Verbesserung der Lastverteilung auf den Untergrund;
Aufnahme und seitliche Ableitung von Sickerwasser;
Unterbrechung des Kapillarwasseraufstiegs in den Oberbau
(kapillarbrechende Schicht).

(2) Anforderungen an das Frostschutzmaterial:
gute Verdichtbarkeit (Stufung!);
im verdichteten Zustand ausreichende Wasserdurchlässigkeit;
Kornzusammensetzung s. Abb. 8.7.2/2; bei bindigem Untergrund Filterregeln beachten (Kap. 4.5.4.2).

Korngröße [mm]	Baustoffgemisch	Kornanteil [Gew.-%]
< 0,063	beliebig	$\leq 7^1$ $\leq 5^2$
≥ 2,0	beliebig	≥ 30
< 2,0	GE, GI, GW (DIN 18196)	≥ 25
	rein gebrochene Gemische	≥ 15
	gebrochene Gemische mit Natursand	≥ 20
< 16,0	Sand-Kiesgemische	≥ 60
< 22,0	gebrochene Gemische	≥ 60
Überkorn	beliebig	≤ 10

Anmerkungen:
Bei höheren bzw. niedrigeren Werten Eignung nachweisen (Verdichtbarkeit, Tragfähigkeit,
Wasserdurchlässigkeit)
[1]   Frostschutzschicht im eingebauten Zustand ohne Grundwassereinfluß
[2]   unterer Bereich der Frostschutzschicht (20 cm Dicke) im eingebauten Zustand bei
GW-Aufstieg bis Planum

Abb. 8.7.2/2.   Zusammensetzung von Frostschutzmaterial (nach ZTVT-StB 86)

(3) Schichtdicke des frostsicheren Gesamtaufbaus:
Frosteinwirkungszonen s. Abb. 8.7.2/3 a;
Ermittlung der Schichtdicke s. Abb. 8.7.2./3 b;
bei Verfestigung frostempfindlichen Untergrunds/Unterbaus bzw. günstigen örtl. Verhältnissen Verringerung der Dicke bis zu 15 cm, bei ungünstigen örtl. Verhältnissen Verstärkung bis 30 cm möglich.

(4) Einbauhinweise:
möglichst einlagig; Mindest-Einbaudicken vom Größtkorn abhängig (besonders bei mehrlagigem Aufbau beachten);
Baugrund der Frostempfindlichkeitsklasse F1:

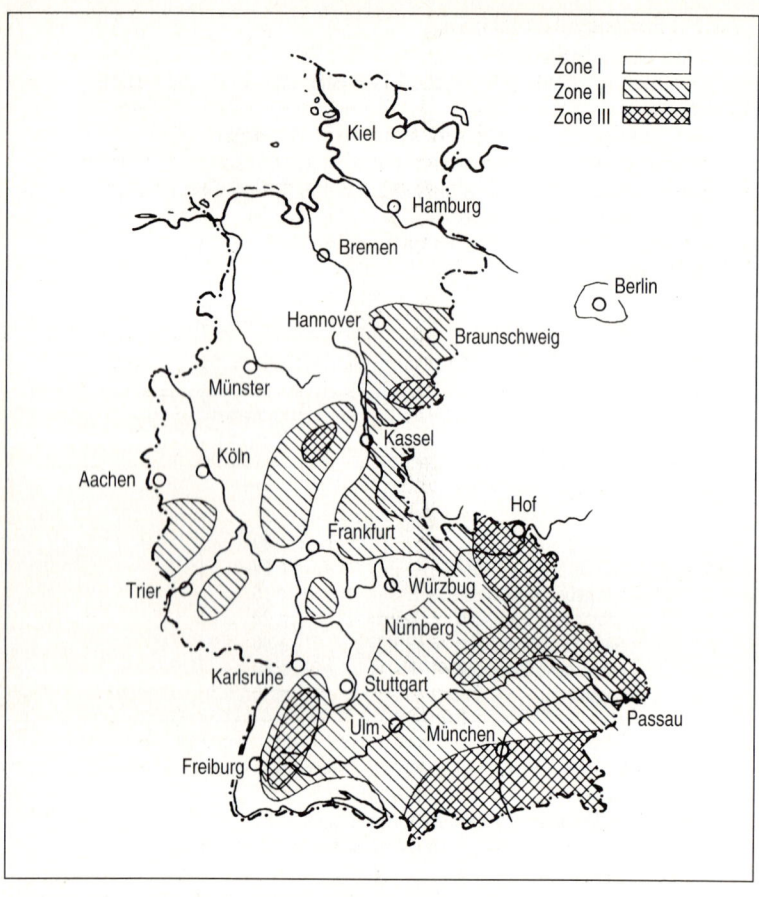

Abb. 8.7.2/3a. Frosteinwirkungszonen (nach RStO 86)

Einbau nur bei ungenügendem Verdichtungsgrad bzw. Verformungsmodul zur Verbesserung der Tragfähigkeit erforderlich;

Baugrund der Frostempfindlichkeitsklassen 2 und 3:

untere Lage des Oberbaus als ungebundene Frostschutzschicht ausbilden;

schlechte Einbaubedingungen (Tragfähigkeit und Verdichtungsgrad der Frostschutzschicht wegen Zustand des Baugrunds oder Zusammensetzung des Frostschutzmaterials nicht erreichbar):

Abhilfemaßnahmen treffen:

Verbesserung/Verfestigung des Untergrunds (s. Kap. 4.9);

Verbesserung der Zusammensetzung des Frostschutzmaterials;

Ausgangsdicke bei Bauklasse		SV [cm]	I – IV [cm]	V, VI [cm]
Frostempfindlichkeitsklasse F2		60	50	40
F3		70	60	50
Einflußgröße	Örtliche Verhältnisse	Mehr- oder Minderdicke [cm]		
A	Frosteinwirkung	- Zone I [1]	–	
		- Zone II [1]	+ 5	
		- Zone III [1]	+ 15	
B	Lage der Gradiente	- Ein-, Anschnitt, Damm < 2 m	+ 5	
		- geschlossene Ortslage oder etwa geländegleich		
		- Damm > 2 m	– 5	
C	Lage der Trasse	- Nordhang, Schattenlage	+ 5	
		- übrige Bereiche	–	
D	Wasser- verhältnisse	- ungünstig [2]		
		- günstig		
E	Randbereiche [3] (= RB)	- außerhalb und innerhalb geschlossener Ortslage, RB wasserdurchlässig	–	
		- geschlossene Ortslage, RB teilw. wasserundurchl., Entwässerungseinrichtungen	– 5	
		- geschlossene Ortslage, RB undurchlässig, geschlossene seitl. Bebauung, Entwässerungseinrichtungen	– 10	

[1] siehe Abb. 8. 7.2/3a
[2] nach ZTVE-StB 76:
     - Grundwasser während der Frostperioden gelegentlich höher als 2 m unter Planum,
     - Oberflächenwasserzutritt aus angrenzenden Bereichen und durch den Oberbau auf das
       frostempfindliche Planum
[3] Ausführung z.B. der Seitenstreifen, Rad-, Gehwege

Abb. 8.7.2/3b. Ermittlung der Gesamtdicke des frostsicheren Straßenaufbaus (nach RStO 86/89)

Verfestigung der oberen Lage der Frostschutzschicht (Zement, Hochhydraulischer Kalk; s. Kap. 4.9.4 und 4.9.5;
Vergrößerung der Schichtdicke der Frostschutzschicht;
Ersatz der Frostschutzschicht durch dickere Kies- oder Schottertragschichten.

8.7.2.3   Kies- und Schottertragschichten

(1) Aufbau:
   a) Kiestragschichten:
      hohlraumarm abgestufte Kies-Sand-Gemische, ggf. mit Zusätzen gebrochener Mineralstoffe;
   b) Schottertragschichten: hohlraumarm abgestufte Gemische aus Schotter, Splitt und Sand oder Splitt und Sand (örtlich mit »Mineralbeton« bezeichnet);
      Bezugsrichtlinien: ZTVT-StB; ZTV-LW; VOB/C: DIN 18315;
      Anwendung für alle Arten von Verkehrsflächen;
      Zusammensetzung s. Abb. 8.7.2/4 a und 4 b.

(2) Einbauhinweise: möglichst einlagig (Mindesteinbaudicken vom Größtkorn abhängig); bei großen Schichtdicken u. U. lagenweise mit Fertiger oder Grader; Handeinbau nur bei sehr kleinen oder ungünstig geschnittenen Flächen.

8.7.2.4   Nicht korngestufte Tragschichtbauweisen

(1) Tragschichten aus unsortiertem Gestein, Schlacken o. ä.: örtlich auch »Schüttlage« oder »Schüttpacklage« genannt; keine abgestimmte Kornverteilung (hohlraumreiches Gemisch);
   Bezugsrichtlinien: ZTV-LW; DIN 18315;
   Anwendung: ggf. als kostengünstige Lösung für landwirtschaftliche Wege, Fuß- und Radwege und Wege in Sport- und Freizeitanlagen (Bereich des Landschaftsbaus);

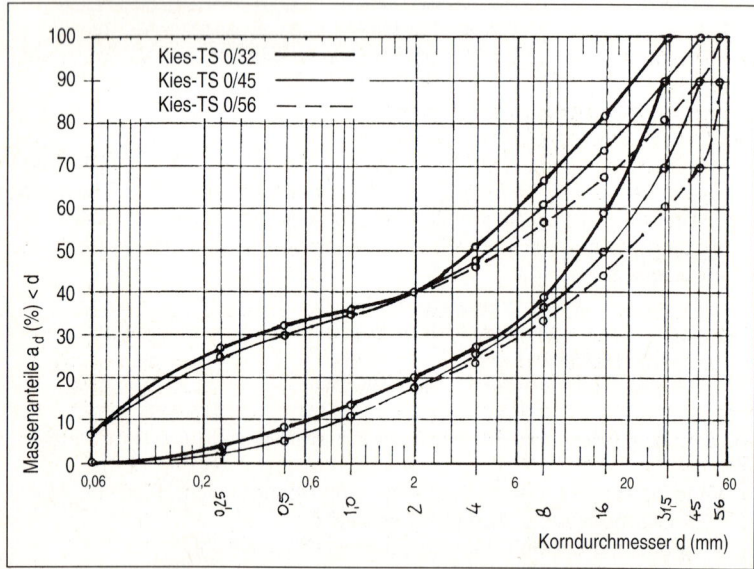

Abb. 8.7.2/4a.   Sieblinienbereiche für Kiestragschichten (nach ZTVT-StB 86 und ZTV-LW 87)

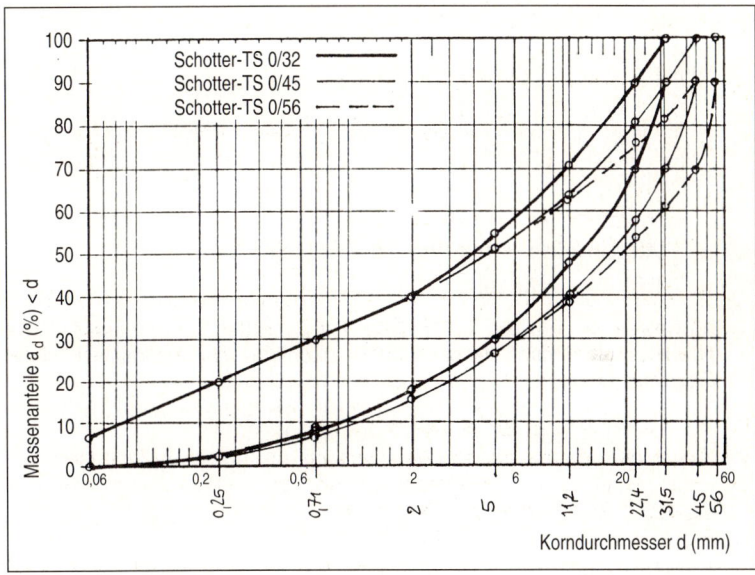

Abb. 8.7.2/4b. Sieblinienbereiche für Schottertragschichten (nach ZTVT-StB 86 und ZTV-LW 87)

Baustoffanforderungen: ausreichende Gesteinsfestigkeit und Frostbeständigkeit;
Einbauhinweise: möglichst einlagig.

(2) Tragschichten aus Rüttelschotter:
hohlraumreiche, grobporige Bauweise; in ZTVT-StB 86 und ZTV-LW 87 nicht mehr enthalten; in 50er und 60er Jahren bei zahlreichen Verkehrsflächen erfolgreich benutzte, allerdings arbeitsaufwendige Bauweise; nicht mehr offiziell gültige Richtlinie: »Bauregeln für den Rüttelschotter-Unterbau« – FG 1960;

Verkehrs-stärke	Schichtdicke		Stützkorn Schotter		Füllkorn Brechsand/Edelsplitt	
	Schütthöhe	verdichtet	Körnung	Menge	Körnung	Menge
	[cm]	[cm]	[mm]	[kg/m²]	[mm]	[kg/m²]
schwach	≈ 18	≥ 15	32/56	≈ 260	0/6	≈ 90
mittel	≈ 24	20	32/56	≈ 350	0/5	≈ 115
			32/75	≈ 350	0/8	≈ 115
stark	≈ 30	25	32/75	≈ 430	0/5	≈ 145
					0/8	

Abb. 8.7.2/5. Materialangaben für Tragschichten in Rüttelschotter-Bauweise

Anwendung: fußläufige Bereiche mit gewünschter guter Oberflächenwasserversickerung bei nicht öffentlichen Flächen mit höchstens gelegentlich stärkerem Kfz-Verkehr; Sportflächen;
Einbauhinweise: Schotter einlagig ausbringen, statisch anwalzen, Endverdichtung mit Vibration; Füllkorn in Teilmengen aufbringen und einrütteln, Wiederholen bis zur vollständigen Hohlraumfüllung; statisch nachwalzen; Baustoffangaben s. Abb. 8.4.7/5.

8.7.3 Allgemeine Hinweise zu Tragschichten mit Bindemitteln

(1) Bauweisen: hydraulisch gebundene Tragschichten; Betontragschichten; bituminös gebundene Tragschichten; bituminös und hydraulisch verfestigte Tragschichten; Asphaltmakadam-Tragschichten.

(2) Zuschlagstoffe: ungebrochene und/oder gebrochene Mineralgemische aus natürlichen oder künstlichen Ausgangsstoffen.

(3) Anforderungen an fertige gebundene Tragschichten s. Abb. 8.7.3/1.

Anforderung	Bauweise	hydraul. gebunden	bitum. gebunden	hydr./bit. verfestigt	Beton
Abweichungen [mm] Sollhöhe:	ZTVT-StB	$\leq \pm 15$ [1]	$\leq \pm 10$		$\leq \pm 10$
	ZTVV-StB			$\leq \pm 20$	
	DIN 18316	$\leq \pm 30$			$\leq \pm 30$
	DIN 18317		$\leq \pm 30$	$\leq \pm 30$	
Ebenheit: (auf 4 m)	ZTVT-StB	≤ 15	≤ 10		≤ 10
	ZTVV-StB			≤ 20	
	DIN 18316	≤ 30			≤ 20
	DIN 18317		≤ 20	≤ 30	
Schichtdicke: [cm]	ZTVT-StB	≥ 12 [2]	≥ 8 [3]		≥ 12
	ZTVV-StB			≥ 15	
	DIN 18316	≥ 9			≥ 6
	DIN 18317		≥ 4	≥ 12	

Anmerkungen:
[1]   unter Betondecken: $\leq + 10$ mm / $\leq - 20$ mm
[2]   bei Mineralgemischen 0/32; bei Mineralgemischen 0/45 ≥ 15 cm
[3]   Ausgleichsschichten ≥ 6 cm

Abb. 8.7.3/1. Anforderungen an gebundene Tragschichten

8.7.4 Tragschichten mit hydraulischen Bindemitteln

8.7.4.1 Hydraulisch »gebundene« Tragschichten

Die Bauweise kann als starre Befestigung gelten.
Bezugsrichtlinien: ZTVT-StB; DIN 18316.

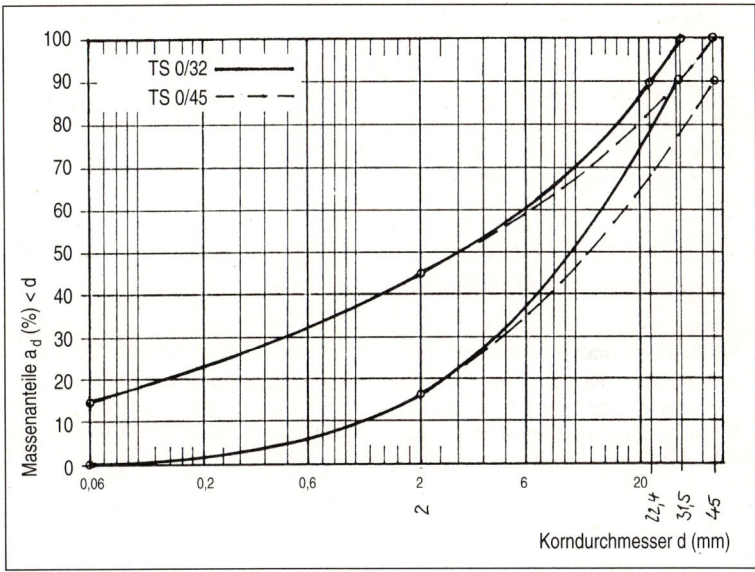

Abb. 8.7.4/1. Zuschlagstoffe für hydraulisch gebundene Tragschichten (nach ZTVT-StB)

Anwendung für alle Arten von Verkehrsflächen.

(1) Aufbau:

Zuschlagstoffe s. Abb. 8.7.4/1;

Bindemittel: langsam erstarrende hydraulische Bindemittel (Baukalk nach DIN 1060 i.d.R. bei Böden mit $\geq$ 35% an d < 0,063 mm; Portland-, Eisenportland-, Hochofen- und Traßzement nach DIN 1164 bzw. Hydraulischer Tragschichtbinder nach DIN 18506 i.d.R. bei Böden mit < 35% an d < 0,063 mm);

Bindemittelgehalt: Festlegung entsprechend geforderter Endfestigkeit in Eignungsversuchen; Mindestmenge 3,0 Gew.-%.

(2) Einbauhinweise: i.d.R. einlagig mit Fertiger (Handeinbau nur bei kleinen Flächen oder schwieriger Profilgestaltung);

verdichtete Schichte $\geq$ 3 Tage feucht halten; folgende Oberbauschicht erst nach ausreichendem Abbinden aufbringen (im Gegensatz zu bituminös gebundenen Tragschichten kein fester Verbund einzelner Lagen);

Längenänderungen durch Abbindevorgang und Temperaturschwankungen:

Vermeiden unkontrollierter Rißbildung durch Einkerben im frischen Zustand oder Entspannen der abgebundenen Schicht (Anordnung s. Abb. 8.7.4/2.

	Hydraulisch gebundene Tragschichten		
	Druckfestigkeit $\geq$ 12 N/mm^2	Schichtdicke $\geq$ 20 cm	unter Asphaltschichten mit $\leq$ 14 cm Dicke
Kerben: [2,3] Abstand in Längsrichtung (Querkerben) Längskerbe	$\leq$ 5 m	$\leq$ 5 m bei Breiten $\geq$ 8 m	$\leq$ 2,5 m
	Betontragschichten		Fugenart
Fugen: [3,4] Abstand in Längsrichtung (Querfugen) Längsfuge an Bauwerken	$\leq$ 5 m bei Breiten $\geq$ 5 m grundsätzlich		Scheinfuge Scheinfuge, Preßfuge Raumfuge

[1] Eignungsprüfung
[2] Kerbtiefe $\geq$ 35 % der Tragschichtdicke
[3] Anordnung identisch mit Fugen aufgelagerter Betondecke
[4] Fugenausbildung s. Kap. 8.8.3

Abb. 8.7.4/2. Anordnung von Kerben bzw. Fugen in hydraulisch gebundenen Tragschichten und Betontragschichten (nach ZTVT-StB)

8.7.4.2 Hydraulisch »verfestigte« Tragschichten

Sie stellt eine »hohlraumreiche« Bauweise (in gewissem Grad wasserdurchlässig) dar; nicht in ZTVT-StB oder ZTV-LW enthalten.
Bezugsrichtlinien: TVV-LW; ZTVV-StB (s. Kap. 4.9); DIN 18317;
Anwendung:
ggf. als kostengünstige Lösung für nicht öffentliche Verkehrsflächen mit geringer Kfz-Belastung; Fuß- und Radwege;
stellt nicht so starre Bauweise wie Hydraulisch »gebundene Tragschichten« dar; erfordert keine gezielte Rißbildung;
Schichtdicke: $\geq$ 12 cm, im Mittel 15 cm.

8.7.4.3 Betontragschichten

Sie sind eine starre Bauweise.
Bezugsrichtlinien: ZTVT-StB; ZTV Beton; DIN 18316;
Anwendung:
als selbständige Tragschicht i.d.R. nur bei sehr ungünstigen Bodenverhältnissen und/oder hohen Verkehrslasten;
häufiger als »Betondecke« eingebaut (s. Kap. 8.8.3).

(1) Aufbau:

Materialangaben:

nach ZTVT bzw. ZTV Beton: Beton B 15 oder B 25 nach DIN 1045; nach DIN 18 316: mindestens Beton B 5;

keine Stahlbewehrung;

Zuschlagstoff-Zusammensetzung nach DIN 4226, T.1 bzw. TL MIN-StB, Bindemittel: Zement der Festigkeitsklasse Z 35 (andere Zementsorten nur bei entsprechenden Qualitätsnachweisen), Verwendung sog. Fließmittel nach ZTV Beton.

(2) Einbauhinweise: mit Fertiger, Handeinbau nur bei sehr kleinen Flächen oder schwieriger Profilgestaltung); Unterbau/Untergrund darf Frischbeton kein Abbindewasser entziehen (ggf. annässen oder Unterlage aus Spezialpapier oder Folien vorsehen); fertige Schicht $\geq$ 3 Tage feucht halten; Weiterbau erst bei $\geq$ 70 % der geforderten Druckfestigkeit;

Längenänderungen durch Abbindevorgang und Temperaturschwankungen:

Vermeiden unkontrollierter Rißbildung durch Unterteilung mit »Fugen« (keine »Kerben«); Anordnung s. Abb. 8.7.4/2; nach DIN 18 316 Fugen ab B 10 vorsehen.

8.7.5   Tragschichten mit bituminösen Bindemitteln

8.7.5.1   Bituminös »gebundene« Tragschichten

Diese Bauweise reagiert in elastisch-plastischer Weise und kann als »hohlraumarm« gelten.

Bezugsrichtlinien: ZTVT-StB; ZTVT-LW; DIN 18 317;

Anwendung je nach Konstruktion für alle Arten von Verkehrsflächen.

(1) Aufbau:

Materialangaben:

Mischgutarten (Zuschlagstoffe) s. Abb. 8.7.5/1;

Verlegung im Heißeinbau;

Anwendungsbereiche der Mischgutarten s. Abb. 8.7.5/2;

besondere Beanspruchungen: spur- oder langsam fahrender Schwerverkehr; häufige Brems- und Beschleunigungsvorgänge; Standverkehr; hohe Lufttemperaturen über längere Zeit oder intensive Sonneneinstrahlung (Südhänge);

Bindemittel:

Straßenbaubitumen B 80 und B 65; Pechbitumen TB 80; hochviskoses Straßenpech ($T_v \leq 53\,°C$.

(2) Einbauhinweise: ein- und mehrlagig (ab 16 cm Gesamtdicke) mit Fertiger im Heißeinbau (entsprechende Fachkunde erforderlich); Handeinbau nur bei sehr kleinen Flächen oder schwierigen Profilen; Nahtbereiche gut dichten und wie bei mehrlagigem Einbau durch Ansprühen mit Bitumenemulsion (Haftkleber) für Verbund sorgen.

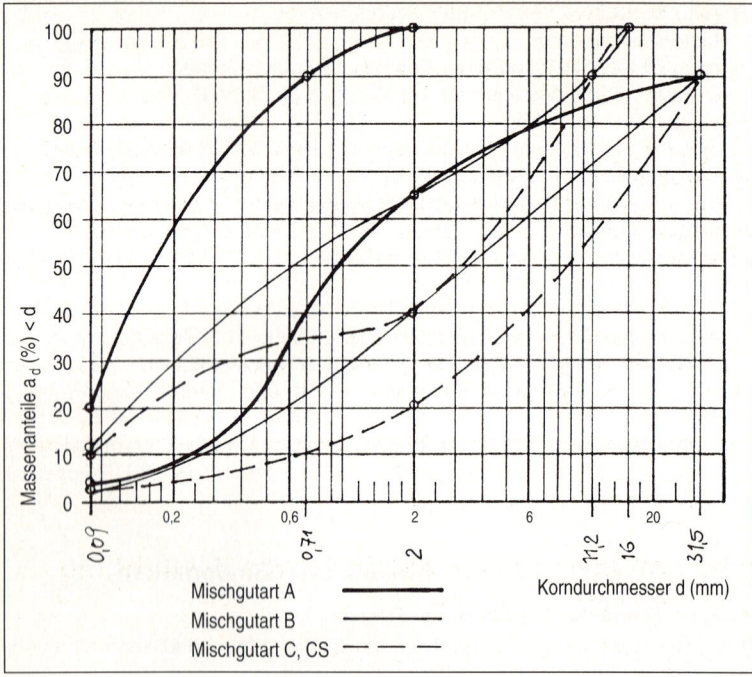

Abb. 8.7.5/1. Zuschlagstoffe für bituminös gebundene Tragschichten (nach ZTVT-StB)

Einbau	Mischgutart	I	Bauklasse II – IV	V, VI	besondere Beanspruchungen
einschichtig		B, C, CS	B[1], C, CS	B, C, CS	CS
mehr-schichtig	obere Schicht	B[2], C, CS	(B[1], C, CS)[3]	(B, C, CS)[3]	CS
	untere Schicht	A, B, C, CS (AO)[3]	(AO, A, B, C, CS)[3]		B, C, CS (AO, A)[3]
Anmerkungen: [1] bei darüberliegender Decke von ≥ 8 cm Dicke [2] nicht anwenden bei unterer Schicht aus AO oder A [3] nur bei Asphaltoberbau anwenden (…) Ausnahme					

Abb. 8.7.5/2. Anwendung bituminös gebundener Mischgutarten für Tragschichten (nach ZTVT-StB)

8.7.5.2 Bituminös »verfestigte« Tragschichten

Sie stellen »hohlraumreiche« Bauweisen (in gewissem Grad wasserdurchlässig) dar; nicht in ZTVT-StB oder ZTV-LW enthalten.
Bezugsrichtlinien: TVV-LW; ZTVV-StB (s. Kap. 4.9), DIN 18 317;
Anwendung:
ggf. als kostengünstige Lösung für nicht öffentliche Verkehrsflächen mit geringer Kfz-Belastung; Fuß- und Radwege;
auch für Warmeinbau, ggf. für Kalteinbau geeignet; Verarbeitung erfolgt mit geringeren Anforderungen als bei bitum. gebundenen Tragschichten;
Schichtdicke: $\geq$ 12 cm, im Mittel 15 cm.

8.7.5.3 Asphaltmakadam-Tragschichten

Sie sind ebenfalls eine »hohlraumreiche« Bauweise mit geringer Durchlässigkeit; durch den Verkehr ergeben sich Nachverdichtungen; nicht in ZTVT-StB und ZTV-LW enthalten; weitere Hinweise s. Kap. 8.8.2.10.
Anwendung:
nicht öffentliche Verkehrsflächen mit geringer Kfz-Belastung; Fuß- und Radwege.

8.8   Angaben zur bautechnischen Ausführung der Deckschicht

Zu den allgemeinen Hinweisen s. Kap. 8.6.3.2

8.8.1   Pflaster- und Plattenbelege

Material:
Pflaster aus Naturstein, Beton oder Klinker; Naturstein- und Betonplatten; Holzpflaster;
Abmessungen, Bezugsrichtlinien: s. Kap. 8.5.2;
Anwendungsbereiche:
praktisch für alle Arten von Verkehrsflächen geeignet; bei schnell befahrenen Straßen Natursteinpflaster wegen hoher Geräuschentwicklung ausschließen; Platten auf Flächen für schwere Kraftfahrzeuge nur mit einem Verhältnis von Länge: Dicke $\leq$ 1:4 verwenden;
zum Holzpflaster s. Kap. 8.9.3.

8.8.1.1   Allgemeine Hinweise zur Ausbildung von Pflaster- und Plattenbelegen

(1) Grundaufbau: Pflaster-, Plattenbelege bestehen aus der »Deckschicht« (Deckenbaumaterial) und der »Bettung« (Pflasterbett) auf tragfähiger »Unterlage« (Tragschicht).
Bezugsrichtlinien zur Verlegung:
VOB/C: DIN 18 318; Merkblatt für Flächenbefestigungen mit Pflaster- und Plattenbelägen – FGSV/BMV 83.

| Belagsart / Anforderungen [mm] | Pflaster | | | | Platten-beläge | Randein-fassungen |
	Naturstein Groß, klein	Mosaik	Klinker	Beton		
Abweichungen Sollhöhe			$\leq \pm 20$			
Ebenheit (auf 4 m)	≤ 20		≤ 10		$\leq 10^1$	–
Querneigung		$\leq \pm 0,4\ \%$ (absolut)				–
Fluchtlinie		–				$\leq \pm 2^2$
Höhendifferenz höhengleicher		$\leq \pm 2^2$				–
Anschlußüber		$\leq 3-5$				–
Randeinfassungen						
oder festen Einbauten		$\leq 3-10$				–
über Bord- oder						
Muldenrinnen						
Fugenbreite Fugen sandverfüllt	$\leq 10^3$	$\leq 6^3$	≥ 3	$3-5^4$		–
bei Fugenverguß			≥ 8			
Stoßfugen		–				5

Anmerkungen:
1 bei bruchrauhen Natursteinplatten   3 in Kopfhöhe
   u.U. bis 20 mm   4 nicht bei Naturstein-Polygonalplatten
2 bei grobrauhen Materialien bis 5 mm

Abb. 8.8.1/1. Anforderungen an Pflaster- und Plattenbelege

Anforderungen an fertige Decke s. Abb. 8.8.1/1;
Entwässerung der Oberfläche durch Quer- und Längsneigung:
Querneigung:
Natursteinpflaster: 3,0 % (min. 2,5 %),
Betonsteinpflaster: 2,5 % (min. 2 %, bei sehr rauher Oberfläche 3 %),
glatte Naturstein- und Betonplatten: 2,0 %,
bruchrauhe Naturstein- und rauhe Betonplatten: 3 %;
Querneigung kann verringert werden, wenn die durch Längsneigung entstehende Schrägneigung obiger Werte erfüllt;
Längsneigung abhängig von Linienführung und Art der Nutzung;
s. Kap. 8.3 und 8.4.
(2) Hinweise zum Einbau:
a) Randeinfassung:
Herstellung vor Einbau des Belags (Vermeidung seitlichen Ausweichens oder Absinkens der Randsteine); bei Verbundpflaster oder Bettungen aus Mörtel u. U. nicht erforderlich (s. auch Kap. 8.10.2);
Verlegemaß des Belags beachten;
b) Bettung/Pflasterbett:
als Übergang zur fertigen, ebenen Unterlage überhöht aufbringen, um Pflaster abrammen zu können;

Bettungsmaterialien:
Sand 0/2 oder 0/4 mm; Splitt 2/5 mm; Brechsand-Splitt-Gemisch 0/5 mm (Größtkorn $\geq$ 8 mm) / Mörtelbett (Mörtelgruppe III);
besondere Hinweise zur Ausführung der Bettung:
auf Unterlagen aus hohlraumreichen Tragschichtgemischen:
vor Aufbringung des Bettungsmaterials verfüllen, sonst später Veränderungen des Pflasterbetts zu erwarten;
bei späterer Fugenvermörtelung, Auftreten hoher Verkehrslasten und/oder Schubkräften (Bushaltestellen etc.):
Zugabe von Zement, Kalk oder Traßkalk zum Bettungsmaterial; Verarbeitung erdfeucht;
auf nicht abgebundener Betontragschicht:
Pflasterbett aus Zementmörtel (Zementgehalt 270 kg/m^3);
auf nicht erstarrter hydraulisch gebundener Tragschicht: Pflasterbett kann entfallen;
bei Verlegung auf Mörtelbett oder mit vermörtelten Fugen: Dehnungsfugen in $\leq$ 8 m Abstand vorsehen;
c) Einbau des Deckenbaumaterials: grundsätzlich Einbau auf gefrorener Unterlage unzulässig;
Verlegung:
auf überhöhter Bettung i.d.R. von fertiger Fläche aus (Pflasterrichtung »vorwärts«);
bei unterschiedlichen Deckenbaumaterialien gleiche Materialdicke verwenden (nicht durch unterschiedliche Bettung ausgleichen, besser in Einzelflächen aufteilen);
Fugenverlauf: möglichst gleichmäßig (für Werksteine in beiden Richtungen empfehlenswert);
Fugen vor Abrammen oder Abrütteln mit Arbeitsfortschritt mit Sand verfüllen (auch bei späterem Vergießen), sonst später Verkanten einzelner Steine möglich;
Abrammen/Abrütteln des Pflasters: vom Rand der Verkehrsfläche zur Mitte auf geforderte Höhe, Ebenflächigkeit und Tragfähigkeit; anschließend Fugen erneut verfüllen oder für Fugenverguß vorbereiten.

8.8.1.2 Ergänzende Hinweise zum Natursteinpflaster

(1) Ausbildung:
als Großpflaster, Klein-, Mosaikpflaster;
Abmessungen, Bezugsrichtlinien s. Kap. 8.5.2.1.
(2) Verlegung:
höhengleich und hammerfest auf nicht verdichtetem, überhöhtem Pflasterbett;
Dicke des Pflasterbetts nach Abrammen:
Großpflaster 4–6 cm; Klein-, Mosaikpflaster: 3–4 cm.
(3) Verbände:
mit »enger« Fuge:
als »Reihenpflaster« (i.d.R. als Großpflaster; Verlegung senkrecht oder diagonal zur Verkehrsrichtung);

als »Bogenpflaster« (i.d.R. Klein-, Mosaikpflaster; Verlegung als Segment-bogen, Kreis oder in freier Form);
als »Wildpflaster« (Zufallsform zur Füllung von Restflächen);
mit großen Fugen:
»Rasenpflaster« (Groß- und Kleinpflaster, Fugen begrünt).

8.8.1.3 Ergänzende Hinweise zum Betonpflaster

(1) Ausbildung:
als Quadrat-, Rechteck-, Sechseck-, Verbundsteinpflaster;
Abmessungen, Bezugsrichtlinien s. Kap. 8.5.2.1.

(2) Verlegung:
wegen Maßhaltigkeit der Werksteine auf überhöhtem, höhen- und neigungsgerecht zwischen Lehren abgezogenem Pflasterbett mit i.d.R. engen Fugen (Herstellerangaben beachten)!
Dicke des Pflasterbetts nach Abrammen: 3–5 cm.

(3) Verbände:
Vielzahl von Möglichkeiten aufgrund unterschiedlicher Steinformen; Wirkung und Abmessung der Pflasterbreite durch probeweises Auslegen bestimmen;
Hinweis für größere, zusammenhängende Verbundsteinpflasterflächen: bei absehbarer späterer Wiederaufnahme von Teilbereichen (z. B. über Ver- und Entsorgungsleitungen) gestalterische Unterteilung ratsam, da intensiv verspanntes Verbundsteinpflaster kaum wieder in alter Art verlegt werden kann.

8.8.1.4 Ergänzende Hinweise zum Klinkerpflaster

Abmessungen, Bezugsrichtlinien s. Kap. 8.5.2.1.

(1) Verlegung:
wegen Maßhaltigkeit der Steine auf überhöhtem, höhen- und neigungsgerecht zwischen Lehren abgezogenem Pflasterbett;
Dicke des Pflasterbetts nach Abrammen: 3–5 cm;
bei besonders hohen Verkehrslasten oder als Wegbegrenzung Klinker hochkant versetzen (»Rollschicht« – s. Kap. 8.10.2);
Fugen vor dem Abrütteln mit Sand verfüllen, sonst Kantenabplatzungen der spröden Steine möglich.

(2) Verbände:
Kreuzfugen vermeiden; Kombination mit anderem Material möglich, dabei Steindicken möglichst gleich halten!

8.8.1.5 Ergänzende Hinweise zu Plattenbelägen

(1) Material:
Betonplatten, Klinker als Platten, Natursteinplatten;
Abmessungen, Bezugsrichtlinien s. Kap. 8.5.2.2.

(2) Verlegung:
Platten durch vorsichtige Schläge mit Pflasterhammer festklopfen (nicht abrütteln) oder abrammen);

Beton- und Klinkerplatten:
satt auf höhen- und neigungsgerecht abgezogenem Pflasterbett verlegen;
Natursteinplatten:
Pflasterbett für sattes Aufliegen entsprechend nacharbeiten;
Plattenbettdicke: 3–5 cm;
Fugen mit fortschreitender Verlegung schließen.

(3) Verbände:
Polygonalverbände: Bildung von höchstens drei Fugen an einem Punkt;
Rechteckverbände: Kreuzfugen vermeiden.

8.8.2 Bituminös gebundene Deckschichten

Eigenschaften:
flexibles Verhalten; kaum Rißbildung bei geringen Bewegungen der Trag-
schichten oder des Untergrunds; Plastifizieren unter Wärmeeinwirkung (z. B.
Sonneneinstrahlung), ggfl. auch bei hohen Dauerlasten bzw. Versspröden bei
Kälte je nach Mischgutzusammensetzung möglich;
Bezugsrichtlinien: ZTV bit-StB 84; ZTV-LW 87; RStO 86; MEA; MNA; RLW
1975; DIN18137; Merkblatt für reaktionsharzgebundene Dünnbeläge auf Stahl
– FGSV/BMV 83; Merkblatt für den Bau griffiger bituminöser Deckschichten –
FGSV 82.

8.8.2.1 Allgemeine Hinweise zur Ausbildung bituminös gebundener Deckschichten

Alle Bauweisen benötigen eine feste Unterlage (Tragschicht).
Ausführungsbeispiele s. Kap. 8.11.

(1) Deckschichtarten, Bauweisen:
  a) Oberflächenschutzschichten: dünne Überzüge auf vor Verkehrs- und
     Witterungseinflüssen zu schützenden Unterlagen;
     Bauweisen: Oberflächenbehandlung; Bituminöse Schlämme;
  b) Deckschicht: feinkörnige, hohlraumarme Mischungen;
     Bauweisen: Asphalt- und Teerasphaltbeton; Gußasphalt; Splittmastix-
     asphalt; Asphaltmastix;
  c) Binderschicht: zur Verbindung der feinkörnigen Deckschicht mit der
     i. A. grobkörnigen Tragschicht bei Bauklassen I bis III; kann entfallen bei
     Bauklasse V und VI, ggf. auch bei IV;
     bei Flächen für den ruhenden Verkehr, Rad- und Fußwegen nicht erfor-
     derlich;
     Bauweisen: Asphalt- und Teerasphaltbinder;
  d) Tragdeckschichten: Trag- und Deckschicht als gemeinsame Lage her-
     gestellt;
  e) Makadambauweisen sowie Bauweisen im Warm- und Kalteinbau: hohl-
     raumreiche Konstruktionen mit Nachverdichtung unter Kraftfahrzeug-
     verkehr.

(2) Hinweise zur Anwendung der Bauweisen bzw. Mischgutsorten: abhängig
    von Nutzung und Beanspruchung s. Abb. 8.8.2/1;
    besondere Beanspruchungen liegen nach RStO vor:

Bauklasse/ Flächenart	Bean- spruchung	Asphalt-, Teerasphalt- binder	Asphalt-, Teerasphalt- beton	Splitt- mastix- asphalt	Guß- asphalt
SV, I, II	normal oder besonders	0/16 0/22	0/16 S 0/11 S	0/11 S	0/11 S
III, Stellfläche für SLW[1]	besonders	0/16 0/22	0/11 S 0/16 S	0/11 S 0/8 S	0/11 S
II, IV	normal	0/16	0/11 0/8	0/8 0/5	0/11 0/8
V, VI	normal	– –	0/11 0/8	0/8 0/5	0/11 0/8
Stellfläche für LLW[2], Rad- und Gehwege	normal	– – –	0/11 0/8 0/5	0/8 0/5	0/8 0/5

[1] Eignung als Stellfläche für schwere Lkw (SLW), Busse etc.
[2] Eignung als Stellfläche für Lieferwagen, leichte Lkw (LLW), Pkw
0/8 Ausnahme

Abb. 8.8.2/1. Hinweise fur die Anwendung bituminöser Bauweisen und Mischgutsorten im Heißeinbau im Deckenbau (nach RStO und ZTV bit-StB)

bei spur- oder langsam fahrendem Verkehr, häufigen Brems- und Beschleunigungsvorgängen, Standverkehr schwerer Fahrzeuge, hoher Bodentemperatur über längere Zeit, intensiver Sonneneinstrahlung; Baustoffanforderungen: s. Kap. 8.5.1 und 8.5.3.1.

(3) Grundsätzliche Hinweise zur Ausführung:

a) Anforderungen an die Unterlage:
profilgerechte, ebene Oberfläche; ausreichende Tragfähigkeit und Ver- dichtung; je nach Bauweise fester Kornverbund ohne lockere Bereiche oder lose Bestandteile; schmutzfrei und ohne geschlossenen Wasser- film auf der Oberfläche; Materialtemperatur $\geq 0\,°C$; es darf kein Eisfilm vorhanden sein;

b) Mängelbeseitigung vor Aufbringen der bitum. Deckschicht:
lockere Bereiche entfernen; Ebenheits- und Sollhöhenabweichungen ausgleichen:
bei bituminös gebundenen Unterlagen Ausgleich mit bit. Mischgut;
bei nicht gebundenen Unterlagen Ausgleich mit Splitt, Schotter oder Sand-Kies-Gemischen;
bei flachen Schadstellen unter Oberflächenschutzschichten durch Anspritzen mit bitum. Bindemittel und Abstreuen mit Splitt;

bei Fugen alter Pflasterdecken: reinigen, mit Splitt verfüllen und Bitumenemulsion tränken;

c) Vorbereitung der Unterlage:
bei verdichtbaren Deckschichtmischungen:
Unterlage mit bituminösem Bindemittel ansprühen; Richtwerte: Haftkleber mit 0,15 bis 0,25 kg/m^2;
unstabile kationische Bitumenemulsionen mit 0,2 bis 0,4 kg/m^2;
bei Gußasphalt oder Asphaltmastix Unterlage in keinem Fall anspritzen!

d) Einbau der Deckschicht:
mit Fertiger oder Verteiler, bei kleinen Flächen, schwierigen Profilen oder zahlreichen Einbauten auch von Hand; durch Verdichtung dürfen keine Unebenheiten oder Risse entstehen;

e) Luft-Temperatur:
bei Binderschichten über 0 °C, bei Deckschichten i. A. über 3 °C;

f) Mischguttemperatur s. Abb. 8.8.2/2;

Mischgutarten [2] / Bindemittel [1]	Asphalt-, Teerasphaltbinder Heißeinb.	Asphalt-, Teerasphaltbeton	Splitt-mastixasphalt	Guß-asphalt	Asphalt-mastix	Trag-deckschichtmischgut	Asphalt-, Teerasphaltbeton Warmeinb.
B 25 200	–	–	–	200-250	–	–	–
B 45 190	130-190	140-190	–	200-250	80-220	–	–
B 65 180	120-180	130-180	140-200	200-250	80-220	–	
B 80 180	120-180	130-180	130-190	–	80-220	120-180	
B 200 170	–	120-170	120-170	–	70-210	100-170	
TB 65 150	90-140	100-140	–	–	–	–	60-130
TB 80 140	90-140	100-140	–	–	–	90-140	60-130
HT 49/51 130	–	–	–	–	–	80-120	
HT 51/53 130	–	–	–	–	–	80-120	
HT 53/55 130	–	–	–	–	–	80-120	
FB 500 140	–	–	–	–	–	–	60-130
T 250/500 120							
BT 250/500 120							
VT 250/500 120							
U60, U70 70							
U60K, U70K 70							
Naturasph. 190							

Anmerkungen:
hohe Temperatur: max. bei Verlassen des Mischers,
niedrige Temperatur: min. beim Einbau
[1] zul. Bindemittel-Höchsttemp. im Behälter
[2] Mischgutarten s. Kap. 8.7. 3 und 8.8.2

Abb. 8.8.2/2. Bindemittel und Mischguttemperatur in [°C] (nach ZTV bit-StB 84)

Anforderung		Richtlinie	Binder-schicht	Deck-schicht	Tragdeck-schicht
Abweichungen	Ebenheit (mm/4 m)	ZTV bit-StB[1]: ungebd. Unterlage geb. Unterl., Abw. > 6 geb. Unterl., Abw. ≤ 6 DIN 183172	≤ ± 10 ≤ ± 6 – ≤ ± 10	– ≤ ± 6 ≤ ± 4 ≤ ± 10	≤ ± 10 ≤ ± 10 – ≤ ± 15
	Querneigung in [%]	ZTV bit-StB[1]: bei q ≥ 1,5 % bei q = 0,5 – 1,5 %	– –	≤ ± 0,4 ≤ – 0,2	≤ ± 0,5 ≤ – 0,2
	Einbaudicke	[%] gem. ZTV bit-StB		≤ – 10[3]	
Schichtdicke [cm]		ZTV bit-StB[1] DIN 18317	s. Abb. 8.8.2/6 – 10 ≥ 2,5	≥ 1,8	≥ 5
Höhendifferenz[4]		[cm] gem. ZTV bit-StB[1]	–	0,5 – 1,0	

Anmerkungen:
[1] für Bauklasse I bis IV und maschinellen Einbau
[2] für andere Fälle (z.B. auch für Makadam-Decken)
[3] bezogen auf geforderte Einbaudicke
[4] zu höhengleichen Randeinfassungen

Abb. 8.8.2/3. Geometrische Anforderungen an bituminös gebundene Binder- und Deckschichten

g) Ränder, Nähte:
bei Gußasphaltschichten: senkrecht ausbilden;
bei anderen bituminösen Schichten und fehlenden Randeinfassungen: mit Neigung von höchstens 2:1 abböschen; Verdichtung und Oberflächenbeschaffenheit wie bei Decke; Nähte bei mehrschichtigem Einbau versetzen.
(4) Genauigkeitsanforderungen:
Mischgutzusammensetzung: ZTV bit-StB;
geometrische Anforderungen (eingebaute Schicht) s. Abb. 8.8.2/3.

8.8.2.2 Ergänzungen zu Oberflächenschutzschichten
Oberflächenschutzschichten sind die einfachste bituminöse Deckenbauweise ohne spezielle Geräte;
Bauarten:»Oberflächenbehandlung« und »Bituminöse Schlämme«.
(1) Oberflächenbehandlungen:
Baustoff:
heiß zu verarbeitendes Bindemittel oder Bitumenemulsion; Edelsplitt;
Materialangaben, Anwendung s. Abb. 8.8.2/4;
Ausführungsarten:

Oberflächen-behandlungs-art	einfach			einf., dopp. Splittabstr.				doppelt			
	Bindem. kg/m²	Edelsplitt Körng.	kg/m²	Lage	Bindem. kg/m²	Edelsplitt Körng.	kg/m²	Schicht	Bindem. kg/m²	Edelsplitt Körng.	kg/m²
Anwendung	Bauklasse IV – VI, Wege, Plätze, Ausbesserungen										
Bindemittel Sorte*: U 70 K	1,5 - 2,0 1,8 - 2,3	5/8 8/11	10 - 17 12 - 18	1. 1. 2.	1,8 - 2,3 2,0 - 2,4 –	8/11 11/16 2/5	10 - 16 14 - 19 3 - 5	1. 2. 2.	1,0 - 1,5 1,3 - 2,0 1,3 - 2,0	8/11 5/8 2/5	9 - 15 7 - 13 6 - 11
U 60 K	1,6 - 2,2	5/8	10 - 17	–	–	–	–	1. 2.	1,0 - 1,3 1,3 - 1,7	5/8 2/5	7 - 13 6 - 11
FB 500	1,0 - 1,5	5/8	11 - 16	–	–	–	–	1. 2.	1,1 - 1,5 0,9 - 1,4	8/11 5/8	12 - 16 10 - 12
T 250/500, BT 250/500,	0,9 - 1,4 1,2 - 1,6	5/8 8/11	10 - 15 12 - 17	1. 2.	1,2 - 1,6 –	8/11 2/5	10 - 16 3 - 5	1. 2.	1,1 - 1,5 0,9 - 1,3	8/11 5/8	12 - 16 10 - 12
VT 250/500	1,3 - 2,0	11/16	14 - 19	1. 2.	1,2 - 1,6 –	11/16 5/8	12 - 17 5 - 8				
* Erläuterungen siehe Kap. 8.5.3.1											

Abb. 8.8.2/4. Materialangaben für Oberflächenbehandlungen (nach ZTV bit-StB)

einfache Oberflächenbehandlungen;
einfache Oberflächenbehandlungen mit doppelter Splittabstreuung;
doppelte Oberflächenbehandlungen;
(bei doppelter Splittabstreuung bzw. doppelter Behandlung grobe Splitte als 1. Schicht aufbringen);
prinzipieller Arbeitsablauf:
a) Unterlage mit bituminösem Bindemittel gleichmäßig anspritzen (Rampenspritzgeräte, nur bei kleinen Flächen handgeführte Spritzdüsen verwenden); Bitumenemulsionen darf vor Abstreuen noch nicht gebrochen sein; Bindemittelmenge für satte Einbettung des Splitts bemessen;
b) mit rohem, ggf. bindemittelumhülltem Splitt abstreuen;
c) durch Walzen andrücken (nach Verdichten dürfen Splittkörner nicht mit Bindemittel überdeckt sein);
d) nicht fest eingebundenen Splitt stets bei schnell befahrenen Kfz-Verkehrsflächen und Radwegen entfernen;
e) emulsiongebundene Oberflächenbehandlungen bis zum Ende des Brechvorgangs für jeden Verkehr sperren.
(2) Bituminöse Schlämmen:
Baustoff:
kalteinbaufähige, gieß- und streichfähige Masse;

	Bindemittel (Gew.-%)	Mineralstoffe	Einbaumenge (Trockenmasse)
Anwendung	Bauklasse IV – VI, Wege, Plätze, Ausbesserungen		
Bindemittel Sorten [1] S 60, S 60 K, S 70, S 70 K; Pechemulsion[2]	8,0 – 12,0	Edelbrechsand/Natursand, Gesteinsmehl; Körnung 0/2 mm	1,5 – 5,0 kg/m²

[1] Erläuterungen siehe Kap. 8.5.3.1
[2] für öl- und kraftstoffresistente Schlämmen (z.B. Stellfläche für LkW etc.)

Abb. 8.8.2/5. Materialangaben für Bituminöse Schlämmen (nach ZTV bit-StB)

Materialangaben, Anwendung s. Abb. 8.2.2/5;«
Herstellung:
in fahrbaren Mischanlagen oder Fertigprodukt;
Fertigschlämmen vor Verwendung aufrühren;
Verarbeitung, Deckschichtherstellung:
a) Unterlage mit Haftkleber ansprühen:
   bei Betondecken, Betontragschichten: 0,2 bis 0,3 kg/m²;
   empfehlenswert bei älteren bituminösen Unterlagen: 0,15 bis 0,25 kg/m²;
b) Bituminöse Schlämme maschinell, nur auf kleineren oder ungünstig geschnittenen Flächen, schmalen Wegen etc. von Hand verteilen; nicht verdichten (bei zweilagigem Aufbau muß 1. Lage vor Aufbringen der 2. voll befahrbar sein);
c) Nutzungsfreigabe erst nach völliger Durchtrocknung (Bau in der warmen Jahreszeit):

8.8.2.3 Ergänzungen zu Asphalt- und Teerasphaltbinder

Baustoff, Einbau:
heiß zu verarbeitendes, hohlraumarmes Mischgut; maschineller Einbau, einlagig; praktisch keine Nachverdichtung unter Verkehr;
Materialangaben, Anwendung s. Abb. 8.2.2/6.

8.8.2.4 Ergänzungen zu Decken aus Asphalt- und Teerasphaltbeton im »Heißeinbau«

Baustoff, Einbau:
heiß zu verarbeitendes, sehr hochwertiges, hohlraumarmes Mischgut; am häufigsten angewandte Bauweise; einlagiger, maschineller Einbau; praktisch keine Nachverdichtung unter Verkehr;
Materialangaben, Anwendung s. Abb. 8.2.2/7;
Nachbehandlung der eingebauten Decke:

Binderart	0/22	0/16	0/11
Anwendung	Bauklasse SV, I – III		Profilausgleich bei BK IV – VI und anderen Verkehrsflächen
Mineralstoffe	Edelsplitt[2], Edelbrech- Natursand[1,2], Gesteinsmehl		
Körnung [mm]	0 – 22	0 – 16	0 – 11
Bindemittel: - Sorte[3]	B 65, TB 65, *B 45, B 80*	B 65, B 80, TB 65, TB 80 *B 45*	
- Gehalt (Gew.-%)	3,8 – 5,5	4,0 – 6,0	3,0 – 7,0
Einbaudicke [cm]	7,0 – 10,0	4,0 – 8,5	–

[1]   bei besonderen Beanspruchungen nur Edelbrechsand
[2]   bei Bauklasse IV auch Splitt/Natursand verwendbar
[3]   Erläuterungen siehe Kap. 8.5.3.1
B 45: Ausnahme

Abb. 8.8.2/6. Materialangaben für Asphalt- und Teerasphaltbinder (nach ZTV bit-StB)

Asphalt- und Teerasphaltbetonart	0/16 S	0/11 S	0/11	0/8	0/5
Anwendung: - Bauklasse I, II, bes. Beanspruchung, Stellfläche für SLW	+	+			
- Bauklasse III, IV			+	+	
- Bauklasse V, VI, Stellfläche für LLW			+	+	+
- Fuß-, Radwege				+	+
Mineralstoffe Körnung [mm]	Edelsplitt, Edelbrechsand[1]/Natursand, Gesteinsmehl				
	0 – 16	0 – 11	0 – 11	0 – 8	0 – 5
Bindemittel: - Sorte[2]	B 65, TB 65 *B 80, TB 80*		B 80, TB 80 *B 65, TB 65*		B80, TB 80 *B 200*
- Gehalt (Gew.-%)	5,2 – 6,5	5,9 – 7,2	6,2 – 7,7	6,4 – 7,7	6,8 – 8,0
Einbaudicke [cm]	5,0 – 6,0	4,0 – 5,0	3,5 – 4,5	3,0 – 4,0	2,0 – 3,0

[1]   bei Mischgut 0/16 S und 0/11 S   *B 80*: Ausnahme
[2]   Erläuterungen siehe Kap. 8.5.3.1

Abb. 8.8.2/7. Materialangaben für Asphalt- und Teerasphaltbeton im Heißeinbau (nach ZTV bit-StB)

normalerweise nur bei mörtelreichen Mischungen und besonderen Verkehrs-
bedingungen (hohe Anfangsgriffigkeit oder spezielle Struktur) erforderlich:
noch heiße Decke mit Edelbrechsand und/oder Splitt abstreuen, fest anwalzen, Überschüsse beseitigen.

8.8.2.5 Ergänzungen zu Decken aus Asphalt- und Teerasphaltbeton im »Warmeinbau«

Baustoff, Einbau:
relativ hohlraumreiches Mischgut (sonst kein Entweichen flüchtiger Bindemit-
telanteile möglich); maschineller Einbau; Nachverdichtung unter Kfz-Verkehr;
hohlraumarmer Endzustand;
Materialangaben, Anwendung s. Abb. 8.2.2/8.

8.8.2.6 Ergänzungen zu Tragdeckschichten

Baustoff:
hohlraumarmes, heiß und einschichtig einzubauendes Mischgut als kombinierte Trag- und Deckschicht;
Materialangaben, Anwendung s. Abb. 8.2.2/8.

8.8.2.7 Ergänzungen zu Decken aus Gußasphalt

Baustoff:
im heißen Zustand gieß- und streichfähige Masse aus gebrochenen Mineral-

Bauweise	Asphalt-, Teerasphaltbeton			Tragdeckschichten	
	0/11	0/8	0/5	0/16	
Anwendung	Bauklasse IV-VI, Wege, sonst. Verkehrsflächen			Straßen untergeordneter Bedeutung, ländl. Wege Rad-, Gehwege etc.	
Mineralstoffe Körnung [mm]	Edelsplitt, Edelbrech-/Natursand [1], Gesteinsmehl				
	0 – 11	0 – 8	0 – 5	0-16	
Bindemittel: - Sorte [2]	FB 500, Pechbitumen [3]			B80, B200	TB80, HT49/51 – 53/55
- Gehalt [Gew.-%]	5,5 – 7,0	6,0 – 7,5	6,5 – 8,0	≥ 5,2	≥ 5,4
Schichtdicke [cm] Einbaugewicht Mischgut [kg/m²]	–	–	–	5,0 – 10,0	
	45 – 55	35 – 45	25 – 35	120 – 250	

[1]   Anteil bei Asphalt- und Teerasphaltbeton ≤ 15 %
[2]   Erläuterungen siehe Kap. 8.5.3.1
[3]   Viskosität entsprechend FB 500

Abb. 8.8.2/8. Materialangaben für Asphalt- und Teerasphaltbeton im Warmeinbau sowie Tragdeckschichten (nach ZTV bit-StB)

gemischen, Füller und Straßenbaubitumen; nach Verteilung ohne Verdichtung hohlraumfrei; beim Einbau möglichst konstante Schichtdicke einhalten; Materialangaben, Anwendung s. Abb. 8.2.2/9;

Arbeitsvorgang:

a) in fahrbaren »Kochern« hergestellte Mischung auf nicht angespritzter Unterlage vergießen, höhen- und neigungsgerecht verteilen (zügiger Einbau innerhalb eines Bereiches);

b) Nachbehandlung der noch heißen Oberfläche: entsprechend Verkehrsanforderungen durch Aufrauhen mit Edelsplitt oder Abstumpfen mit staubfreiem Sand (Splitt durch Walzen einpressen, Sand einreiben);

c) Ränder, Nähte: Arbeitsbereiche durch die gesamte Gußasphaltschicht reichende senkrechte Ränder trennen; Übergänge zum anschließenden Bereich durch Fugen mit Fugenverguß oder Anwärmen des alten Bereiches herstellen; Anschlüsse an Einbauten, Bordsteine etc. mit vergossenen Fugen ausbilden.

8.8.2.8 Ergänzungen zu Decken aus Splittmastixasphalt

Baustoff, Einbau:
heiß einzubauendes und zu verdichtendes Mischgut aus Splitt (lastabstützendes Gerüst) und Asphaltmastix (Gesteinsmehl, Sand, Straßenbaubitumen, stabilisierende Zusätze zur Hohlraumfüllung);
Ausbildung ungleichmäßig dicker Deckschichten möglich;
zur Erhöhung der Anfangsgriffigkeit noch heiße Oberfläche mit Edelsplitt 2/5 und/oder Edelbrechsand abstreuen und einwalzen; überschlüssiges Material entfernen;
Materialangaben, Anwendung s. Abb. 8.2.2/9.

8.8.2.9 Ergänzungen zu Decken aus Asphaltmastix

Baustoff:
leicht zu verarbeitende, im heißen Zustand gieß- und streichfähige, hohlraumarme Masse aus Sand, Gesteinsmehl und Straßenbaubitumen; belastbar durch nachträgliches Eindrücken von Splitt (kein Verdichtungsvorgang erforderlich!);
Materialangaben, Anwendung s. Abb. 8.2.2/9;

Arbeitsvorgang:

a) höhen- und neigungsgerechtes Verteilen des Mischguts (von Hand möglich); keine Verdichtung erforderlich;

b) Nachbehandlung der noch heißen Oberfläche:
Kfz-Verkehrsflächen: mit Edelsplitt (ggf. leicht mit Bindemittel umhüllt) abstreuen und mit Walzen durch die noch weiche Mastixschicht bis zur Unterlage eindrücken;
fußläufige Flächen: mit Splitt-Sand-Gemischen abstreuen und anwalzen (i.d.R. ausreichend);

c) nach Erkalten bei Fahrbahnen (auch Radwegen) loses Überschußmaterial entfernen.

Deckenart	Gußasphalt				Splittmastixasphalt				Asphalt-mastix
	0/11 S	0/11	0/8	0/5	0/11 S	0/8 S	0/8	0/5	0/2
Anwendung	für alle Bauklassen, Arten von Straßen, Wegen, Verkehrsflächen								
		[1]		[2]	[1]	[1]			[3]
Mineralstoff	Edelsplitt, Edelbrechsand/Natursand, Gesteinsmehl								Natur/Edel-brechsand, Gesteinsmehl
Körnung [mm]	0-11	0-11	0-8	0-5	0-11	0-8	0-8	0-5	0-2
Brech-: Natursand	≥ 1:1		–		≥ 1:1				–
Bindemittel Sorte[4]	B 45				B 65			B 80	B 45, B 80
Ausnahme	B 25	B 65						B 200	B 45, B 200
Gehalt [Gew.-%]	6,5-8,0		6,8-8,0	7,0-8,5	6,0-7,5			7,0-8,0	13,0-18,0
Schichtdicke [cm]	3,5-4,0		2,5-3,5	2,0-3,0	2,5-5,0	2,0-4,0		1,5-3,0	–
Mischgut [kg/m²]	80-100		65-85	45-75	60-125	45-100		35-75	15-25
Abstreumaterial [kg/m²]									
Edelsplitt 2/5	5-8 (Aufrauhen)				–				–
5/8	15-18 (Aufrauhen)				–				15-25
8/11	–				–				15-25
11/16	–				–				15-25
Edelbrechsand/ Natursand	2-3 (Abstumpfen)				–				–

Anmerkungen:
[1] für besondere Belastungen
[2] möglichst nicht für Fahrbahnen verwenden; besonders geeignet für Rad- und Gehwege
[3] für Straßen mit schnellem Verkehr weniger geeignet
[4] Erläuterungen siehe Kap. 8.5.3.1

Abb. 8.8.2/9. Materialangaben für Gußasphalt, Splittmastixasphalt und Asphaltmastix (nach ZTV bit-StB)

8.8.2.10 Ergänzungen zu Makadamdecken (s. auch Kap. 8.7.5.3)

Bauprinzip:

tragendes Gerüst aus Schotter, mit Splitt verfüllt und bituminösem Bindemittel gebunden; hohlraumreiche, nicht wasserdichte Bauweise; keine vollständige Verdichtung durch Einbau, Nachverdichtung erfolgt zumindest durch Kfz-Verkehr (bis zu ca. 10 % der Einbaudicke!);

Bauweise nicht mehr in ZTV bit-StB 84 und ZTV-LW 87 enthalten (ehem. Bezugsrichtlinie: TV bis 2/56).

Bauarten und spezielle Hinweise:

Teer- und Asphaltmisch-, streu- und -tränkmakadam im Heiß-, Warm- und Kalteinbau;

a) bei Kfz-Verkehrsflächen wasserdichter Oberflächenabschluß erforderlich;

b) bei Flächen für Fußgänger- und Radverkehr Oberflächenabschluß nicht zwingend, Decke allerdings witterungsempfindlich (Art des Winterdienstes beachten!);

c) Spezielle Anwendung im Sportplatzbau als wasser- bzw. wasserdampfdurchlässige gebundene Tragschicht statt ungebundener Tragschicht unter Kunststoffbelägen und Kunstrasenflächen (s. DIN 18035, Teil 6).

(1) Hinweise zu Teer- und Asphaltmischmakadam:

leistungsfähigste Bauart für ein- bis dreilagige Schichten;

Materialangaben, Anwendung s. Abb. 8.2.2/10;

Arbeitsvorgang:

a) maschinell gemischte Baustoffe lagenweise einbauen (i.d.R. mit Fertigern) und statisch verdichten; bei warm- und kalteinbaufähigem Mischgut bzw. mehrlagigem Bau für ausreichende Ablüftung der unteren Schicht sorgen;

b) ggf. Oberflächenabschluß aufbringen.

(2) Teer- und Asphaltstreumakadam:

keine speziellen Geräte erforderlich;

Materialangaben, Anwendung s. Abb. 8.2.2/10;

Arbeitsvorgang:

a) Schicht aus rohem Schotter einbauen, statisch verdichten;

b) mit bitum. Bindemittel vorspritzen;

c) mit Teer (Straßenpech) oder Bitumen gebundenen Splitt in die Hohlräume einstreuen und gesamte Schicht durch statisches Abwalzen verkeilen;

d) Schicht aus bitum. gebundenem Splitt aufbringen, statisch abwalzen;

e) ggf. Oberflächenabschluß aufbringen.

(3) Teer- und Asphalttränkmakadam:

einfachste Bauweise ohne spezielle Geräte;

Materialangaben, Anwendung s. Abb. 8.2.2/10;

Arbeitsvorgang:

a) Schicht aus rohem Schotter einbauen, statisch verdichten und mit rohem Splitt verfüllen;

b) gesamte Schicht mit bituminösem Bindemittel tränken;

c) Oberfläche durch Einwalzen von aufgestreutem rohem Splitt schließen;

Halbtränkmakadamdecke: Tränk- und Abstreuvorgang erfolgt nur einfach;

Tränkmakadamdecke: Tränk- und Abstreuvorgang wird wiederholt;

d) ggf. Oberflächenabschluß aufbringen.

Deckenart	Mischmakadam				Streumak.	Tränkmakadam
Schichten	1	2	2	3	2	1
Schichtdicke	3 cm	4-5 cm	5-7 cm	7-10 cm	7-8 cm	7-8 cm
Anwendung	Verkehrsflächen für leichten Verkehr (ggf. Bauklasse V, VI), Ländl. Wege, Rad- und Gehwege					
Lkw-Anteil	sehr gering	gering		mittel bis hoch	hoch, gering, Geschwindigkeit	
Eignung für Stellflächen	für SLW/Lkw weniger geeignet				für SLW/LkW geeignet	
Mineralstoffe Unterschicht:	–	Splitt/Schotter			Schotter	–
Körnung [mm][1]	–	8-18;8-25	12-35;12-45	25-45;45-65	35-55;45-65	–
[mm][2]	–	5-11;5-22	11-32;11-45	22-45;45-56	32-45;45-56	–
[mm][3]	–	8-16;8-32	11-32;11-45	22-45;45-56	32-45;45-56	–
Menge [kg/m^2]	–	50-70	80-100	100-130	110-130	–
Zwischenschicht.				Splitt	–	–
Körnung [mm][1]	–	–	–	5-12;8-18;12-25	–	–
[mm][2]	–	–	–	5-11;5-22;11-22	–	–
[mm][3]	–	–	–	5-11;5-16;11-32	–	–
Menge [kg/m^2]	–	–	–	30-60	–	–
Einstreuschicht:	–	–			Splitt	–
Körnung [mm][1]	–	–	–	–	5/12; 8/12	–
[mm][2]	–	–	–	–	5-11;	–
[mm][3]	–	–	–	–	5-11; 8/11	–
Menge [kg/m^2]	–	–	–	–	35-45	–
Oberschicht:	Splitt[4]	Splitt			–	Schotter
Körnung [mm][1]	2-12; 2-18	2-8; 2-12			–	35/55; 45/65
[mm][2]	5-11; 5-22	5-11			–	32-45; 45-56
[mm][3]	2-11; 2-16	2-8; 2-11			–	32-45; 45-56
Menge [kg/m^2]	60	25-40			–	110-130
Verfüllen:	–	–	–	–	–	Splitt/Schotter
Körnung [mm][1]	–	–	–	–	–	12/25; 25/35
[mm][2]	–	–	–	–	–	11/22; 22-32
[mm][3]	–	–	–	–	–	8/16; 16-32
Menge [kg/m^2]	–	–	–	–	–	10-20
Abstreuen:	Brechsand					–
Körnung [mm]	0-2; 0-5					–
Menge [kg/m^2]	2-3					–
Bindemittel[6] Kalt-/Warmeinbau Heißeinbau	FB 500; Bitumenemulsion; Verschnittbitumen B 200, 300; BT oder T 40/70, 80/125, 140/240 (250/500); HT 49/51, 51/53					
Menge: - für Mischgut	entspr. Körnung: 1,5-2,5 Gew.-% (Schotter 45/56) bis 5-6,5 Gew.-% (Splitt 2/5)					
- für Tränkung	–					5-7,5 kg/m^2
Oberflächen- abschluß	Oberflächenbehandlung oder Bituminöse Schlämme (s. *Abb. 8.8.2/4 und 5*)					

[*] nicht mehr gültige Richtlinie
[1] alte Bezeichnung der Körnungen für Brech-/Natursand, Splitt, Schotter
[2] neue Bezeichnung der Körnungen für Brechsand, Splitt, Schotter
[3] neue Bezeichnung der Körnungen für Edelbrechsand, Edelsplitt, Schotter
[4] auch als Sand-Splittgemisch 0-12; 0-18 (Sandanteil 20-35 %)
[5] bei zweimaliger Tränkung; bei Halbtränkdecken (einfache Tränkung) ca. 3,5-4,5 kg/m^2
[6] Erläuterungen s. Kap. 8.5.3.1

Abb. 8.8.2/10. Materialangaben zu Teer- und Asphaltmakadamdecken (nach TV bit 2/56)*

8.8.3   Betondecken

8.8.3.1   Eigenschaften und Anwendung

Sie verbinden als einzige Deckenbauweise Aufgaben der Trag- und Deckschicht und sind für Verkehrsflächen aller Bauklassen geeignet. Besonders günstig sind sie bei nur gering tragfähigem Untergrund (gute Lastverteilung). Betondecken sind resistent gegen Kraftstoffe und Mineralöle. Die Bauweise erfordert eine Aufteilung durch Fugen.

Bezugsrichtlinien:
ZTV Beton 78; ZTV-LW 87; RLW; DIN 18316;

a) Anwendung der ZTV Beton 78:
vorrangig für Straßen mit hoher Verkehrsbelastung (Bauklasse I bis III nach RStO) bzw.
Verkehrsflächen mit hohen Verkehrslasten (z. B. Standflächen für Lkw, Bus, etc.).
Die Herstellung von Betondecken nach dieser Vorschrift bedingt besondere Fachkenntnis des ausführenden Personals!

b) Anwendung der ZTV-LW 87 und RLW:
Es gelten vereinfachte Maßstäbe; gültig für ländliche Wege; meist auch anwendbar für Verkehrsflächen der Bauklassen V und VI (Verkehrsnebenflächen, Flächen für den ruhenden Verkehr, Wege, Verkehrsflächen im Bereich von Sport- und Freizeitanlagen).
Die folgenden Angaben beziehen sich überwiegend auf letztere Vorschrift bzw. Richtlinie.

8.8.3.2   Baustoff- und Materialangaben

(1) Betongüte:
Beton der Festigkeitsklasse B 25, Betongruppe B I nach DIN 1045 als Baustellen- oder Transportbeton; Bewehrung nicht üblich.

(2) Baustoffe:
Zuschlagstoffe: Körnung 0/32 (Sand-Kies/Brechsand-Splitt), Sieblinienbereich A 32/B 32 nach DIN 1045;
Zement Z 35; Zementmenge ca. 330–350 kg/m^3; Wasser-Zement-Wert $\leq$ 0,55.
Zusatzmittel:
Luftporenbildner (LP): Verwendung zur Erhöhung des Frost- und Tausalzwiderstands üblich; erforderlicher Luftgehalt der fertigen Betonmischung $\geq$ 4 %;
Betonverflüssiger (BV), Fließmittel (FM): Anwendung zur Verbesserung der Verarbeitbarkeit;
Erstarrungsverzögerer (VZ): Anwendung bei langen Transportwegen und -zeiten;
Nachbehandlungsmittel: Einsatz als Verdunstungsschutz des eingebauten Betons.

(3) Anforderungen an die fertige Decke s. Abb. 8.8.3/1.

Anwendung	Bauklasse nach RStO SV, I – III	IV	V	Rad-, Gehwege	ländl. Wege
Schichtdicke	≥ 20 cm	18 cm	16 cm	10 cm	_12 – 14_ cm
Mindestdicke[1]	10 cm				
Abweichungen Sollhöhe [mm]	≤ ± 20	≤ ± 40		–	–
	≤ ± 30[1]				
Ebenheit	≤ 4	≤ 6			≤ 10
[mm/4m]	≤ 10[1]				
seitlich [mm]	≤ ± 30	≤ ± 50	≤ ± 100		–
Dicke [mm]	≤ – 10				
Querneigung [%]	–	–	–	–	≤ ± 0,5
Betondruck-festigkeit[2]	≥35	≥ 30	≥ 25 [N/mm²]	–	≥ 25

[1]   nach DIN 18316
[2]   nach DIN 18316 für alle Verkehrsflächen ≥ 25 N/mm²
_12_ Ausnahme

Abb. 8.8.3/1.   _Anforderungen an Betondecken (nach ZTV Beton, ZTV-LW)_

8.8.3.3   Fugen

(1) Aufgabe:
Vermeidung wilder Risse; Ermöglichung von Längenänderungen.

(2) Fugenarten, Ausbildung:
  a) Raumfuge:
    wird durch gesamte Decke geführt, läßt Ausdehnungen über ursprüng-
    liche Länge zu; erhält vor Betonieren fest eingebaute Fugeneinlage aus
    imprägnierten Weichholzbrettern (gerade, astarm, vollkantig, 13 mm
    dick);
  b) Scheinfuge:
    durch möglichst schmale Fugenkerbe vorgegebene Sollbruchstelle;
    Tiefe ≥ 40 mm, bzw. ≥ 25 % bis ≤ 30 % der Deckenstärke;
    Herstellung in noch weichem Beton:
    Einrütteln mit »Fugenschwert« oder Eindrücken einer Fugeneinlage
    (z. B. 5 mm dicke, 4 cm breite Hartfaserstreifen oder 0,25 mm dicke
    PVC-Folienstreifen);

Herstellung in erhärtetem Beton:
Einschneiden; nach ZTV-LW: Breite $\geq$ 3 mm, Tiefe $\geq$ 40 mm; nach ZTV Beton: Breite $\geq$ 8 mm, Tiefe > 25 mm;

c) Preßfugen:
Plattentrennung auf volle Dicke ohne Längsausdehnungsmöglichkeit; keine Fugeneinlagen.

(3) Anordnung der Fugen:
spitz zulaufende Plattenteile unzulässig;

a) Raumfugen:
als Trennung zu allen festen Einbauten (Widerlager, Stützmauern, auch Entwässerungsgegenständen) und an Abzweigungen bzw. Einmündungen erforderlich; innerhalb eines Deckenbereiches nicht üblich;

b) Scheinfugen:
Abstand $\leq$ 25 % Plattendicke; bei Spurbahnen 2 ... 2,5 m; bei quadratischen Platten auf Plätzen nach ZTV Beton bis 7,5 × 7,5 m;

c) Preßfugen:
vorzusehen als Querfuge bei Arbeitsunterbrechungen bzw. als Längsfuge bei Breitenvergrößerung, an Ausweichstellen etc.

(4) Fugenverguß:
entfällt normalerweise bei ländlichen Wegen; bei Rad- und Fußwegen nicht unbedingt erforderlich; bei Verkehrsflächen der Bauklassen IV bis VI sowie Flächen für den ruhenden Verkehr Vergußmassen nach Kap. 8.5.3.3 verwenden.

8.8.3.4   Arbeitsvorgang bei der Herstellung von Betondecken

(1) Unterlage vorbereiten:
Sauberkeitsschicht aus frostsicherem Material ($\geq$ 25 cm breiter als Decke als Auflager für die Betonschicht) i. a. ausreichend; bei Trockenheit vor Betoneinbau anfeuchten; Unterlagspapier oder Folien nicht üblich.

(2) Betoneinbau:
zwischen feststehenden, mit Trennmittel behandelten Schalungen oder mit Gleitschalungsfertiger (gut geschultes Bedienungspersonal erforderlich);
Lufttemperatur berücksichtigen:
über 25 °C: Frischbetontemperatur $\leq$ 30 °C; Beton sehr zügig einbauen und gegen Austrocknen schützen;
0 bis 5 °C: eingebauten Beton durch wärmedämmende Maßnahmen schützen;
−3 bis 0 °C: wie vor, Frischbetontemperatur $\geq$ 20 °C;
unter −3 °C: Betonierarbeiten verboten;
Antransport, Einbau und Verdichtung des Betons auf Herstellung einer gleichmäßigen Schicht abstimmen; bei Handeinbau zur Verdichtung möglichst sog. Doppelbohlen mit schwenkbarem Rüttler verwenden.

(3) Fugenherstellung:
Schein- und Raumfugen fortlaufend mit dem Betoneinbau ohne Beeinträchtigung von Oberflächenqualität und Verdichtung;
bei längeren Arbeitspausen Preßfugen vorsehen.

(4) Endbearbeitung der Betondecke:
nach Verdichtung Oberfläche quer zur Fahrtrichtung mit Stahlbesen abziehen.

(5) Nacharbeiten der eingebauten Schicht:
nur im frischen Zustand; nachträgliche Flickarbeiten (Aufbringen von Mörtel, Wässern der Decke und Pudern mit Zement) nicht zulässig; Fugen müssen bei Erfordernis vor Erstarrungsbeginn nachgearbeitet sein.

(6) Entschalen:
feste Schalungen frühestens 8 Stunden nach Einbau des Betons entfernen (bei kühler Witterung entsprechend später).

(7) Nachbehandlung der Decke:
Oberfläche nach Fertigstellung $\geq$ 3 Tage gegen Verdunstung ggf. auch Auskühlung schützen (Folienabdeckung, wasserhaltende Matten, flüssige Nachbehandlungsmittel).

(8) Verkehrsfreigabe:
bei Lufttemperaturen $>$ 5 °C meist nach 7 Tagen bzw. wenn vorhandene Druckfestigkeit $\geq$ 70 % der geforderten erreicht hat.

8.9 Deckschichten ohne Bindemittel, Sonderbauweisen

Keine Regelung in Richtlinien; Eignung für Nebenflächen, gering belastete Verkehrsflächen in Freizeit-, Erholungs-, Sport- und Grünanlagen.
Bauweisen:
aus mineralischen Stoffen: wassergebundene Decke, Sanddecke;
aus/mit organischen Materialien; Holzpflaster, Rindenbelege etc.

8.9.1 Wassergebundene Wegedecke

(1) Wirkungsweise:
Zusammenhalt der feinkörnigen Deckschicht durch Kohäsion (Haftkraft) bindiger Mineralbestandteile.

(2) Anwendungs- und Planungshinweise:
Anwendung: für Fahrwege mit geringer Verkehrsbelastung und niedriger Verkehrsgeschwindigkeit; Stellflächen; Fuß-, Radwege;
Planungshinweise:
Wartung:
regelmäßig erforderlich (vor allem bei stärkerer Nutzung);
Längsneigung: möglichst $\leq$ 5 % (andernfalls Erosion der Decke durch Oberflächenwasser; Wasserzuführung aus Nebenflächen vermeiden);
Querneigung: 2–3 %.

(3) Zusammensetzung der Deckschicht/Unterlage:
a) Unterlage:
möglichst korngestufte (hohlraumarme) Kies- oder Schottertragschicht
– s. Kap. 8.7.2.3;

b) Gerüstbaustoff:
Sand, gebrochener Naturstein, Schlacke, Haldenmaterial ca. 0/3 mm;
c) Bindemittel:
Mineralbestandteile < 0,06 mm; Anteil je nach Kornaufbau bis ca. 10 %; Zunahme reduziert ohnehin nur geringe Durchlässigkeit und Decke verliert an Tragfähigkeit bzw. wird schmierig; zu geringe Mengen reduzieren die Haftfestigkeit (Nachteil: Staubbildung).

(4) Arbeitsvorgang:
Einbau erfolgt üblicherweise zwischen Randeinfassungen (können u. U. bei extensiv genutzten Verkehrsflächen entfallen – dann allerdings Einwachsen der Randbegrünung und Auswaschen des feinkörnigen Deckenbaustoffs in die Vegetationsfläche möglich und zu beachten).
a) Übergangsschicht auf Unterlage einbauen:
Körnung 0/8 bis 8/16; Stärke ca. 2–4 cm;
b) Deckschicht herstellen:
Mineralgemisch in feuchtem Zustand gut gemischt verteilen und durch Anwalzen knetend verdichten (ca. 1,5 bis 3 cm im verdichteten Zustand);
c) Vor Verkehrsfreigabe Decke ca. 2 Wochen feucht halten und wiederholt nachwalzen.

(5) Wartungsarbeiten, Nutzungseinschränkungen:
bei Abnutzung, Verdrückungen, Schlaglochbildung etc.:
Decke großflächig bis zur Übergangsschicht auflockern, fehlendes Deckschichtmaterial zufügen, profilieren, erneut verdichten;
kleinflächiges Ausbessern:
z. B. nur Auffüllen von Schlaglöchern mit Deckenmaterial und Verdichten hat eine nur kurzzeitige Wirkung;
nur oberflächig angestaute wassergebundene Decken für Fahrverkehr sperren.

8.9.2 Sanddecke

(1) Wirkungsweise:
Festlegung des nichtbindigen Deckenbaustoffs (Sandgemisch) durch Reibungskräfte und Verkeilen.
(2) Anwendungs- und Planungshinweise:
relativ witterungsabhängige, wasserdurchlässige Bauweise für langsamen Fahrverkehr, Parkflächen, Fuß- und Radwege;
Längsneigung:
bei entsprechend dünner Aufbaustärke u. U. bis 8 % möglich;
Querneigung: 0–3 %.
(3) Zusammensetzung der Deckschicht/Unterlage:
a) Deckschicht:
Brechsand, u. U. Schlackengranulat 0/3; Feinkornanteil höchstens 3–5 %;

b) Unterlage:
korngestufte Schottertragschicht (s. Kap. 8.7.2.3) oder Rüttelschotter-
schicht mit Splittverfüllung (s. Kap. 8.7.2.4).
(4) Arbeitsvorgang:
Einbau zwischen Randeinfassungen üblich (s. auch wassergeb. Decke);
a) in von oben erreichbare Hohlräume der Tragschicht Sand einrütteln;
b) zum Oberflächenschluß so viel Sand aufbringen, daß Splitt- bzw.
Schotterspitzen höchstens schwach bedeckt sind; anschließend statisch einwalzen;
c) Verkehrsfreigabe unmittelbar nach Fertigstellung;
(5) Wartungsarbeiten, Nutzungseinschränkungen:
bei flachen Abnutzungen, Verdrückungen u. U. Nachsanden und stat.
Anwalzen ausreichend;
bei tieferen Schadstellen Tragschicht vorsichtig lockern, ergänzen (grober
Splitt, feiner Schotter), verdichten und durch Absanden fertigstellen;
während des Frostaufgangs nur bei sehr ungünstigen Untergrundverhält-
nissen Sperrung für Fahrverkehr erforderlich.

8.9.3   Holzpflaster

(1) Anwendungshinweise:
a) Rundholzpflaster:
für Fußwege, Aufenthaltsflächen; Fahrverkehr führt zu starken Bewegungen und Randbeschädigungen (Haltbarkeit eingeschränkt);
b) Holzpflasterklötze:
auch im Außenbereich für stärkere Horizontalbelastungen (Fahrverkehr)
geeignet; Schattenlagen wegen Dauerfeuchtigkeit (Algenbildung) meiden;
Längsneigungen im Außenbereich:
für Fußwege: Rundholzpflaster $\leq$ 8 %. Holzpflasterklötze $\leq$ 6 %;
für Fahrverkehr: möglichst $\leq$ 4 %;
Querneigung im Außenbereich:
bei Rundholzpflaster 2–4 %; bei Holzpflasterklötzen 1,5–2,5 %.
(2) Anforderungen an Unterlage:
wichtigste Bedingung im Außenbereich:
sehr gute Wasserdurchlässigkeit der Tragschicht und des Baugrunds (bei
schwer oder nicht durchlässigem Baugrund Planum entwässern!);
stärkere lokale Verdrückungen einzelner Pflaster»steine« nur bei besonders scherfesten ungebundenen Tragschichten (korngestuftes Schotter-
Splitt-Gemisch) vermeidbar.
(3) Arbeitsvorgang:
a) Ausgleichsschicht (Pflasterbett) einbauen: Splitt, Edelsplitt, u. U. auch
Sand ca. 3–5 cm dick aufbringen; bei exakt geschnittenem Pflaster
profilieren und anwalzen;
b) Holzpflaster setzen:
Rechteckpflaster mit engen Fugen, scharfen Sand einfegen;

Rundholzpflaster möglichst eng; Fugen sofort mit Splitt (besser Edel-splitt) oder grobem, gebrochenem, feinkornfreiem Sand verfüllen;
c) Pflaster ggf. statisch leicht abwalzen;
d) Verkehrsfreigabe direkt nach Fertigstellung.

(4) Wartungsarbeiten:
Erhalt der Wasserdurchlässigkeit vorrangig (Fugen säubern):
feinkörnige Mineralstoffe, Bewuchs (vor allem Algen und Moose) etc. ent-fernen, nachsanden oder nachsplitten;
rutschgefährdete Bereiche ggf. leicht sanden.

8.9.4 Deckschichten aus sonstigen organische Materialien (Gerberlohe, Rinden-Mulch, Nadelbeläge, Holzspäne)

(1) Eigenschaften:
gute Federungseigenschaften, angenehmes Belaufen.

(2) Anwendungs- und Planungshinweise:
für rein fußläufige Flächen geeignet (Privatgärten, Freizeit-, Sport-, Grün-anlagen);
Längsneigung:
bei Gerberlohe, Rindenmulch möglichst nicht über 6 %;
bei Nadelbelägen, Holzspänen nicht über 4 %;
Querneigung:
bei Rindenmulch RM 3 und 4 min. 2,5 %;
für andere Baustoffe genügt u. U. vertikale Wasserabfuhr in die Trag-schicht.

(3) Unterlage:
gute Wasserdurchlässigkeit erforderlich; bei extensiv genutzten Wegen in der freien Landschaft, ggf. im Privatbereich genügt der ausreichend durchlässige Baugrund; sonst möglichst hohlraumreiche, aber relativ fein-porige Tragschichten verwenden;
bindiges Planum entwässern.

(4) Einbau:
auf fertige Tragschicht Deckmaterial in gewünschter Dicke (ca. 3 bis 10 cm) profilgerecht verteilen und ggf. leicht anwalzen.

(5) Wartungsarbeiten:
Unebenheiten nach flächigem Lockern ausgleichen;
zersetztes Deckmaterial entfernen, Fläche durch lose Schüttung auffüllen; Material ggf. leicht anwalzen;
Wasserstau auf der Oberfläche durch seitliche Ableitung beheben;
vernäßte Tragschichten bzw. Planum durch Anschluß an Sickereinrichtun-gen oder tiefliegende Entwässerungen trockenlegen.

8.10 Seitliche Begrenzung von Verkehrsflächen

Feste Begrenzungen sind i.d.R. bei höher belasteten Verkehrsflächen erforderlich. Sie werden bündig mit ihr oder höher als die Verkehrsfläche selbst ausgebildet.

Bei Wegen in Grünanlagen, Privatgärten und der freien Landschaft (z. B. bei Wanderwegen) können sie – in aufwendiger Bauweise – häufig entfallen.

8.10.1 Aufgaben

Die seitliche Begrenzung dient einer ganzen Reihe von Aufgaben, deren Zweck meist miteinander verbunden ist.

(1) Wirkung als seitliches Widerlager für Tragschicht und/oder Decke:
   a) während des Einbaus (Gewährleistung ausreichender Verdichtung im Randbereich der jeweiligen Fläche) und
   b) während der Nutzung (Verhinderung unkontrollierbarer oder starker Randsetzungen bzw. seitlicher Verdrückungen von z. B. Pflasterbelägen).

(2) Abfangen von Oberflächenwasser aus Nebenflächen vor der Verkehrsfläche.

(3) Gezieltes Ableiten von Oberflächenwasser von der Verkehrsfläche selbst (z. B. in Bordrinnen).

(4) Schutz des Oberbaus gegen seitlich eindringendes Wasser oder Einwachsen angrenzender Vegetation.

(5) Konstruktive Trennung verschiedener Oberbauarten oder unterschiedlicher Deckenausbildungen.

(6) Optische Führung des Verkehrs (Träger der Markierung am Rand, Mittellinie, Höckertrennung; Warneinbauten in Längsrichtung).

(7) Optische Trennung bestimmter Nutzungs- oder Funktionsbereiche (Fahren, Gehen, Ruhen, Spielen) oder Erzielung bestimmter gestalterischer Bildelemente.

(8) Schutz des gesamten Oberbaus vor Auswirkungen vegetationstechnischer Arbeiten direkt neben der Verkehrsfläche.

8.10.2 Bauweisen

Je nach Aufgabe kann die seitliche Begrenzung verschieden aufwendig bzw. tief ausgeführt werden.

(1) Verbreitung der Tragschicht gegenüber der Decke als einfachste Lösung.

(2) Vermörtelung der Randzone ungebundener Tragschichten, ggf. des Pflasterbetts.

(3) Verlegen von Bord- und Kantensteinen (Hochbord-, Flachbord-, Tiefbordstein) ggf. in Verbindung mit Bordrinnen nach DIN 18318.

(4) Ausbildung von Muldenrinnen mit Muldenpflaster oder speziellen Muldensteinen.

(5) Ausbildung einer Rollschicht aus kleinformatigen Werksteinen.

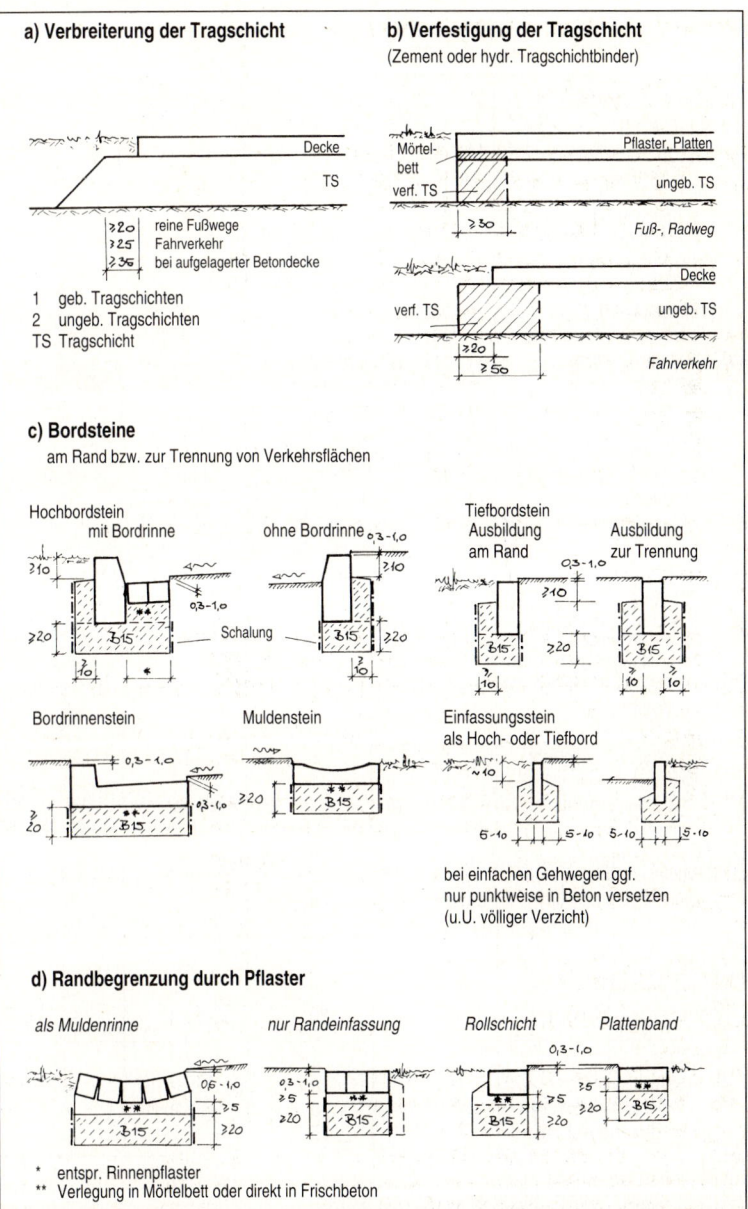

a) Verbreiterung der Tragschicht

b) Verfestigung der Tragschicht
(Zement oder hydr. Tragschichtbinder)

≥20 reine Fußwege
≥25 Fahrverkehr
≥35 bei aufgelagerter Betondecke

1   geb. Tragschichten
2   ungeb. Tragschichten
TS Tragschicht

c) Bordsteine
am Rand bzw. zur Trennung von Verkehrsflächen

bei einfachen Gehwegen ggf.
nur punktweise in Beton versetzen
(u.U. völliger Verzicht)

d) Randbegrenzung durch Pflaster

*   entspr. Rinnenpflaster
** Verlegung in Mörtelbett oder direkt in Frischbeton

Abb. 8.10.2/1. Seitliche Begrenzung der Verkehrsfläche – Beispiele

Bauweise		Schichtdicken in [cm] Anwendung bei Bauklasse			
		SV	I	II	III
frostsicherer Oberbau (Gesamtdicke)		60 70 80 90	50 60 70 80	50 60 70 80	50 60 70 80
Bituminöse Decke	Deckschicht	4	4	4	4
	Binderschicht	8	8	8	4
	bituminöse Tragschicht	22	18	14	14
	Frostschutzschicht [9]	26² 36¹ 46 56	– 30¹ 40 50	– 34¹ 44 54	28² 38¹ 48 58
	Deckschicht	9	4	4	4
	Binderschicht	8	8	8	4
	bituminöse Tragschicht	18	14	10	10
	Bodenverfestigung	15	15	15	15
	Frostschutzschicht [10]	15¹ 25 35 45	9³ 19³ 29 39	13³ 23 33 43	17³ 27 37 47
	Deckschicht	4	4	4	4
	Binderschicht	8	8	8	4
	bituminöse Tragschicht	18	14	10	10
	Schotter-Tragschicht	15	15	15	15
	Frostschutzschicht [9]	– 25² 35¹ 45	– – 29² 39¹	– – 33¹ 43	– 27² 37 1 47
	Deckschicht	4	4	4	4
	Binderschicht	8	8	8	4
	bituminöse Tragschicht	18	14	10	10
	Kies-Tragschicht	20	20	20	20
	Frostschutzschicht [9]	– – 30¹ 40	– – – 34¹	– – 28² 38¹	– – 32¹ 42
	Deckschicht	4	4	4	4
	Binderschicht	8	8	8	4
	bituminöse Tragschicht	14	10	8	8
	hydr. geb. Tragschicht	15	15	15	15
	Frostschutzschicht [9]	– 29² 39¹ 49	– – 33¹ 43	– 25² 35¹ 45	– 29² 39¹ 49
	Deckschicht	4	4	4	4
	Binderschicht	8	8	8	4
	bituminöse Tragschicht	18	14	10	10
	Kies-, Schottertragschicht	30² 40¹ 50 60	– 34² 44¹ 54	– 38¹ 48 58	32² 42¹ 52 62
Asphaltoberbeu	Deckschicht	4	4	4	4
	Binderschicht	8	8	8	4
	bituminöse Tragschicht	34	30	26	26
	Deckschicht		4[8]	4[8]	4[8]
	Binderschicht		8	8	4
	bituminöse Tragschicht		10	8	8
	hydr. geb. Tragschicht		25	25	26
Fußnoten s. *Abb. 8.11/4*					

Abb. 8.11/1.   Regelaufbau für Fahrbahnen der Bauklasse SV, I–VI – Bituminöse Bauweisen nach RStO – (Zuordnung von Bauklasse und Nutzungsart s. Abb. 8.6.1/3) – 1. Teil

Bauweise		Schichtdicken in [cm] Anwendung bei Bauklasse		
		IV	V	VI
frostsicherer Oberbau (Gesamtdicke)		50 60 70 80	40 50 60 70	40 50 60 70
Bituminöse Decke	Deckschicht	4	4	10^5
	Binderschicht	–	–	–
	bituminöse Tragschicht	14	10	–
	Frostschutzschicht [9]	32^1 42 52 62	26^1 36 46 56	30 40 50 60
	Deckschicht	4	4	$10^{5,8}$
	Binderschicht	–	–	–
	bituminöse Tragschicht	10	8	–
	Bodenverfestigung	15^4	15^4	15^4
	Frostschutzschicht [10]	21 31 41 51	13^3 23 33 43	15^3 25 35 45
	Deckschicht	4	4	10^5
	Binderschicht	–	–	–
	bituminöse Tragschicht	10	8	–
	Schotter-Tragschicht	15	15	15
	Frostschutzschicht [9]	– 31^1 41 51	– 23^1 33 43	– 25^1 35 45
	Deckschicht	4	4	10^5
	Binderschicht	–	–	–
	bituminöse Tragschicht	10	8	–
	Kies-Tragschicht	20	20	20
	Frostschutzschicht [9]	– 26^2 36^1 46	– 18^2 28 38	– 20^2 30 40
	Deckschicht	4	4	$10^{5,8}$
	Binderschicht	–	–	–
	bituminöse Tragschicht	8	8	15
	hydr. geb. Tragschicht	15	15	15
	Frostschutzschicht [9]	– 33^1 43 53	– 23^1 33 43	– 27^1 37 47
	Deckschicht	4	4	10^5
	Binderschicht	–	–	–
	bituminöse Tragschicht	10	8	–
	Kies-, Schottertragschicht	36 46 56 66	28^1 38 48 58	30^1 40 50 60
Asphaltoberbau	Deckschicht	4	4	4
	Binderschicht	–	–	–
	bituminöse Tragschicht	22	22	18
	Deckschicht	4^8	4^8	$4^{5,8}$
	Binderschicht	–	–	–
	bituminöse Tragschicht	8	8	–
	hydr. geb. Tragschicht	26	22	22
Fußnoten s. *Abb. 8.11/4*				

Abb. 8.11/1. Regelaufbau für Fahrbahnen der Bauklasse SV, I-VI – Bituminöse Bauweisen nach RStO – (Zuordnung von Bauklasse und Nutzungsart s. Abb. 8.6.1/3) – 2.Teil

(6) Verlegen bestimmter Randsteine bei Verbundsteinpflaster.
Ausführungsbeispiele, Materialangaben s. Abb. 8.10/2.1; für den Einbau von Tief- und Hochbordsteinen gilt DIN 18318.

8.11　Beispiele für die Ausbildung des Oberbaus von Verkehrsflächen

In Abb. 8.11/1 bis 4 sind Beispiele für »Regelaufbauten« (ohne ggf. erforderliche seitliche Begrenzungen) für die in Kap. 8.6 bis 8.9 aufgezeigten Bau-

Bauweise		Schichtdicken in [cm] Anwendung bei Bauklasse			
		SV	I	II	III
frostsicherer Oberbau (Gesamtdicke)		60 70 80 90	50 60 70 80	50 60 70 80	50 60 70 80
Betondecke	Betondecke hydr. geb. Tragschicht Frostschutzschicht [9]	26 15 – 29[2] 39[1] 49	24 15 – – 31[1] 41	22 15 – – 33[1] 43	22 15 – – 33[1] 43
	Betondecke hydr. Bodenverfestigung Frostschutzschicht [9]	26 15 19[3] 29 39 49	24 15 11[3] 21 31[1] 41	22 15 13[3] 23 33 43	22 15 13[3] 23 33 43
	Betondecke hydr. Bodenverfestigung Frostschutzschicht [10]	26 20[4] 14[3] 24 34 44	24 20[4] 63[1] 63 26 36	22 20[4] 8[3] 18[3] 28 38	22 20[4] 8[3] 18[3] 28 38
	Betondecke bituminöse Tragschicht Frostschutzschicht [9]	26 10 – 34[1] 44 54	24 10 – 26[2] 36[1] 46	22 10 – 28[2] 38[1] 48	22 10 – 28[2] 38[1] 48
	Betondecke Frostschutzschicht [9]				
	Betondecke Frostschutzschicht [10]				
Betonoberbau	Betondecke hydr. geb. Tragschicht	26 25	24 25	22 23	22 20
	Betondecke hydr. Bodenverfestigung	26 25[4]	24 25[4]	22 23[4]	22 20[4]
Fußnoten s. *Abb. 8.11/4*					

Abb. 8.11/2. Regelaufbau für Fahrbahnen der Bauklasse SV, I-VI – Betonbauweisen nach RStO – (Zuordnung von Bauklasse und Nutzungsart s. Abb. 8.6.1/3) – 1. Teil

weisen in Abhängigkeit von der Nutzung bzw. Bauklasse (Verkehrsmenge) dargestellt.
Sie sind anwendbar, wenn folgende Mindestanforderungen (s. auch Kap. 8.6.2) erfüllt sind:
bei Fahrbahnen (Bauklasse SV bis VI):

Erdplanum $\qquad$ $E_{v2} \geq$ 45 MN/m^2
ungebundene Tragschicht $\quad$ $E_{v2} \geq$ 150 MN/m^2
Frostschutzschicht $\qquad$ $E_{v2} \geq$ 120 MN/m^2
bei Rad- und Gehwegen:
ungebundene Tragschicht $\quad$ $E_{v2} \geq$ 80 MN/m^2.

| Bauweise | | Schichtdicken in [cm] Anwendung bei Bauklasse | | |
		IV	V	VI
	frostsicherer Oberbau (Gesamtdicke)	50 60 70 80	40 50 60 70	40 50 60 70
Betondecke	Betondecke hydr. geb. Tragschicht Frostschutzschicht [9]			
	Betondecke hydr. Bodenverfestigung Frostschutzschicht [9]			
	Betondecke hydr. Bodenverfestigung Frostschutzschicht [10]			
	Betondecke bituminöse Tragschicht Frostschutzschicht [9]	18 8 – 34[1] 44 54	16 8 – 26[2] 36[1] 46	16 8 – 26[2] 36[1] 46
	Betondecke Frostschutzschicht [9]	20 30[1] 40 50 60	18 22[1] 32 42 52	16 24[1] 34 44 54
	Betondecke Frostschutzschicht 10		20 – 30 40 50	18 – 32 42 52
Betonoberbau	Betondecke hydr. geb. Tragschicht	18[8] 20	16[8] 15	14[8] 15
	Betondecke hydr. Bodenverfestigung	18[8] 20[4]	16[8] 15	14[8] 15
Fußnoten s. *Abb. 8.11/4*				

Abb. 8.11/2. Regelaufbau für Fahrbahnen der Bauklasse SV, I-VI – Betonbauweisen nach RStO – (Zuordnung von Bauklasse und Nutzungsart s. Abb. 8.6.1/3) – 2. Teil

| Bauklasse | Schichtdicken [cm] Anwendung bei Bauklasse | | | |
	III	IV	V	VI
frostsicherer Oberbau (Gesamtdicke)	50 60 70 80	50 60 70 80	40 50 60 70	40 50 60 70
Belag	8	8	8	8
Pflasterbett	3	3	3	3
bituminöse Tragschicht	14	12	10	10
Frostschutzschicht[9]	25^2 35^1 45 55	27^2 37^1 47 57	19^2 29 39 49	19^2 29 39 49
Belag	8^6	8^6	8^6	8^6
Pflasterbett	3	3	3	3
bituminöse Tragschicht	10	8	8	8
Schotter-Tragschicht	15	15	15	15
Frostschutzschicht[9]	– – 34^1 44	– 26^2 36^1 46	– – 26^1 36	– – 26^1 36
Belag	8^6	8^6	8^6	8^6
Pflasterbett	3	3	3	3
bituminose Tragschicht	10	8	8	8
Kies-Tragschicht	20	20	20	20
Frostschutzschicht[9]	– – 29^2 39^1	– – 31^1 41	– – 21^2 31	– – 21^2 31
Belag	8	8	8	8
Pflasterbett	3	3	3	3
Bodenverfestigung	20	15	15	15
Frostschutzschicht[10]	19^3 29 39 49	24 34 44 54	14^3 24 34 44	14^3 24 34 44
Belag	8	8	8	8
Pflasterbett	3	3	3	3
Schotter-Tragschicht	25	20	15	15
Frostschutzschicht[9]	– – 34^1 44	– 29^2 39^1 49	– 24^1 34 44	– 24^1 34 44
Belag	8	8	8	8
Pflasterbett	3	3	3	3
Kies-Tragschicht	30	25	20	20
Frostschutzschicht[9]	– – 29^2 39^1	– – 34^2 44	– 19^2 29 39	– 19^2 29 39
Belag	8	8	8	8
Pflasterbett	3	3	3	3
hydr. geb. Tragschicht	20	15	15	15
Frostschutzschicht[9]	– 29^2 39^1 49	– 34^1 44 54	– 24^1 34 44	– 24^1 34 44
Belag	8^7	8^7	8^7	8^7
Pflasterbett	3	3	3	3
Kies-, Schottertragschicht	39^1 49 59 69	39^1 49 59 69	29^1 39 49 59	29^1 39 49 59
Fußnoten s. *Abb. 8.11/4*				

Abb. 8.11/3. Regelaufbau für Fahrbahnen der Bauklasse III-VI – Pflasterdecken nach RStO – (Zuordnung von Bauklasse und Nutzungsart s. Abb. 8.6.1/3)

Bauweise	Schichtdicken [cm]			
	Bitum. Decke	Betondecke	Pflasterdecke	Plattenbelag
frostsicherer Oberbau (Gesamtdicke)	20 30 40 50	20 30 40 50	20 30 40 50	20 30 40 50
Deckschicht Bettung Frostschutzschicht[9]	10^{11} – 10 20 30 40	12^{12} – 18 28 38	8^{12} 3 – 19 29 39	6^{12} 3 11 21 31 41
Deckschicht Bettung Kies-, Schottertragschicht Frostschutzschicht[9]	8^{11} – 15 – – 17 27		8 3 15 – – 14 24	6 3 15 – – 16 26
Deckschicht Bettung hydr. geb. Tragschicht Frostschutzschicht[9]	6^{11} – 12 – 12 22 32		8 3 12 – – 17 27	6 3 12 – – 19 29
Deckschicht Bettung Bodenverfestigung Frostschutzschicht	6^{11} – 12^{4} – 12 22 32		8 . 3 12 – – 17 27	6 3 12 – – 19 29
Deckschicht Bettung Kies-, Schottertragschicht	8^{11} – 12 22 32 42		8 3 – 19 29 39	6 3 11 21 31 41

Erläuterungen (s. auch *Abb. 8.11/1 bis 3*):

*   vollgebundener Oberbau
[1] mit rundkörnigen Mineralstoffen nur bei örtlicher Bewährung anwendbar
[2] nur mit gebrochenen Mineralstoffen und örtlicher Bewährung anwendbar
[3] nur bei Bodenverfestigung im Baumischverfahren ausführbar
[4] zusätzliche Maßnahmen zur gezielten Rißbildung erforderlich
[5] Ausbildung als Tragdeckschicht
[6] nur bei zwischenzeitlich Nutzung der Tragschicht oder notwendiger Abdichtung 10 cm dicke bit. Tragschicht vorsehen
[7] nur bei zwischenzeitlich Nutzung der Tragschicht oder notwendiger Abdichtung 8 cm dicke bit. Tragschicht vorsehen (bei Bauklasse III = 10 cm)
[8] bisher keine umfangreiche Erprobung erfolgt
[9] Frostschutzmaterial gem. DIN 18196 weit oder intermittierend gestuft
[10] Frostschutzmaterial gem. DIN 18196 eng gestuft
[11] Tragdeckschicht oder andere ein- oder zwischichtige bit. Befestigung
[12] bei notwendiger Abdichtung 8 cm dicke bit. Tragschicht vorsehen

Abb. 8.11/4. Regelaufbau für Rad- und Gehwege nach RStO

9 Entwässerung

Definition: Wasser, das aus menschlichen Ansiedlungen durch die Kanalisation abgeleitet wird, bezeichnet man als Abwasser. Dabei wird unterschieden:

(1) Regenwasser: Abwasser, das in Form von Niederschlägen auf Verkehrs- und Dachflächen gelangt und von dort über Entwässerungseinrichtungen den Kanalisationsleitungen zugeführt wird.

(2) Schmutzwasser: stark verunreinigtes Abwasser aus Haushalten, Gewerbe- oder Industriebetrieben.

Kanalisationssysteme:

(1) Trennsystem: Getrennte, meist parallel verlaufende Rohrleitungen für Schmutzwasser und Regenwasser.

(2) Mischsystem: Eine gemeinsame Rohrleitung für Schmutz- und Regenwasser.

9.1 Kanalisationsleitungen

Beanspruchung erdverlegter Rohrleitungen:

(1) Mechanisch: Durch Schleifwirkung der im Abwasser enthaltenen Stoffe, insbesondere durch Sand.

(2) Chemisch: Durch Chemikalien im Abwasser oder durch agressives Bodenwasser.

(3) Thermisch: Durch eingeleitetes heißes Abwasser (Temperaturspannungen).

(4) Statisch: Durch Erdlasten aus der Grabenverfüllung.

(5) Dynamisch: Durch Stöße und Schwingungen aus Verkehrslasten.

Die überwiegende Beanspruchungsart ist bei der Wahl eines Rohrmaterials oder einer Rohrart zu berücksichtigen.

Verwendet werden im Bereich des Landschafts- und Sportplatzbaues hauptsächlich Steinzeugrohre, Betonrohre und Kunststoffrohre.

9.1.1 Rohrarten

9.1.1.1 Steinzeugrohre

(1) Materialangaben: Die Rohre werden aus Ton unter Hinzufügen von Schamotte (vorgebrannter und anschließend gemahlener Ton) hergestellt und von innen und außen mit einer Glasur versehen. Durch Brennen bis zur Sinterung entsteht ein sehr widerstandsfähiges, keramisches Material.

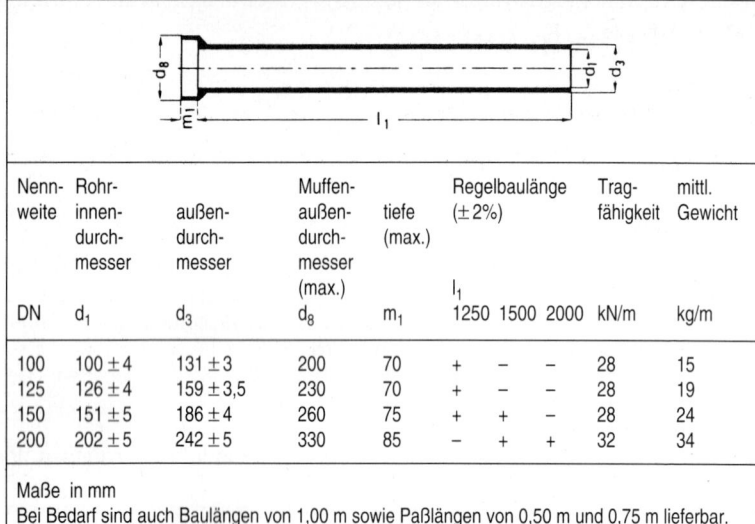

Nenn-weite	Rohr-innen-durch-messer	außen-durch-messer	Muffen-außen-durch-messer (max.)	tiefe (max.)	Regelbaulänge (±2%) l_1			Trag-fähigkeit	mittl. Gewicht
DN	d_1	d_3	d_8	m_1	1250	1500	2000	kN/m	kg/m
100	100 ± 4	131 ± 3	200	70	+	–	–	28	15
125	126 ± 4	159 ± 3,5	230	70	+	–	–	28	19
150	151 ± 5	186 ± 4	260	75	+	+	–	28	24
200	202 ± 5	242 ± 5	330	85	–	+	+	32	34

Maße in mm
Bei Bedarf sind auch Baulängen von 1,00 m sowie Paßlängen von 0,50 m und 0,75 m lieferbar.

Abb. 9.1.1/1. Steinzeugrohre mit Steckmuffe L – Abmessungen

Ausführung und Abmessungen der Rohre und Formstücke sind in DIN 1230 festgelegt. Die Nennweiten DN 100 – DN 150 sind außerdem noch in nur innen glasierter Ausführung lieferbar (Produktbezeichnung »topton«).

(2) Verwendung:

a) Grundstücksentwässerung: DN 100–DN 200 für erdverlegte Regen- und Schmutzwasserleitungen (Grundleitungen);
Rohrabmessungen s. Abb. 9.1.1/1 und 2;
Rohrverbindung: Steckmuffe L bestehend aus einem Lippenring aus Kautschuk-Elastomer, der fest mit der Muffe verbunden ist (s. Abb. 9.1.1/3).

b) Ortsentwässerung: DN 200–DN 1400 für Schmutzwasserleitungen;
Rohrabmessungen s. Abb. 9.1.1/4 und 5;
Ausführung N: Normale Wanddicke,
Ausführung V: Verstärkte Wandung für höhere Tragfähigkeit;
Rohrverbindung: Steckmuffe K bestehend aus einem Ausgleichselement aus Polyester in der Muffe und einem Dicht- und Ausgleichselement aus Polyurethan – weich am Spitzende (s. Abb. 9.1.1/6).

9.1.1.2 Betonrohre

(1) Materialangaben: Rohre aus Beton gibt es in vielerlei Formen, Ausführungen und Abmessungen. Im Bereich des Landschaftsbaus kommen hauptsächlich unbewehrte Rohre mit Kreisquerschnitt zur Anwendung, wobei die Rohrverbindung mit Muffe oder mit Falz ausgeführt werden kann.

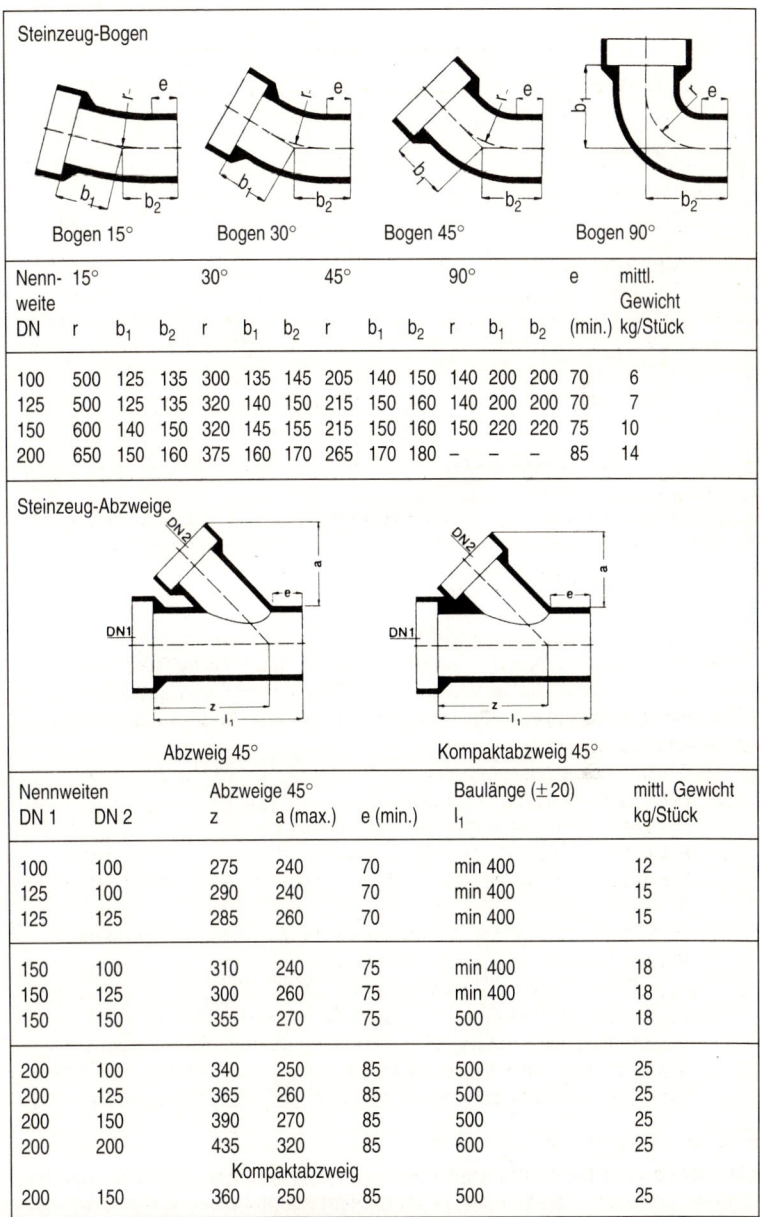

Steinzeug-Bogen

| Bogen 15° | Bogen 30° | Bogen 45° | Bogen 90° |

Nenn-weite DN	15°			30°			45°			90°			e (min.)	mittl. Gewicht kg/Stück
	r	b_1	b_2	r	b_1	b_2	r	b_1	b_2	r	b_1	b_2		
100	500	125	135	300	135	145	205	140	150	140	200	200	70	6
125	500	125	135	320	140	150	215	150	160	140	200	200	70	7
150	600	140	150	320	145	155	215	150	160	150	220	220	75	10
200	650	150	160	375	160	170	265	170	180	–	–	–	85	14

Steinzeug-Abzweige

Abzweig 45°   Kompaktabzweig 45°

Nennweiten		Abzweige 45°			Baulänge (± 20)	mittl. Gewicht kg/Stück
DN 1	DN 2	z	a (max.)	e (min.)	l_1	
100	100	275	240	70	min 400	12
125	100	290	240	70	min 400	15
125	125	285	260	70	min 400	15
150	100	310	240	75	min 400	18
150	125	300	260	75	min 400	18
150	150	355	270	75	500	18
200	100	340	250	85	500	25
200	125	365	260	85	500	25
200	150	390	270	85	500	25
200	200	435	320	85	600	25
Kompaktabzweig						
200	150	360	250	85	500	25

Abb. 9.1.1/2. Steinzeugrohre – Formstücke mit Steckmuffe L – Teil 1

Steinzeug-Übergangsstücke

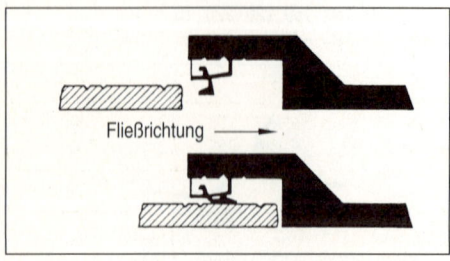

| Nennweiten | | e | mittl. |
DN 1	DN 2	(min.)	Gewicht kg/Stück
100	125	70	6
100	150	75	7
125	150	75	7
150	200	85	10

Maße in mm
Übrige Maße wie Rohre
Nichtgenormte Richtmaße: r, b_1, b_2 und z

Abb. 9.1.1/2. Steinzeugrohre – Formstücke mit Steckmuffe L – Teil 2

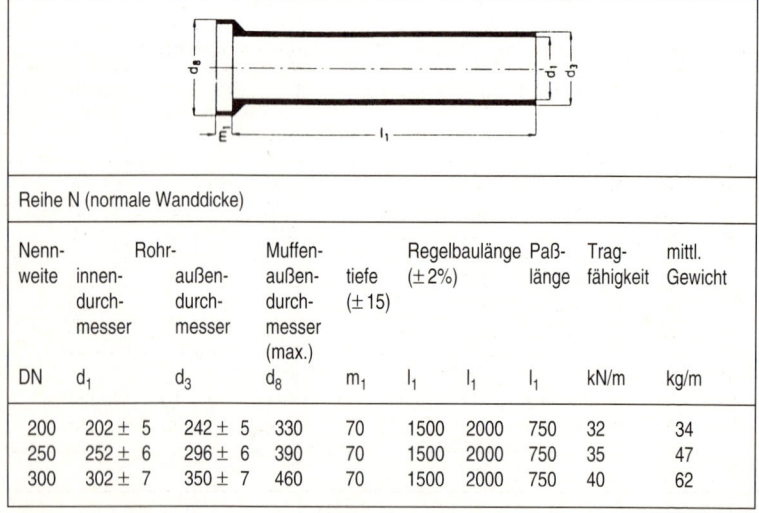

Fließrichtung ⟶

*Abb. 9.1.1/3. Steckmuffe L
(für DN 100 bis 200)*

Reihe N (normale Wanddicke)

Nenn-weite	Rohr-innen-durch-messer	außen-durch-messer	Muffen-außen-durch-messer (max.)	tiefe (± 15)	Regelbaulänge ($\pm 2\%$)		Paß-länge	Trag-fähigkeit	mittl. Gewicht
DN	d_1	d_3	d_8	m_1	l_1	l_1	l_1	kN/m	kg/m
200	202 ± 5	242 ± 5	330	70	1500	2000	750	32	34
250	252 ± 6	296 ± 6	390	70	1500	2000	750	35	47
300	302 ± 7	350 ± 7	460	70	1500	2000	750	40	62

Abb. 9.1.1/4. Steinzeugrohre mit Steckmuffe K – Abmessungen – 1. Teil

Reihe N (normale Wanddicke) (Fortsetzung)

Nennweite	Rohr-innendurchmesser	Rohr-außendurchmesser	Muffen-außendurchmesser (max.)	Muffen-tiefe (± 15)	Regelbaulänge ($\pm 2\%$)	Paß-länge	Trag-fähigkeit	mittl. Gewicht
DN	d_1	d_3	d_8	m_1	l_1	l_1	l_1 kN/m	kg/m
350	352 ± 7	404 ± 7	510	70	1500	2000	750	40	75
400	402 ± 8	460 ± 8	580	70	1500	2000	750	44	95
450	452 ± 8	516 ± 8	640	70	–	2000	750	44	118
500	503 ± 9	581 ± 9	730	75	–	2000	750	50	143
600	603 ± 12	687 ± 12	860	80	–	2000	750	50	183
700	704 ± 15	790 ± 15	970	80	–	2000	750	50	240
800	805 ± 17	895 ± 17	1090	80	–	2000	750	50	295
900	906 ± 20	1002 ± 20	1240	90	–	2000	750	50	345
1000	1007 ± 23	1109 ± 23	1360	90	–	2000	750	50	395
1200	1208 ± 27	1320 ± 27	1600	90	–	2000	750	50	540
1400	1409 ± 31	1529 ± 31	1830	90	–	2000	750	50	700

Reihe V (verstärkte Wandung)

Nennweite	Rohr-innendurchmesser	Rohr-außendurchmesser	Muffen-außendurchmesser (max.)	Muffen-tiefe (± 15)	Regel-baulänge ($\pm 2\%$)	Paß-länge	Trag-fähigkeit	mittl. Gewicht
DN	d_1	d_3	d_8	m_1	l_1	l_1	l_1 kN/m	kg/m
200	202 ± 5	262 ± 5	380	70	2000	750	60	48
250	252 ± 6	318 ± 6	440	70	2000	750	60	63
300	302 ± 7	374 ± 7	510	70	2000	750	60	94
350	352 ± 7	430 ± 7	570	70	2000	750	65	113
400	402 ± 8	490 ± 8	650	70	2000	750	70	142
450	452 ± 8	548 ± 8	720	70	2000	750	70	178
500	503 ± 9	607 ± 9	790	75	2000	750	80	214
600	603 ± 12	721 ± 12	930	80	2000	750	80	275
700	704 ± 15	831 ± 15	1060	80	2000	750	80	360
800	805 ± 17	941 ± 17	1190	80	2000	750	80	443
900	906 ± 20	1050 ± 20	1340	90	2000	750	80	495
1000	1007 ± 23	1159 ± 23	1450	90	2000	750	80	580

Maße in mm

Abb. 9.1.1/4. Steinzeugrohre mit Steckmuffe K – Abmessungen – 2. Teil

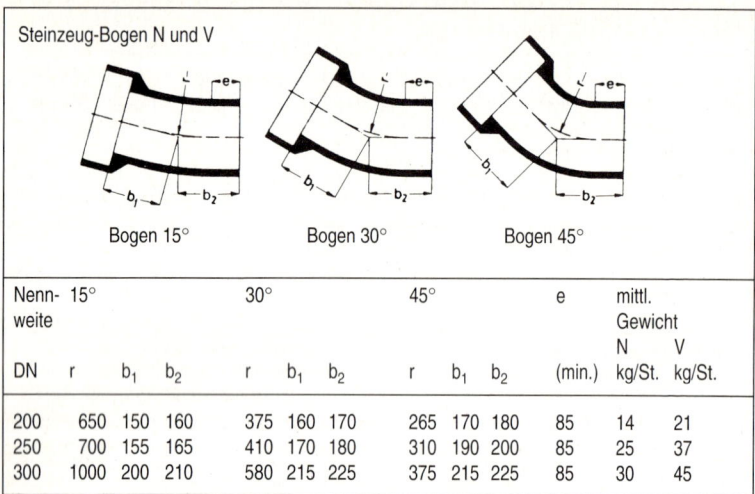

Nenn-weite	15°			30°			45°			e	mittl. Gewicht N	V
DN	r	b₁	b₂	r	b₁	b₂	r	b₁	b₂	(min.)	kg/St.	kg/St.
200	650	150	160	375	160	170	265	170	180	85	14	21
250	700	155	165	410	170	180	310	190	200	85	25	37
300	1000	200	210	580	215	225	375	215	225	85	30	45

Abb. 9.1.1/5. Steinzeugrohre – Formstücke mit Steckmuffe K – Teil 1

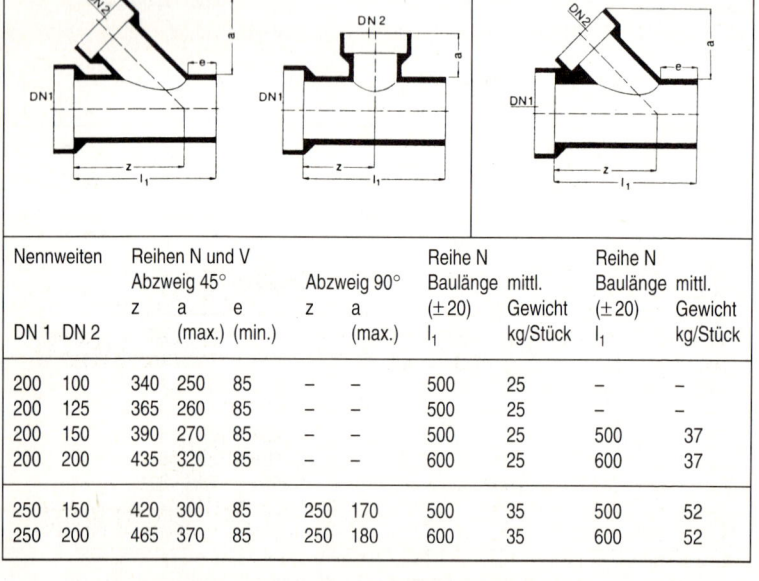

Nennweiten	Reihen N und V Abzweig 45°			Abzweig 90°		Reihe N Baulänge (±20)	mittl. Gewicht	Reihe N Baulänge (±20)	mittl. Gewicht
	z	a (max.)	e (min.)	z	a (max.)				
DN 1 DN 2						l₁	kg/Stück	l₁	kg/Stück
200 100	340	250	85	–	–	500	25	–	–
200 125	365	260	85	–	–	500	25	–	–
200 150	390	270	85	–	–	500	25	500	37
200 200	435	320	85	–	–	600	25	600	37
250 150	420	300	85	250	170	500	35	500	52
250 200	465	370	85	250	180	600	35	600	52

Abb. 9.1.1/5. Steinzeugrohre – Formstücke mit Steckmuffe K – Teil 2

Nennweiten		Reihen N und V Abzweig 45°			Abzweig 90°		Reihe N Baulänge (±20)	mittl. Gewicht	Reihe N Baulänge (±20)	mittl. Gewicht
DN 1	DN 2	z	a (max.)	e (min.)	z	a (max.)	l_1	kg/Stück	l_1	kg/Stück
300	150	450	300	85	250	170	500	48	500	72
300	200	495	370	85	250	180	600	48	600	72
350	150	480	300	85	250	170	500	56	500	84
350	200	525	370	85	250	180	600	56	600	84
400	150	510	300	85	250	170	500	71	500	107
400	200	555	370	85	250	180	600	71	600	107
450	150	545	300	85	250	170	500	86	500	129
450	200	590	370	85	250	180	600	86	600	129

Steinzeug-Kompaktabzweige 45° N

Nennweiten		Reihe N Abzweig 45°			Baulänge (±20)	mittleres Gewicht
DN 1	DN 2	z	a	e (min.)	l_1	kg/Stück
200	150	360	250	85	500	25
250	150	390	250	85	500	35
300	150	415	260	85	500	48

In Grund- und Sammelleitungen dürfen Seitenabzweige mit höchstens 45° eingebaut werden
Alle Maße in mm, übrige Maße wie Rohre
Nichtgenormte Richtmaße: r, b_1, b_2, z und a

Abb. 9.1.1/5. Steinzeugrohre – Formstücke mit Steckmuffe K – Teil 3

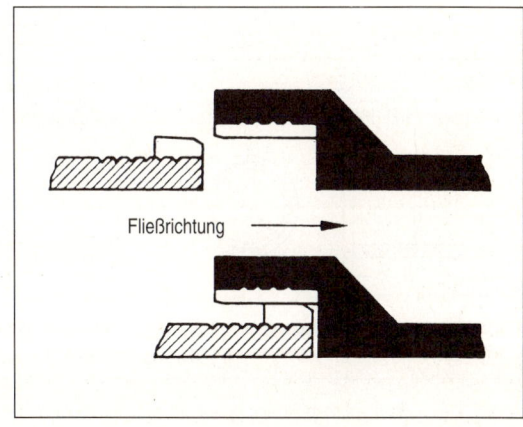

Fließrichtung →

Abb. 9.1.1/6. Steckmuffe K
(ab DN 200)

Betonrohre haben eine hohe Abriebfestigkeit, können aber von bestimmten Säuren angegriffen werden.

(2) Verwendung:

Hauptsächlich für Regenwasserleitungen, davon meist Sammelleitungen oder Grabenverrohrungen (etwa ab DN 300), seltener für Grundstücksentwässerung, mit kleinerem Durchmesser oder für Mischwasserleitungen. Für Falzrohre gilt die ausschließliche Verwendung für Regenwasserleitungen.

(3) Ausführung, Abmessungen und Bezeichnung von Betonrohren nach DIN 4032 s. Abb. 9.1.1/7 und 8.

Es bedeutet:

K: Kreisförmiges Rohr ohne Fuß
KW: Kreisförmiges Rohr ohne Fuß, wandverstärkt
KF: Kreisförmiges Rohr mit Fuß
KFW: Kreisförmiges Rohr mit Fuß, wandverstärkt
EF: Eiförmiges Rohr mit Fuß.

Die Art der Rohrverbindung, Muffe oder Falz, wird zu den genannten Bezeichnungen noch durch ein »M« oder »F« kenntlich gemacht.

Beispiel:

Betonrohr DIN 4032 KFW-M 400 × 2000 (= kreisförmiges Muffenrohr mit Fuß, Wandung verstärkt, Nennweite 40 cm, Baulänge 2,00 m).

(4) Formteile:

Bögen: Genormt sind 45° Bögen mit Muffe oder Falz (Verwendung selten); Abzweige, Zuläufe: Genormt sind Seitenzuläufe unter 45° und Scheitelzuläufe; Verwendung hauptsächlich bei größeren Sammelleitungen, sonst Ausführung der Anschlüsse durch Anbohren der Sammelleitung (Spezialgerät erforderlich!).

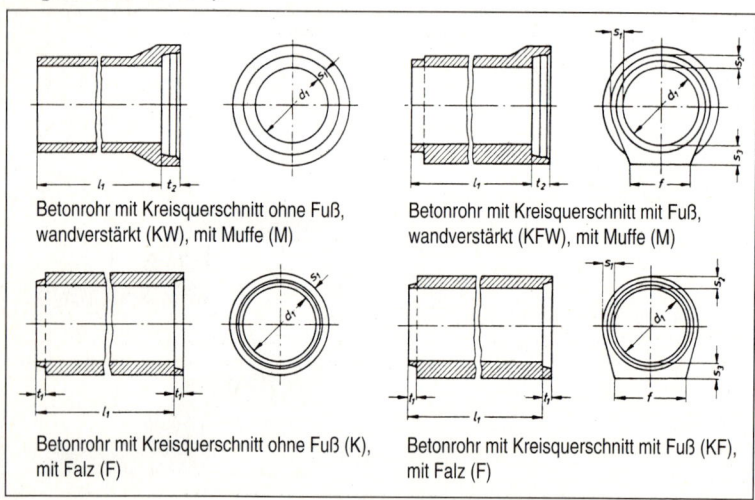

Betonrohr mit Kreisquerschnitt ohne Fuß, wandverstärkt (KW), mit Muffe (M)

Betonrohr mit Kreisquerschnitt mit Fuß, wandverstärkt (KFW), mit Muffe (M)

Betonrohr mit Kreisquerschnitt ohne Fuß (K), mit Falz (F)

Betonrohr mit Kreisquerschnitt mit Fuß (KF), mit Falz (F)

Abb. 9.1.1/7. Betonrohre mit Kreisquerschnitt – Formen (Quelle: DIN 4032)

(5) Rohrdichtung:
Bei Falzrohren durch kalt verarbeitbare, plastische Dichtstoffe nach DIN 4062.
Bei Muffenrohren durch Roll- oder Gleitringe aus Elastomeren nach DIN 4060.

(6) Weitere Rohrarten aus Beton:
Rohre mit eiförmigem Querschnitt: Fließtechnische Vorteile bei Leitungen mit stark schwankendem Füllungsgrad;
Stahlbetonrohre, Spannbetonrohre: Für extreme Beanspruchungen, Druckrohrleitungen;
Filterrohre aus Beton: siehe Kap. 9.4.1.2.

Nenn-weite	d_1		Abweichung der Parallelität der Stirn-	Mindestwanddicken [2])							Fußbreite f
				K	KF		KW	KFW			
		zul.				s_2 und					
DN		Abw.	flächen [1])	s_1	s_1	s_3	s_1	s_1	s_2	s_3	$\approx$
100	100	± 2	3	22	22	22	–	–	–	–	80
150	150	± 2	3	24	24	24	–	–	–	–	120
200	200	± 3	4	26	26	26	–	–	–	–	160
250	250	± 3	4	30	30	30	–	–	–	–	200
300	300	± 4	5	40	40	40	50	50	50	65	240
400	400	± 4	6	45	45	45	65	50	65	90	320
500	500	± 5	6	50	50	60	85	70	85	110	400
600	600	± 6	8	60	60	70	100	85	100	130	450
700	700	± 6	8	70	70	80	115	100	115	150	500
800	800	± 7	10	75	75	90	130	115	130	170	550
900	900	± 7	10	–	–	_	145	130	145	195	600
1000	1000	± 8	12	–	–	_	160	145	160	215	650
(1100)	1100	± 8	12	–	–	–	175	160	175	240	680
1200	1200	±10	14	–	–	–	190	170	190	260	730
(1300)	1300	±10	14	–	–	–	205	185	205	280	780
1400	1400	±10	16	–	–	–	220	200	220	300	840
(1500)	1500	±10	16	–	–	–	235	215	235	320	900

Eingeklammerte Nennweiten möglichst vermeiden. Die Mindestwanddicken von Sonderformen DN 900 bis DN 1500 dürfen 1/10 der Kenngröße der Nennweite in mm nicht unterschreiten.

Baulängen:
Muffenrohre l_1 = 2000 mm
Falzrohre l_1 = 1000 mm

Abb. 9.1.1/8. Betonrohre mit Kreisquerschnitt – Abmessungen (Quelle: DIN 4032)

9.1.1.3 Kunststoffrohre

(1) Materialangaben: Für erdverlegte Entwässerungsleitungen werden Kunststoffrohre hergestellt aus:

Polyvinylchlorid (PVC-hart): Farbe rotbraun; gehört zu den thermoplastischen Kunststoffen, d. h. bei Erhitzung wird das Material plastisch; Rohrverbindungen werden nicht geschweißt;

Polyethylen (PE-hart): Farbe grau; thermoplastischer Kunststoff; Schweißung möglich;

Polypropylen (PP);

Glasfaserverstärkter Kunststoff (GFK): Für erhöhte Tragfähigkeitsanforderungen.

(2) Verwendung: Überwiegend für Regen- und Schmutzwasserleitungen bei der Grundstücksentwässerung, sowie Anschlußleitungen von Abläufen und Kastenrinnen. Im Landschaftsbau werden hauptsächlich Kunststoffrohre aus PVC-hart verwendet.

Durch das geringe Gewicht, die großen Baulängen (bis 5,00 m, in Sonderfällen über 10,00 m) sowie durch eine Vielzahl von Formteilen lassen sich Kunststoffrohre schnell und einfach verlegen. Abriebfestigkeit, glatte Rohrwandung und chemische Beständigkeit sind gegeben. Dagegen sind die aufnehmbaren Scheiteldruckkräfte vergleichsweise geringer als bei Steinzeug- oder Betonrohren, was in ungünstigen Fällen zu Verziehungen oder Setzungen führen kann.

DN	Rohre Außen ø mm	Wanddicke mm	Baulänge mm	Bogenstücke	Abzweige 45°			
100	110	3,0	500 1000 2000 5000	15° 30° 45° 67,5° 87,5°	100 / 100			
125	125	3,0			125 / 100	125 / 125		
150	160	3,6			150 / 100	150 / 125	150 / 150	
200	200	4,5			200 / 100	200 / 125	200 / 150	200 / 250
250	250	6,1	1000 2000 5000	15° 30° 45° 87,5°	250 / 100	250 / 125	250 / 150	250 / 200
300	315	7,7			300 / 100	300 / 125	300 / 150	300 / 200
400	400	9,8			400 / 100	400 / 125	400 / 150	400 / 200
500	500	12,2			500 / 150	500 / 200		
600	630	15,4						

Abb. 9.1.1/9. Rohre und Formteile aus PVC-hart – Abmessungen

(3) Ausführung und Abmessungen von Rohren und Formteilen aus PVC-hart nach DIN 19534 s. Abb. 9.1.1/9.

(4) Rohrverbindung: Steckmuffe mit Gummiring.

9.1.1.4 Sonstige Rohrarten

(1) Faserzementrohre (FZ), asbestfrei: Verwendung für Misch- und Schmutzwasserleitungen;

(2) Metallrohre (Gußrohre, Stahlrohre): Verwendung für Sondergebiete.

9.1.2 Ausführung von Kanalisationsarbeiten

Die Stand- und Betriebssicherheit einer Rohrleitung hängt ab von dem Zusammenwirken von Rohr, Rohrverbindung, Rohrauflagerung, Einbettung und Überschüttung.

9.1.2.1 Rohrgräben

Das Herstellen eines Rohrgrabens einschließlich der Sicherung der Grabenwände muß gemäß DIN 4124 erfolgen.

(1) Nicht verbaute Gräben:

Baugruben und Gräben bis höchstens 1,25 m Tiefe dürfen ohne besondere Sicherung hergestellt werden, wenn die angrenzende Geländeoberfläche nicht stärker geneigt ist als 1 : 10 bei nichtbindigen Böden bzw. 1 : 2 bei bindigen Böden.

Nach Abb. 9.1.2/1 darf in mindestens steifen bindigen Böden, sowie bei Fels bis zu einer Tiefe von 1,75 m ausgehoben werden, wenn der über 1,25 m liegende Bereich unter 45° abgeböscht ist oder gesichert wird und die Geländeoberfläche nicht mehr als 1 : 10 ansteigt. Bei festem Straßenoberbau ist auch eine Sicherung mit mindestens 20 cm breiten Saumbohlen zulässig. (Vergl. auch Kap. 4, Abb. 4.5.1/3b.)

Bei abgeböschten Gräben von mehr als 1,25 m bzw. 1,75 m Tiefe dürfen ohne rechnerischen Nachweis der Standsicherheit folgende Böschungswinkel nicht überschritten werden:

β = 45° bei nichtbindigen oder weichen Böden,

β = 60° bei steifen oder halbfesten bindigen Böden,

β = 80° bei Fels.

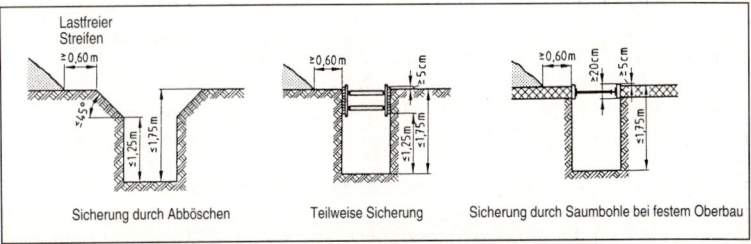

Abb. 9.1.2/1. Sicherung im oberen Bereich bei Gräben mit senkrechten Wänden

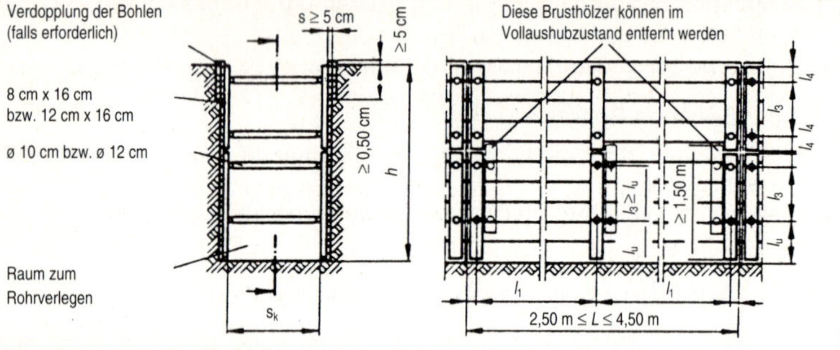

Verdopplung der Bohlen (falls erforderlich)

8 cm x 16 cm bzw. 12 cm x 16 cm

ø 10 cm bzw. ø 12 cm

Raum zum Rohrverlegen

$s \geq 5$ cm

≥ 5 cm

$\geq 0,50$ cm

h

s_k

Diese Brusthölzer können im Vollaushubzustand entfernt werden

$l_3 \geq l_u$

$\geq 1,50$ m

l_u

l_4
l_3
l_4
l_4
l_3
l_u

l_1 l_1

2,50 m $\leq L \leq$ 4,50 m

Waagerechter Normverbau mit Brusthölzern 8 cm x 16 cm

Bemessungsgröße	Bohlendicke s				
	5 cm	6 cm			7 cm
Größte Wandhöhe h	3,00 m	3,00 m	4,00 m	5,00 m	5,00 m
Größte Stützweite l_1 der Bohlen	1,90 m	2,10 m	2,00 m	1,90 m	2,10 m
Größte Kraglänge l_2 der Bohlen	0,50 m	0,50 m	0,50 m	0,50 m	0,50 m
Größte Stützweite l_3 der Brusthölzer	0,70 m	0,70 m	0,65 m	0,60 m	0,60 m
Größte Kraglänge l_4 der Brusthölzer	0,30 m	0,30 m	0,30 m	0,30 m	0,30 m
Größte Kraglänge l_u der Brusthölzer	0,60 m	0,60 m	0,55 m	0,50 m	0,50 m
Größte Knicklänge s_k von Rundholzsteifen ø 10 cm	1,65 m	1,55 m	1,50 m	1,45 m	1,35 m
Größte Steifenkraft P	31 kN	34 kN	37 kN	40 kN	43 kN

Abb. 9.1.2/2. Waagerechter Normverbau nach DIN 4124

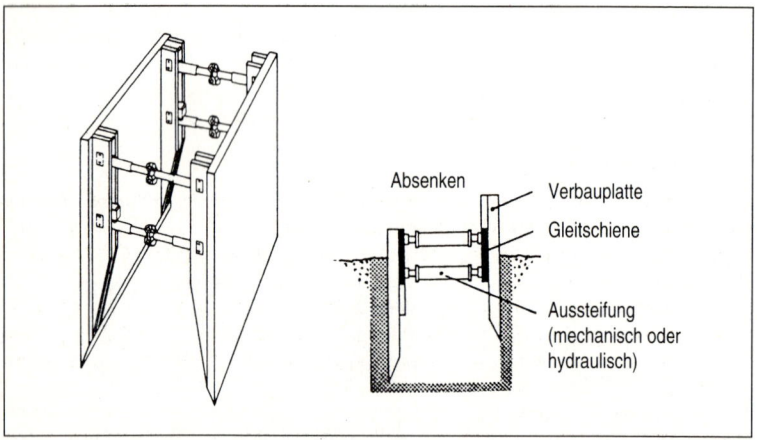

Absenken — Verbauplatte

Gleitschiene

Aussteifung (mechanisch oder hydraulisch)

Abb. 9.1.2/3. Großformatige Verbauplatten

(2) Verbaute Gräben:
Als Verbau von Gräben kommen in Frage:
a) Waagerechter oder senkrechter Normenverbau mit Holzbohlen nach DIN 4124; Ausbildung und Abmessungen s. Abb. 9.1.2/2;
b) großflächige Verbauplatten (s. Abb. 9.1.2/3);
c) Spundwände, Schlitz- und Pfahlwände, sowie spezielle Konstruktionen und Techniken des Grundbaus (im Landschaftsbau selten).

(3) Breite von Leitungsgräben unter Berücksichtigung der erforderlichen Arbeitsraumbreiten s. Abb. 9.1.2/4.

Grabenbreiten bis 1,25 m Tiefe ohne betretbaren Arbeitsraum		Regelverlegetiefe	Lichte Grabenbreite b
		< 0,70 m	b = 0,30
		> 0,7 bis 0,90 m	b = 0,40
		> 0,90 bis 1,0 m	b = 0,50
		> 1,0 bis 1,20 m	b = 0,60
Grabenbreiten mit betretbaren Arbeitsraum	Baugruben- sicherung	Äußerer Rohrschaftdurchmesser d [m]	Lichte Grabenbreite b
	Verbau	d ≤ 0,40	b = d + 0,40
		0,40 < d ≤ 0,8	b = d + 0,70
		0,8 < d ≤ 1,40	b = d + 0,85
		d > 1,40	b = d + 1,00
	Geböscht ß ≤ 60°	d < 0,40	b = d + 0,40
		0,4 < d < 1,40	b = d + 0,40
	Geböscht ß > 60°	d < 0,40	b = d + 0,40
		0,4 < d < 1,40	b = d + 0,70

Abb. 9.1.2/4. Breite von Leitungsgräben

9.1.2.2 Rohrverlegung

Für die Standfestigkeit einer Rohrleitung sind Qualität der Grabensohle und Ausbildung des Auflagers von größter Bedeutung. Linien- oder Punktauflagerung sind wegen der ungleichen Druckverteilung unbedingt zu vermeiden.

(1) Grabensohle:
Die Herstellung erfolgt entsprechend dem Gefälle der Rohrleitung. Eine Auflockerung des Bodens ist dabei zu vermeiden, sonst Nachverdichtung erforderlich. Entwässerungsmaßnahmen während der Bauzeit sind vorzusehen.

(2) Rohrauflager (s. Abb. 9.1.2/5):
Sollen Rohre direkt auf dem gewachsenen Boden aufgelagert werden, darf der Boden keinen groben Kies (Größtkorn ≤ 20 mm) oder Steine

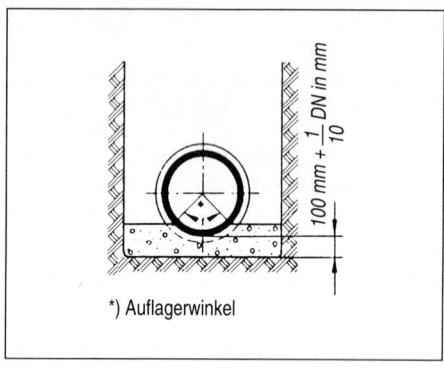

*) Auflagerwinkel

Abb. 9.1.2/5. Rohrauflager aus Sand oder Kiessand (Quelle: DIN 4033)

enthalten und muß von Hand bearbeitbar sein. Die Form der Rohraußenwand ist aus dem Boden herauszuformen.

Möglichst Auflager aus eingebrachtem Sand, Kies oder Beton vorsehen; Dicke des Auflagers: 100 + 1/10 des Zahlenwertes der Rohrnennweite in mm (Beispiel: Rohr DN 200, Dicke des Auflagers: 100 mm + 20 mm = 120 mm = 12 cm Sand).

In besonders ungünstigen Fällen (z. B. sehr starke Neigung der Grabensohle, bei Gefahr von Ausspülung oder bei Fels), empfiehlt es sich, ein Rohrauflager aus Beton B 10 (Mindestdicke 10 cm) vorzusehen.

(3) Verlegen der Rohre:
Vom tiefsten Punkt ausgehend, bei Muffenrohren »Muffe bergauf«, bei Falzrohren »Stumpfende (Nut) bergauf« verlegen. Das Ablassen schwerer Rohre in den Rohrgraben erfolgt mit Legehaken, Rohrzange oder mit Hebezeugen mit entsprechenden Sicherheitsvorkehrungen; Rohrachse durch Visiertafeln oder Lasergerät ausrichten.

(4) Überprüfen der Rohrleitung:
Rohrleitungen sollen vor Grabenverfüllung einer Probe auf Wasserdichtigkeit unterzogen werden (Probe muß vertraglich vereinbart sein, da sie nicht Nebenleistung lt. VOB ist).

Wasserdruckprobe: Freispiegelleitungen werden mit Wasser gefüllt und müssen einem Wasserdruck von 0,5 bar (5 m Wassersäule) 15 Minuten standhalten (Ausführung durch Spezialfirmen).

9.1.2.3 Verfüllen der Rohrgräben

Es wird unterschieden (s. auch Kap. 4.6.10.1):

(1) Einbetten der Leitung:
Bis 30 cm über Rohrscheitel darf nur steinfreies, verdichtungsfähiges Material beiderseits des Rohrs in Lagen (bis 30 cm) angefüllt und mit leichten Geräten verdichtet werden.

(2) Überschütten der Leitung:
Ab 30 cm über Rohrscheitel darf nichtbindiger oder bindiger, verdichtungsfähiger Boden verwendet werden. Nicht verwendet werden darf

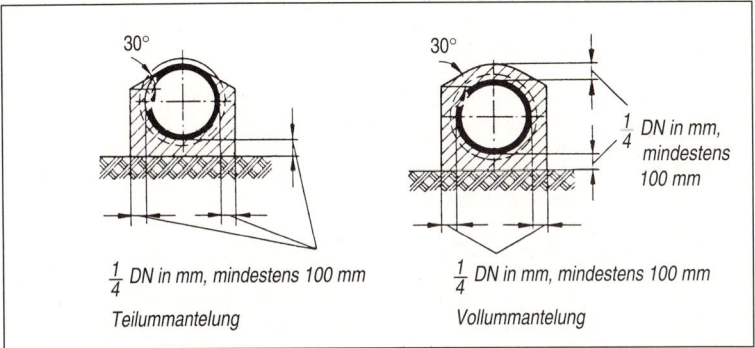

Abb. 9.1.2/6. Betonummantelung von Rohren (Quelle: DIN 4033)

gefrorener Boden, Oberboden, Boden mit organischen Bestandteilen oder Boden, der später unregelmäßig nachgibt. Der Boden wird lagenweise eingebaut und verdichtet, wobei der Einsatz von schwerem Verdichtungsgerät erst oberhalb der Leitungszone (1 m über Rohrscheitel) zulässig ist.

(4) Rohrummantelung (s. Abb. 9.1.2/6):
Zur Erhöhung der Tragfähigkeit (z. B. bei zu geringer Überdeckung unter Verkehrsflächen) kann eine Rohrleitung mit Beton B 10 teilweise oder voll ummantelt werden.

9.2 Entwässerungseinrichtungen

Entwässerungseinrichtungen sind Bauteile oder Bauwerke, die zum Betrieb oder zur Unterhaltung einer Kanalisationsleitung erforderlich sind. Dazu gehören Schächte, punkt- oder linienförmige Abläufe sowie Abscheider zur Rückhaltung schädlicher Stoffe.
Da diese Einrichtungen meist im Bereich von Verkehrsflächen liegen, müssen sie bestimmten Verkehrslasten standhalten. Die Klassifizierung erfolgt gemäß DIN 1229 nach der Einbaustelle, wobei der jeweiligen Klasse (Art der Verkehrsfläche) eine Prüfkraft zugeordnet ist (s. Abb. 9.2/1). Diese Klassen gelten für alle Arten von Schachtabdeckungen und Aufsätze von Abläufen.

9.2.1 Schächte

9.2.1.1 Ausführungsarten

(1) Kontrollschächte (auch als »Revisionsschächte« oder »Einstiegschächte« bezeichnet): Dienen zur Überprüfung, zur Reinigung und zur Durchlüftung von Kanalisationsleitungen. Bei Sammelleitungen, die aus geradlinigen Abschnitten (Haltungen) bestehen, werden Schächte angeordnet:
im Abstand von etwa 50 m,

Klasse	Prüfkraft (KN)	DIN 1229 „Aufsätze und Abdeckungen zum Einbau in Verkehrsflächen" (in Verbindung mit DIN EN 124)
A 15	15	Verkehrsflächen, die ausschließlich von Fußgängern und Radfahrern benutzt werden können und vergleichbare Flächen, z.B. Grünflächen
B 125	125	Gehwege, Fußgängerbereiche [1] und vergleichbare Flächen, Pkw-Parkflächen und Pkw-Parkdecks
C 250	250	Gilt nur für Aufsätze im Bordrinnenbereich, der, gemessen ab Bordsteinkante, maximal 0,5 m in die Fahrbahn und 0,2 m in den Gehweg hineinreicht, sowie für Seitenstreifen von Straßen
D 400	400	Fahrbahnen von Straßen (auch Fußgängerstraßen [2])
E 600	600	Nicht öffentliche Verkehrsflächen, die mit besonders hohen Radlasten befahren werden
F 900	900	Besondere Flächen, wie z.B. gewisse Flugbetriebsflächen von Verkehrsflughäfen

[1] Bereich, der dem Fußgängerverkehr vorbehalten ist und nur zum Zweck der Versorgung oder Reinigung in Notfällen gelegentlich befahren wird
[2] Bereich, in dem der Fahrverkehr zu bestimmten Zeiten untersagt ist (z.B. in der Geschäftszeit Fußgängerbereich, sonst normaler Fahrverkehr)

Für Verkehrsflächen in Gebäuden sind weitere Klassen (H, K, L und M) festgelegt.

Abb. 9.2.1. Aufsätze und Abdeckungen – Klassifizierung nach Einbaustelle

bei Richtungsänderungen,
bei Gefälleänderungen,
bei Nennweitenänderungen,
bei Höhenversprüngen (Abstürze),
beim Zusammenführen von mehreren Leitungen.

Meist treten mehrere dieser Fälle zusammen auf und führen zur Anordnung eines Schachtes.

Auf Grundstücken werden Kontrollschächte angeordnet, bevor die Grundstücksentwässerungsleitung an die Sammelleitung (im öffentlichen Bereich) angeschlossen wird (s. Abb. 9.2.1/1).

(2) Ablaufschächte: Erfüllen zusätzlich noch die Funktion eines Ablaufs (Aufnahme von Oberflächenwasser); Anordnung z.B. in Rasenmulden.

(3) Bei Steilstrecken können zur Gefälleminderung Absturzschächte (Beispiel s. Abb. 9.2.1/2) vorgesehen werden. Wegen der aufwendigen Ausführung kommen Absturzschächte jedoch meist nur in Sonderfällen zur Ausführung.

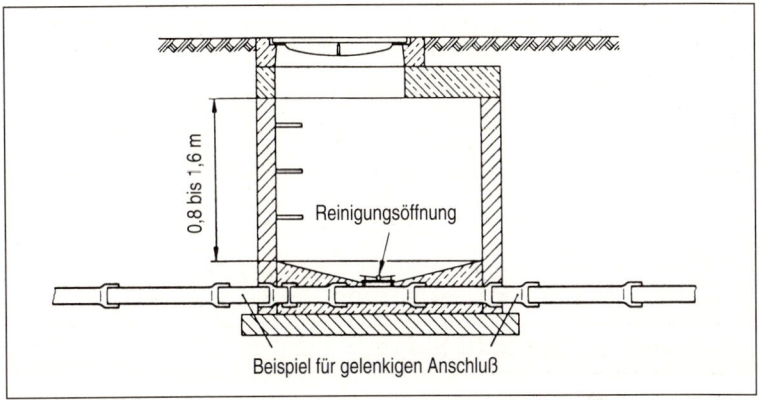

Abb. 9.2.1/1. Kontrollschacht für Grundstücke (Quelle: DIN 1986)

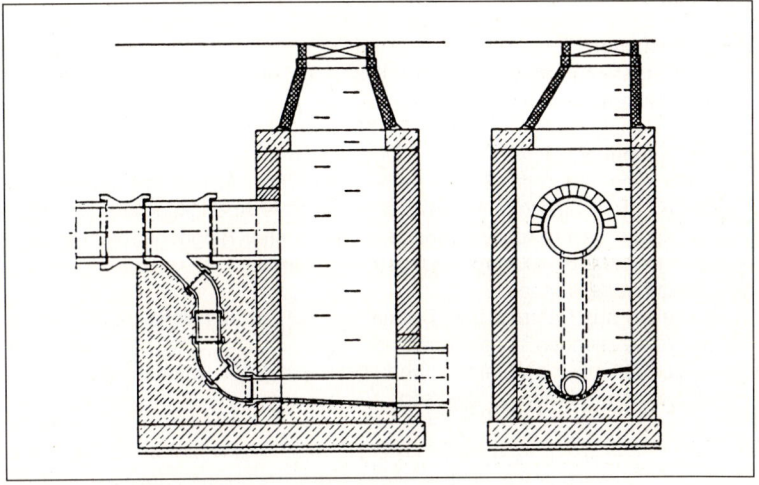

Abb. 9.2.1/2. Kontrollschacht (Einsteigschacht) – Bestandteile
(Quelle: Lautrich, Der Abwasserkanal; Parey-Verlag)

9.2.1.2 Bestandteile von Schächten

Kontrollschächte bestehen aus folgenden Einzelteilen (s. Abb. 9.2.1/3):
Unterteil mit Gerinne, entweder gemauert, oder als Fertigteil,
Schachtringe, Schachthals (Konus) und Auflageringe,
Schachtabdeckung entsprechend Einbaustelle (Klasse A–F).

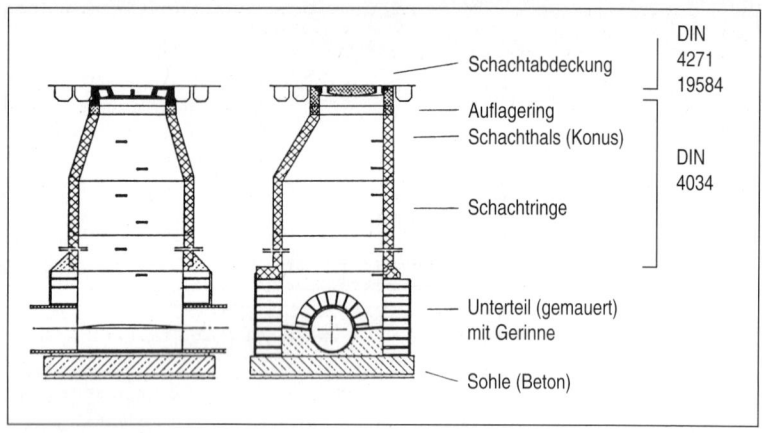

Abb. 9.2.1/3. Einsteigschacht mit Untersturz (Quelle: Lautrich, Der Abwasserkanal; Parey-Verlag)

(1) Schachtringe, Schachthälse:
Als Betonfertigteile (s. Abb. 9.2.1/4 und 5); lieferbar auch mit Schlitzen in einer Steighöhe von 33,3 cm zum Einbau von Steigeisen.

(2) Auflageringe:
Als Betonfertigteile (s. Abb. 9.2.1/6); dienen als Auflager für die Schachtabdeckung auf dem Schachthals. Außerdem besteht die Möglichkeit, durch unterschiedliche Höhen des Ringes die Abdeckung an die Wegeoberfläche anzugleichen. Außer den genormten Ringhöhen werden weitere Höhen (z. B. 100 mm, 120 mm) hergestellt.

(3) Schachtabdeckungen:
Bestehen aus Rahmen und Deckel. Es gibt sie in vielerlei Ausführungen und Abmessungen in den Kombinationen:
Form: Deckel und Rahmen rund, Deckel rund – Rahmen quadratisch, Deckel und Rahmen quadratisch

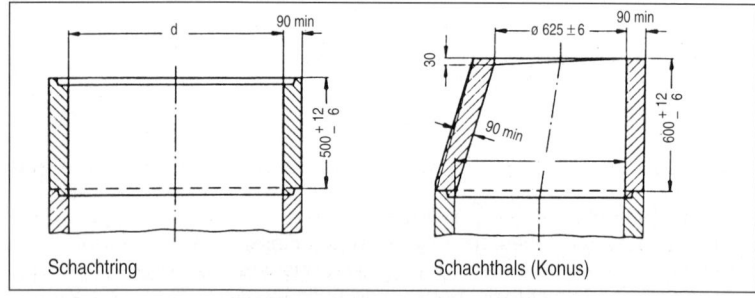

Abb. 9.2.1/4. Schachtring und Schachthals (Quelle: DIN 4034)

Schachtringe d	Wandstärke s [mm]	Bauhöhe h [mm]	Scheiteldruckkraft F [kN/m]
800*)		500	44
1000	90	oder ein	35
1200		Vielfaches von	39
1500		500	23

*) Für Einsteigschächte nur zulässig, wenn darunter ein Arbeitsraum von mindestens 1200 mm Durchmesser und 2000 mm Höhe vorhanden ist.

Benennung: „Schachtring SR 1200 x 500 A DIN 4034 – S" Alle Falzhöhen betragen 30 mm.

Schachthälse d	Wandstärke s [mm]	Oberer Durchmesser a [mm]	Bauhöhe h [mm]
800			
1000	90	625	600
1200			
1500			

Benennung: „Schachthals SH 1000 x 625 A DIN 4034"

Abb. 9.2.1/5. Schachtringe und Schachthälse nach DIN 4034 – Abmessungen

Höhe [mm]	Außendurchmesser [mm]	Innendurchmesser [mm]
40		
60	785	625
80		

Abb. 9.2.1/6. Auflagerringe nach DIN 4034 – Abmessungen

Material: Aus Beton, aus Gußeisen, aus Gußeisen in Verbindung mit Beton (Begu)

Funktion: Mit oder ohne Lüftungsöffnungen; mit Verschraubung gesicherte Abdeckung; tagwasserdicht; rückstausicher u. a.

Am häufigsten zur Anwendung kommen die Klassen B und D (s. Abb. 9.2.1/7 bis 9) auf Verkehrsflächen; Klasse C entfällt für Schachtabdeckungen.

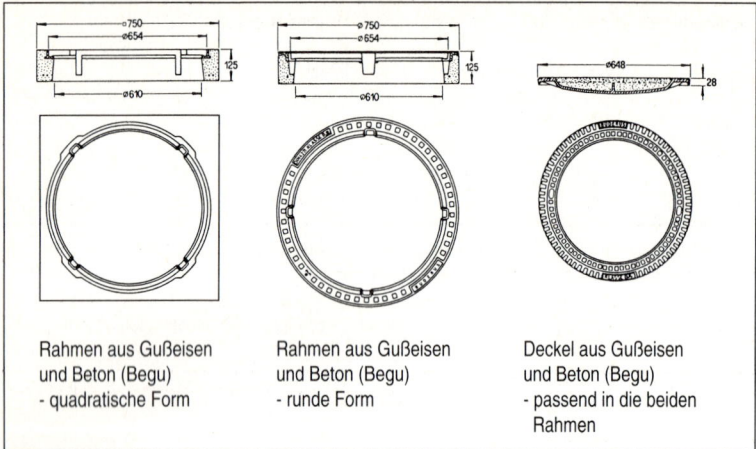

Rahmen aus Gußeisen
und Beton (Begu)
- quadratische Form

Rahmen aus Gußeisen
und Beton (Begu)
- runde Form

Deckel aus Gußeisen
und Beton (Begu)
- passend in die beiden
  Rahmen

Abb. 9.2.1/7. Schachtabdeckung Klasse B nach DIN 4271 – Beispiele für Rahmen- und Deckelausbildung (Quelle: Produktinformation Buderus)

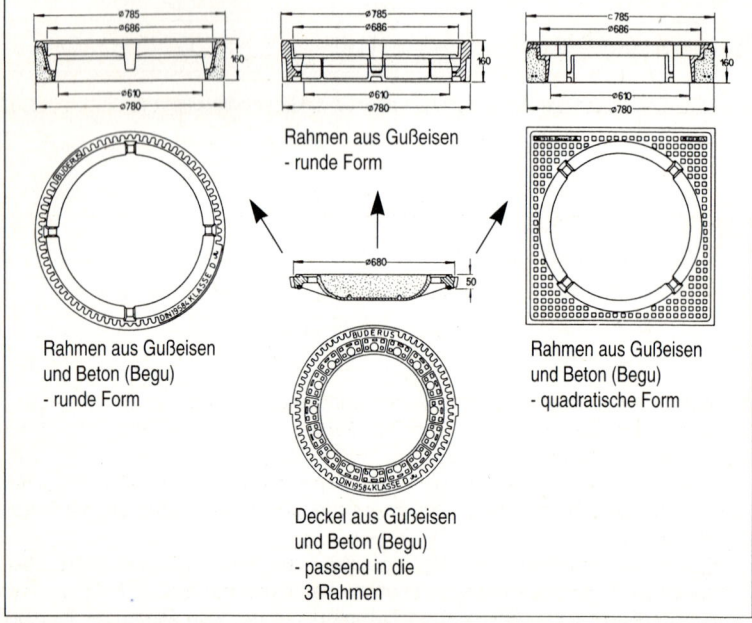

Rahmen aus Gußeisen
- runde Form

Rahmen aus Gußeisen
und Beton (Begu)
- runde Form

Rahmen aus Gußeisen
und Beton (Begu)
- quadratische Form

Deckel aus Gußeisen
und Beton (Begu)
- passend in die
  3 Rahmen

Abb. 9.2.1/8. Schachtabdeckung Klasse D nach DIN 19584 – Beispiele für Rahmen- und Deckelausbildung (Quelle: Produktinformation Buderus)

Klasse	Rahmenform	Rahmen- ø bzw. -seitenlänge (c) [mm]	Schlupfweite (d) [mm]	Rahmenhöhe (h) [mm]
B 125	rund	750	625	125
	quadratisch	750	625	125
D 400	rund	785	625	160
	quadratisch	785	625	160

Abb. 9.2.1/9. Schachtabdeckungen Klasse B und D – Hauptabmessungen

Klasse	Form	Kennmaß (lichte Öffnung)	Deckel ø bzw. Seitenlänge	Rahmen ø bzw. Seitenlänge	Rahmenhöhe
. A 15	rund DIN 19596	500	545	566	35
		600	648	670	35
		700	751	780	40
B 125	rund DIN 19596	450	495	516	35
		500	545	566	35
		600	648	670	35
		700	751	770	40
		800	851	880	40
A 15	quadratisch DIN 19597	500	545	566	35
		600	648	670	35
		700	748	771	40
alle Angaben in mm					

Abb. 9.2.1/10. Schachtabdeckungen Klasse A und B (Auswahl) – Hauptabmessungen

Für Grundstückskontrollschächte und Schächte in Grünflächen eignen sich leichte Abdeckungen nach DIN 19596 (runde Form) und DIN 19597 (quadratische Form) (s. Abb. 9.2.1/10).

Außerdem gibt es eine Vielzahl von weiteren Formen und Abmessungen für die unterschiedlichsten Abdeckungsmöglichkeiten und Spezialfälle.

(4) Unsichtbare Schachtabdeckungen:
Produktbezeichnung: z. B. »Schachtfix«, Buderus, Klasse A 15. Die Abdeckung wird nach dem Versetzen teilweise mit Beton B 35 gefüllt, anschließend kann der Belag der umgebenden Bodenfläche (Platten, Mosaikpflaster, Fliesen usw.) aufgebracht werden (s. Abb. 9.2.1/11 und 9.2.1/12).

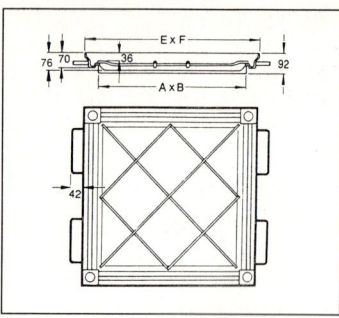

Abb. 9.2.1/11. "Unsichtbare" Schachtabdeckung
(Quelle: Produktinformation Buderus)

Maße in mm Schacht-Lichtmaß	Kennmaß A x B	E x F	Gewicht ≈ kg ohne Betonfüllung Normalausf.	gas-/wasserd.
520 x 520	510 x 510	625 x 625	18	20
520 x 645	510 x 635	625 x 750	20	22
645 x 645	635 x 635	750 x 750	22	24
645 x 770	635 x 760	750 x 875	27	28
645 x 895	635 x 885	750 x 1000	28	30
770 x 770	760 x 760	875 x 875	29	31
810 x 810	800 x 800	915 x 915	31	32
810 x 1020	800 x 1010	915 x 1125	34	36
895 x 895	885 x 885	1000 x 1000	35	37
1020 x 1020	1010 x 1010	1125 x 1125	44	48

Abb. 9.2.1/12. "Unsichtbare" Schachtabdeckung – Abmessungen
(Quelle: Produktinformation Buderus)

9.2.2   Abläufe

Abläufe nehmen das anfallende Regenwasser von Verkehrsflächen auf und führen es über Anschlußleitungen der Kanalisation zu.

9.2.2.1   Bestandteile von Regenwasserabläufen

(1) Unterteil aus Betonfertigteilen in unterschiedlichen Formen und Abmessungen, bestehend aus:
Auflagering,
Schaft oder Zwischenteil mit oder ohne Tragnocken,
Boden.

(2) Eimer aus verzinktem Stahlblech oder Kunststoff in verschiedenen Größen.

(3) Aufsatz, bestehend aus:
Rahmen aus Gußeisen oder Beton und Gußeisen (Begu),
Rost aus Gußeisen.

Je nach Einbaustelle sind die Abläufe bestimmten Klassen (A–F) zugeordnet (s. Abb. 9.2/1). Während »Straßenabläufe« mit Aufsätzen für die Klassen C, D, E und F überwiegend auf öffentlichen Flächen verwendet werden, dienen die etwas kleiner und leichter gebauten »Hofabläufe« mit

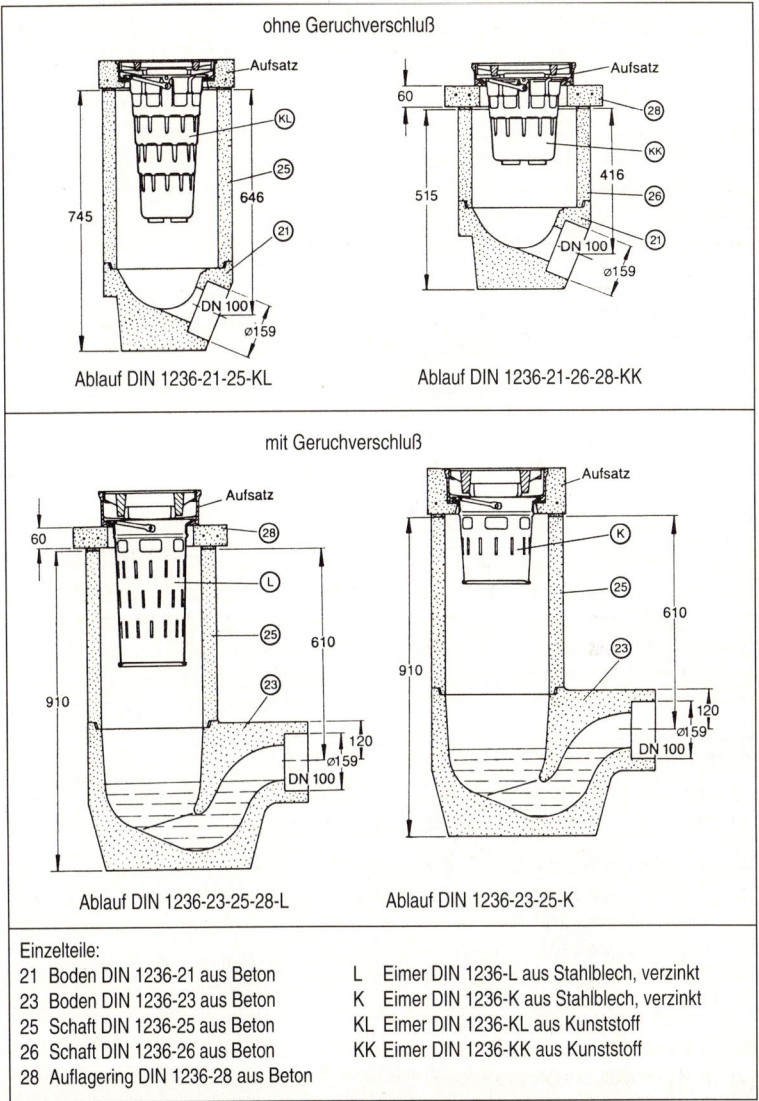

Einzelteile:

21	Boden DIN 1236-21 aus Beton	L	Eimer DIN 1236-L aus Stahlblech, verzinkt
23	Boden DIN 1236-23 aus Beton	K	Eimer DIN 1236-K aus Stahlblech, verzinkt
25	Schaft DIN 1236-25 aus Beton	KL	Eimer DIN 1236-KL aus Kunststoff
26	Schaft DIN 1236-26 aus Beton	KK	Eimer DIN 1236-KK aus Kunststoff
28	Auflagering DIN 1236-28 aus Beton		

Abb. 9.2.2/1. Hofabläufe – Formen, Aufsatzarten (Quelle: Produktinformation Buderus)

Aufsätzen für die Klassen A und B in erster Linie der Grundstücksentwässerung.

9.2.2.2 Hofabläufe

(1) Unterteil: Die Betonfertigteile des Unterteils haben einen Innendurchmesser von 300 mm und einen Anschluß DN 100. Den Schaft gibt es in kurzer oder langer Form, der Boden wird ohne oder mit Geruchverschluß (z. B. für Anschluß an Mischwasserleitungen) hergestellt (Abb. 9.2.2/1).

(2) Aufsätze: Hauptabmessungen und Formen s. Abb. 9.2.2/2 und 9.2.2/3.

(3) Außerdem gibt es kleinere gußeiserne Abläufe für Terrassen, Balkone und überdachte Flächen (Klassen H, K, L und M).

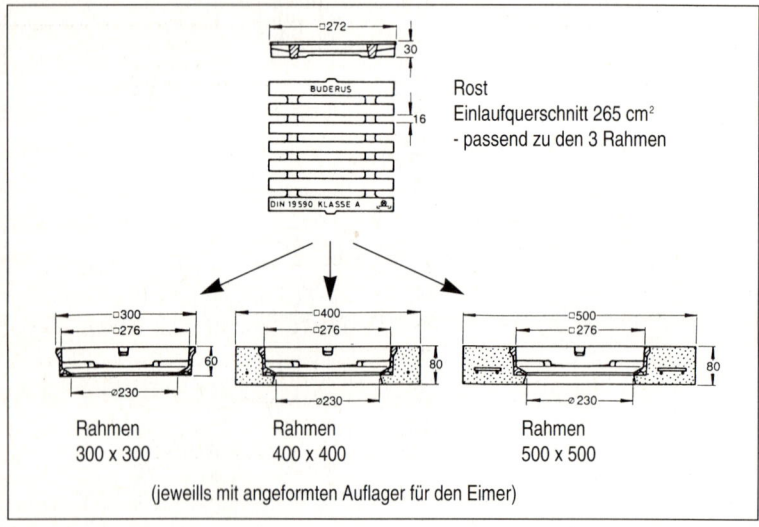

Abb. 9.2.2/2. Aufsätze für Hofabläufe Klasse A15 – Rahmengrößen (Quelle: Produktinformation Buderus)

Klasse	Rahmenmaß [mm]	Rahmenhöhe [mm]	Rost
A15	300 x 300	60	
	400 x 400	80	
	500 x 500	80	Einheitlich Pultform *), Schlitzweite 16 mm
B 125	300 x 300	100	
	400 x 400	130	
*) Rinnenform führt zu häufigem Falscheinlegen			

Abb. 9.2.2/3. Aufsätze für Hofabläufe – Abmessungen

9.2.2.3 Straßenabläufe

(1) Unterteil: Das Unterteil besteht aus Betonfertigteilen mit einem Innendurchmesser von 450 mm und einem Anschluß DN 150. Dabei gibt es folgende Unterscheidungsmerkmale:

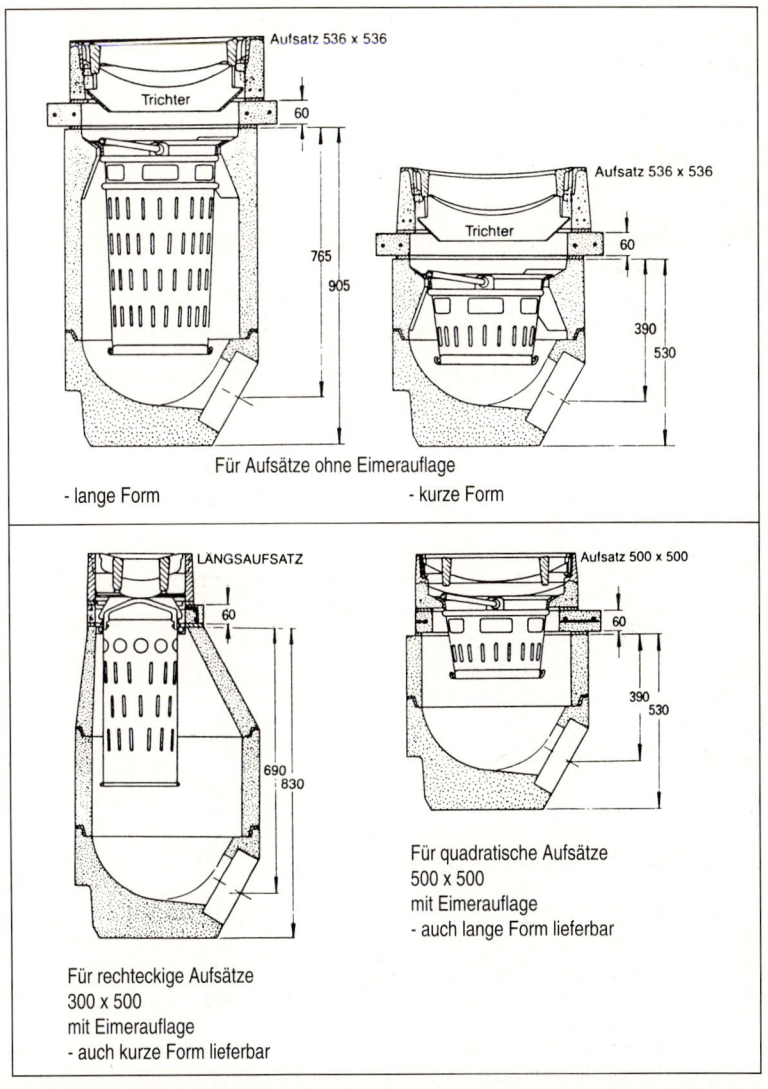

Abb. 9.2.2/4. *Straßenabläufe für Trockenschlammgewinnung – Formen, Aufsatzarten*
(Quelle: Produktinformation Buderus)

a) Straßenabläufe für Trockenschlammgewinnung (s. Abb. 9.2.2/4):
   für rechteckige Aufsätze (Längsaufsatz »Elcord« 300 × 500),
   für quadratische Aufsätze (500 × 500);
   jeweils in langer Form (905 bzw. 830 mm, Normalfall) oder in kurzer
   Form (530 mm, für geringe Bautiefen); bei diesen Abläufen hängt der
   Eimer im Aufsatz.

b) Straßenabläufe für Naßschlammgewinnung (s. Abb. 9.2.2/5):
   Bei diesen Abläufen befindet sich ein Schlammfang im Unterteil,
   für rechteckige Aufsätze,
   für quadratische Aufsätze;
   jeweils mit oder ohne Geruchsverschluß.

(2) Aufsätze: bestehend aus Rost und Rahmen (Klasse C–F). Die Aufsätze
passen sowohl auf Straßenabläufe für Trockenschlamm- als auch für Naßschlammgewinnung. Hauptabmessungen und Formen (s. Abb. 9.2.2/6 bis
9.2.2/8).

(3) Verwendungsmerkmale:
Rechteckige Form (»Elcord«) für schmale Rinnen;
Quadratische Form für breitere Rinnen bzw. größere Flächen;
16 mm Schlitzweite zwischen den Roststäben für Fußgängerflächen;
30 bis 36 mm Schlitzweite für befahrene Straßen;
Oberfläche gerade (Pultform) für Bordrinnen;
Oberfläche in Rinnenform für Muldenrinnen.

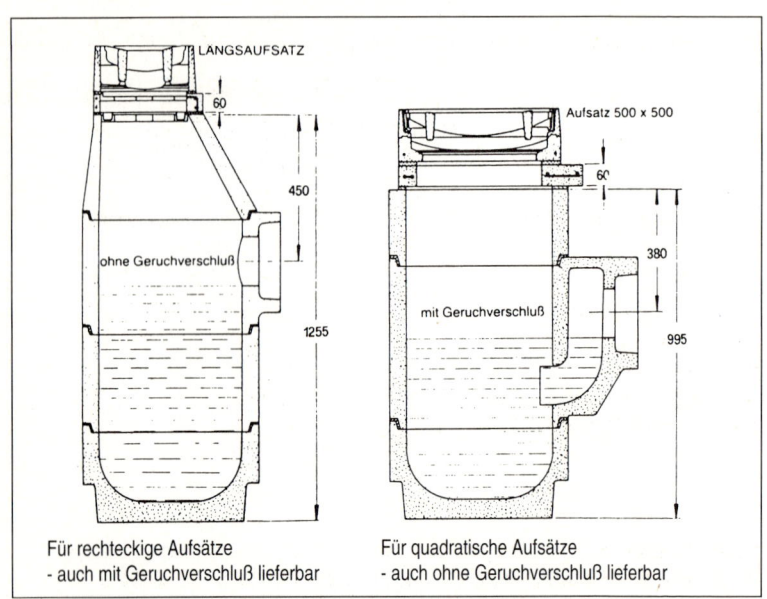

Für rechteckige Aufsätze
- auch mit Geruchverschluß lieferbar

Für quadratische Aufsätze
- auch ohne Geruchverschluß lieferbar

*Abb. 9.2.2/5. Straßenabläufe für Naßschlammgewinnung (mit Geruchverschluß) – Formen
(Quelle: Produktinformation Buderus)*

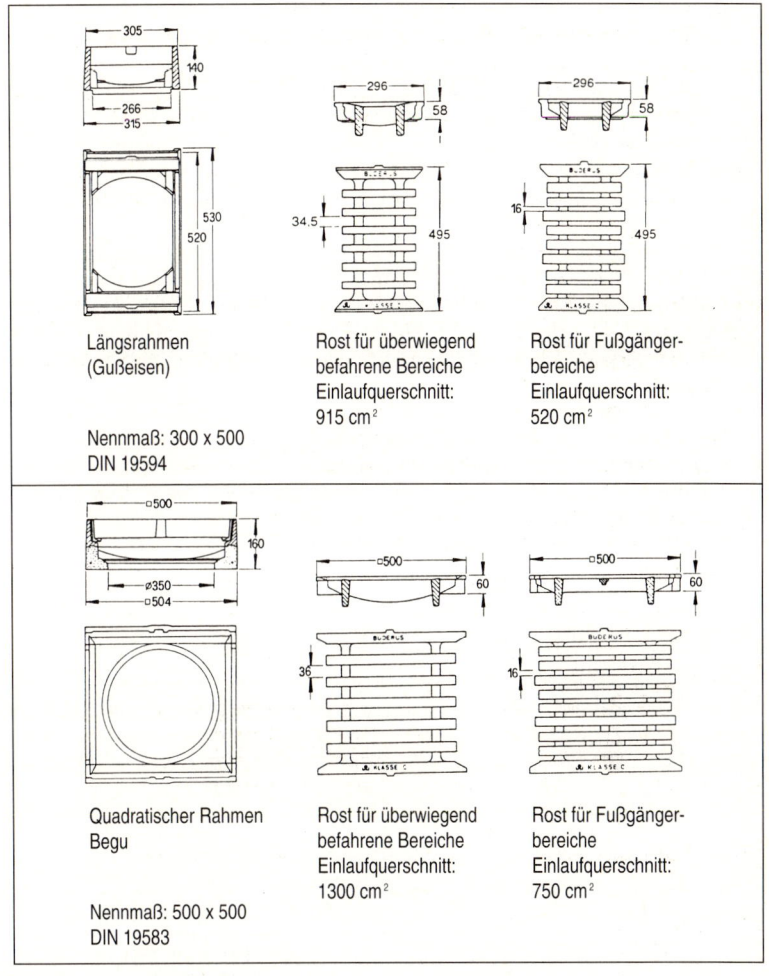

Abb. 9.2.2/6. Aufsätze für Straßenabläufe Klasse C 250 – ebene Oberfläche (Quelle: Produktinformation Buderus)

(4) Außerdem gibt es Sonderformen für spezielle Anwendungsbereiche:
Bergstraßenaufsätze (vergrößerter Einlaufrost für starkes Gefälle);
Aufsätze mit Seitenzulauf (für Einbau in Hochbord);
Brückenabläufe;
Aufsätze mit Verriegelung u. a.

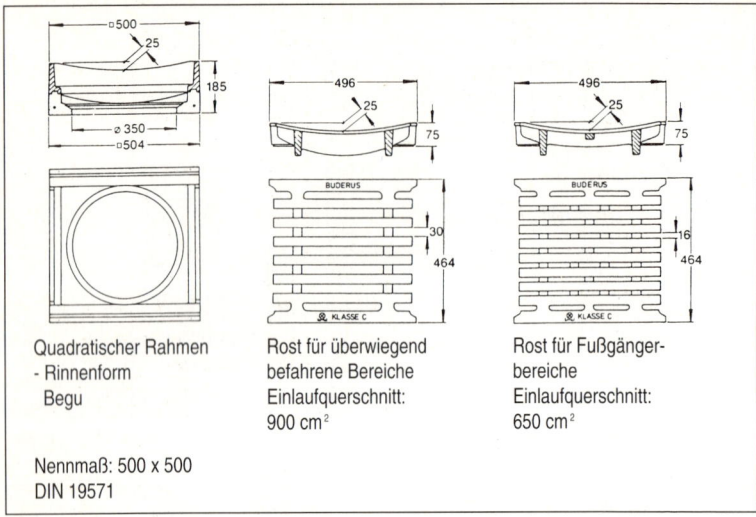

Quadratischer Rahmen
- Rinnenform
  Begu

Rost für überwiegend
befahrene Bereiche
Einlaufquerschnitt:
900 cm²

Rost für Fußgänger-
bereiche
Einlaufquerschnitt:
650 cm²

Nennmaß: 500 x 500
DIN 19571

Abb. 9.2.2/7. Aufsätze für Straßenabläufe – Rinnenform
(Quelle: Produktinformation Buderus)

Klasse	Rahmenmaß [mm]	Rahmenhöhe [mm]	Rostmaß [mm]	Schlitzweite [mm]	Bezeichnung
C – D	305 x 530	140	296 x 495	34,5 u. 16	„Elcord" 300 x 500
C – F	504 x 504	160	500 x 500	36 u. 16	„Begu" 500 x 500
C – D	504 x 504	185	496 x 464	30 u. 16	„Begu" 500 x 500 Rinnenform

Abb. 9.2.2/8. Aufsätze für Straßenabläufe – Hauptabmessungen
(Quelle: Produktinformation Buderus)

9.2.3   Ablaufrinnen

9.2.3.1   Bestandteile von Ablaufrinnen

Ablaufrinnen (Bezeichnung auch »Entwässerungsrinnen«, »Kastenrinnen«, »Rinnenstränge«) bestehen aus einem Rinnenteil und einem Rost als Abdekkung. Das Rinnenteil wird entweder in Ortbauweise erstellt oder als vorgefertigtes Element eingebaut.

9.2.3.2   Rinnen in Ortbauweise

In den an Ort und Stelle betonierten Rinnenkörper werden Auflageschienen aus Gußeisen oder Winkelstahlprofile eingebaut, die als Auflager für die

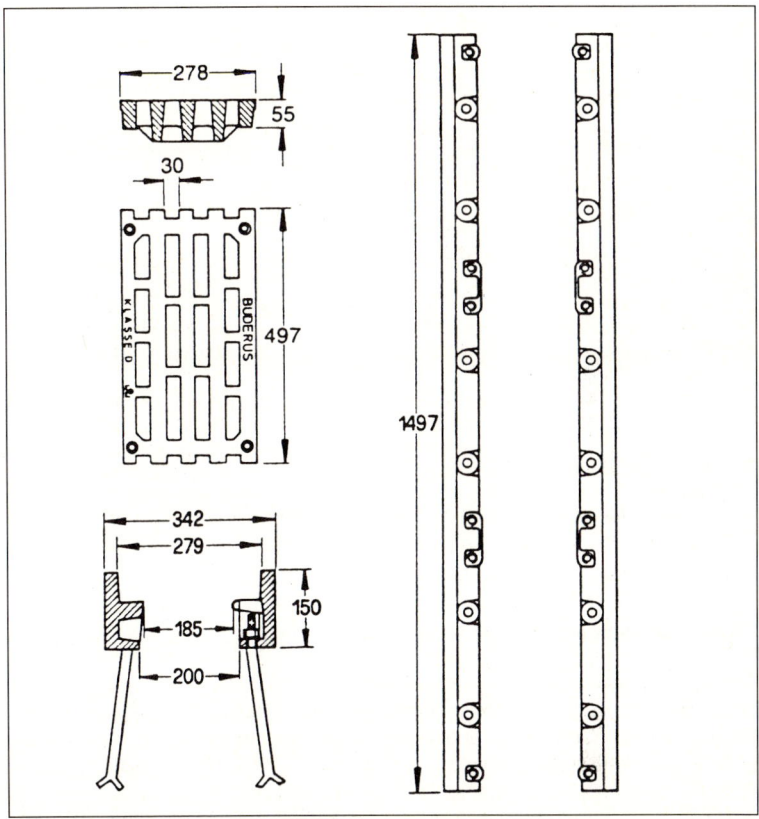

Abb. 9.2.3/1. Auflagerschienen aus Gußeisen für Rinnen in Ortbetonbauweise, Rostausbildung (Quelle: Produktinformation Buderus)

Abdeckroste dienen (s. Abb. 9.2.3/1). Abdeckroste aus Gußeisen gibt es in vielen unterschiedlichen Abmessungen, für verschiedene Einbauklassen sowie mit unterschiedlichen Schlitzweiten und -anordnungen (s. Abb. 9.2.3/2).

9.2.3.3 Rinnen in Elementbauweise

Entsprechend den in Kap. 9.2.3.2 dargestellten Rinnen können auch vorgefertigte Rinnenelemente aus Stahlbeton verwendet werden (s. Abb. 9.2.3/3) oder aus Kunststoff (s. Abb. 9.2.3/4) verwendet werden.

Für einen weiten Anwendungsbereich gibt es vorgefertigte Kastenrinnen, bei denen der Rinnenkörper aus einem Material auf der Basis von Polyester und Quarzsand hergestellt wird. Dieses Material (Bezeichnung: »Polyesterbeton«, »Polymerbeton«, »Pewetong«) hat folgende Eigenschaften:

Prüfkraft	Rinnen-breite maximal [mm]	Rost-breite [mm]	Rost-länge [mm]	Auflage-höhe [mm]	Schlitz-weite [mm]	Gewicht [kg]	Einlauf-quer-schnitt [cm²]	Winkel-stahl (als Auflager)
15 KN	190	255	395	44	19	15	360	50 / 40 / 5
	335	400	500	44	35	31	800	50 / 40 / 5
150 KN	100	137	332	21	13,5	5	170	25 / 3
	360	422	495	53	18	40	840	60 / 40 / 6
250 KN	135	190	498	30	20	17	250	35 / 4
	380	445	500	55	35	46	840	60 / 40 / 6
400 KN	125	190	500	44	20	18	235	50 / 40 / 5

Abb. 9.2.3/2. Einlaufroste aus Gußeisen (ungenormt) für Winkeleisenrahmen (Auszug)

Beständig gegenüber Chemikalien, Ölen, Salzen usw. (durch unterschiedliche Rezepturen lassen sich gezielte chemische Beständigkeitseigenschaf-
ten gegenüber bestimmten Stoffen erzielen);
frostsicher;
glatt (dadurch gute hydraulische Eigenschaften);
geringes Gewicht (einfach zu verlegen)
Produktbezeichnung: »ACO-Drain-Rinne« (Severin Ahlmann), »Polydrainrinne«
(Passavant), »Aröchter Rinne« u. a.
Durch eine Vielzahl von unterschiedlichen Einzelelementen und Formteilen,
die sich nach einem Baukastenprinzip kombinieren lassen, kann für jeden
Entwässerungsfall der gewünschte Rinnenstrang zusammengestellt werden
(s. Abb. 9.2.3/6). Abdeckroste gibt es für die verschiedensten Anwendungsbereiche aus unterschiedlichen Materialien (Stahl verzinkt, Kugelgraphitguß,
Stahl gesintert, Gußeisen, Edelstahl, Messing, Kupfer, Fiberglas, Polymerbeton) und unterschiedlichem Aussehen (Maschenrost, Stegrost, Lochrost,
Schlitzrost).
Abmessungen s. Abb. 9.2.3/6 bis 9.2.3/10. (Es wurde ein Rinnensystem bei-
spielhaft dargestellt. Vergleichbare Produkte von anderen Herstellern sind
ebenfalls im Handel)

9.2.4   Abscheider und Schlammfänge

Schlammfang und Benzinabscheider werden meist kombiniert angeordnet (s.
Abb. 9.2.4/1).
Die Größe von Schlammfang und Abscheider ist abhängig vom:
    Regenwasserabfluß der jeweiligen Fläche (siehe Kap. 9.3.3),

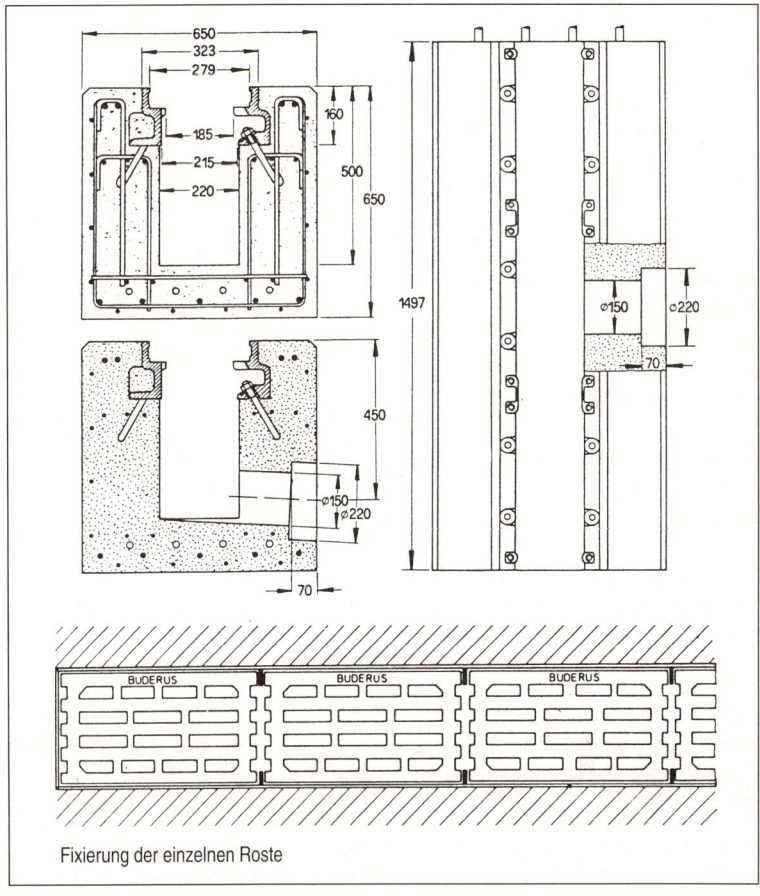

Abb. 9.2.3/3. Vorgefertigte Rinnenelemente aus Stahlbeton (Beispiel mit Seitenablauf) sowie Rostausbildung (Quelle: Produktinformation Buderus)

Schmutzwasserabfluß (ergibt sich der Anzahl der Zapfstellen, Waschanlage usw.),

Dichtefaktor der abzuscheidenden Leichtflüssigkeit.

Die Größenbemessung erfolgt entsprechend DIN 1999.

9.2.4.1 Aufgabe der Abscheider

Abscheider sollen schädliche Stoffe im Wasser vor der Einleitung in das Kanalnetz zurückhalten. Regen- und Schmutzwasser, das durch mineralische Leichtflüssigkeiten (z. B. Benzin, Schmieröl) verunreinigt ist, darf nur über

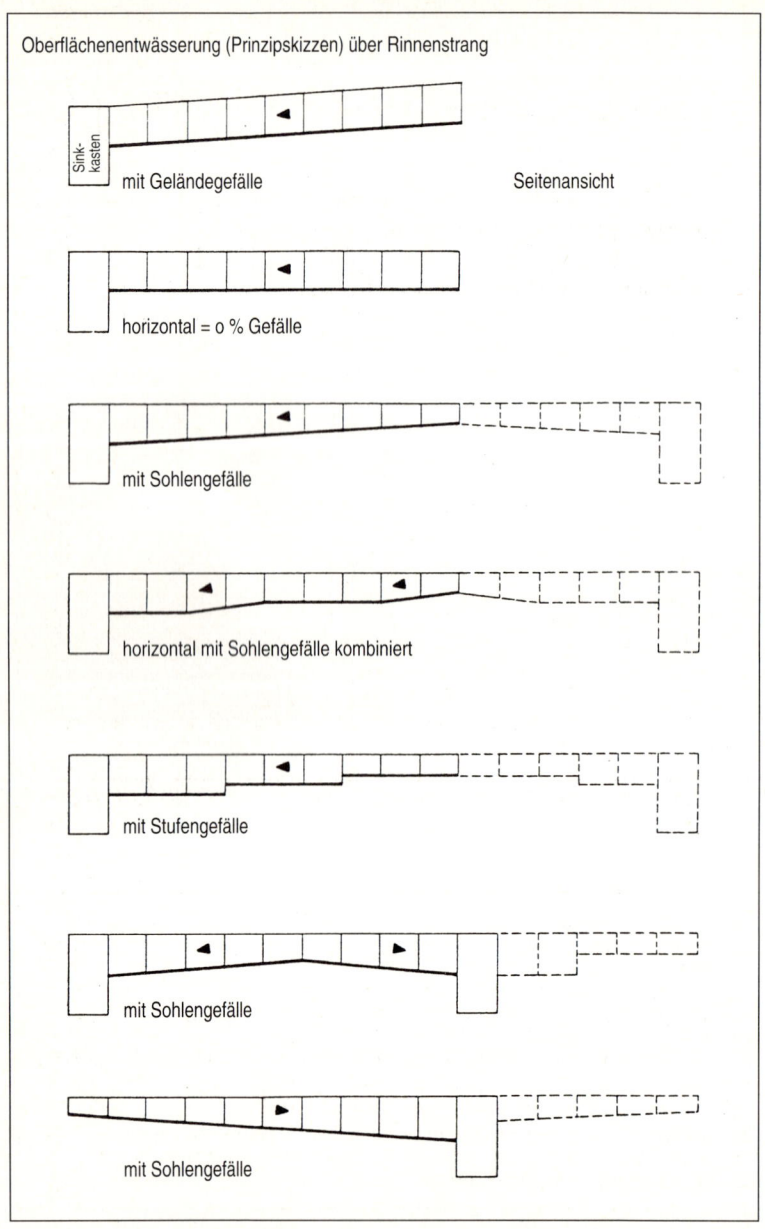

Abb. 9.2.3/4. Kombinationsmöglichkeiten der Bauelemente von Kastenrinnen
(Quelle: Produktinformation Severin Ahlmann)

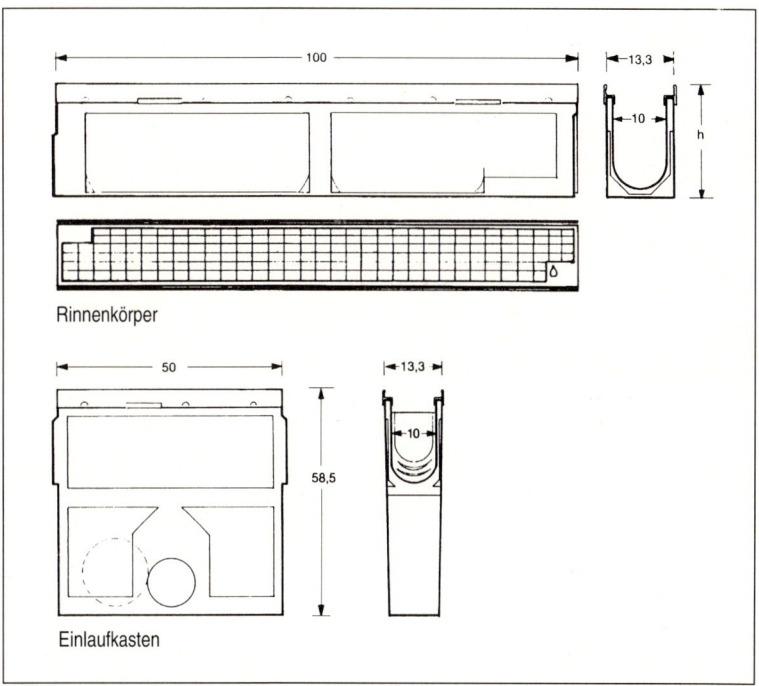

Abb. 9.2.3/5. Kastenrinne aus Kunstharzbeton – Rinnenkörper, Rost, Einlaufkasten (Beispiel)
(Quelle: "Aröchter Rinne", System GKV-KS-100)

Produktbezeichnung	Artikel	Baulänge	Bau-Höhe		Sohlgefälle	Gewicht
			Anfang	Ende		
		[mm]	[mm]	[mm]	[%]	[kg]
Rinnenkörper	0/100	1000	100	100	0	10,5
mit integrierter						
Stahlzarge	0*	1000	172	172	0	13,3
spannungsfreie,						
mechanische	1	1000	172	177	0,5	13,4
Anbindung	2	1000	177	182	0,5	13,7
	3	1000	182	187	0,5	14,0
Werkstoff:	4	1000	187	192	0,5	14,3
Polymerbeton;	5*	1000	192	197	0,5	14,6
Stahl verzinkt						
Lichte Weite: 100 mm	0/5*	1000	197	197	0	14,8
Baubreite: 133 mm	0/55	500	197	197	0	7,4

Abb. 9.2.3/6. Rinnenkörper für Kastenrinnen – Abmessungen (Beispiel)
(Quelle: "Aröchter Rinne", System GKV-KS-100) – 1. Teil

Produktbezeichnung	Artikel	Baulänge	Bau-Höhe		Sohlgefälle	Gewicht
			Anfang	Ende		
		[mm]	[mm]	[mm]	[%]	[kg]
	6	1000	197	202	0,5	14,9
	7	1000	202	207	0,5	15,2
	8	1000	207	212	0,5	15,5
	9	1000	212	217	0,5	15,8
	10*	1000	217	222	0,5	16,1
	0/10*	1000	222	222	0	16,3
	0/105*	500	222	222	0	8,3
	11	1000	222	227	0,5	16,4
	12	1000	227	232	0,5	16,7
	13	1000	232	237	0,5	17,0
	14	1000	237	242	0,5	17,3
	15*	1000	242	247	0,5	17,6
	16	1000	247	252	0,5	17,9
	17	1000	252	257	0,5	18,2
	18	1000	257	262	0,5	18,5
	19	1000	262	267	0,5	18,8
	20*	1000	267	272	0,5	19,1
	0/20*	1000	272	272	0	19,3
	0/205	500	272	272	0	9,6

* Rinnen mit vorgeformtem, senkrechten Ablauf DN 100

Abb. 9.2.3/6. Rinnenkörper für Kastenrinnen – Abmessungen (Beispiel)
(Quelle: "Aröchter Rinne", System GKV-KS-100) – 2. Teil

Produktbezeichnung	Gewicht [kg/Stck.]
Einlaufkasten aus Polymerbeton mit Stahlzarge und Schlammeimer L x B x H = 500 x 133 x 585 mm, Einformungen DN 100, DN 150	19,0
Übergangsstück zur Verlegung mit Stufengefälle	0,6
Stirnwand für Rinnen Nr. 0 bis 010 Anfang/Ende	1,1

Abb. 9.2.3/7. Kastenrinnen – Zubehör (Beispiel)
(Quelle: "Aröchter Rinne", System GKV-KS-100) – 1. Teil

Produktbezeichnung	Gewicht [kg/Stck.]
Stirnwand für Rinnen Nr. 11 bis 020 Anfang/Ende	1,3
Stirnwand mit Stutzen DN 100 für Rinnen Nr. 0 bis 010 Ende	1,4
Stirnwand mit Stutzen DN 100 für Rinnen Nr. 11 bis 020 Ende	1,6
Rohrstutzen DN 100 aus PVC	0,2
Rohrstutzen DN 150 aus PVC	0,4
Geruchverschluß DN 100 aus PVC	0,8
Geruchverschluß DN 150 aus PVC	1,2

Abb. 9.2.3/7. Kastenrinnen – Zubehör (Beispiel)
(Quelle: "Aröchter Rinne", System GKV-KS-100) – 2. Teil

	Produktbezeichnung	Belastungs- klasse nach DIN 19580	Baulänge [cm]	Gewicht [kg/Stck.]
	Stegrost, Stahl verzinkt	A15 A15	100 50	2,3 1,2
	Stegrost, Edelstahl	A15 A15	100 50	2,4 1,2
	Stegrost, Stahl gesintert, RAL 7003/1, andere Farben auf Anfrage	A15 A15	100 50	2,4 1,2
	Maschenrost, Stahl verzinkt Maschenweite 14 x 27	B125 B125	100 50	2,8 1,4
	Guß-Stegrost, GGG-50	C250* C250*	100 50	5,0 2,5
	Guß-Stegrost, GGG-50	C250*	50	4,0
		E600*	50	4,5
	Rostarretierung			0,1

Abb. 9.2.3/8. Kastenrinnen – Abdeckroste für Rinnenkörper (Beispiel)
(Quelle: "Aröchter Rinne", System GKV-KS-100)

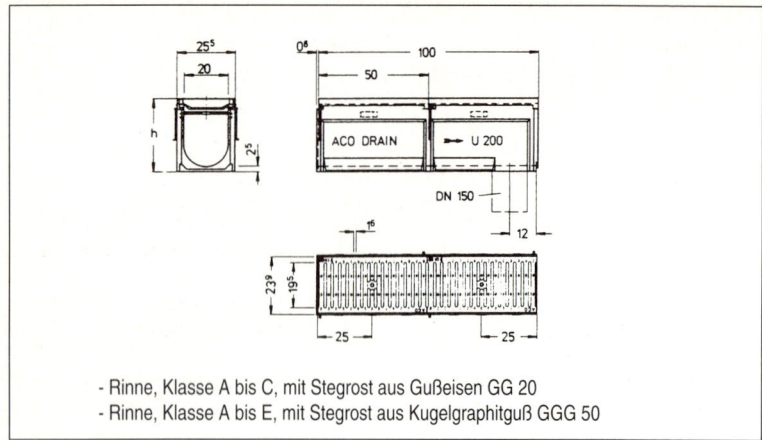

- Rinne, Klasse A bis C, mit Stegrost aus Gußeisen GG 20
- Rinne, Klasse A bis E, mit Stegrost aus Kugelgraphitguß GGG 50

Abb. 9.2.3/9. Kastenrinne aus Kunstharzbeton – Einzelelemente, Rostausbildung U 200 (Beispiel)
(Quelle: Produktinformation Severin Ahlmann)

Artikelbezeichnung	Klasse DIN 19580	Bau-höhe cm	Bau-länge cm	Einlaufquer-schnitt cm²/m	Gewicht kg/Stck.
ACO DRAIN® Rinne U 200	C	26,3	100	1295	44,5
mit Maschenrost aus verzinktem Stahl,	C	31,3	100	1295	49,5
arretiert	C	36,3	100	1295	53,5
ACO DRAIN® Rinne U 200	C	26,3	100	1295	44,5
mit Maschenrost aus Edelstahl,	C	31,3	100	1295	49,5
arretiert	C	36,3	100	1295	53,5
ACO DRAIN® Rinne U 200	C	26,3	100	912	52,8
mit Stegrost aus Gußeisen GG 20,	C	31,3	100	912	58,3
arretiert, komplett mit Einbauankern	C	36,3	100	912	62,8
ACO DRAIN® Rinne U 200	E	26,3	100	912	49,9
mit Stegrost aus Kugelgraphitguß GGG 50,	E	31,3	100	912	55,4
arretiert, komplett mit Einbauankern	E	36,3	100	912	59,9

Abb. 9.2.3/10. Kastenrinnen – Abmessungen U 200 (ACO-Drain)
(Quelle: Produktinformation Severin Ahlmann)

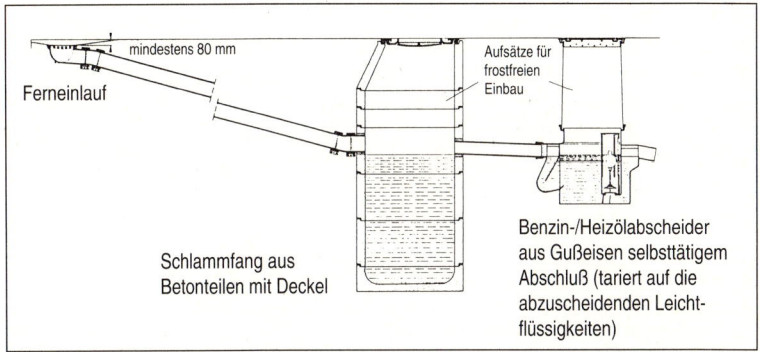

Abb. 9.2.4/1. Abscheideranlage – bestehend aus Schlammfang und Benzinabscheider (Quelle: Produktinformation Buderus)

Benzinabscheider abgeleitet werden. Entsprechend müssen alle Abläufe von Flächen, auf denen Kraftfahrzeuge gewaschen, gewartet oder betankt werden über Benzinabscheider angeschlossen werden. Autowaschplätze müssen außerdem noch durch Wasserscheiden an der Oberfläche begrenzt sein und im Trennverfahren an die Schmutzwasserleitung angeschlossen werden.

Flächen, auf denen Kraftfahrzeuge nur abgestellt werden, dürfen i. d. R. ohne Abscheider an die Kanalisation (Regenwasser) angeschlossen werden (s. dazu die jeweiligen Ortssatzungen).

9.2.4.2 Wirkung der Schlammfänge

Schlammfänge bewirken, daß durch die Vergrößerung des Fließquerschnitts und der Oberfläche eine weitgehende Beruhigung des zufließenden Abwassergemisches eintritt, so daß sich die darin enthaltenen Feststoffe (Sand, Schlamm usw.) absetzen können.

9.3 Oberflächenentwässerung

Wasser, das in Form von Niederschlägen auf Verkehrsflächen gelangt, muß abgeleitet werden, zur besseren Nutzung der Fläche (Belästigung von Fußgängern, überfrierende Nässe usw.) und um ein Eindringen in den Wegeaufbau zu vermeiden (Herabsetzung der Tragfähigkeit, Frostgefährdung).

Bei durchlässigem Baugrund ist u. U. eine Versickerung in den angrenzenden unbefestigten Bereichen möglich.

9.3.1 Gefälleausbildung

Verkehrsflächen werden durch ihre Neigung entwässert (s. auch Kap. 8.3, 8.4 und 8.8).

9.3.1.1 Querneigung q [%]

Bei Straßen und Wegen Ausbildung quer zum Verlauf, bei Platzflächen meist in Richtung der kürzesten Entfernung zum Rand oder zu einem Tiefpunkt.
Größe von q:
2,0–2,5 % bei gleichmäßiger, glatter Oberfläche (z. B. Asphalt),
2,5–3,0 % bei unregelmäßiger Oberfläche (z. B. Natursteinpflaster).
Funktion von q:

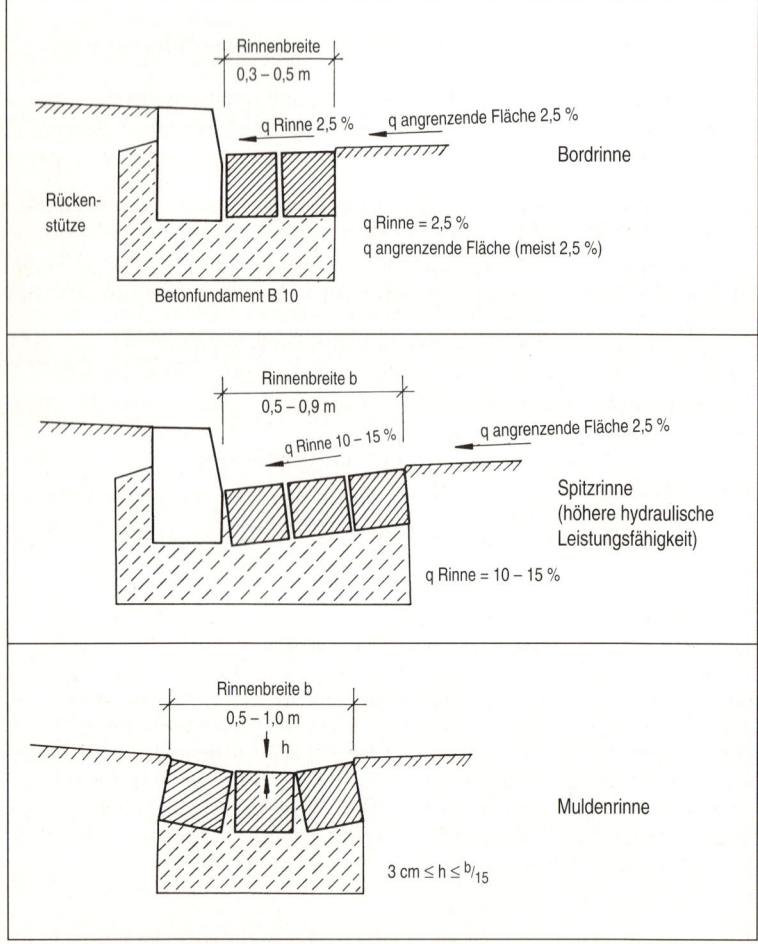

Abb. 9.3.1/1. Ausbildung offener Rinnen

Durch die Querneigung wird das Niederschlagswasser auf kürzestem Weg von der Verkehrsfläche zu einer Stelle gebracht, wo es versickern kann oder in einer Rinne oder einem Ablauf weitergeleitet wird.

9.3.1.2 Längsgefälle s [%]

Gefälle von offenen oder geschlossenen Entwässerungsrinnen: Bordrinnen, Muldenrinnen, Kastenrinnen (s. Abb. 9.3.1/1) und Gräben.

Größe von s:

0,5 % (Mindestwert) bei Rinnen aus Pflastersteinen

0,3 % (Mindestwert) bei Straßengräben (Trapezprofil)

1,0–4,0 % bei Rasenmulden; bei stärkerem Gefälle sollen rauhe Sohlbefestigungen vorgesehen werden.

Das Längsgefälle ergibt sich meist aus dem vorhandenen Geländeverlauf.

Funktion von s:

Das von den Verkehrsflächen kommende Wasser gelangt gesammelt in die Entwässerungsrinne und wird dort über das Längsgefälle weiter (z. B. zum nächsten Ablauf) geleitet.

9.3.2 Anordnung von Abläufen

Die hydraulische Leistungsfähigkeit eines Ablaufs (Schluckvermögen) und damit die Größe der angeschlossenen Fläche (Einzugsfläche) bzw. der Abstand der Abläufe, ist abhängig von

dem Ablauf selbst (Größe der Öffnungsfläche des Rosts),

der Größe des Zuflusses und dessen Geschwindigkeitsverteilung,

dem Gerinnetyp und der Gerinnelängsneigung.

Die genaue Dimensionierung kann nach RAS-Ew 1987 erfolgen.

Für eine überschlägige Festlegung gelten folgende Faustwerte:

Einzugsfläche:

ca. 400 m^2 bei Straßenabläufen,

ca. 200 m^2 bei Straßenabläufen in Fußgängerbereichen (enger Rost) sowie bei Hofabläufen.

Abstände:

Bis ca. 30–50 m bei Straßenabläufen,

bis ca. 20 m bei Straßenabläufen mit engem Rost und bei Hofabläufen.

Kastenrinnen können sowohl längs als auch quer zur Fahrtrichtung eingebaut werden. Durch ein eingebautes Sohlgefälle von $\geq$ 0,5 % eignen sie sich besonders für Flächen, die in einer Richtung horizontal verlaufen (z. B. vor Treppenstufen, in Fußgängerbereichen usw.). Die hydraulische Leistungsfähigkeit der Linienentwässerung ist abhängig von der Geometrie des Rinnenkörpers sowie und von der Länge, dem Gefälle und der Rauhigkeit des Rinnenstranges. In schwierigen Fällen bieten manche Hersteller einen individuell ermittelten Nachweis an.

9.3.3 Bemessung von Leitungsquerschnitten nach DIN 1986

Die Aussagen der DIN 1986 (und damit auch dieses Abschnittes) beziehen sich auf Anlagen der Grundstücksentwässerung. Bei größeren Leitungsnetzen wird bei der Bemessung außerdem noch eine zeitliche Verschiebung des Spitzenabflusses (Zeitbeiwert, Zeitabflußfaktor) berücksichtigt.

9.3.3.1 Erforderliche Nennweite

Die Nennweite (DN) einer Kanalisationsleitung hängt ab von der abzuführenden Wassermenge und dem Gefälle der Leitung; dabei stehen Leitungsgefälle und Rohrquerschnitt in einem unmittelbaren Abhängigkeitsverhältnis zueinander: Je geringer das Gefälle, umso größer der Querschnitt und umgekehrt.

9.3.3.2 Wassermenge

Die anfallende Wassermenge ist abhängig von
der Größe des angeschlossenen Gebietes;
der Regenspende, aus langjährigen Beobachtungen bekannt, regional unterschiedlich (s. Abb. 9.3.3/1);
der Durchlässigkeit des Belages bzw. dem Sickervermögen eines zu entwässernden Gebietes bzw. dem Abflußbeiwert (s. Abb. 9.3.3/2). Der Abflußbeiwert schwankt durch Unterschiede in der Regenintensität, der Verdunstung und Rückhaltung bei unveränderter Fläche. Er besagt, daß entsprechend der Oberflächenbeschaffenheit eines Belages nur ein bestimmter Teil des Wassers abzuführen ist. Beispiel: ein 800 m^2 großer Platz, gepflastert, Abflußbeiwert 0,8, geht mit nur 800 · 0,8 = 640 m^2 in die Berechnung ein (»reduzierte« Fläche).
Der Regenwasserabfluß ergibt sich nach der Formel:

Q [l/s] = Fläche [ha] · Regenspende [l/s·ha] · Abflußbeiwert Ψ

Max. Regenspende l/ s · ha	100	150	200	300	400
Niederschlag mm / Stunde	36	54	72	108	144

Abb. 9.3.3/1. Maximale Regenspende und Niederschlagshöhe

9.3.3.3 Festlegung der Nennweite

Nach DIN 1986 sind bei der Dimensionierung folgende Forderungen einzuhalten:
Mindestnennweite für erdverlegte Leitungen DN 100,
Abzweige bei Sammelleitungen nur unter 45°,
Regenfalleitungen und Regenanschlußleitungen mit einer Regenspende von mindestens 300 l/s·ha bemessen.

Art der angeschlossenen Fläche	Abflußbeiwert ψ
Dächer ($\geq 15°$ Neigung)	1
Dächer ($< 15°$ Neigung)	0,8
Kiesschüttdächer	0,5
Dachgärten	0,3
Kfz-Waschplätze, Rampen	1
Pflaster mit Fugenverguß, Schwarzdecken oder Betonflächen	0,9
Pflaster ohne Fugenverguß	0,8 – 0,85
Fußwege mit Platten oder Schlacke	0,6
ungepflasterte Straßen, Höfe und Promenaden	0,5
Spiel- und Sportplätze	0,25
Vorgärten	0,15
größere Gärten	0,1
Parks, Schreber- und Siedlungsgärten	0,05
Parks und Anlageflächen an Gewässern	0

Abb. 9.3.3/2. Abflußbeiwerte nach DIN 1986

Die Ermittlung des Rohrdurchmessers von Regenwasserleitungen in Abhängigkeit vom Leitungsgefälle erfolgt nach Abb. 9.3.3/3. Regen- und Mischwasserleitungen ab DN 150 außerhalb von Gebäuden mit Anschluß an einen Schacht mit offenem Durchfluß können als vollgefüllte Abwasserleitungen bemessen werden. Dadurch ergibt sich eine höhere hydraulische Leistungsfähigkeit bzw. ein kleinerer Rohrdurchmesser. Die Bemessung erfolgt in diesem Fall wahlweise nach Abb. 9.3.3/4 oder 5.

9.3.4 Anwendungsbeispiel

Für eine Hof- und Gebäudefläche soll die Regenwasserentwässerung konzipiert werden. Das Beispiel in Abb. 9.3.4/1 zeigt einen Vorschlag für die Oberflächenprofilierung der Verkehrsflächen, für die Anordnung der Abläufe sowie für die Leitungsführung und Bemessung der Regenwasserleitungen nach dem Trennsystem.

(1) Die Bemessung der Regenfalleitungen erfolgt entsprechend DIN 1986 (s. Abb. 9.3.4/2).

(2) Für die Bemessung der Grundleitungen wurde eine Regenspende von r = 200 l/s ha zugrunde gelegt (s. Abb. 9.3.4/3); die Bemessung erfolgt nach Abb. 9.3.3/3.

Das Leitungsstück 8–13 kann dabei als »vollgefüllte Leitung« nach Abb. 9.3.3/4 oder 5 bemessen werden, weil

DN > 150,

der Anschluß an einen Schacht mit offenem Durchfluß erfolgt.

Dadurch ergibt sich für diesen Abschnitt ein Rohrdurchmesser von DN 150.

zul. anschließbare Niederschlagsfläche m² bei maximaler Regenspende r in l/(s·ha)				Abfluß	$J = 1:50$ (2 cm/m)		$J = 1:66,7$ (1,5 cm/m)		$J = 1:100$ (1 cm/m)	
150	200	300	400	Q_r l/s	LW	zul. Q_r l/s	LW	zul. Q_r l/s	LW	zul. Q_r l/s
47	35	23	17	0,7	50	1,0	50	0,9	50	0,7
73	55	37	28	1,1					60*)	1,1
107	80	53	40	1,6	60*)	1,6	60*)	1,4	70	1,7
113	85	57	43	1,7						
160	120	80	60	2,4	70	2,4	70	2,1	80*)	2,5
167	125	83	63	2,5						
233	175	117	88	3,5	80*)	3,5	80*)	3,0	100	4,5
300	225	150	113	4,5						
367	275	183	138	5,5			100	5,5		
427	320	213	160	6,4	100	6,4				
467	350	233	175	7,0					118	7,0
540	405	270	203	8,1					125	8,1
573	430	287	215	8,6			118	8,6		
660	495	330	248	9,9	118	9,9				
667	500	333	250	10,0			125	10		
773	580	387	290	11,6	125	11,6				
887	665	443	333	13,3					150	13,3
1087	815	543	408	16,3			150	16,3		
1253	940	627	470	18,8	150	18,8				
1900	1425	950	713	28,5					200	28,5
2327	1745	1163	873	34,9			200	34,9		
2693	2020	1347	1010	40,4	200	40,4				
3433	2575	1707	1288	51,5					250	51,5
4213	3160	2107	1580	63,2			250	63,2		
4867	3650	2433	1825	73	250	73				
5567	4175	2783	2088	83,5					300	83,5
6800	5100	3400	2550	102			300	102		
7867	5900	3933	2950	118	300	118				

*) Nennmaß nach DIN 18461

Abb. 9.3.3/3. Niederschlagsflächen und Abmessung von Regenwasserleitungen (Quelle: DIN 1986)

1	2	3	4	5	6	7
DN	LW mm	$J = 1 : 50$ (2 cm/m)	$J = 1 : 66{,}7$ (1,5 cm/m)	$J = 1 : 100$ (1 cm/m)	$J = \dfrac{1 : DN}{2}$	$J = 1 : DN$
	zul. Abw. – 5 %*)	zul. Q l/s	zul. Q l/s	zul. Q l/s	zul. Q l/s	zul. Q l/s
70	70	3,0	2,6	2,1	–	–
100	100	7,9	6,8	5,6	–	5,6
125	118	12,3	10,7	8,7	–	7,8
	125	14,4	12,4	10,1	–	9,0
150	150	23,4	20,2	16,5	19,0	13,4
200	200	50,2	43,4	35,4	35,4	24,9
250	250	90,7	78,5	64,0	57,2	40,3
300	300	147	127	104	84,6	59,6
(350)	350	221	191	156	118	82,9
400	400	314	272	222	157	110
500	500	566	490	400	252	178

*) Bezogen auf die Querschnittsfläche (ohne Berücksichtigung der Auswirkung auf die hydraulische Bemessung). Ab DN 200 können größere Abweichungen zugelassen werden. Es ist dann jedoch ein rechnerischer Nachweis der hydraulischen Leistungsfähigkeit (z.B. nach ATV - Arbeitsblatt 110) zu führen.

Eingeklammerte Nennweite möglichst vermeiden.

Abb. 9.3.3/4. Tabelle zur Bemessung vollgefüllter Leitungen (Quelle: DIN 1986)

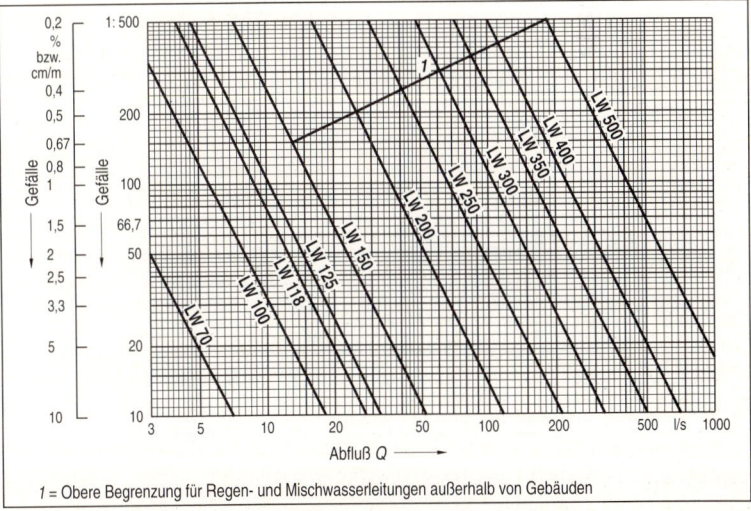

1 = Obere Begrenzung für Regen- und Mischwasserleitungen außerhalb von Gebäuden

Abb. 9.3.3/5. Diagramm für Bemessung vollgefüllter Leitungen (Quelle: DIN 1986)

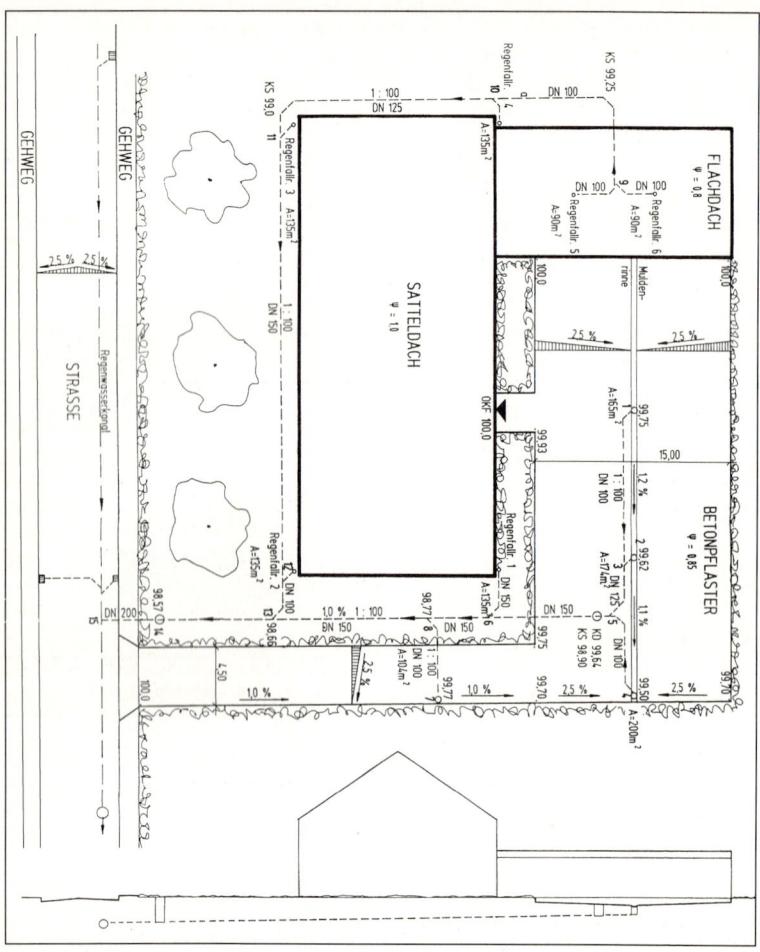

Abb. 9.3.4/1. Beispiel zur Planung des Regenwasserkanals einer Grundstücksentwässerung

Regenfallrohr	Fläche A [m²]	Abflußbeiwert Ψ	Abfluß Qr [l/s]	DN	Bemerkungen
1; 2; 3; 4	135	1	4,05	100	Satteldach > 15° Neigung
5; 6	90	0,8	2,16	80	Flachdach
Regenspende : r = 300 l/s · ha (Mindestwert für Regenfalleitungen)					

Abb. 9.3.4/2. Bemessung der Regenfalleitungen für das Beispiel der Abb. 9.3.4/1

Leitungs-abschnitt	Fläche A [m²]	Abfluß-beiwert Ψ	Abfluß Qr [l/s]	Σ Qr	DN	Bemerkungen
1 – 3	165	0,85	2,81	–	100	Mindestnennweite
2 – 3	174	0,85	2,96	–	100	Mindestnennweite
3 – 5	–	–	–	5,77	125	–
4 – 5	200	0,85	3,40	–	100	Mindestnennweite
5 – 6	–	–	–	9,17	150	–
Rf_1 – 6	135	1,0	2,70	–	100	Mindestnennweite
6 – 8	–	–	–	11,87	150	–
7 – 8	104	0,85	1,77	–	100	Mindestnennweite
8 – 13	–	–	–	13,64	200*)	*) als vollgefüllte Leitung → DN 150
Rf_5 – 9	90	0,8	1,44	–	100	Mindestnennweite
Rf_6 – 9	90	0,8	1,44	–	100	Mindestnennweite
9 – 10	–	–	–	2,88	100	Mindestnennweite
Rf_4 – 10	135	1,0	2,70	–	100	Mindestnennweite
10 – 11	–	–	–	5,58	125	–
Rf_3 – 11	135	1,0	2,70	–	100	Mindestnennweite
11 – 12	–	–	–	8,28	150	–
Rf_2 – 12	135	1,0	2,70	–	100	Mindestnennweite
12 – 13	–	–	–	10,98	150	–
13 – 14	–	–	–	24,62	200	–
14 – 15	–	–	–	24,62	200	Anschl. Grundst. Kontrollschacht - Straßenkanal
Regenspende	r = 200 l/s · ha (Verkehrs- und Dachflächen)					
Gefälle	1:100			Mindestnennweite DN 100		

Abb. 9.3.4/3. Bemessung der Grundleitungen für das Beispiel der Abb. 9.3.4/1

9.4 Entwässerung des Untergrundes

Ungebundenes Bodenwasser kann im Baugrund auftreten als
Sickerwasser (von oben durchsickerndes Niederschlagswasser)
Schichtwasser (Wasser, das über einer undurchlässigen Schicht gestaut wird, »Staunässe«)
Grundwasser (Wasser im Boden, das die Hohlräume zusammenhängend ausfüllt und nur dem Einfluß der Schwerkraft unterliegt).
Um schädliche Einflüsse und Auswirkungen auf Bauwerke, Verkehrsflächen oder Böschungen zu vermeiden, kann dieses Wasser in Sickereinrichtungen abgeführt werden (s. auch Kap. 4.6.9).
Dabei werden unterschieden:
linienförmige Sickerstränge (Dränleitungen, Sickerleitungen),
flächenförmige Sickerschichten.

9.4.1   Dränrohre

Rohre oder Rohrleitungen mit durchlässigen Wandungen aus unterschiedlichen Materialien können ungebundenes Wasser aus dem umgebenden Boden aufnehmen und ableiten.
Dabei unterscheidet man:
a) Vollsickerrohre: der gesamte Umfang der Rohrwandung ist durchlässig, dadurch größeres Wasseraufnahmevermögen;
b) Teilsickerrohre: nur der obere Teil (1/2–1/4 Umfang) ist durchlässig, die Rohrsohle ist dicht; Anwendung, wenn bei geringem Wasserzustrom die Gefahr besteht, daß bereits gesammeltes Wasser ohne Zustrom von außen wieder verläuft; Teilsickerrohre DN > 250 können auch als Mehrzweckrohre verwendet werden, wenn außer Sickerwasser noch weiteres Wasser (z. B. aus Abläufen) aufgenommen werden muß.

9.4.1.1   Dränrohre aus Ton nach DIN 1180

Material: gebrannter Ton (Ziegelmaterial);
Nennweiten: 50, 65, 80, 100, 125, 150 und 200 mm;
Längen: 33 cm.
Verwendung: Kulturbau; heute weitgehend durch Kunststoffrohre ersetzt.
Die kreisrunden Rohre werden stumpf gestoßen, die Stoßfugen dienen zum Wassereintritt. Um das Eindringen feiner Bodenteile und Wurzeln zu verhindern, werden die Stoßstellen mit Manschetten aus Bitumenpappe oder Filtervlies umhüllt.

9.4.1.2   Filterrohre aus Beton nach DIN 4032

Material: haufwerksporiger Beton (Einkornbeton) aus Hartgestein-Edelsplitt; durch indirekte Öffnungen hohe Wasserdurchlässigkeit (Produktbezeichnung »porosit«-Rohre);
Ausführungsart: Vollfilter- und Teilfilterrohre;
Querschnittsformen: entsprechend DIN 4032 (s. Abb. 9.4.1/1)
K–F: Kreisquerschnitt, ohne Fuß, mit Falz,
KF–F: Kreisquerschnitt, mit Fuß, mit Falz,

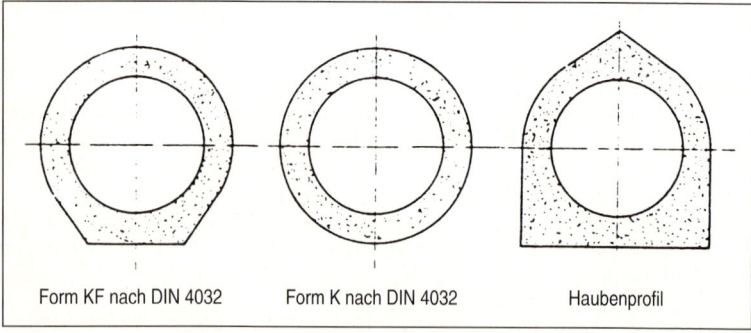

Form KF nach DIN 4032   Form K nach DIN 4032   Haubenprofil

Abb. 9.4.1/1. Querschnittsformen von Filterrohren aus Beton (Quelle: Produktinformation porosit)

KW–F: Kreisquerschnitt, ohne Fuß, mit Falz, wandverstärkt,
KFW–F: Kreisquerschnitt, mit Fuß, mit Falz, wandverstärkt.
Außerdem gibt es Sonderformen für besonders hohe Verkehrslasten, z.B. Haubenprofil (»porosit Dränit«), sowie Formstücke, Schachtteile und eckige Filterkörper.
Abmessungen s. Abb. 9.4.1/2;
Rohrverbindung: Falz und Nut; die Rohre werden ohne Dichtungsmittel knirsch aneinandergestoßen.
Anwendung: Dränung von Bauwerken, Längsdränung im Straßen- und Wegebau, Sportplatzbau, Dränleitungen mit großem Durchmesser.

Art des Betonfilterrohres	lichte Weite mm	äußerer Ø mm	Scheitelhöhe mm	Fußbreite mm	Baulänge mm	Gewicht je m ca. kg
Form K vollporös	100	150	–	–	500	19
	125	180	–	–	500	25
	150	210	–	–	500	32
	200	270	–	–	750	54
	250	330	–	–	750	74
	300	390	–	–	750	99
	400	500	–	–	750	144
	500	630	–	–	750	200
Form K teilporös	100	150	–	–	500	20
	125	180	–	–	500	30
	150	210	–	–	500	37
Form KF teilporös	200	270	–	–	750	58
	250	330	–	–	750	80
	300	390	–	–		108
	400	500	–	–	750	169
	500	630	–	–	750	210
Sonderprofil „dränit" Form KFW (Schwerlastrohr)	65	–	120	112	500	13
	100	–	170	145	500	25
	150	–	240	215	750	44
	200	–	290	270	750	64
	300	–	430	405	750	137
	400	–	560	520	750	254
	600	–	910	770	1000	550
	800	–	1190	1010	1000	930
	1000	–	1490	1250	1000	1400
Außerdem Bogenstücke und Abzweige						

Abb. 9.4.1/2. Abmessungen von Betonfilterrohren (Quelle: Produktinformation porosit)

9.4.1.3 Kunststoffdränrohre nach DIN 1187

(1) Material:
Überwiegend PVC-hart. Der Wassereintritt erfolgt durch meist versetzt angeordnete Querschlitze oder durch Längsschlitze in der Rohrwand.

(2) Rohrwandung:
Quergewellt: Rohre sind flexibel und lassen sich auch in Bogenform verlegen; große Lieferlängen in Rollenform möglich; durch große Wandrauhigkeit geringere hydraulische Leistung;
vollwandig: Rohre sind nur bedingt flexibel; für geradlinige Verlegung; Lieferung in Stangenform; durch glatte Wandung bessere hydraulische Eigenschaften;
teilgewellt: Zwischenform mit glatter Sohle, geradlinige Verlegung;
längsgerieft: dickere Rohrwandung.

(3) Querschnittsform:
Kreisförmig bei Vollsickerrohren,
tunnelförmig bei Teilsickerrohren (s. Abb. 9.4.1/3).

(4) Sonderausführung:
Mit Kokosfasern ummantelter, quergewellter Kreisquerschnitt (Produktbezeichnung »FF-Kokofil«); dadurch entsteht filterstabiler Vollfilter (bei feinsandigen oder schluffhaltigen Böden).

(5) Rohrverbindung:
Verbindungsmuffe (Doppelsteckmuffe); außerdem Formstücke als Winkelstücke, Abzweigstücke, Anschlußstücke u. a. (s. Abb. 9.1.4/4).

(6) Abmessungen s. Abb. 9.1.4/5.

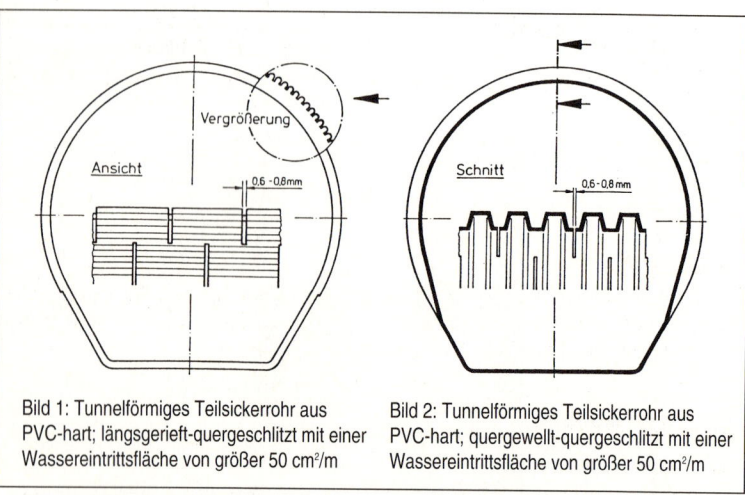

Bild 1: Tunnelförmiges Teilsickerrohr aus PVC-hart; längsgerieft-quergeschlitzt mit einer Wassereintrittsfläche von größer 50 cm²/m

Bild 2: Tunnelförmiges Teilsickerrohr aus PVC-hart; quergewellt-quergeschlitzt mit einer Wassereintrittsfläche von größer 50 cm²/m

Abb. 9.4.1/3. Querschnittsausbildung von Teilsickerrohren aus PVC-hart

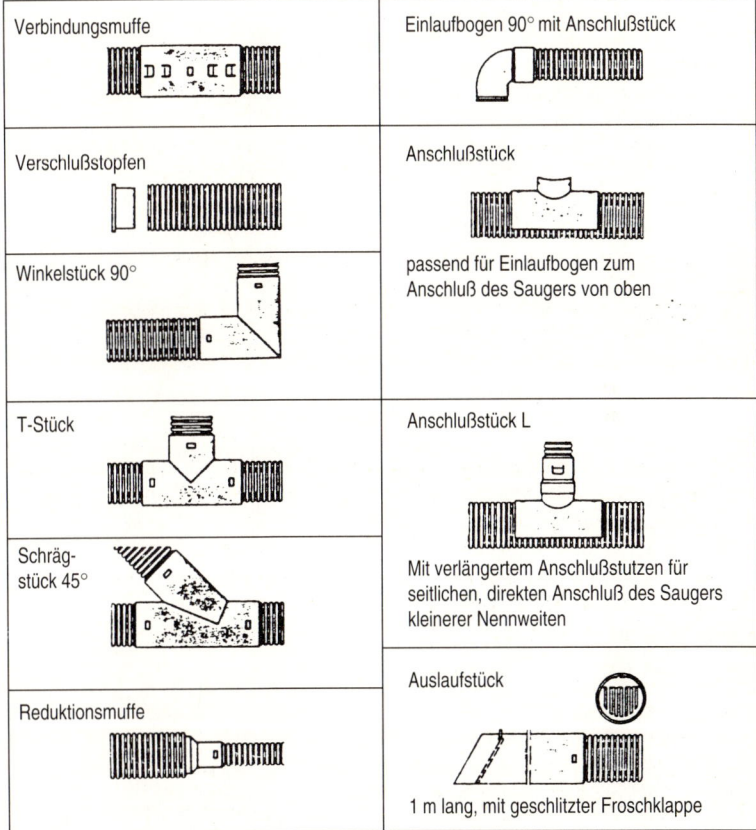

*Abb. 9.4.1/4. Formstücke für Dränrohre aus PVC mit Kreisquerschnitt
(Quelle: Produktinformation "Fränkische" Dränindustrie)*

(7) Anwendung:
Alle Anwendungsbereiche, differenziert nach Verkehrslast, Abflußleistung, Wasseraufnahmefähigkeit; außerdem Spezialgebiete, z. B. Entwässerung von Mülldeponien (»FF-Deposil«, »Raudrill«).

9.4.2 Dränarbeiten

9.4.2.1 Grundmerkmale

Sickerleitungen müssen so ausgeführt werden, daß keine feinen Boden-bestandteile eintreten können. Dies kann durch eine Abstimmung von Korn-

Bezeichnung	Beschreibung	Querschnittsform	Farbe	Lieferbare Nennweiten (mm)	Lieferbare Längen	Rohrverbindung	Wassereintrittsfläche pro m Rohr	Anwendungsbereiche	Produktbezeichnung (Beispiel)
Dränrohr	kreisförmig, quergewellt, quergeschlitzt, flexibel, (auch ungelocht)	◯	gelb	50, 65, 80, 100, 125, 160, 200	in Rollen 50 – 200 m	Doppelsteckmuffe	> 25 cm²/m	Garten- und Landschaftsbau, Landwirtschaft, keine hohen Verkehrslasten	„Raudren – G" (Rehau) „FF – Drän" (Fränkische)
Dränrohr	kreisförmig, vollwandig, längsgeschlitzt (auch quergeschlitzt)	◯	schwarz	40, 50, 65, 75, 80, 90, 100, 110, 125, 140, 160 – – – – (80, 100, 150)	in Stangen 5 m	angeformte Steckmuffe	> 8 cm²/m – – – – – (> 50 cm²/m)	Garten- und Landschaftsbau, Landwirtschaft, keine hohen Verkehrslasten; Straßenbau, hohe Verkehrslasten	„Raudren" (Rehau); („Raudren – BRW")
Teilsickerrohr oder Mehrzweckrohr	tunnelförmig, teilgewellt, quergeschlitzt	⬠	blau	65, 80, 100, 150, 200, 250, 350	in Stangen 6 m	Doppelsteckmuffe einseitig aufgesteckt	> 50 cm²/m	Straßen- und Wegebau, Sportplatzbau, mittlere Verkehrslasten	„Rauwell" (Rehau) „FF – Strasil" (Fränkische)
Teilsickerrohr oder Mehrzweckrohr	tunnelförmig, vollwandig, quergeschlitzt, längsgerieft	⬠	blau	80, 100, 150, 200, 250, 350	in Stangen 5 m	angeformte Steckmuffe	> 50 cm²/m	alle Arten von Verkehrswegebau, Sportplatzbau, hohe Verkehrslasten	„Raudrill" (Rehau)

Abb. 9.4.1/5. Kunststoffdränrohre - Übersicht über Merkmale und Abmessungen (Auswahl)

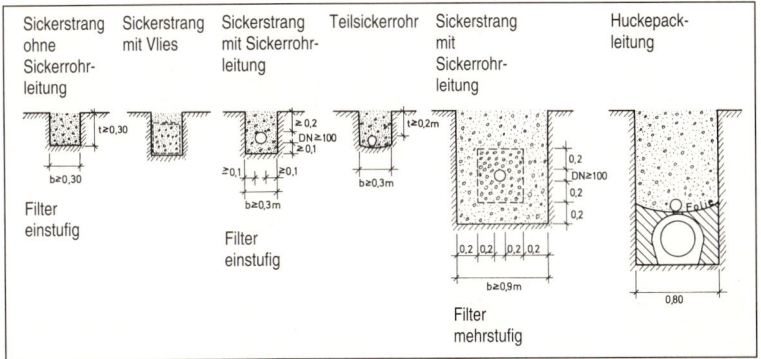

Abb. 9.4.2/1. Ausführungsarten von Sickerleitungen

größenbereichen der angrenzenden Materialien erreicht werden (filterstabiler Aufbau, Filterregel nach Terzaghi s. Kap. 4.5.4.2).

Möglichkeiten zur Ausführung einer Dränage (s. Abb. 9.4.2/1):

(1) Sickerstrang:
Besteht aus einem Graben, der mit einem durchlässigen Material (z. B. Kies), das filterstabil zum angrenzenden Boden ist, aufgefüllt wird.

(2) Sickerrohrleitung:
Zur Erhöhung der hydraulischen Leistungsfähigkeit (Steigerung des Abflusses) wird meist ein Sickerrohr in dem Graben verlegt. Der Verlauf soll geradlinig sein (Mindestgefälle 0,3 %); der Anschluß erfolgt an einen Schacht oder einen Vorfluter. Bei Verwendung von Vollsickerrohren wird das gesamte Rohr in das Filtermaterial eingebettet, bei Teilsickerrohren (Ableitung größerer Wassermengen) erfolgt die Verlegung auf der Grabensohle. Das umgebende Filtermaterial kann einstufig aufgebaut sein, d. h. durchweg gleiche Kornzusammensetzung oder zweistufig mit verschiedenen Körnungen. Hierbei wird das enger gestufte Material direkt um das Rohr herum angeordnet. Zum Erreichen der Filterstabilität können auch Geotextilien (Filtervliese aus Kunststoff) verwendet werden.

(3) Huckepackleitung:
Kombination eines Sickerrohres mit einem Entwässerungsrohr (meist Betonrohr).

9.4.2.2 Hauptanwendungsgebiete für Dränungen

Siehe auch Kap. 4.6.9.

(1) Bau von Verkehrsflächen:
Wege, Straßen und Plätze müssen so aufgebaut werden, daß Wasser, das in den Bereich des Oberbaus eingedrungen ist (meist durch aufsteigendes Wasser aus dem Untergrund) wieder abgeleitet werden kann. Dazu wird die untere Tragschicht (Frostschutzschicht) als horizontale Sickerschicht

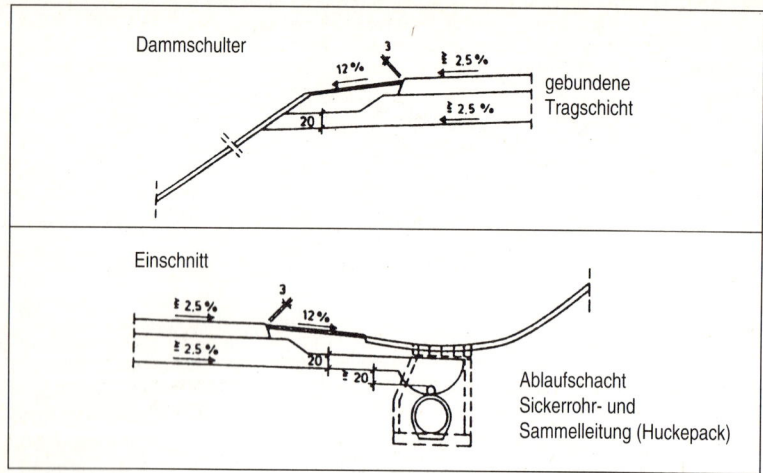

Abb. 9.4.2/2. Entwässerung der Frostschutzschicht (horizontale Sickerschicht) (Quelle: RAS-Ew 87)

ausgeführt. Durch die Neigung des Planums gelangt das Wasser zum Rand und wird von dort nach außen (Dammbereich) oder über eine Sickerleitung abgeleitet (s. Abb. 9.4.2/2). Auf die Verwendung von Geotextilien in diesem Zusammenhang sei hingewiesen.

(2) Sportplatzbau:

Sportplätze, Tennenflächen und auch andere unbefestigte Flächen, von denen größere Niederschlagsmengen schnell abgeführt werden sollen, lassen sich durch ein System von parallel verlaufenden Sickerleitungen entwässern (s. Kap. 10).

(3) Bauwerksgründungen:

Zur Trockenhaltung von Fundamenten von Stützmauern und Gebäuden werden Sickerleitungen verwendet (s. Abb. 9.4.2/3).

(4) Kulturbau, Landwirtschaft:

Um für größere Flächen eine optimale Feuchte herzustellen, werden Systeme aus quer- und längsverlaufenden Dränleitungen verlegt (s. Abb. 9.4.2/4). Dabei dienen die »Sauger« zur Wasseraufnahme im Boden. Der Abstand ergibt sich aus Niederschlagshöhe, Abflußspende, Bodenart und Verlegetiefe. Die »Sammler« nehmen die Abflußspende der Sauger auf und führen sie in den Vorfluter ab. Die Bemessung des Systems erfolgt nach DIN 1185.

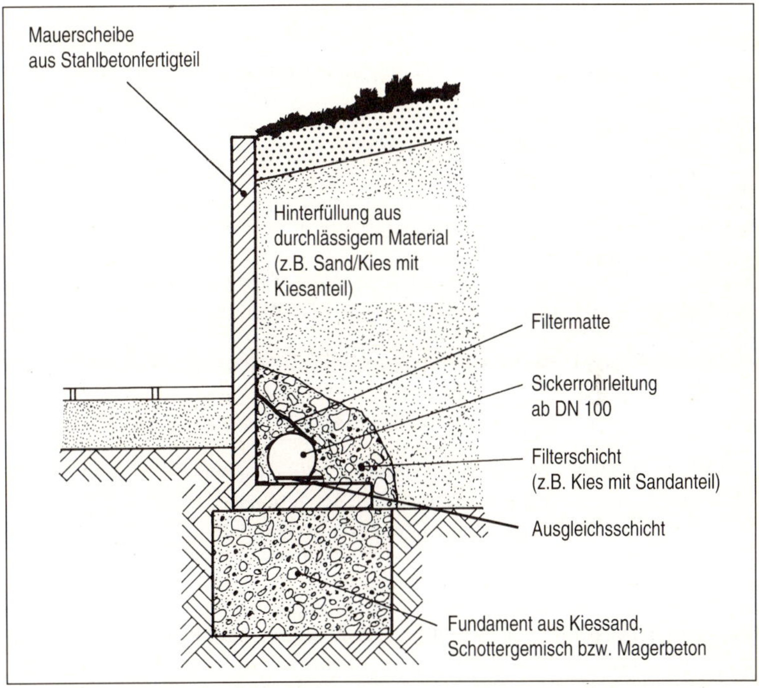

Mauerscheibe
aus Stahlbetonfertigteil

Hinterfüllung aus
durchlässigem Material
(z.B. Sand/Kies mit
Kiesanteil)

Filtermatte

Sickerrohrleitung
ab DN 100

Filterschicht
(z.B. Kies mit Sandanteil)

Ausgleichsschicht

Fundament aus Kiessand,
Schottergemisch bzw. Magerbeton

Abb. 9.4.2/3. Entwässerung bei Stützmauern

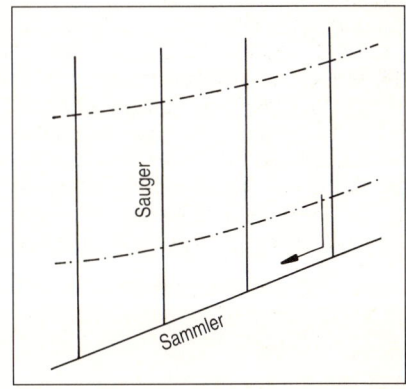

Sauger

Sammler

Abb. 9.4.2/4. Dränleitungsnetz

9.5   Wichtige Normen (Auszug)

DIN 1180	Dränrohre aus Ton; Maße, Anforderungen, Prüfung
DIN 1211	Steigeisen kurz
DIN 1212	Steigeisen für zweiläufige Steigeisengänge
DIN 1221	Schmutzfänger für Schachtabdeckungen
DIN 1229	Aufsätze und Abdeckungen für Verkehrsflächen; Klassifizierung, Baugrundsätze, Prüfung, Überwachung und Kennzeichnung
DIN 1230	Steinzeug für die Kanalisation
DIN 1236	Hofabläufe aus Beton
DIN 1239	Schachtabdeckungen für Brunnenschächte und Quellfassungen
DIN 1998	Unterbringung von Leitungen und Anlagen in öffentlichen Flächen; Richtlinien für die Planung
DIN 1999	Abscheider für Leichtflüssigkeiten – Benzinabscheider, Heizölabscheider
DIN 4032	Betonrohre und Formstücke; Maße, Technische Lieferbedingungen
DIN 4033	Entwässerungskanäle und Leitungen; Richtlinien für Ausführung
DIN 4034	Schachtringe, Brunnenringe, Schachthälse, Übergangsringe aus Beton; Maße, Technische Lieferbedingungen
DIN 4051	Kanalklinker; Anforderungen, Prüfung, Überwachung. Beiblatt: Anwendungsbeispiele
DIN 4052	Betonteile und Eimer für Straßenabläufe
DIN 4124	Baugruben und Gräben; Böschungen, Arbeitsraumbreiten, Verbau
DIN 4271	Schachtabdeckungen für Einsteigschächte, Klasse B 125
DIN 19534	Rohre und Formstücke aus weichmacherfreiem Polyvinylchlorid (PVC hart), mit Steckmuffe, für Abwasserkanäle und -leitungen
DIN 19537	Rohre und Formstücke aus Polyethylen hoher Dichte (HDPE) für Abwasserkanäle und Leitungen
DIN 19580	Entwässerungsrinnen für Niederschlagswasser zum Einbau in Verkehrsflächen; Klassifizierung, Baugrundsätze, Kennzeichnung, Prüfung und Überwachung
DIN 19583	Aufsätze 500 × 500, für Straßenabläufe, Klasse C und D
DIN 19584	Schachtabdeckungen für Einsteigschächte, Klasse D
DIN 19594	Aufsatz 300 × 500 für Straßenabläufe, Klasse
DIN EN 124	Aufsätze und Abdeckungen für Verkehrsflächen. Baugrundsätze, Typprüfung, Kennzeichnung

10 Sportplatzbau

10.1 Planung und Maße

10.1.1 Regelwerke

Für den Sportplatzbau gelten
für Abmessungen, Markierungen und Bezeichnungen:
die Regeln der Sportfachverbände;
für die technische Ausführung:
DIN-Normen und Orientierungshilfen, die z. B. vom Bundesinstitut für Sportwissenschaft (BISp), der Internationalen Vereinigung Sport- und Freizeiteinrichtungen e.V. (IAKS), dem Deutschen Fußballbund (DFB), der Forschungsgesellschaft Landschaftsentwicklung/Landschaftsbau (FLL) usw. herausgegeben werden.
Die Teile 1 und 8 DIN 18035 Sportplätze enthalten ebenfalls Maßangaben, jedoch sind die Festlegungen der Sportfachverbände als übergeordnet zu betrachten.

10.1.1.1 Regeln der Fachverbände
Deutscher Fußballbund – DFB,
Postfach 71 04 05, 60528 Frankfurt/Main;
Deutscher Leichtathletikverband,
Julius Reiber Str. 19, 64293 Darmstadt,
»Amtliche Leichtathletikbestimmungen« (ALB), Darmstadt;
Deutscher Tennisbund – DTB,
Hallerstr. 89, 20149 Hamburg; »Tennisanlagen«, Köln (1991).

10.1.1.2 Technische Regelwerke
(1) Sportplätze
DIN 18035 Teil 1 Sportplätze; Planung und Masse
DIN 18035 Teil 2 Sportplätze; Bewässerung von Rasen- und Tennenflächen
DIN 18035 Teil 3 Sportplätze; Entwässerung
DIN 18035 Teil 4 Sportplätze; Rasenflächen
DIN 18035 Teil 5 Sportplätze; Tennenflächen
DIN 18035 Teil 6 Sportplätze; Kunststoffflächen
DIN 18035 Teil 7 Sportplätze; Kunststoffrasenflächen
DIN 18035 Teil 8 Sportplätze; Leichtathletikanlagen
EIRICH/ROSKAM/SKIRDE/PÄTZOLD: Sportplatzbau und -unterhaltung, Deutscher Fußballbund, Frankfurt;
Bundesinstitut für Sportwissenschaft: P 2/92 Sportplätze.

(2) Tennisplätze
DTB/IAKS: Tennisanlagen, Köln.

(3) Golfanlagen
BISp: P 1/87 Planung, Bau und Unterhaltung von Golfplätzen;
FLL: Richtlinie Bau von Golfplätzen.

(4) Sportplatzbeleuchtung
DIN 67526 Teil 1 Sportstättenbeleuchtung – Richtlinien für die Beleuchtung mit künstlichem Licht;
DIN 67526 Teil 2 Sportstättenbeleuchtung – Beleuchtung für Fernseh- und Filmaufnahmen; Anforderungen;
DIN 67526 Teil 4 Sportstättenbeleuchtung – Richtlinien für die Bemessung der Beleuchtung.

10.1.2 Begriffe

(1) Sportplatz
Freianlage für den organisierten Wettkampfsport nach nationalen und internationalen Regeln der Sportfachverbände;
Freianlage für die nicht wettkampforientierte, spielerisch sportliche Freizeitbetätigung, die keinen Regeln unterworfen ist.

(2) Nutzbare Spiel- und Sportfläche
Nettofläche zuzüglich der nach den Wettkampfbestimmungen und Spielregeln aus Sicherheitsgründen erforderlichen Sicherheitszonen (Randstreifen).

(3) Nebenflächen
Nicht sportlich genutzte, zur Erschließung erforderliche Verkehrsflächen, Flächen für Zuschaueranlagen, Gebäude, Vegetation und Bewirtschaftung.

10.1.3 Abmessungen

10.1.3.1 Spielfeldmaße

Die Maße von Großspielfeldern sind Abb. 10.1.3/1, von Kleinspielfeldern Abb. 10.3.1/2 zu entnehmen.

10.1.3.2 Laufbahnen und Anlaufbahnen

(1) Abmessungen
Sie sind der Abb. 10.1.3/3 zu entnehmen.

(2) Abmessungen von Kampfbahnen
Kombinationen von Großspielfeld, 400-m- und Kurzstreckenlaufbahn sowie leichtathletischen Anlagen werden als »Kampfbahnen« bezeichnet. Sie weisen eine unterschiedliche Anzahl von Rundlauf- und Kurzstreckenlaufbahnen auf.
Über die Anordnung orientiert Sportplätze; Kommentar zu DIN 18035, ROSKAM u. a. (1983) bzw. P 2/93 Sportplätze (1983); zu den Abmessungen der Kampfbahn s. Abb. 10.1.3/4.

Sport- bzw. Spielart	Belagsart					Spielfeldgröße Wettkampf- bestimmungen		Regelgröße		Sicherheits- zone		Gesamtgröße	
	R	T	K	KR	B	Breite	Länge	Breite	Länge	Längs- seite	Stirn- seite	Breite	Länge
American Football	x	–	–	x	–	48,80	109,75	48,80	109,75	1	2	50,80	113,75
Baseball	x	x	–	x	–	–	–	125,0	175,0	–	–	125,0	175,0
Faustball	x	x	–	–	–	20	50	20	50	6	8	32	66
Feldhand- ball	x	x	x	x	–	55 – 65	90 – 110	60	90	1	2	62	94
Feldhockey	x	x	–	x	–	55	91,4	55	91,4	2	4	59	99,4
Fußball	x	x	x	x	–	45 – 90	90 – 120	68	105	1*)	2*)	70	109
Korbball	x	x	x	–	–	30 – 40	75 – 90	35	80	1	2	37	84
Rugby	x	–	–	x	–	68,40	100	68,40	100	1	12 – 23	72,40	124 – 146

R = Rasen, T = Tenne, K = Kunststoff, KR = Kunststoffrasen, B = Beton bzw. Sonstiges.
Angaben in m, *) bei angrenzenden Zuschaueranlagen vergrößern sich die Sicherheitszonen auf 3 m bzw. 5 m

Abb. 10.1.3/1. Maße von Großspielfeldern

Sport- bzw. Spielart	Belagsart					Spielfeldgröße Wettkampf- bestimmungen		Regelgröße		Sicherheits- zone		Gesamtgröße	
	R	T	K	KR	B	Breite	Länge	Breite	Länge	Längs- seite	Stirn- seite	Breite	Länge
Basketball	x	x	x	x	–	13 – 15	24 – 28	15	28	1	1	17	30
Kleinfeld- handball	x	–	x	x	–	18 – 22	38 – 44	20	40	1	2	22	44
Kleinfeld- hockey	x	x	x	x	–	18 – 20	36 – 40	20	40	1	2	22	44
Kleinfeld- fußball	x	x	x	x	–	15 – 25	30 – 50	20	40	1	2	22	44
Rollhockey	–	–	–	–	x	15 – 20	30 – 40	20	40	–	–	20	40
Rollkunst- lauf	–	–	–	–	x	20	40	20	40	–	–	20	40
Tennis	x	x	x	x	–	10,97	23,77	10,97	23,77	3,66	6,40	18,27	36,57
Volleyball	x	x	x	x	–	9	18	9	18	2	3	13	24

R = Rasen, T = Tenne, K = Kunststoff, KR = Kunsttoffrasen, B = Beton bzw. Sonstiges. Angaben in m

Abb. 10.1.3/2. Maße von Kleinspielfeldern

| Sportart | Länge (m) | | | Breite |
	Start	Laufbahn	Auslauf	
Kurzstreckenlauf	3	110	> 17	1,22
Langstreckenlauf	–	400	–	1,22
Weitsprung	–	> 45	–	*1,22
Dreisprung	–	> 45	–	*1,22
Stabhochsprung	–	> 45	–	*1,22
Hochsprung	–	> 20**	–	–
Speer	–	≥ 30	–	4,0

* bei Mehrfachanlagen = 2,00 m
** Halbkreis

Abb. 10.1.3/3. Maße von Laufbahnen und Anlaufbahnen

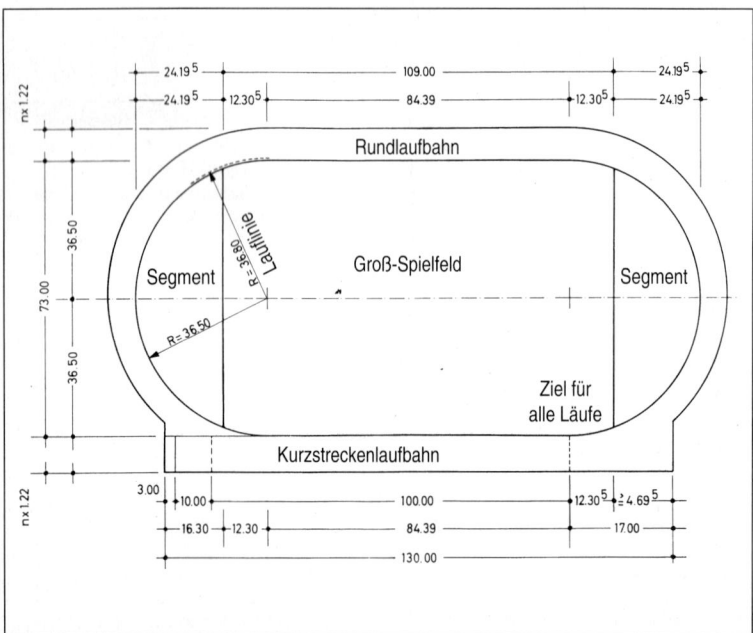

Abb. 10.1.3/4. Konstruktion der Kampfbahn

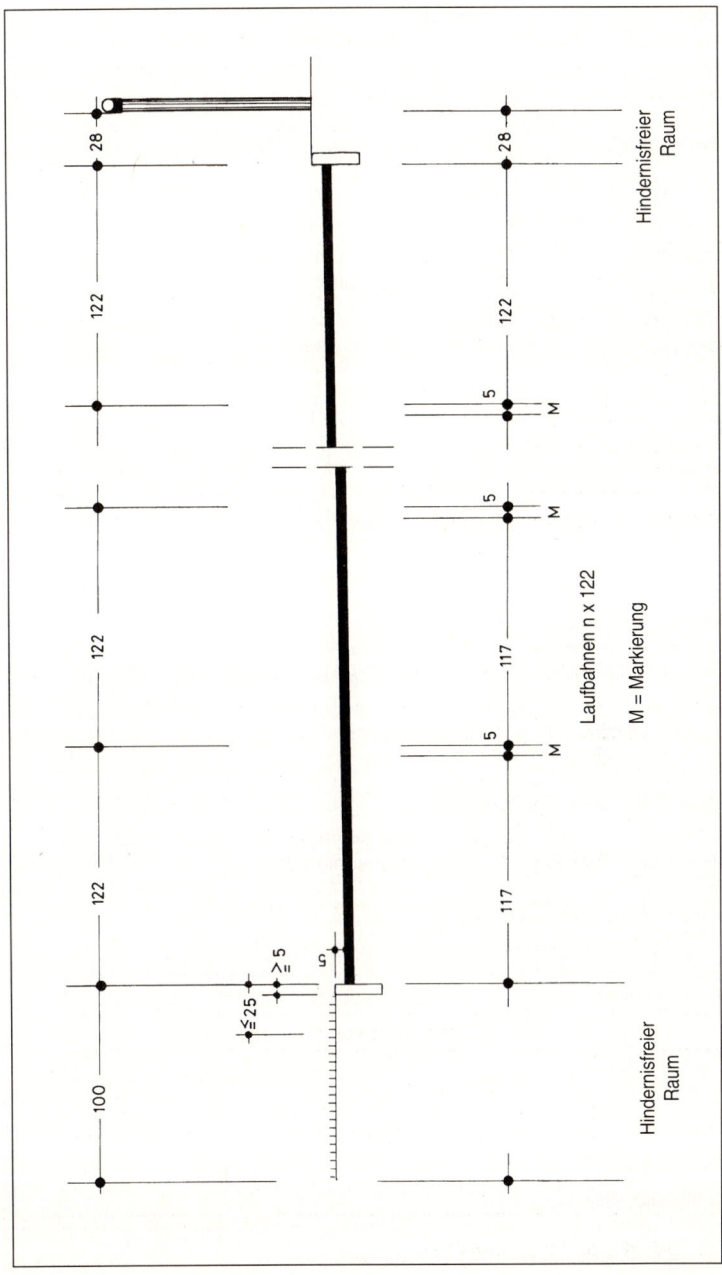

Abb. 10.1.3/5. Laufbahnabmessungen und hindernisfreier Raum (Angaben in cm)

(3) Breiten und Sicherheitsabstände
Entsprechend DIN 18035 T. 8 Sportplätze; Leichtathletikanlagen (1978) beträgt die Breite einer Laufbahn jeweils 1,22 m. Für die Innenbahn wird ein hindernisfreier Sicherheitsabstand von 1,00 m nach innen und für die Außenbahn ein solcher von 0,28 m nach außen gefordert. Diese Sicherheitsabstände müssen nicht mit dem Belag der Laufbahn versehen werden (s. Abb. 10.1.3/5).

10.1.3.3 Sprunganlagen

Entsprechend Amtliche Leichtathletikbestimmung – ALB (1993) sind die Abmessungen nach Abb. 10.1.3/6 einzuhalten.

Sportart	Aufsprungfläche	Abmessungen (m)		
		Länge	Breite	Höhe
Weitsprung	Grube	9,0	> 2,75	–
Dreisprung	Grube	9,0	> 2,75	–
Hochsprung	Kissen	5,0	3,0	0,50
Hochsprung	Kissen	6,0*	3,0	0,50
Stabhochsprung	Kissen	5,0 + 1,5	5,0	> 0,80
* Empfehlung entspricht Regel 38 AMTLICHE LEICHTATHLETIK-BESTIMMUNGEN, 1993				

Abb. 10.1.3/6. Abmessungen von Sprunganlagen

10.1.3.4 Wurf- und Stoßanlagen

Entsprechend Amtliche Leichtathletikbestimmung – ALB (1993) sind die Abmessungen nach Abb. 10.1.3/7 vorgeschrieben.

Sportart	Durchmesser Abwurf-/ Abstoßfläche (m)	Auftreffsektor Winkel (°)	Länge (m)
Diskus	2,50	40	80
Hammerwurf	2,135	40	80
Kugelstoß	2,135	40	25
Speerwurf	8,0*	29	100
* Kreisabschnitt, Sehnenlänge = 4,0			

Abb. 10.1.3/7. Abmessungen von Wurf- und Stoßanlagen

Belags-/ bzw. Sportart	Oberfflächengefälle (%)	
1. Spielfelder		
Rasen	< 1	
Tenne	i. d. R. 0,8	
Kunststoff	< 1	
Kunststoffrasen	0,8 bis 1	
2. Tennisfelder	0,5	
3. Laufbahnen und Anlaufbahnen	quer	längs
Laufen	< 0,1	< 1
Hochsprung	< 0,4	< 1
Stabhochsprung	< 0,1	< 1
Weitsprung	< 0,1	< 1
Dreisprung	< 0,1	< 1
Speerwurf	< 0,1	< 1

Abb. 10.1.3/8.   Zulässiges Oberflächengefälle

10.1.3.5 Oberflächengefälle

(1) Allgemeine Anforderungen
Für das Oberflächengefälle gelten für die jeweiligen Belagsarten die Empfehlungen nach DIN 18035 Sportplätze (s. Abb. 10.1.3/8). Daneben gelten für Leichtathletikanlagen die Vorschriften nach Amtlichen Leichtathletikbestimmung – ALB (1993).

(2) Anlaufbahnen in Sektoren
In Sektoren von Kampfbahnen ist entsprechend DIN 18035 T. 8 Sportplätze; Leichtathletikanlagen (1978) ein Radialgefälle von 0,8 % zulässig (s. Abb. 10.1.3/9).

(3) Startraum und Auslauf von Kurzstreckenlaufbahnen
Sind sie Teil einer Rundlaufbahn, muß das Quergefälle der Rundbahn linear fortgesetzt werden (s. Abb. 10.1.3/10a und b; DIN 18035 T. 8 Sportplätze; Leichtathletik-Anlagen, 1978).

(4) Gefälleausbildung von Spielfeldern
Das Oberflächengefälle wird als Walmdach, Satteldach oder Pultdach ausgebildet (s. Abb. 10.1.3/11a und b). Beim Satteldach kann entsprechend DIN 18035 T. 5 Sportplätze; Tennenflächen (1987) im Torraum eine »Krüppelwalmdach«-Ausbildung vorgenommen werden.

10.1.4 Einordnung zur Himmelsrichtung

Entsprechend DIN 18035 T. 1 Sportplätze; Planung und Masse (1979) sollen Großspielfelder und Kampfbahnen mit ihrer Längsachse in Nord-Süd-Rich-

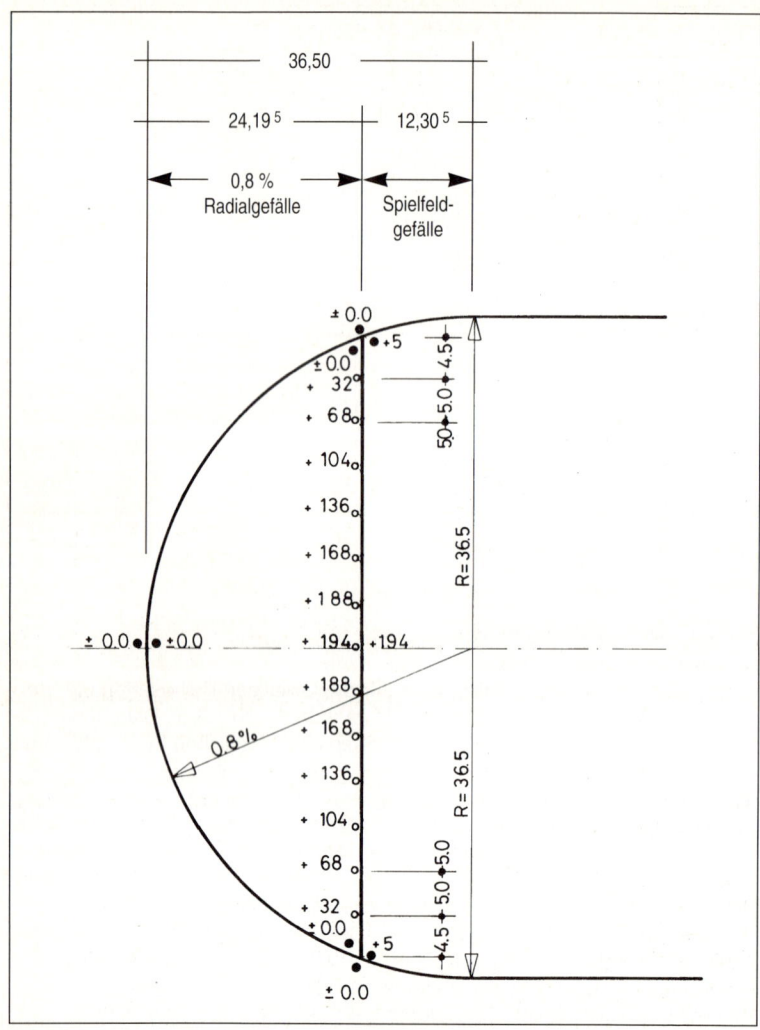

Abb. 10.1.3/9. Oberflächengefälle in Sektoren von Kampfbahnen (Höhenangaben in mm)

tung eingeordnet werden, wobei Abweichungen von NNW-SSO bis NNO-SSW möglich sind. Damit sollen Blendungen der Sportler im Hinblick auf die Hauptnutzungszeiten vermieden werden.

Die Sportfachverbände führen die früher vorhandenen Vorschriften in ihren Regeln nicht mehr auf. Dennoch sollten nach Möglichkeit bei den leichtathleti-

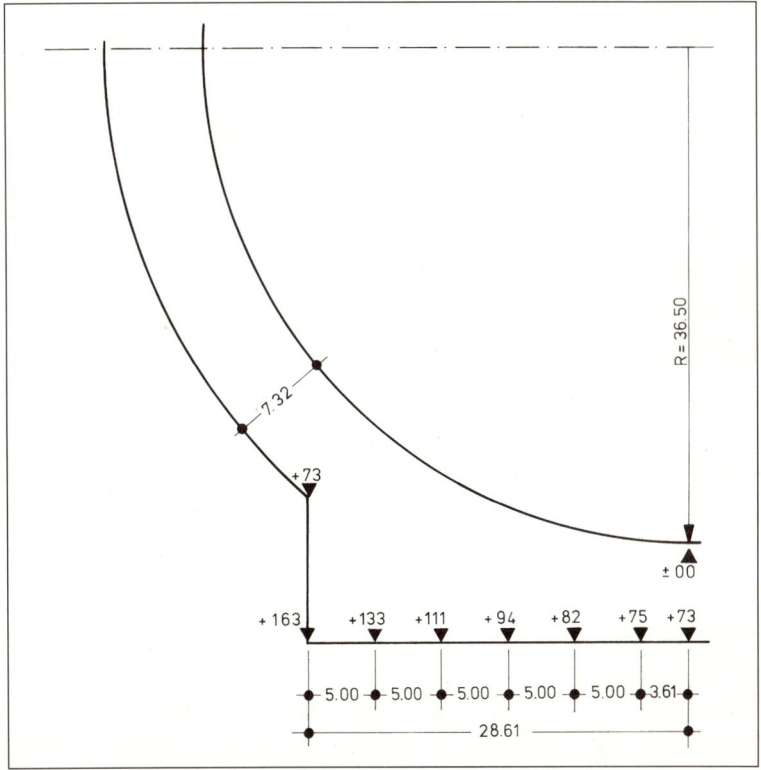

Abb. 10.1.3/10a. Oberflächengefälle im Startraum von Kurzstreckenlaufbahnen – 6 Kurzstrecken-laufbahnen (Höhenangaben in mm)

schen Anlagen folgende Anlauf- bzw. Stoß- und Wurfrichtungen eingehalten werden:

Hochsprung	N	Hammer	N (S)
Stabhochsprung	N (O)	Kugel	O, W
Speer	N (S)	Weitsprung	N, S, W
Diskus	N (S)	Dreisprung	N, S, W

10.2 Baugrund

Die Herstellung von Sportplätzen erfordert i. d. R. umfangreiche Erdbewegungen, da großformatige Horizontalflächen in das Gelände eingeordnet werden müssen. Für den Sportplatzbau gelten spezielle Anforderungen der einzelnen Teile nach DIN 18035, während für die allgemeinen Erdarbeiten auf Kapitel 4.2 verwiesen wird.

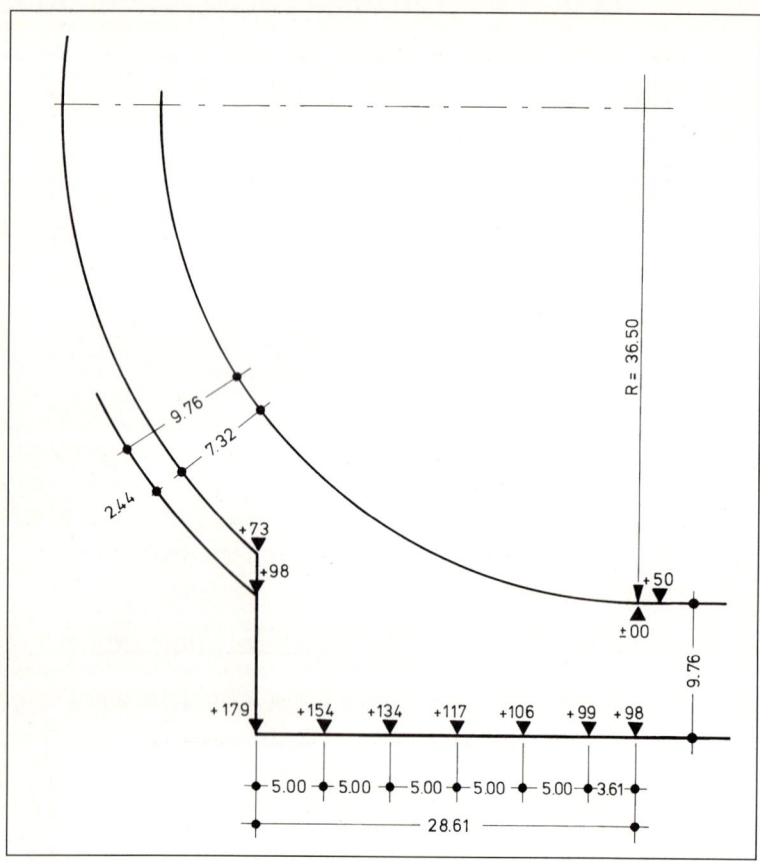

Abb. 10.1.3.10b. Oberflächengefälle im Startraum von Kurzstreckenlaufbahnen – 8 Kurzstrecken-laufbahnen (Höhenangaben in mm)

10.2.1 Technische Regelwerke

Für die Durchführung von Erdarbeiten sind neben DIN 18035 Sportplätze folgende Regelwerke zu beachten:

DIN 18300   Erdarbeiten;

DIN 18196   Erdbau; Bodenklassifikation für bautechnische Zwecke und Methoden zum Erkennen von Bodengruppen;

DIN 18320   Landschaftsbauarbeiten;

DIN 18915   Landschaftsbau; Bodenarbeiten;

DIN 4124   Baugruben und Gräben; Böschungen, Arbeitsraumbreiten, Verbau.

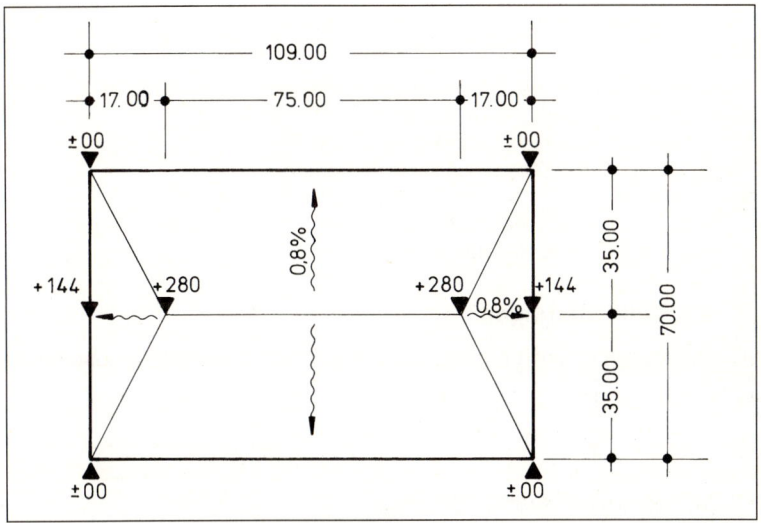

Abb. 10.1.3.11a. Oberflächengefälle in Spielfeldern – Walmdach (Höhenangaben in mm)

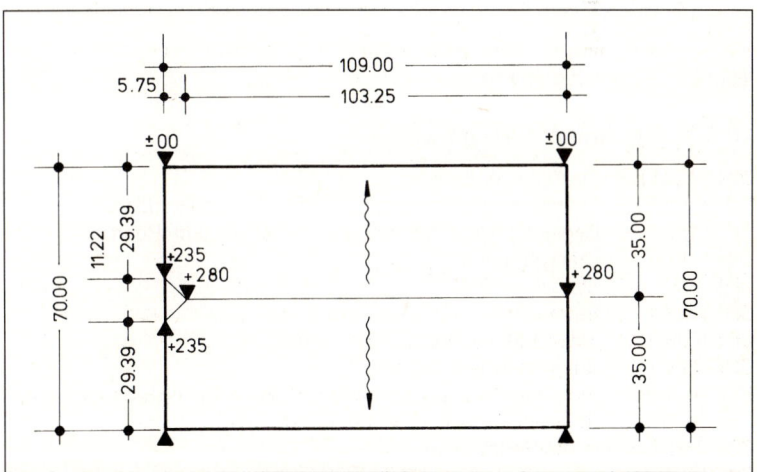

*Abb. 10.1.3.11b. Oberflächengefälle in Spielfeldern – Satteldach
(an einer Seite mit "Krüppelwalm"-Dach) (Höhenangaben in mm)*

10.2.2 Begriffe

(1) Baugrund
Bodenfläche, die die Lasten der darüberliegenden Schichten trägt und die Ebenheit sicherstellt. Er wird unterteilt in
Untergrund: Natürlich anstehender Boden,
Unterbau: Aufschüttung auf dem Untergrund.
(2) Erdplanum
Technisch bearbeitete Oberfläche des Baugrundes mit festgelegten Merkmalen wie Gefälle, Höhenlage und Ebenheit.

10.2.3 Anforderungen

Die Anforderungen nach Abb. 10.2.3/1 gelten nur im Bereich der Sportplatzflächen.
Für Nebenflächen, insbesondere für Vegetationsflächen, sind die Anforderungen nach DIN 18915 Landschaftsbau, Bodenarbeiten zu beachten.

10.2.4 Baugrundverbesserung

Erfüllt der Baugrund die Anforderungen nach den jeweiligen Normen nicht, kann er durch folgende Maßnahmen verbessert werden:
Einmischen von Sand,
Einbau von Geotextilien zur Trennung von unterschiedlichen Bodenarten,
Bodenverfestigung,
Bodenverbesserung.
Die anzuwendende Verbesserungsmaßnahme ist abhängig von der Bodenart und dem Grundwasserstand, so daß Voruntersuchungen erforderlich sind.

10.3　Entwässerung

10.3.1　Technische Regelwerke

DIN 18035 T. 3　Sportplätze; Entwässerung (1978);
DIN 1986 T. 2　Entwässerungsanlagen für Gebäude und Grundstücke;
DIN 1185　Regelung des Bodenwasserhaushaltes durch Rohrdränung ...;
DIN 1187　Dränrohre aus PVC;
DIN 1230　Steinzeugrohre;
DIN 4032　Betonrohre;
DIN 4035　Entwässerungskanäle und -leitungen;
DIN 4124　Baugruben und Gräben;
ATV Arbeitsblatt A 118　Richtlinien für die hydraulische Berechnung von Schmutz-, Regen- und Mischwasserkanälen.
Geltungsbereiche der Regelwerke:
Sportflächen:　　　　　　　　　DIN 18035 T. 3;
Wege, Gebäude, Nebenflächen:　DIN 1986 bzw. ATV Arbeitsbl. 118;
Vegetationsflächen:　　　　　　DIN 1185.

Anforderungen		DIN 18035 T 4 (1991)	T 5 (1987)	T 6 (1992)	T 7 (1993)
Verdichtungsgrad					
- grobkörnig [3]	D_{Pr}	–	0,95	1,0	1,0
- gemischt- / feinkörnig [3]	$> D_{Pr}$	–	0,92	0,97	0,97
Verformungsmodul					
- grobkörnig	$> N / mm^2$	– [1]	30		60
- gemischt- / feinkörnig	$> N / mm^2$	– [1]	20	45	45
E_{v2} / E_{v1} - Verhältnis					
- grobkörnig	$<$	–	3,0	2,5	2,5
- gemischt- / feinkörnig	$<$	–	2,2	2,2	2,2
Wasserschluckwert	$> cm/s$	0,00005	0,002	0,001	0,002
Gefälle	%	< 1	0,8 – 1	< 1	0,8 – 1
Nennhöhenabweichung	$< \pm mm$	30	30	30	30
Ebenheitsabweichung	$< mm$	30	– [2]	30	30

[1] Nach dem Befahrungsversuch darf die Tiefe der bleibenden Fahrspuren nicht größer als 30 mm sein
[2] Entwässerbar
[3] Bodengruppen entspr. DIN 18 196

Abb. 10.2.3/1. Anforderungen an den Baugrund von Sportplätzen

10.3.2 Begriffe

(1) Entwässerungszweck
Sicherung der Benutzbarkeit und langfristige Erhaltung von Sportflächen.

(2) Entwässerung der Oberfläche
Abführung des Niederschlagswassers durch Gefälle auf der Belagsoberfläche zu Wasserabläufen bzw. durch Teilversickerung in den Oberbau.

(3) Entwässerung des Oberbaues
Ableitung des in die Konstruktion eingedrungenen Sickerwassers durch Dränung bzw. durch Versickerung bei wasserdurchlässigem Baugrund.

(4) Entwässerung des Baugrundes
Ableitung von Schicht- oder Druckwasser über Dränstränge zur Vorflut.

(5) Fremdwasser
Oberflächenwasser bzw. Grund- und Schichtwasser von außerhalb liegenden Flächen.

(6) Wasserablauf
Bauteile in Form von Rinnen oder Einzelabläufe (Straßenabläufe).

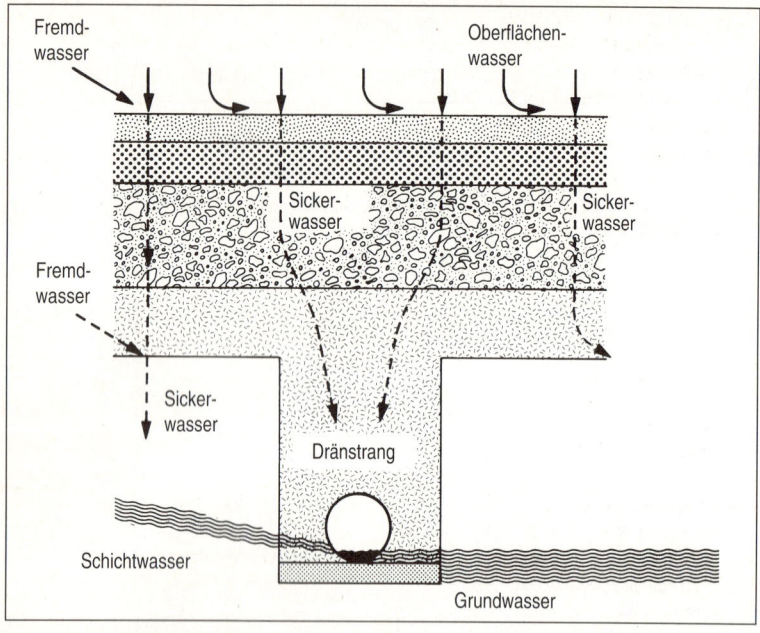

Abb. 10.3.2/1. Wasserarten

(7) Dränstrang
Besteht aus Graben, Dränrohren und Dränpackungen und leitet Überschußwasser ab.
(8) Geschlossene Rohrleitung
Wasserdichte Rohrleitung aus Beton, Kunststoff, Steinzeug usw. zur
Ableitung von Wasser aus Wasserabläufen.
(9) Wasserarten s. Abb. 10.3.2/1.

10.3.3 Anforderungen, Berechnungen

10.3.3.1 Oberflächenentwässerung

(1) Anforderungen entspr. DIN 18035, T. 3
Hydraulische Grundfestlegungen:
Bemessungsregen   120 l/s/ha
Zeitbeiwert   1
Abflußbeiwert
– Rasenflächen   0,25
– Tennenflächen   0,50

- Kunststoff-Flächen,
  wasserdurchlässig   0,50
  wasserundurchlässig   0,90
- Kunststoffrasenflächen   0,50

Schluckvermögen von
Rinnenabläufen $Q_s = 0,15 \cdot A_s$ (l/s)
mit
A_s = Durchflußquerschnitt des Ablaufs (cm^2)

Rinnenquerschnitt $A_R = 18 \cdot$ erf Q (cm^2)
mit
erf Q = erforderl. Abfluß (l/s)
A_R = erforderl. Querschnittsfläche Rinne vor
        Rinnenablauf (cm^2)

Offene (Mulden-)Rinnen:
  Breite $b > 150$ mm <500 mm
  Muldentiefe $< 0,1$ b

Einzelabläufe:
  Querschnitt > 250 cm^2

Abstand im Laufbahnbereich:
  – bei Kunststoff-Flächen $< 2,5$ m
  – bei Tennenflächen $< 5,5$ m

Geschlossene Rohrleitungen:
  Sohlgefälle $> 0,1\,\%$
  Mindestnennweite   DN 100
  Abflußleistung $0,11 \cdot \sqrt[3]{d^8} \cdot \sqrt{J} >$ erf Q mit
  (s. Abb. 10.3.3/1)   erf Q = erforderl. Abflußleistung = Gesamtzu-
                          lauf aus Wasserabläufen und Rohrlei-
                          tungen (l/s)
              d   = DN Rohrleitungen (cm)
              J   = Sohlgefälle der Rohrleitung

Dränrohrleitung
(bei Ableitung von
Oberflächenwasser):

  Abflußleistung $0,1 \cdot \sqrt[3]{d^8} \cdot \sqrt{J} >$ erf Q mit
  (s. Abb. 10.3.3/2)   erf Q = erforderl. Abflußleistung = Gesamtzu-
                          lauf aus Wasserzuläufen;
                          50 % Reduzierung des Gesamtzu-
                          laufs möglich, wenn Stauraum vor-
                          handen!
              d   = DN Dränrohr (mm)
              J   = Sohlgefälle der Dränrohrleitung

(2) Berechnungsbeispiele
Entwässerungen von Sportflächen erfolgen vorwiegend über gedeckte Rinnen ohne Eigengefälle mit Unterteilung durch Einlaufkästen, die an Ringleitungen angeschlossen werden.

Rohrweite (DN)	Zulauf (Q) in l/s						
	Sohlgefälle (J)						
	1 : 100	1 : 150	1 : 200	1 : 250	1 : 275	1 : 300	1 : 333
100	5,11	4,17	3,61	3,23	3,08	2,95	2,80
125	9,26	7,56	6,56	5,85	5,58	5,34	5,07
150	15,05	12,29	10,64	9,52	9,08	8,69	8,25
200	32,42	26,47	22,92	20,50	19,55	18,72	17,77
250	58,78	47,99	41,56	37,18	35,45	33,94	32,21
300	95,58	78,04	67,59	60,45	57,64	55,18	52,38
350	144,18	117,72	101,95	91,19	86,94	83,24	79,01
400	205,85	168,08	145,56	130,19	124,13	118,85	112,80

Abb. 10.3.3/1. Abflußleistung von Geschlossenen Rohrleitungen

Rohrweite (DN)	Zulauf (Q) aus Wasserabläufen in l/s						
	Sohlgefälle (J)						
	1 : 100	1 : 150	1 : 200	1 : 250	1 : 275	1 : 300	1 : 333
50	0,73	0,60	0,52	0,46	0,44	0,42	0,40
65	1,47	1,20	1,04	0,93	0,89	0,85	0,81
100	4,64	3,79	3,28	2,94	2,80	2,68	2,54
125	8,42	6,87	5,95	5,32	5,07	4,86	4,61
150	13,68	11,17	9,68	8,66	8,25	7,90	7,50
160	16,25	13,27	11,49	10,29	9,80	9,38	8,91
200	29,47	24,06	20,84	18,64	17,77	17,02	16,15
250	53,44	43,82	37,79	33,65	32,00	30,67	29,27

Abb. 10.3.3/2. Abflußleistung von Dränrohrleitungen

Entw. Teilfläche	Flächen-größe (m²)	R + T bzw. K_WD			R + K_WU		
		Bel.-Art	Abfl.-beiwert	l/s	Bel.-Art	Abfl.-beiwert	l/s
1	445	T/K_WD	0,50	2,67	K_WU	0,90	4,81
2	605	T/K_WD	0,50	3,63	K_WU	0,90	6,53
3	420	R	0,25	1,26	R	0,25	1,26
				7,56			12,60
4	1545	R	0,25	4,64	R	0,25	4,64
5	510	T/K_WD	0,50	3,06	K_WU	0,90	5,51
				7,70			10,15

Erläuterungen:
K_{WD} = Kunststoff - Fläche, wasserdurchlässig
K_{WU} = Kunststoff - Fläche, wasserundurchlässig
R = Rasenfläche
T = Tennenfläche
(Fußnote zur Abb. 10.3.3/6b)

Abb. 10.3.3/3. *Auswirkungen der Abflußbeiwerte auf die Rohrweiten*

Die Länge der Rinnen und die Anzahl der Unterteilungen durch Einlauf-kästen hängen vom Gesamtzulauf (l/s) und vom Abflußbeiwert des Bela-ges ab (s. Abb. 10.3.3/3).
Dabei ist von folgenden Leistungen handelsüblicher Bauteile auszugehen (s. auch Abb. 10.3.3/4a und b):
Einlaufkasten DN 150:
Durchflußquerschnitt $A_s = 176,7 \text{ cm}^2$
Abflußleistung $Q_s = 0,15 \cdot 176,7 = 26,5$ l/s
Gedeckte
Rinnen NW 125:
Querschnittsflächen $A_R = 185,2 \text{ cm}^2$
Abflußleistung $Q_s = 185,2 : 18 = 10,3$ l/s
Abb. 10.3.3/5 zeigt am Beispiel einer Kampfbahn Typ B die Aufteilung in Entwässerungsteilflächen und -abschnitte. Beläge mit unterschiedlichen Abflußbeiwerten wirken sich auf die Anzahl der Einlaufkästen aus (s. Abb. 10.3.3/3).

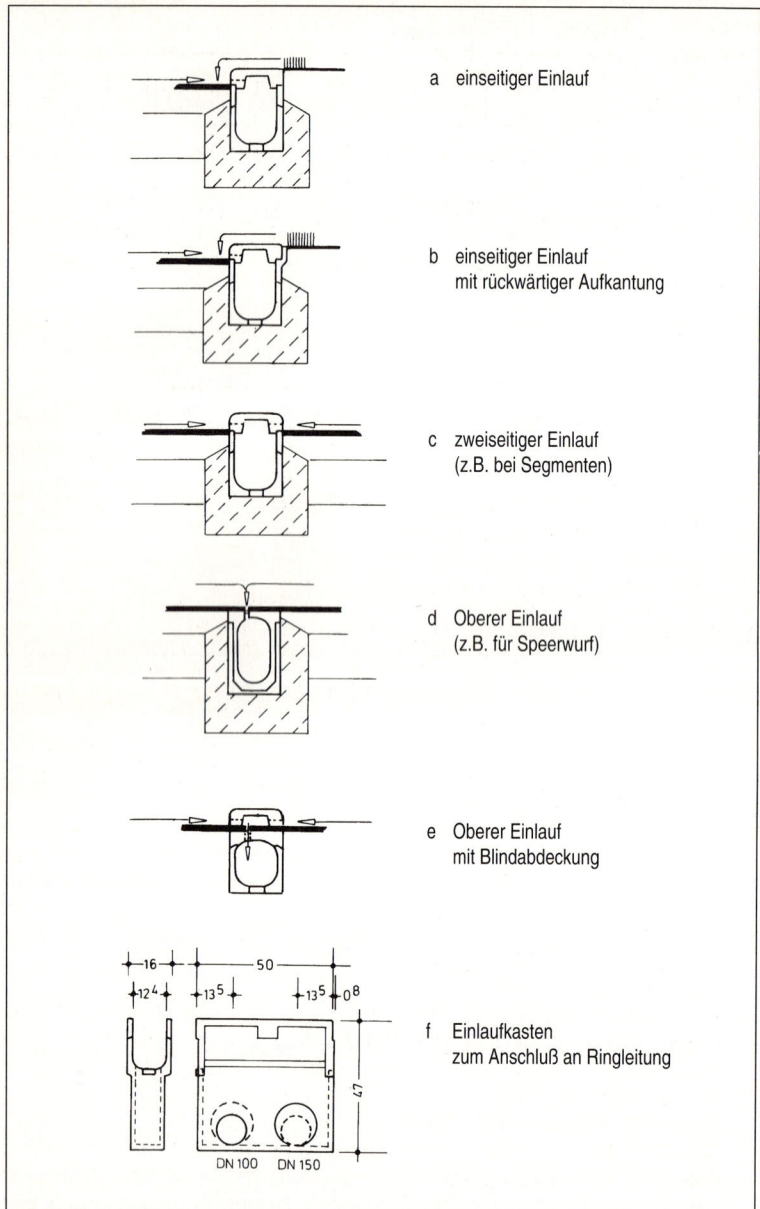

Abb. 10.3.3/4a. Einlaufformen (Einlaufkästen)

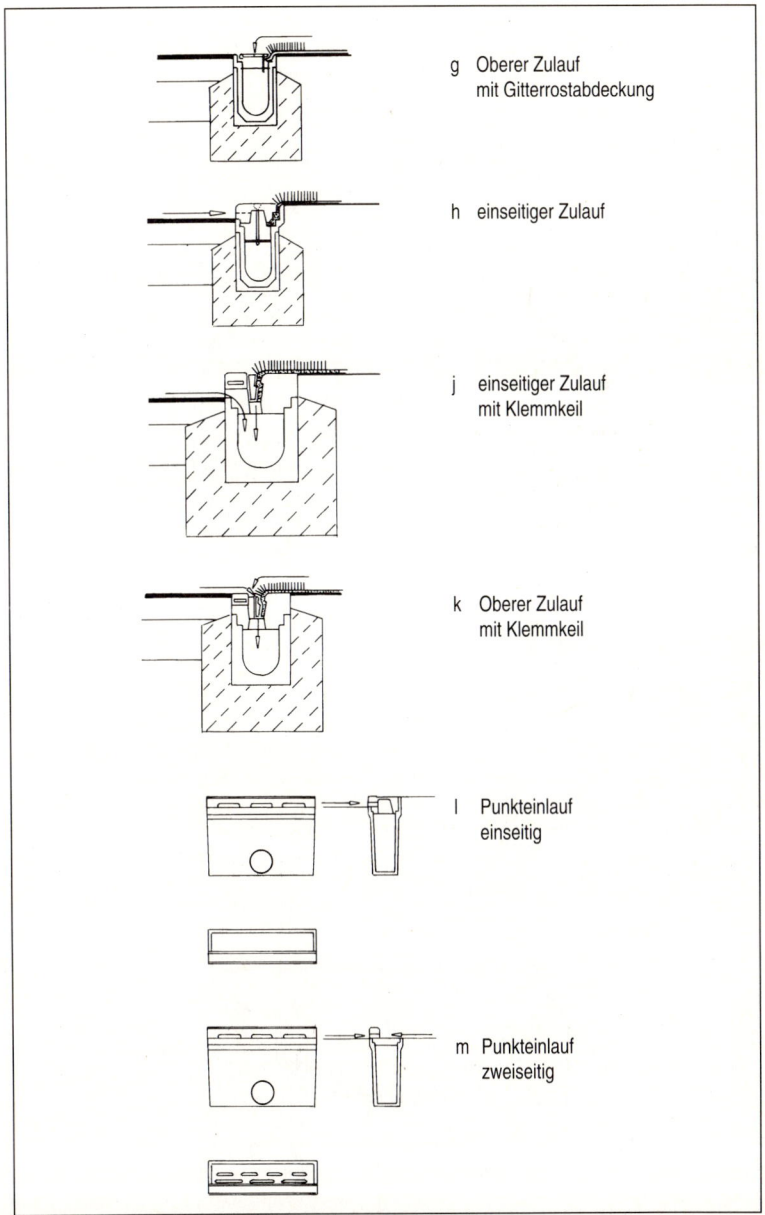

g Oberer Zulauf
mit Gitterrostabdeckung

h einseitiger Zulauf

j einseitiger Zulauf
mit Klemmkeil

k Oberer Zulauf
mit Klemmkeil

l Punkteinlauf
einseitig

m Punkteinlauf
zweiseitig

Abb. 10.3.3/4b. Einlaufformen (Einlaufkästen) für gedeckte Rinnen bei Kunststoffrasen

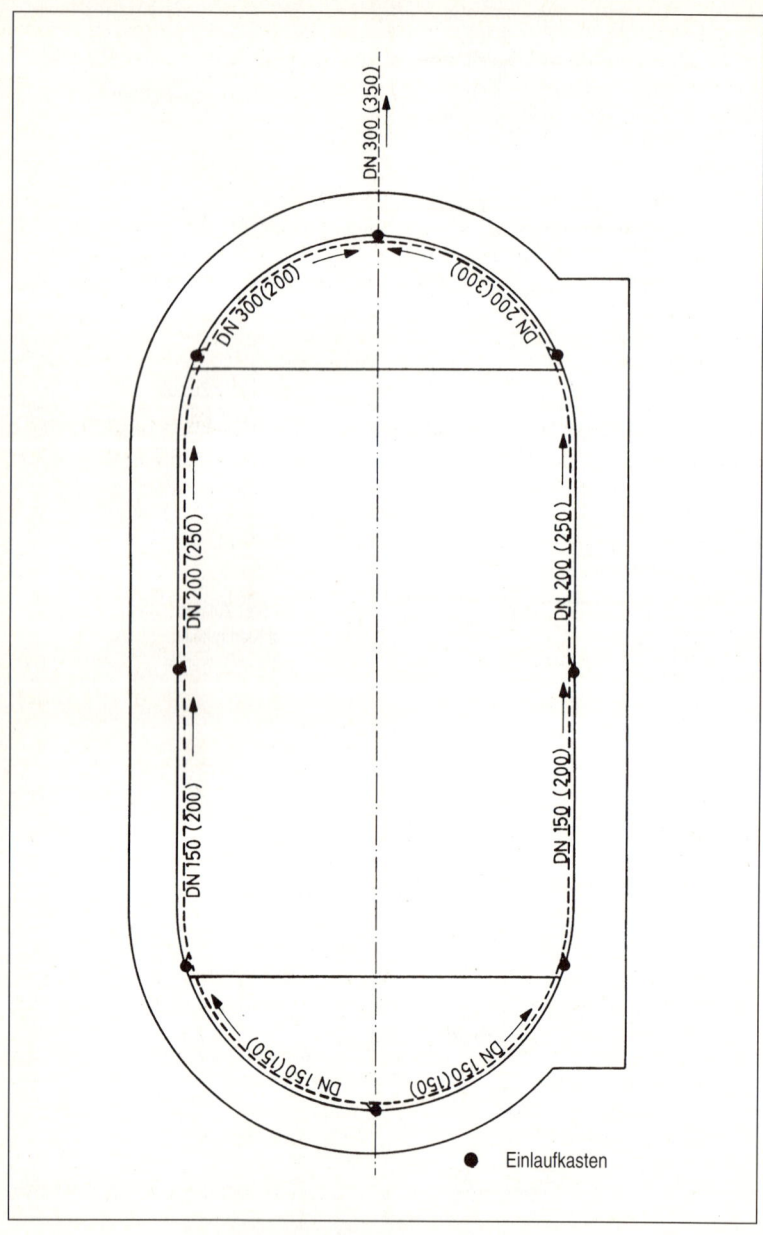

Abb. 10.3.3/5. Unterteilung von gedeckten Rinnen durch Einlaufkästen

Bei einer höchstmöglichen Abflußleistung der Rinne NW 125 von 10,3 l/s wird bei Kampfbahnen folgende Anzahl von Einlaufkästen erforderlich:
Rasen und Tenne,
Kunststoff (wasserdurchlässig),
Kunststofffrasen   6 Stück
Rasen und
Kunststoff, wasserundurchlässig 8 Stück

Ein Beispiel für die Bemessung der Ringleitungen einer Kampfbahn zur Ableitung des Wasserzuflusses aus den Einlaufkästen zeigt bei Anwendung der Formeln für Querschnitte geschlossener Leistungen Abb. 10.3.3/6a und b.

Werden stattdessen – wie in der Praxis weitgehend üblich – Teilsickerrohrleitungen eingesetzt, kann der »Reduktions-Nachlaß« von 50 % für Dränrohrleitungen ausgenutzt werden.

10.3.3.2 Dränentwässerung – Anforderungen entspr. DIN 18035 T. 3

(1) Ausbildung der Dränstränge und Art der Dränpackungsbaustoffe

Anordnung der Dränstränge	Quer zum Oberflächengefälle
Sohlgefälle	$> 0,3\% < 0,5\%$
Mindestgrabenbreite	Rohrdurchmesser + (2×70) mm
Mindestgrabentiefe unter Erdplanum	Rohrdurchmesser + 200 mm

Dränabstand:
- Rasenflächen   4 bis 6 m
- Tennenflächen   6 bis 10 m
- Kunststoff-Flächen   5 bis 6 m
- Kunststofffrasenflächen   5 bis 10 m

Dränpackung:
- Wasserdurchlässigkeit $k^* < 0,01$ cm/s
- Kornverteilungsbereich   0,06/32 mm
- Kornanteil $d < 0,2$ mm < 15 Gew.-%

- Filterstabilität

$$\frac{d_{15}\ \text{Dränpackung}}{d_{85}\ \text{Boden}} \leq 4$$

$$\frac{d_{15}\ \text{Dränpackung}}{d_{15}\ \text{Boden}} \geq 4$$

Abb. 10.3.3/7 (s. Seite 592) zeigt den Körnungsbereich von Dränpackungsbaustoffen und die Ermittlung des feinstmöglichen Baugrunds aufgrund der geforderten Filterstabilität.

(2) Dränrohre

Nennweite	$> $ DN 50 (65)
Wassereintrittsfläche	> 25 cm^2/m
Abflußleistung	$0,1 \cdot \sqrt[3]{d^8} \cdot \sqrt{J} \geq$ erf Q

mit
erf Q = Gesamtzulauf aus Wasserabläufen (l/s);
d = DN Dränrohr (cm);
J = Sohlgefälle

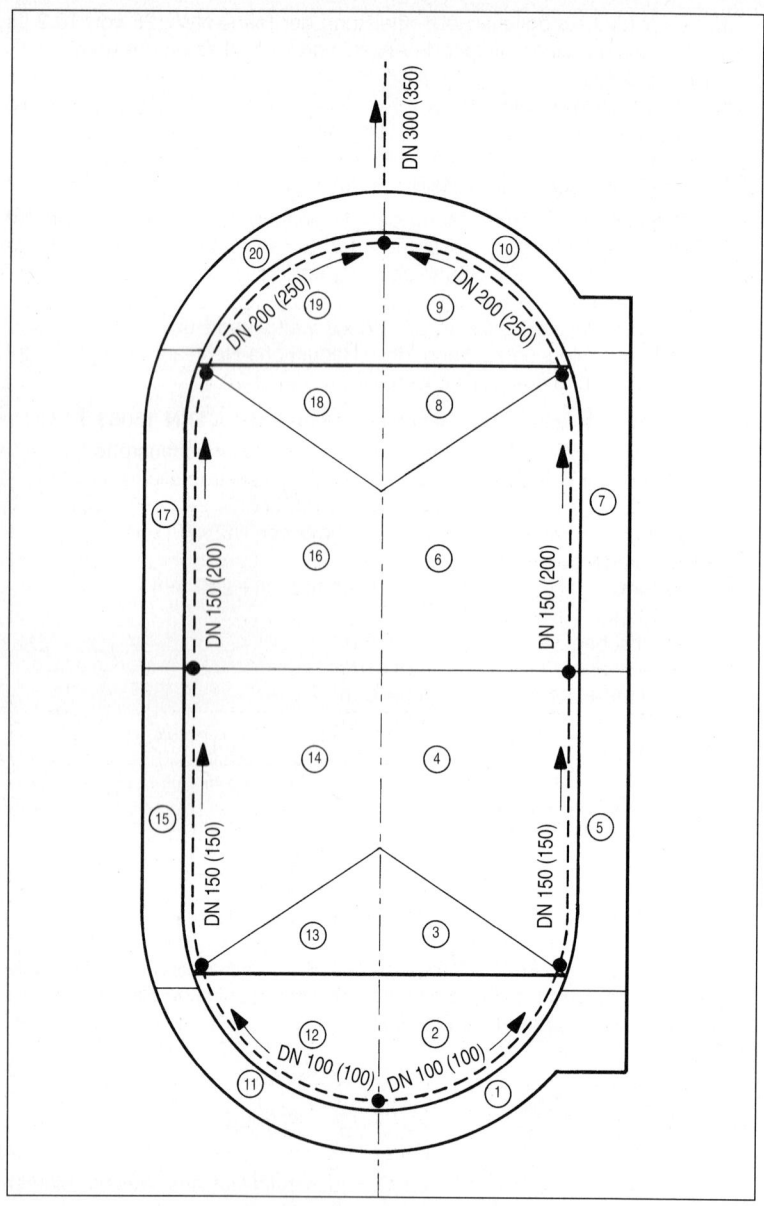

*Abb. 10.3.3/6a.   Berechnungsbeispiel für die Ringleitung einer Kampfbahn
(Klammerwerte = geschlossene Rohrleitung)*

Ent.-wäss.-teilfläche (Nr.)	F (m²)	Belagsart	Abflußbeiwert	Geschlossene Rohrleitung			Teilsickerrohrleitung		
				Entwässerungs-Teilfl. (l/s)	Abschn. (l/s)	Rohrweite DN	Entwässerungs-Teilfl. (l/s)	Abschn. (l/s)	Rohrweite DN
1	445	K_{WU}	0,90	4,81			2,40		
2	605	K_{WU}	0,90	6,53			3,27		
3	420	R	0,25	1,26			0,63		
					12,60	150		6,30	150
4	1545	R	0,25	4,63			2,32		
5	510	K_{WU}	0,90	5,51			2,76		
					22,74	200		11,38	150
6	1545	R	0,25	4,63			2,32		
7	510	K_{WU}	0,90	5,51			2,75		
					32,88	250		16,45	200
8	420	R	0,25	1,26			0,63		
9	605	K_{WU}	0,90	6,53			3,27		
10	445	K_{WU}	0,90	4,81			2,40		
					45,48	300		22,75	200
11/13				12,60	12,60	150	6,30	6,30	150
14	1545	R	0,25	4,63			2,32		
15	435	K_{WU}	0,90	4,70			2,35		
					21,93	200		10,97	150
16/17				9,33	31,26	250	4,67	15,64	200
18/20				12,60	43,86	300	6,30	21,94	200
1 – 20					89,34	350		44,69	300

J = 1 : 333

Abb. 10.3.3/6b. Beispiel für listenmäßige Berechnung der Rohrweiten

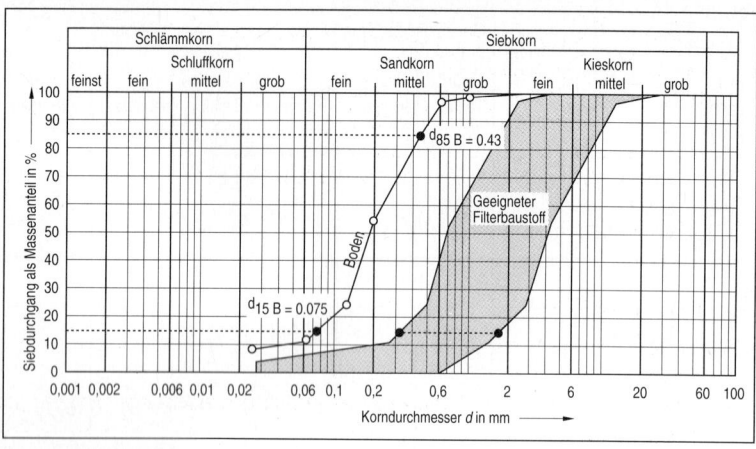

Abb. 10.3.3/7. Dränpackungsbaustoffe

(3) Prüfschächte
Abstand DIN 18035 < 110 m
Abstand Praxis < 55 m
Nennweite   DN > 1000 mm
(4) Absetzschächte
Bei Übergang von Dränrohrleitungen auf geschlossene Leitung vorzusehen.

10.3.4 Baustoffe

10.3.4.1 Oberflächenentwässerung

(1) Gedeckte Rinnen
Baustoff: überwiegend Polyesterbeton;
Gründung: Streifenfundament B 15, d = 150 mm;
             mit Rückenstützen d = 80 mm.
(2) Muldenrinnen
Baustoff: Beton, Polyesterbeton;
Gründung: Streifenfundament B 15, d = 200 mm;
             mit Rückenstützen.
(3) Einzeleinläufe
Baustoff: Polyesterbeton
Gründung: Streifenfundament B 15, d = 200 mm;
             mit Rückenstützen d = 80 mm.

10.3.4.2 Dränentwässerung

(1) Rohrleitungen
Baustoff: überwiegend PVC-Kunststoffrohre, gewellte Oberfläche, geschlitzt; DN 65 bis DN 200.

(2) Dränpackung
Baustoff: Kiessand 0/32 oder anderes filterstabiles Material.

(3) Geschlossene Rohrleitungen
Rohre: Stahlbetonrohre nach DIN 4035,
Betonrohre nach DIN 4032,
Steinzeugrohr nach DIN 1230,
Kunststoffrohre nach DIN 8081, DIN 8082.

(4) Schächte
Schachtringe mit Konus DIN 4032.

10.3.5 Herstellung

10.3.5.1 Oberflächenentwässerung

Einbau entsprechend Herstellervorschriften.
Übernimmt die Entwässerungsrinne die Funktion der Laufbahneinfassung, ist die Einschaltung eines Öffentlich bestellten und vereidigten Vermessungsingenieurs zum Ausstellen der Meßurkunde erforderlich.

10.3.5.2 Dränentwässerung und Geschlossene Leitungen

Herstellung der Gräben durch Grabenfräsen oder Bagger, Verlegung der Rohre entsprechend DIN 1185.
Einbau von Prüf- und Absetzschächten bei Gefälle und Richtungsänderung bzw. beim Übergang von Dränentwässerung zur Kanalisation.

10.3.6 Abrechnung

Für die Abrechnung von gedeckten und offenen Rinnen sowie von geschlossenen Leitungen gilt DIN 18306 Entwässerungskanalarbeiten. Dränentwässerungen werden entsprechend DIN 18308 Dränarbeiten abgerechnet.

10.3.7 Prüfungen

Es werden die nachfolgend aufgeführten Kontrollprüfungen durchgeführt.

10.3.7.1 Gedeckte Rinnen

Richtung,
Laufbahnlänge,
Höhenlage,
Gefälle.

10.3.7.2 Einzelabläufe

Lage,
Höhenlage,
Funktionsfähigkeit.

10.3.7.3 Muldenrinnen

Richtung,
Höhenlage,
Gefälle,
Ebenheit.

10.3.7.4 Geschlossene Leitungen

Überprüfung nach DIN 4033.

10.3.7.5 Schächte

Überprüfung nach DIN 4033.

10.3.7.6 Dränstränge

Lage,
Richtung,
Höhenlage,
Gefälle,
Funktionsfähigkeit.

10.4 Rasenflächen

10.4.1 Technische Regelwerke

DIN 18035 T 4 Sportplätze; Rasenflächen (1991);
Forschungsgesellschaft Landschaftsbau/Landschaftsentwicklung e. V. – FLL,
Regelsaatgutmischungen – RSM.

10.4.2 Begriffe und Zwecke

(1) Dränschicht
Eine zwischen der Rasentragschicht und einem nicht ausreichend durchlässigen Baugrund liegende Schicht, die das Sickerwasser aufnimmt und das Überschußwasser durch Dränstränge der Vorflut zuführt.

(2) Rasentragschicht
Eine auf dem Baugrund bzw. auf eine Dränschicht liegende Schicht, die durchlässig, belastbar und intensiv durchwurzelbar ist. Sie speichert teilweise das einsickernde Oberflächenwasser und gibt das Überschußwasser an den Baugrund oder an die Entwässerungseinrichtungen ab.

(3) Rasendecke
Die Rasendecke ist ein aus geeigneten Gräsern entwickelter Pflanzenbestand, der entweder durch Ansaat oder durch Verlegung von Fertigrasen hergestellt werden kann.

10.4.3 Aufbau

10.4.3.1 Profil

Abb. 10.4.3/1 zeigt den möglichen Gesamtaufbau einer Rasenfläche.

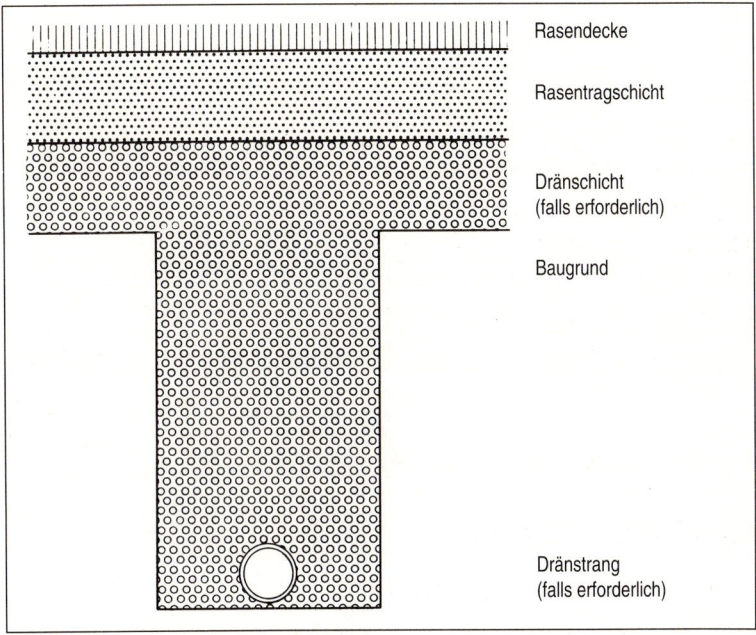

Abb. 10.4.3/1. Aufbau (Profil) einer Rasenfläche

10.4.3.2 Dränschicht

(1) Anforderungen an die Zusammensetzung
Wasserschluckwert K_f > 3 mm/min
                                               < 30 mm/min
Kornanteil d < 0,063 mm   < 5 Gew.-%
bei offenporigen Baustoffen   < 8 Gew.-%
Körnungslinienverlauf   stetig
Frostbeständigkeit   gefordert
Verschleißbeständigkeit   gefordert
Pflanzenverträglichkeit   gefordert
Kornverteilungsbereich   s. Abb. 10.4.3/2

(2) Stoffe
Kiessand   0/32 mm
Lava   0/22 oder 0/32 mm
Haldenbaustoffe   0/32 mm.

(3) Herstellung
Schichtdicke   ≥ 120 mm
Gefälle   entspr. Rasentragschicht
Nennhöhenabweichung   ≤ ± 20 mm

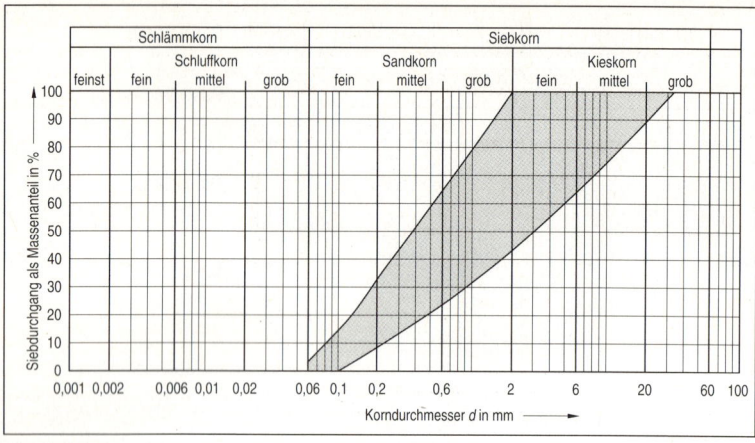

Abb. 10.4.3/2. Kornverteilungsbereich für Dränschichtbaustoffe

Ebenheitsabweichung	≤ 20 mm
Einbauwassergehalt	< LK 70
Sonstiges	keine funktionsstörende Kornzertrümmerung bei der Herstellung.

10.4.3.3 Rasentragschicht

(1) Anforderungen

Wasserschluckwert mod. k_f	≥ 1,0 mm/min
Körnungslinienverlauf	stetig
Kornform	gedrungen, mit rauher Oberfläche
Kornanteil d < 0,02 mm	< 10 Gew.-%
Kornanteil d > 8 < 32 mm	< 5 Gew.-%
Anteil Organische Substanz	> 1 Gew.-%
	< 3 Gew.-%

(2) Stoffe

Gerüstbaustoffe	Oberböden, steinfreie Böden, Sande, Lava, Haldenbaustoffe
Zusatzstoffe (Zuschlagstoffe)	Nährstoffe, Bodenhilfsstoffe, Torf in Form von »Wenig zersetztem Hochmoortorf«
Zusammensetzung	s. Abb. 10.4.3/3
Kornverteilungsbereich	s. Abb. 10.4.3/4.

(3) Herstellung

Schichtdicke	80 mm bis 120 mm
Gefälle	0,5 % bis ≤ 1 %
Nennhöhenabweichung	≤ ± 20 mm
Ebenheitsabweichung	≤ 20 mm

Oberbodenkornanteil d < 0,02 mm (M – %)	Rasentragschichtgemisch-Anteile (Vol. – %)		
	Oberboden	Sand/Lava	Torf
< 25	20 bis 30	50 bis 60	10 bis 20
25 bis 50	10 bis 20	55 bis 65	15 bis 25
> 50	0 bis 10	60 bis 70	20 bis 30

Abb. 10.4.3/3. Zusammensetzung der Rasentragschicht in Abhängigkeit vom Schluffanteil des Oberbodens (nach SKIRDE)

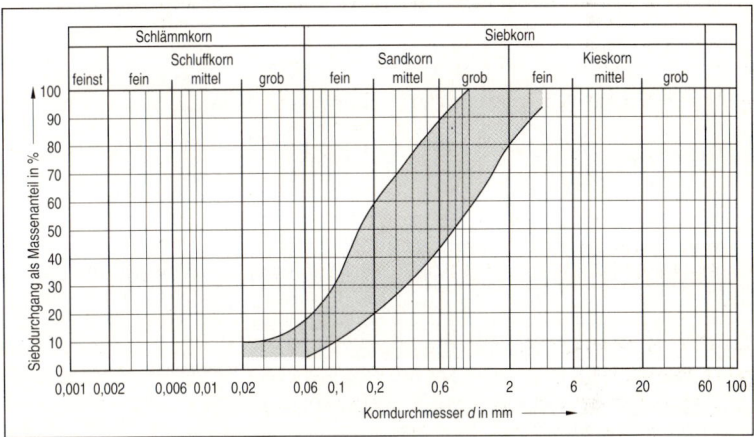

Abb. 10.4.3/4. Kornverteilungsbereich für Gerüstbaustoffe der Rasentragschicht

10.4.3.4 Bauweisen

Entspr. Anhang DIN 18035 T. 4 richtet sich die Wahl der Bauweise insbesondere nach der Baugrunddurchlässigkeit und den örtlichen Niederschlagsverhältnissen (zu den nachfolgenden Beispielen s. Abb. 10.4.3/5).

(1) Beispiel 1
Anwendungsbereich:
bei ausreichend wasserdurchlässigem Baugrund;
Aufbau in folgenden Arbeitsschritten:
Erdplanum;
Einbau der Rasentragschicht, Regeldicke 80 mm bis 120 mm;
mischende Verzahnung der Unterzone der Rasentragschicht mit der Oberzone des Baugrundes;
Herstellung des Planums.

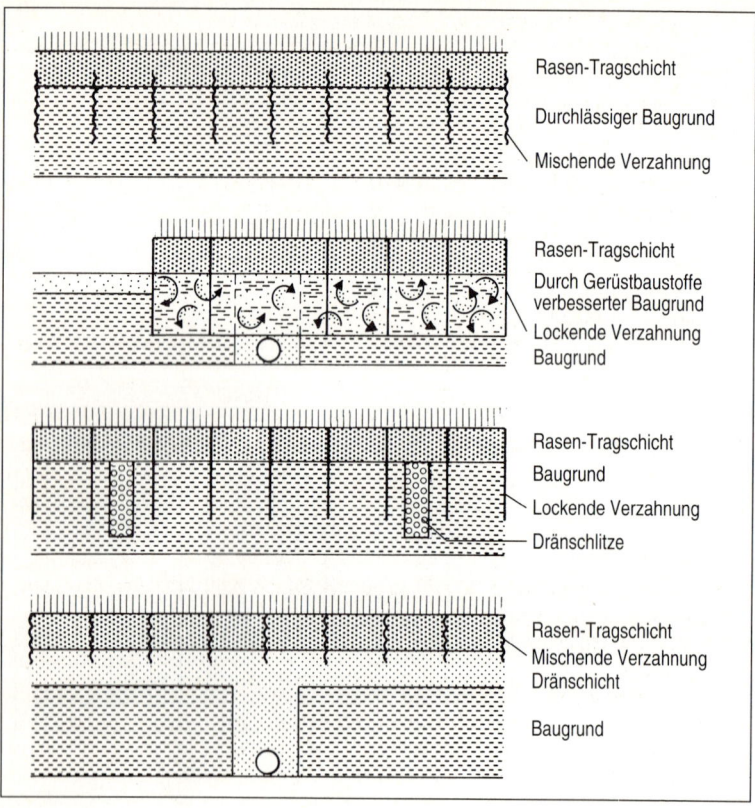

Abb. 10.4.3/5. Beispiele für den Aufbau von Rasenflächen

(2) Beispiel 2
Anwendungsbereich:
teildurchlässige, gut bearbeitbare Böden;
Aufbau in folgenden Arbeitsschritten:
Erdplanum;
Aufbau von Gerüstbaustoffen 0/2 mm bis 0/4 mm zur Verbesserung der Wasserdurchlässigkeit;
Grobkrümeliges Vermischen des Baugrundbodens mit den aufgetragenen Gerüstbaustoffen;
Einbau einer Rohrdränung nach DIN 18035 T. 3 in Abhängigkeit von der Wasserdurchlässigkeit des Baugrundes im Abstand von 4 m bis 6 m;
Herstellung des Erdplanums auf verbesserten Baugrund;

Einbau der Rasentragschicht, Regeldicke 80 mm bis 120 mm;
lockernde Verzahnung der Rasentragschicht mit dem verbesserten Baugrund;
Herstellung des Planums der Rasentragschicht.

(3) Beispiel 3
Anwendungsbereich:
bearbeitbarer, ggf. zu verbessernder Baugrund, falls die Wasserdurchlässigkeit oder die Tragfähigkeit nicht vorhanden ist;
Aufbau in folgenden Arbeitsschritten:
Erdplanum;
Herstellung von Dränsträngen in Querrichtung zu den Dränschlitzen;

Abstand	< 12 m,
Tiefe	Drängrabensohle > 150 mm tiefer als Sohle der Dränschlitze,
Dränpackung	Kies oder Splitt;

Einbringen von (rohrlosen) Dränschlitzen;

Abstand	1,0 m bis 1,5 m,
Breite	50 mm bis 80 mm,
Tiefe	> 250 mm,
Dränpackung	Kies 2/8 mm oder Splitt 2/8 mm;

Bearbeitung des Baugrundes;
Einbau der Rasentragschicht, Regeldicke 80 mm bis 120 mm;
lockernde Verzahnung der Rasentragschicht mit dem Baugrund;
Herstellung des Planums.

(4) Beispiel 4
Anwendungsbereich:
Baugrund mit unzureichender Wasserdurchlässigkeit und eingeschränkter Bearbeitbarkeit;
Aufbau in folgenden Arbeitsschritten:
Erdplanum;
Einbau von Dränsträngen entspr. DIN 18035 T. 3, Abstand 5 m bis 8 m;
Einbau der Dränschicht, d = 120 mm bis 150 mm;
Einbau der Rasentragschicht, d = 120 mm bis 150 mm;
mischende Verzahnung der Rasentragschicht mit der Dränschicht;
Herstellung des Planums.

10.4.3.5 Rasendecke

(1) Anforderungen

Saatrasen:	
Reinheit	$> 92\,\%$
Keimfähigkeit:	
Lolium perenne	$> 80\,\%$
Poa pratensis	$> 75\,\%$
Fertigrasen:	
Fremdartenanteil	$< 2\,\%$
Projektive Bodendeckung	$> 95\,\%$
Filzdicke	< 5 mm

(2) Stoffe
Saatrasen:

Regelsaatgutmischung	RSM 3.1
Gräserarten	40 % Lolium perenne
	60 % Poa pratensis

Fertigrasen:

Kornverteilungsbereich	s. Abb. 10.4.3/4
Kornanteil d > 0,025 mm	≤ 12 Gew.-%
Anteil an organ. Substanz	≤ 3 Gew.-%
Nennschäldicke	d = 15 mm bis 20 mm,
Abweichungen	≤ ± 2 mm

(3) Herstellung
Saatrasen:

Aussaatzeitpunkt	Mitte April bis Ende September
Einarbeitungstiefe	bis 20 mm
Sonstiges	Beseitigung von Gräsern und Kräutern vor der Ansaat.

Fertigrasen:

Verlegezeitraum	Anfang April bis Mitte Juni;
	Mitte August bis Ende September
Verlegeart	enganeinanderstoßend, versetzt, andrücken oder walzen;
	bei Bedarf mit 10 l bis 15 l/m^2 wässern

Sonstiges: vor dem Verlegen zusätzliche Nährstoffanreicherung bis 8 g N/m^2 durch Mehrfachdünger; durch die Verlegemaßnahme darf die Funktionsfähigkeit der Rasentragschicht nicht beeinträchtigt werden.

10.4.4 Abnahme

Zur Erreichung eines abnahmefähigen Zustandes ist nach der Herstellung eine Fertigstellungspflege durchzuführen, deren Art und Umfang vom Herstellungstermin, dem anschließenden Witterungsverlauf, der Beschaffenheit der Rasentragschicht und der Nährstoffbevorratung abhängig ist.

10.4.4.1 Saatrasen

In der Regel sind folgende Leistungen erforderlich:

(1) Beregnen

Nach der Ansaat ist nach einer aufbausättigenden Durchfeuchtung ein ausreichender Feuchtezustand durch entsprechend verteilte Wassergaben zu erhalten, wobei die Abstände zwischen den einzelnen Beregnungen zur Förderung der Wurzeltiefe ständig vergrößert werden sollen.

Zur Vermeidung von Ausspülungen soll das Wasser in feinen Tropfen aufgebracht werden.

(2) Düngen

Erste Düngung in der Anfangsphase der Rasenentwicklung mit 5 g N/m^2 in leichtlöslicher Form.

Zweite Düngung nach Bedarf durch Mehrnährstoffdünger mit ca. 5 g N/m^2.

(3) Mähen
In der Regel ist zur Erreichung des abnahmefähigen Zustandes sechs mal zu mähen. Die Schnitte sollen bei einer Wuchshöhe von 60 mm bis 90 mm erfolgen, wobei nicht kürzer als 40 mm gemäht werden darf.

(4) Abnahmefähiger Zustand
90 % projektive Bodenbedeckung mit Pflanzen der geforderten Saatgutmischung.

10.4.4.2 Fertigrasen

(1) Die Anforderungen für Fertigrasen entsprechend DIN 18035 T. 4 müssen erfüllt sein.

(2) Beregnen
wie Kapitel 10.4.4.1 (1).

(3) Düngen
Die Notwendigkeit einer eventuellen Nachdüngung ist bei Bedarf zu prüfen.

(4) Abnahmefähiger Zustand
Der Fertigrasen muß mit der Rasentragschicht so verwurzelt sein, daß er sich nicht mehr anheben läßt.

10.4.5 Prüfungen

Entsprechend DIN 18035 T. 4 sind die Prüfungen nach Abb. 10.4.5/1 bei der Herstellung von Rasenflächen vorzunehmen.

10.4.6 Abrechnung

Entsprechend DIN 18320 Landschaftsbauarbeiten erfolgt die Abrechnung von Rasenflächen »im fertigen Zustand an den Auftragsstellen«.
Neben dem Flächenmaß sind zusätzlich die Schichtdicken von Rasentragschicht und Dränschicht zu bestimmen.

10.5   Tennenflächen

10.5.1 Technische Regelwerke

DIN 18035 T. 5 Sportplätze; Tennenflächen (1987);
RAL Güte- und Bestimmungen Tennenbaustoffe für Sportanlagen.

10.5.2 Begriffe und Zwecke

(1) Filterschicht
Eine zwischen Tragschicht und einem feinteilreichen Baugrund liegende Schicht, die das Eindringen von Bodenteilen verhindert.

Untersuchung	Schicht / Prüfungsart					
	DS		RT		RD	
	E	K	E	K	E	K
Korngrößenverteilung	V	V	V	V	V**	(V)**
Kornform	V	A				
Wasserschluckwert	V	(V)	V	V		
Anteil organ. Substanz			V	V	V**	(V)**
Bodenreaktion			V	V		
Frostbeständigkeit	V		(V)	V*		
Verschleißbeständigkeit			(V)	V*		
Gefälle		M		M		
Höhenlage		M		M		
Ebenheit		M		M		
Reinheit (Gräser)					V	
Keimfähigkeit (Gräser)					V	
Projektive Bodendeckung						A
Filzdicke (Fertigrasen)					A	M
Nennschäldicke (Fertigrasen)						M
Anhebung der Fertigrasenteile						V

DS = Dränschicht, V = Versuch, RD = Rasendecke,
E = Eignungsprüfung, V* = Versuch bei RT, wenn keine K = Kontrollprüfung,
RT = Rasentragschicht,   E durchgeführt wurde, (V) = Versuch nur im
A = Prüfung nach Augenschein, V** = nur bei Fertigrasen- Zweifelsfall.
M = Messung, örtlich   Anzuchtsubstrate,

Abb. 10.4.5/1. Prüfungen für Rasenflächen

(2) Tragschicht
Sie sichert durch ein standfestes Korngerüst die Tragfähigkeit der Tennenfläche und dient außerdem der Wasserabführung und Wasserspeicherung.

(3) Dynamische Schicht
Dient als korngestufter Übergang zwischen Tennenbelag und Tragschicht. Speichert das Wasser, um es bei trockener Witterung zur Feuchthaltung des Tennenbelages abzugeben.

(4) Tennenbelag
Oberste Schicht der Tennenfläche, die Sport- und Schutzfunktion gewährleisten muß.

10.5.3 Aufbau

10.5.3.1 Profil

Abb. 10.5.3/1 zeigt den Gesamtaufbau einer Tennenfläche.

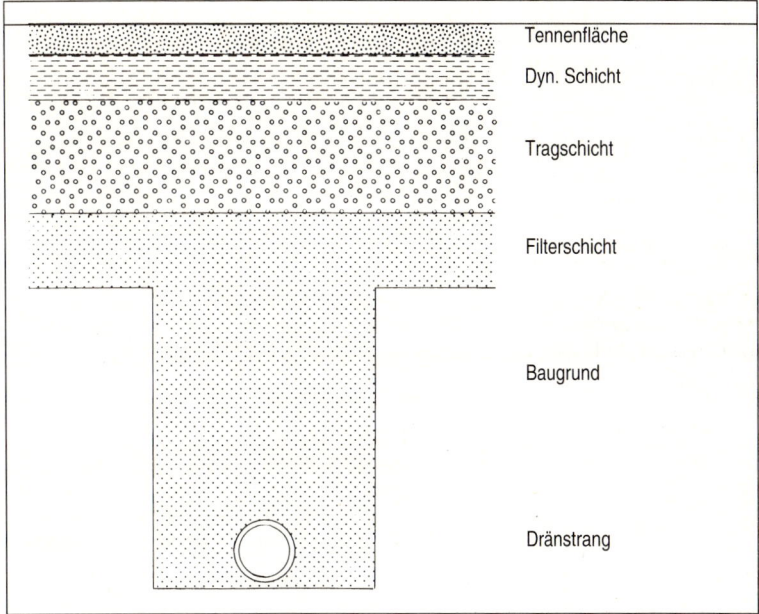

Abb. 10.5.3/1. Aufbau (Profil) von Tennenflächen

10.5.3.2 Filterschicht

Eine Filterschicht ist nur dann erforderlich, wenn die Filterregeln zwischen Tragschichtbaustoff und Baugrund nicht erfüllt werden.

(1) Anforderungen

Die Körnungslinien sollen folgende Filterregeln erfüllen:

$$\frac{d_{15T}}{d_{15B}} > 5 \qquad \frac{d_{15T}}{d_{85B}} < 5 \qquad \frac{d_{50T}}{d_{50B}} < 25$$

mit

d_{15} = Korngröße d in mm, die bei 15 Gew.-% Siebdurchgang der Körnungslinie vorliegt

d_{85} = Korngröße d in mm, die bei 85 Gew.-% Siebdurchgang der Körnungslinie vorliegt

T = Tragschichtbaustoff

B = Baugrundboden

(2) Stoffe

Mineralgemisch	Kiessand 0/32 mm
	Lava 0/32 mm
	Haldenbaustoffe 0/32 mm
Kornanteil d < 0,063 mm	< 8 Gew.-%
d_{15}	≥ 0,25 mm

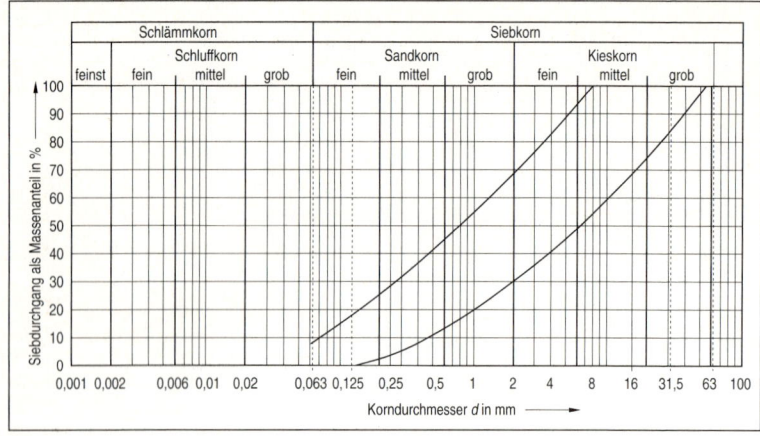

Abb. 10.5.3/2. Kornverteilungsbereich für Filterschichtbaustoffe

| Frostbeständigkeit | entspr. DIN 422 T. 1 |
| Kornverteilungsbereich | s. Abb. 10.5.3/2. |

(3) Herstellung
Dicke   > 60 mm

10.5.3.3 Tragschicht

(1) Anforderungen
Wasserschluckwert $k^* \geq 0,01$ cm/s
Frostbeständigkeit   entspr. DIN 4226 T. 1

(2) Stoffe
Mineralgemisch   Schotter 0/45 mm bzw. 0/56 mm
                                             Kies 0/32 mm
                                             Lava 0/22, 0/32 mm
                                             Haldenbaustoffe 0/32 mm

Ungleichförmigkeitswert $U > 6$
                                             möglichst $U > 15$
Kornanteil $d < 0,063$ mm   < 8 Gew.-%
Beständigkeit gegen Kalk-
und Eisenzerfall   gefordert
Kornverteilungsbereich   s. Abb. 10.5.3/3.

(3) Herstellung
Dicke   > 100 mm (Spielfelder, LA-Anlagen)
                                             > 150 mm (Tennis)

Verformungsmodul $E_{v2} \geq 30$ MN/m²
Gefälle:
   Spielfelder   0,8 %
   Laufbahnen   0,8 % bis 1,0 %

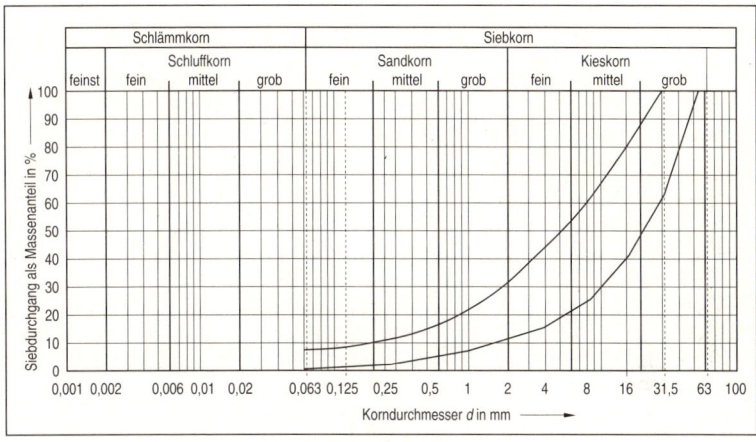

Abb. 10.5.3/3. Kornverteilungsbereich für Tragschichtbaustoffe

Segmente	0,8 %
Tennisfelder	0,5 %
Nennhöhenabweichung	< ± 15 mm
Ebenheitsabweichung	< 10 mm (Tennis)
	< 20 mm (Spielfelder, LA-Anlagen)

10.5.3.4 Dynamische Schicht

(1) Anforderungen

Wasserschluckwert	$k^* \geq 0,002$ cm/s
Oberflächenscherfestigkeit	$\tau_s \geq 50$ kN/m²

(2) Stoffe

Mineralgemisch
Lava 0/18, 0/22 mm
Kesselschlacke 0/32 mm
Haldenbaustoffe 0/18 mm

Korngrößenverteilung entspr. Filterregel

$$\frac{d_{15DS}}{d_{15d}} \geq 5 \qquad \frac{d_{15DS}}{d_{85D}} \leq 5 \qquad \frac{d_{15DS}}{d_{50D}} \leq 25$$

$$\frac{d_{15T}}{d_{15DS}} \geq 5 \qquad \frac{d_{15T}}{d_{85DS}} \leq 5 \qquad \frac{d_{50T}}{d_{50DS}} \leq 25$$

mit
d_{15}; d_{85} = s. Kap. 10.5.3.2 (1)
Index D = Tennenbelagsbaustoff
Index DS = Baustoff der Dynamischen Schicht
Index T = Tragschichtbaustoff
Ungleichkörnigkeitswert $U \geq 15$
Kornverteilungsbereich s. Abb. 10.5.3/4.

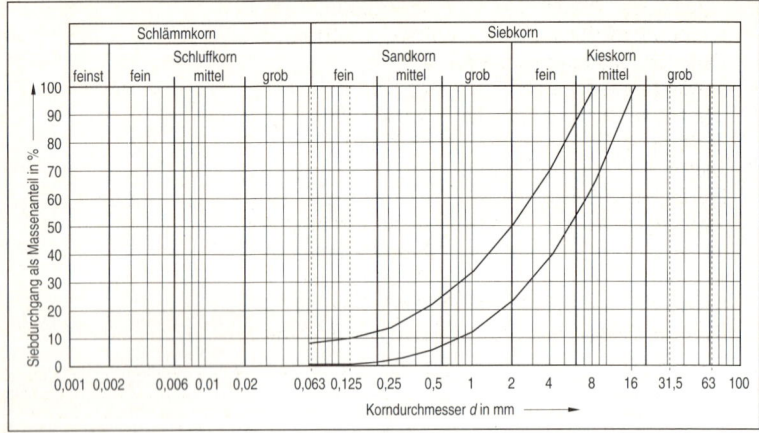

Abb. 10.5.3/4. Kornverteilungsbereich für Baustoffe der Dynamischen Schicht

(3) Herstellung
Übergangsschichtfunktion:

Dicke	60 mm
Gefälle	wie Kapitel 10.5.3.3 (3)
Nennhöhenabweichung	< 10 mm
Ebenheitsabweichung	< 15 mm
Einbauwassergehalt	0,5 W_{Pr} bis 0,7 W_{Pr}
Verdichtungsgrad	ohne nennenswerte Kornzertrümmerung.

Tragschichtfunktion:
Baugrund:

Verformungsmodul	$E_{V2} \geq 30$ MN/m^2
Wasserdurchlässigkeit	k* $\geq$ 0,002 cm/s
Grundwasserstand	> 500 mm
Dicke	$\geq$ 60 mm $\leq$ 120 mm
Sonstiges	wie Kap. 10.5.3.4 (3) a)

Tennisflächen:

Nennhöhenabweichungen	< ± 5 mm
Ebenheitsabweichungen	< 10 mm

10.5.3.5 Tennenbelag

(1) Anforderungen
Laufbahnen, Spielfelder:

Wasserdurchlässigkeit	k* $\geq$ 0,0001 cm/s
Oberflächenscherfestigkeit	$\tau_s \geq 50$ KN/m^2

Tennisfelder:
Wasserschluckwert:

Körnung 0/1 mm	k* $\geq$ 0,00005 cm/s

Körnung 0/2 mm $k^* \geq 0,00007$ cm/s
Körnung 0/3 mm $k^* \geq 0,0001$ cm/s.

Oberflächenscherfestigkeit:
Körnung 0/1 mm   40 KN/m^2
Körnung 0/2 mm   40 KN/m^2
Körnung 0/3 mm   50 KN/M^2

(2) Stoffe
Laufbahnen, Spielfelder:
Mineralgemische   Haldenbaustoffe 0/3 mm
      Natursteinmaterialien 0/3 mm
      Naturstein-Lavamischung 0/3 mm
Kornanteil d $<$ 0,063 mm $<$ 25 Gew.-%
Kornverteilungsbereich   s. Abb. 10.5.3/5a.

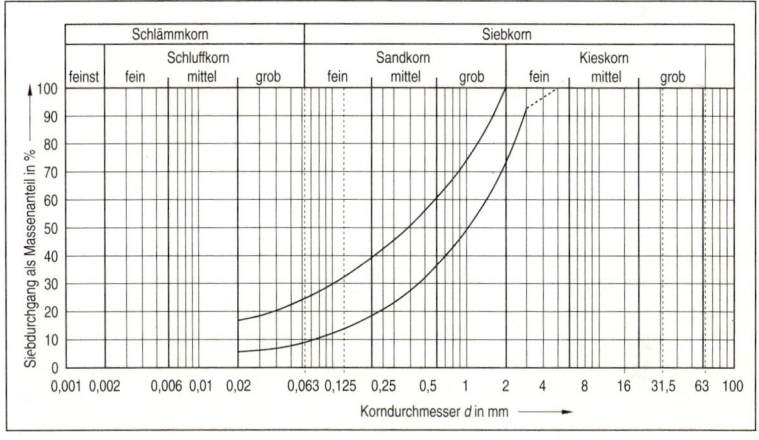

Abb. 10.5.3/5a. Kornverteilungsbereich für Tennenbelagsstoffe Körnung 0/3 mm

Tennisfelder:
Mineralgemische   Ziegelmaterial
      0/1 mm, 0/2 mm, 0/3 mm
      Haldenmaterial 0/2 mm, 0/3 mm
      Natursteinmaterial 0/3 mm
Kornverteilungsbereich   s. Abb. 10.5.3/5b und 6.

(3) Herstellung
Laufbahnen, Spielfelder:
Dicke $>$ 40 mm
Einbauwassergehalt   0,5 W_{Pr} bis 0,7 W_{Pr}
Verdichtungsgrad $D_{Pr} \geq 0,95$
Gefälle   wie Kap. 10.5.4.3
Nennhöhenabweichung $< \pm 10$ mm
Ebenheitsabweichung $<$ 10 mm

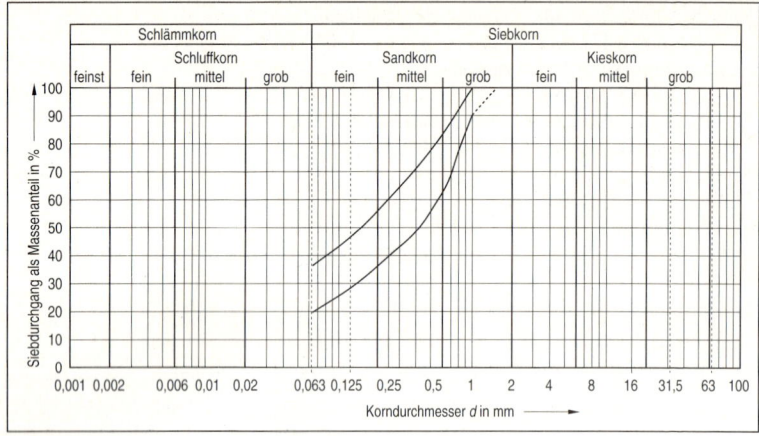

Abb. 10.5.3/5b. Kornverteilungsbereich für Tennenbelagsstoffe Körnung 0/1 mm

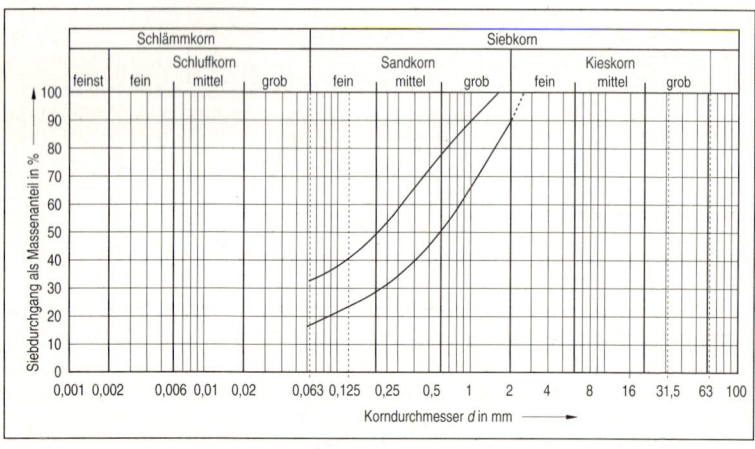

Abb. 10.5.3/6. Kornverteilungsbereich für Belagsbaustoffe für Tennisfelder

Tennisfelder:
Dicke   s. Abb. 10.5.3/7
Einbauwassergehalt   0,5–0,7 W_{Pr}
Gefälle   0,5 %
Nennhöhenabweichung   < ± 5 mm
Ebenheitsabweichung   < 5 mm

Körnung	Nenndicken				Dicke
	Bauweise				Grenzabmaße
mm	einschichtig mm	zweischichtig mm			≤ mm
0/1	–	5	5	–	±2
0/2	25	20	–	10	–
0/3	–	–	20	15	–
Gesamtdicke	25	25	25	25	±5

Abb. 10.5.3/7. Schichtdicken bei Tennisfeldern

(4) Sonstiges

Beläge für Tennisfelder werden ein- oder zweischichtig aufgebracht. Die Körnung 0/1 mm darf dabei höchstens in 5 mm Dicke aufgebaut werden. Bei der Verdichtung darf keine Kornzertrümmerung erfolgen, die die Wasserdurchlässigkeit nachteilig beeinflußt.

Beim Einbau des Belages dürfen die Eigenschaften der Dynamischen Schicht und der Tragschicht hinsichtlich ihrer Ebenheit und Wasserdurchlässigkeit nicht nachteilig verändert werden.

10.5.4 Abnahme

Die Abnahmefähigkeit von Tennenflächen ist dann gegeben, wenn die Anforderungen nach Abschnitt 3 DIN 18035 T. 5 erfüllt sind.

Da die Flächen in diesem Zustand jedoch nur eingeschränkt benutzt werden können, ist eine Nachbehandlung erforderlich, die mit der »Inbetriebnahme« abschließt.

Diese Nachbehandlung, die sich in der Regel über mindestens 6 Wochen erstreckt, soll folgende Maßnahmen umfassen:

punktuelle Ausbesserungen von Durchtritten,

flächiges Egalisieren,

Wässern in Abhängigkeit von der Belagsfeuchtigkeit,

Walzen.

Die Nachbehandlungen müssen bei

Tennisfeldern mehrmals täglich,

Spielfeldern und Laufbahnen zweimal wöchentlich,

erfolgen.

Die Nachbehandlung ist abgeschlossen, wenn der Belag einen Verdichtungsgrad $D_{Pr} \geq 0,95$ aufweist.

Untersuchung	Schicht/Prüfungsart							
	FS		TS		DYN		TB	
	E	K	E	K	E	K	E	K
Korngrößenverteilung	V	A	V	A	V	A	V	A
Kornform	V	A	V	A	V	A	V	A
Gesteinsart	V	A	V	A	V	A	V	A
Korndichte					V		V	
Frostbeständigkeit	V		V		V		V	
Kalk- u. Eisenzerfall best.			V		V			
Wasserdurchlässigkeit			V		V	(V)	V	(V)
Verformungsmodul				V				
Proctordichte					V		V	
Oberflächenscherfestigkeit					V	(V)	V	(V)
Verschleißbeständigkeit					V		V	
Filtereignung	V							
Verdichtungsgrad								(V)
Schichtdicke		M						
Gefälle				M		M		M
Höhenlage				M		M		M
Ebenheit				M		M		M

FS	= Filterschicht,	TS	= Tragschicht,	DYN	= Dyn. -Schicht,	
TB	= Tennenbelag,	E	= Eignungsprüfung,	K	= Kontrollprüfung,	
V	= Versuch,	(V)	= Versuch im Zweifelsfall,	A	= Prüfung nach Augenschein,	
M	= Messung, örtlich					

Abb. 10.5.5/1. Prüfungen bei Tennenflächen

10.5.5 Prüfungen

Entsprechend DIN 18035 T. 5 sind bei der Herstellung von Tennenflächen Prüfungen entspr. Abb. 10.5.5/1 durchzuführen.

10.5.6 Abrechnungen

Entsprechend DIN 18320 Landschaftsbauarbeiten erfolgt die Abrechnung von Tennenflächen im fertigen Zustand an den Auftragsstellen. Neben dem Flächenmaß sind zusätzlich die Schichtdicken und der Verdichtungsgrad von Tennenbelag, Dynamischer Schicht, Tragschicht und Filterschicht zu bestimmen.
Entsprechend DIN 18299 ist die Leistung aus Zeichnungen zu ermitteln, soweit die ausgeführten Leistungen diesen Zeichnungen entspricht.

10.6 Kunststoffflächen

10.6.1 Technische Regelwerke

DIN 18035 T. 6 Sportplätze; Kunststoffflächen (1992);
Güte- und Prüfbestimmungen für Kunststoffbeläge in Sportfreianlagen, Gütesicherung RAL-GZ 943, 1990.

10.6.2 Begriffe und Zwecke

(1) Kunststofffläche
Eine wasserdurchlässige oder wasserundurchlässige, mehrschichtige, fest
eingebaute Konstruktion, die aus dem Kunststoffbelag, der gebundenen
Tragschicht, der ungebundenen Tragschicht und (bei Notwendigkeit) einer
Filterschicht besteht.

(2) Filterschicht
Eine Schicht, die bei feinkörnigem Baugrund das Eindringen von Feinbe-
standteilen in die Tragschicht verhindern soll.

(3) Ungebundene Tragschicht
Eine aus einem Mineralstoffgemisch bestehende ein- oder mehrlagige
Schicht mit einem standfesten Korngerüst ohne Bindemittel, die die Trag-
fähigkeit der Kunststofffläche sichern soll.

(4) Gebundene Tragschicht
Eine aus einem Mineralstoffgemisch bestehende ein- oder mehrlagige
Schicht mit einem durch Bindemittel verfestigten Korngerüst, die in Ver-
bindung mit der ungebundenen Tragschicht bzw. dem Baugrund die Trag-
fähigkeit der Kunststofffläche sicherstellen und bei wasserdurchlässigen
Bauweisen das durch den Belag sickernde Niederschlagswasser abführt.

(5) Kunststoffbelag
Eine elastische ein- oder mehrlagige wasserdurchlässige oder wasserun-
durchlässige obere Schicht der Kunststofffläche, die im Regelfall aus
Zuschlagstoffen, Bindemitteln sowie festen oder flüssigen Zusätzen
besteht.
Entsprechend DIN 18035 T. 6 (1992) werden unterschieden:
Strukturbeschichteter Belag,
Schüttbeschichteter Belag,
Schüttbelag, einlagig,
Gießbeschichteter Belag,
Gießbelag, mehrlagig,
Gießbelag, einlagig.

10.6.3 Aufbau

10.6.3.1 Profil

Der Gesamtaufbau ist in Abb. 10.6.3./1 dargestellt.

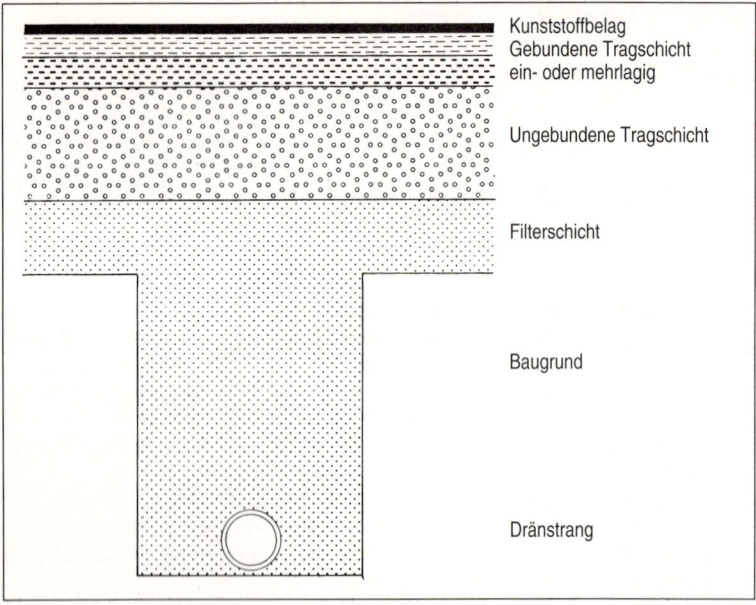

Abb. 10.6.3/1. Aufbau (Profil) von Kunststoff-Flächen

10.6.3.2 Filterschicht

(1) Anforderungen
  s. Kapitel 10.5.3.2 (1).
(2) Stoffe
  s. Kapitel 10.5.3.2 (2).
(3) Herstellung
  Dicke: entsprechend DIN 18035 T. 6 $\geq$ 60 mm; in der Praxis $\geq$ 100 mm.

10.6.3.3 Ungebundene Tragschicht

Eine ungebundene Tragschicht ist nur dann erforderlich, wenn der Baugrund die Anforderungen an Verdichtungsgrad, Verformungsmodul und Wasserschluckwert entsprechend DIN 18035 T. 6 nicht erfüllt.

(1) Anforderungen
  Wasserschluckwert $k^* \geq 0,02$ cm/s
  Frostbeständigkeit   entspr. DIN 4226 T. 1 mit Frostbeständigkeit in
                             starkdurchfeuchtetem Zustand
(2) Stoffe
  s. Kapitel 10.5.3.3 (2).
(3) Herstellung
  Dicke $\geq$ 150 mm
  Verdichtungsgrad $D_{Pr} \geq 1,0$

Verformungsmodul	$E_{V2} \geq 60$ N/mm^2
	(≥ 80 N/mm^2 bei erhöhten Anforderungen)
Gefälle	$\leq 1\%$
	$\leq 0,5\%$ bei Tennisfeldern; bei LA-Anlagen entspr. DIN 18035 T. 8
Nennhöhenabweichungen	$\leq \pm 20$ mm
	($\leq \pm 15$ mm bei erhöhten Anforderungen)

Ebenheitsabweichungen:
bei Meßstrecke = 1 m	≤ 15 mm
bei Meßstrecke = 4 m	≤ 20 mm

10.6.3.4 Gebundene Tragschicht

Eine gebundene Tragschicht ist in erster Linie zur Sicherung der Ebenheit erforderlich; da Kunststoffbeläge parallel zur Oberfläche der gebundenen Tragschichten hergestellt werden können und kaum Ausgleichsmöglichkeiten bieten, bestimmen die Anforderungen der gebundenen Tragschicht gleichzeitig die des Kunststoffbelages.

(1) Anforderungen
Wasserschluckwert	$k^* \leq 0,01$ cm/s

(2) Stoffe
Bindemittel:
Bauweise:
wasserdurchlässig	B 80
wasserundurchlässig	B 65 oder B 80

Körnung:
wasserdurchlässige Bauweise:
untere gebundene TS	2/11 mm oder 2/16 mm
obere gebundene TS	2/5 mm oder 2/8 mm

wasserundurchlässige Bauweise:
untere gebundene TS	0/16 mm oder 0/22 mm
obere gebundene TS	0/5 mm oder 0/8 mm

(3) Herstellung
Dicke der TS:
untere gebundene TS	≥ 40 mm
obere gebundene TS	≥ 25 mm

Verdichtungsgrad D_{Pr} bei Bauweise:
wasserdurchlässig	$\geq 0,93$
wasserundurchlässig	
untere TS	$\geq 0,95$
obere TS	$\geq 0,96$
Gefälle	$\leq 1\%$
	Tennisplätze $\leq 0,5\%$
Nennhöhenabweichungen	$\leq \pm 15$ mm
	erhöhte Anforderungen $\leq \pm 10$ mm

Ebenheitsabweichungen:
bei Meßpunktabstand 1 m	≤ 4 mm
bei Meßpunktabstand 4 m	≤ 10 mm

Sonstiges:
Gebundene Tragschichten werden in der Regel in wasserdurchlässiger (offener) Bauweise hergestellt.
Lediglich für Gießbeläge (Massivkunststoffbeläge) wird eine wasserundurchlässige Bauweise angewandt.

10.6.3.5 Elastische Tragschicht

Elastige Tragschichten bestehen aus einer Mischung von Splitt und Gummigranulat als Zuschlagstoffe und Polyurethan als Bindemittel. Da ausreichende Erfahrungen noch nicht vorliegen, ist diese Bauweise in DIN 18035 T. 6 (1991) nicht enthalten.

10.6.3.6 Kunststoffbelag

(1) Anforderungen
In Abb. 10.6.3/2 sind die wichtigsten Anforderungen an Kunststoffbeläge zusammengestellt.

(2) Stoffe
Die Art der verwendeten Stoffe und ihre Zusammensetzung sind Fabrikationsgeheimnisse der einzelnen Anbieter; die Formulierungen werden gelegentlich geändert oder dem technischen Fortschritt angepaßt.

Eigenschaft		Anforderungen			
		Lauf- und Anlaufbahnen	Spiel-felder	Kombinierte Anlagen	Tennis-plätze
Standardverformung (StV$_V$)	$\geq$ mm	0,6			
	$\leq$ mm	1,8	4,0	4,0	–
Kraftabbau (KA)	> %	–	45	45	–
Relativer Verschleiß-widerstand (rV)	> [1]	1	–	–	–
	< [2]	5	5	5	5
Wasserschluckwert (k*)	$\geq$ cm/s	0,01	0,01	0,01	0,01
Gleitreibungsbeiwert (GR)	Trocken	$\leq$ 1,1	$\leq$ 0,8	$\leq$ 0,8	$\leq$ 0,8
	Nass	$\geq$ 0,5	$\geq$ 0,5	$\geq$ 0,5	$\geq$ 0,5
Spikeswiderstand (SP)	Klasse	I	–	II	–
Resteindruck (RE)	< mm	1,0	1,0	1,0	1,0

*	Weitere Anforderungen siehe DIN 18035, T. 6
[1]	Beläge mit rauher Oberflächenstruktur
[2]	Beläge mit glatter Oberflächenstruktur

*Abb. 10.6.3/2. Anforderungen an Kunststoffbeläge**

Im wesentlichen lassen sich folgende Hauptgruppen unterscheiden:
Zuschlagstoffe:
gummielastische Granulate und/oder -fasern, als Altreifenrecycling oder als künstlicher Kautschuk (EPDM),
Bindemittel:
synthetisch-organische Polymere, überwiegend als Polyurethan (PUR),
Zusätze:
in feuchter oder flüssiger Form als Aktivator, Feuchtigkeitsabsorber, Stabilisator, Thixotropiermittel.
Zuschlagstoffe in Form von Granulaten oder Fasern werden für die Basisschicht ungefärbt (schwarz) verwendet, während für die Oberschicht durch Beigabe von Pigmentierungsmitteln Einfärbungen vorgenommen werden.

(3) Herstellung

Der Kunststoffbelag wird in ein- oder mehrlagiger Form hergestellt:
Einlagige Beläge sind entweder »Dünnschichtbeläge« (meist für Tennis) oder Massivkunststoffbeläge in Form von Gießbelägen.
Sandwichbeläge erhalten eine Basisschicht aus schwarzem Gummigranulat oder -fasern, Bindemittel und evtl. Zusätzen sowie eine Oberschicht aus pigmentierten Granulaten oder Fasern mit pigmentierten Bindemitteln.

Bauweise	Wasserdurchlässig			Wasserundurchlässig		
Belagstyp	A	B	C	D	E	F
Aufbau						
Bezeichnung	Strukturbeschichteter Belag	Schüttbeschichteter Bereich	Schüttbelag einlagig	Gießbeschichteter Belag	Gießbelag, mehrlagig, (Massiv-B.)	Gießbelag (Massivbelag)
Oberfläche	Spritzbeschichtung körnig	Umhülltes Granulat flachgelagert		Granulat mit sichtbarer Spitze eingestreut		
Oberschicht, farbig	Granulat (EPDM) mit PUR aufgespritzt	EPDM-Granulat und PUR geschüttet oder vorgefertigt		PUR-gegossen und EPDM-Granulat eingestreut		
Basisschicht	Gummigranulat o.-Fasern und PUR geschüttet oder vorgefertigt		entfällt	Gummi-Granulat/-Fasern und PUR gesch.	EPDM-Granulat und PUR gegossen	entfällt

Abb. 10.6.3/3. Kunststoffbelagstypen

Nach der Art der Herstellung werden unterschieden:

Ortseinbau:
Die Belagsmasse in schütt-, spritz- oder gießfähiger Form wird auf die gebundene Tragschicht aufgebracht und verfestigt sich durch den Abbindevorgang.

Fertigteilbau:
Aufbringen des im Werk vorgefertigten Belages in Bahnen auf der Tragschicht mit gleichzeitigem Verkleben.

Kombinationseinbau:
Herstellung der Basisschicht als Fertigteilbau und Aufbringung der Oberschicht als Ortseinbau.

Man unterscheidet nach Abb. 10.6.3/3 sechs Belagstypen.

Die Schichtdicken liegen zwischen 13 mm und 15 mm; sie weisen gelegentlich in stark strapazierten Teilbereichen größere Dicken auf, wobei Unterschiede in der Elastizität bemerkbar werden können. Dünnere Schichtdicken werden in der Regel für Tennisflächen angewandt, wobei hauptsächlich Schüttbeläge mit einer Schichtdicke von 8 mm verwandt werden.

Für die Herstellung des Kunststoffbelages hinsichtlich Gefälle, Höhenlage und Ebenheit gelten die Anforderungen an die gebundene Tragschicht [s. Kapitel 10.6.3.4 (1)].

(4) Eignung der Belagstypen für die Sportnutzung
Der Anwendungsbereich der einzelnen Belagstypen ist aus Abb. 10.6.3/4 zu entnehmen.

Anwendungsbereich	Belagstypen (Abb. 10.6.3/3.)					
	A	B	C	D	E	F
Laufbahnen	x	(x)	(x)			
- mit erhöhten Anforderungen				x	x	x
Anlaufbahnen	x	(x)	(x)			
- mit erhöhten Anforderungen				x	x	x
Kleinspielfelder		x				
Tennisfelder			x [1]			
Kombinationsanlagen [2]		x	(x)			
Spielplätze		x	x			

[1] Schichtdicke für Tennis $\geq$ 8 mm
[2] Nutzung als LA-Anlage und als Ballspielfläche

Abb. 10.6.3/4. Anwendungsbereiche der Belagstypen

10.6.4 Abnahme

Der abnahmefähige Zustand liegt nach der Verfestigung des Kunststoff-belages und nach Durchführung der erforderlichen Kontrollprüfungen vor; DIN 18035 T. 6 enthält keinen gesonderten Abschnitt für die Abnahme.

10.6.5 Prüfungen

Sie haben nach Abb. 10.6.5/1 zu erfolgen.

Untersuchung	Schicht / Prüfungsart							
	FS		TS$_u$		TS$_g$		KB	
	E	K	E	K	E	K	E	K
Korngrößenverteilung	V	A	V	A				
Kornform	V	A	V	A				
Gesteinsart	V	A	V	A				
Frostbeständigkeit	V		V					
Kalk- und Eisenzerfall			V					
Wasserdurchlässigkeit			V		V	(V)	V	(V)
Verformungsmodul					V	(V)		
Bindemittelart					V	(V)		
Bindemittelgehalt					V	(V)		
Hohlraumvolumen					V	(V)		
Verdichtungsgrad					V	(V)		
Marshall					V	(V)		
Standardverformung							V	(V)
Kraftabbau							V	(V)
Rel. Verschleißwiderstand							V	(V)
Gleitreibungswiderstand							V	(V)
Spikesbeständigkeit							V	(V)
Resteindruckstiefe							V	(V)
Brennverhalten							V	(V)
Alterung							V	(V)
Festigkeit							V	(V)
Ballsprungverhalten							V	(V)
Schichtdicke		M				(M)		(M)
Gefälle				M	M			
Höhenlage				M	M			
Ebenheit				M	M			M

A = Prüfung nach Augenschein,	KB = Kunststoffbelag,	TS$_g$ = gebundene TS,
E = Eignungsprüfung,	M = Messung, örtlich,	V = Versuch,
FS = Filterschicht,	(M) = Messung, nur im Zweifelsfall,	(V) = Versuch, nur im
K = Kontrollprüfung,	TS$_u$ = ungebundene Tragschicht,	Zweifelsfall

Abb. 10.6.5/1. Prüfungen bei Kunststoff-Flächen

10.6.6 Abrechnungen

Entsprechend DIN 18299 und DIN 18320 erfolgt die Abrechnung nach Flächenaufmaß unter Verwendung der Ausführungszeichnungen. Grundlage der Abrechnungen sind außerdem die Schichtdickenbestimmungen der Kontrollprüfungen.
Flächenabzüge erfolgen bei Aussparungen über 2,5 m^2 Einzelfläche.

10.7 Kunststoffrasenflächen

10.7.1 Technische Regelwerke

DIN 18035 T. 7 Sportplätze; Kunststoffrasenflächen (1993)

10.7.2 Begriffe und Zwecke

(1) Kunststoffrasenfläche
Eine wasserdurchlässige, mehrschichtige Konstruktion mit einem Kunststoffrasenbelag. Sie ist geeignet für Fußball, Hockey, Tennis und andere Ballspiele sowie für Kinderspielbereiche.
(2) Filterschicht
s. Kapitel 10.6.2 (2).
(3) Ungebundene Tragschicht
s. Kapitel 10.6.2 (3).
(4) Gebundene Tragschicht
s. Kapitel 10.6.2 (4).
(5) Gebundene Elastische Tragschicht
Eine aus elastischen und mineralischen Korngemischen bestehende ein- oder mehrlagige Schicht, deren Korngerüst durch elastische Bindemittel stabilisiert ist.
(6) Elastikschicht
Eine Schicht aus dauerelastischen Werkstoffen, die die Nachgiebigkeit der Kunststoffrasenflächen sicherstellt.
(7) Kunststoffrasenbelag
Teppichartige Konstruktion von Kunststoffbändchen, Spinnfaser oder Endlosgarnen, die durch entsprechende Textiltechniken mit einer Trägerfläche aus Gewebe oder Vlies verankert ist.
Die auf der Oberseite des Trägergewebes liegende Schicht wird als Polschicht bezeichnet.
Kunststoffrasenbeläge werden mit gefüllter oder ungefüllter Polschicht verlegt (s. Abb. 10.7.2/1).

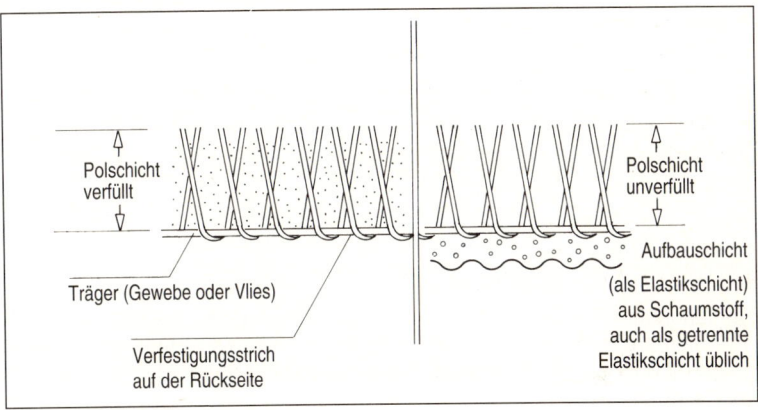

Abb. 10.7.2/1. Kunststoffrasenbelag

10.7.3 Aufbau

Kunststoffrasenflächen gibt es
mit wasserdurchlässigen und wasserundurchlässigen Belägen,
mit oder ohne Verfüllung der Polschicht,
mit oder ohne elastifizierende Schicht,
mit Tragschicht in gebundener oder ungebundener Form.

10.7.3.1 Profil

Möglichkeiten des Gesamtaufbaus zeigt Abb. 10.7.3/1.

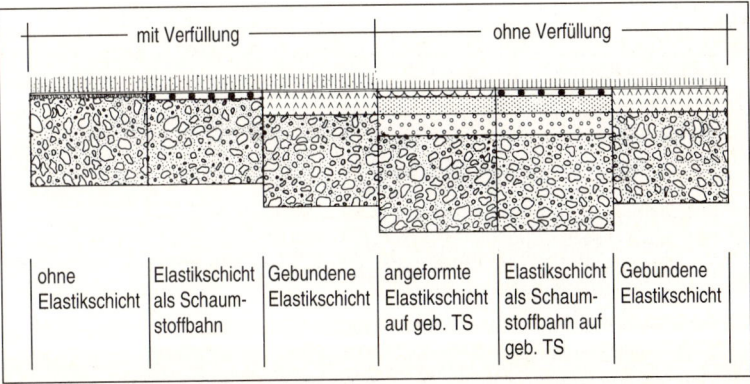

Abb. 10.7.3/1. Aufbau (Profil) von Rasenflächen

10.7.3.2 Filterschicht
(1) Anforderungen
  s. Kapitel 10.5.3.2 (1).
(2) Stoffe
  s. Kapitel 10.5.3.2 (2).
(3) Herstellung
  Schichtdicke   > 60 mm,
                        in der Praxis mehr als 100 mm (gem. DIN 18035 T. 7);
                        sie muß im Mittel der Nenndicke entsprechen.

10.7.3.3 Ungebundene Tragschicht
Eine ungebundene Tragschicht ist nur dann erforderlich, wenn der Baugrund die Anforderungen entsprechend DIN 18035 T. 7 an Verdichtungsgrad, Verformungsmodul und Wasserschluckwert nicht erfüllt.
(1) Anforderungen
  Wasserschluckwert $k^* \geq 0,02$ cm/s
  Frostbeständigkeit entspr. DIN 4226 T. 1 mit Frostbeständigkeit im
                      stark durchfeuchteten Zustand.
(2) Stoffe
  s. Kapitel 10.5.3.3 (2).
(3) Herstellung
  s. Kapitel 10.6.3.3 (3).

10.7.3.4 Gebundene Tragschicht
Die gebundene Tragschicht ist in erster Linie zur Sicherung der Ebenheit erforderlich. Wie bei Kunststoffbelägen besteht keine Ausgleichsmöglichkeit für die Belagsoberfläche, wenn die Anforderungen der gebundenen Tragschicht hinsichtlich Nennhöhen- und Ebenheitsabweichungen nicht erfüllt werden.
(1) Anforderungen
  Wasserschluckwert $k^* \geq 0,01$ cm/s
(2) Stoffe
  s. Kapitel 10.6.3.4 (2).
(3) Herstellung
  Dicke der Tragschicht (TS):
    untere gebundene TS ≥ 40 mm
    obere gebundene TS ≥ 25 mm
  Verdichtungsgrad D_{Pr} bei Bauweise:
    wasserdurchlässig $\geq 0,93$
    wasserundurchlässig
      untere TS $\geq 0,95$
      obere TS $\geq 0,96$
  Gefälle Spielfeld:
  wasserdurchlässig $\leq 0,8\,\%$
  wasserundurchlässig $\leq 1\,\%$
  Tennisspielfelder $\leq 0,5\,\%$
  Nennhöhenabweichungen $< \pm 15$ mm

Ebenheitsabweichungen:
bei Meßpunktabstand 1 m < 8 mm
bei Meßpunktabstand 4 m < 12 mm
Gebundene Tragschichten werden in der Regel in wasserdurchlässiger (offener Bauweise) hergestellt. Die im Normblatt noch enthaltene wasserundurchlässige (dichte Bauweise) wird in der Praxis kaum noch angewandt.

10.7.3.5 Gebundene Elastische Tragschicht

Im Gegensatz zu Kunststoffflächen (Kapitel 10.6.3.4) werden Elastische Tragschichten bei Kunststoffrasenflächen häufiger eingebaut.

(1) Anforderungen
  Wasserschluckwert $k^* \geq 0{,}05$ cm/s
(2) Stoffe
  Bindemittel   elastische Bindemittel wie Polyurethan
  Körnung   produktspezifisch
  Bindemittel   produktspezifisch
  Gummigranulatanteil   entsprechend Kraftabbau-Forderung
(3) Herstellung
  Dicke   35 mm
  Dickenabweichung $< \pm 5$ mm
  Gefälle   wie Kap. 10.7.3.4 (3)
  Nennhöhenabweichungen   wie Kap. 10.7.3.4 (3)
  Ebenheitsabweichungen   wie Kap. 10.7.3.4 (3)
  Sonstiges:
Gebundene elastische Tragschichten werden in der Regel einlagig auf der ungebundenen Tragschicht hergestellt. Gelegentlich wird auch eine Unterlage aus gebundener Tragschicht entsprechend Kapitel 10.7.3.4 gewählt, wobei die ungebundene elastische Tragschicht nur in einer Schichtdicke von 20 mm aufgebracht wird. Bei der Herstellung treten oft Schwierigkeiten zur Erfüllung der Ebenheitsforderungen auf.

10.7.3.6 Elastikschicht

Diese wird als Bahnenware zwischen Kunststoffrasenbelag und Tragschicht eingebaut.

(1) Anforderungen
  Wasserschluckwert $k^* \leq 0{,}002$ cm/s
(2) Stoffe
  Schaumstoffe in Rollenform aus PE, PU-Verbund, PVC;
  PU-gebundene Gummigranulat/-fasern/-bahnen.
(3) Herstellung
  Dicke   9–13 mm
  Grenzabweichungen
  Ortseinbau $\leq \pm 15\,\%$
  Grenzabmaße Fertigteil $\leq \pm 1$ mm
  Verlegeart   Verklebung durch Kunststoffstreifen nach Auslegung, evtl. nachträgliche Perforierung.

10.7.3.7 Kunststoffrasenbelag

Kunststoffrasenbeläge sind textile Fußbodenbeläge, die in Form von Gewirken, Geweben oder als Tufting-Teppiche entsprechend DIN 61151 hergestellt werden. Der Rücken des Trägergewebes weist entweder einen Verfestigungsstrich zur adhäsiven Verankerung der Noppen oder eine Aufbaubeschichtung aus Schaumstoffen auf, die gleichzeitig eine angeformte Elastikschicht darstellt.

(1) Anforderungen

Kraftabbau	50–65 %
Ballreflexion:	
Fußball	≤ 90 %
Hockeyball	0,12 m bis 0,40 m
Tennisball	≥ 80 %
Ballsprungverhalten	
Reflexionsweite	4,2 m bis 6,0 m
Reflexionshöhe	> 0,8 m
Alterungsbeständigkeit	entspr. Abschn. 3.8.9.1 DIN 18035 T. 7
Maßbeständigkeit	≤ 1 %
Wasserschluckwert	≥ 0,002 cm/s
Brennverhalten	Klasse I DIN 51960

(2) Stoffe

Polfäden, Bändchen	Polypropylen, PP
	Polyamid, PA
Trägergewebe	Polypropylen, Pp
	Polyester
Aufbau-(Elastik-)Schicht	Polyvenylchlorid, PVC
Polschichtgewicht:	
unverfüllte Bauweise	1700 bis 1900 (g/m^2)
verfüllte Bauweise	980 bis 1250 (g/m^2)
Gesamtgewicht:	
unverfüllte Bauweise	1600 bis 6000 (g/cm^2)
verfüllte Bauweise	1300 bis 2600 (g/cm^2)
Noppenschenkellänge:	
unverfüllte Bauweise	7 bis 13 (mm)
verfüllte Bauweise	19 bis 33 (mm)
Noppenzahl:	
unverfüllte Bauweise	54 000 bis 100 000 (Stck/m^2)
verfüllte Bauweise	13 700 bis 30 000 (Stck/m^2)
Füllungsstoff:	
Material	Quarzsand
Körnung	0/1 mm
Schluffanteil	< 3 Gew.-%
Einbauwassergehalt	< 0,5 Gew.-%
Füllgewicht:	
Fußball	30–35 (kg/m^2)
Tennis	20–25 (kg/m^2)

(3) Herstellung

Der Belag muß auf der Oberfläche der gebundenen bzw. ungebundenen Tragschicht dauerhaft eben aufliegen und darf keine Unebenheiten entstehen lassen. Die Stöße der Belagsbahnen müssen durch Klebung oder Vernähung dauerhaft verbunden werden.

Verfüllte Beläge werden ohne Verklebung verlegt und lediglich durch das Sandgewicht fixiert. Unverfüllte Beläge werden entweder streifenförmig oder vollflächig auf dem Unterbau verklebt oder durch Fixierung an den Randeinfassungen verspannt.

Bei verfüllten Belägen muß das Füllmaterial gleichmäßig eingearbeitet werden. 2 mm bis 3 mm der Polspitzen sollen sichtbar bleiben.

(4) Sonstiges

Verfüllte Kunststoffrasenbeläge erfordern geringere Baukosten und üben offensichtlich hinsichtlich der Temperatur und der Luftfeuchtigkeit einen günstigeren Einfluß auf die Umgebung aus. Dabei muß jedoch die eingeschränkte Bespielbarkeit bei Frosttemperaturen beachtet werden; außerdem ist die Verschleißbeständigkeit, zumindest bei Indoor-Belägen, umstritten.

10.7.4 Abnahme

s. Kapitel 10.6.4.

10.7.5 Prüfungen

Für Kunststoffrasen sind die Prüfungen nach Abb. 10.7.5/1 vorgeschrieben.

10.7.6 Abrechnung

s. Kapitel 10.6.6.

10.8 Bewässerung

10.8.1 Technische Regelwerke

DIN 18035 T. 2	Sportplätze; Bewässerung von Rasen- und Tennenflächen (1979);
DIN 1988	Trinkwasserleitungen in Grundstücken; Technische Bestimmungen für Bau und Betrieb;
DIN 18307	Gas- und Wasserleitungsarbeiten im Erdreich;
DIN 18381	Gas-, Wasser- und Abwasserinstallationsanlagen innerhalb von Gebäuden;
DIN 19630	Gas- und Wasserverteilungsanlagen; Rohr-Verlegerichtlinien für Gas- und Wasserrohrnetze;
DIN 19650	Bewässerung; Hygienische Belange;

Vorschriften der örtlichen Versorgungsträger.

Untersuchung	FS		TS_u		TS_g		EL		KRB	
	E	K	E	K	E	K	E	K	E	K
Korngrößenverteilung	V	A	V	A						
Kornform	V	A	V	A						
Gesteinsart	V	A	V	A						
Frostbeständigkeit	V		V							
Kalk- und Eisenzerfall			V							
Wasserdurchlässigkeit			V		V	(V)	V	(V)		
Verformungsmodul					V	(V)				
Bindemittelart					V	(V)				
Bindemittelgehalt					V	(V)				
Hohlraumvolumen					V	(V)				
Verdichtungsgrad					V	(V)				
Marshallprobekörper					V	(V)				
Kraftabbau									V	
Ballreflexion									V	(V)
Ballsprungverhalten									V	
Ballrollverhalten									V	
Verschleißverhalten									V	
Alterung									V	
Maßbeständigkeit							V		V	
Brennverhalten									V	
Schichtdicke		M		M		(M)	M	(M)		
Gefälle				M	M		M		M	
Höhenlage					M		M		M	
Ebenheit					M		M		M	

A	= Prüfung nach Augenschein,		M	= Messung, örtlich,
E	= Eignungsprüfung,		(M)	= Messung, nur im Zweifelsfall,
EL	= Elastikschicht,		TSg	= geb. und geb. elastische Tragschicht,
FS	= Filterschicht,		TS_u	= ungebundene Tragschicht,
K	= Kontrollprüfung,		V	= Versuch,
KRB	= Kunststoffrasenbelag,		(V)	= Versuch, nur im Zweifelsfall

Abb. 10.7.5/1. Prüfungen von Kunststoffrasen (Stand 1991)

10.8.2 Begriffe und Zwecke

(1) Bewässerung
ist die Zufuhr von Wasser auf Rasen- und Tennenflächen mittels technischer Einrichtungen.

(2) Beregnung
ist die Verteilung von Wasser unter Druck durch Regner. Die innerhalb einer Beregnung aufgebrachte Wassermenge wird als Wassergabe bezeichnet. Eine Beregnung besteht im Regelfall aus mehreren Wassergaben.

(3) Unterflurbewässerung
ist die Wasserzufuhr in den Sportflächenoberbau, z. B. durch Anstau über
einen abgedichteten Baugrund.

(4) Beregnungsziel
Bei Rasenflächen:
Schutz vor Trockenschäden, ausreichender Regenerationswuchs, Aus-
schluß von zu hohen Zuwachsraten und Minderung des Wurzelwachs-
tums.
Bei Tennenflächen:
Erhöhung der Scherfestigkeit, Vermeidung von Staubbildung und Fest-
legung von Schwermetallen.

10.8.3 Anforderungen

Rasen- und Tennenflächen müssen beim Beregnungsvorgang eine ausreichende Bewässerung erhalten.

(1) Wassergaben
Rasenflächen $\geq$ 25 l/m^2 in 5–15 Stunden
Tennenflächen $\geq$ 20 l/m^2 in 8–12 Stunden
Kunststoffrasenflächen   ca. 5 l/m^2
(2) Beregnungsabstände
s. Abb. 10.8.3/1.
(3) Gleichmäßigkeit
Die Gleichmäßigkeit der Wasserversorgung soll $\pm$ 25 % vom Sollwert betragen.

Tageshöchsttemperatur (°C)	Beregnungsabstand* (Tage)
> 30	ca. 5
25 bis 30	6 bis 8
20 bis 25	8 bis 12
< 20	> 12
* bei 20 – 25 l/m² Wassergabe	

Abb. 10.8.3/1. Beregnung von
Rasenflächen

10.8.4 Ausführung (Beregnung)

10.8.4.1 Regnerarten

Bei Sportplätzen erfolgt die Wasserverteilung durch Drehstrahlregner (s. Abb.
10.8.4/1) in Form von
Schwinghebelregnern, wobei die Drehung der Düse durch einen auftreffenden
Strahl auf einen Schwinghebel erfolgt,

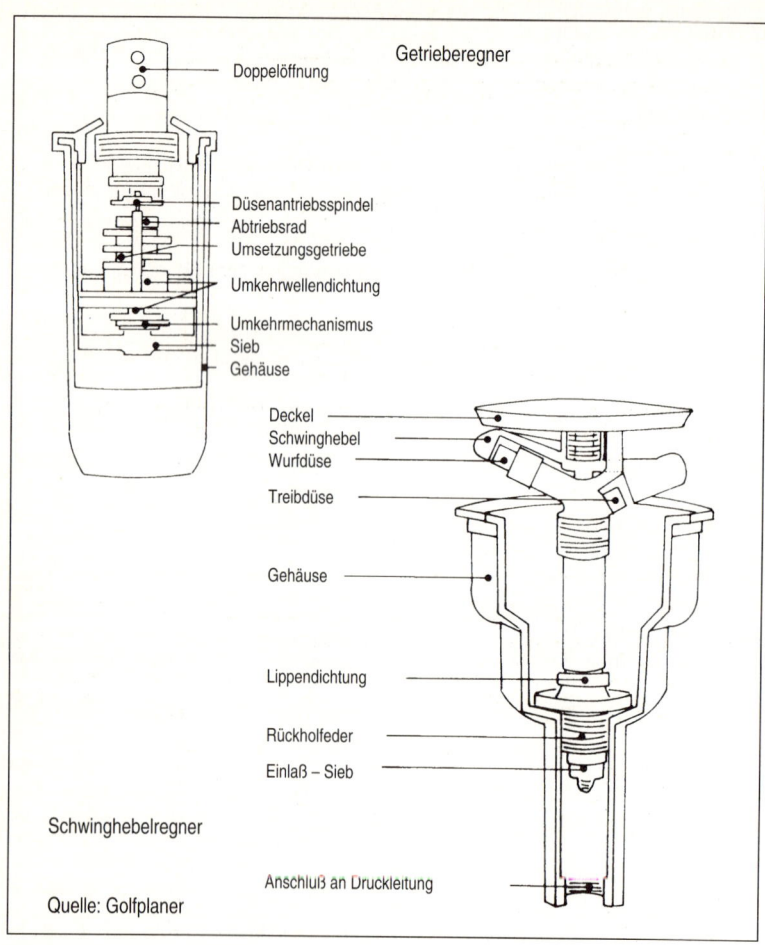

Abb. 10.8.4/1. Regnerarten

Getrieberegnern, wobei das einströmende Wasser durch einen sogenannten Stator auf die Antriebsturbine gelenkt wird und diese dadurch in eine Drehbewegung setzt und das Wasser über Düsen verregnet wird.

10.8.4.2 Bewegliche Beregnungsanlagen

Die Verteilung erfolgt durch Stativregner auf »fliegenden Leitungen«, an Schlauchleitungen oder über Regenwagen (s. Abb. 10.8.4/2 a–c).

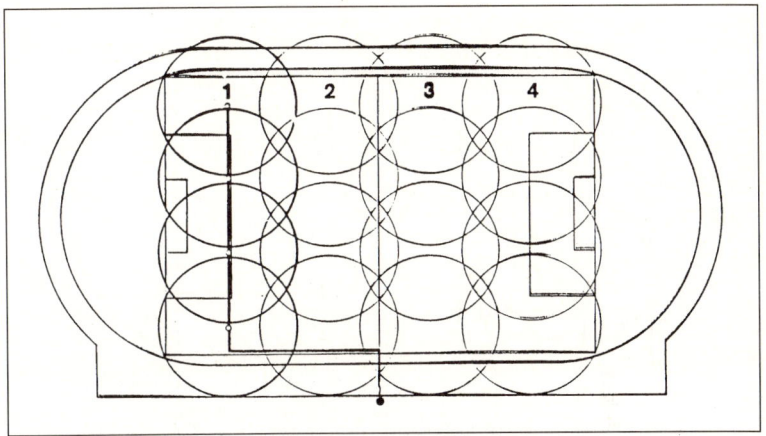

Abb. 10.8.4/2a. Beregnung mit fliegenden Leitungen

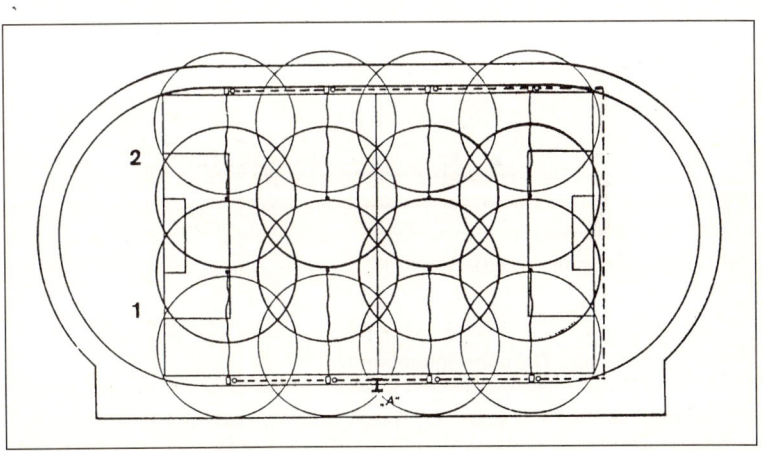

Abb. 10.8.4/2b. Beregnung mit Stativregnern mit Schlauchanschluß

Die Wasserversorgung erfolgt vorwiegend durch Anschluß an Hydranten am Spielfeldrand.

Bewegliche Beregnungsanlagen sind personalintensiv, haben häufig eine ungleichmäßige Verteilung der Wassergabe und gefährden die Sportfläche (außer bei Regenwagen) durch den Weitertransport der Einrichtungen über den aufgeweichten Sportboden.

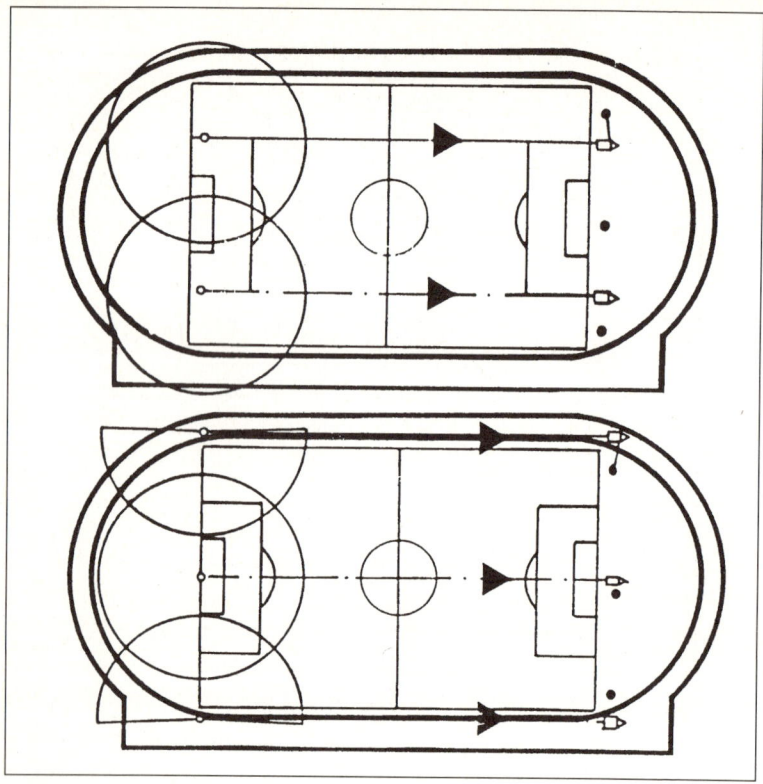

Abb. 10.8.4/2c. Beregnung mit Regenwagen

10.8.4.3 Stationäre Beregnungsanlagen

Bei stationären Beregnungsanlagen liegt die Oberkante des Regner-Gehäuses bündig mit der umgebenden Sportfläche, so daß Verletzungen ausgeschlossen sind (Versenkregner). Gerät der Regner unter Druck, hebt sich die Abdeckplatte und die Düsen verteilen die Wassergabe. Die Beregnungsanlage ist in Abschnitte durch Steuerleitungen unterteilt, die einen elektrischen oder hydraulischen Impuls auf ein Sperrventil ausüben. Die Programmsteuerung erfolgt über eine Zeituhr.

Anforderungen an die Versorgung der Regner:

Rohrleitungen (Zuleitungen)

Durchmesser	DN $\geq$ 65 mm
Material	PVC oder PE
Verlegung	in Gräben 30 cm breit, 50–70 cm tief; nicht frostsicher, daher Entleerung über Gefälle oder Druckluft.

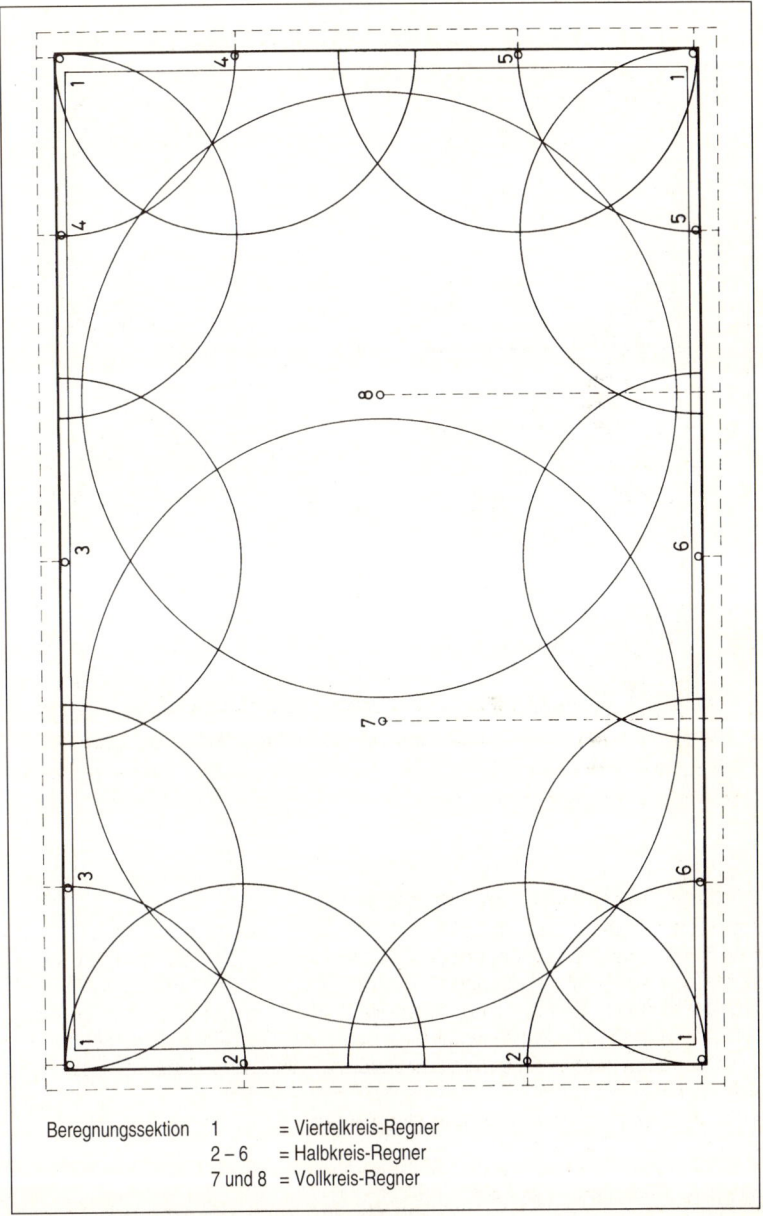

Beregnungssektion 1   = Viertelkreis-Regner
                   2 – 6   = Halbkreis-Regner
                   7 und 8 = Vollkreis-Regner

Abb. 10.8.4/3a. Beregnungsanlage für Tennenflächen

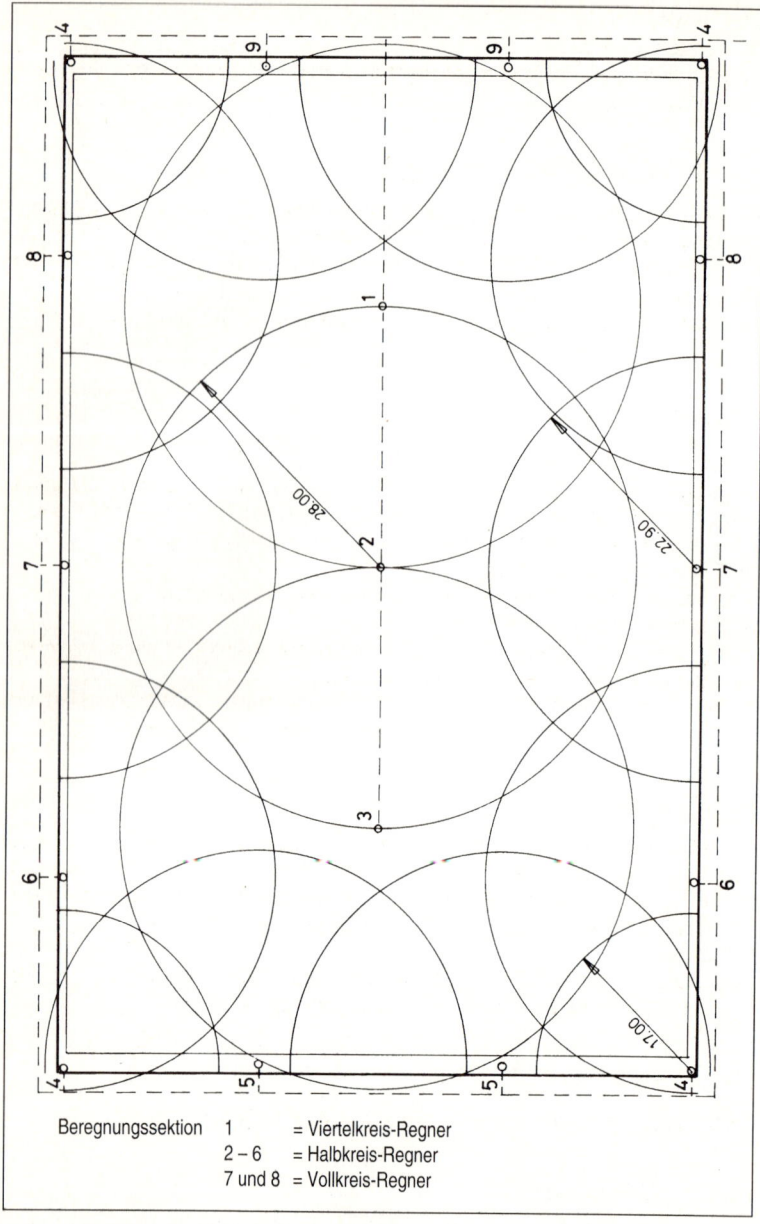

Abb. 10.8.4/3b. Beregnungsanlage für Rasenflächen

Erforderliche
Wassermenge $\geq$ 20 m³/h.
Die Regner werden als Vollkreis-, Halbkreis- und Viertelkreisregner eingesetzt
(s. Abb. 10.8.4/3a und b).

10.8.5 Unterflurbewässerung

Die Verteilung erfolgt über ein Rohrleitungssystem auf einem abgedichteten
Baugrundboden durch Anstau. Der Wasserstand wird in einem Kontrollschacht über ein Standrohrventil, das höhenmäßig verstellbar ist, reguliert.
Die Wasserzufuhr geschieht entweder durch die angestauten Niederschläge, oder durch Zulauf aus dem Rohrnetz über eine Schwimmerventilsteue-
rung.

10.8.6 Wasserentnahme

(1) Entnahme aus dem Rohrleitungssystem
In der Regel müssen Rückflußverhinderer eingebaut werden. Bei ungenü-
gender Wassergabe sind Speicherbecken erforderlich. Bei ungenügenden
Druckverhältnissen muß eine Druckerhöhungsanlage eingesetzt werden.

(2) Entnahme aus offenen Gewässern
Entnahme durch Unterwassermotorpumpe mit Ansaugrohr.

(3) Entnahme aus Brunnen
Bei geeigneten Boden- und Wassermengenverhältnissen durch Bohrung
und Entnahme aus dem Grundwasser über Tauchmotorpumpen.
Bei allen Wasserentnahmen aus Gewässern oder Grundwasser ist die
Genehmigung der Wasserbehörde einzuholen.

10.8.7 Abnahme

Die Abnahme erfolgt nach Fertigstellung entsprechend DIN 18035 T. 2. Dabei
sind die Wurfweiten der Regner und der Wasserverbrauch festzustellen.
Sofern kein Eignungsprüfungszeugnis vorliegt, soll die Gleichmäßigkeit und
die Wassermenge der einzelnen Gaben überprüft werden.
Achtung:
Beregnungsanlagen werden häufig nicht als Bauleistungen, sondern als Maschinen angesehen, so daß als Vertragsgrundlage die VOL gilt.

10.8.8 Prüfungen

Kontrollprüfungen entsprechend Abschn. 7.4 DIN 18035, T. 2.

10.8.9 Abrechnung

Baugruben und Gräben nach Raummaß (m³) entsprechend Abschn. 5.2 DIN
18300; Rohrleitungen entsprechend DIN 18307 als Längenmaß (m), wobei

Rohrverbindungen, Formstücke und Armaturen übermessen werden; Regner und sonstige Teile nach Anzahl (Stck).

10.9 Zuschaueranlagen

10.9.1 Technische Regelwerke

Verordnung über den Bau und Betrieb von Versammlungsstätten (VStätt VO) der einzelnen Bundesländer.
Planungsgrundlagen »Sportplätze/Stadien«, Internationale Vereinigung Sport- und Freizeiteinrichtungen e.V. (IAWS), Köln, 1993.

10.9.2 Begriffe und Zwecke

(1) Tribünenstufen
Abgetreppte Anlagen zur Aufnahme von Zuschauern und zur Sicherung von optimalen Beobachtungsmöglichkeiten für das Sport- und Spielgeschehen.
Die Herstellung erfolgt entweder in Ortseinbau in Form von Beton, Betonbauteilen wie Stellstufen in Verbindung mit Pflaster-, Klinker- oder wassergebundenen Wegeflächen oder in Fertigbauweise vorzugsweise als Betonwinkelteile.

(2) Zugangswege
Verkehrsflächen für An- und Abmarsch von Zuschauern zu Tribünenstufen. Die Breite der Verkehrsfläche richtet sich nach der Anzahl der Zuschauer unter Beachtung der Versammlungsstättenverordnung.

(3) Fluchtwege
Fluchtwege sollen eine reibungslose Entleerung von Tribünenanlagen bei Gefahr sichern.

(4) Absperrungen
Absperrungen sind zur Abwendung von »Wellenbewegungen« von Zuschauermassen im Panikfall erforderlich; sie bestehen i. d. R. aus Stahl- oder Aluminiumrohren.

(5) Sichtlinienkonstruktion
Zur Sicherung optimaler Beobachtungsmöglichkeiten des Spiel- und Sportgeschehens wird die Höhe der Tribünenstufe durch eine Sichtlinienkonstruktion berechnet, die davon ausgeht, daß die Sicht eines Zuschauers durch die vorherstehenden oder -sitzenden Zuschauer begrenzt wird. Dadurch entsteht eine mehr oder weniger steil ansteigende Kurve der Tribünenstufen.

10.9.3 Planungshinweise

10.9.3.1 Anordnung

Zuschaueranlagen in Form von Tribünen können ein- oder mehrseitig angeordnet werden. Die Anordnung ist abhängig von der Anzahl der vermuteten Zuschauer, der Himmelsrichtung und dem Komfortbedürfnis.

10.9.3.2 Maße

Stehtribünenstufen:
Höhe   0,2 m
Tiefe   0,4 m
Sitztribünenstufen:
Höhe   0,4 m
                        bei der Anwendung von Sichtlinienkonstruktionen:
                        30–50 cm
Tiefe   0,8 m
Verkehrsfläche   0,45 cm (nach Versammlungsstättenverordnung)
Breite je Zuschauer 0,5 m.

10.9.3.3 Sichtlinienberechnung

Die überwiegende Zahl der Zuschauerplätze ist in Blickrichtung nach Osten und Norden anzuordnen. Bei Zuschaueranlagen über 10 Stufen ist eine Sicht-linien-Konstruktion anzuwenden.

(1) Sichtlinien-Konstruktion für Sitzplätze (Sitztribünen)
Berechnung:
Augpunkthöhe $HA = HS + 850$ mm
Kopfhöhe $HK = HA1 + 150$ mm
Sitzhöhe $HS = HA - 850$ mm
Fußhöhe $HF = HS - 400$ mm
Sichtbezugs-
höhe
(z. B. bei Fußball) $HSp = 500$ mm
Bezeichnungen:
Sichtentfernung
Zuschauer Z_2 L
                        Z_2 = Zuschauerreihe für HA-Berechnung
Sichtentfernung
Zuschauer Z_1 l_1
                        Z_1 = Zuschauerreihe mit bekannter oder gewählter HK
Stufentiefe l_2
Berechnungsbei-
spiel   s. Abb. 10.9.3/1.

(2) Sichtlinien-Konstruktion für Stehplätze (Stehtribünen)
Berechnung:
Augpunkthöhe $HA = HF + 1650$ mm
Kopfhöhe $HK = HA1 + 120$ mm
Fußhöhe
(Stufenhöhe) $HF = HA - 1650$ mm
Berechnungs-
beispiele   s. Abb. 10.9.3/2
Entfernung der 1. Stufe vom Sichtbezugspunkt:
A: 5,0 m
B: 10,0 m
C: 20,0 m

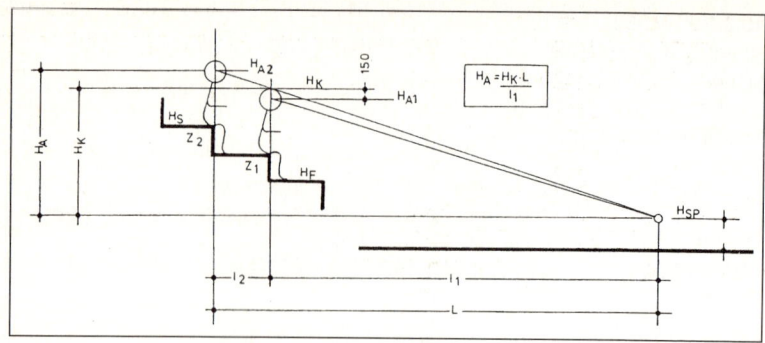

Abb. 10.9.3/1. Sichtlinienkonstruktion für Sitztribünen

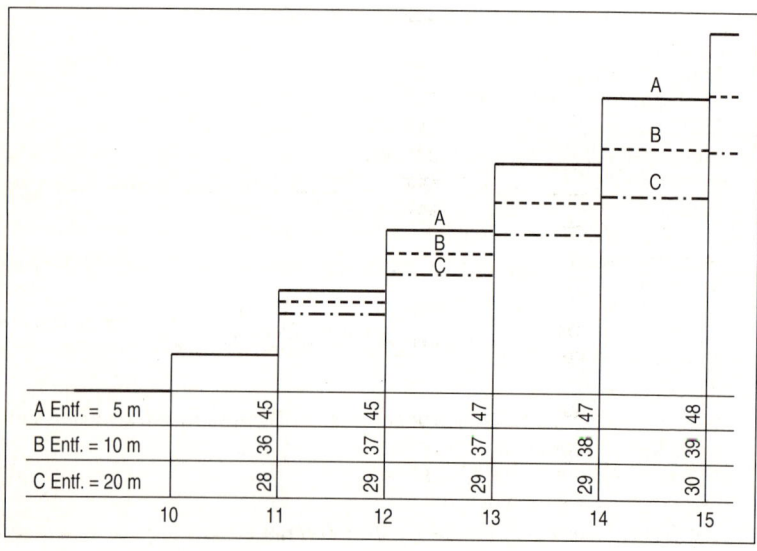

	10	11	12	13	14	15
A Entf. = 5 m		45	45	47	47	48
B Entf. = 10 m		36	37	37	38	39
C Entf. = 20 m		28	29	29	29	30

Abb. 10.9.3/2. Sichtlinienkonstruktion für Stehtribünen

Ergebnis:
geringere Entfernung   höhere Stufen
größere Entfernung   flachere Stufen.

10.9.3.4 Sicherheitsvorschriften

(1) Versammlungsstättenverordnung (VStättVO), § 11
Bei mehr als 5 Stehstufen sind Schranken einzubauen.

Anordnung:
vor der 1. Stufe und
nach je 10 weiteren Stufen;
Schrankenabmessungen:
Höhe   h = > 1,10 m
Länge   l = > 3,00 m
Abstand   E = < 2,00 m;
        Abstand (E) zwischen zwei Schranken bei versetzter Anordnung nach jeweils 5 Stufen E < 5 m.

(2) Versammlungsstättenverordnung (VStättVO), § 98
Bei »Freiluft-Sportstätten« ist nachzuweisen
je 750 Zuschauer = 1 m Fluchtweg.

(3) Versammlungsstättenverordnung (VStättVO), § 15
Für nicht überdachte Versammlungsstätten dürfen an jeder Seite eines Ganges 48 Sitzplätze angeordnet werden.
Bei einem Mittelgang sind 48 Plätze an beiden Seiten möglich.

(4) Beispiel für Ermittlung der Zuschauerzahl und Fluchtwegbreite
Tribüne mit 20 Stufen:
Zuschauerzahl [s. Kap. 10.9.3.4 (3)]:
48 + 48 Z = 96 · 20 Stufen = 1920 Z
Fluchtwegbreite [s. Kap. 10.9.3.4 (2)]:
1920 : 750 = 2,56 m = mind. 2,60 m.
Bei einem Seitengang und einem Mittelgang könnten zwischen diesen Gängen insgesamt 96 Zuschauer angeordnet werden.

10.9.3.5 Sonstiges

(1) Toilettenanlagen
Die Empfehlungen des DFB sehen vor:
je 1000 Zuschauer mindestens 1 Toilettenanlage; Ausstattung:
für Herren 1 Sitz und 3 Stände,
für Damen 1 Sitz.
Bei größeren Zuschaueranlagen sind die Toilettenanlagen aufzugliedern und auf die Gesamtanlage zu verteilen.

(2) Sonstige Anlagen für den Zuschauerbetrieb
Es sind weiterhin vorzusehen:
Kassen,
Erfrischungsstände,
Räume für Sicherheitsorgane und Ordnungsdienst,
Presse, Funk und Fernsehen,
Erste-Hilfe,
Technikräume,
evtl. Restaurant,
Einrichtungen für Sponsoren usw.

10.9.4   Baustoffe und Herstellungen

10.9.4.1   Erdwallanlagen

Tribünenanlagen werden oft als Erdwälle hergestellt, da es sich dabei häufig um die kostengünstigste Ausbaumöglichkeit handelt.
Erforderlich dafür ist
verdichtungsfähiger, wasserdurchlässiger und frostsicherer Boden,
Verwendung von geeigneten Bauteilen, die von verschiedenen Herstellergruppen vorwiegend als L-Steine angeboten werden.

10.9.4.2   Beton- und Betonfertigteilbau

Bei unsicheren Bodenverhältnissen sowie bei größeren Zuschaueranlagen werden Betonfertigteile verwandt, die auf abgetreppte Binder verlegt werden. Hierfür sind die Anforderungen nach DIN 1045 zu beachten.

10.9.5   Abnahme

(1) Tribünenwälle
    Die Abnahme erfolgt unter Beachtung von DIN 18300 Erdarbeiten und DIN 18333 Betonwerksteinarbeiten.
    Erforderlich ist der Nachweis des Verdichtungsgrades und die Erfüllung der Gütevorschriften für Betonwerksteine.
(2) Betonfertigteile
    Die Abnahme wird nach DIN 1045 durchgeführt.

10.9.6   Prüfungen

Es sind die Prüfvorschriften nach
DIN 18300 Erdarbeiten,
DIN 18333 Betonwerksteinarbeiten,
DIN 1045   Beton- und Stahlbetonarbeiten
zu beachten.

10.9.7   Abrechnung

Die Abrechnung erfolgt
bei Tribünenwällen nach Raummaß (m^3),
bei Tribünenstufen nach Längenmaß (m) oder nach Einzelteil (Stück),
bei Beton- und Stahlbetonarbeiten Raummaß (m^3) oder nach Längenmaß (m).

11 Mauerwerksbau

11.1 Wichtige DIN-Normen und Bestimmungen

DIN 105 Mauerziegel
DIN 106 Kalksandsteine
DIN 398 Hüttensteine
DIN 18152 Vollsteine aus Leichtbeton
DIN 4051 Kanalklinker
DIN 18166 Keramische Spaltplatten
DIN 18505 Leichtziegel, Leichtziegelplatten
     Vorläufige Richtlinien für die Bemessung und Ausführung von schlaff bewehrten Flachstürzen
DIN 18175 Glasbausteine
DIN 1060 Baukalk
DIN 1164 Zement
DIN 4207 Mischbinder
DIN 4211 Putz- und Mauerbinder
DIN 1055 Lastannahmen für Bauten
DIN 1053/1 u. 2 Mauerwerk – Berechnung und Ausführung
DIN 1045 Beton- und Stahlbeton
DIN 1050 Stahl im Hochbau
DIN 1052 Holzbauwerke
DIN 1054 Baugrund – zulässige Belastung
DIN 4018 Baugrund – Berechnung der Sohldruckverteilung unter Flächengründungen
DIN 4117 Abdichtung von Bauwerken gegen Bodenfeuchtigkeit
DIN 18550 Putz-, Baustoffe und Ausführung
DIN 18554 Mauerwerk – Ermittlung der Tragfähigkeit von Wänden und Pfeilern

11.2 Mauerwerk aus künstlichen Steinen

11.2.1 Mauersteine

Für den Landschaftsbau sind Mauerziegel, Kalksandsteine und Hüttensteine geeignet (zusammenfassender Überblick s. Abb. 11.2.1/1).

Bezeichnung	Rohdichte kg/dm³	Festigkeitsklassen MN/m²							G$_M$ kN/m³
		2	4	6	8	12	20	28	
Mauerziegel	0,7	x	●	●		x	x	x	9
Mz Vollziegel	0,8	x	x	●		●	x	x	10
HLz Hochlochziegel	0,9	x	x	x		x	x	x	11
KMz Vollklinker	1,0	x	x	●		●	x	x	12
KHLz Hochlochklinker	1,2		x	x		●	●	x	14
KK Keramik-Vollklinker	1,4		x	x		●	●	x	15
KHK Keramik-Hochlochklinker	1,6		x	x		●	●	●	17
	1,8		x	x		●	●	●	18
	2,0		x	x		●	●	●	20
DIN 105 Teile 1 bis 4	2,2		x	x		x	x	x	22
Kalksandsteine	0,6		x	x	x	x	x	x	8
	0,7		x	x	x	x	x	x	9
	0,8		x	x	x	x	x	x	10
KS Vollsteine	0,9		x	x	x	x	x	x	11
Blocksteine	1,0		x	●	x	●	x	x	12
KSL Lochsteine	1,2		x	●	x	●	x	x	14
Hohlblocksteine	1,4		x	●	x	●	●	x	15
KSVm Vormauersteine	1,6		x	●	x	●	●	x	17
KSVb Verblender	1,8		x	x	x	●	●	●	18
	2,0		x	x	x	●	●	●	20
DIN 106 Teile 1 und 2	2,2		x	x	x	x	x	x	22
Hüttensteine	1,0			x		x	x	x	12
	1,2			●		●	x	x	14
HSV Vollsteine	1,4			●		●	x	x	15
HSL Lochsteine	1,6			●		●	x	x	17
HHbl Hohlblocksteine	1,8			x		●	●	x	18
VHSV Vormauersteine	2,0			x		●	●	●	20
DIN 398									

x　Rohdichte/Festigkeitsklasse gemäß DIN-Norm
●　Beim Baustoffhandel gängige Formate

Abb. 11.2.1/1. Ziegelrohdichten und Festigkeitsklassen von Mauersteinen

11.2.1.1 Mauerziegel nach DIN 105

(1) Ziegelarten:

Mauerziegel ist ein Sammelbegriff für alle Ziegelarten, die entsprechend Format und Güteeigenschaften für die Herstellung von Mauern und Wänden verwendet werden. Sie werden aus Ton, Lehm und tonigen Massen mit oder ohne Zusatz von Sand, Ziegelmehl, Aschen oder ähnlichen Stoffen maschinell geformt, getrocknet und bei 800–1200 °C gebrannt. Die Branddauer beträgt ca. 3 Tage.

Mauerziegel, die nicht frostwiderstandsfähig sind, werden Hintermauerungsziegel genannt. Sie werden für Mauerwerk verwendet, das verblendet, geputzt oder mit einem anderen Witterungsschutz versehen wird. Bleibt der Mauerziegel im Außenbereich sichtbar, so muß er frostwiderstandsfähig sein.

Vollziegel (Mz):
Vollziegel ist die Bezeichnung für einen ungelochten Ziegel oder einen Ziegel, dessen Lochanteil bis zu 15 % der Lagerfläche beträgt, um das Ziegelgewicht zu verringern (Abb. 11.2.1/2 a bis c).

Hochlochziegel (HLz):
Der Hochlochziegel ist senkrecht zur Lagerfläche gelocht. Der Lochanteil beträgt mehr als 15 % der Lagerfläche und unterscheidet sich nach der Lochungsart A oder B (Abb. 11.2.1/2 d bis h).

Langlochziegel (LLz):
Bei den Langlochziegeln sind die Lochungen gleichlaufend zur Lagerfläche angeordnet (Abb. 11.2.1/2 i bis l).

Vormauerziegel (VMz; VHLz):
Vormauerziegel sind alle frostwiderstandsfähigen Mauerziegel. Sie sind für

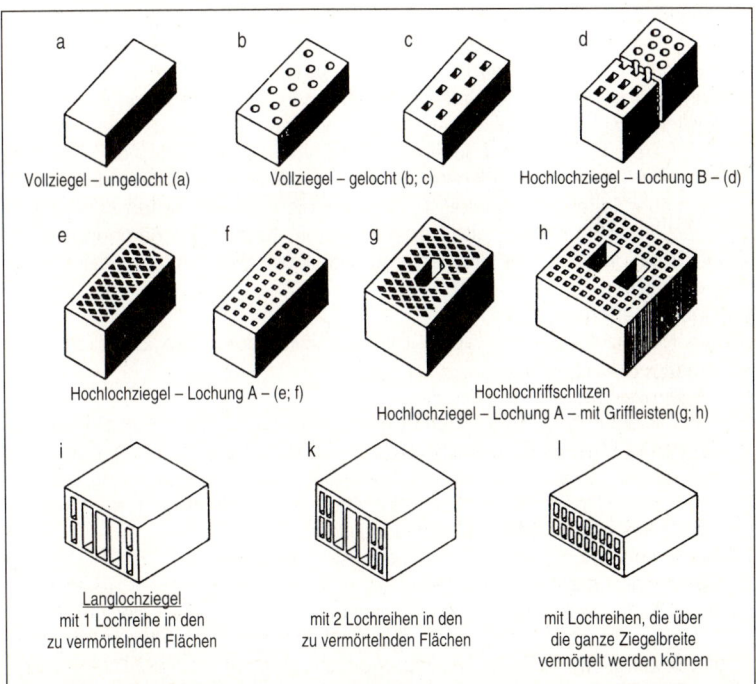

Abb. 11.2.1/2. Ziegelarten (Auswahl)

Sicht- und Verblendmauerwerk geeignet. Ihre Druckfestigkeit liegt zwischen 12,0 und 28,0 N/mm^2, ihre Rohdichten zwischen 1,2 und 1,8 kg/dm^3. Die Wasseraufnahme beträgt i. M. 12 Gew.-%.

Klinker (KMz; KHLz):
Klinker sind frostwiderstandsfähig und werden bis zur Sintergrenze gebrannt. Sie werden für Mauerwerk verwendet, das starken mechanischen und chemischen Beanspruchungen unterliegt oder statisch hoch beansprucht wird.
Ihre Mindestdruckfestigkeit beträgt 28,0 N/mm^2. Die Scherbenrohdichte ist i. M. 1,9 kg/dm^3 und die Wasseraufnahme 6 %.

Verblender:
Verblender ist ein Sammelbegriff für alle Ziegelerzeugnisse, die sich zum Verkleiden von Wandflächen eignen. Die Abmessungen sind nicht genormt. Verblendziegel werden mit natürlicher Brennhaut geliefert. Durch mechanische Einwirkungen kann die Oberfläche genarbt, gesandet oder aufgerauht werden.

Vormauerziegel und Klinker müssen den Gütebestimmungen der DIN 105 entsprechen. Vormauerziegel weisen einen porenreichen Scherben, Klinker einen porenarmen, bis zur Sinterung gebrannten Scherben auf. Hieraus ergeben sich bei diesen Materialien unterschiedliche Scherbenrohdichten und ein unterschiedliches Verhalten gegenüber Feuchtigkeit. DIN 1053 Teil 1 schreibt vor, daß bei Stütz- und Gartenmauern Steine mit der höchsten Frostwiderstandsfähigkeit zu wählen sind.

Vormauerziegel und Verblender werden auch als Hochlochziegel angeboten. Vormauerhochlochziegel (VHLz) müssen auf ihrer in der Fassade sichtbaren Kopf- und Läuferseiten frei von Rissen sein, die über die gesamte Dicke der Außensteppe bis zur ersten Lochreihe durchgehen. Vormauerziegel oder Klinker 1. Wahl müssen so beschaffen sein, daß je eine Läufer- und Kopfseite frei von Rissen, Kantenbeschädigungen und Deformationen ist, die die Verwendbarkeit der Sichtflächen beeinträchtigen würden.

(2) Eigenschaften:
Alle Mauerziegelarten – außer Klinker – sind durch die Ziegelrohdichte charakterisiert.

Ziegelrohdichte:
Unter Ziegelrohdichte versteht man das Gewicht der Raumeinheit des trockenen Ziegels einschließlich aller Hohlräume, d. h. auch beim HLz werden die Lochungen mitgerechnet. Die Angabe erfolgt in kg/dm^3. Je geringer die Rohdichte, umso höher ist die Wärmedämmung; je größer die Rohdichte, umso besser ist der Schallschutz.
Ziegelrohdichten nach DIN 105 siehe Abb. 11.2.1/3.

Scherbenrohdichte:
Die Scherbenrohdichte ist das Gewicht der Raumeinheit des trockenen Ziegelscherbens, d. h. beim HLz ohne Berücksichtigung der Löcher.

Druckfestigkeit:
Die Tragfähigkeit einer Mauer ist i. w. abhängig von der Druckfestigkeit der verwendeten Mauerziegel. Unter Druckfestigkeit versteht man die Bruch-

Nennwerte (kg/dm³)	Größtwerte (kg/dm³)
0,6	0,65
0,7	0,75
0,8	0,90
1,0	1,10
1,2	1,30
1,4	1,50
1,6	1,70
1,8	1,90
2,0	2,10

Abb. 11.2.1/3. Ziegelrohdichten nach DIN 105

spannung = Bruchlast, bezogen auf die Lagerfläche. Die Prüfung der Mauerziegel erfolgt nach einem festgelegten Verfahren an 10 Ziegeln mit Hilfe einer Druckpresse. Der kleinste Einzelwert der Reihe ergibt die Nennfestigkeit, der Mittelwert der Einzelergebnisse die »Mittlere Druckfestigkeit«. Die Angaben erfolgen in N/mm^2.

Festigkeitsgruppen nach DIN 105 (N/mm^2) siehe Abb. 11.2.1/4.

Die Druckfestigkeit ist nur begrenzt von der Ziegelrohdichte abhängig. Es werden auch Hochlochziegel mit den Rohdichten 1,2 und 1,4 kg/dm^3 mit Steinfestigkeiten bis 28,0 N/mm^2 geliefert.

Durch verbesserte Herstellungsverfahren werden bereits mittlere Druckfestigkeiten erzielt, die über 45,0 N/mm^2 liegen. Ziegel dieser Art werden »Hochfeste Ziegel und Klinker« genannt. Beträgt die mittlere Druckfestigkeit 75,0 N/mm^2 und das Wasseraufnahmevermögen maximal 6 Gew.-%, so werden sie als Keramikklinker bezeichnet.

Nennfestigkeit	mittlere Druckfestigkeit [N/mm^2]
2,0	2,5
4,0	5,0
6,0	7,5
8,0	10,0
12,0	15,0
20,0	25,0
28,0	35,0

Abb. 11.2.1/4. Festigkeitsgruppen nach DIN 105

(3) Kennzeichnung:
Sämtliche Hintermauerungsziegel werden mit einem Werkszeichen versehen, aus dem die Herstellerfirma zu entnehmen ist. Weiterhin muß auf 200 Stück ein Ziegel mit einem mindestens 20 mm breiten Band markiert sein (s. Abb. 11.2.1/5).

Druckfestigkeit (N/mm²)	Farbmarkierung
4,0	blau
8,0	rot
12,0	- ohne -
20,0	weiß
28,0	braun

Abb. 11.2.1/5. *Kennzeichnung von Hintermauerungsziegeln*

Bezeichnung:
Die Ziegel werden in folgender Reihenfolge bezeichnet:
Ziegelart,
Ziegelrohdichte,
Druckfestigkeit,
Abmessungen in mm (Länge, Breite, Höhe) oder durch Formatzeichen.
Kurzzeichen:
Mz   = Mauerziegel
VMz   = Vormauerziegel
VHLz = Vormauerhochziegel
HLz   = Hochlochziegel
LLz   = Langlochziegel
KMz   = Vollklinker
KHLz Hochlochklinker
Beispiel:
Hochlochziegel mit Lochung A; Ziegelrohdichte 1,2 kg/dm^3; Druckfestigkeit 12,0 N/mm^2; Länge × Breite × Höhe = 240 × 115 × 113 mm = 2 DF.
HLz 1,2/12,0/2 DF DIN 105.
(4) Ziegelgrößen (Vorzugsgrößen):
Mauerziegel:
Die in der DIN 105 festgelegten Abmessungen der Mauerziegel sind auf die Maßordnung im Hochbau DIN 4172 abgestimmt. In Abb. 11.2.1/6 werden die Formate zusammengestellt, die bevorzugt verwendet werden.
Riemchen und Spaltklinker:
Riemchen und Spaltklinker sind ungenormte Vormauersteine.
Spaltklinker sind Doppelriemchen, die vor dem Einbau geteilt werden.
Auswahl (s. Abb. 11.2.1/7a und b).

Bezeichnung	Ansichtsfläche [mm]	Einbautiefe [mm]
Riemchen	220 x 52	30
	240 x 40	
	240 x 52	40
	240 x 65	52
	250 x 65	62,5

Abb. 11.2.1/7a. *Maße von Riemchen*

Bezeichnung	Ansichtsfläche [mm]	Einbautiefe [mm]
Spaltklinker	240 x 30	
	240 x 40	
	240 x 52	
	240 x 71	
	245 x 60	16 – 20
	245 x 120	
	250 x 60	
	250 x 120	
	300 x 52	
	300 x 71	

Abb. 11.2.1/7b. Maße von Spaltklinkern

Straßenbauklinker:
Straßenbauklinker sind ungelochte Vollziegel. Sie sind gesintert und haben einen gleichförmigen dichten Scherben. Abgesehen von Oberflächenrissen darf der Klinker keine Hohlräume oder Risse aufweisen.
Die Ziegelrohdichte beträgt ca. 1,9 kg/dm^3, die Wasseraufnahme ca. 8 Gew.-%; Formate siehe Abb. 11.2.1/8.

Format	Kurzzeichen	Maße	Bedarf je m² flach	hochkant
Reichsformat	KMz 25/12/6,5	25 x 12 x 6,5	32	52
Oldenburger Format	KMz 22/10,5/5,2	22 x 10,5 x 5,2	42	82
Normalformat	KMz 28 NF	24 x 11,5 x 7,1	32	48

Abb. 11.2.1/8. Bezeichnungen und Maße von Straßenbauklinkern

Kanalklinker (DIN 4051):
Kanalklinker sind weitgehend gesintert und säurebeständig. Sie sollen frei von Blätterungen, Hohlräumen und durchgehenden Rissen sein. Die Ziegelrohdichte beträgt ca. 1,8 kg/dm^3, die Druckfestigkeit ist mindestens 28 N/mm^2. Benennung und Abmessungen siehe Abb. 11.2.1/9.
Kurzbezeichnungen: (Beispiele)
Kanalklinker NF DIN 4051;
Kanalkeilklinker B 240 $\times$ 115 DIN 4051.
Bei den Kanalkeilklinkern laufen die Stoßfugen konisch zu und haben eine Breite von 0,5 bis 2,0 cm.

Benennung	Figur	Abmessung [mm]	geeignet für Radien [m] von – bis
Kanalklinker NF	–	240 x 115 x 71 (52)	–
Kanalkeilklinker A	1	240 x 115 x 67 x 56	0,27 – ∞
Kanalkeilklinker B	1	240 x 115 x 67 x 46	0,17 – 12,0
Kanalschachtklinker C	2	240 x 115/77 x 71 (52)	0,37 – 1,01

Abb. 11.2.1/9. Benennung und Abmessungen von Kanalklinkern

11.2.1.2 Kalksandsteine nach DIN 106

Kalksandsteine sind Mauersteine aus Kalk und überwiegend kieselsäurehaltigen Zuschlagstoffen, die nach innigem Mischen durch Pressen oder Rütteln verdichtet, geformt und unter Dampfdruck gehärtet werden.

Ebenso wie beim Mauerziegel werden nicht frostwiderstandsfähige Steine für die Hintermauerung sowie frostwiderstandsfähige für das Sicht- und Verblendmauerwerk hergestellt.

Kalksand-Vollstein (KSV):

KS-Vollsteine ist die Bezeichnung für einen KS-Stein, dessen Querschnitt entweder ungelocht oder durch eine Lochung senkrecht zur Lagerfläche bis zu 25 % gemindert wird.

Im Gegensatz zum Mauerziegel sind die Löcher i. a. an der Oberseite geschlossen (s. Abb. 11.2.1/10a).

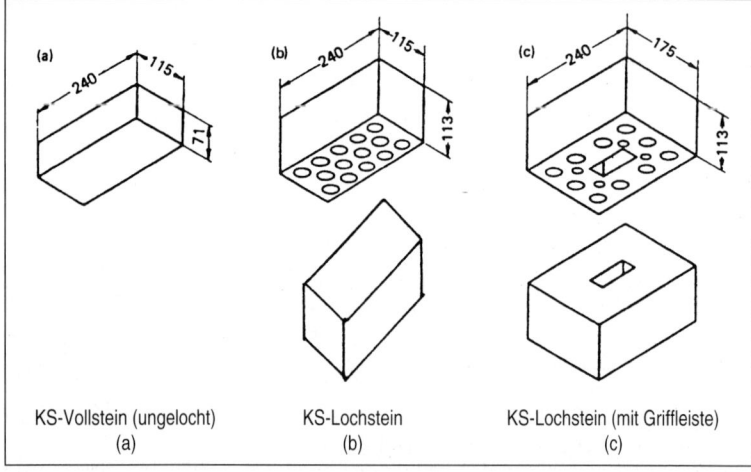

KS-Vollstein (ungelocht)	KS-Lochstein	KS-Lochstein (mit Griffleiste)
(a)	(b)	(c)

Abb. 11.2.1/10. Ausbildung und Maße von Kalksandsteinen (Auswahl)

Kalksand-Lochsteine (KSL):
KS-Lochsteine sind fünfseitig geschlossene Mauersteine mit Lochungen senkrecht zur Lagerfläche. Die Löcher sind in mindestens 3 Reihen über die Lagerfläche gleichmäßig verteilt und gegeneinander versetzt (s. Abb. 11.2.1/10b und c). Die Dicke der Abdeckung ist 5 mm.

Kalksand-Hohlblockstein (KSHbl):
KS-Hohlblocksteine sind großformatige, fünfseitig geschlossene Mauersteine mit Hohlräumen senkrecht zur Lagerfläche. Bei einer Steinbreite von 300 mm sind diese in mindestens 5 Reihen angeordnet.

Kalksand-Vormauerstein (KSVm; KSVmL):
KS-Vormauersteine sind Kalksandsteine mit einer Mindestdruckfestigkeit von 12,0 N/mm^2. Sie sind frostwiderstandsfähig und für Sichtmauerwerk im Außenbereich geeignet.

Kalksand-Verblender (KSVb; KSVbl):
KS-Verblender haben eine Mindestdruckfestigkeit von 20,0 N/mm^2 und gegenüber dem Vormauerstein eine erhöhte Frostwiderstandsfähigkeit. Sie werden aus besonders ausgewählten Rohstoffen hergestellt.
Kurzbezeichnung (Beispiel): KSV 1,8/12 NF DIN 106.

11.2.1.3 Hüttensteine nach DIN 398

Hüttensteine sind Mauersteine, die aus Hochofenschlacke (i. a. granuliert als Hüttensand), sowie aus Zement nach DIN 1164 oder anderen genormten hydraulischen Bindemittel, auch Kalk nach DIN 1060 hergestellt werden. Sie werden nach innigem Mischen der Ausgangsstoffe geformt, durch Pressen oder Rütteln verdichtet und an der Luft, unter Dampf oder in kohlensäurehaltigen Abgasen gehärtet.
Ebenso wie beim Kalksandstein gibt es:
Hütten-Vollsteine (HSV),
Hütten-Lochsteine (HSL),
Hütten-Hohlblocksteine (HHbL),
Hütten-Vormauervollsteine (VHSV),
Hütten-Vormauerlochsteine (VHSL).
Benennung und Kennzeichnung siehe Abb. 11.2.1/11.

Benennung	Kennzeichnung	Druckfestigkeit in N/mm		Frostbeständigkeit	Farbzeichen
		Mittelwert	Einzelwert		
Hüttensteine	HS 6	7,5	6	nein	rot
	HS 12	15	12	ja*	schwarz
	HS 20	25	20	ja*	weiß
	HS 28	35	28	ja*	braun
* Bei Ausführung als Vormauersteine (z.B. VHSV).					

Abb. 11.2.1/11. *Benennung und Kennzeichnung von Hüttensteinen nach DIN 398*

11.2.2 Mauermörtel

Mauermörtel ist ein Gemisch aus Bindemittel, Zuschlag und Wasser, ggf. Zusatzstoffen und Zusatzmitteln. In der DIN 1053 wird der Mauermörtel in die Mörtelgruppen I, II, IIa, III und IIIa aufgeteilt.
Mörtel muß als Frischmörtel geschmeidig und gut verarbeitbar sein. Er muß eine gute Kohäsion besitzen und darf nicht zur Wasserabsonderung neigen. Nach seiner Erhärtung als Festmörtel muß er dauerhaft sein und eine seiner Einstufung entsprechende Festigkeit aufweisen. Weiterhin muß er einen wirksamen Schutz gegen Feuchtigkeit bilden und dampfdurchlässig bleiben.

11.2.2.1 Bindemittel
Es dürfen nur solche Baustoffe verwendet werden, die den Normen entsprechen oder besondere Zulassungen haben (s. Abb. 11.2.2/1).

Handelsformen		
Handelsform	Kalkarten	
Stückkalk	Branntkalk	lose in Stücken
feingemahlener Branntkalk		in Säcken
Kalkhydrat	Löschkalk	trockengelöscht in Säcken
Kalkbrei, -teig		naßgelöschter, eingesumpfter Kalk

Abb. 11.2.2/1. Baukalke nach DIN 1060

Folgende Bindemittel sind zu unterscheiden:
(1) Luftkalke:
Erhärten durch Kohlensäureaufnahme an der Luft, nicht unter Wasser. Dem Ausgangsgestein nach werden unterschieden:
Weißkalk und Dolomitkalk.
(2) Hydraulisch erhärtende Kalke:
Werden an der Luft wesentlich fester als Luftkalke. Sie erhärten auch unter Wasser, müssen aber vorher mehrere Tage an der Luft mit dem Erhärten begonnen haben.
Es wird unterschieden und gekennzeichnet:
Wasserkalk mit I Strich auf dem Sack,
Hydraulischer Kalk mit II Strich auf dem Sack,
Hochhydraulischer Kalk mit III Strich auf dem Sack,
Romankalk mit III Strich auf dem Sack.
Letzterer erstarrt in einem Zeitraum von 30 bis 60 Minuten.
Handelsbezeichnungen und Mindestfestigkeiten sind Abb. 11.2.2/2 zu entnehmen.

| | Branntkalk | | Löschkalk | | Mindestfestigkeit | |
| | Stückkalk | Feingem.- | Kalkhydrat | Kalkbrei | in N/mm² nach DIN 1060 | |
		Branntkalk			Druck	Biegezug
Weißkalk	+	+	+	+	–	–
Dolomitkalk	+	+	+	–	–	–
Wasserkalk	+	+	+	–	1,0	–
Hydr. Kalk HK 2,0	–	–	+	–	2,0	–
Hochhydr. Kalk HK 5,0	–	–	+	–	5,0	≥ 1,0
Romankalk	–	–	+	–	5,0	≥ 1,0

Die Handelsbezeichnung bei Weiß- und Dolomitkalk ergibt sich aus dem Zusammenziehen der Benennungsspalten, z. B.: Weißkalkhydrat, Feingem. Dolomitbranntkalk. Bei den Wasserkalken gelten die Bezeichnungen in der senkrechten Spalte.

Abb. 11.2.2/2. Handelsbezeichnungen und Mindestfestigkeiten von Baukalken

Die Säcke enthalten 40 bzw. 50 kg. Der Sackaufdruck gibt Verarbeitungsvorschrift, Mörtelliegefrist (vor Arbeitsbeginn) und Höchstverarbeitungszeit an. Sackinhalte bei Löschkalk sollen zunächst trocken mit Zuschlag, später naß gemischt werden. Die Säcke sind vor Feuchtigkeit zu schützen! Alle Kalke, auch Kalkhydrat, erfordern eine Zeit zum Quellen, bevor sie verarbeitet werden dürfen. Diese unterschiedliche Liegefrist ist auf dem Sack aufgedruckt. Sie erfordert klare Arbeitsvorbereitungen auf der Baustelle (z. B. bei Arbeitsschluß für den nächsten Tag ansetzen!).

(3) Normzemente nach DIN 1164:
Zementzusammensetzung, Festigkeitsklassen, Kurzbezeichnungen, Kennfarben, Handelsformen und nicht genormte Zemente (siehe Kapitel 12 – Betonbau). Wegen der schnellen anfänglichen Erhärtung müssen Zemente innerhalb 1 Stunde nach dem Anmachen verarbeitet sein. Hochwertige Zemente erreichen die Mindestfestigkeit der Zementgüteklasse früher, die Normfestigkeit wird bei allen einheitlich erreicht.
Bei der Lagerung von Zement sind folgende Grundsätze zu beachten: Trocken stapeln, höchstens 10 Sack aufeinander; Nachlieferung auf neuen Stapel legen; nicht ohne Brettunterlage stapeln; nicht gegen Wände lagern; Luftfeuchtigkeit beachten.
Lagerfähigkeit des Zements:
Z 25 und Z 35 höchstens 2 Monate,
Z 45 und Z 55 höchstens 1 Monat.
Keine verhärteten Sackinhalte verarbeiten. Festigkeitsverluste nach 3 Monaten 10 bis 20 %, nach 6 Monaten 20 bis 30 %.
Gewährleistungsbestimmungen für Zementlieferungen (Auszug):
Die Gewährleistung entfällt, wenn
der Käufer bei der Anlieferung vor der Verarbeitung eine Prüfung auf Erstarrungsbeginn und Raumbeständigkeit unterlassen hat oder der Käufer keinen Herkunftsnachweis führen kann oder eine unsachgemäße oder zu lange Lagerung stattgefunden hat.

(4) Mischbinder nach DIN 4207 siehe Kapitel 12 – Betonbau.

(5) Anhydritbinder AB 12/3,0 (DIN 4208):
Anhydritbinder sind ein nichthydraulisches Bindemittel aus wasserfreiem Kalziumsulfat und Anregern. Sie dürfen nicht mit Zement gemischt werden. Die Verarbeitung ist erst über 50 cm über dem Erdboden zulässig. A-Binder gehören zur Mörtelgruppe I. Die Lagerungsdauer beträgt höchstens 3 Monate.
Mörtelfestigkeit siehe Abb. 11.2.2/3.

Bindeart			Mindestfestigkeit in N/mm^2 nach 7 nach 28 Tagen	
Mischbinder MB 15		Biegezug	1,5	3,5
		Druck	7,5	15,0
Anhydritbinder Ab 12	ungemagert	Biegezug	1,0	2,5
		Druck	4,0	12,5
	1 : 3	Biegezug	0,4	1,0
		Druck	1,0	3,0

Abb. 11.2.2/3. Mörtelmindestfestigkeit für Binder

Bindemittel	DIN	Handelsbezeichnung	Erhärtungsweise	Mörtelbeschaffenheit
Baukalke	1060	Weißkalk	an der Luft	geringe Festigkeit, elastisch, Verdunstung schnell, stark saugfähig, lange verarbeitungsfähig
		Dolomitkalk		
		Wasserkalk	an der Luft, später auch hydraulisch	mäßige Festigkeit, elastisch, saugfähig, lange verarbeitungsfähig
		Hydr. Kalk	–	höhere Festigkeit, elastisch, Saugfähigkeit gering, Verarbeitungsfrist beschränkt
		Hochhydr. Kalk	–	–
		Romankalk	–	
Zemente	1164	Portlandzement	hydraulisch	sehr fest, gute Anfangserhärtung, wenig elastisch, schwach saugfähig, begrenzte Verarbeitungsfrist
		Eisenportlandzement		
		Hochofenzement		
		Traßzement		

Abb. 11.2.2/4. Übersicht über Mörtelbindemittel

Bindemittel und Mörteleigenschaften:
Es gibt an der Luft und unter Wasser erhärtende Bindemittel. Dementsprechend Luft- und Wassermörtel (s. Abb. 11.2.2/4).

11.2.2.2 Sand

Alle Mörtel, die mit Zement oder Kalk hergestellt werden, enthalten Sand als Zuschlag. Sand reduziert das Schwinden und verringert die Herstellungskosten. Um eine hohe Festigkeit zu erzielen, muß er mineralischen Ursprungs und gemischtkörnig sein.
Der Anteil abschlämmbarer Bestandteile (Korndurchmesser $< 0,063$ mm) soll 4 Gew.-% nicht überschreiten. Ebenso sind Stoffe organischen Ursprungs unerwünscht.
Gut verarbeiten lassen sich i. a. Mörtel mit rundkörnigem Flußsand, sofern ein ausreichender Anteil an Feinstkorn vorhanden ist. Geeignet sind auch Grubensande ohne tonige Beimengungen. Bei Verwendung von Schlackensanden ist darauf zu achten, daß sie keine Mörtel schädigenden Bestandteile enthalten (z. B. freier Schwefel). Das Größtkorn ist abhängig von der Mauer- und Fugendicke.
Einen gut zu verarbeitenden Mauermörtel erhält man, wenn der Sand folgenden Aufbau hat:

Korngruppe	Anteil
*0–0,2 mm	10–20 %
0,2–1 mm	30–40 %
1–3 mm	40–60 %

* bezogen auf Rundlochsiebe

Für Fugmörtel wird i. a. ein gemischtkörniger Sand in einem Zuschlaggemenge 0–2,0 mm verwendet.

11.2.2.3 Mörtelzusätze (Zusatzstoffe/Zusatzmittel)

(1) Zusatzstoffe:
Zusatzstoffe sind fein aufgeteilte Zusätze, die die Mörteleigenschaften beeinflussen und im Gegensatz zu den Zusatzmitteln in größeren Mengen zugegeben werden. Sie dürfen das Erhärten des Bindemittels, die Festigkeit und die Beständigkeit des Mörtels nicht beeinträchtigen.
Farbzusätze werden i. a. nur beim Fugmörtel verwendet. Der Farbzusatz soll möglichst gering gehalten werden, da er sich nachteilig auf die Dichtigkeit und Festigkeit des Mörtels auswirkt. Gefärbter Mörtel neigt weiterhin zu Schwindrißbildung. Die meisten »zement- und kalkechten« Farbstoffe sind künstlich hergestellte Mineralstoffe (s. Abb. 11.2.2/5).
(2) Zusatzmittel:
Zusatzmittel sollen die Eigenschaften des Frisch- bzw. Festmörtels verbessern. Hierzu gehören z. B. luftporenbildende Mittel, Verflüssiger, Dichtungsmittel, Erstarrungsbeschleuniger sowie Mittel, die die Haftung zwi-

Farbe	Farbstoff
weiß	Titandioxyd, Titanweiß
gelb	Eisenoxydgelb
rot	Eisenoxydrot
blau	Kobaltblau
grün	Chromoxydgrün
braun	Eisenoxydbraun
schwarz	Eisenoxydschwarz

Abb. 11.2.2/5. Farbstoffe für Mörtel

schen Mörtel und Stein günstig beeinflussen. Zusatzmittel bedürfen eines amtlichen Prüfzeichens.

11.2.2.4 Mörtelherstellung

Zur Erzielung eines gleichmäßigen Mörtels ist die genaue Zugabe der Mörtelbestandteile sehr wichtig. Aus diesem Grunde ist für die Herstellung der Mörtelgruppen II bis IIIa die Verwendung von Waagen oder Zumeßbehälter vorgeschrieben. Im Gegensatz zur Betonherstellung ist die Zugabe nach Raumteilen erlaubt. Es wird jedoch empfohlen, eine gewichtsmäßige Dosierung vorzunehmen.

Mörtel soll grundsätzlich nur maschinell in einem Zwangs- oder Freifallmischer gemischt werden, da nur gut und ausreichend lang gemischte Mörtel sich leicht verarbeiten lassen und Fehlstellen verhindern.

Zu empfehlen ist folgender Mischgang:

Zunächst wird die Hälfte der erforderlichen Wassermenge in die Maschine gegeben. Danach die halbe Sandmenge. Nach gründlicher Durchmischung werden das Bindemittel und die restliche Sandmenge hinzugefügt. Erst nach weiterem Mischen und Steifwerden der Masse wird der Rest des Anmachwassers beigegeben. Der Mischvorgang soll noch mindestens 3 Minuten dauern, wenn die Gesamtmenge eingegeben ist. Als Gesamtmischdauer sind 4–5 Minuten empfehlenswert.

Bei der Herstellung des Mörtels ist zu beachten, daß nur soviel zubereitet wird, wie bis zum Erstarrungsbeginn verarbeitet werden kann. Ein bereits erstarrter Mörtel sollte nicht durch erneute Wasserzugabe »aufbereitet« werden, da er an Festigkeit und Dichtigkeit verliert.

Für untergeordnete Mauerbereiche ist bei kleinen Mengen eine Handmischung gestattet. Das trockene Mischgut wird umgeschaufelt, danach Wasser zugegeben und nochmals ausgiebig durchgemischt.

Faustzahlen für Gefäßgrößen:

1 Eimer   = 10 l
1 Schubkarre = 25 l

Verwendung von Meßgefäßen:

Der Kasten (s. Abb. 11.2.2/6) hat keinen Boden.
Lichte Weite $1,0 \times 1,0$ m = 1 m².

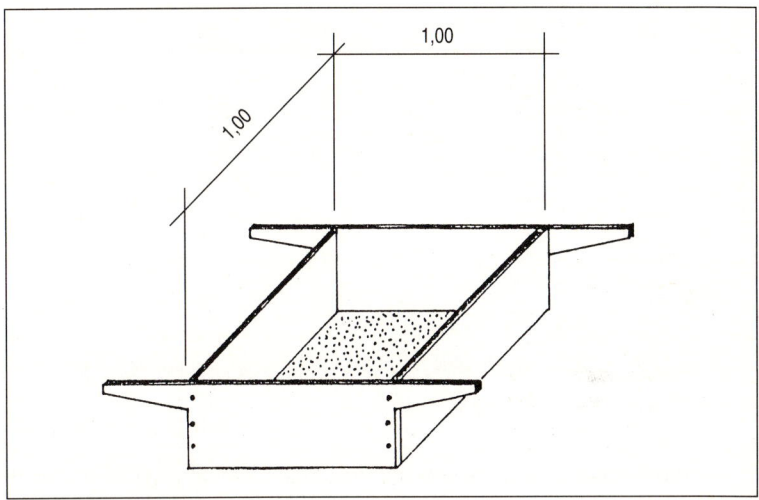

Abb. 11.2.2/6. Mischkasten

Inhalt:
je 10 cm Einfüllhöhe = 0,1 m³ = 100 l
je 1 cm Einfüllhöhe = 0,01 m³ = 10 l
Sinngemäß gilt bei anderen Gefäßen: Einfüllhöhen auf der Baustelle angeben; Mörtelkisten und Tonnen ausmessen und Baustellenkräfte genau anweisen.
Bei der Mörtelherstellung wird der erforderliche Sandanteil möglichst dem Inhalt eines Bindemittelsackes beigemessen.
Berechnung der Mengenanteile (Beispiel):
Es soll hergestellt werden Zementmörtel (Zm) 1 : 4 Rt.
1 Rt Zement = 50 kg

$$\text{Sackinhalt in l} = \frac{\text{Sackinhalt in kg}}{\text{Zementgewicht in kg/l}}$$

1,2 kg Zement = 1 l
50 : 1,2 = rd. 40 l
4 Rt Sand = 40 l × 4 = 160 l
1 l Sand = 1,3 kg
160 l × 1,3 kg = <u>208 kg</u>

Mörtelmischungsmengen:
Durch Volumenverluste verringern sich beim Mischen die trocken eingebrachten Bestandteile auf etwa 64 % der Rt.
Hinweise auf Mischungsmengen und Anwendungsbereiche geben die Abb. 11.2.2/7, 8 und 9.

Mörtel-gruppe	Mörtelart	Kurz-zeichen	Misch. verh. in Rt.	Zement	Luft- + Wasserkalk Kalk-teig	Kalk-hydrat	Hydr. Kalk	Hochhydr. Kalk Roman-kalk	Sand* (Natursand)
I	Luft- + Wasser-Kalkmörtel	Km	1 : 4	–	1	–	–	–	4
			1 : 3	–	–	1	–	–	3
	Hydr. Kalkmörtel	HKm	1 : 3	–	–	–	1	–	3
	Hochhydr. Kalkm.	HhKm	1 : 4,5	–	–	–	–	1	4,5
II	Kalkzementmörtel	Kzm	1 : 1,5 : 8	1	1,5	–	–	–	8
			1 : 2 : 8	1	–	2	–	–	8
	Hochhydr. Kalkm.	HhKm	1 : 3	–	–	–	–	1	3
IIa	Kalkzementmörtel	Kzm	1 : 1 : 6	1	–	1	–	–	6
			1 : 2 : 8	1	–	–	–	2	8
III**	Zementmörtel	Zm	1 : 4	1	–	–	–	–	4

* Sand im lagerfeuchten Zustand
** Bei Verwendung von Zusätzen darf der Zementgehalt nicht verringert werden

Abb. 11.2.2/7. Mörtelarten – Bezeichnungen und Mischungsverhältnisse

	Kurz-zeichen	MV. in RT.	Mischung enthält 1 Sack Kalkhydrat		Hydr. Kalk		Hochhydr. Kalk		Zement		Sand (Zuschlag)	
			kg	l	kg	l	kg	l	kg	l	kg	l
I	Km	1 : 3	40	80	–	–	–	–	–	–	312	240
	Hkm	1 : 3	–	–	50	65	–	–	–	–	254	195
	Hhkm	1 : 4,5	–	–	–	–	50	50	–	–	293	225
II	Kzm	1 : 2 : 8	40	80	–	–	–	–	50	40	416	320
	Hhkm	1 : 3	–	–	–	–	50	50	–	–	195	150
IIa	Kzm	1 : 1 : 6	20	40	–	–	–	–	50	40	312	240
	Kzm	1 : 2 : 8	–	–	–	–	80	80	50	40	416	320
III	Zm	1 : 4	–	–	–	–	–	–	50	40	208	160

Abb. 11.2.2/8. Mörtelmischungen, Anteile und Gemengemengen je 1 Sack Bindemittel

Verwendungsart	Mörtelgruppe	vorgeschriebene Druckfestigkeit [N/mm²]		Bemerkung
		Einzelwert	Mittelwert	
Mauermörtel	I	keine	keine	–
	II	≥ 2,0	≥ 2,5	–
	II a	≥ 4,0	≥ 5,0	3
	III	≥ 8,0	≥ 10,0	für bewehrtes Mauerwerk

Abb. 11.2.2/9. Anwendungsbereiche der Mörtelgruppen (Auszug)

11.2.2.5 Werkmörtel

Werkmörtel ist ein von einem Mörtelwerk gemischter Fertigmörtel, der in 3 verschiedenen Arten angeliefert wird.

(1) Naßmörtel (Vormörtel):

Beim Naßmörtel handelt es sich um eine Mischung aus Sand und nicht hydraulisch erhärtenden Bindemitteln (Kalk nach DIN 1060). Er entspricht der MG I. Zur Verarbeitung wird diesem Gemisch auf der Baustelle Wasser zugegeben, bis die erforderliche Konsistenz erreicht ist. Wird Naßmörtel nicht als MG I verwendet, so wird auch nachträgliches Untermischen von Zement die MG II bzw. IIa erreicht. Die erforderliche Bindemittelart und -menge ist auf dem Lieferschein der Vormörtellieferung angegeben.

Zuschläge und Zusätze dürfen auf der Baustelle nicht mehr zugegeben werden, da diese bei der Eignungsprüfung im Herstellerwerk nicht erfaßt wurden.

Naßmörtel ist im angelieferten Zustand längere Zeit lagerfähig, sofern er gegen Schlagregen und starke Sonneneinstrahlung geschützt wird. Er läßt sich auch ohne Zugabe von Zusatzmitteln gut verarbeiten und ist auf der Baustelle gut zu dosieren.

(2) Trockenmörtel:

Der Trockenmörtel ist ein Gemisch von ofentrockenen Zuschlägen mit Bindemitteln und evtl. Zusätzen. Die Mischung ist auf Grund einer Eignungsprüfung zusammengestellt. Vor der Verarbeitung muß dem Mörtel Wasser, entsprechend der Angabe des Herstellers, zugegeben werden. Der Mörtel wird als Sackware gehandelt oder als lose Ware in Säcken geliefert.

Trockenmörtel lassen sich problemlos einfärben und sind auch für spezielle Aufgaben herstellbar. So gibt es z.B. einen Sondermörtel für Verblendmauerwerk (Vormauermörtel), der das Mauern und Fugen in einem Arbeitsgang möglich macht.

Untersagt ist eine nachträgliche Zugabe von Zuschlägen oder Zusätzen, da dadurch das durch die Eignungsprüfung vorgegebene Rezept verfälscht wird.

(3) Kellenfertiger Mörtel:

Der kellenfertige Mörtel wird sofort verwendbar auf die Baustelle geliefert. Er wird im Werk so zusammengestellt und mit entsprechenden Zusatzmit-

teln gemischt, daß er im Mörtelgefäß des Maurers über ca. 36 Stunden (2 Arbeitsschichten) verarbeitungsfähig bleibt.
Der besondere Mischungsaufbau bewirkt, daß der verzögerte Erstarrungsbeginn nur bei der Lagerung im Mörtelfaß wirksam ist. Der in der Fuge verarbeitete Mörtel erstarrt und erhärtet auf Grund seines veränderten Wasserhaushaltes wie jeder andere Mörtel. Kellenfertiger Mörtel wird in allen 4 Festigkeitsgruppen als Mauermörtel geliefert. Als Vormauermörtel im Verblendmauerwerk ist er nicht geeignet.

11.2.3 Mauerkonstruktionen

Bei den Mauerkonstruktionen unterscheidet man ein- und zweischaliges (mehrschaliges) Mauerwerk.

11.2.3.1 Einschaliges Mauerwerk

Beim einschaligen Mauerwerk werden die in der Sichtfläche liegenden Verblender im regelrechten Verband mit den Mauersteinen des inneren Mauerbereichs vermauert. In diesem Fall übernimmt der gesamte Mauerquerschnitt die Abtragung der Lasten. Die Dicke der freistehenden Mauer ist i. w. von der seitlichen Beanspruchung (Wind) und den Vertikallasten abhängig. Bleibt die Wand unverputzt, so sind Vormauersteine oder Klinker zu verwenden. Soll eine hohe Widerstandsfähigkeit gegen Schlagregen erzielt werden, so reicht ein 24 cm dickes Mauerwerk nicht aus. Als Mindestdicke sind 30 cm vorzusehen. Bei Verwendung von Hintermauerungsziegeln im Wandinnern ist darauf zu achten, daß beide Steinarten gleiches spezifisches Wasseransaugvermögen, gleiche Kapillarleitfähigkeit und Festigkeit haben. Als regelrechte Mauerverbände bieten sich der Block- und Kreuzverband an.

11.2.3.2 Zweischaliges Mauerwerk (mehrschaliges Mauerwerk)

Beim zweischaligen Mauerwerk mit Putzschicht steht die äußere Verblendschale unmittelbar vor der tragenden Wandkonstruktion. Zwischen beiden Wandschalen soll eine satte Vermörtelung verhindern, daß bei Schlagregen aufgenommene Regenfeuchtigkeit in die innere Wandschale eindringt. Diese Schalenfuge soll 2 cm dick sein und ist beim Hochmauern schichtweise zu vergießen. Das Durchstecken von Bindersteinen ist unzweckmäßig, da hierdurch die Mörtelscheibe zwischen Innen- und Außenschale unterbrochen wird und Feuchtigkeit in die Hintermauerung dringen kann. Es ist jedoch gemäß DIN 1053 erforderlich, die unbelastete Verblendschale mit mindestens 5 Drahtankern pro Quadratmeter aus nichtrostendem Stahl nach DIN 17440 – Durchmesser 3 mm – zu verankern.

11.2.3.3 Rohbaurichtmaße

Die Rohbau-Richtmaße sind in der DIN 4172 »Maßordnung im Hochbau« festgelegt. Die Maße sind auf die Einheiten »Meter« (m) und »Achtelmeter« (am) ausgerichtet, so daß 1 am = 12,5 cm entspricht.
Die Abmessungen der Mauersteine sind so gewählt, daß sie in Verbindung mit der Mauerfuge sich dieser Maßordnung anpassen. Die waagerecht liegenden Fugen werden Lagerfugen, die senkrecht stehenden Stoßfugen genannt. Man

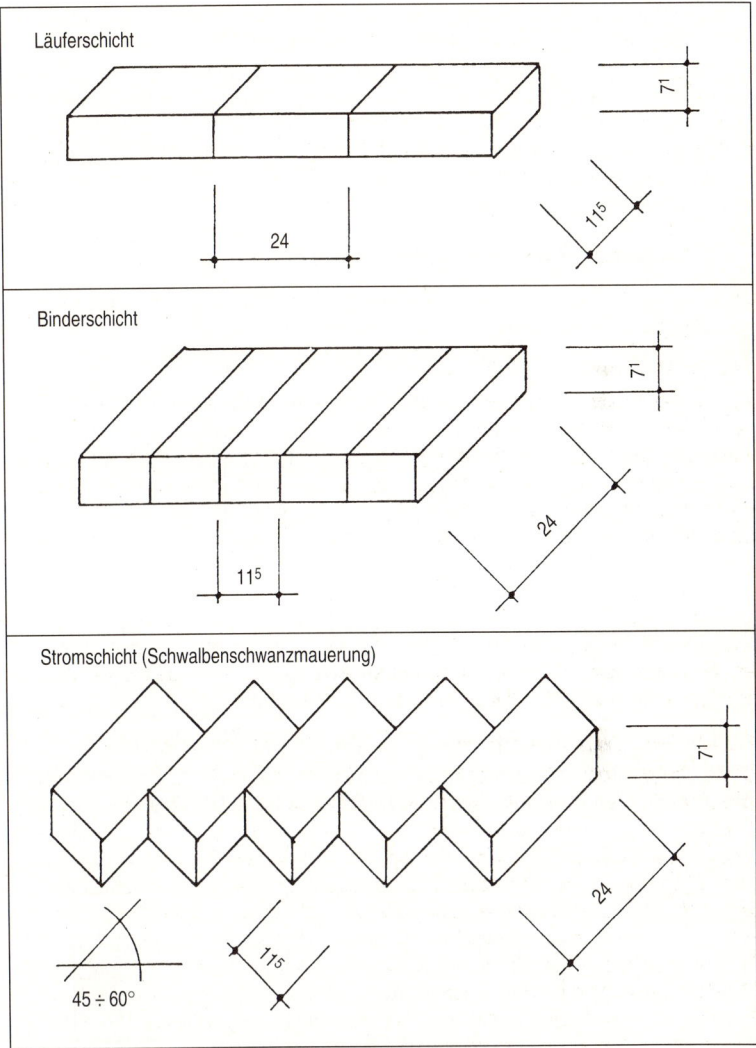

Läuferschicht

Binderschicht

Stromschicht (Schwalbenschwanzmauerung)

Abb. 11.2.3/1a. Schichtbezeichnungen für Mauerwerk – liegende Steine

rechnet für Lagefugen i. d. R. 12 mm, für Stoßfugen 10 mm Dicke. Schichtbezeichnungen siehe Abb. 11.2.3/1a bis c.

Die Ziegellänge ist so gewählt, daß Steinlänge und Fuge dem Baurichtmaß entsprechen:

24 cm + 1 cm = 25 cm

Steinlänge + Fuge = Baurichtmaß

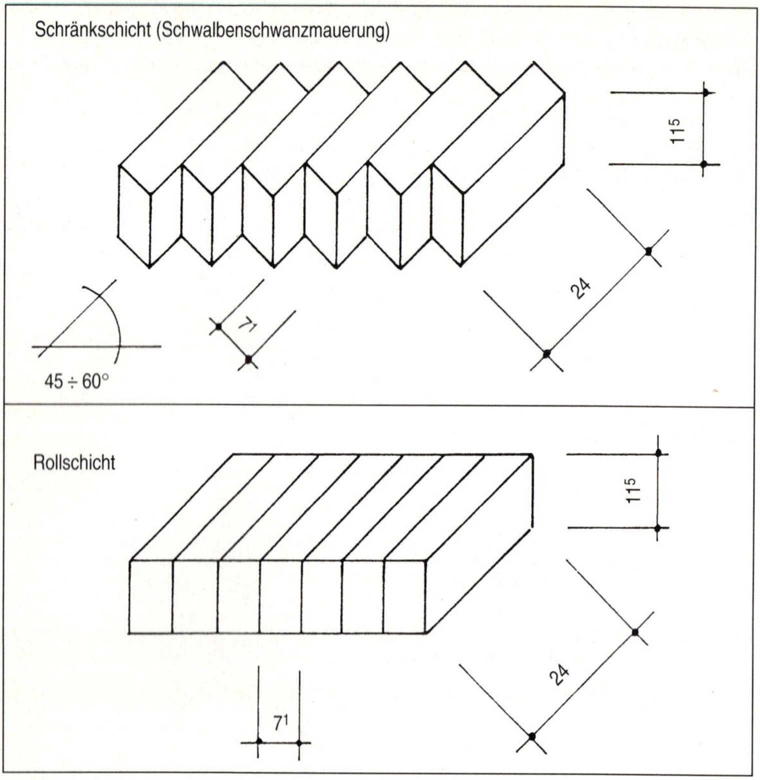

Schränkschicht (Schwalbenschwanzmauerung)

45 ÷ 60°

115

24

7¹

Rollschicht

115

24

7¹

Abb. 11.2.3/1b. Schichtbezeichnungen für Mauerwerk – hochkant gestellte Steine

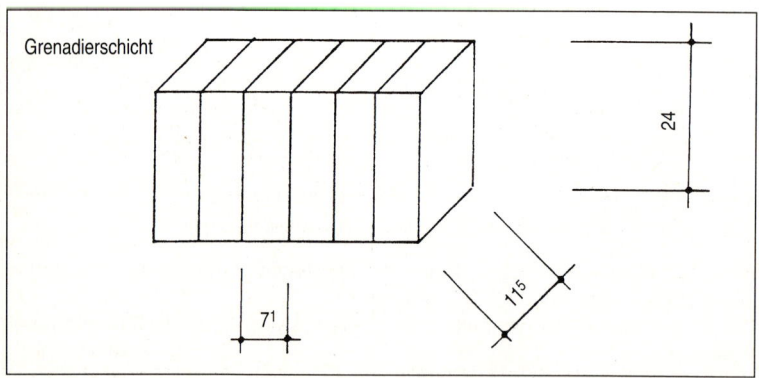

Grenadierschicht

24

115

7¹

Abb. 11.2.3/1c. Schichtbezeichnungen für Mauerwerk – stehende Steine

Die Ziegelbreite berücksichtigt das Mauern mit wechselnden Läufer- und Binderschichten im Blockverband, Kreuzverband oder in den Zierverbänden. Sie ist daher so gewählt, daß zwei Steinbreiten und eine Stoßfuge der Steinlänge entsprechen:
(24 cm − 1 cm) : 2 = 11,5 cm.
Sonderbreiten von 17,5 cm, 24 cm oder 30 cm sind ebenfalls erhältlich und für entsprechende Mauerstärken gedacht. Vorzugsmaße siehe Abb. 11.2.3/2.

| Benennung | Kennzeichnung | Maße [mm] | | | Bemerkungen |
		Länge	Breite	Höhe	
Dünnformat	DF	240	115	52	−
Normalformat	NF	240	115	71	−
1$^1/_2$ Normalformat	1$^1/_2$ NF	240	115	113	= 2 DF
2$^1/_4$ Normalformat	2$^1/_4$ NF	240	175	113	= 3 DF

Abb. 11.2.3/2. Vorzugsmaße für Steine

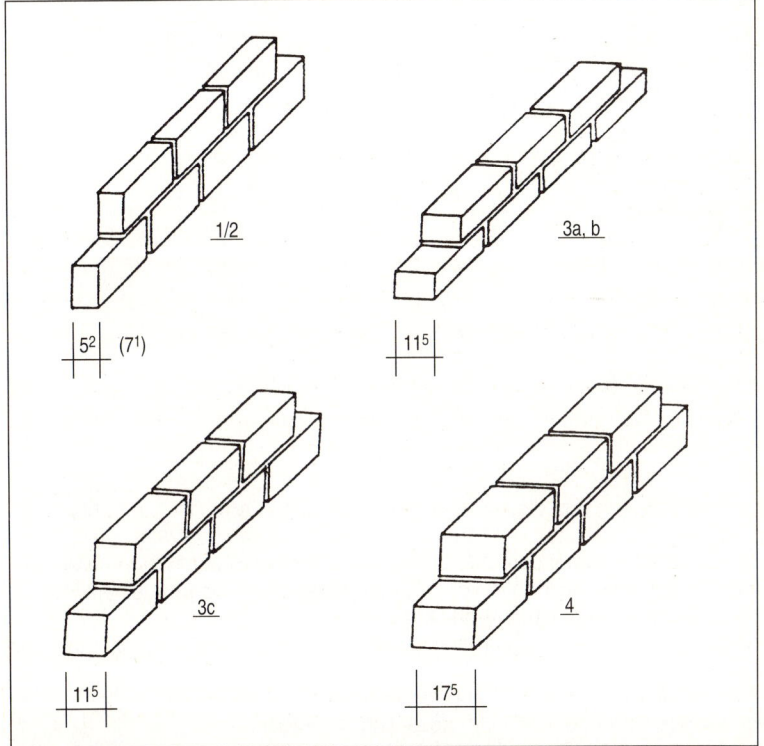

Abb. 11.2.3/3a. Mauerdicken aus Vorzugsmaßen – Mauerdicke 5,1 bis 17,5 cm –

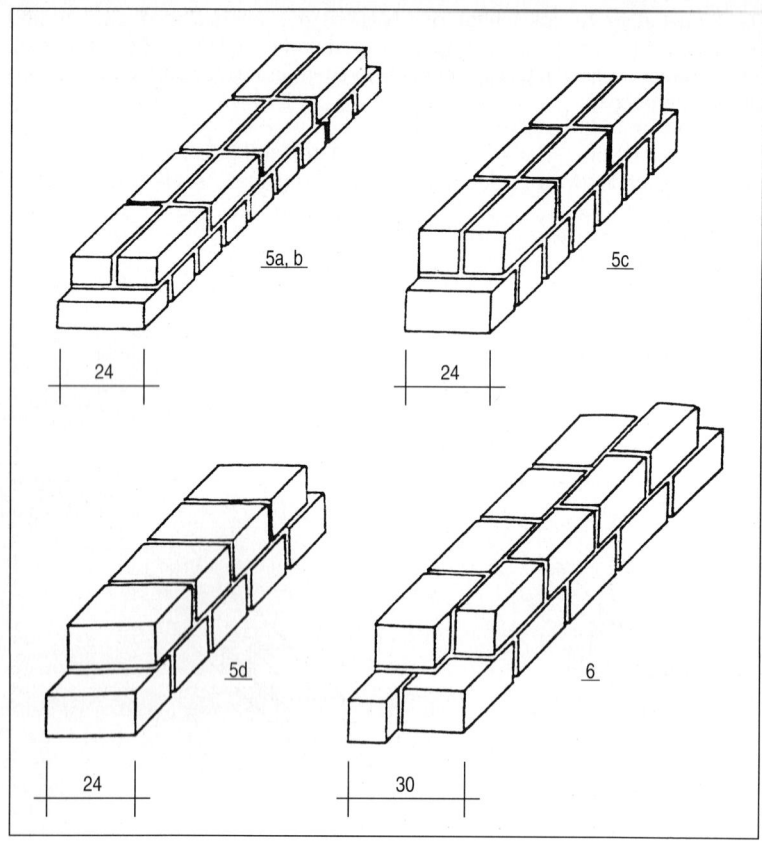

Abb. 11.2.3/3b. Mauerndicken aus Vorzugsmaßen – Mauerdicke 24 und 30 cm

Die Mauerdicken aus diesen Vorzugsmaßen zeigen Abb. 11.2.3/3a bis c und 11.2.3/4.

Die Ziegelhöhe ist bei den unterschiedlichen Formaten auf 1,00 m ausgerichtet. Nur bei einer Steinhöhe von 17,5 cm ist ein Ausgleich mit einem 5,2 cm hohen Stein erforderlich (s. Abb. 11.2.3/5).

Neben dem Baurichtmaß unterscheidet man Rohbaumaße, Nennmaße und Ausbaumaße:

Rohbaumaße beziehen sich auf den Rohbau (z. B. Mauerwerksmaße).

Nennmaße sind Baurichtmaße, abzüglich der Fugen.

Ausbaumaße sind für den fertigen Bau gedacht (Stellflächenmaße etc.).

Die Beziehungen zwischen Baurichtmaß und Nennmaß zeigt Abb. 11.2.3/6.

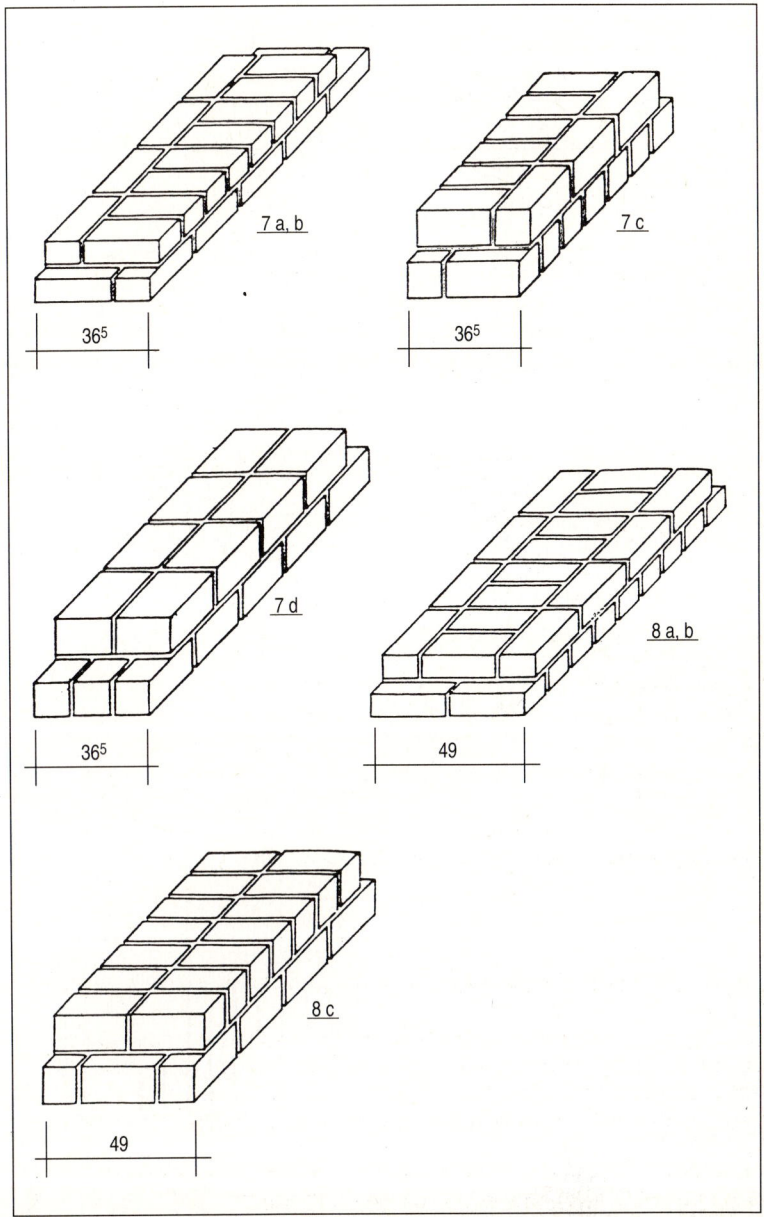

Abb. 11.2.3/3c. Mauerndicken aus Vorzugsmaßen – Mauerdicke 36,5 und 49 cm

Abb.	Mauerdicke [cm]	Steinformat	Steingröße [mm]
1	5,2	1 DF	240 x 115 x 52
2	7,1	1 NF	240 x 115 x 71
3a	11,5	1 DF	240 x 115 x 52
3b		1 NF	240 x 115 x 71
3c		2 DF = $1^1/_2$ NF	240 x 115 x 113
4	17,5	3 DF = $2^1/_4$ NF	240 x 175 x 113
5a	24,0	1 DF	240 x 115 x 52
5b		1 NF	240 x 115 x 71
5c		2 DF = $1^1/_2$ NF	240 x 115 x 113
5d		3 DF = $2^1/_4$ NF	240 x 175 x 113
6	30,0	+ $\begin{array}{l} 2\text{ DF} = 1^1/_2\text{ NF} \\ 3\text{ DF} = 2^1/_4\text{ NF} \end{array}$ +	240 x 115 x 113 240 x 175 x 113
7a	36,5	1 DF	240 x 115 x 52
7b		1 NF	240 x 115 x 71
7c		2 DF = $1^1/_2$ NF	240 x 115 x 113
7d		+ $\begin{array}{l} 2\text{ DF} = 1^1/_2 \\ 3\text{ DF} = 2^1/_4\text{ NF} \end{array}$ +	240 x 115 x 113 240 x 175 x 113
8a	49,0	1 DF	240 x 115 x 52
8b		1 NF	240 x 115 x 71
8c		2 DF = $1^1/_2$ NF	240 x 115 x 113

Abb. 11.2.3/4.   Mauerdicken bei Vorzugsmaßen

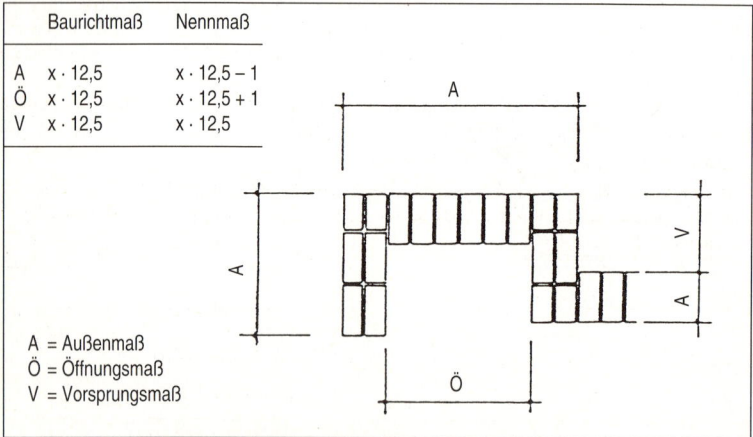

	Baurichtmaß	Nennmaß
A	x · 12,5	x · 12,5 – 1
Ö	x · 12,5	x · 12,5 + 1
V	x · 12,5	x · 12,5

A = Außenmaß
Ö = Öffnungsmaß
V = Vorsprungsmaß

Abb. 11.2.3/6.   Beziehungen zwischen Baurichtmaß und Nennmaß

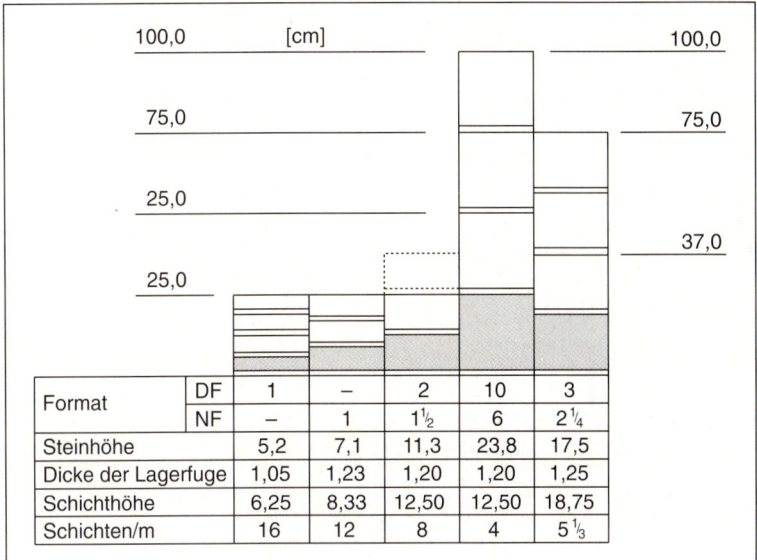

Format		DF	1	–	2	10	3
		NF	–	1	1½	6	2¼
Steinhöhe			5,2	7,1	11,3	23,8	17,5
Dicke der Lagerfuge			1,05	1,23	1,20	1,20	1,25
Schichthöhe			6,25	8,33	12,50	12,50	18,75
Schichten/m			16	12	8	4	5⅓

Abb. 11.2.3/5. Stein- und Schichthöhen

11.2.3.4 Mauerverbände, -köpfe und -versätze

Um sicherzustellen, daß Lasten und Kräfte gleichmäßig verteilt werden, müssen Mauern in einem bestimmten Steinverband erstellt werden, d. h. die einzelnen Steine müssen regelgebunden aneinandergereiht und senkrecht geschichtet werden. Dabei müssen alle Steine auf waagerecht durchlaufenden Fugen fluchtgerecht liegen. Die Stoßfugen übereinander liegender Steine müssen um das Maß ü = 0,4 h größer gleich 4,5 cm gegeneinander versetzt sein (s. Abb. 11.2.3/7).

l. a. werden die Stoßfugen je nach Verbandsart um 1 bis 1/2 Steinbreite überdeckt. Man erreicht dies mit Dreiviertelsteinen oder Viertelsteinen bei der Ausführung des Mauerkopfes.

Die Steine einer Schicht sollen gleiche Höhe haben. Liegen mehrere Läuferschichten nebeneinander, so darf die Steinhöhe nicht größer als die Steinbreite sein.

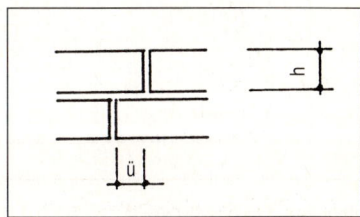

Abb. 11.2.3/7. Anordnung von Stoßfugen

Die Lager- und Stoßfugen sind mit Mörtel voll zu schließen, damit die Steine satt aufliegen und Unebenheiten ausgeglichen werden.

(1) Mauerverbände:

Für das tragende, aufgehende Mauerwerk (Hintermauerung) werden in der Praxis i. a. 4 Verbände ausgeführt, die den Verbandregeln entsprechen und Druckspannungen entsprechend DIN 1053 verteilen. Es sind dies der Läufer-, Binder-, Block- und Kreuzverband.

Läuferverband:

Im Läuferverband (s. Abb. 11.2.3/8) bestehen alle Schichten aus Läufern, die jeweils um 1/2 bis 1/4 Steinlänge gegeneinander versetzt sind. Der Verband eignet sich für Wanddicken, bei denen die Steinbreite der Wanddicke entspricht.

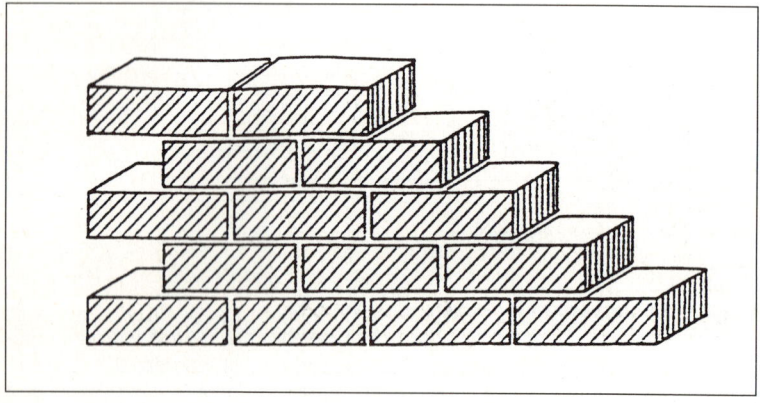

Abb. 11.2.3/8. Läuferverband

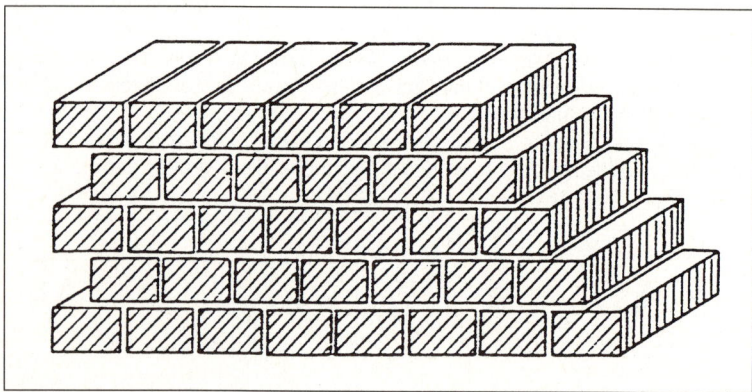

Abb. 11.2.3/9. Binderverband

Binderverband:
Im Binderverband (s. Abb. 11.2.3/9) bestehen alle Schichten aus Bindern, die jeweils um 1/2 Steinbreite gegeneinander versetzt sind. Der Verband ist geeignet, wenn die Steinlänge mit der Wanddicke übereinstimmt.
Blockverband:
Im Blockverband (s. Abb. 11.2.3/10) wechseln Binder- und Läuferschichten regelmäßig. Die Stoßfugen der Läuferschichten liegen senkrecht übereinander.
Kreuzverband:
Im Kreuzverband (s. Abb. 11.2.3/11) wechseln Binder- und Läuferschichten ebenfalls regelmäßig. Die Stoßfugen jeder zweiten Läuferschicht sind aber um eine halbe Steinlänge versetzt.

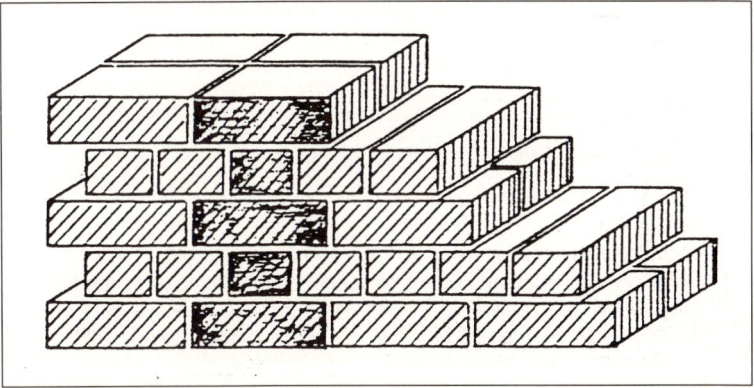

Abb. 11.2.3/10. Blockverband

Abb. 11.2.3/11. Kreuzverband

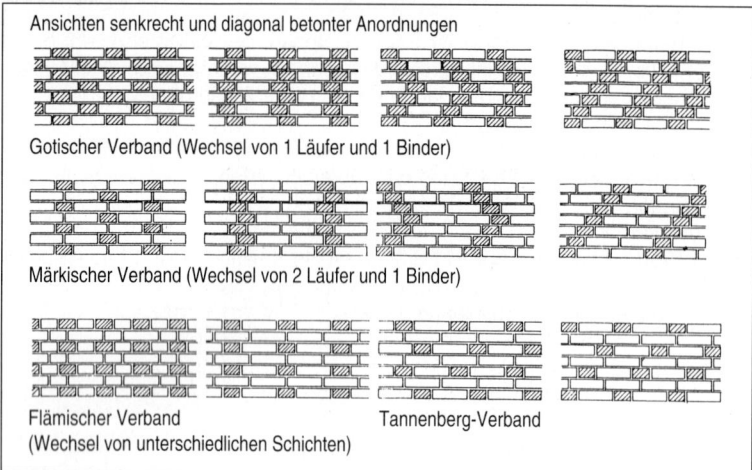

Ansichten senkrecht und diagonal betonter Anordnungen

Gotischer Verband (Wechsel von 1 Läufer und 1 Binder)

Märkischer Verband (Wechsel von 2 Läufer und 1 Binder)

Flämischer Verband   Tannenberg-Verband
(Wechsel von unterschiedlichen Schichten)

Abb. 11.2.3/12. Zierverbände

Zierverbände:
Für das Verblendmauerwerk sind Zierverbände (s. Abb. 11.2.3/12) zugelassen, die vom äußeren Fugenbild ausgehen und keine tragende Funktion
haben. Sie werden entweder mit einzelnen Bindern in dem dahinter liegenden Mauerkern eingebunden oder als zweischaliges Mauerwerk ausgeführt. In diesem Fall bietet sich ein Läuferverband an.

(2) Endverbände:
Bei der Ausbildung von Endverbänden für Mauerköpfe, Ecken,
Anschlüsse etc. sind folgende Grundsätze zu beachten:
Mauerköpfe und Vorsprünge:
Sie lassen sich unter Zuhilfenahme von Dreiviertel- und/oder Viertelsteinen
ausbilden. So läßt sich bei einem Mauerwerk von b = 36,5 cm z.B. der
Dreiviertelstein in der Läuferschicht durch einen Viertelstein in der Binder-
schicht ersetzen. Der Viertelstein darf aber nicht am Mauerkopf liegen. Es
muß mindestens ein halber Stein vorgeschaltet werden.
Mauerkreuzungen:
Bei Mauerkreuzungen sind die sich kreuzenden Wände so anzulegen, daß
sie in gleicher Fugenhöhe unterschiedlich geschichtet sind. (Liegt in der
Mauer-1- eine Binderschicht, so hat die Mauer-2- eine Läuferschicht.) An
den Kreuzungspunkten wird die Läuferschicht durchgelegt, (evtl. unter
Zuhilfenahme von Teilsteinen), während die Binderschicht gegen die Läuferschicht gestoßen wird.
In den nach Abb. 11.2.3/13–19 aufgeführten Beispielen werden einige
Möglichkeiten aufgezeigt. Diese lassen sich durch viele Varianten ergänzen, zumal bei Mauerenden das Fugenbild die Art der Ausführung
bestimmt.

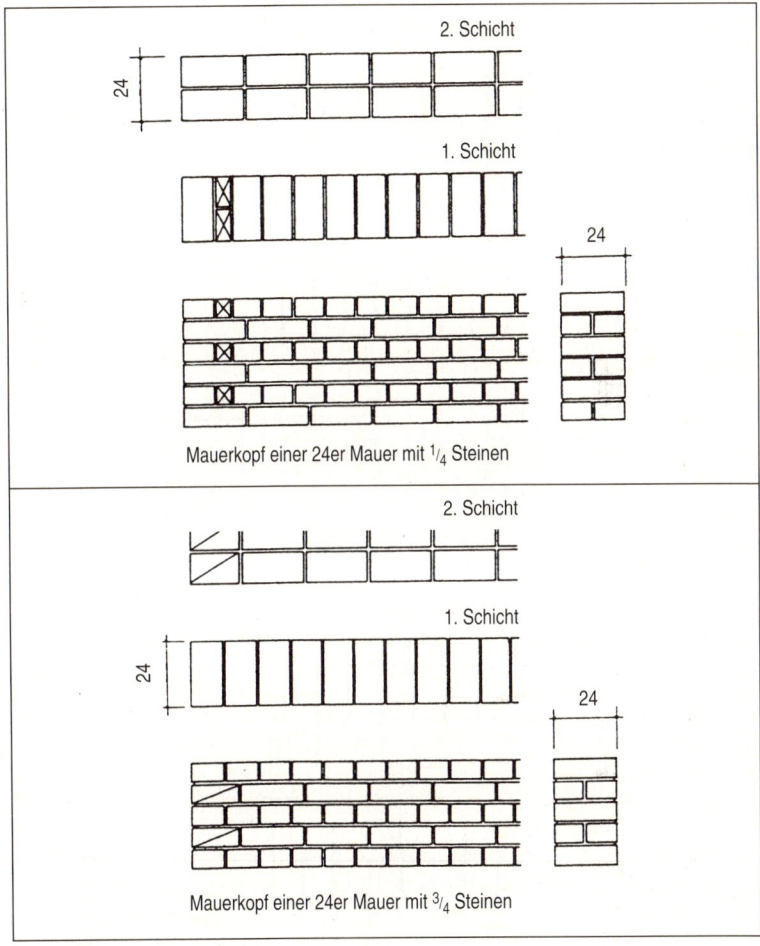

2. Schicht

24

1. Schicht

24

Mauerkopf einer 24er Mauer mit $^{1}/_{4}$ Steinen

2. Schicht

1. Schicht

24

24

Mauerkopf einer 24er Mauer mit $^{3}/_{4}$ Steinen

Abb. 11.2.3/13. Ausführungsvorschläge eines Mauerkopfs einer 24er Mauer mit 1/4 Steinen oder mit 3/4 Steinen

11.2.3.5 Bögen

Bögen und Stürze sind Bauelemente, die zum Überdecken von Maueröffnungen verwendet werden.
Die Bogenform ist so gewählt, daß sich im Mauerwerk senkrecht zur Steinrichtung nur Druckkräfte einstellen. Dies setzt voraus, daß seitlich ein entsprechend schweres und standfestes Mauerwerk als Widerlager vorhanden ist (s. Abb. 11.2.3/20).

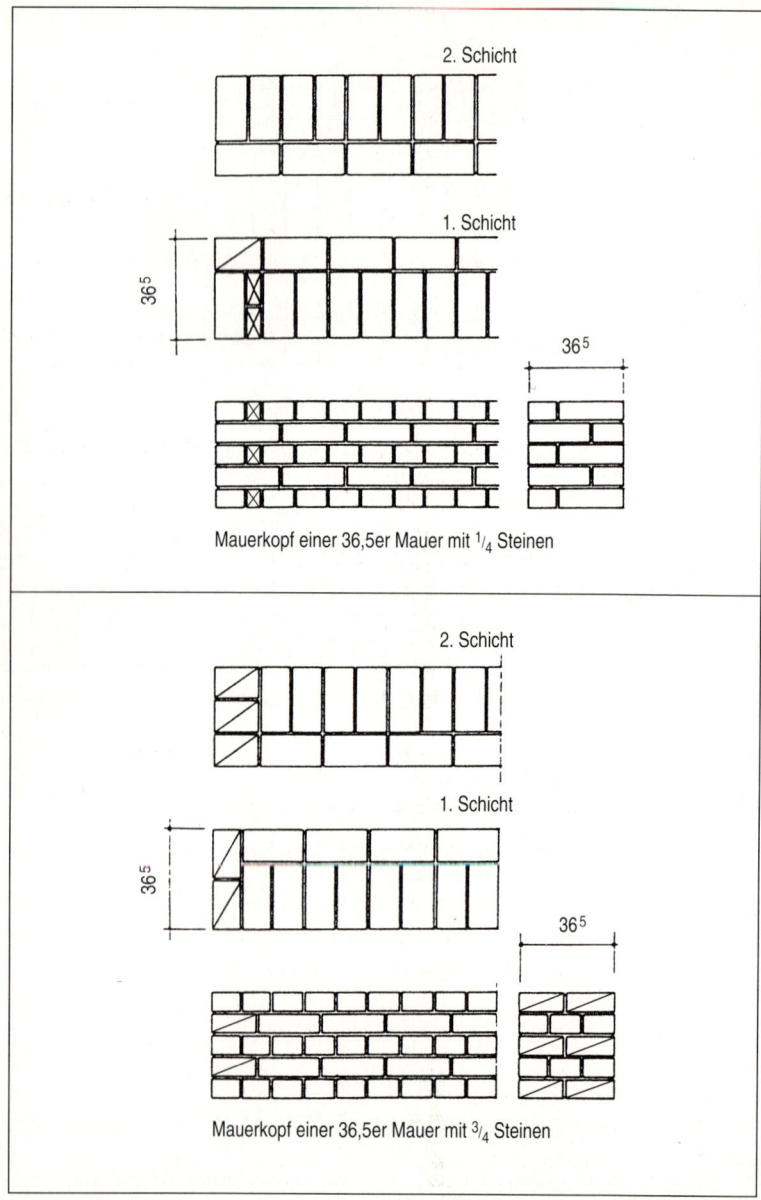

2. Schicht

1. Schicht

36^5

36^5

Mauerkopf einer 36,5er Mauer mit $1/4$ Steinen

2. Schicht

1. Schicht

36^5

36^5

Mauerkopf einer 36,5er Mauer mit $3/4$ Steinen

Abb. 11.2.3/14. Ausführungsvorschläge eines Mauerkopfs einer 36,5er Mauer mit 1/4 Steinen oder mit 3/4 Steinen

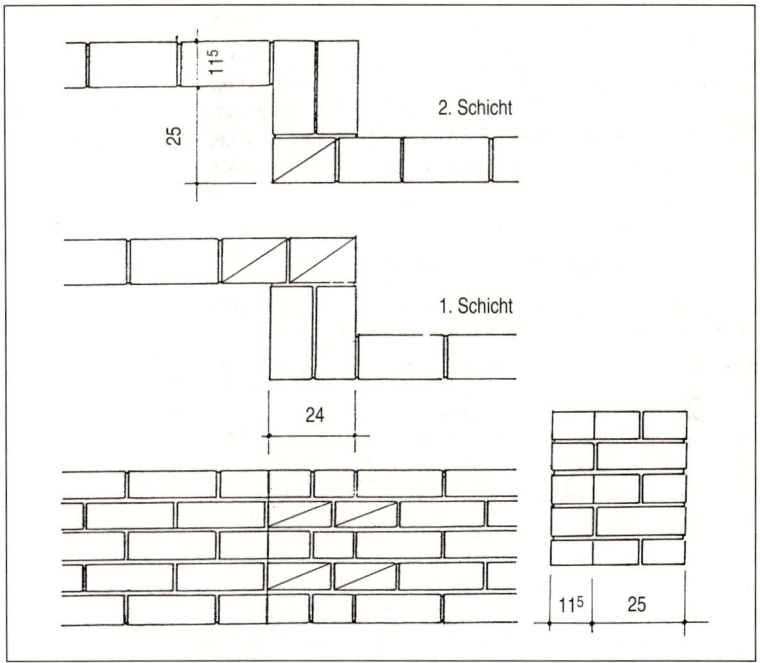

Abb. 11.2.3/15.   Ausführungsvorschlag eines Mauerversatzes

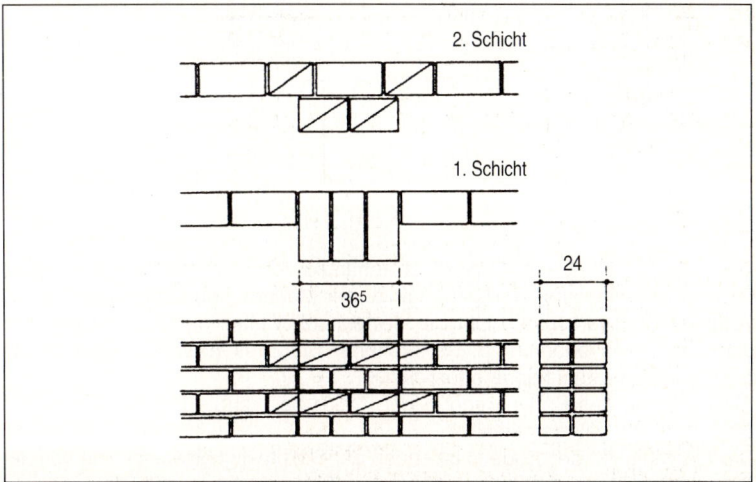

Abb. 11.2.3/16.   Ausführungsvorschlag einer Mauervorlage

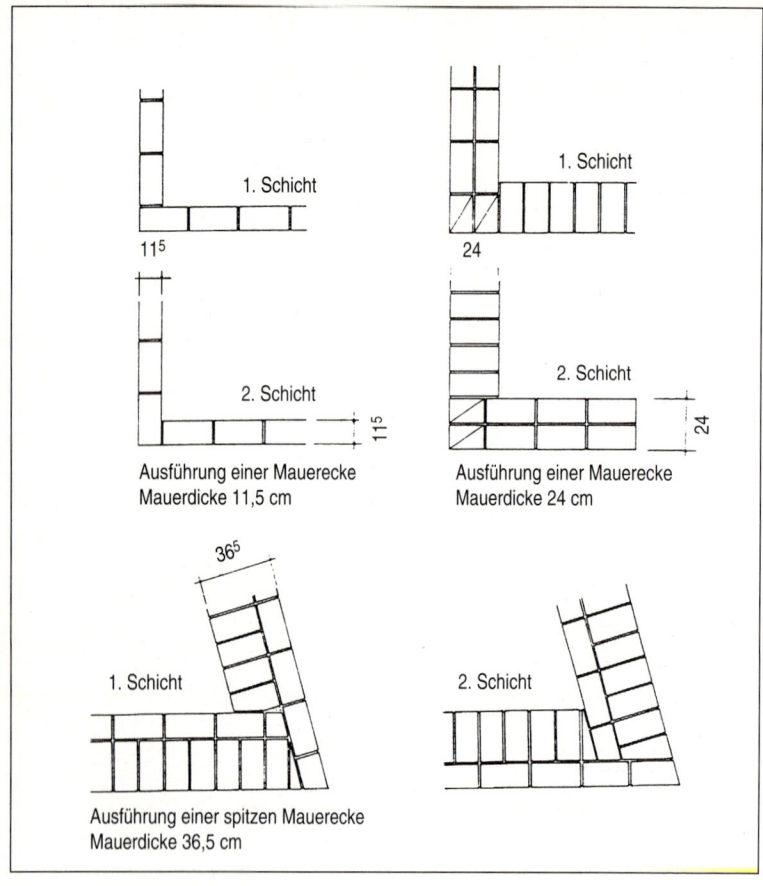

1. Schicht

11⁵

2. Schicht

115

Ausführung einer Mauerecke
Mauerdicke 11,5 cm

1. Schicht

24

2. Schicht

24

Ausführung einer Mauerecke
Mauerdicke 24 cm

36⁵

1. Schicht

2. Schicht

Ausführung einer spitzen Mauerecke
Mauerdicke 36,5 cm

Abb. 11.2.3/17. Ausführungsvorschläge rechtwinkliger und spitzer Mauerecken

Der seitliche Schub am Auflager ist abhängig von der gewählten Stichhöhe. Diese sollte mindestens 1/10 der Länge der Maueröffnung betragen. Die DIN 1053 – Mauerwerksbau – läßt bei kleinen Stützweiten die Berechnung nach dem Stützlinienverfahren zu. Bei größeren Stützweiten ist eine Berechnung nach der Elastizitätstheorie erforderlich.

Die Elemente des Bogens und in der Praxis bevorzugte Bogenarten sind in Abb. 11.2.3/21–23 dargestellt.

Die Tragfähigkeit des Bogens ist neben der Steinfestigkeit wesentlich von der Beschaffenheit der Mörtelfuge abhängig. Es muß daher vollfugig gemauert werden. Weiterhin sind die in der DIN 1053 festgelegten Grenzwerte der

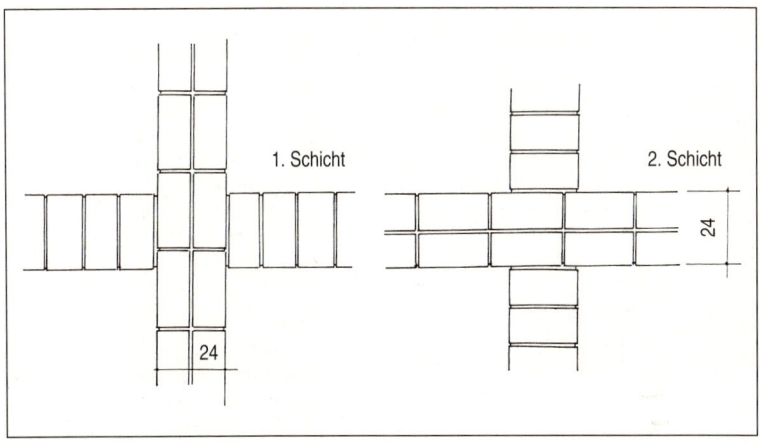

Abb. 11.2.3/18. Ausführungsvorschlag einer Mauerkreuzung

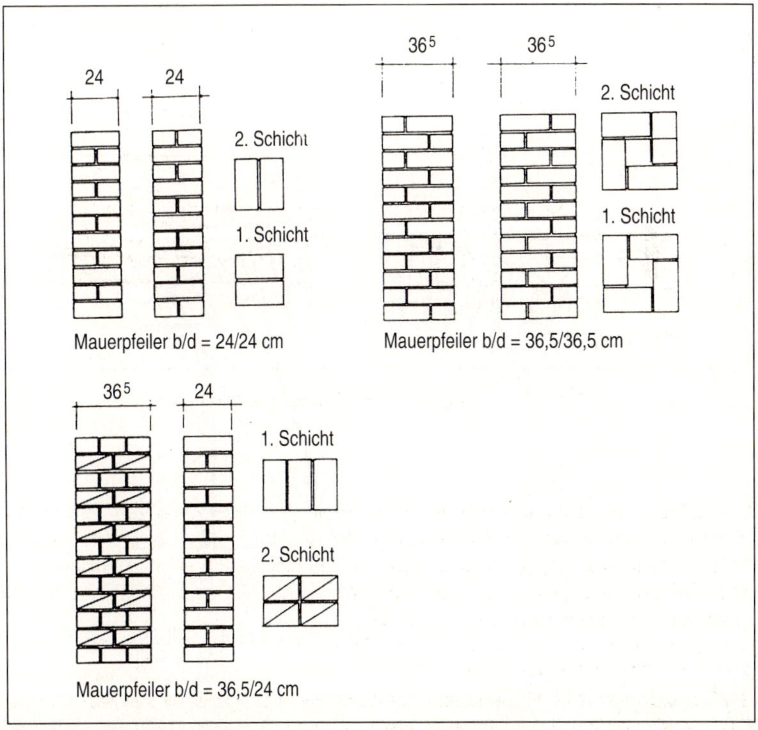

Mauerpfeiler b/d = 24/24 cm

Mauerpfeiler b/d = 36,5/36,5 cm

Mauerpfeiler b/d = 36,5/24 cm

Abb. 11.2.3/19. Pfeilerverbände

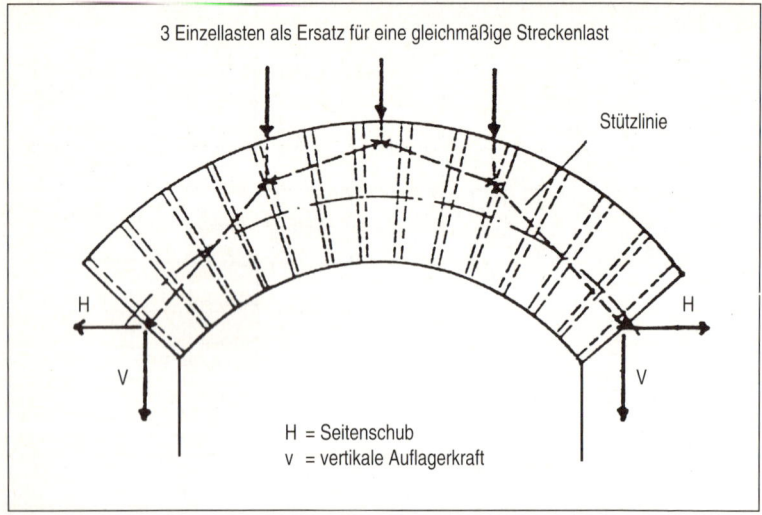

Abb. 11.2.3/20. *Aufnahme des Bogenschubs durch seitliche Widerlager*

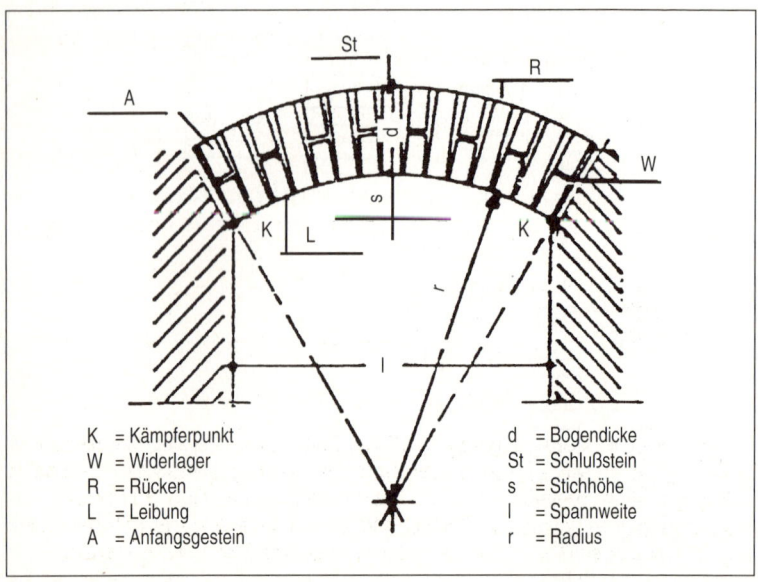

Abb. 11.2.3/21. *Elemente des Bogens*

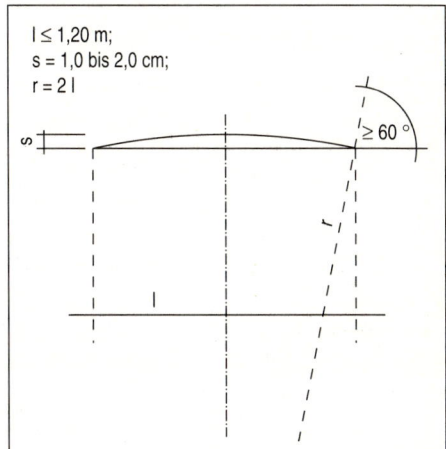

*Abb. 11.2.3/22a. In der Praxis
bevorzugte Bogenarten –
Scheitrechter Bogen*

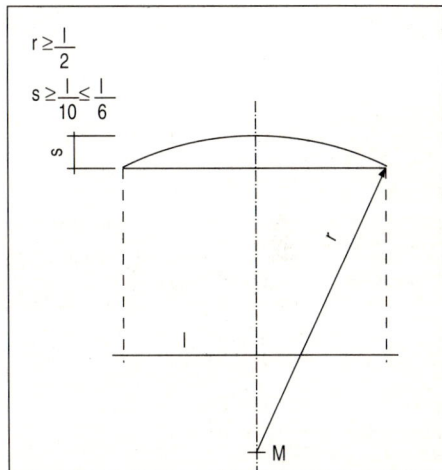

*Abb. 11.2.3/22c. In der Praxis
bevorzugte Bogenarten –
Segmentbogen*

Fugendicke einzuhalten. Danach muß die Fuge an der Bogeninnenseite (Leibung) mindestens 0,5 cm dick sein und darf die Fugendicke an der Bogenaußenseite (Rücken) nicht mehr als 2,0 cm betragen (s. Abb. 11.2.3/24).
Die Abhängigkeit zwischen Radius und Stoßfugenbreiten am Bogenrücken und an der Bogenleibung läßt sich durch folgende Gleichung erfassen:

$$\min r = \frac{h \times (b + 0,5)}{1,5} \text{ (Maße in cm).}$$

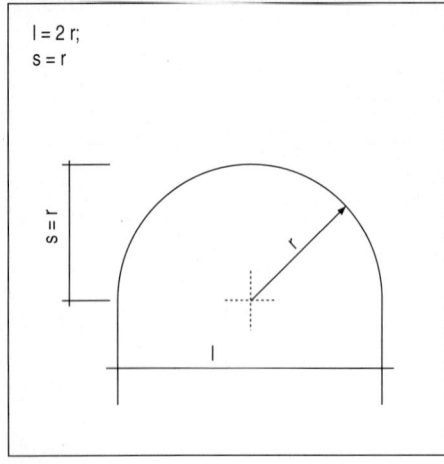

Abb. 11.2.3/22d. In der Praxis bevorzugte Bogenarten – Rundbogen

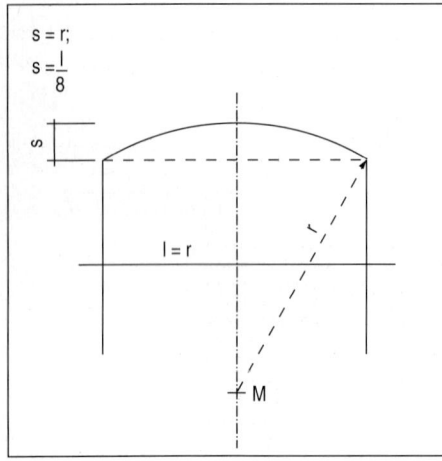

Abb. 11.2.3/22b. In der Praxis bevorzugte Bogenarten – Schichtbogen

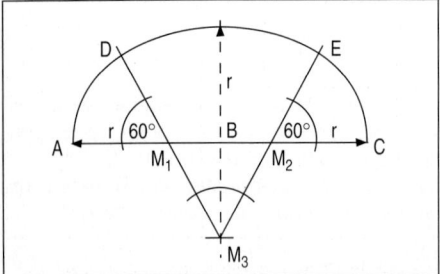

Abb. 11.2.3/22e. In der Praxis bevorzugte Bogenarten – Korbbogen

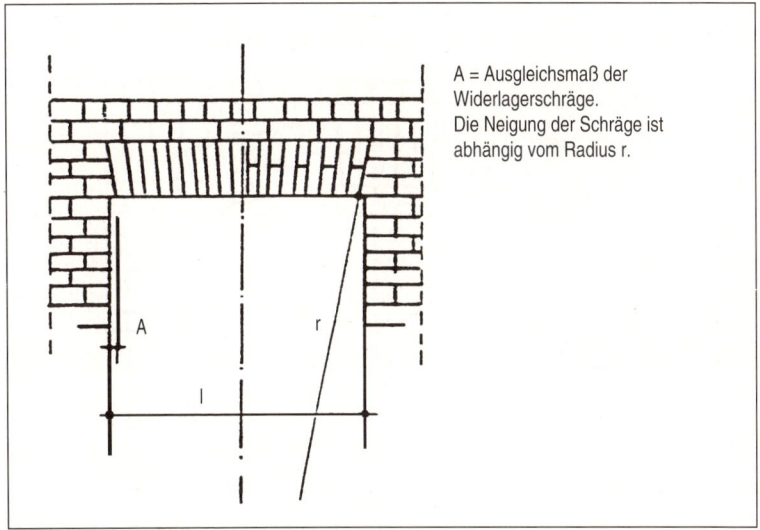

A = Ausgleichsmaß der
Widerlagerschräge.
Die Neigung der Schräge ist
abhängig vom Radius r.

Abb. 11.2.3/23a. Weitere Bogenarten – Scheitrechter Bogen mit ausgekragtem Kämpfer

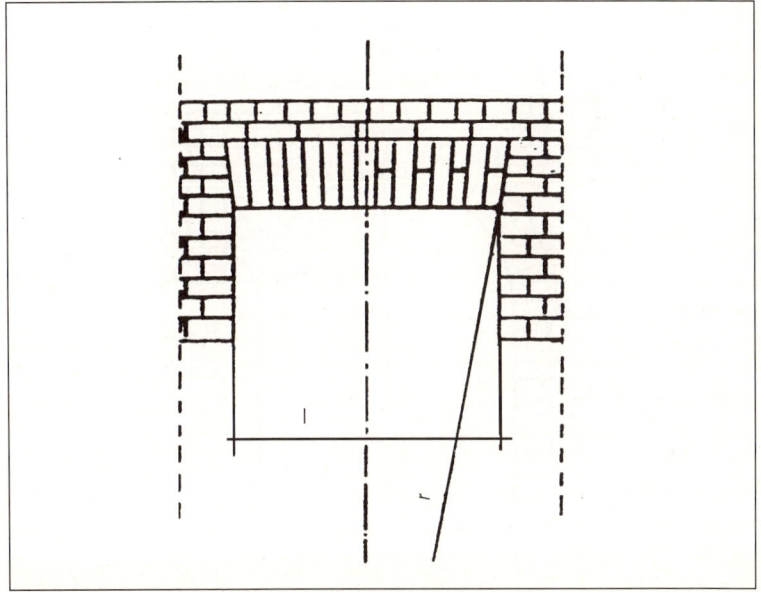

Abb. 11.2.3/23b. Weitere Bogenarten – Scheitrechter Bogen mitt angeschlagenem Kämpfer

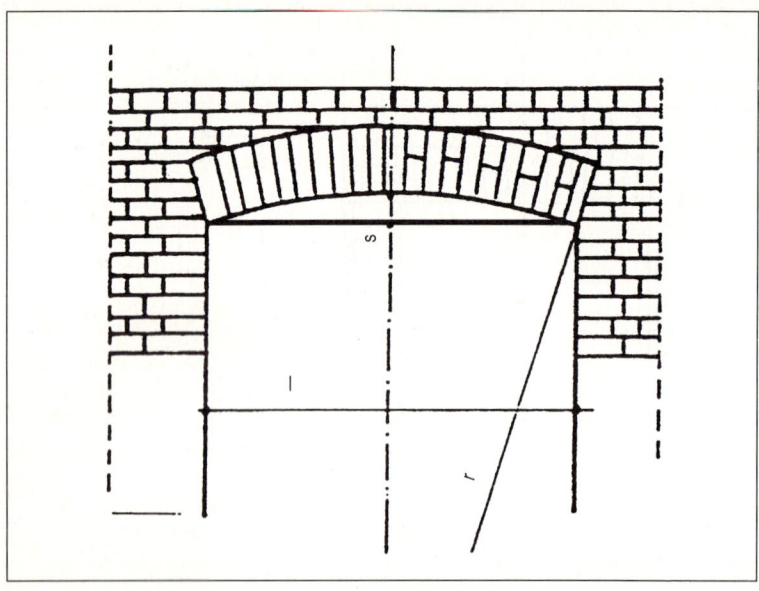

Abb. 11.2.3/23c. Weitere Bogenarten – Segmentbogen mitt angeschlagenem Kämpfer

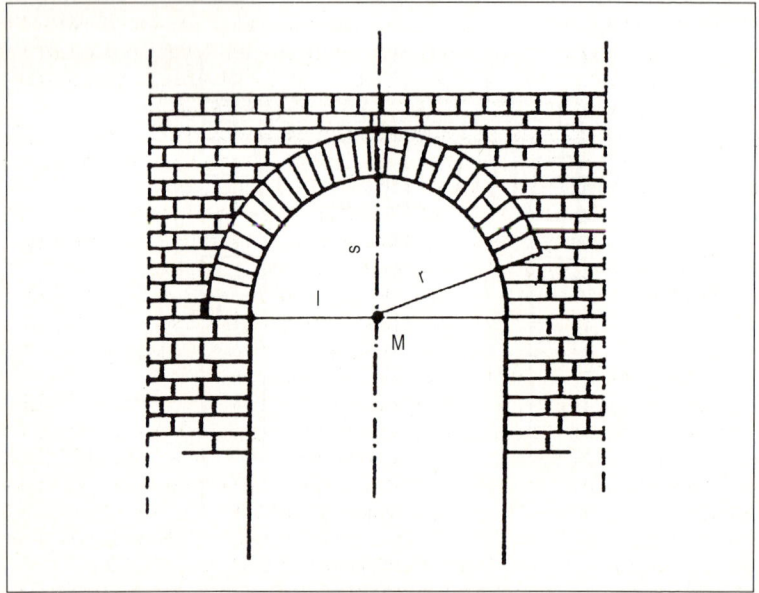

Abb. 11.2.3/23d. Weitere Bogenarten – Rundbogen

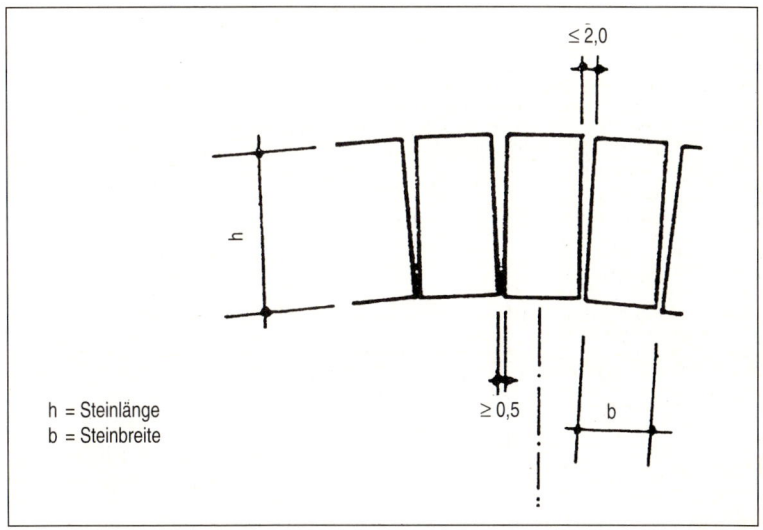

h = Steinlänge
b = Steinbreite

Abb. 11.2.3/24. Fugendicke bei Bögen

11.2.3.6 Stürze

Stürze sind waagerecht liegende Träger, die vorwiegend Tür- und Fensteröffnungen überspannen. Im Gegensatz zu den Bögen erhalten sie unter vertikalen Gewichtslasten Biegezug-, Biegedruck- und Schubspannungen, so daß i. a. Baustoffe wie Holz, Stahl und Stahlbeton verwendet werden.

Es werden von der Ziegel- und Kalksandsteinindustrie Sonderbauteile wie U-Schalen und Flachstürze angeboten, die Schal- und Lohnkosten einsparen und auch im Sturzbereich eine steinartige Ansichtsfläche bieten.

U-Schalen sind Schalungselemente aus Ziegel- oder Kalksandsteinmaterial für Stahlbetonstürze (s. Abb. 11.2.3/25). Alternativ können auch Stahlträger eingelegt werden. Die Schalenhöhe beträgt 24 cm, so daß die Elemente im Steinverband verlegt werden. Angeboten werden Breiten von 11,5, 17,5 und 24,0 cm. Damit sind beliebige Mauerbreiten möglich. Die Ziegelindustrie bietet auch Winkelelemente an (s. Abb. 11.2.3/26), die auseinandergezogen werden. Hier ist an der Sturzunterseite ein Schalbrett erforderlich.

Der Stahlbetonträger ist für den verbleibenden Betonquerschnitt gemäß DIN 1045 zu berechnen und zu bewehren. Es handelt sich um einen Ortbetonbalken, der auf der Baustelle bewehrt und betoniert wird (s. Abb. 11.2.3/27).

Flachstürze bestehen aus einem vorgefertigten, bewehrten »Zuggurt« und erreichen im Zusammenwirken mit einer »Druckzone« aus Mauerwerk ihre Tragfähigkeit. Der Zuggurt hat einen Stahlbetonkern und eine Schale aus gebranntem Ton, Leichtbeton oder Kalksandstein (s. Abb. 11.2.3/28).

Flachstürze müssen stets an der Unterseite liegen und dürfen nur über eine freie Öffnung von maximal 3,00 m gelegt werden. Mit Breiten von 11,5 cm,

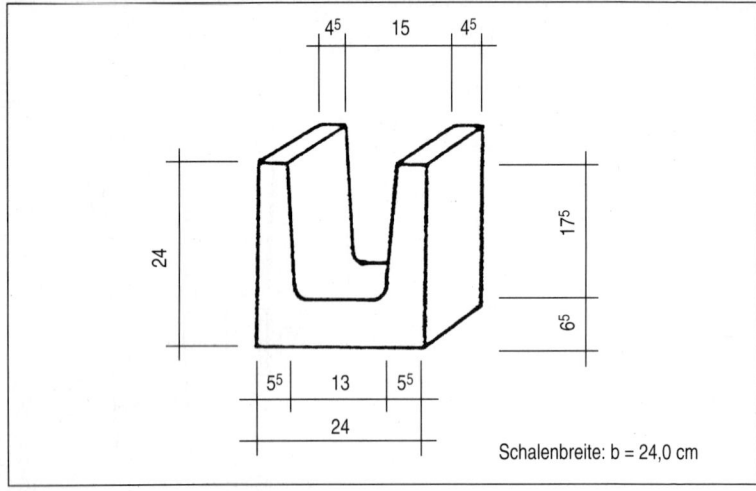

Abb. 11.2.3/25.   U-Schale aus Kalksandstein (KS-Schale)

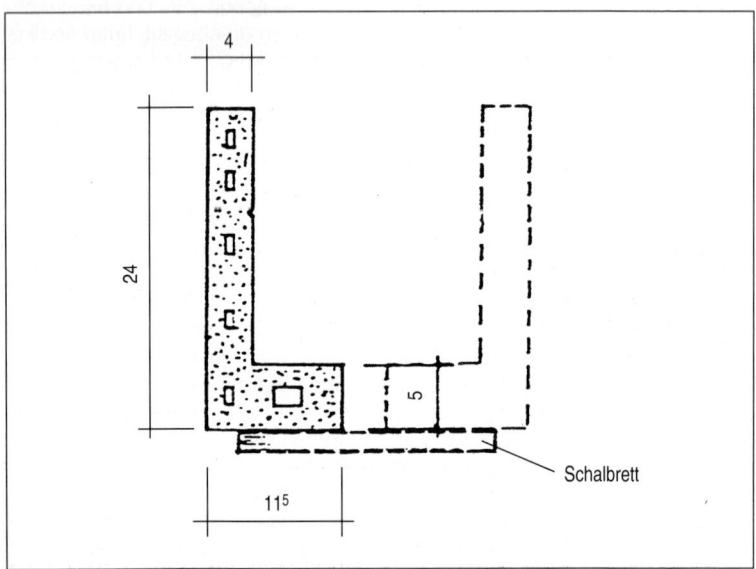

Abb. 11.2.3/26.   Leichtziegel-Winkelement

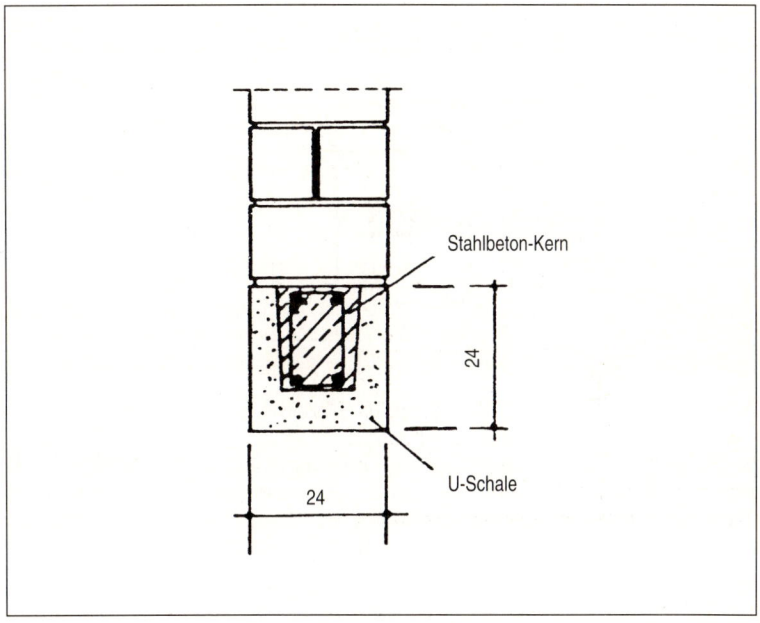

Abb. 11.2.3/27. Schnitt durch einen KS-Schalensturz im eingebauten Zustand

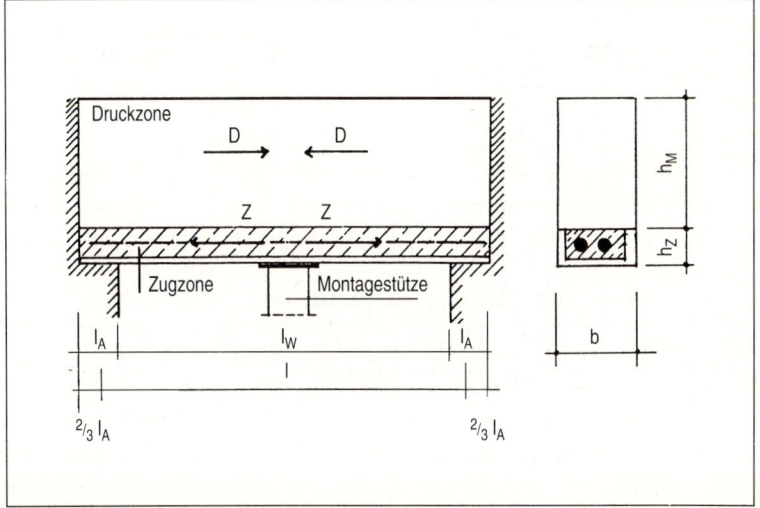

Abb. 11.2.3/28. Vorgefertigter Flachsturz (Zuggurt)

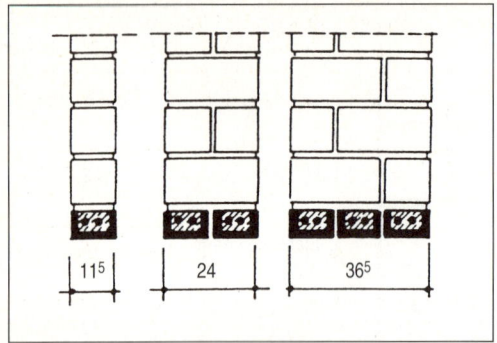

Abb. 11.2.3/29. Einbaumöglichkeiten von Flachstürzen

14,5 cm und 17,5 cm können beliebige Mauerbreiten abgefangen werden. Einbaumöglichkeiten siehe Abb. 11.2.3/29.

Die Druckzone ist aus Mauerwerk im Verband mit vollständig gefüllten Stoß- und Lagerfugen auszuführen. Es dürfen Voll- und Hochlochziegel-A- nach DIN 105, Kalksandvoll- und Kalksandlochsteine nach DIN 106 und Vollsteine aus Leichtbeton nach DIN 18152 mit einer Druckfestigkeit von mindestens 12 N/mm^2 (Mz 12) verwendet werden. Hochlochziegel mit versetzten oder diagonal verlaufenden Stegen müssen eine Mindestdruckfestigkeit von 20 N/mm^2 haben und dürfen keine Griffleisten aufweisen.

Der Mauermörtel muß mindestens Mörtelgruppe II entsprechen.

Beim Einbau der Flachstürze sind die Montagestützweiten nach Abb. 11.2.3/30 einzuhalten.

Höhe des Sturzes [cm]	Montagestützweite [m]
≤ 6,0	≤ 1,00
> 6,0	≤ 1,25

Abb. 11.2.3/30. Montagestützweiten von Flachstürzen

Die Montageunterstützung muß ca. 7 Tage bleiben, bis die Druckzone eine ausreichende Festigkeit erreicht hat. Flachstürze sind am Auflager in ein Mörtelbett zu verlegen mit einer Mindestauflagerlänge von 11,5 cm. Die Tragfähigkeit ist aus Abb. 11.2.3/31 zu entnehmen.

11.2.3.7 Verfugung

Bei Sicht- und Verblendmauerwerk ist neben der Zusammensetzung des Fugmörtels die Tiefe, Gleichmäßigkeit und Lage der Fugenoberfläche sowie die Art des Einbringens von entscheidender Bedeutung. Die Verfugung soll bündig mit der Sichtfläche und wasserabweisend sein.

| Sturzbreite [cm] | Übermauerung | Zulässige Belastungen q_{zul} in KN/m bei Stützweiten l | | | | | | | | |
		1,00	1,25	1,50	1,75	2,00	2,25	2,50	2,75	3,00
11,5	1 Schicht d = 18,6 cm	4,55	2,90	2,02	1,48	1,29	1,02	0,83	0,68	0,57
	2 Schichten d = 32,1 cm	11,80	7,55	5,25	3,85	3,45	2,72	2,20	1,82	1,53
	3 Schichten d = 44,6 cm	21,30	13,70	9,50	6,96	6,26	4,00	3,95	3,32	2,70
	4 Schichten d = 57,1 cm	32,70	21,00	14,50	10,70	9,70	7,66	6,22	5,12	4,31

Abb. 11.2.3/31. Tragfähigkeit von Flachstürzen

Es sind 4 Regeln zu beachten:

(1) Das Mauerwerk wird an der Fugseite vor jeder Arbeitspause 2 cm tief ausgekratzt. Die Fugen werden von den losen Mörtelteilen gesäubert.

(2) Verfugarbeiten dürfen nicht bei starker Sonneneinstrahlung, starkem Wind, Regen oder Frost durchgeführt werden.

(3) Vor Einbringen des Fugmörtels ist die Maueroberfläche gut anzunässen.

(4) Fugmörtel ist maschinell zu mischen. Das vorgeschriebene Mischungsverhältnis ist einzuhalten. Es soll nur soviel Mörtel angemacht werden, wie in 2 Stunden verarbeitet werden kann.

Zum Verfugen dient ein Fugeisen, mit dem der Mörtel kräftig in die ausgekratzte Fuge in 2 Arbeitsgängen eingedrückt wird:

1. Arbeitsgang: erst Stoßfuge, dann Lagerfuge;
2. Arbeitsgang: erst Lagerfuge, dann Stoßfuge.

Im letzten Arbeitsgang wird der Mörtel glattgestrichen.

Dehnungsfugen, sowie Anschlüsse an Fenster, Stützen usw. sind mit dauerelastischen Kitten zu schließen.

Vor dem Verfugen sind Verunreinigungen auf der Steinoberfläche zu entfernen. Zunächst werden die groben Verschmutzungen mit Putzwolle, Spatel oder Holzbrettchen beseitigt. Danach soll versucht werden, die feinen Verunreinigungen durch Abbürsten zu entfernen. Gelingt dies nicht, so empfiehlt sich, einen speziellen Zementschleierentferner zu wählen. Besondere Sorgfalt ist bei Kalksandsteinflächen geboten. Salzsäure- oder Essigsäurelösungen im Verhältnis 1:10 bis 1:20 dürfen nur bei Ziegelmauerwerk verwendet werden. Grundsätzlich sind beim Reinigen die Ansichtsflächen gut vorzunässen und nachzuspülen. Dies geschieht mit klarem Wasser von unten nach oben.

Kalksandsteinflächen sind nach dem Verfugen mit einem Witterungsschutz zu versehen. Hierfür stehen spezielle Konservierungsmittel zur Verfügung, die auf Kieselsäure- oder Silikonbasis arbeiten.

Fugmörtel:
Üblicherweise wird bei einer nachträglichen Verfugung Zementmörtel (MG III) verwendet. Das Mischungsverhältnis beträgt ca. Zement/Sand = 1/3. Voraussetzung ist ein ausreichend gemischtkörniger Mörtelsand 0–2,0 mm. Fehlende Feinstsandteile sind durch entsprechenden Zusatz von Gesteinsmehlen (Kalkstein-Quarzmehl, Traßpulver) zu ersetzen. Bei Verwendung von Traß können die Mischungsverhältnisse nach Abb. 11.2.3/32 gewählt werden.

Hohlraumgehalt des Sandes	Mischungsverhältnis
> 40%	1 Rt. Portlandzement 1 Rt. Traß 4 Rt. Sand (0 – 2 ø mm)
< 40%	1 Rt. Portlandzement 1 Rt. Traß 5 Rt. Sand (0 – 2 ø mm)

Abb. 11.2.3/32. Mischungsverhältnisse von Fugmörtel

11.2.3.8 Putzen

Putz ist ein an Wänden und Decken ein- oder mehrlagig in bestimmter Dicke aufgetragener Belag aus Mörtel oder anderen Beschichtungsstoffen, der seine endgültigen Eigenschaften erst durch die Befestigung am Baukörper erhält. Je nach Eigenschaft der verwendeten Mörtel oder Beschichtungsstoffe übernimmt der Mörtel bestimmte bauphysikalische Aufgaben und dient der Oberflächengestaltung des Bauwerks.

(1) Putze mit mineralischen Bindemitteln (Putztyp Anorg.):
Die Ausgangsstoffe des Putzmörtels entsprechen denen des Mauermörtels. Für den Außenputz sind i. w. Sande des Korngruppenbereichs 0–4 mm geeignet. Dabei soll der Anteil der Korngruppe 0–0,25 mm 10 bis 20 % betragen. Für den Oberputz sind z. T. Korndurchmesser > 40 mm zweck-

Mörtel-gruppe	Art der Bindemittel	mittlere Mindestdruckfestigkeit [N/mm²]
P I	Luftkalke, Wasserkalke, Hydraulische Kalke	–
P II	Hochhydraulische Kallke, Putz- und Mauerbinder, Kalk-Zement Gemische	2,5
P III	Zemente	10,0
P IV	Baugipse ohne und mit Anteilen an Baukalk	2,5/–
P V	Anhydritbinder ohne und mit Anteilen an Baukalk	2,5

Abb. 11.2.3/33. Mörtelgruppen für Putz

mäßig. Man unterscheidet 5 Mörtelgruppen (s. Abb. 11.2.3/33). Die Mörtelgruppen PI, PII und PIII sind für den Außenputz geeignet (s. Abb. 11.2.3/34). Wird Baustellenmörtel nach den Rezepten der Abb. 11.2.3/35 hergestellt, so sind die geforderten Festigkeitsnachweise erfüllt und können für die entsprechenden Putzsysteme verwendet werden. Die Mischungsverhältnisse sind in Raumteilen angegeben. Es ist jedoch eine Zuteilung nach

	Mörtelgruppe	Eigenschaften	Witterungsangriff bei Außenputz
	P Ia	stark saugend, schnell verdunstend, nur mit chem.	mäßig
	P Ib	Zusätzen wasserhemmend	mittel-höher
Putzmörtel	P II	schwächer saugend, hemmt Niederschlagseindringen, nur mit chem. Zusätzen wasserabweisend	stark
	P III	kaum saugend, wasserabweisend oder -sperrend	stark, Wassersperrputz, Sockelputz, Putz unter Erdboden

Abb. 11.2.3/34. Anwendungsbereiche der Mörtelgruppen (Auszug)

Mörtel-gruppe	Mörtelart	Kurz-zeichen	Misch. verh. in Rt.	Vorgeschriebene Raumteile (Rt)					
				Zement	Luft- + Kalkteig	Wasserkalk Kalkhydrat	Hydr. Kalk	Hochhydr. Kalk Romank.	Sand
P I	a Luft- u. Wasser-Kalkmörtel	Km	1:3,5 1:3	– –	1,0 –	– 1,0	– –	– –	3,5 – 4,0
	b Hydr. Kalkmörtel	HKm	1:3	–	–	–	1,0	–	3,0 – 4,0
P II	a Hochhydr. Kalkmörtel	Hhkm	1:3	–	–	–	–	1,0	3,0 – 4,0
	b Kalkzementmörtel	Kzm	1:1,5:9 1:2:9	1,0 1,0		1,5 2,0	– 	– 	9,0 – 11,0 9,0 – 11,0
P III	a Zementmörtel mit Zusatz von Luftkalk	Zm	2:0,5:6	2,0	–	≤ 0,5	–	–	6,0 – 8,0
	b Zementmörtel	Zm	1:3	1,0	–	–	–	–	3,0 – 4,0
	Gewicht in kg/l			1,2	1,3	0,5	0,8	1,0	1,3
Sackinhalt in	kg			50	–	40	50	50	–
	Rt			40	–	80	65	50	–

Abb. 11.2.3/35. Rezepte zur Herstellung von Putzmörtel

Massengewichten vorzuziehen. Die Zusammensetzung von Werkmörtel ist durch eine Eignungsprüfung festgelegt. Die Zugabe von Betonzusätzen ist gestattet, sofern diese nach Art und Menge bei der Eignungsprüfung berücksichtigt werden.

(2) Putze mit organischen Bindemitteln (Putztyp Org.):
Es handelt sich hierbei um Beschichtungsstoffe aus organischen Bindemitteln in Form von Dispersionen oder Lösungen und vorwiegend groben Füllstoffen. Dies sind i. w. mineralische Zuschläge, die im Einklang mit den Bindemitteln eine Beschichtung mit putzartigem Aussehen geben. Man nennt diese Putze Kunstharzputze. Eine nähere Beschreibung findet sich in der DIN 18558.

Die DIN 18558 unterscheidet zwischen Putzen, die allgemeinen Anforderungen genügen, und solchen, die zusätzlichen Anforderungen genügen, wie z. B. wasserhemmend, wasserabweisend oder wasserundurchlässig.

Zur Vorbereitung des Putzgrundes ist i. a. ein Spritzbewurf erforderlich, um einen festen und dauerhaften Verbund zwischen Putz und Putzgrund herzustellen.

Stark saugender Putz ist vorzunässen. Als Putzgrund ungeeignete Flächen (z. B. Holz) sind mit einem Putzträger auszustatten. Putze müssen gleichmäßig gut am Putzgrund, die einzelnen Lagen gut aneinander haften. Beim Außenputz muß das Putzsystem insbesondere der Einwirkung von Feuchtigkeit und wechselnder Temperaturen widerstehen. Für die in der Tabelle der DIN 18558 aufgeführten Systeme ist die Witterungsbeständigkeit nachgewiesen.

Die mittlere Dicke von Außenputzen beträgt 20 mm, davon nimmt die Dicke des Unterputzes 10–15 mm ein. Bei Regen und Frost darf nicht geputzt werden. Ebenso bedarf es besonderer Schutzmaßnahmen, wenn starke Sonneneinstrahlung oder Wind einen schnellen Wasserentzug bewirken. Auf den Spritzbewurf darf die erste Putzlage erst nach etwa 12 Stunden aufgebracht werden, wenn der Mörtel ausreichend erhärtet ist. Die Oberfläche des Unterputzes ist aufzurauhen und vor Aufbringen des Oberputzes der Witterung entsprechend anzunässen.

Werden Putzlehren aus Mörtel angelegt, so muß der gleiche Mörtel wie bei der auszuführenden Putzlage verwendet werden.

Die Putze werden nach der Art der Oberflächenbehandlung und der dadurch entstehenden Struktur wie folgt eingeteilt:

Gefilzter (geglätteter) Putz:
Der Putz erhält seine Oberflächenstruktur durch die Bearbeitung mit einer Filzscheibe oder Glättkelle. Bei fein geriebenen, gefilzten Putzen besteht die Gefahr der Bindemittelanreicherung an der Oberfläche. Dadurch wird die Entstehung von Schwindrissen gefördert und bei Luftkalkmörteln das Erhärten der tiefer liegenden Schichten gehemmt.

Reibeputz:
Der Putz wird je nach Art des verwendeten Werkzeugs (Holzscheibe, Traufel etc.) unterschiedlich bezeichnet wie z. B. Münchener Rauhputz, Rillenputz, Wurmputz, etc.

Kellenwurfputz:
Er erhält seine Struktur durch das Aufwerfen von Mörtel ganz bestimmter Konsistenz. In der Regel wird ein Zuschlag mit einer Körnung bis zu 10 mm verwendet.

Kellenstrichputz:
Der Putz wird nach dem Auftrag mit einer Kelle oder Traufel fächer- oder schuppenförmig verstrichen.

Spritzputz:
Der Putz wird durch zwei- oder mehrlagiges Aufbringen eines feinkörnigen, dünnflüssigen Mörtels mit Spritzputzgeräten (Putzhexe) oder Spritzpistolen hergestellt.

Kratzputz:
Die Putzstruktur entsteht durch Kratzen mit einem Nagelbrett oder Sägeblatt. Der richtige Zeitpunkt des Kratzens ist erreicht, wenn das Korn herausspringt und nicht im Nagelbrett hängenbleibt.

Waschputz:
Beim Waschputz wird die an der Oberfläche noch nicht erhärtete Bindemittelschlämme abgewaschen. Er erfordert ausgewählte Zuschläge grober Körnung und einen Unterputz, der der Mörtelgruppe MG III entspricht.

11.3 Mauerwerk aus natürlichen Steinen

11.3.1 Natursteine

Natursteine sind alle natürlich gewaschenen Steine. Sie sind ein Gemenge aus Mineralien, die durch das direkte Verwachsen oder durch eine Grundmasse bzw. Bindemittel zusammengehalten werden.

Das geologische System der Steine ist genetisch gegliedert. Danach gibt es drei Hauptgruppen:

(1) Magmatite:
Magmatite sind erstarrte Gesteine aus den silikatischen Schmelzflüssen des Erdinnern. Sie werden unterschieden nach ihrem chemischen Aufbau, dem Entstehungsort oder dem geologischen Alter. Die an der Oberfläche schnell erstarrten Magmatite werden »Vulkanite«, die innerhalb der Erdkruste langsam erstarrten »Plutonite« genannt.

(2) Sedimente:
Sedimente sind auf der Erdoberfläche (Land/Meer) abgelagerte Gesteine, deren Substanz an anderer Stelle durch Wasser, Wind oder Eis abgetragen worden ist. Man unterscheidet »klastische« Sedimente (mechanische Zertrümmerung/Umlagerung), »chemische« Sedimente (wäßrige Lösungen) und »organische« Sedimente (Organismen).

(3) Metamorphite:
Metamorphite sind Gesteine aus Magmatiten, Sedimenten oder älteren Metamorphyten, die in tieferen Bereichen der Erdkruste z. B. durch Berührung mit magmatischem Schmelzzufluß in ihrem Mineralbestand und Gefüge umgeformt wurden.

Darüber hinaus gibt es Gesteinsnebengruppen. Es sind Gesteine, die Merkmale verschiedener Hauptgruppen aufweisen.

Tuffe und Tuffite:

sedimentäre Ablagerungen vulkanischer Aschen.

Migmatite:

Gesteine, die aus einem metamorphen Restbestand und einem mamatischen Neukristallisat bestehen.

Risidualgesteine:

durch Verwitterung entstandene, aber nicht umgelagerte und nicht sedimentierte, sondern noch am Entstehungsort verbliebene Gesteine, die noch Merkmale des Ausgangsgesteins aufweisen.

Für den Landschaftsgärtner steht die Bearbeitbarkeit der Gesteine im Vordergrund. Er unterscheidet daher weniger nach geologischen Gesichtspunkten wie Entstehung, Alter oder Zusammensetzung, sondern danach, ob die Gesteine der Bearbeitung einen großen oder kleinen

	Festigkeit	Farbe	Vorkommen	Rohgewichte in kg/dm³	Verwendung
A) Hartgestein					
Granit	wetterbeständig, hart	hellgraublau grau-gelbgrau hellgrau hellgrau-rötlich, blaugrau-rötlich	Oberpfälzer Wald Fichtelgebirge Bayerischer Wald Odenwald Schwarzwald	2,6 – 2,8	
Syenit	wetterbeständig, hart	*hellblau-grün*	*Fichtelgebirge*	*2,6 – 2,8*	
Dierit		dunkelgrün dunkelgrün	Oberpfälzer Wald Odenwald	2,8 – 3,0	
Diabas	hart, granitähnlich	grünlich dkl. schwarzgr. grünlich	Harz Siegerland Fichtelgebirge	2,8 – 2,9	
Gabbro (sog. schw. schwed. Granit)	wetterbeständig, hart	dkl. grün-schw.	Harz	2,8 – 3,0	vorwiegend als Werkstein, Straßenbaumaterial; außer Gneis selten für landschaftsgärtnerische Arbeiten
Gneis (Umwandlungsgest.)	granitähnlich	hell-dkl.grau	Tessin/Schweiz	2,6 – 3,0	
Basalt	sehr hart, dicht	schwarz schwarz dkl. grün-schw. rot, porig	Westerwald Rhön Eifel Vogelsberg	2,9 – 3,0	
Basaltlava	leichter bearbeitbar als Basalt, feinporig	blaugrau-schw., porös	Eifel	2,2 – 2,4	
Porphyr (Quarzporphyr)	hart, granitähnlich	rötlich gelbgrün-grau grün	Odenwald Schwarzwald Fichtelgebirge	2,5 – 2,8	
Vulkanischer Tuffstein (verkitteter, vulk. Sand)	porig, hart	rot gelblich mit dkl. Einsprengungen	Oberhessen (Michelauer Tuffstein) Eifel	1,8 – 2,0	

Abb. 11.3.1/1. Eigenschaften und Vorkommen von Naturgestein – Hartgestein

Widerstand entgegensetzen. Man unterscheidet danach in Hartgestein oder Weichgestein.

11.3.1.1 Hartgestein

Zu den Hartgesteinen zählen die Tiefengesteine (Plutonite), die Oberflächengesteine (Vulkanite) und einige Umwandlungsgesteine (Metamorphite). Vorkommen und Eigenschaften sind in Abb. 11.3.1/1 aufgeführt.

11.3.1.2 Weichgestein

Zu den Weichgesteinen zählen die Sedimentgesteine, Schichtgesteine und die meisten Metamorphite. Vorkommen und Eigenschaften sind in Abb. 11.3.1/2 aufgeführt.

11.3.2 Gewinnung und Bearbeitung

Natursteine werden in einem Steinbruch vorwiegend im Tagebau gewonnen. In einem modernen Betrieb geschieht dies i. w. durch Einsatz von Maschinen.

	Festigkeit	Farbe	Vorkommen	Rohgewichte in kg/dm^3	Verwendung
B) Weichgestein					
a) Sandsteine					
Sandstein	unterschiedlich hart, gut spaltbar +	grau, gelb, rotbraun, hellrot, grün		2,0 – 2,7	für landschaftsg. Arbeiten gut, auch als Werkstein, Quarzit und Grauwacke außerdem als Straßenbaumaterial
Quarzit	sehr hart durch starke Verkieselung	grau	Harz, Wiehengebirge,	2,6 – 2,7	
Grauwacke	sehr hart	grau	Franken	2,6 – 2,7	
Nagelfluh (sand. poröses Geröllkonglomerat)	sehr fest	grau-gelblich	Westerwald, Harz Isartal, Allgäu	~ 2,5	
b) Kalksteine					
Kalkstein	unterschiedlich hart, alle polierbaren Kalksteine heißen Marmor	grau-weiß, gelblich		2,6 – 2,9	für landschaftsg. Arbeiten gut, wenn lagerhaft spaltbar. Plattenkalk ungeeignet.
Plattenkalk	plattig, nicht wetterbeständig	weiß-gelb	Altmühltal	2,6 – 2,9	
Muschelkalk	hart, porös			1,7 – 2,6	
Travertin	porig, porös, unterschiedlich fest, polierbar	weiß, grau gelb-braun		2,4 – 2,5	
Kalktuff	weich, stark porös, lufterhärtend	weiß-gelb	Oberbayern, Schwäbische Alb	1,7 – 2,6	

Abb. 11.3.1/2. Eigenschaften und Vorkommen von Naturstein – Weichgestein

Zunächst wird das Gestein durch Beseitigen des Oberbodens und Abraums freigelegt. Über den zerklüfteten und plattigen Fels erreicht man die Kernfelszone, in der dichtes Material oft in mehreren Metern Mächtigkeit ansteht. Dieses wird für die Bearbeitung zum Naturwerkstein herangezogen.

Um unkontrollierte Rißbildung zu vermeiden, wird abgesehen von Handbetrieb, kaum noch gesprengt. Das Herausbrechen der Rohlinge erfolgt mit Preßluft- oder Elektrobohrgeräten, Sägen mit endlosem Stahlseil oder hydraulischen Verfahren. Sind die Rohlinge auf eine für den Sägetisch maßgerechte Größe gebracht, werden sie mittels Tiefladern in die Werkhalle gefahren und auf den Sägewagen gelegt. Das Zuschneiden auf Natursteinplatten erfolgt über Steinsägevollgatter oder mit großen Diamantkreissägen. Die Schnittstärke ist beliebig einstellbar. Bei Sandstein, Granit etc. wird als Schneidegut Stahlsand, ein besonders gehärteter Spezialgrauguß, verwendet. Kalkstein und Marmor werden mit Quarzsand als Schneidegut gesägt.

Um das Steinmaterial wirtschaftlich zu nutzen, werden die Blöcke oft als Verblendstein zugeschnitten. Für die Fassadenverkleidung sind folgende Dicken ausreichend:

Kalkstein/Granit 3–4 cm

Sandstein 4–6 cm

Die manuelle Bearbeitung der Natursteine setzt fachliche Kenntnisse und große Geschicklichkeit voraus. Früher erfolgte die wesentliche Bearbeitung der Steine auf der Baustelle. Heute wird das Material oft vorgefertigt geliefert, so daß vor Ort nur noch geringfügige Nacharbeiten erforderlich sind.

Folgende Schlag- und Setzwerkzeuge werden bei der Natursteinbearbeitung (s. Abb. 11.3.2/1) verwendet (Reihenfolge von der gröberen zur feineren Oberflächenbearbeitung):

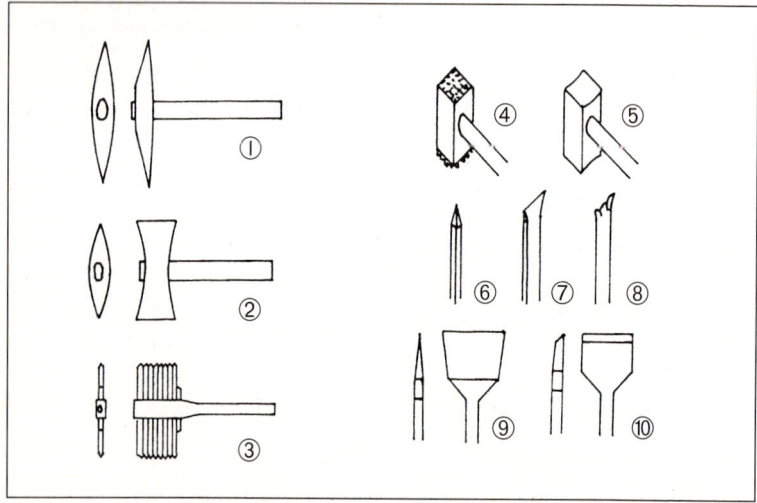

Abb. 11.3.2/1. Werkzeuge zur Natursteinbearbeitung

1. Spitzeisen:	Gröbere Bearbeitung von Flächen
2. Flächhammer:	Flächige Nacharbeitung von Flächen
3. Kröneleisen:	Feinere flächige Nacharbeitung
4. Stockhammer:	Nachbehandlung glatter Oberflächen
5. Scharrierhammer:	Nachbehandlung glatter Oberflächen
6. Spitzmeißel	
7. Breitmeißel	
8. Zahneisen	
9. Scharriereisen:	Nachbehandlung glatter Sichtflächen, keilförmig ange- schliffen; Eisen wird im spitzen Winkel angesetzt.

10. Setzeisen (Setzer, Prelleisen).

Darüber hinaus werden die meisten Arbeiten heute maschinell ausgeführt.

Im Gegensatz zu den künstlichen Steinen sind Natursteine nicht genormt. Die DIN 1053 macht nur präzise Angaben zum Format. Zur Beurteilung von Natursteinen hinsichtlich ihrer Verwendbarkeit als Mauerstein sollen nur Firmen oder Personen herangezogen werden, die langjährige Erfahrungen mit den Materialien haben.

Natursteine für Mauerwerk dürfen nur aus gesundem Stein gewonnen werden. Sind sie ungeschützt der Witterung ausgesetzt, müssen sie ausreichend witterungsbeständig sein. Lagerhafte Steine (i. w. Sedimentgestein) sind ihrer natürlichen Schichtung entsprechend zu verwenden. Die Lagerfugen sollen rechtwinklig zum Kraftangriff liegen. Die Steinlängen sollen das Vier- bis Fünffache der Steinhöhe nicht über- und die Steinhöhe nicht unterschreiten.

11.3.3 Verbandsregeln

Für alle in der DIN 1053 aufgeführten Natursteinmauerarten gelten folgende Verbandsregeln. Die zusätzlichen Regeln sind bei den einzelnen Ausführungsarten aufgeführt.

Der Verband muß so ausgeführt werden, daß:

(1) an der Vorder- und Rückfläche nirgends mehr als 3 Fugen zusammenstoßen (s. Abb. 11.3.3/1),

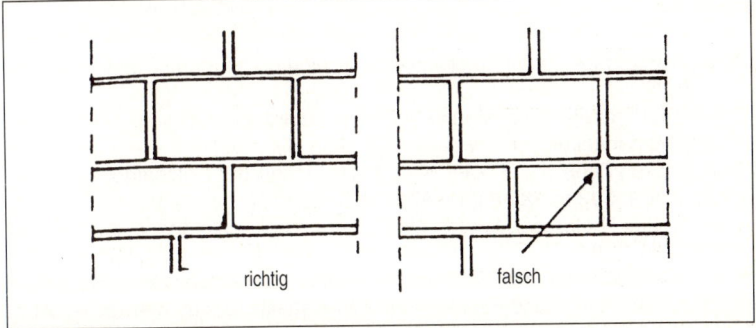

Abb. 11.3.3/1. Natursteinmauern – Fugenbild

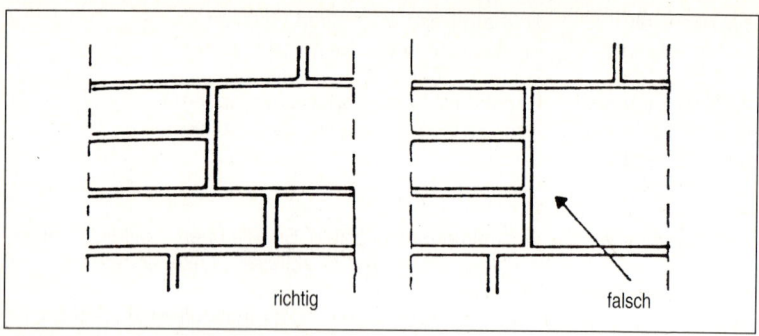

richtig   falsch

Abb. 11.3.3/2. Natursteinmauern – Stoßfugenanordnung

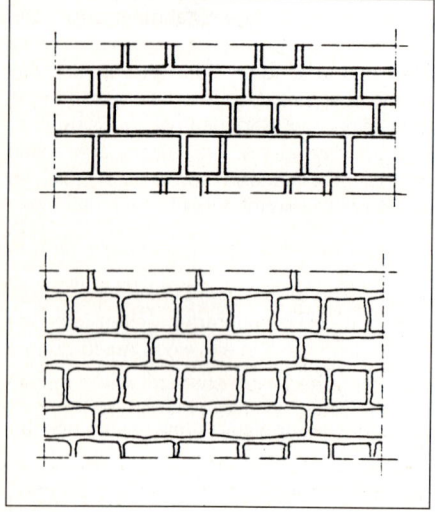

*Abb. 11.3.3/3. Natursteinmauern –
Binder- und Läuferanordnung*

(2) keine Stoßfuge durch mehr als 2 Schichten hindurch geht (s. Abb. 11.3.3/2),

(3) auf zwei Läufern mindestens ein Binder kommt oder Binder- und Läuferschichten miteinander abwechseln (s. Abb. 11.3.3/3),

(4) die Dicke (Tiefe) der Binder etwa das 1,5fache der Schichthöhe, mindestens aber 30 cm, beträgt (s. Abb. 11.3.3/4),

(5) die Dicke (Tiefe) der Läufer etwa gleich der Schichthöhe ist (s. Abb. 11.3.3/5),

(6) die Überdeckung der Stoßfugen bei Schichtenmauerwerk mindestens 10 cm und bei Quadermauerwerk mindestens 15 cm beträgt (s. Abb. 11.3.3/6),

(7) an den Ecken die größten Steine eingebaut werden (s. Abb. 11.3.3/7).

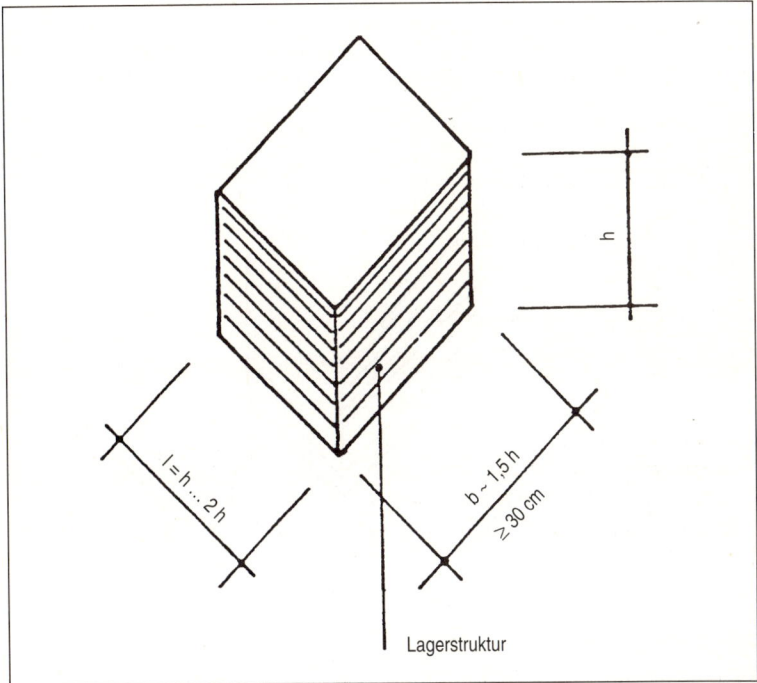

Abb. 11.3.3/4. Natursteinmauern – Binderdicke und Schichthöhe

Treten im Innern des Mauerwerks Zwischenräume auf, so sind diese durch im Mörtelbett liegende Steinstücke auszuzwickeln, damit keine Mörtelnester entstehen. Dies gilt auch für weite Fugen auf der Vorder- und Rückseite von Zyklopenmauerwerk, Bruchsteinmauerwerk und hammerrechtem Schichtenmauerwerk. Sichtflächen sind so zu fugen, daß Fugentiefe und Fugenweite gleich groß sind.

11.3.4 Mauerwerksarten

11.3.4.1 Trockenmauerwerk

Geringfügig bearbeitete Bruchsteine werden ohne Verwendung von Mörtel im Verband verarbeitet. Die Fugen sollen eng und die Zwischenräume klein sein. Die Hohlräume sind mit sorgfältig gesetzten Zwickeln auszufüllen (s. Abb. 11.3.4/1).
Die Wirkung des verbindenden Mörtels (Haftung) wird durch das Verspannen (Reibung) ersetzt.
Die Verwendung der Trockenmauer beschränkt sich auf freistehende (unbelastete) Mauern und auf Stützmauern (Schwergewichtsmauern) im Landschafts-

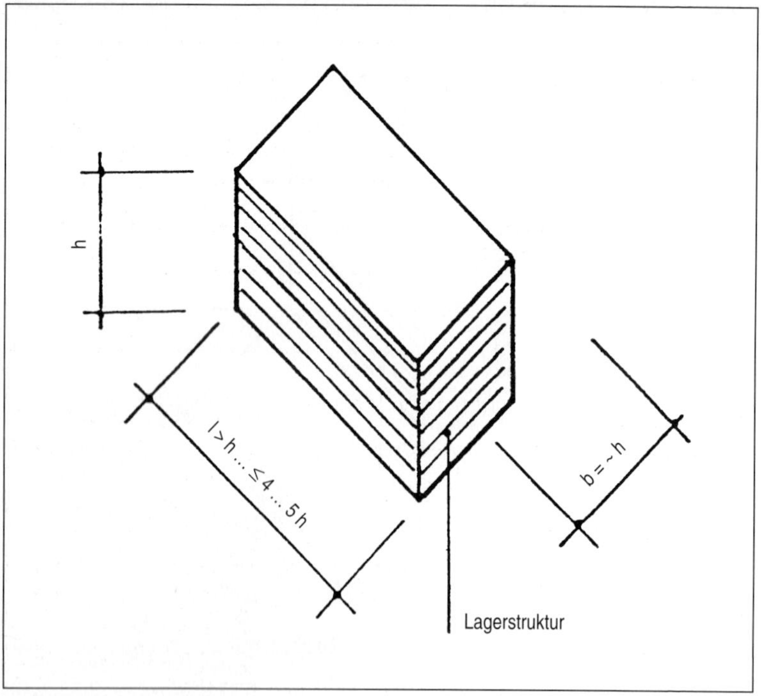

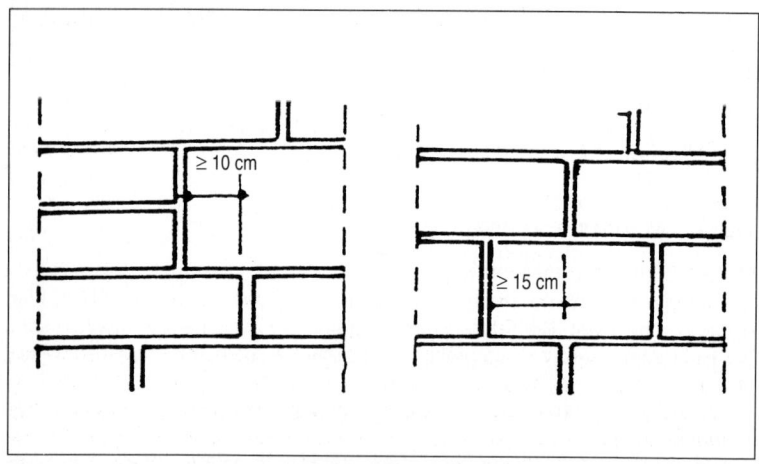

Abb. 11.3.3/5. Natursteinmauern – Läuferdicke und Schichthöhe

Abb. 11.3.3/6. Natursteinmauern – Überdeckung der Stoßfugen

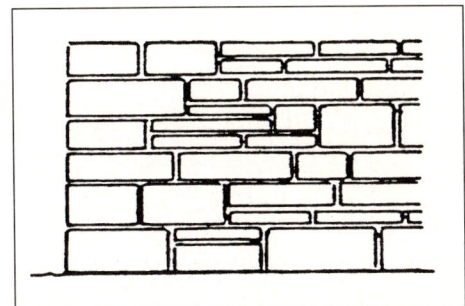

Abb. 11.3.3/7. Natursteinmauern –
Ausbildung der Ecken

Abb. 11.3.4/1. Trockenmauerwerk

bau. Beim Nachweis der Standsicherheit darf nur 50 % der Steinrohdichte in Rechnung gestellt werden.
Verwendbare Steingrößen:
wechselnd   von 200 × 100 ×   50 mm
             bis 800 × 400 × 400 mm

11.3.4.2 Mörtelmauerwerk

(1) Bruchsteinmauerwerk (s. Abb. 11.3.4/2):
Wenig bearbeitete Natursteine werden im Verband und satt in Mörtel verlegt. Das Mauerwerk ist in seiner gesamten Dicke und in Absätzen von höchstens 1,50 m Höhe rechtwinklig zur Kraftrichtung auszugleichen. Die Vielzahl von Formen und Größen sowie die geringe Bearbeitung der Steine bedingen eine große Inhomogenität der Mauer. Daher sind nur geringe Druckspannungen zugelassen.

*Abb. 11.3.4/2. Bruchstein-
mauerwerk*

Verwendbare Steingrößen:
wechselnd   von 200 × 100 × 50 mm
             bis 900 × 450 × 450 mm
Mauerdicken: doppelhäuptiges Mauerwerk − 490, 615, 740 etc. mm;
             Verblendmauerwerk − 365, 490, etc. mm
Fugendicken: 10 bis 15 mm
Eine Spielart des Bruchsteinmauerwerks ist das Zyklopenmauerwerk (s. Abb. 11.3.4/3). Es unterscheidet sich durch seine polygonale Fugenführung.

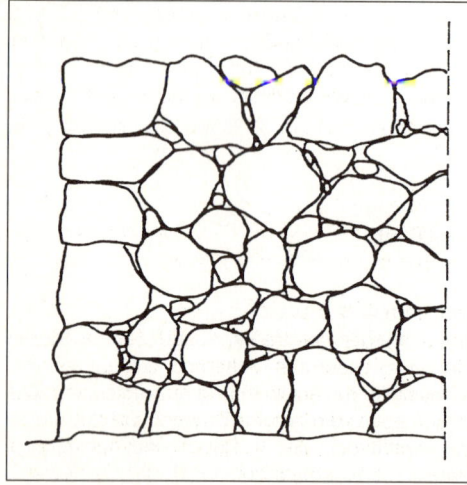

*Abb. 11.3.4/3. Zyklopen-
mauerwerk*

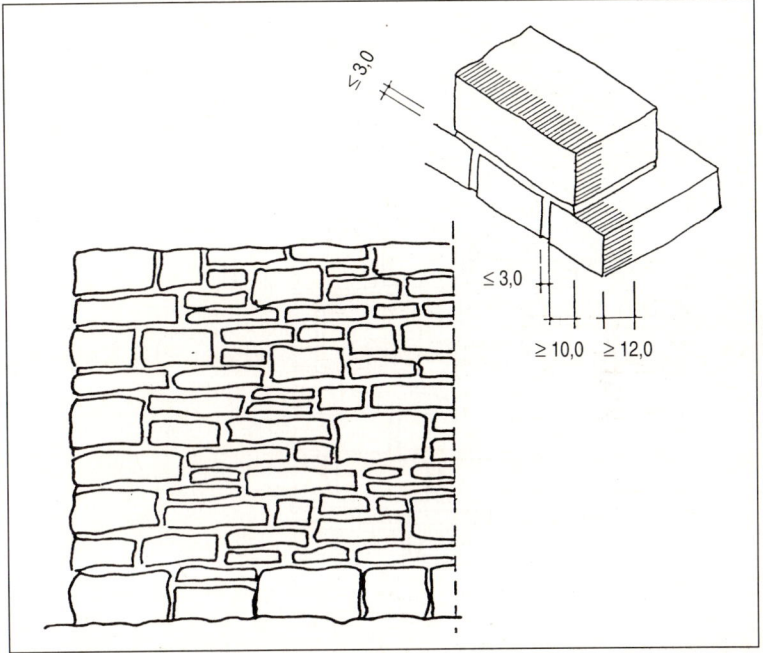

Abb. 11.3.4/4. Hammerrechtes Schichtenmauerwerk

(2) Hammerrechtes Schichtenmauerwerk (s. Abb. 11.3.4/4):
Die Steine der Sichtfläche erhalten bearbeitete Lager- und Stoßfugen von mindestens 12 cm Tiefe. Die Fugen müssen ungefähr rechtwinklig zueinander stehen. Die Schichthöhe darf innerhalb einer Schicht und in den verschiedenen Schichten wechseln. Das Mauerwerk muß aber in seiner ganzen Dicke und in einer Höhe von höchstens 1,50 m rechtwinklig zur Kraftrichtung ausgeglichen sein.
Verwendbare Steingrößen:
wechselnd: von 200 × 100 × 50 mm
             bis 900 × 450 × 450 mm
Mauerdicken: doppelhäuptiges Mauerwerk – 190, 615, 740, etc. mm;
                 Verblendmauerwerk – 365, 490, etc. mm
Fugendicke: 10 bis 15 mm
(3) Unregelmäßiges Schichtenmauerwerk (s. Abb. 11.3.4/5):
Die Steine der Sichtfläche erhalten auf mindestens 15 cm Tiefe bearbeitete Lager- und Stoßfugen. Diese müssen exakt senkrecht zueinander und zur Oberfläche stehen. Die Fugenweite an den Sichtflächen darf nicht größer als 3 cm sein. Die Schichthöhe darf innerhalb der Schicht sowie in den verschiedenen Schichten wechseln. Der Ausgleich in Kraftrichtung muß in der ganzen Tiefe sowie in Höhenabständen von 1,50 m erfolgen.

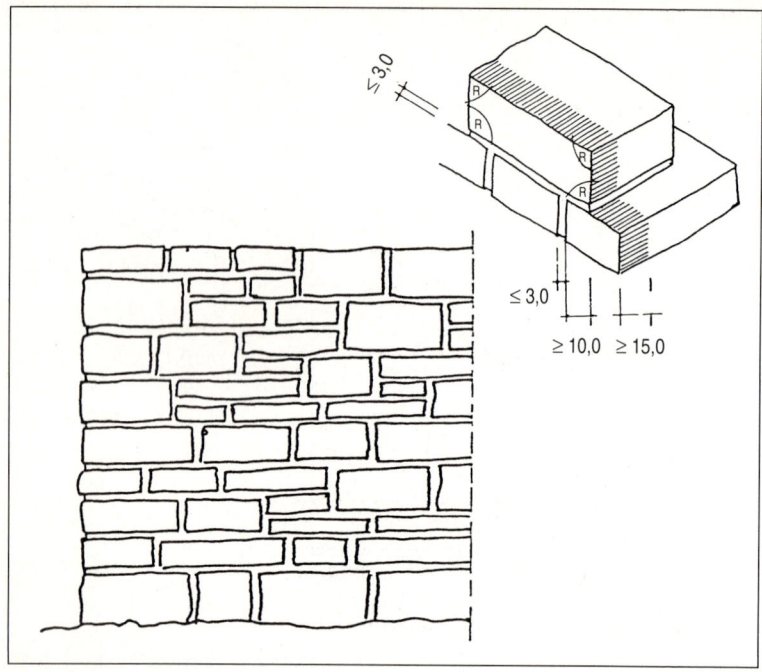

Abb. 11.3.4/5. Unregelmäßiges Schichtenmauerwerk

(4) Regelmäßiges Schichtenmauerwerk (s. Abb. 11.3.4/6):
Es gelten zunächst die Vorschriften für das unregelmäßige Schichtenmauerwerk.
Bearbeitete Lager- und Stoßfugen auf mindestens 15 cm Tiefe.
Die Fugen müssen zueinander und zur Oberfläche senkrecht stehen.
Die Fugen der Sichtfläche dürfen nicht weiter als 3 cm sein.
Darüber hinaus:
Innerhalb einer Schicht darf die Steinhöhe nicht wechseln. Jede Schicht ist senkrecht zur Kraftrichtung auszugleichen. Die Schichtsteine sind auf ihrer ganzen Tiefe in den Lagerfugen zu bearbeiten.
Mauerdicken:
doppelhäuptiges Mauerwerk – 240, 300, 365, etc. mm.
Verblendmauerwerk – 115, 240, 300, etc. mm
Fugendicken:
Stoß- und Längsfugen: 8 bis 22 mm
Lagenfugen: 10 bis 15 mm

(5) Quadermauerwerk (s. Abb. 11.3.4/7):
Die Steine sind genau nach den angegebenen Maßen zu bearbeiten.
Lager- und Stoßfugen müssen in der ganzen Tiefe bearbeitet sein. Dieses

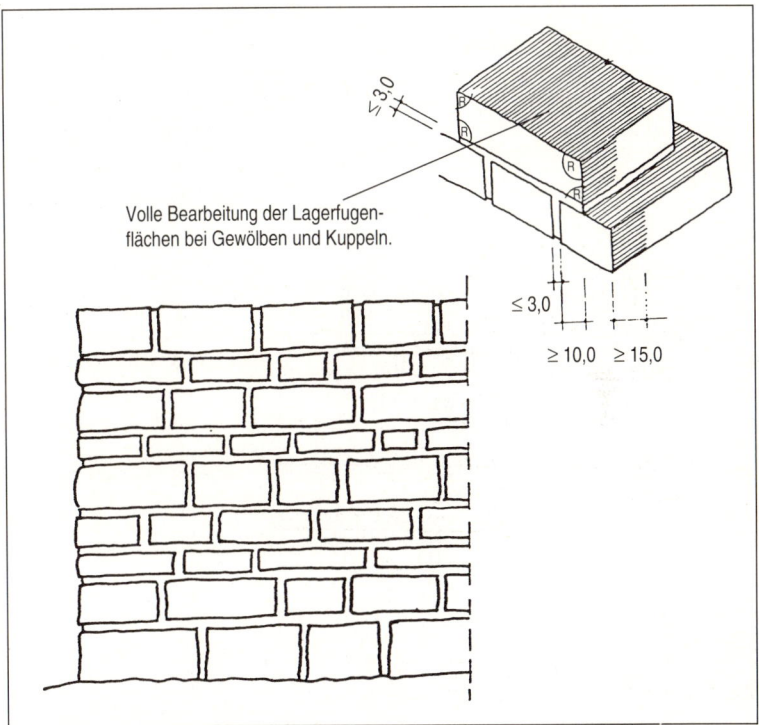

Abb. 11.3.4/6. Regelmäßiges Schichtenmauerwerk

Mauerwerk gestattet innerhalb der Natursteinmauerwerksarten die höchste Ausnutzung der Steinfestigkeit und darf auch bei Schlankheiten über 10 verwendet werden.

Mauerdicken: siehe Regeln des Schichtenmauerwerks.

11.3.4.3 Verblendmauerwerk

Aus Kostengründen werden Natursteine oft nur als Verblendmauerwerk verwendet. Soll die Verblendschale als Mischmauerwerk zum tragenden Querschnitt gerechnet werden, so sind folgende Bedingungen einzuhalten (s. Abb. 11.3.4/8):

(1) Der Verblendstein muß gleichzeitig mit der Hintermauerung im Verband gemauert werden.

(2) Das Verblendmauerwerk muß wenigstens 30 % Bindersteine aufweisen.

(3) Die Binder müssen mindestens 24 cm dick und 10 cm in die Hintermauerung eingreifen.

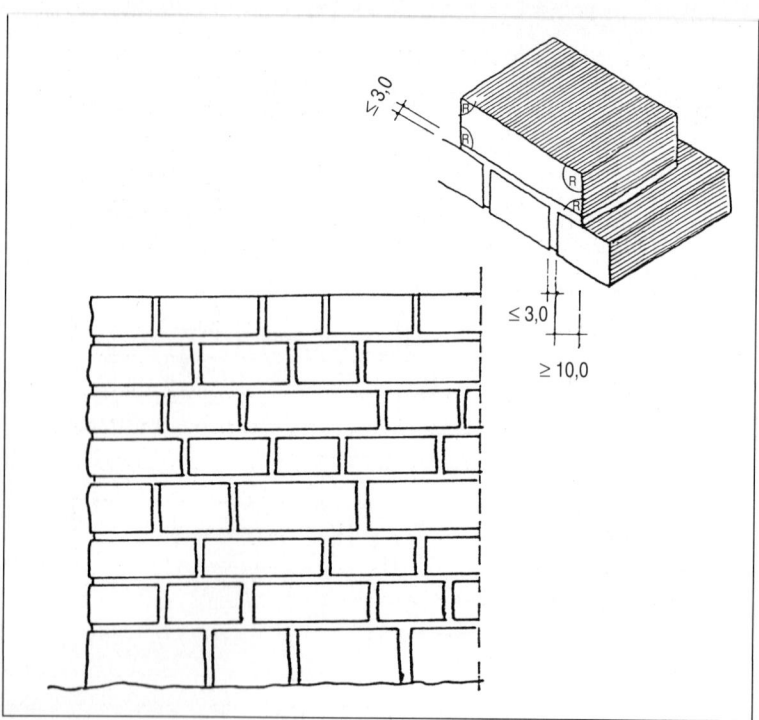

Abb. 11.3.4/7. Quadermauerwerk

(4) Die Dicke der Binder muß mindestens 1/3 ihrer Höhe und mindestens 11,5 cm sein.

(5) Besteht die Hintermauerung aus natürlichen Steinen, so muß jede dritte Natursteinschicht aus Bindern bestehen.

Plattenverkleidungen werden i. a. nicht zum tragenden Querschnitt gerechnet, da sie die o. a. Bedingungen nicht erfüllen (s. Abb. 11.3.4/9).

Bei Pfeilern ist eine Berücksichtigung nicht gestattet.

11.4 Sichtschutzwände (Schallschutzwände)

Sichtschutzwände sind im Sinne der DIN 1053 nichttragende Außenwände, die nur das Wandgewicht und seitlich auftreffende Windlasten aufnehmen müssen. Sie können als freistehende oder ausgesteifte Mauerwerkswände ausgeführt werden.

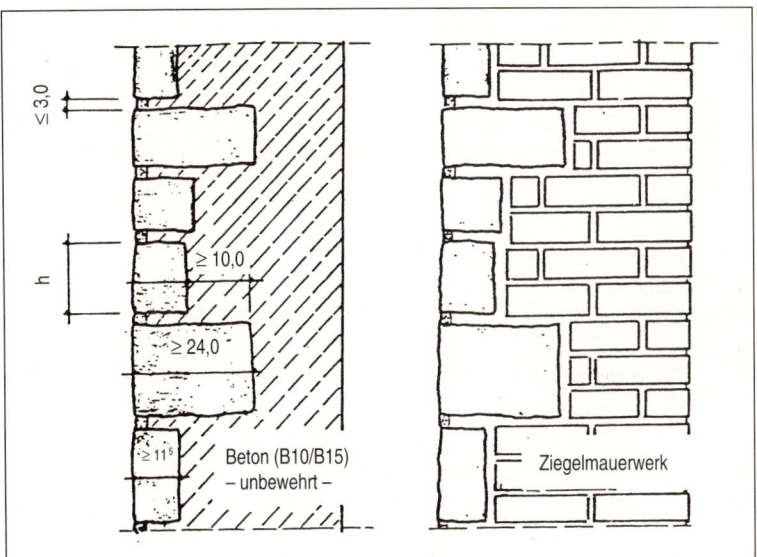

Abb. 11.3.4/8. Verblendmauerwerk als Mischmauerwerk

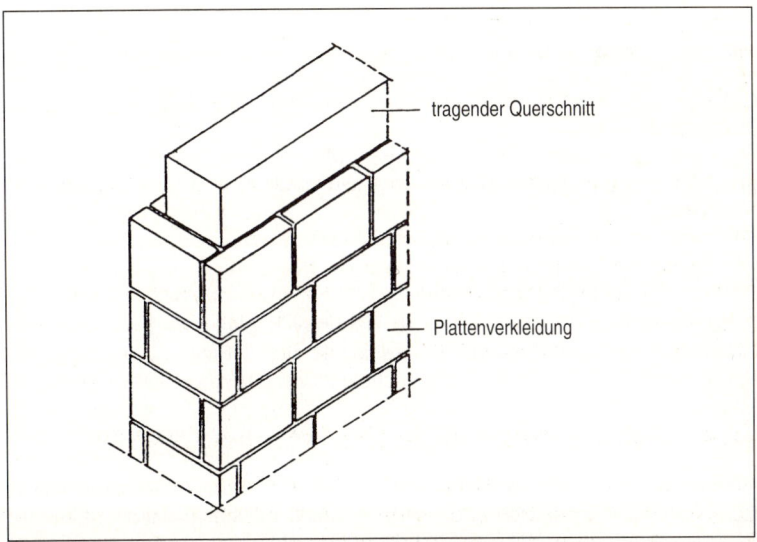

Abb. 11.3.4/9. Plattenverkleidung

11.4.1 Freistehende Wände

Freistehende Wände sind weder durch Querwände oder Pfeiler, bzw. oben abschließende Decken oder Randbalken gehalten. Unter Beachtung der DIN 1055, Blatt 5 – Windlast – kann die zulässige Wandhöhe in Abhängigkeit von der Wanddicke nach der nachfolgenden Formel ermittelt werden. Die Gleichung gilt für eine Wandkrone bis 8,00 m über Gelände und ein Steinberechnungsgewicht von 20,0 KN/m³.

$h = 20,5 \times d^2$

h = zulässige Wandhöhe [m]
d = Wanddicke [m]
In der Praxis ergeben sich daraus die Wandhöhen nach Abb. 11.4.1/1.

Wanddicke [cm]	Stein-Berechnungsgewicht [ICN/m³]	zul. Wandhöhen [m]
17,5	20,0	0,70*
24,0	20,0	1,20
30,0	20,0	1,80
36,5	20,0	2,80
* Werte aufgerundet		

Abb. 11.4.1/1. Wanddicken und -höhen freistehender Wände

Bei einem Berechnungsgewicht von 18,0 KN/m³ sind die zulässigen Wandhöhen um 10 % zu reduzieren. Bei einer Höhe der Wandkrone über 8,0 m über Gelände (z. B. Dachgärten, Penthauswohnungen, etc.) sind die Werte um 25 % abzumindern.
Freistehende Wände müssen an der Mauerkrone gegen Regenwasser geschützt werden. Hierzu eignen sich die unter Kap. 11.5.1 aufgeführten Abdeckprofile.

11.4.2 Ausgesteifte Wände

Sollen freistehende Wände höher als die unter Kapitel 11.4.1 angegebenen Grenzwerte ausgeführt werden, so sind sie durch Pfeiler und biegesteife Randbalken zu halten. Man unterscheidet vier- und dreiseitig gehaltene Mauern.
Bei vierseitig gehaltenen Mauern (s. Abb. 11.4.2/1) sind entsprechend DIN 1053, Blatt 1, Tab. 4 für Steine der Festigkeitsklasse 12,0 N/mm² Mauerflächen nach Abb. 11.4.2/2 erlaubt.
Bei Mauern mit einer Höhe von mehr als 8,00 m über Gelände gelten die Pfeilerabstände nach Abb. 11.4.2/3. Der obere Randbalken kann durch einen Stahlbetonbalken z. B. unter Verwendung einer U-Schale oder entsprechen-

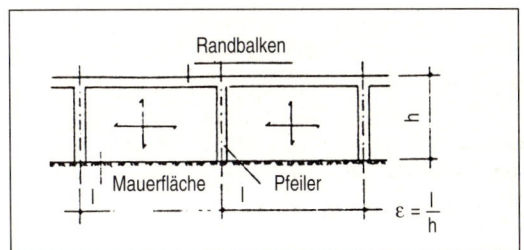

Abb. 11.4.2/1. Ausgesteifte Wände

Wanddicke	Höhe über Gelände			
[cm]	0 bis 8 m		8 bis 20 m	
	$\varepsilon = 1,0$	$\varepsilon \geq 2,0$	$\varepsilon = 1,0$	$\varepsilon \geq 2,0$
11,5	16	10,6	10,6	6,6
17,5	20	14	13	9
$\geq 24,0$	36	25	23	16
Seitenverhältnisse $1,0 > \varepsilon < 2,0$ können geradlinig interpoliert werden				

Abb. 11.4.2/2. Zulässige Größe der Mauerfläche ausgesteifter Wände

Wanddicke	Wandhöhe	Abstand der Pfeiler	Pfeiler St. 37-2*	Stahlbeton** b/d
[cm]	[m]	[m]		[cm]
11,5	0 – 2,00	5,00	IPE 140	12/24
	2,00 – 3,00	4,00		
17,5	0,70 – 2,00	6,00	IPE 200	24/18
	2,00 – 3,00	5,00		
$\geq 24,0$	1,30 – 2,00	8,00	IPE 260	24/24
	2,00 – 3,00	6,00		
* feuerverzinkt				
** Betongüte und Bewehrung nach statischer Berechnung				

Abb. 11.4.2/3. Pfeilerabstände bei Wandhöhen über 8,00 m

den Walzprofilen hergestellt werden. Zweckmäßig ist auch ein Stahlbetonfertigteil, das gleichzeitig als Abschlußhaube dient.
In der einschlägigen Literatur werden ebenfalls dreiseitig gehaltene Wände (ohne oberen Querriegel) angeboten (s. Abb. 11.4.2/4). Die Größe der Mauerfläche beträgt etwa 40 % der Fläche einer vierseitig gehaltenen Mauer. Sie

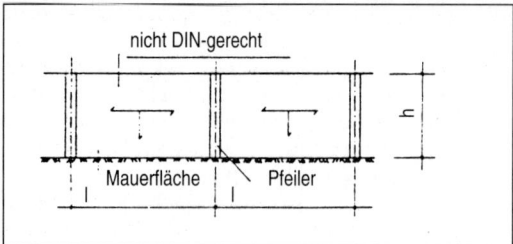

Abb. 11.4.2/4. Ausgesteifte Wand ohne Randbalken

Wanddicke [cm]	Wandhöhe [m]	Abstand der Pfeiler [m]	Pfeiler St 37-2*	Stahlbeton** b/d [cm]
11,5	0,30 – 2,00	2,00	IPE 140	12/24
17,5	0,70 – 2,00	2,50	IPE 200	24/18
24,0	1,20 – 2,00	3,50	IPE 260	24/24

* feuerverzinkt
** Betongüte und Bewehrung nach statischer Berechnung

Abb. 11.4.2/5. Pfeilerabstände bei Wänden ohne Randbalken

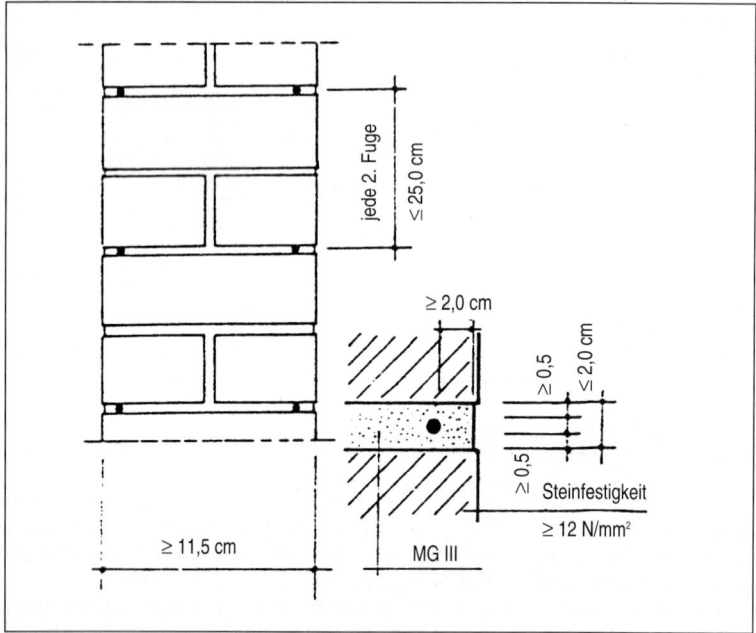

Abb. 11.4.2/6. Bewehrung von Mauerwerk

wird durch eine analoge Betrachtung einer dreiseitig gelagerten Platte gewonnen (s. Abb. 11.4.2/5).

Sollen Wände nur seitlich gehalten werden, besteht die Möglichkeit, das Mauerwerk zu bewehren. Verwendet wird Betonstabstahl BSt 500 S mit den Durchmessern 6 und 8 mm. Die Steinfestigkeit muß mindestens 12 N/mm^2 betragen. Der Mörtel muß MG III entsprechen, besonders dicht sein und sorgfältig aufgebracht werden (s. Abb. 11.4.2/6).

Die Bewehrungsstäbe dürfen glatt, gerippt oder profiliert sein. Die Bewehrung wird in jeder 2. Lagerfuge eingelegt. Es sind mindestens 4 Stäbe/m Wandhöhe mit einem Maximalabstand von 25,0 m anzuordnen. Die Stäbe werden über die ganze Feldlänge ohne Stoß verlegt und in den Pfeilern (Stahlbeton) gemäß DIN 1045 verankert. Bei freistehenden Wänden beträgt die Betonüberdeckung nom c = 3,5 cm. Der Abstand zwischen dem Stabstahl und dem Stein muß mindestens 5 mm betragen. Insgesamt darf die Lagerfuge die Dicke von 2,0 cm nicht überschreiten.

Empfohlene Pfeilerabstände für bewehrte Wände siehe Abb. 11.4.2/7.

Geländehöhe: 0 bis 8,00 m
Steinfestigkeit: 12,0 N/mm^2
Mörtelgruppe: MG III
Betonstahl: BSt 500 S

Die Pfeiler sind statisch nachzuweisen. Schalmaße und Bewehrung nehmen mit der Wandhöhe zu. Auf die Bewehrung der Mauerflächen hat die Mauerhöhe keinen Einfluß.

Wanddicke d [cm]	Pfeilerabstand e [m]	Betonstabstahl/m Bst III ø mm (beidseitig)
11,5	3,00	4 ø 6
17,5	5,00	4 ø 6
24,0	6,00	4 ø 6
	7,50	4 ø 8

Abb. 11.4.2/7. Pfeilerabstände für bewehrte, freistehende Wände

11.5 Mauerköpfe

Die Mauerkrone muß gegen Niederschlagsfeuchtigkeit mit großen Steinen oder Platten abgedeckt werden. Die Abdeckelemente sollen ein Seitengefälle von mindestens 0,5 % – bei einseitigen Mauern gegen den Hang – haben. Längsfugen sind in der Abdeckung nicht erlaubt. Stoßfugen sind senkrecht zur Mauerachse anzuordnen. Um das Wasser von der Ansichtsfläche fernzuhalten, ist eine Wassernase im Abstand von mindestens 3 cm von der Mauerkante erforderlich.

11.5.1 Hauben und Abdeckplatten

Bei Ziegelmauerwerk eignen sich besonders Betonfertigteilplatten, die in Zementmörtel MG III – möglichst mit Traßzusatz – verlegt werden (s. Abb. 11.5.1/1). Die Stoßfugen sind mit dauerplastischer Fugenmasse zu schließen. Ebenso eignen sich Zink- und Aluminiumbleche, die aufgenagelt oder -geschraubt werden (s. Abb. 11.5.1/2). Bei Zinkblechen werden die Nagel- oder Schraubköpfe durch aufgelötete Kappen geschlossen. Weiterhin können Welleternithauben, Dachziegel o. ä. Materialien verwendet werden.

Bei Natursteinmauern werden Abdeckplatten aus demselben Material verwendet. Sie sollten ebenfalls einen entsprechenden Überstand haben (s. Abb. 11.5.1/3).

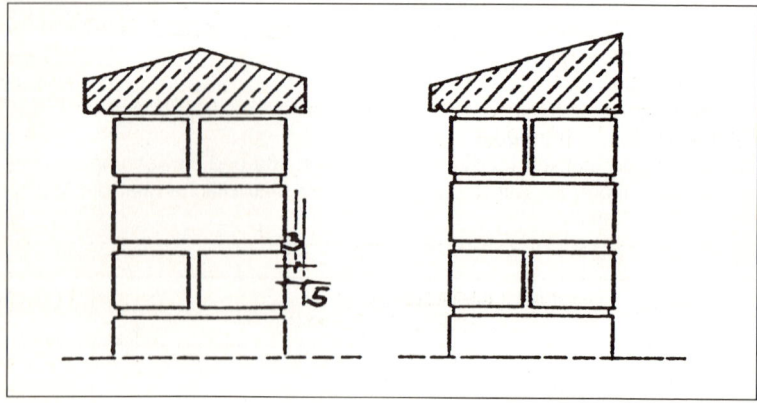

Abb. 11.5.1/1. Abdeckplatten aus Beton

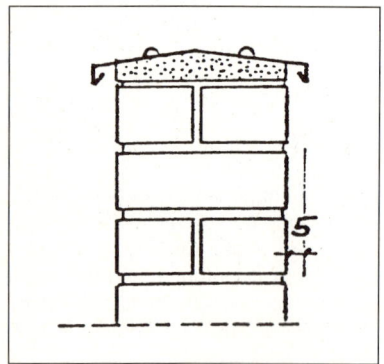

Abb. 11.5.1/2. Abdeckung mit Zinkblech o.ä.

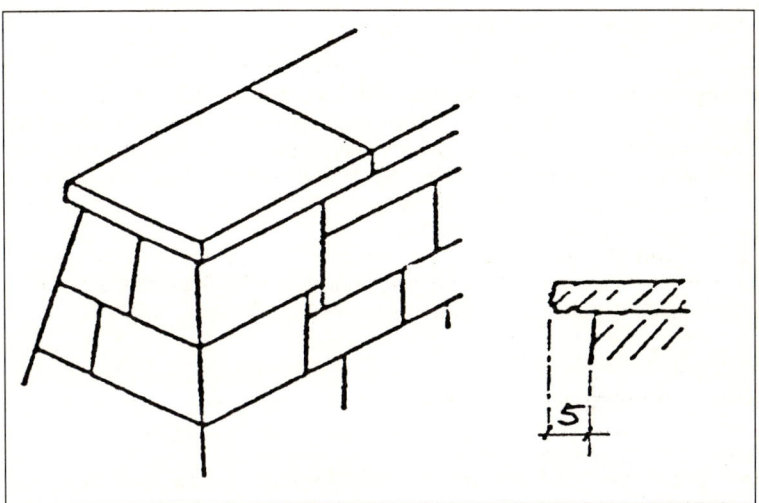

Abb. 11.5.1/3. Abdeckung von Natursteinmauern

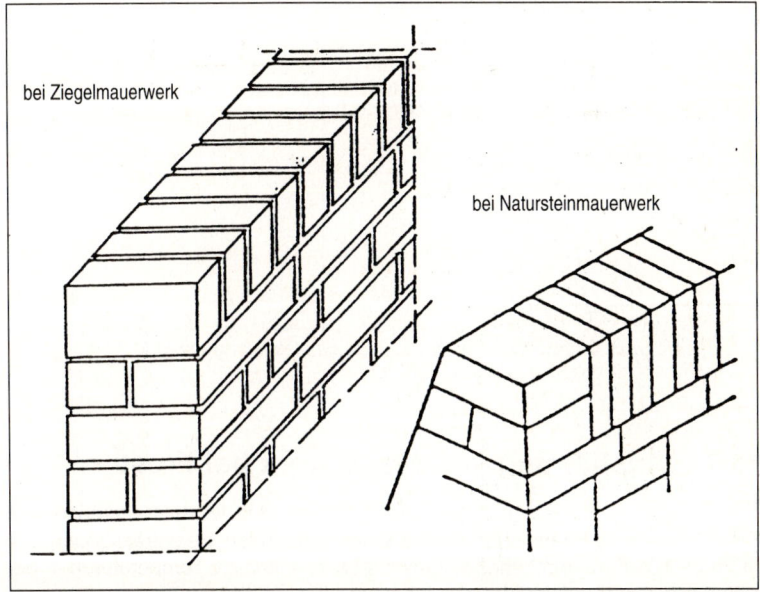

bei Ziegelmauerwerk

bei Natursteinmauerwerk

Abb. 11.5.2/1. Ausbildung von Rollschichten

11.5.2 Rollschichten

Rollschichten (s. Abb. 11.5.2/1) sind problematisch, da sich unter dieser Schicht oft Ausblühungen, Auslaugungen, vermooste oder zerstörte Fugen zeigen. Die Ursache liegt sehr oft in einer schlechten Wasserführung oder einer mangelhaften Ausführung. Es sollen daher bei Ziegelmauerwerk nur ungelochte Vollklinker verwendet werden, die mit Traßmörtel folgender Zusammensetzung gemauert werden:
1,0 RT hochhydraulischer Traßkalk und
2,5 RT Sand 0–3 mm.
Rollschichten sollen schwach geneigt sein, damit das Niederschlagswasser abfließen kann. Außerdem muß die Fuge hohlfrei vermörtelt werden.

11.6　Dossierung/Anlauf

Natursteinmauern sind materialaufwendig, besonders wenn sie als Stützmauern (Schwergewichtsmauern) verwendet werden. Um Material zu sparen, erhalten sie daher oft einen vorderen oder hinteren Anlauf/Dossierung (s. Abb. 11.6.1/). An der Sichtseite verhindert die Dossierung gleichzeitig ein optisches »Überhängen« der Mauer. Die Neigung beträgt 10–20 %.

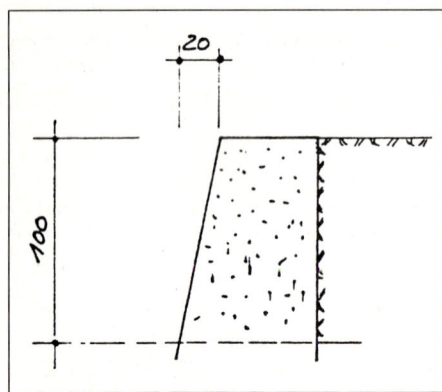

Abb. 11.6/1. Beispiel einer Dossierung von 20 %

11.7　Ausführung von Mauerwerk bei Frost

Bei niedrigen Temperaturen wird die Erhärtung des Mörtels verzögert, bei Frost tritt ein Stillstand ein, der zu einer bleibenden Beeinträchtigung der Mörtelfestigkeit führen kann. Mauerwerk kann daher bei Temperaturen in der Nähe des Gefrierpunktes nur unter besonderen Schutzmaßnahmen ausgeführt werden.

Diese sollen sein:

(1) Abdecken aller Baustoffe (Steine und Zuschläge) zum Schutz gegen Feuchtigkeit.

(2) Verwendung reiner Sande ohne bindige Bestandteile.

(3) Aufbereitung des Mörtels erst kurz vor der Verarbeitung.

(4) Erwärmen des Wassers oder des Zuschlags, so daß der Mörtel beim Auftrag eine Temperatur von mindestens + 10°C hat. Es dürfen keine gefrorenen Zuschläge verwendet werden.

(5) Abdecken des frisch erstellten Mauerwerks, um das Abfließen der Hydratationswärme zu verhindern.

Auf gefrorenem Mauerwerk darf nicht weitergemauert werden. Ebenso ist zu prüfen, ob Mauerwerk bereits durch Frost geschädigt ist. In diesem Fall ist es abzutragen. Der Einsatz von Tausalzen vor dem Weitermauern ist nicht zu empfehlen, da infolge chemischer Prozesse im Mörtel (Festigkeitsverlust) und in den Steinen (Ausblühen) auftreten können.

11.8 Gründung

Unter Gründung versteht man das Absetzen eines Bauwerks auf den Baugrund (Boden). Hierbei übernimmt das Gründungsbauwerk (Fundament) i. w. zwei wichtige Funktionen. Es muß erstens die Lasten sicher in den Untergrund leiten und zweitens den Baukörper vor Schäden (Setzungsrisse, aufsteigende Feuchtigkeit, etc.) schützen. Aus diesen Gründen ist die richtige Wahl der Fundamente ein wesentlicher Faktor für die Güte des darauf zu errichtenden Bauwerks.

11.8.1 Baugrund

Der Baugrund wird wegen seines unterschiedlichen Verhaltens bei Belastung nach DIN 1054 unterteilt in gewachsenen Boden, Fels (Festgestein) und geschütteten Boden.

11.8.1.1 Gewachsener Boden

Man spricht von einem gewachsenen Boden, wenn er durch einen abgeklungenen, erdgeschichtlichen Vorgang entstanden ist. Folgende Hauptgruppen werden unterschieden:

(1) Nichtbindiger Boden:
Nichtbindige Böden sind i. w. grobkörnige oder gemischtkörnige Böden nach DIN 18196 (Sand, Kies, Steine), wenn der Gewichtsanteil der Bestandteile mit Korngrößen über 0,06 mm kleiner 15 % ist.

(2) Bindige Böden:
Hier handelt es sich um Tone, tonige Schluffe sowie um Mischungen mit nichtbindigen Böden, wenn der Gewichtsanteil der Korngrößen unter 0,06 mm größer 15 % ist.

(3) Organische Böden:
Organische Böden sind Torf, Faulschlamm oder Böden nach (1) oder (2),

wenn der Gewichtsanteil organischer Bestandteile bei nichtbindigen
Böden mehr als 3 %, bei bindigen Böden mehr als 5 % beträgt.

11.8.1.2 Fels

Im Rahmen der DIN 1054 werden alle Festgesteine als Fels bezeichnet.

11.8.1.3 Geschütteter Boden

Unter einem geschütteten Boden versteht man einen Baugrund, der durch
Aufschütten oder Aufspülen hergestellt worden ist. Geschütteter Boden kann
verdichtet oder unverdichtet sein. Er gilt als verdichtet, wenn er entsprechend
DIN 18127 einen Verdichtungsgrad von 100 % aufweist.

11.8.2 Baugrundverhalten

Belastete Fundamente erzeugen im Baugrund Spannungen und Verformungen, die der Bodenart entsprechende, unterschiedliche Reaktionen hervorrufen (s. auch Kapitel 4 – Erdbau).

11.8.2.1 Setzungen

Durch die Bauwerkslasten entstehen im Baugrund vertikale Verschiebungen
(Setzungen), i. w. durch das Zusammendrücken der oberen Bodenschichten.
Gleichmäßige Setzungen gefährden nicht die Standsicherheit und führen nicht
zu Bauwerksschäden. Erst wenn durch unterschiedliche Lasten oder hetero-
gene Bodenverhältnisse Setzungsunterschiede entstehen, sind Schäden am
Bauwerk zu erwarten. Diese können durch Stahlbetonfundamente oder durch
Ausbildung von Raumfugen verhindert werden. Bei nichtbindigen Böden treten die Setzungen weitgehend beim Aufbringen der Last (während der Bauzeit) auf. Hier wird das Korngerüst je nach Lagerungsdichte durch Umlage-
rung der Bodenteilchen zusammengedrückt. Die Setzungen sind i. a. kleiner
als bei bindigen Böden.
Bei bindigen Böden hängt die Größe der Setzung von der Verformbarkeit des
Korngerüstes ab. Sie erstreckt sich über einen längeren Zeitraum, während-
dessen das Wasser aus den Poren verdrängt wird. Dabei tritt zunächst ein
Porenwasserüberdruck ein, dessen Abklingen bei gleicher Abgabe von Poren-
wasser ein Maß für die Konsolidierung des Bodens ist.

11.8.2.2 Grundbruch

Bei zunehmender Last wird der Boden seitlich verdrängt, bis das Fundament
schließlich im Boden versinkt. Dieses Verhalten nennt man Grundbruch. Die
Grundbruchgefahr wächst mit abnehmender Breite und Einbindetiefe des
Fundaments, mit abnehmender Scherfestigkeit des Bodens sowie mit zunehmender Exzentrizität und Neigung der Last. Sie nimmt bei steigendem Grund-
wasserspiegel und abnehmender Rohdichte des Bodens zu. Bei bindigen
Böden spielt die Höhe des Wassersättigungsgrades eine wichtige Rolle, da
bei schneller Belastung durch Fundamente evtl. die Scherfestigkeit im Boden
nicht mit der Zunahme der Druckspannungen Schritt hält. Bei Stützmauern
oder Böschungen kann der Grundbruch auch als Geländebruch auftreten.

11.8.2.3 Kippen und Gleiten

Bodenplatten von Stützbauwerken, die vornehmlich Horizontalkräfte aufnehmen, werden auf Kippen und Gleiten beansprucht. Beim Kippen dreht sich theoretisch das Fundament ohne vorausgehende Bodenverformung und Grundbruch um seine Kante, sobald die Kraftresultierende diese überschreitet. Ein Bauwerk gleitet, wenn die in der Sohlfläche angreifende Horizontalkraft größer ist als die entgegenwirkende Scherkraft. Die Gefahr des Gleitens verringert sich, wenn vor dem Bauwerk Boden liegt, der einen Erdwiderstand aufbauen kann.

11.8.3 Flächengründungen

Im Landschaftsbau werden fast nur Flächengründungen ausgeführt. Damit wird eine Gründungsart bezeichnet, die alle anfallenden Lasten (senkrechte, geneigte, mittige und ausmittige) in der Sohlfläche abträgt, unabhängig davon, ob es sich um eine Flach- oder Tiefgründung handelt. Die zulässige Belastung des Bodens ist begrenzt durch die für das Bauwerk erträglichen Setzungen und einer ausreichenden Grundbruchsicherheit. Die Werte können i. d. R. den Tabellen der DIN 1054 entnommen werden. Sicherheiten gegen Kippen und Gleiten sind bei entsprechender Belastung ebenfalls mit einzubeziehen.

Im Landschaftsbau handelt es sich in sehr vielen Fällen um Bauwerke von untergeordneter Bedeutung oder um Bauwerke mit geringer Flächenbelastung. In diesen Fällen kann von einer frostfreien Gründungstiefe (mindestens 80 cm unter OK Boden) abgesehen werden. Die Gründung muß aber frostbeständig ausgeführt sein. Zwischen der Fundamentsohle und dem Baugrund ist in diesem Fall eine verdichtete Frostschutzschicht aus Sand/Kies oder Schotter von mindestens 25 cm Dicke einzubauen.

Die Art der Gründung ist von der Beschaffenheit des zu gründenden Bauwerks abhängig. So kann bei einer Trockenmauer auf die Ausbildung eines starren Fundamentes verzichtet werden, da diese Mauer auf Grund ihrer unstarren Bauweise Bewegungen aus Setzungen oder Auffrieren unbeschadet abbaut.

Es genügt daher, unter Trockenmauern oder Blockstufen in geringer Anzahl ein verdichtetes Lager aus Schotter oder Schlacke anzuordnen.

Mit Mörtel hergestellte Mauern oder größere Treppenanlagen sind auf einem starren Fundamentkörper frostfrei zu gründen. Die Gründungssohle muß mindestens 0,80 m unter Geländeanschluß liegen, in besonders gefährdeten Gebieten kann eine Tiefe bis zu 1,50 m erforderlich werden.

Die Fundamentkörper werden wie folgt unterschieden:

(1) Streifenfundamente:

Streifenfundamente haben die Form eines Balkens und liegen i. a. gleichmäßig auf dem Untergrund auf (elastisch gebettet). Die Breite sollte schon aus Gründen des Bodenaushubs 40 cm nicht unterschreiten. Bei unbewehrten Fundamenten ist die Fundamenthöhe so zu wählen, daß die Abtragung der Last unter einer Neigung von 1/n nicht überschritten wird (s. Abb. 11.8.3/1).

Bodenpressung [MN/m²]	0,10	0,20	0,30
B 5	1,6	2,0	2,0
B10	1,1	1,6	2,0
B15	1,0	1,3	1,6
B25	1,0	1,0	1,2

Abb. 11.8.3/1. n-Werte der Lastausbreitung nach DIN 1045

Die Fundamentsohle muß stets horizontal liegen. Bei Hanggelände kann ein Fundament unter Einhaltung der Frostfreiheit senkrecht abgestuft werden. Das Mauerwerk soll an der Fundamentoberkante überstehen (Sockelausbildung), damit eine Tropfkante möglich wird.

(2) Punktfundamente:
Unter Stützen und Pfeilern werden i. a. Einzelfundamente mit quadratischer oder rechteckiger Grundfläche angeordnet. Diese geben die Last punktförmig an den Baugrund ab. Da hierbei eine räumliche Tragwirkung des Fundamentkörpers berücksichtigt werden kann, dürfen bis zu einem Seitenverhältnis von 2 und bei Kreisfundamenten die zulässigen Bodenpressungen i. a. um 20 % erhöht werden.

(3) Plattenfundamente:
Fundamentplatten sind flächenartige Fundamentkörper, die ganzflächig aufliegen und elastisch gebettet sind. Sie werden in Stahlbeton ausgeführt und sollen eine Dicke von 15 cm nicht unterschreiten. Die Randbereiche sind besonders beansprucht und erhalten daher i. a. eine obere und untere Bewehrung.
Unter der Platte ist eine Sauberkeitsschicht von d = 5 cm (B 10 o. ä.) anzuordnen. Im Landschaftsbau werden vorwiegend Wasserbecken in dieser Form ausgeführt.

(4) Senkbrunnengründung:
Soll im Grundwasserbereich gegründet werden, so ist eine Flächengründung über eine Absenkung von Betonbrunnenringen geeignet. Die Brunnenringe werden durch Ausräumen des Innenraumes abgesenkt und anschließend mit Beton gefüllt. Die Lastabtragung entspricht der eines Kreisfundamentes. Der Ring hat dabei die Funktion der Schalung übernommen.

11.9   Treppen

11.9.1   Grundlagen

11.9.1.1 Stufenarten, Maßbegriffe, Plandarstellung
siehe Abb. 11.9.1/1.

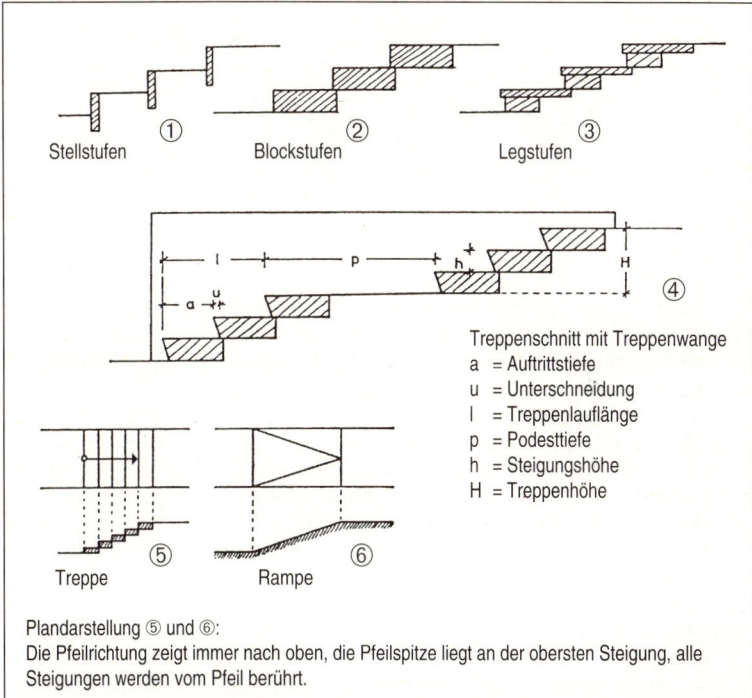

① Stellstufen ② Blockstufen ③ Legstufen

④ Treppenschnitt mit Treppenwange
a = Auftrittstiefe
u = Unterschneidung
l = Treppenlauflänge
p = Podesttiefe
h = Steigungshöhe
H = Treppenhöhe

⑤ Treppe ⑥ Rampe

Plandarstellung ⑤ und ⑥:
Die Pfeilrichtung zeigt immer nach oben, die Pfeilspitze liegt an der obersten Steigung, alle Steigungen werden vom Pfeil berührt.

Abb. 11.9.1/1. Stufenarten, Maßbegriffe, Plandarstellung

11.9.1.2 Treppenläufe

Unterschieden werden gerade (s. Abb. 11.9.1/2a) und gewendelte Treppen-läufe (s. Abb. 11.9/1b).

11.9.1.3 Treppenneigung

Die Neigung einer Treppe wird durch die Steigungshöhe h und Auftrittstiefe a gekennzeichnet (z. B. 12/39 = 12 cm Steigungshöhe und 39 cm Auftrittstiefe). Die Auftrittstiefe wird in der Lauflinie gemessen.

11.9.1.4 Lauflinie

Die Lauflinie liegt bei geraden Treppen in der Treppenmitte, bei gewendelten etwa 35 cm von der Handlaufmitte entfernt. Sie spielt eine wesentliche Rolle bei der Bemessung der Stufentiefen bei gewendelten Treppen. Die Stufentiefe muß hier 15 cm, vom inneren Stufenrand > 10 cm betragen.

11.9.1.5 Unfallsicherheit

Die Unfallsicherheit ist abhängig vom Steigungsverhältnis. Unfälle entstehen i. a. durch Abrutschen oder Hängenbleiben, vorwiegend beim Abwärtsgehen.

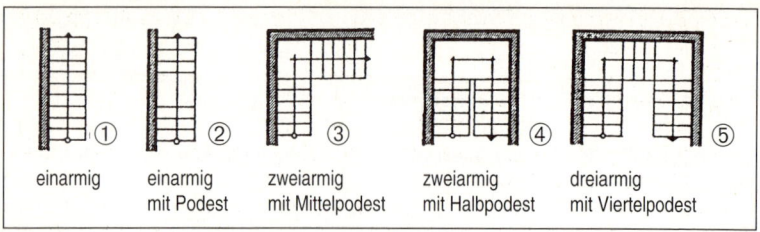

| einarmig | einarmig mit Podest | zweiarmig mit Mittelpodest | zweiarmig mit Halbpodest | dreiarmig mit Viertelpodest |

Abb. 11.9.1/2a. Gerade Treppenläufe

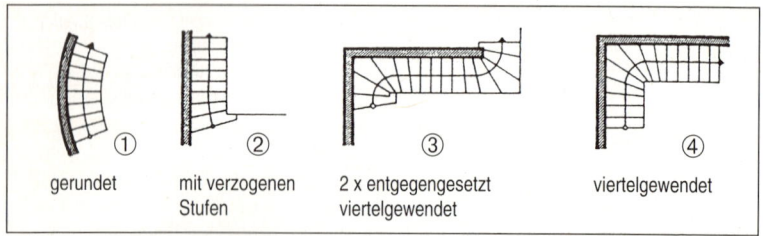

| gerundet | mit verzogenen Stufen | 2 x entgegengesetzt viertelgewendet | viertelgewendet |

Abb. 11.9.1/2b. Gewendete Treppenläufe

Einzelstufen sollen vermieden werden, da man diese leicht übersieht. In einem Treppenlauf erhalten alle Stufen gleiche Stufenmaße.

Die Unfallgefahr wächst mit einer Steigungshöhe unter 14 oder über 20 cm. Die Auftrittstiefen werden von Berufsgenossenschaften mit 26 bis 32 cm als am günstigsten angegeben. Dies gilt vorwiegend in Gebäuden. Derartige Stufen wirken im Freien/Garten nicht immer elegant.

Handläufe sind ab 5 Steigungen einseitig, ab 10 Steigungen beidseitig anzubringen (örtliche Bauvorschriften beachten). Die Handlaufhöhe beträgt 85 bis 90 cm, senkrecht über der Stufenmitte gemessen.

Die Mindestbreite von Treppen beträgt 60 cm.

11.9.2 Steigungsverhältnis

Für die Bemessung des Steigungsverhältnisses sind drei Größen maßgebend: Schrittmaß, Bequemlichkeit und Sicherheit.

Für die Bemessung gibt es bisher keine einheitliche Formel, die alle 3 Größen berücksichtigt. Im Garten- und Landschaftsbau, d. h. für Treppen im Freien wird der Schrittmaßformel der Vorrang eingeräumt.

11.9.2.1 Schrittmaß

Die Schrittlänge in der Ebene verringert sich zunehmend, je größer eine Steigung bzw. die Steigungshöhe wird. Bei Treppen beträgt sie im Durchschnitt

63 cm. Bei senkrechtem Steigen auf Leitern verringert sie sich auf etwa 30 bis 31 cm.
Die Schrittmaßformel lautet:
doppelte Steigungshöhe + Auftrittstiefe = Schrittmaß
[2 · h + a = 63 cm].
Zur Errechnung der Treppenhöhe H wird die Steigungshöhe h um das Stufengefälle (0,5 oder 1 cm) erhöht.
ALWIN SEIFERT geht nicht von der Durchschnittsschrittlänge von 63 cm aus, sondern variiert sie je nach der Steigungshöhe mit (2 · h + a) zwischen 62 und 78 cm (s. Abb. 11.9.2/1).

Steigungshöhe h [cm]	Auftrittstiefe a [cm]	Schrittlänge 2 h + a [cm]
8	62	78
9	58	76
10	54	74
11	50	72
12	46	70
13	42	68
14	38	66
15	34	64
16	30	62

Abb. 11.9.2/1. Steigungsverhältnisse nach Seifert

11.9.2.2 Bequemlichkeit

Nach dem Schrittmaß berechnete Trpepen sind nur bequem, wenn ihre Bemessungszahlen in die Bequemlichkeitsformel passen:
Auftrittstiefe − Steigungshöhe = 12 cm
[a − h = 12 cm].

11.9.2.3 Sicherheit

Eine ausreichende Sicherheit beim Begehen einer Treppe ist gegeben, wenn die Sicherheitsformel berücksichtigt ist:
Auftrittstiefe + Steigungshöhe = 46 cm
[a + h = 46 cm].

11.9.2.4 Beispiele für Steigungsverhältnisse

Die Abb. 11.9.2/2 zeigt Steigungsverhältnisse bei Anwendung von jeweils einer der drei Formeln, jedoch bei Einhaltung einer einheitlichen Steigungshöhe von 12 cm.
Den Zahlen in Abb. 11.9.2/3 ist jeweils die Schrittmaßformel zugrunde gelegt.
Aus den so gewonnenen Steigungsverhältnissen sind die Formelwerte für Bequemlichkeit und Sicherheit errechnet.

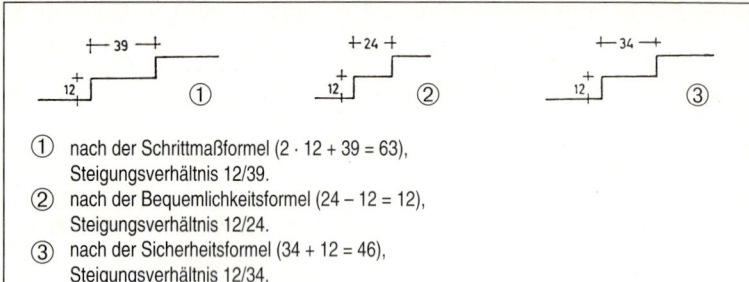

① nach der Schrittmaßformel (2 · 12 + 39 = 63),
    Steigungsverhältnis 12/39.
② nach der Bequemlichkeitsformel (24 − 12 = 12),
    Steigungsverhältnis 12/24.
③ nach der Sicherheitsformel (34 + 12 = 46),
    Steigungsverhältnis 12/34.

Abb. 11.9.2/2. Anwendung der Steigungsformel

Formel	Formel-sollwert	Steigungsverhältnis								
		12/39	13/37	14/53	15/33	16/31	17/29	18/27	19/25	20/23
	[cm]	ergibt als Formelwerte in cm								
Schrittmaß 2 h + a	63	63	63	63	63	63	63	63	63	63
Bequemlichkeit a − h	12	27	24	21	18	15	12	9	6	3
Sicherheit a + h	46	51	50	49	48	47	46	45	44	43

Abb. 11.9.2/3. Steigungsformeln im Vergleich

Die Steigungsverhältnisse in dem stark umrandeten Bereich kommen den Formelwerten am nächsten und sind deshalb für längere Treppenläufe unbedingt zu bevorzugen. Bei einer geringen Anzahl von Steigungen kann jedoch im Interesse einer besseren Wirkung mit flacheren Steigungshöhen gearbeitet werden.
Bei der Ermittlung der Treppenlaufhöhe H ist ein Zuschlag von 0,5 oder 1 cm Gefälle/Stufe zu den Steigungshöhen h hinzuzurechnen.

11.9.2.5 Podestlängenberechnung
siehe Abb. 11.9.2/4.
Formel:
Podestlänge = Auftrittstiefe + Anzahl der Schritte · 63 cm
        [p = a + n · 63].
Beispiel: Steigungsverhältnis h/a: 14/35
(in h = 14 cm ist das Stufengefälle enthalten).
Es sollen auf dem Podest 3 Schritte gemacht werden.
Podestlänge p = 35 + 3 + 63 = 2,24 m.

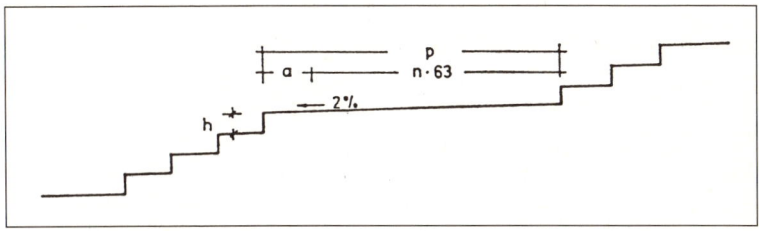

Abb. 11.9.2/4. Podestlängenberechnung

11.9.3 Treppenlaufbreiten

Für Freitreppen vor Gebäuden können folgende Breiten der Treppenläufe geplant werden:

1 Person	1,00 m
2 Personen gleichzeitig nebeneinander	1,30 m
3 Personen gleichzeitig nebeneinander	1,90 m

Bei der Festlegung von Treppenbreiten sind weiterhin die jeweiligen Versammlungsstätten-Verordnungen bzw. Bauordnungen mit heranzuziehen.
Die erforderliche Treppenbreite kann auf Treppen verteilt werden. Bei Treppen mit einer Breite über 2,50 m ist i. a. ein Zwischenhandlauf auszuführen.

11.9.4 Verziehen von Stufen

11.9.4.1 Abwicklungsverfahren

Arbeitsweise zu Abwicklungsverfahren (s. Abb. 11.9.4/1):

(1) im Grundriß:
Treppenbegrenzungen und Gehrungslinie (– · – · – · –) zeichnen;
Mittellinie und Innenbogen suchen;
Auftrittstiefen, an Gehrungslinie beginnend, auf Mittellinie abtragen;
Gerade Auftritte 1, 2, 3, 10, 11 auftragen.

(2) im Abwicklungsschnitt:
auf der Senkrechten Steigungshöhen für 1. bis 11. Steigung abtragen und Horizontale zeichnen;
auf der 0-Horizontalen die Längen der Treppeninnenkantenabwicklung für Steigungen 1, 2, 3, 10, 11 abtragen und Senkrechte errichten;
Schnittpunkte ergeben Treppenverlauf 1 bis 3 und 10 bis 11;
in Schnittlinie 3 mit 10 verbinden, halbieren und auf den Halbstrecken Mittellote errichten; recht Winkel auf Hilfslinien 1 bis 3 und 10 bis 11 ergeben M_1 und M_2 im Schnittpunkt als Kreismittelpunkte für S-förmig verlaufende Abwicklungslinie 3 bis 10;
Schnittpunkte dieser Linie mit Steigungshöhen-Horizontalen ergeben auf Schnittlinie Punkte 4 bis 9 (Stufenvorderkanten);
abgelotete Punkte 4 bis 9 auf die Abwicklungslinie im Grundriß übertragen.

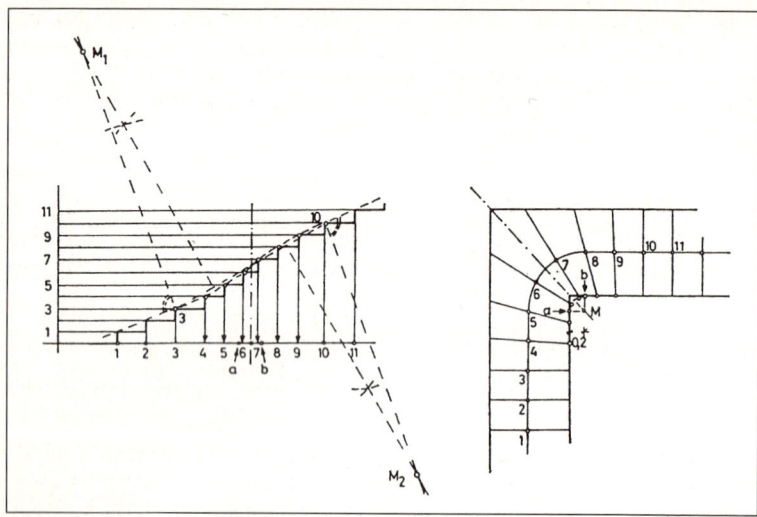

Abb. 11.9.4/1. Abwicklungsverfahren

11.9.4.2 Grundrißverfahren

Arbeitsweise zu Grundrißverfahren (s. Abb. 11.9.4/2):

(1) Treppenbegrenzungen und Gehrungslinie (– · – · – · –) zeichnen;

(2) Mittellinie in der Treppenmitte suchen und Auftrittstiefen, an Gehrungslinie beginnend, abtragen;

(3) Festlegen der Punkte A_1, A_2, B_1, B^2;

(4) Kreisbögen A_1B_1 um A_1 und A_2B_2 um A_2 ergeben C_1 und C_2;

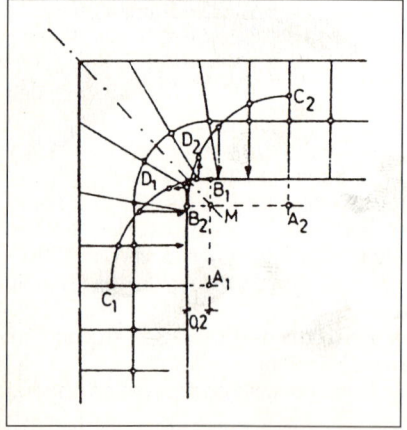

Abb. 11.9.4/2. Grundrißverfahren

(5) Innenbreite der Eckstufe mit 15 cm Auftrittstiefe eintragen; Senkrechte ergeben D_1 und D_2 auf den Kreisbögen;

(6) C_1D_1 und C_2D_2 in Anzahl der fehlenden Stufen teilen = in 3 Teile; Lote ergeben auf Treppeninnenseite die fehlenden Steigungspunkte, die mit denen auf der Mittellinie zu verbinden sind.

11.9.5 Treppengründungen

Treppen müssen auf dem gewachsenen Boden frostfrei gegründet sein (s. Abb. 11.9.5/1). Würden hierbei hohe Gründungskosten nicht vertreten werden können, müssen frostfreie Bauarten gewählt werden:

Auflegen von Blockstufen auf abgerüttelte Schlackenunterlage oder

Einbau von Stufenfertigteilen mit sehr großen Auflagern und elastischen Verbindungen, wenn der Boden nicht frostgefährdet ist.

11.9.5.1 Fundamentabstufungen

Alle tragenden Fundamentsohlen liegen grundsätzlich waagerecht. Bei großen Höhendifferenzen kann abgestuft werden. Hierbei muß die geringste Entfernung zwischen Oberfläche und Fundierungssohle > 0,80 m sein [s. Abb. 11.9.5/1 (1)].

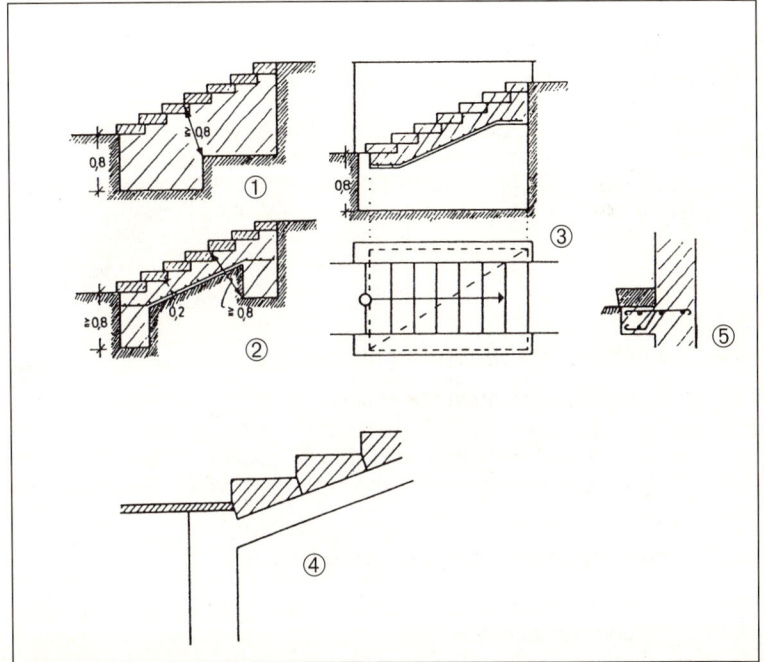

Abb. 11.9.5/1. Fundamentformen

11.9.5.2 Stahlbetonplatten

Bei langen Treppenläufen oder großen Gründungstiefen kann eine Stahlbetonplatte auf ein oberes und unteres Streifenfundament aufgelegt werden. Hierbei gelten die Frostsicherheitsangaben [s. Abb. 11.9.5/1 (2)].

Führt die Treppe Wangen, so kann die Stahlbetonplatte auf die seitlichen Wangenfundamente aufgelegt werden. Im Grundriß zeigt die gestrichelte Linie die Ausmaße der Bewehrung. Hierbei brauchen die aufzulegenden Stufen nicht mit in das seitliche Mauerwerk einzubinden [s. Abb. 11.9.5/1 (3)].

Es ist auch möglich, die Stufenauflage schräg zu betonieren, wenn Spezialblockstufen aufgelegt werden, die sich gegenseitig von unten nach oben stützen und die mit dem untersten Stufenblock gegen ein Widerlager gespannt sind [s. Abb. 11.9.5/1 (4)].

11.9.5.3 Einzelne Hauseingangsstufen

Hauseingangsstufen werden zweckmäßig aus dem aufgehenden Mauerwerk vorkragend bewehrt, da der hinterfüllte Boden nicht tragfähig ist [s. Abb. 11.9.5/1 (5)].

11.9.6 Tagwasserführung

Bei größeren Treppenläufen muß am Kopf und Fuß das Tagewasser in Einfallschächten (Kastenrinnen) in der vollen Stufenbreite abgefangen werden (s. Abb. 11.9.6/1).

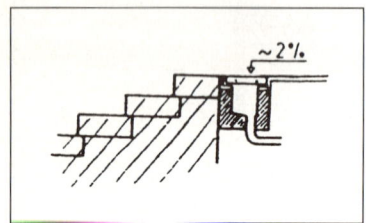

Abb. 11.9.6/1. Entwässerung

11.9.7 Seitliche Treppenbegrenzungen

11.9.7.1 Wangenlose Treppenführungen

Der seitliche Erdanschluß kann über die vordere oder über die hintere Auftrittsflächenbegrenzung geführt werden. Die Beispiele in Abb. 11.9.7/1a (1) und (2) zeigen die daraus entstehenden unterschiedlichen Grundrisse und Schnitte.

11.9.7.2 Wangenbegrenzungen an Treppenläufen

s. Abb. 11.9.7/1b (3) und (4).

11.9.7.3 Treppenwangenhöhe

Die gewünschte Wangenhöhe ist an dem horizontalen und den Steigungsstrecken gleich. Bei letzteren wird die Höhe senkrecht über der Auftrittsmitte

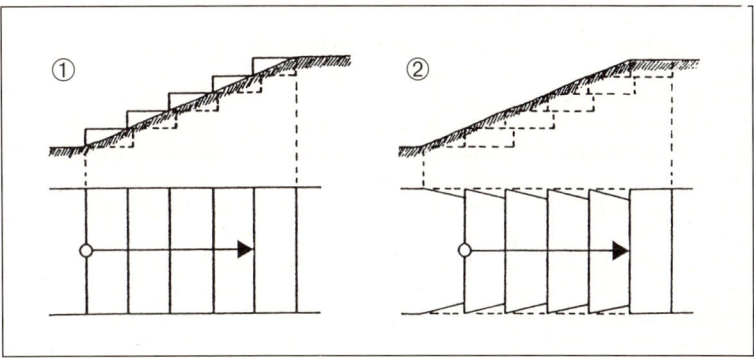

Abb. 11.9.7/1a. Wangenlose Treppenführungen

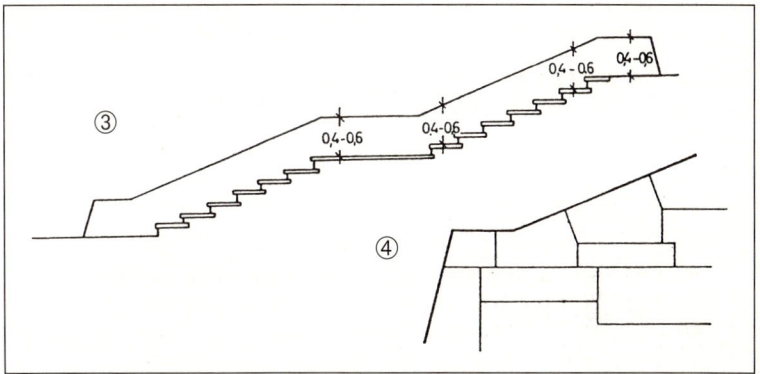

Abb. 11.9.7/1b. Wangenbegrenzungen an Treppenläufen

gemessen. Die Knickstellen im Kopf ergeben sich zwangsläufig [s. Abb. 11.9.7/1b (3)].

11.9.7.4 Fugenschnitt am Wangenkopf

Die Stoßfugen werden jeweils senkrecht zur Oberfläche geführt und an der obersten Lagerfuge senkrecht nach unten abgewinkelt [s. Abb. 11.9.7/1b (4)].

11.9.7.5 Treppenwangen bei Maueranlauf

Treppenführungen zwischen Wangen, deren Ansichtsflächen einen Anlauf haben, werden – wenn die Wangen parallel zur Treppenachse stehen – am oberen Ende breiter. Muß die Wegeführung die gleiche Breite behalten, so muß der Winkel zwischen der durchgehenden Mauer und den Wangen > 90° sein. Bei der Grundplandarstellung ist zu beachten, daß die seitlichen Auftrittsbegrenzungen immer parallel zu den Mauerköpfen laufen. Der Grundplan ist am einfachsten aus einer darunter gezeichneten Ansicht nach oben zu entwickeln.

Ausführungsarten:

Treppe mit senkrechten Wangen [s. Abb. 11.9.7/2 (1)];

Treppe mit anlaufenden Wangen und sich verbreitender Wegeführung [s. Abb. 11.9.7/2 (2)];

Treppe mit anlaufenden Wangen und gleichbleibender Wegebreite [s. Abb. 11.9.7/2 (3)].

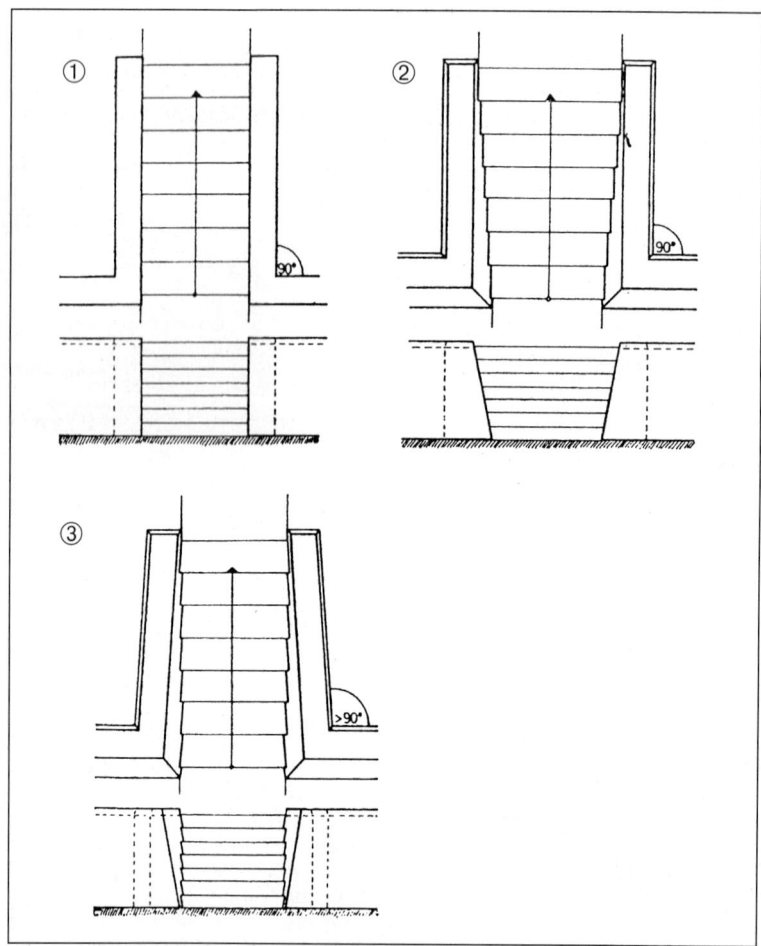

Abb. 11.9.7/2. Treppenwangen bei Maueranlauf

11.9.8 Treppengeländer

Treppenführungen mit mehr als 3 Steigungen benötigen eine Sicherung. Bei Stufenführung einer Wand genügt an dieser oft ein einfacher Handlauf. Handläufe sind 0,85 bis 0,90 m über der Mitte der Auftrittsfläche zu führen. Die Anbringung kann entsprechend Abb. 11.9.8/1 nach verschiedenen Möglichkeiten gewählt werden.

11.9.8.1 Stabgitter

Stahlgeländer mit mindestens zwei Stäben je Stufe. Alle Stäbe sind in die Stufe eingelassen und die Verbindungsstellen mit einer Scheibe abgedeckt. Alle Stäbe sind Handlaufträger [s. Abb. 11.9.8/1 (1)].

11.9.8.2 Geländer mit Stabträgern

Tragstäbe stehen in der Stufenmitte. Ihre Verteilung muß in Beziehung zur Gesamttreppenführung stehen. Die Zwischenfelder können beliebig ausgefüllt werden [s. Abb. 11.9.8/1 (2)].

11.9.8.3 Anordnung der Tragstäbe am Stufenrand

Anordnungsmöglichkeiten:
auf der Stufe [s. Abb. 11.9.8/1 (3)];
neben der Stufe [s. Abb. 11.9.8/1 (4 und 5)].
Trägerbefestigung:
senkrecht [s. Abb. 11.9.8/1 (6)];
seitlich, waagerecht [s. Abb. 11.9.8/1 (7)].
Holzgeländer sind sinngemäß abzuwandeln.

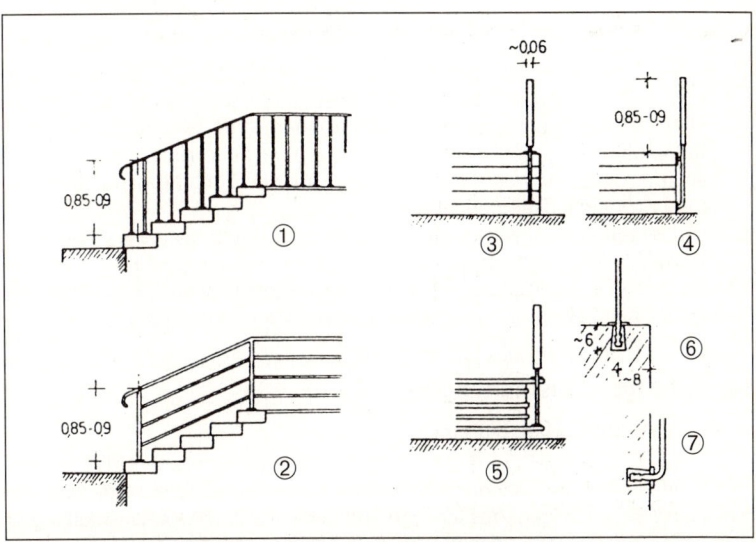

Abb. 11.9.8/1. Treppengeländer

11.10 Ausblühungen an Mauerwerk und Beton

Ausblühungen sind weiße, lockere Niederschläge auf der äußeren Wandoberfläche, die – meist von Lagerfugen ausgehend – nach unten auslaufen, gelegentlich auch ganze Mauerteile überziehen. Von oben, seitlich oder aus dem Boden zutretendes Wasser transportiert mit dem Wärmefluß innerhalb der Mauer wasserlösliche Stoffe zur Steinoberfläche und schlägt diese dort bei der Wasserverdunstung nieder. Die wasserlöslichen Stoffe können aus verschiedenen Baustoffen ausblühen: aus Ziegeln, Anmachwasser, Mörtel, gelegentlich sollen sie auch aus dem Erdreich zutreten.

11.10.1 Mauersalpeter – nach KOHL

Dieser ist stickstoffhaltiges Kalksalpetersalz (Calciumnitrat), welches nur unter Bakterieneinfluß im Mauerwerk von Ställen und Jauchegruben entsteht und zur Mauerzerstörung führen kann (Sperrputz erforderlich!).

11.10.2 Ziegelausblühungen – nach CHARISTUS

Wasserlösliche Salze im Ziegel (Klinker) – vorzugsweise Sulfate, seltener Alkalicarbonate, niemals Nitrate – wandern zur Steinoberfläche und schlagen sich dort nieder.
Behandlung der Ausblühflächen:
(1) Feuchtigkeitszutritt verhindern durch
horizontale Sperrisolierung in der Lagerfuge über dem Erdanschluß,
durch Abisolierung der Erdanschlußflächen,
durch dichte Mauerkopfausbildung.
(2) Ist dies gewissenhaft geschehen, so sind unverputzte Ziegel- und Natursteinmauerflächen am besten sich selbst zu überlassen. Da Salze nur bei innerer Mauerfeuchtigkeit ausblühen können, hört das Ausblühen nach Maueraustrocknung und Verhinderung neuen Feuchtigkeitszutrittes von selbst auf. Besonderes Augenmerk muß auf die Dichtung gegen hinzutretende Erdfeuchtigkeit gerichtet werden.
(3) Vorübergehende Beseitigung des Belages ist durch trockenes Abbürsten möglich. Naßbehandlungen – auch mit verdünnter Salzsäure nach Vornässen und mit Nachwaschen – laufen dem angestrebten Erfolg entgegen, weil sie alle Salze nur wieder ins Mauerwerk zurücktreiben.

11.10.3 Mörtelausblühungen

11.10.3.1 Kalkmörtelausblühungen – nach KOHL

Kohlensaurer Kalk ($CaCO_3$) des Mörtels wird gelöst, als wasserlöslicher, doppelkohlensaurer Kalk transportiert und als kohlensaurer Kalk niedergeschlagen. Nach BAUER neigen Wasser- und Luftkalke stärker zu Kalkausblühungen. Er empfiehlt für unverputztes Mauerwerk die Verwendung von hochhydraulischem Kalk. Keinen reinen Zementmörtel verwenden!

11.10.3.2 Ausblühungen aus Stoffen im Anmachwasser – nach BAUER

Ausblühungen, die keine Kalkausblühungen sind, rühren zu 90 % erfahrungsgemäß aus dem Anmachwasser her. Es sind wasserlösliche Salze, meist
Sulfate, besonders Natriumsulfat. Möglichst Leitungswasser verwenden!

11.10.3.3 Zementmörtelausblühungen – nach HUMMEL

Der Durchgang weichen Wassers durch Mauermörtel oder undichten Beton
löst Kalkanteil des Zementes und z. T. auch Tonerde heraus und bildet an
Lager- und Arbeitsfugen und undichten Stellen außen auf der Wand einen
weißen Niederschlag, zunächst als Kalkhydrat, welches später carbonisiert.
Es treten hierbei beim Beton keine Feuchtigkeitsabminderungen ein. Ein
Durchfließen des Betons ist ein Zeichen von Baufehlern, z. B. porigen Stellen,
undichten Arbeitsfugen usw.

11.10.3.4 Kalkfahnenbildung auf Betonflächen – nach BONZEL

Auf dichtem Beton bilden sich Kalkfahnen – weißgraue Schleier –, die keine
Ausblühungen im üblichen Sinne sind.
Wasser mit Kalkhydrat verdunstet an der Oberfläche des Betons, wobei
Kalkhydrat zurückbleibt, weiße Fahnen hinterläßt und sich bei Luftzutritt in
Calciumcarbonat verwandelt, das mit Wasser nicht zu entfernen ist. Das den
Vorgang auslösende Wasser kommt als Betoneigenfeuchtigkeit, Nachbe-
handlungs- oder als Niederschlagswasser an den Beton.

(1) Betonfeuchtigkeit:
Wasser im jungen Beton ist kalkgesättigt. Günstige Bedingungen zur Kalkfahnenbildung sind gegeben, wenn die Austrocknung sehr langsam
erfolgt, so daß langfristig Eigenfeuchtigkeit auf der Betonfläche verdunstet
und sich keine Trocknungszone unter der Oberfläche bildet. Dies trifft
auch ein, wenn bei kühlem Wetter und größeren Querschnitten der Betonkern wärmer als die Betonaußenfläche ist. Ist dagegen die Luft kälter als
die Betonaußenfläche, liegt die Trocknungszone im Beton.

(2) Nachbehandlungs- und Niederschlagswasser:
Wasser kommt zwischen Schalung und Betonfläche, wobei sich das Wasser auf der noch nicht karbonisierten Betonoberfläche mit Kalkhydrat
absättigt. Kalkabscheidungen entstehen dann hier, wenn Verdunstung
eintritt. Beim Nachbehandlungswasser handelt es sich meist um Annäß-
wasser, das beim Abbindevorgang auf die schlempereiche Betonoberfläche gegossen wird, wobei evtl. hier bereits eine Kalkanreicherung erfolgt.
Das Einfließen erfolgt dann in den beim Erstarren zwischen Schalung und
Beton entstandenen Spalt. Bei der späteren Verdunstung entstehen Kalk-
niederschläge auf der Betonfläche, somit in den ersten 8 bis 14 Tagen
nach der Betonfertigung, spätestens unmittelbar nach dem Ausschalen.
Sie werden jedoch oft erst später festgestellt, weil sie erst nach der
Betonoberflächenabtrocknung sichtbar werden.
Der Bundesverkehrsminister empfiehlt für Sichtbeton bei Brückenbauten
die Verwendung von Hochofenzement. Industrieuntersuchungen stellen
Unterschiede in der Ausblühfähigkeit der Normzemente mit Ausnahme
des Sulfathüttenzementes, der kaum ausblühen soll, in Abrede.

(3) Erfahrungen – nach BONZEL:
Kalkfahnen bilden sich erfahrungsgemäß stärker auf glatten, dichten Betonoberflächen. Betongüte und Zementgehalt sind dabei nicht entscheidend.
Betonzusätze haben bisher keinen Erfolg gegen Kalkabscheidungen gezeigt.
Niedere Temperaturen sind der Kalkfahnenbildung förderlich, da dann die Löslichkeit des Calciumhydrats größer ist.

11.10.4 Vorsichtsmaßnahmen bei der Sichtbetonherstellung – nach BONZEL

(1) Kein stehendes Wasser auf eingeschalte oder frisch entschalte Sichtbetonflächen wirken lassen.

(2) Schlempereiche Betonkörper-Oberflächen mit Seitenschalung frühestens 3 Tage nach der Fertigung mit Wasser begießen, damit kein Wasser durch Schalungsschlitze auf Sichtbeton läuft. Dafür mit Folien, feuchten Säcken oder Sand abdecken. 2 Tage nach der Seitenentschalung und Luftzutritt kann Oberfläche besprüht werden.

(3) Fugen zwischen Beton und Schalung gegen Eindringen von Niederschlagswasser dichten und abdecken.

(4) Betonseitenflächen nach dem Ausschalen nicht sofort Niederschlägen aussetzen oder absprühen.

12 Betonbau

Beton und Mörtel sind ein künstlicher Stein, der aus einem Gemisch von Zement (ggf. Mischbinder), Betonzuschlag und Wasser, ggf. mit Betonzusätzen (Betonzusatzmittel oder Betonzusatzstoffe), durch Erhärten des Zementleims entsteht.

12.1 Begriffliche Abgrenzung

12.1.1 Beton und Mörtel

Beton: Zementzuschlaggemische mit einem Größtkorn – $\varnothing > 4\,mm$
Mörtel: Zementzuschlaggemische mit einem Größtkorn – $\varnothing \leq 4\,mm$

12.1.2 Leicht-, Normal- und Schwerbeton nach DIN 1045

Die Unterscheidung erfolgt nach der Trockenrohdichte des Festbetons. Wenn keine Verwechslung möglich ist, wird der Normalbeton als »Beton« bezeichnet (Abb. 12.1.2/1).

Bezeichnung	Trockenrohdichte [kg/cm²]
Leichtbeton	< 2,0
Normalbeton	2,0 – 2,8
Schwerbeton	> 2,8

Abb. 12.1.2/1. Leicht-, Normal- und Schwerbeton

12.1.3 Sonstige Unterscheidungskriterien

(1) Unterscheidung nach Festigkeit:
   Beton BI: Eine Kurzbezeichnung für Beton der Festigkeitsklassen B 5 bis B 25.
   Beton BII: Eine Kurzbezeichnung für Beton der Festigkeitsklassen B 35 und höher, in der Regel auch für Beton mit besonderen Eigenschaften.
(2) Unterscheidung nach Verarbeitungsformen:
   Nach Art des Betonzuschlags unterscheidet man z. B. Kies-, Splitt-, Ziegelsplitt-, Bimsbeton etc.

Nach Art des Einbringens und Verdichtens unterscheidet man z. B. Rüttel-, Stampf-, Guß-, Pump- und Schleuderbeton. Torkretbeton wird mit 2 bis 3 atü Preßluftdruck aus Torkretkanonen in dünner Lage gegen die Schalung gedrückt. Auch mehrlagig mit guter Haftung möglich. Schleuderbeton dient zur Herstellung von runden Hohlkörpern (Maste, Rohre, usw.).

Bei Fertigung wird der Frischbeton gegen die rotierende Schalung geschleudert.

(3) Unterscheidung nach dem Ort der Herstellung:

Ortbeton: Beton, der als Frischbeton auf der Baustelle in ein eingeschaltes Bauteil eingebracht wird und dort erhärtet.

Der Frischbeton kann eingebracht werden:

1. als Baustellenbeton, wenn dessen Bestandteile auf der Baustelle zugegeben und gemischt werden. Die Bezeichnung gilt auch für Frischbeton, der von einer Baustelle an ein bis drei benachbarte Baustellen desselben Unternehmens übergeben wird.
   (Luftlinienentfernung ≤ 5 km).

2. als Transportbeton, wenn das Mischgut vom Mischer in Spezialfahrzeugen transportiert wird (entweder werksgemischt oder fahrzeuggemischt).

Betonfertigteil: Bauteile, die in einem Betonwerk vorgefertigt sind und als Festbeton auf die Baustelle kommen.

(4) Unterscheidung nach dem Erhärtungszustand:

Frischbeton: Beton, solange er verarbeitet werden kann.

Festbeton: Beton, sobald er erhärtet ist.

(5) Als Verbundstoff:

Stahlbeton: Beton mit schlaffen Stahleinlagen. (Bewehrung)

Spannbeton: Beton mit vorgespannten Stahleinlagen.

12.2 Ausgangsstoffe/Bestandteile

12.2.1 Bindemittel

Bindemittel für Beton der Festigkeitsklassen B 10 und höher sind Zemente nach DIN 1164 und bauaufsichtlich gleichwertig zugelassene Zemente. Unbewehrter Beton der Festigkeitsklasse B 5 kann auch mit Mischbindern nach DIN 4207 hergestellt werden.

12.2.1.1 Bindemittelarten

(1) Normzemente

Normzemente nach DIN 1164 s. Abb. 12.2.1/1;

Normzemente nach DIN 4210: Sulfathüttenzement (von geringer Bedeutung).

Darf nicht mit anderen Zementen gemischt werden.

(2) Nicht genormte bauaufsichtlich zugelassene Zemente s. Abb. 12.2.1/3.

Zementart DIN 1164, Teil 1	Kurzbe-zeichnung	Anteil [Gew. -%] Portlandzementklinker	Hüttensand	Traß
Portlandzement	PZ	100		
Eisenportlandzement	EPZ	65 – 94	35 – 6	
Hochofenzement	HOZ	20 – 64	80 – 36	
Traßzement	TrZ	60 – 80		40 – 20

Zementart DIN 1164, Teil 100		Anteil [Gew. -%] Portlandzementklinker	Gebrannter Ölschiefer	
Portland-ölschieferzement	PÖZ	65 – 90	35 – 10	

Abb. 12.2.1/1. Normzemente nach DIN 1164

Zementart		Anteil [Gew.-%] Portland-zementklinker	Hüttensand	sonstige Mineralstoffe	
Flugaschezement	FAZ	67,5 – 90,0		32,5 – 10,0	Flugasche
Flugaschehüttenzement	FAHZ	65,0 – 80,0	25,0 – 10,0	25,0 – 10,0	Flugasche
Phonolithzement	PUZ	65,0 – 80,0		35,0 – 20,0	Phonolith
Vulkanzement	VKZ	67,5 – 82,5		32,5 – 17,5	Lava
Traßhochofenzement	TrHOZ	47,5 – 62,5	37,5 – 22,5	22,5 – 7,5	Traß
Traßhochofenzement	TrHOZ/NW	22,5 – 37,5	57,5 – 42,5	27,5 – 12,5	Traß
Portlandkalksteinzement	PKZ	80,0 – 90,0		20,0 – 10,0	Kalkstein

Abb. 12.2.1/2. Nicht genormte, bauaufsichtlich zugelassene Zemente

(3) Mischbinder nach DIN 4207:
Mischbinder sind hydraulische Bindemittel, die durch Vermahlen von hydraulischen Stoffen unter Zusatz von Anregern (Zementklinker, Kalk, Gips) fabrikmäßig hergestellt werden. Druckfestigkeit nach 28 Tagen: 15 N/mm^2 (MB 15). Verwendung nur für unbewehrten Beton der Festigkeitsklasse B 5 (Leichtbetonsteine).

12.2.1.2 Zementfestigkeitsklassen

Normzemente werden nach ihrer Druckfestigkeit in Festigkeitsklassen unterschieden. (Prüfverfahren siehe DIN 1164, Blatt 7). Die Festigkeitsklasse wird nach der 28-Tage-Mindestdruckfestigkeit benannt und ergänzend nach der Anfangsfestigkeit (2 Tage/7 Tage) unterteilt (s. Abb. 12.2.1/3).

12.2.1.3 Lieferung und Lagerung von Zement

Jeder angelieferte Zement muß normgerecht gekennzeichnet sein. Aus der Bezeichnung auf Säcken und Lieferscheinen muß die Zementart, die Festig-

| Festigkeitsklasse | | Druckfestigkeit [N/mm²] nach | | | |
		2 Tagen min.	7 Tagen min.	28 Tagen min.	max.
Z25 [1]		–	10,0	25,0	45,0
Z35 [2]	L	–	17,5	35,0	55,0
	F	10,0	–		
Z45 [2]	L	10,0	–	45,0	65,0
	F	20,0	–		
Z55		30,0	–	55,0	

[1] Nur für Zement mit niedriger Hydratationswärme (NW),
und/oder hohem Sulfatwiderstand (HS),
[2] Zemente mit langsamer Anfangserhärtung erhalten die Zusatzbezeichnung „L",
solche mit höherer Anfangsfestigkeit die Zusatzbezeichnung „F".

Abb. 12.2.1/3. Zementfestigkeitsklassen

keitsklasse, das Lieferwerk, das Bruttogewicht des Sackes bzw. das Nettoge-
wicht des losen Zements, die Kennzeichnung für die Güteüberwachung und
ggf. die Zusatzbezeichnung für besondere Eigenschaften hervorgehen.
Zement darf mit einem anderen Zement oder Bindemittel nur vermischt werden, wenn die Stoffe miteinander und mit den übrigen Betonausgangsstoffen
verträglich sind.
Die Lagerung kann die Zementeigenschaften wesentlich beeinflussen. Nicht
vor Luft- und Feuchtigkeitszutritt geschützter Zement nimmt auch aus der Luft
Feuchtigkeit und Kohlensäure auf. Dies kann Klumpenbildung und Festigkeitsminderung zur Folge haben. In Säcken verpackter Zement soll möglichst
in geschlossenen Fahrzeugen transportiert, in geschlossenen Räumen gelagert und vor Feuchtigkeit geschützt werden. Da Zement gegenüber diesem
Einfluß um so empfindlicher reagiert, je schneller er erhärtet und je größer
seine Anfangsfestigkeit ist, sollte die Lagerungsdauer von in normalen Säcken
verpackter Zement bei schnell erhärtenden Zementen etwa 1 Monat, bei
Zementen mit mittlerer Erhärtungsgeschwindigkeit etwa 2 Monate und bei
langsam erhärtenden Zementen etwa 3 Monate nicht überschreiten.

12.2.1.4 Kurzbezeichnungen und Kennfarben

Die Kurzbezeichnung eines Zementes erhält folgende Angaben:
Zementart, Festigkeitsklasse, DIN-Norm und evtl. Sondereigenschaft.
Beispiele: Zement PZ 35F DIN 1164
            Zement HOZ 25 DIN 1164 - HS
Bei Sackzement müssen Farbe und Aufdruck der Säcke den Angaben der
Tabelle entsprechen (s. Abb. 12.2.1/4).

Festigkeitsklasse	Kennfarbe	Farben des Aufdrucks
Z 25	violett	schwarz
Z 35L	hellbraun	schwarz
Z 35F		rot
Z 45L	grün	schwarz
Z 45F		rot
Z 55	rot	schwarz

Abb. 12.2.1/4. Kennfarben der Festigkeitsklassen (Sackfarben)

12.2.1.5 Bindemitteleinwirkung auf Metalle

Bindemittel in Mörtel und Beton dürfen keine Korrosionsschäden auf eingebauten Metallen hervorrufen.
Beziehungen (s. Abb. 12.2.1/5).

Korrosionseinfluß der Mörtel		
Mörtelart	Korrosion	keine Korrosion
Gipsmörtel	Stahl	Blei Zinn Aluminium Kupfer
Kalkmörtel	Zink Blei Aluminium Stahl	Kupfer Zinn
Zementmörtel		Stahl

Abb. 12.2.1/5. Bindemittelwirkung auf Metalle

12.2.2 Betonzuschlag

Betonzuschlag ist ein Gemenge aus ungebrochenen und/oder gebrochenen Körnern aus natürlichen und/oder künstlichen Stoffen (DIN 4226). Er besteht im allgemeinen aus verschieden großen Körnern mit dichtem Gefüge, wie Sand, Kies, Schotter (DIN 4226, Blatt 1), oder mit porigem Gefüge (z. B. Blähton, Blähschiefer), der überwiegend für Leichtbeton verwendet wird (DIN 4226, Blatt 2). In Sonderfällen wird auch Metall in Stückgrößen, die für die Betonherstellung geeignet sind, verwendet.

12.2.2.1 Gestein

Für die Herstellung eines Normalbetons guter Qualität ist wichtig, daß das Gestein eine hohe Druckfestigkeit besitzt und der Anteil schädlicher Stoffe eng begrenzt ist. Weiterhin spielen Form und Oberflächenbeschaffenheit des Korns eine große Rolle. Die Form soll möglichst gedrungen sein. Sie gilt als ungünstig, wenn das Verhältnis von Länge zu Dicke > 3:1 ist. Der Anteil dieser Körner über $\varnothing$ 8 mm soll 50 % nicht überschreiten. Günstig wirkt sich eine rauhe Oberfläche aus, da sie die Haftung zwischen Zementstein und Zuschlagkorn erhöht.

(1) Kornrohdichte und Rohwichte der Zuschlagstoffe:

a) Kornroh-dichte: Gewicht des Zuschlagkorns [kg], dividiert durch den vom Korn ausgefüllten Raum – Stoffraum – [dm³]. Dabei werden die im Korn eingeschlossenen Hohlräume nicht berücksichtigt.

Beispiele:
Ziegelsplitt	2,00 kg/dm³
Granit	2,60 kg/dm³
Kiessand	2,65 kg/dm³
Brechsand	2,70 kg/dm³
Diabas, Porphyr	2,80 bis 2,95 kg/dm³
Basaltsplitt	3,00 kg/dm³

b) Rohwichte: Raumgewicht in [kg/dm³] – 1 dm³ = 1 l
Beispiele s. Abb. 12.2.2/1.

(2) Natürliche Zuschläge:
ungebrochen: Fließsand, Grubensand, Flußkies, Grubenkies.
gebrochen: Brechsand, Splitt, Schotter, Steinsand.

(3) Künstlich hergestellte Zuschläge: Hochofenschlackensand, Hochofenstückschlacke.

Korngröße [mm]	Rohwicht [kg/dm³] Kies/Kiessand	Brechsand	Splitt
1 – 4	1,46	1,35	–
4 – 8 8 – 16 16 – 32 32 – 63	1,43	–	1,42

Abb. 12.2.2/1. Rohwichte (Raumgewicht) von Zuschlagsstoffen

12.2.2.2 Korngruppen

Eine Korngruppe umfaßt alle Korngrößen zwischen 2 gewählten Siebkorngrößen. Als Prüfsiebe sind in der DIN 1045 und DIN 4226 die in Abb. 12.2.2/2 aufgeführten mit quadratischen Öffnungen festgelegt.

Maschinensiebe [mm]				Quadratlochsiebe [mm]				
0,25	0,5	1	2	4	8	16	31,5 *	63
* Nenngröße des Korns = 32 mm.								

Abb. 12.2.2/2. Siebkorngrößen

Das Größtkorn ist so zu wählen, wie Mischen, Fördern, Einbringen und Verdichten des Betons dies zulassen. Seine Nenngröße darf 1/3 der kleinsten Bauteilsabmessung nicht überschreiten. Der überwiegende Teil des Zuschlags soll außerdem kleiner als der Abstand der Bewehrungsstäbe untereinander und der von der Schalung sein.

Betonzuschlag soll einen geringen Hohlraum und gemischtkörnig d.h. ungleichförmig sein. Kleinere Korngrößen müssen in einem dichten und festen Gefüge die Hohlräume zwischen den größeren ausfüllen.

Betonzuschläge werden in handelsüblichen Korngrößen geliefert. Dabei sind gewisse Abweichungen in Gew.-% für Anteile an Über- oder Unterkorn zulässig. Es müssen aber beim Siebversuch mit Prüfsieben die Bedingungen der DIN 4226 erfüllt sein.

12.2.2.3 Kornzusammensetzung der Zuschläge

(1) Sieblinien:

Die Kornzusammensetzung der Zuschläge beeinflußt neben den Zementmengen in hohem Maße die Güte des Betons. Sie wird durch Siebversuche ermittelt und durch Sieblinien dargestellt. Sieblinien sind grafische Darstellungen von Korngruppenanteilen in Zuschlaggemengen. Die senkrechten Linien des Netzes bezeichnen die Lochweiten der Prüfsiebe, die waagerechten Linien den durch diese Prüfsiebe durchfallenden Anteil der Siebprobe in Gew.-% der Probe.

Bei den in der DIN 1045 angegebenen Regelsieblinien ist der Abstand aller Senkrechten gleich groß gewählt (logarithmischer Maßstab). In Abhängigkeit vom Größtkorn 8, 16, 32, 63 mm sind jeweils 3 Sieblinien aufgeführt, die einen »günstigen« Bereich (3) und einen »noch brauchbaren« Bereich (4) begrenzen. Außerdem findet sich ein Bereich (2) mit einer Begrenzungslinie U, die von unstetig aufgebauten Korngemischen (Ausfallkörnungen) nicht unterschritten werden darf.

Regelsieblinien s. Abb. 12.2.2/3–6.

Für Betone B 5 bis B 25, die aufgrund einer Eignungsprüfung zusammengesetzt werden, muß die Sieblinie des Zuschlaggemisches je nach Zementgehalt zwischen den Sieblinien A und B bzw. C und D liegen. Sie muß stets zwischen A und B liegen, wenn der Beton ohne vorausgehende Eignungsprüfung besondere Eigenschaften erzielen soll. Zuschlaggemische mit unsteter Sieblinie dürfen nur bei vorausgehender Eignungsprüfung verwendet werden.

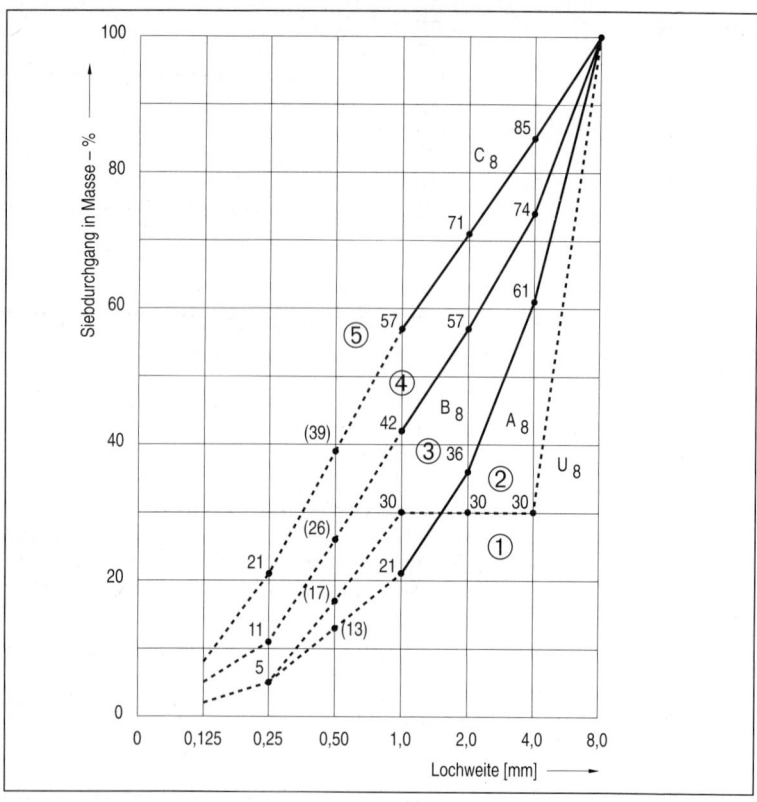

Abb. 12.2.2/3. Regelsieblinie 0/8 nach DIN 1045

Die Herleitung der Sieblinien aus dem Siebdurchgang in Gew.-% beruht auf der Voraussetzung, daß für alle Korngruppen Gestein gleicher Kornrohdichte verwendet wird. Ist dies nicht der Fall, so sind nicht mehr die Gewichtsmengen, sondern der nach Abzug der Zwischenräume ausgefüllte Stoffraum der verschiedenen Korngruppen maßgebend. Stoffraumanteile sind die durch die Kornrohdichte geteilten Gewichtsanteile.
Beispiel:
Vorgeschriebene Sieblinie: 0/4 = 40 %
4/16 = 60 %
Verfügbare Zuschlagstoffe: Quarzsand: = 2,60 kg/dm³
Splitt: = 2,80 kg/dm³
Das geforderte Stoffraumverhältnis errechnet sich wie folgt:
40 dm³ Quarzsand wiegen 40 × 2,60 = 104,0 kg
60 dm³ Splitt wiegen 60 × 2,80 = 168,0 kg
100 dm³ Zuschlag wiegen 272,0 kg

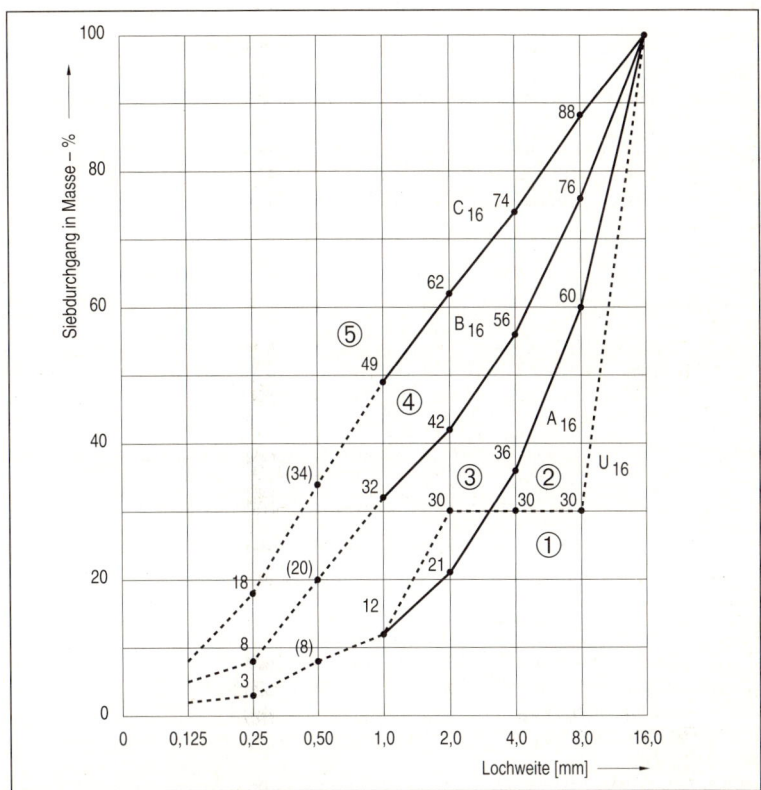

Abb. 12.2.2/4. Regelsieblinie 0/16 nach DIN 1045

Somit sind die Gewichtsprozente:
Quarzsand: 104,0/272,0 = 38,2 Gew.-%
Splitt: 168,0/272,0 = 61,8 Gew.-%

(2) Körnungsziffer:
Die Körnungsziffer ist ein Kennwort für die Kornverteilung. Sie ist gleichzeitig ein Maß für die Anteile der durch die Prüfsiebe begrenzten Korngruppen im Gesamtzuschlag. Die Körnungsziffer »K« erhält man durch Addition der Prozentzahlen der Rückstände auf den Prüfsieben des Siebsatzes und Division der Summe durch 100. Bei der Errechnung von »K« ist auch der Rückstand auf dem 0,5 mm Sieb zu berücksichtigen (Klammerwert der Sieblinien).
Beispiel s. Abb. 12.2.2/7.

(3) Lieferung von Zuschlagstoffen:
Betonzuschlag wird in 3 Formen geliefert:
a) nach Korngruppen getrennt,

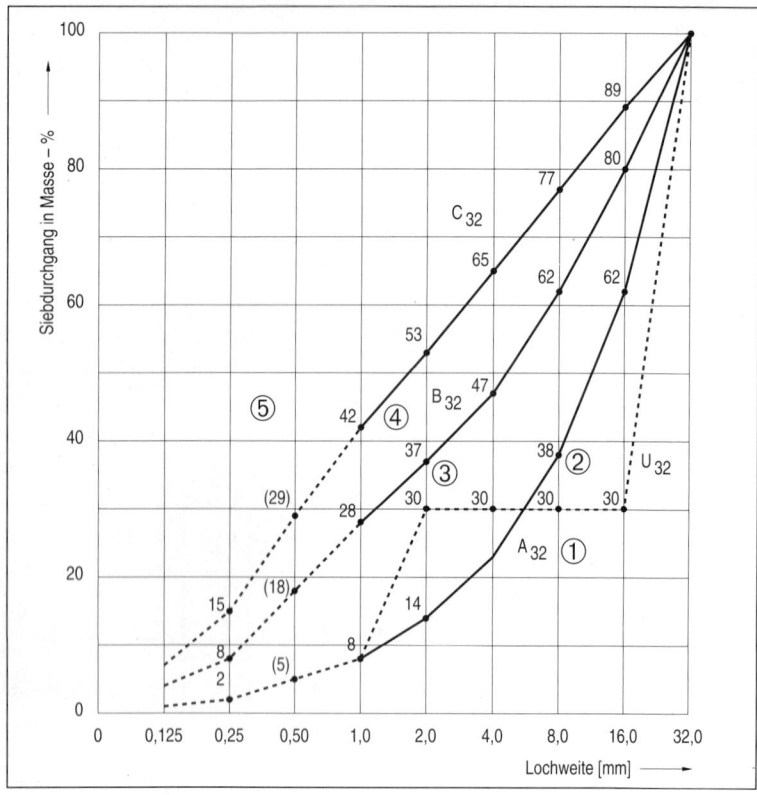

Abb. 12.2.2/5. Regelsieblinie 0/32 nach DIN 1045

b) werksgemischt,
c) ungetrennt.

Getrennte Korngruppen werden benötigt, um eine bestimmte Kornzusammensetzung des Zuschlaggemisches mit großer Sicherheit zu erreichen. Die DIN 1045 schreibt daher für Betonfestigkeitsklassen B 15 und höher die nach Korngruppen getrennte Anlieferung, Lagerung und Dosierung vor. Die Unterteilung nach Abb. 12.2.2/8 ist erforderlich bzw. empfehlenswert (Klammerwerte).

12.2.2.4 Überprüfung und Verbesserung von Zuschlaggemischen

Die richtige Kornzusammensetzung läßt sich an Hand von Sieblinien grafisch überprüfen. Verläßt eine Gemengelinie den geforderten günstigen oder brauchbaren Bereich, so muß das Gemenge verbessert werden. Eine bestimmte Sieblinie läßt sich aber im allgemeinen nur dann erreichen, wenn

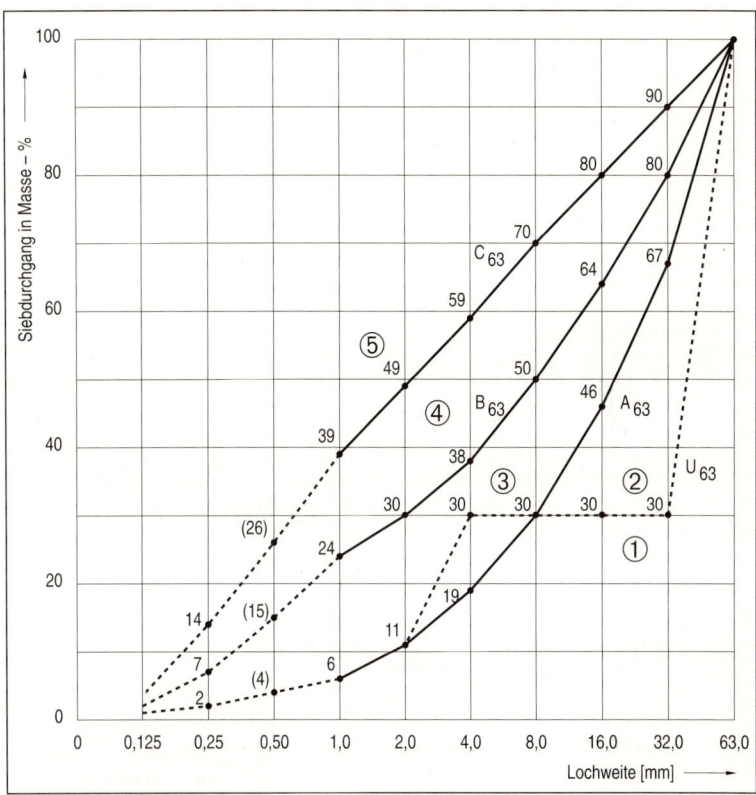

Abb. 12.2.2/6. Regelsieblinie 0/63 nach DIN 1045

Prüfsieb [mm]	Durchgang [Gew.-%]	Rückstand [Gew.-%]
0,25	5	95
0,5	12	88
1	18	82
2	25	75
4	35	65
8	50	50
16	71	29
31,5	97	3
	487	
	$\underline{\underline{K}} = \dfrac{487}{100} = \underline{\underline{4,87}}$	

Abb. 12.2.2/7. Ermittlung des K-Wertes, Beispiel: Sieblinie A32/B32

B	Korngruppen	für Zuschlaggemische mit Größtkorn	
		8 und 16 mm	32 mm
15 und 25	2	0/4 mm	0/4 mm
		4/16 mm	4/32 mm (4/16)
			(16/32)
35, 45 und 55	3 (2*)	0/2 mm	0/2 mm
		2/16 mm (2/8)	2/8 mm
		(8/16)	8/32 mm (8/16)
			(16/32)
* Bei Ausfallkörnungen			

Abb. 12.2.2/8. Korngruppen für die Lieferung von Zuschlagstoffen

der Zuschlag in Korngruppen getrennt angeliefert wird. Bei einer Verbesserung von Zuschlaggemischen ist nur eine Annäherung möglich, und es bleibt zu entscheiden, an welchen Stellen eine Abweichung von der Prüfkorngröße unbedenklich ist.

Die Ermittlung dieser Korngruppenanteile kann mit Hilfe der sogen. »Mischkreuzrechnung« durchgeführt werden. Bei diesem Verfahren wird die Differenz der Bewertungsziffern (Körnungsziffern) der angestrebten Sieblinie zu den Bewertungsziffern der einzelnen Zuschlaggemische über Kreuz, ohne Beachtung des Vorzeichens, gebildet.

Siebweite [mm]		0,25	0,5	1	2	4	8	16	32	63	K
	Siebdurchgänge										
angestrebte Sieblinie		4	8	12	20	38	60	80	100	100	4,78
vorhandene	0/4 [mm]	9	20	35	55	95	100	100	100	100	2,86
Zuschlaggemische	4/32 [mm]	0	0	0	3	10	40	70	95	100	5,82

K-Werte:

K-ist	K-soll	Differenz

0/4 mm = 2,86

4/32 mm = 5,82

4,78

$$\frac{1,04}{2,96} \cdot 100 = 35\,\%$$

$$\frac{1,92}{2,96} \cdot 100 = 65\,\%$$

Abb. 12.2.2/9. Beispiel zur Ermittlung des Gesamtzuschlags aus zwei Zuschlaggemischen – Mischkreuzungen

vorh. Einzelkorngruppen: (Istwerte)										
Siebweite [mm]	0,25	0,5	1	2	4	8	16	32	63	K
Siebdurchgänge										
16/32	–	–	–	–	–	–	6	97	100	6,97
8/16	–	–	–	–	2	16	90	100	100	5,92
2/ 8	–	–	3	20	45	97	100	100	100	4,35
0/ 2	18	45	70	96	100	100	100	100	100	1,71

gewünschte Korngruppen: (Sollwerte)										
Siebweite [mm]	0,25	0,5	1	2	4	8	16	32	63	K
Siebdurchgänge										
0/32	2	5	8	14	23	38	62	100	100	5,48
* 0/16	3,2	8,1	12,9	22,6	37,1	61,3	100	100	100	4,55
**0/8	5,3	13,2	21,1	36,8	60,5	100	100	100	100	3,63

$*\ \ \mu = {}^{100}/_{62} = 1,613$ $**\ \ \mu = {}^{100}/_{38} = 2,632$

1. 0/32 Soll = 16/32 Ist + 0/16 Soll

6,97 ⟍ ⟋ 0,93 → $^{0,93}/_{2,42}$ x 100 = 38,4 %
    5,48
4,55 ⟋ ⟍ 1,49 → $^{1,49}/_{2,42}$ x 100 = 61,6 %
        2,42

2. 0/16 Soll = 8/16 Ist + 0/8 Soll

5,92 ⟍ ⟋ 0,92 → $^{0,92}/_{2,29}$ x 61,6 = 24,7 %
    4,55
3,63 ⟋ ⟍ 1,37 → $^{1,37}/_{2,29}$ x 61,6 = 36,9 %
        2,29

3. 0,8 Soll = 2/8 Ist + 0/2 Ist

4,35 ⟍ ⟋ 1,92 → $^{1,92}/_{2,64}$ x 36,9 = 26,8 %
    3,63
1,72 ⟋ ⟍ 0,72 → $^{0,72}/_{2,64}$ x 36,9 = 10,1 %
        2,64

Ergebnis: (Istwerte)

16/32	38,4 %
8/16	24,7 %
2/ 8	26,8 %
0/ 2	10,1 %
insgesamt:	100,0 %

Abb. 12.2.2/10. Beispiel zur Ermittlung des Gesamtzuschlags aus mehreren Korngruppen – Mischkreuzrechnung

(1) Gesamtzuschlag aus 2 Zuschlaggemischen:
Aus 2 im Kornaufbau bekannten Zuschlaggemischen (z. B. 0/4 und 4/32) soll eine vorgegebene Sieblinie (z. B. A_{32}/B_{32}) aufgebaut werden.
Beispiel s. Abb. 12.2.2/9.

(2) Gesamtzuschlag aus mehreren Korngruppen:
Bei Zuschlaggemischen aus mehr als 2 Korngruppen kann die Ermittlung der prozentualen Anteile mit Hilfe der Sieblinienkennwerte durch schrittweise erfolgende Näherungsrechnungen (z. B. Mischkreuzrechnung) der Gesamtlinie erfolgen.
Rechengang:
1. Ermittlung des Kornaufbaus der Korngruppen und deren Kennwerte.
2. Auflösung der Gesamt-Sollinie rechnerisch in Teil-Sollinien, indem das jeweilige Größtkorn = 100 % gesetzt wird.
3. Zusammenstellung der Gesamtsollinie, indem, vom Größtkorn beginnend, rechnerisch die prozentualen Anteile der Einzelkorngruppen aus den Kennwerten der untergliederten Sollinie und den Ist-Kennwerten der Korngruppen ermittelt werden.

Beispiel s. Abb. 12.2.2/10.

12.2.3 Anmachwasser

Das Anmachwasser des Betons setzt sich aus der Oberflächenfeuchte des Zuschlags und dem Zugabewasser zusammen. Die Oberflächenfeuchtigkeit des Zuschlags ergibt sich aus der Gesamtfeuchtigkeit des Zuschlags abzüglich der Kernfeuchtigkeit, die im Innern des Korns liegt und auf die Konsistenz und Festigkeit des Betons keinen Einfluß hat. Das Zugabewasser muß bei der Betonmischung mit einer Genauigkeit von 3 Gew.-% zugegeben werden. Geeignet sind die meisten in der Natur vorkommenden Wässer, z. B. Regenwasser, Grundwasser, Moorwasser. Nicht geeignet sind stark verunreinigte Wässer, die das Erhärten oder bestimmte Eigenschaften des erhärtenden Betons ungünstig beeinflussen, z. B. öl-, fett- oder zuckerhaltige Wässer. Huminhaltige Wässer können sich bereits in geringen Mengen nachteilig auf das Erhärten des Betons auswirken. Bei Stahlbeton darf der Chloridgehalt des Zugabewassers 300 mg/dm^3 nicht überschreiten. Kohlensäurehaltige Wässer sind für Beton auf Normzementbasis bis zu einem pH-Wert von 4,0 als Zugabewasser geeignet.

12.2.4 Betonzusätze

12.2.4.1 Betonzusatzmittel

Betonzusatzmittel sind chemische Stoffe, die zur Erzielung bestimmter Eigenschaften dem Beton bzw. Mörtel in geringen Mengen (< 50 g bzw. < 50 cm^3 je kg Zement) zugegeben werden.

Betonzusatzmittel wirken sich in Beton volumenmäßig, abgesehen von ggf. entstehenden Luftporen, nicht aus. Man unterscheidet nach ihrer Wirkungsweise die unten aufgeführten Mittel. Zu ihrer Kennzeichnung dürfen auf dem

Zusatzmittel	Kurzzeichen	Farbton
Betonverflüssiger	BV	gelb
Luftporenbildner	LP	blau
Betondichtungsmittel	DM	braun
Erstarrungsverzögerer	VZ	rot
Erstarrungsbeschleuniger	BE	grün
Einpreßhilfen	EH	weiß
Stabilisierer	ST	violett
Fließmittel	FM	grau

Abb. 12.2.4/1. Beton-Zusatzmittel

Lieferschein und auf der Verpackung die in Abb. 12.2.4/1 angegebenen Kurzbezeichnungen und Farben verwendet werden.

Sämtliche Zusatzmittel dürfen nur mit gültigem Prüfzeichen des Instituts für Bautechnik, Berlin, verwendet werden. Die Erteilung des Prüfzeichens bietet Gewähr dafür, daß das Zusatzmittel im Beton kein Treiben hervorruft, die Korrosion der Bewehrung nicht fördert und daß es die der Art des Mittels entsprechende Wirksamkeitsprüfung bestanden hat. Eine weitere Gewährleistung ist nicht gegeben.

Die Wirkung der Zusatzmittel ist weiterhin abhängig von der Zementart, der Kornzusammensetzung, dem Mischungsaufbau und Witterungsverhältnissen beim Betonieren. Deshalb wird in der DIN 1045 verlangt, daß bei Verwendung von Betonzusatzmitteln, auch bei BI, eine Eignungsprüfung durchgeführt wird.

12.2.4.2 Betonzusatzstoffe

Betonzusatzstoffe sind fein aufgeteilte Stoffe, die bestimmte Betoneigenschaften (z. B. Konsistenz, Verarbeitbarkeit, Festigkeit, Dichtigkeit, Farbe etc.) beeinflussen und die als Volumenbestandteile zu berücksichtigen sind (z. B. Puzzolane, latent hydraulische Stoffe, Pigmente etc.). Sie dürfen das Erhärten sowie die Festigkeit des Betons nicht beeinträchtigen und mit den Bestandteilen des Betons keine schädigenden Verbindungen eingehen. Sofern diese Stoffe nicht der Zuschlagnorm DIN 4226 oder einer dafür vorgesehenen Norm, z. B. DIN 1164 oder DIN 51043 entsprechen, benötigen Sie eine allgemeine bauaufsichtliche Zulassung mit dem Prüfzeichen vom Institut für Bautechnik, Berlin. Dies gilt insbesondere für organische Betonzusatzstoffe (z. B. auf Kunstharzbasis).

Die DIN 1045 fordert für Beton mit Betonzusatzstoffen dann eine Eignungsprüfung, wenn die Zusatzstoffe nicht mineralisch sind oder auf den Bindemittelgehalt angerechnet werden. Die Forderung nach einer Eignungsprüfung geht auch aus dem entsprechenden Zulassungs- bzw. Prüfbescheid hervor.

12.3 Betoneigenschaften

12.3.1 Normalbeton

12.3.1.1 Frischbeton

Um die für den erhärteten Beton geforderten Eigenschaften zu erreichen, muß der Frischbeton einen guten Mischungsaufbau zeigen und so verarbeitbar sein, daß er ohne wesentliches Entmischen eingebaut sowie praktisch vollständig verdichtet werden kann. Die maßgebende Eigenschaft des Frischbetons muß auf den jeweiligen Anwendungsfall, d. h. auf die Förderart, das Einbauverfahren und die Verdichtungsart sowie auf Abmessungen und Bewehrungsgrad des Bauteils abgestimmt sein. Sie ist abhängig von der Betonzusammensetzung, insbesondere vom Wassergehalt, Mehlkorngehalt sowie von der Art und Zusammensetzung des Zuschlags. Als Maß der Verarbeitbarkeit wird die Konsistenz angegeben.

(1) Konsistenzmaße:

Das Konsistenzmaß ist eine Kennziffer, die den Grad der Verarbeitbarkeit (Beweglichkeit, Verdichtungswilligkeit) des Frischbetons anzeigt. Dabei kommt die Neigung des Frischbetons zum Entmischen weniger zum Ausdruck. Die DIN 1045 unterscheidet vier Konsistenzbereiche, die durch ein bestimmtes Konsistenzmaß (z. B. Verdichtungsmaß) festgelegt sind (s. Abb. 12.3.1/1).

Zur Ermittlung des Verdichtungsmaßes wird der von Hand nochmals durchgemischte Beton mit einer Kelle (Format: 10 × 16 cm) langsam vom Rand in den Behälter abgekippt. Das Abkippen erfolgt mit langsamer Drehung von den einzelnen Kanten aus, bis der Behälter mit geringem Überstand gefüllt ist. Nach Abstrich des Überstandes wird der Beton verdichtet. Mit dem als Mittel an 3 verschiedenen Stellen gemessenen Abstrich »S« errechnet sich das Verdichtungsmaß zu v = 40:h.

Behälter s. Abb. 12.3.1/2.

Für Ortbeton der Gruppe B I wird empfohlen, einen Beton KR (Regelkonsistenz) odcr fließfähigen Beton KF zu verwenden. Letzterer darf nur als Fließbeton entsprechend der »Richtlinie für Beton mit Fließmittel und für Fließbeton; Herstellung, Verarbeitung und Prüfung« unter Zugabe eines Fließmittels (FM) verwendet werden.

(2) Mehlkorngehalt:

Mehlkorn besteht aus dem Bindemittel, dem Kornanteil 0/0,125 mm des Zuschlaggemisches und einem ggf. zugegebenen, natürlichen oder künst-

Konsistenzbereich	Verdichtungsmaß - v -	Eigenschaften (Frischbeton)
KS (steif)	≥ 1,20	noch lose
KP (plastisch)	1,19 – 1,08	schollig
KR (weich)	1,07 – 1,02	schwach fließend
KF (fließfähig)	–	gut fließend

Abb. 12.3.1/1. Konsistenzmaße für Normalbeton

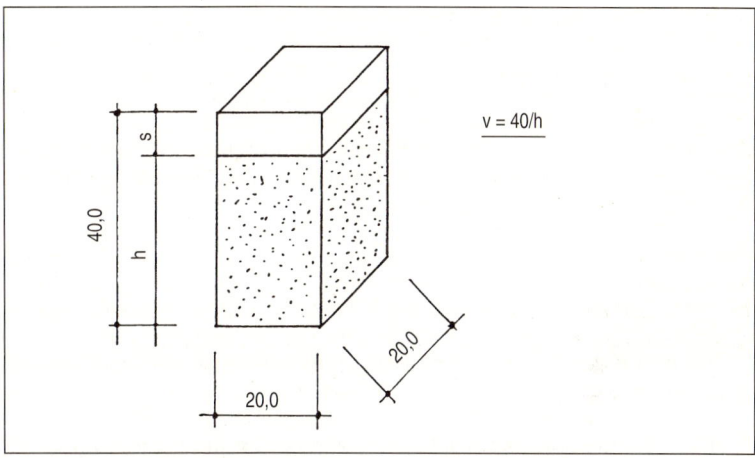

Abb. 12.3.1/2. Verdichtungsgefäß zur Ermittlung des Verdichtungsmaßes v

lichen Mineralstoff 0/0,125 mm. Ein bestimmter Mehlkorngehalt ist zur Erreichung eines geschlossenen Gefüges des Betons sowie zur Erzielung einer guten Verarbeitbarkeit des Frischbetons erforderlich. Die Menge hängt im wesentlichen vom Kornaufbau des Zuschlaggemisches, von der Mahlfeinheit des Zementes, der Kornverteilung des Feinstsandes und dessen Wasserhaltevermögen sowie vom Gehalt des Betons an künstlich aufgebauten Luftporen ab. Ein Übermaß an Mehlkorn vergrößert jedoch den Wasseranspruch und beeinträchtigt bestimmte Eigenschaften des Festbetons, wie Frost- und Tausalzwiderstand sowie den Abnutzwiderstand. Außerdem nimmt mit dem Mehlkorngehalt das Kriechen und Schwinden des Festbetons zu.

Zementgehalt [kg/m³]	zulässiger Gehalt [kg/m³]	
	Mehlkorn 0/0,125 mm	Mehlkorn + Feinstsand 0/0,25 mm
≤ 300 [1]	350	450
350 [2]	400	500

[1] Zwischenwerte von 300 kg/m³ bis 350 kg/m³ sind linear zu interpolieren.
[2] Die Werte dürfen um maximal 50 kg/m³ erhöht werden, wenn
   1. der Zementgehalt > 350 kg/m³ ist.
   2. ein puzzolanischer Betonzusatzstoff (z. B. Traß) verwendet wird.
   3. das Größtkorn des Zuschlags 8 mm beträgt.

Abb. 12.3.1/3. Mehlkorngehalt von Normalbeton

Ausreichend bemessenen Mehlkorngehalte sind erforderlich: beim Befördern von Frischbeton über längere Strecken, bei Pumpbeton, beim Schütten unter Wasser, ebenso bei der Erstellung von dünnwandigen und engbewehrten Bauteilen, bei Sichtbeton, bei wasserundurchlässigem Beton oder beim Anbetonieren an einer erhärteten Betonfläche.

Bei Beton für Außenbauteile und bei Beton mit besonderen Eigenschaften sind der Mehlkorngehalt sowie der Mehlkorn- und Feinstsandgehalt nach Abb. 12.3.1/3 zu begrenzen.

12.3.1.2 Festbeton

(1) Druckfestigkeit

Unter Festigkeit wird die auf die Flächeneinheit bezogene Widerstandskraft verstanden, die feste Stoffe einer Verformung bzw. einem Bruch entgegensetzen. Bei der Verwendung des Betons ist die Druckfestigkeit die wesentliche bautechnische Eigenschaft. Die DIN 1045 unterteilt daher den Beton nach diesen Kriterien in Festigkeitsklassen B 5 bis B 55 sowie in »Beton mit besonderen Eigenschaften«. Dabei werden hinsichtlich der Bedingungen ihrer Zusammensetzung, Herstellung, Baustellenverhältnisse und Überwachung 2 Gruppen, B I und B II, unterschieden (s. Abb. 12.3.1/4).

Betongruppe	Betonfestigkeitsklasse	Nennfestigkeit β_{WN}	Serienfestigkeit β_{WS}	Anwendung
B I	B 5	5	8	unbewehrt
	B 10	10	15	
	B 15	15	20	
	B 25	25	30	
B II	B 35	35	40	unbewehrt Stahlbeton Spannbeton
	B 45	45	50	
	B 55	55	60	

Abb. 12.3.1/4. Betonfestigkeitsklassen für Festbeton

(2) Würfeldruckfestigkeit:

Die Angabe der Festigkeitsklasse entspricht der Nennfestigkeit β_{WN}. Dabei müssen folgende 2 Bedingungen erfüllt sein:

1. Die Druckfestigkeit β_{W28} jedes einzelnen Würfels von 20 cm Kantenlänge bzw. die 5 %-Fraktile der Grundgesamtheit muß im Alter von 28 Tagen mindestens der Nennfestigkeit β_{WN} entsprechen.

2. Die mittlere Druckfestigkeit β_{W28} jeder Würfelserie muß mindestens die Serienfestigkeit β_{WS} erreichen, d. h. für die Festigkeitsklassen B5 mindestens 3 N/mm², für die übrigen Festigkeitsklassen mindestens 5 N/mm² größer sein als die Nennfestigkeit β_{WN}.

Eine Würfelserie besteht aus mindestens 3 Würfeln, die aufeinanderfolgend aus 3 verschiedenen Mischerfüllungen stammen. Werden zum

Festigkeitsklasse	Würfeldruckfestigkeit
$\leq$ B 15	$\beta_w = 1,25 \, \beta_c$
$\geq$ B 25	$\beta_w = 1,18 \, \beta_c$

Abb. 12.3.1/5. Beziehung zwischen Würfel- und Zylinderdruckfestigkeit

Festigkeitsnachweis Zylinder (d = 15 cm, h = 30 cm) benutzt, so darf die Würfeldruckfestigkeit β_{W28} aus der Zylinderdruckfestigkeit β_{C28} abgeleitet werden (s. Abb. 12.3.1/5).

12.3.2 Beton mit besonderen Eigenschaften

Neben der Festigkeit werden Betonsorten auch durch Erzielung besonderer Eigenschaften gekennzeichnet.

12.3.2.1 Wasserundurchlässiger Beton

Beton für Bauteile mit einer Dicke von 10 cm bis ca. 40 cm, der so dicht ist, daß die größte Wassereindringtiefe 50 mm nicht überschreitet. (Prüfung nach DIN 1048, Teil 1). Wasserundurchlässiger Beton bis zu einer Festigkeitsklasse B 25 darf auch als Beton B I (Rezeptbeton) hergestellt werden.

12.3.2.2 Beton mit hohem Frostwiderstand

Hoher Frostwiderstand ist erforderlich, wenn Beton im durchfeuchteten Zustand Frost-Tau-Wechseln ausgesetzt ist. Es handelt sich um wasserundurchlässigen Beton mit Zuschlägen mit erhöhten Anforderungen an den Frostwiderstand eF (DIN 4226, Teil 1).

12.3.2.3 Beton mit hohem Frost- und Tausalzwiderstand

Hoher Frost- und Tausalzwiderstand sind erforderlich, wenn der Beton bei Frost-Tauwechsel gleichzeitig der Einwirkung von Tausalzen ausgesetzt ist. Vorgeschrieben sind Zemente nach DIN 1164 mit einer Mindestfestigkeitsklasse Z 35 und Zuschläge eF nach DIN 4226, Teil 1. Weiterhin sind Luftporenbildner (LP) erforderlich, sodaß die in der DIN 1045 angegebenen Luftgehalte im Frischbeton erreicht werden. Eine Herstellung als B I ist nicht möglich.

12.3.2.4 Beton mit hohem Widerstand gegen chemische Angriffe

Gemäß DIN 4030 werden Medien (z. B. Böden) in Angriffe mit »schwachem«, »starkem« und »sehr starkem« Angriffsvermögen unterteilt. Bei »schwachem Angriff« gelten drei Bedingungen für wasserundurchlässigen Beton. Bei »starkem Angriff« darf die Wassereindringtiefe nach DIN 1048, Teil 1 30 mm nicht überschreiten. Wird der Beton längere Zeit »sehr starkem« Angriff ausgesetzt, muß er vor unmittelbarem Zutritt dieser Stoffe geschützt werden. Außerdem muß er dem Beton bei »starkem Angriff« entsprechen. Beton, der Berührung mit Wasser von mehr als 600 mg/l SO_4 oder Böden von mehr als 300 mg/kg SO_4 hat, muß mit Zement – HS – hergestellt werden.

12.3.2.5 Beton für hohe Gebrauchstemperaturen bis 250 °C

Es sind Zuschläge zu verwenden, die für diese Temperaturen geeignet sind. Es handelt sich um eine Betoneigenschaft, die im Landschaftsbau von geringer Bedeutung ist. Es wird daher auf die DIN 1045 verwiesen.

12.3.2.6 Beton für Unterwasserschüttung

Der Beton muß beim Einbringen als zusammenhängende Masse fließen, damit auch ohne Verdichtung ein geschlossenes Gefüge entsteht. Es kann Fließbeton verwendet werden oder Beton mit einem Ausbreitmaß von mindestens 45 cm bis 50 cm. Weitere Angaben siehe DIN 1045.

12.3.3 Weitere Hinweise zu den Betongruppen B I und B II

12.3.3.1 Zementgehalt

Zur Erzielung der geforderten Druckfestigkeit sowie eines ausreichenden Korrosionsschutzes der Bewehrung ist ein bestimmter Zementgehalt je m^3 verdichteten Betons erforderlich.

Sofern nicht höhere Gehalte vorgeschrieben (Rezeptbeton) oder über eine Eignungsprüfung größere Mengen festgelegt sind, gelten die Mindestmengen nach Abb. 12.3.3/1.

Betonart	Beton mit Zement	Mindestzementgehalt in kg je m^3 verdichtetem Beton
unbewehrt	–	100
bewehrt	Z 25	280
	Z 35	240
	Z 45	240
	Z 55	240

Abb. 12.3.3/1. Mindestzementgehalte

Mindestzementgehalt von Beton B I ohne Eignungsprüfung (Rezeptbeton), Zuschlaggemische 0/32 mm und Zementgüte Z 35 s. Abb. 12.3.3/2.
Mindestzementgehalt von Beton B I, der aufgrund einer Eignungsprüfung hergestellt wird, und von B II s. Abb. 12.3.3/3.

12.3.3.2 Wasserzementwert

Als Wasserzementwert wird das Gewichtsverhältnis des Wassergehalts W zum Zementgehalt Z im Beton bezeichnet.
Gleichung: w = W/Z.

Festigkeitsklasse	Sieblinien des Zuschlaggemisches im Bereich	Mindestzementgehalt in kg/dm³ f. Konsistenzbereich		
		KS	KP	KR
B 5	A_{32} / B_{32}	140	160	–
	B_{32} / C_{32}	160	180	–
B 10	A_{32} / B_{32}	190	210	230
	B_{32} / C_{32}	210	230	260
B 15	A_{32} / B_{32}	240	270	300
	B_{32} / C_{32}	270	300	330
B 25 allgemein	A_{32} / B_{32}	280	310	340
	B_{32} / C_{32}	310	340	380
B 25 für Außenbauteile	A_{32} / B_{32}	300	320	350
	B_{32} / C_{32}	320	350	380

Beton mit besonderen Eigenschaften

Wasserundurchlässiger Beton	Es sind nur folgende Sieblinienbereiche mit den nachfolgenden Mindestzementgehalten gestattet.
Beton mit hohem Frostwiderstand	
	$A_{16} / B_{16} - 370$ kg/m³
Beton mit hohem Widerstand gegen schwachen chem. Angriff	$A_{32} / B_{32} - 350$ kg/m³

Ergänzende Bestimmungen

Der Zementgehalt muß vergrößert werden:
bei Zement der Festigkeitsklasse Z 25 um 15 %
bei Größtkorn des Zuschlags
von 16 mm um 10 %
von 8 mm um 20 %

Der Zementgehalt darf verringert werden:
bei Zement der Festigkeitsklasse Z 45 um höchstens 10 %
bei Größtkorn des Zuschlags
von 63 mm um höchstens 10 %

Eine Eignungsprüfung muß durchgeführt werden:
bei Verwendung eines Betonzusatzmittels,
bei Verwendung eines Betonzusatzstoffes,
wenn dieser nicht mineralisch ist oder auf den Bindemittelgehalt angerechnet wird,
bei Herstellung eines B 5 mit einem Mischbinder.

Abb. 12.3.3/2. Mindestzementgehalt für Betongruppe B I ohne Eignungsprüfung

Betonart		B I	B II
unbewehrter Beton		100	100
Stahlbeton mit Zement Z 25		280	280
(allgemein) $\geq$ Z 35		240	240
Stahlbeton mit Zement $\leq$ Z 35		300	270
(Außenbauteile) $\geq$ Z 45		270	270
wasserundurchlässiger Beton Beton mit hohem Frostwiderstand Beton mit hohem Widerstand gegen schwach chemischen Angriff		A $_{16}$ / B $_{16}$ – 370 A $_{32}$ / B $_{32}$ – 350	nicht festgesetzt
Beton mit hohem Frost- und Tausalzwiderstand Beton mit hohem Widerstand gegen „starke" und „sehr starke" chemische Angriffe			Mindestzementmenge ergibt sich aus W/Z-Wert
Beton mit hohem Verschleißwiderstand			0/32 – $\leq$ 350
Beton für hohe Gebrauchstemperaturen bis 250 ˚C			nicht festgelegt
Beton für Unterwasserschüttung (Unterwasserbeton)			0/32 – > 350

Abb. 12.3.3/3.   Mindestzementgehalt für Betongruppe B I mit Eignungsprüfung und B II

Der Wassergehalt ist der Gesamtwassergehalt aus Zugabewasser und Ober-
flächenfeuchte des Zuschlags. Solange eine Mischung gut verarbeitbar ist,
wird der Beton besser, je kleiner der Wasserzementwert bleibt. Festigkeit und
Beständigkeit des Betons bleiben annähernd gleich, wenn der Wasserzementwert konstant gehalten wird. Bei w< 0,35 ist mit üblichen Zementgehalten der
Beton im allgemeinen nicht mehr ausreichend verdichtbar, so daß auch eine
Festigkeitserhöhung nicht mehr zu erwarten ist. In der DIN 1045 sind für
Beton B II (Eignungsprüfung) Höchstwerte vorgeschrieben. Für Beton B I erübrigt sich bei Herstellung als Rezeptbeton eine besondere Angabe, da durch
Festlegung des Mindestzementgehalts und der Konsistenz der Wasserzementwert stets im zulässigen Bereich liegt. Wird für Beton B I eine Eig-
nungsprüfung durchgeführt, so gelten die Werte für B II (s. Abb. 12.3.3/4).

12.3.3.3 Spezielle Anforderungen an Beton BI

Beton B I kann entweder nach einem »Rezept« oder davon abweichend aufgrund einer Eignungsprüfung hergestellt werden. Eine Eignungsprüfung muß
stets erfolgen, wenn der Beton mit einem Betonzusatzmittel und/oder einem
Betonzusatzstoff hergestellt wird, der nicht mineralisch ist oder auf den Bindemittelgehalt angerechnet werden soll. Dasselbe gilt bei der Herstellung von
B 5 mit einem Mischbinder.

Betonart		Wasserzementwert (Höchstwerte)
Stahlbeton mit Zement (allgemein)	Z 25 ≥ Z 35	0,65 0,75
Stahlbeton mit Zement (Außenbauteile)	≥ Z 35	0,60
Wasserundurchlässiger Beton bei einer Bauteildicke	d ≤ 40 cm d > 40 cm	0,60 0,70
Hoher Frostwiderstand	ohne LP-Mittel mit LP-Mitteln (massive Bauteile)	0,60 0,70
Hoher Luft- und Tausalzwiderstand		0,50
Hoher Widerstand gegen chemische Angriffe	schwach stark sehr stark	0,60 0,50 0,50
Unterwasserbeton		0,60

Abb. 12.3.3/4. Wasserzementgehalt für Betongruppe B I mit Eignungsprüfung und B II

Bei der Herstellung nach »Rezept« sind die in der Tabelle vorgeschriebenen Mindestzementgehalte einzuhalten. Sie sind abhängig von der Konsistenz und der Festigkeitsklasse bzw. den gewünschten besonderen Eigenschaften sowie dem Sieblinienbereich des Betonzuschlags.
Die für B 5 bis B 25 angegebenen Mindestzementgehalte gelten bei Verwendung von Zement der Festigkeitsklasse Z 35 und Zuschlag mit einem Größtkorn 0/32 mm. Wird hiervon abgewichen, so sind angegebene ergänzende Bestimmungen zu beachten. Für Beton der Festigkeitsklasse B 15 und B 25 muß das Zuschlaggemisch aus mindestens 2 getrennt angelieferten Korngruppen, und zwar aus 0/2 mm oder 0/4 mm und einer weiteren Korngruppe bestehen. Bei werksgemischtem Betonzuschlag erübrigt sich eine Trennung. Wird der Beton B I aufgrund einer Eignungsprüfung hergestellt, so gelten die entsprechenden Mindestzementmengen. Die Eignungsprüfung muß mindestens 6 Wochen vor Betonierbeginn erfolgen. Hierbei müssen Festigkeiten erzielt werden, die um ein Vorhaltemaß von 10 N/mm² (6 N/mm² – B 5 –) über den geforderten Serienfestigkeiten ws liegen. Bei werksmäßig hergestellten Betonfertigteilen gelten die Angaben für BII.
Anwendungsbereiche für Beton B I s. Abb. 12.3.3/5.

12.3.3.4 Spezielle Anforderungen an Beton BII
Beton der Festigkeitsklassen B 35 und höher muß als B II hergestellt werden. Dies gilt auch allgemein für »Beton mit besonderen Eigenschaften«, sofern bei

Betonart – ≤ B 25 –		Rezept-beton	Beton über Eignungsprüfung
B 5 bis B 25	ohne Zusatzmittel und Zusatzstoffe	+	+
	mit Zusatzmitteln und/oder Zusatzstoffen	–	+
Wasserundurchlässig (Wassereindringtiefe < 5,0 cm)		+	[1]
Hoher Frostwiderstand ohne LP-Mittel		+	[1]
mit LP-Mitteln		–	+
Hoher Widerstand gegen schwachen chemischen Angriff		+	[1]

+   zulässig
–   unzulässig
[1]   Eine Eignungsprüfung bietet keine Vorteile.

Abb. 12.3.3/5. Anwendungsbereiche für Beton B I

Beton B 15/B 25 keine Ausnahmen gestattet sind. Bei Beton B II muß in jedem Fall durch eine Eignungsprüfung nachgewiesen werden, daß mit der vorgegebenen Mischungszusammensetzung die gewünschte Festigkeit bzw. besondere Eigenschaft erreicht wird. Das Vorhaltemaß gegenüber der geforderten Serienfestigkeit β_{WS} kann dabei frei gewählt werden. Es wird empfohlen, die bei der Herstellung von B I festgelegten Vorhaltemaße zu übernehmen. Für den Mindestzementgehalt und zulässigen Wasserzementwert gelten die Abb. 12.3.3/3 und 4. Der Zuschlag muß in den Korngruppen nach Abb. 12.3.3/6 getrennt angeliefert werden.

Betongüte	Korngruppen	Zuschlaggemisch mit Größtkorn	
		8 und 16 mm	32 mm
B35	3	0/ 2 mm	0/ 2 mm
B45	bei Ausfall-	2/16 mm	2/ 8 mm
B55	körnung: 2	(2/8), (8/16)	8/32 mm
			(8/16), (16/32)

Abb. 12.3.3/6. Trennung der Zuschläge bei Beton B II

12.4   Betonherstellung

12.4.1   Technologische Beziehungen

In den Abb. 12.4.1/1 und 2 sowie 12.4.2/1 bis 3 sind die wichtigsten technologischen Beziehungen aufgezeigt, die für den Entwurf von Betonmischungen erforderlich sind.

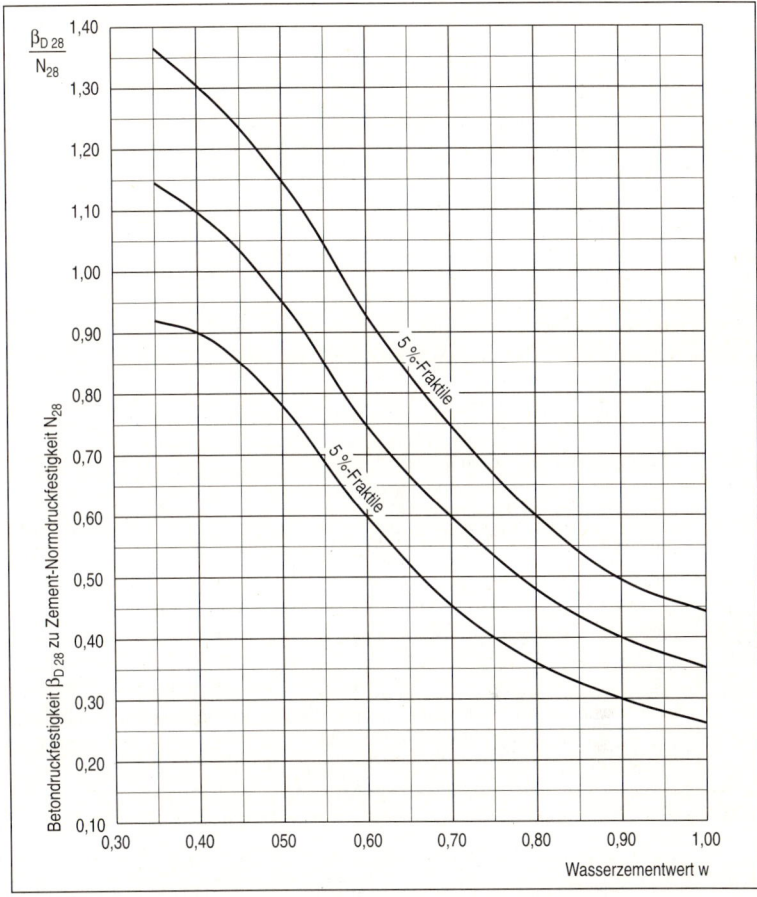

Abb. 12.4.1/1. Beziehung zwischen Wasserzementwert w und Festigkeit $\beta_{D\,28}$ nach Walz

12.4.1.1 Beziehungen zwischen w und β_{D28}/N_{28}

Die Abb. 12.4.1/1 zeigt die gemittelten Beziehungen zwischen dem Wasserzementwert w und dem Verhältnis β_{d28}/N_{28} auf. Unter Vorgabe der Normdruckfestigkeit N_{28} des vorgesehenen Zements kann dem Diagramm ein Wasserzementwert entnommen werden, der zur verlangten Würfeldruckfestigkeit β_{D28} gehört. Folgende mittlere Normdruckfestigkeiten des Zements können angesetzt werden:

Zementgüte	Normdruckfestigkeit N_{28} [N/mm²]	Zementgüte	Normdruckfestigkeit N_{28} [N/mm²]
Z 25	35	Z 45	55
Z 35	45	Z 55	63,5

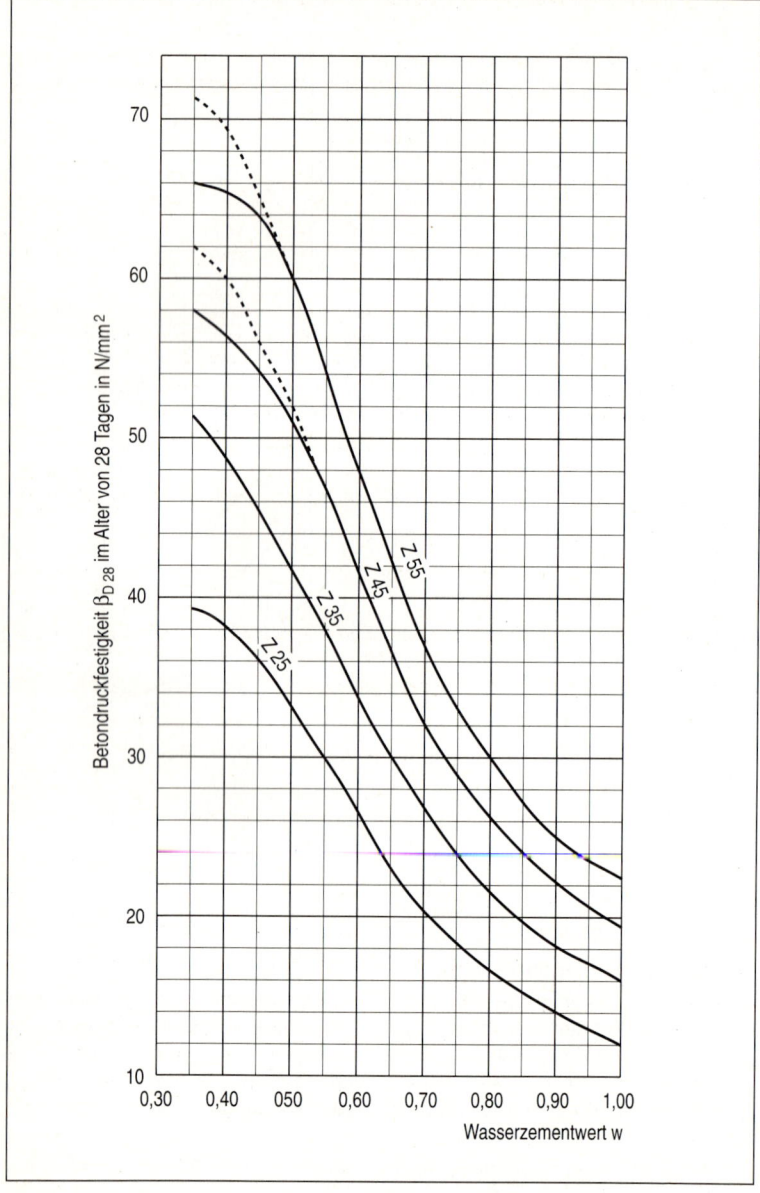

Abb. 12.4.1/2. Beziehung zwischen Wasserzementwert w, Zement-Normfestigkeit und Festigkeit $\beta_{D\,28}$ nach Walz

12.4.1.2 Beziehung zwischen w, Zement-Normfestigkeit und β_{D28}:

Mit dem weiterentwickelten Diagramm in Abb. 12.4.1/2 ist es möglich, in Abhängigkeit von der geforderten Betondruckfestigkeit β_{D28} und den Normfestigkeitsklassen des Zements den dazugehörigen Wasserzementwert abzulesen.

12.4.2 Ermittlung des erforderlichen Wassergehalts

Die Abb. 12.4.2/1 und 2 geben die Beziehungen an zwischen dem Verdichtungsmaß v, der Körnungsziffer k und dem Wassergehalt W des verdichteten Betons mit Zuschlaggemischen 0/16 mm und 0/32 mm. Der bei einer gewünschten Konsistenz tatsächliche Wasseranspruch ist von vielen Faktoren abhängig (Kornform, Kornoberfläche, Mehlkorngehalt, Zusatzmittel, etc.). Daher sind die Werte als Richtgrößen anzusehen. In der Abb. 12.4.2/4 sind diese Beziehungen in anderer Form, auf die Regelsieblinie der DIN 1045 bezogen, dargestellt. Dabei ist zu beachten, daß der Anteil des Feinstsandes im Zuschlag im Wassergehalt W bereits über die Körnungsziffer K erfaßt ist. Mehlkorngehalte über 350 kg/m³ führen im allgemeinen zu einem höheren Wasseranspruch. Der erforderliche Wassergehalt W' kann nach folgender Gleichung ermittelt werden:

$$w' = w \times [W + 0,10 \, (G_M - 350)] \, / \, w - 0,10$$

Erläuterungen:
W = Wasserbedarf, w = Wasserzementwert, G_M = Mehlkorngehalt.

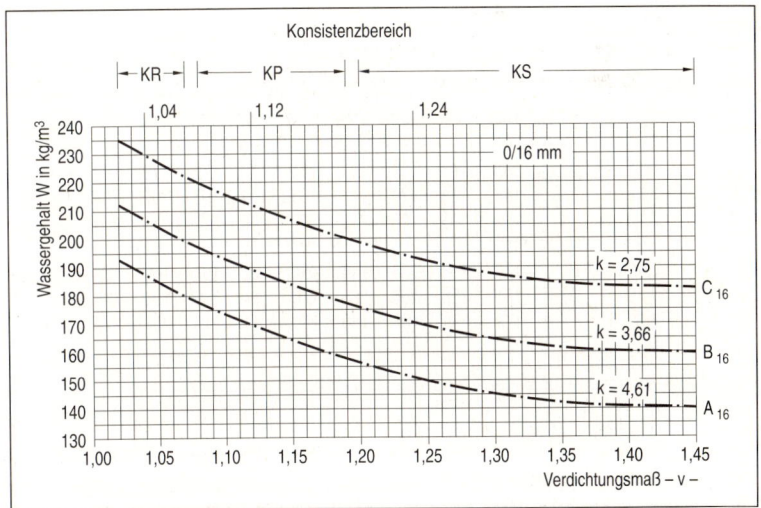

Abb. 12.4.2/1. *Beziehung zwischen Verdichtungsmaß v, Körnungsziffer K, Wassergehalt W [kg/m³] (Zuschlagsgemische 0/16 mm)*

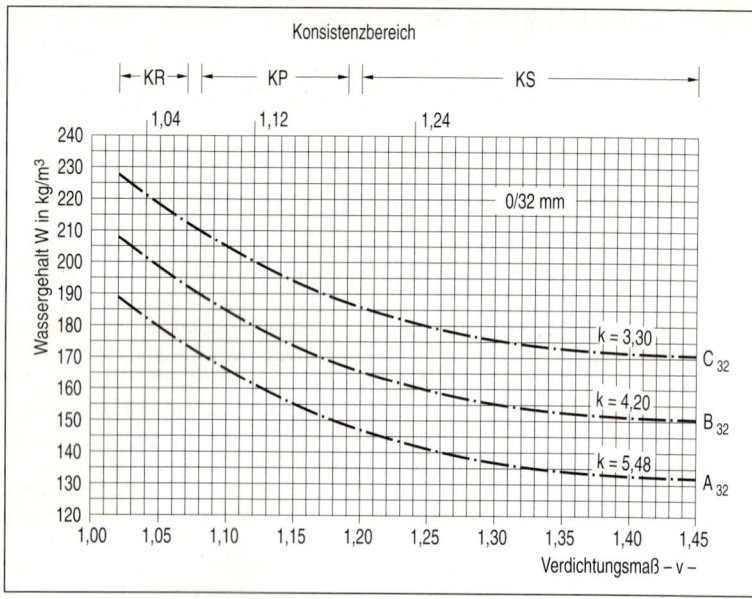

Abb. 12.4.2/2. Beziehung zwischen Verdichtungsmaß v, Körnungsziffer K, Wassergehalt W [kg/m³] (Zuschlagsgemische 0/16 mm)

Sieblinie	Körnungs-ziffer	Konsistenzbereiche (v)*								
		KS			KP			KR		
		1,45	1,24	1,20	1,19	1,12	1,08	1,07	1,04	1,02
A_{16}	4,61	138	148	152	154	165	173	175	179	184
B_{16}	3,66	158	169	174	175	186	194	195	202	205
C_{16}	2,75	182	193	198	200	212	220	222	229	234
A_{32}	5,48	132	138	143	144	154	162	164	169	174
B_{32}	4,20	151	158	163	165	176	184	186	194	198
C_{32}	3,30	172	181	186	189	200	211	214	221	227

* Bei Herstellung von Beton BI über Eignungsprüfung gelten folgende Bereiche:

KS: v = 1,45......1,20
KP: v = 1,19......1,08
KR: v = 1,07......1,02.

Abb. 12.4.2/3. Wassergehalt W [kg/m³] für Konsistenzbereiche KS, KP, KR und Beton mit Zuschlaggemischen der Regelsieblinien A, B, C

12.4.3 Entwurf von Betonmischungen

Mit den in den folgenden Abbildungen aufgestellten technologischen Beziehungen läßt sich die Zusammensetzung einer Betonmischung entwerfen.

12.4.3.1 Beziehungen

(1) Zementgehalt:

Z = W/w (Wasserbedarf/Wasserzementwert)

Bei der Herstellung eines Rezeptbetons ist der Mindestzementgehalt vorgeschrieben (s. Abb. 12.3.3/2). Bei Herstellung über eine Eignungsprüfung wird, bezogen auf eine gewünschte Festigkeit β_{D28}, ein Wasserzementwert w errechnet, wobei Angaben hinsichtlich besonderer Betoneigenschaften zu berücksichtigen sind. Es gilt stets der maximale Zementgehalt Z bzw. Z'.

(2) Betonzuschlag:
Die Menge des Betonzuschlages errechnet sich aus der Stoffraummenge, bezogen auf 1 m³ Beton im verdichteten Zustand.

$Z/_z + W + G/_G + P = 1000$ [dm³]

Erläuterungen:
Z[kg]   = Gewicht des Zements
G[kg]   = Gewicht des trockenen Betonzuschlags
W[kg]   = Gesamtwassergehalt
P[dm³]   = Porengehalt im frischen, verdichteten Beton
γ_G[kg/dm³] = Rohdichte des trockenen Zuschlaggesteins
γ_Z[kg/dm³] = Reindichte (spez. Gewicht) des Zements

Im normal verdichtetem Beton beträgt der Porengehalt etwa 1,5 %. Nach DIN 1164, Blatt 4, gelten für die Reindichte des Zements die Werte der Abb. 12.4.3/1.
Der Anteil des trockenen Zuschlags errechnet sich aus der vorgenannten Gleichung wie folgt:

a) als Gewichtanteil: $G = \gamma_G \times (1000 - Z/z - W - P)$ [kg/m³]

b) als Stoffraumanteil: $G = G/\gamma_G \times (1000 - Z/ - W - P)$ [dm³/m³]

Berechnungsbeispiele s. Abb. 12.4.3/2 und 3.

Zementart		Dichte [kg/dm³]
PZ	- Portlandzement	3,10
PZ-HS	- Portlandzement	3,22
EPZ	- Eisenportlandzement	3,04
HOZ	- Hochofenzement	3,00
TrZ	- Traßzement	2,93
PÖZ	- Portlandölschieferzement	2,96

Abb. 12.4.3/1. Reindichte der Zementarten

Beton B 25 als Rezeptbeton (Außenbauteil):

Gegeben: EPZ 35 L DIN 1164 (γ_z = 3,04 kg/dm³)
                           Zuschlag 0/32 mm werksgemischt aus Sand und Kies,
                           Sieblinie A_{32}/B_{32} Mitte (γ_g = 2,67 kg/dm³)
                           Konsistenz: KP (v = 1,19)
                           Porengehalt: 1,5 %

Rechengang:
1. Wassergehalt   W = 155 kg (Abb. 12.4.2/3)
2. Zementgehalt   Z = 320 kg (Abb. 12.3.3/2)
3. Wasserzementwert w = W/Z = 155/320 = 0,48
   (Kontrolle nicht erforderlich)
4. Zuschlag   G = 2,67 (1000 – 320/3,04 – 155 – 15) =
                     G = 1935 kg

1m³ frischer, verdichteter Beton setzt sich demnach wie folgt zusammen:
                           Zement: 320 kg
                           Wasser: 155 kg
                           Zuschlag: 1935 kg   (Zuschlag trocken)
                           insgesamt G_{Beton}: 2410 kg

Berücksichtigung einer Eigenfeuchte des Zuschlags von 3 %,
Wasseranteil des Zuschlags: W_G = 0,03 x 1935 = 58 kg

Zusammensetzung:
                           Zement: 320 kg
                           Wasser: 97 kg
                           Zuschlag: 1993 kg
                           insgesamt G_{Beton}: 2410 kg

Mehlkorngehalt: Anteil Sieblinie A_{32}/B_{32}, Bereich 0/0,125 mm,
                           $G_M \cong$ 0,02 x 1935   =   39 kg
                           Zementgehalt   =   320 kg
                           Gesamt G_M =   359 kg   (< 370 kg)

Mehlkorn- + Feinstsandgehalt:
                           Anteil Sieblinie A_{32}/B_{32}, Bereich 0/0,25 mm,
                           $G_{M + F}$ = 0,05 x 1935   =   97 kg
                           Zementgehalt   =   320 kg
                           Gesamt $G_{M + F}$ =   417 kg   (< 470 kg)

Abb. 12.4.3/2.   Beispiel zur Ermittlung des Betonzuschlags: Beton B 25 als Rezeptbeton

Beton B 25 mit Eignungsprüfung:

Verlangt wird ein bewehrter Beton ohne besondere Eigenschaften.
Zum Vergleich mit Beispiel (1) werden die Eingangsgrößen übernommen.

Gegeben:

EPZ 35 L DIN 1164 (γ_z = 3,04 kg/dm³)
Zuschlag 0/32 mm werksgemischt aus Sand und Kies,
Sieblinie A_{32}/B_{32} Mitte (γ_g = 2,67 kg/dm³)
Konsistenz: KP (v = 1,19)
Porengehalt: 1,5 %

Rechengang:
1. Wassergehalt   W = 155 kg (Abb. 12.4.2/3)
2. erf. $\beta_{D\,28}$ = 35 N/mm² daraus ergibt sich nach (Abb. 12.4.1/2):
   w = 0,57 (zul w = 0,60)
3. Zementgehalt   Z = 155/0,57 = 272 kg > 240 kg (Mindestzementgehalt)
4. Zuschlag   G = 2,67 x (1000 – 272/3,04 – 155 – 15) =
   G = 1977

1m³ frischer, verdichteter Beton setzt sich demnach wie folgt zusammen:

Zement:	272 kg
Wasser:	155 kg
Zuschlag:	1977 kg
insgesamt G_{Beton}:	2404 kg

Berücksichtigung der Eigenfeuchte des Zuschlags von 3 %.
Wasseranteil des Zuschlags: W_G = 0,03 x 1977 = 59 kg

Zusammensetzung:

Zement:	272 kg
Wasser:	96 kg
Zuschlag:	2036 kg
insgesamt G_{Beton}:	2404 kg

Mehlkorngehalt:

G_M = 0,02 x 1977	=	40 kg
Zementgehalt	=	272 kg
Gesamt G_M	=	312 kg (< 370 kg)

Mehlkorn- + Feinstsandgehalt:

G_{M+F} = 0,05 x 1977	=	99 kg
Zementgehalt	=	272 kg
Gesamt G_{M+F}	=	371 kg (< 470 kg)

Abb. 12.4.3/3. Beispiel zur Ermittlung des Betonzuschlags: Beton B 25 mit Eignungsprüfung

12.4.3.2 Überprüfung des Zementgehalts der ausgeführten Frischbetonmischung

Auch bei sorgfältiger Ermittlung der stofflichen Zusammensetzung des verdichteten Frischbetons können der Zement-, Zuschlag- oder Wassergehalt einer Mischung durch nicht vorhersehbare Verarbeitungsgegebenheiten von der angestrebten Menge abweichen. Es wird daher empfohlen, zumindest den geforderten Zementgehalt über das Gewicht der Probewürfel zu überprüfen.

Mit $Z / \gamma_B \times 1000 = Z_M / (Z_M + G_M + W_M)$ wird:

$$Z = \gamma_B \times 1000 \, [\, Z_M / (Z_M + G_M + W_M)]$$

Erläuterungen:

γ_Z = Zementmenge in kg/m^3
γ_B = Frischbetonrohdichte in kg/dm^3
Z_M, G_M, W_M = Stoffmengen der Mischungszusammenstellung in kg.

Berechnungsbeispiele s. Abb. 12.4.3/4.

Es werden die Gewichtsanteile des Berechnungsbeispiels nach Abb. 12.4.3/1 zugrunde gelegt.

Kantenlänge des Würfels: l_K = 20 cm
Volumen des Würfels: $V = 2{,}0^3 = 8{,}0$ dm^3

Ermitteltes Würfelgewicht: G_W = 18,9 kg

somit wird: γ_B = 18,9/8,0 = 2,36 kg/dm^3

$Z_{vorh.}$ = 2,36 x 1000 x [320/(320 + 97 + 1993)] =
$Z_{vorh.}$ = 313 kg/m^3 Beton

Es fehlen an der Sollmenge: 7 kg/m^3 Beton

Mischungskorrektur:
$Z_{M\,soll} = (Z_{ist}/Z_{soll}) \times Z_{M\,ist} = (320/313) \times 320 =$
$\underline{Z_{M\,soll} = 327}$ kg/m^3 Beton

Abb. 12.4.3/4. Beispiel zur Überprüfung des Zementgehalts anhand der Betonmischung nach Abb. 12.4.3/2

12.4.3.3 Ermittlung der Mischerfüllung

Die Stoffanteile einer Mischung sind auf die Nenninhalte des Mischers abzustimmen. Nach DIN 459 gilt als Nenninhalt das Volumen (Liter, dm^3) des unverdichteten Frischbetons beliebiger Konsistenz, das der Mischer in der üblichen Mischzeit gleichmäßig durchmischt. Dabei bezieht sich der Nenninhalt nach DIN 459 auf Beton der Konsistenz KR.

Für die Herstellung einer Sichtbetonmauer soll ein B 25 (Rezeptbeton/Außenbauteil) verwendet werden.

Gegeben: EPZ 35 L DIN 1164 (γ_z = 3,04 kg/dm³)
Zuschlag: Sand 0 – 4 mm
              Kiessand 4 – 32 mm
Konsistenz: KP (v = 1,12)
Porengehalt: 1,3 %

Siebdurchgänge, Eigenfeuchte und Rohdichten der beiden Korngemische sind nachstehender Tabelle zu entnehmen.

Siebweite [mm]	0,25	0,50	1	2	4	8	16	32
	Siebdurchgänge							
0/4	25	35	55	80	98	100	100	100
2/32	0	0	0	0	25	50	90	100

	EF [%]	γ [kg/dm³]
2/4	3,5	2,60
2/32	3,0	2,70

Das Zuschlagsgemisch soll der Regelsieblinie A_{32}/B_{32} (Mitte) entsprechen (K = 4,84).

Gesucht: Mischungszusammenstellung, bezogen auf den Inhalt eines 250 l Mischers.

Ermittlung der Korngruppenanteile:

$K_{0/4}$ = 2,07
$K_{2/32}$ = 5,35

```
2,07  ╲           ╱  0,51  ────────▶  0,51/3,28 x 100 =  15,55 %
        ╲  4,84  ╱
5,35  ╱           ╲  2,77  ────────▶  2,77/3,28 x 100 =  84,45 %
                     ────                              100,00 %
                     3,28
```

1. Wassergehalt W = 165 kg
2. Zementgehalt Z = 320 kg

3. Zuschlag: (trocken)

Abb. 12.4.3/5. Beispiel zur Ermittlung der Mischerfüllung: Beton B 25 für Sichtbetonmauer – 1. Teil

	G [kg]	[kg/dm³]	V [dm³]	
Z	320	3,04	105	
W	165	1,00	165	283
p	–	–	13	
0/4	290	2,60	111,49	
				717
2/32	1635	2,70	605,51	
G_{Beton}	2410			

Berücksichtigung der Eigenfeuchte des Zuschlags:
0/4 $W_{0/4}$ = 0,035 x 290 = 10 kg
2/32 $W_{2/32}$ = 0,030 x 1635 = 49 kg
insgesamt: $\overline{W = 59\ kg}$

Zusammensetzung:

Zement:		320 kg
Wasser:		106 kg
Zuschlag:	0/4	300 kg
	2/32	1684 kg
insgesamt G_{Beton}:		2410 kg

Mehlkorngehalt:

G_M = 0,5 x 0,25 x 290	=	36 kg	
Zementgehalt	=	320 kg	
Gesamt G_M	=	356 kg	(< 370 kg)

Mehlkorn- + Feinstsandanteil:

G_{M+F} = 0,25 x 290	=	73 kg	
Zementgehalt	=	320 kg	
Gesamt G_{M+F}	=	393 kg	(< 470 kg)

Inhalt einer Mischercharge:

$V = 0,250/1,12 = 0,223\ m^3 = 538\ kg$

Mischungsangabe:

Z	= 0,223 x 320	=	71,4 kg
W	= 0,223 x 106	=	23,6 kg
Zuschlag: 0/4	= 0,223 x 300	=	66,9 kg
2/32	= 0,223 x 1684	=	375,5 kg
Gesamt: G_{Beton}		=	537,4 kg

Abb. 12.4.3/5. Beispiel zur Ermittlung der Mischerfüllung:
Beton B 25 für Sichtbetonmauer – 2. Teil

Mischergrößen (Nenninhalte in Litern): 75, 100, 150, 250, 500, 750, 1000, 1250 und darüber.

Das Aufnahmevermögen eines Mischers errechnet sich zu

$$M = N \times \gamma_B / v \ [kg]$$

Erläuterungen:

N = Nenninhalt
γ_B = Rohdichte des verdichteten Betons [kg/dm^3]
v = Verdichtungsmaß

Berechnungsbeispiel s. Abb. 12.4.3/5.

12.4.4 Mischvorgang

Wegen der wesentlich besseren Verteilung der Gemengenanteile ist die Maschinenmischung in jedem Fall vorzuziehen.

12.4.4.1 Handmischung

Bei der Herstellung geringer Betonmengen der Festigkeitsklassen B 5 und B 10 ist die Handmischung erlaubt.

Hierfür gelten folgende Regeln:

Saubere Mischunterlage, möglichst Blech, Kiessand und Zement mindestens 2× trocken bis zur gleichmäßigen Graufärbung mischen, mit Gießkanne unter ständigem weiteren Mischen Wasser zusetzen und noch 2× unter gleichmäßigem Harken durcharbeiten, bis gleichmäßiges Gemenge vorhanden.

Bemessung nur mit Mischkasten (s. Abb. 12.4.4/1): Zuschlag und Zement einfüllen und Kasten hochheben. Zuschläge auf volle Sackzahl bemessen und dabei von Gwt auf Rt umrechnen.

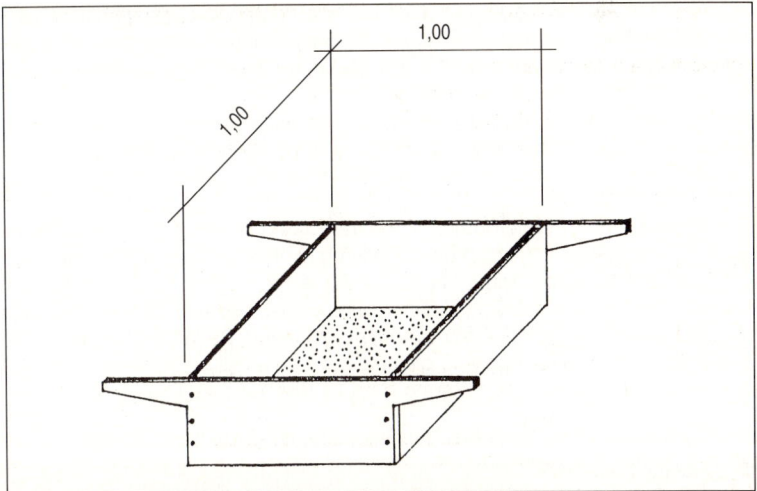

1,00

1,00

Abb. 12.4.4/1. Mischkasten zur Bemessung von Handmischungen

12.4.4.2 Maschinenmischung

DIN 1045 schreibt eine Mindestmischzeit von 1/2 bis 1 Minute vor. Hierbei werden alle Anteile sofort eingebracht. Wasser soll innerhalb der ersten 15 Sekunden zugesetzt sein. Eine trockene Vormischung ist nicht erforderlich.

(1) Freifall = Trommelmischer

Mischgut wird durch Leiteinrichtungen bei den Umdrehungen des Mischers so gelenkt, daß es durcheinandergeworfen wird, Entleerung erfolgt durch Kippen der Trommel.

(2) Zwangsmischer

Mischgut wird durch ein Rührwerk durchgearbeitet. Entleerung erfolgt durch eine Bodenklappe.

Mischmaschinengrößen u. a.   250 l entspricht etwa 1/6 m^3 Festbeton,

500 l entspricht etwa 1/3 m^3 Festbeton,

750 l entspricht etwa 1/2 m^3 Festbeton.

Verbrauchsfaustzahl: 1 m^3 Fertigbeton benötigt etwa 1,3 m^3 = etwa 2 t Kiessand.

12.4.4.3 Transportbeton

Nach den »Vorl. Richtlinien für Transportbeton, Herstellung und Lieferung« (April 1961) des Deutschen Ausschusses für Stahlbeton gelten nachstehende Begriffe und Bestimmungen.

(1) Definition:

Transportbeton ist ein im Betonwerk nach Gewicht zugemessener, im Werk oder im Transportfahrzeug gemischter, zur Baustelle transportierter und einbaufertig ausgelieferter Beton. Es wird zwischen werk- und fahrzeuggemischtem Transportbeton unterschieden. Auch werkgemischter Beton der Konsistenzbereiche KP, KR und KF muß entweder ständig während der Fahrt oder auf der Baustelle nochmals durchgemischt werden. Deshalb sind fast alle Transportfahrzeuge mit Rührwerk und Wassermeßeinrichtungen ausgestattet. Nur Beton der Konsistenz KS darf in Fahrzeugen ohne Rührwerk angeliefert werden.

Das Material ist teilfertig, transportempfindlich und schnell verderblich. Das Transportbetonwerk haftet für die Betonqualität und -sorte. Die Werke liefern durchschnittlich 6 bis 8 Betonsorten und mehr, die in Listen mit allen erforderlichen Werten, wie Betongüte, Zementgehalt in kg/m^3 verdichtetem Fertigbeton und Konsistenz, aufgeführt sind. Sie unterliegen einer freiwilligen Qualitätskontrolle durch Prüfstellen des »Güteschutzverbandes Transportbeton«. Nachteilig für einen zügigen Baustellenablauf kann eine unzuverlässige Anfuhr sein. Es ist deshalb notwendig, dem Lieferwerk sehr genau den vorausberechneten Bedarf anzugeben. Die Transportfahrzeuge fassen 3 bis 6m^3.

Der große Vorteil für den Garten- und Landschaftsbau liegt in der Sicherheit im Hinblick auf die Eignungs- und Qualitätsprüfungen durch das Lieferwerk und im Vorteil der mischerlosen Baustelle.

(2) Qualitätsmerkmale:

Jede Betonsorte muß bis zur Auslieferung ihre Konsistenz behalten, deshalb sind die Transportfahrzeuge mit Umdrehungszählern für das Rührwerk ausgestattet. Die Betontemperatur muß bei der Übergabe mindestens 5 °C und darf höchstens 30 °C betragen, bei einer Lufttemperatur unter –3 °C mindestens 10 °C, die über 3 Tage anhalten soll. Der Beton muß spätestens 1 1/2 Stunden nach Wasserzugabe entladen sein. Bei ungünstigen Witterungseinflüssen und dadurch beschleunigter Versteifung ist die Entladefrist kürzer zu bemessen, bei Verwendung von Verzögerern darf sie angemessen überschritten werden.

Der Gütenachweis hat durch die Lieferfirma zu erfolgen. Bei 500 m³ sind mindestens 3 Probewürfel zu fertigen. Die Proben hierzu müssen bei der Übergabe auf der Baustelle entnommen werden. Gleichzeitig hat immer eine Konsistenzprüfung zu erfolgen. Hierbei müssen Entnahmen bei einem unterschiedlichen Entleerungsgrad (z. B. 1/4, 1/2, 3/4 Entleerung der Fahrzeuge) die gleichmäßige Steife der gesamten Fahrzeugladung erbringen.

Der Lieferschein muß folgende Angaben enthalten: Betonwerk mit Angabe der Güterüberwachungsstelle, Zeitpunkt der Beladung, Tag und Stunde der Lieferung, Abnehmer und Baustelle, Betonmenge und -sorte, Wassermenge.

Die Verwendung auf der Baustelle erfolgt sofort ohne Änderung der Zusammensetzung. Keinesfalls darf Wasser zugesetzt werden. Im Baustellentagebuch muß eingetragen sein, in welche Bauteile und zu welcher Zeit die einzelnen Wagenladungen eingebaut wurden.

Preise: Meist Grundpreis je m³ Festbeton frei Baustelle.

Preiszuschläge für weitere Fahrtstrecken, meist nach Entfernungszonen, für ungewöhnlich lange Aufenthalte auf der Entladestelle, für Betonzusatzmittel oder höherwertigen Beton, für Zusammensetzungen nach Wunsch des Abnehmers und für Kleinmengen ohne Fahrzeugauslastung.

(3) Bestellung:

Die Bestellung an das Lieferwerk muß Angaben haben über:

1. Gesamtmenge (frühzeitig angeben);
2. Zeitpunkt des Betonierbeginns;
3. stündliche Einbauleistung;
4. aus dem Lieferverzeichnis:

   Betongüte – ob für Stahl- oder unbewehrten Beton

   Konsistenz – KS (steif)

   KP (plastisch)

   KR (weich)

   KF (fließfähig)

   Fehlen feste Angaben, so wird als Größtkorn im Zuschlag 32 mm verwendet. Auf Wunsch können für die Herstellung kleinerer Bauteile einer Körnung ab 16 mm Größtkorn oder bei Waschbeton eine Ausfallkörnung (Fehlen einer Korngruppe) verwendet werden;
5. Zementart (PZ, EPZ, HOZ, TrZ, PÖZ, – Z 25, Z 35, Z 45, Z 55);
6. Sonderzusammensetzungen außerhalb des Lieferverzeichnisses müssen rechtzeitig einer Eignungsprüfung unterzogen werden können.

12.5 Betonprüfung

Es ist zu unterscheiden zwischen den Prüfungen vor, während und nach dem Betonieren. Die Methoden sind in DIN 1045 und 1048 geregelt.

12.5.1 Eignungsprüfung

Prüfung vor Baubeginn auf richtige Betonzusammensetzung (Bindemittel, Wasserbedarf, Zuschlaggemische) und Konsistenz. Sie ist bei jedem Beton vorzunehmen, der nicht als »Rezeptbeton« hergestellt werden darf.
Haben sich gegenüber der ersten Eignungsprüfung die Ausgangsstoffe oder die Baustellenverhältnisse wesentlich geändert, so ist eine neue Eignungsprüfung anzusetzen.
Eine Prüfung auf der Baustelle kann entfallen, wenn diese von einer beständigen Betonprüfstelle vorgenommen oder Transportbeton verwendet wird.
Für jede Mischung sollen mindestens 50 dm^3 loser Frischbeton, bei sehr steifer Konsistenz 75 dm^3 mit der Maschine sorgfältig gemischt werden. Die Mischdauer nach Zugabe aller Stoffe soll zwischen 1 und 1,5 Min. liegen, die Temperatur der Mischung auf etwa 18 °C bis 21 °C eingestellt werden. Die Prüfung muß dabei den Mittelwert der Druckfestigkeit von 3 Würfeln zugrunde legen, die die Werte β_{WS} der entsprechenden Betongüte um ein Vorhaltemaß überschreiten. Bei Herstellung von Beton B I ist dieses Vorhaltemaß wie folgt festgelegt:
B 5 = 30 kg/cm^2, B 10 bis B 25 = 50 kg/cm^2.
Bei Herstellung von B II ist es dem Unternehmer freigestellt, das Vorhaltemaß nach Erfahrungswerten frei zu wählen.

12.5.2 Güteprüfung

Mit der Güteprüfung wird kontrolliert, ob der für den Einbau hergestellte Beton die geforderte Festigkeit oder Eigenschaft erreicht. Dabei sind die Betonproben für jeden Probekörper aus einer anderen Mischerfüllung zufällig und etwa gleichmäßig über die Betonierzeit verteilt zu entnehmen (siehe DIN 1048, Blatt 1). Sind besondere Eigenschaften nachzuweisen, so ist der Umfang der Prüfung im Einzelfall festzulegen. Die Güteprüfung ist auch bei Transportbeton oder bei Baustellenbeton von einer benachbarten Baustelle durchzuführen.

12.5.3 Prüfungen am Bauwerk

Am erhärteten Bauwerk sind annähernde Druckfestigkeitsprüfungen nach DIN 4240 zugelassen, die mit Kugelschlaghämmern erfolgen. Hierbei werden Eindrücke in die Betonoberfläche registriert. Rückprallhämmer zeigen auf einer Skala die Würfeldruckfestigkeit an. Wegen der Ungenauigkeit wird ein Mittelwert aus 10 bis 20 Schlägen errechnet.

12.6 Betonstahl

Zum Bewehren von Beton wird in der Regel Betonstahl nach DIN 488, Teil 1 bis 7, verwendet. Den so bewehrten Beton nennt man Stahlbeton. Stahlbeton ist ein Verbundbaustoff. Stahl und Beton haben etwa gleiche Wärmeausdehnungszahlen. Der Beton besitzt eine hohe Druck-, aber eine geringe Biegezugfestigkeit. Im Stahlbeton übernimmt deshalb der Beton die Druckspannungen, der Stahl die Zugspannungen. Es können Stabstähle und Betonstahlmatten verwendet werden. Alle Bewehrungsstähle müssen kalt verformbar sein. Beim Kaltbiegeversuch, einer Biegung von 180° um einen Dorn, dessen Durchmesser dem doppelten Prüfstahlquerschnitt entspricht, dürfen auf der Zugseite keine Rissse entstehen.

12.6.1 Sorteneinteilung

Bei der Herstellung von Stahlbeton werden vorwiegend 3 gerippte, schweißgeeignete Stahlsorten verwendet (s. Abb. 12.6.1/1). Die einzelnen Stahlgruppen sind unterteilt:

a) nach der Herstellungsart:

U = Unbehandelter (naturharter) Stahl

– Festigkeit auf Grund der chemischen Zusammensetzung

K = Kaltverformter Stahl

– Kaltverformung des naturharten Stahls durch Verdrehen und/oder Recken.

Kurzname	BSt 420S	BSt 500S	BSt 500 M
Kurzzeichen	III S	IV S	IV M
Werkstoffnummer	1.0428	1.0438	1.0466
Erzeugnisform	Betonstabstahl		Betonstahlmatte
Nenndurchmesser N/mm²	6 bis 28		4 bis 12
Streckgrenze N/mm²	500	550	
Bruchdehnung %	10		8
Geeignete Schweißverfahren [1]	E, MAG, GP, RA, RP,		E, MAG, RP

[1] Die Kennbuchstaben bedeuten:
E = Metall-Lichtbogenhandschweißen
MAG = Metall-Aktivgasschweißen
GP = Gaspreßschweißen
RA = Abbrennstumpfschweißen
RP = Widerstandspunktschweißen

Abb. 12.6.1/1. Einteilung der Stahlsorten nach DIN 488, T. 1

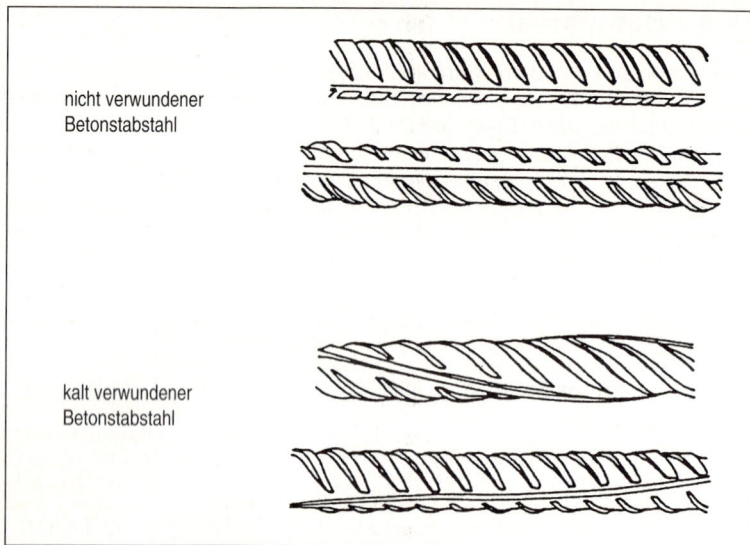

nicht verwundener
Betonstabstahl

kalt verwundener
Betonstabstahl

Abb. 12.6.1/2. Ausbildung von gerippten Betonstählen

b) nach der äußeren Form (s. Abb. 12.6.1/2):
  G = Betonrundstahl mit glatter Oberfläche
  R = Betonrippenstahl mit rechtwinklig oder schräg verlaufenden Rippen
  P = Profilierter Betonstahl

12.6.1.1 Betonstabstahl

Betonstähle der Stahlsorten III und IV sind im Handel als Einzelstäbe erhältlich
(s. Abb. 12.6.1/3). Sie werden beim Einbau auf der Baustelle mit Querstäben
(Verteilerstäben; Bügeln) zu einem unverschieblichen Bewehrungskorb, bzw.
Bewehrungsmatte zusammengebunden.
Nennquerschnitt As (cm^2) und Nenndurchmesser ds (cm) errechnen sich aus
dem Gewicht des Stabes.

Gleichungen:
As = 1,274 / l [cm^2]

ds = 12,74 G / l [mm]

Erläuterungen:
G = Gewicht des Stabes (g)
l = Länge des Stabes (mm)

12.6.1.2 Betonstahlmatten

Betonstähle der Stahlsorte IV sind auch als Betonstahlmatten im Handel. Als
Längsstäbe werden Einfachstäbe oder Doppelstäbe angeordnet. Die Quer-

Nenndurchmesser d_S mm	Nennumfang U_S cm	Nennquerschnitt A_S cm²	Nenngewicht je lfd. Meter G kg/m
6	1,89	0,283	0,222
8	2,51	0,503	0,395
10	3,14	0,785	0,617
12	3,77	1,13	0,888
14	4,40	1,54	1,21
16	5,03	2,01	1,58
20	6,28	3,14	2,47
25	7,85	4,91	3,85
28	8,80	6,16	4,83

Abb. 12.6.1/3. Gerippter Betonstabstahl nach DIN 488 – Abmessungen

stäbe sind aus herstellungstechnischen Gründen immer Einfachstäbe. An den Mattenlängs- und Querrändern können Randsparzonen vorgesehen werden (Randsparmatten), indem der Stahlquerschnitt auf 50 % des Querschnittes in Mattenmitte reduziert wird.

Die Achsabstände der Längsstäbe betragen 50 mm; 75 mm oder ein Vielfaches dieser Maße. Die Querstäbe werden im Raster von 25 mm bei einem Mindestabstand von 50 mm angeordnet.

Nach der Herstellung werden unterschieden

(1) Baustahlmatten:

Bei den Baustahlmatten werden die Einzelstäbe durch maschinelle Wiederstandspunktschweißung an den Kreuzungsstellen zu flächigen, steifen Bewehrungsnetzen miteinander verbunden. Hierzu zählt auch »Baustahlgewebe«.

Für geschweißte Betonstahlmatten werden gemäß DIN 488, Blatt 4, Einzelstäbe nach Abb. 12.6.1./4 verwendet.

(2) Verbundstahlmatten:

Sie sind in den Knotenpunkten mechanisch unterschiedlich gehalten (z. B. durch Kunststoffmuffen).

(3) Weitere Hinweise zum Baustahlgewebe:

Man unterscheidet Listen-, Lager- und Zeichnungsmatten.

a) Listenmatten:

Listenmatten werden je nach Bauobjekt und statischer Berechnung in Mattenlisten zusammengestellt. Dabei sind bestimmte Stabdurchmesser und Stababstände sowie eine Maximallänge von 12,00 m und eine Maximalbreite von 2,45 m (Straßentransport) einzuhalten.

Die Kennzeichnung erfolgt durch vier Zahlen, z. B.: 100 · 250 · 6,5 · 4,6, d. h.: Längsstababstand · Querstababstand · Längsstabdurchmesser · Querstabdurchmesser (s. Abb. 12.6.1/5).

Oberflächen-gestaltung	Nenndurchmesser [1] d_s mm	Nennquerschnitt [2] A_s cm²	Nenngewicht [2] G kg/m
glatt,	4	0,126	0,099
profiliert	4,5	0,159	0,125
oder gerippt	5	0,196	0,154
	5,5	0,238	0,187
	6	0,283	0,222
	6,5	0,332	0,260
	7	0,385	0,302
	7,5	0,442	0,347
	8	0,503	0,395
	8,5	0,567	0,445
	9	0,636	0,499
	9,5	0,709	0,556
	10	0,785	0,617
	10,5	0,866	0,680
	11	0,950	0,746
	11,5	1,039	0,815
	12	1,13	0,888

Abb. 12.6.1/4.   Stahl für geschweißte Betonstahlmatten nach DIN 488, Bl. 4

Querschnitt									Einfach-stäbe der 1. Spalte verschweiß-bar mit ø		Doppel-stäbe der 1. Spalte verschweiß-bar mit ø	
eines Stabes		einer Stabrichtung in cm²/m bei Abständen der Stäbe [mm]										
[mm]	[cm²]	50 100d	75 150d	100	150	200	250	300	[mm] von	bis	[mm] von	bis
4,0	0,126	2,52	1,68	1,26	0,84	0,63	0,50	0,42	4,0 –	6,0	4,0 –	5,5
4,5	0,159	3,18	2,12	1,59	1,06	0,80	0,64	0,53	4,0 –	6,5	4,0 –	6,5
5,0	0,196	3,93	2,62	1,96	1,31	0,98	0,78	0,65	4,0 –	8,5	4,5 –	7,0
5,5	0,238	4,75	3,17	2,38	1,58	1,19	0,95	0,79	4,0 –	8,5	4,5 –	7,5
6,0	0,283	5,65	3,77	2,82	1,88	1,41	1,13	0,94	4,0 –	8,5	5,0 –	8,5
6,5	0,332	6,64	4,43	3,31	2,21	1,65	1,33	1,10	4,5 –	9,0	5,5 –	9,0
7,0	0,385	7,70	5,13	3,85	2,57	1,92	1,54	1,28	5,0 –	10,0	6,0 –	10,0
7,5	0,442	8,84	5,89	4,42	2,95	2,20	1,77	1,47	5,0 –	10,5	6,5 –	10,5

Abb. 12.6.1/5.   Baustahlgewebe

Querschnitt									Einfach-stäbe der 1. Spalte verschweiß-bar mit ø [mm]		Doppel-stäbe der 1. Spalte verschweiß-bar mit ø [mm]	
eines Stabes		einer Stabrichtung in cm²/m bei Abständen der Stäbe [mm]										
[mm]	[cm²]	50 100d	75 150d	100	150	200	250	300	von	bis	von	bis
8,0	0,503	10,05	6,70	5,03	3,35	2,51	2,01	1,67	5,0 –	11,0	7,0 –	11,0
8,5	0,567	11,35	7,57	5,67	3,78	2,84	2,27	1,89	5,0 –	12,0	7,5 –	12,0
9,0	0,636	12,72	8,48	6,36	4,24	3,18	2,54	2,12	6,5 –	12,0	7,5 –	12,0
9,5	0,709	14,18	9,45	7,09	4,73	3,54	2,83	2,36	7,0 –	12,0	8,0 –	12,0
10,0	0,785	15,71	10,47	7,85	5,24	3,92	3,14	2,61	7,0 –	12,0	8,5 –	12,0
10,5	0,866	17,32	11,55	8,66	5,77	4,33	3,46	2,89	7,5 –	12,0	9,0 –	12,0
11,0	0,950	19,01	12,67	9,50	6,34	4,74	3,80	3,16	8,0 –	12,0	9,5 –	12,0
11,5	1,039	20,77	13,85	10,39	6,92	5,19	4,15	3,45	8,5 –	12,0	9,5 –	12,0
12,0	1,131	22,62	15,08	11,31	7,54	5,66	4,52	3,76	8,5 –	12,0	10,0 –	12,0

Doppelstabmatten nach dem Randsparrezepten sind nur in Mattenbreiten von 1,85 – 2,45 m möglich.

Abb. 12.6.1/5. Baustahlgewebe (Fortsetzung)

b) Lagermatten:
Lagermatten sind ab Händlerlager erhältlich und haben einheitliche Abmessungen von 5,00 × 2,15 bzw. 6,00 × 2,15 m.
Die Bezeichnung der Lagermatte (s. Abb. 12.6.1/6) erfolgt mit N, Q, R oder K in Verbindung mit einer Zahl (100facher Tragstabquerschnitt [cm²/m]). Matten mit der Bezeichnung N und Q haben quadratische Öffnungen, mit der Bezeichnung R und K rechteckige Öffnungen. Da N-Matten aus punktgeschweißten glatten Stäben hergestellt werden, dürfen sie nicht zur Aufnahme statisch nachgewiesener Zugkräfte verwendet werden (N = nicht statisch). Bei den Randsparmatten sind in Querrichtung folgende Überdeckungslängen erforderlich:
Q-Matte (4 Einfachstäbe) = 50 cm
R-Matte (2 Einfachstäbe) = 20 cm
K-Matte (4 Einfachstäbe) = 35 cm
c) Zeichnungsmatten:
Baustahlmatten, die den Mindestanforderungen der Listenmatten nicht genügen, heißen Zeichnungsmatten. Sie sind wegen der erforderlichen Sonderfertigung erst nach Absprache mit dem Herstellerwerk anzufertigen.

Randausbildung bei Doppelstabmatten	R = 2 Einfachstäbe Q und K = 4 Einfachstäbe

Mattengröße	Randeinsparung	Mattenbezeichnung	Abstände der Längsstäbe mm	Abstände der Querstäbe mm	Durchmesser der Längsstäbe cm²/m	Durchmesser der Querstäbe cm²/m	Stahlquerschnitt der Längsstäbe kg	Stahlquerschnitt der Querstäbe kg	Gewichte je Matte kg	Gewichte je m² kg
5,00 x	ohne	Q 131	150	150	5,0	5,0	1,31	1,31	22,5	2,09
		Q 188	150	150	6,0	6,0	1,88	1,88	32,4	3,01
2,15 m	mit	Q 221	Q 150	150	6,5 5,0	6,5	2,21	2,21	33,7	3,14
		Q 257	Q 150	150	7,0 5,0	7,0	2,57	2,57	38,2	3,55
		Q 377	Q 150	150	6,0d	8,5	3,77	3,78	56,0	5,21
6,00 x 2,15 m	ohne	Q 513	Q 150	100	7,0d	8,0	5,13	5,03	90,0	6,97
		R 131	150	250	5,0	4,0	1,31	0,50	15,8	1,47
		R 188	150	250	6,0	4,0	1,88	0,50	20,9	1,95
5,00 x 2,15 m		R 221	R 150	250	6,5 5,0	4,0	2,21	0,50	21,6	2,01
		R 257	R 150	250	7,0 5,0	4,5	2,57	0,64	25,1	2,33
		R 317	R 150	250	5,5d	4,5	3,17	0,64	29,7	2,76
		R 377	R 150	250	6,0d	5,0	3,77	0,78	35,5	3,30
		R 443	R 150	250	6,5d	5,5	4,43	0,95	41,8	3,89
	mit	R 513	R 150	250	7,0d	6,0	5,13	1,13	58,6	4,54
		R 589	R 150	250	7,5d	6,5	5,89	1,33	67,5	5,24
6,00 x 2,15 m		K 664	K 100	250	6,5d	6,5	6,64	1,33	69,6	5,39
		K 770	K 100	250	7,0d	7,0	7,70	1,54	80,8	6,27
		K 884	K 100	250	7,5d	7,5	8,84	1,77	92,9	7,20
5,00 x	ohne	N 94	75	75	3,0	3,0	0,94	0,94	15,9	1,48
2,15 m		N 141	50	50	3,0	3,0	1,41	1,41	23,7	2,20

Rechte Randbeschriftungen: BSt 50/55 RK (IV R) · KARI · glatt

Der Gewichtsermittlung der Lagermatten liegen folgende Überstände zugrunde:
Q-Matte Überstände längs 100/100 mm　Überstände quer 25/25 mm
R-Matte Überstände längs 125/125 mm　Überstände 25/25 mm
K-Matte Überstände längs 125/125 mm　Überstände quer 25/25 mm

Abb. 12.6.1/6.　Baustahlgewebe (Lagermatten) – Abmessungen

12.6.2 Verarbeiten der Bewehrung

12.6.2.1 Verlegen der Bewehrung

Die Stahlbetonbestimmungen, DIN 1045, Ausgabe 88, enthalten ins Detail gehende Vorschriften über die Bewehrung, z. B. über ihre Anordnung, Verankerung, Stoßüberdeckung, Betonüberdeckung. Diese Vorschriften sind als Konstruktionsgrundlage für das Ing.-Büro gedacht und müssen bei der Zeichnung von Bewehrungsplänen berücksichtigt werden.

Es werden daher nur die für die Baustelle wichtigen Grundregeln hier angegeben, wobei insbesondere darauf hingewiesen wird, daß die auf den Bewehrungsplänen gegebenen Anweisungen genau beachtet werden.

Die Stahleinlagen sind in der Zugzone zu verlegen. Diese kann in Platten, je nach der Belastung, bei seitlichen Auflagen unten, bei auskragenden Platten oben liegen. Es können auch bei Belastungen aus verschiedenen Anlässen beide Plattenseiten, oben und unten, auf Zug bewehrt werden müssen. Bei Platten und Balken werden die Zugeinlagen bis über die Auflagen geführt. Ihre Aufbiegungen enden im allgemeinen in der Druckzone.

Bei der Verwendung von Einzelstäben werden diese als Zug-, ggf. auch als Druckbewehrungen längs und als Verteilerstäbe quer verlegt. Die Verteilerstäbe halten erstere in ihrer Lage und werden deshalb mit Bindedraht mit diesen verbunden. Dieser Draht hat keine statische Aufgabe, sondern er verhindert ein Verlagern der Stäbe während des Betoniervorganges.

Wird Baustahlgewebe eingebracht, so sind hier Zug- und Verteilerstäbe zu Matten verschweißt. Die Mattenverbindungen werden durch Überdeckung mit der Nachbarmatte erreicht. Es kann auch zwischen Einzelstabeinlagen und Baustahlgewebematten kombiniert werden.

Da bei einem statischen Nachweis nicht alle Einflüsse der Beanspruchung berücksichtigt werden (z. B. Kriechen, Schwinden, Temperaturdifferenzen etc.), gibt die DIN 1045 Bewehrungsrichtlinien vor, nach denen Bauteile (Balken, Platten, Wände etc.) gemäß ihres Tragverhaltens grundsätzlich zu bewehren sind.

12.6.2.2 Biegen

Beim Biegen der Bewehrung müssen bestimmte Biegeradien eingehalten werden. DIN 1045 gibt daher für Haken, Winkelhaken, Schlaufen, Bügel sowie für Aufbiegungen und andere gekrümmte Stabe Mindestdurchmesser – d_B – der Biegerollen an (s. Abb. 12.6.2/1). Bei der Herstellung von Haken und Winkelhaken muß nach der Krümmung noch ein gerades Stabstück verbleiben, dessen Länge beim Haken mindestens das 2fache des Stabdurchmessers betragen muß. Die erforderlichen Biegerollendurchmesser müssen auf dem entsprechenden Bewehrungsplan angegeben sein.

12.6.2.3 Betondeckung

Abstandhalter sorgen für die richtige Lage der eingebrachten Bewehrung. Um den Stahl vor Korrosion zu schützen, ist eine bestimmte Betondeckung einzuhalten. Diese richtet sich entweder nach dem Stabdurchmesser oder den Umweltbedingungen. Maßgebend ist stets der ungünstigere Wert

Biegerollendurchmesser – d_{br} –	
Stabdurchmesser d_s in mm	Haken, Winkelhaken, Schlaufen, Bügel
≤ 20 20 bis 28	$4\,d_s$ $7\,d_s$
seitliche Betondeckung	Aufbiegungen und andere Krümmungen von Stäben
≥ 5 cm und $> 3\,d_s$ ≤ 5 cm und $\leq 3\,d_s$	$15\,d_s$ $(22{,}5\,d_s)$ [1)][2)] $20\,d_s$ $(30\,d_s)$ [1)]

[1)] Die Klammerwerte gelten für Stäbe der inneren Lagen, wenn Stäbe mehrerer Lagen an einer Stelle abgebogen werden.
[2)] Bei vorwiegend ruhender Belastung darf d_{br} auf $10\,d_s$ vermindert werden, wenn das Mindestmaß der Betondeckung rechtwinklig zur Krümmungsebene und der Achsabstand der Stäbe mindestens 10 cm bzw. $7\,d_s$ betragen.

Abb. 12.6.2/1. Mindestwerte der Biegerollendurchmesser

Umweltbedingungen	Stabdurchmesser [mm]				
	bis 12	14/16	20	25	28
Bauteile in geschlossenen Räumen, Bauteile, die ständig trocken sind.	2,0 (1,0)	2,5 (1,5)	3,0 (2,0)	3,5 (2,5)	4,0 (3,0)
Bauteile, zu denen die Außenluft ständig Zugang hat, Bauteile, die ständig im Wasser sind oder im Boden verbleiben, Dächer mit wasserdichter Dachhaut, auf der Dachhautseite.	3,0 (2,0)	3,0 (2,0)	3,0 (2,0)	3,5 (2,5)	4,0 (3,0)
Bauteile im Freien, Bauteile in geschlossenen Räumen mit hoher Luftfeuchte, Bauteile, die wechselnder Durchfeuchtung und schwachem chemischem Angriff nach DIN 4030 ausgesetzt sind.	3,5 (2,5)	3,5 (2,5)	3,5 (2,5)	3,5 (2,5)	4,0 (3,0)
Bauteile, die korrosionsfördernden Einflüssen oder starkem chemischem Angriff nach DIN 4030 ausgesetzt sind.	5,0 (4,0)	5,0 (4,0)	5,0 (4,0)	5,0 (4,0)	5,0 (4,0)

(–) Die Klammerwerte geben das Mindestmaß – **min c** – der Betondeckung für Beton B 25 an.

Abb. 12.6.2/2. Nennmaße nom c der Betondeckung für Beton > B 25 entsprechend Umweltbedingungen

(s. Abb. 12.6.2/2). Unter den auf dem Baugrund aufliegenden Stahlbetonplatten ist zunächst eine 5 cm dicke Betonschicht (> B 5) oder eine Schicht aus gleichwertigem Material als Schutzschicht einzubringen.

12.6.2.4 Stababstände
Der lichte Abstand von gleichlaufenden Bewehrungsstäben muß mindestens 2 cm betragen oder die Größe des Stabdurchmessers haben. Doppelstäbe geschweißter Betonstahlmatten dürfen sich berühren. Dies gilt auch für Stäbe im Stoßbereich. Für nicht geschweißte Betonstahlmatten gelten die Angaben für den Stabstahl.

12.6.2.5 Verankerung auf Zug
Im Stahlbetonbau sind folgende Verankerungselemente gemäß Abb. 12.6.2/3 nach DIN 1045 gebräuchlich.

(1) Rippenstäbe:
Sie dürfen gerade enden. Dabei ist eine bestimmte Verankerungslänge erforderlich, auf der über Verbund mit dem umhüllenden Beton die Zugkraft eingeleitet wird. Die Länge des Einleitungsbereichs ist abhängig von der im Bewehrungsstab vorhandenen Zugkraft Z, dem Umfang U des Bewehrungsstabes, der Mindeststreckgrenze des Betonstahls und dem zulässigen Rechenwert der Verbundspannung zwischen Bewehrungsstab und Beton. Die Größe der Verbundspannung ist abhängig von der Lage des Bewehrungsstabes innerhalb des Betonquerschnitts und der Betongüteklasse (siehe DIN 1045). Glatte und profilierte Stäbe dürfen nicht allein durch gerade Stabenden verankert werden.

(2) Haken:
Mit Haken dürfen Stäbe aller Art verankert werden. Winkelhaken sind nur als Verankerungselement für Rippenstäbe vorgesehen. Durch die hakenförmige Aufbiegung verringert sich die erforderliche Verankerungslänge des Stabes. Rippenstäbe erhalten dann einen Winkelhaken, wenn aus konstruktiven Gründen eine Verankerung mit geradem Stabende nicht mehr möglich ist.

(3) Schlaufen:
Sie sind Verankerungselemente, bei denen an jedem Schenkel eine annähernd gleiche Zugkraft angreift. Bei dieser Verankerungsform wird die erforderliche Länge noch kürzer als beim Winkelhaken. Sie wird häufig bei kurzen Auflagerflächen verwendet.

(4) Ankerkörper (Stahlplatten o. ä.):
Sie sollen möglichst nur an der Stirnfläche eines Bauteils verwendet werden. Dabei ist die zulässige Spannung auf 80 % der in der DIN 18 800 angegebenen Werte zu reduzieren. Für die Betonpressung an der Ankerfläche gilt DIN 1045. Für das Anschweißen der Ankerkörper gilt DIN 4099.

12.6.2.6 Stöße
Stöße in biegeanspruchten Querschnitten sind nach Möglichkeit über den gesamten Bewehrungsbereich gleichmäßig zu verteilen und in der Längsrich-

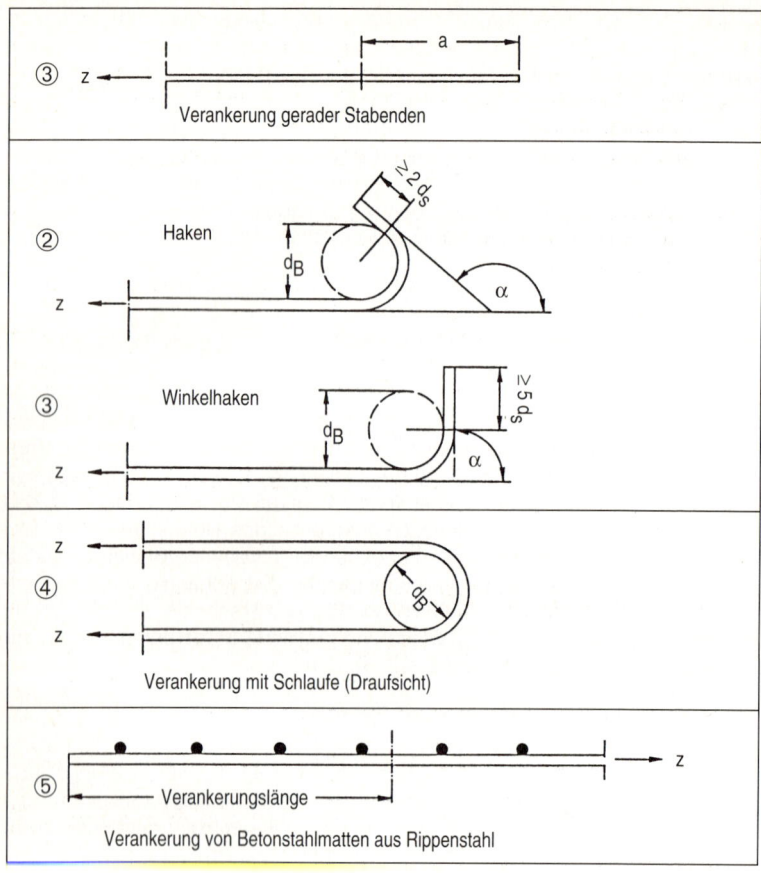

③ z ⟵

Verankerung gerader Stabenden

② Haken

z ⟵

③ Winkelhaken

z ⟵

④ z ⟵

z ⟵

Verankerung mit Schlaufe (Draufsicht)

⑤

Verankerungslänge

Verankerung von Betonstahlmatten aus Rippenstahl

Abb. 12.6.2/3. Bewehrung – Verankerungselemente für Zugbeanspruchung

tung gegeneinander zu versetzen. Sie sollen außerhalb der Bereiche voll ausgenutzter Stahlquerschnitte liegen.

Bewehrungsstöße werden i. a. durch Übergreifen mit oder ohne Haken bzw. Winkelhaken, durch Schlaufen und aufgeschweißte Querstäbe hergestellt (s. Abb. 12.6.2/4).

12.6.2.7 Verlegeregeln für Baustahlmatten

Die Matten können ein- und mehrlagig verlegt werden. Dabei werden i. a. die in Richtung der Zugspannung liegenden Stäbe der äußeren Mattenlagen an der Schalungsseite (außen) angeordnet (s. Abb. 12.6.2/5).

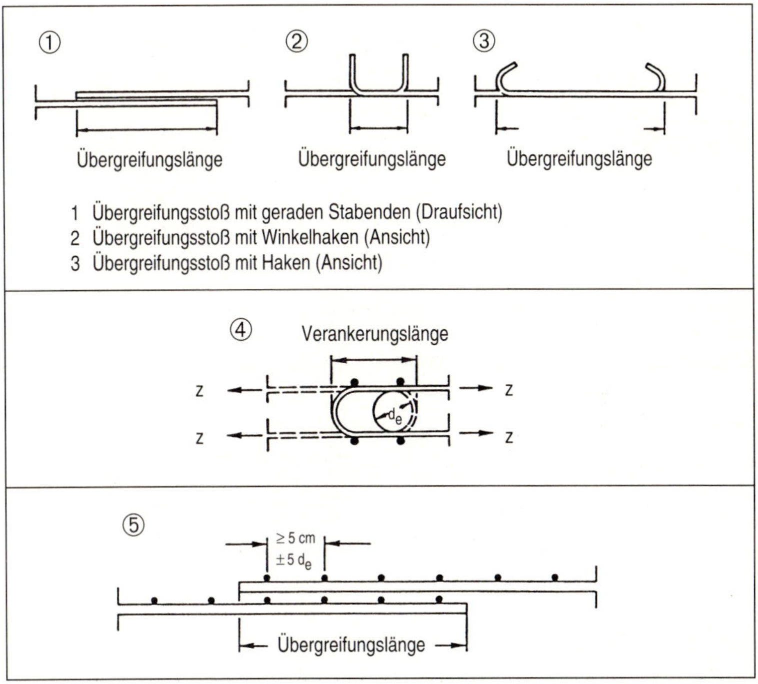

① ② ③

Übergreifungslänge   Übergreifungslänge   Übergreifungslänge

1 Übergreifungsstoß mit geraden Stabenden (Draufsicht)
2 Übergreifungsstoß mit Winkelhaken (Ansicht)
3 Übergreifungsstoß mit Haken (Ansicht)

④   Verankerungslänge

z d_e z
z z

⑤ $\geq 5\,\text{cm}$
      $\pm 5\,d_e$

Übergreifungslänge

Abb. 12.6.2/4. Bewehrung – Ausbildung von Stößen

Abb. 12.6.2/5. Verlegung von Baustahlmatten mit in Richtung der Zugspannung liegenden Stäben an der Außenseite des Querschnitts

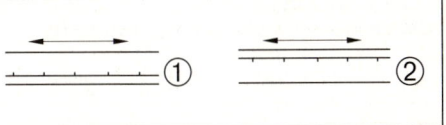

(1) Bewehrungsplan:
Die Baustahlmatte wird mit ihrer äußeren Begrenzung eingetragen. Ein Diagonalstrich kennzeichnet im allgemeinen die Mattenausdehnung und trägt mit Zahlenangabe die Mattenkennzeichnung. Bei mehreren Bewehrungsebenen (z.B. obere untere Lage einer Deckenplatte) muß für jede Ebene ein Verlegeplan gezeichnet werden (s. Abb. 12.6.2/6).
(2) Überdeckungsmaße für Baustahlmatten:
Die Verbindung der Matten erfolgt durch eine einfache Überdeckung nach vorgeschriebenen Maßen (s. Abb. 12.6.2/7 und 8).
(3) Schneiden und Biegen von Matten:
Es gibt Baustahlgewebe-Schneidegeräte, die auch bereits verlegte Matten mit bis zu 12 mm starken Einzelstäben oder 8 mm starken Doppelstäben

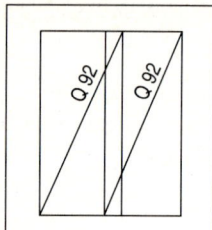

Abb. 12.6.2/6. Darstellung von Baustahlmatten im Bewehrungsplan

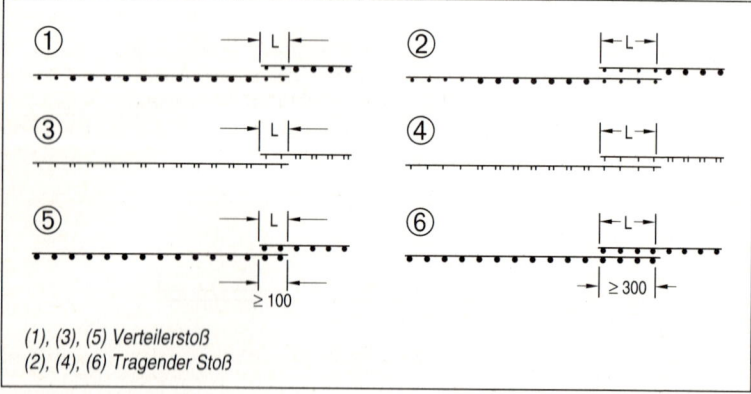

(1), (3), (5) Verteilerstoß
(2), (4), (6) Tragender Stoß

Abb. 12.6.2/7. Gegenseitige Überdeckung von Baustahlmatten

Gewebeart	Überdeckungsmaß L in Richtung der	
	Tragstäbe	Verteilerstäbe
Matten ohne Randeinsparung		
N, Q, R	3 Maschen + Überstand	1 Masche + Überstand
Matten mit unterschiedlichem Stabdurchmesser		
Q R	3 Maschen (mit den 4 schwächeren Stäben) + Überstand 1 Masche (mit den 2 schwächeren Stäben) + Überstand	
Doppelstabmatten		
Q R	wie bei Matten mit unterschiedlichem Stabdurchmesser	

Abb. 12.6.2/8. Überdeckungsmaße von Baustahlmatten

schneiden. Außerdem gibt es Schneide- und Biegemaschinen für die üblichen Mattenbreiten.

(4) Abstandhalter

a) untere Bewehrungslage

Zur Einhaltung des notwendigen Überdeckungsabstandes werden Abstandsklemmen, Betonklötzchen oder Abstandshalter aus Asbestzement, Rundstahl oder Baustahlgewebe unterlegt.
Abstandhalter aus Asbestzement (s. Abb. 12.6.2/9).

b) obere Bewehrungslage

Zur Einhaltung der Konstruktionshöhe für oben liegende Mattenlagen werden u. a. Baustahlgewebe-Abstandhalter APSTA verwendet; Hersteller: Baustahlgewebe GmbH, Düsseldorf (s. Abb. 12.6.2/10 und 11). Die Abstandhalter A 8 bis A 40 werden in Körben von 2,00 m Länge und in Bunden von 10 Körben geliefert. Die Abstandhalter A 8 bis A 20 werden bevorzugt am Lager gehalten. Die Standfüße sind im Normalfall rostgeschützt, für Sichtbeton kunststoffummantelt.
Anordnung der Abstandhalter s. Abb. 12.6.2/12–14.

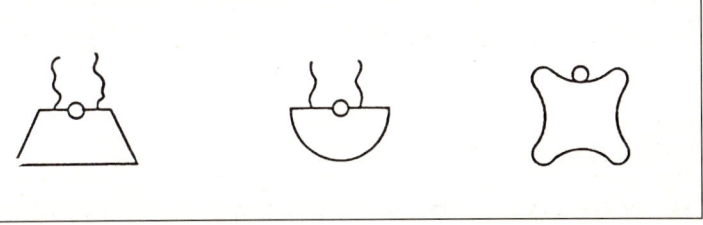

Abb. 12.6.2/9. Abstandhalter aus Asbestzement

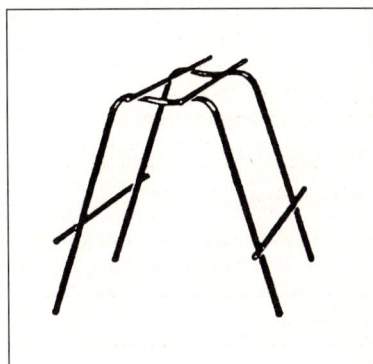

Abb. 12.6.2/10. Baustahlgewebe-Abstandhalter APSTA

APSTA Typ	Höhe in cm	Für Deckendicke cm	Gewicht je Korb in kg
A 8	8,0	~ 10	1,080
A 9	9,0	~ 11	1,114
A 10	10,0	~ 12	1,139
A 11	11,0	~ 13	1,172
A 12	12,0	~ 14	1,303
A 13	13,0	~ 15	1,340
A 14	14,0	~ 16	1,366
A 15	15,0	~ 17	1,557
A 16	16,0	~ 18	1,803
A 17	17,0	~ 19	2,225
A 18	18,0	~ 20	2,290
A 19	19,0	~ 21	2,355
A 20	20,0	~ 22	2,420

Abb. 12.6.2/11. Baustahlgewebe-Abstandhalter APSTA – Abmessungen

12.7 Schalung

Die Schalung muß sorgfältig aufgestellt, ausgesteift und ausgerichtet werden. Während des Betonierens und Verdichtens darf sich die Schalung nicht bewegen. Beim Ausschalen muß sie sich leicht vom Beton lösen ohne Beschädigungen der Betonoberfläche zu verursachen. Schalöle erleichtern dies, dürfen aber keine Flecken oder Erhärtungsfehler hinterlassen. Deshalb sind wasserlösliche Mineralöle zu verwenden, die bei Fleckenbildung auswaschbar sind.

12.7.1 Schalmaterial

Einsatzbereiche und -häufigkeit einiger Schalungssysteme s. Abb. 12.7.1/1.

12.7.1.1 Schalbretter

Als Schalbretter werden i. a. Holzarten wie Fichte, Kiefer und Tanne verwendet. Die Brettstärken müssen dem Schalungsdruck und dem Aussteifungsabstand entsprechen. Stumpfgestoßene Bretter sind i. a. 24 mm stark. Sie sollen möglichst astfrei sein. Äste sind mit Schellack zu isolieren, Astlöcher mit Holzpfropfen schließen. Alle Hölzer müssen in gleicher Faserrichtung eingebaut und Hölzer gleichen Alters verwendet werden, da das Trennmittel sonst unterschiedlich tief eindringt und mit unterschiedlicher Menge auf die Außenbetonfläche einwirkt, wodurch z. B. Farbunterschiede im Sichtbeton entstehen. Ungehobelte Bretter hinterlassen Holzfasern auf dem Beton. Bessere

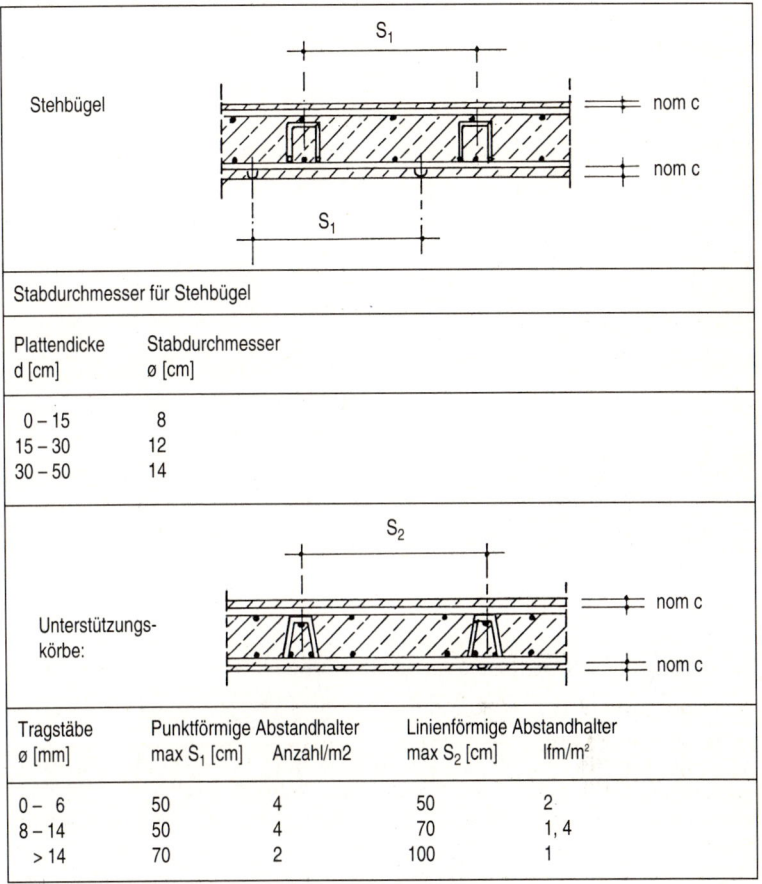

| Stehbügel | S_1 | | nom c / nom c |

Stabdurchmesser für Stehbügel

Plattendicke d [cm]	Stabdurchmesser ø [cm]
0 – 15	8
15 – 30	12
30 – 50	14

| Unterstützungs-körbe: | S_2 | nom c / nom c |

Tragstäbe ø [mm]	Punktförmige Abstandhalter		Linienförmige Abstandhalter	
	max S_1 [cm]	Anzahl/m2	max S_2 [cm]	lfm/m²
0 – 6	50	4	50	2
8 – 14	50	4	70	1, 4
> 14	70	2	100	1

Abb. 12.6.2/12. Anordnung von Abstandhaltern bei Platten (Quelle: Merkblatt Betondeckung)

Schalbretter haben gehobelte, gespundete oder gefalzte Verbindungen und sind damit dichter, so daß kein Zementleim ausläuft.

12.7.1.2 Großflächiges Schalmaterial

(1) Schalungsplatten

Schalungsplatten sind zu Platten verarbeitete Massivbretter mit gehobelter Oberfläche, ggf. auch kunststoffbeschichtet. Sie sparen Schalöl ein und erzielen eine besonders glatte Oberfläche. Die Platten sind scharfkantig mit Profilkantenschutz und Nagellöchern ausgebildet und werden zu Tafeln zusammengenagelt.

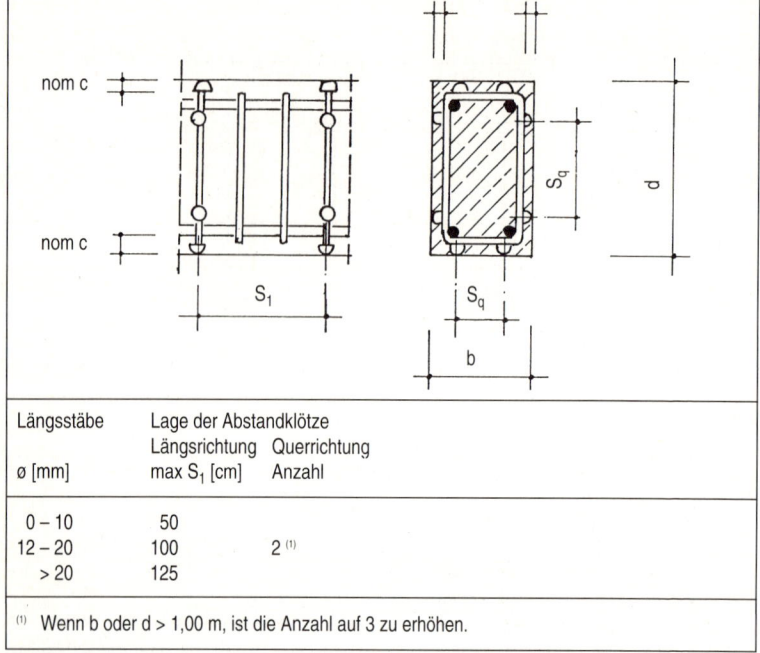

Längsstäbe	Lage der Abstandklötze	
	Längsrichtung	Querrichtung
ø [mm]	max S_1 [cm]	Anzahl
0 – 10	50	
12 – 20	100	2 [1]
> 20	125	

[1]   Wenn b oder d > 1,00 m, ist die Anzahl auf 3 zu erhöhen.

Abb. 12.6.2/13. Anordnung von Abstandhaltern bei Balken und Stützen
(Quelle: Merkblatt Betondeckung)

Vorzugsmaße sind: Dicken: 22, 23, 25, 28 mm;
                     Längen: 0,75, 1,0, 1,5, 2,0 m;
                     Breiten: 0,5 m,
                     Halbbreite: 0,25 m.

(2) Sperrholzplatten
haben Dicken von 12 bis 24 mm. Sie sind 3- und 5schichtig mit abschlie-
ßenden Hartholzfurnieroberflächen. Bei großen Platten ergeben sie fugen-
arme Oberflächen.

(3) Hartfaserplatten
sind feuchtigkeitsempfindlich. Die Kanten brechen leicht aus und sind
nicht dauerhaft. Außerdem enthalten Stoffe, die die Oberflächenerhärtung
stören und Fleckenbildung verursachen können. Deshalb sollen nur Platten mit ölgehärteter Oberfläche verwendet werden. Die Platten wellen sich
leicht und führen dadurch zu Oberflächenverformungen.

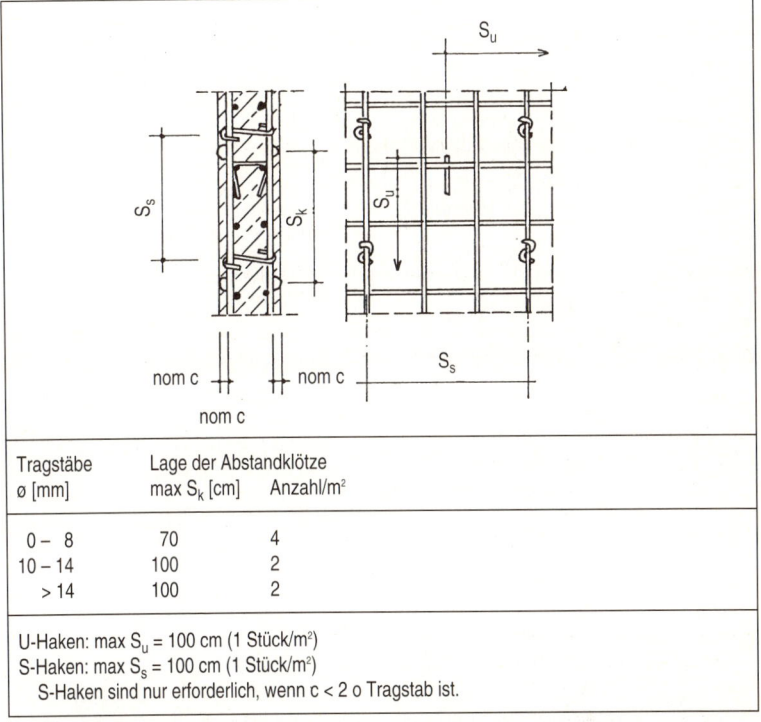

Tragstäbe ø [mm]	Lage der Abstandklötze max S_k [cm]	Anzahl/m²
0 – 8	70	4
10 – 14	100	2
> 14	100	2

U-Haken: max S_u = 100 cm (1 Stück/m²)
S-Haken: max S_s = 100 cm (1 Stück/m²)
  S-Haken sind nur erforderlich, wenn c < 2 o Tragstab ist.

Abb. 12.6.2/14. Anordnung von Abstandhaltern bei Wänden (Quelle: Merkblatt Betondeckung)

(4) Stahlblech
ist teuer, dauerhaft und leicht montierbar. Es wird daher vorwiegend im Betonfertigteilwerk verwendet. Wegen ihrer geringen Dicke müssen die Bleche gut ausgesteift werden. Um Rostflecken zu vermeiden sind Öl-anstriche vorzusehen.

(5) Kunststoffe
sind als selbständige Schalungsplatten oder als Holzbeschichtung im Handel. Sie geben gute ausschalbare, glatte Sichtbetonflächen und erhö-hen die Haltbarkeit des Schalmaterials.

12.7.2 Schalungsbehandlung

Vor der Frischbetoneinbringung sind Schalwände vornässen, damit Fugen zuquellen. Die verbleibenden Fugen sind zu verkitten. Die Eigenfeuchtigkeit der Schalung muß so groß sein, daß sie kein Anmachwasser aus dem Frisch-

Schalungsart	Schalungsmaterial	Einsatzbereich	Richtwerte über Einsatzhäufigkeit bei geeigneter Vorbehandlung
Schwarten	Tanne bzw. Fichte mit Borkenkante und Astverharzung	Sichtbeton	2 bis 3
Brettschalung, rauh	Tanne bzw. Fichte mit sägerauher Oberfläche	Beton ohne besondere Anforderung an seine Sichtfläche	4 bis 5
Brettschalung einseitig profiliert	Tanne bzw. Fichte mit einseitig sandgestrahlter oder abgeflammter Oberfläche	Sichtbeton mit Holzstruktur	bis 10
Brett-Platten-schalung (Schaltafeln)	Tanne bzw. Fichte, imprägniert mit Standardmaß 150 x 50	Beton ohne besondere Anforderung an seine Sichtfläche	bis 50
Sperrholz, beharzt	Tischlerplatte beharzt aus Nadelholz (Stab- oder Stäbchenmittellage)	Beton ohne besondere Anforderung an seine Sichtfläche, Tapezier- und Streichbeton	bis 30
Sperrholz, befilmt	Tischlerplatte aus Nadelholz (Stab- oder Stäbchenmittellage) mit Natron- oder Kraftpapier		
Sperrholz, polyester-beschichtet	Tischlerplatte aus Nadelholz (Stäbchenmittellage) mit Polyesterbeschichtung	Glatter Beton	bis 100
Schichtstoff-platten	Melamin- bzw. Phenol-beschichtung auf Stab- bzw. Stäbchenmittellage		80 bis 100
Polysulfid-Schalung	Polysulfid	Strukturierter Sichtbeton	30 bis 50
Gummischalung	Polypropylen-Silikonkautschuk	Strukturierter Sichtbeton (Gummimatrizen); (aufblasbare Schalung), Rohrherstellung	bis 50
Polystyrol-Schalung	Polystyrol-Hartschaum	Strukturierter Sichtbeton, Verdrängungskörper für Systemdecken und Aussparungen	1 bis 5
Stahlschalung	Stahl	Beton ohne besondere Anforderung an seine Sichtfläche	bis 500
Stahlblech-wickelrohre	Bandstahl mit spiralförmig verlaufenden Falznähten	Sichtbeton, Streich-, Tapezierbeton	1

Abb. 12.7.1/1. Einsatzbereiche und -häufigkeit (Wiederverwendbarkeit) von Schalungsarten (Quelle: Beton-Praxis/Schriftenreihe Bauberatung Zement)

beton entzieht, sonst entstehen Erhärtungsfehler, und die Zementhaut reißt beim Ausschalen ab. Alle Schalbretter müssen saubere Oberflächen haben, deshalb sind sie sofort nach dem Ausschalen zu säubern. Trennmittel begünstigen das Ausschalen. Wasserlösliche Mineralölemulsionen sind gleichmäßig und dünn auf die Schalung zu streichen oder zu sprühen. Je nach Schalungsart sind Trennmittel nach Abb. 12.7.2/1 zu empfehlen. Auf Sichtbetonflächen lassen sich Ornamente und kubische Aussparungen durch entsprechende Schalungsformen schaffen. Bei engen Profilabständen sollte dann ein niedriger Grobkornanteil gewählt werden.

Trennmittel	Schalungsart und -oberfläche					
	Holz			Stahl	Kunststoff	
	saugend		nicht saugend			
	sägerauh	gehobelt glatt	kunstharz- beschichtet	sehr glatt	sehr glatt	strukturiert
Wässern, Mineralöle, Emulsionen	++	++	–	–	–	–
Mineralöl mit Trennzusätzen	+	+	++	++	++	++
Schallacke, Wachslösungen	+	+	++	+	++	+
Wachspasten	–	+	++	+	+	–
++ gut geeignet + mäßig geeignet – nicht geeignet						

Abb. 12.7.2/1. Schalungsarten und empfehlenswerte Trennmittel

12.7.3 Schnellspreizen aus Asbestzement

Es stehen Asbestzementrohre unterschiedlicher Längen und Stärken zum Einspreizen zwischen senkrechten Mauerschalungen zur Verfügung, wobei die Rohre mit Kunststoff-Trennscheiben auf die gewünschte Mauerstärke zugeschnitten werden. Rohre werden nach dem Ausschalen in der Mauer belassen. Die nun sichtbar werdenden Rohröffnungen werden mit Beton oder mit Asbestzementstöpseln verschlossen.

Vorteil: schnelles Arbeiten, kein Abstemmen einbetonierter Spanndrähte, keine Rostflecken auf dem Beton, kein Verputzen von Stemmlöchern. Die Rohre liegen mit ihren Schnittflächen gegen die Schalung. Bei Leichtbauplatten werden Auflagescheiben als Schutz gegen Eindrücken zwischen Rohrschnittfläche und Schalung gelegt.

Herstellungslängen: 1,25 m,

Wandstärke: 7, 10, 12, 16, 18, 25, 32, 34, 40, 48, 62 mm

Anwendung bei wasserdichtem Beton:

Es ist eine gute Spreizumhüllung notwendig. Nach dem Ausschalen und mindestens 5tägiger Erhärtungszeit müssen die Rohröffnungen zunächst auf der Wasserdruckseite mit 2 hintereinandergesetzten und mit Abdichtungskleber umhüllten Stöpseln bündig verschlossen werden. Vorher muß das Rohrinnere mit einer Rundbürste gereinigt werden. Nach 4 Tagen ist eine Wasserdruckprobe durchzuführen. Dann erst soll die Rohrgegenseite mit einem kleberumhüllten Stöpsel verschlossen werden.

12.7.4 Hinweise zur Schalungsausschreibung

Wenn die Schalung nicht im Betongesamtpreis mit enthalten ist, erfolgt eine Ausschreibung nach m² in der Abwicklung der geschalten Betonfläche. Besonders zu nennen sind: Oberflächenstruktur (schalungsrauh oder glatt); Schalungsmaterial, wenn eine bestimmte Oberflächenausbildung davon hergeleitet werden soll; Schalungsraster, wenn geplant; Ebenheitstoleranz für die Betonfläche.

12.8   Betonieren und Nachbehandlung

12.8.1 Betoneinbringung und -verdichtung

12.8.11 Einbringen des Betons

Frischbeton soll nach dem Mischen sofort verarbeitet werden. Dabei darf er sich nicht entmischen oder Zementbrühe abfließen. Er darf höchstens 1 m fallen, da er sich sonst entmischt, ggf. muß eine Fallrohrrutsche verwendet werden. Die Schalung ist vorzunässen oder zu ölen. Der Beton darf nicht gegen die Schalung geschüttet, sondern muß mittig eingebracht werden, da sich sonst Nester bilden.

12.8.1.2 Betonverdichtung

Es gibt die Verdichtungsmöglichkeiten des Stampfens, Stocherns und Rüttelns.

Hinweise zur Wahl der Verdichtungsart s. Abb. 12.8.1/1.

(1) Stampfen

Ist bei unbewehrtem Beton der Konsistenz KS möglich. Der Frischbeton ist in Schichten von 15 bis 20 cm Stärke einzubringen und zu verdichten, bis auf der Oberfläche Wasser austritt. Dabei ist längs der Schalung und in

Verdichtungsart	Konsistenz			
	KS	KP	PR	KF
Stampfen	+			
Oberflächenrüttler	+	+	+	
Innenrüttler		+	+	+
Außenrüttler			+	+
Stochern			+	+

Abb. 12.8.1/1. Wahl der Verdichtungsart in Abhängigkeit von der Konsistenz

den Schalungsecken zu beginnen. Die Stampffläche ist aufzurauhen und weitere Schicht, aber kein Wasser aufzubringen.

(2) Rütteln
Ist bei steifem oder mäßig weichem Beton (Ausbreitmaß kleiner als 45 cm) die beste Verdichtungsmethode. Es gibt Oberflächen-, Innen- und Schalungsrüttler. Oberflächenrüttler sind für 20 bis 25 cm starke Betonbeläge zweckmäßig, Innenrüttler für geschalte Stahlbetonteile (Träger, Stützen, Wände, Platten) mit normalem Bewehrungsgehalt. Bei stark bewehrten Säulen und dünnwandigen Betonkörpern sind Außenrüttler empfehlenswert.
Die üblichen Innenrüttler sollen mit der Rüttelflasche 15 bis 30 Sek. durch den Frischbeton in die darunterliegende Schicht noch etwa 10 bis 20 cm tief eintauchen (Eintauchschnelligkeit 8 cm/s) und langsam wieder herausgezogen werden. Hierbei wird eine Rüttelverbindung zur darunterliegenden Schicht geschaffen. Eintauchabstand etwa 50 cm, überlappend und mit 10 bis 20 cm Abstand von der Schalung.

(3) Stochern
Erfolgt bei sehr weichem oder flüssigem Beton mit 3 bis 5 cm starken Stangen, damit sich Hohlräume schließen und Luftblasen austreten. Ein Rütteln würde bei dieser Konsistenz zu einem Entmischen führen.

12.8.2 Betonieren bei besonderen Temperaturen

12.8.2.1 Betonieren bei höheren Temperaturen

Hohe Betontemperaturen bringen unterschiedliche Erstarrung und Erhärtung sowie Verdichtungsschwierigkeiten; Frischbetontemperaturen über 30 °C nicht überschreiten, ggf. feucht abdecken und Betonieren einstellen.
Vorbeugungsmaßnahmen:
Erhöhen des Wassergehaltes bei gleichzeitiger Zementerhöhung zur Erhaltung des Wasserzementwertes. Die durch die Erwärmung beschleunigte Überschußwasser-Verdunstung bringt eine Lockerung des Gefüges und eine Rißbildungsgefahr. Theoretisch bringt 1 l Wasserverlust je m^2 Betonfläche ($1000 cm^2/m^2$) einen errechenbaren Riß von 1 mm Breite, einer gleichmäßigen

Tiefenausbildung von 5 cm (kein Keil) und 20 m Länge. Da sich der Zuschlags-
stoff etwa 3mal so stark überhitzt gegenüber der Anmachwassererwärmung,
empfiehlt sich hier, eine Überhitzung zu vermeiden.

12.8.2.2 Betonieren bei kühler Witterung und Frost

Bei niedrigen Temperaturen ist Vorsicht geboten. Beton erhärtet ab $+10\,°C$
langsamer, ab $+5\,°C$ wesentlich verzögernd, und ab $0\,°C$ tritt eine Unterbrechung ein. Durch Gefrieren des Anmachwassers lockert sich das Betongefüge
(Volumenzuwachs 9 %) oder es treten Frostsprengungen auf. Die Gefrier-
grenze liegt wegen der Hydratationswärmeentwicklung während des Erstar-
rens bzw. Erhärtens bei $-3\,°C$ Lufttemperatur. Bei Frostaufgang setzt der
Erhärtungsprozeß wieder ein, der aber Gefügelockerungen nicht rückgängig
macht. Die Schäden bleiben gering, wenn mindestens 3 Tage ab Betonein-
bringung eine Erhärtung bei $+5\,°C$ erfolgte und eine Druckfestigkeit von
$5\,N/mm^2$ erreicht wurde.
Dünnwandige Bauteile sind besonders gefährdet.

(1) Schutzmaßnahmen:
Laufende Wetterorientierung in frostgefährdeten Zeiträumen;
keine gefrorenen Baustoffe verwenden;
Nicht auf oder gegen gefrorenen Baugrund oder Bauteile betonieren (ggf.
vorher abdecken);
Z 45 oder Z 55 verwenden (schnellere Erreichung von $10\,N/mm^2$, höhere
Wärmeentwicklung bei der Erhärtung);
erforderliche Frischbetontemperaturen einhalten (nach der Mischung $+15$
bis $20\,°C$, nach dem Verdichten $+10\,°C$ – Temperatureinhaltung durch
warmes Anmachwasser und kurze Transportwege);
Geringster Wasserzusatz;
Sorgfältige Verdichtung;
Frischbetonabdeckung nach dem Einbringen;
Frostbeschädigten Beton entfernen;
Ausschalung erst nach der Erhärtung (Frosttage von Schalfristen abzie-
hen).

(2) Frostschutzmittel:
Die Mittel setzen Gefrierpunkt des Anmachwassers herunter und wirken
außerdem als Schnellerhärter. Sind nur bei mäßigem Frost wirksam und
ersparen nicht die übrigen Frostsicherungsmaßnahmen und -vorausset-
zungen. Sie können festigkeitsmindernd und ausblühungsfördernd sein
oder auch den Korrosionsschutz der Bewehrung gefährden.
Zusatz etwa bis 2 % des Zementgewichtes. Luftporenbildende Betonverflüssiger erhöhen vorteilhaft die Frostbeständigkeit und verringern den
Wasseranspruch.

12.8.3 Nachbehandlung; Erhärtung des Betons

Die Nachbehandlung des eingebrachten Frischbetons dient einer Förderung
der ungestörten Erhärtung und einer Festigkeitserhöhung. Es wird hierbei das
Betonschwinden verringert oder verzögert.

Die Erhärtung wird durch klimatische, chemische und mechanische Einwirkungen nachteilig beeinflußt. Hohe Temperaturen bewirken eine erhöhte, starke Oberflächenverdunstung und die Gefahr des Schwindens, niedrige unterbrechen die Erhärtung und bringen Gefügelockerungen. Starker Regen wäscht Feinteile und Zement aus der Frischbetonoberfläche. Chemische Einflüsse entstehen, wenn aggressive Stoffe, vor allem aus dem Boden oder Grundwasser, vorzeitig den Beton berühren. Die nachteilige mechanische Einwirkung bedingt Schäden vor allem durch Erschütterungen während des Erhärtens, z.B. durch Einsatz von Vibrationsgeräten in der Frischbetonnähe, durch vorzeitiges Begehen und Belasten und durch Stoßen.

Nach DIN 1045 ist der Beton vor diesen Schäden in der ersten Erhärtungszeit zu schützen. Außerdem ist danach zur Vermeidung von Schwindschäden der Beton 8 bis 14 Tage feucht zu halten. Dies gilt besonders für Z 450, Z 550, Sulfathütten- und Traßzement wegen der hohen Hydratationswärme. Das

Art	Maßnahmen	Außentemperatur in °C				
		unter −3°	−3° bis +5°	5° bis 10°	10° bis 25°	über 25°
Folie/Nachbehandlungsfilm	Abdecken bzw. Nachbehandlungsfilm aufsprühen *und* benetzen Holzschalung nässen; Stahlschalung vor Sonneneinstrahlung schützen					x
	Abdecken bzw. Nachbehandlungsfilm aufsprühen			x	x	
	Abdecken bzw. Nachbehandlungsfilm aufsprühen *und* Wärmedämmung; Verwendung wärmedämmender Schalung - z.B. Holz - sinnvoll		x*)			
	Abdecken *und* Wärmedämmung; Umschließen des Arbeitsplatzes (Zelt) oder Beheizen (z.B. Heizstrahler); zusätzlich Betontemperaturen wenigstens 3 Tage lang auf + 10 °C halten	x*)				
Wasser	Durch Benetzen ohne Unterbrechung feuchthalten				x	

*) Nachbehandlungs- und Ausschalfristen um Anzahl der Frosttage verlängern; Beton mindestens 7 Tage vor Niederschlägen schützen

Abb. 12.8.3/1. Nachbehandlungsmaßnahmen für Beton
(Quelle: Beton-Praxis/Schriftenreihe Bauberatung Zement)

Schwindmaß des Betons beim Erhärten an der Luft richtet sich nach der Zementmenge und dem Wassergehalt. Je größer Zement- und Wasseranteil sind und je feiner der Zement ist, um so höher das Schwindmaß. Bei 250 bis 300 kg/m³ Zementanteil beträgt es 0,3 bis 0,6 mm/m, bei starken Betonquerschnitten bis zu 50 % mehr. Ein zu starkes Besprengen des Frischbetons führt zur Zementauswaschung.

Nachbehandlungsmaßnahmen s. Abb. 12.8.3/1;
Nachbehandlungsdauer s. Abb. 12.8.3/2.

Umgebungs-bedingungen	Betontemperatur ggf. mittlere Lufttemperatur [°C]	Festigkeitsentwicklung des Betons		
		schnell	mittel	langsam
günstig	> 10	1	2	2
	< 10	2	4	4
normal	> 10	1	3	4
	< 10	2	6	8
ungünstig	> 10	2	4	5
	< 10	4	8	10
günstig:	Geschützt vor direkter Sonneneinstrahlung und Windwirkung. Rel. Luftfeuchte durchgehend > 80 %.			
normal:	Mittlere Sonneneinstrahlung und/oder Windwirkung. Rel. Luftfeuchte durchgehend ca. 50 %.			
ungünstig:	Starke Sonneneinstrahlung und/oder Windwirkung. Rel. Luftfeuchte < 50 %.			

Abb. 12.8.3/2. Nachbehandlungsdauer von Beton für Außenbauteile

12.8.3.1 Vorbeugende Maßnahmen gegen Schwindschäden

(1) Abdecken
Zur Abhaltung von Hitze und Kälte und zur Verminderung eines vorzeitigen Entzuges von Überschußwasser. Im Außenbetonbereich verringert sich sonst der Wasseranteil stärker als im Betonkern. Dadurch setzt sich außen die gleichmäßige Erhärtung nicht mehr fort, und es entstehen Festigkeitsminderungen, die zu aussandenden Oberflächen führen. Außerdem wird außen das Volumen kleiner als im Betonkern, wodurch Schwindspannungen entstehen, die zu Rissen führen.

(2) Langfristiges Belassen der Schalung.

(3) Feuchthaltung. Evtl. auch Nachbehandlungsmittel spritzen zur Verdunstungsherabsetzung.

Schäden aus Behandlungsfehlern sind nicht mehr aufzuheben. Nachbehandlungsmaßnahmen und Nachbehandlungsdauer s. Kap. 12.8.3

Zementfestigkeitsklasse	seitliche Schalung bei Balken, Wänden und Stützen
Z 25	4
Z 35 L	3
Z 35 F + Z 45 L	2
Z 45 F + Z 55	1

Abb. 12.8.3/3. Ausschalfristen nach DIN 1045

12.8.3.2 Schalungsfristen nach DIN 1045

Das Ausschalen darf erst erfolgen, wenn eine ausreichende Erhärtung stattgefunden hat. Bei Erhärtungszeiten von +5 bis 0 °C ist besonders sorgfältig zu prüfen, ob bereits eine Ausschalung möglich ist. Trat während der Erhärtung Frostwetter ein, so ist die Ausschalfrist um die Anzahl der Frosttage zu erhöhen. Die Haupterhärtungszeit liegt zwischen 4 und 6 Wochen ab Einbringung. Schalungsfristen nach DIN 1045 s. Abb. 12.8.3/3.

12.9 Sichtbeton

12.9.1 Sichtbetonarten; Anforderungen

12.9.1.1 Sichtbetonarten

a) Schalungsrauher Beton bleibt nach dem Ausschalen unbehandelt;
b) Waschbeton wird nach dem Ausschalen in der Oberfläche ausgewaschen;
c) Betonoberflächen mit Schlagbearbeitung werden nach dem Erhärten einer Oberflächenbearbeitung unterzogen.

12.9.1.2 Anforderungen an Schalung, Beton und Einbau

Für alle Formen sind eine dichte und standsichere Schalung, gleichmäßiges Gefüge und gleichmäßige Verdichtung Grundbedingung. Unschöne Flächen entstehen durch Verformen der Oberfläche, Arbeitsfugen, unscharfe Kanten- und Eckausbildungen, ungleichmäßige Körnungsoberflächen durch Entmischen und durch Ausschalungsschäden.

Wesentlich wird das Bild durch ein zweckmäßiges Betongemenge bestimmt. Sichtbeton muß gut gemischt und plastisch verarbeitet werden. Die Kornzusammensetzung sollte der Sieblinie A_{32}/B_{32} entsprechen. Bei Ausführung eines B 25 soll die Mindestzementmenge etwa 350 kg/ dm^3 betragen, damit ein ausreichender Mehlkorngehalt bzw. Mehlkorn- und Feinstsandgehalt vorhanden ist und eine gleichmäßige Oberfläche erzielt wird. Zur Erreichung eines günstigen W/Z-Wertes kann ein Betonverflüssiger zugesetzt werden. Soll die Oberfläche nachträglich behandelt werden, so ist die Bewehrungsüberdeckung zur Vermeidung von Rostdurchschlag auf mindestens 30 mm anzuheben (siehe auch DIN 1045).

Das Betonieren muß sorgfältig und ohne Unterbrechung erfolgen. Rüttler schnell eintauchen und langsam herausziehen.

12.9.2　Zuschlagskörnungen für Sicht- und Waschbeton

(1) Körnungen für Sichtbetongemenge nach Schnasse
Gemenge mit Ausfallkörnungen sind festigkeitsgemindert und stellen Konzessionen an das Aussehen dar (s. Abb. 12.9.2/1).

(2) Körnungen für glatten Sichtbeton nach Esser (s. Abb. 12.9.2/2).

(3) Waschbetonkörnungen (Beispiele der Deutschen Zementindustrie):
    1. 25 Gew.-% 0–4 mm, 75 Gew.-% 8–16 oder 16–32 mm. 16–32 mm kann Kies oder Gesteinssplitt sein. Für feinere Strukturen muß das Größtkorn auf 16 oder 8 mm begrenzt werden.
    2. 350 kg/^{3} Z 35, 150 kg/m^3 Wasser, 625 kg/m^3 0–4 mm, 1265 kg/m^3 16–32 mm.

Sichtbetonart	Gew. %-Anteile für Körnung in mm			
	0 – 4	4 – 8	8 – 16	16 – 32
schalungsrauher Beton	40	15	20	25
Waschbeton fein	15 – 20	–	80 – 85	–
Waschbeton grob	25	–	–	75
Spitz- und Kratzbeton	25	15	23	37

Abb. 12.9.2/1. Körnungen für Sichtbeton (nach Schnasse)

Sichtbetonfarbe	Gew. %-Anteile für Körnung in mm					W/Z-Wert	Ausbreitmaß in cm
	Quarzit-mehl	0 – 4	4 – 8	8 – 16	16 – 32		
Graubeton	3 – 8*	34	14	20	28	0,45	40 – 44
Weißbeton	–	34**	16	20	28	0,54	40 – 44

*   genaue Menge über Probe ermitteln.
**   Brehmtaler-Taunus-Quarzit mit max. 20% Staubanteilen.
360 kg/m³ Z 35 bei Graubeton mit Betonverflüssiger,
360 kg/m³ Z 35 Dyckerhoff-Weiß ohne Betonverflüssiger für Weißbeton.

Abb. 12.9.2/2. Körnungen für glatten Sichtbeton (nach Esser)

12.9.3 Beton-Oberflächenausbildung

Schalungsrauher Beton kann durch Oberflächenbearbeitungen verfeinert werden, z. B. kann ein Kratz- oder Spitzbeton ausgebildet werden. Weiterhin ist bei rechtzeitiger Ausschalung eine Waschbetonoberfläche möglich.

12.9.3.1 Schalungsrauher Beton

Schalung muß möglichst scharfkantig sein und dicht, so daß kein Ausschlämmen auf den Flächen und an den Kanten erfolgt. Bei ungehobelten, gesäumten Schalbrettern entsteht ein Bild, das die Holzstruktur widerspiegelt. Bei der Verwendung von glatten Schaltafeln oder gehobelten und gefalzten Brettern bildet sich bei richtiger Körnung eine glatte, strukturlose Betonoberfläche. Schalbretter mit Schalungsöl vorstreichen, Beton nach dem Ausschalen nässen und abdecken.

12.9.3.2 Waschbeton

Die Ausschalung muß vor dem Erhärten erfolgen, um sofort das Feinkorn und den Zementanteil von der Oberfläche abzuwaschen, damit die Betonsichtfläche durch das verbleibende Grobkorn rauh und belebt erscheint. Das Auswaschen muß je nach Temperatur innerhalb von 12 bis 14 Stunden erfolgt sein. Ggf. kann die Schalungsinnenwand mit Abbindeverzögerer gestrichen werden. Es kann auch nach dem Ausschalen Planex-62-farblos aufgespritzt werden, welches die Oberflächenerhärtung des Frischbetons verzögert. Nach dem Erhärten des Betonkerns soll dann noch ausgebürstet und abgewaschen werden. Der Vorteil liegt hier in einer geringeren Festigkeitsminderung.

Mit dem Auswaschen der äußeren Zementhaut wird das Zuschlagkorn freigelegt. Das Auswaschen mit Hand (mit Draht- oder Piassavabürsten) erfolgt mit viel Wasser und darf höchstens 1/3 der Kornoberfläche freilegen, da sonst eine Kornlockerung erfolgt. Anschließend muß der Zementschleier durch Nachwaschen entfernt werden. Ist das Grobkorn infolge der Verwendung von Ausfallkörnungen nicht mindestens zu 2/3 mit Feinbeton umhüllt nach dem Auswaschen, so muß mit Frostschäden gerechnet werden. Es kann auch ein Vorsatzbeton mit Hilfe einer Blechgleitschalung eingebracht werden. Dies ist besonders bei groben Körnungen zu empfehlen, da hier sonst selten die vorgeschriebenen Betongüteklassen zu erreichen sind. Werden schalungsrauhe oder Waschbetonmauern nach dem Erhärten zusätzlich mit einem Sandstrahlgebläse abgeblasen, so wird hierdurch das Grobkorn zwar zementfrei, aber stumpf und unansehnlich.

Ist während der Anfangserhärtung einer Waschbetonmauer Frost eingetreten oder ist damit zu rechnen, so empfiehlt es sich, bei einer Ausschalung nach Einhaltung der Schalungsfrist die Betonoberfläche nur auszubürsten und das Nachwaschen wegen der Frostgefahr (Gefügelockerung in der Betonoberfläche) zu unterlassen.

12.9.3.3 Schlagbearbeitungen

(1) Kratzbeton:
Der schalungsrauhe Beton ist etwa nach 12 bis 14 Stunden auszuschalen. Die ausgeschalten Sichtflächen werden dann mit einem Nagelbrett

gekratzt, wobei die gröberen Körnungen ausfallen und deren Lager als Vertiefungen im verbleibenden Feinkorn stehenbleiben.

(2) Spitzbeton:
Die Behandlung erfolgt nach dem Abbinden. Mit dem Spitzmeißel wird das verbleibende Großkorn angespalten, so daß farbige Kieselbruchflächen sichtbar werden.

(3) Steinmetzmäßige Bearbeitung
Nach dem Abbinden wird die erhärtete Oberfläche wie ein Werkstein durch Scharrieren oder Stocken behandelt.

12.10 Arbeits- und Dehnungsfugen

12.10.1 Arbeitsfugen

Sie sind unerwünscht, weil sie Festigkeitsminderungen bedingen und Ausgangspunkte für Rißbildungen, Frostschäden, Wasserdurchtritte und Ausblühungen bilden. Man sollte daher zunächst versuchen, den Betoniervorgang in einem Arbeitsgang durchzuführen. Ist dies nicht möglich, z. B. aus schalungstechnischen oder witterungsbedingten Gründen, so sollte die Lage der Arbeitsfugen genau überlegt, evtl. mit einer Schein- oder Raumfuge gekoppelt werden. Auf den Arbeitsfugenoberflächen bilden sich oft wasserreiche Feinmörtelschichten, die später einen guten Verbund behindern. Arbeitsunterbrechungen bis zu einer Stunde sind ohne nachteiligen Einfluß. Bei Wasserbekken aus Beton und bei Sichtbeton sind Arbeitsfugen besonders nachteilig. Bei letzterem sollte versucht werden, sie an Bauwerkskanten zu legen, wenn dies statisch zu vertreten ist. Ggf. müßte dies bereits bei der Planung bedacht werden. Bei unbewehrtem Beton kann diese Arbeitsfuge evtl. abgetreppt werden, so daß eine Verzahnung entsteht.

Bei Wiederaufnehmen der Betonierarbeit wird nur dann eine gute Haftung an der Arbeitsfuge erreicht, wenn die vorgenannte Feinmörtelschicht auf der Anschlußfläche entfernt, der Altbeton gründlich aufgerauht und hierdurch die Anschlußoberfläche erheblich vergrößert werden. Außerdem könnte durch Abbindeverzögerer der Anschluß innerhalb von 24 Stunden überbrückt werden. Die Anschlußfläche ist vor dem Weiterbetonieren mit Zementmilch vorzuschlämmen und besonders bei geforderter Wasserundurchlässigkeit mit einer 4 bis 8 cm starken, steifplastischen Zwischenschicht, einem Anschlußbeton ohne Körnung über 8 mm, vorzubehandeln. Hierauf ist sofort weiterzubetonieren. Es empfiehlt sich, bei geforderter Wasserundurchlässigkeit ein Arbeitsfugenband einzulegen.

12.10.2 Dehnungsfugen

Beton ändert durch Kriechen, Schwinden und Temperatureinflüsse sein Volumen. Außerdem treten gelegentlich unterschiedliche Bodensetzungen auf. Diese Ursachen könne zu Rißbildungen führen, wenn keine Dehnungsfugen vorhanden sind. Man unterscheidet dabei Raumfugen, die den Baukörperzusammenhang einschließlich Gründung unterbrechen und je nach Betonmasse alle 7 bis 12 m erforderlich sind, und zwischen diesen anzubringende Scheinfugen, die von der Betonaußenseite nur einige Zentimeter in den Beton reichen und bei evtl. auftretenden Spannungen eine Rißbildung an diesen schwächeren Stellen zulassen.

Die Fugenräume werden beim Betonieren durch Brett- oder Styroporeinlagen ausgebildet. Nach Entfernen der Einlagen werden die Fugen mit Spezialkitt ausgefüllt und mit einem Fugenverschlußband gegen Beschädigungen verschlossen.

Bei Raumfugen kann man ein seitliches Versetzen der getrennten Bauteile gegeneinander durch Dübel verhindern. Diese Stahlstäbe reichen je zur Hälfte in horizontaler Lage in beide Bauteile und sind hier einbetoniert, wobei wechselseitig eine Stabhälfte vorher mit Bitumen gestrichen wurde. Dadurch bindet der Beton jeweils nur an der ungestrichenen Stabhälfte. So kann der Beton, z. B. in der Mauerlängsrichtung, auf den Stäben schieben, ohne daß ein seitliches Versetzen möglich ist.

Dehnungsfugen sind keine Nebenleistung im Sinne der VOB.

12.10.3 Fugenbänder für Dehnungs- und Arbeitsfugen
s. Abb. 12.10.3/1 und 2.

12.10.3.1 Ausführungsarten; Anordnung

Fugenbänder werden von der Industrie in vielen Varianten angeboten. Dehnungsfugenbänder haben einen elastischen, in der Fuge liegenden Mittelschlauch aus PVC. Die Mittelschläuche lassen Dehnungen zwischen 20 bis 50 mm zu. Sie sind in der Lage, Zug-, Druck- und Scherspannungen aufzu-

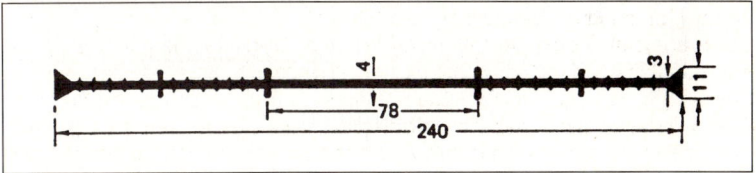

Abb. 12.10.3/1. Arbeitsfugenband

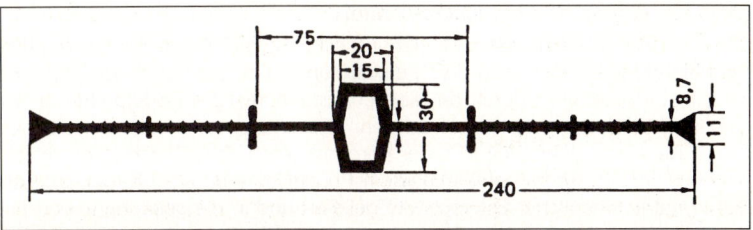

Abb. 12.10.3/2. Dehnungsfugenband

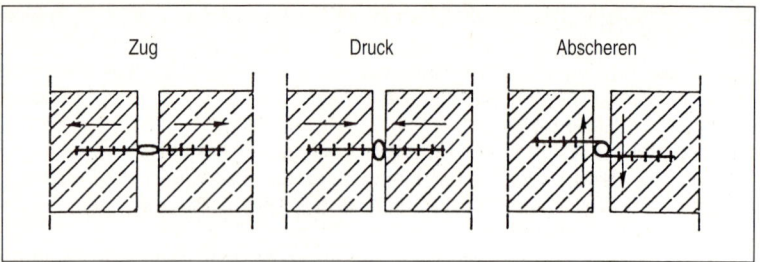

Abb. 12.10.3/3. Beanspruchungsarten von Dehnungsfugenbändern

nehmen, ohne einen Wassereintritt zu gestatten (s. Abb. 12.10.3/3). Arbeits-
fugenbänder haben i. a. keinen Mittelschlauch. Sie werden senkrecht zur Fu-
genebene eingebaut und dienen i. w. als Wassersperre. Da wegen der Bewehr-
rungsführung in der Querschnittsmitte liegende Bänder schwierig einzubauen
sind, werden auch innen und außen liegende Fugenbänder angeboten.
Außenliegendes Arbeitsfugenband s. Abb. 12.10.3/4;
Innenliegendes Dehnungsfugenband s. Abb. 12.10.3/5.

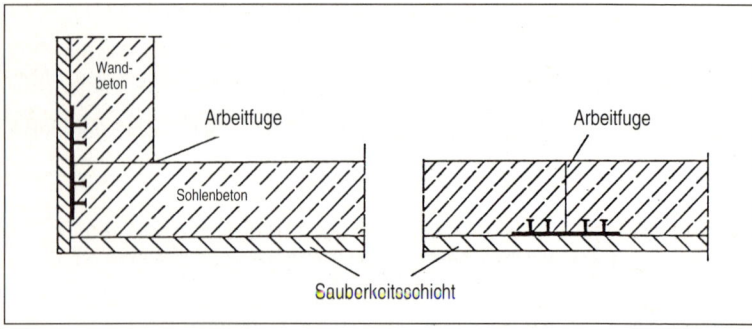

Abb. 12.10.3/4. Anordnung von außenliegenden Arbeitsfugenbändern

12.10.3.2 Einbau (Dehnungsfugenband)

Schalung des 1. Bauteiles mit Einlegung einer Styroporplatte im Fugenraum.
Hierbei ragt das Fugenband durch die Styropor- und die Schalungsplatte. Es
wird im Betonierraum durch an die Schalung befestigte Rödeldrähte in der
gewünschten Lage gehalten. Nach dem Ausschalten und nach Einschalung
des 2. Bauteiles wiederholt sich der Vorgang. Nach dem Erstarren erfolgt ein
Fugenverschluß mit kalt einbaufähigem Fugenkitt, z. B. Weybit, der als Kitt-
strang unterschiedlicher Querschnitte geliefert und in die gesäuberte und mit
Voranstrichmittel behandelte Fuge eingelegt und festgestopft wird. Zum Ver-
gußschutz wird ein Fugenverschlußband mit Haftmörtel in die Fuge gedrückt.

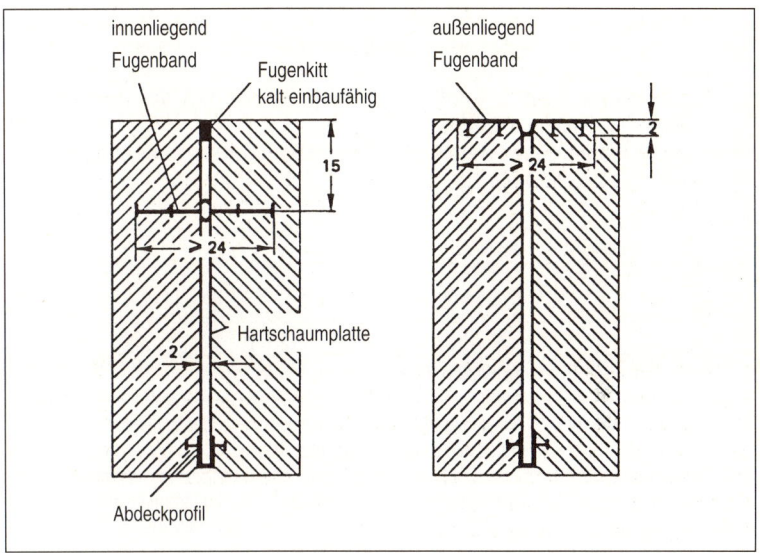

Abb. 12.10.3/5. Anordnung von innen- und außenliegenden Dehnungsfugenbändern

Diese Bänder haben eine Breite von 20 bis 50 mm und reichen zwischen 25 und 45 mm in die Fuge. Sie sind schwarz oder grau. Unter 1 cm Fugenbreite kann auf ein Verschlußband verzichtet werden.

12.11   Betonverwendung in betonschädlichen Böden und Wässern nach DIN 4030 (Auszug)

Chemische Aggressionen erfolgen durch Säuren und bestimmte Salze, vor allem durch Kohlensäure, frei Schwefelsäure, Sulfate, Huminsäure. Die Angriffe richten sich gegen den Betonstein, im allgemeinen nicht gegen die Zuschläge. Besonders gefährdet ist junger Beton, bei langfristiger Erhärtung läßt die Gefahr z.T. nach. Wasser mit pH = 6 gilt als schwach, mit ≤ 5 als stark betonschädlich, außerdem spielt der Gehalt an schädlichen Bestandteilen eine Rolle.

Wirksame Gegenmittel sind: dichter Beton mit glatter Oberfläche, keine Arbeitsfugen oder Risse, eine langfristige Erhärtung außerhalb des schädlichen Wassereinflusses. Wechselnde Wasserstände erhöhen den Angriff, deshalb evtl. dränen oder das Grundwasser absenken.

Für schwachbetonschädliche Angriffe ist außer dem Vorgenannten vorgeschrieben: Wasserzementwert ω = 0,5 für bewehrten ω = 0,6 für unbewehrten

Beton. Wasserundurchlässigen Beton schaffen, ggf. Traß zusetzen. In sulfathaltigem Wasser Hochofen- oder Sulfathüttenzement verwenden.
Für stark betonschädliche Angriffe ist vorgeschrieben außer dem Vorgenannten: Wasserzementwert ω = 0,55 für bewehrten ω = 0,5 für Massenbeton; Zusätzliche Oberflächenanstriche.
Schutzmaßnahmen gegen Zerstörung von außen im Moor, bei aggr. Kohlensäure usw. s. Abb. 12.11/1.

Einschluß in Wasser oder Boden	Äußere Schutzmaßnahmen bei	
	Ortbeton	Fertigteilen + Rohrleitungen
Freie Schwefelsäure	Schutzsohle unter dem Bauwerk, Schutzschicht für die Außenwände	Schutzanstrich
Kohlensäure, Sulfate usw.	wie vorher, Seitenschutzschicht durch bituminösen Anstrich	Schutzanstrich
Schädliche Salze in geringer Menge	Schutzsohle und Seitenanstrich	äußerer und innerer Schutzanstrich
Keine freien Säuren der schädlichen Salze	dichten Beton herstellen	keine Auflagen
Fast chemische Reinheit	außen mit Fluaten behandeln und Schutzanstrich	außen und innen Schutzanstrich

Abb. 12.11/1. Schutzmaßnahmen für Beton gegen Zerstörung von außen

12.12 Ausschreibung und Abrechnung von Beton und Stahlbetonarbeiten nach DIN 18 331 (Auszug)

Ausschreibung und Abrechnung können nach der VOB, DIN 18 331, nach drei Möglichkeiten erfolgen:
a) Beton und Stahlbeton einschl. Schalung und Bewehrung.
b) Beton und Stahlbeton getrennt nach Beton einschl. Schalung und Bewehrung.
c) Beton und Stahlbeton getrennt nach Beton, Schalung, Bewehrung. Enthält hierzu das Leistungsverzeichnis keine Angaben, so nach a) abzurechnen. Abrechnungseinheiten s. Abb. 12.12/1.
Als Bewehrung gelten Lieferung, Schneiden, Biegen und Verlegen lt. Bewehrungsplan einschl. Unterstützungen, Verspannungen, Montageeisen. Es ist das DIN-Einheitsgewicht zugrunde zu legen. Bindedraht und Verschnitt werden nicht berechnet. Die Ausschreibung von Baustahlgewebe-Lieferungen im

Abrech-nungsart	Abrechnungseinheit bei					
	Beton				Schalung	Bewehrung
	massige Bauteile	Mauer-stärken		Mauer-kreuzung		
		< 25 cm	> 25 cm			
				stärkere Mauer durchmessen	im Preis enthalten	im Preis enthalten
m^3		m^2 oder m^3	m^3			kg oder t
					m^2	

Abb. 12.12/1. Hinweise zu Abrechnungseinheiten von Beton- und Stahlbetonarbeiten

Leistungsverzeichnis erfolgt meist getrennt vom Einbau nach Gewicht. Das Gewicht in kg/m^2 ist für Lagermatten den Tabellen zu entnehmen, für Listen-matten daraus zu errechnen.

Sichtbeton wird nach m^2 in der Abwicklung als Zulage zum Betonpreis abge-rechnet. Vorsatzbeton desgl., jedoch getrennt nach Art und Vorsatzstärke.

Aufbetonierte Stufen nach Stückzahl oder Längenmaß abrechnen. Bei letzte-rem gilt als Abrechnungslänge die größte Ausdehnung.

Bei der Abrechnung dürfen Abzüge für Öffnungen etc. nach Abb. 12.12/2 getroffen werden.

Schalungsabrechnungen erfolgen nach m^2 in der Abwicklung der geschalten Betonfläche, wenn nach c) abgerechnet wird. Zusätzliche Schalungen für Betonaussparungen ebenfalls nach m^2 in der Abwicklung der geschalten Betonfläche messen.

Bei dem Aufmaß dürfen ohne Abzug übermessen werden: Aussparungen in der Schalung $\leq$ je 1 m^2, Schlitze und Kanäle $\leq$ 0,25 m^2/m bei Balken-, Stüt-zen-, Wand- und Treppenschalungen.

Abzugsfähige Betonmengen bei Abrechnung nach	
m^3	m^2
Öffnungen, Nischen, Schlitze, Keile wenn $\geq$ je 0,05 m^3	Öffnungen $\geq$ je 0,25 m^2, jedoch keine Schlitze, Keile, Nischen usw.
durchbindende Bauteile (z.B. Rohre bei > 0,05 m^3 verdrängter Betonmasse	bei Mauern stärker als 25 cm wird bei abgeschrägtem Mauerkopf bis zur höchsten Kante gemessen. Durchbindende Bauteile > 0,25 m^2 abziehen.
Bewährungsverdrängte Betonmassen werden nicht abgezogen	

Abb. 12.12/2. Abzüge für Öffnungen etc. bei der Abrechnung von Beton- und Stahlbetonarbeiten

12.13 Normengrundlagen und Bestimmungen

DIN 1045:   Beton und Stahlbeton – Bemessung und Ausführung –
            Ausgabe 1988
DIN 1048:   Prüfverfahren für Beton – Ausgabe 1978/79
DIN 1164:   Portland-, Eisenportland-, Hochofen- und Traßzement.
            Ausgabe 1986
DIN 1164:   Teil 100 – Portlandölschieferzement.
DIN 4226:   Zuschlag für Beton – Ausgabe 1983
DIN 51 043: Traß – Ausgabe 1979
DIN 488:   Betonstahl, Teil 1–4; – Ausgabe 1984
DIN 4099:   Schweißen von Betonstahl – Ausgabe 1985
DIN 4235:   Verdichten von Beton durch Rütteln – Ausgabe 1978
DIN 1084:   Überwachung im Beton und Stahlbetonbau. Ausgabe 1978
DIN 3030:   Beurteilung betonangreifender Wässer, Böden und Gase.
            Ausgabe 1969
Richtlinie für die Herstellung und Verwendung von Trockenbeton.
Richtlinien für die Zuteilung von Prüfzeichen für Betonzusatzmittel.
Richtlinien für die Herstellung und Verarbeitung von Fließbeton.
Richtlinie zur Nachbehandlung von Beton.
Merkblatt   für Prüfstellen E (Fassung März 1972)
Merkblatt   für Betonprüfstellen W
Merkblatt   für Schutzanzüge auf Beton bei sehr starken Angriffen nach
            DIN 4030.

13 Holzbau

13.1 Grundlagen

13.1.1 Aufbau des Holzes

Holz ist i. a. der von Rinde und Bast eingeschlossene Teil eines Baumes (Stamm, Ast, etc.).
Es besteht aus:
Zellulose (40–55 %);
Hemizellulose (25–35 %);
Lignin (20–35 %);
Farbstoffen, Gerbstoffen, Wachsen, Harzen, etc. (2–7 %).
Gebildet wird es durch das Kambium, ein besonderes Gewebe, das sich während der jährlichen Vegetationszeit in nach innen gerichtete Holz- und nach außen gerichtete Bastzellen teilt. Diese formieren sich nach unterschiedlichen Strukturen zu Leit-, Festigungs- und Speichergewebe.

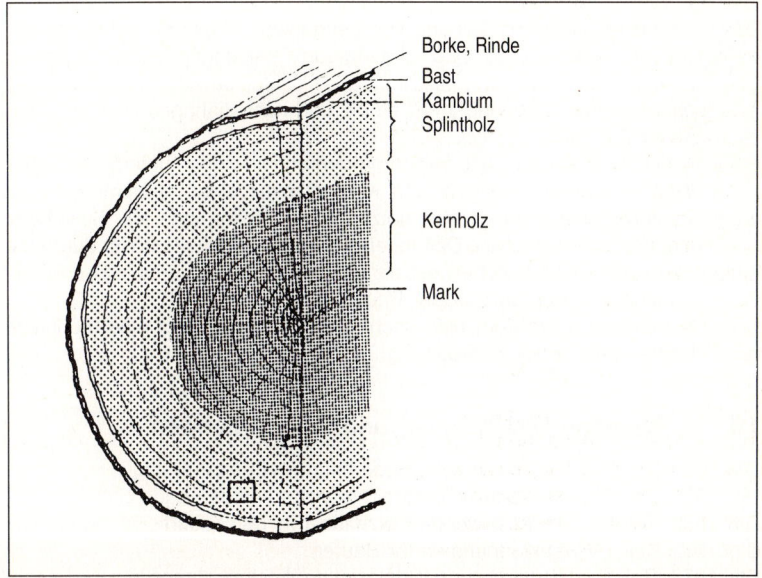

Abb. 13.1.1/1. Stammquerschnitt (Kiefer)

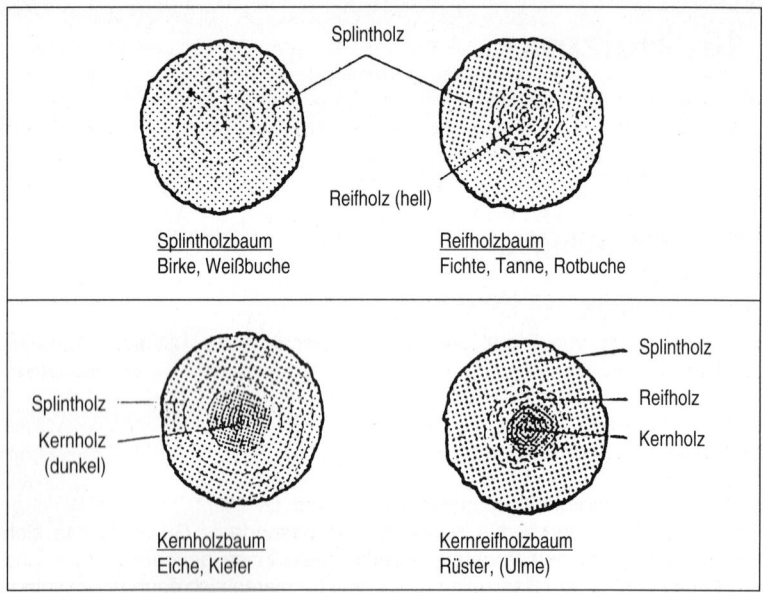

Abb. 13.1.1/2. Zonen unterschiedlicher Holzqualität

Das Frühholz ist weitlumig (Bildung von Leitgewebe / Wasser- und Nährstofftransport), das Spätholz englumig (Bildung von Festigungsgewebe / Festigung des Stammes). Der Wachsstumsstillstand im Winter bewirkt einen schroffen Übergang zwischen letztjährigem Spätholz und nächstjährigem Frühholz und es entstehen Jahrringe (s. Abb. 13.1.1/1).

Bei vielen Holzarten bilden sich im Stammquerschnitt Zonen unterschiedlicher Holzqualität (Splintholz, Reifholz und Kernholz) mit einer in Stammrichtung ausgeprägten Faserrichtung. Kernholz schwindet weniger als Splintholz. Außerdem hat es eine größere Dichte, eine höhere Festigkeit und ist durch die Einlagerung von Reservestoffen besser geschützt (s. Abb. 13.1.1/2). Holz ist daher ein inhomogener, anisotroper Baustoff.

Holzkonstruktionen erfordern eine sachkundige Planung und eine technisch durchdachte konstruktive Bearbeitung.

13.1.2 Wichtige DIN-Normen und Bestimmungen

DIN 1052, Teil 1   Holzbauwerke, Berechnung und Ausführung
DIN 1052, Teil 2   Holzbauwerke, Mechanische Verbindungen
DIN 1052, Teil 3   Holzbauwerke, Holzhäuser in Tafelbauart
DIN 1055, Teil 1–6   Lastannahmen für Bauten
DIN 1072, Bbl. 1   Straßen- und Wegbrücken, Lastannahmen
DIN 1074   Holzbrücken

DIN 4070, Teil 1/2	Nadelholz, Querschnittsmaße und statische Werte
DIN 4071, Teil 1	Ungehobelte Bretter und Bohlen aus Nadelholz, Maße
DIN 4072	Gespundete Bretter aus Nadelholz
DIN 4073, Teil 1	Gehobelte Bretter und Bohlen aus Nadelholz, Maße
DIN 4074, Teil 1	Sortierung von Nadelholz nach der Tragfähigkeit, Nadel-schnittholz
DIN 4074, Teil 2	Sortierung von Nadelholz nach der Tragfähigkeit, Nadel-rundholz
DIN 4076, Teil 1–5	Benennungen und Kurzzeichen auf dem Holzgebiet
DIN 68 122	Fasebretter aus Nadelholz
DIN 68 123	Stülpschalungsbretter aus Nadelholz
DIN 68 126, Teil 1	Profilbretter mit Schattennut, Maße
DIN 68 763	Spanplatten, Flachpreßplatten für das Bauwesen
DIN 68 754, Teil 1	Harte und mittelharte Holzfaserplatten für das Bauwesen, Holzwerkstoffklasse 20
DIN 68 705	Sperrholz, Bau-Furniersperrholz
DIN 68 800, Teil 1–3	Holzschutz im Hochbau
DIN 52 183	Prüfung von Holz
DIN 52 163	Prüfung von Holzschutzmitteln
DIN 52 160	Prüfung von Holzschutzmitteln
DIN 68 140	Keilzinkungsverbindung aus Holz
DIN 68 141	Holzverbindungen, Prüfung von Leimen und Leimverbin-dungen für tragende Holzbauteile
DIN 68 150	Holzdübel, Maße, Technische Lieferbedingungen
DIN 96	Halbrund-Holzschrauben mit Schlitz
DIN 97	Senk-Holzschrauben mit Schlitz
DIN 571	Sechskant-Holzschrauben

13.2 Holz als Baustoff

13.2.1 Bautechnische Eigenschaften

13.2.1.1 Holzfeuchte, Schwinden, Quellen

Die Feuchte im Holz nimmt nach dem Fällen des Baumes von ca. 40–50 % bis auf ca. 20 % (lufttrocken) ab, bezogen auf das Darrgewicht. Dabei hat das Splintholz einen höheren Feuchtegehalt als das Kernholz. Da mit der Abgabe von Feuchte eine Volumenänderung verbunden ist, entsteht zunächst das Schwinden und anschließend im hygroskopischen Bereich (Feuchtegehalt ≤ 30 %) durch witterungsbedingte Schwankungen im Feuchtgehalt das »Arbeiten« (Schwinden/Quellen) des Holzes.

Die Bezeichnung des Nadelschnittholzes erfolgt nach der mittleren Holz-feuchte (DIN 4074, T. 1).

Die mittlere Holzfeuchte ist der Mittelwert der Feuchte eines Holzquerschnitts, bezogen auf das Darrgewicht.
Ermittlungsformel:

$$\text{Holzfeuchte in } \% = \frac{\text{Naßgewicht} - \text{Darrgewicht}}{\text{Darrgewicht}} \cdot 100$$

Ermittlung:
Dünne Querschnittscheibe mindestens 15 cm vom Stirnende entfernt herausschneiden, Späne abbürsten, wiegen (Naßgewicht) und bis zur Gewichtskon-
stanz darren (Darrgewicht).
Holzfeuchte und Schnittholzgüte: s. Abb. 13.2.1/1.

Schnittholzgüte	Holzfeuchte [%]	Querschnitt [cm²]
frisch	> 30	≤ 200
	> 35	> 200
halbtrocken	> 20 – ≤ 30	≤ 200
	≤ 35	> 200
trocken	≤ 20	unbegrenzt

Abb. 13.2.1/1. Holzfeuchte und Schnittholzgüte

Einbaufeuchte:
Der mittlere Feuchtegehalt eines Holzbauteiles sollte beim Einbau etwa dem
entsprechen, der im fertigen Bauwerk zu erwarten ist. Dieser liegt bei der
Witterung ausgesetzten Hölzern bei $18 \pm 6\%$.
Schwind- und Quellmaße:
Das Schwinden in Faserrichtung ist gering. Bedeutender ist es dagegen in
Richtung der Markstrahlen und der Jahrringe. Außerdem schwindet Splintholz
stärker als Kernholz, weitringiges Holz stärker als engringiges (s. Abb.
13.2.1/2).
Schwindmaße nach DIN 1052: s. Abb. 13.2.1/3.
Regeln für die Verwendung von Hölzern (s. Abb. 13.2.1/4):
(1) Balken und Kanthölzer mit Kernseite nach oben legen, bei Ganzhölzern
die Nordseite.
(2) Bodenbretter und Treppenstufen mit Kernseite nach unten verlegen, um
»Schiefern« der Bretter zu vermeiden.
(3) Bei Seitenbrettern möglichst Kernbretter mit stehenden Jahrringen verwenden.
(4) Bei Brettbreiten über 220 mm Entlastungsnut vorsehen.

13.2.1.2 Elastizitäts- und Schubmodul nach DIN 1052

Bei Holz im Freien, das ständig der Witterung ausgesetzt ist, sind die Tabellenwerte in Abb. 13.2.1/5 um $^{1}/_{6}$ zu reduzieren, bei Bauteilen im Wasser um
$^{1}/_{4}$.

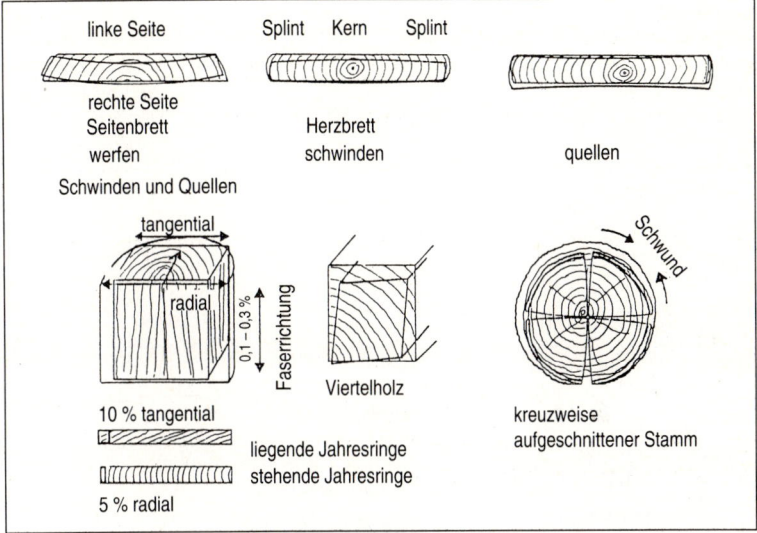

Abb. 13.2.1/2. Schwindrichtung und Schwindmaß

Baustoff	Schwind- und Quellmaß für Änderung der Holzfeuchte um 1% unterhalb des Fasersättigungsbereichs
1	Fichte, Kiefer, Tanne, Lärche, Douglasie, Southern Pine, Western Hemlock, Brettschichtholz, Eiche	0,24 [1)
2	Buche, Keruing, Angelique, Greenheart	0,3 [1)
3	Teak, Afzelia, Merbau	0,2 [1)
4	Azobé (Bongossi)	0,36 [1)
6	Bau-Furniersperrholz	0,020 [2)
7	Flachpreßplatten	0,035 [2)

[1) Mittel aus den Werten tagential und radial zum Jahrring bzw. zur Zuwachszone.
[2) Werte gelten in Plattenebene.

Abb. 13.2.1/3. Rechenwerte der Schwind- und Quellmaße nach DIN 1052

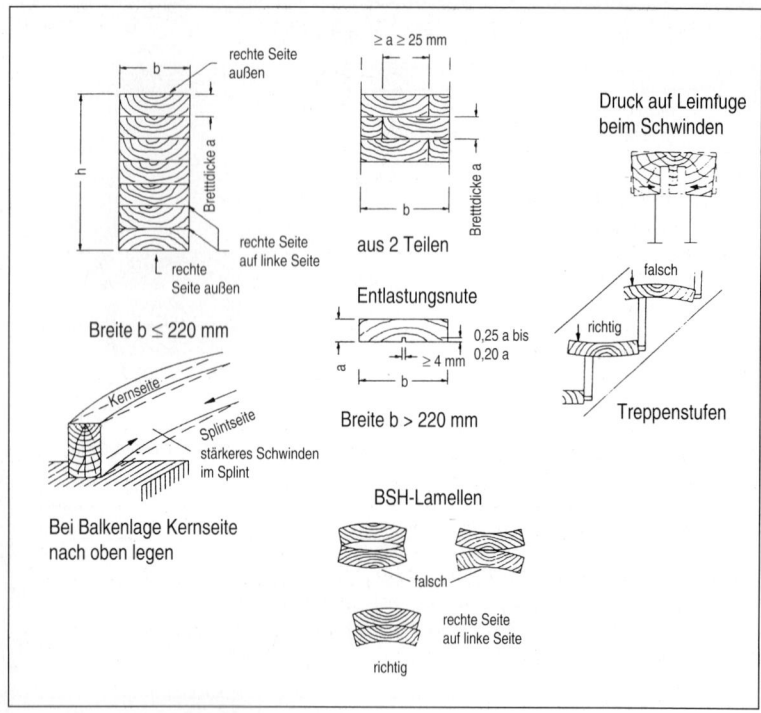

Abb. 13.2.1/4. Regeln für die Verwendung von Hölzern

13.2.2 Festigkeit

Unter Festigkeit versteht man i. a. die Beanspruchung des Materials bis zur Bruchgrenze. Je nach Beanspruchungsart unterscheidet man Druck-, Zug-, Biege-, Schub- und Torsionsspannungen.

Für die Ermittlung der erforderlichen Holzabmessungen sind die in der DIN 1052 und DIN 1074 in Abhängigkeit von der Güteklasse angegebenen zulässigen Spannungen maßgebend, die sich gegenüber den Bruchspannungen durch einen Sicherheitsbeiwert abgrenzen (s. Abb. 13.2.2/1).

Bei auf Biegung beanspruchten Bauteilen aus Brettschichtholz gilt für die Einstufung i. a. die Eigenschaft des gesamten Baukörpers. Die beiden unteren Brettlagen (Zugbereich) müssen aber für sich betrachtet der gewählten Güteklasse entsprechen.

13.2.3 Wichtige Holzarten und ihre Eigenschaften

Siehe Abb. 13.2.3/1.

Holzart	Elastizitätsmodul		Schubmodul G
	parallel der Faserrichtung $E_{\parallel}$	rechtwinklig zur Faserrichtung $E_{\perp}$	
1 Fichte, Kiefer, Tanne, Lärche, Douglasie, Southern Pine, Western Hemlock [1]	10000 [2)3)]	300 [4)]	500
2 Brettschichtholz aus Holzarten nach Zeile 1	11000	300	500
3 Laubhölzer der Gruppe			
A Eiche, Buche, Teak, Keruing (Yang)	12500	600	1000
B Afzelia, Merbau, Angelique (Basralocus)	13000	800	1000
C Azobé (Bongossi), Greenheart	17000 [5)]	1200 [5)]	1000 [5)]

[1)] Botanische Namen: Picea abies Karst. (Fichte), Pinus sylvestris L. (Kiefer), Abies alba Mill. (Tanne), Larix decidua Mill. (Lärche), Pseudotsuga menziesii Franco (Douglasie), Pinus palustris (Southern Pine), Tsuga heterophylla Sarg. (Western Hemlock).
[2)] Für Güteklasse III: $E_{\parallel} = 8000$ MN/m².
[3)] Für Baurundholz: $E_{\parallel} = 12000$ MN/m².
[4)] Für Güteklasse III: $E_{\perp} = 240$ MN/m².
[5)] Diese Werte gelten unabhängig von der Holzfeuchte.

Abb. 13.2.1/5. Rechenwerte für Elastizitäts- und Schubmodul für Voll- und Brettschichtholz (Holzfeuchte $\leq$ 20 %)

13.2.4 Holzfehler

Holzfehler sind Merkmale oder Eigenschaften des Rohholzes, die seine Verwendung als Bauholz beeinträchtigen.

13.2.4.1 Wuchsfehler

Abholzigkeit bezeichnet die Verjüngung des Stammes zur Krone hin;
Einseitiger Wuchs (Krümmung der Längsfasern; entsteht z. B. durch einseitige Windbelastung);
Drehwuchs (Krümmung und Drehung der Längsfasern um die mittlere Längsachse; Abb. 13.2.4/1 [a]);
Verfärbung des Holzes z. B. durch Pilzbefall; hat auf die Festigkeit i. a. keinen Einfluß;
Äste (Astansammlungen) beeinflussen vor allem die Zug- und Biegezugfestigkeit.

Art der Bean-spruchung		Vollholz (aus Holzarten nach Tabelle 1, Zeile 1) Güteklasse nach DIN 4074 Teil 1 und Teil 2			Brettschichtholz (aus Holzarten nach Tabelle 1, Zeile 1) nach Abschnitt 12.6 Güteklasse nach DIN 4074 Teil 1		Vollholz (aus Laubhölzern nach Tabelle 1) Holzartgruppe		
							A	B	C
		III	II	I	II	I	mittlere Güte [1]		
1	Biegung zul σ_B	7	10	13	11	14	11	17	25
2	Zug zul $\sigma_{Z\parallel}$	0	8,5	10,5	8,5	10,5	10	10	15
3	Zug zul $\sigma_{Z\perp}$	0	0,05	0,05	0,2	0,2	0,05	0,05	0,05
4	Druck zul $\sigma_{D\parallel}$	6	8,5	11	8,5	11	10	13	20
5a 5b	Druck zul $\sigma_{D\perp}$	2 2,5 [2]	2 2,5 [2]	2 2,5 [2]	2,5 3,0 [2]	2,5 3,0 [2]	3 4 [2]	4 –	8 –
6	Abscheren zul τ_a	0,9	0,9	0,9	0,9	0,9	1	1,4	2
7	Schub aus Querkraft zul τ_Q	0,9	0,9	0,9	1,2	1,2	1	1,4	2
9	Torsion [3] zul τ_T	0	1	1	1,6	1,6	1,6	1,6	2

[1] Mindestens Güteklasse II im Sinne von DIN 4074 Teil 1 und Teil 2.

[2] Bei Anwendung dieser Werte ist mit größeren Eindrücken zu rechnen, die erforderlichenfalls konstruktiv zu berücksichtigen sind. Bei Anschlüssen mit verschiedenen Verbindungsmitteln dürfen diese Werte nicht angewendet werden.

[3] Für Kastenquerschnitte sind die Werte nach Zeile 7 einzuhalten.

Angaben in [MN/m²] ≙ [N/mm²]; Lastfall H

Abb. 13.2.2/1. Zulässige Spannungen für Voll- und Brettschichtholz nach DIN 1052

13.2.4.2 Risse

Siehe Abb. 13.2.4/1 (b).
Trockenrisse entstehen durch ungleichmäßiges Trocknen. Sie verlaufen von außen nach innen.
Kernrisse entstehen am gefällten Baum. Sie verlaufen von innen nach außen.
Ringrisse (Schälrisse) verlaufen im Zuge der Jahresringe.

Holzart Name, Bot. Name	Kurz-zeichen DIN 4076/l	Dauerhaftigkeit mit Feuchtigkeits-wechsel		Härte	Elasti-zität	Holzfarbe	Schwindmaße in % nach Schwankl		
		mit	ohne				tan-gen-tial	ra-dial	in der Länge
Nadelholz									
Fichte *picea abies*	FI	gering	gut ⁺⁾	sehr weich	groß	weiß-rot	5	3	0,2
Kiefer *pinus sylvestris*	KI	hoch	hoch	weich	gering	rot-gelb	5	3	0,3
Lärche *larix decidua*	LA	sehr hoch	sehr hoch	weich	sehr groß	rötlich	7	4	0,2
Tanne *abies alba*	TA	gering	gut ⁺⁾	sehr weich	gering	weiß-gelb	8	3	0,1
Laubholz									
Eiche *quercus robur*	EI	sehr hoch	sehr hoch	sehr hart	groß	gelb-braun	8	4	0,2
Erle *alnus glutinosa*	ER	gering	gering ⁺⁾	mittel	gering	rötlich	7	4	0,4
Pappel *populus*	PA	gering	gering	gering	gering	weiß-gelb	8	4	0,5
Rotbuche *fagus sylvatica*	BU	gering	gut ⁺⁾	hart	gering	rötlich-braun	10	9	0,2
Ulme *ulmus*	UL	hoch	sehr hoch	mittel	groß	braun	8	5	0,2
Weide *salix*	WE	gering	gering	weich	mittel	weiß-gelb	8	3	0,4
Weißbuche *fagus alba*	HB	gering	gut	hart	groß	weißlich	11	7	0,4

⁺⁾ unter Wasser gut

Abb. 13.2.3/1. Wichtige Holzarten und ihre Eigenschaften – 1. Teil

Holzart Name, Bot. Name	Kurz- zeichen DIN 4076/I	Dauerhaftigkeit mit Feuchtigkeits- wechsel	Härte	Holzfarbe	Schwindmaße in % nach Schwankl
Westafrikanisches Tropenholz (sehr dauerhaft)					
Bongosse *lophira alata*	AZO	sehr hoch	hart, schwer spaltbar, gut zu nageln, schwer, sehr festes Bauholz	rot-braun, violett-braun	schwindet stark, reißt kaum
Afzella *afzelia bipindensis*	AFZ	sehr hoch, gut für Wasserbau	hart, fest, schwer, schwer zu nageln	hellrötlich braun, nachdunkelnd	schwindet wenig

Abb. 13.2.3/1. Wichtige Holzarten und ihre Eigenschaften – 2. Teil

13.2.5 Holzmeßhinweise, Handels-und Stärkeklassen

13.2.5.1 Holzausformung
Siehe Abb. 13.2.5/1.

13.2.5.2 Festmeterermittlung
Die Ermittlung wird nur auszugsweise dargestellt.
Für Stämme: Aus Länge und Mittendurchmesser ohne Rinde; bei unregelmäßiger Ausformung und großen Güteunterschieden auch abschnittweise Ermitt-
lung; Mittendurchmesser mit Kluppe feststellen. Bei D ≥ 20 cm 1 × kluppen,
bei D > 20 cm 2 × kluppen und Mittel bilden. Bei der Mittelbildung keine
Zentimeterbruchteile rechnen. Bei Stämmen mit Fallkerb erfolgt Längenmes-
sung ab Kerbmitte.
Für Stangen: Aus Länge und DmR 1 m über stärkerem Ende; Längenmessung
geht nicht über Zopfstärken von 2 cm hinaus.
Für Schichtderbholz (Nutz- und Brennholz): In gleicher Stoßhöhe aufgesetzte
Raummeter. Holzstöße mit 4 % Übermaß als Schwindmaß aufsetzen.
Für Reisig: In gleichmäßigen Haufen, Wellen oder Bunden nach Raummeter
aufgesetzt, auch unaufgesetzt in Flächenlosen.
Für Stockholz: In Raummetern aufgesetzt, zerkleinert oder unaufgearbeitet
und geschätzt.
Für Rinde: nach [kg] oder [rm].

13.2.5.3 Handelsklassen für Rundholz
Handelsklasse A: gute Beschaffenheit, gesund, fast astfrei, geradschäftig,
vollholzig, den Gebrauchswert nicht beeinflussende Fehler.

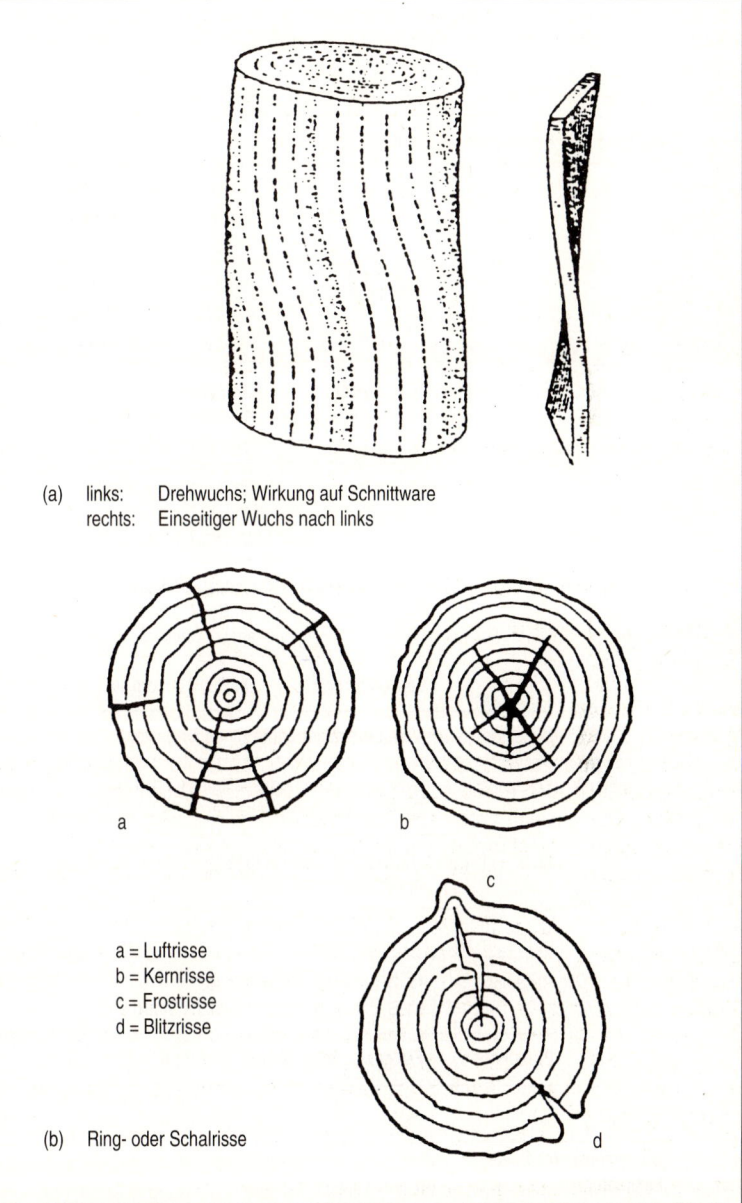

(a) links: Drehwuchs; Wirkung auf Schnittware
     rechts: Einseitiger Wuchs nach links

a = Luftrisse
b = Kernrisse
c = Frostrisse
d = Blitzrisse

(b) Ring- oder Schalrisse

Abb. 13.2.4/1. Holzfehler

nach Durch-messer-stärke	Derbholz	Oberirdisches Holz > 7 cm DmR; wenn Derbnutzholz bis zu Zopfstärke DmR auch < 7 cm		
	Nichtderb-holz	Reisig	Oberirdisches Holz < 7 cm DmR	
		Stockholz	Unterirdisches Holz	
nach Verwen-dungsart	Nutzholz	Langnutzholz	Stämme	DmR > 14 cm 1 m oberhalb des stärkeren Endes. Unterscheidung: Langholz $\geq$ 6 m und Abschnitte.
			Stangen	DmR $\leq$ 14 cm 1m oberhalb des stärkeren Endes. Unterscheidung: Derb- und Reiserholzstangen.
		Schichtnutzholz	Nutzscheitholz	Gespaltenes Nutzholz aus Rundstücken, DmR > 14 cm am schwächeren Ende.
			Nutzrollenholz	Ungespaltenes Nutzholz, DmR > 14 cm am schwächeren Ende.
			Nutzknüppelholz	Ungespaltenes Nutzholz, DmR > 7 $\leq$ 14 cm am schwächeren Ende.
			Reisernutzholz	DmR $\leq$ 7 cm am stärkeren Ende.
		Nutzrinde	Vom Stamm getrennte Rinde für gewerbl. Zwecke	
	Brennholz	Scheitholz	Gespaltene und ungespaltene Rundstücke, DmR > 14 cm am schwächeren Ende.	
		Knüppelholz	Ungespaltene Rundstücke DmR > 7 $\leq$ 14 cm am schwächeren Ende	
		Reisig	DmR $\leq$ 7 cm am stärkeren Ende	
		Stockholz	Kl. A: besseres und gesundes, Kl. B: geringes und anbrüchiges Stockholz	
		Brennrinde	Für gewerbliche Zwecke ungeeignet.	

Erläuterungen:

DmR = Durchmesser mit Rinde,   DoR = Durchmesser ohne Rinde,
fm = Festmeter,   rm = Raummeter (Ster).

Abb. 13.2.5/1. Holzausformung

Stämme

Klasse:	1	1a	1b	2	2a	2b	3	3a	3b	4	5	6	7	8
Durchmesser ohne Rinde in cm														
Laubholz	<20		—	20–29		—	30–39		—	40–49	50–59	60–69	70–79	80–89
Kiefer, Lärche, Weym.-kiefer	<15	15–19	—		20–24	25–29	—	30–34	35–39	40–49	50–59	>60	—	—

Klasse:	1		2		3		4		5		6	
Holzlänge in m, Zopfstärke ohne Rinde in cm	m	cm	m	cm	m	cm	m	cm	m	cm	m	cm
Fichte, Tanne, Douglasie	6	8	10	12	14	14	16	17	18	18	22	30

Stangen

Klasse:	1a	1b	2a	2b	3a	3b	3c	3d
Holzlänge in m, Zopfstärke ohne Rinde in cm	m	m	m	m	m	m	m	m / cm
Nadelderbstangen	6–9 7–9	>9 7–9	9–12 9–11	>12 9–11	9–11 11–14	9–12 11–14	11–14 12–15	11–14 15–18 / >18
Festmeter je 100 Stück mit Rinde	2 3	3 5	5 6	6 7	7 9	12 14		

Klasse:	1	2	3
Durchmesser mit Rinde in cm			
Laubderbstangen	7–9	9–11	11–14
Festmeter je 100 Stück mit Rinde	2	5	7

Abb. 13.2.5/2. *Stärkeklassen für Langnutzholz*

Handelsklasse B: gewöhnliche, gesunde Hölzer mit unerheblichen oder durch die Holzgüte ausgeglichenen Fehlern.

Handelsklasse C: stark astig, abholzig, drehwüchsig, astige Zopfstücke, kranke, soweit noch als Nutzholz taugliche Stücke mit tiefgehender Astfäule, Rot- und Weißfäule oder sonstigen Pilzzerstörungen. Kranke Stücke müssen bei der Numerierung Kreuzkennzeichnung erhalten.

13.2.5.4   Stärkeklassen für Langnutzholz

Siehe Abb. 13.2.5/2.

13.2.6   Bauholz

13.2.6.1   Begriffe nach DIN 1052

Vollholz (VH): Vollholz sind entrindete Rundhölzer und Bauschnitthölzer (Kanthölzer, Bohlen, Bretter und Latten) aus Nadel- und Laubholz.

Brettschichtholz (BSH): Es besteht aus mindestens 3 breitseitig faserparallel verleimten Brettern oder Brettlagen aus Nadelholz.

Holzwerkstoffe: Im Sinne der DIN 1052 sind dies

(1) Bau-Furniersperrholz nach DIN 67 705, T.3 und T.5 der Klasse 100 bzw. 100 G, für Holztafeln und Deckenschalungen auch Bau-Furniersperrholz nach DIN 68 705 T 3 der Klasse 20;

(2) Flachpreßplatten nach DIN 68 763 der Klassen 100 und 100 G, für Holztafeln und Deckenschalungen auch der Klasse 20;

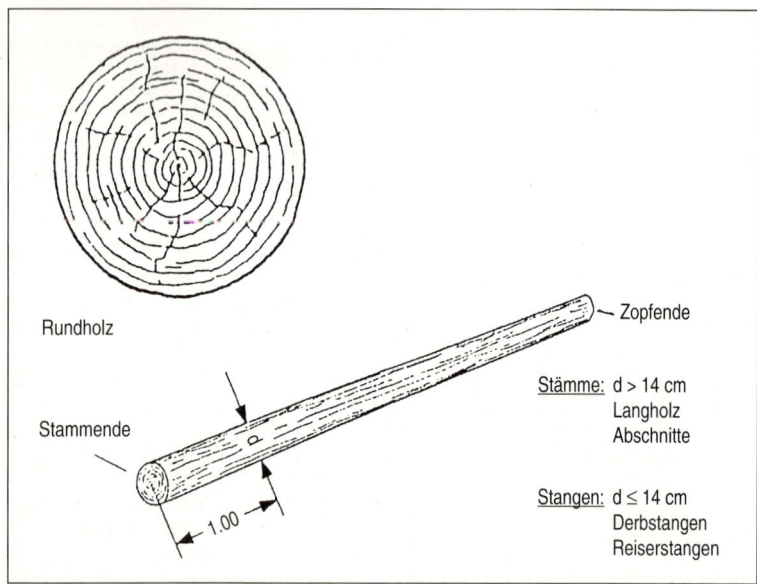

Rundholz

Stammende

Zopfende

Stämme: d > 14 cm
Langholz
Abschnitte

Stangen: d ≤ 14 cm
Derbstangen
Reiserstangen

1,00

Abb. 13.2.6/1. Baurundholz

(3) Harte und mittelharte Holzfaserplatten nach DIN 68754, T.1 (Verwendung nur für Holzhäuser in Tafelbauart nach DIN 1052 T3.

Holztafeln: Holztafeln sind Verbundkonstruktionen unter Verwendung von Rippen aus Bauschnittholz, Brettschichtholz oder Holzwerkstoffen und mittragenden oder aussteifenden Beplankungen aus Holz oder Holzwerkstoffen, die beid- oder einseitig angeordnet sind.

13.2.6.2 Baurundholz (Nadelholz) nach DIN 4074 T 2 / 1958

Baurundholz muß im eingebauten Zustand frei von Rinde und Bast sein. Gütebedingungen siehe Bauschnittholz (s. Abb. 13.2.6/1).

13.2.6.3 Bauschnittholz (Nadelholz) nach DIN 4074 / 1989

Schnittholz ist ein Holzerzeugnis von mindestens 6 mm Dicke, das durch Sägen oder Spanen von Rundholz parallel zur Achse hergestellt wird.

13.2.6.3.1 Stammaufteilung

Siehe Abb. 13.2.6/2.

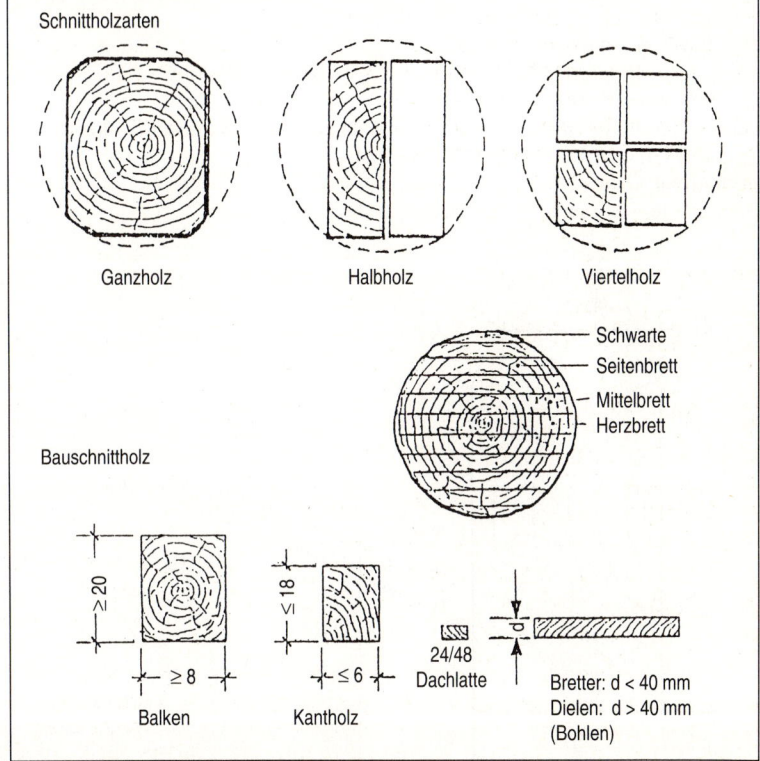

Abb. 13.2.6/2. Stammaufteilung

	Dicke d bzw. Höhe h	Breite b
2.1.1 Latte	$d \leq 40$	$b < 80$
2.1.2 Brett [1)]	$d \leq 40$	$b \geq 80$
2.1.3 Bohle [1)]	$d > 40$	$b > 3\,d$
2.1.4 Kantholz einschließlich Kreuzholz (Rahmen) und Balken	$b \leq h \leq 3\,b$	$b > 40$
[1)] Vorwiegend hochkant biegebeanspruchte Bretter und Bohlen sind wie Kantholz zu sortieren.		

Abb. 13.2.6/3. Schnittholzeinteilung

13.2.6.3.2 Schnittholzeinteilung

Siehe Abb. 13.2.6/3.

Der Sollquerschnitt bezieht sich auf eine mittlere Holzfeuchte von 30 %. Die Gütebestimmung erfolgt nach Sortierklassen als Voraussetzung für die Rechenwerte der DIN 1052 und DIN 1074.

Sortiermerkmale:

Baumkante – k – (schräg gemessen; s. Abb. 13.2.6/4);

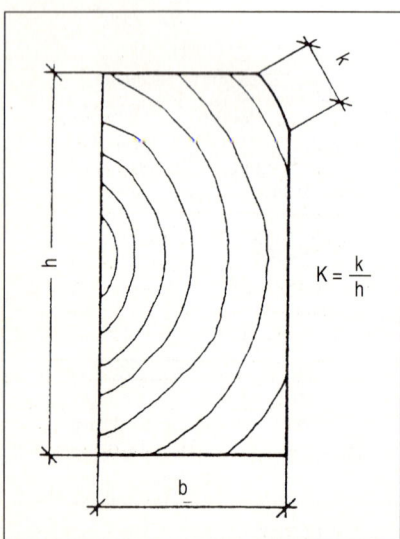

$$K = \frac{k}{h}$$

Abb. 13.2.6/4. Messung und Berechnung der Baumkante

Äste = Zwischen verwachsenen und nicht verwachsenen Ästen wird nicht unterschieden; Astlöcher werden mit Ästen gleichgesetzt. Astrinde wird dem Ast zugerechnet.

Jahrringbreite: Jahrringe werden in radialer Richtung gemessen.

Faserneigung: wird berechnet als Abweichung »e« der Fasern auf 1000 mm Länge,

Sortiermerkmale (siehe Abschnitt 4)	Sortierklassen S 7	S 10	S 13
1. Baumkante	alle vier Seiten müssen durchlaufend vom Schneidwerkzeug gestreift sein	bis $1/3$ in jedem Querschnitt muß mindestens $1/3$ jeder Querschnittsseite von Baumkante frei sein	bis $1/8$ in jedem Querschnitt muß mindestens $2/3$ jeder Querschnittsseite von Baumkante frei sein
2. Äste	bis $3/5$	bis $2/5$ nicht über 70	bis $1/5$ nicht über 50
3. Jahrringbreite - im allgemeinen - bei Douglasie	– –	bis 6 bis 8	bis 4 bis 6
4. Faserneigung	bis 200 mm/m	bis 120 mm/m	bis 70 mm/m
5. Risse - radiale Schwindrisse (= Trockenrisse) - Blitzrisse, Frostrisse, Ringschäle	zulässig nicht zulässig	zulässig nicht zulässig	zulässig nicht zulässig
6. Verfärbungen - Bläue - nagelfeste braune und rote Streifen - Rotfäule, Weißfäule	zulässig bis zu $3/5$ des Querschnitts oder der Oberfläche zulässig nicht zulässig	zulässig bis zu $2/5$ des Querschnitts oder der Oberfläche zulässig nicht zulässig	zulässig bis zu $1/5$ des Querschnitts oder der Oberfläche zulässig nicht zulässig
7. Druckholz	bis zu $3/5$ des Querschnitts oder der Oberfläche zulässig	bis zu $2/5$ des Querschnitts oder der Oberfläche zulässig	bis zu $1/5$ des Querschnitts oder der Oberfläche zulässig
8. Insektenfraß	Fraßgänge bis 2 mm Durchmesser von Frischholzinsekten zulässig		
9. Mistelbefall	nicht zulässig	nicht zulässig	nicht zulässig
10. Krümmung - Längskrümmung, Verdrehung	bis 15 mm/2 m	bis 8 mm/2 m	bis 5 mm/2 m

Abb. 13.2.6/5. Sortierkriterien für Kanthölzer bei visueller Sortierung

Risse: Unterschieden wird zwischen Blitz- und Frostrissen, Ringschäle und Trockenrissen;

Verfärbungen: Als Verfärbung gelten die Veränderungen der natürlichen Holzfarbe.

Weiterhin: Druckholz, Insektenfraß, Mistelbefall, Krümmung.

Die Sortierung kann visuell oder maschinell erfolgen.

Bei der visuellen Sortierung werden 3 Klassen unterschieden (s. auch Abb. 13.2.6/5):

Sortierklasse S 7:   Schnittholz mit geringer Tragfähigkeit (Güteklasse III);

Sortierklasse S 10: Schnittholz mit üblicher Tragfähigkeit (Güteklasse II);

Sortierklasse S 13: Schnittholz mit überdurchschnittlicher Tragfähigkeit (Güteklasse I).

Bei maschineller Sortierung unterscheidet man die Klassen MS 7, MS 10, MS 13 und bei besonders hoher Tragfähigkeit MS 17. Bauteile der Sortierklasse S 13 (MS 13 / MS 17) müssen durch einen Brennstempel o. ä. gekennzeichnet sein.

13.2.6.3.3 Holzzuschnittmaße

Für Schnittholz gibt die Abb. 13.2.6/6 die Querschnittsmaße (Breite × Höhe) nach DIN 4070 in cm an.

Für Bretter und Bohlen (Laub- und Nadelholz) sind die Maße nach DIN 4071/4073 in Abb. 13.2.6/7 in mm verzeichnet.

Längen und normale Durchschnittsbreiten für Bretter und Bohlen (Nadelholz) zeigt auszugsweise Abb. 13.2.6/8.

Spundbretter nach DIN 4072 erhalten Maße in mm nach Abb. 13.2.6/9.

Nach Abb. 13.2.6/10 kann die Umrechnung von m³ in m² für Bretter und Bohlen durchgeführt werden.

Kantholz	–	8/8	–	–	–	–	–	–
	6/10	8/10	10/10	–	–	–	–	–
	6/12	8/12	10/12	12/12	–	–	–	–
	6/14	8/14	10/14	12/14	14/14	–	–	–
	–	8/16	10/16	12/16	14/16	16/16	–	–
	–	8/18	10/18	–	14/18	–	18/18	–
Balken	–	8/20	10/20	12/20	14/20	16/20	–	20/20
	–	–	10/22	–	–	16/22	18/22	–
	–	–	–	12/24	–	16/24	18/24	20/24
	–	–	–	12/26	–	–	–	20/26
Dachlatten in mm	24/48	30/50	40/60					
DieTabelle gibt die Querschnittsmaße (Breite x Höhe) in cm an.								

Abb. 13.2.6/6.   Schnittholzabmessungen nach DIN 4070

Bretter	Rohmaße	10	12	15	18	20	24	26	30	35	40
	Hobelmaße	8	10	13	16	18	22	24	28	33	38
	DIN 4073	7	9	12	15	17	21	23	27	32	37
		6	8	11	14	16	20	22	26	31	36
		–	–	–	–	–	19	21	25	30	35
		–	–	–	–	–	–	–	–	–	34
Bohlen	Rohmaße	45	50	55	60	65	70	80	90	100	
	Hobelmaße	42	47	52	57	62	67	77	87	96	
	DIN 4073	41	46	51	56	61	66	76	86	95	
		40	45	50	55	60	65	75	85	94	
		39	44	49	54	59	64	74	84	93	
		38	43	48	53	58	63	73	83	92	
Längenabstufungen	Nadelholz alle 25 cm, Laubholz alle 10 cm										
Holzstärken in [mm]											

Abb. 13.2.6/7. Bretter und Bohlen nach DIN 4071/4073

	Güteklassen				
	0	I	II	III	IV
a) Kiefernholz					
Längen [m]	–		4 – 9		–
Normal-Durchschnittsbreiten [cm]		Dicke		Breite	
	–	< 20 20 – 30 30 – 40 > 40		20 23 25 27	–
b) Fichte, Tanne, Lärche					
Längen [m]		3 – 6		2 – 6	
Normal-Durchschnittsbreiten [cm]		≥ 8			
Längenabstufungen alle 25 cm					

Abb. 13.2.6/8. Längen und Durchschnittsbreiten für Bretter und Bohlen

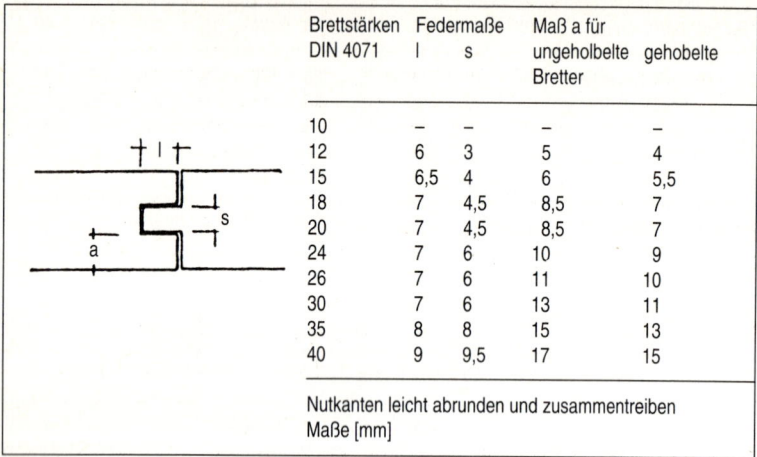

Brettstärken DIN 4071	Federmaße l	s	Maß a für ungeholbelte Bretter	gehobelte
10	–	–	–	–
12	6	3	5	4
15	6,5	4	6	5,5
18	7	4,5	8,5	7
20	7	4,5	8,5	7
24	7	6	10	9
26	7	6	11	10
30	7	6	13	11
35	8	8	15	13
40	9	9,5	17	15

Nutkanten leicht abrunden und zusammentreiben
Maße [mm]

Abb. 13.2.6/9. Spundbretter nach DIN 4072

1 Festmeter Holz entspricht in m²										
Bretter	Stärke [mm]	10	12	15	18	20	24	26	30	35	40
	m²	100,00	83,33	66,67	55,56	50,00	41,67	38,46	33,33	28,57	25,00
Bohlen	Stärke [mm]	45	50	55	60	65	70	80	90	100	
	m²	22,22	20,00	18,18	16,67	15,38	14,28	12,50	11,11	10,00	

Abb. 13.2.6/10. Umrechnung von m³ in m² für Bretter und Bohlen

13.2.7   Sperrholz nach DIN 68 705

Unter Sperrholz werden Platten verstanden, die aus mindestens 3 kreuzweise
verleimten Holzlagen bestehen. Bei annähernd gleichen Quell- und Schwind-
werten in beiden Richtungen ergeben sich hohe Festigkeiten.
Nach der Holzschichtung werden unterschieden:
Furnierplatten: alle Lagen aus Furnierholz;
Tischlerplatten:
(1) mit Stabmittellage: plattenförmig verleimte, 30 cm breite Holzleisten,
(2) mit Stäbchenmittellage – aus verleimten, 8 mm starken, hochkant gestellten Stäbchen.
Nach DIN 68 705 werden Verleimungen nach Abb. 13.2.7/1 unterschieden.
Außensperrholz mit eingearbeiteten Holzschutzmitteln erhält die Bezeichnung »AW 100 G«.

Benennung	Verleimung	Eigenschaften	Verwendung
Innensperrholz	IF 20	nicht wetterbeständig	nur in Räumen mit niedriger Luftfeuchtigkeit
Außensperrholz	AW 100	wetterbeständig	für Naßräume und für Außenbeplankungen

Abb. 13.2.7/1. Verleimungen nach DIN 68705

13.2.7.1 Furnierplatten nach DIN 68 705 T 3
Siehe Abb. 13.2.7/2.

Stärken in cm (3fach, 5fach, etc.)	4 5 6 8 10 12 15 16 19 22 25 28 32 38 45
Längen in cm (parallel zum äußeren Faserverlauf)	91,5 100 110 122 137,5 152,5 170 183 200 220 250 +) 275+) 305+)
Breiten in cm	100 122 152,5
+) mind. 5 mm starke Überseehölzer. Bezeichnung: Furnierplatte 8 x 200 x 122 DIN 4078 (Stärke x Länge x Breite)	

Abb. 13.2.7/2. Furnierplatten nach DIN 68705

13.2.7.2 Tischlerplatten nach DIN 86 705 T 4
Siehe Abb. 13.2.7/3.

Stärken in mm	13	16	19	22	25	28	32	38	45
Längen in cm		152,5			170,0			183,0	
Breiten in cm	350	450	470	510					
Güteklassen: I mit kleinen, II mit größeren Fehlern.									

Abb. 13.2.7/3. Tischlerplatten nach DIN 68705

13.2.7.3   Hartfaser-und Dämmplatten nach DIN 68 750

Diese Platten (s. Abb. 13.2.7/4) sind im Außenbereich nicht verwendbar.

	Stärken in mm				Breiten in cm			Längen in cm			
Hartfaserplatten HFH 1	3,2	4	5	6	175	185	200	260	300	520	600
Dämmplatten HFD	6 20	8	10	12	110 175	125 200	165	125 300	150 330	200 350	250

Es gibt weiterhin Bitumen-Holzfaserplatten, je nach Bitumengehalt als Normal- oder Extraqualität (Holzfaserschutz gegen Feuchtigkeit).

Abb. 13.2.7/4. Hartfaser- und Dämmplatten nach DIN 68750

13.2.7.4   Holzspanplatten nach DIN 68 760

Sie werden aus Holzspänen und Bindemittel als Flachpreßplatte hergestellt. Späne liegen vorzugsweise parallel zur Plattenebene. Es gibt Ein- und Mehrschichtplatten.

Verleimung: V 100 mit Phenol- oder Phenol-Resorcinharz, begrenzt wetterbeständig. Zusatzbezeichnung G, wenn Holzschutzmittel eingearbeitet ist.

13.2.7.5   Holzwolle-Leichtbauplatten nach DIN 1101/02/04

Sie bestehen aus langfaserigen Holzfasern und mineralischen Bindemitteln (z. B. Magnesit, Zement, Gips). Brettbreiten betragen 50 und 62,5 cm.

13.2.8   Brettschichtholz

Unter Brettschichtholz (s. Abb. 13.2.8/1) versteht man i. a. verleimte Holzbauteile, die aus mindestens 3 breitseitig faserparallel verleimten Brettlagen bestehen. Die einzelnen Lamellen werden durch eine Keilzinkenverbindung auf eine beliebige Länge gebracht und bei einer Feuchte von maximal 15 % faserparallel aufeinander geleimt.

Für Bauteile, die der Witterung ausgesetzt sind, dürfen nur Kunstharzleime verwendet werden, die auf ihre Beständigkeit gegen alle Klimaeinflüsse geprüft sind (z. B. Resorcinharzleim).

Die Dicke der Einzelbretter beträgt mindestens 6 mm und höchstens 33 mm (Außenbereich). Bei gekrümmten Bauteilen muß der Biegeradius mindestens das 200fache der Brettdicke sein.

Brettbreiten über 220 mm sind nur zulässig, wenn eine in Längsrichtung durchlaufende Entlastungsnut vorhanden ist (Nuttiefe: 1/4 bis 1/5 der Brettdicke, Nutbreite: ≤ 4 mm). Werden nicht genutete Bretter verwendet, so muß jede Brettlage aus mindestens 2 Einzelbrettern bestehen.

Die Längsfugen übereinander liegender Lagen sind um Brettdicke, mindestens aber um 25 mm gegeneinander zu versetzen. Nach dem Aushärten des

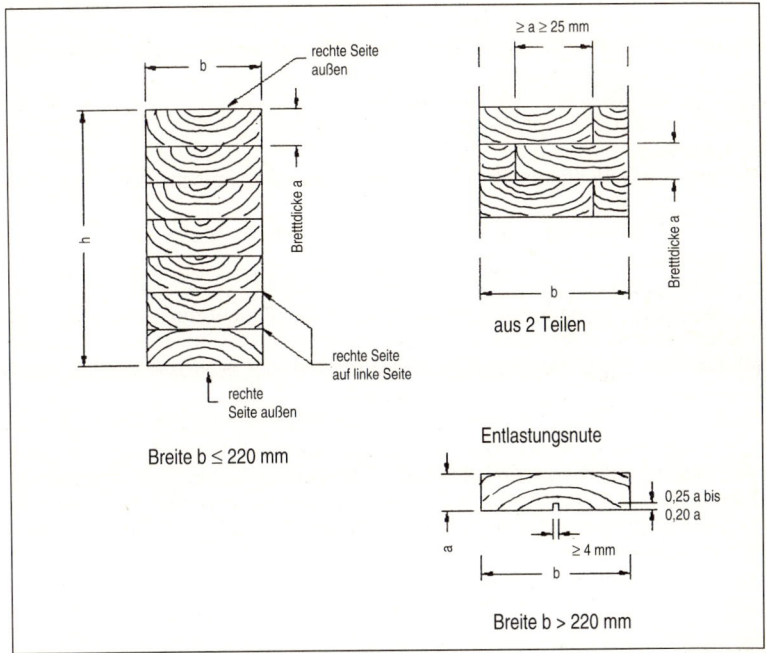

Abb. 13.2.8/1. Brettschichtholz

Leims werden der Preßdruck entfernt und die Oberflächen gehobelt. Bei der Witterung ausgesetzten Bauteilen erfolgt eine Schutzmittelbehandlung mit einem leimverträglichen Holzschutzmittel.

13.3 Holzverbindungen

Die Güte eines Holzbauwerkes ist nicht nur abhängig von den Holzgüten und Holzabmessungen, sondern entscheidend von den Anschlüssen der Hölzer untereinander. Diese müssen so ausgeführt sein, daß die anzuschließenden Kräfte (Zug-, Druck-, Querkräfte etc.) übertragen werden, die Verschiebungen in diesen Punkten möglichst gering sind und im Außenbereich die Anschluß-stelle gegen Witterungseinflüsse geschützt bleibt.

Aus der Tradition des Holzbaus ergeben sich Verbindungsarten, die i. a. unter dem Begriff »zimmermannsmäßiger Holzbau« erfaßt werden. Die Übertragung der Anschlußkräfte erfolgt über Kontaktflächen (Holz auf Holz), die gegen Abheben mit Holznägeln oder Bolzen gesichert sind. Diese Art der Verbindun-gen erfordert eine aufwendige Holzbearbeitung, große Holzquerschnitte und ist rechnerisch oft nur unzureichend zu erfassen.

Es haben sich daher im modernen Holzbau Anschlüsse unter Verwendung von mechanischen Verbindungsmitteln oder Leimverbindungen durchgesetzt, die rechnerisch gut erfaßt werden. Diese werden unter dem Begriff »ingenieurmäßiger Holzbau« zusammengefaßt.

Bei Anschlüssen mit mechanischen Verbindungsmitteln sind folgende Regeln zu beachten:

(1) Die Verbindungsmittel sind möglichst symmetrisch zur Stabachse anzuordnen.

(2) Nägel, Schrauben und Stabdübel sind in der Regel in Faserrichtung um $d/2$ gegenüber der Rißlinie zu versetzen.

(3) Hirnholzanschlüsse sollen nur mit Einlaßdübeln Typ A oder eingeleimten Gewindestangen ausgeführt werden. DIN 1052 sieht nur eine Verbindung in Brettschichtholz vor.

(4) Bei den Verbindungsmitteln aus Stahl ist der Korrosionsschutz nach DIN 1052 T 2, Tab. 1 zu gewährleisten.

(5) Bei mit Holzschutzmitteln behandelten Hölzern muß die Verträglichkeit von Holzschutzmittel und Korrosionsschutzmittel gegeben sein. Entsprechendes gilt für die Anwendung nichtrostender Stähle und Verbindungsmittel.

13.3.1   Zimmermannsmäßige Verbindungen

Sämtliche Verbindungen sind gegen Abheben und Zug zu sichern.

13.3.1.1   Längsstöße

Längsstöße treten bei allen Konstruktionsformen (Schwellen, Pfetten, Stützen etc.) auf. Für die Art der Ausführung ist die Beanspruchung des Holzes ausschlaggebend.

Zu unterscheiden sind unterstützte Stöße (s. Abb. 13.3.1/1 und 13.3.1/2), Stöße bei Hölzern, die auf ganzer Länge aufliegen (s. Abb. 13.3.1/3) sowie freitragende Pfettenstöße (s. Abb. 13.3.1/4). Man unterscheidet weiterhin den aufgelegten und den aufgehängten Pfettenstoß (s. Abb. 13.3.1/5 und 6). Der aufgelegte Pfettenstoß führt leicht zu einem Aufschlitzen der Pfette in Faserrichtung. Er sollte nur bei geringer Auflast und in Verbindung mit seitlich angeordneten Schraubenbolzen ausgeführt werden. Mit dem aufgehängten Pfettenstoß wird das Aufreißen der Pfette vermieden. Die Last wird über den Schraubenbolzen eingeleitet. Der Durchmesser des Bolzens und die Größe der Unterlegscheibe müssen der Größe der einzuleitenden Kraft entsprechen.

13.3.1.2   Quer- und Eckverbindungen

13.3.1.2.1 Zapfenverbindung (s. Abb. 13.3.1/7 und 8)

Verzapfungen werden gewählt, wenn Holzstützen auf Schwellen gesetzt, Pfetten auf und Wandriegel an Stützen angeschlossen werden oder Nebenträger mit Hauptträgern gleicher Höhe (z. B. Wechsel) verbunden werden.

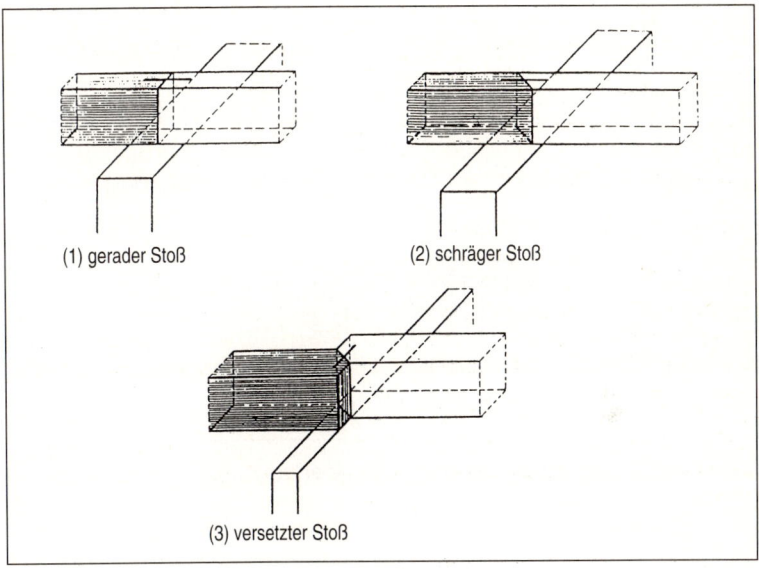

Abb. 13.3.1/1. Unterstützte Stöße auf Mauern verschiedener Breite

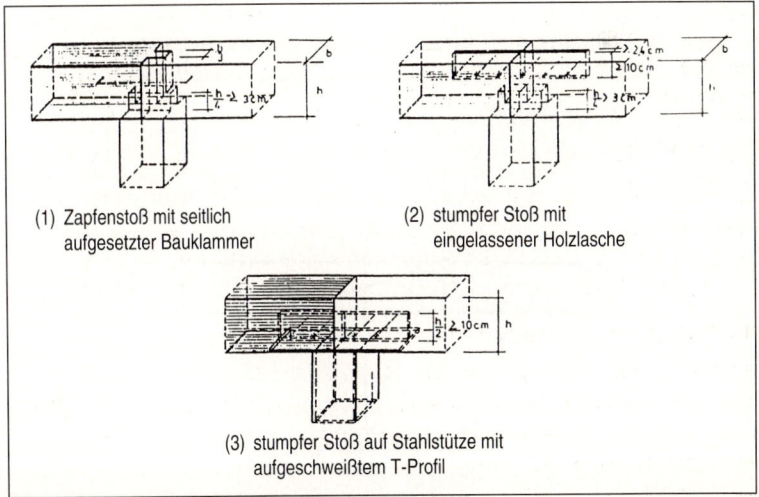

Abb. 13.3.1/2. Unterstützte Stöße auf Holz- und Stahlpfosten

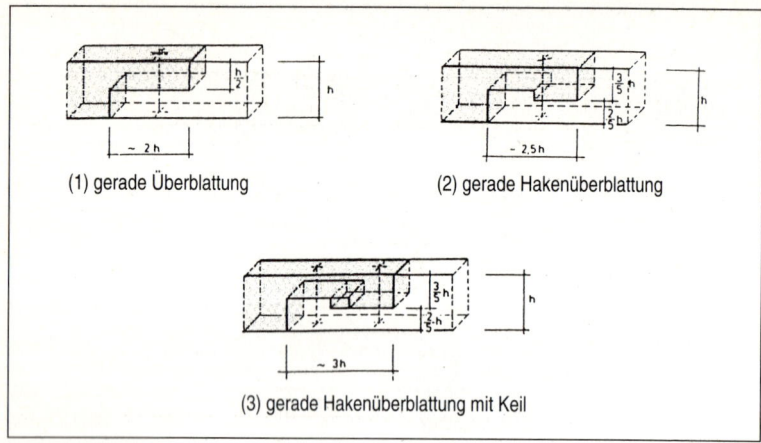

Abb. 13.3.1/3. Stöße bei Hölzern, die auf ganzer Länge aufliegen

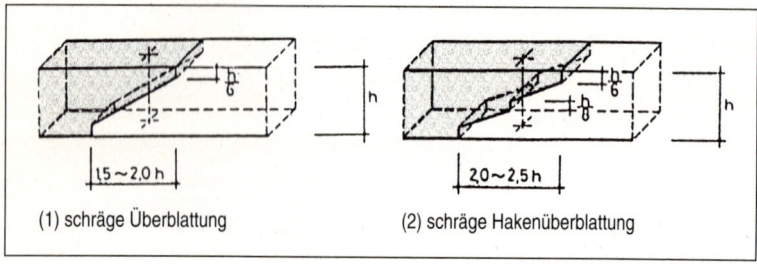

Abb. 13.3.1/4. Freitragende Pfettenstöße

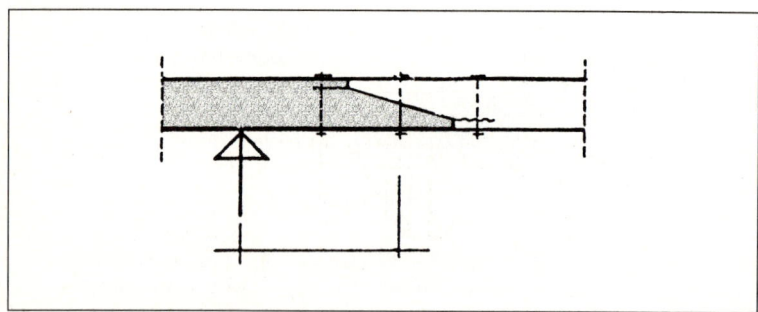

Abb. 13.3.1/5. Aufgelegter Pfettenstoß

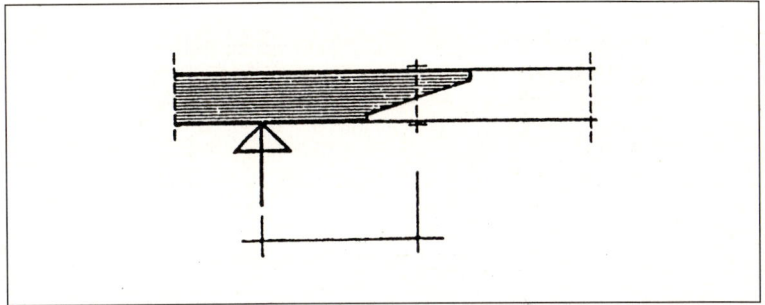

Abb. 13.3.1/6. Aufgehängter Pfettenstoß

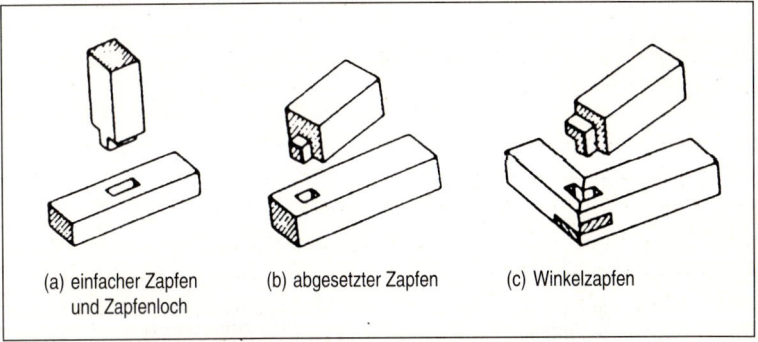

(a) einfacher Zapfen und Zapfenloch (b) abgesetzter Zapfen (c) Winkelzapfen

Abb. 13.3.1/7. Zapfenverbindung – Holzstütze – Schwelle (Pfetten, Riegel) (Querverbindungen bei Balkenlagen)

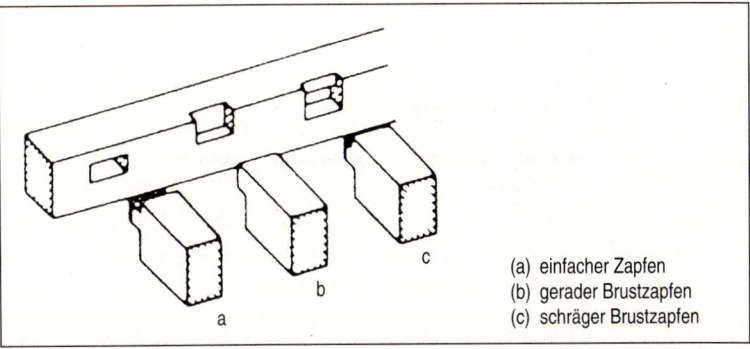

(a) einfacher Zapfen
(b) gerader Brustzapfen
(c) schräger Brustzapfen

Abb. 13.3.1/8. Zapfenverbindung – Haupt- und Nebenträger (Balken, Pfetten)

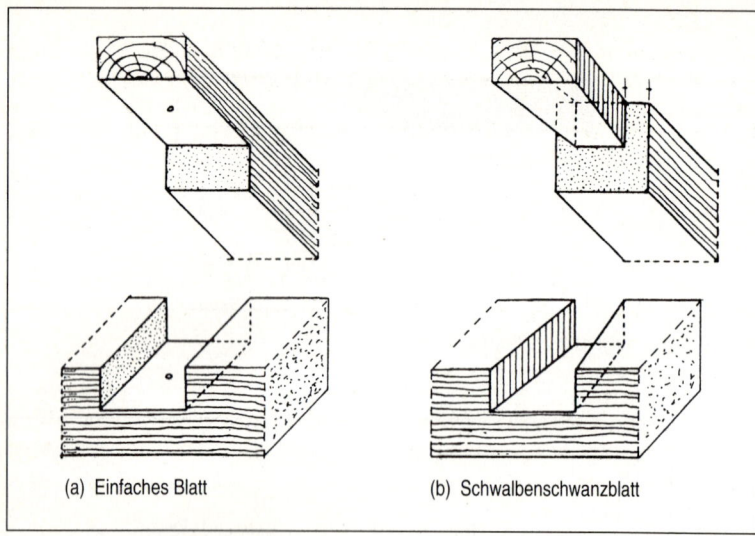

(a) Einfaches Blatt   (b) Schwalbenschwanzblatt

Abb. 13.3.1/9a. Überblattung bei Querverbindungen

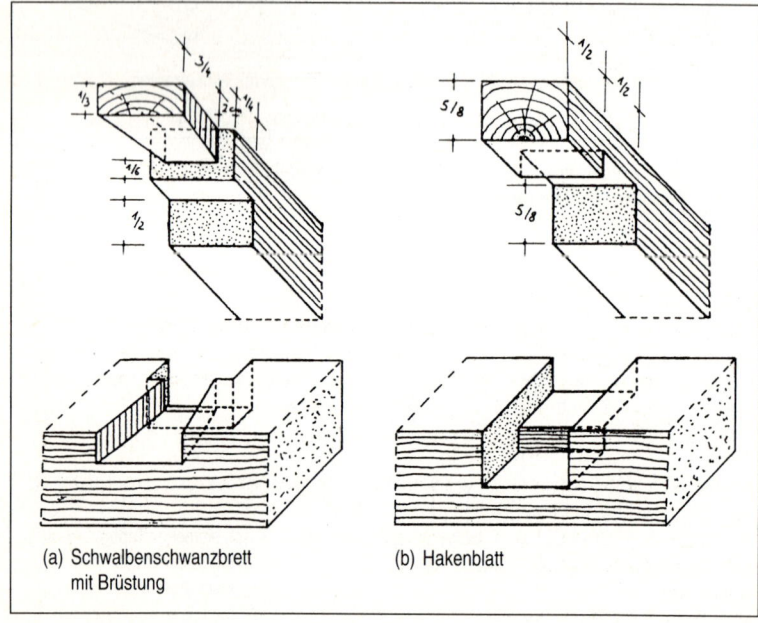

(a) Schwalbenschwanzbrett   (b) Hakenblatt
    mit Brüstung

Abb. 13.3.1/9b. Überblattung bei Querverbindungen

13.3.1.2.2 Überblattung

Die Überblattung wird bei Hölzern (z. B. Schwellen) gewählt, die in ihrer gesamten Länge aufliegen, sodaß nur Zug- und Druckkräfte übertragen werden.

Sie werden als Quer- und Eckverbindungen ausgebildet (s. Abb. 13.3.1/9 a und b sowie Abb. 13.3.1/10).

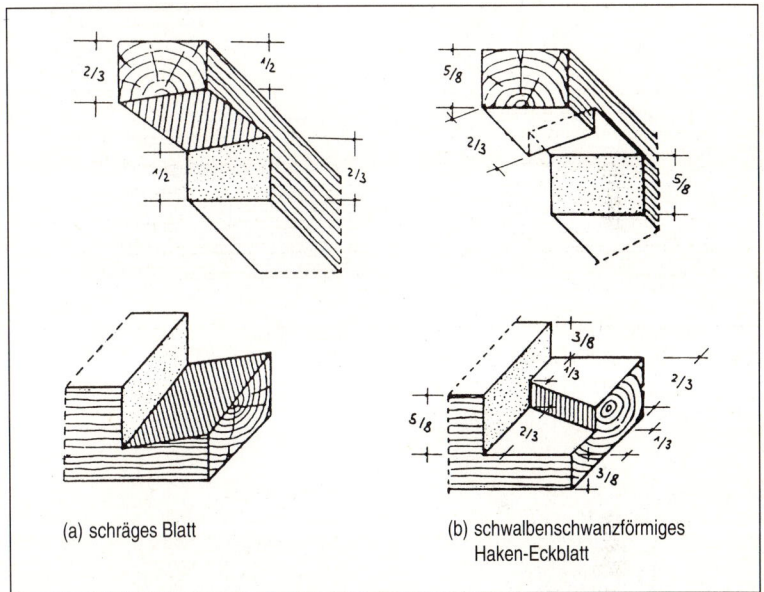

(a) schräges Blatt

(b) schwalbenschwanzförmiges Haken-Eckblatt

Abb. 13.3.1/10. Überblattung bei Eckverbindungen

13.3.1.3 Verkämmung

Eine Verkämmung wird gewählt, wenn freitragende oder aufliegende Hölzer miteinander verbunden werden, die in unterschiedlichen Höhen liegen.

Querverbindungen und Eckverbindungen werden entsprechend Abb. 13.3.1/11 a und b sowie Abb. 13.3.1/12 hergestellt.

13.3.1.4 Schrägverbindungen

Schräg verlaufende Druckstäbe (Fachwerk, Kopfband) werden mit einem Versatz angeschlossen.

Je nach Größe der Kraft und Vorholzlänge werden 3 unterschiedliche Versatzarten ausgeführt (s. Abb. 13.3.1/13):

Stirnversatz;

Fersenversatz (Rückversatz);

Doppelter Versatz.

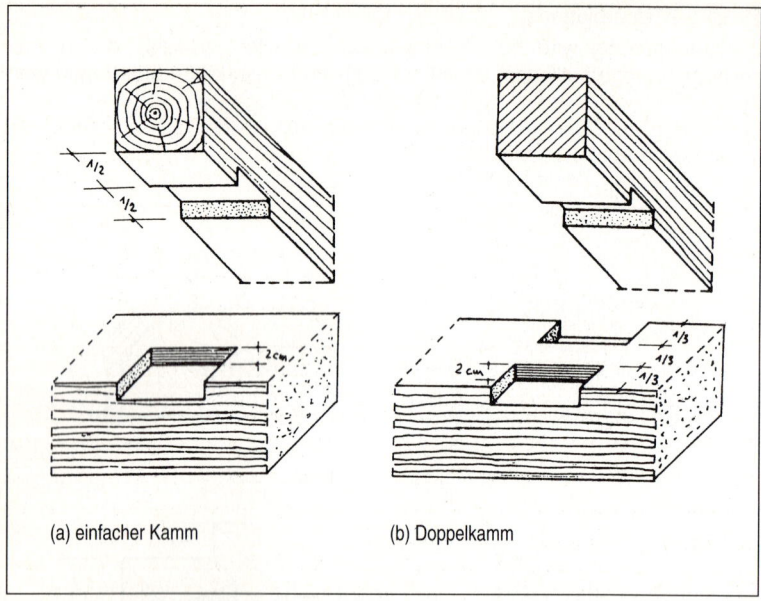

(a) einfacher Kamm   (b) Doppelkamm

Abb. 13.3.1/11a.   Überblattung bei Querverbindungen

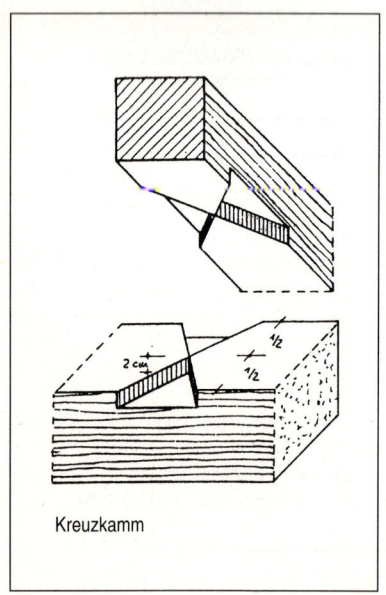

Kreuzkamm

Abb. 13.3.1/11b.   Verkämmung bei Quer-
verbindungen

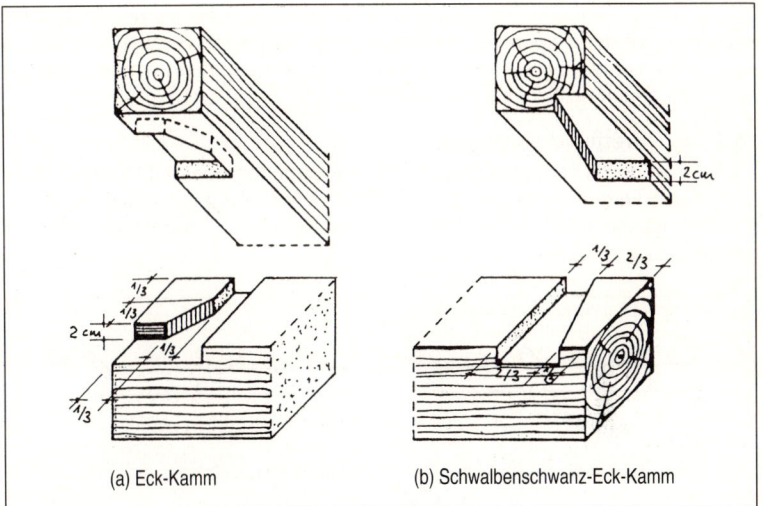

1/3
2 cm
2/3
2cm
(a) Eck-Kamm
(b) Schwalbenschwanz-Eck-Kamm

Abb. 13.3.1/12. Verkämmung bei Eckverbindungen

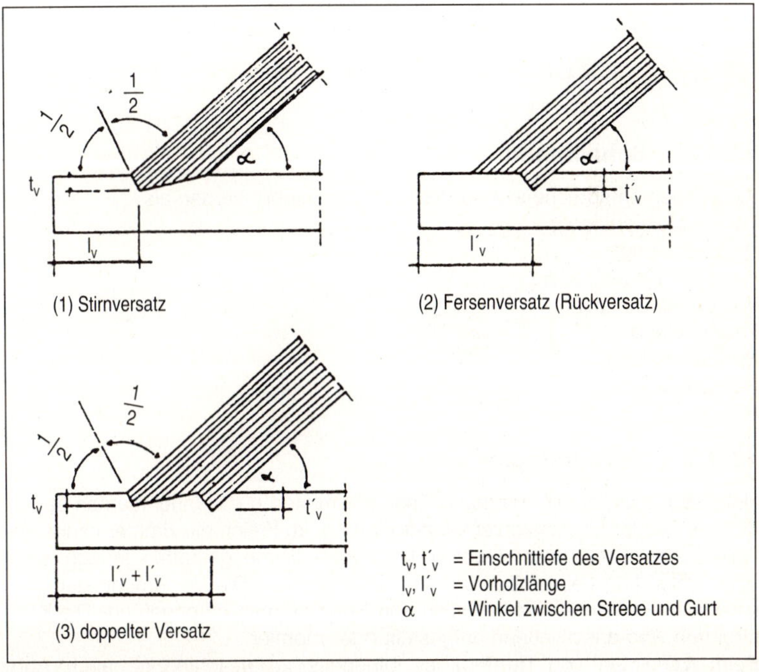

1/2
α
t_v
l_v
(1) Stirnversatz
t'_v
l'_v
(2) Fersenversatz (Rückversatz)
$l'_v + l'_v$
(3) doppelter Versatz
t_v, t'_v = Einschnittiefe des Versatzes
l_v, l'_v = Vorholzlänge
α = Winkel zwischen Strebe und Gurt

Abb. 13.3.1/13. Schrägverbindungen

Die Einschnittiefe des Versatzes und die erforderliche Vorholzlänge sind abhängig von der Neigung der Strebe und der Größe der Strebenkraft. Sämtliche Versatzarten können auch mit einem Zapfen ausgeführt werden, der den Anschluß gegen seitliches Verschieben sichert.

13.3.1.5   Bretterverbindungen

Sie können durch stumpfes Stoßen, Falzen, Spunden oder mit Nut und Feder ausgeführt werden (s. Abb. 13.3.1/14). Bei der Ausführung sind die Holzeigenschaften (Quellen, Schwinden) zu beachten. Kern- und Tangentialbretter sind getrennt zu verarbeiten.

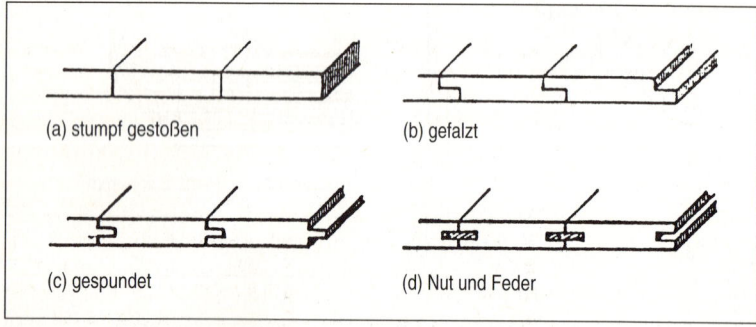

(a) stumpf gestoßen   (b) gefalzt

(c) gespundet   (d) Nut und Feder

Abb. 13.3.1/14.   Bretterverbindungen

13.3.2   Schalungen

Sie können entsprechend Abb. 13.3.2/1 ausgeführt werden als
Deckleistenschalung;
Stülpschalung;
versetzte Spundschalung;
gestoßene Schalung;
Falzschalung;
Spundschalung;
Rollschalung.

13.3.3   Verleimungen

Holzverbindungen mit normalem Tischlerleim sind nur in Innenräumen dauerhaft verwendbar. Deshalb verwendet man i. a. im Freien die zimmermannsmäßigen Verbindungsarten. Hochwertige Spezialleime gestatten jedoch auch eine dauerhafte Leimverbindung im Außenbereich. Die Verleimung der konstruktiven Elemente wird in Hallen von Spezialfirmen durchgeführt. Die Konstruktion wird anschließend aufgestellt oder montiert.
Beim Verleimen von Brettern ist folgendes zu beachten (s. auch Abb. 13.3.3/1):

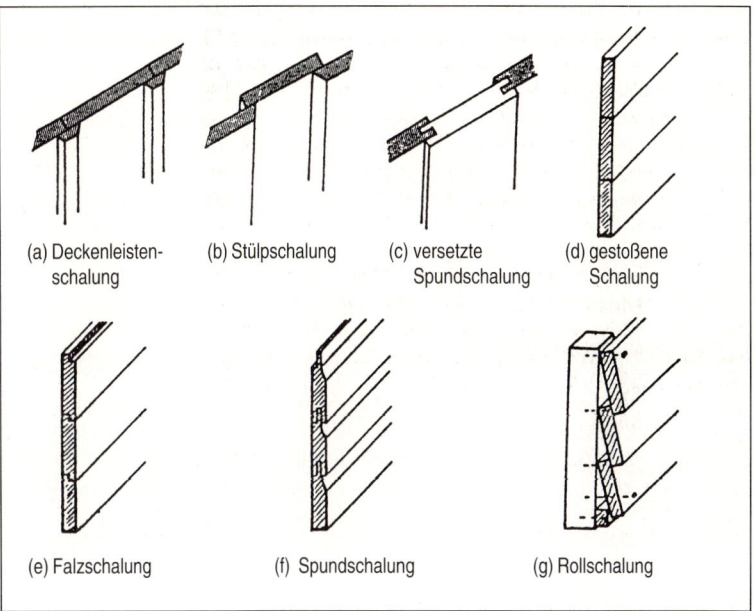

(a) Deckenleisten-
    schalung

(b) Stülpschalung

(c) versetzte
    Spundschalung

(d) gestoßene
    Schalung

(e) Falzschalung

(f) Spundschalung

(g) Rollschalung

Abb. 13.3.2/1. Schalungen

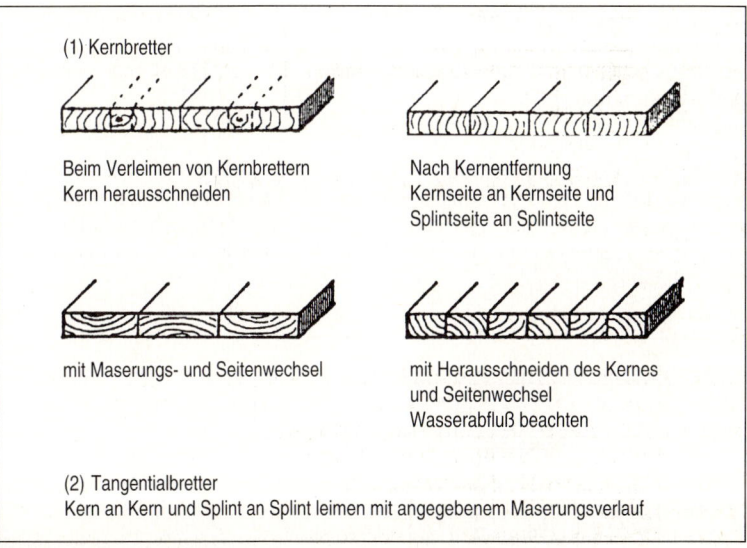

(1) Kernbretter

Beim Verleimen von Kernbrettern
Kern herausschneiden

Nach Kernentfernung
Kernseite an Kernseite und
Splintseite an Splintseite

mit Maserungs- und Seitenwechsel

mit Herausschneiden des Kernes
und Seitenwechsel
Wasserabfluß beachten

(2) Tangentialbretter
Kern an Kern und Splint an Splint leimen mit angegebenem Maserungsverlauf

Abb. 13.3.3/1. Verleimungen

(1) Kernbretter:

Beim Verleimen von Kernbrettern Kern herausschneiden. Danach Kernseite an Kernseite und Splintseite an Splintseite leimen.

(2) Tangentialbretter:

Kern an Kern und Splint an Splint leimen mit nachstehendem Maserungsverlauf:

– mit Maserungs- und Seitenwechsel,
– mit Herausschneiden des Kerns und Seitenwechsel. Wasserabfluß beachten!

13.3.4 Mechanische Verbindungen

13.3.4.1 Dübelverbindungen

Dübel sind Holzverbinder, die durch Aufnahme von Druck- und Scherspannungen Kräfte übertragen. Neben den früher üblichen Langholzdübeln werden heute Dübel besonderer Bauart verwendet. Das Holz muß mindestens der Güteklasse II entsprechen. Die zugehörigen Schraubenbolzen sind so stark anzuziehen, daß die Unterlegscheiben ca. 1 mm tief in das Holz eingedrückt werden.

Man unterscheidet Einlaß- und Einpreßdübel. Einlaßdübel werden in ausgefräste Vertiefungen der zu verbindenden Hölzer gelegt. Ihre Montage auf der Baustelle ist daher sehr einfach. Einlaßdübel können auch bei der Verbindung von Hart- und Laubhölzern verwendet werden. Einpreßdübel werden mit Hilfe eines Schlagringes eingetrieben. Das Verbindungsholz wird über eine Preßvorrichtung eingedrückt. Ist die Grundplatte eines Dübels dicker als 2 mm, so ist sie einzulassen. Die aufgesetzten Krallen werden wiederum eingepreßt. Einpreßdübel dürfen nur in Nadelholz verwendet werden. Soll ein Holz seitlich an eine Stahllasche angeschlossen werden, so verwendet man einseitige Dübel (Halbdübel).

13.3.4.1.1 Rechteckdübel

Rechteckige Dübel dürfen aus Hartholz (s. Abb. 13.3.4/1) oder Stahl hergestellt werden. Sie sind so einzulegen, daß die Fasern der Dübel und der zu verbindenden Hölzer gleichgerichtet sind. Zur Aufnahme des Kippmomentes werden Schraubenbolzen mit entsprechenden Unterlegscheiben benötigt (s. Abb. 13.3.4/2).

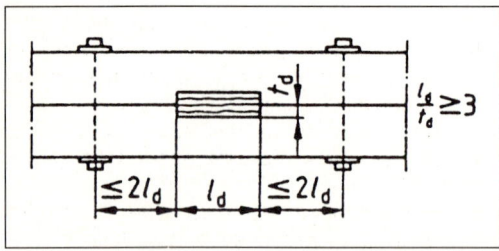

Abb. 13.3.4/1. Anordnung eines Rechteckdübels

Bolzendurchmesser		M 12	M 16	M 20	M 24
Dicke der Scheibe [1]	mm	6	6	8	8
Außendurchmesser bei runder Scheibe	mm	58	68	80	105
Seitenlänge bei quadratischer Scheibe	mm	50	60	70	95
[1] Das untere Grenzabmaß für die Dicke der Scheiben darf höchstens 0,5 mm betragen.					

Abb. 13.3.4/2. Dübel- und Bolzenverbindungen – Maße der Scheiben und Bolzen

Für Flachstahldübel, die auf durchgehende Bleche oder Profile geschweißt sind, gelten die Bestimmungen analog.

13.3.4.1.2 Dübel besonderer Bauart

Einlaßdübel: Als Einlaßdübel gelten zwei- und einseitige Ringkeildübel (Dübeltyp A) und Rundholzdübel aus fehlerfreiem Eichenholz (Dübeltyp B). Die Dübel werden in passende Vertiefungen der Hölzer eingelegt. Bei Verbindung mit Stahllaschen, muß die Dicke der Lasche mindestens die Dicke der Dübelplatte haben (s. Abb. 13.3.4/3 und 4) Einlaßdübel des Dübeltyps A (Außendurchmesser 65 bis 126 mm) dürfen auch in Hirnholzflächen von Brettschichtholz eingebaut werden. Der Schraubenbolzen M 12 wird in einen Rundstahl ≥ 24 mm geschraubt, der in einem Mindestabstand von 120 mm von der Hirnholzfläche in eine Querbohrung des Nebenträgers eingeführt wird (s. Abb. 13.3.4/5).

Einpreßdübel: Einpreßdübel der Typen C und D können auch als einseitige Krallenplatten in Verbindung mit Stahllaschen verwendet werden (s. Abb. 13.3.4/6 a, b sowie Abb. 13.3.4/7 a, b).

Einlaß-Einpreßdübel: Diese Dübel sind mit ihrer Grundplatte in eingepaßte Vertiefungen der Hölzer einzulegen. Anschließend sind die Zähne einzupressen. Für die Verbindung Holz–Stahl sind ebenfalls einseitige Dübel zugelassen (s. Abb. 13.3.4/8).

Dübelabstände sind der Abb. 13.3.4/9 zu entnehmen.

13.3.4.2 Stabdübel und Bolzen

Stabdübel und Bolzen sind überwiegend auf Biegung beanspruchte zylindrische Verbindungsmittel aus Stahl, die im Holz einen Lochleibungsdruck hervorrufen. Stabdübel sind nicht profiliert und werden in vorgebohrte Löcher eingetrieben. Mit Kopf und Mutter versehen heißen sie Paßbolzen.

Bei Verwendung von Stahllaschen dürfen die Löcher im Stahlteil 1 mm größer als der Nenndurchmesser des Stabdübels sein. Außenliegende Stahlteile sind entsprechend zu sichern.

Bolzen sind Schraubenbolzen, Rohrbolzen und Bolzen ähnlicher Bauart. Sie sind mit Kopf und Mutter versehen und werden nach Vorbohrungen mit

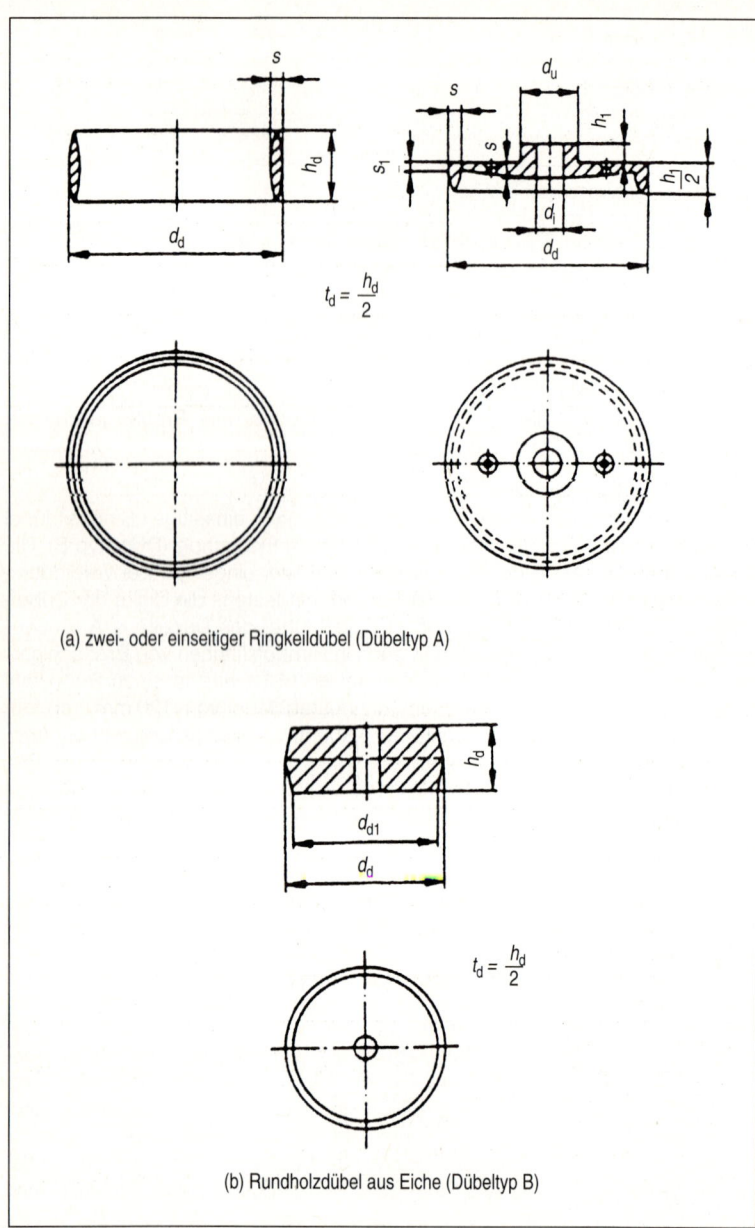

(a) zwei- oder einseitiger Ringkeildübel (Dübeltyp A)

(b) Rundholzdübel aus Eiche (Dübeltyp B)

Abb. 13.3.4/3. Einlaßdübel – Maßangaben (Dübeltyp A und B)

	1	2	3	4	5	6	7	8	9
Dübeltyp	Maße der Dübel							Rechenwert für die Dübelfehlfläche	Schraubenbolzen [1)]
	Außendurchmesser	Höhe	Dicke	zusätzliche Maße nur für einseitige Einlaßdübel Typ A					Sechskantschrauben nach DIN 601
	d_d	h_d	s	d_i	d_u	h_1	s_1	ΔA	d_b
	mm	mm	mm	mm	mm	mm	mm	cm²	
A	65	30	5	13	22,5	8	3	7,8	M 12
	80	30	6	13	22,5	8	3	10,1	M 12
	95	30	6	13	33,5	8	4	12,3	M 12
B (siehe Bild 4)	66 [5)]	32	–	–	–	–	–	8,2	M 12
	100 [5)]	40	–	–	–	–	–	16,8	M 12

	10	11	12	13	14	15
Dübeltyp	Mindestmaße der Hölzer [2)] bei einer Dübelreihe und Neigung der Kraft- zur Faserrichtung		Mindestdübelabstand und -vorholzlänge bei einer Dübelreihe	Zulässige Belastung eines Dübels bei Neigung der Kraft- zur Faserrichtung		
	0 bis 30°	über 30 bis 90°	$d_{d\,\parallel}$	0 bis 30°	über 30 bis 60°	über 60 bis 90°
	b/a	b/a				
	mm	mm	mm	kN	kN	kN
A	100/40	110/40	140	11,5	10,0	9,0
	110/50	130/50	180	14,0	12,5	11,0
	120/60	150/60	220	17,0	14,5	12,5
B (siehe Bild 4)	100/40 oder 90/60	100/40 oder 90/60	130	11,0	9,0	9,0
	130/60	160/60	200	18,0	15,5	13,5

1) Scheiben nach Tabelle 3.
2) Gilt für ein- und beidseitige Dübelanordnung; bei beidseitiger Dübelanordnung jedoch Mindestholzdicke a = 60 mm.
3) Mit einem Klemmbolzen am Laschenende nach Abschnitt 4.1.3
4) Mit zwei Klemmbolzen am Laschenende nach Abschnitt 4.1.3.
5) Der Durchmesser d_{d1} beträgt etwa 90% des Durchmessers d_d.
Mindestanforderungen an Verbindungen sowie zulässige Belastungen eines Dübels im Lastfall H bei höchstens zwei in Kraftrichtung hintereinanderliegenden Dübeln.

Abb. 13.3.4/4. Einlaßdübel – Abmessungen (Dübeltyp A und B)

	1	2	3	4	5	6	7	8	9
Dübel-typ	Maße der Dübel							Rechenwert für die Dübelfläche	Schraubenbolzen [1]
	Außen-durch-messer bzw. Seiten-länge	Maße für zweiseitige Einpreßdübel		Maße für einseitige runde Einpreßdübel					Sechskant-schrauben nach DIN 601
		Höhe	Dicke	Höhe	Dicke	Durch-messer	Abstand		
	d_d	h_d	s	h_d	s	d_i	d_m	ΔA	d_b
	mm	mm	mm	mm	mm	mm	mm	cm^2	–
C runde Ein-preß-dübel	48	12,5	1,00	6,6	1,00	12,2	–	0,9	M 12
	62	16	1,20	8,7	1,20	12,2	–	2,0	M 12
	75	19,5	1,25	10,3	1,25	16,2	–	2,6	M 16
	95	24	1,35	12,8	1,35	16,2	49	4,7	M 16

	10	11	12	13	14	15
Dübel-typ	Mindestmaße der Hölzer [2] bei einer Dübelreihe und Neigung der Kraft- zur Faserrichtung		Mindestdübelabstand und -vorholzlänge bei einer Dübelreihe	Zulässige Belastung eines Dübels bei Neigung der Kraft- zur Faserrichtung		
	0 bis 30 ° b/a	über 30 bis 90 ° b/a	$e_{d\ \|\|}$	0 bis 30 °	über 30 bis 60 °	über 60 bis 90 °
	mm	mm	mm	kN	kN	kN
C runde Ein-preß-dübel	100/40 oder 80/60	100/40	120	5,0	4,5	4,5
	100/40 oder 90/60	110/40	120	7,0	6,5	6,0
	100/50	120/50	140	9,0	8,5	8,0
	120/50	140/50	140	12,0	11,0	10,5

Mindestanforderungen an Verbindungen sowie zulässige Belastungen eines Dübels im Lastfall H bei höchstens zwei in Kraftrichtung hintereinanderliegenden Dübeln.

Abb. 13.3.4/6a. Einpreßdübel, Dübeltyp C – Auszug aus DIN 1052, T. 2

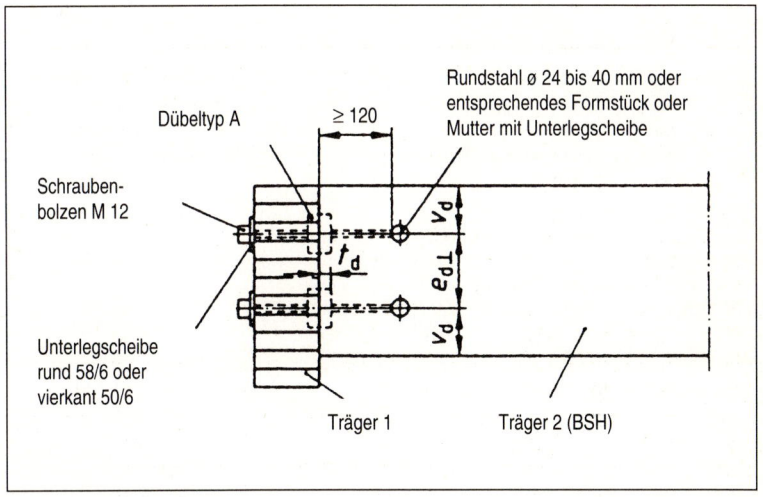

Abb. 13.3.4/5. Einlaßdübel

	1	2	3	4	5	6	7	8	9
Dübel-typ	Maße der Dübel und Rechenwerte für die Dübelfehlflächen								Schraubenbolzen [1]
	Außen-durch-messer	Anzahl der Zähne [3]	Zweiseitige Dübel Maße		Dübel-fehl-fläche	Einseitige Dübel Maße [4]		Dübel-fehl-fläche	Sechskantschrauben nach DIN 601
			Höhe	Dicke		Höhe	Durch-messer		
	d_d		h_d	s	ΔA	h_d	d_i	ΔA	d_b
	mm		mm	mm	cm²	mm	mm	cm³	
D (siehe Bild 7)	50	8 [5]	27	3	2,8	15	12,2	3,4	M 12
	65	12 oder 14 [6]	27	3	3,6	15	16,2	4,5	M 16
	85	22 [6]	27	3	4,6	15	20,2	5,5	M 20
	95	24 [6]	27	3	5,6	15	24,2	6,9	M 24
	115	30 oder 32 [6]	27	3	7,0	15	24,2	8,6	M 24
E (siehe Bild 8)	55	16	30	3,5	3,9	15	12,2	3,9	M 12
	80	20	37	5	7,9	18,5	12,2	7,9	M 12

Abb. 13.3.4/6b. Einpreßdübel, Dübeltyp D und E – Auszug aus DIN 1052, T. 2 – 1. Teil

	10	11	12	13	14	15
Dübel-typ	Mindestmaße der Hölzer 2) bei einer Dübelreihe und Neigung der Kraft- zur Faserrichtung		Mindestdübelabstand und -vorholzlänge bei einer Düblereihe	Zulässige Belastung eines Dübels bei Neigung der Kraft- zur Faserrichtung		
	0 bis 30 ° b/a	über 30 bis 90 ° b/a	$e_{d\ \|\|}$	0 bis 30 °	über 30 bis 60 °	über 60 bis 90 °
	mm	mm	mm	kN	kN	kN
D (siehe Bild 7)	100/40 oder 80/60	100/40 oder 90/60	120	8,0	7,5	7,0
	100/40 oder 90/60	110/40 oder 100/60	140	11,5	11,0	10,0
	110/50	130/50	170	17,0	16,0	14,5
	120/80	140/60	200	21,0	19,5	17,5
	140/80	170/60	230	27,0	24,5	21,5
E (siehe Bild 8)	100/40 oder 80/60	100/40 oder 90/60	120	10,0 [7]	9,5 [7]	9,0 [7]
	110/50	120/50	150 [8]	15,0 [9]	13,5	12,0 [9]

[1] Scheiben nach Tabelle 3.
[2] Gilt für ein- und beidseitige Dübelanordnung; bei beidseitiger Dübelanordnung jedoch Mindestholzdicke a = 60 mm.
[3] Bei zweiseitigen Dübeln sind die Zähne durchgehend oder gegeneinander versetzt.
[4] Dicke s wie in Spalte 4.
[5] Ein Zahnkreis
[6] Zwei Zahnkreise
[7] Bei Anordnung von Metallaschen (einseitiger Dübel) 1,2facher Wert zulässig.
[8] Bei Anordnung von Metallaschen (einseitiger Dübel) auch 140 mm zulässig.
[9] Bei Anordnung von Metallaschen (einseitiger Dübel) 1,3facher Wert zulässig.
Mindestanforderungen an Verbindungen sowie zulässige Belastungen eines Dübels im Lastfall H bei höchstens zwei in Kraftrichtung hintereinanderliegenden Dübeln.

Abb. 13.3.4/6b.   Einpreßdübel, Dübeltyp D und E – Auszug aus DIN 1052, T. 2 – 2. Teil

geringem Spiel ($\leq$ 1 mm) durchgeschoben und mit beiderseitigen Unterleg-scheiben fest angezogen.

Da es sich im Landschaftsbau z. T. um untergeordnete Bauteile handelt, dür-fen Bolzenverbindungen als tragende Anschlußelemente herangezogen wer-den.

Hintereinander liegende Stabdübel und Bolzen sind in Faserrichtung mög-lichst um 0,5 d_{st} gegenüber der Rißlinie zu versetzen (s. Abb. 13.3.4/10).

Abstand der Dübel vom Hirnholz bei Biegeträgern:

Stabdübel: a $\geq$ 6 d_{st} oder   80 mm,

Bolzen: a $\geq$ 7 d_b oder 100 mm.

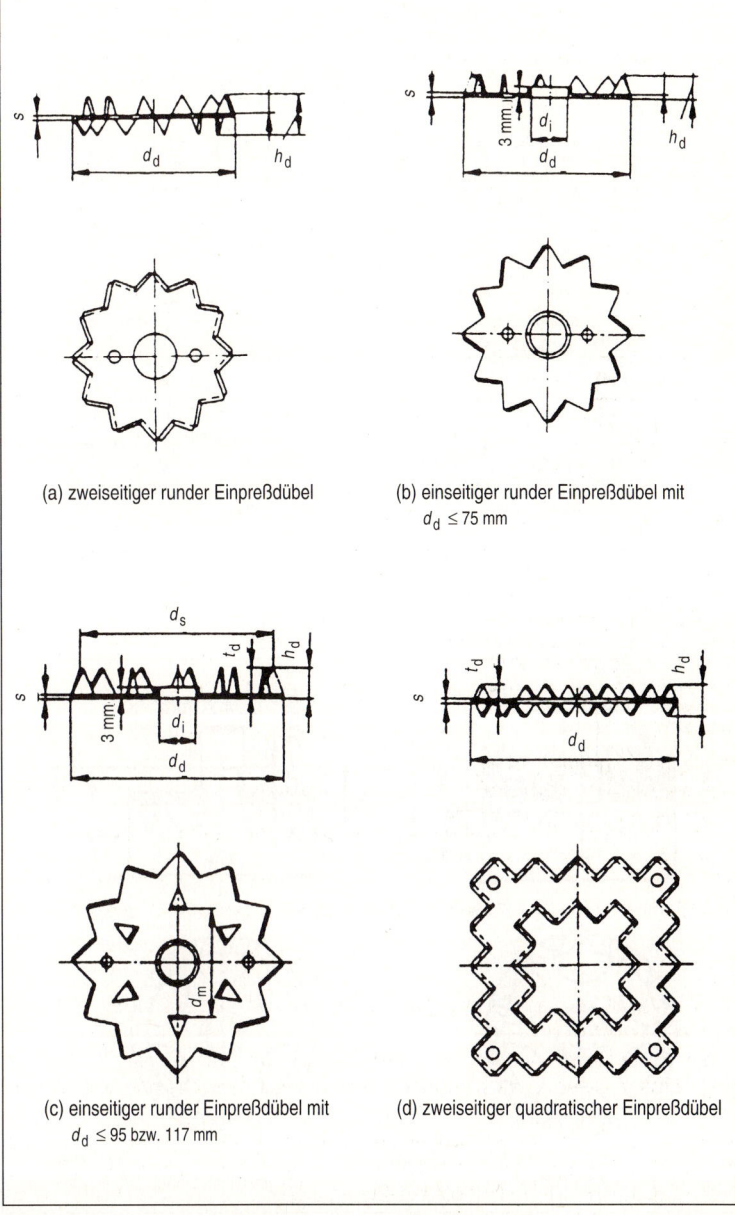

(a) zweiseitiger runder Einpreßdübel

(b) einseitiger runder Einpreßdübel mit $d_d \leq 75$ mm

(c) einseitiger runder Einpreßdübel mit $d_d \leq 95$ bzw. 117 mm

(d) zweiseitiger quadratischer Einpreßdübel

Abb. 13.3.4/7a. Einpreßdübel, Dübeltyp C

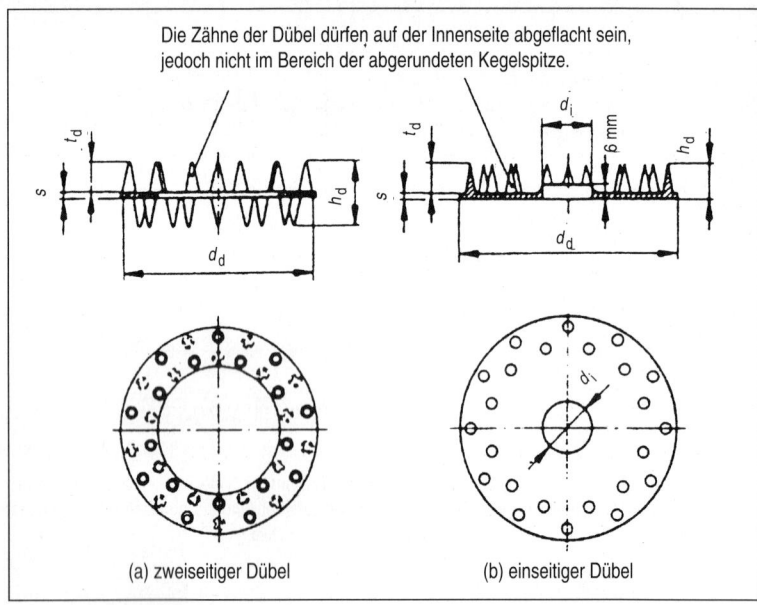

Abb. 13.3.4/7b.   Einpreßdübel, Dübeltyp D

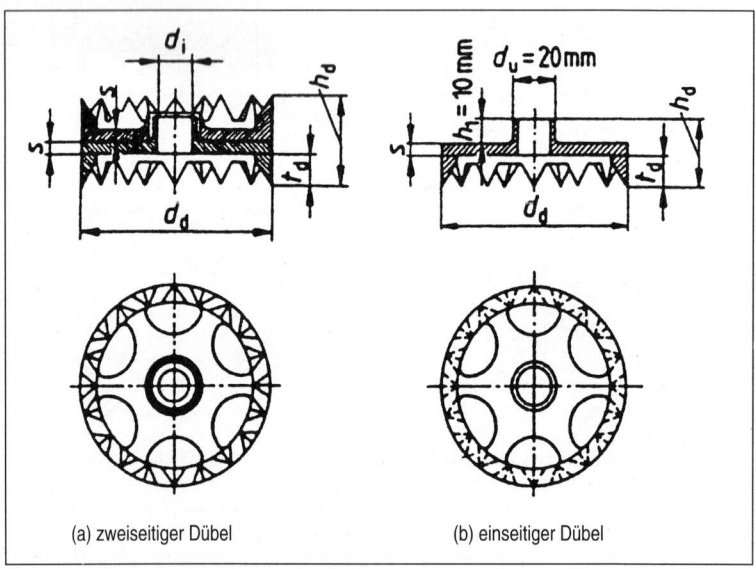

Abb. 13.3.4/8.   Einlaß-Einpreßdübel, Dübeltyp E

	1	2	3
Anordnung der Dübel	Mindestabstand $e_{d\perp}$ zweier benachbarter Dübelreihen	Mindestabstand $e_{d\parallel}$ der Dübel parallel der Faserrichtung	Mindestabstand der äußeren Dübelreihe von der Holzkante
nicht gegeneinander versetzt	$d_d + t_d$	$e_{d\parallel}$	$b/2$
gegeneinander versetzt [1]	$d_d + t_d$	$e_{d\parallel}$	$b/2$
	d_d	$1,1 \cdot e_{d\parallel}$	
	$0,5 \, (d_d + t_d)$	$1,8 \cdot e_{d\parallel}$	

[1] Zwischenwerte sind geradlinig zu interpolieren.

Erforderlichenfalls ist der Querzugnachweis für den rechtwinklig zur Faserrichtung beanspruchten Stab zu führen. Dieser erübrigt sich, wenn das querbeanspruchte Holz höchstens 300 mm hoch ist und der Anschlußschwerpunkt S in der Stabachse oder darüber liegt.

d_d Außendurchmesser des Dübels

t_d Einschnittiefe (Einlaß- bzw. Einpreßtiefe) des Dübels

$e_{d\parallel}$ Mindestwert für Dübelabstand und -vorholzlänge bei einer Dübelreihe

b Mindestbreite des Holzes bei einer Dübelreihe

Abb. 13.3.4/9. Dübelabstände – Auszug aus DIN 1052, T. 2

		Mindestabstände [1] parallel zur Kraftrichtung	
		bei Stabdübeln und Paßbolzen	bei Bolzen
untereinander	$\parallel$ der Faserrichtung	$5\,d_{st}$	$7\,d_b \geq 100$ mm
	$\perp$ zur Faserrichtung	$3\,d_{st}$	$5\,d_b$
vom beanspruchten Rand	$\parallel$ der Faserrichtung	$6\,d_{st}$	$7\,d_b \geq 100$ mm
	$\perp$ zur Faserrichtung	$3\,d_{st}$	$4\,d_b$
vom unbeanspruchten Rand	$\parallel$ der Faserrichtung	$3\,d_{st}$	$3\,d_b$
	$\perp$ zur Faserrichtung	$3\,d_{st}$	$3\,d_b$

[1] Bei Schräganschlüssen sind Zwischenwerte geradlinig zu interpolieren.

Abb. 13.3.4/10. Mindestabstände von tragenden Stabdübeln, Paßbolzen und Bolzen

13.3.4.3   Nagelverbindungen

13.3.4.3.1 Grundsätzliche Hinweise

Nagelverbindungen im Holzbau nach DIN 1052 T2 gelten für die Verwendung von runden Drahtstiften der Form B nach DIN 1151 und Maschinenstiften nach DIN 1143, T.1. Außerdem dürfen Sondernägel (Nägel mit profilierter Schaftausbildung) verwendet werden. Nägel werden i. a. rechtwinklig zur Nagelachse auf Abscheren beansprucht.

Je nach Anzahl vorhandener Scherflächen unterscheidet man ein- oder mehrschnittige Verbindungen. Bei einem tragenden Anschluß sollten mindestens 4 Scherflächen vorhanden sein.

Bei Nagelverbindungen von Laubhölzern der Gruppen A, B und C müssen die Nagellöcher mit etwa $0{,}9\,d_n$ vorgebohrt werden. Bei Nagelverbindungen mit Rundhölzern sind im Anschlußbereich entsprechende Berührungsflächen vorzusehen.

In Schaftrichtung (Herausziehen) dürfen runde Draht- und Maschinenstifte sowie Sondernägel der Tragfähigkeitsklasse I nur kurzfristig (z. B. Wind) bei einer Einschlagtiefe von $12\,d_n$ beansprucht werden. Ansonsten sind Sondernägel der Klassen II und III mit einer Einschlagtiefe von $\geq 8\,d_n$ zu verwenden. Genormte Nägel: s. Abb. 13.3.4/11.

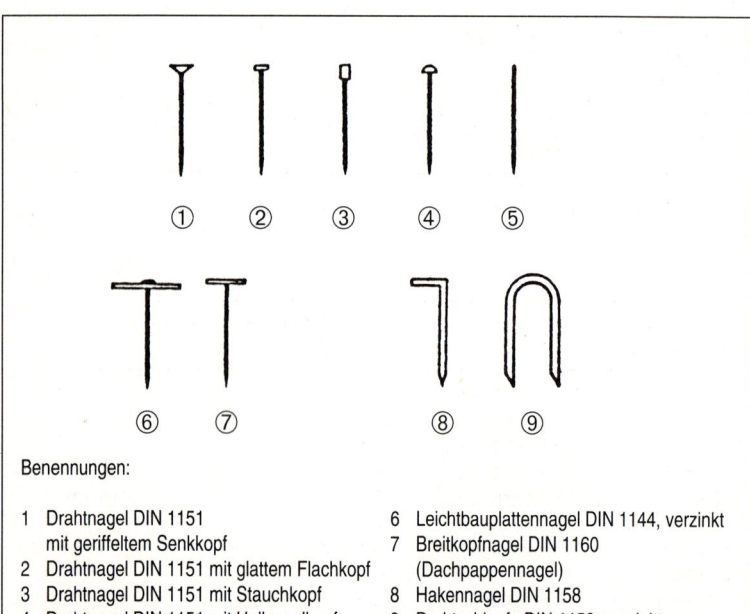

Benennungen:

1 Drahtnagel DIN 1151
   mit geriffeltem Senkkopf
2 Drahtnagel DIN 1151 mit glattem Flachkopf
3 Drahtnagel DIN 1151 mit Stauchkopf
4 Drahtnagel DIN 1151 mit Halbrundkopf
5 Drahtstift ohne Kopf DIN 1156

6 Leichtbauplattennagel DIN 1144, verzinkt
7 Breitkopfnagel DIN 1160
   (Dachpappennagel)
8 Hakennagel DIN 1158
9 Drahtschlaufe DIN 1159, verzinkt

Abb. 13.3.4/11. genormte Nägel

Maße (Stärke in 1/10 mm x Länge in mm)

(1)	(2)	(3)	(4)	(5)	(6)	(7)	(8)	(9)
18 x 35	7 x 7	7 x 7	7 x 7	7 x 15	31 x 50	20 x 17	20 x 20	16 x 16
20 x 40	7 x 9	7 x 9	8 x 11	8 x 17	31 x 60	20 x 20	20 x 25	20 x 20
20 x 45	8 x 11	8 x 11	9 x 13	12 x 20	34 x 70	22 x 25	20 x 30	25 x 25
22 x 45	9 x 13	9 x 13	10 x 15	18 x 17	38 x 80	22 x 30	22 x 35	31 x 31
22 x 50	10 x 15	10 x 15	12 x 20	25 x 25	38 x 90	22 x 35	22 x 35	34 x 34
25 x 55	11 x 17	11 x 17	14 x 13	31 x 30	42 x 100	25 x 25	31 x 65	38 x 38
25 x 60	12 x 20	12 x 60	16 x 15	34 x 30		28 x 25		46 x 46
28 x 65	14 x 25	14 x 25	20 x 20	38 x 30		28 x 30		
31 x 65	16 x 25	16 x 30	25 x 25	42 x 35		28 x 35		
31 x 70	16 x 30	18 x 35		42 x 60		28 x 40		
31 x 80		20 x 40		42 x 70		31 x 45		
34 x 90		22 x 45				31 x 65		
38 x 100		22 x 50				31 x 80		
42 x 110		25 x 55						
46 x 130		25 x 60						
55 x 140		28 x 65						
55 x 160		31 x 70						
60 x 180		31 x 80						
70 x 210		34 x 90						
75 x 230		38 x 100						
80 x 260								
90 x 310								

Spalte 1 benennt den Nageltyp

Abb. 13.3.4/12. Handelsgrößen von Nägeln

Drahtnägel mit Senkkopf nach DIN 1151	Verwendbarkeit für Holzdicken in mm	
	von – bis	bevorzugt für
28 x 65	20 – 22	–
31 x 70	20 – 24	22
34 x 90	20 – 28	22, 24
38 x 100	24 – 35	26, 28
42 x 110	26 – 40	30, 35
46 x 130	30 – 50	40
55 x 140	40 – 60	40, 50, 55
60 x 180	55 – 70	60
70 x 210	60 – 80	70
75 x 230	70 – 80	80
80 x 260	80	–

Abb. 13.3.4/13. Nagelgrößen und Holzdicken nach DIN 1052

| | | Nagelabstände parallel der Kraftrichtung mindestens | |
		nicht [1] vorgebohrt	vorgebohrt
untereinander	‖ der Faserrichtung	$10\,d_n$ $12\,d_n$ [2]	$5\,d_n$
	⊥ zur Faserrichtung	$5\,d_n$	$5\,d_n$
vom beanspruchten Rand	‖ der Faserrichtung	$15\,d_n$	$10\,d_n$
	⊥ zur Faserrichtung	$7\,d_n$ $10\,d_n$ [2]	$5\,d_n$ $5\,d_n$
vom unbeanspruchten Rand	‖ der Faserrichtung	$7\,d_n$ $10\,d_n$ [2]	$5\,d_n$
	⊥ zur Faserrichtung	$5\,d_n$	$3\,d_n$

[1] Bei Douglasie ist bei $d_n \geq 3{,}1$ mm stets Vorbohrung erforderlich
[2] Bei $d_n > 4{,}2$ mm

Abb. 13.3.4/14.   Nagelabstände – Auszug nach DIN 1052, T. 2

Handelsgrößen: s. Abb. 13.3.4/12.
Bei Kennzeichnung von Nagelart und -größe sind anzugeben:
Benennung, DIN-Nummer, Dicke × Länge [mm];
Beispiel: Drahtnagel/Senkkopf, DIN 1151, 28 × 65.
Nagelgrößen und Holzdicken: s. Abb. 13.3.4/13; die Holzdicke von 24 mm darf nur unterschritten werden, wenn die Bretter keine tragende Funktion haben.
Nagelabstände: s. Abb. 13.3.4/14.
Nagelverbindungen: s. Abb. 13.3.4/15 a und b.

13.3.4.3.2 Nagelverbindungen mit Stahlblechen und Stahlblechformteilen

Stahlbleche sind ebene feuerverzinkte Bleche von mindestens 2 mm Dicke. Stahlblechformteile sind räumlich geformte vorgebohrte Bleche gleichen Typs, die i. a. durch Sondernägel (Klasse II und III) einschnittig an das Holz angeschlossen werden. Verwendet werden i. a. Ankernägel mit gerilltem Schaft. Unterhalb des Halbrund-Nagelkopfes hat dieser eine konisch zulaufende Verdickung, so daß beim Einschlagen des Nagels das Loch im Verbinder kraftschlüssig geschlossen wird (Fabrikate: z. B. Bi-Kamm, BMF, HVV; s. Abb. 13.3.4/16 a und b sowie 17).

13.3.4.3.3 Klammerverbindungen

Klammerverbindungen können als eine Sonderform der Nagelung angesehen werden. Verwendet werden Klammern aus Stahldraht, die mit geeigneten

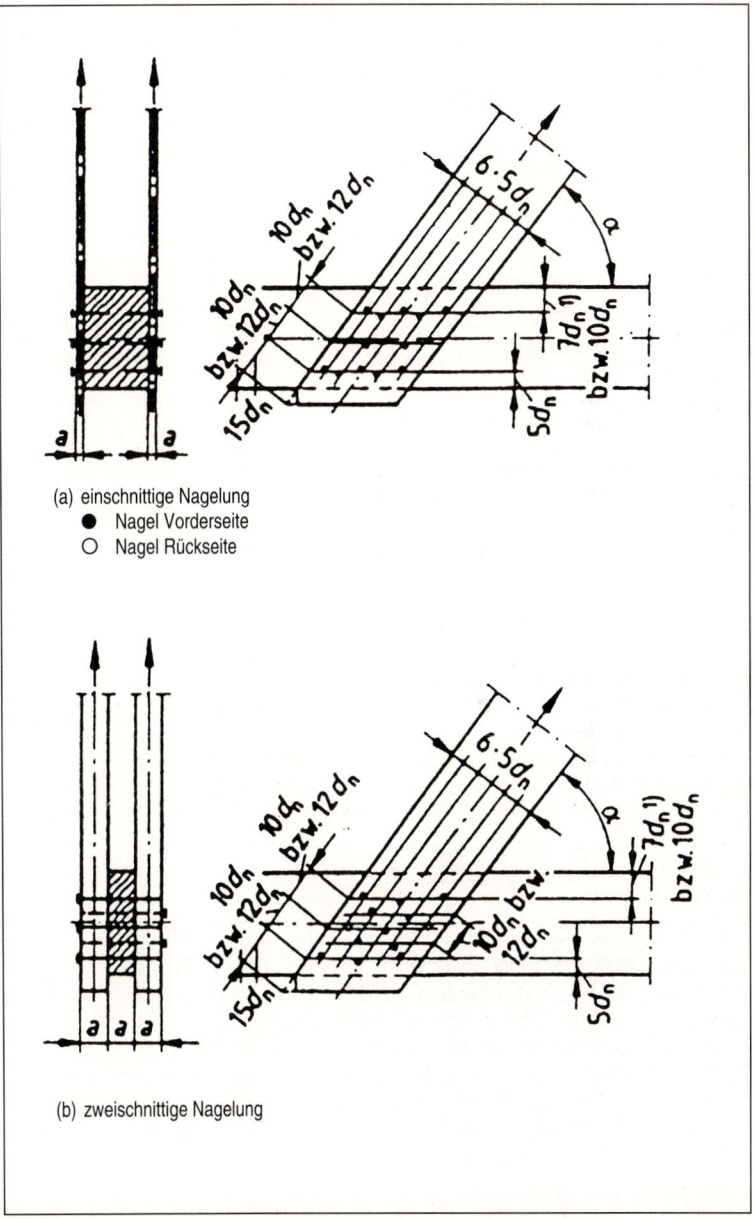

(a) einschnittige Nagelung
● Nagel Vorderseite
○ Nagel Rückseite

(b) zweischnittige Nagelung

Abb. 13.3.4/15a. Nagelverbindungen – Mindestabstände nichtvorgebohrter Nagelungen

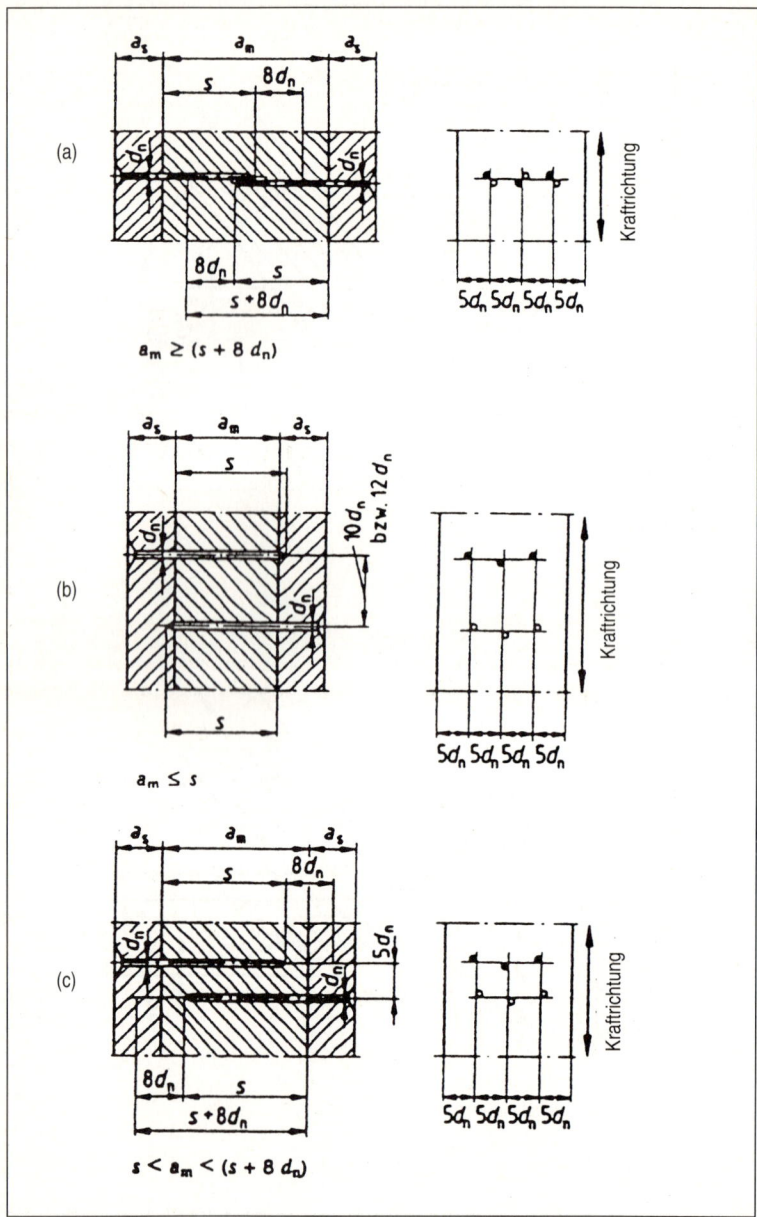

Abb. 13.3.4/15b. Nagelverbindungen – Abstände bei übergreifenden Nägeln

Art	Abmessung [mm] b x c x d	Loch-anzahl	Loch ø [mm]
Lochplatten ①	40 x 100 x 2,0	10	4,5
	40 x 120 x 2,0	10	4,5
	40 x 160 x 2,0	14	4,5
	40 x 200 x 2,0	22	4,5
	40 x 250 x 2,0	25	4,5
	40 x 350 x 2,0	35	4,5
	40 x 500 x 2,0	50	4,5
	60 x 140 x 2,0	18	4,5
	60 x 200 x 2,0	32	4,5
	80 x 200 x 2,0	36	4,5
	80 x 240 x 2,0	44	4,5
	80 x 300 x 2,0	56	4,5
	100 x 200 x 2,0	44	4,5
	100 x 240 x 2,0	54	4,5
	100 x 300 x 2,0	70	4,5
Flachverbinder ②	180 x 40 x 3,0	16	4,5
	180 x 65 x 2,5	20/8	4,5/6,5
	210 x 90 x 3,0	16	7,0
Balkenschuhe – einteilig – ③	40 x 100 x 2,0	24	3,5
	60 x 100 x 2,0	24	3,5
	80 x 120 x 2,0	30	3,5
	100 x 140 x 2,0	36	3,5
	120 x 160 x 2,0	40	3,5
– zweiteilig – ④	23 x 98 x 2,0	18	3,5
	30 x 148 x 2,0	30	3,5
	36 x 198 x 2,0	40	3,5

Abb. 13.3.4/16a. Nagelverbindungen mit Stahlblechen

Art	Abmessung [mm] a x b x c x d	Loch- anzahl	Loch ø [mm]
Lochplattenwinkel ⑤	100 x 100 x 40 x 2,0 125 x 125 x 40 x 2,0	20 25	4,5 4,5
	40 x 40 x 60 x 2,0	10	4,5
	60 x 60 x 60 x 2,0 60 x 60 x 80 x 2,0 60 x 60 x 100 x 2,0	16 20 24	4,5 4,5 4,5
	80 x 80 x 60 x 2,0 80 x 80 x 80 x 2,0 80 x 80 x 100 x 2,0	20 28 36	4,5 4,5 4,5
	100 x 100 x 60 x 2,0 100 x 100 x 80 x 2,0 100 x 100 x 100 x 2,0	26 34 34	4,5 4,5 4,5
Winkelverbinder ⑥	70 x 70 x 55 x 3,0 90 x 90 x 65 x 2,5 105 x 105 x 90 x 3,0	20 20/8 16	4,5 4,5/6,5 7,0
Nagel- und Stirnverbinder (r/l) ⑦	37 x 75 x 200 x 2,5 38 x 55 x 100 x 3,0 60 x 85 x 140 x 3,0	30 18 16	4,5 4,5 4,5
Universalverbinder (r/l) ⑧	153 x 66 x 140 x 3,0 110 x 38 x 100 x 3,0 83 x 66 x 140 x 3,0 50 x 38 x 100 x 3,0	16 18 16 18	4,5 4,5 4,5 4,5
Gerberverbinder ⑨	89 x 25 x 100 x 2,0 110 x 25 x 140 x 2,0 125 x 25 x 180 x 2,5	25 40 60	4,5 4,5 4,5

Abb. 13.3.4/16b. Nagelverbindungen mit Stahlblechen

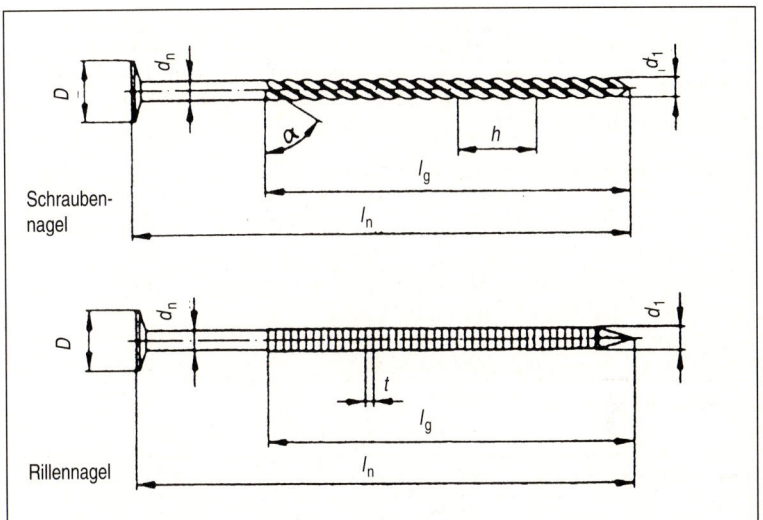

Abb. 13.3.4/17. Ankernägel für Nagelverbindungen

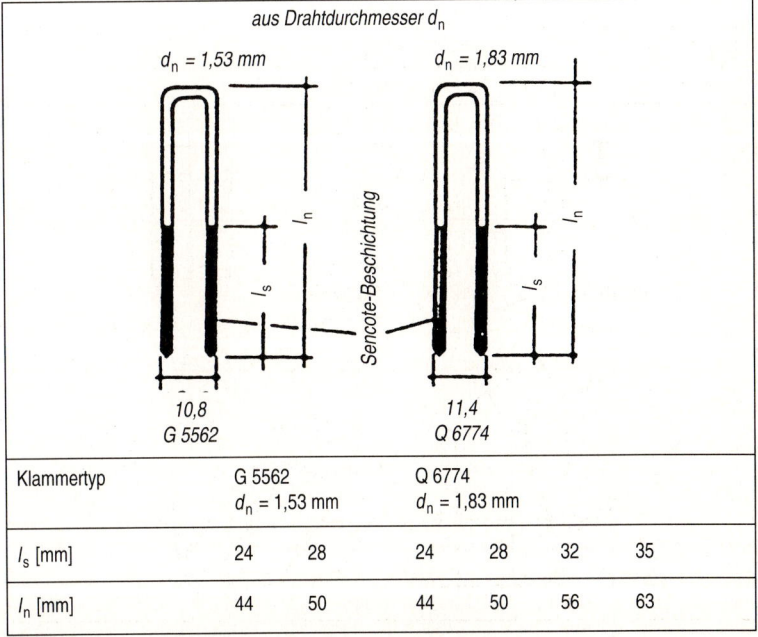

Klammertyp	G 5562 $d_n = 1,53$ mm		Q 6774 $d_n = 1,83$ mm			
l_s [mm]	24	28	24	28	32	35
l_n [mm]	44	50	44	50	56	63

Abb. 13.3.4/18. Klammerabmessungen für Klammerverbindungen

Geräten eingetrieben werden und die auf einer Länge von mindestens $0,5\,l_n$ mit einer geeigneten Beharzung versehen sind. Es dürfen nur Klammern verwendet werden, die bauaufsichtlich zugelassen sind (s. Abb. 13.3.4/18). Klammern werden i. w. verwendet bei der Verarbeitung von Flachpreßplatten, Bau-Furniersperrholz und Hartfaserplatten.

13.3.4.4 Holzschrauben-Verbindungen

Sie gelten für Holzschrauben nach DIN 96, DIN 97 (Handelsgrößen s. Abb. 13.3.4/19) und DIN 571 mit ≥ 4 mm Nenndurchmesser. Sie können sowohl auf Abscheren als auf Herausziehen beansprucht werden. Sie werden i. a. nur einschnittig eingebaut (s. Abb. 13.3.4/20). Bei tragenden Bauteilen sollten mindestens 2 Scherflächen vorhanden sein.

Länge in mm	Durchmesser in mm DIN 97									DIN 571					
	1,7	2	2,6	3	4	5	6	8	10	6	8	10	12	16	20
7	+	+	+	+											
10	+	+	+	+	+										
13	+	+	+	+	+	+									
15	+	+	+	+	+	+									
17	+	+	+	+	+	+									
20	+	+	+	+	+	+	+			+					
25		+	+	+	+	+				+	+				
30			+	+	+	+	+			+	+	+			
35			+	+	+	+	+			+	+	+			
40			+	+	+	+	+	+		+	+	+	+		
45				+	+	+	+	+	+	+	+	+	+		
50				+	+	+	+	+	+	+	+	+	+		
55				+	+	+	+	+	+	+	+	+			
60				+	+	+	+	+	+	+	+	+	+	+	
70					+	+	+	+	+		+	+	+	+	
80					+	+	+	+			+	+	+	+	+
90					+	+	+	+			+	+	+	+	+
100					+	+	+	+			+	+	+	+	+
110						+	+	+				+	+	+	+
120						+	+	+				+	+	+	+

Abb. 13.3.4/19. Handelsgrößen für Holzschrauben nach DIN 97/571 – 1. Teil

Länge in mm	Durchmesser in mm DIN 97									DIN 571					
	1,7	2	2,6	3	4	5	6	8	10	6	8	10	12	16	20
130							+	+	+			+	+	+	+
140								+	+			+	+	+	+
150								+	+				+	+	+
160													+	+	+
170													+	+	+
180													+	+	+
190													+	+	+
200													+	+	+

Zur Kennzeichnung von Schraubenart und -größe sind anzugeben:
DIN-Nummer, Durchmesser und Länge in mm. Beispiel: DIN 97 - 3,0/13.

Abb. 13.3.4/19. Handelsgrößen für Holzschrauben nach DIN 97/571 – 2. Teil

(a) Schraubenabstände wie Abstände bei vorgebohrten Nägeln.

Schaft-ø d_s erford. Anzahl	< 10 mm ≥ 4	≥ 10 mm ≥ 2
Bohrloch-ø	glatterschaft d_s	Gewindeteil $0,7 \cdot d_s$

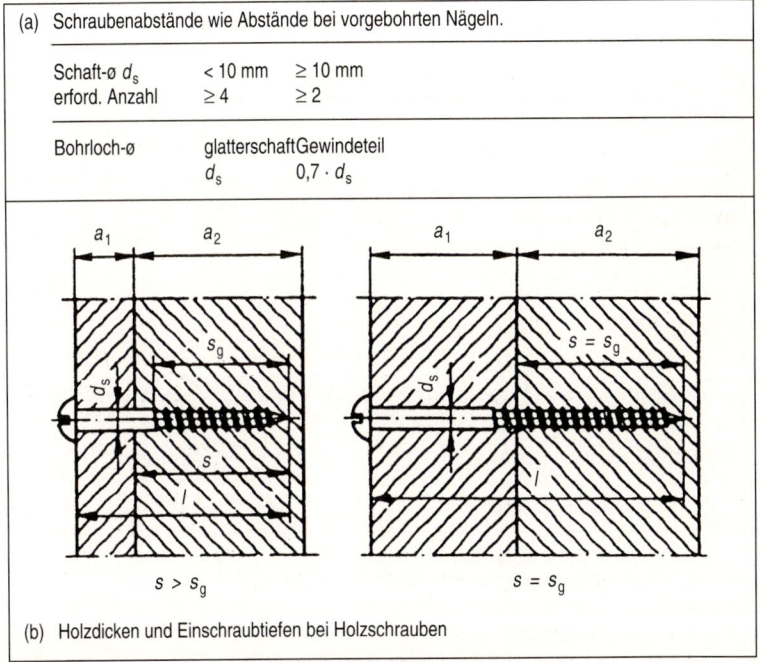

(b) Holzdicken und Einschraubtiefen bei Holzschrauben

Abb. 13.3.4/20. Schraubenabstände, Holzdicken und Einschraubtiefen

Als weiteres Schraubenmaterial stehen Bolzen- (Sechskant-, Vierkant-) und Steinschrauben zur Verfügung (s. Abb. 13.3.4/21). Bei der Benennung sind DIN, Durchmesser × Länge [mm] anzugeben.
Beispiel: Sechskantschrauben DIN 418, M 12 × 60.
Bolzenschrauben sollten nur mit Unterlegscheiben in Holz eingezogen werden, da sonst mit Holzbeschädigungen und nachträglichen Lockerungen bei Belastungen zu rechnen ist.

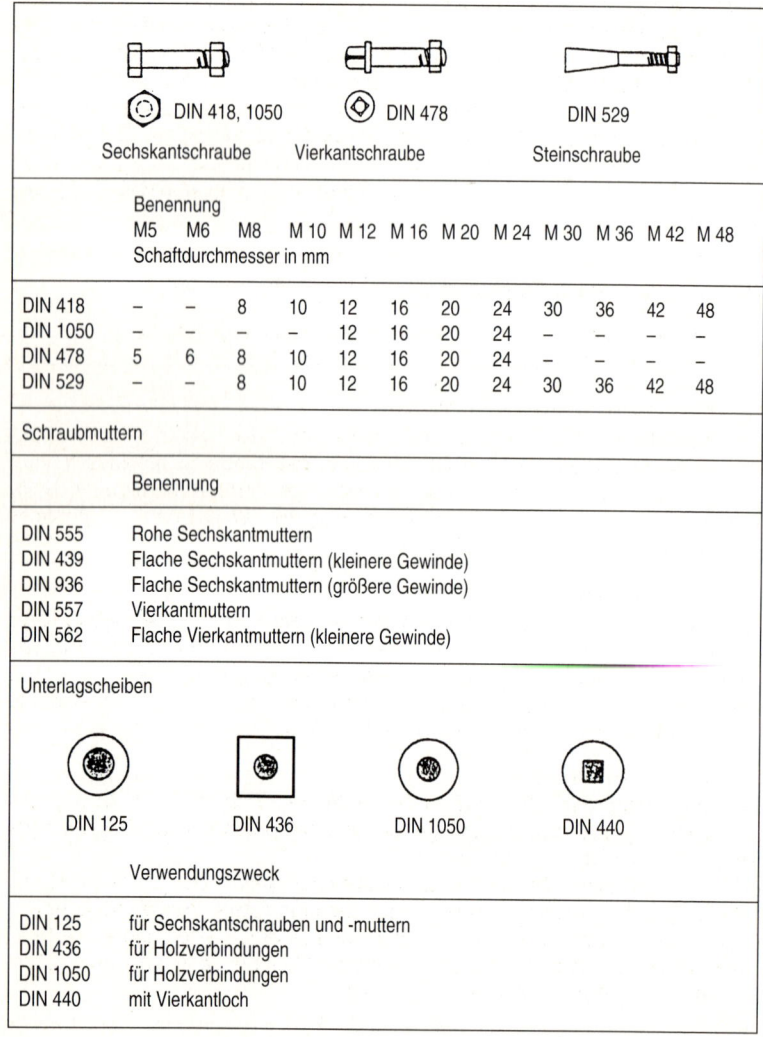

	Benennung											
	M5	M6	M8	M 10	M 12	M 16	M 20	M 24	M 30	M 36	M 42	M 48
	Schaftdurchmesser in mm											
DIN 418	–	–	8	10	12	16	20	24	30	36	42	48
DIN 1050	–	–	–	–	12	16	20	24	–	–	–	–
DIN 478	5	6	8	10	12	16	20	24	–	–	–	–
DIN 529	–	–	8	10	12	16	20	24	30	36	42	48

Schraubmuttern

Benennung

DIN 555	Rohe Sechskantmuttern
DIN 439	Flache Sechskantmuttern (kleinere Gewinde)
DIN 936	Flache Sechskantmuttern (größere Gewinde)
DIN 557	Vierkantmuttern
DIN 562	Flache Vierkantmuttern (kleinere Gewinde)

Unterlagscheiben

DIN 125   DIN 436   DIN 1050   DIN 440

Verwendungszweck

DIN 125	für Sechskantschrauben und -muttern
DIN 436	für Holzverbindungen
DIN 1050	für Holzverbindungen
DIN 440	mit Vierkantloch

Abb. 13.3.4/21. Bolzen- und Steinschrauben nach DIN

13.4 Holzschutz

13.4.1 Holzzerstörung durch Pilze und Insekten

Da Pilze für ihre Entwicklung Feuchtigkeit und Sauerstoff benötigen, ist mit einem Befall holzzerstörender Pilze zu rechnen, wenn die Holzfeuchte 20 % langfristig übersteigt.

Am meisten gefährdet sind Hölzer mit mittleren Holzfeuchten. Holz, das ständig im Wasser lagert, ist infolge Luftmangels vor Pilzbefall geschützt.

Die wichtigsten tierischen Holzschädlinge sind Insekten. Im Gegensatz zu den Pilzen gibt es auch Arten, die vorwiegend lufttrockenes Holz befallen. Man unterscheidet Frischholzschädlinge wie Borkenkäfer, Holzwespen etc. und Bauholzschädlinge wie Hausbock-, Klopf- und Splintholzkäfer. Die holzzerstörenden Insekten befallen Hölzer in allen Feuchtigkeitsstufen, auch bei hoher Holzfeuchte. Die chemischen Holzschutzmittel tragen dieser Gegebenheit Rechnung.

13.4.2 Schutzmaßnahmen

Um Holzbauwerke des Landschaftsbaus vor Schädlingen zu schützen, sind konstruktive und chemische Maßnahmen erforderlich.

13.4.2.1 Konstruktive Maßnahmen

Eine gute Konstruktion verlangt die richtige Wahl der Holzart sowie technische Lösungen, die eine schnelle Abführung des Niederschlagwassers und zügige Abtrocknung der Holzoberflächen gewährleistet (Bodenfreiheit, Abdeckung von Hirnholzflächen, Vermeidung von Wassersäcken, Verwendung korrosionsfreier Verbindungsmittel).

13.4.2.2 Chemische Maßnahmen

Bei Hölzern, die im Landschaftsbau verwendet werden, ist neben dem mechanischen auch ein chemischer Holzschutz erforderlich. Da sie i.a. der Witterung ausgesetzt sind, besteht eine Gefährdung durch Insekten, Pilze, Auswaschung und bei dauerndem Erdkontakt auch durch Moderfäule (Gefährdungsklassen 3 und 4 der DIN 68800 T3).

13.4.2.2.1 Holzschutzmittel

Holzschutzmittel enthalten biozide Wirkstoffe zum Schutz des Holzes gegen tierische und pflanzliche Schädlinge. Sie sind entsprechend der Gefährdungsklassen (DIN 68800, T.3) anzuwenden.

Es dürfen nur Holzschutzmittel mit Prüfzeichen verwendet werden, die mit Prüfprädikat das Institut für Bautechnik, Berlin in einem Prüfbescheid erteilt. Dieser beinhaltet den Nachweis der Wirksamkeit durch eine anerkannte Prüfstelle sowie der gesundheitlichen Unbedenklichkeit bei bestimmungsgemäßer Anwendung (s. Abb. 13.4.2/1).

Kurz-zeichen	geprüfte Eigenschaft
P	wirksam gegen Pilze (Fäulnisschutz)
Iv	vorbeugend wirksam gegen Insekten
(Iv)	vorbeugende Wirkung gegen Insekten ist nur bei Tiefschutz gewährleistet
Ib	wirksam gegen Insekten zur Bekämpfung
F	wirksam zum Schwerentflammbarmachen (Feuerschtz)
S	auch zum Streichen, Spritzen, (Sprühen) und Tauchen von Bauhölzern geeignet
(S)	zugelassen zum Tauchen und Spritzen, nicht jedoch zum Streichen, von Bauhölzern in stationären Anlägen
W	geeignet auch für Holz, das der Witterung ausgesetzt ist
M	geeignet zur Bekämpfung von Schwamm im Mauerwerk

Abb. 13.4.2/1. Holzschutzmittel – Prüfprädikate

13.4.2.2.2 Imprägnierverfahren

Alle Imprägnierungen müssen nach dem Holzzuschnitt erfolgen, oder es müssen die Schnittflächen nachbehandelt werden.

Nach DIN 52 175 sind zu unterscheiden:

(1) Randschutz: < 1 cm Eindringtiefe, Streichen oder Spritzen;

(2) Tiefschutz: > 1 cm Eindringtiefe, Trogtränkung oder Kesseldruckverfahren.

Für den Landschaftsbau haben folgende Verfahren eine besondere Bedeutung:

(1) Streichen oder Sprühen:
Ölige Mittel: 1 bis 2 Arbeitsgänge bei sägerauher, 2 bei gehobelter Oberfläche; Verbrauch: 200 bis 250 g/m^2 je Arbeitsgang;
Salzlösungen: 2 bis 4 Arbeitsgänge je nach Aufnahmevermögen; bei sägerauhem Holz 170 bis 200 g/m^2 je Arbeitsgang; Sprühverluste bis zu 30 %.

(2) Kurztauchen: Bis zu 5 Minuten entspricht etwa 2 Anstrichen mit öligen Mitteln; Aufnahmemenge etwa wie unter 1).

(3) Tauchen: Über 30 Minuten bis zu mehreren Stunden;

(4) Trogtränkung: Mehrere Stunden oder Tage, vollgetaucht in offenen Trögen.

(5) Einstelltränkung: Wie unter 4), jedoch stehen die Hölzer nur mit den zu imprägnierenden Teilstücken in der Flüssigkeit.

(6) Kesseldruckverfahren: Sehr guter Tiefenschutz durch Einpressen bei unterschiedlichen Druckstufen; Salzlösungen und Teeröle.

| Mittelgruppen und Kurzbezeichnungen | Anwendungsbereiche | | Pilze | Wirksamkeit gegen Insekten | | Aus-lieferungs-art | Gift-abteilung |
	Witterung + Erdfeuchtigkeit	Streichen + Sprühen		vorbeug.	bekämpf.		
Wasserlösliche Mittel:	Randschutzmittel für trockene und halbtrockene Hölzer, Farbstoffzusätze weisen nicht auf Auswitterung der Mittel hin.						
U - „unauslaugbar"	bei geringer und mittl. Gefährdung	nein	ja	ja	nein	fest	II
UL - „unauslaugbar"	bei hoher Aus-laugung nicht ohne Tiefschutz	ja	ja	ja	nein		II
UA - „unauslaugbar + arsenhaltig"	schwer auslaugbar	nein	ja	ja	nein		I
B - Borverbindungen	ungeeignet	ja	ja	ja	nein		I
BF - Bifluoride	ungeeignet	ja	ja	ja	ja		II
SF - Silicofluoride	ungeeignet	ja	ja	ja	nein		II
Ölige Mittel:	vorwiegend für trockene, witterungsausgesetzte Hölzer, starke Geruchsbildung, z. T. pflanzenschädlich, bei Wasserbau Tiefenschutz notwendig.						
Carbolineen	gut geeignet	ja	ja	ja	nein	flüssig	z. T. III
Teerölpräparate	gut geeignet	ja	ja	ja	nein		z. T. III
Chlornaphtalinpräp.	gut geeignet	ja	ja	ja	nein		ungiftig
Öl - Salzgemische	gut geeignet Nachschutzpasten	ja	ja	ja	nein		II

Abb. 13.4.2/2. Anwendungsbereiche für Holzschutzmittel

(7) Nachimprägnierungen: Anbringen von Bandagen mit Paste oder Impfung mit Nachpflegemitteln. Salzhaltige Mittel haben einen auswaschbaren Farbzusatz, der beim Verschwinden auf der Holzoberfläche den Zeitpunkt für eine Nachimprägnierung bedingt anzeigt.
Anwendungsbereiche: s. Abb. 13.4.2/2.
Die im Landschaftsbau weniger gebräuchlichen Mittel gegen holzzerstö-rende Insekten sind nicht aufgeführt. Mittel gegen Holzfäulnis und Insek-tenschäden an Bauhölzern (Streich- und Sprühmittel) zeigt auszugsweise Abb. 13.4.2/3.

13.4.2.2.3 Umgang mit giftigen Holzschutzmitteln
Handelsbestimmungen:
(1) Holzschutzmittel: Bestimmungen der Reichsgewerbeordnung über den Handel mit Giftstoffen.

Mittel	Hersteller	Wirkung	Anwendbarkeit
Wasserlösliche Mittel			
Basilit U spezial	Bayer-Werke, Leverkusen	gegen	für witterungs-
Corbal U 15+)	Avenarius + Co,	Pilzfäulnis,	ausgesetzte Hölzer
	Gau-Algesheim/Rhein	vorbeugend	zum Streichen,
Flurasil ULL	Desowag, Düsseldorf	gegen	Sprühen oder
	Weyl AG, Mannheim-Waldhof	Insektenschä	Tauchen.
Impralit U extra	Osmose-Bautenschutz, Berlin	den	Tiefschutz
Oswmol ULL	Wolman GmbH, Sinzheim		empfehlenswert
Wolmanit U hochlöslich			
Ölige Mittel			
Carbolineen + Teerölpräparate:			
Carbolineum Rütgers	Weyl AG, Mannheim-Waldhof		
Avenarol V	Avenarius + Co,		
	Gau-Algesheim/Rhein		
Bauholz-Basileum	Bayer-Werke, Leverkusen		
Bayer Holzschutzöl	Bayer-Werke, Leverkusen		
Impra D dunkelbraun	Weyl AG, Mannheim-Waldhof		
Impra D hellbraun	Weyl AG, Mannheim-Waldhof		
Impra N	Weyl AG, Mannheim-Waldhof		
Original Avenarius	Avenarius + Co,		
	Gau-Algesheim/Rhein		
Chlornaphtalinpräparate:			
Xylamon-Echtbraun+)	Desowag, Düsseldorf		
Xylamon-Hell+)	Desowag, Düsseldorf		
Xylamon-Naturbraun+)	Desowag, Düsseldorf		
Öl-Salzgemische:			
Basilit-Paste	Bayer-Werke, Leverkusen		Nachschutz von
Xylamon-Paste	Desowag, Düsseldorf		Pfählen
+) pflanzenunschädlich			

Abb. 13.4.2/3. Streich- und Sprühmittel gegen Holzfäulnis und Insektenschäden an Bauhölzern

(2) Pflanzenschutzmittel: Polizeiverordnung über den Verkehr mit giftigen Pflanzenschutzmitteln v. 13. 2. 1940. In den meisten Bundesländern über-nommen; Abweichungen bestehen im Hinblick auf das Lebensalter von Personen, an die Pflanzenschutzmittel abgegeben werden dürfen.
Die Vorschriften beziehen sich auf Verpackung, Beschriftung, Aufbewahrung und Abgabe an Verbraucher. Sie gelten auch für importierte Ware.
Die einzelnen Mittel werden in Giftabteilungen eingeteilt. Alle dürfen nur in Crifträumen unter Verschluß gehalten werden (s. Abb. 13.4.2/4). Beim Umgang

Giftabteilung	Giftstufe	Kennzeichnung auf der Verpackung
I	giftigste Stoffe	Aufdruck „Gift" und Totenkopf weiß auf schwarzem Grund
II	mittlere Stufe	Aufdruck „Gift" und Totenkopf rot auf weißem Grund
III	Weniger giftig	Aufdruck „Vorsicht" rot auf weißem Grund

Abb. 13.4.2/4. Holzschutzmittel – Giftstufen

mit Mitteln aller Abteilungen sollte größte Vorsicht gewahrt werden. Niemals aus Originalverpackungen in andere Behälter umfüllen!
Giftige Mittel müssen außerdem mit Warnstoffen versetzt sein, die Pflanzenschutzmittel und Verdünnungswasser verfärben. Sie lassen sofort auf die Giftart schließen:
grün: Arsen,
rot oder blau: Quecksilber, Phosphorwasserstoff entwickelnde Verbindungen;
blau oder violett: Fluor.
Sicherheitshinweise:
– angesetzte Lösungen nicht unbeaufsichtigt lassen;
– entleerte Verpackungen vernichten;
– Geräte nicht in offenen Gewässern reinigen;
– mit der Durchführung der Arbeit nur zuverlässige Personen beauftragen;
– beim Umgang mit Spritzmitteln Schutzkleidung, Gummistiefel, Handschuhe und Kopfbedeckung tragen, ggf. auch Augen- und Atemschutz; Kleidung später reinigen;
– bei Verwendung von öligen Mitteln empfehlenswert, Gesicht und Hände mit fettfreier Hautschutzsalbe einzucremen;
– wasserlösliche Mittel sind Magengifte;
– bei der Arbeit mit giftigen Holzschutzmitteln nicht essen, trinken, rauchen, keine alkoholischen Getränke zu sich nehmen.

13.4.2.3 Farbige Imprägnierungen / lasierende Anstriche

Man unterscheidet färbende und deckende Anstriche. Beiden Arten muß bei Nadelhölzern, insbesondere bei Kiefernholz, eine Bläuepilzkonservierung vorausgehen, um ein späteres Verfärben oder Lösen deckender Anstriche zu verhindern.
Der Bläuepilzbefall tritt nach dem Fällen bei Holzfeuchten über 22 % auf und führt zur Blau- bis Blauschwarzfärbung der Holzoberfläche. Nach dem Befall ist eine Bläueschutz-Konservierung nicht mehr wirksam. Deshalb muß der Holzeinschnitt mit nachfolgender Konservierung spätestens mit Beginn der wärmeren Jahreszeit erfolgen. Bläueschutzmittel dringen nur in die Randzone ein. Da ein Befall im Anfangsstadium kaum erkennbar ist, sollte immer vor anderen Anstrichen ein bläueschützendes Grundiermittel aufgetragen werden.
Lasierende Anstriche mit Farbzusätzen lassen das Holz »atmen«. Ein Nachan-

strich ist ohne Entfernen der Altfarbe möglich. Die Mittel sind i. a. bläuewidrig. Es sollte aber trotzdem eine Grundierung vorgestrichen werden. Bei lasierenden Anstrichen bleibt die Holzstruktur sichtbar.
Deckende Farbanstriche bestehen aus Kunstharzen oder Ölen. Erforderlich sind eine Grundierung und wenigstens 2 Deckanstriche. Es werden benötigt:
beim 1. Anstrich: 1 kg Farbe / 8–12 m^2
beim 2. Anstrich: 1 kg Farbe / 12–15 m^2.
Ölanstriche schaffen einen festen Farbfilm auf dem Holz und unterbinden die »Atmung«. Günstiger sind daher i. a. offene Deckfarben.

13.5   Pergolen

Pergolen sind räumliche Tragwerke (s. Abb. 13.5/1 a [b] [c] und [d]), die in den einzelnen Ebenen unterschiedlich gehalten sind. Die Aussteifung geschieht i. a. durch eingespannte Stützen (s. Abb. 13.5/1 a [b]). Ist dies aus technischen Gründen nicht möglich (z. B. Dachterrassen), so sind die Elemente durch Rahmenecken oder Kopfbänder zu sichern (s. Abb. 13/5.1 b [c] und [d]).
Lehnt sich eine Pergola an einen Baukörper an, so sollten horizontale Baukörperlinien, z. B. Fenster- oder Türsturze, Dachtraufen usw. aufgenommen werden.
Richtwerte: Stützenabstand etwa 3,00 m, lichte Höhe mindestens 2,30 m.

13.5.1   Konstruktionselemente

13.5.1.1   Stützen
Pfostenmaterial: Rund- oder Kantholz, Stahl, Schleuderbeton;
Pfeiler: aus Naturstein, evtl. Monolithe, Ziegel, Klinker, Beton.

13.5.1.2   Pfetten
Material: Rund- oder Kantholz, Stahl.

13.5.1.3   Auflagehölzer/Lamellen
Rund- und Kanthölzer, Bohlen.

13.5.2   Konstruktionsformen

13.5.2.1   Auflagepergola
Aufbau mit Pfetten und Auflagehölzern in unterschiedlichen Ebenen. Die Auflagehölzer (Oberhölzer) werden i. a. auf den Pfetten aufgekämmt (Überstand: ca. 30 bis 60 cm).
Wesentlich ist die Vermeidung von Holzverbindungen, die zu Wasseransammlungen und damit zu vorzeitigem Holzzerfall führen. Dies ist vor allem bei Ecklösungen der Fall.

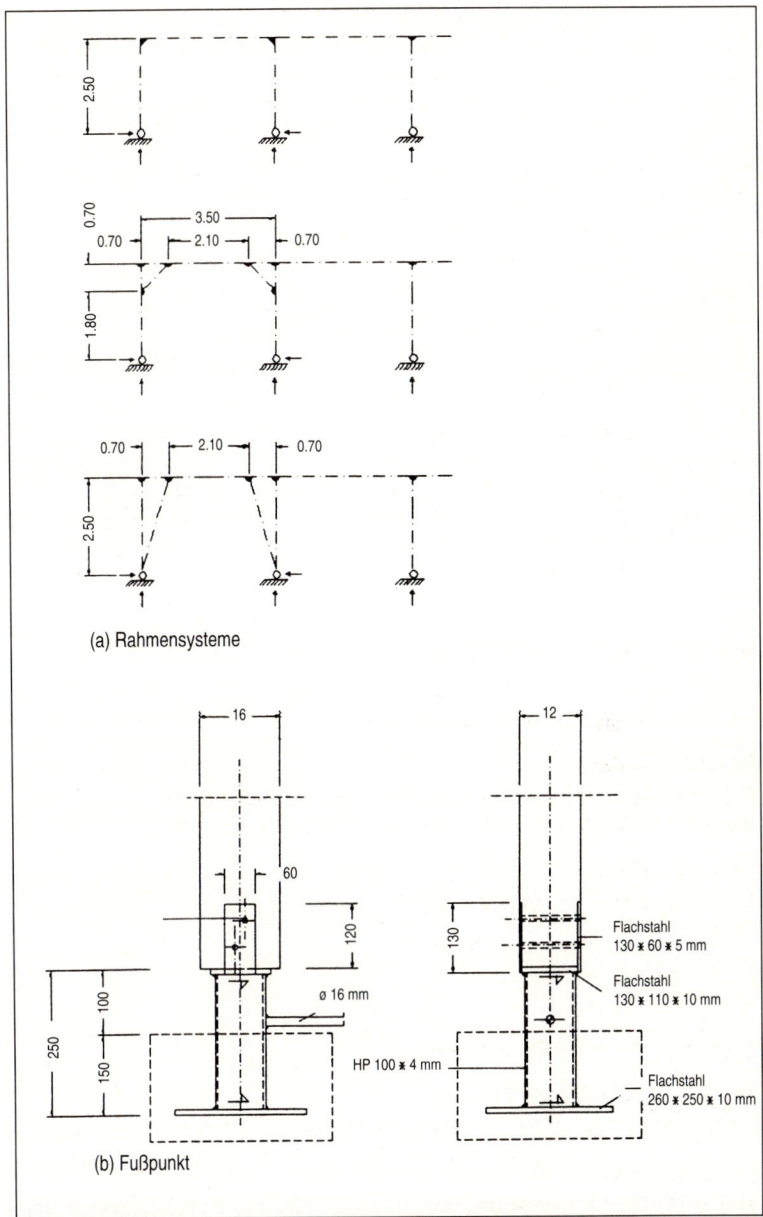

(a) Rahmensysteme

(b) Fußpunkt

Abb. 13.5/1a.   Pergolen – Rahmensysteme und Fußpunktausbildung

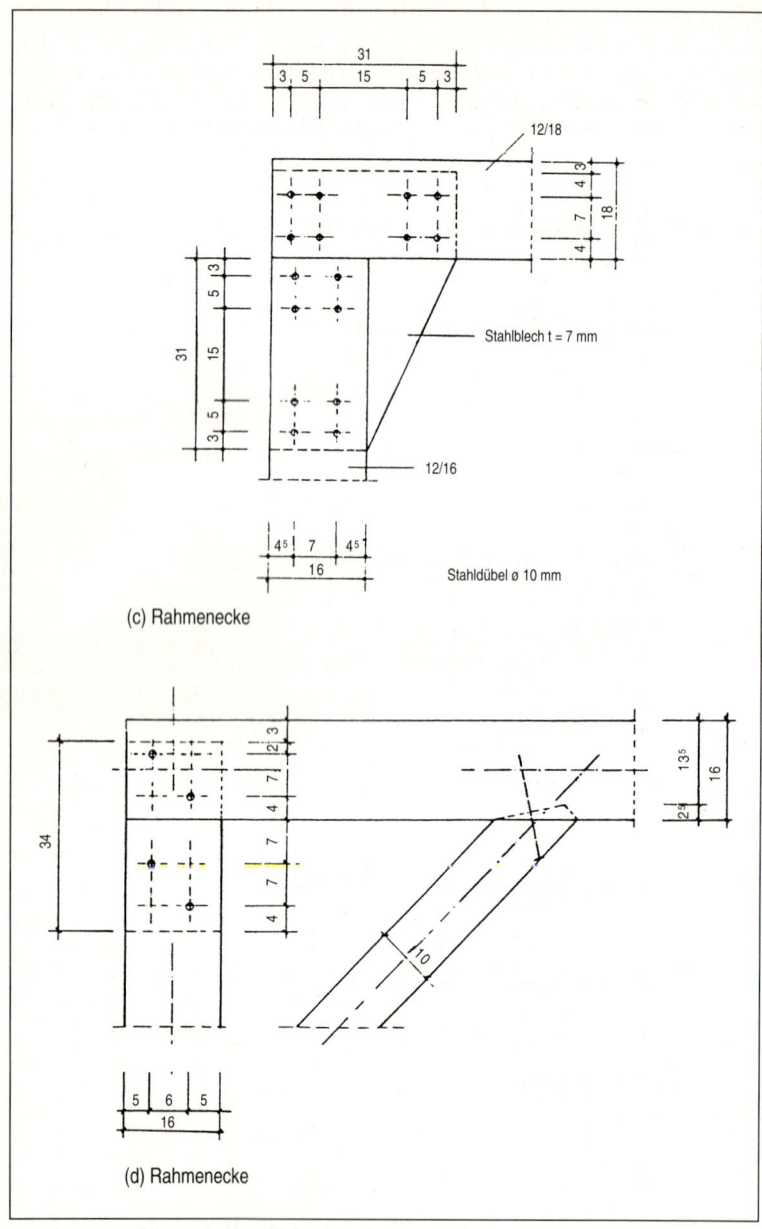

Abb. 13.5/1b.   Pergolen – Rahmenecken

Beispiele:
Die Lösungen (a) und (b) in Abb. 13.5.2/1 stellen 2 Möglichkeiten für eine niveaugleiche Eckzusammenführung dar. Verbindungsschwierigkeiten entstehen in den umrandeten Bereichen, dies gilt insbesondere bei (b). Hier entstehen vorwiegend ungünstige Punkte an den beiden Eckpfosten bei niveauglei-

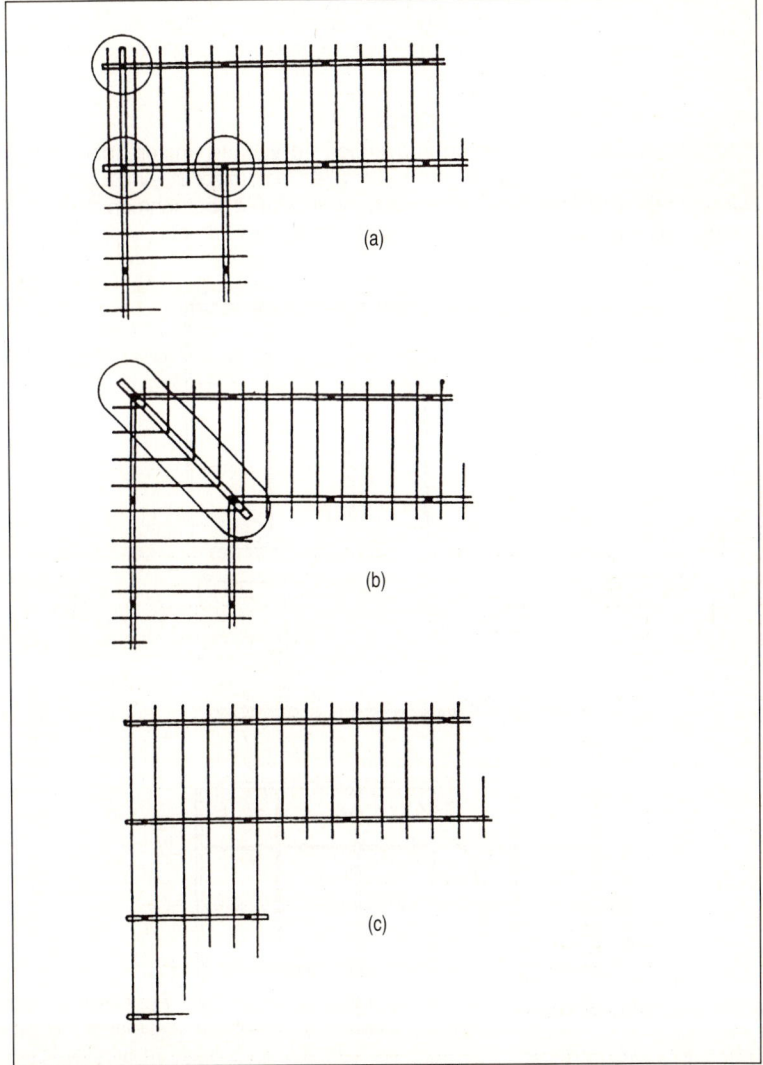

Abb. 13.5.2/1. Pergolen – Ecklösungen

cher Zusammenführung von je zwei Längs- mit einer Diagonalpfette. Wird anstelle der Diagonalpfette ein Auflageholz diagonal aufgelegt, so entstehen hier wiederum Schwierigkeiten durch das notwendige Einzapfen der verkürzten Auflagen. Günstiger ist in jedem Fall die Lösung (c), da sie nur glatte Auflagen hat.

Die Verteilung der Auflagehölzer erfolgt entweder von einem über der Pfettenunterstützung liegenden Holz aus oder von zwei mit gleichen Abständen daneben angeordneten (s. Abb. 13.5.2/1 [a] und [b]). Letzteres wirkt meist eleganter.

13.5.2.2   Rahmen- und Kassettenpergola

Wird eine dachförmige Wirkung angestrebt, so werden anstelle der Pfetten und Oberhölzer die tragenden und nichttragenden Hölzer in eine Ebene verlegt und rahmenförmig miteinander verbunden. Dabei übernehmen die Randhölzer i.d.R. die Funktion der Unterzüge (s. Abb. 13.5.2/2 [a]).

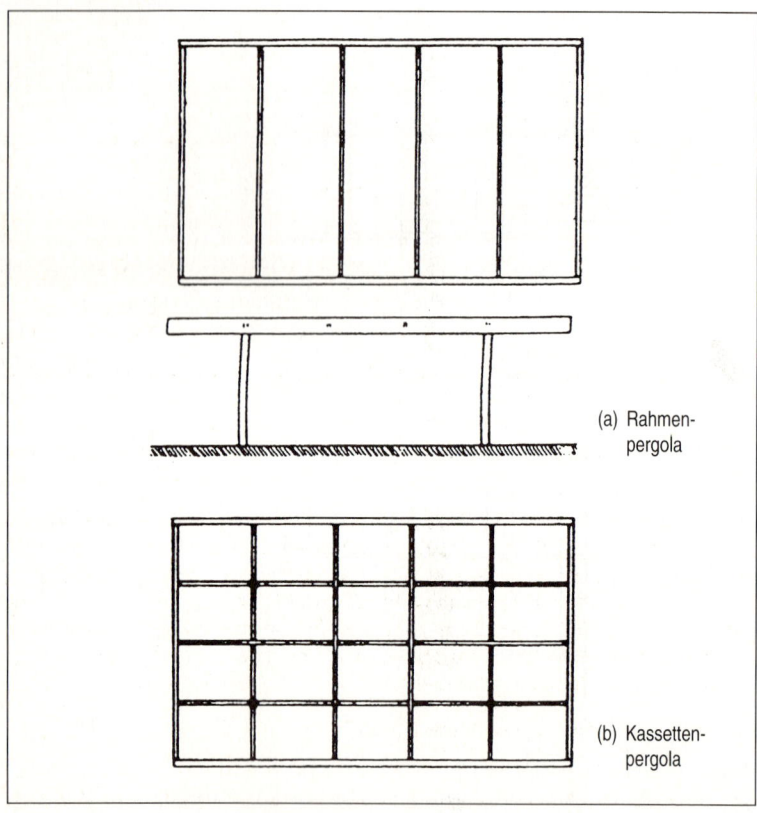

(a) Rahmen-
    pergola

(b) Kassetten-
    pergola

Abb. 13.5.2/2. Rahmen- und Kassettenpergola

Die Kassettenpergola ist eine Variante der Rahmenpergola mit kassettenartig aufgeteilten Rahmenfeldern. Hierbei werden die getragenen Bretter jeweils auf die tragenden aufgekämmt und die äußeren Rahmenbretter durch Verschrauben vorgeblendet (s. Abb. 13.5.2/2 [b]).

13.5.3 Pergolendetails

13.5.3.1 Pergolenfuß

Wegen der erhöhten Gefahr der Holzzerstörung in der Boden-Luftzone sollen die Pfostenenden mindestens 5 cm über dem Erdboden enden (s. Abb. 13.5.3/1).

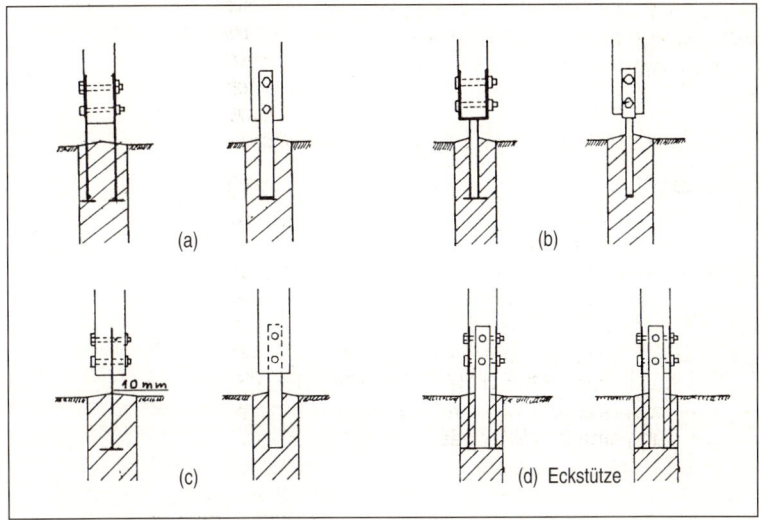

Abb. 13.5.3/1. Pergolenfuß-Ausbildungen

Am einfachsten ist die Aufstellung mit Flachstählen, die von zwei Seiten den Pfosten fassen und in einem frostfrei gegründeten Blockfundament stehen. Die Flachstähle werden senkrecht zur Stützenreihe angeordnet. Die Eckstützen erhalten Verankerungen in beiden Richtungen. Das Aufstellen wird vereinfacht, wenn die Halterungen unten zum U verbunden und aus einem Stück gefertigt werden oder wenn anstelle der Aufbiegung im Beton eine aufgeschweißte Standplatte eingebaut wird.

13.5.3.2 Verbindung Pfosten – Pfette

13.5.3.2.1 Rundholzbauteile

Bei Rundholz werden Keilschnitte auf dem konisch zugearbeiteten Pfostenkopf sowie in der Pfette (quer zur Holzlänge) angebracht und die Hölzer

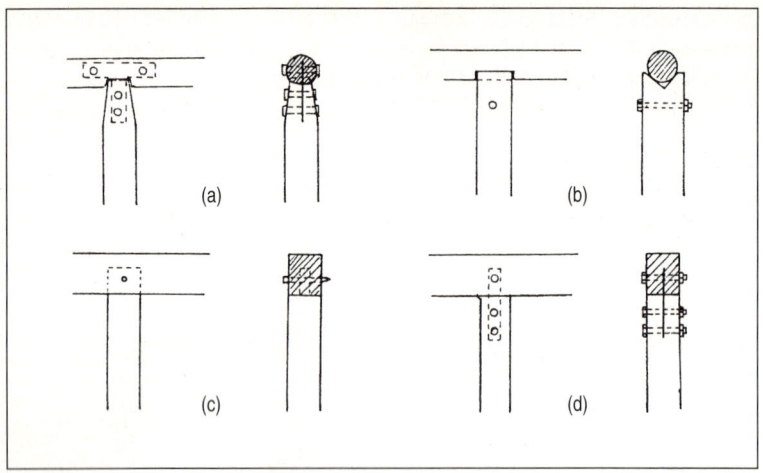

Abb. 13.5.3/2. Verbindung Pfosten – Pfette

zusammengefügt. Nagelung ist erforderlich (s. Abb. 13.5.3/2, Lösung [a] und [b]).

13.5.3.2.2 Rundholzpfetten und Natursteinpfeiler

Bei Natursteinpfeilern in Verbindung mit Rundholz wird der Pfeilerkopf in der Pfettenrichtung ausgekeilt und die Pfette hier eingelegt. Bestehen Bedenken, daß die Hölzer, z. B. in öffentlichen Anlagen, mutwillig herausgehoben werden könnten, ist außerdem eine senkrechte Stahlbefestigung notwendig.

13.5.3.2.3 Kantholzbauteile

Kantholzpfetten sind so stark zu wählen, daß das Pfostenhirnholz abgedeckt wird. Der Pfosten wird in die Pfette gezapft, wobei das Zapfloch in der Pfettenlängsrichtung liegt. Ggf. kann noch ein Holznagel eingebracht werden. Bestehen Bedenken im Hinblick auf ein evtl. Verziehen infolge Fehlens der erforderlichen Diagonalverstrebung, so können die Kopfbänder eingezapft werden (s. Abb. 13.5.3/2, Lösung [c] und [d]).

13.5.3.2.4 Pfettenbefestigung auf Pfeilern, Stahl- oder Betonpfosten und Mauern

Die Befestigung hat so zu erfolgen, daß keine Feuchtigkeitsanreicherungen möglich sind und ein schnelles Abtrocknen nach Niederschlägen erfolgt. Möglich ist z. B. ein Stahlstift mit aufgestecktem Rohrring bei Kantholz- oder ein gerundetes Flacheisen bei Rundholzpfetten (s. Abb. 13.5.3/3).

Ist die tragende Mauer höher als die gewünschte Unterstützungshöhe, so kann eine Längspfette auf vorkragende Tragsteine vor die Mauerwand gelegt werden. Hierbei muß ebenfalls dafür gesorgt werden, daß die Pfettenhölzer nicht unmittelbar auf dem Stein lagern.

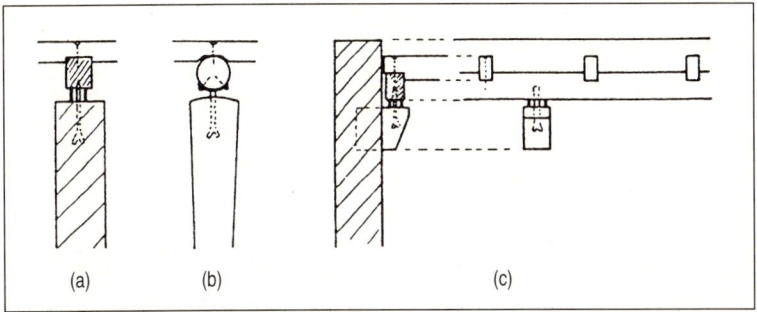

Abb. 13.5.3/3. Pfettenbefestigung auf Pfeilern

13.5.3.2.5 Verbindung Pfette – Auflageholz

Bei Rundhölzern soll die Lagerfläche der Auflagehölzer ausgearbeitet werden, damit eine größere Kontaktfläche entsteht. Bei Kanthölzern ist das Auflageholz aufzukämmen. Grundsätzlich ist immer nur das aufgelegte Holz auszuarbeiten, damit keine Wasserfänger im unten liegenden Holz entstehen (s. Abb. 13.5.3/4).

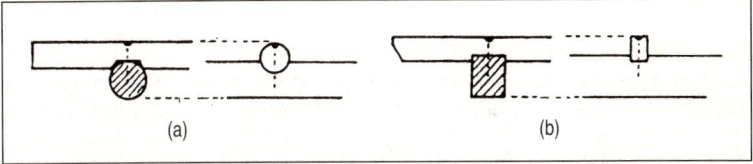

Abb. 13.5.3/4. Verbindung Pfette – Auflageholz

13.5.3.2.6 Stöße der Auflagehölzer

Kanthölzer können stumpf gestoßen werden. Hierbei liegt die Verbindungsstelle immer auf einer Unterstützng (Pfette). Bei Rundholzauflagen sind durch die unterschiedlichen Holzquerschnitte und die ungenügende Auflagebreite stumpfe Stöße unzweckmäßig. Es ist einfacher, die Hölzer seitlich zu überlappen (s. Abb. 13.5.3/5).

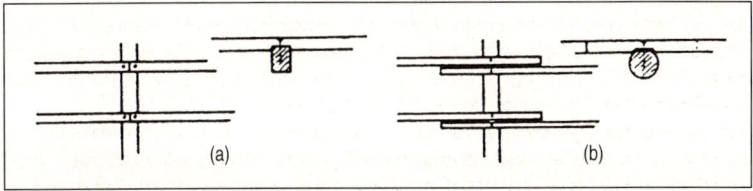

Abb. 13.5.3/5. Verlängerung von Auflagehölzern

13.5.3.2.7 Änderung der Pfettenhöhe

Bei Geländeunterschieden sind gelegentlich Änderungen in der Pfettenhöhe erforderlich. Die Abb. 13.5.3/6, Lösung (a) zeigt einen Pfettenanschluß bei Kantholzpfetten und -pfosten, die Abb. 13.5.3/6, Lösung (b) einen für Rundhölzer und Monolithe, wobei die untere Pfette durch eine Bohrung im Stein stößt.

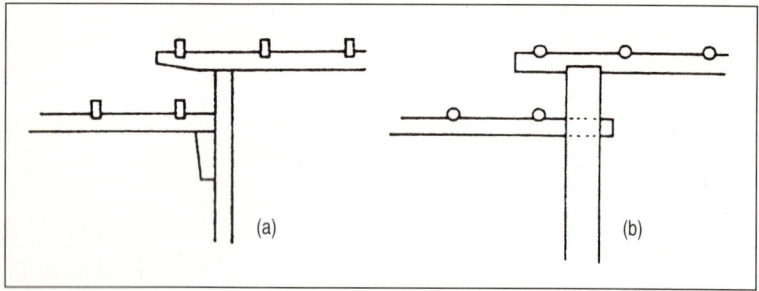

Abb. 13.5.3/6. Änderung der Pfettenhöhe

13.6   Sichtschutzwände

Sichtschutzwände sind auf Wind beanspruchte Bauteile, deren Pfosten in einem Fundament oder im Boden eingespannt sind. Bei einer Gründung auf gewachsenem Boden reicht i. a. ein Blockfundament, bei aufgeschüttetem

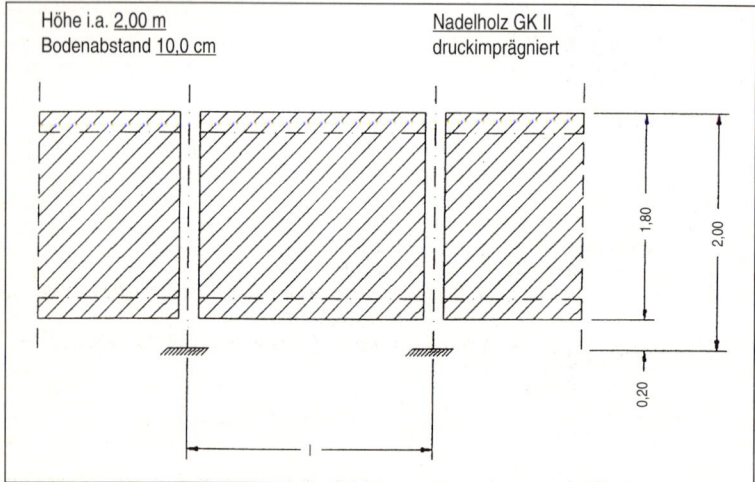

Abb. 13.6/1a. Sichtschutzwände – Abmessungen

Boden ist eine Flachgründung (Rechteckfundament) zu wählen. Rundstützen können in den Boden eingeschlagen werden (s. Abb. 13.6/1 a und b sowie 13.6/2).

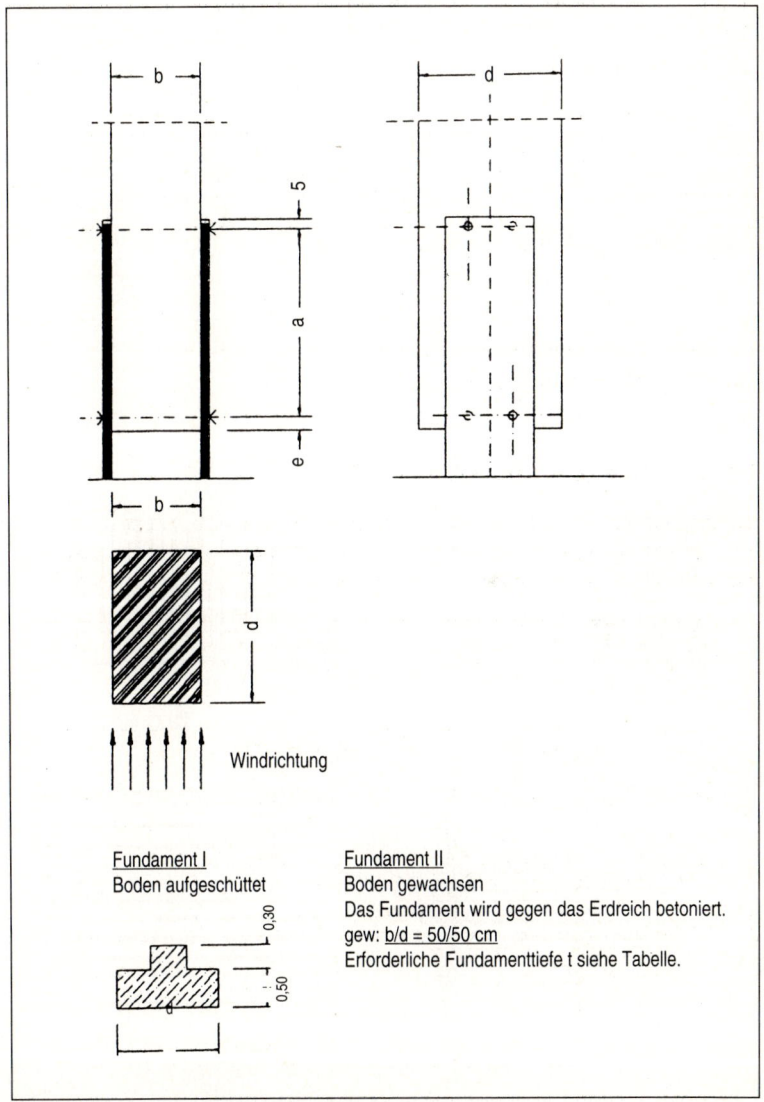

Abb. 13.6/1b. Pfostenbefestigung von Sichtschutzwänden

Abstand	Riegel		Pfosten			Bolzen	I *) Fundament II *)		
l	b	d	b	d	a	ø	b	d	t
[m]	[cm]	[cm]	[cm]	[cm]	[cm]	[mm]	[cm]	[cm]	[m]
1,50	10	4	8	14	200	20	120	50	1,10
2,00	8	6	8	16	200	24	130	50	1,20
2,50	12	6	10	16	200	24	140	50	1,30
3,00	10	8	10	18	200	2*20	140	50	1,40
3,50	12	8	12	18	200	2*20	170	50	1,50
*) siehe Zeichnung (Abb. 13.6/1a und b)									

Abb. 13.6/2. Maßangaben für Sichtschutzwand-Bauteile

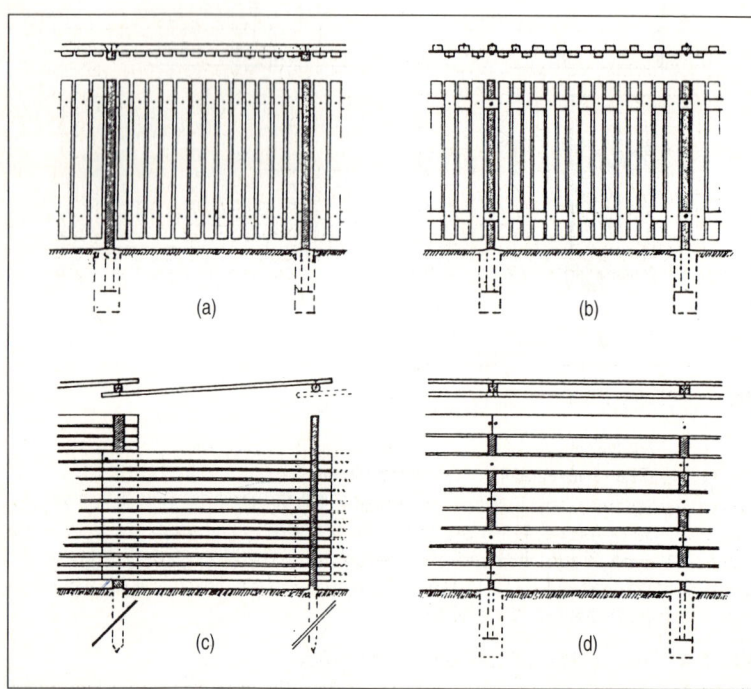

Abb. 13.6.2/1. Verbretterungen

13.6.1 Material

Geeignet sind Holz, Beton, Stahl, Kunststoff, Glas und Rohr. Bei Holzkon-struktionen sind die Pfosten aus Holz, Stahl oder Beton. Bei Verwendung von Holzstützen ist eine Bodenfreiheit von mindestens 5 cm erforderlich. Alle Holzverkleidungen sollen den gleichen Erdabstand haben.

13.6.2 Füllungen von Sichtschutzwänden

13.6.2.1 Verbrettungen

Die Abb. 13.6.2/1 zeigt in Lageplan und Seitenansicht einige Möglichkeiten für Verbretterungen in horizontaler und vertikaler Form sowie eine Rundholz-lösung.

13.6.2.2 Spaltbrettverflechtungen

Werden Spaltbretter, z. B. aus Bongossiholz, verwandt und diese verflochten, so erfolgt die Anordnung möglichst in Kantholzrahmen (s. Abb. 13.6.2/2 [a]), da die Spaltbrettenden, besonders bei engen Flechtungen, leicht aus der Richtung stehen (s. Abb. 13.6.2/2 [b]). Empfehlenswert ist die Verwendung von Fertigteilzäunen (s. Abb. 13.6.2/3).

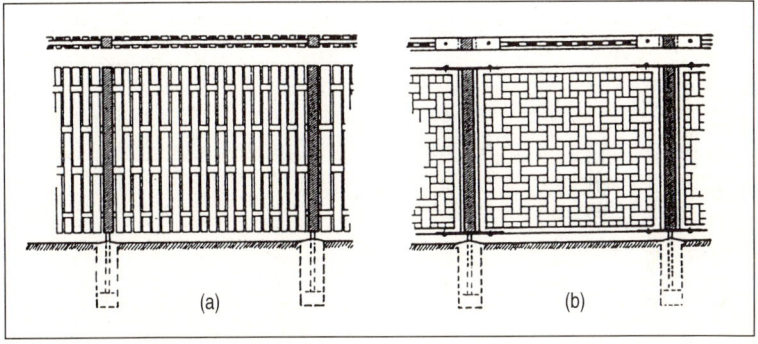

(a)   (b)

Abb. 13.6.2/2. Spaltbrettverflechtungen

13.6.2.3 Transparente Sichtschutzwände

Sollen die Wände transparent erscheinen, ist ein Sichtschutz aus durch-löcherten Betonfertigteilen möglich. In Abb. 13.6.2/4, Lösung (a) sind senk-recht stehende Bretter in schräger Stellung in oberen und unteren Halterun-gen gefaßt. In Abb. 13.6.2/4, Lösung (b) werden in gleicher Stellung eingegra-bene Stahlbetonplatten dargestellt.

13.6.2.4 Kunststoff-, Glas- und Rohrwände

Kunststoffplatten und Bauglas sollten in jedem Fall artgemäß eingebaut wer-den.

Hersteller	Material	Bautyp	Baulänge x Bauhöhe in cm	
Karl Schlüter KG	Bongossi, mit ölhaltigem Anstrich	A Baukastensystem B mit Profilrahmen C Senkrechtformat	) 200) 250) 300	60 – 220)) 60 – 120
Wirus-Werke, Recklinghausen	Bongossi, mit Lasuranstrich u. Alu-Nieten	seitl. Rahmenhölzer 20/50 u. 2 Zwischen- latten 20/40, Streifen- breite 6 x 100	150 x 150 200 x 150 150 x 180 200 x 180	
Collstrop-Dansk Traeimpraegnering A/S 1124 Kopenhagen	Kiefernholz, druckimpräg- niert, graugrün, nachbeizbar	Lamellenzaun	90 x 100 120 x 100 150 x 100 180 x 100	90 x 180 120 x 180 150 x 180 180 x 180
		Dichtflechtzaun	120 x 60 120 x 120 120 x 180	150 x 75 150 x 150 180 x 150
		Selbstflechtzaun, mit 20 Lamellen/lfm 0,5/5 cm auf Latten 3,8/5,7	Lamellenlängen 120, 150, 180	
		Persiennenzaun, aus in Schrägstellung eingebauten, senkrecht oder horizontal angeordneten Lamellen	150 x 150 180 x 180	

Abb. 13.6.2/3. Flechtzäune aus Fertigteilen – Auszug

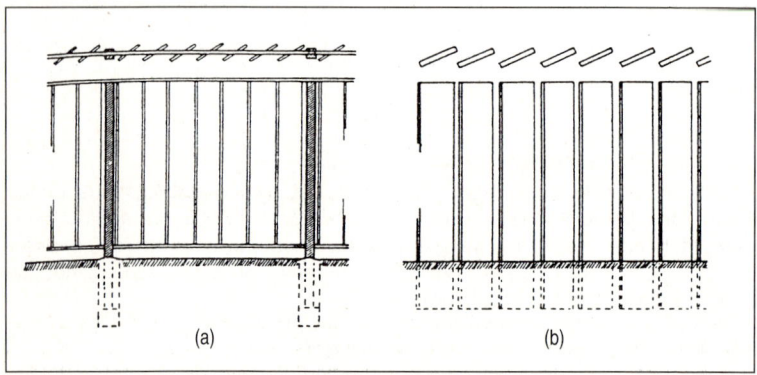

(a)   (b)

Abb. 13.6.2/4. Transparente Sichtschutzwände

Rohrwände können aus Putzträgern geschaffen werden. Da ihre Drahtverbindungen sehr bald durchrosten, sollten die senkrecht gestellten Matten oben und unten zwischen horizontalen Dachlatten gefaßt werden. Strohmatten faulen und sind deshalb ungeeignet.

13.7 Holzpalisaden

13.7.1 Material, Ausführung

Palisaden sind Stütz- und Trennelemente aus Rund- oder Kantholz. Die Hölzer erhalten einen Tiefschutz durch Kesseldruckimprägnierung und sind meistens am Kopf gefast, um Verletzungen zu vermeiden.

13.7.2 Gründung

Die Gründung erfolgt in Fundamentsgräben (s. Abb. 13.7.2/1) auf einer Dränschicht, die möglichst an einer Entwässerung o. ä. angeschlossen ist. Die seitliche Verfüllung geschieht ebenfalls mit dränfähigem Material, sodaß anfallende Feuchtigkeit in die Dränschicht abgeführt wird. Das Material muß gut verdichtet sein, damit eine kraftschlüssige Verbindung zwischen der Palisade und dem Boden besteht.

Schotter/Splitt

Abb. 13.7.2/1. Fundamentgraben für Holzpalisaden

Palisaden als Trennelemente werden in der Regel mit > 1/3 ihrer Länge eingebunden. Palisaden mit Stützmauerfunktion erhalten seitlichen Erddruck (s. Abb. 13.7.2/2). Die erforderlichen Einspanntiefen sind in der Abb. 13.7.2/3 zusammengestellt.

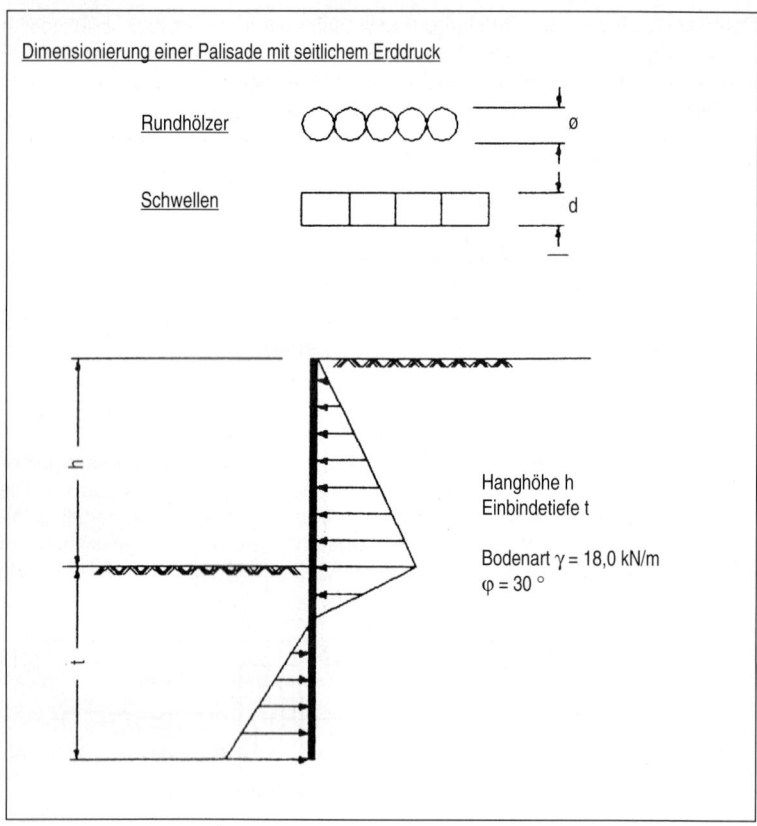

Dimensionierung einer Palisade mit seitlichem Erddruck

Rundhölzer ⌀

Schwellen d

Hanghöhe h
Einbindetiefe t

Bodenart γ = 18,0 kN/m
φ = 30 °

Abb. 13.7.2/2. Palisade als Stützmauer

Hanghöhe h	Einbindetiefe t	Rundhölzer ⌀	Schwellen d
[m]	[m]	[cm]	[cm]
0,50	0,40	8	> 8
1,00	1,00	8	> 8
1,50	1,40	8	> 8
2,00	1,70	10	> 8

Abb. 13.7.2/3. Einspanntiefe von Holzpalisaden

Um beim Verfüllen des Bodens ein seitliches Ausbrechen einzelner Hölzer zu vermeiden, ist es zweckmäßig, die Ausrichtung der Hölzer mit einer genagelten Bohle oder einem angeschraubten Stahlwinkel im Bodenbereich zu sichern.
Liegt ein Höhenunterschied vor, so ist als Rieselschutz hangseitig ein Vlies o. ä. anzubringen (s. Abb. 13.7.2/4).

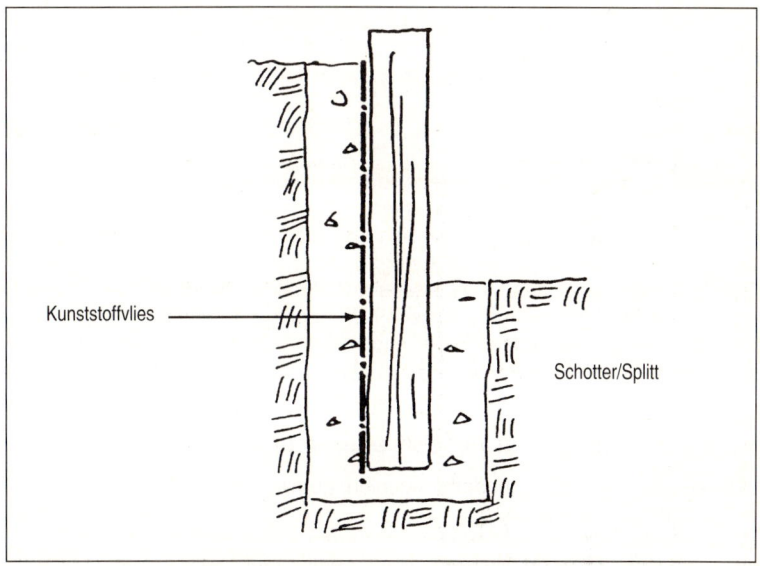

Kunststoffvlies

Schotter/Splitt

Abb. 13.7.2/4. Fundamentgraben bei Holzpalisaden bei Höhenunterschieden

13.8 Hinweise zu Ausführung, Ausschreibung und Abrechnung von Zimmerarbeiten nach DIN 18334 (Auszug)

13.8.1 Hinweise zur Ausführung

(1) Einzubindende Bauteile müssen ungebraucht sein und den DIN-Güte- und Maßbestimmungen entsprechen.

(2) Für die Bauholzgüte ist DIN 68365 (Bauholz für Zimmerarbeiten – Gütebedingungen) maßgebend. Dies gilt auch für Schnitt- und Rundholz, wenn deren Querschnitte nach der Tragfähigkeit zu bemessen sind.

(3) Gesundes Holz mit normalem Wuchs verwenden (ohne den Gebrauchswert beeinträchtigende Schäden und Fehler).

(4) Wenn bei Nadelholz Angaben fehlen, kann der Unternehmer Fichte, Tanne, Kiefer, Lärche oder ein gütegleiches Holz beliebig wählen.

(5) Kanthölzer, Latten und Rundholz dürfen halbtrocken eingebaut werden.

(6) Zu verleimendes Holz muß trocken sein.

(7) Nägel müssen 2,5mal so lang wie die Stärke der zu befestigenden Bretter oder Latten sein.

(8) Wenn Angaben fehlen, müssen Verzimmerungshölzer der Schnittklasse B und der Normalgüteklasse entsprechen.

(9) Rundhölzer müssen so zugearbeitet werden, daß die Auflagenflächenbreite $> 2/3$ des Rundholzdurchmessers beträgt.

(10) Sichtschalungen und Verkleidungen aus Güteklasse II, halbtrocken, Sichtfläche gehobelt, gleichlaufend besäumt, gefalzt oder gespundet ausführen.

(11) Stülpschalungs-Überdeckung $> 12\,\%$ der Brettbreite, nicht unter 1 cm ausbilden.

(12) Für Türen und Tore sind Bretter der Güteklasse II, Latten der Güteklasse I zu wählen, wenn Angaben fehlen.

(13) Bretterbefestigungen auf Streben oder Leisten erfolgen mit je 2 Nägeln, Lattenbefestigungen mit je 1 Nagel.

(14) Ist Holzschutz ohne Mittelangabe ausgeschrieben, so hat der Unternehmer eine Mittelzustimmung beim Auftraggeber einzuholen. Fehlen Angaben, kann der Unternehmer nach Wahl Kurztauchen, Streichen oder Spritzen anwenden.

13.8.2   Hinweise zu Ausschreibung und Abrechnung

(1) Leistung wird nach Ausführungsplan abgerechnet, wenn keine Bauabwandlungen vorliegen.

(2) Kantholz-, Bohlen- und Rundholzlieferung erfolgt nach m³.

(3) Die Längen werden einschließlich Zapfen und Holzverbindungen ohne Verschnittberücksichtigung bemessen.

(4) Abbinden, Aufstellen, Verlegen der Hölzer wie vorher nach lfdm.

(5) Besonders schwierige Verbindungen erhalten Zulageposition.

(6) Bohlenverlegung erfolgt nach m².

(7) Wandverkleidungen werden nach m² berechnet; dabei sind Aussparungen $> 0,5\,\text{m}^2$ abzugsfähig.

(8) Türen und Tore werden nach Stück berechnet.

(9) Holzschutz wird entweder nach m², m³, lfm oder Stück abgerechnet.

14 Metall

Zu Metallen zählen Stahl, Eisen und Nichteisenmetalle.

14.1 Benennung von Stahl und Eisen (Auszug)

S. Abb. 14.1/1.

Baustoff	DIN	Bezeichnung	Kurzbezeichnung	Zugfestigkeit [N/mm²]
14.111 Stahl				
Baustahl	17100	Schmiedestahl	(St 33	330 – 850
		Formstahl	(St 34	
		Stabstahl	(St 37	
		Bandstahl	(St 42	
		Grob- und	(St 50	
		Mittelblech	(St 52	
			(St 60	
			(St 70	
	1623	Feinblech aus weichem Stahl	(St 10	280 – 500
			(St 12	
			(St 13	
			(St 14	
		Feinblech aus allg. Baustahl	(St 37	120 – 260
			(St 37 – 2	
			(St 42 – 2	
			(St 50 – 2	380 – 600
			(St 52 – 3	
			(St 60 – 2	
			(St 70 – 2	

Abb. 14.1/1.   Benennung von Stahl und Eisen – 1. Teil

Baustoff	DIN	Bezeichnung	Kurzbezeichnung	Zugfestigkeit [N/mm²]
14.112 Guß				
Grauguß	1691	norm. Grauguß	(GG 12 (GG 18	120 – 260
		hochw. Grauguß	(GG 22 (GG 26	
Stahlguß	1681	Normalgüte, schmiedbar	(GS 38 (GS 45	380 – 600
		weniger zäh, sehr fest	GS 60	

Abb. 14.1/1. Benennung von Stahl und Eisen – 2. Teil

Gütegruppe	Kurzbezeichnung	Zugfestigkeit [N/mm²]	Bemerkungen
1	St 33	330 – 500	–
1 2 3	St 34 St 34 – 2 St 34 – 3	340 – 450	bedingt schweißbar
1 2 3	St 37 St 37 – 2 St 37 – 3	370 – 450	bedingt schweißbar
1 2 3	St 42 St 42 – 2 St 42 – 3	420 – 500	bedingt schweißbar
1 2	St 50 St 50 – 2	500 – 600	–
3	St 52 – 3	520 – 620	–
1 2	St 60 St 60 – 2	600 – 720	–
2	St 70 – 2	700 – 850	–
Gütegruppe 1 = allgemein, 2 = höhere, 3 = besondere Anforderung			

Abb. 14.2.1/1. Gütegruppen

14.2 Allgemeiner Baustahl nach DIN 17 100

14.2.1 Gütegruppen

S. Abb. 14.2.1/1.

14.2.2 Stahlkurzbezeichnungen

(S. Abb. 14.2.2./1).
St = Stahl,
Doppelzahl (z. B. St 33) = Mindestzugfestigkeit in N/mm^2
weitere Zahl (z. B. St 37-2) = Gütegruppe 2,
weitere Doppelzahl mit Vierzahl 0 (z. B. St 42-2 02) = Oberflächenart 02,
kleiner Buchstabe (z. B. g) = Oberflächenausführung g.

Kurzzeichen	Oberflächenart	Oberfläche
01	Kistengeglüht	Anlauffarbe vorhanden
02	normalgeglüht	Anlauffarbe zulässig
03	zunderfrei	Walzriefen, kl. Narben, Poren
04	verb. Oberfläche	Kratzer, kl. Narben, Poren in gering. Umfange
05	beste Oberfläche	

Kurzzeichen	Oberflächenausführung	Oberfläche
g	glatt	blanke, gleichmäßig glatte Oberfläche
m	matt	gleichmäßig matte Oberfläche
r	rauh	aufgerauhte Oberfläche

Abb. 14.2.2/1. Stahlkurzbezeichnungen

14.3 Profilstahl

14.3.1 Handelsgewichte

S. Abb. 14.3.1/1 (s. Seite 872).

14.3.2 I-Träger nach DIN 1025

schmale I-Träger mit geneigten inneren Flanschfläche (I-Reihe) (s. Abb. 14.3.2/1)
breite I-Träger mit parallelen Flanschflächen (HE-B Reihe) (s. Abb. 14.3.2/1)
breite I-Träger mit parallelen Flanschflächen, leichte Reihe (HE-A Reihe) (s. Abb. 14.3.2/2)

| Profilhöhe | Zulässige Rechnungsgewichte bei Lieferungen ab Händlerlager | | | | | |
| | U | I | IPE | IPBl | IPB | IPBv |
				HE-A	HE-B	HE-M
80	8,9	6,1	6,2	–	–	–
100	10,9	8,5	8,3	17,1	20,9	42,8
120	13,7	11,5	10,7	20,4	27,4	53,4
140	16,4	14,7	13,2	25,3	34,5	64,8
160	19,3	18,5	16,2	31,2	43,7	78,1
180	22,5	22,5	19,3	36,4	52,5	91,1
200	26	27	23	43	63	106
220	30	32	26,9	52	73	120
240	34	37	31,5	62	85	161

Abb. 14.3.1/1. Handelsgewichte

breite I-Träger mit parallelen Flanschflächen, verstärkte Reihe (HE-M Reihe) (s. Abb. 14.3.2/2)
mittelbreite I-Träger mit parallelen Flanschflächen (IPE-Reihe) (s. Abb. 14.3.2/2).

14.3.3   L-Stahl nach DIN 1029

Gleichschenkliger rundkantiger L-Stahl (s. Abb. 14.3.3/1)
ungleichschenkliger rundkantiger L-Stahl (s. Abb. 14.3.3/2).

14.3.4   U-Stahl nach DIN 1026

Rundkantige Form s. Abb. 14.3.4/1.

14.3.5   T-Stahl nach DIN 1024

Rundkantige Form s. Abb. 14.3.5/1.

14.3.6   Z-Stahl nach DIN 1027

Rundkantige Form s. Abb. 14.3.6/1.

14.3.7   Bandstahl nach DIN 1016 und Flachstahl nach DIN 1017

S. Abb. 14.3.7/1.

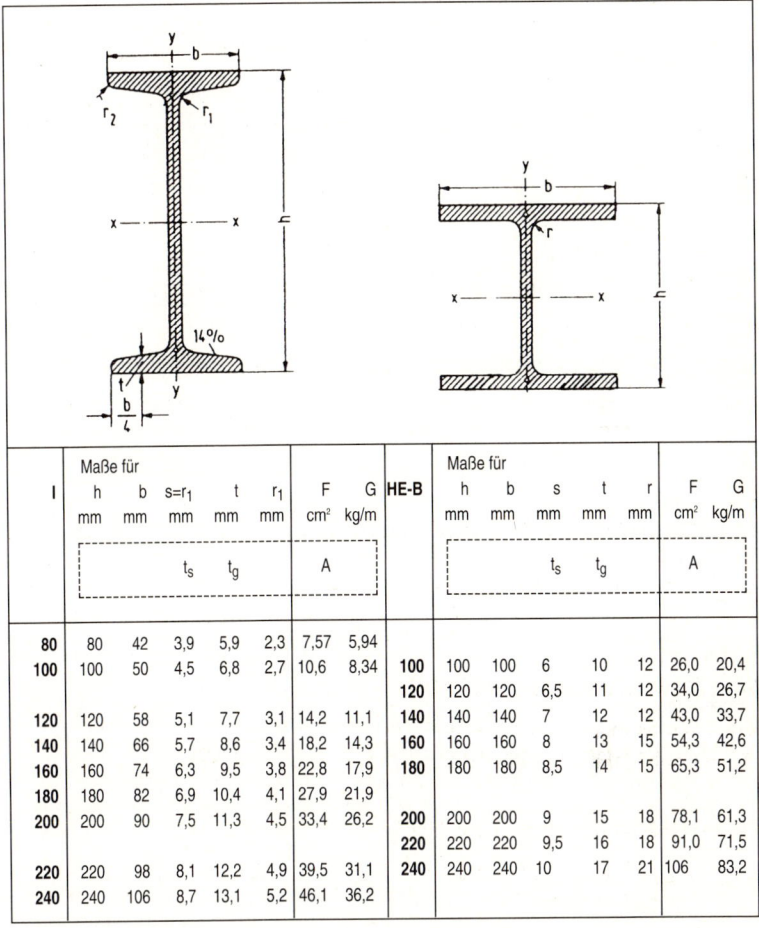

I	Maße für							HE-B	Maße für						
	h	b	s=r₁	t	r₁	F	G		h	b	s	t	r	F	G
	mm	mm	mm	mm	mm	cm²	kg/m		mm	mm	mm	mm	mm	cm²	kg/m
			t_s	t_g		A					t_s	t_g		A	
80	80	42	3,9	5,9	2,3	7,57	5,94								
100	100	50	4,5	6,8	2,7	10,6	8,34	**100**	100	100	6	10	12	26,0	20,4
								120	120	120	6,5	11	12	34,0	26,7
120	120	58	5,1	7,7	3,1	14,2	11,1	**140**	140	140	7	12	12	43,0	33,7
140	140	66	5,7	8,6	3,4	18,2	14,3	**160**	160	160	8	13	15	54,3	42,6
160	160	74	6,3	9,5	3,8	22,8	17,9	**180**	180	180	8,5	14	15	65,3	51,2
180	180	82	6,9	10,4	4,1	27,9	21,9								
200	200	90	7,5	11,3	4,5	33,4	26,2	**200**	200	200	9	15	18	78,1	61,3
								220	220	220	9,5	16	18	91,0	71,5
220	220	98	8,1	12,2	4,9	39,5	31,1	**240**	240	240	10	17	21	106	83,2
240	240	106	8,7	13,1	5,2	46,1	36,2								

Abb. 14.3.2/1.   I-Träger nach DIN 1025

14.3.8 Vierkant- und Rechteckstahlrohre, ungenormt

Die Profilecken sind scharfkantig (Auszug, s. Abb. 14.3.8/1).

14.3.9 Mannesmann Stahlbau-Hohlprofile (MSH-Profile)

Es gibt geschweißte und nahtlose Rohre mit quadratischem oder rechteckigem Querschnitt. Die Profilecken sind abgerundet (s. Abb. 14.3.9/1).

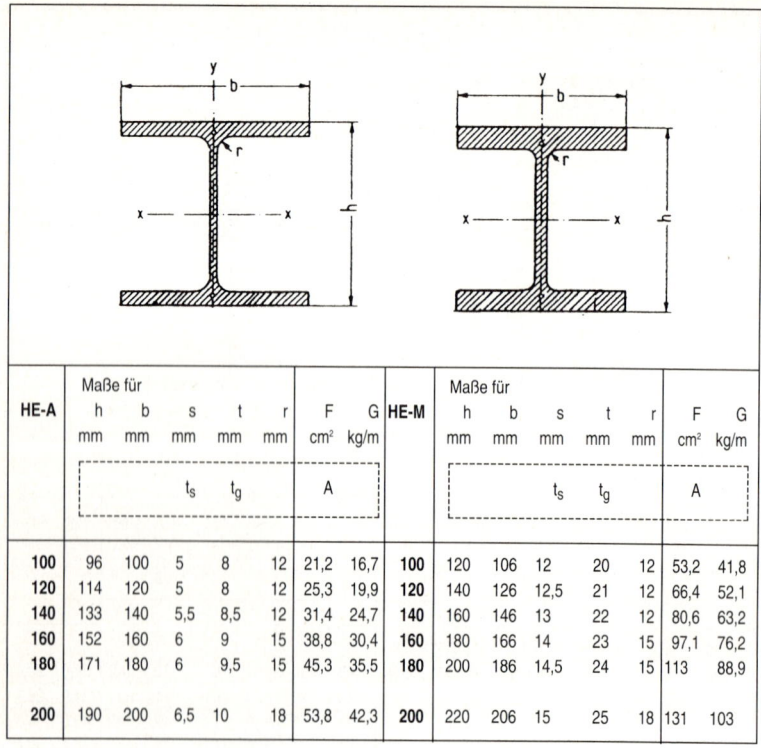

HE-A	Maße für					F	G	HE-M	Maße für					F	G
	h	b	s	t	r	cm²	kg/m		h	b	s	t	r	cm²	kg/m
	mm	mm	mm	mm	mm				mm	mm	mm	mm	mm		
			t_s	t_g		A					t_s	t_g		A	
100	96	100	5	8	12	21,2	16,7	100	120	106	12	20	12	53,2	41,8
120	114	120	5	8	12	25,3	19,9	120	140	126	12,5	21	12	66,4	52,1
140	133	140	5,5	8,5	12	31,4	24,7	140	160	146	13	22	12	80,6	63,2
160	152	160	6	9	15	38,8	30,4	160	180	166	14	23	15	97,1	76,2
180	171	180	6	9,5	15	45,3	35,5	180	200	186	14,5	24	15	113	88,9
200	190	200	6,5	10	18	53,8	42,3	200	220	206	15	25	18	131	103

Abb. 14.3.2/2. I-Träger nach DIN 1025 – Teil 1

IPE	Maße für					F	G
	h	b	s	t	r	cm²	kg/m
	mm	mm	mm	mm	mm		
			t_s	t_g		A	
80	80	46	3,8	5,2	5	7,64	6,00
100	100	55	4,1	5,7	7	10,3	8,10
120	120	64	4,4	6,3	7	13,2	10,4
140	140	73	4,7	6,9	7	16,4	12,9
160	160	82	5,0	7,4	9	20,1	15,8
180	180	91	5,3	8,0	9	23,9	18,8

Abb. 14.3.2/2. I-Träger nach DIN 1025 – Teil 2

L	Anmerkungen zur Profilwahl	Maße für a mm	s mm	r_1 mm	r_2 mm	F cm²	G kg/m
						A	
20 x 3	●	20	3	3,5	2	1,12	0,88
25 x 3	●	25	3	3,5	2	1,42	1,12
4			4			1,85	1,45
30 x 3	●	30	3	5	2,5	1,74	1,36
4			4			2,27	1,78
5	○		5			2,78	2,18
35 x 4	●	35	4	5	2,5	2,67	2,10
5			5			3,28	2,57
40 x 4	●	40	4	6	3	3,08	2,42
5			5			3,79	2,97
45 x 4	●	45	4	7	3,5	3,49	2,74
5			5			4,30	3,38
50 x 5	●	50	5	7	3,5	4,80	3,37
6			6			5,69	4,47
7			7			6,56	5,15
55 x 6	○	55	6	8	4	6,31	4,95
60 x 5		60	5	8	4	5,82	4,57
6	●		6			6,91	5,42
8			8			9,03	7,09

Abb. 14.3.3/1. Gleichschenkliger rundkantiger L-Stahl nach DIN 1029

Die Wandstärken umfassen bei geschweißten Rohren jeweils 2 Stärken je Profilstärke, bei nahtlosen 3. Sie schwanken bei den geschweißten Rohren zwischen 2,9 und 9,0 mm, bei den nahtlosen zwischen 4,0 und 16,0 mm.

14.3.10 Rund-, Quadrat- und Sechskantstahl

S. Abb. 14.3.7/1 (s. Seite 882).

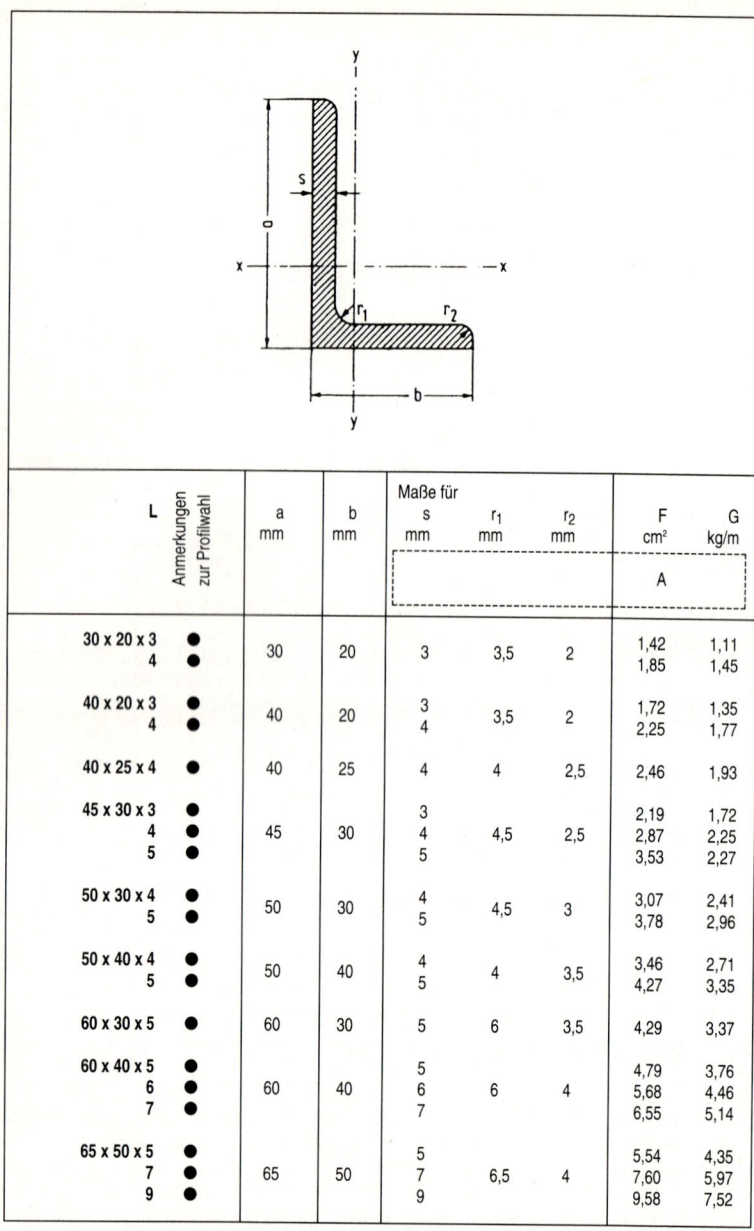

L	Anmerkungen zur Profilwahl	a mm	b mm	Maße für			F cm²	G kg/m
				s mm	r_1 mm	r_2 mm	A	
30 x 20 x 3	●	30	20	3	3,5	2	1,42	1,11
4	●						1,85	1,45
40 x 20 x 3	●	40	20	3	3,5	2	1,72	1,35
4	●			4			2,25	1,77
40 x 25 x 4	●	40	25	4	4	2,5	2,46	1,93
45 x 30 x 3	●			3			2,19	1,72
4	●	45	30	4	4,5	2,5	2,87	2,25
5	●			5			3,53	2,27
50 x 30 x 4	●	50	30	4	4,5	3	3,07	2,41
5	●			5			3,78	2,96
50 x 40 x 4	●	50	40	4	4	3,5	3,46	2,71
5	●			5			4,27	3,35
60 x 30 x 5	●	60	30	5	6	3,5	4,29	3,37
60 x 40 x 5	●			5			4,79	3,76
6	●	60	40	6	6	4	5,68	4,46
7	●			7			6,55	5,14
65 x 50 x 5	●			5			5,54	4,35
7	●	65	50	7	6,5	4	7,60	5,97
9	●			9			9,58	7,52

Abb. 14.3.3/2. Ungleichschenkliger rundkantiger L-Stahl nach DIN 1029

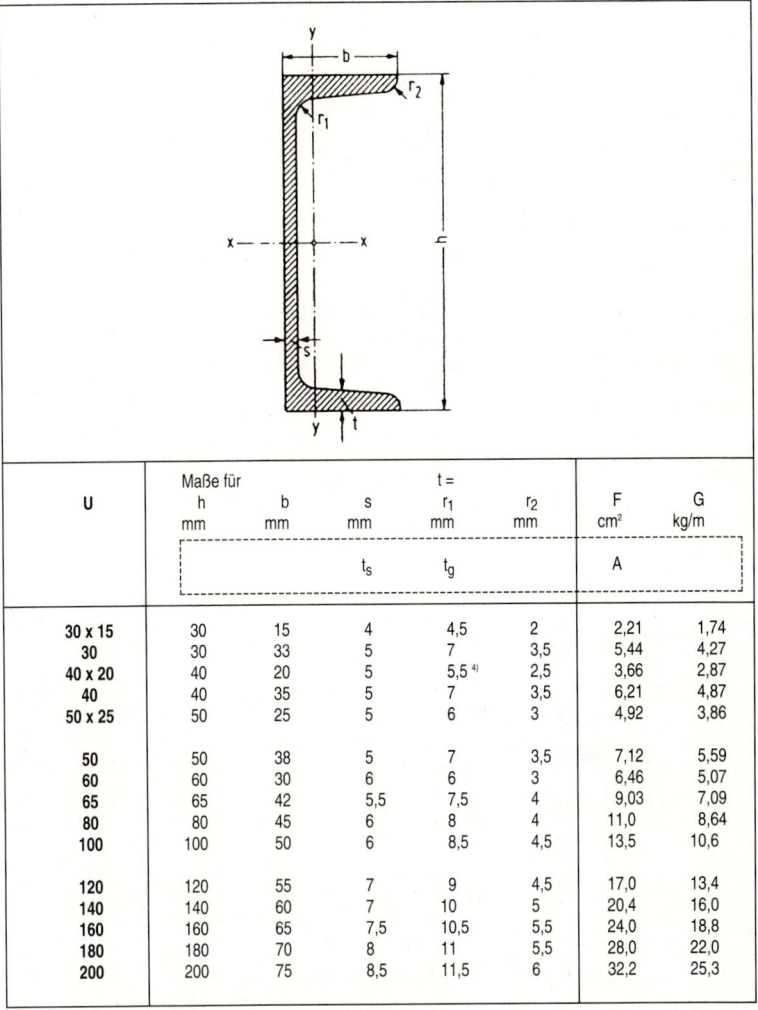

U	Maße für h mm	b mm	s mm	t = r₁ mm	r₂ mm	F cm²	G kg/m
			t_s	t_g		A	
30 x 15	30	15	4	4,5	2	2,21	1,74
30	30	33	5	7	3,5	5,44	4,27
40 x 20	40	20	5	5,5 [4)]	2,5	3,66	2,87
40	40	35	5	7	3,5	6,21	4,87
50 x 25	50	25	5	6	3	4,92	3,86
50	50	38	5	7	3,5	7,12	5,59
60	60	30	6	6	3	6,46	5,07
65	65	42	5,5	7,5	4	9,03	7,09
80	80	45	6	8	4	11,0	8,64
100	100	50	6	8,5	4,5	13,5	10,6
120	120	55	7	9	4,5	17,0	13,4
140	140	60	7	10	5	20,4	16,0
160	160	65	7,5	10,5	5,5	24,0	18,8
180	180	70	8	11	5,5	28,0	22,0
200	200	75	8,5	11,5	6	32,2	25,3

Abb. 14.3.4/1. Rundkantiger U-Stahl nach DIN 1026

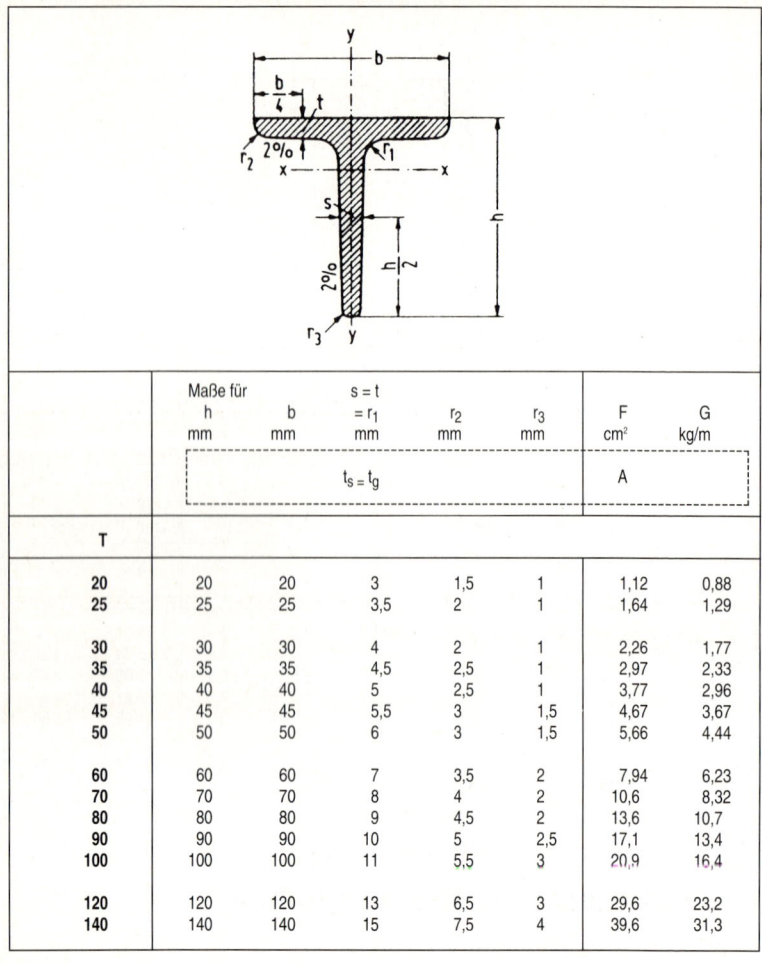

	Maße für		s = t			F	G
	h mm	b mm	= r₁ mm	r₂ mm	r₃ mm	cm²	kg/m
			$t_s = t_g$			A	
T							
20	20	20	3	1,5	1	1,12	0,88
25	25	25	3,5	2	1	1,64	1,29
30	30	30	4	2	1	2,26	1,77
35	35	35	4,5	2,5	1	2,97	2,33
40	40	40	5	2,5	1	3,77	2,96
45	45	45	5,5	3	1,5	4,67	3,67
50	50	50	6	3	1,5	5,66	4,44
60	60	60	7	3,5	2	7,94	6,23
70	70	70	8	4	2	10,6	8,32
80	80	80	9	4,5	2	13,6	10,7
90	90	90	10	5	2,5	17,1	13,4
100	100	100	11	5,5	3	20,9	16,4
120	120	120	13	6,5	3	29,6	23,2
140	140	140	15	7,5	4	39,6	31,3

Abb. 14.3.5/1. Rundkantiger T-Stahl nach DIN 1024 – Teil 1

14.4 Nichteisenmetalle/Leichtmetalle

14.4.1 Vierkantstangen, Flachstangen

S. Abb. 14.4.1/1 (s. Seite 883 u. 884).

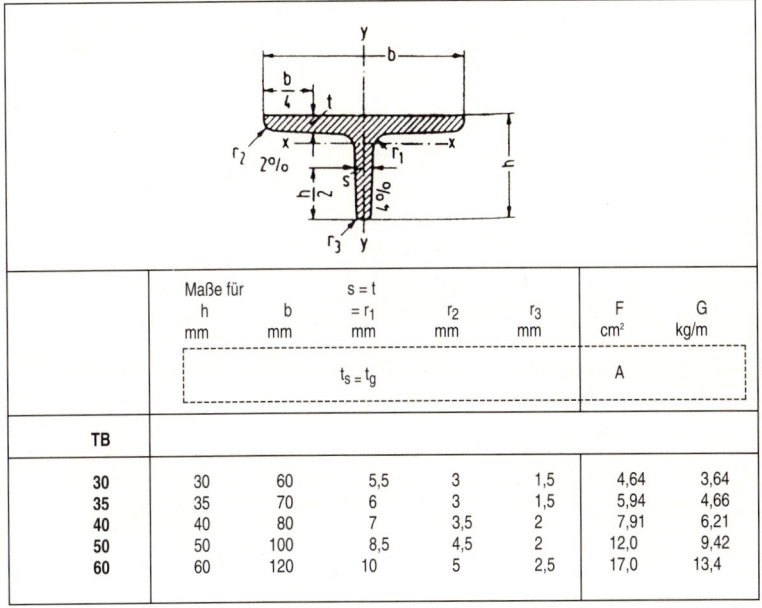

	Maße für		s = t			F	G
	h mm	b mm	= r₁ mm	r₂ mm	r₃ mm	cm²	kg/m
	$t_s = t_g$					A	
TB							
30	30	60	5,5	3	1,5	4,64	3,64
35	35	70	6	3	1,5	5,94	4,66
40	40	80	7	3,5	2	7,91	6,21
50	50	100	8,5	4,5	2	12,0	9,42
60	60	120	10	5	2,5	17,0	13,4

Abb. 14.3.5/1. Rundkantiger T-Stahl nach DIN 1024 – Teil 2

14.4.2 Leichtmetallprofile

Siehe Abb. 14.4.2/1.

14.5 Gußeisenhohlsäulen, rund (ungenormte Handelsgrößen)

S. Abb. 14.5/1 (s. Seite 884).

14.6 Bleche

14.6.1 Stahl-, Kupfer- und Zinkblech

S. Abb. 14.6.1/1 (s. Seite 885).

14.6.2 Stahlblechlagergrößen

S. Abb. 14.6.2/1 (s. Seite 886).

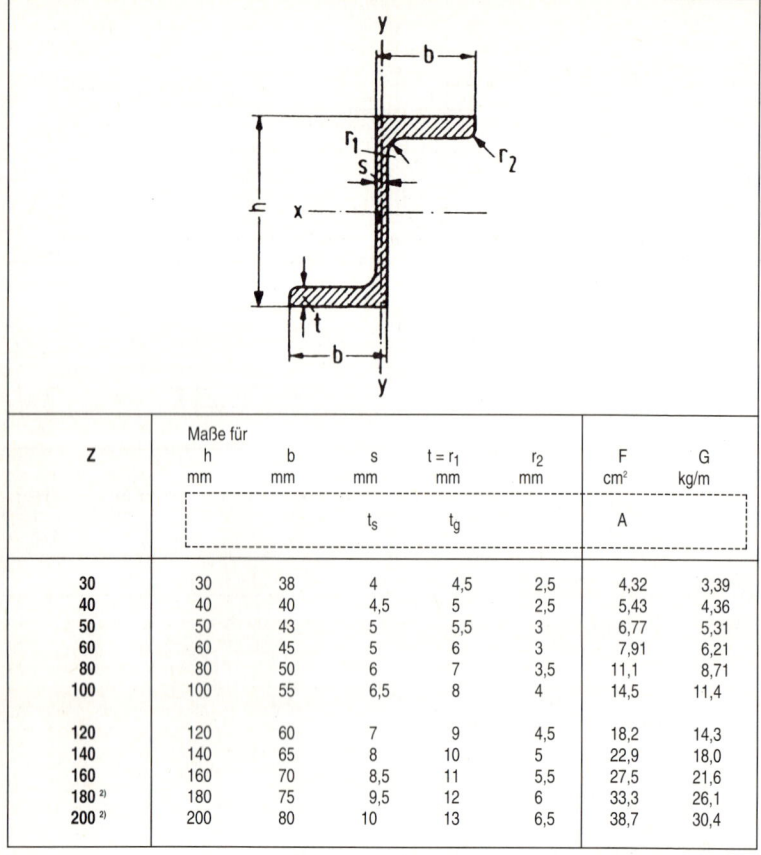

z	Maße für					F	G
	h mm	b mm	s mm	t = r₁ mm	r₂ mm	cm² t_s	kg/m t_g

z	h mm	b mm	s mm	t = r₁ mm	r₂ mm	F cm² A	G kg/m
30	30	38	4	4,5	2,5	4,32	3,39
40	40	40	4,5	5	2,5	5,43	4,36
50	50	43	5	5,5	3	6,77	5,31
60	60	45	5	6	3	7,91	6,21
80	80	50	6	7	3,5	11,1	8,71
100	100	55	6,5	8	4	14,5	11,4
120	120	60	7	9	4,5	18,2	14,3
140	140	65	8	10	5	22,9	18,0
160	160	70	8,5	11	5,5	27,5	21,6
180 [2]	180	75	9,5	12	6	33,3	26,1
200 [2]	200	80	10	13	6,5	38,7	30,4

Abb. 14.3.6/1.   Rundkantiger Z-Stahl nach DIN 1027

14.7   Schrauben

14.7.1   Schraubentypen

Auszug s. Abb. 14.7.1/1 (s. Seite 886).

14.7.2   Sechskantschrauben, Muttern und Unterlegscheiben

S. Abb. 14.7.2/1 (s. Seite 887).

Benennung: b x s. Bandstahl = Bd, Flachstahl = Fl.
Beispiele: Bd 20 x 2 DIN 1016
Fl 20 x 10 DIN 1017

Breite b in mm	Bandstahl (Bd) nach DIN 1016									Flachstahl (Fl) nach DIN 1017													
Stärke s in mm	0,8	1	1,5	2	2,5	3	3,5	4	5	5	6	6,5	7	8	9	10	11	12	13	14	15	16	18
10	−	+	+	+	+	+	+	−	−	+	−	−	−	−	−	−	−	−	−	−	−	−	−
11	−	−	−	−	−	−	−	−	−	+	+	−	−	−	−	−	−	−	−	−	−	−	−
12	−	+	+	+	+	+	+	+	−	+	+	−	−	−	−	−	−	−	−	−	−	−	−
13	−	−	−	−	−	−	−	−	−	+	+	+	+	+	−	−	−	−	−	−	−	−	−
14	−	+	+	+	+	+	+	+	−	+	+	−	+	+	−	−	−	−	−	−	−	−	−
15	−	−	−	−	−	−	−	−	−	+	+	−	+	+	−	−	−	−	−	−	−	−	−
16	−	+	+	+	+	+	+	+	+	+	+	+	+	+	+	+	−	−	−	−	−	−	−
17	−	−	−	−	−	−	−	−	−	+	+	+	+	+	+	+	−	−	−	−	−	−	−
18	−	+	+	+	+	+	+	+	+	+	+	+	+	+	+	+	+	−	−	−	−	−	−
19	−	−	−	−	−	−	−	−	−	+	+	+	+	+	+	+	+	+	−	−	−	−	−
20	+	+	+	+	+	+	+	+	+	+	+	+	+	+	+	+	+	+	+	−	+	−	−
22	+	+	+	+	+	+	+	+	+	+	+	+	+	+	−	+	+	+	+	+	−	−	−
25	+	+	+	+	+	+	+	+	+	+	+	+	+	+	−	+	−	+	+	+	+	+	−
26	−	−	−	−	−	−	−	−	−	+	+	+	+	+	−	+	−	+	+	+	+	+	+
28	−	−	−	−	−	−	−	−	−	+	+	+	+	+	−	+	−	+	+	+	+	+	+
30	+	+	+	+	+	+	+	+	+	+	+	+	+	+	+	+	−	+	+	+	+	+	+
32	+	+	+	+	+	+	+	+	+	+	+	+	−	+	−	+	−	+	+	+	+	+	−
35	+	+	+	+	+	+	+	+	+	+	+	+	+	−	+	−	+	+	+	+	+	+	−
38	−	−	−	−	−	−	−	−	−	+	+	+	−	+	−	+	−	+	+	+	+	+	−
40	+	+	+	+	+	+	+	+	+	+	+	+	+	+	+	+	−	+	+	+	+	+	+
45	+	+	+	+	+	+	+	+	+	+	+	+	+	+	−	+	−	+	+	+	+	+	−
50	+	+	+	+	+	+	+	+	+	+	+	+	+	+	+	+	−	+	+	+	+	+	+
55	+	+	+	+	+	+	+	+	+	−	−	−	−	−	−	−	−	−	−	−	−	−	−

Abb. 14.3.7/1. Bandstahl nach DIN 1016 und Flachstahl nach DIN 1017

14.8   Stahl-Oberflächenschutz

Stahloberflächen müssen gegen Korrosion geschützt werden. Dies kann durch Anstriche und durch Verzinken geschehen.

14.8.1   Stahlanstriche

Bei allen Anstrichen ist die Reinigung der Oberfläche vor dem Anstrich – insbesondere eine gründliche Rostentfernung – notwendig. Es werden allerdings auch Farben angeboten, die auf Rost gestrichen werden sollen.

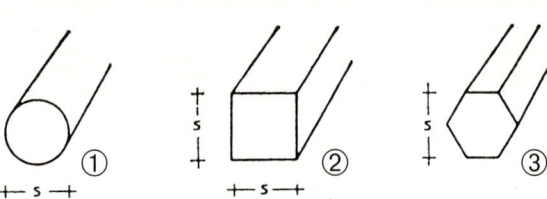

Profile: Rundstahl nach DIN 1013 (1), Quadratstahl nach DIN 1014 (2), Sechskantstahl nach DIN 1015 (3).

Länge s in mm	DIN 1013	1014	1015	Länge s in mm	DIN 1013	1014	1015	Länge s in mm	DIN 1013	1014	1015
5	+	+	−	15	+	+	+	25	+	+	−
5,5	+	−	−	15,5	+	−	−	25,5	+	+	+
6	+	+	−	16	+	+	+	26	+	+	−
6,5	+	−	−	16,5	+	−	−	26,5	+	+	−
7	+	+	−	17	+	+	−	27	+	−	−
7,5	+	−	−	17,5	+	−	−	27,5	+	−	−
8	+	+	−	18	+	+	+	28	+	+	−
8,5	+	−	−	18,5	+	−	−	28,5	+	−	−
9	+	+	−	19	+	+	−	29	+	+	+
9,5	+	−	−	19,5	+	+	−	30	+	+	−
10	+	+	+	20	+	+	−	31	+	−	−
10,5	+	−	−	20,5	+	+	+	32	+	+	+
11	+	+	+	21	+	+	−	33	+	+	−
11,5	+	−	−	21,5	+	+	−	34	+	+	+
12	+	+	+	22	+	+	+	35	+	+	−
12,5	+	−	−	22,5	+	−	−	36	+	−	−
13	+	+	+	23	+	−	−	37	+	+	−
13,5	+	−	−	23,5	+	+	+	38	+	+	+
14	+	+	−	24	+	+	−	39	+	−	−
14,5	+	−	−	24,5	+	−	−	40	+	+	+

Abb. 14.3.7/1. Bandstahl nach DIN 1016 und Flachstahl nach DIN 1017

Vierkantrohr		Rechteckrohr	
20 x 20 x 1,5	40 x 40 x 2,0	40 x 20 x 2,0	60 x 30 x 2,0
20 x 20 x 2,0	40 x 40 x 2,5	40 x 20 x 2,5	60 x 30 x 2,5
25 x 25 x 1,5	45 x 45 x 2,0	40 x 30 x 2,0	67 x 35 x 2,0
25 x 25 x 2,0	45 x 45 x 2,5	−	67 x 35 x 2,5
30 x 30 x 2,0	50 x 50 x 2,0	50 x 25 x 2,0	70 x 35 x 2,0
30 x 30 x 2,5	50 x 50 x 2,5	50 x 25 x 2,5	70 x 40 x 2,0
35 x 35 x 2,0	−	50 x 30 x 2,0	80 x 40 x 2,0
35 x 35 x 2,5	−	50 x 30 x 2,5	−

Abb. 14.3.8/1. Vierkant- und Rechteckstahlrohre, ungenormt

quadratischer Querschnitt			rechteckiger Querschnitt		
äußere Kantenlänge [mm]	Rohre geschweißt	nahtlos	äußere Kantenlänge [mm]	Rohre geschweißt	nahtlos
40	+	–		–	–
50	+	–	50 x 30	+	–
60	+	+	60 x 40	+	+
70	+	+	70 x 30	+	–
80	+	+	80 x 40	+	+
90	+	+	90 x 50	+	–
100	+	+	100 x 50	+	+
	–	–	100 x 60	+	+
110	+	+	110 x 60	+	–
120	–	+	120 x 60	–	+
125	+	–	125 x 60	+	–
130	–	+		–	–
140	+	+	140 x 70	+	+
			140 x 80	+	–
150	–	+	150 x 75	–	+
160	–	+	160 x 80	–	+
180	+	+	180 x 80	+	–
190	–	–	190 x 90	–	+
200	–	+	220 x 110	–	–
220	–	+		–	+
225	+	–		–	–
240	–	+		–	–
260	–	+		–	–
265	+	–		–	–
280	–	+		–	–

Abb. 14.3.9/1. Mannesmann Stahlbau-Hohlprofile (MSH-Profile)

Vierkantsstangen in Al-Legierungen nach DIN 1796 Kantenlängen [mm]			
3	6	12	36
3,5	7	14	40
4	8	20	
4,5	9	22	
5	10	24	
5,5	11	32	
Benennungsbeispiel: Vierkant Al-Leg. 8 DIN 1796 (8 = 8mm)			

Abb. 14.4.1/1. Nichteisenmetalle – 1. Teil

Flachstangen in Al-Legierung nach DIN 1770
Querschnittprofile [mm]

5 x 2	20 x 5	50 x 5
5 x 3	20 x 8	50 x 8
5 x 4	20 x 10	50 x 10
10 x 2	20 x 15	50 x 15
10 x 3	30 x 5	50 x 20
10 x 4	30 x 8	60 x 5
10 x 5	30 x 10	60 x 8
10 x 6	40 x 5	60 x 10
15 x 2	40 x 8	60 x 15
15 x 3	10 x 10	
15 x 5	40 x 15	
15 x 8	40 x 20	
15 x 15		

Benennungsbeispiel: Flachstange Al-Leg. 15 x 2 DIN 1770

Abb. 14.4.1/1.   Nichteisenmetalle – 2. Teil

I-Profile nach DIN 9712	U-Profile nach DIN 9713	T-Profile nach DIN 9714	L-Profile nach DIN 1771

Kurzbezeichnungszahlen = a x b x s in mm (siehe 14.123.1 – 14.123.5)

140 x 40 x 3	160 x 50 x 3	U 40 x 20 x 2	U 50 x 40 x 4	T 20 x 30 x 2	T 30 x 45 x 2,5	L 10 x 10 x 1,5	L 15 x 20 x 1,5
140 x 40 x 4	160 x 50 x 4	U 40 x 20 x 3	U 50 x 40 x 5	T 20 x 30 x 2,5	T 30 x 45 x 3	L 10 x 10 x 2	L 15 x 20 x 2
145 x 45 x 3	160 x 50 x 5	U 40 x 30 x 3	U 60 x 30 x 4	T 20 x 30 x 3	T 30 x 45 x 4	L 10 x 10 x 2,5	L 15 x 20 x 2,5
145 x 45 x 4	160 x 60 x 4	U 40 x 30 x 4	U 60 x 30 x 5	T 25 x 40 x 2	T 35 x 35 x 2,5	L 10 x 20 x 1,5	L 15 x 30 x 2
145 x 45 x 5	160 x 60 x 5	U 40 x 40 x 4		T 25 x 40 x 2,5	T 35 x 35 x 3	L 10 x 20 x 2	L 15 x 30 x 2,5
150 x 50 x 3		U 40 x 40 x 5		T 25 x 40 x 3	T 35 x 35 x 4	L 10 x 20 x 2,5	L 15 x 30 x 3
150 x 50 x 4		U 50 x 30 x 3		T 30 x 30 x 2	T 35 x 50 x 3	L 15 x 15 x 1,5	
150 x 50 x 5		U 50 x 30 x 4		T 30 x 30 x 2,5	T 35 x 50 x 4	L 15 x 15 x 2	
				T 30 x 30 x 3	T 35 x 50 x 5	L 15 x 15 x 2,5	

Benennungsbeispiel: T 35 x 35 x 3 DIN 9714

Abb. 14.4.2/1.   Leichtmetallprofile

Kennzeichnung: Außendurchmesser x Wandstärke

100 x 12	120 x 12	140 x 14	160 x 16	180 x 18	200 x 20	220 x 22	240 x 24	260 x 26	280 x 26	300 x 30	
100 x 14	120 x 14	140 x 16	160 x 20	180 x 20	200 x 24	220 x 26	240 x 28	260 x 30	280 x 30	300 x 35	

Länge meist 7 m

Abb. 14.5/1.   Runde Gußeisenhohlsäulen

Stahlblech			Kupferblech			Zinkblech			
DIN Nr.	Bezeichnung	Stärke in mm	DIN Nr.	Lagergrößen in mm	lieferbar	Stärke in mm	DIN Nr.	Lagergrößen in mm	lieferbar
1541	Fein-blech	0,18	1752	(100 x 200	+	0,10	9721	(65 x 200	–
		0,20			+	0,15		(80 x 200	+
		0,22			+	0,20		(100 x 200	+
		0,24			+	0,25		(100 x 225	+
		0,28			+	0,30		(100 x 250	+
		0,32			+	0,35			+
		0,38			+	0,40			+
		0,44			+	0,45			+
		0,50			+	0,50			+
		0,56			+	0,55			+
		0,63			+	0,60			+
		0,75			+	0,65			+
		0,88			+	0,70			+
		1,00			+	0,75			+
		1,13			+	0,80			+
		1,25			+	0,85			–
		1,38			+	0,90			+
		1,50			+	1,00			+
		1,75			+	1,10			–
		2,00			+	1,20			+
		2,25			+	1,30			–
		2,50			+	1,40			+
		2,75			+	1,50			+
	Mittel-blech	3,00			+	1,60			–
		3,50			+	1,70			–
		4,00			+	1,80			+
		4,50			+	2,00			+
		4,75			+	2,50			+
	Grob-blech	5,00			+	2,80			+
		6,00			+	3,00			+
		7,00			+	3,20			–
		8,00			+	3,50			+

Benennung: Stahlblech 1,13 DIN 1541 (Zahl = Blechstärke)

Abb. 14.6.1/1. Stahl-, Kupfer- und Zinkblech

Blechstärke [mm]								
	0,18	0,28	0,32	0,38	0,44	0,50	1,50	2,75
Lagergrößen [mm]	530 x 760					1000 x 2000		
	500 x 100		700 x 1400		–	1000 x 2000		
	600 x 1200				800 x 1600			

Abb. 14.6.2/1. Stahlblechlagergrößen

DIN	Benennung	Bemerkung	Abb.
mit Schraubenzieher einzuziehen			
84	Zylinderschraube	mit flachem Zylinderkopf	+
85	Linsenschraube	mit gerundetem Zylinderkopf	+
86	Halbrundschraube	mit gerundetem Kopf	+
87	Senkschraube	mit flachem Versenkkopf	+
88	Linsensenkschraube	mit gerundetem Versenkkopf	+
551	Gewindestift	kopfloser Stift	+
mit Schraubenschlüssel einzuziehen			
478	Vierkantschraube mit Bund	mit Bundkranz unter Vierkant	+
479	Vierkantschraube mit Ansatz	mit Schaftansatz	+
558	rohe Sechskantschraube	wie 933, jedoch nicht blank	–
561	Sechskantschraube mit Zapfen	wie 933, jedoch mit Schaftzapfen	–
564	Sechskantschraube mit Spitze	wie 933, jedoch mit Schaftspitze	–
601	rohe Sechskantschraube	wie 931, jedoch nicht blank	–
603	Flachrundschraube mit Vierkant	(dreht beim Mutteraufziehen	+
605	Senkschraube mit Vierkant	nicht durch)	+
931	blanke Sechskantschraube	Schaft z. T. gewindelos	+
933	blanke Sechskantschraube	Schaft voll mit Gewinde	+
938	Stiftschraube	Gewinde an beiden Enden	+

Abb. 14.7.1/1.   Schraubentypen (Auszug) – 1. Teil

DIN	Benennung	Bemerkung	Abb.
mit Steckschlüssel einzuziehen			
912	Zylinderschraube mit Innensechskant	auch als DIN 6912 mit tieferem Sechskantloch	+
913 A	Gewindestift	nur Größen M 6 – 24	+
913 B	Schaftschraube	nur Größen M 6 – 24	+
914 A	Gewindestift	wie 913 A, jedoch mit Spitze	–
914 B	Schaftschraube	wie 913 B, jedoch mit Spitze	–
915 A	Gewindestift	wie 913 A, jedoch mit Zapfen	–
915 B	Schaftschraube	wie 913 B, jedoch mit Zapfen	–
Bezeichnungsbeispiel: Halbrundschraube 4 x 20 DIN 86 (4 x 20 = Gewindedurchmesser x Schraubenlänge ohne Kopf)			

Abb. 14.7.1/1. Schraubentypen (Auszug) – 2. Teil

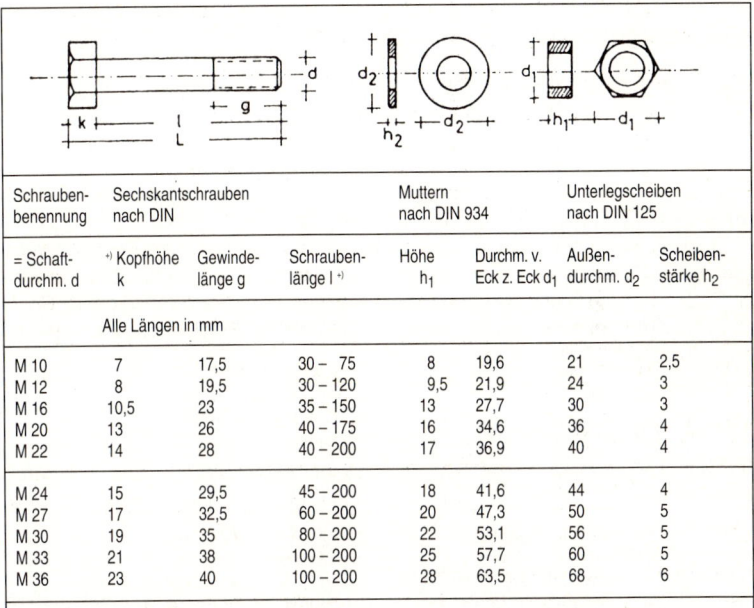

Schrauben- benennung	Sechskantschrauben nach DIN			Muttern nach DIN 934		Unterlegscheiben nach DIN 125	
= Schaft- durchm. d	+) Kopfhöhe k	Gewinde- länge g	Schrauben- länge l +)	Höhe h$_1$	Durchm. v. Eck z. Eck d$_1$	Außen- durchm. d$_2$	Scheiben- stärke h$_2$
	Alle Längen in mm						
M 10	7	17,5	30 – 75	8	19,6	21	2,5
M 12	8	19,5	30 – 120	9,5	21,9	24	3
M 16	10,5	23	35 – 150	13	27,7	30	3
M 20	13	26	40 – 175	16	34,6	36	4
M 22	14	28	40 – 200	17	36,9	40	4
M 24	15	29,5	45 – 200	18	41,6	44	4
M 27	17	32,5	60 – 200	20	47,3	50	5
M 30	19	35	80 – 200	22	53,1	56	5
M 33	21	38	100 – 200	25	57,7	60	5
M 36	23	40	100 – 200	28	63,5	68	6

Bezeichnungsbeispiel: Sechskantschraube M 16 x 50 DIN 931 (Gewindedurchmesser x Schraubenlänge)

+) Kopfhöhe + Schraubenlänge = Sechskantschraubengesamtlänge L.
  Sechskantschraubenmuttern: es gibt 3 Arten:
  rohe Muttern – DIN 555
  glatte Muttern – DIN 934, Höhe = 0,8 x Gewindedurchmesser
  DIN 936, Höhe = 0,5 x Gewindedurchmesser

Abb. 14.7.2/1. Sechskantschrauben, Muttern und Unterlegscheiben nach DIN (Auszug)

14.8.1.1 Ölfarbenanstriche

Sie bieten bei einer normalen Beanspruchung in einer Luft ohne Industrieabgase ausreichenden Schutz. Da der Ölfilm quellbar ist, verbietet sich ein derartiger Anstrich bei Dauerfeuchtigkeit und im (insbesondere feuchten) Erdreich.

Die Wasserfestigkeit des Anstriches wird durch den Zusatz von Leinöl-Holzöl-Standöl gesteigert, die Trockenzeit verkürzt. Holzölanteile erhöhen die chemische Widerstandsfähigkeit eines Anstriches, verringern aber seine Widerstandskraft gegen Witterungseinflüsse.

Anstrichschichtstärke und -anzahl:

Nach einer gewissenhaften Entrostung erfolgen zunächst 2 Anstriche mit Bleimennige wegen deren guten Haftfähigkeit und Härte als Grundanstrich und Rostschutzgrundierung.

Nach einer 2- bis 3wöchigen Trocknung ist ein zweifacher Deckanstrich aufzutragen. Mehrere gut getrocknete dünne Anstriche besser als wenige dicke.

Es darf nur bei trockenem Wetter (am besten im Herbst), nicht auf feuchte Flächen (Tau abtrocknen lassen) und soll nicht bei Lufttemperaturen unter + 5 °C gestrichen werden.

14.8.1.2 Anstrichmittel auf Rost

Es muß zwischen Penetrier-Anstrichmitteln und Rostumwandlern unterschieden werden.

Penetrier-Anstrichmittel werden nach einem groben Reinigen auf den Rost gestrichen, wodurch die vorhandene Rostschicht umhüllt wird. Es kommt zur Unterrostung, weshalb das Mittel nicht als ausreichend gelten kann.

Rostumwandler sollen die sonst übliche Entrostung vor dem Grundanstrich einsparen. Rostschicht soll in festhaftende Eisenphosphatschicht umgewandelt werden. Der Stahl darf aber keine Farbreste und nur schwächere Rostschichten tragen, da sonst eine Unterrostung eintritt. Vorheriges Abbürsten ist deshalb unumgänglich.

14.8.2 Feuerverzinken

Der Schutz gegen Korrosion besteht aus einem Überzug aus Zink, der durch Tauchen des gründlich gereinigten Stahles in ein heißes Zinkbad erzielt wird.

Zinkauflage [g/m²]	~ Lebensdauer in Jahren bei			
	Landluft	Seeluft	Stadtluft	Industrieluft
210	20	8	7	–
280	30	12	11	–
560	–	22	20	10
700	–	27	25	14

Abb. 14.8.2/1. Erfahrungswerte für die Lebensdauer von Zinkauflagen

Nach dem Herausziehen lagert sich eine Reinzinkschicht auf der Stahloberfläche ab und erstarrt.

Gute Verzinkungen müssen an allen Stellen eine gleichmäßige, haftfeste Zinkschicht besitzen. Draht darf beim Wickeln um einen anderen nicht abblättern, desgl. Bleche beim Biegen um 180°. Stahl darf bei einer Hammerprobe mit 250-g-Hammer keine Zinkablösungen zeigen.

Die Auflagendicke wird in g/m^2 angegeben, dabei gilt die Angabe bei Blechen immer für doppelseitige Verzinkung. Es sollten immer alle Teile, z. B. auch Schrauben und Muttern, verzinkt oder aus korrosionssicherem Material sein.

Erfahrungswerte für die Lebensdauer von Zinkauflagen bei normaler atmosphärischer Aggression nennt Abb. 14.8.2/1.

15 Wasseranlagen

15.1 Allgemeines

Man unterscheidet
Fließgewässer, bei denen das Wasser dem Gefälle folgend fließen kann und aus natürlichen Quellen stammt;
Stillgewässer, bei denen das Bett eine allseitig umschlossene Hohlform bildet, wobei sich der Wasserspiegel nur hält, wenn der Zufluß Versickerung und Verdunstung ausgleicht.
Grundsätze:
Jede Wasserfläche erfordert eine Hohlform, in der das Wasser fließen oder als Stillgewässer einen Wasserspiegel bilden kann.
Soll Wasser fließen, ist ein Gefälle oder ein Druck erforderlich.
Der Wasserspiegel eines Stillgewässers ist immer waagerecht; bei Gewässern mit Dichtung wird der Wasserspiegel von dem niedrigsten Punkt der Dichtung bestimmt.

15.2 Herstellung der Hohlkörper

Hohlkörper zur Aufnahme von Wasser lassen sich entweder durch Verformung der Erdoberfläche oder durch technische Bauten aus verschiedenen Baustoffen herstellen (s. Abb. 15.2/1). Hohlkörper, die durch Verformung der Erdoberfläche hergestellt werden, benötigen bei unzureichenden Grundwasserstand in der Regel eine Dichtung aus Dichtungsbahnen oder natürlichen Stoffen wie Ton, Bentonit usw., während bei den technischen Bauten die Dichtung durch den Baukörper selbst erfolgt.

15.3 Dichtung der Hohlkörper

Die Dichtungsart hängt von der Funktion, der Größe und der Form ab. Folgende Dichtungsbauweisen sind gebräuchlich.

15.3.1 Dichtungsbahnen

15.3.1.1 Regeln der Technik

DIN 18195 Bauwerksabdichtungen;
DIN 18337 Abdichtung gegen nichtdrückendes Wasser;
DIN 18338 Dachdeckungs- und Dachabdichtungsarbeiten;

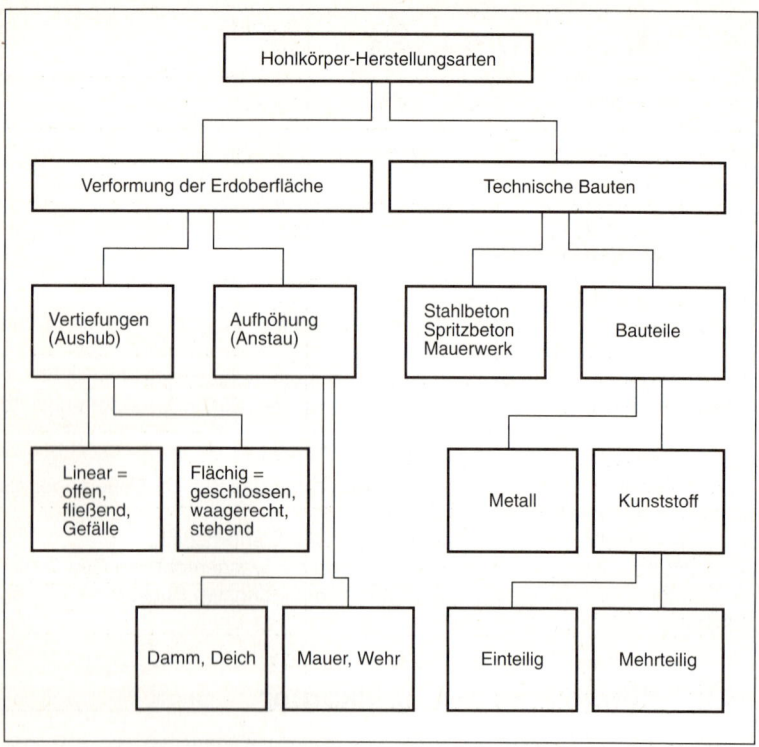

Abb. 15.2/1. Arten der Hohlkörper-Herstellung

Richtlinien für die Planung und Ausführung von Dächern mit Abdichtungen – Flachdachrichtlinien, Zentralverband des Deutschen Dachdeckerhandwerkes; Verlegeanleitungen und sonstige Vorschriften der Hersteller.

15.3.1.2 Baustoffe

S. Abb. 15.3.1/1;
Bitumen-Schweißbahnen entsprechend DIN 52131;
Polymer-Bitumen-Schweißbahnen entsprechend DIN 52133;
Kunststoffdichtungsbahnen aus
Polyisobothylen-(PIP) entsprechend DIN 16935 und
PVC-weich entsprechend DIN 16937 oder DIN 16938;
Ethylencopolymerisat-Bitumen entsprechend DIN 1672;
EPDM-Dichtungsbahnen entsprechend DIN 7864;
außerdem: Klebemassen, Deckaufstrichmittel, Spachtelmasse, Trennschichten, Trennlagen und sonstige Hilfsstoffe.

Bahnmaterial	Typ	Norm [DIN]	Nenndicken [mm]
Polyisobutylen (PIB)	DD	16935	1,5 – 2,0
Polyvinylchlorid (PVC-P) bitumenverträglich	DD	16937	1,2 – 1,5 – 2,0
Polyvinylchlorid (PVC-P) nicht bitumenverträglich	DD	16938	0,8 – 1,2 – 1,5 – 2,0
Ethylencopolymerisat-Bitumen (ECB)	DD	16729	1,5 – 2,0 – 2,5 – 3,0
Ethylen-Propylen-Terpolymer-Elast. (EPDM)	DD	–	1,0 – 1,3 – 1,5 – 2,0
Chloriertes Polyethylen PE-C mit Einlage	DD	16739	1,2 – 1,5 – 2,0
Bitumen und Glasvlies/ Glasgewebe	S	52131	4,0 – 5,0
Bitumen und Polyestervlies	S	52131	5,0
Polymerbitumen und Glasgewebe/Pol.-Vlies	S	52133	5,0
DD = Dach- und Dichtungsbahn S = Schweißbahn			

Abb. 15.3.1/1. Baustoffe Dichtungsbahnen

Die Baustoffe müssen dehnungsfähig und beständig gegen Reißen, Alterung und UV-Belastung sein. Bei Wasseranlagen mit Pflanzeneinflüssen ist die Wurzelfestigkeit nachzuweisen.

15.3.1.3 Herstellung

Bei der Herstellung ist die Art der Tragebene (Baugrund) von Bedeutung. Man unterscheidet nach Abb. 15.3.1/2
Erdbauweisen
Baugrund aus feinkörnigem Boden;
Baugrund aus gemischt- oder grobkörnigem Boden;
Steilböschungen mit bautechnischem Teilausbau;
Beton- bzw. Mauerbauweisen.
Untergrundbehandlung:

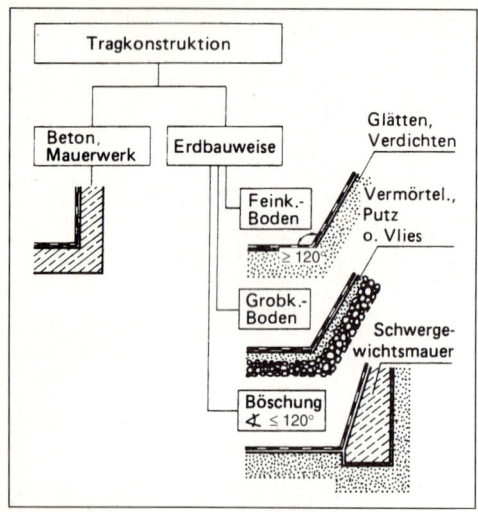

Abb. 15.3.1/2. Bauweisen
Dichtungsbahnen

Bei Erdbauweisen bei feinkörnigen Böden Glättung ausreichend, bei grobkörnigen oder mit Steinen durchsetzten Böden Ausgleichsschicht aus Sand, Vermörtelung oder Einbau einer Trennschicht durch Geotexil erforderlich.

Bei Betonbauweisen Beseitigung der Schalungsunebenheiten und anderer aus der Fläche herausstehende Teile vor Aufbringung der Dichtungsbahnen.

Randbefestigung (s. Abb. 15.3.1/3 a und 15.3.1/3 b):

Oberkante der Dichtungsbahn muß stets über den höchsten Wasserstand liegen (außer bei geplanten Sumpfzonen).

Bei Erdbauweisen Randbefestigung durch Eingraben; bei Beton- oder Mauerwerksbauweisen durch Klemmprofile, Anschlußbänder oder Verbundbleche (s. Abb. 15.3.1/3 c).

Fügetechnik:

Bei Kunststoffdichtungsbahnen durch Quellverschweißung (Anlöseschweißmittel) oder durch Heißluft (Anschmelzung), Überlappung der Bahnen mindestens 5 cm;

Abdichtung von T-Stößen bei Quer- und Längsverbindungen durch Inquizierung von Flüssigkunststoff.

Bitumen-Schweißbahnen werden durch Heißluftschweißgerät oder im Anflämmverfahren gefügt; Überlappung mindestens 8 cm.

Alle Dichtungsbahnen werden als »lose Verlegung« auf dem Untergrund aufgebracht.

Bis maximal 1000 m^2 auch werkseitige Verschweißung (Konfektionierung) möglich.

Schutzschichten:

Aus optischen und schutzfunktionellen Gründen Abdeckung aus Sand, Kiessand, Oberboden oder Pflaster und Platten (s. Abb. 15.3.1/3 d).

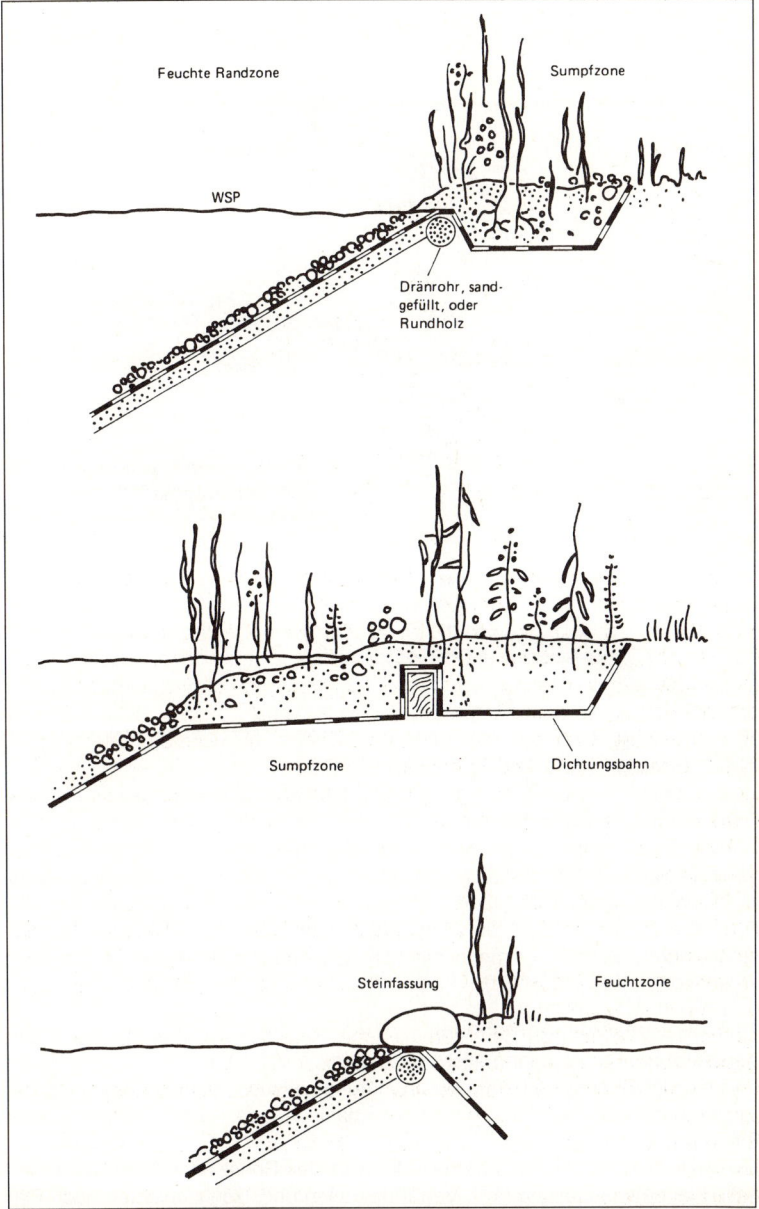

Abb. 15.3.1/3a. Randbefestigung bei feuchter Randzone

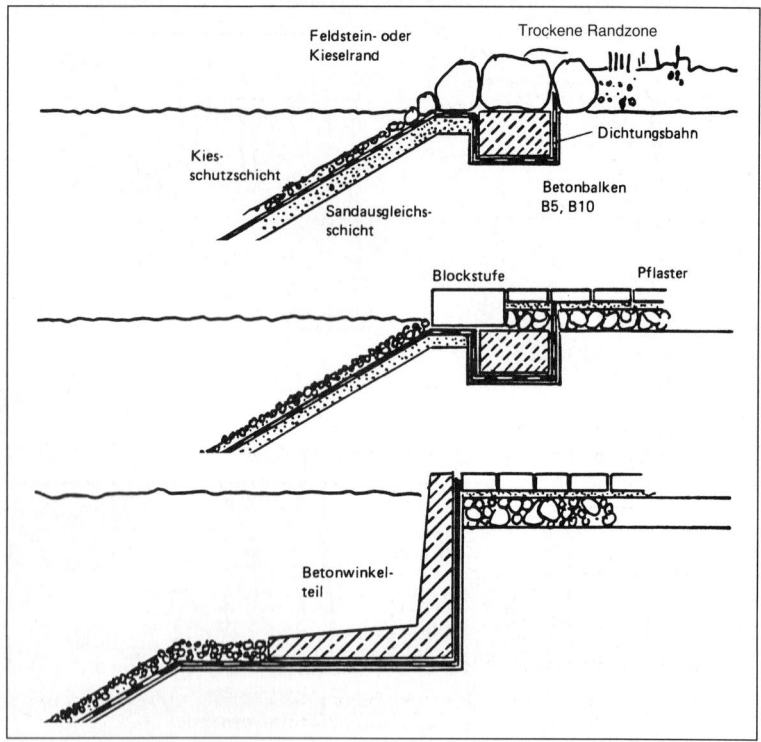

Abb. 15.3.1/3b. Randbefestigung bei trockener Randzone

Durchdringungen, Anschlüsse:
Rohrdurchdringungen usw. müssen einen dichten Anschluß der Bahnen zur Vermeidung von Sickerstellen gestatten: Verbundformteile oder Zusatzabdichtungen (s. Abb. 15.3.1/3 e).
Bei Anschlüssen an Bauteile Dichtungsbahnen über den höchsten Wasserstand führen; Schutz vor mechanischen Beschädigungen durch Schutzvliese vorsehen (s. Abb. 15.3.1/3 f).

15.3.1.4 Abnahme, Abrechnung
Abnahme bei Fertigstellung aller Leistungen.
Prüfung der Dichtigkeit häufig durch Flutungsversuch; Nahtverbindungen der Dichtungsbahnen werden optisch, mechanisch oder durch Vakuumglocke überprüft.
Die Abrechnung der Erdarbeiten erfolgt in der Regel nach Aushubmassen (m^3), Planumsherstellung (m^2), Vermörtelungen und Trennschichten nach Fläche (m^2), Dichtungsbahnen nach Fläche (m^2) in der Abwicklung, Randbefestigung nach Längenmaß (m).

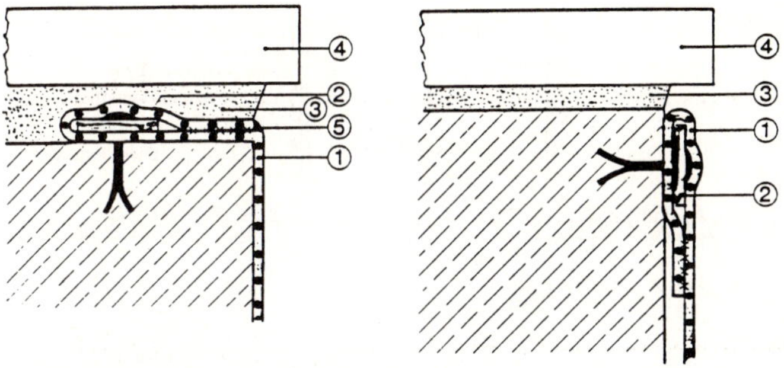

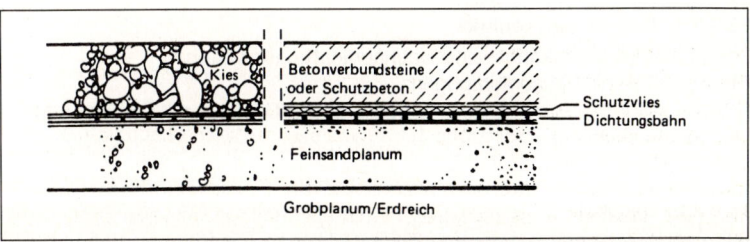

1 Kunststoffdichtungsbahn
2 Aluband 20,0 x 1,0 mm mit Spreiznieten
3 Silikonspritzung
4 Abdeckplatten in Mörtelbett verlegt
5 Absichern der Naht- und Kreuzungsstellen mit PVC flüssig

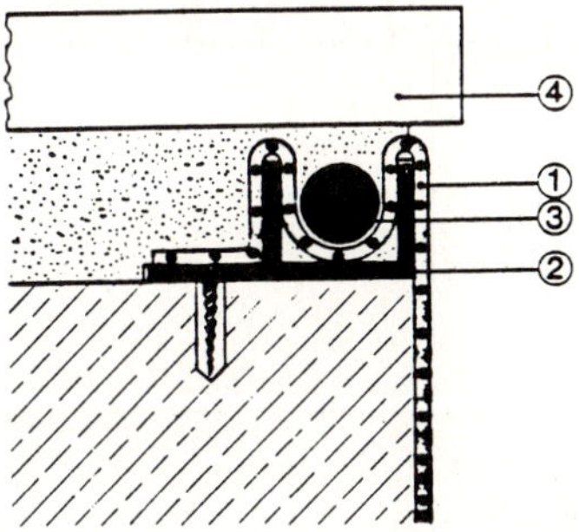

1 Kunststoffdichtungsbahn
2 Aluminium-Klemmprofil aufgeschraubt
3 PVC-Rundprofil zum Einklemmen
   der Folie
4 Abdeckplatten nachträglich
   in Mörtelbett verlegt

Abb. 15.3.1/3c. Dichtungsbefestigung bei Beton und Mauerwerk

Abb. 15.3.1/3d. Schutzschichten

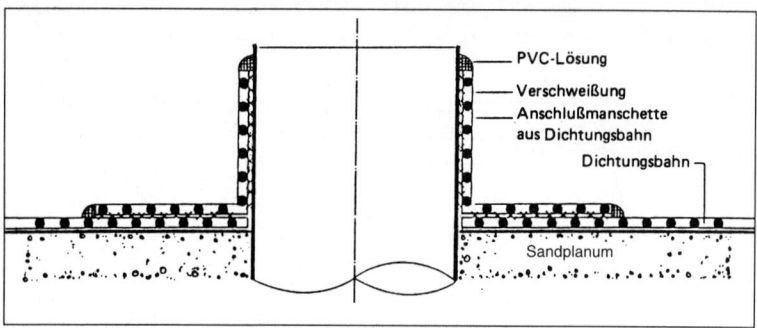

Abb. 15.3.1/3e. Durchdringungen

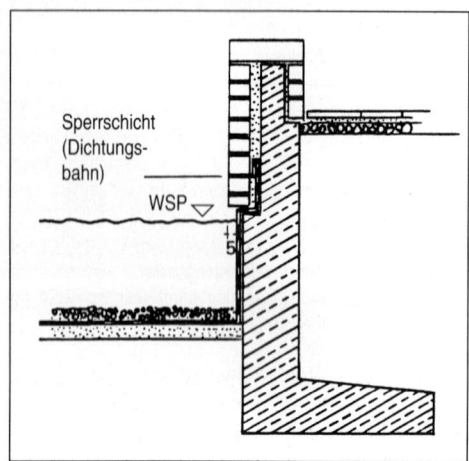

Abb. 15.3.1/3f. Anschlüsse an Bauteile

15.3.2 Bitumendachbahnen

15.3.2.1 Regeln der Technik

DIN 18 338 Dachdeckungs- und Dachabdichtungsarbeiten;
DIN 18 195 Bauwerksabdichtungen;
Richtlinien für die Planung und Ausführung von Dächern mit Abdichtungen –
Flachdachrichtlinien;
Herstellervorschriften.

15.3.2.2 Baustoff

Bitumendachbahnen haben eine Trägerbahn, die mit Bitumen getränkt und
auf beiden Seiten mit Bitumen beschichtet sind (s. Abb. 15.3.2/1).

Bahneneinlagen	Typ	Norm [DIN]	Gewicht [g/m²]
Rohfilz		52128	333
Rohfilz	DD	52128	500
Jute	DD	52130	300
Glasgewebe	DD	52130	200
Polyestervlies	DD	52130	200
Glasvlies	DD	52143	1100
Glasvlies	DD	52143	1300

Abb. 15.3.2/1. Baustoffe Bitumendachbahnen

Außerdem werden Bitumenvoranstrichmittel und heiß zu verarbeitende Klebemassen und Deckaufstrichmittel aus Bitumen nach DIN 1996 verwandt. Diese Baustoffe sind in der Regel nicht wurzelbeständig!

15.3.2.3 Herstellung

Bauweisen, Untergrundbehandlung und Randbefestigung wie Kap. 15.3.1.3, jedoch wird eine Überlappung der ersten Lage von mindestens 8 cm vorgeschrieben.

Überlappungsfläche der ersten Lage wird im Bürstenstreichverfahren mit heißflüssigem Bitumen bei einer Verarbeitungstemperatur von 180 bis 200 °C bestrichen und die nächste Rolle sofort nachgerollt; beim Einrollen unter leichten Druck in der gesamten Überlappungsfläche entsteht ein Klebemassenwulst. Keine Falten oder Blasen! Kehlen, Rundungen und Anschlüsse müssen vor der Verklebung zugeschnitten werden, um eine Abkühlung der Bitumenklebemasse zu verhindern.

Aufbringung der zweiten Lage in versetzter Form parallel zu den Bahnen der ersten Lage bei vollflächigem Aufkleben im Gießverfahren (s. Abb. 15.3.2/2). Bei größeren Wasseranlagen Einbau einer dritten Lage zweckmäßig.

Arbeiten nur bei warmer und trockener Witterung zur Vermeidung vorzeitiger Abkühlung der Bitumenklebemasse; beim Verkleben keine Beschädigungen durch Schuhwerk oder Geräte.

Nach dem Verkleben Dichtungsfläche mit heiß zu verarbeitenden Deckaufstrichmittel bestreichen und mit trockenen, scharfen Sand abstreuen. Danach Schutzschicht aus Kiessand, d = 5 cm bis 10 cm, aufbringen.

Bitumendachbahnen sind nicht UV-beständig und müssen im Bereich oberhalb des Wasserspiegels im Abstand von zwei bis drei Jahren nachgestrichen werden.

Randausbildung entspr. Kap. 15.3.1.3.

Durchdringungen:
Klebeflanschen, Dichtungsmanschetten oder Klemmflanschen mit Anschlußflächen von mindestens 120 mm Breite.

15.3.2.4 Abnahme, Abrechnung

Wie Kap. 1.3.1.4.

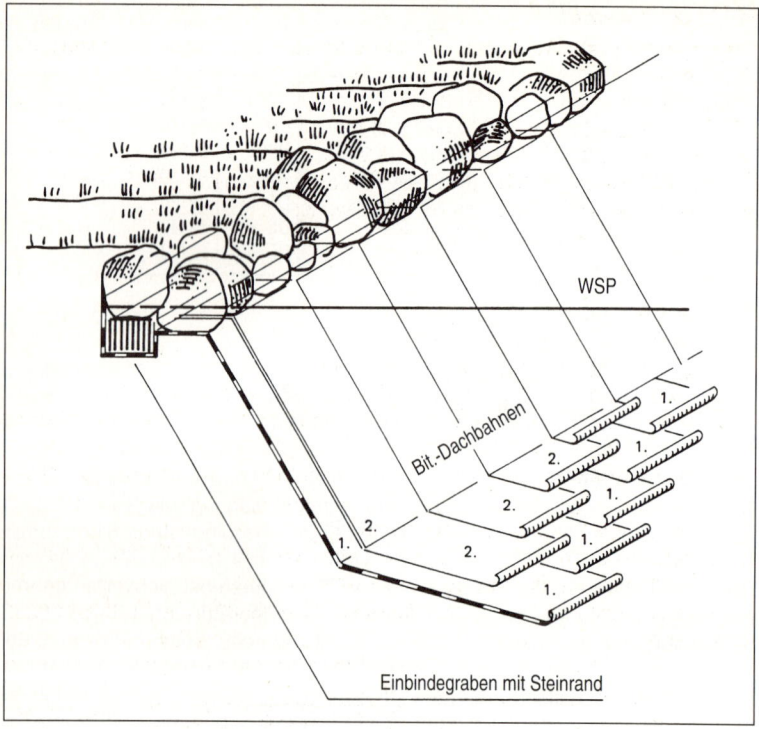

Abb. 15.3.2/2. Dichtung aus Bitumendachbahnen

15.3.3 Asphaltmastix

Asphaltmastix-Dichtungen werden in erster Linie bei großflächigen und unregelmäßigen Wasseranlagen, Stauanlagen sowie im Fluß- und Wasserbau verwendet. Dabei ist die Herstellung von Böschungen mit einer Neigung 1:2,5 und steiler möglich.

15.3.3.1 Regeln der Technik

DIN 18 195 Bauwerkabdichtungen;
DIN 18 317 Straßenbauarbeiten, Oberbauschichten mit bituminösen Bindemitteln;
DIN 18 354 Asphaltbelagsarbeiten;
Zusätzliche technische Vorschriften und Richtlinien für den bituminöser Fahrbahndecken – ZTVbit – StB 84;
EAAW 77 Empfehlungen für die Ausführung von Asphaltarbeiten im Wasserbau, Deutsche Gesellschaft für Erd- und Grundbau, Essen.

15.3.3.2 Baustoffe

Asphaltmastix ist eine dichte bituminöse Masse, die im heißen Zustand gieß- und streichbar ist.

Mineralanteil:

14 Gew.-% bis 30 Gew.-% Füller, d $\leq$ 0,09 mm;

70 Gew.-% bis 86 Gew.-% Sand, d 0,9 mm bis 2 mm.

Bindemittel: Bitumen B 80, B 65 oder B 45 entsprechend DIN 1995;

Bindemittelgehalt: 14 Gew.-% bis 20 Gew.-%;

Mischguttemperatur: 180 bis 220 °C.

15.3.3.3 Herstellung

Regelaufbau (s. Abb. 15.3.3./1 a):

Herstellung des Baugrunds;

Einbau einer Filterschicht, sofern erforderlich;

Einbau einer Schottertragschicht, 0/45 bzw. 0/56, d $\geq$ 15 cm;

Asphaltbinderschicht, zweilagig, 0/16 mm und 0/22 mm, d $\geq$ 7 cm, Hohlraumgehalt $\geq$ 3,0 bis 7,0 Vol.-%;

Einbau der Asphaltmastix durch Abziehvorrichtung oder Schieber, d = 0,8 cm bis 1 cm;

Schichtdicke > 1 cm mindestens zweilagig;

evtl. Versiegelungsmastix, Bindemittelgehalt von 30 bis 60 Gew.-% in zwei Lagen mit einer Gesamtmenge von 5 kg/m^2.

Einbau der Schichten möglichst in einem Arbeitsgang zur Vermeidung von Nahtstellen.

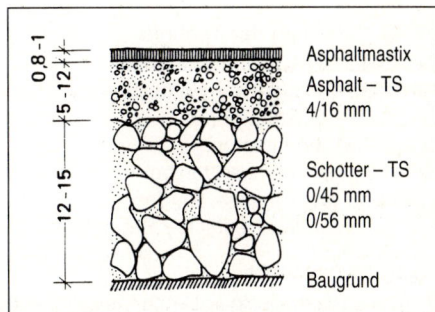

Abb. 15.3.3/1a. Regelaufbau Asphaltmastix

Randausbildung entsprechend Abb. 15.3.3/1 b.

Anschlüsse und Durchdringungen durch Einbau von Verbindungselementen zur Herstellung eines wasserdichten Anschlusses. Klebeflanschen mit Mindestbreite von 120 mm vorsehen entsprechend DIN 18 195 T 9.

15.3.3.4 Abnahme, Abrechnung

Abnahme nach Herstellung der Randabdeckung zweckmäßigerweise durch Flutungsversuch.

Abrechnung der Dichtung nach Schichtdicke und Fläche (m^2). Sonst wie Kap. 15.3.1.4.

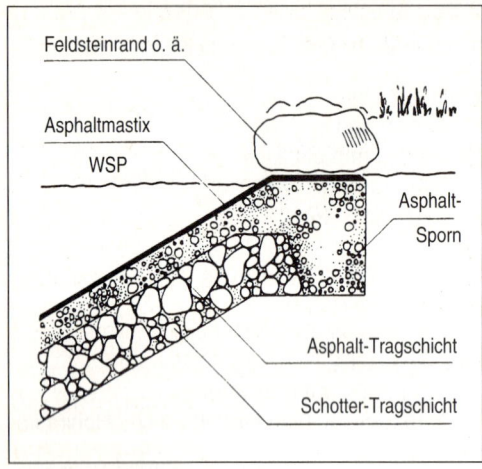

Abb. 15.3.3/1b. Randausbildung
Asphaltmastix

15.3.4 Beton

Anwendungsbereich vorwiegend für gebaute Wasseranlagen.
Herstellung in erster Linie als Stahlbeton; unbewehrte Betonbauweisen sind
nur durch zusätzlichen Einbau von Kunststoffdichtungsbahnen funktionsfähig.

15.3.4.1 Regeln der Technik

DIN 1045   Beton und Stahlbeton;
DIN 1055   Lastannahmen für Bauten;
DIN 4227   Spannbeton;
DIN 18551 Spritzbeton;
Schwimmbecken aus Stahlbeton und Stahlbetonfertigteilen, Deutsche Gesell-
schaft für das Badewesen, Essen;
DBV-Merkblätter, Deutscher Betonverein e.V., Wiesbaden.

15.3.4.2 Baustoffe

Wasserundurchlässiger Beton entsprechend DIN 1045 Abschn. 6.5.7.2 als
B 25 und B 35, Betongruppe II. Widerstandsfähigkeit gegen aggressive Wäs-
ser z.B. durch Moorwässer, Moorböden und Aufschüttungen; Untersuchun-
gen entsprechen DIN 4030 Beurteilung betonangreifender Wässer, Böden und
Gase.
Herstellung entsprechend Kapitel 12 Betonbau.
Gründliche Schalungsvorbehandlung zur Vermeidung von Graten und Un-
ebenheiten.
Wasserseitige Oberflächen können entweder unbehandelt bleiben oder erhal-
ten eine optische Schutzschicht, die allerdings keine Dichtungsfunktionen hat:
Anstriche oder Beschichtungen entspr. DIN 18363, lichtecht, sowie pflanzen-
und fischunschädlich;

Auskleidung durch keramische Beläge entspr. DIN 18352 Fliesen- und Plattenarbeiten mit glasierter oder unglasierter, jedoch dicht gesinterter Oberfläche;
Auskleidung mit Kunststoffdichtungsbahnen.
Randausbildungen s. Abb. 15.3.4/1 a.
Einbauten und Durchdringungen mit angeschweißten Dichtungsringen zur Stabilisierung im Betonbereich bzw. Formstücke mit Flanschteilen (s. Abb. 15.3.4/1 b).

15.3.4.4 Abnahme, Abrechnung

Abnahme in der Regel nach Herstellung der Randabdeckung, zweckmäßigerweise nach Durchführung eines Flutungsversuches.
Abrechnung in der Regel nach Flächenmaß (m^2), wobei entsprechend DIN 18331 Abschn. 5.1.4 Öffnungen bis 1 m^2 nicht abgezogen werden.

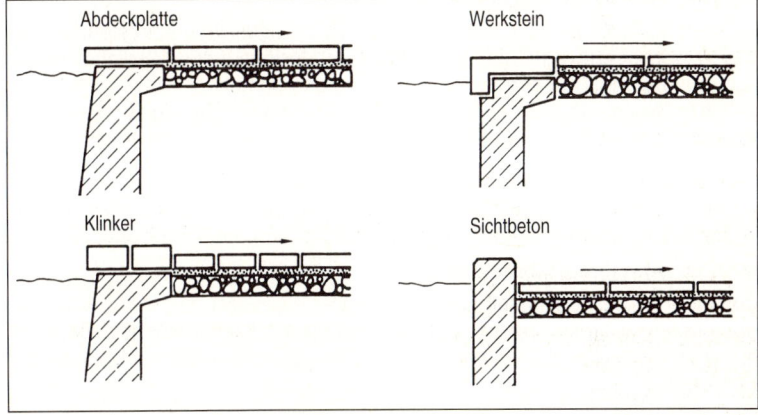

Abb. 15.3.4/1a. Randausbildung bei Betondecken

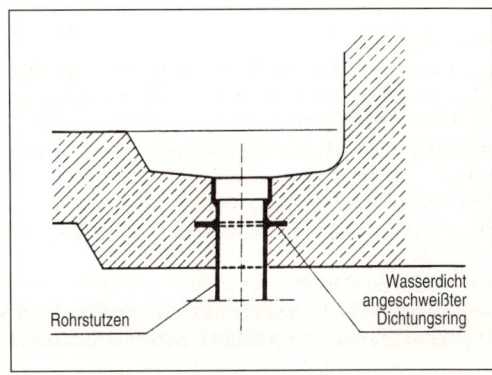

Abb. 15.3.4/1b. Bodenablauf bei Betondecken

15.3.5 Stahlbeton-Fertigteilbecken

Vorgefertigte Becken werden in erster Linie für Schwimmbecken und außerdem für großflächige Wasseranlagen, insbesondere mit Wasserspielen, eingesetzt.

15.3.5.1 Regeln der Technik

DIN 1045 Beton und Stahlbeton;
Schwimmbecken aus Stahlbeton und Stahlbeton-Fertigteilen,
Deutsche Gesellschaft für das Badewesen, Essen.

15.3.5.2 Baustoffe

Stahlbeton-Fertigteile entspr. DIN 1045 Abschn. 19, wobei unterteilt wird nach
Becken aus Fertigteil-Wänden und einem Boden aus Ortbeton,
Becken aus Fertigteil-Wänden und Fertigteil-Böden.
Die Herstellung erfolgt entsprechend Kap. 12.
Kleinere Zierbecken werden einteilig im Betonfertigteilwerk ausgeführt, wobei das Versetzen entweder auf Punktfundamente oder auf eine verdichtete Kiesschüttung erfolgt: auf sorgfältige Horizontierung achten.
Größere Wasseranlagen werden in Teilen montiert (häufig Vorspannung: Spannstähle werden während des Versetzens in vorgefertigte Kanäle eingelegt, Verfüllung der Fugen mit Mörtel und nach dessen Erhärten Aufbringung der Spannkraft).
Auskleidung durch Keramik-Platten oder Anstrich.

15.3.5.4 Abnahme, Abrechnung

Abnahme in der Regel nach Flutungsversuch.
Abrechnung entspr. DIN 18 331 Abschn. 5.1.1 nach Konstruktionsmaßen, d. h. in der Regel nach Flächenmaß, wobei Öffnungen bis 1 m^2 nicht abgezogen werden.

15.3.6 Spritzbeton

Möglichkeit zur Herstellung von polygonalen Wasseranlagen mit Wölbungen, Krümmungen und wechselnden Flächenneigungen.

15.3.6.1 Regeln der Technik

DIN 1045   Beton und Stahlbeton;
DIN 18 314 Spritzbetonarbeiten;
DIN 18 551 Spritzbeton, Herstellung, Prüfung;
DBV-Merkblätter, Deutscher Betonverein e.V., Wiesbaden.

15.3.6.2 Baustoffe

Trocken- und Naß-Spritzbeton entsprechend der Verfahrenstechnik wie Dünnstromförderung (pneumatische Förderung) und Dickstromförderung (Pumpenförderung).

15.3.6.3 Herstellung

Aufbringung des Spritzbetons auf Auftragsflächen, die aus Schalungsflächen, Böden, Mauerwerk, Beton und anderen Bauteilen aus Stahl oder Holz bestehen können. Auch Anwendung bei Sanierung von vorhandenen Beton- und Mauerwerksbecken.

Oberfläche entsprechend DIN 18551 möglichst spritzrauh belassen; bei Wasseranlagen zur Vermeidung von Schmutzablagerungen Spritzmörtel oder Spritzbeton mit Zuschlagskörnung 0/8 mm, d = 0,5 cm–1,5 cm aufspritzen und durch Abreiben glätten. Auch Aufbringung von Normalputz durch Hand möglich.

Rohrdurchführungen und Durchdringungen, Oberflächenbehandlung und Randausbildungen wie Kap. 15.3.4.

15.3.6.4 Abnahme, Abrechnung

Die Abnahme erfolgt i.d.R. nach Abschluß der Nachbehandlung, ggf. mit Entnahme von Bohrkernen entspr. DIN 18551 Abschn. 7.3.3. Die Abrechnung erfolgt entspr. DIN 18314 Abschn. 5 nach Flächenmaß, wobei Öffnungen bis zu 1 m² Spritzbetonoberfläche übermessen werden.

15.3.7 Sperrputz

Putze sind Mörtel-Oberflächenbehandlungen von Mauerwerken und Beton
einlagig,
zweilagig,
mehrlagig,
wobei wasserabweisende Außenwandputze verwandt werden.

15.3.7.1 Regeln der Technik

DIN 18350 Putz- und Stuckarbeiten;
DIN 18558 Kunstharzputze;
DIN 18550 T 1 Putz; Begriffe und Anforderungen;
DIN 18550 T 2 Putze aus Mörtel und mineralischen Bindemitteln.

15.3.7.2 Baustoffe

Putzmörtel der Mörtelgruppe P III, entspr. DIN 18515 T 1 mit Dichtungszusätzen.

15.3.7.3 Herstellung

Das Dichtungsvermögen eines Sperrputzes ist von der Standfestigkeit des Putzgrundes abhängig: Setzungen oder Bewegungen lassen im starren Putz Risse entstehen.

Sperrputze = Notbehelf!

Bei der Herstellung muß der Putzgrund (Mauerwerk, Beton) vollständig abgebunden sein. Ein saugender Putzgrund muß grundiert oder vorgenäßt werden.

Mehrlagiger Putz ist die Regel; die zweite Lage mit waserabweisenden Putzmörtel wird in einer Dicke von 10 mm bis 15 mm aufgebracht (MG III).

Ausrundung der Ecken zur Vermeidung von Verschmutzungen.

Einbauten und Durchdringungen erfordern Flansche aus Blei, Zinkblech oder Kunststoffolien.
Bei Bewegungen des Putzgrundes ist eine dauerhafte wirksame Abdichtung nicht möglich.

15.3.7.4 Abnahme, Abrechnung

Abnahme nach Abbinden des Putzes und nach Herstellung der Anschlußteile (z. B. Abdeckplatten).
Abrechnung entspr. DIN 18 350 Abschn. 5.1.1 nach Flächenmaß (m²) entsprechend Abwicklung, Fugen werden übermessen.

15.3.8 Ton

Tondichtungen sind ein jahrhundertealtes Dichtungsmittel für Wasseranlagen. Sie waren bisher gebunden an örtliche Tonvorkommen, können jedoch durch den Einsatz von Tonfertigteilen auch für Gebiete ohne Tonvorkommen verwandt werden. Tondichtungen sind umweltfreundlich und ohne Entsorgungsprobleme.
In der Regel sind Tondichtungen nicht für Bade- und Schwimmeinrichtungen geeignet.

15.3.8.1 Regeln der Technik

Einbauvorschriften von Ton-Fertigteil-Herstellern.

15.3.8.2 Baustoffe

Ton oder steinfreier Lehm mit hohen Schluffanteilen und geringer Wasserdurchlässigkeit, wobei zur Feststellung der Eignung eine Bestimmung der Kornzusammensetzung und der Wasserdurchlässigkeit empfehlenswert ist.
Neben Tonaushub und ungebrannten Ziegeln (Rohlingen) werden zunehmend Fertigteile aus Ton von verschiedenen Herstellern angeboten.

15.3.8.3 Herstellung

Nach Herstellung der Hohlkörperform Boden- und Wandflächen planieren und verdichten, Böschungsverhältnis von 1:2 nicht überschreiten. Bei steinigen Böden Sandausgleichsschicht, d = 10 cm, erforderlich.
Aufbringung des Tonbodens bzw. der -fertigteile auf das verdichtete Planum in einer Dicke von 10 cm bis 15 cm.
Stampfende Verdichtung durch Vibrationsstampfer, evtl. auch durch Schaffußwalzen. Anschließendes Abgleichen, ggf. Anfeuchtung und Aufbringung einer Schutzschicht aus Sand.
Dichtungsschicht über dem künftigen Wasserspiegel hochziehen.
Randausbildung durch Steine oder durch entsprechende Randzonenbepflanzung (s. Abb. 15.3.8/1 a und b).
Abdichtung von Einbauten und Durchdringungen schwierig.
Aufsteigende Mauerteile sind in der Regel durch zusätzliche Dichtungsbahnen »einzupacken« (s. Abb. 15.3.8/2).

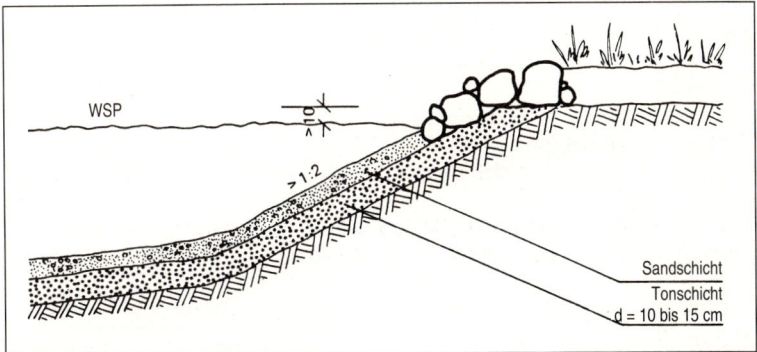

Abb. 15.3.8/1a. Tondichtung; Regelausbildung

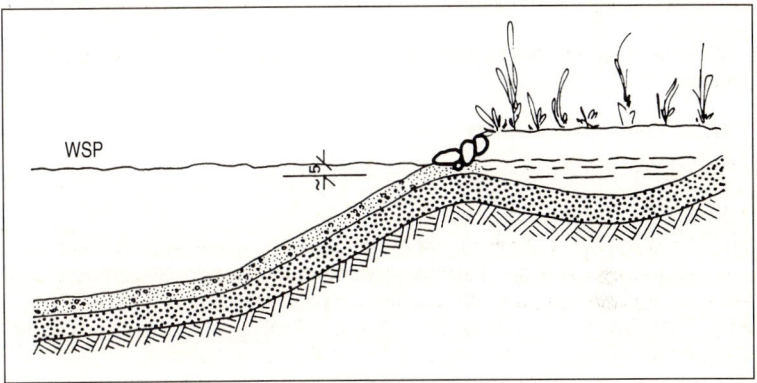

Abb. 15.3.8/1b. Tondichtung mit Sumpfzonenrand

15.3.8.4 Abnahme, Abrechnung

Abnahme nach Vollendung aller Leistungen, in der Regel durch Flutungsversuch.
Abrechnungs-Vorschriften entspr. ATV für die Dichtung nicht vorhanden.

15.3.9 Bentonitdichtungen

15.3.9.1 Regeln der Technik

Herstellervorschriften.

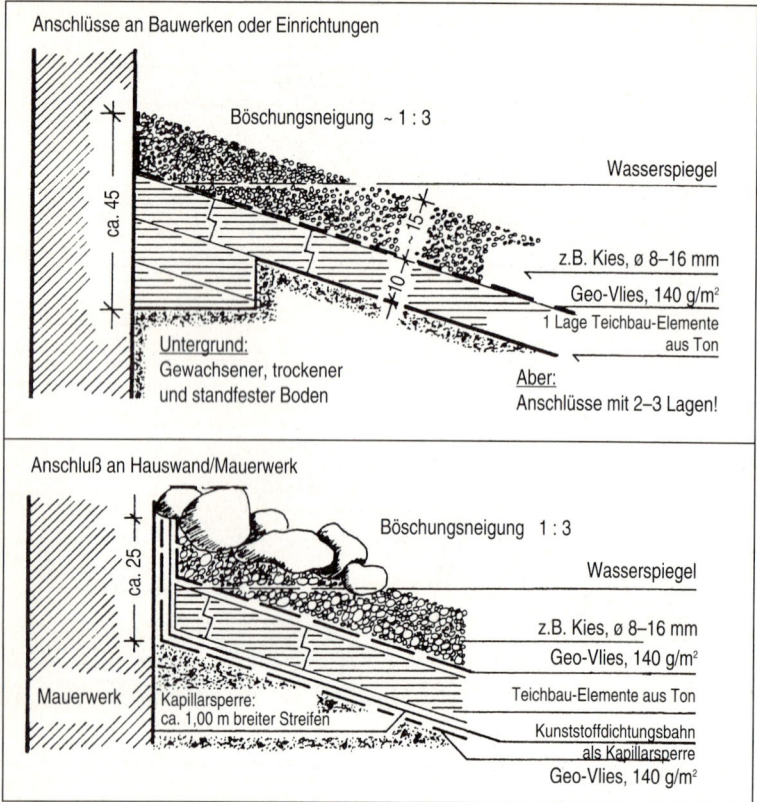

Anschlüsse an Bauwerken oder Einrichtungen

Böschungsneigung ~ 1 : 3

Wasserspiegel

ca. 45

z.B. Kies, ø 8–16 mm

Geo-Vlies, 140 g/m²

1 Lage Teichbau-Elemente
aus Ton

Untergrund:
Gewachsener, trockener
und standfester Boden

Aber:
Anschlüsse mit 2–3 Lagen!

Anschluß an Hauswand/Mauerwerk

Böschungsneigung 1 : 3

ca. 25

Wasserspiegel

z.B. Kies, ø 8–16 mm

Geo-Vlies, 140 g/m²

Mauerwerk

Kapillarsperre:
ca. 1,00 m breiter Streifen

Teichbau-Elemente aus Ton

Kunststoffdichtungsbahn
als Kapillarsperre

Geo-Vlies, 140 g/m²

Abb. 15.3.8/2. Tondichtung und aufsteigende Mauerteile (Produktinformation: Dia-Fertigteilwerk)

15.3.9.2 Baustoffe

Ton mit Montmorillonit als
Pulver mit Einfräsung oder
Dichtungsschicht oder
Bentonitmatten.

15.3.9.3 Herstellung

s. Abb. 15.3.9/1;
Einfräsung von Pulver mit ca. 2 Gew.-% in 15–30 cm Durchmischungszone,
Verdichtung und Aufbringung einer Schutzschicht;
Aufbringung als Schicht, 8–10 kg/m², d = 1,0–1,5 cm;
Aufbringung von Bentonitmatten.

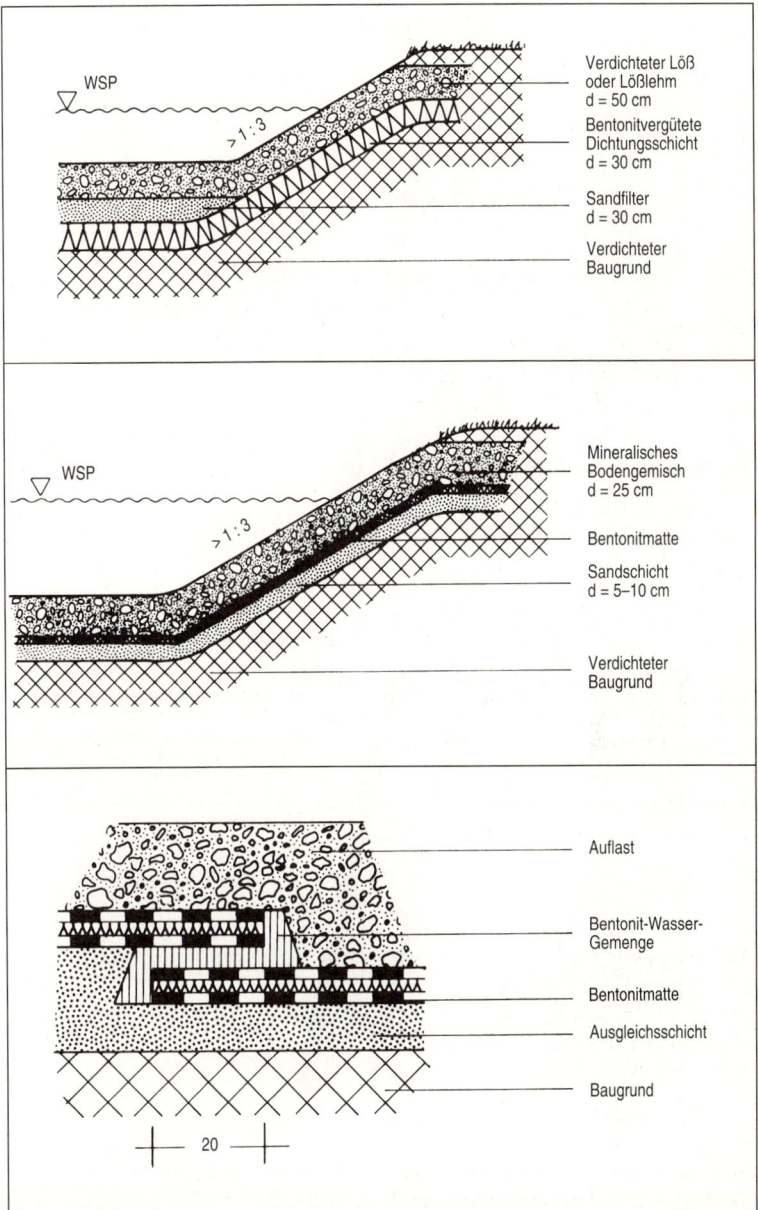

Verdichteter Löß oder Lößlehm d = 50 cm

Bentonitvergütete Dichtungsschicht d = 30 cm

Sandfilter d = 30 cm

Verdichteter Baugrund

Mineralisches Bodengemisch d = 25 cm

Bentonitmatte

Sandschicht d = 5–10 cm

Verdichteter Baugrund

Auflast

Bentonit-Wasser-Gemenge

Bentonitmatte

Ausgleichsschicht

Baugrund

Abb. 15.3.9/1. Bentonitdichtung

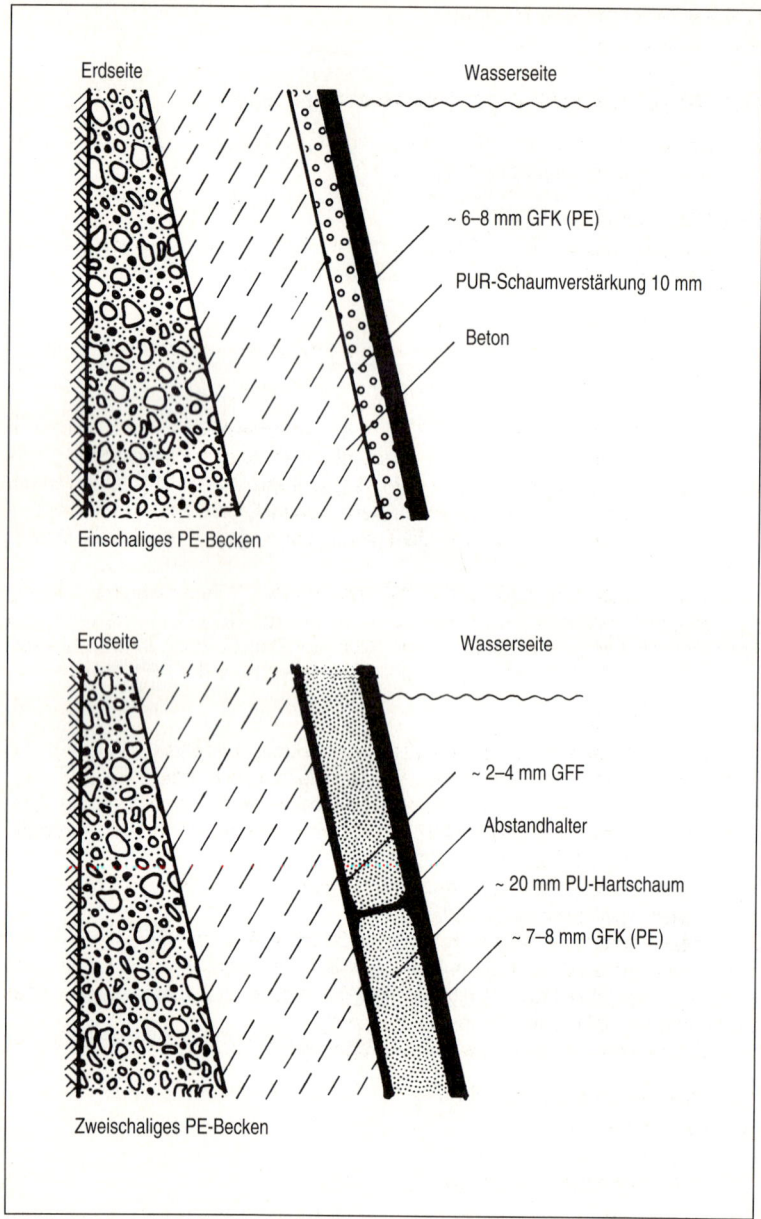

Abb. 15.3.10/1. Kunststoffbecken; ein- und zweischalig

15.3.9.4 Abnahme, Abrechnung
Nach Vereinbarung.

15.3.10 Kunststoff- und Kunstharzbauteile

Vorgefertigte Kunststoffbecken werden neben Zierbecken hauptsächlich als Schwimm- und Planschbecken eingesetzt.

15.3.10.1 Regeln der Technik
Herstellungsrichtlinien Nr. 1.122 des Bundesverbandes Schwimmbad-, Sauna- und Wassertechnik e.V., Arbeitskreis »Polyesterbecken«.

15.3.10.2 Baustoffe
Werkseitig hergestellte tiefgezogene Kunststoffschalen aus glasfaserverstärktem Polyesterharz (s. Abb. 15.3.10/1)
zweiteilig (getrennt) oder
mehrteilig aus Einzelelementen mit Flanschverbindungen, Verschraubungen oder Dichtungsbändern in ein- oder zweischaligen Angebotsformen.
Bei einschaliger Bauweise besteht die Wasserseite aus glasfaserverstärkten Polyesterharzen in verschiedenen Farben; hohe UV-Beständigkeit erforderlich. Rückseite (Erdseite) wasserdicht versiegelt, evtl. mit PUR-Schaumverstärkung.
Zweischalige Becken sind Verbundkonstruktionen: Wasserseitige Schalung aus glasfaserverstärkten Polyesterharz, erdseitige Schalung ebenfalls aus glasfaserverstärkten Polyesterharz mit Kern aus Polyurethanschaum; wasserseitig auch mit PVC-Deckschicht. Dicke zwischen 30 und 75 mm.

15.3.10.3 Herstellung
Grundsätzlich nach Einbauvorschriften der Hersteller: Polyesterbecken sind nichtselbsttragende und mehr oder weniger elastische Konstruktionen.
Nach Herstellung der Baugrube (evtl. Einbau einer Dränung) Einbau der Fundamentplatte nach Herstellervorschrift mit den erforderlichen Aussparungen (z. B. für Montageflansche) und Abläufe.
Einbau des Beckens mit Autokran oder dergl. (s. Abb. 15.3.10/2):
Einbau der Rohrleitungen und Einbauteile;
Ausrichten der Beckenwände mit anschließendem Aussteifen;
Einbau von Hinterfüllungsbeton, B 10 bzw. B 15, in Lagen ohne Stampfen und Rütteln bei gleichzeitigem Anstau des Wasserspiegels, danach Einbau eines Stahlbetonringankers, B 15, am Beckenrand.
Einbau von Rohrleitungen usw. in der Regel werkseitig.

15.3.10.4 Abnahme, Abrechnung
Nach Vereinbarung.

15.3.11 Metalldichtungen

15.3.11.1 Regeln der Technik
Vornehmlich Herstellervorschriften.

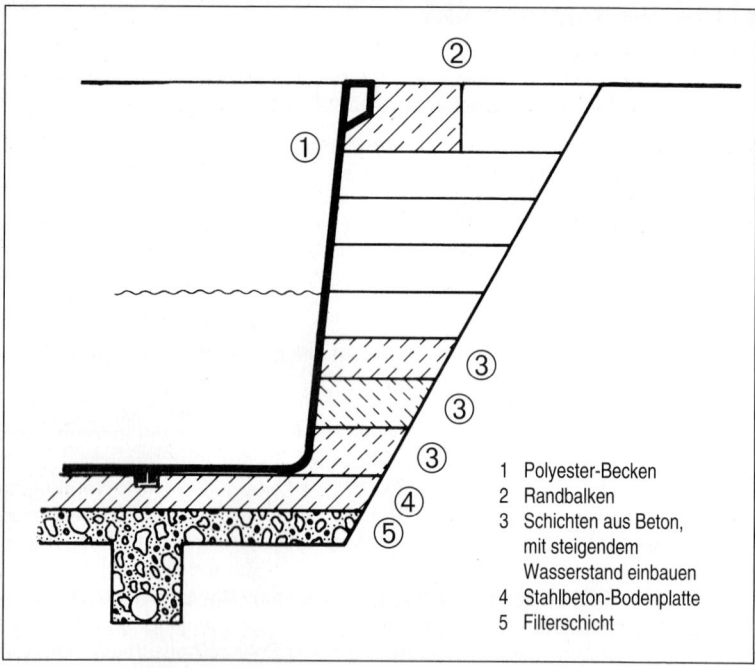

1 Polyester-Becken
2 Randbalken
3 Schichten aus Beton,
   mit steigendem
   Wasserstand einbauen
4 Stahlbeton-Bodenplatte
5 Filterschicht

Abb. 15.3.10/2. Einbau Kunststoffbecken

15.3.11.2 Baustoffe

S. Abb. 15.3.11/1;
Stahlbecken mit verzinkten, verschraubbaren Elementen aus Stahlblech,
d = 2,0 mm bis 2,5 mm mit umlaufendem Flansch;
Edelstahlbecken ebenfalls verschraubt, teilweise auch verschweißt, mit
Flansch und rückwärtigen Aussteifungselementen;
Leichtmetallbecken aus Leichtmetallblech mit zweiseitiger Kunststoffbeschichtung.

15.3.11.3 Herstellung

Die Herstellung ist systemabhängig, so daß jeweils Herstellervorschriften beachtet werden müssen.

15.3.11.4 Abnahme, Abrechnung

Nach Vereinbarung.

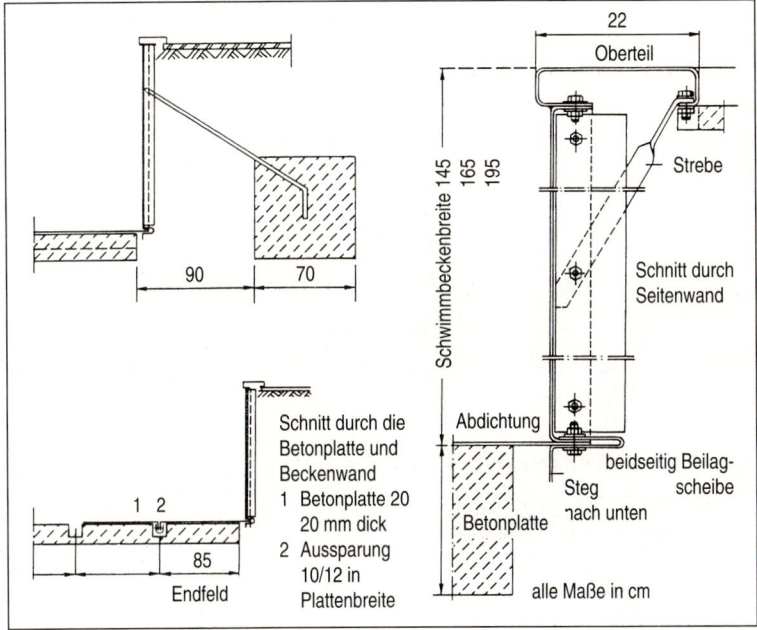

Abb. 15.3.11/1. Metallbecken

15.4   Wasserzufluß, -abfluß, -bewegung, -beleuchtung

15.4.1   Wasserzufluß

Die Speisung von Wasseranlagen erfolgt drucklos oder mit Druck.

15.4.1.1   Druckloser Zufluß

Speisung erfolgt durch
Quellen,
Wasserläufe, wie Gräben, Bäche, kleine Flüsse,
Niederschlagswasser.
Bei Speisungen durch Quellen sind Quellfassungen nach Abb. 15.4.1/1 erforderlich.
Einlaufvorrichtungen durch
Graben- oder Bachausmündungen;
Wehr- oder Einlaufbauwerk;
Wasserspeier;
Pumpenrücklauf und Niederschlagswasserleitungen.

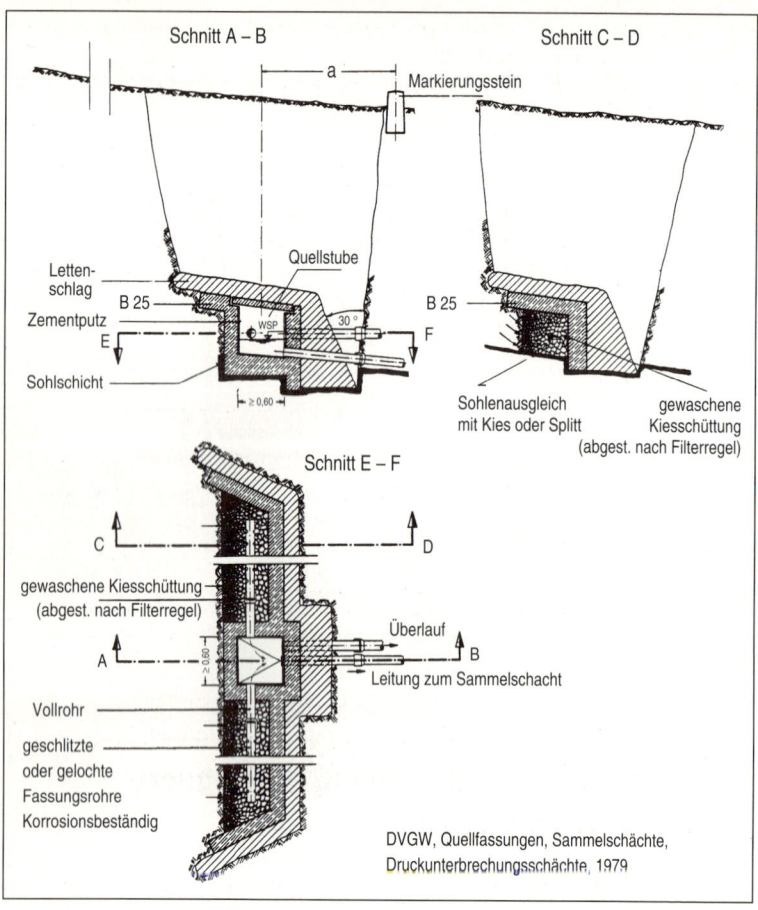

Abb. 15.4.1/1. Quellfassungen

Bei allen Zuläufen zur Vermeidung von Auskolkungen und Ausspülungen Einbau von Prallsteinen oder -platten erforderlich.

15.4.1.2   Druckwasserzufluß

(1) Zufluß
Einspeisung aus
Rohrnetz oder
Hoch- oder Staubehälter.
Bei Zufluß aus Rohrleitungen sind entsprechend dimensionierte Druckrohrleitungen erforderlich; bei geringer Zuflußmenge Einlaufbehälter mit Rücklaufschutz erforderlich.

Hochbehälter nur bei größeren Wasseranlagen und bei vorhandenen Höhenunterschieden empfehlenswert.

Zur Erhaltung des Wasserspiegels Zuleitungen durch Schwimmer- oder Magnetventile steuern.

(2) Druckerzeugung

Erforderlich zum Betrieb von Wasserspielen sowie zur Reinigung und Durchströmung.

Bei mangelndem Betriebsdruck des Rohrnetzes sind Druckerhöhungsanlagen über Druckbehälter und Pumpen erforderlich.

In der Regel Druckerzeugung über Pumpen, wobei Rücklaufwasser durch Tauchpumpen oder Kreiselpumpen eingesetzt werden kann (Umwälzung).

Tauchmotorpumpen werden unter Wasser, entweder im Wasserbecken

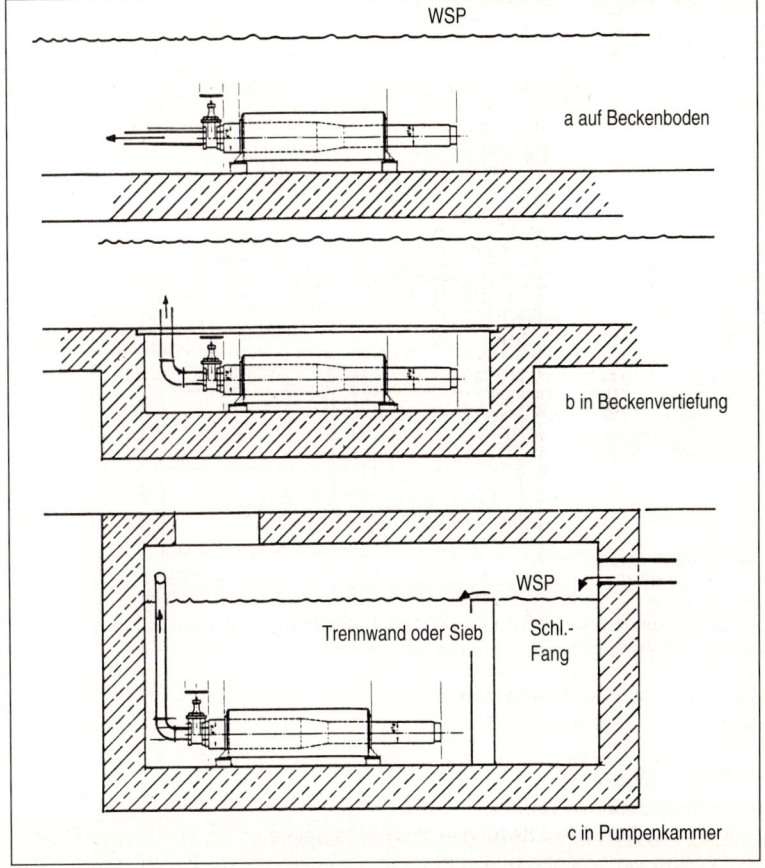

Abb. 15.4.1/2a. Tauchmotorpumpen

oder in Pumpenkammer installiert. Schaltung erfolgt über Niveauschalter als Schwimmkörper, Hebelschwimmkörper, Magnetschalter oder elektronische Schalter (s. Abb. 15.4.1/2 a).

Kreiselpumpen erfordern trockene Aufstellung in Pumpenkammern oder in Gebäuden, wobei Druckverluste zu erwarten sind. Kreiselpumpen haben günstigere Wartungsmöglichkeiten und können leichter ausgewechselt werden (s. Abb. 15.4.1/2 b).

Zur Vermeidung von Verschmutzungen Wasserbehälter mit Schlammfängen erforderlich.

Die Auswahl der Pumpen richtet sich nach den vorgesehenen Leistungen: Art und Umfang der Fontänenanlagen, Wasserflächengröße usw.

Dabei sind die hydraulischen Daten, wie

Förderleistung = Watt,
Fördermenge = m³/h,
Förderhöhe   = m,

zu beachten.

Leistungsbeurteilung erfolgt durch Pumpenkennlinien.

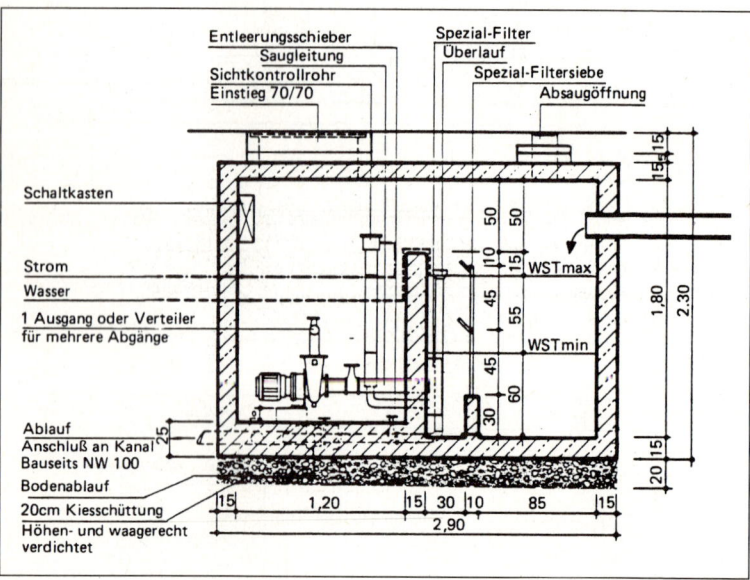

Abb. 15.4.1/2b. Kreiselpumpen

15.4.1.3 Wasserspiele

Wasserbewegungen über dem Wasserspiegel wird durch Wasserdruck und Leitungsreduzierung (= Einbau von Düsen) erreicht.

(1) Düsenarten (s. Abb. 15.4.1/3 a)

Glattstrahl-Düse,

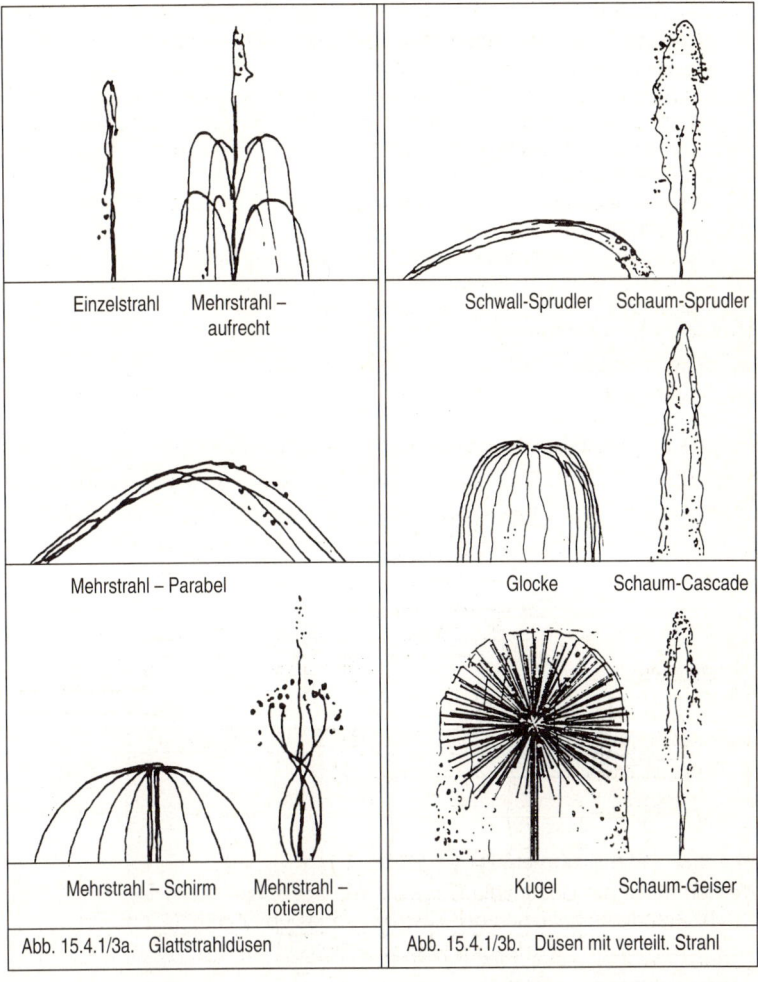

Einzelstrahl	Mehrstrahl – aufrecht	Schwall-Sprudler	Schaum-Sprudler
Mehrstrahl – Parabel		Glocke	Schaum-Cascade
Mehrstrahl – Schirm	Mehrstrahl – rotierend	Kugel	Schaum-Geiser
Abb. 15.4.1/3a. Glattstrahldüsen		Abb. 15.4.1/3b. Düsen mit verteilt. Strahl	

Abb. 15.4.1/3. Düsenarten

Wasserluftgemisch-Düse,
Rückprall-Düse,
Rieselelemente,
Wasserbewegungen durch Luftzufuhr (aufsteigende Luftblasen mit Sprudeleffekt).

(2) Herstellung

Montage der Düsen- und Fontänenaufsätze auf Rohrleitungen. Installation (s. Abb. 15.4.1/3 b)

oberhalb der Dichtung,

innerhalb der Dichtung,

unterhalb der Dichtung,

Plattform oder Schwimmkörper.

(3) Regel der Technik

DIN 18307 Gas- und Wasserleitungsarbeiten,

DIN 18339 Klempnerarbeiten.

15.4.2   Wasserabfluß

Erforderlich zur Entleerung von Hohlkörpern, wobei folgende Arten zu unterscheiden sind.

15.4.2.1   Bodenabläufe

Liegen an der tiefsten Stelle des Hohlkörpers mit Rohranschluß und Ableitung zur Vorflut (s. Abb. 15.4.2/1).

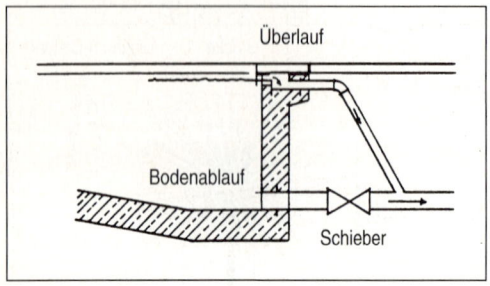

Abb. 15.4.2/1. Bodenablauf

15.4.2.2   Standrohrventile

Werden meist mit Bodenablauf kombiniert, wobei das herausnehmbare Rohr gleichzeitig die Regulierung des Wasserstandes übernimmt (s. Abb. 15.4.2/2).

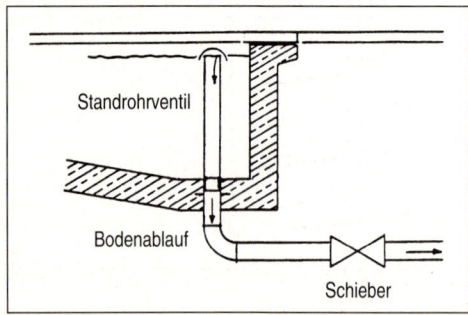

Abb. 15.4.2/2. Standrohrventil

15.4.2.3 Mönch

Alte Abfluß- und Staueinrichtungen aus der Teichwirtschaft. Mit Hilfe von herausnehmbaren Staubrettern kann der Wasserstand stufenweise reguliert werden (s. Abb. 15.4.2/3).

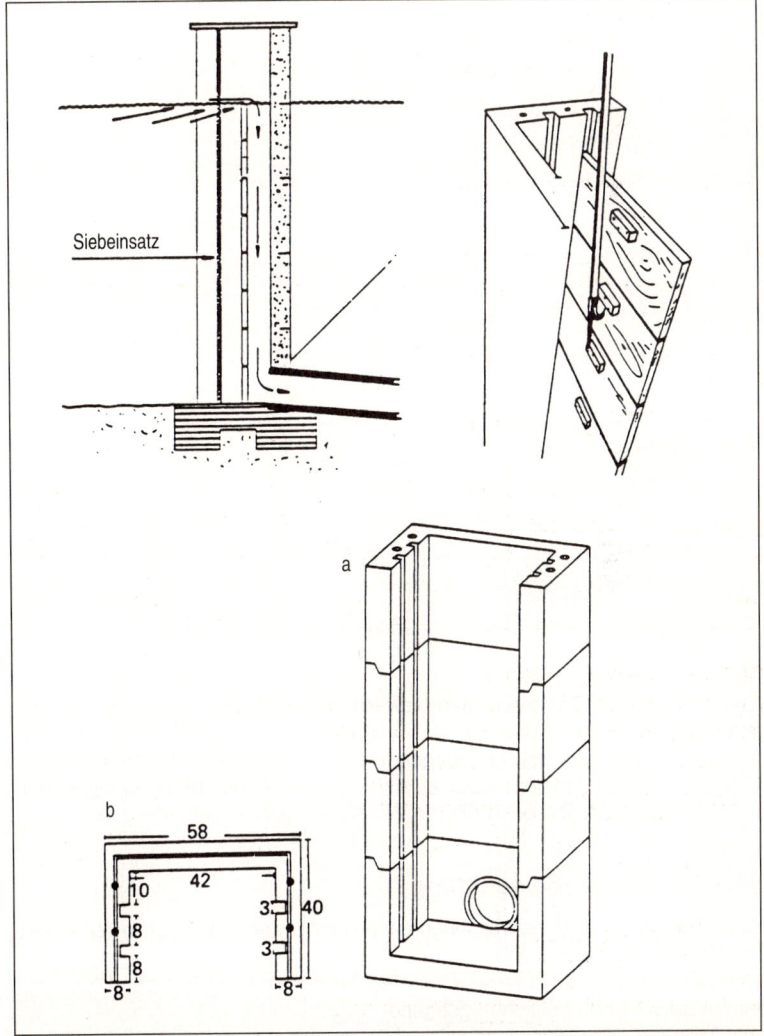

Abb. 15.4.2/3. Mönch

15.4.2.4   Überläufe

Aussparungen am Hohlkörperrand, die den Wasserstand bestimmen (s. Abb. 15.4.2/4).

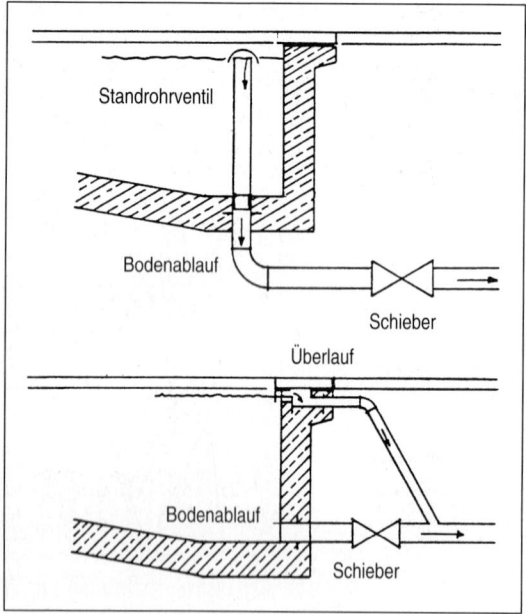

Abb. 15.4.2/4. Überläufe

15.4.2.5   Überlaufrinnen

Abflußeinrichtungen bei Schwimmbädern (s. Abb. 15.4.2/5).

15.4.2.6   Wehre

Staueinrichtungen bei natürlichen Gewässern in Form von festen oder beweglichen Wehren.

Schützenwehre bei kleineren Anlagen, die den Wasserstand durch Heben und Senken von tafelförmigen Schützen mittels Aufwindvorrichtungen regulieren.

Klappenwehre werden bei größeren Wasseranlagen eingebaut.

15.4.3   Wasserbeleuchtung

Beleuchtung durch Unterwasserleuchten oder Unterwasserscheinwerfer, evtl. mit Einbau von Farbscheiben.

Montage der Scheinwerfer in Leuchten an Halterungen auf der Dichtungsebene oder Einbau in Dichtungsebene.

Alle Teile rost- und wassersicher ausführen, wobei Kabel durch entsprechende Durchführungen im Bereich der Dichtungen eingeleitet werden müssen.

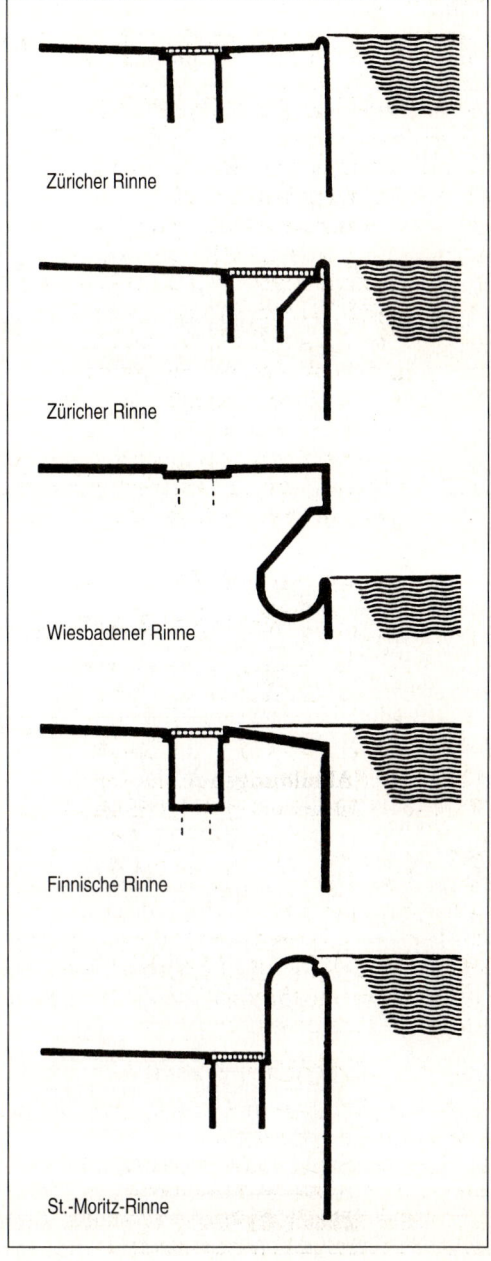

Züricher Rinne

Züricher Rinne

Wiesbadener Rinne

Finnische Rinne

St.-Moritz-Rinne

Abb. 15.4.2/5. Überlaufrinne

15.5   Einrichtung für Wasserpflanzen

Beachtung der unterschiedlichen Wassertiefen entsprechend Pflanzenart; Abstufungsmöglichkeit durch Schaffung von unterschiedlichen Wasserhöhen in baulicher Hinsicht (s. Abb. 15.5/1).

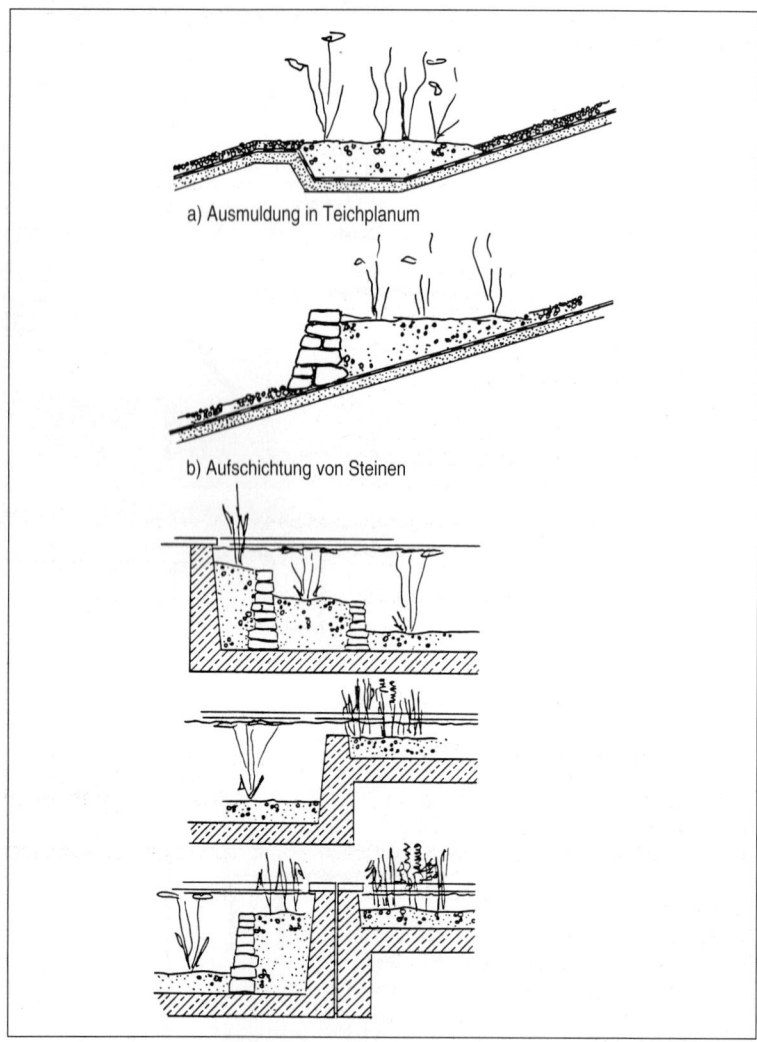

Abb. 15.5/1. Einrichtungen für Wasserpflanzen

15.6   Wasseranlagen im Druckwasserbereich

Hohlkörper können hochschwimmen, wenn drückendes Wasser (Grundwasser) vorhanden ist.
Freihaltung der Baugrube vom Grundwasser während der Bauzeit durch offene Wasserhaltung oder
Grundwassersenkung.
Nach Herstellung ständige Abführung des Grundwassers durch Dränsystem erforderlich (s. Abb. 15.6/1).

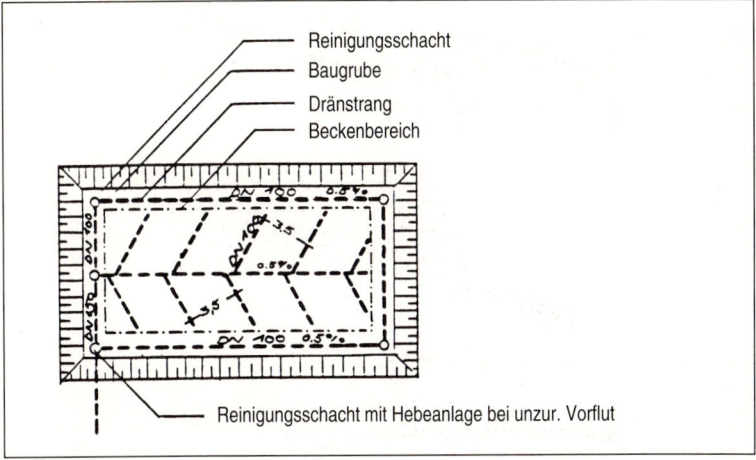

Abb. 15.6/1.   Entwässerung im Druckwasserbereich

15.7   Schwimmbäder

Wasserflächengröße abhängig von der geplanten Nutzung und Frequentierung, bei Privatbädern s. Abb. 15.7/1.
Bei öffentlichen Bädern sind die KOK-Richtlinien für den Bäderbau zu beachten.
Wassertiefen:

Planschbecken	= 0,10	bis 0,4 m
Nichtschwimmerbecken	= 0,6	bis 1,35 m
Privatschwimmbecken	= 1,2	bis 1,4 m
Schwimmbecken	= 1,8	m und mehr
Springerbecken	= 3,8	bis 4,5 m.

Randausbildung s. Abb. 15.4.2/5.

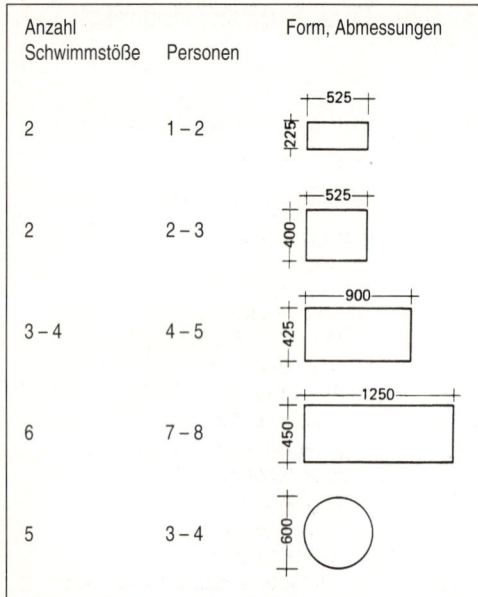

Anzahl Schwimmstöße	Personen	Form, Abmessungen
2	1 – 2	525 × 225
2	2 – 3	525 × 400
3 – 4	4 – 5	900 × 425
6	7 – 8	1250 × 450
5	3 – 4	⌀ 600

Abb. 15.7/1. Abmessungen Schwimmbäder

15.8 Wasserreinigung

Verunreinigungen entstehen bei nicht ständigem Wasseraustausch durch Zu- und Abfluß. Reinigungsarten wie folgt.

15.8.1 Mechanisch-hydraulische Reinigung

Bei kleineren Wasseranlagen Abfischung mit Kescher oder durch Schlammfang bei Wasserbehältern in Pumpenanlagen; Reinigung von Schwebstoffen durch Filter.

15.8.2 Chemische Reinigung

Zusätzlich zur mechanischen Wasserreinigung durch Ausfällungs-, Desinfektions- und Algenbekämpfungsmittel.

15.8.3 Biologische Reinigung

Erfolgt durch geeignete Pflanzenarten und ein abgestimmtes Verhältnis zwischen Wassertiefe, Pflanzen- und Fischbesatz.

Sachverzeichnis

Kursiv gesetzte Seitenzahlen weisen auf Abbildungen hin

Für Ihre Notizen

Für Ihre Notizen

Für Ihre Notizen

Fachbibliothek Grün

Karl Prasuhn

Vermessungstechnik im Garten- und Landschaftsbau

6., überarbeitete Auflage
1995. Ca. 144 Seiten mit 134 Abbildungen. 15,5 x 23 cm.
Broschiert ca. DM 58,– / öS 453,– / sFr 58,–
ISBN 3-8263-3057-9

In diesem neubearbeiteten Werk werden alle Grundlagen, Techniken und Beispiele bautechnischer Vermessungen, wie sie im Zuge von Baumaßnahmen von Bedeutung sind, dargestellt. Insbesondere wird dabei auf die Belange des Landschaftsbaus bei Planung und Ausführung eingegangen. Darüber hinaus runden ein auf den allgemeinen Tiefbau ausgerichteter Anwendungsbezug und die Einführung in moderne elektronische Geräte und Arbeitsweisen das praxisnahe Werk ab.

Herbert Keller

Kleine Geschichte der Gartenkunst

2. Auflage
1994. 244 Seiten mit 103 Abbildungen. 17 x 24 cm.
Gebunden DM 48,– / öS 375,– / sFr 48,– ISBN 3-8263-3022-6

Die Kleine Geschichte der Gartenkunst führt dem Leser die gesamte Entwicklung der Entstehung von Gärten und Parkanlagen von den ersten frühgeschichtlichen Anfängen bis hin in die jüngste Vergangenheit vor. Sie beschränkt sich dabei auf entscheidende Entwicklungsstufen und wichtige Zusammenhänge innerhalb der einzelnen Epochen, wobei als Erweiterung die unverkennbaren Einflüsse aus dem nahen und fernen Osten aufgegriffen wurden. Mit Hilfe von Zeittafeln wird der Bezug der Geschichte der Gartenkunst zu den entscheidenden politischen, kultur- und kunstgeschichtlichen Ereignisse hergestellt.

Preisstand: 1. September 1994

Blackwell Wissenschafts-Verlag · Berlin

Fachbibliothek Grün

Blackwell
Fachwissen

Die vom Verlag Paul Parey ins Leben gerufene Schriftenreihe »Fachbibliothek Garten-, Landschafts- und Sportplatzbau« ist in Blackwells »Fachbibliothek Grün« übergegangen. Die neue »Fachbibliothek Grün« bietet, der Vielfalt der vertretenen Fachgebiete entsprechend, ein großes Forum für einschlägige Literatur zu allen wichtigen Themenbereichen des Garten-, Landschafts- und Sportplatzbaus und den angrenzenden Disziplinen.

Die »Fachbibliothek Grün« möchte sowohl den Bedürfnissen derer entsprechen, die in diesen Bereichen tätig sind, als auch jene berücksichtigen, die sich noch in der Ausbildung befinden; sie vereint daher Fach- und Lehrbücher aus der Feder namhafter Autoren unter einem Dach.

Alfred Niesel

Bauen mit Grün

Bearbeitet von Beier, Harm / Krems, Hans / Niesel, Alfred / Osburg, Gerhard / Pätzold, Heiner / Prasuhn, Karl / Schmidt, Hans
2., überarbeitete Auflage
1995. Ca. 438 Seiten mit ca. 688 Abbildungen und ca. 163 Tabellen. 21,5 x 30 cm. Gebunden
DM 248,– / öS 1935,– / sFr 248,–
ISBN 3-8263-3023-4

Für alle, die etwas über den Umgang mit Grün wissen müssen oder lernen wollen, wird in der überarbeiteten zweiten Ausgabe beschrieben, wie man mit Boden, Beton, Steinen, Holz, Stahl und Wegebaumaterialien umgeht. Durch den besonderen Anwendungsbezug wird in vielen Beispielen verdeutlicht, wie das harmonische Zusammenspiel zwischen Gebautem und Gepflanztem realisiert werden kann.

Preisstand: 1. September 1994

Blackwell Wissenschafts-Verlag · Berlin